I0814621

Ένα όραμα του κλασικισμού

Β' ΕΚΔΟΣΗ
ΑΘΗΝΑ 2010

Α' ΕΚΔΟΣΗ
ΑΘΗΝΑ 2001

Μετάφραση στη ελληνική γλώσσα: ΠΑΝΑΓΙΩΤΑ ΣΙΕΤΗ

Επιμέλεια κειμένων: ΠΑΝΟΣ ΒΑΛΑΒΑΝΗΣ

Εικόνα εξωφύλλου: «Ματιά στην άνθηση της Ελλάδος». Ελαιογραφία του Ahlborn, αντίγραφο ομώνυμου πίνακος του K.F. Schinkel (1825). (Εθνική Πινακοθήκη του Βερολίνου).

Το βιβλίο έχει εκδοθεί στην γερμανική γλώσσα από τον εκδοτικό οίκο Deutscher Kunstverlag με τίτλο «HAUPTSTADT ATHEN Ein Stadtgedanke des Klassizismus», Βερολίνο 1994.

Μακρυγιάννη 23-27, Αθήνα 117 42, Τηλ./Fax: (01) 9214 089, 9235 098
e-mail: kapon_ed@otenet.gr

ISBN 960-7037-02-2

Αλέξανδρος Παπαγεωργίου-Βενετάς

ΑΘΗΝΑ

Ένα όραμα του κλασικισμού

ΕΚΔΟΣΕΙΣ  ΚΑΠΟΝ

Μνήμη Κωνσταντίνου Μπίρη
(1899-1980)

Προϊσταμένου της Υπηρεσίας Σχεδίου Πόλεως του Δήμου Αθηναίων
και πρωτοπόρου μελετητή της πολεοδομικής ιστορίας της Αθήνας

ὦ ταὶ λιπαραὶ καὶ ἰοστέφανοι καὶ ἀοίδιμοι,
Ἑλλάδος ἔρεισμα, κλειναὶ Ἀθᾶναι,
δαιμόνιον πτολίεθρον.

Πίνδαρος, ΑΠΟΣΠΑΣΜΑΤΑ 64

ΣΗΜΕΙΩΜΑ ΤΩΝ ΕΚΔΟΤΩΝ

Το ενδιαφέρον για τη νεώτερη ιστορία μας και τη διαδρομή του Ελληνισμού δεν μπορεί να περιορίζεται σε νοσταλγικές αναδρομές και υπερήφανες αναφορές στο "ένδοξο παρελθόν μας". Αντίθετα, η κριτική θεώρηση των βασικών επιλογών, των αποφασιστικών βημάτων, αλλά και των τομών και αντιπαραθέσεων στην πορεία του Έθνους, μας ανοίγει το δρόμο για μιαν άσκηση αυτογνωσίας που ελέγχει τους προσανατολισμούς μας.

Η άσκηση αυτή της αυτογνωσίας έχει – και τούτο είναι ενθαρρυντικό – ενταθεί στην πατρίδα μας στα τελευταία είκοσι πέντε χρόνια. Ιδιαίτερα ο χειρισμός των θεμάτων του σχεδιασμού του χώρου, της προστασίας του φυσικού και ανθρωπογενούς περιβάλλοντος και της βελτίωσης της ποιότητας ζωής στις πόλεις μας, γίνεται πρωταρχικό αντικείμενο της μέριμνας της πολιτείας αλλά και του ενδιαφέροντος των Ελλήνων.

Η πρωτεύουσα της χώρας, η Αθήνα, αντιπροσωπεύει σε διεθνές επίπεδο ένα ενδιαφέρον παράδειγμα μεγαλούπολης, που σφύζει από ζωή και που αγωνίζεται για την κατάκτηση των δύσκολων ισορροπιών μεταξύ της επιθυμητής υλικής ευμάρειας και της κοινωνικής ανάπτυξης αλλά και των αντίρροπων κινδύνων αισθητικής και περιβαλλοντικής υποβάθμισης.

Η πληροφόρησή μας για την εξέλιξη της ιστορικής αυτής πόλης παραμένει, ωστόσο, αποσπασματική. Με εξαίρεση έναν περιωρισμένο αριθμό αρχιτεκτόνων, πολεοδόμων και ιστορικών, η συντριπτική πλειονότητα των Αθηναίων ζει σήμερα σε έναν αστικό χώρο που ούτε οικείος τής είναι ούτε πραγματικά γνωστός. Και όμως ανάγκη πάσα είναι να εξοικειωθούμε με τον χώρο στον οποίο ζούμε· "με λογισμό και με όνειρο", με γνώση και συναίσθημα.

Το βιβλίο του καθηγητή κ. Αλέξανδρου Παπαγεωργίου-Βενετά "ΑΘΗΝΑ· ΕΝΑ ΟΡΑΜΑ ΤΟΥ ΚΛΑΣΙΚΙΣΜΟΥ" παρουσιάζει μεθοδικά, με πλούτο ιστορικών σχεδίων, εικόνων και κειμένων αλλά και με αναλυτική κριτική θεώρηση, την κρίσιμη πρώτη δεκαετία (1833-1843) της νεώτερης Αθήνας, και κυρίως τις πολεοδομικές προτάσεις για τον σχεδιασμό της νέας πόλης.

Η εργασία αυτή δημοσιεύθηκε στο Μόναχο το 1994 σε γερμανική γλώσσα και αναγνωρίστηκε διεθνώς ως το βιβλίο-κλειδί για την κατανόηση της δημιουργίας της νέας Αθήνας. Με την υποστήριξη του ΥΠΕΧΩΔΕ, το έργο μεταφράστηκε και εκδίδεται σήμερα στα Ελληνικά. Ελπίζουμε ότι θα αποτελέσει ένα πολύτιμο εργαλείο για τους ανθρώπους της έρευνας, ένα συναρπαστικό χρονικό για όσους ενδιαφέρονται για την ιστορία της Αθήνας και έναν ουσιαστικό οδηγό για την κατανόηση της ψυχής αυτής της πόλης από όλους εκείνους, που θέλουν να αισθάνονται αληθινά Αθηναίοι.

ΜΩΥΣΗΣ & ΡΑΧΗΛ ΚΑΠΟΝ

ΠΕΡΙΕΧΟΜΕΝΑ

ΚΕΦΑΛΑΙΟ 4

ΚΕΦΑΛΑΙΟ 5

ΚΕΦΑΛΑΙΟ 6

"Οποιαδήποτε επέμβαση στην Αθήνα είναι υπόθεση της ευρωπαϊκής τέχνης και κατά κάποιο τρόπο οφείλει να λογοδοτήσει κανείς γι' αυτή σε ολόκληρη την Ευρώπη. (...) Η σύλληψις του σχεδίου οφείλει να έχει ως γνώμονα την ιδέα της ιστορικότητος και ποιητικότητος και να είναι σύμφωνη με την ιστορική εξέλιξη τόσο της αρχαίας όσο και της σημερινής ένδοξης πόλης των Αθηνών. (...) Αλήθεια, όπως είναι σήμερα η χώρα, μού φαίνεται πως δεν χρειάζονται οι πολλοί άλλοι θετικοί και υλικοί λόγοι για να αποτρέψουν κάθε σκέψη για μια άλλη πρωτεύουσα της Ελλάδος. Το όνομα και μόνον 'Αθήνα' ανοικοδομεί την πόλη και της χαρίζει την τέταρτη εποχή της· η Αθήνα θα παρέμενε για τον κόσμο της Ελλάδος πρωτεύουσα, ακόμα και αν ανεκήρυσσε κανείς πρωτεύουσα μιαν άλλη πόλη".

Leo von Klenze, *Aphoristische Bemerkungen gesammelt auf seiner Reise nach Griechenland* (Αφοριστικαί παρατηρήσεις συλλεγείσαι κατά την διάρκεια του ταξιδίου του εις την Ελλάδα), Berlin 1838, σελ. 420-422.

ΠΡΟΛΟΓΟΣ

Ένα κράτος, που εδραιώνεται μετά την απελευθέρωση της χώρας από μακρόχρονο ζυγό, επιλέγει ως πρωτεύουσά του την αρχαία μητρόπολή του. Υπάρχουν σοβαροί λόγοι που συνηγορούν υπέρ μιας άλλης επιλογής, ωστόσο υπερισχύει η θέληση για ιστορική συνέχεια. Η ανάπλαση της κατεστραμμένης παλαιάς πόλης και η συνετή σύνδεσή της με μια ευρύχωρη νέα πόλη, η προστασία των αρχαίων μνημείων και η ένταξη στον πολεοδομικό ιστό ενός επιβλητικού κυβερνητικού κέντρου, που θα αντιπροσωπεύει αισθητικά και λειτουργικά το νέο πολιτικό καθεστώς – ιδού ποιοί είναι οι στόχοι που ορίζουν το δύσκολο σχεδιαστικό έργο.

Δύο νεαροί αρχιτέκτονες παρουσιάζουν μια πολεοδομική πρόταση, που όμως η εφαρμογή της απειλεί το κράτος με χρεωκοπία. Ζητείται η συμβουλή έμπειρων αρχιτεκτόνων από το εξωτερικό. Ο ένας προτείνει να διαμορφωθεί ως έδρα της βασιλείας το ιερό επίκεντρο της αρχαίας πόλης. Ο άλλος αντίθετα θεωρεί ότι τα αναντικατάστατα αρχαιολογικά κατάλοιπα απειλούνται και επιδίδεται στο έργο προστασίας των κατεστραμμένων μνημείων που αποτελούν σύμβολα εθνικής ταυτότητος. Συγχρόνως, παρεμποδίζει την εφαρμογή του αμφισβητούμενου πρώτου σχεδίου, που η βεβιασμένη επικύρωσή του είχε προκαλέσει ένα κύμα κερδοσκοπίας επί της γης. Η κυβέρνηση διστάζει να ορίσει την ημερομηνία μετάθεσης της έδρας της από την προσωρινή πρωτεύουσα στη νέα και μ' αυτόν τον τρόπο αποθαρρύνει τους επιθυμητούς επενδυτές. Η κατάληξη είναι ένα νέο σχέδιο πολεοδομικής ανάπτυξης –ένας συμβιβασμός μεταξύ πολεοδομικών μέτρων αδύνατον πλέον να ανακληθούν, αντιφατικών στόχων και περιωρισμένων οικονομικών δυνατοτήτων–, το οποίο όμως εφαρμόζεται επίσης αποσπασματικά: η μελλοντική ανάπτυξη της πόλης αφήνεται ουσιαστικά στις δυνάμεις της αγοράς και στις εκάστοτε συγκυρίες... Ο λόγος δεν είναι εδώ για το σημερινό Βερολίνο του έτους 2000, αλλά για τη μετεπαναστατική Αθήνα των ετών 1833-34!

Η παρούσα μελέτη με αντικείμενο την ίδρυση της νέας Αθήνας κατά την τέταρτη δεκαετία του 19ου αιώνα είναι το αποτέλεσμα μακρόχρονων ερευνών του συγγραφέως και δεν αποβλέπει, βέβαια, σε μια επιπόλαια επικαιρότητα. Εν τούτοις, η φύση των προβλημάτων εκείνης της εποχής παρουσιάζει εντυπωσιακές αναλογίες με τη φύση των σημερινών, και έτσι, εφόσον έχουμε συνείδηση αυτών των προβλημάτων, δεν μπορεί παρά να αντιμετωπίσουμε με οξυμένο αισθητήριο τις αποφάσεις, επιτυχίες και αποτυχίες της πολεοδομικής πρακτικής στα ιδρυτικά χρόνια της νέας Αθήνας.

Η ιστορία της πολεοδομίας μάς διδάσκει πώς η κοινωνικά ουτοπική ιδέα προσχεδιασμού της πόλης επιβιώνει κάτω από νέες κάθε φορά πολιτικές, οικονομικές και αισθητικές προϋποθέσεις μέχρι τον 20ό αιώνα. Ωστόσο, η ίδρυση της νέας Αθήνας το 1833/34 αποτελεί βασική τομή στην ιστορία του πολεοδομικού σχεδιασμού. Η Αθήνα είναι ο τελευταίος μνημειακός σχεδιασμός πρωτεύουσας στο πνεύμα της όψιμης πεφωτισμένης δεσποτείας στην Ευρώπη. Η άρνηση υιοθέτησης ενός δημοκρατικού πολιτεύματος που θα ανταπεκρίνετο στα οράματα της ελληνικής επανάστασης, οδήγησε μέσα από αλλεπάλληλες κρίσεις στην επανάσταση του Συντάγματος του 1843 και αργότερα στην έξωση του Όθωνος. Η πολιτική ταυτότητα του νεαρού κράτους, που ταλαντεύεται μεταξύ μοναρχικού συγκεντρωτισμού και επιδίωξης τοπικιστικής αυτονομίας, ξεπερασμένων παραδόσεων και εισαγόμενων διοικητικών πρακτικών, ελληνικής καθημερινής πραγματικότητος και προβολής του ευρωπαϊκού πολιτιστικού ιδεώδους, εμφανίζει αντιφάσεις που αναγκαστικά αντανακλώνται και στον πολεοδομικό σχεδιασμό. Απ' αυτή την άποψη, η διαδικασία σχεδιασμού της Αθήνας είναι παραδειγματική, καθώς δείχνει καθαρά την αναζήτηση μιας πολεοδομικής έκφρασης που θα εναρμόνιζε τις αμφισβητούμενες πλέον, παλαιότερες κανονιστικές ιδέες σχεδιασμού με τη νέα ιστορική συνείδηση και τις μελλοντικές προοπτικές οικονομικής ανάπτυξης.

Έτσι, το αρχικό κιόλας σχέδιο πόλης των Κλεάνθη και Schaubert που εγκρίνεται το καλοκαίρι του 1833, δεν ανταποκρίνεται πλέον πλήρως στην μπαρόκ αλλά και κλασικιστική παράδοση των ιδανικών σχεδίων πόλεων του 18ου αιώνα, που συνέδεαν την επικέντρωση του σχεδιασμού στην έδρα του μονάρχη με την υποταγή των λειτουργιών της πόλης (κατοικίας, εμπορίου, στρατιωτικής βάσης, εκπαίδευσης) σε ένα ορθολογιστικό σχήμα. Αντίθετα, είναι σαφής η προσπάθεια των μαθητών του Schinkel να προσαρμόσουν με πραγματιστικά κριτήρια το ακαδημαϊκό τυπικό σχέδιο πόλης στην υφιστάμενη κατάσταση και να λάβουν ως σημείο αναφοράς του σχεδίου το πανόραμα της Ακρόπολης, την οποία οι δυτικοί αρχαιοδίφες είχαν αναγάγει σε ιστορικό σύμβολο του Ελληνισμού. Μέσα στον κάναβο των νέων ρυμοτομικών γραμμών η δόμηση θα ήταν "πανταχόθεν ελεύθερη" και θα ανταπεκρίνετο στις εγχώριες κοινωνικές και οικιστικές παραδόσεις· η προγραμματισθείσα όμως με πολιτιστικά κριτήρια μερική κατεδάφιση της παλαιάς πόλης (που επροτάθη να κηρυχθεί ζώνη αρχαιολογικών ανασκαφών) συνέβαλε ουσιαστικά στην αποτυχία εφαρμογής του σχεδίου, λόγω του απαγορευτικού κόστους των απαλλοτριώσεων.

Ο Karl Friedrich Schinkel, ύστερα από παρακίνηση του διαδόχου της Πρωσίας Φρειδερίκου Γουλιέλμου, επενέβη στη διαμάχη του σχεδιασμού της Αθήνας με το γνωστό ελεύθερο και ποιητικό του σχέδιο των ανακτόρων στην Ακρόπολη, το οποίο συγκαταλέγεται μεταξύ των σημαντικωτέρων δημιουργιών του ρομαντικού κλασικισμού. Ο Schinkel, που δεν ήλθε ποτέ ο ίδιος στην Ελλάδα, θεμελιώνει την αντίληψή του περί μιας ασύμμετρης "γραφικής" αρχιτεκτονικής (η οποία θα ήταν αποδεσμευμένη από τους συμβατικούς ακαδημαϊκούς κανόνες και θα περιελάμβανε ευλαβικά τα ερείπια της Ακρόπολης), κυρίως σε αισθητικές απόψεις, που όμως δεν είναι καθόλου απολιτικές. Στην Αγγλία η συζήτηση περί "γραφικότητος" έχει συνδεθεί ήδη από τα τέλη του 18ου αιώνα με τις έννοιες της αυτονομίας και ελευθερίας. Στον γερμανικό ιδεαλισμό συνδυάζεται με το όραμα της αρχαιοελληνικής "πόλεως" ως μιας αυτεξούσιας κοινότητος και χαρακτηρίζει τόσο τους πρώιμους πίνακες του Joseph Koch όσο και το πανόραμα του Schinkel "*Blick in Griechenlands Bluete*" (Ματιά στην άνθηση της Ελλάδος) 1825. Αυτό το νέο ιδανικό, που έρχεται να υποκαταστήσει τα φθαρμένα πρότυπα τάξης και υποταγής, φαίνεται ενδεδειγμένο όχι μόνον για την "Αθήνα επί του ποταμού Spree" [δηλαδή το Βερολίνο] αλλά και για την νέα Αθήνα. Ο Ferdinand von Quast, μαθητής του Schinkel, συμπληρώνοντας την πρόταση για τα ανάκτορα στην Ακρόπολη, τον ίδιο χρόνο επεξέτεινε την ιδέα της γραφικότητος και στη νέα Αθήνα, διατυπώνοντας το όραμα μιας πόλης πάνω σε λόφους γύρω από τον βράχο του Αρείου Πάγου. Οι προτάσεις αυτές, όσο ενθουσιώδεις και αν ήσαν στα χαρτιά, δεν ανταπεκρίνοντο ούτε στα πρακτικά αιτήματα μιας σύγχρονης πρωτεύουσας ούτε στις οικονομικές δυνατότητες του καταχρεωμένου ελληνικού κράτους.

Ο Βαυαρός επιθεωρητής των βασιλικών κτισμάτων Leo von Klenze, τον οποίο ο Λουδοβίκος Α' της Βαυαρίας έστειλε στην Αθήνα, όχι μόνον ως έμπειρο αρχιτέκτονα αλλά και λόγω των διπλωματικών και οργανωτικών ικανοτήτων του, μέσα σε λίγες μόλις εβδομάδες αντεκατέστησε τα δύο σχέδια με μία συμβιβαστική και οικονομικά εφικτή πρόταση. Διετήρησε τις βασικές κατευθύνσεις του σχεδίου πόλης των Schaubert και Κλεάνθη, απέρριψε το σχέδιο των ανακτόρων του Schinkel και επέβαλε την κατάργηση του οχυρού της Ακρόπολης, παράλληλα με την αποκατάσταση και διατήρηση των μνημείων της. Συγχρόνως, ήμβλυνε τον χαρακτηριστικό την εποχή της όψιμης απολυταρχίας προσανατολισμό της νέας πόλης προς τα βασιλικά ανάκτορα, μεταθέτοντάς τα στη δυτική περιφέρεια της πόλης, στις πλαγιές του λόφου των Νυμφών, ενώ ταυτοχρόνως, με τη γραφική διάταξη των κυβερνητικών κτηρίων που επρότεινε, διέσωσε κάτι από τον "ελεύθερο" χαρακτήρα της πρότασης του Schinkel και του von Quast. Ο Klenze με τη συντήρηση και ανάδειξη των αρχαίων μνημείων παρεχώρησε στα αρχαιολογικά ενδιαφέροντα θέση πρώτης σχεδόν προτεραιότητος, ενώ με την εκτεταμένη διατήρηση της παλαιάς πόλης, την οποία εσέβετο ως έκφραση μεσογειακού τρόπου ζωής και ιστορικής παράδοσης, δεν επεβάρυνε τον κρατικό προϋπολογισμό. Παρ' όλη την αναγνώριση όλων όσων έκανε για την Αθήνα, η πρόταση του Klenze συχνά επεκρίθη. Το σχέδιό του, που έγινε επισήμως δεκτό τον Σεπτέμβριο του 1834, είναι αυτονόητο ότι δεν μπορούσε παρά να μειώσει τις αιχμές των δύο προηγουμένων ακραίων σχεδίων· εντούτοις, συμφωνούσε περισσότερο από όλα τα άλλα με τις ισχύουσες κοινωνικές παραμέτρους της εποχής, και όχι μόνον αυτό. Είναι τέτοια η ενάργεια και η ακρίβεια με την οποία στο σχέδιο αυτό μετατρέπεται ένα όραμα σε απτό, αστικό χώρο, ώστε εάν ποτέ εφηρμόζετο, θα μας έδινε μια λύση τόσο πειστική όσο και εκείνη για τα ανάκτορα του Klenze που αντεκατεστάθησαν από το αυστηρό κτήριο του Gaertner το 1836.

Το γεγονός ότι το σχέδιο του Klenze επηρέασε σχετικώς ολίγο την εξέλιξη της Αθήνας κατά τις επόμενες δεκαετίες της ταχείας ανάπτυξής της, ότι και άλλες, ελάχιστα γνωστές πολεοδομικές προτάσεις όπως του August Traxel (1836) και του Λύσανδρου Καυταντζόγλου (1839) δεν εδημιούργησαν μιαν ομοιογενή μορφή πόλης και ότι κατά το δεύτερο ήμισυ του 19ου αιώνα την εξέλιξη της πόλης καθορίζουν μάλλον τα νέα μνημειακά κτήρια, πρέπει να αναχθεί τόσο στην οικονομική στενότητα όσο και στην πολιτική αστάθεια της χώρας. Εντούτοις, η σύγχρονη διαμόρφωση της Αθήνας μπορεί να κατανοηθεί μόνο μέσω των κυρίαρχων ιδεών πολεοδομικής σύνθεσης που πάνω τους εστηρίχθη η δεύτερη ίδρυσή της και οι οποίες αναγκαστικά είναι το σημείο αναφοράς της νεώτερης πολεοδομικής εξέλιξης.

Ο καθηγητής Αλέξανδρος Παπαγεωργίου-Βενετάς στην παρούσα μελέτη του όχι μόνον επεξεργάζεται κριτικά τα αποτελέσματα της έρευνας γύρω από τις μεμονωμένες πρωτοβουλίες κατά την ίδρυση της νέας Αθήνας αλλά συμπεριλαμβάνει και υλικό πολύ ευρύτερο, από άγνωστες μέχρι τώρα πηγές, το οποίο δημοσιεύει στο παράρτημα όσο το δυνατόν πληρέστερα. Από το πλήθος των τεκμηρίων προκύπτει μια λεπτομερής και από πολλές απόψεις εντελώς νέα εικόνα των κινήτρων, μορφολογικών εξελίξεων και συναρτήσεων της πολεοδομικής συγκυρίας. Ο ρόλος όλων των πρωταγωνιστών σ' αυτή τη διαδικασία σχεδιασμού αναδεικνύεται εκ νέου και επαναξιολογείται. Με τα μάτια του πολεοδόμου ο συγγραφεύς συγκρίνει για πρώτη φορά και συσχετίζει λειτουργικά και αισθητικά όλες τις ανταγωνιστικές προτάσεις σχεδιασμού, ερμηνεύοντάς τις με κριτήριο τις καλλιτεχνικές και πολιτικές προϋποθέσεις τους, δηλαδή τα αποκλίνοντα και ανταγωνιστικά "πολεοδομικά οράματα" που κρύβονται πίσω από αυτές. Κατ' αυτόν τον τρόπο, η θεώρηση της πολεοδομικής ιστορίας διευρύνεται, λαμβάνοντας τη μορφή μιας ανάλυσης της πολεοδομικής τέχνης βασισμένης σε μιαν αυστηρή τεκμηρίωση που σπάνια απαντάται: το παρόν έργον θέτει νέα μέτρα για την έρευνα της ιστορίας της πολεοδομίας.

Dr. ADRIAN VON BUTTLAR

Καθηγητής Ιστορίας της Τέχνης στο Πανεπιστήμιο του Κιέλου

1

1. Το πρόπυλο της Εθνικής Βιβλιοθήκης. Αρχιτέκτων Theophil Hansen (ταχυδρομικόν δελτάριον, αρχείον του συγγραφέως).

ΕΙΣΑΓΩΓΗ

Η Αθήνα ανεδείχθη πρωτεύουσα του νεοσύστατου ελληνικού κράτους το 1833. Μετά τις πόλεις Helsingfors (1812) στη Φινλανδία και Christiania (1814) στη Νορβηγία, έχουμε εδώ την τελευταία ίδρυση πρωτεύουσας στην Ευρώπη του 19ου αιώνα. Διαφορετικά από ό,τι στις μεταγενέστερες περιπτώσεις της Γερμανικής Ένωσης (Βερολίνο πρωτεύουσα της Αυτοκρατορίας, 1871) ή της ίδρυσης του βασιλείου της Ιταλίας (πρωτεύουσα: το 1864 η Φλωρεντία και από το 1871 η Ρώμη), όταν υφιστάμενες μεγαλουπόλεις ανεκηρύχθησαν σε πρωτεύουσες με αποτέλεσμα τη νέα πολιτική και οικονομική άνθησή τους, στις Σκανδιναυικές χώρες και στην Ελλάδα η ανακήρυξη των συγκεκριμένων πόλεων σε πρωτεύουσες δηλώνει ταυτόχρονα την πρόθεση εκτεταμένης αναμόρφωσής τους. Στην ουσία πρόκειται για παραδείγματα επέκτασης ενός αρχαιότερου προϋπάρχοντος πολεοδομικού πυρήνα· ωστόσο η πολιτική βούληση ευρείας ανάπλασης της υφιστάμενης παλαιάς πόλης και η πρόθεση να δοθεί στη νέα πόλη μνημειακός χαρακτήρας οδήγησε σε σχεδιασμούς που έχουν βαρύτητα ίδρυσης μιας νέας πρωτεύουσας.

Ο σχεδιασμός της νέας Αθήνας έπρεπε εξ αρχής να λάβει υπ' όψιν του όχι μόνο τις απαιτήσεις μιας "σύγχρονης" πρωτεύουσας, αλλά και την υψηλή πολιτιστική αξία της αρχαίας αρχιτεκτονικής της κληρονομιάς. Έτσι, ο στόχος του σχεδιασμού ήταν περίπλοκος, θα λέγαμε μάλιστα αμφίσημος· γι' αυτό άλλωστε και προσεγγίσθη κατά τη δεκαετία του 1830 από διάφορους αρχιτέκτονες και θεωρητικούς της τέχνης –με τα σχέδια και τα υπομνήματά τους– κατά πολύ διαφορετικούς τρόπους. Η "αναγέννηση" της Αθήνας ενέπνευσε τους καλλιτέχνες της εποχής εκείνης και μας εκληροδότησε μαρτυρίες μιας ζωηρής πολεοδομικής αντιπαράθεσης (θεωρητικής αλλά και πρακτικής) γύρω από το μέλλον της πόλης

Η ιστοριογραφία αρχίζει να ασχολείται με την ίδρυση της νέας Αθήνας μόλις την δεκαετία του 1920. Βέβαια υφίστανται σημαντικές δημοσιευμένες πηγές, κυρίως κείμενα όσων συνετέλεσαν άμεσα στη διαδικασία σχεδιασμού και ίδρυσης της πόλης (όπως του Leo von Klenze 1838, του Friedrich Stauffert 1844 ή του Ludwig Ross 1863), αλλά η κριτική αξιολόγηση των πρώιμων αυτών μαρτυριών, καθώς και των γραπτών ιστορικών πηγών που φυλάσσονται στα Γενικά Αρχεία του Κράτους στην Αθήνα, στην Κρατική Βιβλιοθήκη της Βαυαρίας (κατάλοιπα Klenze) και σε άλλα γερμανικά αρχεία, είναι έργο του 20ού αιώνα.

Έτσι, οι σπουδαιότερες συμβολές από ελληνικής πλευράς είναι του Κωνσταντίνου Μπίρη (1933, 1938, 1940, 1966), του Ιωάννη Μιχαήλ (1969), του Στέφανου Σίνου (1974) και της Όλγας Φουντουλάκη (1979), ενώ από πλευράς ξένων επιστημόνων πρέπει να αναφερθούν ο Hans-Hermann Russack (1942), η Margarete Kuehn (1979) και ο Thomas Hall (1986). Οι θεμελιώδεις αυτές εργασίες πραγματεύονται κυρίως το αρχικό σχέδιο πόλης των Κλεάνθη και Schaubert (1833), καθώς και την αναθεώρησή του, δηλαδή την τροποποίηση του σχεδίου από τον Leo von Klenze. Οι προτάσεις σχεδιασμού των von Quast (1834) και Καυταντζόγλου (1839) θίγονται μόνον ευκαιριακά. Η συμβατική παραλλαγή του σχεδίου που εξεπόνησε ο Traxel (1836) παρουσιάζεται για πρώτη φορά από τον Στέφανο Σίνο (1974).

Κοινό χαρακτηριστικό των προαναφερθεισών εργασιών είναι ο ιστοριογραφικός χαρακτήρας τους: παραθέτουν βιογραφικά στοιχεία και αναφέρονται στις ενέργειες όσων έπαιξαν πρωταγωνιστικό ρόλο στην ίδρυση της Αθήνας, της οποίας περιγράφεται η διαδικασία· η επιστημονική τους συμβολή συνίσταται κυρίως στην ακριβή περιγραφή των κυριοτέρων μορφολογικών γνωρισμάτων των σχεδίων Κλεάνθη-Schaubert και Leo von Klenze και στην αντιπαράθεσή τους.

Αυτή η αφηγηματική-περιγραφική προσέγγιση ωστόσο, παρ' ότι χρήσιμη ως εργασία βάσης, δεν αρκεί. Πρέπει να ληφθούν υπ' όψιν και άλλες συνιστώσες της πολεοδομικής έρευνας. Και όντως, πρόσφατα έγινε μια απόπειρα να φωτισθεί το πολιτικό, ιδεολογικό και κοινωνικο-πολιτιστικό υπόβαθρο επιλογής της Αθήνας ως πρωτεύουσας του νεοελληνικού κράτους. Αυτό το χρωστάμε στον Έλληνα αρχιτέκτονα και πολεοδόμο ερευνητή Γιάννη Τσιώμη και στην εκτεταμένη αλλά δυστυχώς αδημοσίευτη μέχρι σήμερα διατριβή του, με τίτλο *Athènes a soi-même étrangère. Éléments de formation et de récéption du modèle néoclassique urbain en Europe et en Grèce au 19 siècle* (Η Αθήνα αλλοτριωμένη· στοιχεία διαμόρφωσης και υποδοχής του νεοκλασικού πολεοδομικού προτύπου στην Ευρώπη και στην Ελλάδα τον 19ο αιώνα), Paris 1983. Αν και ο Γιάννης Τσιώμης δίνει υπερβολικά μεγάλη βαρύτητα στην πολιτιστική εξάρτηση της νεοελληνικής κοινωνίας από τα δυτικά πρότυπα και αποδίδει με κάποια υπερβολή έντονα συμβολικό περιεχόμενο στη χάραξη της ρυμοτομίας και στην κατανομή των χρήσεων στην πόλη, η εργασία του είναι η πρώτη που ερευνά την ίδρυση της Αθήνας στο πλαίσιο των ιδεατών, εκείνη την εποχή στην Ευρώπη, προτύπων πολεοδομικού σχεδιασμού και των σχετικών ιδεολογικών ρευμάτων.

Η παρούσα εργασία αποβλέπει σε άλλους στόχους. Η ιστορία ίδρυσης της πόλης θεωρείται εδώ από την άποψη της ιστορίας των ιδεών, ως αντιπαράθεση ριζικά διαφορετικών, ανταγωνιστικών αντιλήψεων σχετικά με την οργάνωση του χώρου: πράγματι, έχουμε να κάνουμε με διάφορα πολεοδομικά "οράματα", τα οποία διατυπώνονται κατά την εποχή της ίδρυσης της νέας Αθήνας από διαφόρους πολεοδόμους που έδρασαν ανεξάρτητα ο ένας από τον άλλον.

Με τον όρο "πολεοδομικό όραμα" εννοούμε τα εκάστοτε βασικά γνωρίσματα των διαφόρων κατευθυντηρίων ιδεών για τη νέα πόλη. Οι ιδέες αυτές διέπουν τόσο τη χωροθέτηση της επέκτασης της πόλης, τη σύνδεσή της στον χώρο με τον προϋπάρχοντα αστικό πυρήνα και την ένταξή της στο αθηναϊκό τοπίο, όσο και την εκάστοτε προτεινόμενη διάρθρωση και μορφολογία της πόλης.

Στο πρώτο μέρος της παρούσης εργασίας, κάθε σχέδιο-πρόταση εξετάζεται όσο το δυνατόν ακριβέστερα, ανεξάρτητα από το αν αργότερα έπαιξε ρόλο ή όχι στην ανάπτυξη της Αθήνας. Τα συγκεντρωμένα στο δεύτερο μέρος γραπτά τεκμήρια προσφέρουν μια ουσιαστική βοήθεια προσανατολισμού, φωτίζοντας την ιστορία των πρωτοβουλιών σχεδιασμού.

Στην ανάλυση και κριτική παρουσίαση όλων των ανταγωνιστικών πολεοδομικών προτάσεων ετηρήθη ένας ενιαίος τρόπος έκθεσης που διευκολύνει τη σύγκριση των καθέκαστα λύσεων. Σε κάθε πρόταση προτάσσεται ένα σύντομο ιστορικό της γένεσής της, παρουσίαση των βασικών ιστορικών γραπτών τεκμηρίων και σκιαγράφηση του περιεχομένου τους. Ακολουθεί η κριτική θεώρηση του προτεινόμενου σχεδιασμού και η ένταξή του στο πλαίσιο των ιδεατών προτύπων για τη νέα Αθήνα. Τέλος, περιγράφονται τα διασωθέντα σχέδια που αναφέρονται στην εκάστοτε πρόταση. Κάθε κεφάλαιο αφιερωμένο σε μία συγκεκριμένη πολεοδομική πρόταση συμπληρώνεται από διεξοδική βιβλιογραφία και ιστορικά τεκμήρια που την αφορούν.

Στο πρώτο μέρος εισάγει ένα κεφάλαιο που προσφέρει μια συνθετική εικόνα όλων των σωζόμενων πολεοδομικών προτάσεων, σε συνάρτηση με την ιστορία των ιδεών και με ιδιαίτερη έμφαση στη σχέση της νέας πόλης με την αρχιτεκτονική κληρονομιά της Αθήνας. Στο τελευταίο κεφάλαιο επιχειρείται η συγκριτική αξιολόγηση των λεπτομερώς τεκμηριωμένων αρχικών προτάσεων επανίδρυσης της πόλης στο πλαίσιο των συνθηκών της εποχής τους, καθώς και στο φως της ιστορίας γένεσής τους.

Το δεύτερο μέρος της εργασίας περιέχει μιαν εκτεταμένη συλλογή κειμένων που τεκμηριώνουν την ίδρυση της νέας Αθήνας και που είτε εδημοσιεύθησαν σε παλαιότερες και εξηντλημένες σήμερα εκδόσεις είτε φυλάσσονται ως χειρόγραφα στα Γενικά Αρχεία του Κράτους στην Αθήνα, καθώς και στη συλλογή "Klenzeana" της Βαυαρικής Κρατικής Βιβλιοθήκης στο Μόναχο. Με εξαίρεση κάποια σποραδικά τεκμήρια, δημοσιευμένα παλαιότερα (όπως από τον Μπίρη και τη Φουντουλάκη), αυτή είναι η πρώτη απόπειρα να καταστεί προσιτή στον σημερινό ερευνητή της Αθήνας μια εκτενής, εάν όχι διεξοδική, συλλογή πρωτότυπων πηγών σχετικών με την ιστορία ίδρυσής της. Δεν γίνεται κριτικός σχολιασμός αυτής της συλλογής κειμένων· ωστόσο, στις σημειώσεις των εκάστοτε κεφαλαίων του πρώτου μέρους μνημονεύονται συχνά χωρία από τα αποδεικτικά αυτά κείμενα.

Ο συγγραφεύς του ανά χείρας έργου έχει αφοσιωθεί κατά τα τελευταία τριάντα έτη στη σπουδή της πολεοδομικής εξέλιξης της ιδιαιτέρας πατρίδος του, της Αθήνας, εστιάζοντας ιδιαίτερα το ενδιαφέρον του στην προβληματική προστασίας της παλαιάς πόλης, καθώς και στη διαμόρφωση του αρχαιολογικού της χώρου. Με το πέρασμα των ετών συνεκέντρωσε μια πλούσια συλλογή από πρωτότυπα σχέδια και αντίγραφα, παλαιές φωτογραφίες και κείμενα που ενετάχθησαν στην προκείμενη μελέτη.

Η πρώτη έκδοση της εργασίας του έγινε σε γερμανική γλώσσα από τον εκδοτικό οίκο "DEUTSCHER KUNSTVERLAG" του Μονάχου το έτος 1994, με τίτλο "HAUPTSTADT ATHEN. EIN STADTGEDANKE DES KLASSIZISMUS. Την έρευνα εχρηματοδότησε το Κρατικό Γερμανικό Ίδρυμα Ερευνών (Deutsche Forschungsgemeinschaft).

Το έτος 2000, οι Εκδόσεις ΚΑΠΟΝ ανέλαβαν την πρωτοβουλία να προβούν στην παρούσα ελληνικήν έκδοση του έργου, η οποία εκρατήθη όσο το δυνατόν πλησιέστερα στη σελιδοποίηση της πρωτότυπης γερμανικής. Την μετάφραση ανέλαβε, υπό την προσωπική καθοδήγηση και με την συνεργασία του συγγραφέως, η κυρία Τούλα Σιετή. Τον εκδοτικό οίκο και την μεταφράστρια ευχαριστώ θερμά, για τη συμβολή τους.

Για την ευκολότερη κατανόηση του κειμένου σε συνδυασμό με τα ποικίλα ιστορικά τεκμήρια που παρατίθενται, συγγραφεύς και εκδότης κατέληξαν στην απόφαση να μεταφρασθούν στα Ελληνικά και όλα ανεξαιρέτως τα μνημονευόμενα χωρία ιστορικών κειμένων ή άλλων έργων, των οποίων τα πρωτότυπα είναι διατυπωμένα σε γερμανική, γαλλική ή αγγλική γλώσσα. Η απόλυτη αυθεντικότης του τεκμηρίου, που εγγυάται η γλώσσα στην οποία διετυπώθη, εθυσιάσθη έτσι στη σκοπιμότητα της άμεσης και απρόσκοπτης προσέγγισης του κειμένου από τον Έλληνα αναγνώστη. Ειδικούς μελετητές που ενδιαφέρονται ενδεχομένως για την πρωτότυπη διατύπωση των χωρίων παραπέμπουμε στη γερμανική έκδοση του έργου. Στα κείμενα των τεκμηρίων προσετέθησαν ορισμένες σύντομες επεξηγήσεις του συγγραφέως σε αγκύλες, για την καλύτερη κατανόηση των κειμένων.

Ολόκληρο το κείμενο της ελληνικής έκδοσης του βιβλίου (πραγματεία του συγγραφέως και ιστορικά τεκμήρια) απεδόθη σε μία μικτή καθομιλουμένη γλώσσα και ορθογραφία, που ανταποκρίνονται στο προσωπικό ύφος γραφής του συγγραφέως. Εξαίρεση αποτελούν ορισμένα κείμενα τεκμηρίων σε ξένη γλώσσα, για τα οποία υπάρχει δείγμα γραφής αντιστοίχων κειμένων σε ελληνική γλώσσα αρχαΐζουσα του 19ου αιώνος. Κατά τη μετάφραση των κειμένων αυτών έγινε προσπάθεια μίμησης της γλώσσας αυτής από τη μεταφράστρια (βλ. π.χ. επιστολή Κλεάνθη προς Klenze, τεκμήριο 22 συλλογής "Κειμένων").

Ο συγγραφεύς επιθυμεί να ευχαριστήσει ιδιαιτέρως τον φίλο του καθηγητή Gerd Albers (Μόναχο), που συνώδευσε με τις κριτικές παρατηρήσεις του τη σύνταξη του παρόντος έργου, και να αναφερθεί με αγάπη και τιμή στην αείμνηστη Margarete Kuehn (Βερολίνο), η οποία παρηκολούθησε με συναδελφικό ενδιαφέρον και ενθουσιασμό τη γένεση του.

Το ανά χείρας βιβλίο, ελπίζω να ελκύσει με την διεξοδική του εικονογράφηση και το ευρύ φάσμα των περιεχομένων του, και το ενδιαφέρον ενός ευρύτερου αναγνωστικού κοινού, που προσανατολίζεται όλο και περισσότερο προς τα θέματα της ελληνικής αυτογνωσίας.

Η μελέτη "ΑΘΗΝΑ. ΕΝΑ ΟΡΑΜΑ ΤΟΥ ΚΛΑΣΙΚΙΣΜΟΥ" δεν πρέπει να θεωρηθεί ούτε ως μια ακόμα απόπειρα να γραφεί η ιδρυτική ιστορία της νέας Αθήνας ούτε ως ιδεολογικο-κριτική πραγμάτευση της αναγέννησης της πόλης αυτής. Στόχος της είναι να χρησιμεύσει στους μελλοντικούς ερευνητές, ως εργαλείο εργασίας, αφ' ενός φωτίζοντας όλα τα εναλλακτικά ιδεατά πολεοδομικά πρότυπα για την ίδρυση της πόλης, αφετέρου διευκολύνοντας την πρόσβαση στις πηγές. Η προσέγγιση αυτού και μόνο του στόχου απετέλεσε την προσπάθεια της μακρόχρονης ενασχόλησης του συγγραφέως με το θέμα που πραγματεύεται.

ΑΛΕΞΑΝΔΡΟΣ ΠΑΠΑΓΕΩΡΓΙΟΥ-ΒΕΝΕΤΑΣ

Μόναχο, Απρίλιος 2001

ΜΕΡΟΣ Α

ΠΟΛΕΟΔΟΜΙΚΑ ΠΡΟΤΥΠΑ ΚΑΙ ΠΡΟΤΑΣΕΙΣ ΣΧΕΔΙΑΣΜΟΥ ΤΗΣ ΝΕΑΣ ΑΘΗΝΑΣ

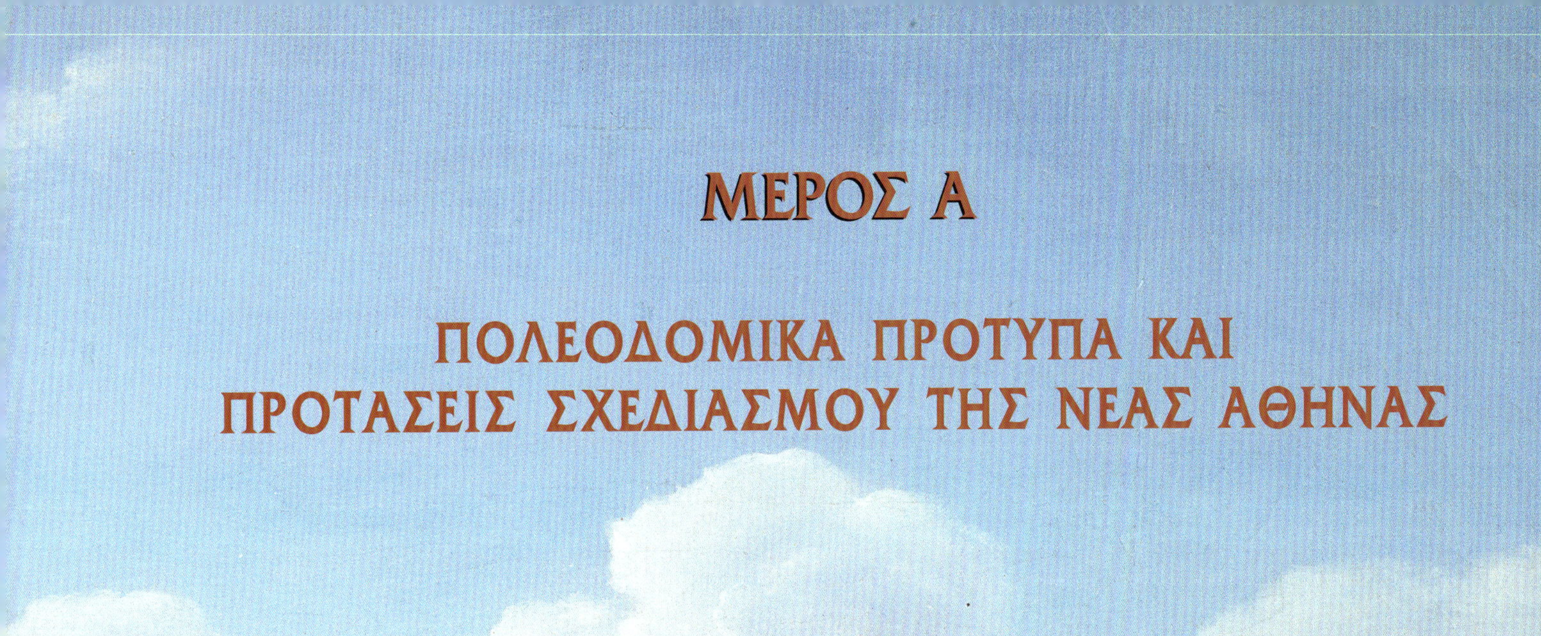

3

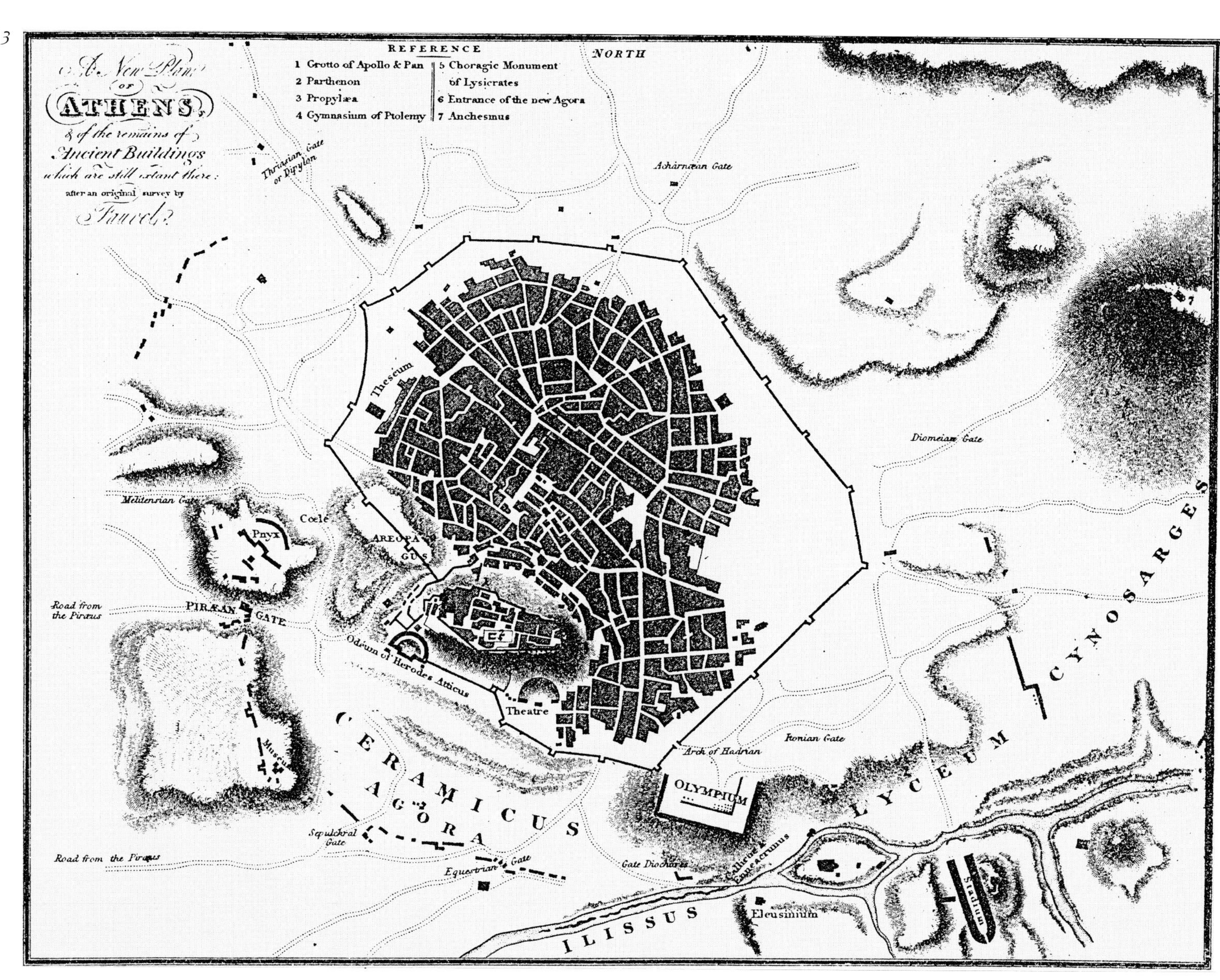

2. Η προεπαναστατική Αθήνα και η Ακρόπολη από τα βορειοανατολικά. Τοιχογραφία του Carl Ferdinand Kuegelgen του 1820. Ο βράχος της Ακροπόλεως παρίσταται υψηλότερος από ό,τι είναι στην πραγματικότητα. Οι λεπτομέρειες του τοπίου είναι υποθετικές. Ελαιογραφία 47,3×68,5 εκ. (Rheinisches Landesmuseum, Βόννη).

3. Ερασιτεχνική αποτύπωση της κάτοψης της Αθήνας (1812) πριν από την Επανάσταση, φιλοτεχνημένη από τον Louis François Sebastien Fauvel (1753-1838), πρόξενο της Γαλλίας και αρχαιολογικό πράκτορα στην Αθήνα. Περίπου σωστή καταγραφή των οικοδομικών τετραγώνων και του νεώτερου τείχους του Χασεκή αλλά ανακριβείς οι διαστάσεις. Χαλκογραφία (αντίτυπο στο Εθνικό Ιστορικό Μουσείο, Αθήνα).

ΚΕΦΑΛΑΙΟ 1

Η Αθήνα στα χρόνια 1831-1839. Οι σωζόμενες πολεοδομικές προτάσεις σχεδιασμού της νέας Αθήνας, υπό το φως των ανταγωνιστικών ιδεατών προτύπων χωροθέτησης της νέας πόλης, σε σχέση με την αρχαία αρχιτεκτονική κληρονομιά. Μια ιστορική ανασκόπηση

Η σημαντικότερη αιτία επιλογής της Αθήνας ως πρωτεύουσας και καθέδρας του βασιλέως του νεοσύστατου ελληνικού κράτους (1833) ήταν ο συναισθηματικός δεσμός του βασιλέως της Βαυαρίας Λουδοβίκου Α' με την πολιτιστική κληρονομιά της πόλης αυτής. Ο Λουδοβίκος ήσκησε ισχυρή πίεση στην αντιβασιλεία στο Ναύπλιο για να επιτευχθεί αυτός ο στόχος[1]. Πίσω από την τελευταία ίδρυση πρωτεύουσας του κλασικισμού στην Ευρώπη κρύβονται πολιτιστικές ευαισθησίες και μια ιδεολογικά υπερφορτισμένη αρχαιομανία. Συγχρόνως λείπουν σε σημαντικό βαθμό οι πρακτικοί προβληματισμοί.

Ο αρχιτέκτων Leo von Klenze, σύμβουλος του βασιλέως Λουδοβίκου Α' και απεσταλμένος του στην Αθήνα το καλοκαίρι του 1834, αιτιολόγησε εύστοχα αυτή την απόφαση λέγοντας: "Αλήθεια, όπως είναι σήμερα η χώρα, μού φαίνεται πως δεν χρειάζονται οι πολλοί άλλοι θετικοί και υλικοί λόγοι για να αποτρέψουν κάθε σκέψη για μια άλλη πρωτεύουσα της Ελλάδος. Το όνομα μόνον 'Αθήνα' ανοικοδομεί την πόλη και της χαρίζει την τέταρτη εποχή της· η Αθήνα θα παρέμενε για τον κόσμο της Ελλάδος πρωτεύουσα, ακόμα και αν ανεκήρυσσε κανείς πρωτεύουσα μιαν άλλη πόλη..." Δεν είναι λοιπόν διόλου περίεργο ότι ως κοινός στόχος όλων των πολεοδομικών σχεδίων και προτάσεων για την Αθήνα διαφαίνεται η καλύτερη δυνατή ένταξη της νέας πόλης στο περιβάλλον ιστορικό τοπίο και η βέλτιστη σύνδεσή της με τα αρχαία μνημεία της πόλης.

Κατά τη διάρκεια της πρώτης δεκαετίας της βασιλείας του Όθωνος (1833-1843) συνεζητήθησαν αρκετά πολεοδομικά σχέδια για τη νέα Αθήνα· μερικά απ' αυτά (σχέδια Κλεάνθη-Schaubert και Klenze) έπαιξαν σημαντικό ρόλο στις μετέπειτα εξελίξεις, ενώ άλλα πρέπει να θεωρηθούν καθαρά θεωρητικές προσεγγίσεις που δεν είχαν καμία συνέπεια (σχέδια Schinkel, von Quast, Καυταντζόγλου, Traxel). Οι προτάσεις αυτές δεν διέφεραν μόνον ως προς τις βασικές αρχές σχεδιασμού της νέας πόλης· διαφορετικός ήταν επίσης ο τρόπος με τον οποίο αντιμετώπιζαν το ζήτημα της χωροταξικής σχέσης μεταξύ "παλαιού" και "νέου" ιστού, καθώς και μεταξύ δομημένων και αδόμητων περιοχών. Έτσι, το κλειδί για την κατανόηση της μεταγενέστερης ανάπτυξης της Αθήνας και του αρχαιολογικού της χώρου φαίνεται να είναι η συγκριτική θεώρηση των προτάσεων για τη νέα πόλη και των σχετικών επιλογών του χώρου ανάπτυξής της.

Οι ανταγωνιζόμενοι πολεοδόμοι συμφωνούσαν, βέβαια, εις το να δημιουργηθεί μία εκτεταμένη ζώνη ανασκαφών γύρω από την Ακρόπολη, αλλά διαφωνούσαν ως προς τη βέλτιστη χωροθέτηση της νέας Αθήνας: στην ποιητική, ωστόσο ελάχιστα ρεαλιστική ιδέα της Αθήνας ως "πόλης επί λόφων" οργανωμένης γύρω από την "αναβιωμένη" Ακρόπολη, που είχε ως στόχο την αλληλοεπικάλυψη στον χώρο του "νέου" και του "παλαιού" και την οποία υπεστήριξαν οι K. F. Schinkel και von Quast, οι Κλεάνθης και Schaubert αντιπαρέθεσαν το όραμα μιας επέκτασης προς βορρά σε επίπεδο έδαφος, δηλαδή το όραμα μιας προσθετικής παράθεσης στον χώρο της νέας πόλης και της περιοχής ανασκαφών. Ο Klenze και ο Καυταντζόγλου –ο καθένας με τον τρόπο του– ήταν υπέρ της αυτόνομης αντιπαράθεσης στον χώρο του "νέου" και του "παλαιού". Για τον Klenze ο ιδανικός χώρος για τη νέα πόλη ήταν οι νότιες κλιτύες του λόφου του Μουσείου, ενώ ο Καυταντζόγλου προτιμούσε την ανατολική κοιλάδα ανάμεσα στον Λυκαβηττό και στον Ιλισσό.

Η πόλη αργότερα ανεπτύχθη εν επαφή με τη ζώνη ανασκαφών και σε στενή σχέση με την υπάρχουσα παλαιά πόλη, ακολούθησε δηλαδή μάλλον το ιδεατό πρότυπο της προσθετικής παράθεσης στον χώρο. Παρά την εν μέρει απρογραμμάτιστη ανάπτυξή της, η έμμονη επιθυμία δημιουργίας ενός ενιαίου αρχαιολογικού πάρκου στην καρδιά της Αθήνας επέζησε πέντε γενεές: ευτυχείς συγκυρίες κατά τη μετέπειτα ανάπτυξη της πόλης, αλλά και συγκεκριμένα ρυθμιστικά μέτρα συνέβαλαν στη διαμόρφωση μιας πλούσιας σε ιστορία πολιτιστικής ζώνης στο κέντρο της μεγαλούπολης.

Η ΑΘΗΝΑ ΠΡΙΝ ΚΑΙ ΑΜΕΣΩΣ ΜΕΤΑ ΤΗΝ ΕΠΑΝΑΣΤΑΣΗ

Κατά τη διάρκεια της τελευταίας φάσης της Οθωμανικής κυριαρχίας (δηλαδή κατά το δεύτερο μισό του 18ου και στις αρχές του 19ου αιώνα), η Αθήνα συνήλθε από την προγενέστερη παρακμή της και ξανάνθισε, μεταβαλλόμενη σε μια επαρχιακή κωμόπολη με 8.000 περίπου κατοίκους (εικ. 4). Ανάμεσα στον πυκνό ιστό ελληνικών, τουρκικών και αλβανικών σπιτιών με αυλές και μικρά περιβόλια, επιζούσε επίσης και ένας μεγάλος αριθμός αρχαίων και μεσαιωνικών μνημείων –μερικά από αυτά ακόμα εν χρήσει, άλλα ερειπωμένα[2].

Τόσο η Ακρόπολη –ως οχυρωμένη άνω πόλη– όσο και η κάτω πόλη στις ανατολικές και βόρειες κλιτύες της (συνολική επιφάνεια 117,5 εκτάρια) ήταν περιοχές πυκνοδομημένες με στενά διαπλεγμένα, χαμηλά κτήρια (εικ. 4). Μέσα στο τείχος δεν υπήρχαν δημόσιοι κήποι ή άλση (εικ. 8, 22).

Η συμπαγής δόμηση που κυριαρχεί στην εικόνα της πόλης

και η εμφανής παρουσία των αρχαίων καταλοίπων που είναι διάσπαρτα παντού είναι τα κύρια χαρακτηριστικά της Αθήνας αυτή την εποχή (εικ. 8). Δύο περίπου χιλιόμετρα πέρα από τις δυτικές παρυφές της πόλης απλωνόταν ο περιώνυμος ελαιώνας, που ερχόταν σε έντονη αντίθεση με την συμπαγή, περιτειχισμένη πόλη. Αυτή η ζώνη πρασίνου με πάνω από 200.000 ελαιόδεντρα εξετείνετο σε ένα μήκος 10 χιλ. από βορρά προς νότο και εκάλυπτε όλη την κοιλάδα του Κηφισού.

Κατά την Επανάσταση και ιδιαίτερα κατά τη δεύτερη πολιορκία της Ακρόπολης το 1826, η πόλη κατεστράφη σχεδόν ολοσχερώς. Παραμονές της ανακήρυξής της σε πρωτεύουσα και έδρα της κυβέρνησης του νεοσύστατου ελληνικού κράτους, πολλοί επισκέπτες –ανάμεσά τους και ο Ludwig Ross[3]– περιγράφουν με πολύ ζοφερά χρώματα την κατάστασή της (εικ. 21).

Ο Ross (εικ. 7) στις επιστολές του μεταφέρει με ζωηρά χρώματα την απογοητευτική εντύπωσή του από την ερημωμένη πόλη το 1832, που την περιγράφει ως "έναν άμορφο, μονότο-

4

4. Η μεγάλη πανοραμική άποψη της πόλης των Αθηνών με τίτλο "Vue générale de la ville d'Athènes prise du côté du chemin de Marathon" που σχεδίασε ο Γάλλος Louis-François Cassas το 1785. Η πόλη είναι ιδωμένη από τη Μονή Πετράκη, 2.000 μ. ΒΑ της Ακρόπολης στις ΝΑ υπώρειες του Λυκαβηττού. Λίγο πιο πριν (το 1778), ο Βοεβόδας της Αθήνας Χατζής Αλή Χασεκής είχε οικοδομήσει ταχύτατα το τείχος της πόλης, που η διαδρομή του φαίνεται καθαρά στην εικόνα. Η γενική αυτή άποψη του Cassas είναι η πρώτη απόπειρα ακριβούς απεικόνισης ολόκληρης της πόλης. Προγενέ-

νο, φαιοκάστανο σωρό από χαλάσματα και σκόνη". Μόνον η Ακρόπολη και ο ναός του Θησέως, (δηλ. το Ηφαιστείο), μαρτυρούν την ιστορική πόλη. Αρχαίοι τόποι, όπως η Ακαδημία του Πλάτωνος και ο Ίππιος Κολωνός, έχουν χαθεί ολότελα από το πρόσωπο της γης, ακόμα και η Ακρόπολη έχει παραμορφωθεί από τους προμαχώνες στα Προπύλαια (εικ. 5 άνω). Τον λόφο του Αρείου Πάγου τον είδε κατειλημμένο από την καλύβα ενός δερβίση, που καλούσε τους μωαμεθανούς σε προσευχή.

Ο Ross κάνει επίσης λόγο για τους καθημερινούς του περιπάτους μέσα στην κατεστραμμένη πόλη και για τη θήρα αρχαιοτήτων στην οποία επιδίδεται, δηλαδή την αναζήτηση αρχαίων αρχιτεκτονικών μελών και επιγραφών. Ως χαρακτηριστικός εκπρόσωπος του αρχαιομανούς φρονήματος της εποχής του, χαίρεται για την ερείπωση των 115 βυζαντινών και μεταβυζαντινών εκκλησιών της πόλης, γιατί "από αυτές προέρχονται τα περισσότερα ευρήματά του" κατά την αναζήτηση αρχαίων καταλοίπων! Παρ' ότι υπάρχουν οι πρώτες ενδείξεις ταύτισης των Νεοελλήνων με το ένδοξο παρελθόν τους, το έργο της καταστροφής συνεχίζεται: ο πληθυσμός χρησιμοποιεί επιγραφές για σύγχρονες βαθμίδες και σαρκοφάγους για σκάφες. Αλλά, αμερόληπτος καθώς είναι, ο Ross καταγράφει επίσης τους βανδαλισμούς στους οποίους προβαίνουν οι πρώτοι ξένοι επισκέπτες στην Αθήνα, που καταστρέφουν τα αρχαία ερείπια πάνω στην Ακρόπολη για να πάρουν ενθύμιο μαζί τους δουλεμένες πέτρες.

στερες απεικονίσεις παρουσιάζουν πολλά επινοημένα στοιχεία. Έχουν διασωθεί διάφορες παραλλαγές της εικόνος (χαλκογραφίας) με και χωρίς επιχρωμάτιση με ακουαρέλλα. (Ιδιωτική συλλογή, Αθήνα).

ΤΟ ΣΧΕΔΙΟ ΤΩΝ ΚΛΕΑΝΘΗ ΚΑΙ SCHAUBERT· ΤΟ ΠΡΩΤΟ ΤΕΚΜΗΡΙΟ ΓΙΑ ΤΗΝ ΙΔΡΥΣΗ ΤΗΣ ΝΕΑΣ ΑΘΗΝΑΣ· ΜΙΑ ΠΡΟΤΑΣΗ ΠΡΟΣΘΕΤΙΚΗΣ ΠΑΡΑΘΕΣΗΣ ΣΤΟ ΧΩΡΟ ΤΟΥ "ΠΑΛΑΙΟΥ" ΚΑΙ ΤΟΥ "ΝΕΟΥ" ΙΣΤΟΥ

Αυτή η απογοητευτική περίοδος απραξίας δεν εκράτησε πολύ: ύστερα από έντονη αντιπαράθεση για τη χωροθέτηση της πρωτεύουσας του νέου κράτους, το 1833 ανεκηρύχθη τελικά η Αθήνα βασιλική καθέδρα και πρωτεύουσα πόλη[4]. Οι μαθητές του K. F. Schinkel, Σταμάτιος Κλεάνθης (1802-1862) και Eduard Schaubert (1804-1860) είχαν ήδη συντάξει από το 1831/32 λεπτομερή τοπογραφική αποτύπωση της παλαιάς πόλης, η οποία εχρησίμευσε ως υπόβαθρο του πολεοδομικού σχεδίου τους. Οι δύο φίλοι αρχιτέκτονες απετύπωσαν με ιδιαίτερη επιμέλεια την υφιστάμενη παλαιά πόλη και τα μνημεία της, το τούρκικο τείχος που την περιέβαλε, καθώς και τα περίχωρα της πόλης με τους αγροτικούς δρόμους.

Τον Ιούλιο του 1833 επεκυρώθη από τον Βασιλέα Όθωνα το σχέδιο πόλης που εξεπόνησαν για τη νέα Αθήνα. Η πρότασή τους δείχνει με πόσο σεβασμό για τα αρχαία κατάλοιπα εσχεδίασαν οι δύο αρχιτέκτονες τη μελλοντική πόλη. Στο μνημόνιό τους με τίτλο "*Erlaeuterung des Planes der Stadt Neu-Athen*" (Περιγραφή του σχεδίου της νέας Αθήνας), το οποίο συνόδευε το σχέδιο τους, περιέχεται το αίτημα οι βόρειες κλιτύες της Ακρόπολης να μείνουν ελεύθερες εποικισμού για μελλοντικές ανασκαφές.

Το σχέδιο πόλης των Κλεάνθη και Schaubert πρέπει να θεωρηθεί ως μία εφευρετικώτατη πρόταση δημιουργίας μιας "κατάφυτης" κλασικιστικής πόλης, ως ένα ιδιότυπο δηλαδή μόρφωμα. Το σχέδιο είναι προσαρμοσμένο στο μεσογειακό κλίμα και αποπειράται να συνδυάσει κεντροευρωπαϊκές γεωμετρικές διατάξεις πόλεων, καθώς και προοπτικές φυγές και θέες προς τα μνημεία με τρόπους δόμησης και παραδοσιακούς τρόπους ζωής του Νότου (όπως μονοκατοικίες με κήπους κτισμένες κατά το "πανταχόθεν ελεύθερον" σύστημα και παρόδιες στοές γύρω από κεντρικούς δημόσιους χώρους). Η βασική πρόταση του σχεδίου ήταν η άμεση παράθεση παλαιάς και νέας πόλης, η οποία αποτελεί επέκταση της πρώτης προς το βορρά. Η νέα πόλη (έκταση 215 εκτάρια) θα είχε σχήμα μηνίσκου και θα περιέβαλε τον υφιστάμενο ιστορικό πυρήνα που θα αναδιεμορφώνετο: η διάνοιξη νέων οδών στην παλαιά πόλη θα καθιστούσε δυνατή την αρμονική σύζευξη των δύο τμημάτων της πόλης.

Τα κυριώτερα χαρακτηριστικά του σχεδίου (εικ. 10) είναι τα εξής:

1. Η χαρακτηριστική τριγωνική-ακτινωτή διάρθρωση του ρυμοτομικού σχεδίου σύμφωνα με τη λογική της πόλης της πεφωτισμένης δεσποτείας 18ου αιώνα (πρότυπα: η Πετρούπολη, οι Βερσαλλίες, η Καρλσρούη): οι κυριώτερες οδικές αρτηρίες ξεκινούν ακτινωτά από την έδρα της βασιλικής εξουσίας (τα ανάκτορα) με τη μορφή της λεγόμενης "patte d'oie" (ποδιού χήνας).

2. Η άμεση οπτική σύνδεση των συμβολικά σημαντικών σημείων της πόλης με τα αρχαία μνημεία της Ακρόπολης (π.χ. ο άξων της οδού Αθηνάς που συνδέει οπτικά τα ανάκτορα με τα Προπύλαια).

3. Η εφευρετικώτατη χάραξη των κυριωτέρων οδών, οι οποίες διατάσσονται τριγωνικά· το σύστημα αυτό συνίσταται σε περισσότερα του ενός ορθογωνικά δίκτυα οδών, τα οποία είναι διατεταγμένα διαγωνίως το ένα προς το άλλο. Η διάταξη των κυρίων οδών υπό μορφήν ορθογωνίου τριγώνου επιτρέπει, αντίθετα από ό,τι συμβαίνει στην περίπτωση οξυκόρυφων ακτινωτών διατάξεων, τη διαμόρφωση αυτόνομων συνοικιών με ορθογώνιο κάναβο οδών. Οι συνοικίες οργανώνονται παράλληλα προς τις διαγωνίως διατεταγμένες κύριες οδικές αρτηρίες.

4. Η διαγώνια διάταξη των δύο κυριώτερων οδικών αξόνων (δηλαδή των οδών Σταδίου και Πειραιώς) δεν είναι μόνο μία τυπική επιλογή συμμετρίας. Οι δύο αυτοί άξονες έχουν την

5

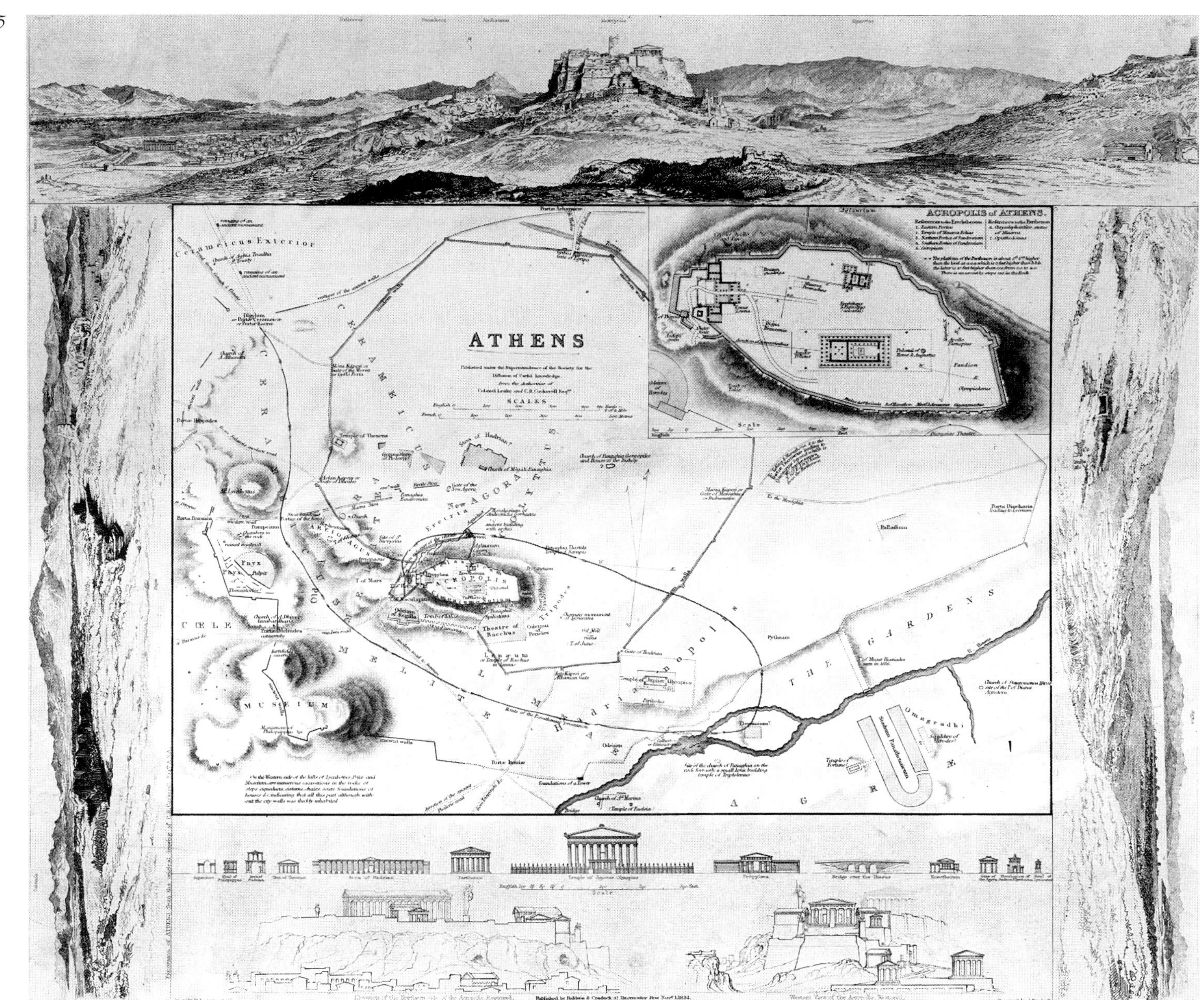

5. Αρχαιογνωστικό σχέδιο της Αθήνας (χωρίς αποτύπωση της πόλης) του William Martin Leake (1777-1860) το 1821, τον χρόνο που εκηρύχθη η Επανάσταση· από το έργο του The Topography of Athens, London 1821, που εδημοσιεύθη τον ίδιο χρόνο. Τα στοιχεία για τους αρχαιολογικούς χώρους και τα μνημεία αντικατοπτρίζουν το τότε επίπεδο των γνώσεων και χρειάζονται βεβαίως αναθεώρηση. Κλίμαξ πρωτοτύπου περίπου 1:8.000. Το αντίγραφο που δημοσιεύεται εδώ είναι παρμένο από μια μεταγενέστερη δημοσίευση της "Society for Difusion of Useful Knowledge" (1832). (Από την συλλογή του συγγραφέως).

κατεύθυνση των υφιστάμενων κυριότερων διαύλων ανάμεσα στους κεντρικούς λόφους του λεκανοπεδίου της Αθήνας.

Σε αυτή την κλασικιστική μεσογειακή κατάφυτη πόλη, την σχεδιασμένη σε σχεδόν επίπεδο έδαφος προεβλέποντο πολλά μικρά δημόσια πάρκα και φυτεμένες πλατείες (9,6 εκτάρια συνολικά), καθώς επίσης και ένας εκτεταμένος βασιλικός κήπος (18 εκτάρια συν 3 επί πλέον εκτάρια πρασίνου γύρω από τα γειτονικά υπουργεία) πλάι στα ανάκτορα στις βόρειες παρυφές της πόλης. Το σχετικά χαμηλό ποσοστό χώρων πρασίνου στη νέα πόλη εξισορροπούσαν οι προβλεπόμενοι ιδιωτικοί κήποι· επίσης προεβλέπετο εκτεταμένη δενδροφύτευση των οδών.

Ο βασιλικός κήπος, τριγωνικού σχήματος, παρότι δεν διεμορφώθη ποτέ στην προβλεφθείσα αρχικά θέση (όπως άλλωστε και τα ανάκτορα), ως σχέδιο είχε μεγάλη ομοιότητα με τον βασιλικό κήπο όπως διεμορφώθη τελικώς από τη βασίλισσα Αμαλία στις ανατολικές παρυφές της πόλης. Και στις δύο περιπτώσεις επροτάθη μια πυκνοφυτευμένη παραλλαγή του αγγλικού κήπου (jardin a l'anglaise), που συνεδύαζε τη γραφικότητα του αγγλικού προτύπου με την ιδέα μιας όασης πρασίνου σε μια πόλη του Νότου.

Σε κατάφωρη αντίθεση με αυτή την γεωμετρικά διατεταγμένη, κτισμένη κυρίως σε επίπεδο έδαφος πρωτεύουσα, η περιοχή νοτίως της Ακρόπολης, με τους παρακείμενους ιστορικούς λόφους και τις όχθες του Ιλισσού παρέμενε αδόμητη στο σχέδιο των Κλεάνθη-Schaubert, προκειμένου να δημιουργηθεί μια εκτεταμένη αρχαιολογική ζώνη ανασκαφών, συνολικής έκτασης 150 περίπου εκταρίων. Η ζώνη αυτή θα είχε έκταση ίση με τα τρία τέταρτα της προτεινόμενης νέας πόλης.

6

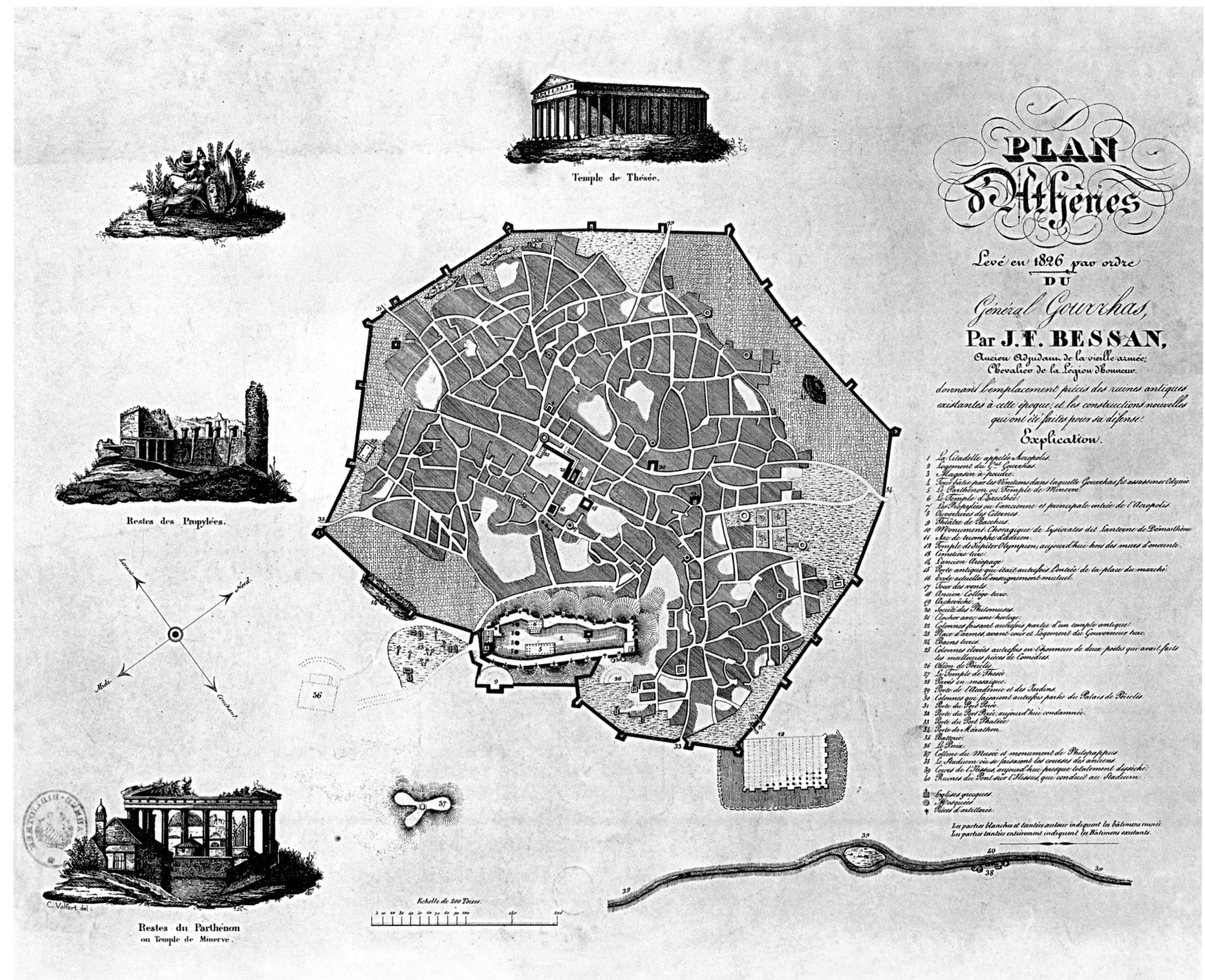

6. Αποτύπωση της Αθήνας από τον J. F. Bessan το 1826 (κατά την Επανάσταση), κατ' εντολήν του φρούραρχου της Ακρόπολης στρατηγού Γκούρα, στην οποία σημειώνονται τα κατεστραμμένα (λευκές επιφάνειες) και τα διατηρημένα (διαγραμμισμένες επιφάνειες) οικοδομικά τετράγωνα. Χαλκογραφία. Κλίμαξ του πρωτοτύπου περίπου 1:5.000. (Αντίτυπο στη Γεννάδειο Βιβλιοθήκη, Αθήνα).

Η θεμελιώδης ιδέα των Κλεάνθη και Schaubert ήταν η αρμονική συνύπαρξη της νέας πόλης στο βορρά με την πλούσια σε ιστορία ζώνη ανασκαφών στο νότο. Η πρόταση για την παλαιά πόλη στις βόρειες κλιτύες της Ακρόπολης προέβλεπε εν μέρει την καταδάφιση και εν μέρει την εξυγείανσή της, προκειμένου να διευκολυνθούν οι μελλοντικές ανασκαφές για την αποκάλυψη της αρχαίας Αθήνας.

Στο τέλος του αγώνα της ανεξαρτησίας, λίγα μόνο από τα 1.200 κτήρια της παλαιάς πόλης είχαν μείνει ανέπαφα. Η Αθήνα είχε καταστραφεί σχεδόν ολοσχερώς. Αυτό επέτρεψε στους νεαρούς αρχιτέκτονες την τολμηρή πρόταση για εκτεταμένες ανασκαφές στους πρόποδες της Ακρόπολης. Έτσι οι συντάκτες του σχεδίου ετάχθησαν με πείσμα όχι μόνον υπέρ των ανασκαφών στις βόρειες υπώρειες της Ακρόπολης, αλλά επρότειναν και την διαμόρφωση του τοπίου στους αρχαιολογικούς χώρους μετά το πέρας των ανασκαφικών εργασιών. Όμως, σοφά πράττοντες, δεν διετύπωσαν καμία κηποτεχνική πρόταση για τη διαμόρφωση των ελεύθερων χώρων αυτής της ζώνης, που θα ήταν τότε παράκαιρη. Επέμειναν όμως να αρχίσουν άμεσα οι ανασκαφές στην περιοχή, διότι, όπως έγραψαν, "υπάρχει φόβος να αποβούν αργότερα τόσον αι δυσκολίαι όσον και αι δαπάναι αποκτήσεώς της ακόμη σοβαρώτεραι, ως μας έχει διδάξει η πείρα εις την Ρώμην". Η ιδέα ενός ενιαίου αρχαιολογικού πολιτιστικού πάρκου εμπεριέχεται επομένως εν σπέρματι ήδη στις προτάσεις των Κλεάνθη και Schaubert[5].

7

7. Πορτραίτο (σκαρίφημα με μολύβι) του αρχαιολόγου Ludwig Ross (1806-1859), που εφιλοτέχνησε στην Αθήνα ο E. Schaubert· φέρει την ιδιόχειρη παρατήρηση "παριστάνεται κάπως πιο ηλικιωμένος και με πιο μικρό μουστάκι".

8

8. Απόσπασμα ενός από τους 10 πίνακες του μνημειώδους πανοράματος της Αθήνας, που εφιλοτέχνησε ο Γραμματεύς της Βαυαρικής αντιβασιλείας Ferdinand Stademann το 1836 από την Πνύκα και το οποίο εδημοσιεύθη "δια λιθογραφίας" το 1841 στο Τυπογραφείον Wild του Μονάχου. Το πανόραμα καλύπτει όλο το οπτικό πεδίο των 360 μοιρών και τεκμηριώνει με μεγάλη ακρίβεια την κατάσταση της πόλης στα πρώτα χρόνια της Οθωνικής βασιλείας. Στο απόσπασμα: το κέντρο της Αθήνας με το Ρολόι της Αγοράς, δωρεά του Λόρδου Elgin (αριστερά), το Φετιχέ Τζαμί (κέντρο) και το σπίτι των Κλεάνθη και Schaubert (δεξιά, στην άκρη). Στο βάθος οι νεόδμητοι τότε βασιλικοί σταύλοι. (Αντίτυπο στη Γεννάδειο Βιβλιοθήκη, Αθήνα).

Αλλά και για τον Ludwig Ross το 1833 δεν υπήρχε αμφιβολία πως ολόκληρο το άνω τμήμα της παλαιάς πόλης θα κατεδαφίζετο στο μέλλον για να γίνουν αρχαιολογικές ανασκαφές, όπως προέβλεπε το σχέδιο των Κλεάνθη και Schaubert. Όταν το κράτος θα κατόρθωνε να απαλλοτριώσει ολόκληρη την περιοχή γύρω από την Ακρόπολη, λέει ο Ross, θα έπρεπε οι ανασκαφές να είναι όσο το δυνατόν μεγαλύτερης κλίμακος και να μην περιορισθούν στην απελευθέρωση από τις επιχώσεις των γνωστών μόνο μνημείων. Ο Ross παραδέχεται πως ένα τέτοιο εγχείρημα θα απαιτούσε σημαντικά κονδύλια και προτείνει την εγκατάσταση ξένων επιστημονικών ιδρυμάτων για την προώθηση των ανασκαφών στην Αθήνα.

Το ανατολικό τμήμα της αρχαίας πόλης –η πόλη του Αδριανού, το Ολυμπιείο και η περιοχή του Ιλισσού– δεν φαίνεται να απειλείται από τον σχεδιασμό της νέας πόλης. Ο Ross παρατηρεί ότι αυτή η περιοχή είναι πολύ μακρυά από το κέντρο της νέας Αθήνας και ότι γι' αυτό στο μέλλον οι ανασκαφές εδώ θα ήσαν εύκολες, πράγμα που επεβεβαίωσε εξ άλλου η κατοπινή εξέλιξη.

Τον επόμενο όμως χρόνο (1834), το εμπνευσμένο πολεοδομικό σχέδιο των Κλεάνθη και Schaubert δυστυχώς αμφισβητήθηκε. Η παράνομη δόμηση στην παλαιά πόλη, η κερδοσκοπία πάνω στη γη, καθώς και οι διαμαρτυρίες των κατοίκων εναντίον των σκληρών μέτρων απαλλοτριώσεων για την ανάπλαση της παλαιάς πόλης, ήσαν οι κύριες αιτίες που οδήγησαν στην αναθεώρηση του σχεδίου. Σημαντικό ρόλο σε αυτό έπαιξε επίσης η τελική χωροθέτηση των ανακτόρων, που υπήρξε απ' αρχής αμφιλεγόμενη.

LEO VON KLENZE: ΘΕΩΡΗΤΙΚΕΣ ΑΠΟΨΕΙΣ ΚΑΙ ΣΥΓΚΕΚΡΙΜΕΝΕΣ ΠΡΟΤΑΣΕΙΣ ΠΟΛΕΟΔΟΜΙΚΟΥ ΣΧΕΔΙΑΣΜΟΥ, ΣΥΝΤΗΡΗΣΗΣ ΜΝΗΜΕΙΩΝ ΚΑΙ ΔΙΑΜΟΡΦΩΣΗΣ ΙΣΤΟΡΙΚΩΝ ΧΩΡΩΝ ΣΤΗΝ ΑΘΗΝΑ

Οι αντιπαραθέσεις αυτές καθυστέρησαν την εφαρμογή του σχεδιασμού έναν περίπου χρόνο (1833-1834). Το καλοκαίρι του έτους 1834 με πρωτοβουλία του Βασιλέως Λουδοβίκου Α' της Βαυαρίας και μετά από αίτημα της αντιβασιλείας, αναθεωρείται το σχέδιο. Υπακούοντας στην επιθυμία του Βασιλέως, φθάνει στην Αθήνα ο σύμβουλός του αρχιτέκτων Leo von Klenze, που παραμένει στην Ελλάδα επί τρεις μήνες (Ιούλιο μέχρι Οκτώβριο 1834). Ο Klenze έρχεται εξουσιοδοτημένος να επέμβει ουσιαστικά στα πολιτικά αλλά και πολιτιστικά πράγματα της χώρας. Το σχέδιο που συντάσσει για την Αθήνα είναι μια συμβιβαστική λύση, μια απόπειρα προσαρμογής του μεγαλόπνοου αρχικού σχεδίου στην πολιτική και οικονομική πραγματικότητα του νεοσύστατου κράτους, με αποτέλεσμα τη συρρίκνωσή του. Ο Klenze υιοθετεί μεν τις –ήδη περιγραφείσες– βασικές κατευθύνσεις του αρχικού σχεδίου αλλά μειώνει την έκταση των δημοσίων χώρων, καθώς και ολόκληρη την περιοχή επέκτασης της πόλης. Επίσης αλλάζει την πυκνότητα και το σύστημα δόμησης: αντί του "πανταχόθεν ελευθέρου" προβλέπεται τώρα για το μεγαλύτερο μέρος της πόλης το συνεχές σύστημα δόμησης, το οποίο, κατά τη γνώμη του Klenze, ανταποκρίνεται στον χαρακτήρα της "μεσογειακής" πόλης, όπως την γνωρίζει από τα ιταλικά πρότυπα.

Όπως ο K. F. Schinkel, έτσι και ο σύγχρονός του Leo von Klenze ήταν επιφανής εκπρόσωπος του ρομαντικού κλασικισμού στην αρχιτεκτονική της Κεντρικής Ευρώπης. Η ακριβής γνώση των αρχαιοελληνικών μορφών και τρόπων δόμησης συνεδυάζετο στην περίπτωσή του με μια ελεύθερη ποιητική ερμηνεία του ελληνικού ιδεώδους. Αυτό του επέτρεψε ορισμένες αποκλίσεις από τον στείρο ακαδημαϊκό κλασικισμό και την άκαμπτη συμμετρία του. Η όψιμη αυτή αποστροφή προς τις επιδεικτικές πολεοδομικές συνθέσεις με τους αυστηρούς άξονες συμμετρίας φαίνεται καθαρά στο σχέδιο του Klenze για την Αθήνα. Ο Klenze ήταν πεπεισμένος πως η ίδρυση μιας πόλης σε κλασικό έδαφος ώφειλε να ακολουθήσει το παράδειγμα των ελεύθερων συνθέσεων των αρχαιοελληνικών κέντρων των πόλεων (δηλαδή των ιερών περιβόλων και των αγορών τους) και πως πρώτιστος στόχος ήταν η αρμονική ένταξη της νέας πόλης στο υφιστάμενο τοπίο. Έτσι, ο Klenze υπερασπίζεται την "γραφικότητα" των συνθέσεων και χαρακτηρίζει την άκαμπτη μνημειακή φυσιογνωμία του κεντροευρωπαϊκού κλασικισμού αταίριαστη για την Ελλάδα και ξένη προς το ελληνικό πνεύμα.

Οι απόψεις του αυτές έρχονται σε φανερή αντίθεση με τον σχεδιασμό των Κλεάνθη και Schaubert, τον οποίο όντως επέκρινε διεξοδικά στα κείμενά του (βλ. *Aphoristische Bemerkungen*..., σελ. 419 και 434-441). Δεν είναι δύσκολο να φαντασθούμε ότι η, σύμφωνα με τη βαθύτερη πεποίθησή του, ενδεδειγμένη λύση (την οποία όμως τελικά δεν επρότεινε στο σχέδιό του) δεν θα διέφερε πολύ από την πρόταση της πόλης επί λόφων, που διετύπωσε τον ίδιο χρόνο ο von Quast.

Το αρχικό σχέδιο όμως είχε εγκριθεί τον προηγούμενο χρόνο και οι κύριες οδοί είχαν ήδη χαραχθεί στο έδαφος. Ο Klenze, πραγματιστής καθώς ήταν, ήξερε ότι ήταν πια αδύνατη η ριζική ανασύνταξη του σχεδίου. Έτσι, προχώρησε σε επιμέρους τροποποιήσεις της αρχικής σύλληψης. Είναι ευνόητο πως, αφού δεν επρόκειτο παρά για μία προσπάθεια προσαρμογής στις δεδομένες αναγκαιότητες, επεδόθη σ' αυτό το έργο κάτω από ιδιαίτερα αντίξοες συνθήκες. Θα ήταν επομένως άδικο να εκτιμηθούν οι πραγματικές του ικανότητες με μέτρο το σχέδιο αυτό! (εικ. 12).

Άλλες προτάσεις του Klenze για την Αθήνα είναι αναμφίβολα πολύ πιο αξιόλογες από καλλιτεχνική άποψη. Αποβλέποντας στη δημιουργία εντυπώσεων "γραφικότητος" συνέθεσε σχέδια για δημόσια κτήρια σε άμεση οπτική διασύνδεση με την ιστορική-αρχαιολογική περιοχή. Αυτό ισχύει κυρίως για το σχέδιό του για τα ανάκτορα και τα υπουργεία, που τα ετοποθέτησε σε διάφορα επίπεδα στις βορειοδυτικές κλιτύες του λόφου των Νυμφών (υψώματα του Αγίου Αθανασίου). Οι εκτεταμένοι κήποι τους, που απλώνονταν επάνω στο λοφώδες έδαφος, και το εντεταγμένο σ' αυτούς Θησείο ως αυθεντικό, αρχαίο εύρημα ("objet trouvé"), προσέδιδαν στο σχέδιο ιδιαίτερη γοητεία. Ο κήπος αυτός θα εκάλυπτε μεγαλύτερη επιφάνεια (24,5 εκτάρια) από ό,τι ο κήπος του αρχικού σχεδίου, αλλά ως ρομαντική διαμόρφωση τοπίου σε ανώμαλο έδαφος περιελάμβανε εκτεταμένες περιοχές καλυμμένες με θάμνους και χλόη και λίγα μεγάλα παρτέρια.

Μέσα από το σχέδιο των ανακτόρων του Leo von Klenze

προβάλλει η ρομαντική ροπή προς τη φύση, η επιθυμία δόμησης σε γραφικό περιβάλλον και η δήλωση συνέχειας μεταξύ αρχαίας και "σύγχρονης" (δηλαδή κλασικιστικής) ελληνικής αρχιτεκτονικής. Το ίδιο ισχύει και για την ιδέα του να καλλωπισθεί το πλάτωμα της Ακρόπολης με κατάλληλη φύτευση.

Όπως το σχέδιο των ανακτόρων στην Ακρόπολη του K. F. Schinkel, έτσι και το όραμα του Leo von Klenze για τα ανάκτορα, στο σχέδιο του οποίου τα νέα κτήρια ευρίσκονται σε άμεση γειτνίαση με τους αρχαιολογικούς χώρους, αντιβαίνει σε κάθε σημερινή αντίληψη δεοντολογίας για τη συντήρηση των αρχαίων μνημείων. Η άμεση αντιπαράθεση της αρχαίας πολιτιστικής κληρονομιάς με κλασικιστικά (δηλαδή τότε "σύγχρονα") έργα δείχνει βέβαια ελάχιστο "μουσειακό" σεβασμό απέναντι στην αρχαία κληρονομιά, ανταποκρίνεται όμως σε μια λογική συνέχειας στην αρχιτεκτονική δημιουργία, που σήμερα πλέον έχει χαθεί. Δεν υπάρχει αμφιβολία πως ο Leo von Klenze ήθελε να χωροθετήσει τα ανάκτορα και τα υπουργεία σε μια περιοχή ήδη γνωστής αρχαιολογικής σημασίας: στον χώρο του Κεραμεικού, δηλαδή του σημαντικώτερου νεκροταφείου της αρχαίας Αθήνας. Το έντονο ενδιαφέρον του για την αρχαιολογική έρευνα στην περίπτωση αυτή προφανώς υποχωρεί. Ο αρχιτέκτων Klenze δεν μπορεί να αντισταθεί στη γοητεία του χώρου στις δυτικές κλιτύες του λόφου των Νυμφών[6]... Εάν αυτές οι επεμβάσεις είχαν πραγματοποιηθεί κατά τον 19ο αιώνα, θα είχαν ασφαλώς δυσχεράνει εξαιρετικά τη μελλοντική αρχαιολογική έρευνα· ευτυχώς, παρά την υψηλή αρχιτεκτονική αξία τους, κανένα από αυτά τα σχέδια δεν υλοποιήθη. Εντούτοις, η καλλιτεχνική αξία των εμπνευσμένων αυτών αρχιτεκτονικών προτάσεων παραμένει αδιαμφισβήτητη.

Όσον αφορά τη δημιουργία ενός εκτεταμένου αρχαιολογικού πάρκου, ο Klenze όχι μόνον επιμένει στην αρχική ιδέα των Κλεάνθη και Schaubert να παραμείνει ελεύθερος για ανασκαφές ο χώρος γύρω από την Ακρόπολη καθώς και οι παρακείμενοι λόφοι, αλλά εκδηλώνει επίσης ηυξημένο ενδιαφέρον για την αποτύπωση και διατήρηση όλων των μνημείων, δηλαδή όχι μόνον της κλασικής, αλλά επίσης της βυζαντινής, φραγκικής και τουρκικής εποχής.

Ο Klenze εγκωμίαζε μεν με διπλωματική ευστροφία τις προσπάθειες του αφοσιωμένου Έλληνα Επιμελητή Αρχαιοτήτων Κυριάκου Πιττάκη, ταυτοχρόνως όμως εθεωρούσε τα υφιστάμενα μέτρα προστασίας των αρχαιοτήτων ανεπαρκέστατα. Ελυπείτο –όπως άλλωστε και ο Ross– για την άθλια κατάσταση της αρχαίας αρχιτεκτονικής κληρονομιάς και επέκρινε ανοικτά τους συμπατριώτες του Γερμανούς, διαπιστώνοντας πως η θλιβερή αυτή κατάσταση ελάχιστα "φαινόταν να ανησυχεί πολλούς από τους επήλυδες που κυβερνούσαν"[7]. Συνιστούσε να απομακρυνθούν από την Ακρόπολη τα κτήρια μεταγενέστερων εποχών (μια πρόταση, σημειωτέον, που δεν περιελάμβανε το μνημόνιο των Κλεάνθη και Schaubert), και επέμενε πως ήταν αναγκαίος ο καθορισμός χώρων ανασκαφών, η δια νόμου προστασία τους, καθώς και η δημιουργία ενός σώματος αρχαιοφυλάκων. Στον Klenze επίσης οφείλουμε την ενεργοποίηση του πρώτου Νόμου περί Αρχαιοτήτων του Μαΐου 1834. Το οργανωτικό πλαίσιο που προέτεινε για την προστασία των αρχαιοτήτων ενεκρίθη αμέσως από τον Βασιλέα Όθωνα και η κυβέρνηση διέθεσε αμέσως τα αναγκαία κονδύλια για την αναστήλωση του Παρθενώνα. Στις 10 Σεπτεμβρίου του 1834 κατά την επίσημη τελετή έναρξης των εργασιών αναστήλωσης στον Παρθενώνα, ο Klenze προσεφώνησε τον Βασιλέα Όθωνα στην Ακρόπολη. Αργότερα θα περιγράψει αυτή τη στιγμή ως την ευτυχέστερη της ζωής του[8].

Ο Klenze εθεωρούσε ότι τα μέτρα συντήρησης των μνημείων της Ακρόπολης ήταν αποφασιστικής σημασίας για τον πο-

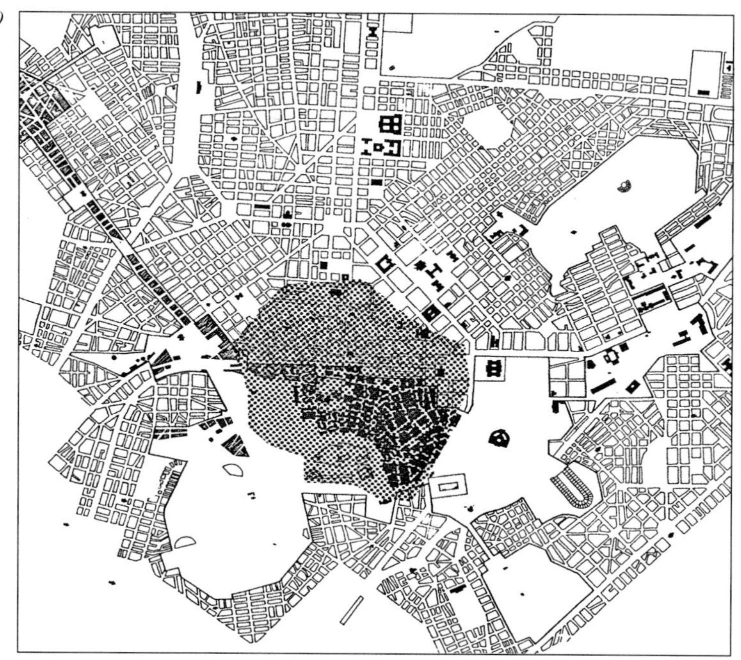

9. Ο πολεοδομικός ιστός του κέντρου της Αθήνας σήμερα (2000). Με γκρίζο τόνο η έκταση της πόλης πριν από την Επανάσταση του 1821. Κλίμαξ 1:45.000. (Σχέδιο του συγγραφέως).

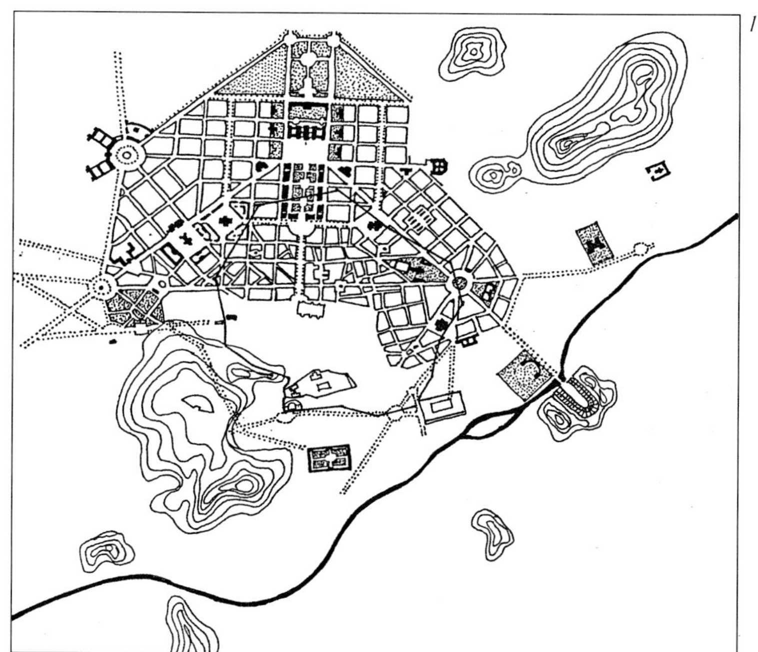

10. Σχηματική απεικόνιση των κυριωτέρων χαρακτηριστικών της κάτοψης της πόλης σύμφωνα με το σχέδιο των Κλεάνθη-Schaubert (1832-1833). Κλίμαξ 1:45.000. (Σχέδιο του συγγραφέως).

λεοδομικό σχεδιασμό και την ανάπτυξη της νέας πρωτεύουσας. Ήλπιζε –πράγμα που επιβεβαίωσαν οι κατοπινές εξελίξεις– πως η πρωτοβουλία προστασίας των αρχαιοτήτων θα γεννούσε το ενδιαφέρον της "πολιτισμένης Ευρώπης", όπως έλεγε, για τις τύχες της Αθήνας. Τέλος επίστευε πως η καταστροφή των μνημείων, πράγμα που στο παρελθόν ήταν ο κανών, θα ήταν στο μέλλον η εξαίρεση και πως ο ελληνικός λαός θα μπορούσε να βρει στην αρχαία τέχνη ένα στοιχείο ταύτισης αλλά και έμπνευσης που θα τον οδηγούσε σε νέα καλλιτεχνικά επιτεύγματα.

Όπως είναι γνωστό, οι αρχιτεκτονικές προτάσεις του Leo von Klenze (για τα ανάκτορα, το παντεχνείο και το μουσείο της Ακρόπολης) δεν εφηρμόσθησαν και έτσι δεν είχαν επιπτώσεις στο μέλλον της πόλης. Τα ενεργητικά ωστόσο μέτρα που έλαβε, ώστε η Ακρόπολη να χαρακτηρισθεί αμιγής αρχαιολογικός χώρος, ήταν το πρώτο βήμα υιοθέτησης μιας ακαδημαϊκής και καθαρεύουσας αναστηλωτικής στάσης που έκτοτε υπερίσχυσε πάντα κατά τη διαμόρφωση του μνημειακού χώρου της Ακρόπολης: τα μετακλασικά κτίσματα απεμακρύνθησαν συστηματικώς και μέχρι σήμερα απεφεύχθη η ανέγερση νέων κτηρίων στην Ακρόπολη, με εξαίρεση βέβαια το διακριτικά χωροθετημένο μουσείο της.

11
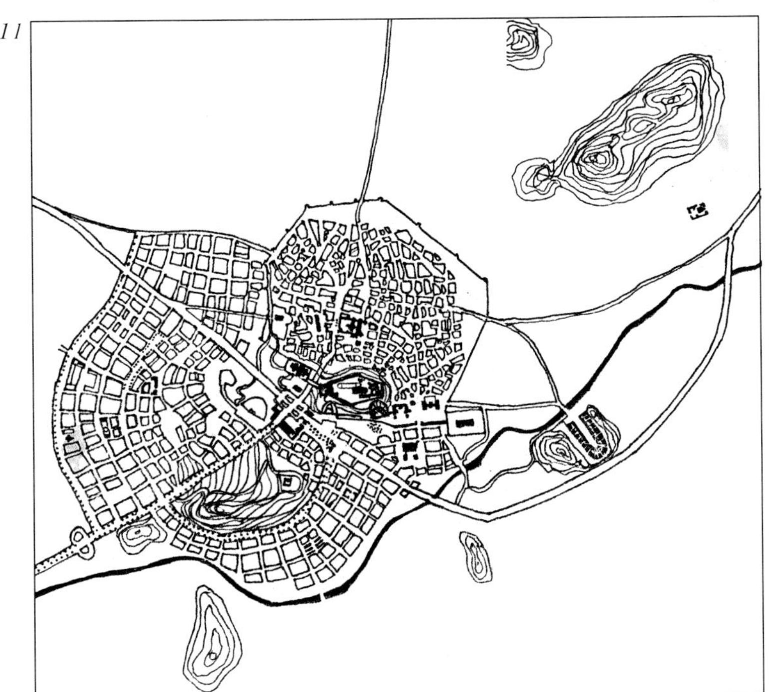

12

13
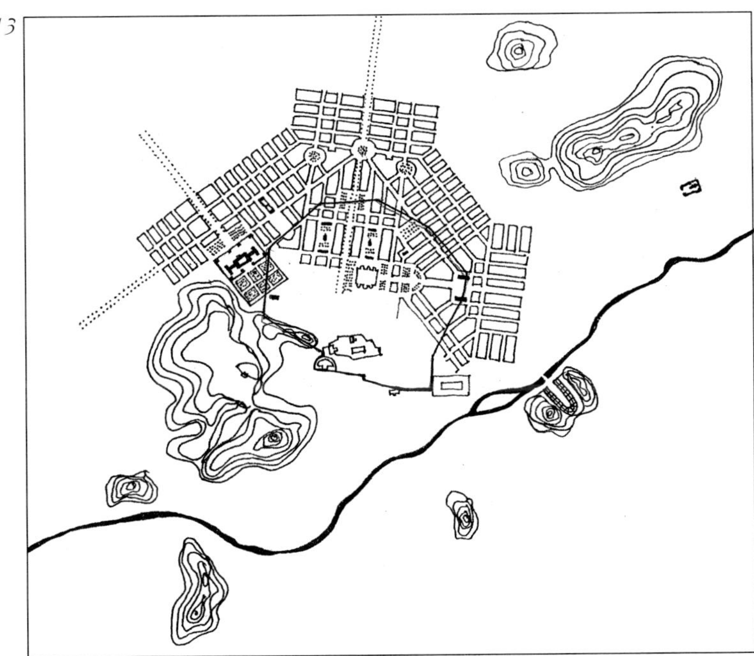

14
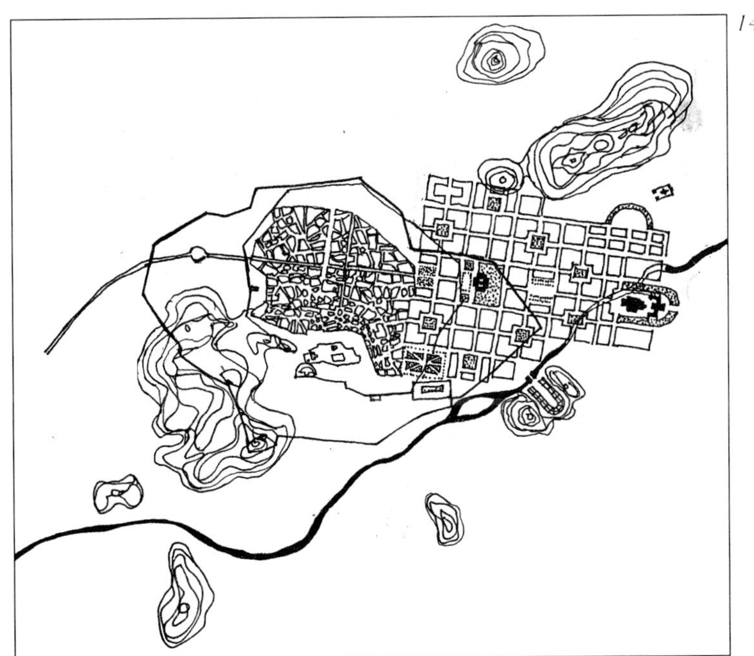

11-14. Συγκριτική σχηματική απεικόνιση των κυριωτέρων χαρακτηριστικών των άλλων πολεοδομικών προτάσεων για τη νέα Αθήνα. Κλίμαξ 1:45.000. Εικ. 11: η πρόταση του von Quast· εικ. 12: το αναθεωρημένο σχέδιο πόλης του Leo von Klenze· εικ. 13: η πρόταση του Traxel· εικ. 14: η πρόταση του Καυταντζόγλου. (Σχέδια του συγγραφέως).

15

16

17

15. Πορτραίτο του Friedrich von Gaertner. Λιθογραφία του Woelffle την εποχή ανέγερσης των βασιλικών ανακτόρων στην Αθήνα (1840).

16. Κύρια πρόσοψη (δυτική) των αθηναϊκών ανακτόρων. Συνολικό μήκος προσόψεως 96 μέτρα. Αρχιτεκτονικό σχέδιο του F. Gaertner. Σχέδιο με σινική μελάνη (1836). (Μουσείο Αρχιτεκτονικής του Πολυτεχνείου του Μονάχου).

17. "Σχέδιο διαμόρφωσης του χώρου γύρω από τα νέα βασιλικά ανάκτορα". Προτεινόμενος ανασχεδιασμός της μεγάλης πλατείας (αργότερα Πλατεία Συντάγματος) και των λεωφόρων μπροστά στα ανάκτορα από τον υπολοχαγό του Μηχανικού Hoch, που είχε την επίβλεψη της κατασκευής των ανακτόρων. Το σχέδιο με ημερομηνία "Αθήνα, 6/18 Μαΐου 1837" ενεκρίθη με βασιλικό διάταγμα στις 22 Μαΐου/2 Ιουνίου 1837 και καθώρισε τη διάταξη στον χώρο των κτηρίων, στο σημαντικό αυτό σημείο αποκρυστάλλωσης του αθηναϊκού πολεοδομικού ιστού. Σχέδιο με σινική μελάνη. Κλίμαξ του πρωτοτύπου 1:2.500. (Μουσείο Αρχιτεκτονικής του Πολυτεχνείου του Μονάχου).

ΤΟ ΠΟΛΕΟΔΟΜΙΚΟ ΟΡΑΜΑ ΤΩΝ K. F. SCHINKEL και A. F. VON QUAST: Η ΑΘΗΝΑ ΠΟΛΗ ΕΠΙ ΛΟΦΩΝ. "ΣΥΝΥΦΑΝΣΗ" ΣΤΟΝ ΧΩΡΟ ΤΟΥ "ΠΑΛΑΙΟΥ" ΚΑΙ ΤΟΥ "ΝΕΟΥ" ΙΣΤΟΥ

Λίγους μήνες πριν από το ταξίδι του Leo von Klenze στην Ελλάδα, ο Karl Friedrich Schinkel, ο άλλος μεγάλος δάσκαλος του γερμανικού κλασικισμού, κατόπιν προσκλήσεως του διαδόχου της Βαυαρίας (και αδελφού του Βασιλέως Όθωνος) Μαξιμιλιανού, εξεπόνησε το μεγαλοφυές αρχιτεκτονικό σχέδιό του για ένα βασιλικό ανάκτορο πάνω στην Ακρόπολη. Ο Schinkel δεν είχε έλθει ποτέ στην Ελλάδα· όπως και ο μεγάλος Γερμανός ποιητής Wolfgang von Goethe, είχε υιοθετήσει στην πράξη τη στάση της "αποχής από την Ελλάδα", όπως απεκάλεσαν αργότερα ειρωνικά την αποφυγή της πραγματικής γνωριμίας με τη σύγχρονη Ελλάδα και την υποκατάστασή της από ένα αφηρημένο ιδεαλιστικό σχήμα αρχαιολατρείας. Τα σχέδιά του δεν συνιστούν μιαν ολοκληρωμένη πρόταση μελλοντικής ανάπτυξης της νέας Αθήνας· απλώς περιορίζονται σε ένα μνημειακό αρχιτεκτονικό σχέδιο των ανακτόρων, τα οποία χωροθετεί επάνω στην Ακρόπολη. Παρ' όλα αυτά η πρότασή του για τα ανάκτορα έχει μεγάλο ενδιαφέρον, διότι: α) εκφράζει την ακραία θέση μιας ρομαντικής-δημιουργικής στάσης, που αποσκοπεί στη διαλεκτική συμβίωση της κλασικιστικής αρχιτεκτονικής με την αρχαία κληρονομιά – στάση η οποία ευρίσκεται στους αντίποδες της ακαδημαϊκής άποψης μουσειακής συντήρησης, που έμελλε να επικρα-

18

18. Το κέντρο του αθηναϊκού λεκανοπεδίου. Επάνω δεξιά ο λόφος του Λυκαβηττού, κάτω αριστερά η Ακρόπολη. Υψομετρικές καμπύλες ανά 10 μέτρα. Σχεδιαστική σύνθεση του συγγραφέως με συνδυασμένη επισχεδίαση του συγκροτήματος των ανακτόρων και του βασιλικού κήπου σύμφωνα με τις τρεις προτάσεις (των Κλεάνθη και Schaubert επάνω, του Klenze αριστερά και του Gaertner δεξιά), για να είναι δυνατή η σύγκριση της χωροθέτησης, του προσανατολισμού και της μορφής κάθε λύσης. Κλίμαξ περίπου 1:15.000.

τήσει έκτοτε και μέχρι σήμερα στην Αθήνα[9], και β) συνιστά την αφετηρία για μια εναλλακτική ανάπτυξη της Αθήνας, που ακολουθεί το πρότυπο της "πόλης επί λόφων", σε αντίθεση με την "πόλη στην πεδιάδα".

Πράγματι, η πρόταση που υπεστήριζε ο Leo von Klenze και την οποία για πρακτικούς λόγους δεν μπόρεσε να επιβάλει, ήταν αυτή ακριβώς που προϋπέθετε το σχέδιο του Schinkel: μια πόλη κτισμένη σε λόφους, με την Ακρόπολη ως ιστορική και "αναβιωμένη" επίστεψή της[10].

Ο Schinkel, αν και κατά πάσα πιθανότητα εγνώριζε το αρχικό σχέδιο των μαθητών του Κλεάνθη και Schaubert, δεν προχώρησε μέχρι του σημείου να διατυπώσει μια πλήρη εναλλακτική πρόταση για την Αθήνα· ωστόσο ο μαθητής του και αργότερα Γενικός Έφορος Αρχαιοτήτων της Πρωσίας Alexander Ferdinand von Quast (ο οποίος ας σημειωθεί πως δεν ήλθε επίσης ποτέ στην Ελλάδα) σε άρθρο του που εδημοσίευσε στο περιοδικό τέχνης *Museum* του Βερολίνου τον Ιούλιο του 1834, επαρουσίασε με ενθουσιασμό στο κοινό το σχέδιο του Schinkel.

Ταυτοχρόνως διετύπωσε μια σαφή πρόταση για την Αθήνα, που την οραματίζεται κτισμένη επάνω σε λόφους, συμπληρώνοντας έτσι κατά κάποιο τρόπο το σχέδιο του Schinkel[11].

Ο von Quast διατυπώνει φραστικά μόνο και χωρίς κανένα σχέδιο το όραμά του για την νέα Αθήνα επάνω στους λόφους των Νυμφών και του Μουσείου νοτιοδυτικά της Ακρόπολης (εικ. 11), και προτείνει την δημιουργία ενός νέου κέντρου της πόλης στον αυχένα ανάμεσα στην Ακρόπολη, τον λόφο του Μουσείου και την Πνύκα (στον χώρο δηλαδή περίπου της εκκλησίας του Αγίου Δημητρίου του Λουμπαρδιάρη), καθώς και την ανέγερση της Μητρόπολης επάνω στον βράχο του Αρείου Πάγου, προφανώς προς τιμήν του Αποστόλου Παύλου, που εξεφώνησε εδώ το λόγο του προς τους Αθηναίους. Τέλος, συμφωνώντας με το όραμα του Schinkel, προβλέπει ως χώρο ανέγερσης των ανακτόρων την Ακρόπολη.

Το νέο κέντρο της πόλης θα ήταν στη διασταύρωση δύο κυρίων οδών, από τις οποίες η μία έχει κατεύθυνση από τον βορρά προς το το νότο και οδηγεί από την παλαιά πόλη στον Πειραιά, η άλλη από τα δυτικά προς τα ανατολικά και συνδέει την Ιερά Οδό και την Ελευσίνα με την περιοχή του Ιλισσού και την οδό Μεσογείων. Ο von Quast φανταζόταν περιέργως και μια γέφυρα που θα συνέδεε τη Μητρόπολη στον Άρειο Πάγο με τα Προπύλαια της Ακρόπολης, για να δημιουργήσει ένα ενιαίο κέντρο συμβολικής έξαρσης της κοσμικής αλλά και της εκκλησιαστικής εξουσίας. Οι κύριες συνδέσεις μεταξύ της υφιστάμενης παλαιάς πόλης στον βορρά και της νέας πόλης στο νότο θα περνούσαν κάτω από τη γέφυρα αυτή!

Είναι ενδιαφέρουσα η διαπίστωση ότι ο von Quast με την πρότασή του αυτή δεν θεωρεί ως σπουδαιότερη επιταγή για τη μελλοντική ανάπτυξη της πόλης την ανασκαφή του αρχαίου κέντρου της Αθήνας και την προστασία του ιστορικού τοπίου. Η κατευθυντήρια ιδέα εδώ είναι η συνύφανση στον χώρο των αρχαίων μνημείων της Αθήνας με τη σχεδιαζόμενη νέα πόλη: πλάι στην υφιστάμενη παλαιά πόλη βόρεια της Ακρόπολης –για την οποία ο von Quast δεν αναφέρει τίποτα– θα ανεγείρετο μια νέα πόλη στους δυτικούς λόφους. Επίστεψη και των δύο θα ήταν η αναβιωμένη Ακρόπολη.

Το σχέδιο των ανακτόρων του Schinkel χαρακτηρίζεται από σπάνια ευαισθησία και ομορφιά[12], και εναρμονίζεται απολύτως προς το αττικό τοπίο και το κλίμα της χώρας. Είναι το μόνο σχέδιο μεταξύ των διαφόρων που έγιναν για την ανέγερση των ανακτόρων (τα άλλα ήταν των Κλεάνθη και Schaubert, του Klenze, του Lange και του Gaertner) που εγκαταλείπει την πομπώδη κεντροευρωπαϊκή παράδοση με τα ογκώδη και πολυώροφα ανάκτορα που υποτάσσονται στην αυστηρή συμμετρία· αντ' αυτού προτείνει τη δημιουργία ενός σχετικά χαμηλού, ασύμμετρου αρχιτεκτονικού συγκροτήματος με πολλά αίθρια που, με πρότυπο τις κατοικίες της αρχαίας Πομπηίας, ανταποκρίνεται στο κλίμα και τις συνθήκες της ζωής του Νότου[13].

Το ανάκτορο πλαισιώνει εύστοχα τα υφιστάμενα αρχαία μνημεία. Για να επιτευχθεί αυτό, ο Schinkel προέβλεψε την ανέγερση του εκτεταμένου κλασικιστικού συγκροτήματος πάνω στο αδόμητο ανατολικό τμήμα του πλατώματος της Ακρόπολης. Ένα μεγαλοπρεπές προαύλιο, σε σχήμα "ιπποδρόμου", οδηγεί στην κύρια είσοδο του παλατιού ανάμεσα στον Παρθενώνα και στο Ερεχθείο. Το εντυπωσιακότερο γνώρισμα του σχεδίου είναι ένα αντίγραφο του κολοσσιαίου αγάλματος της Αθηνάς Προμάχου, που με τη συμβολική ακτινοβολία του θα απετέλει ένα έμβλημα της Αθήνας, ορατό από μακρυά. Με εξαίρεση αυτό το μοναδικό προεξέχον στοιχείο, τα νέα κτίσματα υποτάσσονται τελείως στα μεγαλοπρεπή ερείπια του Παρθενώνος.

Το συγκρότημα είναι ισόγειο με ένα υπόγειο στο ανατολικό του τμήμα· η πλούσια φύτευση του πλατώματος της Ακρόπολης θα εμετρίαζε τις μορφολογικές αντιθέσεις μεταξύ των ερειπίων και των νέων κτισμάτων και θα εδημιούργει μία ενιαία σύνθεση. Ο Schinkel επίστευε ότι τα πλεονεκτήματα αυτής της χωροθέτησης αντεστάθμιζαν τα μειονεκτήματά της· εντούτοις είχε συναίσθηση των τεχνικών δυσχερειών που θα έπρεπε να αντιμετωπισθούν: υπόγειοι αγωγοί ύδρευσης θα μετέφεραν το νερό από τα κοντινά βουνά και ατμοκίνητες αντλίες θα το έστελναν υψηλά στην Ακρόπολη· ένας λιθόστρωτος ανηφορικός δρόμος με ελκυστική φύτευση θα εξησφάλιζε την αναγκαία αμαξιτή προσπέλαση.

Οι προβλεπόμενες τεχνικές δυσκολίες και το αναμενόμενο υπερβολικό κόστος κατασκευής έδωσαν την αφορμή να χαρακτηρισθεί το σχέδιο "θεσπέσιο και γοητευτικώτατο όνειρο θερινής νυκτός ενός μεγάλου αρχιτέκτονος", όπως το απεκάλεσε συγκαταβατικά ο Klenze λίγο καιρό αργότερα[14]. Οι βαθύτεροι λόγοι απόρριψης του σχεδίου όμως ήταν η "απόσταση σεβασμού" που έπρεπε να κρατηθεί από τις αρχαιότητες, καθώς και η επιθυμία της υπέροχης απομόνωσής τους. Μολονότι η πραγματοποίηση αυτού του σχεδίου –σε συνδυασμό με την ιδέα μιας πόλης πάνω σε λόφους του von Quast– θα είχε αποδειχθεί αργότερα μοιραία για τη διατήρηση των αρχαίων μνημείων και τη μελλοντική προώθηση της επιτόπιας αρχαιολογικής έρευνας (και γι' αυτό με σημερινά κριτήρια μας φαίνεται ευτυχές γεγονός η εγκατάλειψή του), πρέπει να τιμήσουμε εδώ τον αριστοτεχνικό χειρισμό του θέματος από τον Schinkel, ο οποίος απετόλμησε μια ρομαντική μεν αλλά καλλιτεχνικά άρτια λύση του προβλήματος της "νέας δόμησης σε ιστορικό περιβάλλον", ενός προβλήματος δηλαδή που και σήμερα αποτελεί πρόκληση για τους σύγχρονους αρχιτέκτονες.

Η ιδέα της Αθήνας ως "πόλης επί λόφων" υπήρξε μια ενδιαφέρουσα αλλά καθαρά υποθετική εναλλακτική πρόταση, που παρέμεινε στον χώρο του καλλιτεχνικού οραματισμού. Η πόλη ανεπτύχθη τελικά προς τον βορρά ανάμεσα στην Ακρόπολη και τον λόφο του Λυκαβηττού και έτσι εξησφαλίσθη η δυνατότης δημιουργίας στο μέλλον του αρχαιολογικού-πολιτιστικού πάρκου της.

Η ΕΦΑΡΜΟΓΗ ΤΟΥ ΣΧΕΔΙΟΥ. ΤΑ ΒΑΣΙΛΙΚΑ ΑΝΑΚΤΟΡΑ ΤΟΥ FRIEDRICH VON GAERTNER ΚΑΙ Η ΕΠΕΚΤΑΣΗ ΤΗΣ ΚΕΝΤΡΙΚΗΣ ΖΩΝΗΣ ΠΡΑΣΙΝΟΥ ΠΡΟΣ ΤΑ ΑΝΑΤΟΛΙΚΑ

Όπως συμβαίνει συχνά και στην περίπτωση άλλων πόλεων, η πολεοδομική ανάπτυξη της Αθήνας πήρε στη συνέχεια τον δικό της απρόβλεπτο δρόμο. Τελικά, ούτε το αρχικό σχέδιο πόλης των Κλεάνθη και Schaubert ούτε η αναθεωρημένη από τον Klenze μορφή του εφηρμόσθη πιστά. Αυτό που έμεινε από το αρχικό σχέδιο ήταν η τριγωνική διάταξη των κυρίων οδών, που χαρακτηρίζει και σήμερα ακόμη το κέντρο της πόλης, η άμεση παράθεση και συνύπαρξη παλαιάς και νέας πόλης, καθώς και η ιδέα της διάνοιξης μερικών κυρίων οδών μέσα στον παλαιό αστικό ιστό (δηλαδή των οδών Ερμού, Αθηνάς και Αιόλου). Η επέμβαση του Klenze προσέδωσε στο σχέδιο τον συμβιβαστικό του χαρακτήρα, τις ταπεινότερες συνολικές του διαστάσεις, τη μείωση του εύρους των οδών, καθώς και το συνεχές σύστημα δόμησης· τέλος είχε ως επακόλουθο τη σχεδόν αναλλοίωτη επιβίωση των συνοικιών της Πλάκας και του Ψυρρή, που εξακολουθούν να υφίστανται μέχρι σήμε-

19

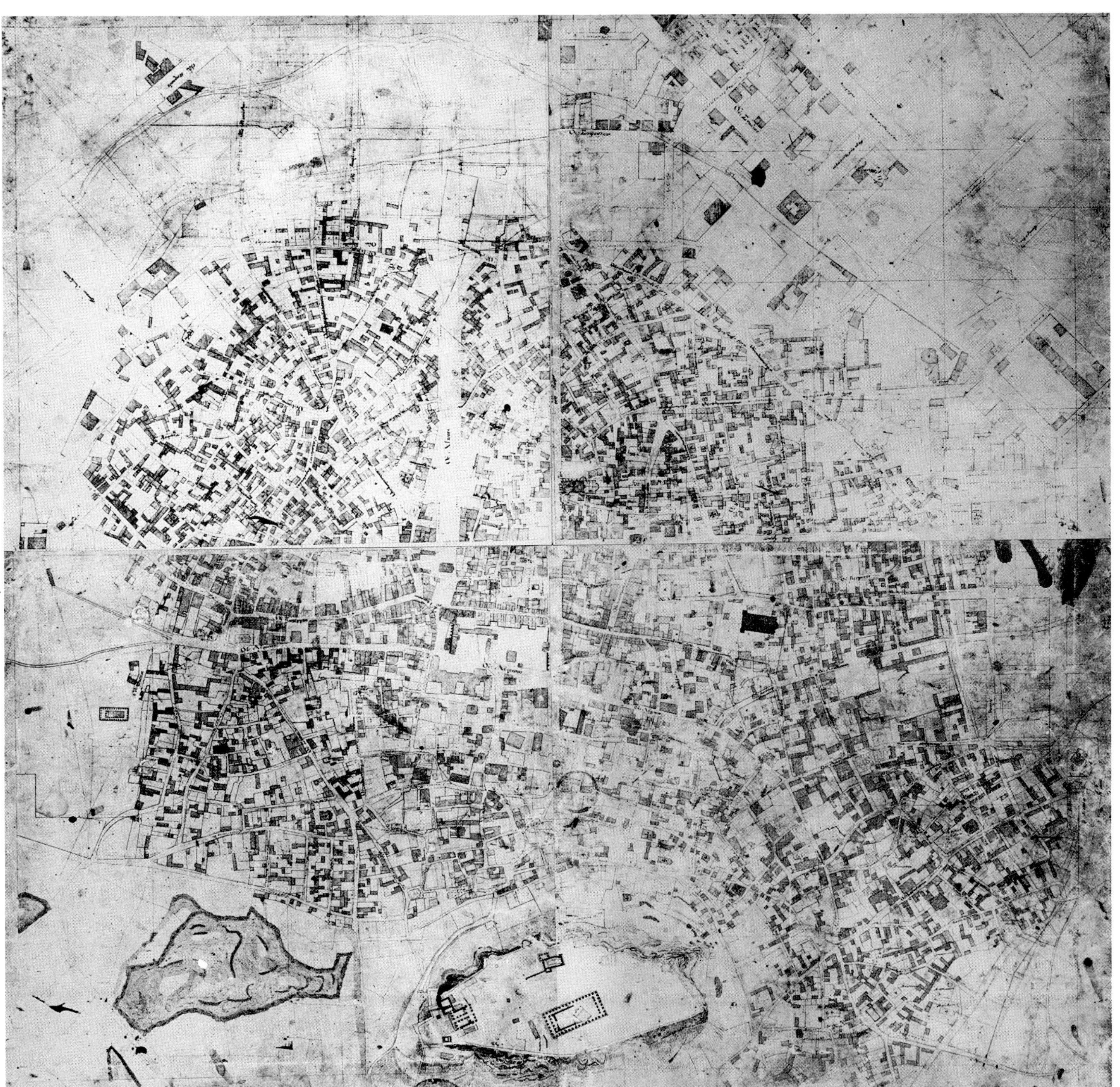

19. Η τοπογραφική αποτύπωση της Αθήνας (της παλαιάς πόλης με τις διανοίξεις των οδών και με τα πρώτα οικοδομήματα της νέας πόλης βόρεια της παλαιάς) που εξεπόνησε ο αρχιτέκτων του δήμου της Αθήνας Friedrich Stauffert το 1836. Ενώ στο τοπογραφικό των Κλεάνθη και Schaubert το 1831-1832 (βλ. εικ. 34) είναι σχεδιασμένα μόνο τα ακριβή περιγράμματα των οικοδομικών τετραγώνων, στο τοπογραφικό του Stauffert είναι αποτυπωμένα όλα τα υφιστάμενα κτήρια. Επίσης υπάρχουν και μεταγενέστερες προσθήκες (όπως π.χ. η Μητρόπολη, το Πανεπιστήμιο και οι βασιλικοί στάβλοι). Προφανώς πρόκειται για χρηστικό αντίγραφο των τεχνικών υπηρεσιών του δήμου. Το πρωτότυπο τοπογραφικό σχέδιο (σινική μελάνη και ακουαρέλλα) φυλάσσεται στα κατάλοιπα του Schaubert (Πρώτη Βυζαντινή Εφορεία Αρχαιοτήτων, Αθήνα). Κλίμαξ πρωτοτύπου 1:1.250. (Από τη μελέτη του Κ. Μπίρη: Αι Αθήναι από του 19ου εις τον 20όν αιώνα, Αθήνα, 1966, τόμος 1).

ρα ως ένας αξεδιάλυτος λαβύρινθος μέσα στον ιστό της πόλης.

Μια ουσιαστική αλλαγή του σχεδίου επήλθε αργότερα με την οριστική χωροθέτηση των ανακτόρων. Με αμφίβολα και ελάχιστα πειστικά επιχειρήματα περί δήθεν ανθυγιεινής θέσης των ανακτόρων στις διάφορες προηγούμενες προτάσεις, εγκατελείφθησαν τόσο η θέση στη σημερινή πλατεία Ομονοίας (πρόταση Κλεάνθη και Schaubert), όσο και εκείνη στην περιοχή του Κεραμεικού (πρόταση Klenze). Κατά τη διάρκεια της τετράμηνης παραμονής του (από τον Δεκέμβριο του 1835 μέχρι τον Μάρτιο του 1836) στην Ελλάδα, ο Βασιλεύς Λουδοβίκος Α', επιβάλλοντας τη θέλησή του στον γιο του Όθωνα, επέλεξε ο ίδιος την οριστική θέση των ανακτόρων στην ανατολική κορυφή του τριγώνου που σχηματίζουν οι κύριοι άξονες της πόλης, στη θέση της σημερινής πλατείας Συντάγματος (εικ. 17). Η επιλογή αυτού του χώρου ήταν από πολλές απόψεις επιτυχής: κτισμένα πάνω σε μια ελαφρά έξαρση του εδάφους, τα ανάκτορα είχαν μια πανοραμική θέα προς τον Λυκαβηττό, την Ακρόπολη, τον ναό του Ολυμπίου Διός και τον Σαρωνικό Κόλπο. Η ανέγερσή τους σχετικά κοντά στον ναό του Ολυμπίου Διός και στο Παναθηναϊκό Στάδιο εδημιούργησε τις προϋποθέσεις για τη μεταγενέστερη επέκταση του πολιτιστικού πάρκου της Αθήνας προς τα ανατολικά· πράγματι, με τη διαμόρφωση του Βασιλικού Κήπου και αργότερα του κήπου του Ζαππείου στα νότια των ανακτόρων, εδημιουργήθη ο πυρήν του ανατολικού τμήματος της μνημειακής ζώνης πρασίνου στο κέντρο της Αθήνας.

20

20. "Athènes et ses Environs". Ένα από τα πρώτα ακριβή τοπογραφικά σχέδια του λεκανοπεδίου, που εξεπόνησε ο Jean Sommer, "ingénieur-géographe au bureau topographique de l'etat major de sa Majesté le roi de Bavière". Τυπώθηκε το 1840 από τις εκδόσεις Muenziger του Μονάχου. Στο σχέδιο καταγράφονται 119 μνημεία και αξιοθέατα. Το υπόμνημα και οι επιγραφές είναι στα γαλλικά. Κλίμαξ του πρωτοτύπου 1:50.000. (Αντίγραφό του στην Εθνική Βαυαρική Κρατική Βιβλιοθήκη του Μονάχου, φάκελλος XVIII, 28).

Αρχιτέκτων των ανακτόρων που εκτίσθησαν τελικά είναι ο Friedrich von Gaertner[15] (εικ. 15), που ακολούθησε στην Αθήνα τον Λουδοβίκο Α΄, ο οποίος του ανέθεσε επιτόπου την εκπόνηση του σχεδίου. Λαμβάνοντας υπ' όψιν του τα περιωρισμένα οικονομικά μέσα του νεοσύστατου κράτους, ο Gaertner εσχεδίασε ένα αυστηρό και συμπαγές κτήριο με καλές γενικές αναλογίες και χωρίς περιττό διάκοσμο. Το κτήριο (εικ. 16), που η κάτοψή του έχει διαστάσεις 96×74 μ., δεσπόζει ακόμα και σήμερα στο κέντρο της Αθήνας. Ο Gaertner, ως ρεαλιστής, συνέλαβε μια αρχιτεκτονική σύνθεση ιδιαίτερα λιτή, όχι απλώς επειδή είχε συναίσθηση των πρακτικών δυσκολιών που θα αντιμετώπιζε στην εξεύρεση των κατάλληλων δομικών υλικών και τεχνιτών για την ανέγερση του κτηρίου, αλλά και επειδή διεπνέετο από ιδιαίτερο σεβασμό για την αρχαία κληρονομιά. Έτσι δεν μπορούσε να διανοηθεί παρά μόνον ένα αυστηρό και απέριττο κλασικιστικό βασιλικό ανάκτορο σε ικανή απόσταση από τα αρχαία μνημεία και σε σαφή αντιπαράθεση προς αυτά. Οι παρατηρήσεις του στα γράμματά του[16] για τον απόμακρο και γαλήνιο χαρακτήρα του δωρικού ναού (δηλαδή του Παρθενώνος) είναι ασφαλής ένδειξη πως ακολουθούσε το "ακαδημαϊκό" πνεύμα του εντολέα του Λουδοβίκου Α΄.

Η αρχική διάταξη του βασιλικού κήπου που επρότεινε ο Gaertner, προέβλεπε ένα ημικυκλικό πάρκο διαμέτρου 500 μέτρων και συνολικής έκτασης 13 εκταρίων στα ανατολικά των ανακτόρων, γαλλικής τεχνοτροπίας του όψιμου μπαρόκ με αυστηρή γεωμετρική δομή (εικ. 18 δεξιά κάτω). Επίσης

21

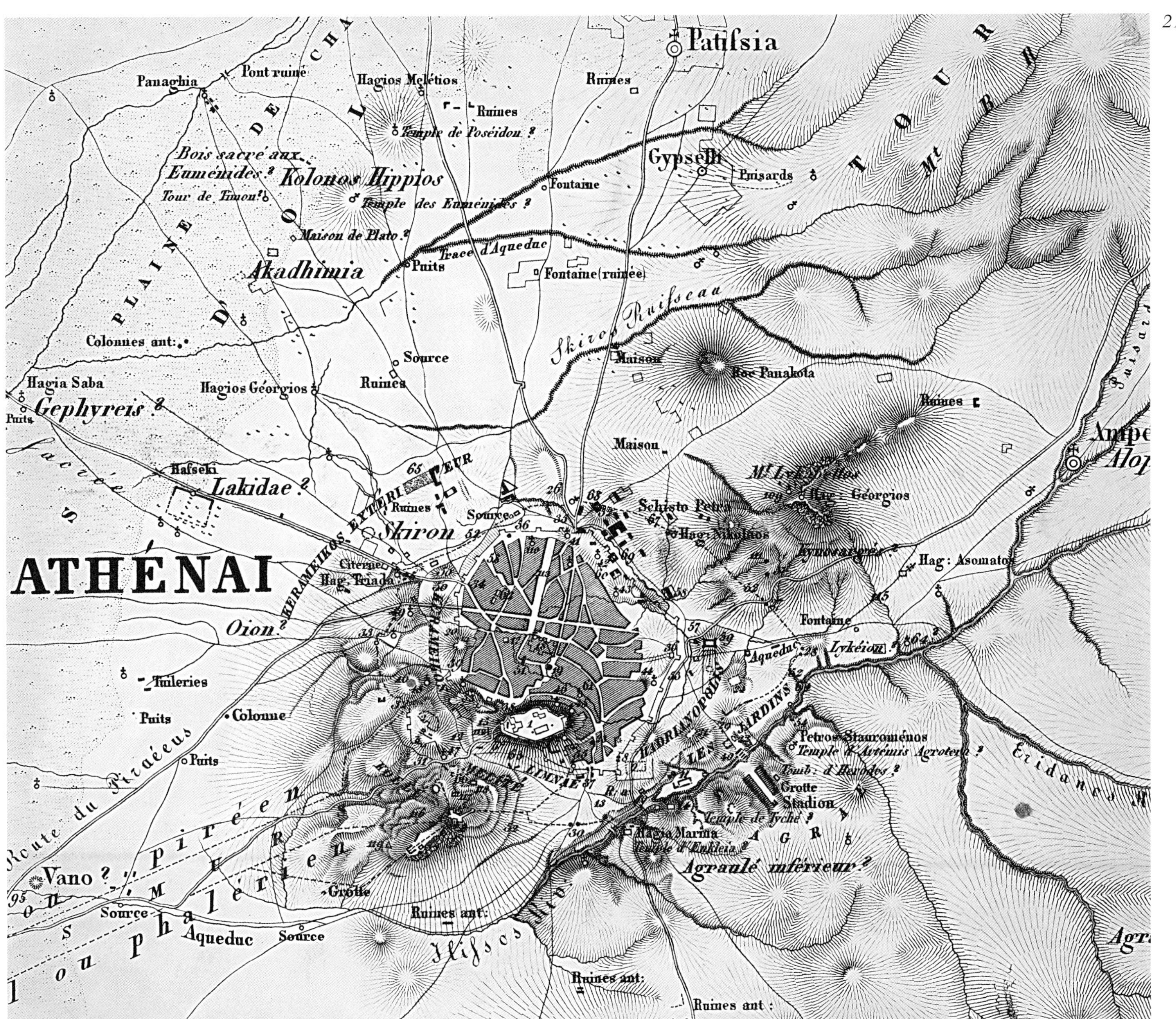

21. *Λεπτομέρεια από τον χάρτη του Sommer με σχηματική απεικόνιση της Αθήνας.*

προέβλεπε εκατέρωθεν των ανακτόρων δύο μικρότερους ορθογώνιους οπωρόκηπους, διαστάσεων 200 Χ 80 μ. ο καθένας. Ευτυχώς το σχηματικό αυτό σχέδιο δεν επραγματοποιήθη ποτέ· αντ' αυτού εδημιουργήθη ένας τελείως διαφορετικός ανακτορικός κήπος κατά την περίοδο της βασιλείας του Όθωνος, με πρωτοβουλία και υπό την προσωπική επίβλεψη της βασίλισσας Αμαλίας. Η Αμαλία ξεκίνησε το 1838 τη σταδιακή διαμόρφωση του κήπου της με αφετηρία τον νότιο οπωρόκηπο. Ο κήπος διεμορφώθη κατά τα αγγλικά πρότυπα ως χώρος αναψυχής με ενδιαφέρουσες θέες προς τα γύρω μνημεία (Ακρόπολη, Ολυμπείο, Στάδιο).

Η ΠΟΛΕΟΔΟΜΙΚΗ ΠΡΟΤΑΣΗ ΤΟΥ ΛΥΣΑΝΔΡΟΥ ΚΑΥΤΑΝΤΖΟΓΛΟΥ: Η ΑΝΤΙΠΑΡΑΘΕΣΗ ΣΤΟΝ ΧΩΡΟ ΤΗΣ ΝΕΑΣ ΠΟΛΗΣ ΚΑΙ ΤΗΣ ΑΡΧΑΙΑΣ ΚΛΗΡΟΝΟΜΙΑΣ

Θα πρέπει να μνημονευθεί εδώ και μια άλλη εναλλακτική πρόταση για τη νέα Αθήνα, διατυπωμένη αργότερα, η οποία, αν και δεν είχε καμία επίδραση στην πραγματική ανάπτυξη της πόλης, βασίζεται σε μια ριζοσπαστική ιδέα ανεξάρτητης ανάπτυξης της νέας πόλης, σε αντιπαράθεση στον χώρο προς την αρχαία αρχιτεκτονική κληρονομιά.

Την άνοιξη του 1839, ο νεαρός Έλλην αρχιτέκτων και μετέπειτα διευθυντής του Πολυτεχνείου της Αθήνας Λύσανδρος Καυταντζόγλου επέδωσε στον Βασιλέα Όθωνα ένα κριτικό μνημόνιο που συνόδευε ένα σχέδιο, στο οποίο επρότεινε τη ριζική αναδιάρθρωση της πολεοδομικής διάταξης της νέας πόλης (εικ. 14). Ο Καυταντζόγλου, ως πρωτοπόρος, υπεστήριζε τις ορθολογικές επεκτάσεις πόλεων, όπως επραγματοποιήθησαν λίγα χρόνια αργότερα στην Ευρώπη του 19ου αιώνα. Εγκαταλείποντας την παράδοση των πολεοδομικών συνθέσεων της πεφωτισμένης δεσποτείας, επρότεινε για τη νέα πόλη ένα αυστηρά ορθογώνιο οδικό δίκτυο που θα ανεπτύσσετο στην επικλινή έκταση ανάμεσα στον Λυκαβηττό και στον Ιλισσό, στα ανατολικά των ανακτόρων. Με την πρότασή του αυτή απεσκόπει κυρίως στην ολοκληρωτική εγκατάλειψη της παλαιάς Αθήνας, ώστε να διευκολυνθεί στο μέλλον η πλήρης ανασκαφή της αρχαίας πόλης.

Ο Καυταντζόγλου επρότεινε στον Όθωνα να απαλλοτριώσει τη φθηνή και άγονη γη (εκείνη την εποχή ιδιοκτησία της Εκκλησίας) στην περιοχή στην οποία προέβλεπε την επέκταση της νέας πόλης και να προσφέρει σε προσιτές τιμές τα οικόπεδα σε μετοίκους που επιθυμούσαν να κτίσουν αλλά και στους γηγενείς Αθηναίους, σε ανταλλαγή των οικοπέδων τους στην παλαιά πόλη. Μ' αυτό τον τρόπο, η αξία της αστικής γης στην παλαιά πόλη θα έπεφτε και το κόστος των απαλλοτριώσεων για την ανασκαφή της αρχαίας Αθήνας –όραμα όλης της Ευρώπης– θα εγίνετο προσιτό.

Στη συνεπή αυτή στρατηγική πολεοδομικής ανάπτυξης δεν εδόθη καμία προσοχή εκείνη την εποχή. Η κερδοσκοπία επί της γης και η ανεξέλεγκτη, παράνομη δόμηση εσυνεχίσθησαν τόσο στην παλαιά πόλη όσο και στην περιοχή επέκτασης της Αθήνας που είχε προβλέψει ο Klenze στο σχέδιό του[17]. Μολονότι η ακαμψία ενός ενιαίου ορθογώνιου οδικού κανάβου δεν συμβιβάζεται με το ανάγλυφο του ανατολικού τμήματος του αθηναϊκού λεκανοπεδίου, η πρόταση του Καυταντζόγλου σαν αρχή δράσης ήταν διορατική και υπείσχετο πολλά με την ριζοσπαστικότητά της. Η στρατηγική του δεν απεσκόπει μόνο στην αποφυγή της δόμησης στη λοφώδη περιοχή γύρω από την Ακρόπολη και στις παρόχθιες εκτάσεις του Ιλισσού, αλλά ταυτοχρόνως και στη σταδιακή παρακμή όλης της παλαιάς πόλης, ώστε να προετοιμασθεί το έδαφος για τις μελλοντικές ανασκαφές. Η πρότασή του καθώς και η μέθοδος εφαρμογής της ήσαν πρωτοποριακές: ο Καυταντζόγλου είναι ο πρώτος που προβάλλει την ιδέα ενός εκτεταμένου κεντρικού πολιτιστικού πάρκου ως μνημειακού πυρήνα για τη μελλοντική ανάπτυξη της πόλης.

22

22. Μεσαίο τμήμα της μεγάλης πανοραμικής άποψης της Αθήνας, που εφιλοτέχνησε ο Ferdinand Stademann το 1836. Η παλαιά πόλη είναι σχεδιασμένη ακριβέστατα. Αριστερά το Ηφαιστείο, στη μέση και στο βάθος ο Λυκαβηττός, δεξιά οι βόρειες κλιτύες της Ακρόπολης και πίσω ο Υμηττός. (Αντίγραφο της λιθογραφίας στη Γεννάδειο Βιβλιοθήκη, Αθήνα).

ΠΡΩΙΜΕΣ ΑΠΟΨΕΙΣ ΥΠΕΡ ΤΟΥ ΡΙΖΙΚΟΥ ΔΙΑΧΩΡΙΣΜΟΥ ΤΗΣ ΑΡΧΑΙΑΣ ΑΠΟ ΤΗ ΝΕΑ ΑΘΗΝΑ

Για να ολοκληρωθεί η επισκόπηση των γενεσιουργών οραμάτων για τη νέα Αθήνα και του ρόλου που έπαιξε η αρχαία αρχιτεκτονική κληρονομιά στις αποφάσεις που έκριναν το μέλλον αυτής της πόλης, δεν θα έπρεπε επίσης να αποσιωπηθεί το γεγονός, ότι η παρουσία των αρχιτεκτονικών καταλοίπων της αρχαιότητος δεν εθεωρήθη εξ αρχής από όλους ως θετική προϋπόθεση για τον σχεδιασμό.

Ο πρώτος ο οποίος –την άνοιξη του 1833– ετάχθη υπέρ της χωροθέτησης της νέας πρωτεύουσας σε άμεση γειτνίαση με την Αθήνα, αλλά σε κάποια απόσταση από την ιστορική πόλη ήταν ο αρχιτέκτων της αυλής Johann Gottfried Gutensohn. Ο Gutensohn επρότεινε ως μελλοντική πρωτεύουσα τον Πειραιά, τονίζοντας τα στρατηγικά και οικονομικά πλεονεκτήματα που θα προσέφερε μια πόλη-λιμάνι· ιδιαίτερα υπεγράμμισε το διόλου ευκαταφρόνητο κόστος μεταφοράς των οικοδομικών υλικών από το εξωτερικό, εάν επελέγετο η Αθήνα. Επίσης επέστησε την προσοχή στο γεγονός ότι η δομήσιμη

23

23. Τα ανάκτορα της Αθήνας που εκτίσθησαν κατά τα έτη 1836-1843 με βάση τα σχέδια του Friedrich von Gaertner. Άποψη από τα νοτιοδυτικά. Στο πρώτο επίπεδο, ο χώρος με το Μνημείο του αγνώστου στρατιώτου, που ανηγέρθη το 1929/1930. (Αρχείο ΥΠΕΧΩΔΕ, Αθήνα).

γη στην Αθήνα ανήκε σε ιδιώτες και επομένως ήταν ακριβή, ενώ στον Πειραιά κατά το μεγαλύτερό της μέρος ήταν ήδη ιδιοκτησία του κράτους ή της Εκκλησίας.

Πέραν όμως από αυτά τα πρακτικά επιχειρήματα, ο Gutensohn επίστευε πως τα αρχαία ερείπια της Αθήνας ήταν μάλλον το κατάλληλο πλαίσιο για μια βασιλική εξοχική κατοικία και ότι η πολιτιστική κληρονομιά δεν μπορούσε να εναρμονισθεί με μια σύγχρονη πόλη, η οποία άλλωστε θα απετέλει σταθερά απειλή γι' αυτή[18]. Υποψιάζετο ακόμη πως οι "φανατικοί λόγιοι" υπέθαλπαν μόνο τον θαυμασμό των αρχαιοτήτων και πως αδιαφορούσαν για την αναγέννηση της Αθήνας και τη μελλοντική της εξέλιξη[19].

Μια παρόμοια ριζική απόρριψη της ένταξης της αρχαίας αρχιτεκτονικής κληρονομιάς στον ιστό της σύγχρονης πόλης απαντάται επίσης σε επιστολή του Γάλλου αρχαιολόγου Raoul-Rochette, την οποία έστειλε το 1838 από την Αθήνα στον M. de Pouqueville (τον πρώην Γάλλο πρόξενο στην αυλή του Αλή Πασά) στο Παρίσι. Ο Raoul-Rochette ήταν της γνώμης πως είχε ήδη χαθεί για πάντα η ευκαιρία πλήρους ανασκαφής της αρχαίας Αθήνας. Οι αρχαιότητες που είχαν επιβιώσει, θα ήσαν μελλοντικά εκτεθειμένες στον κίνδυνο μιας ακόμα μεγαλύτερης καταστροφής κατά την ανοικοδόμηση της νέας πόλης πάνω στο ιστορικό έδαφος. Ο Raoul-Rochette, ο οποίος επίσης ετάχθη υπέρ της χωροθέτησης της πρωτεύουσας στον Πειραιά, επίστευε ότι εάν τα ερείπια της αρχαίας Αθήνας και η νέα πόλη ευρίσκοντο στον ίδιο χώρο αλλά σε κάποια απόσταση και "κάτω από τον ίδιο ουρανό, θα προσέφεραν το πιο ενδιάφερον και το πιο διδακτικό θέαμα που θα υπήρχε στον κόσμο... [20]"

Είναι ενδιαφέρουσα η διαπίστωση, πως εξ αρχής υποστηρίχθησαν μονόπλευρες απόψεις υπέρ του αυστηρού διαχωρισμού στον χώρο της νέας πόλης από τα αρχαία ερείπιά της: έτσι ο Gutensohn εκόπτετο κυρίως για το μέλλον της νέας πόλης που θα ήταν πάντα εκτεθειμένη στον κίνδυνο της ανασκαφής των αρχαίων μνημείων, ενώ ο Raoul-Rochette ελυπείτο για τη χαμένη ευκαιρία διενέργειας ανασκαφών σε μεγάλη κλίμακα, λόγω της στενής συνύφανσης της αρχαίας με τη νέα Αθήνα.

Ωστόσο οι κριτικές αυτές παρέβλεψαν το γεγονός πως μόνο μια άμεση παράθεση ή και αντιπαράθεση των αρχαίων ερειπίων και της νέας πόλης (εικ. 22) θα ετόνιζε την ιστορική συνέχεια και θα εδικαιολογούσε την εκλογή της Αθήνας ως πρωτεύουσας του κράτους. Η κατοπινή επέκταση της πόλης και η συνένωση της Αθήνας, του Πειραιά και ενός μεγάλου αριθμού προαστείων σε ένα ενιαίο οικιστικό συγκρότημα απέδειξε στο μεταξύ πως ένα τέτοιο σχήμα "δίδυμης" πόλης δεν θα είχε επιβιώσει για πολύ.

ΜΕΤΑΓΕΝΕΣΤΕΡΕΣ ΕΠΙΠΤΩΣΕΙΣ ΤΩΝ ΑΡΧΙΚΩΝ ΠΟΛΕΟΔΟΜΙΚΩΝ ΕΠΙΛΟΓΩΝ

Ποια ήταν τελικά τα πλεονεκτήματα αλλά και τα μειονεκτήματα για τη μετέπειτα ανάπτυξη της Αθήνας που προεκλήθησαν από τις πρώτες πολεοδομικές αποφάσεις – και ιδίως όσον αφορά τη διατήρηση της αρχιτεκτονικής κληρονομιάς και την ένταξή της στον ιστό της νέας πόλης;

Ένα πρώτον θετικόν αποτέλεσμα επέφερε η απόφαση να χωροθετηθεί η νέα πόλη στο βορεινό τμήμα του λεκανοπεδίου, ως επέκταση της ήδη υφιστάμενης πόλης: έτσι οι ιστορικοί λόφοι δυτικά της Ακρόπολης έμειναν αδόμητοι και εξησφαλίσθη η βασική προϋπόθεση για την μετέπειτα δημιουργία ενός αρχαιολογικού-πολιτιστικού πάρκου στο κέντρο της Αθήνας.

Ένα δεύτερο πλεονέκτημα διαφαίνεται στη συμβολική και λειτουργική σύνδεση της νέας με την παλαιά πόλη. Σ' αυτό συνέβαλε κυρίως η οπτική διασύνδεση των κεντρικών σημείων της νέας πόλης με το μνημειακό συγκρότημα της Ακρόπολης.

Επίσης θετικά πρέπει να αξιολογηθεί η πρώιμη διαμόρφωση του ανατολικού τμήματος της κεντρικής ζώνης πρασίνου γύρω από τον βασιλικό κήπο, το Ολυμπείο και το Στάδιο, από όπου προσφέρονται ωραίες θέες προς την Ακρόπολη.

Τέλος, η πολύ αργή αύξηση του πληθυσμού κατά τον 19ο αιώνα διετήρησε την περιοχή δυτικά της Ακρόπολης ελεύθερη από την πίεση μιας αυθαίρετης δόμησης, πράγμα που γύρω στα 1900 κατέστησε δυνατή την αναδάσωση των λόφων και την οριστική τους ένταξη στο πολιτιστικό πάρκο της Αθήνας.

Αντίθετα, καθυστέρησε επί πολύ η διερεύνηση του αρχαίου κέντρου της πόλης (της ελληνικής και ρωμαϊκής Αγοράς στις βόρειες κλιτύες της Ακρόπολης), η οποία εξεκίνησε μόλις στα τέλη του 19ου αιώνα. Αυτό πρέπει να αποδοθεί στην αυθαίρετη ανοικοδόμηση της παλαιάς συνοικίας της Πλάκας κατά τον 19ο αιώνα και στη συνδεδεμένη με αυτή κερδοσκοπία επί της γης. Το ίδιο ισχύει, ως έναν ορισμένο βαθμό, και για τις περιοχές του Κεραμεικού, της Ακαδημίας και του Δημοσίου Σήματος, οι οποίες μέχρι σήμερα μόνον εν μέρει έχουν ανασκαφεί.

Επίσης απραγματοποίητη παρέμεινε η πρόταση ολοσχερούς κατεδάφισης του άνω τμήματος της παλαιάς πόλης (Πλάκας) και δημιουργίας ενός ενιαίου χώρου πρασίνου γύρω από την Ακρόπολη –μια επιθυμία πολλών αρχαιολόγων αλλά και πολιτικών μέχρι τη δεκαετία του 1960– που στο μεταξύ έχει εγκαταλειφθεί. Αν και παραμένουν ακόμα αδιερεύνητα πολλά ζητήματα που αφορούν τον πολεοδομικό ιστό της αρχαίας Αθήνας και μολονότι πολυάριθμα αρχαία οικοδομήματα, γνωστά από τις αρχαίες πηγές, δεν έχουν ακόμα αποκαλυφθεί, όλοι συναινούν πια σήμερα στη διατήρηση της υφιστάμενης παλαιάς Αθήνας ως ιστορικού στοιχείου ταυτότητος της πόλης, που εξασφαλίζει την ορθή κλίμακα μετάβασης από το σύγχρονο κέντρο της μεγαλούπολης στην περιοχή των ανασκαφών και την Ακρόπολη.

Έτσι, κατά τη διάρκεια της πρώτης δεκαετίας ανεξάρτητης ζωής στη νέα Αθήνα, μολονότι δεν είχε ακόμα γίνει γενικά αποδεκτή η ιδέα ενός εκτενούς ενιαίου αρχαιολογικού πάρκου (που θα εξετείνετο από τον Λυκαβηττό ως την Ακαδημία), ετέθησαν σαφώς τα θεμέλια της κατοπινής του δημιουργίας με έναν ευτυχή συνδυασμό διαφόρων εποικοδομητικών πολεοδομικών πρωτοβουλιών.

ΣΗΜΕΙΩΣΕΙΣ ΤΟΥ ΚΕΦΑΛΑΙΟΥ 1

1. Στις 4.6.1834 ο Λουδοβίκος Α' γράφει στην ελληνική αντιβασιλεία στο Ναύπλιο: "Ένα τόσο σοβαρό θέμα όπως η ίδρυση της νέας πρωτεύουσας στη θέση της αρχαίας Αθήνας, δεν είναι δυνατό να Με αφήνει αδιάφορο, πόσο μάλλον όταν το ενδιαφέρον του Υιού Μου και της Δυναστείας Μου είναι άρρηκτα συνδεδεμένο με το καθολικόν ενδιαφέρον για μία καλλιτεχνική δημιουργία στην πατρίδα της τέχνης και καθετί του ωραίου". (Γενικά Αρχεία του Κράτους, Αθήνα, Οθωνικό Αρχείο, Υπουργείο Εσωτερικών, φάκελλος 221).
2. Ο Ιωάννης Τραυλός περιγράφει την πόλη εκείνων των ημερών ως εξής (βλ. άρθρο του στην Hesperia, τ. 50. αρ. 4, Οκτ.-Δεκ. 1981, σελ. 391-407, *Athens after the liberation, planning the new city and exploring the old*): "Η Αθήνα παραμονές της Επανάστασης του 1821 ήταν μια τρισδιάστατη εικόνα της ιστορικής εξέλιξης της πόλης· επίσης ήταν ένας τόπος εξαιρετικά γραφικός. Μνημεία της αρχαιότητος και της ρωμαϊκής περιόδου, κομψές βυζαντινές εκκλησίες υπολείμματα της φράγκικης κυριαρχίας, τζαμιά με υψηλούς μιναρέδες και κοσμικά κτήρια διετηρούντο σχεδόν ακόμα ακέραια, ενώ την εικόνα συνεπλήρωναν τα σπίτια, όλα κτισμένα με πέτρα, με τις απαραίτητες αυλές και τους κατάφυτους κήπους τους. Την πόλη περιέβαλε το τείχος του Χασεκή, που οικωδομήθη το 1778, και η Ακρόπολη, το 'Κάστρο', με τις αλλεπάλληλες οχυρώσεις της αποτελούσε ένα απόρθητο φρούριο. Στο πλάτωμά της είχε δημιουργηθεί ένας ολόκληρος μαχαλάς για τα μέλη της τουρκικής φρουράς και τις οικογένειες τους και μέσα στον Παρθενώνα, μετά την καταστροφή του από τον Μοροζίνη το 1687, είχε κτιστεί ένα μικρό τζαμί".
3. Ο Ludwig Ross στις σημειώσεις του *Erinnerungen und Mittheilungen aus Griechenland* (Αναμνήσεις και ανακοινώσεις από την Ελλάδα), που εδημοσιεύθησαν μετά το θάνατό του το 1863, αποδεικνύεται βαθύτατος γνώστης της Ελλάδος, με επίγνωση των πολιτιστικών, πολιτικών και κοινωνικών πραγμάτων στη χώρα εκείνη την εποχή. Οι αναμνήσεις του, τις οποίες κατέγραψε το 1853, συνεπληρώθησαν με μια σειρά ανακοινώσεων υπό τη μορφή επιστολών από την περίοδο 1832-1833. Ο Ross (1806-1859), εγεννήθη στο Schleswig-Holstein και ήταν κλασικός φιλόλογος. Στην Ελλάδα ήλθε με κρατική υποτροφία της Δανίας το καλοκαίρι του 1832 και με πρόθεση να γνωρίσει επί τόπου την πολιτιστική κληρονομιά της χώρας. Αρχικά διορίσθηκε Έφορος Αρχαιοτήτων της Πελοποννήσου και αργότερα –το 1834, μόλις 28 χρονών– Γενικός Έφορος των Αρχαιοτήτων της Ελλάδος. Το 1836 ύστερα από σφοδρή αντιπαράθεση με τον Έλληνα υπουργό των εκκλησιαστικών και της δημοσίου εκπαιδεύσεως Ρίζο Νερουλό για τα δικαιώματα δημοσίευσης των αποτελεσμάτων των αρχαιολογικών του ερευνών στην Ελλάδα, ο Ross παρητήθη από την Αρχαιολογική Υπηρεσία, τον επόμενο όμως χρόνο διωρίσθη πρώτος καθηγητής της κλασικής αρχαιολογίας στο νεοϊδρυμένο Πανεπιστήμιο της Αθήνας. Εγκατέλειψε την Ελλάδα το 1845. Ο Ross, άνθρωπος της γνώσης αλλά και της δράσης, διετηρούσε στενές φιλικές σχέσεις με τους συντάκτες του πρώτου σχεδίου της νέας Αθήνας Κλεάνθη και Schaubert και ανήκε στον μικρό πυρήνα των ξένων επιστημόνων και καλλιτεχνών που εγκατεστάθησαν στην Αθήνα κατά την πρώτη δεκαετία της ανεξαρτησίας της χώρας.
4. Για την εκλογή της Αθήνας ως πρωτεύουσας και βασιλικής καθέδρας ο Leo von Klenze στο έργο του *Aphoristische Bemerkungen gesammelt auf seiner Reise nach Griechenland* (Αφοριστικές παρατηρήσεις συλλεγείσες κατά τη διάρκεια του ταξιδιού του στην Ελλάδα), Berlin 1938, σελ. 396-397 λέει: "Η σπουδαιότητα του ερωτήματος ποια θα ήταν η μελλοντική έδρα της ελληνικής κυβέρνησης οδήγησε σε πολλές θεωρήσεις του θέματος από τις πρώτες ακόμα ημέρες της νέας κυβέρνησης.

   Αρχικά επροτάθη ο Ισθμός, αλλά η σκέψη αυτή εγκατελείφθη δια λόγους που ανέφερα με την ευκαιρία μιας σύντομης περιγραφής της περιοχής.

   Έπειτα επροτάθη ο Πειραιεύς με το κυριότερο επιχείρημα πως από την πόλη του Πειραιώς θα μπορούσε να πραγματοποιηθεί ταχύτερα και ασφαλέστερα η φυγή της κυβέρνησης από ό,τι από την Αθήνα!

   Όλες αυτές οι προτάσεις κατετέθησαν στο Υπουργικό Συμβούλιο· κατά τη συνεδρίασή του της 27ης Μαΐου 1833, ο υπουργός εσωτερικών ετάχθη υπέρ της Αθήνας, οι υπουργοί των εξωτερικών, των οικονομικών και της δικαιοσύνης υπέρ του Ισθμού και ο υπουργός των ναυτικών υπέρ της Κωνσταντινούπολης. Μόνο η Πόλη, είπε, θα ήταν άξια έδρα του Βασιλέως της Ελλάδος· η έδρα του θα μετεφέρετο προσωρινά μόνο από το Ναύπλιο στο Άργος, από εκεί στην Κόρινθο, μετά στα Μέγαρα, στην Αθήνα, στη Λάρισα και τέλος θα προχωρούσε μέχρι το Βυζάντιο. Αυτό το σύστημα σταδιακής κατάκτησης μιας οριστικής βασιλικής καθέδρας, που θυμίζει το σύστημα προσέγγισης ενός πολιορκούμενου φρουρίου με αλλεπάλληλη μετάθεση των χαρακωμάτων, είναι ευνόητο ότι δεν βρήκε απήχηση στην αντιβασιλεία. Η υπέροχη θέση της Αθήνας, οι σπουδαίες αναμνήσεις που συνεδέοντο με αυτό το όνομα και διάφορα επιχειρήματα υψηλής πολιτικής νίκησαν τελικά όλες τις αντιρρήσεις και στις 11 Ιουλίου του 1833 η αντιβασιλεία απεφάνθη ότι "μελλοντική πρωτεύουσα της Ελλάδος θα ήταν η Αθήνα και ότι η μετεγκατάσταση της Μεγαλειότητός του και της αντιβασιλείας ώφειλε να πραγματοποιηθεί ανυπερθέτως μέχρι την 1η Ιανουαρίου 1834".

   Την επιλογή της Αθήνας ως πρωτεύουσας υποστηρίζει επίσης με πειστικά επιχειρήματα και ο περιώνυμος Γερμανός ιστοριογράφος Ferdinand Gregorovius στο έργο του *Geschichte der Stadt Athen im Mittelalter* (Ιστορία της μεσαιωνικής Αθήνας), 1889 (Τέταρτο Μέρος, Κεφ. 8): "Κατά την επιλογή [της θέσης για την πρωτεύουσα] είχαν ταλαντευθεί επίσης ανάμεσα στο Ναύπλιο και την Κόρινθο. Η επιλογή της Αθήνας είχε επικριθεί, μάλιστα κάποιοι την είχαν αποκαλέσει σαρκαστικά αρχαιόφιλη ιδιορρυθμία· εντούτοις δεν ήταν καθόλου τυχαία, όπως ακριβώς δεν ήταν τυχαία και η εκλογή της Ρώμης ως πρωτεύουσας του πρώτου βασιλέως των Ιταλών. Το ιερό όνομα και η έννοια 'Αθήνα' καθιστούσε την επιλογή αυτή αναγκαία, παρά το γεγονός ότι ο αρχαίος ελληνικός κόσμος είχε παύσει να υπάρχει. Την επέβαλαν στο νέο γένος των Ελλήνων οι αναμνήσεις, τα ερείπια και η Ακρόπολη, το αρχαίο κάστρο των θεών. Θα μπορούσε να πει κανείς πως είχε κάνει την Αθήνα μητρόπολη της νέας Ελλάδος η ίδια η Παλλάδα Αθηνά. Μόνον επειδή είχε διατηρηθεί ο Παρθενών, επειδή είχαν επιζήσει εκεί τόσους αιώνες πλήθος μνημεία, περισσότερα από όσα σε οποιαδήποτε άλλη πόλη της Ελλάδος, που μαρτυρούσαν το μεγάλον παρελθόν, μπόρεσε η Αθήνα να αναστηθεί και να αποκτήσει πάλι ιστορική σημασία. Και αυτό οφείλεται στον μεγάλο φιλέλληνα Λουδοβίκο Α' της Βαυαρίας, σε έναν νέον Αδριανόν που είχε καταλάβει τη φωνή του δαιμονίου της Αθήνας. Είχαν περάσει έξι αιώνες από τότε που ο πρώτος Φράγκος δούξ εγκατεστάθη στην Αθήνα· τώρα, την 1η Ιανουαρίου 1835, παρουσιάζεται ένας Γερμανός ηγεμών που φέρει το ίδιο όνομα: ο Όθων. Ο Όθων ερχόταν όχι ως κατακτητής, αλλά ως εκλεγμένος βασιλεύς των Ελλήνων".
5. Παραθέτουμε τις προτάσεις των εκπονητών του σχεδίου όπως διατυπώνονται στο μνημόνιό τους *Erlaeuterung des Planes der Stadt Neu-Athen* (Περιγραφή του σχεδίου της νέας Αθήνας, 1832) κατά μετάφραση των Μπίρη-Johannes: "Εις τον χώρον αυτόν θα επετύγχανε κανείς απιστεύτως πλούσια ευρήματα, τόσον εις θησαυρούς τέχνης, όσον και εις σπουδαίας από ιστορικής απόψεως επιγραφάς, όπως αποδεικνύουν τούτο μερικαί άνευ ειδικού σκοπού, τυχαίως κατά την ανοικοδόμησιν οικιών γενόμεναι εκσκαφαί πλησίον του Πρυτανείου και του Πύργου των Ανέμων. Επιτρέπεται μάλιστα να προσμένωνται όχι μόνον αποκαλύψεις θεμελίων, αλλά ακόμη και σπουδαίων λειψάνων παλαιών κτηρίων, όπως συνέβη εις την περίπτωσιν του Πύργου των Ανέμων. Αλλά και αν ακόμη τα ευρήματα δεν ήθελον αποβή τόσον πλούσια δια την πολιτικήν ιστορίαν, την ιστορίαν της τέχνης και την τοπογραφίαν των αρχαίων Αθηνών, όπως ταύτα πολύ ευλόγως αναμένονται, εν τούτοις και μόνο αυταί αύται αι υπάρχουσαι τώρα αρχαιότητες (ως τα λείψανα του Πρυτανείου, το Μνημείον του Λυσικράτους, ο Πύργος των

Ανέμων, το Γυμνάσιον του Αδριανού κλπ. κλπ.) θα ήξιζε να απελευθερωθούν από τα καλύπτοντα αυτάς χώματα και από τα γειτονικά άθλια καλύβια ή και νεώτερα σπίτια, η γειτονία των οποίων ενοχλεί μόνον και διαταράσσει την εντύπωσιν, η οποία πρέπει να προξενήται εις τον θεατήν, αντί τούτου δε να εμφανίζωνται εις τα όμματα των θαυμαστών της αρχαίας τέχνης, εις τα του καλλιτέχνου και του επιστήμονος, με απροκάλυπτον όλην την καλλονήν των. Μεταξύ των μνημείων τούτων πρέπει να εκσκαφούν τα χώματα έως το έδαφος της αρχαίας πόλεως, οπότε, χωρίς αμφιβολίαν, θα διέκρινε κανείς ακόμη και την θέσιν των αρχαίων δρόμων και πλατειών. Πού και πού θα ημπορούσε να μένη κάποιο από τα γραφικά ερειπωμένα εκκλησάκια του βυζαντινού μεσαίωνος, εμφανίζον ευχάριστον αντίθεσιν προς τα έργα εκείνα των αρχαίων. Ο μεταξύ των μνημείων αυτών χώρος θα ηδύνατο να γεμίση με συστάδας δένδρων, χλόην και άλλας διαμορφώσεις κήπων, επιτυγχανομένης συγχρόνως με την διάταξιν των συστάδων των δένδρων και επωφελεστέρας προοπτικής των μνημείων, το σύνολον δε θα αποτελέση εν μουσείον της αρχαίας αρχιτεκτονικής, όμοιον του οποίου δεν έχει να επιδείξη η υφήλιος.

Ο χώρος που επιτρέπει τας μεγαλυτέρας ελπίδας ευρημάτων κατά τας ανασκαφάς, σημειούται επί του χάρτου δι' ιδιαιτέρου χρώματος, εκεί δε όπου πρέπει να τελειώνουν τα τελευταία σπίτια προβλέπεται πλατύ πεζοδρόμιον με κατερχομένας βαθμίδας. Σημαντικόν μέρος αυτού του χώρου, ως ανήκον εις εκκλησίας, τζαμιά, τουρκικάς σχολάς κλπ., είναι ήδη εθνική ιδιοκτησία. Εν η περιπτώσει όμως η έναρξις των ανασκαφών δεν ήθελε γίνει αμέσως, ή τουλάχιστον δεν αποκτηθή αμέσως παρά του Δημοσίου ο χώρος, εις τον οποίον πρέπει να διεξαχθούν αύται, τότε υπάρχει φόβος ν' αποβούν αργότερα τόσον αι δυσκολίαι όσον και αι δαπάναι της αποκτήσεώς του ακόμη σοβαρώτεραι, ως μας έχει διδάξει η πείρα εις την Ρώμην."

6. "Η θέση γι' αυτό το παλάτι, όπως φαίνεται στο σχέδιο της πόλης, έχει επιλεγεί έτσι ώστε το κτήριο να έχει ωραία θέα προς όλες τις κατευθύνσεις και να προβάλει ωραία από όλες τις πλευρές. (...) Το διπλό πλεονέκτημα από τις μεν δύο πλευρές του κτηρίου να εξασφαλίζεται μια πανοραμική άποψη της πόλης, από τις άλλες δύο όμως η ευάρεστη θέα ενός κήπου καθιστά τη θέση του εξαιρετικά ευνοϊκή. (...) Σύμφωνα με τη ρητή θέληση της Αυτού Μεγαλειότητος του Βασιλέως της Ελλάδος, η πλαγιά του λόφου, που πάνω της εκτείνεται όλο το κτηριακό συγκρότημα, έχει διαμορφωθεί κλιμακωτά, πράγμα που ανταποκρίνεται στο πνεύμα της κλασικής αρχαιότητος". (Leo von Klenze: *Aphoristische Bemerkungen*..., σελ. 481, βλ. τεκμήριον 48 συλλογής "Κειμένων").
7. Leo von Klenze: *Aphoristische Bemerkungen*..., σελ. 300 (βλ. τεκμήριον 44 συλλογής "Κειμένων").
8. "Πρέπει να σας ομολογήσω πως ως καλλιτέχνης, στην ευτυχισμένη και επιτυχημένη μέχρι σήμερα ζωή μου, έζησα μόνο δύο στιγμές αληθινής και υπέρτατης ικανοποίησης και χαράς· τη στιγμή της έναρξης της αποτελεσματικής διατήρησης, ή μάλλον αναστήλωσης του ωραιότερου μνημείου του κόσμου και τη στιγμή που ετέθη ο θεμέλιος λίθος της Walhalla, όπου μου επετράπη η άμιλλα με τον δημιουργό του Παρθενώνος!" (Leo von Klenze: *Aphoristische Bemerkungen*..., σελ. 387, βλ. τεκμήριον 45 συλλογής "Κειμένων").
9. Ο Λουδοβίκος Α', καθαρεύων ελληνολάτρης και οπαδός του ακαδημαϊκού κλασικισμού, έπαιξε αποφασιστικό ρόλο στην απόρριψη του οράματος του Schinkel. Έτσι έγραψε προτρεπτικά στο γιο του: "Σε εξορκίζω να εγκαταλείψεις το ανθυγιεινό Ναύπλιο πριν πιάσουν τα κρύα του χειμώνα και να διαλέξεις την Αθήνα για καθέδρα σου. Μην κτίσεις όμως το παλάτι σου πάνω στην Ακρόπολη· στην Ακρόπολη κατά τη γνώμη μου δεν πρέπει να κτισθεί τίποτε νέο, ώστε τα σεβάσμια μνημεία της αρχαιότητος να μην αναμιχθούν με νέα κτήρια, πράγμα που θα έβλαπτε τόσο την Ακρόπολη όσο και αυτά". (Μυστικό Αρχείο του Βασιλικού Οίκου, Μόναχο: Κατάλοιπα του Βασιλέως Όθωνος της Ελλάδος, 43/1-29α αρ. 27).
10. Σε επιστολή του προς τον Μαξιμιλιανό της Βαυαρίας, με την οποία ο Schinkel επεξηγεί την πρότασή του (βλ. κεφ. 3, τεκμήριον Γ), διατυπώνει καθαρά την ιδέα "αναβίωσης" της Ακρόπολης: "Η Ακρόπολη της Αθήνας αποτελεί φωτεινό ορόσημο της παγκόσμιας ιστορίας με το οποίο συνδέονται άπειροι συνειρμοί, που θα συνεχίσουν και στο μέλλον να είναι σημαντικοί και πολύτιμοι για ολόκληρο το γένος [των ανθρώπων]. Και μόνο γι' αυτό αξίζει να αναβιώσει αυτός ο χώρος για την ιστορία του μέλλοντος και ο καλύτερος τρόπος για την επίτευξη αυτού του στόχου, όπως έχουν τα πράγματα σήμερα στην Ελλάδα, είναι να ανεγερθούν τα νέα ανάκτορα στην Ακρόπολη".
11. Το κείμενο αυτό του von Quast επανεδημοσιεύθη αργότερα (τον Αύγουστο του 1834) σε μια μικρή συλλογή με τίτλο *Mittheilungen ueber Alt- und Neu-Athen· Neubau der Stadt Athen und des koeniglichen Schlosses auf seiner Burg* (Ανακοινώσεις για την παλαιά και τη νέα Αθήνα· ανοικοδόμηση της πόλης των Αθηνών και των βασιλικών ανακτόρων επάνω στην Ακρόπολη).
12. Τα πρωτότυπα αρχιτεκτονικά σχέδια των ανακτόρων επάνω στην Ακρόπολη του Schinkel, σχεδιασμένα με σινική μελάνη και επιχρωματισμένα με ακουαρέλλα, φυλάσσονται στην Κρατική Συλλογή Γραφικών Τεχνών του Μονάχου. Τα σχέδια εδημοσιεύθησαν τα έτη 1840-1843 σε έναν τόμο μεγάλου μεγέθους με τίτλο *Werke der hoeheren Baukunst, fuer die Ausfuehrung bestimmt* (Έργα ανώτερης αρχιτεκτονικής, προορισμένα να κατασκευασθούν).
13. Σε μία επιστολή του προς τον Μαξιμιλιανό (στις 24/1/1833), ο Schinkel τονίζει την ανάγκη εξοικείωσης με το μεσημβρινό τοπίο και προσαρμογής "στα ήθη και τις ανάγκες της χώρας": "Πολύ μεγάλη βοήθεια και ουσιαστικώτατο μέσο για την επίτευξη αυτού του στόχου είναι η διαμόρφωση ενός τρόπου ζωής του ηγεμόνα, στηριγμένου στα ήθη και τις ανάγκες της χώρας, και στη συνέχεια η επιλογή μιας χαρακτηριστικής και ωραίας τοποθεσίας για ένα κτήριο αυτού του είδους. Η εκλογή της θέσης θα έπρεπε να είναι, κατά τη γνώμη μου, το πρώτο βήμα δημιουργίας αυτού του έργου· έπειτα ο αρχιτέκτων θα έπρεπε να εμβαθύνει στη φύση της τοποθεσίας και να συνυφάνει ωραία τα ποικίλα δεδομένα της με το έργο του. Δύσκολα θα προέκυπτε τότε ένα έργο σύμφωνο με τα προ πολλού φθαρμένα νεοϊταλικά και νεογαλλικά αξιώματα και ιδιαίτερα η παρεξηγημένη αρχή της συμμετρίας, που έχει δημιουργήσει τόση υποκρισία και πλήξη εξουσιάζοντας και νεκρώνοντας τα πάντα". (Στο έργο του H. Mackowsky, *K. F. Schinkel: Briefe, Tagebuecher, Gedanken*, Βερολίνο, 1922, σελ. 181· βλ. κεφ. 3, τεκμήριον Β).
14. Στο έργο του *Memorabilien*..., κεφ. II (βλ. τεκμήριον 5 συλλογής "Κειμένων"), όπου λέει:

"Η εργασία αυτή ήταν ευφυέστατη, καλαίσθητη και σύμφωνη με το γνήσιο ελληνικό πνεύμα· αλλά εντελώς αταίριαστη με τα ευρωπαϊκά ήθη του Βασιλέως και της αυλής του· τελείως ανεφάρμοστη λόγω του ύψους του βράχου, της δυσκολίας ανάβασης πεζών και οχημάτων· λόγω της έλλειψης ύδατος, της εκτεθειμένης θέσης κ.λπ.

Τα νέα κτήρια εσχημάτιζαν ένα σύνολο μαζί με τα διατηρητέα ερείπια μέσα σε ένα πάρκο, αλλά με όλα αυτά ο χώρος ήταν τόσο στενός ώστε για να χωρέσουν οι στάβλοι ευρίσκοντο εν επαφή με τις στοές και τους τοίχους των Προπυλαίων! Πάντως το σχέδιο αυτό ήταν το θεσπέσιο και γοητευτικότατο όνειρο θερινής νυκτός ενός μεγάλου αρχιτέκτονος".

Αλλά και στο βιβλίο του *Aphoristische Bemerkungen*..., σελ. 484-485 (βλ. τεκμήριον 48 συλλογής "Κειμένων") ο Klenze, αφού πρώτα αποτίει απεριόριστο φόρο τιμής στο σχέδιο του Schinkel, αμέσως μετά διατυπώνει τις αμφιβολίες του ως προς τη δυνατότητα εφαρμογής του: "Ένα τέλειο υπόδειγμα ευφυούς χειρισμού αυτού του θέματος στο γνήσιο ελληνικό πνεύμα, επαρουσίασε ο εξαίρετος φίλος μου Schinkel στη σύνθεσή του για ένα ανάκτορο που απέστειλε στην Αυτού Μεγαλειότητα τον Βασιλέα της Ελλάδος. Εάν αυτό το αρχιτεκτονικό σχέδιο δεν είχε εκπονηθεί χωρίς να έχουν διατυπωθεί οι ανάγκες και χωρίς εποπτεία της τοποθεσίας, και μόνο με βάση γενικές έννοιες περί κάλλους και τις αρχαιοελληνικές συνθήκες ζωής, δεν θα επιχειρούσα ποτέ να προτείνω ένα άλλο αρχιτεκτονικό σχέδιο.

Δυστυχώς όμως, όλη αυτή η αρχαιοπρεπής αντίληψη του σχεδίου δεν μπόρεσε να ανταποκριθεί στις ανάγκες μιας αυλής οργανωμένης μόνο με βάση τις σύγχρονες ευρωπαϊκές αρχές, και η επιλογή βέβαια του βράχου της Ακρόπολης ως τόπου ανέγερσης των ανακτόρων δεν εθεωρήθη αδικαιολόγητα απαράδεκτη· έτσι, η Αυτού Μεγαλειότης ο Βασιλεύς Όθων ηναγκάσθη να αφήσει απραγματοποίητο το ανυπέρβλητο αυτό καθευατό σχέδιο.

Με την ευκαιρία αυτή ας μου επιτραπεί να εκφράσω στον μεγάλο καλλιτέχνη που εξεπόνησε αυτό το σχέδιο τον απεριόριστο θαυμασμό μου".

15. Ο Johann Friedrich von Gaertner γεννήθηκε στις 10.12.1791 στο Koblenz και ήταν υιός του αρχιτέκτονος Johann Andreas Gaertner του νεώτερου. Αρχιτέκτων ο ίδιος, μαθήτευσε στην Ακαδημία του Μονάχου κοντά στον Karl von Fischer, στον Weinbrenner στην Καρλσρούη και από το 1814 στους Percier και Fontaine στο Παρίσι. Ύστερα από ένα διάστημα στο Λονδίνο, το 1820 διεδέχθη τον Fischer στην Ακαδημία [Σχολή] Καλών Τεχνών του Μονάχου, ενώ παράλληλα πήρε τη θέση του διευθυντή του εργοστασίου πορσελάνης του Nymphenburg. Το 1829 του ανετέθη η αρχιτεκτονική μελέτη της Ludwigskirche στο Μόναχο. Ακολούθησαν μελέτες και άλλων κτηρίων της Ludwigstrasse: της Εθνικής Βιβλιοθήκης (1831-1843), του Max-Joseph-Stift (1835-1840), της Feldherrnhalle (1841-44), του Siegestor (1843-52). Την περίοδο 1836-43 εξεπόνησε τα σχέδια για τα βασιλικά ανάκτορα στην Αθήνα. Το 1841 ο Gaertner διεδέχθη τον Cornelius στη διεύθυνση της Ακαδημίας του Μονάχου. Μαζί με τον Klenze είναι ο σημαντικότερος αρχιτέκτων του Λουδοβίκου Α'. Ο Gaertner πέθανε στο Μόναχο στις 21.4.1847.
16. Στις 6 Δεκεμβρίου 1836, σε ένα του γράμμα από την Αθήνα ο Gaertner γράφει στη σύζυγό του Lambertine: "Η σοβαρή μορφή του δωρικού ναού κατά βάση δεν είναι η ενδεδειγμένη για να προκαλέσει ιλαρότητα, ιδιαίτερα όταν το περιβάλλον είναι σαν αυτό που βρήκαμε εδώ. Η απρόσμενη καταστροφή και η έλλειψη βλάστησης, που θα μπορούσε να αφαιρέσει ως ένα βαθμό την κατήφεια από αυτά τα μνημεία και θα τα περιέβαλε με μια χαρούμενη εικόνα, όπως συμβαίνει με τα ερείπια στη Ρώμη, καταθλίβει μάλλον παρά χαροποιεί τον θεατή. Ο υψηλός χαρακτήρ του μνημείου και η ιστορία του (...) έχουν υπερβολικά μεγάλη σημασία ώστε να γοητεύσουν απλώς το μάτι".
17. Σε ένα διεξοδικό άρθρο με τίτλο "*Die Anlage von Athen und der jetzige Zustand der Baukunst in Griechenland*" (Το σχέδιο πόλης της Αθήνας και η κατάσταση της αρχιτεκτονικής σήμερα στην Ελλάδα) που δημοσίευσε ο Friedrich Stauffert, αρχιτέκτων του Δήμου της Αθήνας (από το 1835 ως το 1843), στην "*Allgemeine Bauzeitung*" της Βιέννης το 1844, παραθέτει ακριβή περιγραφή της εφαρμογής του σχεδίου πόλης της Αθήνας και τονίζει τις χαμένες ευκαιρίες να γίνουν εκτεταμένες ανασκαφές στην περιοχή της παλαιάς πόλης: "Όταν η αντιβασιλεία το 1834 απεφάσισε ότι πρωτεύουσα της Ελλάδος θα εγίνετο η Αθήνα, η κυβέρνηση συμφώνησε με τον Δήμο να μείνει ανέπαφος ο χώρος που περιεγράφη ήδη [δηλαδή της παλαιάς πόλης πάνω από την οδόν Αδριανού], και να αγοράσει όλα τα οικόπεδα της περιοχής· συγκεκριμένα εσυμφωνήθη πως σε τρεις μήνες θα είχαν καταμετρηθεί και σε έξι θα είχαν πληρωθεί όλες οι ιδιοκτησίες. Όμως πέρασαν οι έξι μήνες και η κυβέρνηση δεν είχε καν προετοιμάσει τη χωρομέτρηση που είχε υποσχεθεί, αν και δεν έλλειπαν οι γεωμέτρες [δηλαδή οι τοπογράφοι], κάθε άλλο μάλιστα. Ο Δήμος εθεώρησε πως δεν τον εδέσμευε πια η συμφωνία και, επειδή τα 13 μέλη της λεγόμενης επιτροπής εξωραϊσμού [δηλαδή της οικοδομικής επιτροπής], με εξαίρεση τρία ή τέσσερα, ήσαν Αθηναίοι με ιδιόκτητα οικόπεδα στην περιοχή αυτή της παλαιάς Αθήνας και επειδή εκτός τούτου όλοι οι ιδιοκτήτες σπιτιών, ερειπίων ή οικοπέδων, ενδιαφέροντο να δουν να δημιουργείται η νέα πρωτεύουσα στα οικόπεδά τους, τα περισσότερα από τα οποία στο μεταξύ εκτίζοντο, άρχισε ξαφνικά μια ανοικοδόμηση που σε ταχύτητα δεν είχε όμοιά της· τα σπίτια εφύτρωναν σαν μανιτάρια από τη γη και ένας χώρος που πριν από τρεις εβδομάδες ήταν ακόμα άδειος, τώρα τον κάλυπτε ένα κτήριο.

Η κυβέρνηση δεν έκανε τίποτε για να αποτρέψει αυτό το θανατηφόρο πλήγμα κατά της έρευνας της αρχαίας Αθήνας· όλο και περισσότερα κτήρια εκτίζοντο, τις περισσότερες φορές πάνω στα παλαιότερα θεμέλια ή τουλάχιστον πάνω στις ίδιες οικοδομικές γραμμές και στα πιο δαιδαλώδη και στενά δρομάκια πλάτους 2-4 μ., έτσι ώστε αυτό το τμήμα της Αθήνας να είναι ένας αληθινός λαβύρινθος. Και όμως υπήρχε μια επιτροπή εξωραϊσμού. (...)

Έτσι εχάθη για την επιστήμη αυτή η μεγίστης σπουδαιότητος περιοχή της παλαιάς Αθήνας, γιατί τώρα είναι στην κυριολεξία κατάσπαρτη από σπίτια, έτσι ώστε σε λίγο, όπως έχουν σήμερα τα οικονομικά του κράτους, ούτε λόγος πια δεν θα μπορεί να γίνει για την απαλλοτρίωσή τους· έστω όμως ότι μπορούσαν να απαλλοτριωθούν: ποιος θα αντικαταστήσει όσα κατεστράφησαν με την ανέγερση αυτού του πλήθους των κτηρίων και όσα εχάθησαν τελείως; Δεν είναι αυτό βαρβαρότητα; Βάνδαλοι και Σλάβοι, Τούρκοι και Νεοέλληνες κατέστρεψαν όσα υπήρχαν στην επιφάνεια· τώρα κατεδικάσθησαν σε αιώνια λήθη και όσα υπάρχουν μέσα στη γη. (...)

Το έτος 1834 έλαβε χώραν η μετεγκατάσταση της αντιβασιλείας από το Ναύπλιο στην Αθήνα· την ίδια περίοδο ξεκίνησε η πυρετώδης ανοικοδόμηση όλης της πόλης αλλά και του τμήματος που θα έπρεπε να είχε απαλλοτριωθεί για να γίνουν ανασκαφές, και μόνο το 1836, αφού είχαν ήδη κτισθεί 700 ως 800 σπίτια όπου και ως έτυχε, δόθηκε εντολή να εκπονηθεί πολεοδομικό σχέδιο αυτής της περιοχής και έγινε η σύσταση να ληφθούν υπ' όψιν οι μελλοντικές ανασκαφές!

Μετά από μεγάλη προσπάθεια κατωρθώθη να μείνουν αδόμητοι οι χώροι που γειτνιάζουν άμεσα με τον ναό του Θησέως, το Γυμνάσιον του Πτολεμαίου, την Πύλη της Αγοράς, τους Αέρηδες, την στοά του Αδριανού, το Πρυτανείον, το Μνημείον του Λυσικράτους, το θέατρον του Βάκχου, την Πύλη του Αδριανού και τον ναό του Ολυμπίου Διός. Τα οικόπεδα στα οποία απηγορεύθη τελικά η δόμηση κατεμετρήθησαν μόλις το 1836· αλλά μέχρι τώρα δεν έχει γίνει καμία κίνηση για την αποζημίωσή τους ή την ανταλλαγή τους με άλλα· μάλιστα, όπως έχουν σήμερα τα πράγματα στην Ελλάδα, είναι πολύ πιθανόν ότι μέσα σε λίγο διάστημα και τα μνημεία αυτά, καθώς και ό,τι άλλο έχει απομείνει, θα αλλοιωθεί από τη δόμηση, θα κρυφθεί κι ίσως ακόμη καταστραφεί, γιατί ο Έλλην δεν τα σέβεται και δεν περιφρουρεί τη διατήρησή τους".
18. "Εκτός τούτου, ο Πειραιεύς θα προσέφερε μίαν ευχάριστον εναλλαγήν μεταξύ της ζωής εις την πόλιν, στη θάλασσα και εις την εξοχήν εάν η Υμετέρα Μεγαλειότης έκτιζε εις τα περίχωρα των Αθηνών εν ωραίον εξοχικόν ανάκτορον, οπότε θα ηδύνατο να ακολουθήσουν ευχαρίστως το ωραίον παράδειγμα και άλλοι εύποροι πολίτες. Τι γοητεία δεν προσδίδουν παρόμοιες λύσεις εις τας πόλεις Γένοβα, Φλωρεντία, Νεάπολη, Παλέρμο, Μασσαλία κ.λπ.! Τα νέα αυτά κτήρια θα ενηρμονίζοντο καλύτερον με τα αρχαία κατάλοιπα από ό,τι μια νέα πόλις με τα μέγαρά της, τας εκκλησίας της, κ.λπ." (Επιστολή του Gutensohn προς τον Βασιλέα Όθωνα, Ναύπλιον 14.4.1833, Γενικά Αρχεία του Κράτους, Αθήναι, Οθωνικόν Αρχείον, Υπουργείον Εσωτερικών, φάκελλος 221. Βλ. τεκμήριον 29 συλλογής "Κειμένων").
19. "Δια τας νέας Αθήνας, θεωρουμένας τόσον καθεαυτάς όσον και εις τον χώρον, θα είναι πάντα μειονεκτική η άμεσος σύγκρισις με τας παλαιάς [αρχαίας], όπως συμβαίνει και εις την περίπτωσιν της Ρώμης και των Ρωμαίων· μία άλλη θρησκεία, άλλαι ανάγκαι και τρόποι ζωής δεν ευνοούν σήμερον τας τέχνας εις τον βαθμόν που τας ευνοούσαν εις την αρχαιότητα· αλλά ακόμη και αν παρήγοντο ποτέ ανάλογα έργα, θα τους έλειπε η αξία που τους προσδίδει μια δισχιλιετής διάρκεια και ηλικία.

Συμφώνως με το πνεύμα και την θέλησιν των φανατικών εκείνων λογίων, θα έπρεπε οι πάντες να βυθίζονται εις την κατάπληκτον ενατένισιν των μνημείων της αρχαιότητος και των κτητόρων τους και να ψάλουν ομοφώνως το δοξαστικόν των· ό,τι όμως δημιουργεί εις τας Αθήνας η αναγέννησις της χώρας και ο Βασιλεύς-ιδρυτής της, εις τα μάτια τους δεν έχει καμμίαν αξίαν, αφού εκεί άλλωστε χωρίς τεράστια έξοδα δεν είναι δυνατόν να οικοδομηθεί τίποτε το άξιον λόγου. (...)

Το όνομα και η μεγάλη ανάμνησις των Αθηνών αξίζουν βεβαίως κάθε σεβασμόν, η ανάδειξις ωστόσον της πόλεως εις πρωτεύουσαν θα έπρεπε αφ' ενός μεν να μην απαιτήσει υπερβολικάς θυσίας, αφ' ετέρου, δια να επιτευχθεί ο σπουδαίος στόχος, να παραμερισθεί κάθε αναξία μανία κέρδους". Επιστολή του Gutensohn προς τον Βασιλέα Όθωνα, Ναύπλιον 12.5.1833, Γενικά Αρχεία του Κράτους, Αθήναι, Οθωνικόν Αρχείον, Υπουργείον Εσωτερικών, φάκελλος 221. Βλ. τεκμήριον 30 της συλλογής "Κειμένων").

20. Παραθέτουμε τα κύρια επιχειρήματα του Raoul-Rochette από τη δημοσιευθείσα επιστολή του στην παρισινή επιθεώρηση *Revue des deux mondes* (στο φύλλο της 15.10.1838):
"Εκείνο όμως που αποτελεί καθήκον και ανάγκη για μένα είναι να διακηρύξω, όσο δυνατότερα και μακρύτερα μπορώ, αυτό που εδώ έχει συνειδητοποιήσει όλος ο κόσμος: ναι, δυστυχώς είναι αλήθεια ότι ήταν λανθασμένη και ολέθρια η ιδέα να τοποθετηθεί η έδρα του βασιλείου της Ελλάδος στη θέση της αρχαίας Αθήνας (...).
Παντού θα είχαν μπορέσει να κτίσουν μια πρωτεύουσα σε μια φημισμένη τοποθεσία και σε αδόμητο χώρο· παντού θα είχαν μπορέσει να εδράσουν ένα σύγχρονο θρόνο επάνω σε αναμνήσεις αρχαίας φιλοπατρίας και δόξας, χωρίς να χρειασθεί να θίξουν ερείπια ή να καταχώσουν κτίσματα. Μόνον η Αθήνα έχει ακόμα μνημεία που δεν ανήκουν αποκλειστικά στην Ελλάδα, αλλά σε ολόκληρο τον πολιτισμό, μνημεία που είναι ό,τι το πιο ολοκληρωμένο παρήγαγε ποτέ η ανθρώπινη διάνοια, τα οποία αποτελούν την ωραιότερη κληρονομιά της ανθρωπότητος. Είναι ένα σπάνιο θαύμα, όλα αυτά τα μνημεία είναι εκείνα που εσεβάσθησαν περισσότερο ο χρόνος και η βαρβαρότητα. Χρειαζόταν άραγε να κτισθεί η έδρα μιας νέας επικράτειας επάνω σε αυτά τα άφθαρτα μνημεία, με κίνδυνο να κτισθούν ανάκτορα επάνω σε ερείπια ή να αφεθούν καταχωσμένα κάποια αριστουργήματα για να διασωθούν καλύβες; (...).
Θα συμφωνήσετε ότι ο Πειραιεύς με τα τρία λιμάνια του, χωρίς να υπολογίσουμε τη Μουνυχία και το Φάληρο που ανοίγονται αριστερά για το εμπόριο της Ελλάδος, με τον όρμο της Σαλαμίνας που είναι επαρκής για τους στόλους της Ευρώπης, με αυτή την όμορφη και εύφορη πεδιάδα της Αττικής, που εκτείνεται σε μιαν έκταση πάνω από τρεις λεύγες ως τους πρόποδες του Πεντελικού και του Υμηττού και τέλος, με την αλυσίδα των μαγευτικών λόφων που, στηριγμένοι στην Πάρνηθα, σχηματίζουν τον φραγμό της Αττικής από την πλευρά της Μεγαρίδος και της Βοιωτίας, θα προσέφερε την ευνοϊκότερη τοποθεσία για μια πόλη, όπου θα ήθελε κανείς να αναβιώσει τη μοίρα της αρχαίας Ελλάδος με τη βοήθεια των πόρων της σύγχρονης Ευρώπης. Ενώ σε απόσταση μερικών λευγών από εκεί θα είχε διατηρηθεί άθικτος ένας θησαυρός από αρχαιότητες που για τον φωτισμένο άνθρωπο κάθε χώρας και κάθε ηλικίας θα αποτελούσε ένα ανεξάντλητο πεδίο στοχασμού και μελέτης· θα έπρεπε λοιπόν, με κριτήριο τις αισθητικές προτιμήσεις και τις συνήθειες του σύγχρονου ανθρώπου, να είχαν κτίσει μιαν εντελώς νέα πόλη στον Πειραιά, μια πόλη όπου θα εύρισκε κανείς τις ευκολίες και τις απολαύσεις της Νεάπολης και του Βερολίνου, του Μονάχου και του Παρισιού· ταυτοχρόνως όμως θα είχαν ξεθάψει την πόλη του Περικλή και του Ευριπίδη για να δείξουν ακόμη και με το μικρότερο θραύσμα που υπάρχει εκεί τι ήταν ο πολιτισμός μιας άλλης Ελλάδος και η διάνοια μιας άλλης εποχής. Η αρχαία και η νέα Αθήνα, τόσο γειτονικές και τόσο ανόμοιες μεταξύ τους, στην ίδια γη και κάτω από τον ίδιο ουρανό, θα προσέφεραν το πιο ενδιαφέρον και το πιο διδακτικό θέαμα που θα υπήρχε στον κόσμο. Η αρχαία Αθήνα θα είχε διατηρήσει ό,τι απομένει από αυτήν, η νέα Αθήνα δεν θα έχανε τίποτε από ό,τι μπορεί να παράγει, και οι δύο πρωτεύουσες της Ελλάδος που θα απείχαν μεταξύ τους είκοσι πέντε αιώνες, θα είχαν ενωθεί κάτω από το ίδιο σκήπτρο, χωρίς να βλάψει η πόλη του Όθωνα την πόλη του Περικλή. Αλλά αυτό το όραμα ενός αρχαιολάτρη, που θα μπορούσε να γίνει σκέψη ενός πολιτικού, είναι πια μόνο ένα όνειρο που έχει χαθεί για πάντα. Εχάθη ανεπανόρθωτα μια ευκαιρία μοναδική ίσως στην ιστορία του ανθρώπινου γένους. Δεν πρόκειται να ανακαλύψουν την αρχαία Αθήνα· αντίθετα, θα συνεχίσουν να κατεδαφίζουν ή να καταχώνουν ό,τι απομένει από αυτήν".

24

24. Ο Παρθενών και μέσα στον σηκό του το τζαμί, το οποίον κατεδαφίσθη το 1843. Άποψη από βορειοανατολικά. Υδατογραφία του Christian Hansen (1836), 43.5×58.0 εκ. (Kunstakademiets Bibliotek, Κοπεγχάγη).

ΚΕΦΑΛΑΙΟ 2

Η πόλη στη βόρεια πεδιάδα: η γεωμετρική σχηματικότης ως εργαλείο πολεοδομικού σχεδιασμού στο πνεύμα της πεφωτισμένης δεσποτείας. Το σχέδιο των Κλεάνθη και Schaubert (1832-1833): η γενεσιουργός ιδέα για τη νέα Αθήνα

1.
ΤΟ ΙΣΤΟΡΙΚΟ ΕΚΠΟΝΗΣΗΣ ΤΟΥ ΣΧΕΔΙΟΥ ΚΑΙ ΤΑ ΓΡΑΠΤΑ ΤΕΚΜΗΡΙΑ

Το σχέδιο πόλης, που συνέταξαν οι φίλοι αρχιτέκτονες και μαθητές του K. F. Schinkel Σταμάτιος Κλεάνθης[1] και Eduard Schaubert[2] (εικ. 26, 27) δεν είναι μόνο το πρώτο και γενεσιουργό σχέδιο για την ίδρυση της νέας Αθήνας· σε σύγκριση με τα άλλα σχέδια πόλης που εξεπονήθησαν την ίδια εποχή είναι η καλύτερα μελετημένη πολεοδομική πρόταση με σαφείς μορφολογικές προθέσεις και η μόνη που στηρίζεται σε ακριβή γνώση της τοπογραφίας του χώρου, της υφιστάμενης παλαιάς πόλης και της τοπικής οικοδομικής παράδοσης, καθώς επίσης και στην εξοικείωση των εκπονητών της με τις συνήθειες διαβίωσης στη χώρα.

Το σχέδιο αυτό δεν είναι ούτε αναθεώρηση άλλου σχεδίου (Klenze) ούτε πολεοδομικό όραμα (von Quast) ούτε αντιπρόταση (Καυταντζόγλου). Η πρωτότυπη εργασία των Κλεάνθη και Schaubert είναι απόρροια της αγάπης τους για την Αθήνα και του αυθόρμητου ενθουσιασμού με τον οποίο αφοσιώθησαν στην αναγέννησή της. Τόσο η σχεδιαστική απεικόνιση της πρότασής τους όσο και η γραπτή θεμελίωσή της μαρτυρεί ιδιαίτερη επιμέλεια και ωριμότητα.

Οι δύο αρχιτέκτονες επεσκέφθησαν την Αθήνα για πρώτη φορά το 1830 και εγκατεστάθησαν εδώ μόνιμα τον Νοέμβριο του επομένου έτους (εικ. 28-33). Πρώτη τους μέριμνα ήταν η ακριβής τοπογραφική αποτύπωση της υφιστάμενης παλαιάς πόλης και του αμέσου περιβάλλοντος χώρου, η οποία θα εχρησίμευε αφ' ενός μεν στην καταγραφή των αρχαίων ερειπίων και των μεσαιωνικών μνημείων, αφ' ετέρου δε ως υπόβαθρο του πολεοδομικού σχεδίου της νέας πόλης[3] (εικ. 34). Όπως μαρτυρεί ο L. Ross[4], οι Κλεάνθης και Schaubert "ησχολήθησαν με τον σχεδιασμό μιας νέας πόλης" πριν καν τους ανατεθεί επισήμως η σύνταξη του σχεδίου από την προσωρινή κυβέρνηση (διοικητική επιτροπή) στις 24 Μαΐου του 1832.

Η καθεαυτή πολεοδομική σύνθεση ολοκληρώθη σε δύο φάσεις. Το "αρχικό σχέδιο" (εικ. 36) εξεπονήθη στο Ναύπλιο από τον Μάιο του 1832 μέχρι την άφιξη του Βασιλέως Όθωνος (25 Ιανουαρίου/6 Φεβρουαρίου του 1833)· το συνόδευε διεξοδική *Περιγραφή* του (εγράφη τέλη του 1832) (εικ. 35), στην οποία οι αρχιτέκτονες αιτιολογούσαν τις προθέσεις τους και περιέγραφαν αυτή την πρώτη σχεδιαστική διατύπωση[5]. Μια δεύτερη διατύπωση του σχεδίου, βελτιωμένη από άποψη πολεοδομικής μορφολογίας και σχεδιασμένη με πολύ μεγαλύτερη λεπτομέρεια και τελειότητα, εξεπονήθη τους επόμενους μήνες και, αφού έγινε η επιλογή της θέσης της νέας πρωτεύουσας, ενεκρίθη στις 29 Ιουνίου/11 Ιουλίου του 1833 ως σχέδιο πόλης της πρωτεύουσας και βασιλικής καθέδρας[6] (εικ. 57). Στη δεύτερη αυτή σχεδιαστική διατύπωση πολλοί ερευνητές (Russack 1942, Kuehn 1979 και Φουντουλάκη 1979), στηριγμένοι σε διάφορες ενδείξεις, θεωρούν πως συνεργάσθη και ο K. F. Schinkel. Το σχέδιο επανενεκρίθη με ελάχιστες τροποποιήσεις στις 7/19 Οκτωβρίου του 1833.

Παρά τις σημαντικές επιμέρους βελτιώσεις στο δεύτερο σχέδιο, και οι δυο σχεδιαστικές αυτές εκδοχές διέπονται από το ίδιο πνεύμα και ακολουθούν την ίδια βασική σύλληψη τόσο ως προς τη χωροθέτηση της νέας πόλης όσο και ως προς τα κύρια χαρακτηριστικά της. Έτσι, μολονότι η σωζόμενη γραπτή περιγραφή του σχεδίου από τους συντάκτες του στην πραγματικότητα αναφέρεται μόνο στο αρχικό σχέδιο, ουσιαστικά ισχύει και για το δεύτερο.

Όμως εκτός από διάφορα σχέδια, έχουν διασωθεί και γραπτά τεκμήρια της πολεοδομικής πρότασης των Κλεάνθη και Schaubert.

Μια πρώτη προσωπική μαρτυρία, που μας πληροφορεί για την τοπογραφική αποτύπωση της παλαιάς Αθήνας και φανερώνει ήδη την πρόθεση εκπόνησης σχεδίου, εμπεριέχεται σε επιστολή του Schaubert σε "μερικούς Βερολινέζους φίλους του" που απέστειλε τον Ιανουάριο του 1832. Το απόσπασμα που μας ενδιαφέρει εδώ (τεκμήριον Α του παρόντος κεφαλαίου), εδημοσιεύθη το καλοκαίρι του 1833 από τον Ferdinand von Quast στο τεύχος 30 του περιοδικού τέχνης *Museum*, που εξεδίδετο στο Βερολίνο από τον Franz Kugler. Τον επόμενο χρόνο (τον Αύγουστο του 1834), συμπεριελήφθη από τον von Quast στο τεύχος του με τίτλο *Mittheilungen ueber Alt und Neu Athen*, εκδόσεις George Gropius, Βερολίνο.

Το δεύτερο και σημαντικότερο κείμενο για τον σχεδιασμό της νέας Αθήνας (τεκμήρια Β, Γ και Δ) φέρει τον τίτλο *'Erlaeuterung des Planes der Stadt Neu-Athen'* (Περιγραφή του σχεδίου της νέας Αθήνας)· πρόκειται, όπως προανεφέρθη, για την περιγραφή της πρώτης σχεδιαστικής διατύπωσης με παράλληλη αναφορά στο ιστορικό σύνταξης του σχεδίου και στις πολεοδομικές προθέσεις των εκπονητών του. Το κείμενο αυτό που περιέχει 2.736 λέξεις, έχει διασωθεί σε δύο χειρόγραφες, αχρονολόγητες και ανυπόγραφες παραλλαγές σε γερμανική γλώσσα που αποκλίνουν μόνον ελάχιστα φραστικά μεταξύ τους. Η πρώτη παραλλαγή (τεκμήριο Β του παρόντος κεφαλαίου) είναι αντίγραφο και περιλαμβάνεται στα κατάλοιπα του Klenze στη Βαυαρική Κρατική Βιβλιοθήκη του Μονάχου (συλλογή Klenzeana III, 22)· το πλήρες κείμενό της εδημοσιεύθη για πρώτη φορά το 1942, δηλαδή 110 χρόνια μετά τη σύνταξή της, από τον H. H. Russack στην πραγματεία του *Deutsche bauen in Athen* (Γερμανοί κτίζουν στην Αθήνα). Η δεύτερη παραλλαγή είναι κατά πάσα πιθανότητα το πρωτότυπο κείμενο και περιέχεται στα πολεοδομικά κατάλοιπα του Schaubert (παλαιότερα στο Breslau, σήμερα στην Αθήνα, Πρώτη Εφορεία Βυζαντινών Αρχαιοτήτων). Αποσπάσματα του κειμένου αυτού (τεκμήριο Γ του παρόντος κεφαλαίου, έκταση: 940 λέξεις) εδημοσιεύθησαν από τον F. Koepp στο άρθρο του "*Eduard Schauberts handschriftlicher Nachlass*", Archaeologischer Anzeiger, 1890, επομένως σχετικά νωρίς. Το πλήρες κείμενο έχει δημοσιευθεί στην πραγματεία του συγγραφέως *Εδουάρδος Σάουμπερτ*, Αθήνα, 1999.

Στην Ελλάδα, το θεμελιώδες αυτό κείμενο για τον σχεδιασμό της νεώτερης Αθήνας ήταν άγνωστο μέχρι τη δεκαετία του 1920[7]. Πρώτος εδημοσίευσε στα ελληνικά το πλήρες κείμενο ο Κωνσταντίνος Μπίρης (τεκμήριο Δ του παρόντος κεφαλαίου) το 1938, στο έργο του *Αθηναϊκαί μελέται* Ι, σελ. 11-19. Ο Μπίρης, ο οποίος κατείχε μέτρια τη γερμανική γλώσσα, πρέπει να έκανε τη μετάφραση μάλλον με τη συνεργασία του παρεπιδημούντος εκείνη την εποχή στην Ελλάδα Γερμανού αρχιτέκτονος H. Johannes που, σύμφωνα με τον Μπίρη,

25

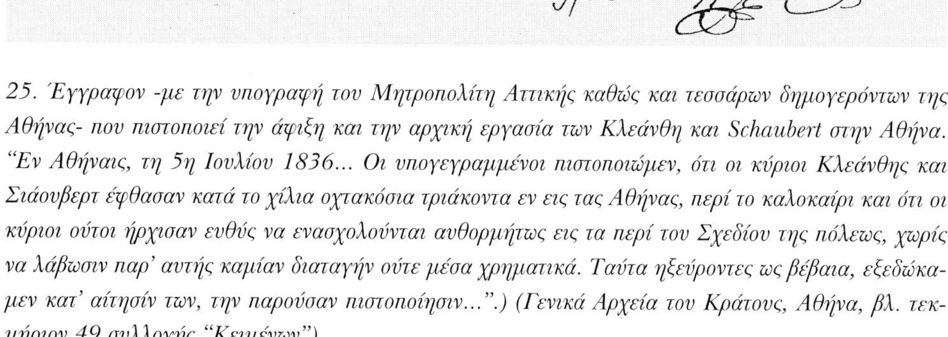

26

27

25. Έγγραφον -με την υπογραφή του Μητροπολίτη Αττικής καθώς και τεσσάρων δημογερόντων της Αθήνας- που πιστοποιεί την άφιξη και την αρχική εργασία των Κλεάνθη και Schaubert στην Αθήνα. "Εν Αθήναις, τη 5η Ιουλίου 1836... Οι υπογεγραμμένοι πιστοποιώμεν, ότι οι κύριοι Κλεάνθης και Σιάουβερτ έφθασαν κατά το χίλια οχτακόσια τριάκοντα εν εις τας Αθήνας, περί το καλοκαίρι και ότι οι κύριοι ούτοι ήρχισαν ευθύς να ενασχολούνται αυθορμήτως εις τα περί του Σχεδίου της πόλεως, χωρίς να λάβωσιν παρ' αυτής καμίαν διαταγήν ούτε μέσα χρηματικά. Ταύτα ηξεύροντες ως βέβαια, εξεδώκαμεν κατ' αίτησίν των, την παρούσαν πιστοποίησιν...".) (Γενικά Αρχεία του Κράτους, Αθήνα, βλ. τεκμήριον 49 συλλογής "Κειμένων").

26. Σταμάτιος Κλεάνθης (1802-1862). Προτομή φιλοτεχνημένη από τον γλύπτη Φάνη Σακελλαρίου, στον κήπο του Πνευματικού Κέντρου του Δήμου Αθήνας.

27. Gustav Eduard Schaubert (1804-1860). Προτομή φιλοτεχνημένη από τον γλύπτη Φάνη Σακελλαρίου, στον κήπο του Πνευματικού Κέντρου του Δήμου Αθήνας.

αντέγραψε το κείμενο ιδιοχείρως στο Breslau και το έθεσε στη διάθεση του Έλληνα ερευνητή. Υπόβαθρο της ελληνικής μετάφρασης επομένως είναι το πρωτότυπο κείμενο από τα κατάλοιπα του Schaubert.

Προς το παρόν παραμένει αδιευκρίνιστο κατά πόσον το υπόμνημα *"Erlaeuterung"* (Περιγραφή) υπεβλήθη όντως επισήμως στην προσωρινή κυβέρνηση (διοικητική επιτροπή) τον Δεκέμβριο του 1832 ή στην αντιβασιλεία μετά την άφιξη του Βασιλέως Όθωνος στο Ναύπλιο (25 Ιανουαρίου/6 Φεβρουαρίου 1833). Οι γραπτές πηγές επ' αυτού του θέματος είναι αντιφατικές[8]· εκτός τούτου, σ' αυτή την πιθανότητα (δηλαδή υποβολής του υπομνήματος) αντιτίθεται το γεγονός πως το σημαντικό αυτό τεκμήριο δεν ευρέθη ποτέ ανάμεσα στα πολύ καλά ταξινομημένα έγγραφα των Γενικών Αρχείων του Κράτους γι' αυτή την περίοδο (την περίοδο διακυβέρνησης από τον Καποδίστρια, της προσωρινής κυβέρνησης και της αμέσως επόμενης Οθωνικής εποχής)· επίσης δεν σημειώνεται πουθενά στα εισερχόμενα κυβερνητικά έγγραφα. Το κείμενο όμως επεξηγεί το περιεχόμενο του σχεδίου και αντικατοπτρίζει όλες τις αντιλήψεις των αρχιτεκτόνων που το υπεστήριξαν απέναντι στην αντιβασιλεία κατά το πρώτο εξάμηνο του 1833. Το γεγονός ότι το πρωτότυπο χειρόγραφο εφυ-

28 29 30

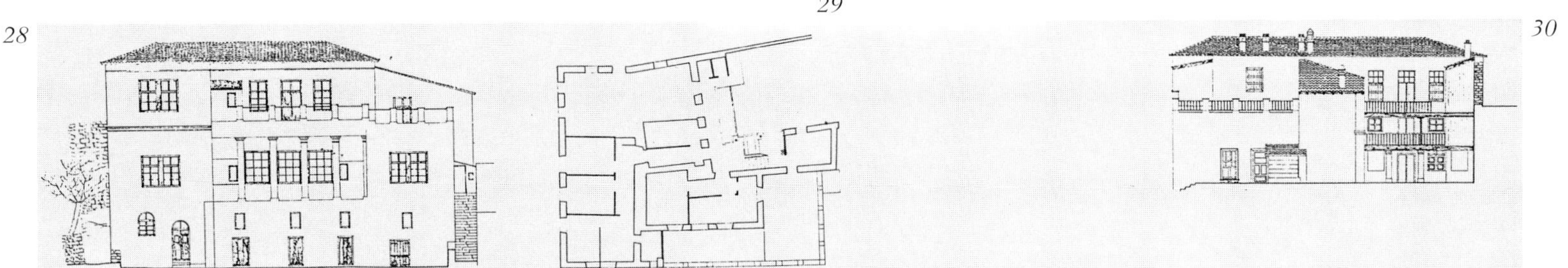

31

32

33

28. Η ιδιόκτητη κατοικία των Κλεάνθη και Schaubert στη βόρεια κλιτύ της Ακρόπολης, στο άνω τμήμα της παλαιάς πόλης. Κύρια πρόσοψη (βόρεια). (Συλλογή της Αρχιτεκτονικής Σχολής του Εθνικού Μετσοβείου Πολυτεχνείου, Αθήνα).

29. Η ιδιόκτητη κατοικία των Κλεάνθη και Schaubert. Κύριος όροφος. (Συλλογή της Αρχιτεκτονικής Σχολής του Εθνικού Μετσοβείου Πολυτεχνείου, Αθήνα).

30. Η ιδιόκτητη κατοικία των Κλεάνθη και Schaubert. Δυτική όψη. (Συλλογή της Αρχιτεκτονικής Σχολής του Εθνικού Μετσοβείου Πολυτεχνείου, Αθήνα).

31. Ομάδα σπιτιών στο άνω τμήμα της Πλάκας. Στο βάθος η ανακαινισμένη (μεταξύ 1975 και 1984) κατοικία των Κλεάνθη και Schaubert, όπου σήμερα στεγάζεται το Μουσείο Ιστορίας του Πανεπιστημίου Αθηνών (φωτογραφία του συγγραφέως).

32. Η κατοικία των Κλεάνθη και Schaubert από τα ΝΔ κατά τις εργασίες ανακαίνισής της (φωτογραφία του συγγραφέως).

33. Η κατοικία των Κλεάνθη και Schaubert τήν δεκαετία του '50 πριν από την ανακαίνισή της. Σ' αυτό το σπίτι, που κτίσθηκε το 1831-1832 από τους δυο φίλους αρχιτέκτονες πάνω σε παλαιότερα θεμέλια, εξεπονήθησαν τα σχέδια για τη νέα Αθήνα. Στο κτήριο εστεγάζετο προσωρινά μεταξύ 1837-41 το Πανεπιστήμιο της Αθήνας, εξ ου και η επονομασία του "Παλαιό Πανεπιστήμιο" (φωτογραφία του συγγραφέως).

λάσσετο στα κατάλοιπα του Schaubert και ότι στα χέρια του Klenze –ο οποίος τον επόμενο χρόνο εξήτασε ως πραγματογνώμων επί τόπου το σχέδιο– έφθασε αντίγραφό του, συνηγορεί υπέρ της αυθεντικότητος του αχρονολόγητου και ανυπόγραφου αυτού κειμένου.

Ένα τρίτο κείμενο (τεκμήριο Ε του παρόντος κεφαλαίου) χρονολογείται στα 1834. Πρόκειται για ένα ανυπόγραφο χειρόγραφο αντίγραφο των πρακτικών μιας συνεδρίασης που έλαβε χώραν στις 15/27 Ιουνίου αυτού του έτους στην Αθήνα, κατά την οποία συνεζητήθησαν το σχέδιο πόλης των Κλεάνθη και Schaubert, καθώς και οι δυσκολίες εφαρμογής του. Εκτός από τους δύο αρχιτέκτονες, στη συνεδρίαση αυτή παρόντες ήσαν οι δημογέροντες, ο Νομομηχανικός λοχαγός Spiess και ο Γενικός Έφορος Αρχαιοτήτων Weissenborn. Το κείμενο, το οποίο φυλάσσεται στη Βαυαρική Κρατική Βιβλιοθήκη του Μονάχου (συλλογή Klenzeana III, 22), μας πληροφορεί για τις βασικές πολεοδομικές προθέσεις των αρχιτεκτόνων και επί πλέον φανερώνει την ακλόνητη πίστη τους στο μέλλον της Αθήνας. Τα πρακτικά αυτά έστειλε με επιστολή του ο Κλεάνθης στον Klenze, ο οποίος ήταν τότε στην Κέρκυρα καθ' οδόν προς το Ναύπλιο, προκειμένου ο τελευταίος να ενημερωθεί για τα περίπλοκα προβλήματα σχεδιασμού της Αθήνας (βλ. τεκμήριον 22 συλλογής "Κειμένων").

Άλλα γραπτά, σημειώσεις ημερολογίων ή σχόλια των συντακτών του αρχικού σχεδίου της νέας Αθήνας, επεξηγηματικά της πρότασής του, δεν έχουν ευρεθεί μέχρι σήμερα.

2.
Η ΕΠΙΣΚΟΠΗΣΗ ΤΩΝ ΓΡΑΠΤΩΝ ΤΕΚΜΗΡΙΩΝ

ΤΕΚΜΗΡΙΟΝ Α: ΑΠΟΣΠΑΣΜΑ ΑΠΟ ΕΠΙΣΤΟΛΗ ΤΟΥ SCHAUBERT ΑΠΟ ΤΗΝ ΑΘΗΝΑ (ΙΑΝΟΥΑΡΙΟΣ 1832)

Στο πρώιμο αυτό κείμενο –ενάμισυ χρόνο πριν από την έγκριση του πρώτου σχεδίου– περιέχονται οι εξής σημαντικές πληροφορίες:

– Πρώτον, επιβεβαιώνεται η διεξαγωγή της τοπογραφικής αποτύπωσης της Αθήνας, δηλαδή της υφιστάμενης κατάστασης της παλαιάς Αθήνας. Το τοπογραφικό σχέδιο, που εξεπονήθη σε κλίμακα 1:2.000, ανεκαλύφθη προσφάτως μεταξύ των καταλοίπων του Schaubert.

– Διατυπώνεται η πρόθεση να σταλεί ένα αντίγραφο του τοπογραφικού σχεδίου με παρατηρήσεις για τα πρόσφατα ανακαλυφθέντα αρχαία μνημεία στον K. F. Schinkel στο Βερολίνο, προκειμένου οι συντάκτες του να πληροφορηθούν "την πολύ επιθυμητή γνώμη του για ένα νέο σχέδιο".

– Επίσης διατυπώνεται μια γενική άποψη για τον σχεδιασμό της νέας Αθήνας και συγκεκριμένα: "θα μας άρεσε να διαμορφώσουμε την Αθήνα σαν χωριό". Αυτή η αντίληψη, που ξενίζει κατ' αρχήν, διευκρινίζεται αμέσως μετά από τον συντάκτη της επιστολής, ο οποίος κάνει λόγο για μία καταπράσινη πόλη: "δηλαδή [θα μας άρεσε] να προβλέψουμε για κάθε σπίτι μια όμορφη αυλή ή κήπο".

– Τέλος δίδονται πληροφορίες για την έντονη επαγγελματική δραστηριότητα των δύο αρχιτεκτόνων στην Αθήνα· κτίζουν ιδιωτικές κατοικίες και το δικό τους σπίτι[9]. Ακολουθεί μια αναφορά στην μετριότητα των οικοδομικών κατασκευών στην Αθήνα.

ΤΕΚΜΗΡΙΑ Β, Γ και Δ: ΠΕΡΙΓΡΑΦΗ ΤΟΥ ΣΧΕΔΙΟΥ ΠΟΛΗΣ ΤΗΣ ΝΕΑΣ ΑΘΗΝΑΣ (ΔΕΚΕΜΒΡΙΟΣ 1832)

Το πλούσιο σε περιεχόμενο αυτό τεκμήριο είναι καθαρά διαρθρωμένο και περιλαμβάνει τόσο το ιστορικό εκπόνησης του σχεδίου όσο και τις σχεδιαστικές προθέσεις των συντακτών του.

Κίνητρα των αρχιτεκτόνων. Στόχοι του σχεδιασμού της νέας Αθήνας

Η καλλιτεχνική πρωτοβουλία και η αγάπη των αρχιτεκτόνων προς την Αθήνα, "την κοιτίδα των τεχνών και των επιστημών" ήταν η αιτία να προβούν στην τοπογραφική αποτύπωση της Αθήνας και των πλησιέστερων περιχώρων της αμέσως μετά την εγκατάστασή τους στην πόλη τον Νοέμβριο του 1831. Ο στόχος τους ήταν διττός: αφ' ενός επιθυμούσαν να προσφέρουν στον επιστημονικό κόσμο της Ευρώπης έναν αρχαιολογικό-τοπογραφικό χάρτη, στον οποίο θα εσημειώνοντο με περισσή ακρίβεια τα υψόμετρα, τα αρχαία κατάλοιπα, καθώς και όλες οι υπάρχουσες εκκλησίες· αφ' ετέρου εθεωρούσαν αυτή την εργασία βάσης ως "μίαν χρήσιμον προπαρασκευαστικήν εργασίαν δια το σχέδιον της ανοικοδομήσεως των Αθηνών εκ των ερειπίων των", και γι' αυτό συνέταξαν το τοπογραφικό τους σχέδιο σε σχετικά μεγάλη κλίμακα (1:2.000).

Ανάθεση της εκπόνησης του σχεδίου της πόλης

Τον Μάιο του 1832, η προσωρινή κυβέρνηση (διοικητική επιτροπή) ανέθεσε στους δύο αρχιτέκτονες τη σύνταξη του σχεδίου της νέας πόλης "έχοντες υπ' όψιν την δόξαν και το κάλλος των Αρχαίων [Αθηνών]". Στην ανάθεση ωστόσο δεν διευκρινίζετο ούτε εάν η Αθήνα προωρίζετο για μελλοντική πρωτεύουσα της χώρας ή εάν θα παρέμενε μια επαρχιακή πόλη ούτε τι οικονομικά μέσα θα διέθετε η κυβέρνηση για την ανοικοδόμησή της. Αυτή η αβεβαιότης ως προς τους στόχους του σχεδιασμού δυσχέρανε ακόμη περισσότερο το συνθετικό έργο των αρχιτεκτόνων. Ακολουθώντας το πνεύμα της κοινής γνώμης στην Ελλάδα, εσχεδίασαν την επανίδρυση της Αθήνας με βάση την παραδοχή ότι σύντομα η πόλη θα ανεκηρύσσετο πρωτεύουσα της χώρας και βασιλική καθέδρα. Διατυπώνεται επίσης η πρόθεση να υποβάλουν το σχέδιο και το συνοδευτικό μνημόνιο στο "σεβαστό υπουργείο", δηλαδή στην επί των Εσωτερικών Γραμματεία.

Βασικές πληροφορίες για την τοποθεσία, τον πληθυσμό και την κατάσταση των κτηρίων της υφιστάμενης παλαιάς πόλης

Ακριβείς πληροφορίες για τη γεωγραφική θέση της πόλης, και σύντομη περιγραφή του αθηναϊκού κλίματος, καθώς και της τοποθεσίας της υφιστάμενης πόλης στο λεκανοπέδιο της Αθήνας συνιστούν το πλαίσιο εργασίας, μέσα στο οποίο θα κινηθούν οι συντάκτες του σχεδίου. Για την υφιστάμενη παλαιά πόλη (εικ. 34) πληροφορούμεθα τα εξής: έχει συνολική έκταση εντός των τειχών περίπου 90 εκτάρια και μόνο τα δύο τρίτα αυτής της έκτασης είναι εποικισμένα. Το οδικό δίκτυο αποτελείται από δαιδαλώδη και στενά δρομάκια και το μεγαλύτερο μέρος των οικιών είναι ακόμη ερείπια. Σε καλή κατάσταση είναι μόνο 25 περίπου σπίτια καθώς και 30 διατηρημένες εκκλησίες (από ένα σύνολο 115). Διατηρημένα επίσης είναι δύο από τα τέσσερα τζαμιά της πόλης, καθώς και δύο λουτρά[10].

Χωροθέτηση και μέγεθος της σχεδιαζόμενης νέας πόλης

Η Αθήνα –με βάση την παραδοχή ότι θα είναι η μελλοντική πρωτεύουσα της χώρας– πρέπει να σχεδιασθεί για έναν πληθυσμό 35.000-40.000 κατοίκων και με τρόπο ώστε να είναι δυνατή η περαιτέρω σταδιακή επέκτασή της (εικ. 42). Επειδή οι συντάκτες του σχεδίου της οραματίζονται κατά τα φαινόμενα μια πόλη πεδινή, αποκλείουν τόσο τη λοφώδη περιοχή στα δυτικά της Ακρόπολης όσο και τη στενή και περιορισμένη έκταση στα ανατολικά της, μεταξύ Λυκαβηττού και Αρδηττού. Θεωρούν όμως κατάλληλη περιοχή οικιστικής ανάπτυξης την πεδινή έκταση στα βόρεια της Ακρόπολης. Εδώ θα χωροθετηθεί η νέα πόλη που θα "απλώνεται περί την παλαιάν ως ημισέληνος από ανατολών προς δυσμάς". Το έδαφος εδώ είναι πιο βατό και η περιοχή είναι ανοικτή προς όλες τις πλευρές του λεκανοπεδίου, είναι απηλλαγμένη από ομίχλη και προσφέρει ωραίες θέες. Ο κυριώτερος ιστορικός λόγος άμεσης επαφής της πόλης με την Ακρόπολη, που ήταν η προστασία από επιθέσεις από τη θάλασσα, έπαψε πλέον να υφίσταται. "Τέλος", σημειώνουν οι Κλεάνθης και Schaubert, "η μετάθεσις της πόλεως προς βορράν επί του λεκανοπεδίου παρέχει ακόμα το προτέρημα να μένη ανοικοδόμητον το έδαφος των αρχαίων πόλεων Θησέως και Αδριανού και να αφεθή ελεύθερος χώρος δι' ανασκαφάς". Η περιοχή που επιλέγεται για τη νέα πόλη, "αν και δεν είναι τελείως επίπεδος, εν τούτοις είναι πρόσφορος εις οικοδόμησιν, είναι παντού αμαξιτή" και οι ελαφρές κλίσεις του εδάφους επιτρέπουν την απορροή των ομβρίων και των ακαθάρτων υδάτων.

34

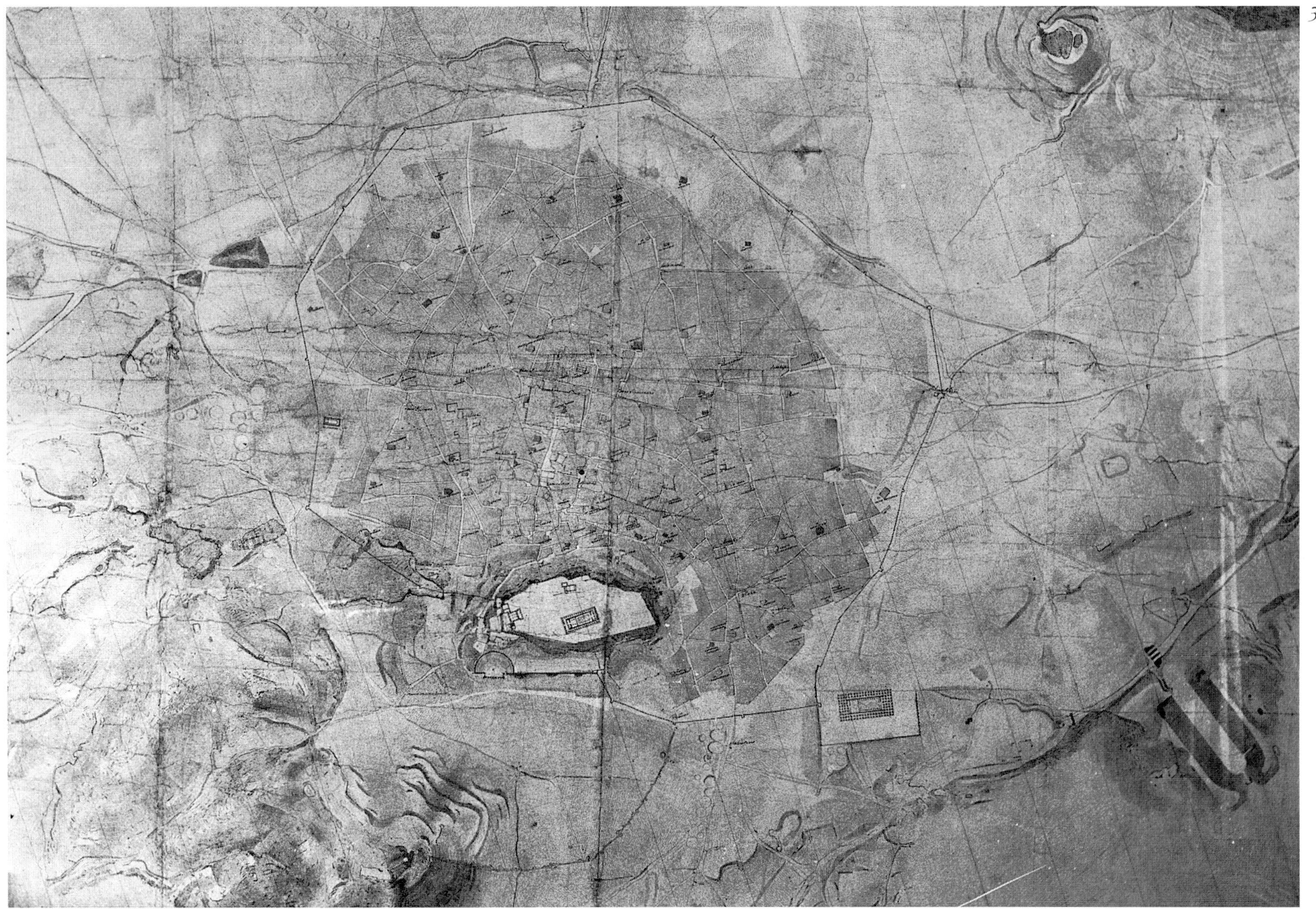

34. Το τοπογραφικό σχέδιο της Αθήνας που συνέταξαν ο Σταμάτης Κλεάνθης και ο Eduard Schaubert το 1831-1832. Πρωτότυπο σχέδιο με σινική μελάνη και ακουαρέλλα, ανυπόγραφο και αχρονολόγητο. Κλίμαξ πρωτοτύπου 1:2.000. (Κατάλοιπα Eduard Schaubert· Πρώτη Εφορεία Βυζαντινών Αρχαιοτήτων, Αθήνα).

Ένταξη των αρχαιολογικών ανασκαφών στις προθέσεις σχεδιασμού

Η βόρεια κλιτύς της Ακρόπολης είναι καλυμμένη με επιχώσεις (ύψους τριών έως έξι μέτρων) που έχουν συσσωρευθεί στο διάστημα πολλών αιώνων. Η περιοχή αυτή, όπου πιστεύεται ότι ευρίσκονται συγκεντρωμένες οι σπουδαιότερες αρχαιότητες, πρέπει να μείνει ελεύθερη και διαθέσιμη για αρχαιολογικές ανασκαφές. Ακόμη και αν για οικονομικούς λόγους δεν μπορούν να αρχίσουν ευθύς αμέσως οι έρευνες, θα πρέπει τουλάχιστον να δημιουργηθούν οι αναγκαίες προϋποθέσεις, δηλαδή θα πρέπει το κράτος να απαλλοτριώσει εγκαίρως εδώ την αστική γη, διότι αλλιώς "υπάρχει φόβος να αποβούν αργότερα τόσον αι δυσκολίαι όσον και αι δαπάναι της αποκτήσεώς της ακόμη σοβαρώτεραι, ως μας έχει διδάξει η πείρα εις την Ρώμην".

Θα εβελτιώνετο επίσης πολύ η εμφάνιση των ορατών αρχαίων κτισμάτων, εάν απελευθερώνοντο "από τα γειτονικά άθλια καλύβια ή και νεώτερα σπίτια, η γειτονία των οποίων ενοχλεί μόνον και διαταράσσει την εντύπωσιν, η οποία πρέπει να προξενήται εις τον θεατήν". Η περιοχή ανασκαφών ανάμεσα στα υφιστάμενα αρχαία μνημεία προτείνεται να διαμορφωθεί σε αρχαιολογικό πάρκο, στο οποίο θα μπορούσαν να παραμείνουν και "γραφικά ερειπωμένα εκκλησάκια του βυζαντινού μεσαίωνος". Με την κατάλληλη διάταξη των συστάδων των δέντρων θα επιτευχθεί η "επωφελεστέρα προοπτική των μνημείων", ενώ "το σύνολον θ' αποτελέση εν μουσείον της αρχαίας αρχιτεκτονικής, όμοιον του οποίου δεν έχει να επιδείξη η υφήλιος". Στο χαμηλότερο βορεινό τμήμα της παλαιάς πόλης, του οποίου προβλέπεται η διατήρηση και εξυγείανση, οι αρχαιολογικές έρευνες θα γίνουν ευκαιριακά, κατά την ανέγερση κάθε νέου κτηρίου. Τα ευρήματα μπορεί να φυλάσσονται στα υπόγεια και να παραμένουν προσιτά.

Βασικές προϋποθέσεις για την προσέγγιση των στόχων του σχεδιασμού της νέας πόλης

Επίκεντρο της σύνθεσης της νέας πόλης είναι τα βασιλικά ανάκτορα, επομένως έπρεπε να επιλεγεί για αυτά μία τοποθεσία που θα είχε τη μεγαλύτερη δυνατή εγγύτητα και καλή διασύνδεση με την υπάρχουσα παλαιά πόλη. Οι υφιστάμενοι κύριοι δρόμοι σύνδεσης με τον Πειραιά, την Ελευσίνα, τη Θήβα και τον Μαραθώνα "έπρεπε να αχθώσιν κατά εύστοχον τρόπον μέχρι του κέντρου της πόλεως (...) αι δε υπάρχουσαι μεγαλύτεραι οικίαι να μένουν όσον το δυνατόν άθικτοι (...) και τα σημαντικότερα μνημεία να χρησιμεύουν πάντοτε ως σημεία απόψεων". Όσον αφορά τη ρυμοτόμηση της πόλης, δηλαδή τη σχεδίαση του οδικού δικτύου, οι συντάκτες του πολεοδομικού σχεδίου της Αθήνας επεζήτησαν να την προσαρμόσουν "κατά το δυνατόν εις την διαμόρφωσιν του τόπου", χωρίς με αυτό να ζημιώσουν "κάποιαν επιθυμητήν συμμετρίαν, εφ' όσον αύτη ήτον δυνατόν να επιτευχθή"· με άλλα λόγια χρησιμοποίησαν ένα σαφές γεωμετρικό σχήμα κατάλληλο για επίπεδο έδαφος.

Το οδικό δίκτυο· οι δημόσιοι χώροι

Οι προαναφερθέντες βασικοί στόχοι θα επιτευχθούν καλύτερα, εάν τα ανάκτορα τοποθετηθούν "βορείως της Ακροπόλεως επί ενός υψηλού σημείου της περιοχής". Από τη μνημειακή πλατεία μπροστά τους εκπορεύονται ακτινωτά προς διάφορες κατευθύνσεις ένδεκα δρόμοι, από τους οποίους οι πέντε αποτελούν τους κύριους οδικούς άξονες της πόλης. Οι πρωτεύουσες αυτές οδοί είναι χαραγμένες έτσι ώστε να εξασφαλίζουν στα βασιλικά ανάκτορα ωραίες θέες φορτωμένες ιστορικές μνήμες. Από τον εξώστη των ανακτόρων μπορεί να απολαμβάνει κανείς την θέα "ταυτοχρόνως του γραφικού Λυκαβηττού, του Παναθηναϊκού Σταδίου του Ηρώδου του Αττικού, της πλουσίας εις υπερηφάνους αναμνήσεις Ακροπόλεως, των πολεμικών και εμπορικών πλοίων του Πειραιώς και της οδού Ελευσίνος". Προβλέπεται ένας κεντρικός οδικός άξων, η οδός Αθηνάς, που θα είναι δενδροφυτευμένος και θα χρησιμοποιείται για περιπάτους. Η οδός Αθηνάς συνδέει οπτικά τα ανάκτορα με τα Προπύλαια της Ακρόπολης. Οι λόγοι που αυτή η κεντρική οδός δεν χαράσσεται δυτικότερα, "προς τον αυχένα μεταξύ του βράχου του Αρείου Πάγου και της Ακροπόλεως" (οπότε θα συνέδεε την πόλη απευθείας με την κοιλάδα του Ιλισσού στο νότο) είναι δύο: αφ' ενός η κλίση της θα ήταν πολύ μεγάλη για αμαξιτή κεντρική συνδετήρια οδό, αφ' ετέρου ο εξώστης του βασιλικού ανακτόρου θα έχανε "τη μεγαλοπρεπή θέα προς τα υπέροχα μνημεία" της Ακρόπολης, που ευρίσκονται τώρα στον οπτικό άξονα της οδού.

Η προαναφερθείσα οδός Αθηνάς και οι παράλληλες προς αυτήν οδοί Αιόλου και Αρείου Πάγου είναι σημαντικές διανοίξεις μέσα στην παλαιά πόλη, που τη συνδέουν άμεσα με τη νέα. Μια άλλη κύρια οδός, η οδός Ερμού –κάθετη προς τις δύο προηγούμενες– διασχίζει από τα δυτικά προς τα ανατολικά την παλαιά πόλη και τη διαιρεί σε "δύο ίσα περίπου μέρη". Η οδός Σταδίου και η οδός Πειραιώς, που ξεκινούν ακτινωτά από την μεγάλη πλατεία μπροστά στα ανάκτορα και οι οποίες σχηματίζουν με την οδόν Αθηνάς γωνία 45 περίπου μοιρών, είναι οι κύριες οδικές αρτηρίες της νέας πόλης. Το πλέγμα των κυρίων οδών –ένα ορθογώνιο σύστημα με τονισμένες τις διαγωνίους– είναι δεδομένο "από την τοπικήν μορφήν του εδάφους", αυτό δε το σύστημα καθορίζει "ακολούθως την κατεύθυνσιν των άλλων οδών". Οι κύριοι άξονες στη νέα πόλη έχουν πλάτος 20 μέτρα. Σε πολλούς δρόμους προβλέπονται στοές για την προστασία από τον ήλιο. "Οι δρόμοι δεν σχηματίζουν παντού τετράγωνα, ούτως ώστε να υπάρχη κάποια εναλλαγή". Η οδός Πειραιώς, που η προέκτασή της καταλήγει στο λιμάνι και η οποία "ίσως αργότερα θα ηδύνατο να περιλάβη σιδηρόδρομον", θα έπρεπε να διαμορφωθεί εκατέρωθεν με τάφρους.

Η σπουδαιότερη πλατεία της νέας πόλης είναι ο μνημειακός χώρος προ των ανακτόρων. Η δεύτερη σε σπουδαιότητα πλατεία προβλέπεται στο μέσον της οδού Αθηνάς, όπου χωροθετούνται το θέατρο, το χρηματιστήριο και το καζίνο· στην πλατεία αυτή "θα ανεγερθούν και τα μεγάλα καταστήματα, χωριστά από την λοιπήν αγοράν τροφίμων". Μια τρίτη μεγάλη πλατεία προτείνεται στην παλαιά πόλη· αυτή θα φιλοξενεί την αγορά τροφίμων. Επίσης προβλέπονται δύο ακόμα μεγάλες στρογγυλές πλατείες στο ανατολικό και δυτικό άκρο της οδού Ερμού, από τις οποίες ξεκινούν ακτινωτά οι δρόμοι που οδηγούν έξω από την πόλη.

Οι δρόμοι της παλαιάς πόλης θα ευθυγραμμισθούν αλλά οι περισσότεροι θα διατηρήσουν την "λοξήν κατεύθυνσίν των" ώστε "να κοπούν όσον το δυνατόν ολιγώτερα από τα τυχόν υπάρχοντα σπίτια".

Χρήσεις γης. Δημόσια κτήρια

Τα δημόσια κτήρια κατανέμονται στον πολεοδομικό ιστό εύστοχα κατά ομάδες: στα δυτικά, επί της οδού Πειραιώς, προβλέπονται τα καταστήματα που συνδέονται με την εμπορική ζωή, δηλαδή το ταχυδρομείο, η αστυνομία, το τελωνείο και τα δικαστήρια. Στο βόρειο τμήμα του κέντρου ευρίσκονται τα βασιλικά ανάκτορα, που έχουν αριστερά και δεξιά τους τα δύο βουλευτήρια, ενώ σχετικά κοντά στα ανάκτορα είναι τα υπουργεία οικονομικών, του πολέμου, το νομισματοκοπείο, η αποθήκη υλικού (δηλαδή το οπλοστάσιο) και το χυτήριο. Στα ανατολικά "προς την ησυχωτέραν και πλέον αθόρυβον περιοχήν" κοντά στο Στάδιο και τον Ιλισσό χωροθετούνται τα σχετικά με την επιστήμη και την τέχνη ιδρύματα, δηλαδή το πανεπιστήμιο (ακαδημία), η βιβλιοθήκη και ο βοτανικός κήπος. Οι στρατώνες τοποθετούνται στην περιφέρεια της πόλης, στα βορειοανατολικά και στα νοτιοδυτικά των ανακτόρων, ώστε να προστατεύεται η πόλη από την πλευρά του λεκανοπεδίου. "Το νοσοκομείον, τα σφαγεία, ελαιοτριβεία και κοιμητήρια είναι, όπως έπρεπεν, έξω της πόλεως".

Σύστημα δόμησης: περιοχές κατοικίας και χώροι πρασίνου

Το σύστημα δόμησης δεν ορίζεται ρητά. Αναφέρονται όμως 160 οικοδομικά "τετράγωνα"· στον αριθμό αυτό περιλαμβάνονται και τα οικοδομικά τετράγωνα της παλαιάς πόλης που προτείνεται να αναπλασθεί. Οι αρχιτέκτονες ξεκινούν από την παραδοχή ότι θα κτισθούν μονοκατοικίες σε οικόπεδα έκτασης περίπου 1.000 τετρ. μέτρων. Υπολογίζουν ότι κάθε σπίτι θα έχει περίπου 10 κατοίκους και κάθε οικοδομικό τετράγωνο 10-15 μονοκατοικίες[11].

Οι περισσότερες πλατείες είναι κοσμημένες "με δένδρα,

35α

Cl Klenzeana III, 22

Erläuterung des Planes der Stadt Neu-Athen

35β

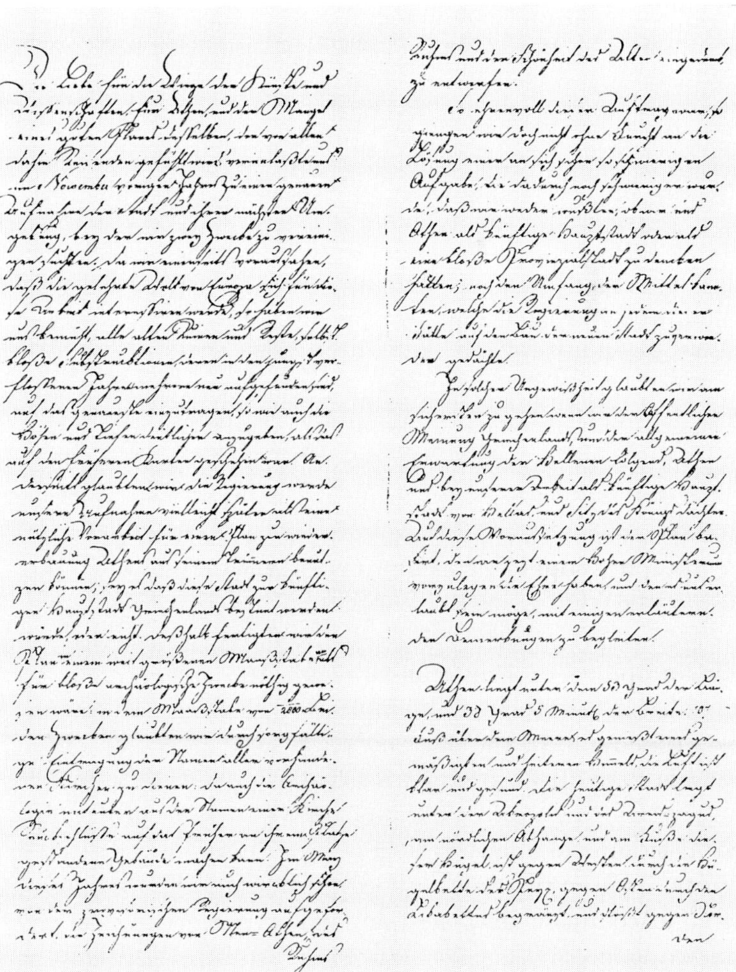

35α, β. Σελίδα τίτλου, πρώτη και δεύτερη σελίδα του μνημονίου "Περιγραφή..." (σε γερμανική γλώσσα) των αρχιτεκτόνων Στ. Κλεάνθη και E. Schaubert που συνόδευε το σχέδιο πόλης της νέας Αθήνας. Χειρόγραφο αντίγραφο, ανυπόγραφο και αχρονολόγητο (το πρωτότυπο συνετάχθη κατά πάσα πιθανότητα στα τέλη του 1832) σε 16 φύλλα (Βαυαρική Κρατική Βιβλιοθήκη του Μονάχου, συλλογή Klenzeana III 22).

καθώς και με πολύ τρεχούμενον νερό, το οποίον πάντοτε δίδει δροσιάν και ζωήν". Προτείνεται η επιδιόρθωση του Αδριάνειου υδραγωγείου[12]. Ο μεγάλος κήπος πίσω από τα ανάκτορα τίθεται ως "λαϊκός κήπος" στη διάθεση των κατοίκων της πόλης και "θα εχρησίμευε και το μεσημβρινόν τμήμα της παλαιάς πόλεως ως περίπατος, εάν, μετά το τέλος των ανασκαφών, φυτευθή με δένδρα και δεθή με δενδροστοιχίας γύρω από την πλαγιάν της Ακροπόλεως". Εκτός τούτου, δενδροστοιχίες και φυτεμένες τάφροι θα περιέκλειον όλη την πόλη και έτσι θα εμειώνοντο "αι είσοδοι εις δώδεκα, αι οποίαι είναι εύκολον να φρουρώνται"[13].

ΤΕΚΜΗΡΙΟ Ε: ΠΡΑΚΤΙΚΑ ΜΙΑΣ ΣΥΝΕΔΡΙΑΣΗΣ ΠΟΥ ΕΛΑΒΕ ΧΩΡΑΝ ΣΤΗΝ ΑΘΗΝΑ ΣΤΙΣ 15/27.6.1834

Η συνεδρίαση οργανώθηκε για να κοινοποιηθούν στους αρχιτέκτονες του σχεδίου των Αθηνών Κλεάνθη και Schaubert οι παρατηρήσεις του Γενικού Εφόρου Αρχαιοτήτων Adolf Weissenborn (κατ' άλλους Weissenburg) επί του σχεδίου αυτού. Δίδεται έτσι η ευκαιρία στους δυο αρχιτέκτονες να διατυπώσουν επιπρόσθετες εξηγήσεις επί της προτάσεώς τους.

Κατ' αρχάς γίνεται μία παραχώρηση ως προς την έκταση της περιοχής ανασκαφών: επειδή οι συνθήκες δεν επιτρέ-

36

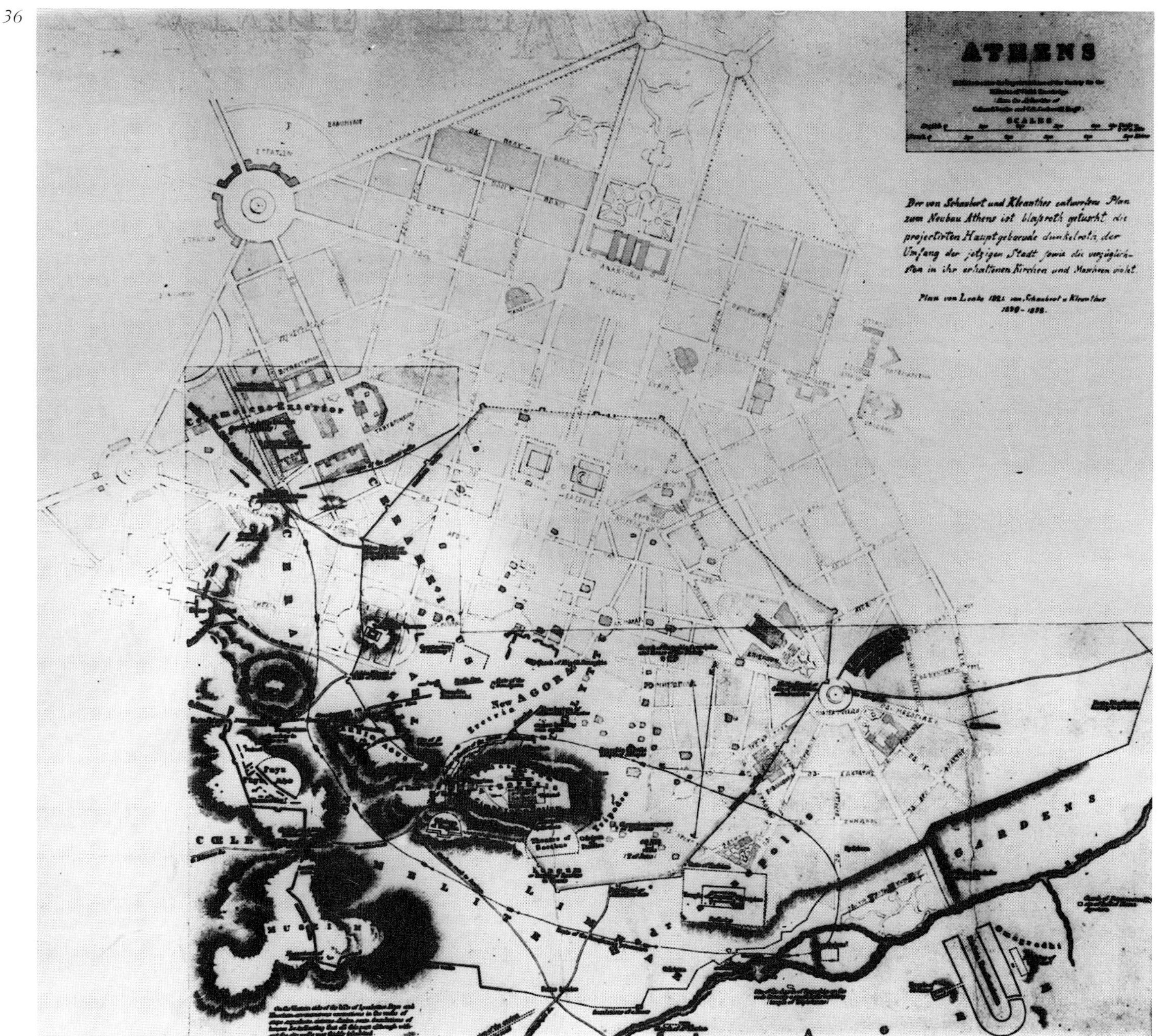

36. Το αρχικό πολεοδομικό σχέδιο της νέας Αθήνας (το λεγόμενο "Σχέδιο του Βερολίνου") των Στ. Κλεάνθη και Ε. Schaubert. Έγχρωμη σινική μελάνη. Ανεκαλύφθη από την Margarete Kuehn και εδημοσιεύθη για πρώτη φορά το 1979. Κλίμαξ πρωτοτύπου περίπου 1:8.000. (Διεύθυνση κρατικών ανακτόρων και κήπων του Potsdam-Sanssouci).

πουν αμέσως τις επιθυμητές ανασκαφές σε μεγάλη κλίμακα, "θα ήταν καλό εάν αυτή η περιοχή εκτίζετο μόνο κάτω από ορισμένες προϋποθέσεις". Και: "Προς το παρόν, το μόνο που χρειάζεται [να κάνει η κυβέρνηση] είναι να αγοράσει τους χώρους γύρω από τα υπάρχοντα ερείπια [μνημείων] και επί πλέον εκείνους στους οποίους είναι πολύ πιθανή η ύπαρξη αρχαιοτήτων"[14].

Στην παρατήρηση του Weissenborn ότι το "σχέδιο είναι στο σύνολό του πολύ εκτεταμένο" και ότι "στη σχεδιαζόμενη πόλη μπορούν να κατοικήσουν 100.000 ψυχές", οι αρχιτέκτονες απαντούν πως η πόλη δεν μπορεί να χωρέσει πληθυσμό παραπάνω από 40.000-50.000 κατοίκους. Στην αντίρρηση του Weissenborn ότι "κατ' αυτό τον τρόπο δεν θα δημιουργηθεί ποτέ μια πυκνοδομημένη ευρωπαϊκή πόλη", οι αρχιτέκτονες τίθενται σαφώς υπέρ του πανταχόθεν ελευθέρου συστήματος δόμησης με χαμηλά κτήρια[15], που θεωρούν πιο σύμφωνο με τις συνήθειες ζωής στη χώρα: "Και βέβαια δεν θα γίνει ποτέ η πόλη που, όπως φαίνεται, φανταζόσασθε, διότι η Κυβέρνηση ευτυχώς έλαβε ήδη τα αναγκαία μέτρα και καθώρισε το ύψος των κτηρίων, έτσι ώστε κανένα ιδιωτικό κτίσμα να μην υπερβαίνει τους δύο ορόφους. Εκτός τούτου, στην Ελλάδα σπάνια μένουν δύο οικογένειες σε ένα σπίτι. Κάθε οικογένεια έχει το δικό της σπίτι, με την αυλή του και τον μικρό του κήπο. Αυτή είναι η συνηθισμένη πόλη στην Ελλάδα και αυτή ταιριάζει στη χώρα".

Ακολουθεί μια κριτική παρατήρηση για το υπερβολικά μεγάλο πλάτος των οδών και το εξίσου υπερβολικό μέγεθος των προτεινόμενων δημοσίων κτηρίων, καθώς και η άτοπη μομφή πως "η εκκλησία του Σωτήρος είναι μεγαλύτερη από τον Άγιο Πέτρο της Ρώμης"[16] (εικ. 53). Οι αρχιτέκτονες παραδέχονται πως "τα δημόσια κτήρια στο σχέδιο εμφανίζονται μεγαλύτερα από ό,τι θα έπρεπε", πως όμως το μέγεθός τους είναι απλώς ενδεικτικό και πως η κυβέρνηση θα τα έκτιζε σταδιακά προσαρμόζοντας τον αριθμό και τις διαστάσεις των κτηρίων στον εκάστοτε πληθυσμό της πρωτεύουσας. Τα οικόπεδα όμως για ένα μεγαλόπνοο πρόγραμμα δημοσίων κτηρίων θα έπρεπε να εξασφαλισθούν εκ των προτέρων. Όσο για την πόλη στο σύνολό της οι αρχιτέκτονες δηλώνουν, πως όταν συνέτασσαν το σχέδιό της πίστευαν ότι "θα περνούσαν ίσως και πενήντα χρόνια μέχρι την πλήρη αποπεράτωσή της" και ότι η έκτασή της ανταποκρίνεται σε μια μελλοντική πραγματικότητα.

3.
ΠΙΘΑΝΗ ΣΥΜΜΕΤΟΧΗ ΤΡΙΤΩΝ ΣΤΗ ΔΙΑΜΟΡΦΩΣΗ ΤΟΥ ΣΧΕΔΙΟΥ

Η νεαρή ηλικία[17] και η σχετική απειρία των εκπονητών του αρχικού σχεδίου της νέας πόλης της Αθήνας ερχόταν εξ αρχής σε αντίθεση στα μάτια των ερευνητών της ιστορίας της Αθήνας με την πληρότητα της πρότασής τους. Ιδιαίτερα εντυπωσιακή είναι η υψηλή μορφολογική ποιότητα των χωροδομικών λύσεών τους. Το γεγονός αυτό παρέσυρε επανειλημμένα μεμονωμένους ερευνητές να υποθέσουν, ότι στη διαδικασία σχεδιασμού συμμετείχαν κατά λανθάνοντα τρόπο και τρίτοι. Επειδή όμως δεν υπάρχει τίποτε που να μαρτυρεί ότι θα μπορούσαν να διεκδικήσουν την πατρότητα του σχεδίου και άλλοι, όλες αυτές οι υποθέσεις βασίζονται είτε σε τυχαίες νύξεις είτε σε ερμηνεία των χαρακτηριστικών γνωρισμάτων του σχεδίου, ειδωμένων από μία ορισμένη σκοπιά.

Στους υποτιθέμενους αυτούς βοηθούς απεδόθη ο ρόλος του ενεργούντος παρασκηνιακά μέντωρος ή συμβούλου. Με αυτόν τον τρόπο έγινε προσπάθεια να εξηγηθεί η μη πλήρης ταύτιση της περιγραφής του σχεδίου (στην *Περιγραφή* των δύο αρχιτεκτόνων) με το σχέδιο που τελικά ενεκρίθη.

Σύμφωνα με μια πρώτη άποψη, την οποία υπεστήριξε ο Κ. Μπίρης[18], ο "άγνωστος τρίτος" που συνέβαλε στον σχεδιασμό της Αθήνας ταυτίζεται με το πρόσωπο του Αυστριακού προξένου στην Αθήνα Georg Christian Gropius[19]. Την άποψη αυτή ο Μπίρης τη στηρίζει σε δυο γραπτές μνείες: ο Georg Ludwig von Maurer[20] –ένα από τα μέλη της αντιβασιλείας– στο έργο του *Das griechische Volk* (Ο ελληνικός λαός), Heidelberg 1834/35, τόμος II, σελ. 123, αναφέρει ότι "την ίδια εποχή [καλοκαίρι του 1833] (...) ενεκρίθη το σχέδιο πόλης που είχαν εκπονήσει οι Κλεάνθης και Schaubert με σύμβουλο τον Αυστριακό πρόξενο κύριο Gropius". Ο Klenze, που αυτή την εποχή δεν είχε έρθει ακόμη στην Ελλάδα, είναι προφανές ότι απλώς μεταφέρει αυτή την πληροφορία στο βιβλίο του *Aphoristische Bemerkungen*... (Αφοριστικές παρατηρήσεις...), Βερολίνο 1838, σελ. 397, και ότι δεν πρόκειται για προσωπική μαρτυρία όταν σημειώνει: "Επίσης για την ανοικοδόμηση της νέας πόλης έγινε δεκτό το σχέδιο που είχαν εκπονήσει γι' αυτό τον σκοπό οι αρχιτέκτονες Schaubert και Κλεάνθης, με την ειδική συνεργασία του αυτοκρατορικού Αυστριακού γενικού προξένου Gropius".

Τι εννοούν οι συντάκτες των προαναφερθέντων έργων με τους όρους "σύμβουλος" και "ειδική συνεργασία" δεν διευκρινίζεται. Ο Μπίρης διερεύνησε περαιτέρω το θέμα και ευρήκε στην αθηναϊκή εφημερίδα "Αθηνά" στο φύλλο 18.8.1834 ένα απόσπασμα στο οποίο διαβάζουμε τα εξής: "Πρώτος ο κύριος Γρόπιος έδωκε σχέδιον αλλά δεν ήρεσεν τούτο εις την κυβέρνησιν· δεύτερος ο κύριος Κλεάνθης ανέλαβε την σχεδιογραφίαν. Το σχέδιόν του εδημιουργήθη, επεκυρώθη από την κυβέρνησιν". Παρά το γεγονός –το οποίο δεν διαφεύγει στον ίδιο τον Κ. Μπίρη– ότι ο συντάκτης του άρθρου φαίνεται να μην είναι καλά πληροφορημένος (έτσι δεν αναφέρει τη συνεργασία του Schaubert), ο ερευνητής αυτός θεωρεί αυτό το χωρίο ως σημαντική πρόσθετη ένδειξη για το ότι η πατρότητα του σχεδίου πρέπει να αποδοθεί και στον Gropius.

Απέναντι σε όλες αυτές τις νύξεις, που δεν περιέχουν καμία λεπτομέρεια για την υποτιθέμενη συνεργασία του Gropius, πρέπει να είναι κανείς πολύ επιφυλακτικός, ιδιαίτερα όταν άριστοι γνώστες των διαδικασιών του σχεδιασμού της Αθήνας, όπως ο Ludwig Ross και ο Friedrich Stauffert που διέμεναν εκείνη την εποχή στην Αθήνα, δεν αναφέρουν τίποτε σχετικό.

Ο Gropius, μαζί με τον Γάλλο πρόξενο Fauvel, ο καλύτερος γνώστης της τοπογραφίας της Αθήνας, το 1833 ζούσε ήδη τρεις δεκαετίες στην Ελλάδα και δεν είναι απίθανο να βοήθησε όντως τους δύο αρχιτέκτονες [21]. Όμως είναι δύσκολο να υποθέσει κανείς ότι ο συμβουλευτικός ρόλος αυτού του μη ειδικού είχε το βάρος ουσιαστικής συμβολής στη σύνθεση του σχεδίου. Η γνώμη του θα βάραινε ίσως μόνο σε ειδικά ζητήματα, όπως η προσαρμογή του σχεδίου στο τοπογραφικό ανάγλυφο ή η κατάλληλη χωροθέτηση μεμονωμένων δημοσίων κτηρίων.

Αν επί πλέον αναλογισθεί κανείς ότι ο πενηνταεπτάχρονος τότε Gropius ήταν ένας επιφανής "Αθηναίος κατ' επιλογήν", που σ' αυτή την πόλη είχε στην ιδιοκτησία του δύο σπίτια αλλά και το μεγαλύτερο τμήμα του λόφου των Νυμφών και ότι επί πλέον ήταν γενικός πρόξενος μιας μεγάλης δύναμης, καταλήγει στο συμπέρασμα πως μάλλον θα θεωρούσε ανάρμοστο να υποβάλει με δική του πρωτοβουλία ένα δικό του σχέδιο στην κυβέρνηση. Πολύ πιθανόν είναι βέβαια, ότι εάν έπαιξε όντως ρόλο διακριτικού συμβούλου, προσπάθησε να επηρεάσει τους δύο αρχιτέκτονες ώστε να μην εντάξουν στο σχέδιο τα οικόπεδά του στον λόφο των Νυμφών, προς ίδιον οικονομικόν όφελος. Στην εκδοχή αυτή συνηγορεί η αναφερόμενη από τον Klenze αγανάκτησή του Gropius όταν επρόκειτο να απαλλοτριωθεί, σύμφωνα με το σχέδιό του, η ιδιοκτησία του τελευταίου για την ανέγερση των ανακτόρων[22], καθώς και το γεγονός ότι μετά από μακρόχρονες και σκληρές διαπραγματεύσεις, ο Gropius παρεχώρησε αργότερα αυτή τη γη στο ελληνικό κράτος, αποκομίζοντας μεγάλο κέρδος[23].

Οι προηγούμενες σκέψεις επιτρέπουν επομένως μόνον την υπόθεση, ότι ο Gropius συμμετείχε ενδεχομένως ως σύμβουλος, σε καμία περίπτωση όμως ως δημιουργικός και ισότιμος συνεργάτης στην εκπόνηση του σχεδίου της Αθήνας.

Μεγαλύτερη σημασία για την αποσαφήνιση του ζητήματος της ακριβούς πατρότητος του σχεδίου της νέας Αθήνας έχει μια δεύτερη υπόθεση, εκείνη δηλαδή της αποφασιστικής συμμετοχής του K. F. Schinkel στην εκπόνηση του οριστικού σχεδίου των Κλεάνθη και Schaubert. Πρώτος μνημονεύει την πιθανότητα να έπαιξε ο Schinkel ρόλο συμβούλου ο H.-H. Russack[24] (1942). Στην εκδοχή αυτή συνηγορεί όχι μόνο το γεγονός ότι οι δύο συντάκτες του σχεδίου ήσαν μαθητές του Schinkel, που μόλις είχαν αποφοιτήσει από την Bauakademie (Ακαδημία Αρχιτεκτονικής) του Βερολίνου την οποία τότε διηύθυνε ο ίδιος, αλλά και μία γραπτή μνεία του ίδιου του Schaubert[25]. Ένδειξη αποτελεί επίσης και το γεγονός ότι το αρχικό σχέδιο (το λεγόμενο "σχέδιο του Βερολίνου") σώθηκε στην πρώην βασιλική συλλογή του Βερολίνου, όπου κατετέθη μαζί με διάφορα άλλα αντικείμενα του διαδόχου της Πρωσίας, στον οποίον το είχε μάλλον δώσει ο Schinkel.

Ασφαλώς δεν μπορεί να αποδώσει κανείς άκριτα τα μορφολογικά χαρακτηριστικά του πρώτου σχεδίου, που παρουσιάζουν κάποιες ομοιότητες με τις συνήθεις επιλογές του Schinkel[26], στη συνεργασία του αρχιτέκτονα αυτού στην εκπόνησή του. Η υιοθέτηση μορφολογικών στοιχείων και σχεδιαστικών μοτίβων του Schinkel μπορεί κάλλιστα να ερμηνευθεί ως προσπάθεια μίμησης του δασκάλου από τους μαθητές του, χωρίς αυτό να σημαίνει ότι επενέβη προσωπικά ο ίδιος στη διαμόρφωση του σχεδίου.

Το αρχικό σχέδιο ή "σχέδιο του Βερολίνου" που ανεκάλυψε η Margarete Kuehn και εδημοσίευσε για πρώτη φορά το 1979 (εικ. 36) ταυτίζεται απόλυτα με την περιγραφή στο κείμενο των αρχιτεκτόνων "*Erlaeuterung*" (βλ. τεκμήριον Δ του παρόντος κεφαλαίου). Έτσι πρέπει να θεωρείται πάρα πολύ πιθανόν αυτή η γραπτή "*Erlaeuterung*" (Περιγραφή) του σχεδίου να μην είναι ένα μνημόνιο που υπεβλήθη –όπως πιστεύαμε μέχρι σήμερα– όντως στην αντιβασιλεία. Πολλά συνηγορούν υπέρ της άποψης, ότι πρόκειται για περιγραφή της πρώτης διατύπωσης του σχεδίου που δεν υπεβλήθη προς έγκριση. Αλλά και η σχεδιαστική διατύπωση του αρχικού "σχεδίου του Βερολίνου" είναι εντυπωσιακά πτωχή και δεν μπορεί να υπεβλήθη στην αντιβασιλεία προς έγκριση σε αυτή τη μορφή.

Ένα ακόμη γεγονός που εντυπωσιάζει και αποκλείει τον επίσημο, ώριμο προς έγκριση χαρακτήρα του σχεδίου του Βερολίνου[27] είναι ότι δεν εσχεδιάσθη στο τοπογραφικό υπόβαθρο της Αθήνας (εικ. 34) που συνετάχθη το 1832 από τους Κλεάνθη και Schaubert, αλλά πάνω στον αρχαιολογικό χάρτη του 1821 του Leake (εικ. 5), που παρουσιάζει ανακρίβειες και από τον οποίο λείπει η σχεδιαστική απεικόνιση της παλαιάς πόλης.

Σ' αυτά λοιπόν τα δύο αλληλοσυμπληρούμενα τεκμήρια (δηλαδή στο σχέδιο του Βερολίνου και στην "*Περιγραφή*") αναγνωρίζουμε το επεξεργασμένο κατά τη διάρκεια του 1832 υπόβαθρο ιδεών, που πάνω του εστηρίχθη η ανταλλαγή απόψεων των δύο αρχιτεκτόνων με τον νεαρό Βασιλέα και την αντιβασιλεία, καθώς και η τελική επεξεργασία του σχεδίου τους κατά τη διάρκεια του πρώτου εξαμήνου του 1833. Για τις διαβουλεύσεις αυτές εταξίδευσαν επανειλημμένα από την Αθήνα στο Ναύπλιο[28]. Στις γραπτές μαρτυρίες των ίδιων των εκπονητών του σχεδίου δεν γίνεται πουθενά λόγος για επίσημη διαδικασία έγκρισης, αλλά μόνο για υποβολή του σχεδίου προς έλεγχο και διατύπωση παρατηρήσεων[29].

Δυστυχώς δεν έχουμε ούτε προσχέδια του αρχικού σχεδίου ούτε σκαριφήματα που να τεκμηριώνουν τη διαδικασία ωρί-

37

37. Το «παλάτι» του Καποδίστρια και αργότερα του Όθωνος εις το Ναύπλιον. Υδατογραφία (1833 - 1835) του Βαυαρού στρατιώτου Adalbert Friedrich Marc, σελ. 5 του δεύτερου τόμου των χειρόγραφων «ενθυμήσεων από την Ελλάδα». (Βαυαρικόν Στρατιωτικόν Μουσείον, Ingolstadt).

μανσής του ανάμεσα στην πρώτη διατύπωσή του και στο εγκριθέν τελικό σχέδιο τον Ιούλιο του 1833. Έτσι, παραμένει ακόμα ανοικτό το ερώτημα με ποιον τρόπο έγιναν οι σημαντικές βελτιώσεις και τροποποιήσεις στο εγκεκριμένο σχέδιο[30] (πρβ. εικ. 36, 57), οι οποίες εντοπίζονται κυρίως στα εξής:

- στη δημιουργία ενός μνημειακού τετραγωνικού πλαισίου γύρω από το κέντρο εξουσίας με τη μορφή μεγαλόπρεπων δενδροφυτευμένων λεωφόρων (βουλεβαρίων) πλάτους 36 μέτρων·
- στη συμμετρική τοποθέτηση εκατέρωθεν των ανακτόρων έξι υπουργείων·
- στη δημιουργία μιας εστεγασμένης αγοράς (bazar) μπροστά από τα ανάκτορα, τα κτίσματα της οποίας αναπτύσσονται γύρω από τον "κήπο του λαού"·
- στη δημιουργία δύο σημαντικών πλατειών που εφάπτονται η μία στο μέσον της οδού Πειραιώς και η άλλη στο μέσον της οδού Σταδίου, στις οποίες τοποθετούνται αντίστοιχα διαγωνίως το χρηματιστήριο και το θέατρο·
- στη χωροθέτηση του νοσοκομείου, του βοτανικού κήπου και του νεκροταφείου στην περιφέρεια, έξω από την πόλη·
- στην ακριβή επεξεργασία των στοιχείων διαμόρφωσης του αστικού χώρου (δενδροστοιχιών, πάρκων, προκηπίων, συντριβανιών, κ.λπ.) καθώς και των κατόψεων όλων των δημοσίων κτηρίων.

Όλες αυτές οι ουσιαστικές βελτιώσεις του σχεδίου επραγματοποιήθησαν κατά τη διάρκεια του πρώτου εξαμήνου του έτους 1833 και υιοθετήθησαν στο σχέδιο που ενεκρίθη τον Ιούλιο του ίδιου χρόνου και το οποίο εσχεδιάσθη στο τοπογραφικό υπόβαθρο που είχαν συντάξει οι ίδιοι οι Κλεάνθης και Schaubert. Λαμβάνοντας υπ' όψιν το γεγονός ότι την

38

39

38. Η μεγάλη σφραγίδα του κράτους, κατά την πρώτη (την απολυταρχική) περίοδο διακυβέρνησης της Ελλάδος από τον Όθωνα μέχρι το 1843.

39. Πορτραίτο του νεαρού Βασιλέως Όθωνος με ελληνικήν εθνικήν ενδυμασίαν. Λιθογραφία του Bergmann.

40. Απόσπασμα από τη μνημειώδη ελαιογραφία του Peter von Hess: "Empfang Koenig Ottos in Athen im Januar 1835" (Υποδοχή του Βασιλέως Όθωνος στην Αθήνα τον Ιανουάριο του 1835). (Νέα Πινακοθήκη, Μόναχο).

40

άνοιξη του 1833 και συγκεκριμένα τον Απρίλιον ο αρχιτέκτων της αυλής Gutensohn[31] με εντολή του Βασιλέως Όθωνος εξήτασε επί τόπου την καταλληλότητα της Αθήνας για μελλοντική πρωτεύουσα (βλ. σχετικά τεκμήρια 29, 30 συλλογής "Κειμένων") και ότι τα μέλη της κυβέρνησης σε τέσσερεις συνεδριάσεις μεταξύ 22. και 25.5.33 φιλονικούσαν ακόμα για τη θέση της πρωτεύουσας (Klenze, *Aphoristische Bemerkungen*, σελ. 396-97), είναι απίθανο να εκκίνησε ήδη από τον Φεβρουάριο του 1833 μία κανονική διαδικασία έγκρισης του σχεδίου της Αθήνας, χωρίς ακόμα να έχει επιλεγεί η πόλη αυτή ως πρωτεύουσα της Ελλάδος.

Έτσι λοιπόν, πρέπει να δεχθούμε ότι πριν από τη διπλή απόφαση, αφ' ενός μεν της μετάθεσης της καθέδρας του βασιλέως στην Αθήνα, αφ' ετέρου δε της έγκρισης του ωριμασμένου στο μεταξύ σχεδίου στις 29 Ιουνίου/11 Ιουλίου 1833, προηγήθηκε ένα διάστημα έξι μηνών "επώασης" του σχεδίου.

Αν αναλογισθούμε ότι η ώριμη πλέον και εγκεκριμένη παραλλαγή του σχεδίου (εικ. 57) εσχεδιάσθη σε μεγάλη κλίμακα 1:2.000 (διαστάσεις του πολεοδομικού σχεδίου 154×182 εκ.) και ότι εχρειάσθη επομένως σημαντικός χρόνος για να σχεδιασθεί, ότι επί πλέον ο Schaubert από τον Απρίλιο έως τον Σεπτέμβριο του 1833 ήταν με άδεια στη Γερμανία[32] και ότι γύρισε στην Αθήνα δύο μήνες μετά την έγκριση του σχεδίου, βλέπουμε ότι ακόμα και με χρονικά μόνο κριτήρια είναι δύσκολο να δεχθεί κανείς την άμεση επέμβαση του Schinkel στον σχεδιασμό των μαθητών του[33]. Επί πλέον, αναρωτιέται κανείς γιατί οι Κλεάνθης και Schaubert δεν ανέφεραν πουθενά, ούτε καν υπαινικτικά, την ενδεχόμενη συνεργασία του δασκάλου τους, όταν μάλιστα υπήρχαν τόσο σοβαρές επιφυλάξεις για την επιλογή της Αθήνας ως πρωτεύουσας και όταν η αναφορά στην αυθεντία του δασκάλου θα μπορούσε να παίξει σημαντικό ρόλο, επηρεάζοντας υπέρ της Αθήνας την αναποφάσιστη αντιβασιλεία. Ο Schinkel εξ άλλου, σε μια εποχή που το σχέδιο ήταν ακόμα αδιαφιλονίκητο, δεν θα είχε εναντιωθεί στη γνωστοποίηση της ενδεχομένης συνεργασίας του, εάν αυτή ήταν η επιθυμία των μαθητών του.

Κάτι ακόμα που αντιτίθεται στο ενδεχόμενο ενεργούς συμμετοχής του Schinkel στη διαδικασία εκπόνησης του σχεδίου και συνηγορεί μάλλον υπέρ μιας μη δεσμευτικής γνωμοδότησης εκ μέρους του είναι η μεγάλη απόκλιση που παρουσιάζουν οι βασικές αντιλήψεις του σχεδίου των Κλεάνθη-Schaubert από το δικό του σχέδιο για ένα ανάκτορο στην Ακρόπολη, που εξεπόνησε τον αμέσως επόμενο χρόνο (1834).

Αυτή την ασυμβατότητα αντιλήψεων επεσήμαναν ήδη ο Russack (1942) και η Kuehn (1979), προσπαθώντας ωστόσο να μειώσουν τη σημασία της και να την αμβλύνουν. Έτσι διαβάζουμε στον Russack: "Εντύπωση εν τούτοις κάνει ότι το σχέδιο για τα ανάκτορα της Αθήνας του Schinkel δεν λαμβάνει καθόλου υπ' όψιν του τις προϋποθέσεις του σχεδίου των Κλεάνθη και Schaubert. Πιθανόν όμως να τις παρέβλεψε ο Schinkel" (H.-H. Russack: *Deutsche bauen in Athen*, Berlin 1942, σελ. 26-27)· και η Kuehn γράφει: "Το ότι ο Schinkel στην επιστολή του προς τον διάδοχο της Βαυαρίας, που επισυνάπτει στο σχέδιό του για τα ανάκτορα και η οποία (...) περιστρέφεται μόνο γύρω από την ιδιαιτερότητα του έργου και τη θεμελίωση της λύσης που προτείνει, δεν αναφέρεται στην προβλεπόμενη στο πολεοδομικό σχέδιο (των Κλεάνθη και Schaubert) θέση των ανακτόρων, είναι ευνόητο. Και πάντως μπορεί να είχε ακούσει για τις δυσκολίες που καθιστούσαν αμφίβολη την εφαρμογή του σχεδίου στο σύνολό του". (M. Kuehn: "*Schinkel und der Entwurf seiner Schueler...*", στο συλλογικό έργο *Berlin und die Antike*, τόμος II, Berlin 1979, σελ. 516).

Διαφορετική είναι η γνώμη του Κ. Μπίρη (1938). Ο Μπίρης, ο οποίος βέβαια αγνοεί την ύπαρξη του "σχεδίου του Βερολίνου", αποκλείει ότι ο Schinkel έπαιξε ρόλο συμβούλου, θεωρώντας αδιανόητο κάτι τέτοιο: "Η τερατώδης ιδέα την οποίαν είχε ο Schinkel να κτισθούν τα ανάκτορα του Όθωνος επί της Ακροπόλεως, είναι τόσον διάφορος από την λύσιν την οποίαν έδωσαν οι μαθηταί του εις την τοποθέτησιν των ανακτόρων, από την οποίαν και εξήρτησαν όλην την σύνθεσιν της ρυμοτομίας, ώστε φαίνεται, ότι είτε μετενόησαν, είτε δεν επρόλαβαν να του στείλουν το σχέδιό των". (Κ. Μπίρης: *Αθηναϊκαί μελέται* I, Αθήνα 1938, σελ. 5).

Σε άλλο σημείο της παρούσης εργασίας υπογραμμίζεται η σιωπή του Schinkel για το σχέδιο των μαθητών του και γίνεται απόπειρα να εξηγηθεί η στάση του αυτή. Διατυπώνεται η σκέψη, πως πιθανόν ο Schinkel να μην έλαβε δημοσίως θέση απέναντι στο σχέδιο των μαθητών του από διακριτικότητα, και πως ίσως να θεώρησε ενδεδειγμένο να σωπάσει, επειδή αγνοούσε τα τοπογραφικά και κοινωνικά δεδομένα στα οποία εστηρίζετο η πρότασή τους.

Εάν επί πλέον ληφθεί υπ' όψιν το υψηλό καλλιτεχνικό ήθος του K. F. Schinkel, η ακεραιότης του χαρακτήρος του και η παντελής έλλειψις καιροσκοπισμού που τον διέκρινε, δύσκολα μπορεί να υποθέσει κανείς πως το έτος 1833 συμμετέσχε ενεργητικά –αν και από τα παρασκήνια– σε έναν σχεδιασμό της Αθήνας στο πνεύμα της πεφωτισμένης δεσποτείας, για να τον αγνοήσει τον αμέσως επόμενο χρόνο στην πρότασή του για τα ανάκτορα στην Ακρόπολη και να ταχθεί υπέρ ενός γραφικού-ρομαντικού σχεδίου, που προϋποθέτει την ιδέα μιας πόλης επί λόφων.

Από την άλλη μεριά ο Schinkel, στην περίπτωση που οι μαθητές του τον επλησίασαν όντως για να πάρουν τη συμβουλή του, ασφαλώς δεν θα τους την ηρνήθη. Η γνωμοδότησή του όμως δεν θα πρέπει να ξεπέρασε τα πλαίσια της γενικής κριτικής του σχεδίου και η αποφασιστική του συμβολή στον σχεδιασμό φαίνεται απίθανη. Γιατί είναι φανερό πως μια ουσιαστική συνεργασία στο σχέδιο των Κλεάνθη και Schaubert δεν θα του είχε επιτρέψει έναν χρόνο αργότερα –με την παραδοχή ότι εμμένει με συνέπεια στις απόψεις του– το σχέδιο για ένα ανάκτορο στην Ακρόπολη.

Έτσι –με βάση όσα γνωρίζουμε μέχρι σήμερα– πρέπει όχι μόνο να αποδοθούν στους Κλεάνθη και Schaubert η σχεδιαστική πρωτοβουλία καθώς και τα βασικά χαρακτηριστικά πολεοδομικής διάρθρωσης και μορφής του πρώτου σχεδίου της Αθήνας, αλλά πρέπει να υποθέσουμε και τη σταδιακή ωρίμανση της πρότασής τους. Οι δύο αρχιτέκτονες κατώρθωσαν –πιθανότατα με τη βοήθεια συμβουλών– να το αναπτύξουν και να το τελειοποιήσουν σταδιακώς, ώστε να επιτύχουν τελικά την δεύτερη ώριμη (και εγκεκριμένη) διατύπωσή του.

4.
Η ΚΡΙΤΙΚΗ ΤΟΥ LEO VON KLENZE ΕΠΙ ΤΟΥ ΣΧΕΔΙΟΥ ΚΛΕΑΝΘΗ-SCHAUBERT

Ο σχεδιασμός των Κλεάνθη και Schaubert για τη νέα Αθήνα είναι ευνόητο ότι στο διάστημα των 167 χρόνων από την εκπόνησή του ανελύθη κριτικώς επανειλημμένως από πολλούς ερευνητές και κάτω από διάφορες οπτικές γωνίες [34]. Οι σημαντικώτερες από αυτές τις αναλύσεις λαμβάνονται υπ' όψιν κατά την κριτική θεώρηση της πρότασης (βλ. στη συνέχεια σημειώσεις 39-84 του παρόντος κεφαλαίου).

Όλες αυτές οι κριτικές αναλύσεις έχουν ωστόσο θεωρητικό χαρακτήρα· αποτελούν κρίσεις ή αποτιμήσεις εκ των υστέρων, που δεν επηρέασαν καθόλου την εφαρμογή στην πράξη του σχεδίου της Αθήνας. Δεν συμβαίνει όμως το ίδιο με την πραγματογνωμοσύνη του Klenze για το σχέδιο των Κλεάνθη και Schaubert. Ο Klenze προβαίνει σ' αυτή, όπως είναι γνωστό, κατόπιν επίσημης εντολής της ελληνικής αντιβασιλείας. Τα συμπεράσματά του γνωστοποιούνται αμέσως στην αντιβασιλεία (τον Σεπτέμβριο του 1834) και τέσσερα μόλις χρόνια αργότερα (1838) δημοσιεύονται εκτενώς στο έργο του *Aphoristische Bemerkungen*... Στην πραγματογνωμοσύνη του αυτή στηρίζεται η αναθεώρηση του αρχικού σχεδίου και η αντιπρότασή του για την Αθήνα (εικ. 12, 99). Γι αυτό θεωρούμε σκόπιμη την παράθεση ολόκληρων των κριτικών κειμένων του Klenze, του οποίου τα μεμονωμένα επιχειρήματα θα αναλυθούν αμέσως μετά. Ιδού τα σχετικά χωρία από τα γραπτά του:

"Μία –ομολογώ– διαμετρικά αντίθετη από τις δικές μου αντιλήψεις περί ωραίου αισθητική των εκπονητών του εγκεκριμένου σχεδίου για τη νέα Αθήνα, τους είχε οδηγήσει (χρησιμοποιώντας μόνο ένα τμήμα της υψηλά κειμένης έκτασης στους πρόποδες του Λυκαβηττού) στο να περιορίσουν τη νέα πόλη ακριβώς στις χαμηλότερες και πιο επίπεδες περιοχές γύρω από την πρώην Πύλη των Αχαρνών [Πόρτα των Πατησιών], τον εξωτερικό Κεραμεικό και το Δίπυλο. Χωρίς να ληφθεί σχεδόν καθόλου υπ' όψιν η τοπογραφία του εδάφους (τα υψώματά και οι χαμηλές τοποθεσίες της περιοχής), συχνά μάλιστα και σε απόλυτη αντίθεση προς αυτή, είχαν σχεδιασθεί δρόμοι υπερβολικά ευρείς και με μεγάλο μήκος, μεγάλες πλατείες και οικοδομήματα, τα οποία όχι μόνο φαίνονταν να είναι εντελώς δυσανάλογα προς τις ανάγκες της νέας πόλης, αλλά ήταν διατεταγμένα σύμφωνα με τη θεωρία διαμόρφωσης των πόλεων του Βορρά". (Leo von Klenze, *Aphoristische Bemerkungen gesammelt auf seiner Reise nach Griechenland*, Berlin 1838, σελ. 419).

Και αλλού:

"Για τη διαμόρφωση του σχεδίου τους στην ολότητά του, οι αρχιτέκτονες εχάραξαν περίπου κάθετα προς την Ακρόπολη και την πλαγία όψη του Παρθενώνος μιαν ευρύτατη οδό που αφετηρία της είναι η Στοά του Αδριανού [δηλαδή η Βιβλιοθήκη του Αδριανού]. Μαζί με αυτήν εχάραξαν και μερικές άλλες παράλληλες οδούς που διασχίζουν την παλαιά και τη νέα πόλη. Αυτή η διάταξη φαίνεται βέβαια σωστή με βάση το προτεινόμενο σύστημα· δυστυχώς όμως είχαν την ιδέα να χαράξουν επί πλέον δύο μακρύτατους δρόμους που συγκλίνουν προς την προηγούμενη κυρίαν οδόν υπό οξεία γωνία 40 περίπου μοιρών, αφού διασχίσουν κάμπους και βουνά, από τους οποίους ο μεν πρώτος εκκινά από το λιμάνι του Πειραιά, που απέχει σχεδόν δύο ώρες δρόμο, ο δε άλλος από το τελείως αδιάφορο ως θέα κοίλωμα, στο οποίο ευρίσκεται το Στάδιο του Ηρώδου του Αττικού, που δυστυχώς έχει καταστραφεί και δεν έχει απομείνει ούτε ίχνος του· και όλα αυτά για να έχουν μερικά παράθυρα των ανακτόρων που χωροθετούνται στο σημείο σύγκλισης των προηγούμενων οδών, την έκκεντρη θέα προς το Στάδιο, τη Στοά του Αδριανού, την Ακρόπολη και το λιμάνι του Πειραιά.

Αυτή η ιδέα επέφερε το χειρότερο κακό που μπορεί να βασανίσει έναν αρχιτέκτονα στο σχέδιο, δηλαδή έναν μεγάλο αριθμό από τρίγωνα και οξείες γωνίες. Μόλις τις δεις και τις μετρήσεις (έτσι διαμορφωμένα είναι κάπου σαράντα οικοδομικά τετράγωνα, άλλα μεγαλύτερα και άλλα μικρότερα), έχεις σχεδόν την εντύπωση πως, μολονότι η κατεύθυνση των οδών δεν είναι διόλου ευνοϊκή, οι εκπονητές του σχεδίου ηργάσθησαν υπό το κράτος ενός είδους προτίμησης για μια μορφή, με την οποία είναι αδύνατο να συνταχθεί κανείς και την οποία αποφεύγουμε επιμελώς παντού, θεωρώντας την ως το αληθινά αποτρόπαιο στην αρχιτεκτονική. Πρέπει όμως να διερευνήσουμε μήπως μέσω αυτής της μεγάλης θυσίας έχουν επιτευχθεί κάποια άλλα ευνοϊκά αποτελέσματα και μάλιστα ως προς τη θέση και τη θέα από τα ανάκτορα της Υμετέρας Μεγαλειότητος. Τα ανάκτορα τοποθετούνται με τη νότια, κύρια πρόσοψή τους σε μια τελείως άδεια πλατεία που έχει μήκος 800 και πλάτος πάνω από 400 πόδια. Στα δεξιά και αριστερά αυτής της πλατείας προσαρτώνται οι σταύλοι, τα αμαξοστάσια και τα υπηρεσιακά κτήρια, [sic! λανθασμένη περιγραφή του σχεδίου από τον Klenze!] η ανατολική και δυτική πλευρά της περιβάλλονται από έξι κτήρια υπουργείων, στη βόρεια πλευρά εκτείνεται ένας κήπος απόλυτα κανονικού σχήματος και στη νότια πλευρά, πέρα από τη μεγάλη πλατεία, υπάρχει ένα είδος αγοράς (bazar) γιγαντιαίων διαστάσεων με συνολικό μήκος 3.000 ποδιών [sic! λανθασμένες υπερβολικές διαστάσεις] που περιβάλλει μια φυτευμένη πλατεία μήκους 750 και πλάτους 480 ποδιών. Το ανάγλυφο του εδάφους εδώ είναι τόσο ανώμαλο, που το μισό ανάκτορο πέφτει σε μια κοιλότητα. Ακόμη και αν χαμηλώσει η στάθμη αυτού του υψώματος κατά 14 πόδια, σύμφωνα με το σχέδιο των αρχιτεκτόνων, και επιχωθεί το χαμηλότερο τμήμα, η δυτική σειρά των υπουργικών κτηρίων θα είναι κάπου 20 πόδια χαμηλότερα από την ανατολική.

Η μεγάλη αγορά (bazar) πάλι είναι πολύ χαμηλά τοποθετημένη και οι αρχιτέκτονες, κρατώντας το κτήριο αυτό πολύ χαμηλό, επιδιώκουν να κρατήσουν ελεύθερη τη θέα προς την πόλη και την Ακρόπολη από τα ανάκτορα, που ευρίσκονται υψηλότερα. Στις ορθές γωνίες της πλατείας εκβάλλουν λοξά οι προαναφερθείσες οδοί Πειραιώς και Σταδίου. Αυτή η διάταξη στο σχέδιο δίνει την εντύπωση της τέλειας και ευάρεστης στο μάτι συμμετρίας· το απατηλό όμως αυτό θέλγητρο επί του σχεδίου δυστυχώς εξαφανίζεται τελείως στην πραγματικότητα, και νομίζω πως δεν μπορούσε να διαλέξει κανείς χειρότερη θέση [για τα ανάκτορα]. Τα ανάκτορα προς βορράν έχουν θέα σ' έναν κήπο· ο κήπος όμως αυτός, προσανατολισμένος προς τον βορρά, δεν έχει ευνοϊκή θέση γιατί από εκεί δεν μπορείς να δεις τίποτε ή ελάχιστα από την πόλη και τα μνημεία της, τη θάλασσα και τα λιμάνια, και γιατί είναι εκτεθειμένος στους βόρειους ανέμους. Η ανατολική και δυτική πλευρά των ανακτόρων έχουν άμεση θέα προς τα προαύλια των σταύλων και των υπηρεσιακών κτηρίων, [sic! λανθασμένη περιγραφή του σχεδίου από τον Klenze!] τα οποία, όπως ειπώθηκε, είναι αρχιτεκτονικά άμεσα συνδεδεμένα με τη βασιλική κατοικία, πράγμα που αντιβαίνει στους κανόνες της άνεσης και επιβλητικότητος.

Η νότια κύρια πρόσοψη έχει μπροστά της σε πρώτο επίπεδο μια μεγάλη αδιακόσμητη πλατεία, αμέσως μετά τις στέγες των χαμηλών κτισμάτων της αγοράς (bazar) και στο βάθος την πόλη και την Ακρόπολη, αλλά βέβαια ιδωμένη από την λιγότερο ευνοϊκή επιμήκη πλευρά του ιερού βράχου. Βλέπει όμως κανείς ότι οι αρχιτέκτονες κατέβαλαν ιδιαίτερη προσπάθεια ώστε ολίγα παράθυρα ή ο εξώστης στη μέση των ανακτόρων να έχουν την θέα του Πειραιά και του Σταδίου μέσα από τις δύο διαγώνια διατεταγμένες προαναφερθείσες επιμήκεις οδούς που συγκλίνουν προς το κέντρο. Ανεξάρτητα όμως από το γεγονός ότι ολόκληρο το κτήριο των ανακτόρων μειώνεται για να εξασφαλισθεί αυτή η ευνοϊκή θέα σε ολίγα παράθυρα, το αποτέλεσμα αυτής της διάταξης, αν την παρατηρήσει κανείς προσεχτικά, είναι αφ' ενός δυσάρεστο αφ' ετέρου απατηλό. Γιατί κοιτάζοντας την αρχή αυτών των [διαγωνίων] οδών, βλέπει κανείς την ορθή γωνία της αγοράς (bazar), την απεκομμένη γωνία του κτηρίου ενός υπουργείου και τις δύο οξείες γωνίες 45 μοιρών δυο οικοδομικών τετραγώνων, τα οποία πρόκειται να γεμίσουν με ιδιωτικά ή δημόσια κτήρια. Οποιοσδήποτε είναι σε θέση –και αυτή είναι η πρωταρχική απαίτηση– να φαντασθεί στην πραγματικότητα την αληθινή και γραφική όψη μιας αρχιτεκτονικής σύνθεσης, ασφαλώς θα απορρίψει αυτήν που μόλις περιγράψαμε. Αλλά ακόμα και η μακρινή θέα του Πειραιά μέσα από αυτούς τους δρόμους περιορίζεται τόσο από τα κτίσματα, ώστε θα φαίνεται μάλλον μόνο ένα μικρό τμήμα του, ενώ το διόλου γραφικό και ωραίο κοίλωμα του Σταδίου αποκρύπτεται από μια σημαντική έξαρση του εδάφους στους πρόποδες του Λυκαβηττού. Η θέα λοιπόν που προσφέρεται από αυτά τα ανάκτορα δεν είναι καθόλου ευνοϊκή. Αλλά επίσης η εμφάνιση και η τόσον επιθυμητή γραφική σύνθεση των ανακτόρων με τα ωραία τμήματα αυτής της πολύ γραφικής πόλης δεν έχει επιτευχθεί, εξαιτίας της μεγάλης απόστασής τους από την Ακρόπολη, από τα ωραία βράχια του Αρείου Πάγου, από την Πνύκα και τον λόφο του Μουσείου.

Ακόμη πρέπει να σημειωθεί, ότι για την ανέγερση της προτεινομένης χαμηλής αγοράς (bazar) δεν πρόκειται να βρεθεί επιχειρηματίας, εφ' όσον το κτήριο διατηρηθεί χαμηλό, γιατί η σχέση καλυμμένου προς αδόμητο χώρο καθιστά το κτήριο αυτό εξαιρετικά ασύμφορο.

Ο μεγάλος κήπος, που περικλείει τα χαμηλά αυτά κτίσματα της αγοράς (bazar), δεν μοιάζει ότι θα προσφέρει μεγάλες ανέσεις, γιατί δεν περιμένει κανείς ότι εδώ, στη νεαρή και πτωχή Αθήνα θα μπορούσαν να προβλεφθούν μόνο καταστήματα ειδών πολυτελείας. Η σημαντική εξ' άλλου ανύψωση του εδάφους κατά μήκος της μακριάς πλευράς του δημιουργεί για την κατασκευή ενός κτηρίου αυτού του είδους και αυτού του μεγέθους νέες δυσκολίες.

Όμως υπάρχουν και άλλοι ενδοιασμοί για την επιλογή μιας θέσης για τα ανάκτορα στην άκρη της νέας πόλης. Είναι ευνόητο ότι τα ανάκτορα ή τουλάχιστον ένα μέρος τους, καθώς και τα κτήρια των υπουργείων θα πρέπει να κτισθούν και να κατοικηθούν πολύ σύντομα. Επειδή όμως η ανέγερση της νέας πόλης, που ευρίσκεται ανάμεσα στα ανάκτορα και την ήδη δομημένη πόλη, θα απαιτήσει αρκετά χρόνια μέχρι την ολοκλήρωσή της, καθ' όλη τη διάρκεια αυτών των εργασιών ο Βασιλεύς και τα υπουργεία του θα είναι εκτεθειμένα στα δεινά ενός ρυπαρού και θορυβώδους περιβάλλοντος. Επίσης, λόγω της ελαττωματικής εξέλιξης που μοιάζει να παίρνει η κατασκευή ιδιωτικών κτηρίων στην Ελλάδα, είναι οπωσδήποτε σκόπιμο τα ανάκτορα να γειτνιάζουν όσο γίνεται ολιγώτερο με ιδιωτικά κτήρια και το αρχιτεκτονικό τους περιβάλλον, καθώς και ο χώρος ακτινοβολίας τους να έχουν όσο γίνεται μεγαλύτερη αυτονομία ή να αναδεικνύονται μέσω δημοσίων κτηρίων. Επιθυμητή από αυτή την άποψη είναι η επιλογή μιας θέσης ανεξάρτητης, δηλαδή μακριά από ιδιωτικά κτίσματα. Επίσης, ως προς το υγιεινό ή όχι της θέσης αυτής, μου έχουν κοινοποιηθεί σοβαρές επιφυλάξεις για την επιλογή της συγκεκριμένης θέσης για τα ανάκτορα από τον ίδιο τον νομάρχη όσο και από πολλούς Αθηναίους. Ωστόσο δεν νομίζω πως πρέπει να δοθεί μεγάλη βαρύτητα σ' αυτές τις επιφυλάξεις· διότι παρόμοιες έχουν και άλλοι για άλλες θέσεις. Έπειτα, η θέση της Αθήνας και των περιχώρων της είναι γενικά πολύ υγιεινή· και εάν υπάρχουν από άποψη υγιεινής ορισμένες ελλείψεις, όταν μετατεθεί εδώ η πρωτεύουσα μπορεί σύντομα να βελτιωθεί η κατάσταση με καλύτερη ρύθμιση της ροής των υδάτων και διευθέτηση του ρου των ποταμών, με καθαριότητα, υδραγωγεία και οχετούς, απομάκρυνση των ερειπίων και καλύτερη καλλιέργεια της γης.

Αναφέρω απλώς τις υπερβολικά μεγάλες διαστάσεις πολλών πλατειών και οδών του σχεδίου, γιατί αυτό είναι κάτι που εύκολα διορθώνεται, και προσθέτω πως πιστεύω γενικά ότι το προτεινόμενο σχέδιο είναι υπερβολικά μεγαλεπίβολο. Θα ήθελα επίσης να αναλύσω ιδιαίτερα δύο ακόμη σημεία του.

Τα υψώματα δεξιά της οδού Πειραιώς προς τον λόφο των Νυμφών, τον Άρειο Πάγο και το Θησείο, είναι ασφαλώς η ωραιότερη περιοχή ολόκληρης της πόλης, τόσο ως αντικείμενο θέασης όσο και ως δυνατότητα προσφερόμενης θέας από αυτή προς όλες τις κατευθύνσεις. Επίσης, λόγω του ανυψωμένου εδάφους της και της θαυμάσιας έκθεσής της [στους ανέμους] η περιοχή αυτή είναι απολύτως υγιεινή, και γι' αυτό τον λόγο την έχει αγοράσει ένας από τους πιο δοκιμασμένους γνώστες των αθηναϊκών πραγμάτων [εδώ υπονοείται ο Gropius], ο οποίος την προορίζει για δόμηση. Τα υψώματα αυτά με το κλιμακωτό ανάγλυφο προσφέρουν την ωραιότερη ευκαιρία δημιουργίας μιας από εκείνες τις βαθμιδωτές διατάξεις κτισμάτων που επιλέγονται ανέκαθεν από τους αρχιτέκτονες δημοσίων κτηρίων και μνημείων και οι οποίες σε πάρα πολλές πόλεις προκαλούν τον θαυμασμό όλων των επισκεπτών. Αντ' αυτού, στο σχέδιο των κυρίων Κλεάνθη και Schaubert βλέπει κανείς σε αυτή τη θέση μόνον οικοδομικά τετράγωνα για ιδιωτικά κτήρια με ακανόνιστα και οξυγώνια σχήματα, όπως ίσως θα τα

41

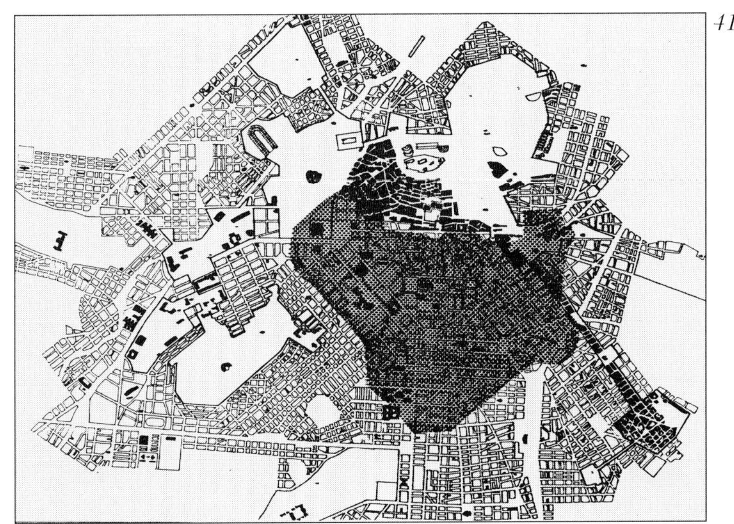

42

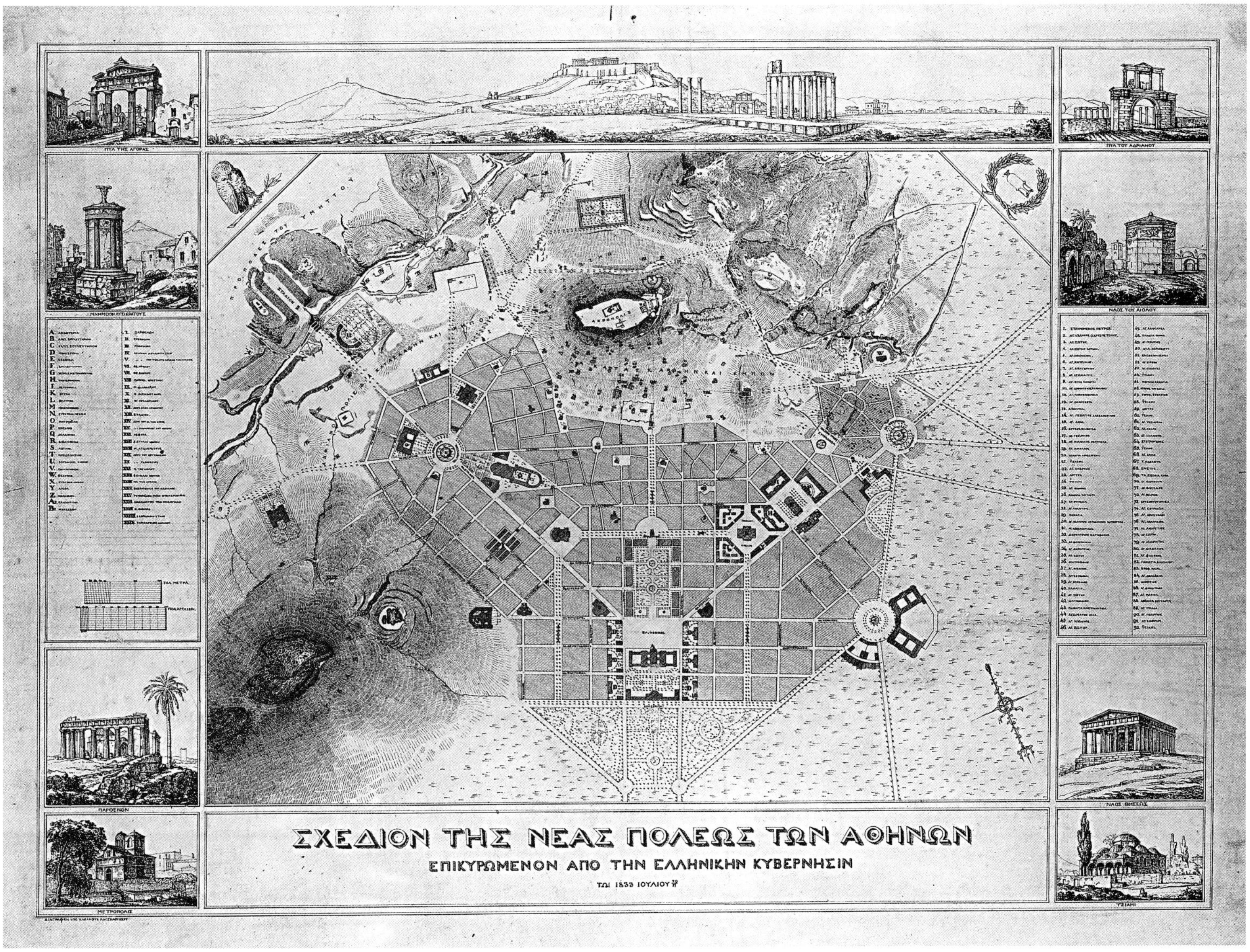

ΣΧΕΔΙΟΝ ΤΗΣ ΝΕΑΣ ΠΟΛΕΩΣ ΤΩΝ ΑΘΗΝΩΝ

ΕΠΙΚΥΡΩΜΕΝΟΝ ΑΠΟ ΤΗΝ ΕΛΛΗΝΙΚΗΝ ΚΥΒΕΡΝΗΣΙΝ

ΤΩι 1833 ΙΟΥΛΙΟΥ 8

41. Το κέντρο της Αθήνας σήμερα (έτος 2000). Με γκρίζα σκίαση η επιφάνεια της πόλης σύμφωνα με το σχέδιο των Κλεάνθη-Schaubert (1832-1833). Βορράς κάτω. Κλίμαξ περίπου 1:60.000 (σχέδιο του συγγραφέως).

42. Η δημοσιευθείσα στο Μόναχο και στην Αθήνα δεύτερη (οριστική) διατύπωση του σχεδίου πόλης των Κλεάνθη-Schaubert (1833). Λιθογραφία με υπομνήματα και τίτλο στα Ελληνικά. Διακοσμητικό πλαίσιο με μεμονωμένα αξιοθέατα και μνημεία. Βορράς κάτω. Κλίμαξ πρωτοτύπου 1:8.000. (Κρατική Συλλογή Γραφικών Τεχνών του Μονάχου).

ήθελε ο τωρινός ιδιοκτήτης αυτής της έκτασης και σχεδόν χωρίς κανέναν σεβασμό απέναντι στο ανάγλυφο του εδάφους και τις διακυμάνσεις του. Μια άλλη θέση στο διαμετρικά αντίθετο σημείο της νέας πόλης, στους πρόποδες του Λυκαβηττού, έχει χρησιμοποιηθεί για μια μεγάλη στρογγυλή πλατεία, από την οποία εκκινούν ακτινωτά οκτώ ευθείες οδοί προς διάφορες καταληκτικές θέες (points de vue). Διάφορα μεγάλα δημόσια κτίσματα, μεταξύ των οποίων η τεράστια εκκλησία του Σωτήρος μήκους 650 ποδών, τοποθετημένη σε μια πλατεία με σχήμα σφήνας, καταλαμβάνουν τους χώρους που σχηματίζονται μεταξύ των ακτινωτών αυτών οδών. Ομολογώ πως, πριν επισκεφθώ την τοποθεσία αυτή, το τμήμα αυτό του σχεδίου μου άρεσε περισσότερο απ' όλα. Μεγάλη όμως ήταν η έκπληξή μου όταν επείσθην πως αυτό το είδος της διάταξης, η οποία είναι όντως η ενδεδειγμένη για επίπεδη περιοχή, εχρησιμοποιήθη εδώ για για ένα τόσο ανώμαλον έδαφος ώστε η εφαρμογή της να είναι αδύνατη, όπως άλλωστε παρεδέχθησαν επί τόπου μπροστά μου και οι δύο αρχιτέκτονες". (Leo von Klenze, *Aphoristische Bemerkungen gesammelt auf seiner Reise nach Griechenland*, Berlin 1838, σελ. 434-441. Εδώ ένα απόσπασμα από μία εισήγηση του Klenze προς την αντιβασιλεία με ημερομηνία 23.8./3.9.1834, η οποία παρατίθεται ολόκληρη στο προαναφερθέν έργον, με τίτλο "Περί τροποποιήσεως του σχεδίου πόλεως της Αθήνας".)

Και τέλος:

"Φθάνοντας στην Αθήνα επεζήτησα στο μέτρο του δυνατού να αποκτήσω τις αναγκαίες γνώσεις επί του θέματος, ζητώντας από τους εκπονητές του σχεδίου να μου εξηγήσουν την πρότασή τους επιτόπου και συλλέγοντας πληροφορίες για τις επιτόπιες συνθήκες από τις τοπικές αρχές, καθώς και από πρόσωπα που γνωρίζουν ακριβώς την Αθήνα.

Λόγω της φύσεως της αποστολής μου ως εντολοδόχου [του Βασιλέως Λουδοβίκου] και καλλιτέχνη, μου εφάνη πως εκείνο που προείχε ήταν να προβώ μετά στις μεμονωμένες τροποποιήσεις του σχεδίου μόνος, χωρίς την παρουσία και συμβουλή των συντακτών του. Ένας πρόσθετος λόγος να ενεργήσω έτσι ήταν πως είχα παρατηρήσει, ότι οι βασικές μας αντιλήψεις περί πολεοδομικών σχεδίων διέφεραν σημαντικά. Ενώ εκείνοι έμοιαζαν να τρέφουν μεγάλη προτίμηση στη γεωμετρική κανονικότητα ενός σχεδίου επί χάρτου, στα λεγόμενα points de vue, στις πολύ ευρείες οδούς και στις μεγάλες πλατείες, στις τριγωνικές διατάξεις και στη διαγώνια τοποθέτηση των κτηρίων πάνω σε τετράγωνες πλατείες, εγώ νομίζω πως η γεωμετρική κανονικότητα και επανάληψη, η οποία στην εφαρμογή [επί του πεδίου] δεν γίνεται ορατή, μάλλον πρέπει να θεωρείται ως το λάθος της μονοτονίας παρά ως κάλλος. Επίσης νομίζω πως [οι καταληκτικές θέες] τα λεγόμενα "points de vue" όταν δεν είναι γραφικές και εξαιρετικά μεγαλοπρεπείς, είναι ελάχιστα γοητευτικές· ότι η οξεία γωνία είναι η κατάρα των αρχιτεκτονικών μορφών και η διαγώνια διάταξη μια εντελώς νεωτερική αλλά καθόλου καλή ιδέα, και ότι στο Νότο και στις πόλεις του, όπου τα υψηλά κτήρια ούτε συνηθίζονται ούτε αρμόζουν στο κλίμα, ταιριάζουν μάλλον κάπως περιορισμένες παρά ευρείες οδοί και πλατείες". (Leo von Klenze, *Aphoristische Bemerkungen gesammelt auf seiner Reise nach Griechenland*, Berlin 1838, σελ. 731-732. Εδώ ένα απόσπασμα από επιστολή του Klenze προς τον Βασιλέα Όθωνα με ημερομηνία 9/21 Σεπτ. 1834, που παρατίθεται ολόκληρη στο παράθεμα VIII του προηγούμενου έργου, με τίτλο "Η βελτίωση του σχεδίου πόλεως της Αθήνας").

Εάν συνοψίσουμε την παραπάνω διεξοδική κριτική του Klenze, προκύπτει η εξής εικόνα των επιφυλάξεων και αντιρρήσεών του: δηλώνει ρητά ότι όσον αφορά τις βασικές αρχές πολεοδομικής μορφολογίας, η αισθητική των εκπονητών του εγκεκριμένου σχεδίου είναι διαμετρικά αντίθετη από τις δικές του αντιλήψεις περί ωραίου. Με μια νότια πόλη, η οποία μάλιστα πρόκειται να δομηθεί επί κλασικού εδάφους, κατά τη γνώμη του δεν συμβιβάζονται:

– υπερβολικά ευρείς δρόμοι και υπερβολικά μεγάλες πλατείες,
– μεγάλα κτηριακά συγκροτήματα,
– γεωμετρική κανονικότητα και επαναλήψεις στοιχείων κατά τον σχεδιασμό του πολεοδομικού ιστού,
– προσανατολισμός των κυρίων οδών προς σημαντικά σημεία οπτικής αναφοράς (points de vue), καθώς και
– η ανέγερση της πόλης σε επίπεδο έδαφος.

Τα προαναφερθέντα χαρακτηριστικά γνωρίσματα ο Klenze τα συνδέει κατ' εξοχήν με τη μορφή "πόλεων του Βορρά". Εάν αναλογισθούμε ότι στο πολεοδομικό του έργο στη Γερμανία ακολούθησε ακριβώς αυτές τις μορφολογικές και συνθετικές αρχές, γίνεται ακόμα πιο αισθητός ο θεωρητικός αναπροσανατολισμός του στην Ελλάδα[35]. Οι "γραφικές"[36] ιδιότητες που επιζητεί επανειλημμένα ο Klenze για μία πόλη που σχεδιάζεται στο Νότο (δηλαδή κλιμακωτή διάταξη των κτηρίων σε κεκλιμένο έδαφος, ελεύθερη ομαδοποίησή τους, στενοί, προσαρμοσμένοι στην τοπογραφία του εδάφους δρόμοι, συνεχές σύστημα δόμησης), θεμελιώνονται ασφαλώς σε μία αντίληψη, που θεωρεί την παραδοσιακή ιταλική πόλη πάνω σε λόφο ως την κατ' εξοχήν χαρακτηριστική πόλη του Νότου. Όταν ο Klenze ευρέθη αργότερα αντιμέτωπος με το ελληνικό τοπίο, με τις επικρατούσες εδώ κλιματικές συνθήκες και με την αρχιτεκτονική κληρονομιά της αρχαιότητος, απέρριψε τις αρχές διαμόρφωσης της πόλης στο πνεύμα της πεφωτισμένης δεσποτείας, χαρακτηρίζοντάς τις ακατάλληλες γι' αυτά τα γεωγραφικά πλάτη. Έτσι, η κριτική αποτίμηση του αρχικού σχεδίου εκ μέρους του Klenze θεμελιώνεται σε μια αγεφύρωτη διαφορά αντιλήψεων, στην αντιπαράθεση δύο αρχών: της "γραφικής" (Klenze) και της "γεωμετρικής" (Κλεάνθης-Schaubert) διάταξης στο χώρο.

Μερικά από τα κύρια επιχειρήματά του Klenze φαίνονται πειστικά, άλλα λιγώτερο θεμελιωμένα. Όταν παρατηρεί παραδείγματος χάριν ότι "η γεωμετρική κανονικότητα και επανάληψη (...) στην εφαρμογή [επί του πεδίου] δεν γίνεται ορατή", επισημαίνει ευστόχως την αφηρημένη και στον πραγματικό χώρο μη αντιληπτή συνθετική αξία των γεωμετρικών πολεοδομικών σχημάτων. Το ίδιο ισχύει και για τη θέση του ότι τα σημεία οπτικής αναφοράς και καταληκτικής θέας, τα λεγόμενα "points de vue", με βάση τα οποία καθορίζεται η χάραξη των κυρίων οδικών αξόνων στο αρχικό σχέδιο, έχουν νόημα μόνον όταν η καταληκτική θέα που προσφέρει η εκάστοτε οδός είναι ένα "μεγαλειώδες" θέαμα (δηλαδή ένα αντικείμενο τέχνης ή στοιχείο της φύσης, υψηλής όμως σημασίας) σαφώς αντιληπτό και στην πρέπουσα απόσταση. Η πρακτική παρατήρησή του ότι οι

Κλεάνθης και Schaubert επέβαλαν σε ένα αρκετά ανήσυχο ανάγλυφο εδάφους ένα σχέδιο πόλης κατάλληλο για έδαφος απολύτως επίπεδο με μακρύτατες, ευρείες και ευθύγραμμες οδούς (στην πραγματικότητα η μέγιστη υψομετρική διαφορά στην περιοχή σχεδίου είναι 50 μόνο μέτρα), κατ' αρχάς φαίνεται σωστή· φυσικά όμως δεν είναι δεσμευτική, διότι, όπως αποδεικνύει η περίπτωση του αθηναϊκού κέντρου, ανεκτές υψομετρικές διαφορές που δεν εμποδίζουν την κυκλοφορία των οχημάτων μάλλον ζωντανεύουν και εμπλουτίζουν ένα γεωμετρικό οδικό δίκτυο παρά αποτελούν μειονέκτημα.

Η μομφή ότι τα προτεινόμενα δημόσια καταστήματα έχουν υπερβολικές διαστάσεις είναι εύλογη μόνον εάν θεωρηθεί οριστική η προτεινόμενη στο σχέδιο αρχιτεκτονική τους διάρθρωση. Αυτή όμως, όπως είχαν εξηγήσει επίσημα οι συντάκτες του σχεδίου παλαιότερα, κάθε άλλο παρά ήταν δεσμευτική. Αντίθετα, οι κατόψεις των κτηρίων αυτών –σχεδιασμένες με μεγάλη δεξιότητα και επί πλέον στην ακατάλληλη γι' αυτού του είδους κατόψεις κλίμακα 1:2.000– έπρεπε να θεωρηθούν μόνον ενδεικτικές, η οριστική δε μορφή τους καθώς και οι διαστάσεις τους θα ήταν ανάλογες με το μελλοντικό μέγεθος της πρωτεύουσας και τις εκάστοτε ανάγκες της κυβέρνησης[37].

Η ένστασή του εναντίον του υπερβολικού εύρους των οδών και των τεράστιων πλατειών είναι το κύριο θέμα της κριτικής του Klenze επί του αρχικού σχεδίου. Παράλληλα με τους αισθητικούς, κλιματικούς και πρακτικούς λόγους, που αναφέρει στην επιχειρηματολογία του υπέρ των σχετικά στενοτέρων οδών στο Νότο, η επιχειρηματολογία του εναντίον των ευρέων οδών μοιάζει να στηρίζεται ιδιαίτερα σε επιφυλάξεις που απορρέουν από τον φόβο του υπερβολικού τους κόστους. Σε ένα μνημόνιο σε γαλλική γλώσσα, ανυπόγραφο μεν αλλά ασφαλώς γραμμένο από το χέρι του Klenze, με τίτλο "Observations rélatives a la largeur des rues de la nouvelle ville d'Athènes" (Παρατηρήσεις σχετικές με το εύρος των οδών της νέας πόλης των Αθηνών), το οποίο συνέταξε στο Ναύπλιο τον Αύγουστο του 1834 και που σήμερα ευρίσκεται στη συλλογή Klenzeana (φάκελλος ΙΙΙ 22) της Βαυαρικής Κρατικής Βιβλιοθήκης του Μονάχου, υπολογίζει με μεγάλη ακρίβεια, πως εάν το μέσον εύρος των οδών μειωνόταν από 40 (12,7 μέτρα) σε 30 πόδια (9 μέτρα), θα εξοικονομούσαν για το συνολικό σχέδιο μια έκταση 27 περίπου εκταρίων, θα προέκυπτε ένα συνολικό μήκος υδρευτικών και αποχετευτικών αγωγών μικρότερο κατά 5.400 μέτρα και μία συνολική επιφάνεια οδών μικρότερη κατά 21,5%. Ο Klenze παραδέχεται μεν ότι οι ευρείες οδοί είναι πιο υγιεινές και πιο λειτουργικές για την κυκλοφορία των οχημάτων, θεωρεί όμως το πλεονέκτημα της σκιάς, που προσφέρουν οι στενότερες οδοί και τις σωστές αναλογίες του εύρους τους προς το ύψος των κτηρίων (στην περίπτωση κτηρίων με 2 ή 3 ορόφους όπως στην Αθήνα) ως τα πιο αποφασιστικά κριτήρια για την επιλογή τους[38].

Το μοναδικό στοιχείο του σχεδίου των Κλεάνθη και Schaubert που εγκρίνει ρητά είναι η διάνοιξη των νέων οδικών αξόνων στην παλαιά πόλη, ώστε η τελευταία να συνδεθεί με τη νέα· μια άλλη θετική πλευρά του αρχικού σχεδίου, συγκεκριμένα τη δημιουργία ενός εκτεταμένου αρχαιολογικού πάρκου στη βόρεια πλαγιά της Ακρόπολης, ο Klenze την υιοθετεί σιωπηρά στο δικό του αναθεωρημένο σχέδιο, δίχως στο έργο του *Aphoristische Bemerkungen*... να αναφέρεται στη θεμελιώδη αυτή επιλογή των Κλεάνθη και Schaubert.

Στο κείμενό του απαντώνται πολλές ακόμα επιφυλάξεις και μικρόψυχες, θα λέγαμε, διορθωτικές παρατηρήσεις πάνω σε δευτερεύουσες πτυχές του αρχικού σχεδίου, που ως ένα βαθμό έχουν χαρακτήρα πολεμικής. Χωρίς να αναφέρει τα πλεονεκτήματα των διαγωνίως μεταξύ τους διατεταγμένων τμημάτων της πόλης με ορθογωνικό οδικό κάναβο, διάταξη η οποία αναιρεί τη μονοτονία του ενιαίου ορθογωνικού κανάβου οδών, ο Klenze μέμφεται τον "μεγάλο αριθμό τριγώνων και οξείων γωνιών" στη διαμόρφωση των οικοδομικών τετραγώνων που προκύπτουν με αυτό το σύστημα οδών. Το έδαφος όπου πρόκειται να ανεγερθούν –σύμφωνα με το αρχικό σχέδιο– τα ανάκτορα, του φαίνεται ακατάλληλο γιατί σε ένα πλάτος 250 μέτρων δημιουργείται μια υψομετρική διαφορά 7 μόλις μέτρων! Η τοποθετημένη μπροστά από τα ανάκτορα αγορά (που στην πραγματικότητα έχει μέγεθος 300×220 μέτρα) είναι "γιγαντιαίων διαστάσεων" και μολονότι "αυτή η διάταξη στο σχέδιο δίνει την εντύπωση της τέλειας και ευάρεστης στο μάτι συμμετρίας", η θέση της δεν θα μπορούσε να είναι χειρότερη. Αυτή η επίκριση όμως δεν θεμελιώνεται!

Πιο κατανοητές είναι οι επιφυλάξεις του για τον βόρειο προσανατολισμό του βασιλικού κήπου και για τη σχετική (οπτική) απομόνωσή του από την πόλη και τα μνημεία της. Επίσης λογικές είναι οι αντιρρήσεις του για τη διάταξη της στρογυλής πλατείας στα ανατολικά της νέας πόλης, από την οποία ξεκινούν ακτινωτά οκτώ δρόμοι. Εδώ η σημαντική κλίση του εδάφους (στη θέση της σημερινής πλατείας Συντάγματος) όντως δεν θα επέτρεπε μια τέτοια διάταξη των οδών. Η νοητική αναπαράσταση της εικόνος που θα προσέφερε στην πραγματικότητα ο χώρος μπροστά από τα ανάκτορα δείχνει την ιδιαίτερη εικαστική ευαισθησία και φαντασία του Klenze: περιγράφει την αδέξια παράθεση τεσσάρων χωριστών στοιχείων (παραλληλεπίπεδο του κτηριακού συγκροτήματος της αγοράς (bazar), οικοδομικό τετράγωνο με οξυκόρυφη απόληξη, ελεύθερα ιστάμενο κτήριο ενός δημόσιου καταστήματος και προκήπιο των υπουργείων) στις γωνίες της πλατείας των ανακτόρων και αποδεικνύει έτσι την πείρα ενός πολεοδόμου, που δεν τον εντυπωσιάζουν τα σχεδιαστικά θέλγητρα δυσδιάστατων σχεδίων αλλά είναι σε θέση να φαντασθεί τα αρχιτεκτονήματα στο χώρο.

Όσον αφορά τις θεμελιώδεις αντιρρήσεις του για το αρχικό σχέδιο, δηλαδή για την περιοχή χωροθέτησης της νέας πόλης και τη σχέση της με την υφιστάμενη παλαιά πόλη, είναι ενδεικτικό πως ο Klenze στην κριτική του αρχικού σχεδίου δεν κάνει καθόλου λόγο γι' αυτό το θέμα, επειδή έχει αναφερθεί στην προτίμησή του για το λοφώδες τοπίο δυτικά της Ακρόπολης σε άλλο σημείο του κειμένου του· ρεαλιστής καθώς είναι, στην επι μέρους κριτική του θεωρεί την επιλογή της θέσης για τη μελλοντική πρωτεύουσα δεδομένη και –για πολιτικούς λόγους– μη ανατρέψιμη.

Εντυπωσιακά υπεροπτική απέναντι στους κατοίκους της πόλης είναι η στάση του Klenze στο ζήτημα της χωροθέτησης των ανακτόρων. Θέλει τα ανάκτορα όσο γίνεται πιο μακρυά από ιδιωτικά κτήρια και επίσης θέλει το αρχιτεκτονικό τους περιβάλλον καθώς και ο χώρος ακτινοβολίας τους να έχουν όσο γίνεται μεγαλύτερη αυτονομία και να αναδεικνύονται μέσω δημοσίων κτηρίων. Βλέπουμε και εδώ καθαρά τη διαφορά αντιλήψεων πάνω στο συγκεκριμένο θέμα μεταξύ του Klenze από τη μια μεριά και των Κλεάνθη και Schaubert από την άλλη, οι οποίοι είχαν προβλέψει τα ανάκτορα στο κέντρο της σύνθεσης του πολεοδομικού ιστού. Την βασιλική εξουσία στηρίζουν στο σχέδιο των δύο αρχιτεκτόνων οι αστοί και οι κατοικίες τους. Ο Klenze αντίθετα μεριμνά για την απόλυτη απομόνωσή της. Έτσι καταλήγει στην επιλογή της νέας θέσης των ανακτόρων (τα οποία τοποθετεί στη δυτική πλαγιά του λόφου των Νυμφών), ώστε να τους εξασφαλίσει τη γοητεία του τοπίου, άμεση πρόσβαση προς την Ακρόπολη και απομόνωση από την τύρβη της ζωής της πόλης. Το σχέδιό του για τα ανάκτορα πρέπει να θεωρηθεί –όπως θα δείξουμε στη συνέχεια– ως η πραγματικά πρωτότυπη πρότασή του για την Αθήνα. Κατά τα άλλα την στάση του Klenze χαρακτηρίζει μια διεξοδική και συνήθως αρνητική κριτική του αρχικού σχεδίου αλλά και η απουσία ενός πειστικού εναλλακτικού σχεδιασμού, που θα ανταποκρινόταν στις πραγματικές του πεποιθήσεις.

5.
ΚΡΙΤΙΚΗ ΘΕΩΡΗΣΗ ΤΟΥ ΠΡΟΤΕΙΝΟΜΕΝΟΥ ΣΧΕΔΙΑΣΜΟΥ ΚΑΙ Η ΕΝΤΑΞΗ ΤΟΥ ΣΤΟ ΠΛΑΙΣΙΟ ΤΩΝ ΠΟΛΕΟΔΟΜΙΚΩΝ ΠΡΟΤΥΠΩΝ ΙΔΕΩΝ ΓΙΑ ΤΗ ΝΕΑ ΑΘΗΝΑ*

*Για την κριτική ανάλυση του σχεδίου χρησιμοποιείται η λεγόμενη παραλλαγή του Γερμανικού Αρχαιολογικού Ινστιτούτου της Αθήνας (παραλλαγή DAI), που είναι η λεπτομερέστερη σχεδιαστικά. (βλ. εικ. 58)

ΧΩΡΟΘΕΤΗΣΗ ΤΟΥ ΣΧΕΔΙΟΥ· ΧΩΡΙΚΗ ΚΑΙ ΣΥΜΒΟΛΙΚΗ ΣΥΝΔΕΣΗ ΤΗΣ ΝΕΑΣ ΠΟΛΗΣ ΜΕ ΤΗΝ ΑΡΧΑΙΑ ΚΛΗΡΟΝΟΜΙΑ ΚΑΙ ΤΗΝ ΙΣΤΟΡΙΚΗ ΤΟΠΟΓΡΑΦΙΑ ΤΗΣ ΑΘΗΝΑΣ

Το γεγονός ότι οι Κλεάνθης και Schaubert επέλεξαν το λεκανοπέδιο της Αθήνας για την εγκατάσταση της πρωτεύουσας και βασιλικής καθέδρας της Ελλάδος, πρέπει να αποδοθεί κατά κύριο λόγο στο δέος και τον θαυμασμό τους απέναντι στην αρχαία αρχιτεκτονική κληρονομιά της πόλης.

Αλλά και στην ακριβέστερη χωροθέτηση της νέας πόλης ωδηγήθησαν από τα ίδια κίνητρα. Εκείνο που επιθυμούσαν ήταν η προσθετική παράθεση στον χώρο του "παλαιού" και του "νέου" ιστού και η ανέγερση της νέας πόλης σε σχετικά πεδινό έδαφος υπό τη μορφή επέκτασης της παλαιάς πόλης και σε άμεση επαφή με αυτήν και την Ακρόπολη. Η μόνη περιοχή που ανταπεκρίνετο σ' αυτές τις προθέσεις ήταν το κεντρικό πεδινό τμήμα του αθηναϊκού λεκανοπεδίου· απέρριψαν την περιοχή των ιστορικών δυτικών λόφων επειδή ακριβώς δεν ήταν επίπεδη, την ανατολική κοιλάδα μεταξύ Λυκαβηττού και Ιλισσού ως υπερβολικά περιωρισμένη και τη νότια κλιτύ της Ακρόπολης ως πολύ απομακρυσμένη από την παλαιά πόλη. Η χωροθέτηση της νέας πόλης σε άμεση επαφή με την ιστορική παλαιά πόλη (καθώς και με την Ακρόπολη και τους πλούσιους σε ιστορία δυτικούς λόφους) αποσκοπούσε στην άμεση οπτική αλλά και ιδεατή αναφορά στην αρχιτεκτονική κληρονομιά της αρχαιότητος. Μια τέτοια αναφορά δεν θα μπορούσε να επιτευχθεί ούτε με την χωροθέτηση μιας αυτόνομης νέας πόλης σε απόσταση από την ιστορική Αθήνα ούτε με την επικάλυψη της παλαιάς πόλης και των δυτικών λόφων από τη νέα πόλη. Στην πρώτη περίπτωση η αναφορά δεν θα ήταν σαφής, στη δεύτερη το ίδιο το αντικείμενο αναφοράς θα είχε εξαλειφθεί.

Παραμένει ωστόσο το ερώτημα εάν αυτή η επιθυμητή άμεση διασύνδεση της νέας με την παλαιά πόλη μπορούσε να επιτευχθεί μόνον εάν "η νέα πόλις (απλωνόταν) περί την παλαιάν ως ημισέληνος από ανατολών προς δυσμάς". Διότι αυτή η θεμελιώδης απόφαση επεκρίθη από ενωρίς[39] και είχε πραγματικά κατά τη μεταγενέστερη ανάπτυξη της πόλης αρνητικές συνέπειες.

Η ανάπτυξη της νέας πόλης σε άμεση γειτνίαση με την παλαιά (εικ. 22) προεκάλεσε την επιβίωση του παλαιού ιστού. Η λανθάνουσα τάση ανοικοδόμησης της κατεστραμμένης κατά τη διάρκεια της Επανάστασης παλαιάς πόλης ενισχύθη με αυτή την επιλογή και εμειώθησαν οι δυνατότητες αποκάλυψης των καταλοίπων της αρχαίας Αθήνας στο υπέδαφος της παλαιάς πόλης.

Αλλά και το γεγονός ότι η νεά πόλη στρέφει την πλάτη στη θάλασσα και προσανατολίζεται προς τον βορρά μπορεί να κριθεί αρνητικά: έτσι όχι μόνο στερείται η πόλη τη μαγευτική θέα του Σαρωνικού αλλά το κέντρο σφηνώνεται μεταξύ των λόφων στον πυρήνα του αθηναϊκού λεκανοπεδίου, πράγμα που αργότερα δυσχέρανε σημαντικά τόσο την επέκταση των διαφόρων συνοικιών όσο και τη μετέπειτα δημιουργία περιφερειακών οδών (δακτυλίων) γύρω από τον κεντρικό πυρήνα της πόλης.

Μια εναλλακτική λύση θα ήταν βέβαια η ανέγερση της νέας πόλης στις νότιες κλιτύες της Ακρόπολης προς τη θάλασσα, που θα προσέφερε απεριόριστο χώρο μελλοντικής ανάπτυξης προς τον κόλπο του Φαλήρου[40]. Με μια τέτοια λύση θα εξησφαλίζετο και πάλιν η άμεση χωρική και οπτική διασύνδεση της νέας πόλης με την Ακρόπολη, αλλά και η δυνατότης άμεσης πρόσβασης στην αρχαιολογική ζώνη από τα ανάκτορα και τον κήπο τους· η παλαιά όμως πόλη στη βόρεια κλιτύ της Ακρόπολης θα έμενε κατ' αυτόν τον τρόπο στο περιθώριο της ανάπτυξης και η πίεση οικοδόμησης στην κρίσιμη αυτή περιοχή θα είχε μάλλον λείψει. Έτσι θα είχε δοθεί η δυνατότητα σταδιακής ανασκαφής ολόκληρης της παλαιάς πόλης και δημιουργίας μιας μνημειώδους ζώνης πρασίνου (Gruene Mitte) γύρω από την Ακρόπολη[41].

Ποιος ήταν λοιπόν ο λόγος που παρεκίνησε τους δυο φίλους αρχιτέκτονες στην επιλογή αυτής της χωροθέτησης, που απειλούσε τα ίδια τους τα σχέδια ανασκαφής της αρχαίας Αθήνας; Επέλεξαν τον δρόμο της "ελάχιστης αντίστασης"[42] προτείνοντας μια λύση που ικανοποιούσε τους Αθηναίους; Μήπως, δηλαδή, επειδή ανομολόγητη επιθυμία των Αθηναίων ήταν σαφώς η ανοικοδόμηση στα οικόπεδα της παλαιάς πόλης (διότι

43. Η παλαιά πόλη της Αθήνας με το τείχος του Χασεκή κατά τα τέλη του 18ου αιώνα. Ανασχεδίαση του Ι. Τραυλού (1959) προφανώς με αφετηρία τα τοπογραφικά σχέδια του Bessan (1826) και των Κλεάνθη-Schaubert (1831), με υψομετρικές καμπύλες ανά 5 μ. (Από το έργο του Ι. Τραυλού, Η πολεοδομική εξέλιξις των Αθηνών, Αθήνα 1960).

44. Η παλαιά Αθήνα στα τέλη της Επανάστασης. Ανασχεδίαση του Κ. Μπίρη στηριγμένη στην αποτύπωση των Κλεάνθη και Schaubert (1831), του Weiler (1836) και της Επιτροπής του 1847. (Από το έργο του Κ. Μπίρη, Τα πρώτα σχέδια των Αθηνών, Αθήνα 1933).

45. Απόσπασμα από την παραλλαγή του Γερμανικού Αρχαιολογικού Ινστιτούτου Αθηνών (DAI) του σχεδίου των Κλεάνθη-Schaubert (βλ. εικ. 58). Μαύρο: το υφιστάμενο παλαιό δίκτυο οδών· άσπρο: το προτεινόμενο νέο δίκτυο οδών (χρωματική διάκριση των δύο δικτύων από τον συγγραφέα). Κλίμαξ πρωτοτύπου 1:4.000 (Γερμανικό Αρχαιολογικό Ινστιτούτο στην Αθήνα).

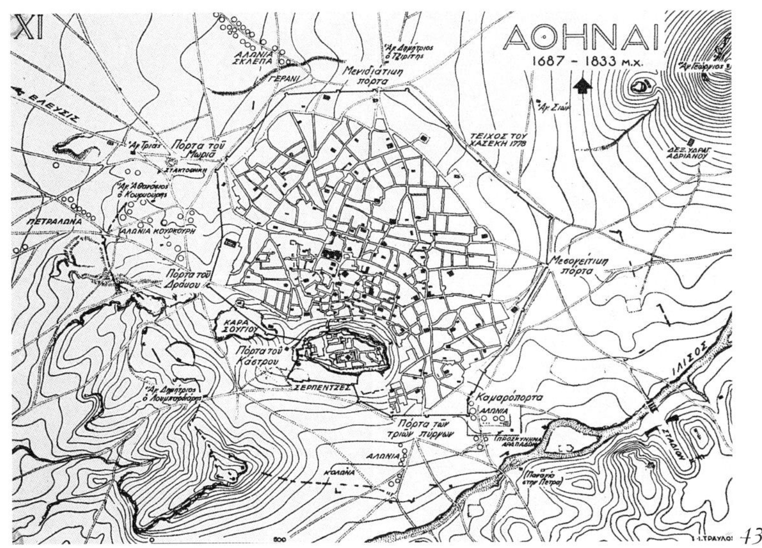

43

44

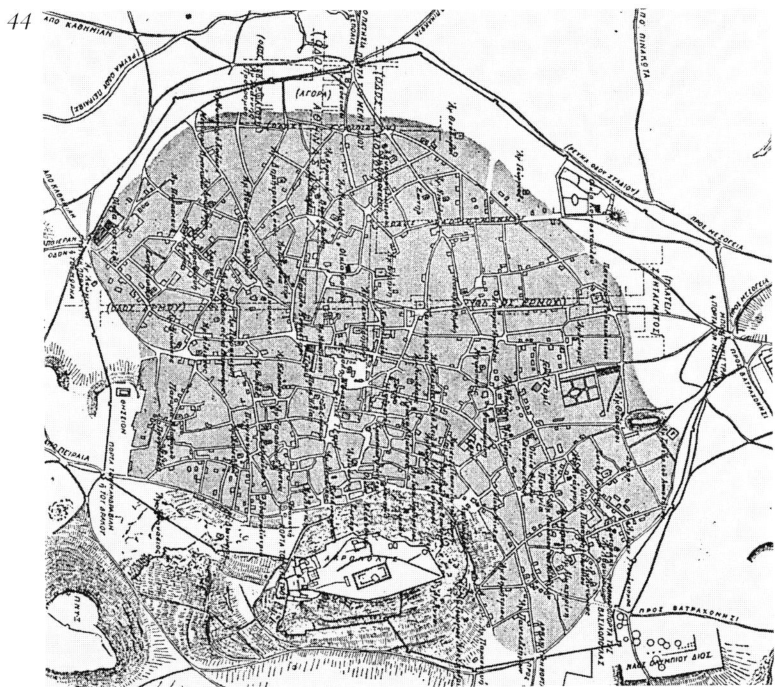

45

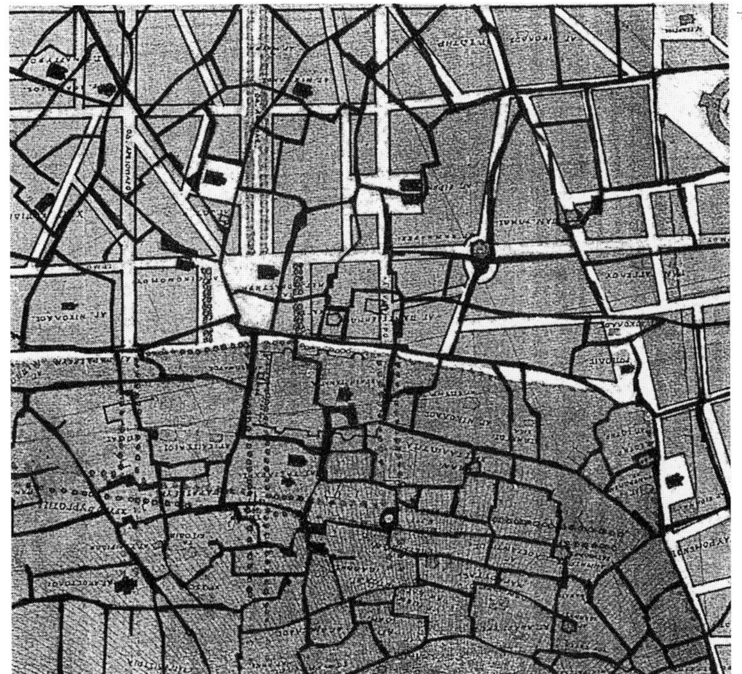

έτσι απέφευγαν το κόστος της ένταξης στο σχέδιο και της αγοράς οικοπέδου, ταυτοχρόνως δε ανέβαινε η αξία των ιδιόκτητων οικοπέδων τους), οι αρχιτέκτονες υπεχώρησαν στην λανθάνουσα αυτή πίεση; Ή μήπως επίστευαν απλώς πως η άμεση σύνδεση στον χώρο της διατηρητέας, σύμφωνα με την πρότασή τους, περιοχής της παλαιάς πόλης με την επέκτασή της θα εξησφάλιζε την επιθυμητή συνοχή του πολεοδομικού ιστού; Πιθανοί είναι και οι δυο λόγοι μαζί ή και ο καθένας ξεχωριστά. Πάντως, έτσι προεκλήθη μια απόφαση που πρέπει να θεωρηθεί ως η σοβαρότερη –από άποψη κατοπινών επιπτώσεων– αδυναμία του αρχικού σχεδίου. Κατά τα άλλα, εκείνο που καθώρισε την πρόταση των Κλεάνθη και Schaubert ήταν η προσπάθεια προβολής της αρχαίας αρχιτεκτονικής κληρονομιάς και η ανάδειξή της σε σημείο αφετηρίας του σχεδιασμού τους[43].

Ως στοιχεία οπτικής αναφοράς στην πολεοδομική σύνθεση, δηλαδή ως λεγόμενα "points de vue" στην κατάληξη της προοπτικής φυγής των οδών, δεν επιλέγονται μόνο τα σχεδιαζόμενα δημόσια κτήρια της νέας πόλης, αλλά κυρίως οι σπουδαιότερες αρχαιότητες της Αθήνας: το Στάδιο, ο Πύργος των Ανέμων, το Ερεχθείο και τα Προπύλαια. Η δημιουργία προοπτικών με άξονα μνημειακά κτίσματα είναι εγγενής αρχή της αρχιτεκτονικής του μπαρόκ και του κλασικισμού κατά την όψιμη απολυταρχία. Η ιδιομορφία όμως του αθηναϊκού σχεδιασμού είναι ότι το κατ' εξοχήν σημείον αναφοράς είναι τα αρχιτεκτονικά μνημεία της αρχαιότητος, τα οποία μ' αυτό τον τρόπο αναδεικνύονται σε εστιακά σημεία ολόκληρης της σύνθεσης[44].

Η νότια περιοχή της πόλης (δηλαδή το Στάδιο και ο λόφος του Αρδηττού, η κοιλάδα του Ιλισσού, η Ακρόπολη και οι κλιτείς της, ο Άρειος Πάγος, ο λόφος του Μουσείου και των Νυμφών με την Πνύκα) ωρίσθη στο αρχικό σχέδιο ως μη δομήσιμη ζώνη και εδώ προετάθη ένας εκτεταμένος χώρος ανασκαφών που αργότερα θα διεμορφώνετο σε αρχαιολογικό πάρκο και ταυτοχρόνως σε υπαίθριο μουσείο αρχαίας αρχιτεκτονικής in situ. Η μελλοντική αυτή ένταξη των αρχαιολογικών ανασκαφών στον πολεοδομικό ιστό, καθώς και η μέριμνα για την έγκαιρη προστασία των σπουδαιότερων τοπογραφικών γνωρισμάτων της Αθήνας μέσω μιας τολμηρής πολιτικής απαλλοτριώσεων στην άνω παλαιά πόλη[45] αποτελούν και τις μοναδικές προτάσεις των αρχιτεκτόνων σε επίπεδο στρατηγικής εφαρμογής του σχεδίου τους και αποδεικνύουν το ζωηρό ενδιαφέρον τους για τη διατήρηση και αξιοποίηση της αρχιτεκτονικής κληρονομιάς της Αθήνας[46].

Μια συμβολική εκδήλωση σεβασμού απέναντι στην αρχαιότητα απαντάται εξάλλου και στην επιλογή των ονομασιών των οδών, όπως μνημονεύονται από τους αρχιτέκτονες στο σχέδιό τους. Έτσι προκρίνονται κυρίως ονόματα θεών του αρχαίου ελληνικού πανθέου (π.χ. οδός Αθηνάς, Ερμού, Αιόλου), αρχαίων ποιητών (π.χ. Σοφοκλέους, Ευριπίδου), καθώς και αρχαία τοπωνύμια (π.χ. Σταδίου, Αρείου Πάγου). Αυτές οι ονομασίες, που τις συναντάμε ακόμα και σήμερα στο κέντρο της Αθήνας, είναι αναπόσπαστα συνδεδεμένες με την ταυτότητα της νέας πρωτεύουσας.

Τέλος, συμβολική με την έννοια λεπτού υπαινιγμού είναι και η θέση που επελέγη για ορισμένα δημόσια κτίσματα καθώς και εν γένει η κατανομή των χρήσεων γης στο σχέδιο:

Έτσι, στη μετωπική αντιπαράθεση της Ακρόπολης με τα νέα ανάκτορα –που βέβαια έχουν την πρέπουσα απόσταση ανάμεσά τους αλλά άμεση οπτική επαφή– αναγνωρίζει κανείς έναν συμβολικό διάλογο μεταξύ των εστιακών σημείων της αρχαίας και της νέας πόλης. Επίσης η πληθώρα πολιτιστικών και επιστημονικών λειτουργιών (βιβλιοθήκη, ακαδημία, βοτανικός κήπος) γύρω από τη στρογγυλή πλατεία Μουσών στα ανατολικά της πόλης (στην περιοχή του αρχαίου Λυκείου, κοντά στο Στάδιο και στον Ιλισσό) είναι ένας σαφής υπαινιγμός στη συνέχεια μεταξύ αρχαίου και νεοελληνικού πολιτισμού. Στις δυτικές παρυφές της πόλης, κοντά στο αρχαίο νεκροταφείο του Κεραμεικού, ο χώρος ρυθμίζεται μεν με τη χάραξη οδών παραμένει όμως αδόμητος. Εδώ δημιουργείται –ως αντιστάθμισμα προς την ανατολικά κείμενη πλατεία των Μουσών– η επίσης στρογγυλή πλατεία Κέκροπος, που το όνομά της ανακαλεί στη μνήμη τον μυθικό βασιλέα, ο οποίος ίδρυσε την Αθήνα, και υπογραμμίζει τη σχέση με τους νεκρούς προγόνους[47]. Έτσι λοιπόν η κατανομή των χρήσεων μέσα στον ιστό της πόλης δεν αποσκοπεί μόνο στην επιθυμητή ανάπτυξη της αστικής ζωής· η επιλογή των "κατάλληλων", φορτισμένων με συγκεκριμένες ιστορικές μνήμες, θέσεων τονίζει την ιστορική συνέχεια στην πόλη.

ΑΝΑΠΛΑΣΗ ΤΗΣ ΠΑΛΑΙΑΣ ΠΟΛΗΣ ΚΑΙ ΔΙΑΣΥΝΔΕΣΗ ΤΗΣ ΜΕ ΤΗ ΝΕΑ

Για να συνδεθεί η νέα πόλη –ως επέκταση της υφιστάμενης– με το κάτω διατηρητέο τμήμα της παλαιάς πόλης και να αποτελέσει μαζί μ' αυτή ένα ενιαίο σύνολο, προετάθησαν πολυάριθμες διανοίξεις οδών μέσα στην παλαιά πόλη. Αυτές αφορούσαν τόσο το σύστημα των πρωτευουσών όσο και το εκτεταμένο πλέγμα των δευτερευουσών οδών.

Εσχεδιάσθησαν κατ' αρχάς δύο κύριοι άξονες κυκλοφορίας που τέμνονται καθέτως, οι οδοί Αθηνάς και Ερμού οι οποίες και διενοίχθησαν όντως αργότερα μέσα στην παλαιά πόλη[48]. Οι δρόμοι αυτοί συναντώνται στο "Μοναστηράκι" και συγκεκριμένα στη νεοϊδρυμένη πλατεία βορείως της Βιβλιοθήκης του Αδριανού, την οποία οι αρχιτέκτονες είχαν φαντασθεί ως κατάληξη του άξονος της οδού Αθηνάς και ταυτοχρόνως ως χώρο θέασης προς την παρακείμενη ζώνη των ανασκαφών. Με αυτό τον τρόπο, η παλαιά πόλη αποκτούσε ένα νέο επίκεντρο, που μέσω των προαναφερθέντων οδικών αξόνων συνεδέετο οπτικά με τις τρεις κυριώτερες πλατείες της νέας πόλης[49].

Αυτές οι κύριες διανοίξεις ήταν απαραίτητες για την πραγμάτωση της άμεσης προσθετικής παράθεσης παλαιάς και νέας πόλης. Ανταπεκρίνοντο άλλωστε σε μια συνηθισμένη πρακτική σχεδιασμού του 18ου αιώνος. Υπενθυμίζουμε τις παρόμοιες διανοίξεις παραδείγματος χάριν στην Κατάνια της Σικελίας (μετά από τους μεγάλους σεισμούς του 1693 σύμφωνα με το σχέδιο του Vaccarini) και στον ιστορικό πυρήνα της Βαρκελώνης (1763), που χωρίς να αναπλάσουν ριζικά τον ιστορικό ιστό της πόλης τον έκαναν πιο εύκολα προσπελάσιμο.

Πιο προβληματικές ήταν οι άλλες ρυθμίσεις στο τμήμα της παλαιάς πόλης που επρόκειτο να εξυγειανθεί. Η πρόταση δημιουργίας οκτώ νέων, μεσαίου ή μικρού μεγέθους πλατειών γύρω από σημαντικές βυζαντινές εκκλησίες της παλαιάς πόλης ήταν ένα πρώτο βήμα προς τη χαλάρωση του ιστορικού πολεοδομικού ιστού. Εάν αυτό το μέτρο είχε συμπληρωθεί με μία στρατηγική διεύρυνσης του οδικού δικτύου προσαρμοσμένη στην υφιστάμενη κατάσταση (δηλαδή στα υφιστάμενα πλάτη των δρόμων και στην ύπαρξη ή έλλειψη κτηρίων στις παλαιές ρυμοτομικές γραμμές), οι κυκλοφοριακές συνθήκες στην παλαιά πόλη θα είχαν βελτιωθεί σημαντικά και παρ' όλα αυτά θα είχε διατηρηθεί η συνοχή του ιστού της[50].

Αντ' αυτού, οι συντάκτες του σχεδίου απεφάσισαν να επιβάλουν το ορθογώνιο σύστημα διάταξης των δευτερευουσών οδών και στο μεγαλύτερο τμήμα της παλαιάς πόλης· προέβλεψαν επίσης περί τα δώδεκα λοξά, νέα δρομάκια που υποδιαιρούσαν μερικά οικοδομικά τετράγωνα. Ο ισχυρισμός τους ότι "εις την παλαιάν πόλιν πολλοί δρόμοι, λόγω οικονομίας, αφέθησαν με λοξήν κατεύθυνσιν, για να κοπούν όσον το δυνατόν ολιγώτερα από τα τυχόν υπάρχοντα σπίτια" δεν ανταποκρίνεται στον πραγματικό σχεδιασμό· διότι πουθενά δεν μπορεί να γίνει λόγος για ταύτιση του παλαιού με το νέο προτεινόμενο οδικό δίκτυο (εικ. 45). Αντίθετα, στην παλαιά πόλη επεβλήθη ένα εντελώς νέο οδικό δίκτυο, του οποίου μερικές δευτερεύουσες οδοί είχαν λοξή κατεύθυνση για μορφοκρατικούς λόγους, σε ανάμνηση της ρυμοτομίας της παλαιάς πόλης[51]. Το αναμορφωμένο οδικό δίκτυο στο προς ανάπλαση τμήμα της παλαιάς πόλης (συνολική έκταση Α = 39,5 εκτάρια, εικ. 46) κατελάμβανε έκταση 5,5 εκταρίων.

Το κυριώτερο επιχείρημα των αρχιτεκτόνων, με το οποίο υπεστήριξαν τη ριζική αυτή αδιαφορία για την υφιστάμενη παλαιά ρυμοτομία, το συναντάμε σε ένα απόσπασμα των πρακτικών της προαναφερθείσης συνεδριάσεως που έλαβε χώρα στις 15./27.6.1834: "Όλοι όσοι έχουν κτίσει πριν από την έγκριση του σχεδίου, οικοδόμησαν δίχως αμφιβολία με βάση τις παλαιές οδούς. Επομένως αυτές οι οδοί δεν μπορούν να διαπλατυνθούν χωρίς μεγάλες ζημιές των κτισμάτων, ενώ οι οδοί του νέου σχεδίου στις περισσότερες περιπτώσεις κόβουν μόνο ένα κομμάτι από τις αυλές". Ακριβώς εδώ όμως ευρίσκεται το λογικό λάθος των προτάσεων ρύθμισης της παλαιάς πόλης: το να προεξέχουν ενίοτε τα υπάρχοντα σπίτια στους παλαιούς δρόμους (μετά από διαπλάτυνσή τους είτε από τη μία είτε και από τις δύο πλευρές) δεν θα ήταν μειονέκτημα για την παλαιά πόλη· διότι, κατά τη μετέπειτα ανάπτυξη της πόλης, αυτές οι προεξοχές θα είχαν σταδιακά καταργηθεί, γιατί τα οικοδομούμενα νέα κτήρια θα είχαν υποχωρήσει στη νέα ρυμοτομική γραμμή. Αντίθετα, ο γενικός κατακερματισμός των οικοπέδων –προϋπόθεση για τη χάραξη του προτεινόμενου νέου οδικού δικτύου– δεν ήταν δυνατόν να πραγματοποιηθεί. Για να επιτευχθεί αυτό θα έπρεπε να εφαρμοσθεί μια καλά οργανωμένη στρατηγική αστικού αναδασμού, που με βάση τα τότε κοινωνικά δεδομένα και τον βαθμό ανάπτυξης της χώρας ήταν κάτι το αδιανόητο. Έτσι λοιπόν, η λανθασμένη αυτή σχεδιαστική πρόταση αναδιάρθρωσης του αστικού δικτύου, μαζί με το πρόβλημα του απρόσιτου κόστους απαλλοτρίωσης της περιοχής των ανασκαφών, κατέστησαν το σχέδιο ανεφάρμοστο και οδήγησαν εν τέλει στην αναθεώρησή του.

Η ΕΚΤΑΣΗ ΤΗΣ ΠΟΛΗΣ· ΜΕΤΡΑ ΚΑΙ ΠΡΟΟΠΤΙΚΕΣ ΑΝΑΠΤΥΞΗΣ. ΧΩΡΟΤΑΞΙΚΕΣ ΘΕΩΡΗΣΕΙΣ

Μετά την κατάκτησή της από τους Τούρκους (1456), η Αθήνα έμεινε για περισσότερα από τριακόσια χρόνια ανοχύρωτη. Το 1778 εκτίσθη από υλικά κατεδαφίσεων και ωμές πλίνθους μέσα σε ελάχιστο χρονικό διάστημα ένα κακοκτισμένο τείχος, το λεγόμενο τείχος του Χασεκή, για να προστατευθεί η πόλη από τις επιδρομές ομάδων Αρβανιτών[52]· το τείχος αυτό, παρά τις μεγάλες ζημίες που είχε υποστεί κατά την Επανάσταση, το 1832 ήταν ακόμα όρθιο. Στην "*Erlaeuterung*" (Περιγραφή) των Κλεάνθη και Schaubert αναφέρεται μεν το "άθλιον τείχος" αλλά η έκταση της περιτειχισμένης πόλης υπολογίζεται λανθασμένα σε 89,8 εκτάρια. Επίσης πουθενά δεν γίνεται λόγος για κατεδάφιση του τείχους· ίσως επειδή είναι μια αυτονόητη αναγκαιότητα για την

46

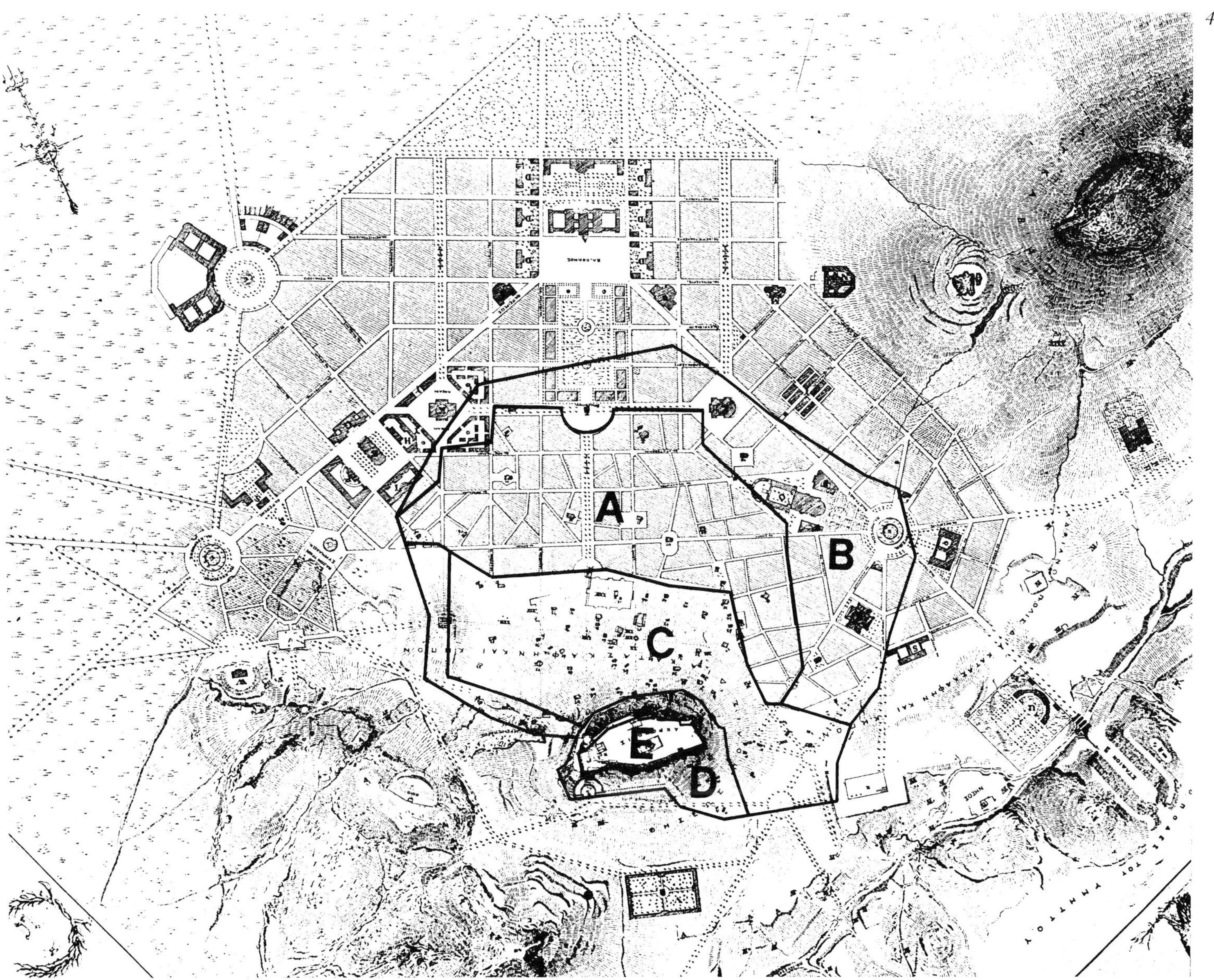

46. Μεσαίο τμήμα του δημοσιευμένου δια λιθογραφίας σχεδίου των Κλεάνθη και Schaubert (βλ. εικ. 42). Σημειωμένο το περίγραμμα της παλαιάς πόλης (περιτειχισμένη συνολική επιφάνεια 117,5 εκτάρια). A: διατηρούμενο εποικισμένο τμήμα της παλαιάς πόλης, B: αδόμητο τμήμα της κάτω πόλης, C: κατεδαφιστέο τμήμα της κάτω πόλης, D: αδόμητη επιφάνεια των κλιτύων της Ακρόπολης και του Αρείου Πάγου με την περιοχή του Θησείου, E: εποικισμένη άνω πόλη (Ακρόπολη). Επισχεδίαση και διάκριση των περιοχών από τον συγγραφέα. Κλίμαξ πρωτοτύπου 1:8.000 (Κρατική Συλλογή Γραφικών Τεχνών του Μονάχου).

προβλεπόμενη από το αρχικό σχέδιο επέκταση της πόλης.

Τα ακόλουθα στοιχεία συνοψίζουν την κατανομή των επιφανειών ανά κατηγορία μέσα στην περιτειχισμένη παλαιά πόλη (εικ. 46):

Συνολική έκταση (περιτειχισμένη παλαιά πόλη) 117,5 εκτάρια, από αυτά:

- δομημένη έκταση στην κάτω πόλη 71,5 εκτ. (A + C)
- δομημένη έκταση στην Ακρόπολη 3,0 εκτ. (E)
- αδόμητη έκταση, βόρεια και ανατολικά της παλαιάς πόλης 32,0 εκτ. (B)
- αδόμητη έκταση, (κλιτύες της Ακρόπολης και του Αρείου Πάγου με το Θησείο) 11,0 εκτ. (D)

Η αδόμητη επιφάνεια εντός των τειχών επομένως είχε έκταση (32 + 11 =) 43 εκτάρια, αποτελούσε δηλαδή το 37% της εντός των τειχών πόλης.

Εάν δεχθούμε ότι η Αθήνα πριν από την Επανάσταση είχε πληθυσμό 8.000 κατοίκους[53], τότε στην προεπαναστατικά δομημένη περιοχή συνολικής έκτασης 74,5 εκταρίων (A + C + E) προκύπτει μία μέση μικτή πληθυσμιακή πυκνότητα 107 κατοίκων/εκτάριο, που ανταποκρίνεται σε ακανόνιστα δομημένα χαμηλά σπίτια με αυλή.

Οι περιοχές δόμησης στη σχεδιαζόμενη νέα πόλη –με βάση το εγκεκριμένο σχέδιο[54]– καλύπτουν συνολικά επιφάνεια 254,5 εκταρίων, από τα οποία 215 εκτάρια ανήκουν στην περιοχή επέκτασης και 39,5 εκτάρια στο τμήμα της παλαιάς πόλης που προτείνεται να αναπλασθεί (A). Εάν δεχθούμε ως μέγιστο μελλοντικό πληθυσμό 40.000 κατοίκους (όπως διαβάζουμε στην "*Erlaeuterung*"), τότε η επιδιωκόμενη μέση μικτή πυκνότητα στις προτεινόμενες περιοχές δόμησης είναι 157 κάτοικοι/εκτάριο. Τέλος, η συνολική έκταση της πόλης (στην οποία συμπεριλαμβάνονται, εκτός από την προηγούμενη έκταση, το τμήμα της παλαιάς πόλης που προτείνεται να κατεδαφισθεί, η Ακρόπολη και οι κλιτύες της εντός του τείχους του Χασεκή) είναι 300,5 εκτάρια.

Στην εκτίμηση των προοπτικών ανάπτυξης της νέας πρωτεύουσας, οι συντάκτες του σχεδίου αποδείχθησαν πολύ διορατικοί: εδέχθησαν ως χρονικόν ορίζοντα για την πλήρη ανέγερση της σχεδιαζόμενης πόλης και για την επίτευξη του πληθυσμιακού στόχου των 40.000 κατοίκων, πενήντα χρόνια. Στην πραγματικότητα η Αθήνα ανεπτύχθη λίγο ταχύτερα. Έτσι οι στόχοι που έθεσαν στον σχεδιασμό τους οι Κλεάνθης και Schaubert, καθώς και τα αντίστοιχα μεγέθη, είχαν πραγματωθεί μετά από τριάντα χρόνια (επιφάνεια πόλης το 1862: 275 εκτάρια, πληθυσμός 41.000 κάτοικοι), ενώ το 1875 (επομένως μετά από την παρέλευση των πενήντα χρόνων) η νέα Αθήνα ήταν περίπου 50% μεγαλύτερη από ό,τι είχαν προβλέψει οι εκπονητές του σχεδίου της (έκταση 460 εκτάρια, πληθυσμός 65.000 κάτοικοι).

Ενώ οι Κλεάνθης και Schaubert κάνουν αυτή την εύστοχη εκτίμηση των μελλοντικών αναγκών σε αστική γη και του μελλοντικού πληθυσμού της πρωτεύουσας μιας χώρας με πληθυσμό εκείνη την εποχή μόλις 700.000 κατοίκων, ορισμένοι επικριτές του σχεδίου είχαν άλλη άποψη. Ο Γενικός Έφορος Αρχαιοτήτων Weissenborn το καλοκαίρι του 1834 σχολίασε αρνητικά το σχεδιαζόμενο μέγεθος της Αθήνας, βασιζόμενος στην λανθασμένη προϋπόθεση ότι οι αρχιτέκτονες προέτειναν μια πόλη με στενές οδούς και υψηλά κτήρια, πράγμα όμως που κάθε άλλο παρά ανταπεκρίνετο στις προθέσεις των τελευταίων. Έτσι παρατηρεί: "Το σχέδιο είναι στο σύνολό του πολύ εκτεταμένο και δεν ανταποκρίνεται στον πληθυσμό του ελληνικού βασιλείου. Μέσα στην σχεδιαζόμενη πόλη μπορούν να κατοικήσουν 100.000 ψυχές..."[55]. Και 45 χρόνια αργότερα ο ιστορικός Mendelsohn-Bartholdy συνεχίζει να περιγράφει, παραποιώντας χονδροειδώς την πραγματικότητα, τις δήθεν μεγαλομανείς διαστάσεις του αρχικού σχεδίου: "Στην αρχή υιοθετήθηκε το σχέδιο δύο Αθηναίων αρχιτεκτόνων [sic!], οι οποίοι, για λόγους κερδοσκοπικούς, επειδή οι ίδιοι είχαν αγοράσει φθηνά εκτάσεις γης, ήθελαν να οικοδομήσουν μια μελλοντική πρωτεύουσα γιγάντια, με κτήρια που μπροστά τους τα μεγαλύτερα μνημεία των δύο ημισφαιρίων δεν θα ήταν τίποτε, και οδούς με τόσο μεγάλο πλάτος που όταν θα στεκόσουν στη μέση τους, τα κτήρια στις δυο πλευρές τους θα φάνταζαν σίγουρα καλυβούλες. Αυτοί οι απατεώνες διαβεβαίωσαν την αντιβασιλεία πως ήταν προορισμένοι από τη μοίρα να ιδρύσουν την ωραιότερη και πιο ξακουστή πόλη της υδρογείου και η αντιβασιλεία έγραψε με σταθερό χέρι στο σημείο εκείνο του σχεδίου όπου θα χτιζόταν το Πάνθεον [sic!]: concedit [ενεκρίθη]. Και όμως οι ίδιοι οι αρχιτέκτονες ομολόγησαν πως για την ανέγερση των ανακτόρων απαιτείτο ένα διάστημα τουλάχιστον δεκαέξι χρόνων. Όταν κατά την εφαρμογή του σχεδίου απεκαλύφθη ο παραλογισμός του σε όλο του το μεγαλείο, η αντιβασιλεία το εγκατέλειψε ακυρώνοντας την έγκρισή του (...)"[56].

Όπως προανεφέρθη, στα γραπτά τεκμήρια του σχεδιασμού (βλέπε τεκμήρια Δ και Ε του παρόντος κεφαλαίου) δεν αναπτύσσεται καμία στρατηγική εφαρμογής του σχεδίου. Οι αρχιτέκτονες περιορίζονται στη σύσταση να απαλλοτριωθεί η περιοχή ανασκαφών, καθώς και να ληφθούν τα (ανεφάρμοστα) μέτρα, τα οποία αναλύσαμε προηγουμένως, για τη νέα ρύθμιση στο διατηρητέο τμήμα της παλαιάς πόλης· δεν γίνεται όμως καμία πρόταση για τις χρονικές φάσεις εφαρμογής του σχεδίου, καθώς και για τις δυνατότητες χρηματοδότησής του και για μέτρα διαμόρφωσης των αξιών της γης. Αυτή η έλλειψη ενδιαφέροντος για τις πρακτικές πλευρές του σχεδιασμού, έτσι ώστε να γίνει εφικτός, δεν μπορεί βέβαια να αναχθεί στην αδιαφορία των δύο αρχιτεκτόνων αλλά μόνο στην απειρία τους γύρω από πρακτικά θέματα. Είναι ενδεικτικό ότι αντίθετα ο Klenze ρίχνει μεγάλο βάρος στα μέτρα εφαρμογής της αντιπρότασής του.

Για τον ρόλο της Αθήνας ως επικέντρου ανάπτυξης και για τη σύνδεσή της με άλλες πόλεις της χώρας δεν πληροφορούμεθα τίποτε από τα συνοδευτικά κείμενα[57]. Αναφέροντας τη δυνατότητα της κατοπινής σιδηροδρομικής σύνδεσης της Αθήνας με το λιμάνι του Πειραιά (παράλληλα με την τότε κατασκευαζόμενη οδό Πειραιώς), οι αρχιτέκτονες το 1833 προβλέπουν ένα συγκοινωνιακό μέτρο που θα εισήγετο μόνο 36 χρόνια αργότερα (1869).

Ένα χαρακτηριστικό επίσης του σχεδίου που εντυπωσιάζει είναι ο στατικός και οριστικός χαρακτήρ του· παρ' ότι τα επιμέρους οδικά δίκτυα των τμημάτων της πόλης με τον διαφορετικό προσανατολισμό θα επέτρεπαν εύκολα την επέκταση του σχεδίου προς όλες τις κατευθύνσεις, οι συντάκτες του δεν παραπέμπουν στη δυνατότητα μελλοντικής επέκτασης. Αντίθετα: συστήνουν την κατασκευή μιας περιφερειακής οδού "γύρω από όλην την πόλιν", στην οποία "θα ηδύναντο να υπάρχουν δενδροστοιχίαι και φυτευμέναι τάφροι ή φράκται"· επίσης συστήνουν και έναν μικρό αριθμό φρουρούμενων "εισόδων". Συλλαμβάνουν επομένως την πόλη ως ένα μόρφωμα, όχι βέβαια οχυρωμένο, εν τούτοις όμως κλειστό και απομονωμένο από το περιβάλλον τοπίο, χωρίς να προβλέπουν άξονες ή κατευθύνσεις επέκτασης. Έτσι, δημιουργείται η εντύπωση πως επιδίωξή τους ήταν η προσέγγιση ενός μέγιστου επιθυμητού πληθυσμιακού ορίζοντα και μετά, το πάγωμα κάθε ανάπτυξης· μια δογματική θεώρηση ξένη προς την πραγματικότητα.

Η ΔΙΑΡΘΡΩΣΗ ΤΗΣ ΠΟΛΗΣ

Το σχέδιο των Κλεάνθη και Schaubert, λόγω της σχετικά μεγάλης κλίμακάς του (1:2.000) και της πληθώρας των σχεδιαστικών του λεπτομερειών είναι ένα πολύ ενημερωτικό τεκμήριο τόσον ως προς τις διαρθρωτικές όσο και ως προς τις μορφολογικές προθέσεις των εκπονητών του. Βέβαια δεν έχει ακριβή σχεδιαστικά στοιχεία για τη δομή των οικοδομικών τετραγώνων, δηλαδή για την κατάτμηση της γης (τα οικόπεδα) και το σύστημα δόμησης· λείπει επίσης η αριθμητική μνεία των διαστάσεων των οδών, των πλατειών και των οικοδομικών τετραγώνων· ωστόσο, η απεικόνιση της κάτοψης όλων των δημοσίων καταστημάτων, των χώρων πρασίνου και των αρχαίων μνημείων, καθώς και η σχεδίαση του υφιστάμενου ακόμα εκείνη την εποχή οδικού δικτύου της παλαιάς πόλης (με λεπτή γραμμή κά-

47

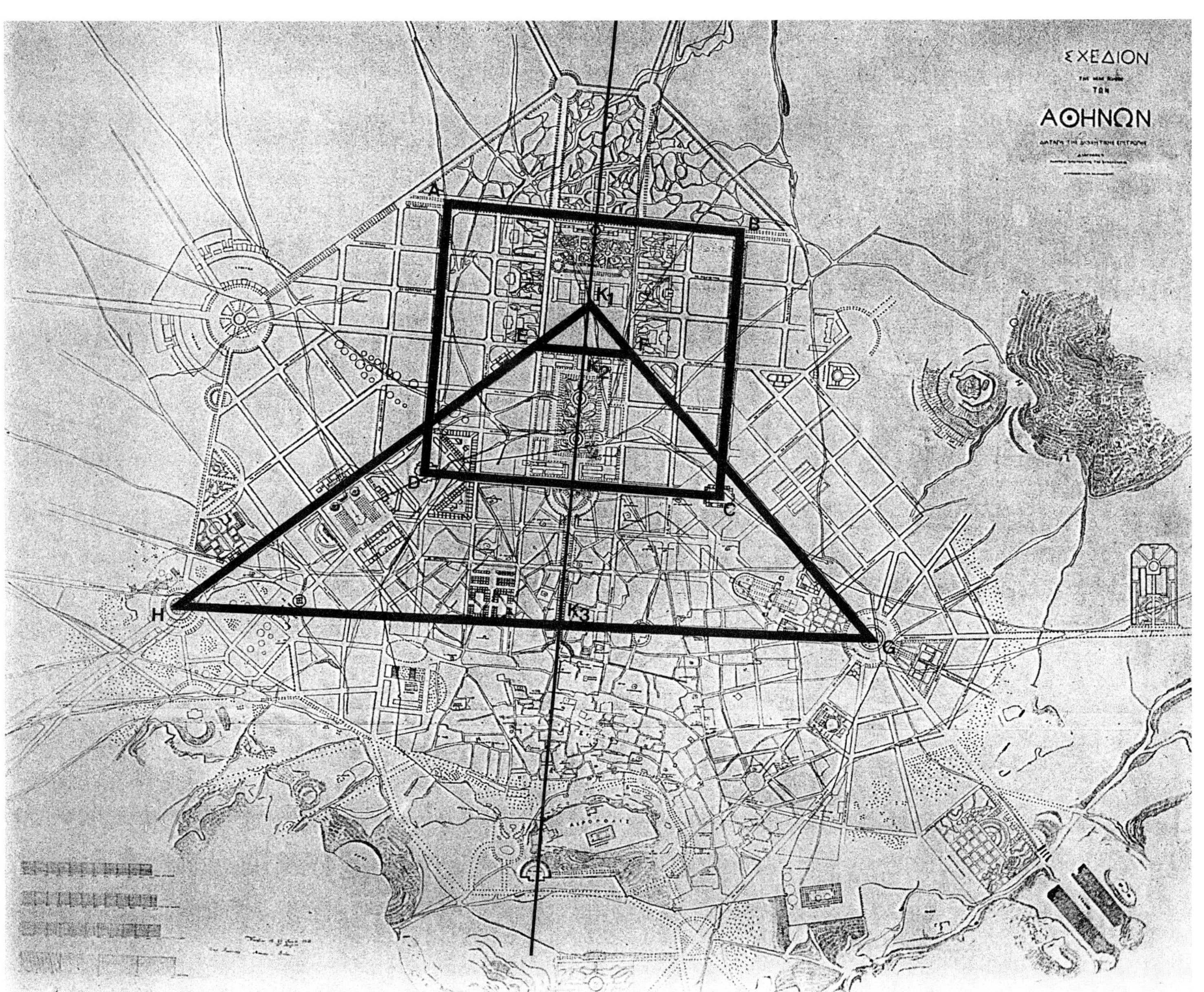

47. Η εγκεκριμένη (στις 29 Ιουνίου/11 Ιουλίου 1833) από την αντιβασιλεία παραλλαγή του σχεδίου πόλεως των Κλεάνθη-Schaubert (βλ. εικ. 57). Σημειώνονται οι κύριοι άξονες του οδικού δικτύου. ABCD: τετράγωνο πλαίσιο αναφοράς των φυτευμένων κεντρικών βουλεβαρίων της πόλης, EFGH: το κατά την κορυφή του αποκομμένο ορθογώνιο τρίγωνο των κυρίων οδών. K2K3: ο κύριος άξων της οδού Αθηνάς, K1: κέντρο της Πλατείας Ανακτόρων. Χαράξεις του συγγραφέως. Κλίμαξ πρωτοτύπου: 1:2.000 (Δημοτική Βιβλιοθήκη, Αθήνα).

τω από την προτεινόμενη νέα ρυμοτομία) προσδίδει στο σχέδιο έναν σχετικά υψηλό βαθμό σαφήνειας και ακρίβειας.

Το πλέγμα των δημοσίων (κοινοχρήστων) χώρων

Οι νέοι πρωτεύοντες οδικοί άξονες, καθώς και οι διανοίξεις και διαμορφώσεις πλατειών στην παλαιά πόλη περιεγράφησαν ήδη. Εδώ θα αναλυθούν κριτικά οι αρχές οργάνωσης και σχεδιασμού του συνολικού πλέγματος των δημοσίων χώρων, δηλαδή των οδών και των πλατειών της νέας πόλης.

Ο τρόπος χάραξης των οδών στο σχέδιο της νέας Αθήνας των Κλεάνθη και Schaubert, συμφώνως με την πλειοψηφία των ερευνητών της Αθήνας, παραπέμπει σε έναν χαρακτηριστικό τύπο οδικού δικτύου κατά την εποχή της πεφωτισμένης δεσποτείας (κύριο γνώρισμά του η δέσμη των οδών που ξεκινά από την καθέδρα του ηγεμόνος, η λεγόμενη "patte d'oie")[58]. Επανειλημμένως επίσης έχει τονισθεί η άμεση οπτική διασύνδεση των ανακτόρων με τον Πειραιά, τα Προπύλαια της Ακρόπολης και το Παναθηναϊκό Στάδιο[59]. Χωρίς να θέλουμε να αμφισβητήσουμε αυτά τα δύο γνωρίσματα της πρότασης, πιστεύουμε πως την διάταξη των οδών δεν την υπαγόρευσαν τόσο αυτοί οι επανειλημμένα υπογραμμισμένοι συμβολικοί υπαινιγμοί, όσο κυρίως πρακτικές, λειτουργικές ανάγκες της σχεδιαζόμενης πόλης.

Πρώτα όμως μερικά λόγια για τη συμβολική συνιστώσα:

α) Η ακτινωτή δέσμη των οδών εξασφαλίζει –όπως και στα δυτικά πρότυπα –Βερσαλλίες, Piazza del Popolo στη Ρώμη, Καρλσρούη– όχι μόνο τον οπτικό έλεγχο της πόλης στον μονάρχη, αλλά με μια πλατειά χειρονομία η patte d'oie "αγκαλιάζει" ολόκληρη τη ζώνη ανασκαφών του αρχαιολογικού πάρκου μαζί με την Ακρόπολη, την Πνύκα και τον Άρειο Πάγο στο νότο. Όπως αναλύεται σε άλλο σημείο της παρούσης πραγματείας, ο προσανατολισμός αυτής της δέσμης των οδών προς ένα μεγαλοπρεπές κτηριακό σύνολο των αρχαίων χρόνων, το οποίο συνιστά τον πνευματικό πυρήνα της πόλης, είναι χαρακτηριστικό της φυσιογνωμίας πολλών επεκτάσεων σχεδίων πόλεων στη Ρωσία του 18ου αιώνος κατά τη βασιλεία της Αικατερίνης της Μεγάλης. Αυτός προσδίδει στην ακτινωτή διάταξη μια περαιτέρω –όχι ολιγώτερο σημαντική– συμβολική σημασία.

β) Δεν θα έπρεπε να υπερτιμούμε την πραγματική αξία των οπτικών διασυνδέσεων που έχουν σχεδιασθεί για τα ανάκτορα: λόγω του υψομέτρου του ιερού βράχου της Ακρόπολης, μόνον ο οπτικός διάλογος μεταξύ της καθέδρας του μονάρχου και της Ακρόπολης (απόσταση ανάμεσα σ' αυτούς τους δυο πόλους 1.300 μέτρα) είναι εφικτός. Σε σύγκριση μ' αυτόν ούτε το λιμάνι του Πειραιά που απέχει 8 χλμ. ούτε το κοίλωμα του αρχαίου Σταδίου που απέχει 2 χλμ. μπορούν να θεωρηθούν ως σαφώς αντιληπτά καταληκτικά σημεία θέας από τα ανάκτορα. Έτσι, η κατεύθυνση της οδού Σταδίου (προς το Στάδιο) και της οδού Πειραιώς (προς τον λιμένα) έχει καθαρά συμβολική σημασία "επί χάρτου" και δεν βιώνεται στον χώρο της πόλης.

Και τώρα σχετικά με τη λειτουργική θεμελίωση των σχεδιαστικών προτάσεων:

Το οδικό δίκτυο του σχεδίου της Αθήνας (εικ. 47) έχει τα εξής κύρια χαρακτηριστικά:

- Συντίθεται μέσω της επικάλυψης και αλληλοδιείσδυσης δύο ειδών διασυνδέσεων: των τμηματικών ορθογωνίων δικτύων οδών με διαφορετικό προσανατολισμό και των ακτινωτών-διαγωνίων αξόνων[60].
- Μολονότι το ανάγλυφο του εδάφους δεν είναι απολύτως επίπεδο, το οδικό δίκτυο έχει σαφές γεωμετρικό σχήμα, που όμως δεν το διακρίνει αυστηρή συμμετρία. Η ορθή γωνία δεν τηρείται πάντα με ακρίβεια. "Οι δρόμοι δεν σχηματίζουν παντού τετράγωνα, ούτως ώστε να υπάρχη κάποια εναλλαγή", διαβάζουμε στην "*Περιγραφή*"[61]. Προσανατολισμός, μέγεθος και σχήμα των πλατειών ποικίλλουν.
- Προτείνονται τρεις ομάδες ορθογωνίων οικοδομικών τετραγώνων που διατάσσονται διαγωνίως η μία προς την άλλη και αποτελούν αυτόνομα τμήματα της πόλης με δική τους ταυτότητα[62].
- Ως προς τον βασικό του προσανατολισμό, ακολουθεί τα τοπογραφικά δεδομένα στο κέντρο του αθηναϊκού λεκανοπεδίου, δηλαδή οι κύριες αρτηρίες του (οι οδοί Σταδίου και Πειραιώς) ακολουθούν τις κατευθύνσεις των αυχένων μεταξύ των υφιστάμενων λόφων.

Το γεωμετρικό σχήμα του δικτύου των οδών βασίζεται σε δύο πλαίσια αναφοράς (εικ. 47), που τοποθετούνται με άξονα μία και την αυτήν οδόν (δηλαδή την οδόν Αθηνάς) και τα οποία εν μέρει επικαλύπτονται. Πρόκειται αφ' ενός μεν για το ορθογώνιο παραλληλόγραμμο (ABCD) μεγέθους 750 X 700 μέτρων που σχηματίζουν οι πλάτους 36 μέτρων λεωφόροι (βουλεβάρια) γύρω από το διοικητικό κέντρο της πόλης· αφ' ετέρου δε για το σχεδόν ορθογώνιο (στην πραγματικότητα ελαφρώς αμβλυγώνιο) και ισοσκελές τρίγωνο με την αποκομμένη άνω γωνία (EFGH) (που σχηματίζουν οι οδοί Πειραιώς, Ερμού και Σταδίου), του οποίου οι κορυφές συμπίπτουν με τις τρεις κυριώτερες πλατείες της πόλης (δηλαδή τις πλατείες Ανακτόρων, Κέκροπος και Μουσών). Η υποτείνουσα αυτού του τριγώνου, δηλαδή η οδός Ερμού (HG) που έχει μήκος 1.800 μέτρα είναι η μακρύτερη ευθύγραμμη οδός της πόλης. Ως προς τις άλλες δύο πλευρές αυτού του τριγώνου, η μεν οδός Σταδίου (FG) στο ανατολικό τμήμα της πόλης έχει μήκος 1.000 μέτρα (μαζί με την επέκτασή της μέχρι τη γέφυρα του Σταδίου θα είχε συνολικό μήκος 1.700 μέτρα), η δε δυτική οδός Πειραιώς (EH), δηλαδή το τμήμα της ανάμεσα στα ανάκτορα και την πλατεία Κέκροπος, έχει μήκος 1.150 μέτρα.

Μολονότι η οδός Αθηνάς (K2K3), που έχει περίπου κατεύθυνση από τον βορρά προς το νότο, τέμνει συμμετρικά τα δύο πλαίσια αναφοράς, αυτά δεν είναι ομόκεντρα. Το κέντρο (K2) του ορθογωνίου (ABCD) συμπίπτει με την μέση της νότιας πλευράς της πλατείας των Ανακτόρων και ευρίσκεται επομένως νοτίως του βορείου άκρου του τριγώνου (K1) που σχηματίζουν οι πρωτεύουσες οδοί. Αυτή η μετατόπιση μεταξύ των δύο βασικών πλαισίων αναφοράς υπαγορεύεται από τον διττό χαρακτήρα της πόλης ως επέκτασης προϋπάρχοντος πυρήνα και ταυτόχρονα ως νέας πόλης. Εδώ δεν δημιουργείται ένα τυπικό σύστημα περιφερειακών δακτυλίων, αλλά ένα διαφοροποιημένο πλέγμα οδικών συνδέσεων που συνέχει το σώμα της πόλης: το ορθογώνιο παραλληλόγραμμο, που σχηματίζουν οι δενδροφυτευμένες λεωφόροι, είναι το διαρθρωτικό σχήμα της νέας πόλης που ταυτοχρόνως αναδεικνύει το διοικητικό κέντρο το οποίο περιβάλλει· το τρίγωνο των κυρίων οδών εξάλλου είναι ο σκελετός που συνδέει την παλαιά με τη νέα πόλη.

Εάν τώρα παράλληλα με αυτά τα δύο –εν μέρει επικαλυπτόμενα– εσωτερικά πλαίσια διασύνδεσης, λάβουμε υπ' όψιν μας και τον περιφερειακό δακτύλιο που περικλείει τη νέα πόλη από βορρά, αλλά και την περιοχή της Ακρόπολης από νότο, ευρισκόμεθα αντιμέτωποι με ένα πλήρες σύστημα κυρίων περιφερειακών και εγκαρσίων διασυνδέσεων, που δημιουργεί το υπόβαθρο στο οποίο εντάσσεται το απλωμένο σε όλη την πόλη δίκτυο των δευτερευουσών οδών. Τα γεωμετρικά χαρακτηριστικά των δύο προαναφερθέντων πλαισίων αναφοράς, καθώς και ο προσανατολισμός τους στον χώρο, ναι μεν είναι πρόδηλο ότι υπακούουν σε σαφείς αρχές διάταξης, πλην όμως όχι με αυστηρή συνέπεια. Η χάραξη εξαρτάται κατά κύριο λόγο από τα το-

48

48. Πανοραμική άποψη της Ακρόπολης από τον λόφο του Μουσείου (Φιλοπάππου) το 1960. Στο βάθος ο Λυκαβηττός (επιστολικό δελτάριο από το αρχείο του συγγραφέως).

πογραφικά δεδομένα και τις επιθυμητές προοπτικές θέες[63] και πολύ λιγότερο από μια αυτόνομη και ναρκισσευόμενη "ζωγραφική της κάτοψης". Έτσι, ο κύριος οδικός άξων της οδού Αθηνάς αποκλίνει κατά 11 μοίρες προς τα ανατολικά από τον βορεινό προσανατολισμό της και η οδός Ερμού σχηματίζει με την οδό Αθηνάς γωνία μικρότερη κατά 3 μοίρες από την ορθή. Επίσης το "ισοσκελές ορθογώνιο" τρίγωνο των κυρίων οδών, στην πραγματικότητα ούτε ισοσκελές ακριβώς είναι ούτε ορθογώνιο (η γωνία του είναι 94 μοίρες). Ακόμη και οι περιβάλλουσες την πλατεία Ανακτόρων οδοί Αιόλου και Αρείου Πάγου δεν είναι παράλληλες με την αυστηρή έννοια του όρου: ενώ η απόσταση μεταξύ τους στη βορεινή τους άκρη είναι 220 μέτρα, στη νότια είναι 250 μέτρα.

Όταν οι αρχιτέκτονες μιλούν στο μνημόνιό τους για εσκεμμένη εναλλαγή και για το γεγονός ότι οι "δρόμοι δεν σχηματίζουν παντού τετράγωνα", ασφαλώς εννοούν όχι μόνο την ύπαρξη ενός ορισμένου αριθμού οικοδομικών τετραγώνων με σχήμα τριγωνικό ή τραπεζοειδές, εξαιτίας των δρόμων που τέμνονται υπό αμβλεία ή οξεία γωνία· υπαινίσσονται και ένα άλλο γνώρισμα του σχεδίου τους, το γεγονός δηλαδή ότι όλοι οι δρόμοι, που εκ πρώτης όψεως φαίνονται παράλληλοι, στην πραγματικότητα σπάνια σχηματίζουν ένα αυστηρό ορθογώνιο σχήμα με τη γεωμετρική έννοια του όρου: η χάραξη όλου του οδικού δικτύου παρουσιάζει ελαφρές αποκλίσεις που ασφαλώς δεν είναι τυχαίες και που βέβαια δεν μπορούν να αποδοθούν σε σχεδιαστικές ανακρίβειες! Αντιθέτως: αυτή η ελευθερία κατά τη χάραξη των οδών, αυτή η διαρκής αναίρεση της άκαμπτης κανονικότητος, που επιτρέπει στο σχέδιο της πόλης, παρά την ηθελημένη δομή του, να "πάλλεται", μοιάζει σκόπιμη και προσχεδιασμένη. Μας επιτρέπει να υποθέσουμε ότι οι δύο αρχιτέκτονες διέθεταν ενστικτώδη ευαισθησία, ότι εγνώριζαν τη συνεκτική αξία της γεωμετρικής διάταξης αλλά και τη ζωογόνα επίδραση των τοπικών αποκλίσεων.

Το πλέγμα των δευτερευουσών οδών, που καλύπτει όλη την πόλη, διαιρείται σε τέσσερα υποσυστήματα: τα πρώτα τρία χαρακτηρίζονται από ορθογώνιο κάναβο και τοποθετούνται παράλληλα προς τους προαναφερθέντας κυρίους οδικούς άξονες του τριγώνου· το τέταρτο έχει σχήμα ακτινωτό με επίκεντρο την πλατεία Μουσών στα ανατολικά της πόλης. Μέσω του διαφορετικού προσανατολισμού των υποσυστημάτων αυτών, παρ' ότι υπερτερούν οι ορθογώνιοι κάναβοι[64], δημιουργείται μία πολυμορφία τόσον ως προς τον προσανατολισμό και το μέγεθος των επί μέρους τμημάτων της πόλης όσο και ως προς το σχήμα των οικοδομικών τετραγώνων. Το αποτέλεσμα είναι ένα επιτυχημένο παράδειγμα εφαρμογής στον πολεοδομικό σχεδιασμό της αρχής της ενότητος στην ποικιλία. Οι κύριοι άξονες της πόλης, δηλαδή οι οδοί Ερμού, Πειραιώς και Σταδίου, καθώς και οι επεκτάσεις τους εκτός της πόλης, που μετατρέπονται σε υπεραστικούς δρόμους προς τον Πειραιά (νοτιοδυτικά), τα Μεσόγεια (ανατολικά) και την περιοχή του Ιλισσού (νοτιοανατολικά), εφάπτονται στους λόφους στην καρδιά του αθηναϊκού λεκανοπεδίου και περνούν από τους αυχένες ανάμεσα σ' αυτά τα υψώματα· διασχίζουν τις υφιστάμενες υψομετρικές διαφορές του κυματιστού εδάφους με ανεκτές κλίσεις και ως εκ τούτου, παρά την ευθύγραμμη χάραξή τους, δεν είναι καθόλου μονότονοι, κι αυτό αναιρεί ως ένα βαθμό την αυστηρότητα της γεωμετρικής διάταξης.

Ιδιαίτερα ισομερής εμφανίζεται η κατανομή των κοινόχρηστων πλατειών μέσα στον ιστό της πόλης. Έχουν διαφορετικό σχήμα και μέγεθος και ο μορφολογικός τους χαρακτήρ ποικίλλει σημαντικά. Όσον αφορά τη λειτουργική ένταξή τους στο δίκτυο των οδών διακρίνονται σε πλατείες-εστιακά σημεία (που λειτουργούν επίσης ως αρθρώσεις του οδικού δικτύου και κυκλοφοριακοί κόμβοι) και σε πλατείες με δημόσια κτήρια εφαπτόμενες στους κυρίους άξονες κυκλοφορίας. Μόνον η ευρύχωρη πλατεία των ανακτόρων ικανοποιεί και τις δύο λειτουργίες, ενώ ταυτόχρονα αποτελεί τον πυρήνα του διοικητικού κέντρου και το σημείο από το οποίο εκκινούν οι ακτίνες της δέσμης των κυρίων οδών[65]. Στη νέα πόλη σημειώνονται 13 πλατείες και πολλά προαύλια δημοσίων κτηρίων. Μεταξύ των πλατειών υπάρχουν πέντε πυκνοφυτευμένες με διαφορετική κάτοψη η καθεμιά, τρεις στρογγυλοί κόμβοι με πράσινη νησίδα στο κέντρο τους, τέσσερεις τετράγωνες πλατείες με δημόσια κτίσματα, καθώς και μία πολυγωνική, η πλατεία "των Συμμάχων", με ένα μνημείο. Το μέγεθος των πλατειών ποικίλλει πολύ, ξεκινά από 0,2 εκτάρια (το προαύλιο των δυτικών δημοσίων λουτρών) και φθάνει τα 3,8 εκτάρια (η μνημειώδης πλατεία Ανακτόρων).

Οι κοινόχρηστοι χώροι κυκλοφορίας κατανέμονται ανά κατηγορία ως εξής:

• Δίκτυο οδών (κύριες και δευτερεύουσες οδοί):	45,8 εκτάρια
• Κοινόχρηστες πλατείες και προαύλια (χωρίς τους κήπους τους):	18,1 εκτάρια
• Συνολική επιφάνεια κυκλοφορίας:	63,9 εκτάρια
ή 29,7% της συνολικής έκτασης της νέας πόλης:	(215,0 εκτάρια)

Με βάση έναν σχεδιαζόμενο πληθυσμό 30.000 κατοίκων, στο νέο τμήμα της πόλης αντιστοιχούν έτσι 21,3 τετρ. μέτρα κοινόχρηστοι χώροι κυκλοφορίας ανά κάτοικο, ένα μέσο μέγεθος δηλαδή που πλησιάζει το συνηθισμένο σημερινό και το οποίο, αν αναλογισθούμε τις τότε κυκλοφοριακές συνθήκες, ήταν πολύ ικανοποιητικό.

Σύστημα δόμησης (εποικισμού)

Όσον αφορά το σύστημα και την πυκνότητα δόμησης, οι προτάσεις των αρχιτεκτόνων επιτρέπουν στον μελετητή του μνημονίου τους κάποια ελευθερία ερμηνείας. Στην υπάρχουσα ασάφεια συμβάλλει όχι μόνο το γεγονός ότι –όπως προανεφέρθη– δεν σημειώνεται σε καμιά από τις σχεδιαστικές διατυπώσεις του σχεδίου πόλης η κατάτμηση των οικοδομικών τετραγώνων[66] και η διάταξη των κτηριακών όγκων, αλλά και ο ασυνεπής υπολογισμός εκ μέρους των εκπονητών του της καθαρής πυκνότητος εποικισμού βάσει του τελικού μεγέθους του πληθυσμού. Και στα τρία κείμενα (τεκμήρια Α, Δ και Ε του παρόντος κεφαλαίου) τονίζεται από τους αρχιτέκτονες ότι το επιδιωκόμενο σύστημα δόμησης (τουλάχιστον στη νέα πόλη, στην οποία τα οικοδομικά τετράγωνα έχουν μέσο μέγεθος 1,2 εκτάρια) είναι το "πανταχόθεν ελεύθερον". Επίσης σημειώνεται ότι κάθε σπίτι θα είναι το πολύ διώροφο και ότι θα έχει τη δική του αυλή ή κήπο[67]. Αναφέρεται επίσης ρητά ότι κάθε σπίτι θα είναι μονοκατοικία (με ένα μέσο μέγεθος οικογένειας 10 άτομα και μια μέση επιφάνεια οικοπέδου 12.000 τετραγωνικά πόδια, δηλαδή περίπου 1.000 μ2). Εάν υπολογισθεί ο συνολικός πληθυσμός της πόλης με βάση την προηγούμενη πυκνότητα και τη διαθέσιμη οικοδομήσιμη γη, δεν προκύπτει ο πληθυσμός των 40.000 κατοίκων, που έχουν θέσει ως στόχο οι αρχιτέκτονες, αλλά πολύ μικρότερος, πράγμα που οδηγεί σε διάφορες θεωρίες ή εναλλακτικούς συλλογισμούς σχετικά με το σύστημα και την πυκνότητα δόμησης που επεδίωκαν πραγματικά. Για να αποσαφηνισθεί καλύτερα αυτό το ζήτημα, πρέπει να δούμε αυτούς τους υπολογισμούς αναλυτικά:

Στην "*Erlaeuterung*" (Περιγραφή) γίνεται λόγος για 160 οικοδομικά τετράγωνα με μέσο μέγεθος 1,2 εκτάρια το καθένα. (Για την ακρίβεια οι αρχιτέκτονες λένε ότι "κάθε σπίτι (...) θα καταλαμβάνη 12.000 τετρ. πόδας περίπου", δηλαδή 1.000 τετρ. μέτρα, "κάθε δε τετράγωνον θ' αποτελείται από 10 έως 15 τοιαύτα σπίτια", επομένως 12 κατά μέσον όρο· απ' όπου προκύπτει ένα μέσο μέγεθος οικοδομικού τετραγώνου 1,2 εκτάρια).

49

49. Μια πολύ παλαιά φωτογραφία της Πύλης του Αδριανού και του Ολυμπείου περί το 1870 (Μουσείο Μπενάκη, Αθήνα).

Στην πραγματικότητα όμως, στην περιοχή της νέας πόλης υπάρχουν μόνο 77 οικοδομικά τετράγωνα αυτού του μεγέθους, τα οποία αντιστοιχούν σε συνολική οικοπεδική έκταση 92,3 εκταρίων. Ας σημειωθεί ότι από αυτούς τους αριθμούς προκύπτει ακριβώς το μέσο μέγεθος οικοδομικού τετραγώνου του 1,2 εκταρίου / οικοδ. τετράγωνο. Φαίνεται λοιπόν ότι αυτές οι παραδοχές ισχύουν μόνο για τη νέα πόλη.

Στο διατηρητέο τμήμα της παλαιάς πόλης αντίθετα, που στο σχέδιο αποτελείται από 60 αναπλασμένα οικοδομικά τετράγωνα που αντιστοιχούν σε συνολική οικοπεδική επιφάνεια 34,0 εκτάρια, το μέσο μέγεθος των οικοδομικών τετραγώνων ήταν 0,56 εκτάρια, επομένως το μισό από το αντίστοιχο μέγεθος στη νέα πόλη (άρα θα πρέπει κανείς να δεχθεί και ένα ανάλογο μέσο μέγεθος οικοπέδου ίσο με 500 τετρ. μέτρα).

Με βάση τις προτεινόμενες από τους αρχιτέκτονες πυκνότητες (μία οικογένεια 10 ατόμων ανά κατοικία, μία κατοικία ανά οικόπεδο 1.000 τετρ. μέτρων) και τον πραγματικό αριθμό και το πραγματικό μέγεθος των τετραγώνων στο σχέδιο, προκύπτει ο εξής πληθυσμός της πόλης:

Νέα πόλη: "πανταχόθεν ελεύθερον" σύστημα

- 12 κατοικίες/οικοδ. τετρ. × 77 οικοδομικά τετράγωνα = 924 κατοικίες
- 924 κατοικίες × 10 κάτοικοι/κατοικία = 9.240 κάτοικοι

9.240 κάτοικοι σε 92,3 εκτάρια οικοπεδικής επιφάνειας δηλαδή καθαρή πυκνότητα = 100 κάτ./εκτάριο

Παλαιά πόλη: επειδή εδώ το μέγεθος των οικοδομικών τετραγώνων, καθώς και το ακανόνιστο σχήμα τους δεν θα επέτρεπαν το "πανταχόθεν ελεύθερον" σύστημα δόμησης όπως στη νέα πόλη, πρέπει να δεχθούμε ότι υιοθετείται ο πατροπαράδοτος χαλαρός τρόπος δόμησης με στενά συνυφασμένα και διαπλεγμένα σπίτια με αυλή. Με την παραδοχή ότι στην παλαιά πόλη η καθαρή πυκνότητα εποικισμού παραμένει η παλαιά (107 κάτοικοι/εκτάριο) έχουμε πληθυσμό:

Οικοπεδική επιφάνεια 34 εκτ. × 107 κάτ./εκτ. = 3.638, δηλαδή περίπου 3.640 κατοίκους.

Σύμφωνα με τους προηγούμενους υπολογισμούς επομένως, η πόλη θα μπορούσε να χωρέσει 9.240 + 3.640 = 12.880 κατοίκους, δηλαδή μόλις το 32% της σχεδιαζόμενης χωρητικότητος της πόλης που αναφέρουν οι δύο αρχιτέκτονες στο μνημόνιό τους (40.000 κατοίκων).

Μοιάζει λοιπόν να υπάρχει ένα ασυμβίβαστο μεταξύ της γενικά προτεινόμενης πυκνότητος εποικισμού (μία κατοικία για κάθε οικογένεια ανά οικόπεδο ενός στρέμματος) από τη μια μεριά και της έκτασης, που καλύπτει τελικά το σχέδιο πόλης, και της χωρητικότητος του από την άλλη. Ανακύπτει λοιπόν το ερώτημα μήπως οι αρχιτέκτονες σιωπηρά εσχεδίασαν τη νέα Αθήνα με κριτήριο τον πραγματικό τρόπο δόμησης που εχαρακτήριζε την ανοικοδόμηση που μόλις ξεκινούσε εκείνη την εποχή και που αργότερα πράγματι καθιερώθη. Βέβαια, σε αυτή την πραγματικότητα θα αντιστοιχούσε στην τελική φάση τριπλάσια πυκνότητα πληθυσμού (κάπου 300 κάτ./εκτ.) από την προτεινόμενη, και μάλιστα για τη συνολική οικοπεδική έκταση τόσο της παλαιάς όσο και της νέας πόλης, με διατήρηση όμως του "πανταχόθεν ελευθέρου" συστήματος δόμησης στη νέα πόλη και του πυκνού πλέγματος κατοικιών με αυλή στην παλαιά. Αυτή η σημαντική αύξηση της καθαρής πυκνότητος εποικισμού θα μπορούσε να επιτευχθεί χωρίς να αλλάξει ριζικά ο ελεύθερος χαρακτήρ της δόμησης, μόνο με αύξηση των ορόφων (και άρα του συντελεστή δόμησης) αλλά και του συντελεστή κάλυψης των οικοπέδων[68].

Έτσι, η πλειονότητα των κτηρίων δεν θα ήταν μονώροφα ή δυώροφα αλλά θα έπρεπε να είναι δυώροφα ή τριώροφα. Το σύστημα δόμησης θα εξακολουθούσε να είναι στη νέα πόλη το "πανταχόθεν ελεύθερον" αλλά τα κτήρια θα ήταν υψηλότερα και πιο πυκνά διατεταγμένα. Η γενική αρχή της μονοκατοικίας όμως θα έπρεπε να εγκαταλειφθεί και οι μονοκατοικίες να αντικατασταθούν από διπλοκατοικίες ή και τριπλοκατοικίες. Φυσικά, θα εξακολουθούσε να υπάρχει η δυνατότης δόμησης κλασικιστικών αρχοντικών για πλούσια νοικοκυριά και σε αυτά τα οικόπεδα, αλλά σε πιο περιωρισμένη έκταση.

Μόνο με αυτό το πυκνότερο αλλά πάντοτε "πανταχόθεν ελεύθερον" σύστημα δόμησης, που μόλις περιγράψαμε, θα μπορούσε να επιτευχθεί το προτεινόμενο πληθυσμιακό μέγεθος των 40.000 κατοίκων. Αυτό το σύστημα αντιβαίνει εν μέρει –λόγω εγκατάλειψης της μονοκατοικίας– στις προγραμματικές δηλώσεις των αρχιτεκτόνων, ανταποκρίνεται όμως απόλυτα στην αστική φυσιογνωμία μιας κλασικιστικής πρωτεύουσας· και πραγματικά είναι αυτό που καθιερώνεται αργότερα στην Αθήνα στο πέρασμα του 19ου αιώνος.

Κατανομή των χρήσεων

Το σχέδιο της Αθήνας προέβλεπε τρεις κυρίως λειτουργίες για την πρωτεύουσα και βασιλική καθέδρα του νεοσύστατου ελληνικού κράτους: κατοικία, διοίκηση και πολιτιστικές δραστηριότητες. Βέβαια βρίσκουμε και χώρους για την εξυπηρέτηση του εμπορίου, όμως μόνο στο μέτρο που απαιτείται για την ικανοποίηση των αναγκών του πληθυσμού της πόλης. Είναι εντυπωσιακό, πως απ' το σχέδιο λείπουν τελείως εγκαταστάσεις για το χονδρεμπόριο, αποθήκες καθώς και παραγωγικές μονάδες βιομηχανίας· αλλά και οι χώροι για την πατροπαράδοτη βιοτεχνία δεν προβλέπονται εδώ. Εξ' άλλου ούτε από το σχέδιο ούτε από το συνοδευτικό του κείμενο φαίνεται ότι οι ουσιαστικές αυτές χρήσεις επρόκειτο να χωροθετηθούν για λόγους υγιεινής σε κατάλληλη απόσταση[69] εκτός της περιοχής της πόλης ή στον Πειραιά, που απέχει οκτώ χιλιόμετρα από την πρωτεύουσα.

Αυτός ο μονόπλευρος προσανατολισμός όσον αφορά την διάρθρωση των χρήσεων, δηλαδή η μονοδιάστατη φυσιογνωμία ενός κέντρου υπηρεσιών με ιστορική ακτινοβολία, σφράγισε εξ αρχής αλλά και καθ' όλη τη διάρκεια του 19ου αιώνος την εικόνα της Αθήνας. Η μονομέρεια αυτή επεκρίθη εκ των υστέρων από πολλούς ερευνητές της πολεοδομικής ιστορίας της Αθήνας ως συνειδητή ιδεολογική επιλογή κατά τον αρχικό σχεδιασμό της πόλης, έγινε μάλιστα λόγος και για τον υποτιθέμενο "εξωπραγματικό" ή ανεδαφικό χαρακτήρα των σχεδιαστικών προθέσεων κατά την ίδρυση της νέας Αθήνας[70].

Ταυτοχρόνως όμως ο προσανατολισμός αυτός προσέδωσε στην πρωτεύουσα το ιδιαίτερο κλίμα ζωής, την ιδιαίτερη πνοή μιας σχεδόν άχρονης πόλης, στην οποία η αρχαιότητα, εξιδανικευμένη και προβαλλόμενη ως υπαρξιακή νομιμοποίηση του έθνους, συνέχιζε να ορίζει την εξέλιξή της. Όπως το διατυπώνει κάπως επιγραμματικά ο Γιάννης Τσιώμης: "Ο λόγος ύπαρξής της [της Αθήνας] είναι η εδώ φυσική παρουσία των ερειπίων [της αρχαιότητος], των αρχαίων ονομάτων και των συνδυασμένων [μεταξύ τους] καλών τεχνών..."[71].

Κατά τον σχεδιασμό της νέας Αθήνας δεν μπορεί να γίνει λόγος για σαφή και διακεκριμένη κατανομή των χρήσεων γης μέσα στην πόλη. Εδώ δεν υπάρχει ούτε αυτόνομο διοικητικό κέντρο απομονωμένο από την κατοικία ούτε διαφοροποιημένες ζώνες για παραγωγικές και εμπορικές λειτουργίες ή στρατιωτικές εγκαταστάσεις. Άλλωστε δεν μπορούσε να περιμένει κανείς εκείνη την εποχή σαφή διαχωρισμό των χρήσεων γης, γιατί οι πρώτες σκέψεις για μια προσχεδιασμένη χωρική διαφοροποίηση των λειτουργιών στην πόλη εμφανίζονται πολύ αργότερα, κατά τα τέλη του 19ου αιώνος.

50

50. Το λεγόμενο σπίτι του στρατηγού Μακρυγιάννη στη νότια κλιτύ της Ακρόπολης, προς βορράν του Στρατιωτικού Νοσοκομείου του von Weiler (Μουσείο Μπενάκη, Αθήνα).

Η πόλη νοείται ακόμα ως ένας μονοσήμαντος οργανισμός, ως πρωτεύουσα-τόπος κατοικίας για την άνετη αστική διαβίωση. Παρά τη διαφοροποίηση των τμημάτων της μέσω του διαφορετικού προσανατολισμού των οδικών δικτύων, δεν επεδιώχθη η οργανωτική αυτονομία των τμημάτων της πόλης, με τη δημιουργία διακεκριμένων γειτονιών: λείπει εδώ η συστηματική κατανομή στον ιστό της πόλης των λειτουργιών της κοινοτικής ζωής, όπως ενοριακών ναών, μικρών τοπικών αγορών για τις καθημερινές ανάγκες, αστυνομικών τμημάτων, πυροσβεστικών σταθμών κ.λπ.

Την μορφολογικά όσο και από άποψη οικοδομικού συστήματος σχεδόν ενιαία δόμηση των περιοχών κατοικίας, διαρθρώνει και διαφοροποιεί η καλά μελετημένη τοποθέτηση των δημοσίων κτηρίων, καθώς και των εγκαταστάσεων κοινής ωφελείας. Αν και λείπουν σημαντικά ιδρύματα, όπως λόγου χάριν μουσείο, πανεπιστήμιο, γυμνάσιο, σωφρονιστικό κατάστημα ακόμα και δημαρχείο[72], η πλειονότητα των προτεινόμενων δημοσίων κτηρίων κατανέμεται με συνέπεια σε τέσσερεις κύριες ομάδες, που συνιστούν ισάριθμα κέντρα βάρους της σύνθεσης. Αυτή η ομαδοποίηση δεν υπακούει μόνο στη λογική της κατάληψης τόπων με έντονα συμβολικό χαρακτήρα, αλλά επιδιώκει την ευνοϊκή εγκατάσταση αυτών των κτηρίων μέσα στον ιστό της πόλης τόσο, από τοπογραφική όσο και από λειτουργική άποψη. Από μία τέτοια "αρμοδία" χωροθέτηση των δημοσίων κτηρίων μέσα στις περιοχές κατοικίας όμως μέχρι την πραγματική διάκριση των λειτουργιών[73] η απόσταση είναι ακόμα μεγάλη!

51

51. Κύρια πρόσοψη της Ακαδημίας Αθηνών του Theophil Hansen. Στο βάθος η ΝΔ κλιτύς του Λυκαβηττού στις αρχές του 20ού αιώνος (Γερμανικό Αρχαιολογικό Ινστιτούτο στην Αθήνα).

Τα δομικά και λειτουργικά χαρακτηριστικά των δημοσίων κτηρίων: η διάταξή τους στον χώρο της πόλης

Στο σχέδιο πόλης της Αθήνας των Κλεάνθη και Schaubert δεν είναι μόνο διαρθρωμένες με αξιοσημείωτη ακρίβεια οι κατόψεις των δημοσίων κτηρίων· εύστοχη και μελετημένη με πνεύμα επινοητικό είναι και η διάταξή τους στον χώρο.

Στην κάτοψη της πόλης δεσπόζει το αυστηρά αξονικό-συμμετρικό κτηριακό συγκρότημα των ανακτόρων με τον κήπο και τους σταύλους του, που πλαισιώνονται από τα έξι υπουργεία και τα δύο βουλευτήρια[74] (εικ. 55). Το κυβερνητικό αυτό κτηριακό συγκρότημα, παρ' ότι είναι τοποθετημένο στις βόρειες παρυφές της πόλης, με εξαίρεση τη βορινή πλευρά του περιβάλλεται από κατοικίες αστών. Εδώ ο σεμνός μνημειακός χαρακτήρ συνδυάζεται με την κοινωνική προσβασιμότητα, με αποτέλεσμα όχι την αντιπαράθεση αλλά τη συνύπαρξη βασιλικής εξουσίας και αστικής ζωής.

Νοτίως των κυβερνητικών κτηρίων σε άμεση επαφή με τη μεγάλη πλατεία των ανακτόρων και τοποθετημένη κεντρικά στον ίδιο κύριο άξονα βορρά-νότου αναπτύσσεται η αγορά, το "bazar", όπως το ονομάζουν οι συνθέτες αρχιτέκτονες, διαστάσεων 300×220 μέτρων, ένα τεράστιο, σχετικά χαμηλό περίπτερο εμπορικό κέντρο ειδών πολυτελείας, το οποίο παρά το ανατολίτικο όνομά του ακολουθεί ευρωπαϊκά πρότυπα: θυμίζει τόσο το πρότυπο του δημόσιου χώρου συνάντησης των πολιτών-αστών, δηλαδή τις στοές γύρω από τον κήπο του Palais Royal

52

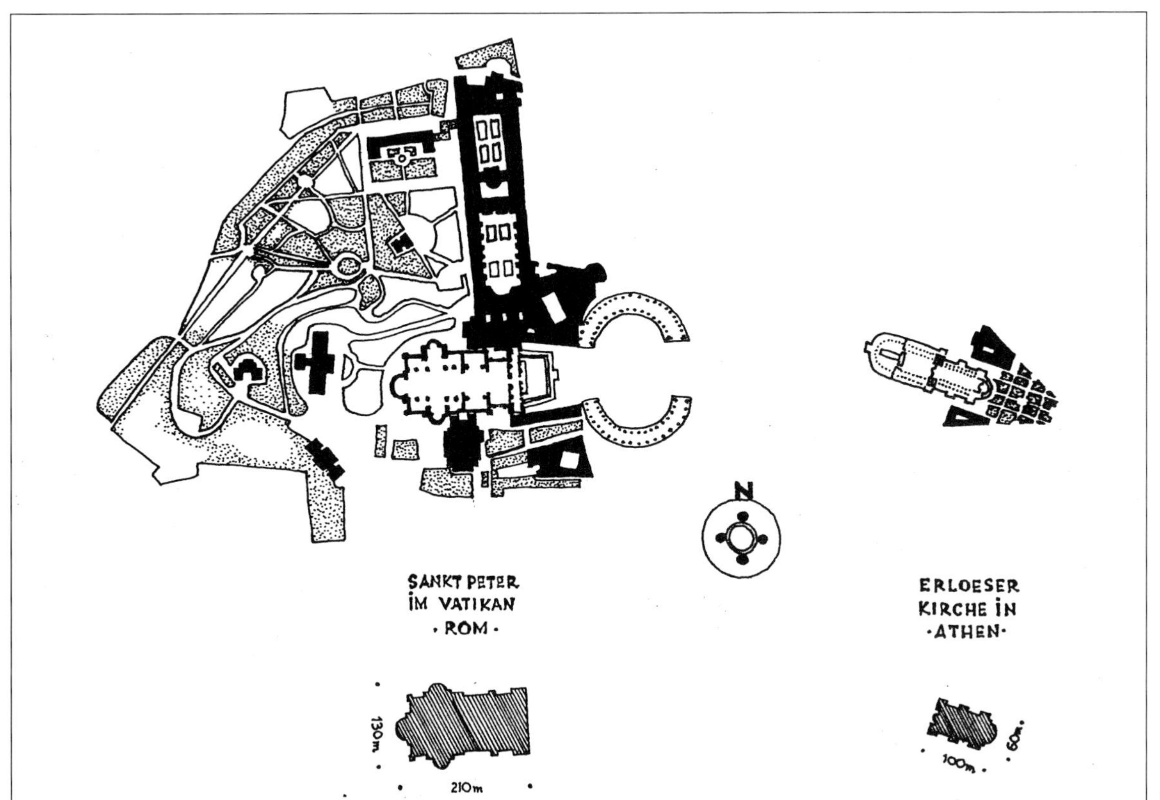

53

52. Κεντρική προοπτική άποψη του μη εκτελεσθέντος σχεδίου ενός μεγάλου εμπορικού καταστήματος στην περιώνυμη οδό υπό τας Φιλλύρας του Βερολίνου, που εξεπόνησε ο K. F. Schinkel (1827). Συνολικές διαστάσεις κτηρίου 120×160 μ. Το σχέδιο αυτό μπορεί να θεωρηθεί το πρότυπο για το συγκρότημα της αγοράς (bazar) στο σχέδιο πόλεως της Αθήνας των Κλεάνθη-Schaubert (από το βιβλίο του A. Griesbach, Carl Friedrich Schinkel, Μόναχο 1981).

53. Ο Άγιος Πέτρος και το ανάκτορο του Βατικανού με τον κήπο του στη Ρώμη, και η προταθείσα από τους Κλεάνθη και Schaubert για Μητρόπολη της Αθήνας εκκλησία του Σωτήρος. Αντιπαράθεσή τους στην ίδια κλίμακα. Ο Άγιος Πέτρος καταλαμβάνει τετραπλάσια επιφάνεια από ό,τι η Μητρόπολη της Αθήνας στο σχέδιο. Κάθε σύγκριση μεγέθους μοιάζει κακόβουλη υπερβολή. Κλίμαξ περίπου 1:12.000 (σχέδιο του συγγραφέως).

στο Παρίσι (1781-1786, γενικών διαστάσεων 250×100) όσο και το σχέδιο ενός εμπορικού καταστήματος επί της οδού υπό τας Φιλλύρας στο Βερολίνο, που εξεπόνησε ο K. F. Schinkel (με πρότυπο το Palais Royal) το 1827 (διαστάσεων 120×160 μέτρων) (εικ. 52) και το οποίο δεν εκτίσθη ποτέ. Αυτό που χαρακτηρίζει όλα αυτά τα σχέδια είναι η άμεση γειτνίαση των αστικών-εμπορικών εγκαταστάσεων με τα σπουδαιότερα δημόσια κτήρια.

Η αθηναϊκή αγορά (bazar), όπως επίσης τα ανάκτορα και ο ναός του Σωτήρος που προβλέπονται στο σχέδιο είναι υπερβολικά μεγάλων διαστάσεων, πράγμα που οι αρχιτέκτονες παραδέχονται άλλωστε και οι ίδιοι[75]. Προφανώς εκείνο που τους ενδιέφερε κατά κύριο λόγο ήταν η προτεινόμενη τυπολογία και όχι οι ακριβείς διαστάσεις των κτηρίων, τα οποία θα μπορούσαν να διαμορφωθούν σε μέγεθος ανάλογο με τον πληθυσμό και τον μελλοντικό βαθμό ανάπτυξης της πόλης.

Η πρόταση του κτηριακού τύπου τη αγοράς (bazar) με πολές πτέρυγες, που οργανώνεται με στοές γύρω από τον "κήπο του λαού", όχι μόνον εισάγει στην Αθήνα το κλασικιστικό ρεπερτόριο αρχιτεκτονικών τύπων (όπως συμβαίνει και με τα άλλα δημόσια κτήρια που προτείνονται), αλλά προϋποθέτει και την υιοθέτηση δυτικοευρωπαϊκών προτύπων διαβίωσης και συμπεριφοράς μέσα στην πόλη[76].

Στο ανατολικό τμήμα της πόλης υπάρχει μια συγκέντρωση κτηρίων πολιτιστικών λειτουργιών γύρω από το εστιακό σημείο της στρογγυλής πλατείας των Μουσών (εικ. 56). Η διάταξη του ναού της Μητρόπολης (ναού του Σωτήρος), των κτηρίων της Ιεράς Συνόδου, της Βιβλιοθήκης και της Ακαδημίας είναι μεν ακτινωτή όχι όμως και αξονική-συμμετρική: οι διαστάσεις

54

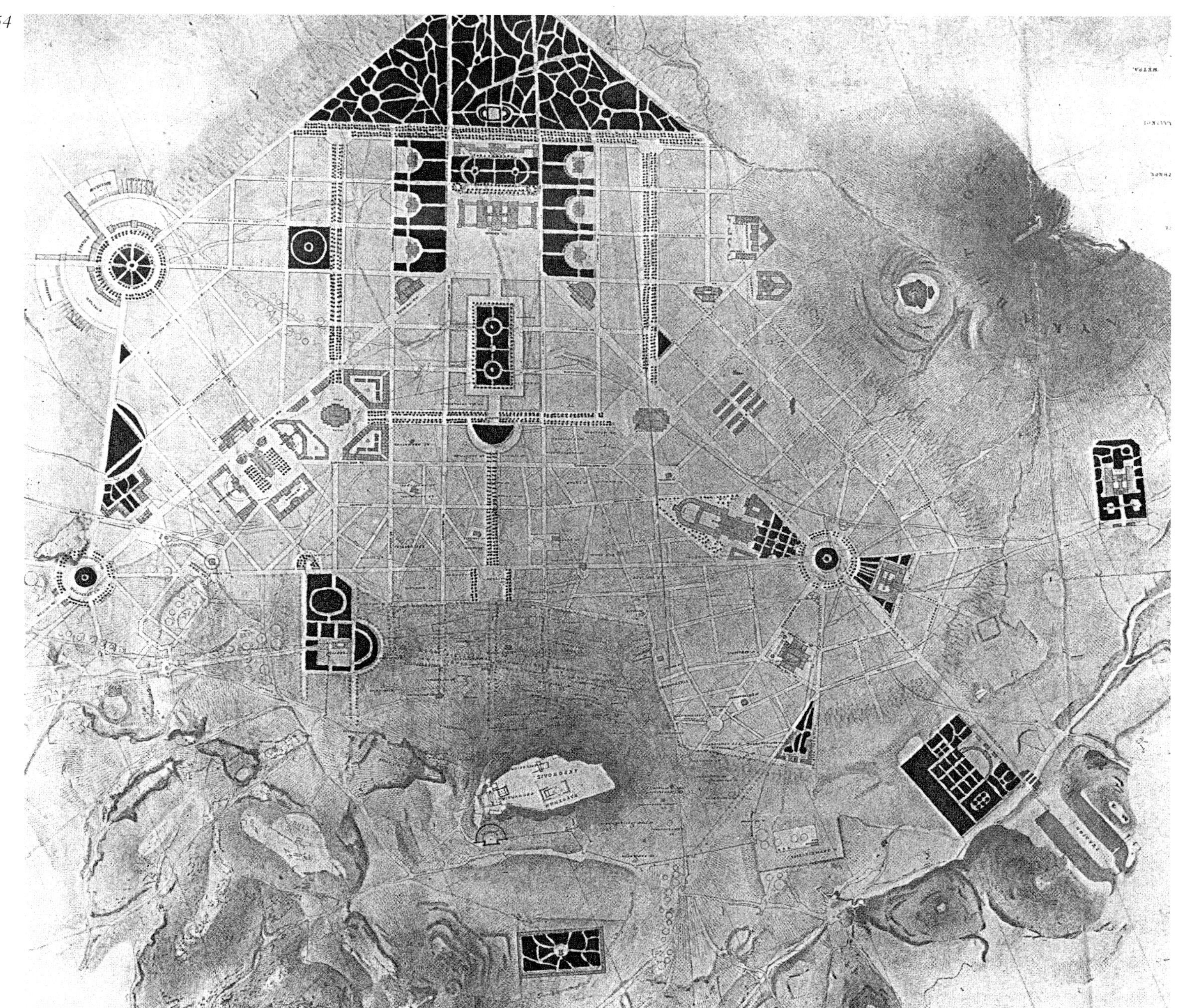

54. Η λεγόμενη παραλλαγή του Γερμανικού Αρχαιολογικού Ινστιτούτου (DAI) του σχεδίου των Κλεάνθη-Schaubert (βλ. εικ. 58). Τονισμένες (από τον συγγραφέα) οι επιφάνειες πρασίνου (με μαύρο χρώμα) και οι δενδροστοιχίες (με στιγμές). Συνολική επιφάνεια πρασίνου στο κέντρο της πόλης 30,6 εκτάρια (χωρίς τους εκτός πόλεως χώρους πρασίνου του νεκροταφείου, του βοτανικού κήπου και του κήπου του νοσοκομείου). Κλίμαξ πρωτοτύπου 1:4.000. (Γερμανικό Αρχαιολογικό Ινστιτούτο στην Αθήνα).

και οι τύποι των κατόψεων ποικίλλουν πολύ. Έχει κανείς την εντύπωση ότι εδώ επεδιώχθη η δημιουργία ενός οιωνεί πολιτιστικού κέντρου, τα κτήρια του οποίου θα ήταν όμως στενά διαπλεγμένα με τα κτήρια κατοικίας. Η χωροθέτησή του κοντά στην εκτεταμένη περιοχή περιπάτου και αναψυχής του Ολυμπείου και του Ιλισσού είναι επιτυχής.

Στο δυτικό τμήμα της πόλης και εφαπτόμενη στην ομώνυμη οδό που οδηγεί στον Πειραιά, χωροθετείται μία τέταρτη ομάδα δημοσίων κτηρίων. Τα κτήρια αυτά είναι διατεταγμένα γύρω από δύο ευρύχωρες, ορθογώνιες και παράπλευρες πλατείες (έκτασης 2,1 και 1,7 εκταρίων αντιστοίχως). Εκτός από το "βουλευτήριον" με την ασαφή λειτουργία[77] έχουμε εδώ κτήρια αποκλειστικά της διοίκησης και των δημοσίων υπηρεσιών των συνδεδεμένων με την καθημερινή ζωή της πόλης. Έτσι, γύρω απ' την πρώτη πλατεία, που το κέντρο της καταλαμβάνει μια νέα μεγάλη εκκλησία (μάλλον του καθολικού δόγματος), εκτός από το προαναφερθέν "βουλευτήριον", διατάσσονται το νομισματοκοπείο, το ταχυδρομείο και η αστυνομική διεύθυνση, ενώ γύρω από τη δεύτερη, στο κέντρο της οποίας προτείνεται η ανέγερση του χρηματιστηρίου, διατάσσεται η δεύτερη (και συγκεκριμένα η δυτική) από τις δύο δημοτικές αγορές της πόλης. Αν και η αλληλοπαράθεση αυτών των δημοσίων κτηρίων δεν πείθει πολύ ως διάταξη στον χώρο (εικ. 58), ωστόσο πρέπει να αναγνωρίσει κανείς πως είναι σκόπιμη και ενδεδειγμένη η συνύπαρξη διοικητικών και εμπορικών κτηρίων λειτουργικά άμεσα συνδεδεμένων μεταξύ τους.

Εκτός από τα προηγούμενα κτίσματα υπάρχουν σκόρπια διατεταγμένα στον ιστό της πόλης και άλλα δημόσια και κοινόχρηστα κοινωφελή κτήρια:

55

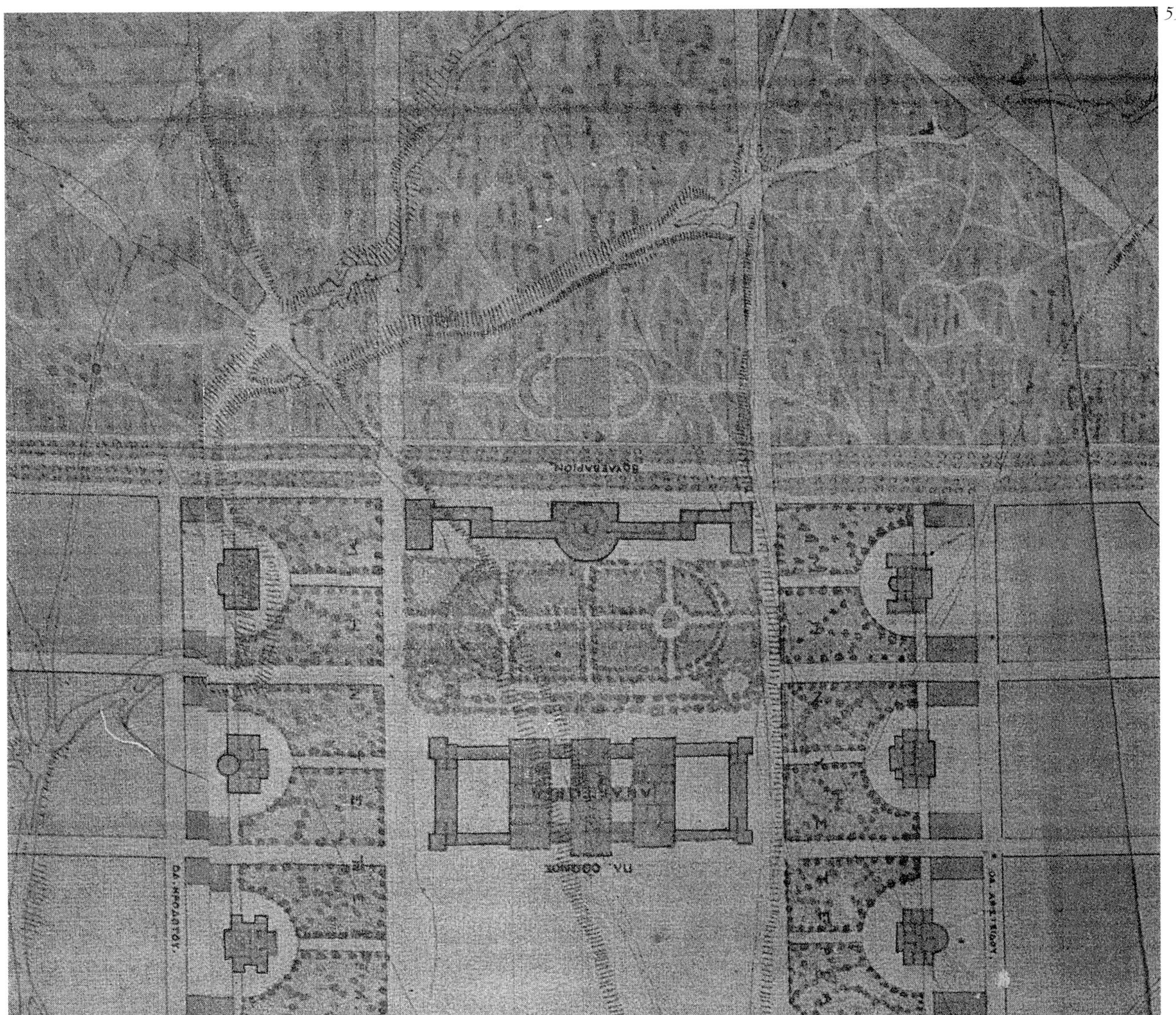

55. Τα ανάκτορα, τα υπουργεία, οι βασιλικοί σταύλοι και τμήμα του βασιλικού κήπου. Μεγενθυμένο απόσπασμα από το σχέδιο Κλεάνθη-Schaubert (παραλλαγή DAI, βλ. εικ. 58). Διακρίνεται καθαρά η βασική δομή των κατόψεων των κτηρίων και η διαμόρφωση των παρτεριών του κήπου. Κλίμαξ πρωτοτύπου 1:4.000. (Γερμανικό Αρχαιολογικό Ινστιτούτο στην Αθήνα).

Προβλέπονται δύο θέατρα. Το πρώτο, ένα στεγασμένο δημοτικό θέατρο, χωροθετείται στο κέντρο της ορθογώνιας πλατείας στην νοτιο-ανατολική γωνία του ορθογωνικού πλαισίου, που σχηματίζουν τα βουλεβάρια της πόλης· το δεύτερο, που τοποθετείται στις βόρειες κλιτύες του λόφου των Νυμφών κοντά στην πλατεία Κέκροπος, είναι ένα υπαίθριο θερινό θέατρο[78] σαν αυτά που συνηθίζονται στα νότια κλίματα. Πεντακόσια περίπου μέτρα ανατολικά των ανακτόρων, στις παρυφές της πόλης και κοντά στις υπώρειες του Λυκαβηττού, προβλέπεται το οπλοστάσιο, η στρατιωτική διοίκηση, καθώς και ένας στρατών (πιθανόν για το σύνταγμα της φρουράς). Στη βορειοδυτική περιφέρεια της πόλης γύρω από έναν στρογγυλό κόμβο (διαμέτρου 180 μέτρων) διατάσσονται ακτινωτά ένα μεγάλο συγκρότημα στρατώνων (με έκταση 4,0 εκτάρια), τα ελαιοτριβεία και τα σφαγεία. Στο ανατολικό και δυτικό τμήμα της πόλης προβλέπονται από ένα δημόσιο λουτρό και μία δημοτική αγορά, χωρίς όμως να εντάσσονται σε ένα κέντρο γειτονιάς (τέτοια κέντρα, όπως προανεφέρθη, δεν υπάρχουν στο σχέδιο).

Έξω από την πόλη και σε απόσταση 300-500 μέτρων από την περιφέρειά της στις νότιες κλιτύες του Λυκαβηττού χωροθετείται το νοσοκομείο, μπροστά στο Στάδιο ο βοτανικός κήπος και νότια της Ακρόπολης το νεκροταφείο[79] (εικ. 54).

Με εξαίρεση αυτές τις τρεις τελευταίες ειδικές χρήσεις, τα οικόπεδα των δημοσίων και κοινοχρήστων κτηρίων καταλαμβάνουν έκταση 28,2 εκταρίων ή 13,1% της συνολικής έκτασης της νέας πόλης. Με την εγκατάσπαρτη εν τούτοις, συνήθως ανά ομάδας, διάταξη των δημοσίων κτηρίων, οι εκπονητές του σχεδίου επέτυχαν σε μεγάλο βαθμό αφ' ενός μεν τη διαφοροποιημένη διάρθρωση του ιστού της πόλης και την αποφυγή της μονοτονίας αφ' ετέρου τη συνύφανση των περιοχών κατοικίας με τις περιοχές της διοίκησης και των υπηρεσιών.

56

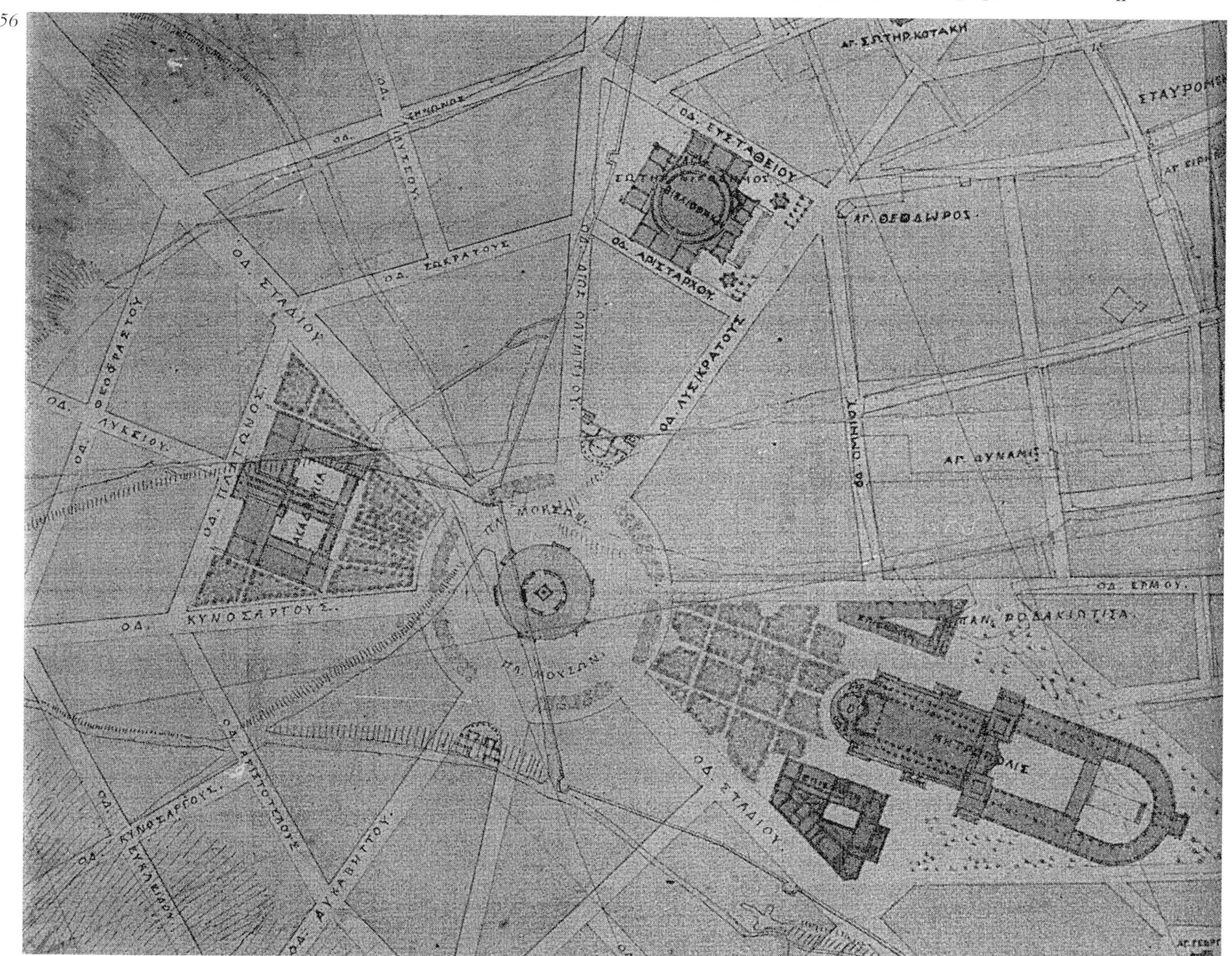

56. Η πλατεία Μουσών (στην θέση της σημερινής πλατείας Συντάγματος) και γύρω απ' αυτή: η Μητρόπολη (εκκλησία του Σωτήρος) με την επισκοπή, η Βιβλιοθήκη και η Ακαδημία. Μεγενθυμένο απόσπασμα από το σχέδιο των Κλεάνθη - Schaubert (παραλλαγή DAI). Αξιοσημείωτες οι δύο βρύσες για τον καλλωπισμό της πλατείας Μουσών, κτισμένες στις οξείες γωνίες δύο οικοδομικών τετραγώνων. Οι κύριες είσοδοι της Ακαδημίας και της Μητρόπολης δεν είναι στραμμένες προς την πλατεία· προς την πλατεία εκτείνονται οι κήποι των δημοσίων αυτών κτηρίων. Έτσι τονίζεται η εσωστρέφεια των κτηρίων της πνευματικής ζωής. Κλίμαξ πρωτοτύπου 1:4.000 (Γερμανικό Αρχαιολογικό Ινστιτούτο στην Αθήνα).

Οι χώροι πρασίνου. Το αρχαιολογικό πάρκο

Από το ευρύτατο φάσμα των διαφόρων λειτουργικών αναγκών που απησχόλησαν τους δύο αρχιτέκτονες κατά την εκπόνηση του σχεδίου της Αθήνας, το ζήτημα της οργάνωσης των χώρων πρασίνου μέσα στην πόλη φαίνεται να είναι αυτό που μελέτησαν με τήν ολιγώτερη συνέπεια. Βέβαια στο υπόμνημά τους διαβεβαιώνουν πως για "τους περιπάτους ελήφθη πλουσίως φροντίς. Εκτός των λαϊκών κήπων εκατέρωθεν των ανακτόρων, θα εχρησίμευε και το μεσημβρινόν τμήμα της παλαιάς πόλεως ως περίπατος, εάν, μετά το τέλος των ανασκαφών, φυτευθή με δένδρα και δεθή με δενδροστοιχίας γύρω από την πλαγιάν της Ακροπόλεως". Τέτοιες γενικές προτάσεις όμως δεν μπορούν να αναιρέσουν το γεγονός πως η διαμόρφωση των χώρων πρασίνου (εικ. 54) είναι μάλλον σχηματική και πως η έκταση και η διάταξή τους στο σώμα της πόλης δεν εθεωρήθη κατά κανένα τρόπο ως κύριο διαρθρωτικό στοιχείο.

Μόνο η περιοχή των ανακτόρων (εικ. 55) είναι κοσμημένη με άνετους χώρους πρασίνου που την διαρθρώνουν. Προεξέχουσα θέση εδώ έχει ο κήπος των ανακτόρων στις βόρειες παρυφές της πόλης, που καλύπτει επιφάνεια 18 εκταρίων. Αυτός ο κήπος έχει χαρακτήρα διττό: "βασιλικού" κήπου απ' τη μια μεριά, δημόσιου κήπου προσιτού στους πολίτες από την άλλη, πράγμα που προκύπτει και από το μνημόνιο των ίδιων των αρχιτεκτόνων· αυτή η ιδέα της μικτής χρήσης επεβλήθη εξ άλλου και κατά τη μεταγενέστερη διαμόρφωση (1838-1862) του βασιλικού κήπου στα νοτιοανατολικά της πόλης.

Η επιλογή αυτής της περιοχής για τη χωροθέτηση του βασιλικού κήπου δεν υπηγορεύθη μόνον από την επιθυμία άμεσης διασύνδεσής του με τα ανάκτορα· επεδιώχθη παράλληλα και η διαμόρφωση στα βόρεια της πόλης ενός κήπου ανάλογου σε σημασία προς το αρχαιολογικό πάρκο στα νότια και –τουλάχι-

57

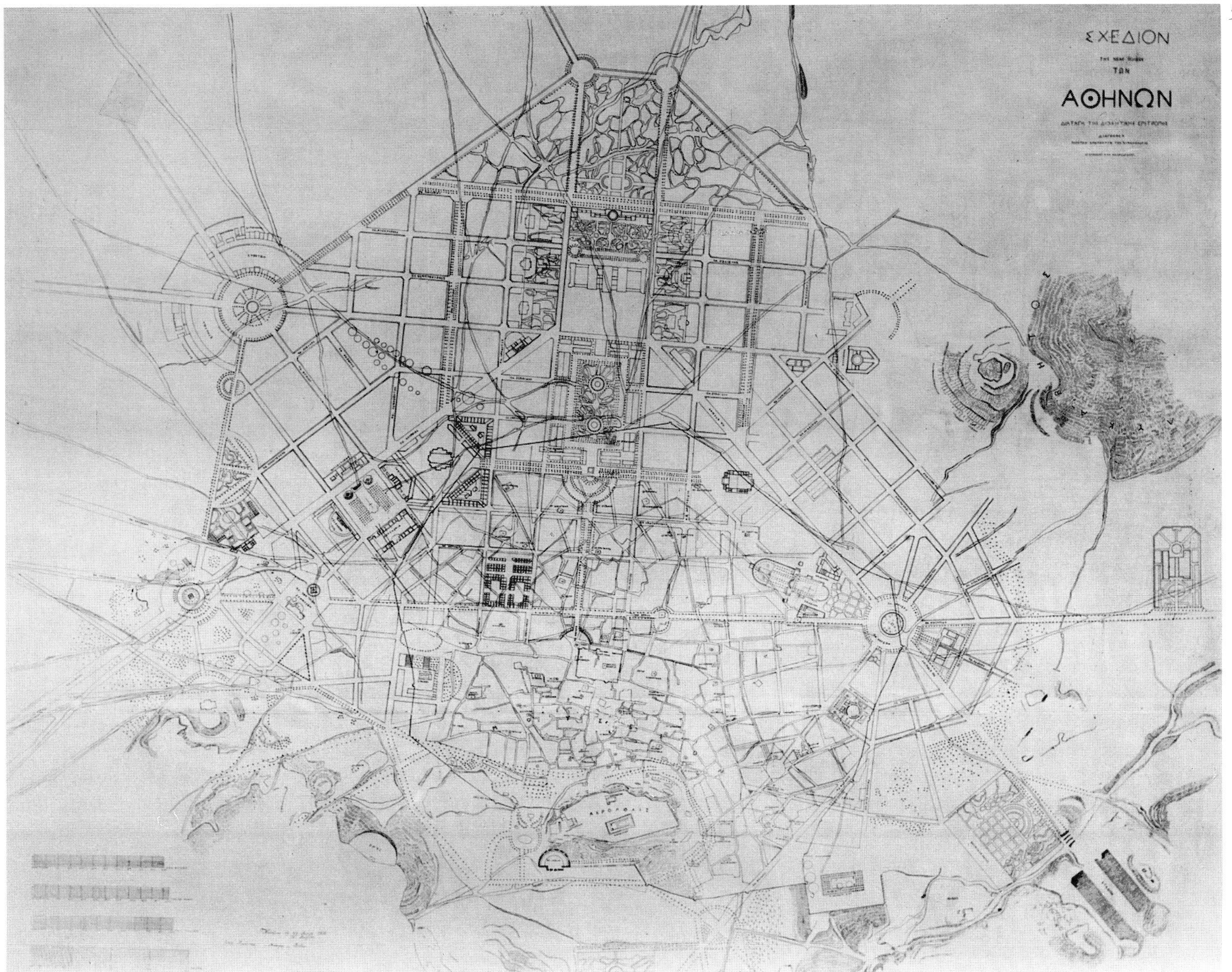

57. Το σχέδιο των Κλεάνθη-Schaubert που ενεκρίθη από την αντιβασιλεία στις 29 Ιουνίου/11 Ιουλίου 1833. Γραμμικό σχέδιο με σινική μελάνη. Πρόκειται για τη σχεδιαστικά ακριβέστερη παρουσίαση του σχεδίου. Σημειώνονται οι προγραμματισμένοι υπεραστικοί δρόμοι και περίπατοι, καθώς και οι αγροτικοί δρόμοι. Κλίμαξ πρωτοτύπου 1:2.000 (Δημοτική Βιβλιοθήκη, Αθήνα).

στον εν μέρει– η ένταξη των ανακτόρων σε μια ζώνη πρασίνου.

Το ορθογώνιο παραλληλόγραμμο που σχηματίζει η διπλή δενδροστοιχία των βουλεβάρτων μήκους 3 χλμ. μέσα στην πόλη, καθώς και ο πλούσια δενδροφυτευμένος άξων της οδού Αθηνάς είναι "εξωραϊσμένοι" χώροι περιπάτου, που ταυτοχρόνως αποτελούν τα μοναδικά γραμμικά στοιχεία πρασίνου που διαρθρώνουν την πόλη.

Όλες οι υπόλοιπες επιφάνειες πρασίνου (περίπου 12,60 εκτάρια) είναι μικρά φυτευμένα προαύλια, στρογγυλοί κόμβοι ή πλατείες, που δίνουν μάλλον την εντύπωση τυχαία τοποθετημένων διακοσμητικών στοιχείων κοντά στα δημόσια κτήρια παρά στοιχείων συνειδητής και συνεπούς κατανομής των χώρων πρασίνου μέσα στην πόλη. Έξω απ' την πόλη προβλέπεται η δημιουργία: τριών σχετικά μεγάλων επιφανειών πρασίνου (συνολική έκταση: 7,9 εκτάρια): του βοτανικού κήπου, του νεκροταφείου και του νοσοκομείου.

Οι εκτάσεις πρασίνου μέσα στην πόλη (χωρίς τις τρεις τελευταίες) καλύπτουν επιφάνεια 30.6 εκταρίων ή 14,3% της συνολικής έκτασης της νέας πόλης. Έτσι προκύπτουν 10,2 τ.μ. πρασίνου ανά κάτοικο, μέγεθος που φαίνεται μικρό για μια καταπράσινη πόλη, όπως την ήθελαν οι δημιουργοί της. Εκείνο ωστόσο που δεν φαίνεται στο σχέδιο αλλά αναφέρεται σαφώς στο μνημόνιό τους είναι το γεγονός πως οι εκπονητές του σχεδίου είχαν ως στόχο τη δημιουργία ενός εκτεταμένου αρχαιολογικού πάρκου 150 περίπου εκταρίων στα νότια της πόλης και άμεσα συνδεδεμένου με αυτή, καθώς και την πλούσια φύτευση της ελεύθερης επιφάνειας κάθε οικοπέδου και τη διαμόρφωση ιδιωτικών κήπων.

Εάν είχαν επιτευχθεί οι δύο προηγούμενοι στόχοι των συντακτών του ιδρυτικού σχεδίου της νέας Αθήνας (οι οποίοι δυστυχώς προσεγγίσθησαν μόνον εν μέρει αργότερα), η Αθήνα θα είχε γίνει μια κατάφυτη πόλη με ένα πλήθος μικρών ιδιωτικών οάσεων πρασίνου αλλά και ένα εκτεταμένο κατάφυτο αστικό τοπίο με έντονα ιστορικό χαρακτήρα[80].

Κατανομή επιφανειών ανά χρήση

Με βάση την παραλλαγή DAI του σχεδίου Κλεάνθη-Schaubert, η συνολική επιφάνεια της νέας πόλης κατανέμεται στις εξής επί μέρους επιφάνειες:

Είδος χρήσης	έκταση σε εκτ.	% επί της συνολικής επιφανείας	μέγεθος μ²/κάτ.	σημερινό επιθυμητό μέγεθος μ²/κάτ.
κυκλοφορία (αναλυτικά: οδοί 45,8 εκτ., πλατείες 18,1 εκτ.)	63,90	29,7	21,3	20-30
δημόσια κτήρια	28,20	13,1	9,4	
χώροι πρασίνου (αναλυτικά: βασιλ. κήπος 18,0 εκτ. αστικό πράσινο 12,6 εκτ.)	30,60	14,3	10,2	28
καθαρή επιφάνεια κατοικίας	92,30	42,9	30,7	25-100
Σύνολο	215.00	100,0		

Ανεξαρτήτως από τις μορφολογικές αρετές της πρότασης Κλεάνθη-Schaubert (στις οποίες θα αναφερθούμε στη συνέχεια) και μόνο τα διαρθρωτικά χαρακτηριστικά της δομής της σχεδιαζόμενης πόλης όπως περιεγράφησαν ήδη (δηλαδή η τονισμένη κατεύθυνση και η ευρυχωρία των οδών, η ισόρροπη κατανομή των δημοσίων κτηρίων μέσα στην πόλη και η χαλαρή "πανταχόθεν ελεύθερη" δόμηση), καθώς και η διάταξη των κυρίων λειτουργιών αποδεικνύουν τη σαφήνεια, συνεκτικότητα και λειτουργικότητα του σχεδίου, στο οποίο, παρά τις περιορισμένες του γενικές διαστάσεις, πρέπει να αναγνωρίσουμε την άνεση και μεγαλοπρέπεια του οράματος για μία πρωτεύουσα.

Η ΜΟΡΦΗ ΤΗΣ ΠΟΛΗΣ

Κύρια μορφολογικά γνωρίσματα της συνολικής δομής της πόλης

Είναι χαρακτηριστικό, ότι στα επεξηγηματικά κείμενα του σχεδίου δεν γίνεται σχεδόν πουθενά λόγος για τις διαθέσεις των εκπονητών του ως προς την αρχιτεκτονική μορφολογία των κτισμάτων της πόλης. Οι αρχιτέκτονες ούτε τύπους κτηρίων και αρχιτεκτονικό ρυθμό προτείνουν, ούτε επιμέρους χωροδομικές συνθέσεις περιγράφουν ή αναλύουν. Έτσι, μπορούμε να αναγνωρίσουμε τις προθέσεις των εκπονητών του σχεδίου ως προς τη μορφολογία της πόλης μόνον από τις διάφορες παραλλαγές του σχεδίου, κι αυτό βέβαια μόνο μέχρις ενός σημείου.

Δεν συμβαίνει όμως το ίδιο και με τα κύρια χαρακτηριστικά της συνολικής μορφής της πόλης, που καθορίζουν το γενικό της περίγραμμα· η τοπογραφική ένταξή της στον φυσικό χώρο, η χάραξη των συνδετήριων οδών, ο γεωμετρικός-μορφολογικός χαρακτήρ των διαφόρων τομέων της, καθώς και η κατανομή των κτηριακών όγκων στο σύνολό τους διαφαίνονται καθαρά τόσον από τα προγραμματικά κείμενα όσο και στο σχέδιο. Και τα στοιχεία αυτά δίνουν την εντύπωση ότι τα αποφασιστικά κίνητρα των εκπονητών του σχεδίου ήταν η εξασφάλιση της ιστορικής συνέχειας και η σαφής αναγνωσιμότης της συνολικής μορφής της πόλης που οραματίζοντο. Τον σχεδιασμό καθορίζει η πεποίθηση πως ένα ειδικά αθηναϊκό "πνεύμα του χώρου" (genius loci) θα έπρεπε να αναζητηθεί όχι μόνο σε ένα κλασικιστικό ρεπερτόριο μορφών για τα κτήρια της πόλης αλλά κυρίως στα συμβατά με το τοπίο κύρια γνωρίσματα της συνολικής της μορφής.

Η υποταγή του ιστού της πόλης στην κυρίαρχη παρουσία του ιστορικού λοφώδους τοπίου στον πυρήνα του αθηναϊκού λεκανοπεδίου εξασφαλίζεται από την χωροθέτησή της νέας Αθήνας στην πεδιάδα. Η Ακρόπολη, οι φυτευμένοι δυτικοί λόφοι, η αναπλασμένη παλαιά πόλη, καθώς και η νέα πόλη ως επέκταση της παλαιάς, που παρατίθενται στον χώρο προσθετικά, δηλώνουν τη βούληση για ιστορική συνέχεια και διάρκεια: σχεδιάζεται ένα αστικό τοπίο ως μια αλληλουχία τοπογραφικών χαρακτηριστικών (λόφοι, κοίτη του Ιλισσού, λεκάνη του Σταδίου) μιας ιστορικής, σχηματισμένης από τη φύση και από το χέρι του ανθρώπου επίστεψης (Ακρόπολη) αλλά και μιας παραδοσιακής, καθώς και μιας εντελώς νέας πόλης. Η χάραξη των κυρίων οδών και η συμβολική καθώς και λειτουργική αιτιολόγησή της έχει ήδη αναλυθεί. Η αυστηρά γεωμετρική χάραξη των αξόνων κυκλοφορίας, που συνδέουν τα κύρια εστιακά σημεία της πόλης, ασφαλώς δεν προτείνεται στην περίπτωση της Αθήνας ως αφηρημένο πρότυπο διάταξης. Η αθηναϊκή ακτινωτή δέσμη οδών που εκκινούν απ' την ηγεμονική καθέδρα, η λεγόμενη patte d'oie, δεν είναι ένα διακοσμητικό οδικό δίκτυο που συμβολίζει απλώς την "ακτινοβολία" της βασιλικής εξουσίας. Αντίθετα, είναι το κύριο πλέγμα που πάνω του στηρίζεται η οπτική ιεράρχηση των οδών και το οποίο επιτρέπει "την αισθητή διάκριση των κυρίων αγωγών [κυκλοφορίας] και την ενοποίησή τους ως συνεχομένων αντιληπτικών στοιχείων"[81].

Αυτή η διάταξη των οδών συναρτάται τόσο με την προοπτική του περιπατητού (καταληκτικές θέες μέσα στην πόλη) όσο και με τη λεγόμενη "προοπτική από αέρος", δηλαδή τη γενική, πανοραμική άποψη του αστικού τοπίου. Μόνο που αυτή η "προοπτική από αέρος" στην περίπτωση της Αθήνας είναι επίσης αντιληπτή από τον άνθρωπο: τα διάφορα σημεία εποπτείας γύρω από την πόλη (λόφοι) επιτρέπουν την οπτική αντίληψη του συνολικού περιγράμματός της (καθώς και των κυρίων οδικών διασυνδέσεων) από διάφορα ύψη και διάφορες αποστάσεις.

Υψηλά, δεσπόζοντα κτήρια που θα διετάρασσαν την οπτική κυριαρχία της Ακρόπολης, δεν προβλέπονται πουθενά. Αντ' αυτού, οι υφιστάμενες υψομετρικές διαφορές του ανάγλυφου του εδάφους προσφέρουν ακόμα πιο πλούσιες εμπειρίες: ενώ ο παρατηρητής κάτω στην πόλη κοιτάζει με περιέργεια και προσδοκία προς τα μνημειώδη κτήρια της Ακρόπολης, όταν φθάνει εκεί απολαμβάνει τελικώς σε όλο της το εύρος την εκτεταμένη ελεύθερη θέα.

Απ' τις επάλξεις της Ακρόπολης διακρίνονται καθαρά τα τμήματα της πόλης με τον διαφορετικό προσανατολισμό και χαρακτήρα τους, καθώς και η διαφορετική (αν και ενιαίου ύψους)

58

58. Το λεγόμενο σχέδιο του Γερμανικού Αρχαιολογικού Ινστιτούτου (DAI). Σχέδιο με σινική μελάνη, μολύβι και ακουαρέλλα. Ελαφρώς αποκλίνουσα παραλλαγή του εγκεκριμένου από την αντιβασιλεία σχεδίου (βλ. εικ. 57). Κυριώτερες διαφορές: στο σχέδιο DAI παραλείπεται η συνοικιακή αγορά στην οδό Ερμού· αντ' αυτής δημιουργείται η τετράγωνη πλατεία στα δυτικά των υπουργείων και προβλέπεται μια νέα, επίσης τετράγωνη πλατεία στο Μοναστηράκι (στα βόρεια της Βιβλιοθήκης του Αδριανού). Κλίμαξ πρωτοτύπου 1:4.000 (Γερμανικό Αρχαιολογικό Ινστιτούτο στην Αθήνα).

διάταξη των οικοδομικών όγκων, δηλαδή η πυκνή δόμηση (σπίτια με αυλές) στην παλαιά πόλη και η αραιή δόμηση (μονοκατοικίες) στη χωροθετημένη προς τον βορρά επέκτασή της.

Καλά μελετημένη είναι και η κατανομή στη νέα πόλη των οικοδομικών τετραγώνων με τις σχεδόν σταθερές διαστάσεις τους. Ο κάναβος του πολεοδομικού ιστού (τα οικοδομικά τετράγωνα 1,2 εκταρίου περίπου το καθένα) δημιουργεί ένα ενιαίο υπόβαθρο (περιοχές κατοικίας), από το οποίο προβάλλουν ορισμένοι δημόσιοι χώροι (μεγάλες πλατείες και κυκλοφοριακοί κόμβοι) ως εστιακά σημεία και τα δημόσια κτήρια ως ορόσημα.

Έτσι το δίκτυο των οδών του σχεδίου της Αθήνας ως φέρον πλέγμα παρουσιάζει τις εξής σημαντικές για τη δυνατότητα καλής αντίληψης του χώρου ιδιότητες: σαφή προσανατολισμό, τοπολογικό σύστημα αναφοράς και ρυθμική αλληλουχία στοιχείων που ορίζουν τον χώρο[82].

Μέχρι σήμερα αυτές οι εξαιρετικές χωροδομικές ιδιότητες του σχεδίου δεν εξετιμήθησαν σχεδόν διόλου. Η κριτική περιωρίσθη σε έναν δισδιάστατο τρόπο θεώρησής του· επειδή οι αρχιτέκτονες δεν επαρουσίασαν το όραμά τους με επί μέρους ή γενικά προοπτικά σχέδια και επομένως δεν έκαναν καμία απόπειρα τρισδιάστατης απεικόνισής του, δεν επεχειρήθη και η ανάλογη χωροδομική ερμηνεία του.

59

59. Μαυσωλείον της οικογένειας Καββαδία σε μορφή δωρικού προστύλου ναΐσκου στο Α΄ Νεκροταφείο Αθηνών (Γερμανικό Αρχαιολογικό Ινστιτούτο στην Αθήνα).

Στα πλαίσια της παρούσης μελέτης επεχειρήθη από τον συγγραφέα για πρώτη φορά, 160 χρόνια μετά τη σύνταξη του αρχικού σχεδίου της νέας Αθήνας, η τρισδιάστατη προοπτική απεικόνιση ολόκληρης της πόλης που εσχεδίασαν οι Κλεάνθης και Schaubert. Η σύνθεση αυτού του προοπτικού σχεδίου (εικ. 67) έγινε με σημαντική ακρίβεια όχι μόνον επειδή έχουμε το ακριβές διάγραμμα της πολεοδομικής κάτοψης αλλά και επειδή στο σχέδιο είναι σχεδιασμένες όλες οι κατόψεις των δημοσίων κτηρίων, πράγμα που επιτρέπει να φαντασθεί κανείς τόσο την τρισδιάστατη διάρθρωση του αστικού χώρου όσο και τα αρχιτεκτονικά σημεία αποκρυστάλλωσής του. Η αρχιτεκτονική μορφή των δημοσίων κτηρίων ως προς τα κύρια χαρακτηριστικά της εστηρίχθη κατ' αναλογίαν στην ακριβή γνώση των κλασικιστικών κτηρίων, που πράγματι εσχεδιάσθησαν και αργότερα επραγματοποιήθησαν στην Αθήνα, πράγμα που επέτρεψε μια σαφή απεικόνισή τους.

Παρά την ύπαρξη ενός αναπόφευκτου μικρού αριθμού επινοημένων στοιχείων, το γενικό αυτό προοπτικό από αέρος (με το σημείο οράσεως στην επιμήκυνση του άξονος της οδού Αθηνάς στα βόρεια της πόλης)[83], δείχνει πολύ πειστικά τα περιγραφέντα χαρακτηριστικά του αστικού χώρου, τα οποία δυστυχώς διεμορ-

60

60. Το θέατρο του Διονύσου και στο βάθος το Στρατιωτικό Νοσοκομείο του von Weiler (1835-1836). Φωτογραφία του 1900 (Γερμανικό Αρχαιολογικό Ινστιτούτο στην Αθήνα).

φώθησαν αργότερα μόνον μερικώς, και επιτρέπει τη σύγκριση με άλλα πολεοδομικά σχέδια που εξεπονήθησαν την ίδια εποχή στην Ευρώπη και εφηρμόσθησαν με μεγαλύτερη συνέπεια.

Αστικοί χώροι και διάταξη αρχιτεκτονικών όγκων

Αντλώντας από το γνωστό δειγματολόγιο της τυπολογίας των αστικών χώρων του κλασικισμού, οι Κλεάνθης και Schaubert χρησιμοποιούν στο σχέδιό τους για την Αθήνα κυρίως τον τύπο της κλειστής πλατείας· προτείνουν όμως επίσης και "ανοικτές" αλληλουχίες πλατειών καθώς και ευρείες λεωφόρους, αλλά αυτές είναι σπανιώτερες.

Οι "κλειστές" πλατείες δημιουργούνται με κατάργηση ενός ή περισσότερων οικοδομικών τετραγώνων και τοποθετούνται είτε εφαπτόμενες στις βασικές οδικές αρτηρίες είτε επάνω στον άξονά τους. Οι περισσότερες πλατείες έχουν σχήμα παραλληλόγραμμο (π.χ. οι πλατείες του θεάτρου και του χρηματιστηρίου) αλλά και στρογγυλό (π.χ. η πλατεία Μουσών), ή έχουν σχήμα τραπεζίου (ο περιβάλλων την Ακαδημία χώρος) ή ρόμβου (η περιβάλλουσα τη Μητρόπολη επιφάνεια). Τα οικοδομικά τετράγωνα που περιβάλλουν άμεσα αυτές τις πλατείες τις περικλείουν και έτσι ο χώρος των πλατειών προβάλλει καθαρά σαν στοιχείο αποκρυστάλλωσης του πολεοδομικού ιστού. Στο κέντρο των πλατειών τοποθετούνται κατά προτίμησιν ελεύθερα διατεταγμένοι αρχιτεκτονικοί όγκοι δημοσίων κτηρίων. Για τους στρογγυλούς κόμβους κυκλοφορίας επιλέγεται η λύση της πράσινης κεντρικής νησίδος κυκλοφορίας με οβελίσκο ή στήλη. Έχει κανείς την αίσθηση πως οι αρχιτέκτονες έπασχαν από τον τρόμο του κενού (horor vacui),

61

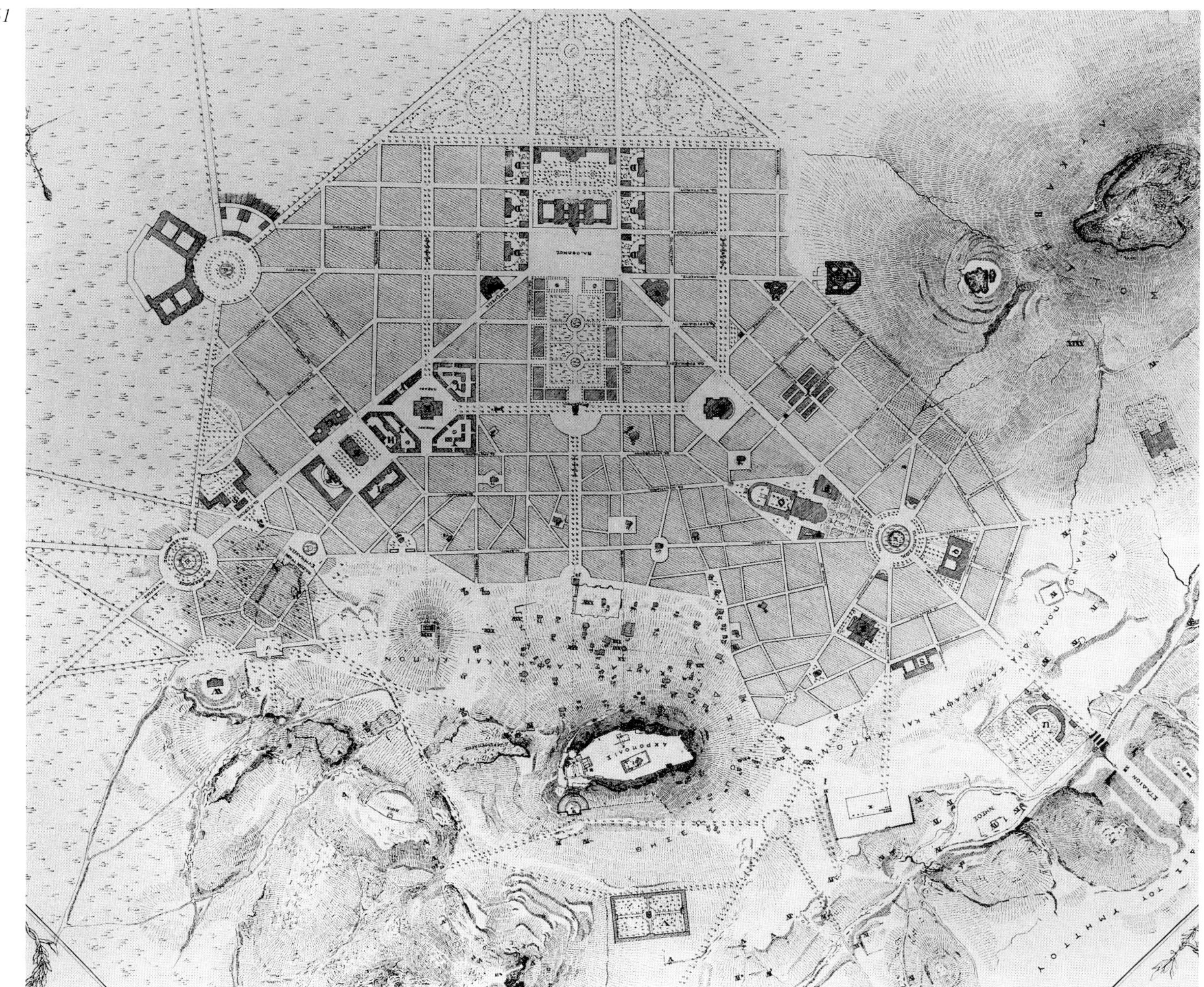

61. Κεντρικό τμήμα του δια λιθογραφίας δημοσιευθέντος σχεδίου των Κλεάνθη-Schaubert (βλ. εικ. 42). Και σ' αυτή, όπως και στις άλλες παραλλαγές του σχεδίου, τα οικοδομικά τετράγωνα παρουσιάζονται ως ενιαίες επιφάνειες χωρίς χάραξη των ιδιοκτησιών. Αντίθετα, σχεδιάζεται το κτηριακό περίγραμμα των δημοσίων κτηρίων και των εκκλησιών. Σ' αυτό το σχέδιο παραλείπεται η σημειωμένη σε άλλες παραλλαγές του σχεδίου κάτοψη της άνω παλαιάς πόλης. Κλίμαξ πρωτοτύπου 1:8.000 (Κρατική Συλλογή Γραφικών Τεχνών του Μονάχου).

γι' αυτό ο χώρος της πλατείας έπρεπε να γεμίσει ανάλογα· ευρύχωρες, τελείως αδόμητες πλατείες συγκέντρωσης δεν υπάρχουν, με εξαίρεση τον μνημειώδη και κατάλληλο για στρατιωτικές παρατάξεις ελεύθερο χώρο νοτίως των ανακτόρων, διαστάσεων 250 × 130 μέτρων.

Μια ιδιόμορφη μορφολογική λύση που επικρίθη εντονότατα από τον Klenze είναι η διαγώνια διάταξη του χρηματιστηρίου και του δημοτικού θεάτρου σε δύο τετράγωνες πλατείες. Είναι φανερό, ότι εδώ οι αρχιτέκτονες απεφάσισαν να αντιπαραθέσουν μετωπικά στους βραχίονες του κεντρικού βουλεβαρίου τα τοποθετημένα ελεύθερα στο κέντρο των πλατειών αυτά κτήρια, προτιμώντας έτσι τη μη συμβατική διαγώνια διάταξή τους.

Το σχέδιο όμως έχει και ανοικτές χωρικές διατάξεις: έτσι στη διαμόρφωση της εικόνος του άστεως συμβάλλει αποφασιστικά από τη μια μεριά η χωρική ακολουθία του βασιλικού κήπου /πλατείας ανακτόρων με τα προαύλια των υπουργείων/αγοράς (bazar) και του κήπου του λαού. Το κυβερνητικό κέντρο και η κεντρική αγορά διατάσσονται στο κέντρο της πόλης σαν σφήνα ελεύθερων χώρων που ανοίγει προς τον βορρά.

Στην δυτική περιφέρεια της πόλης προβλέπεται η διαμόρφωση της μεγάλης στρογγυλής πλατείας Κέκροπος, στην οποία δεν προβλέπεται διόλου δόμηση. Η πλατεία διαμορφώνεται στο ελεύθερο τοπίο έτσι ώστε οπτικά να συνδέεται άμεσα με την Πνύκα.

Ενώ τα μέτωπα των κτηρίων που περικλείουν τις πλατείες στο κέντρο της πόλης αναδεικνύουν τα δημόσια κτήρια που ευρίσκονται πάνω σ' αυτές, οι ανοικτές χωρικές ακολουθίες προσδίδουν στην εικόνα της πόλης την χαρακτηριστική μεγαλοπρέπειά της και διευκολύνουν τις οπτικές αναφορές στα αρχαία μνημεία.

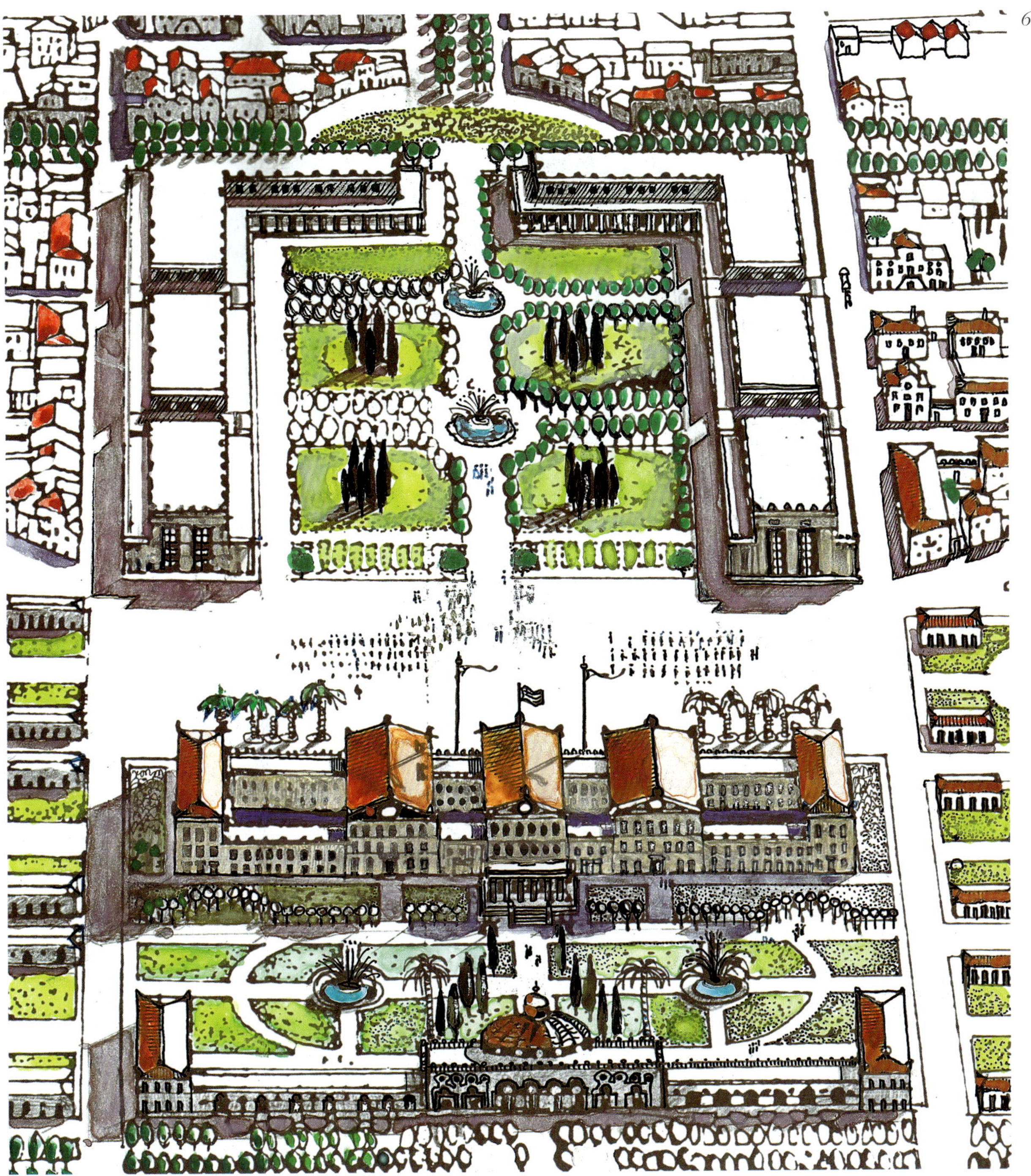

62

62. Τα Βασιλικά ανάκτορα και η αγορά (bazar) από βορράν. Απόπειρα προοπτικής τρισδιάστατης παράστασης του κεντρικού τμήματος του σχεδίου Κλεάνθη - Schaubert. (Σχέδιο του συγγραφέως, 1992)

Πάνω απ' όλα όμως, εκείνο που θα προσέδιδε στον κεντρικό τομέα της νέας πόλης την ατμόσφαιρα μεγαλούπολης και θα αποτελούσε τον κατ' εξοχήν χώρο περιπάτου στο κέντρο της πόλης, ήταν τα προβλεπόμενα δενδροφυτευμένα βουλεβάρια που σχηματίζουν τετράγωνο και τα οποία δυστυχώς δεν επραγματοποιήθησαν ποτέ. Για τη μορφή του ασφαλώς υπερβολικά μεγάλου κτηριακού συγκροτήματος της αγοράς (bazar) στην καρδιά της πόλης δεν δίδονται σαφέστερες πληροφορίες. Από την κάτοψη, το πολύ που μπορεί να συμπεράνει κανείς είναι ότι πρόκειται για ένα χαμηλό (διώροφο;) περίπτερο κτίσμα που το περικλείουν στοές. Ο τοποθετημένος στο κέντρο "κήπος του λαού" προσδίδει στο σύνολο δυτικοευρωπαϊκό ύφος και το απομακρύνει από τα αρχαιοελληνικά πρότυπα (δηλαδή τις αγορές).

Τα σημειωμένα στο σχέδιο δημόσια κτήρια είναι σχεδιασμένα με αρκετή λεπτομέρεια που αντιστοιχεί σε αρχιτεκτονικά προσχέδια σε μικρή κλίμακα. Άλλα είναι τοποθετημένα ελεύθερα στη μέση των πλατειών άλλα εκατέρωθεν των οδών και εντεταγμένα στα οικοδομικά τετράγωνα. Χαρακτηριστική είναι η κυριαρχούσα συμμετρία των κατόψεων (εικ. 55) που εντάσσεται στις αρχές χωρικής οργάνωσης του κλασικισμού. Παρ' όλα αυτά, οι βασικοί τύποι κατόψεων διαφέρουν πολύ μεταξύ τους αναλόγως προς την λειτουργία των κτηρίων (εικ. 56). Εδώ είναι αισθητή η εξαιρετική εφευρετικότητα και πρωτοτυπία των αρχιτεκτονικών λύσεων.

Επιμέρους προτάσεις διαρθρώσεως των οικοδομικών τετραγώνων δεν έχουν διασωθεί. Όπως όμως ανεπτύχθη ήδη λεπτομερώς, πρέπει να φαντασθεί κανείς ότι τη δομή των τετραγώνων συνιστούν στη μεν παλαιά πόλη διώροφες έως τριώροφες οικίες με αυλή, στη δε νέα πόλη μια ανάλογη δόμηση

63

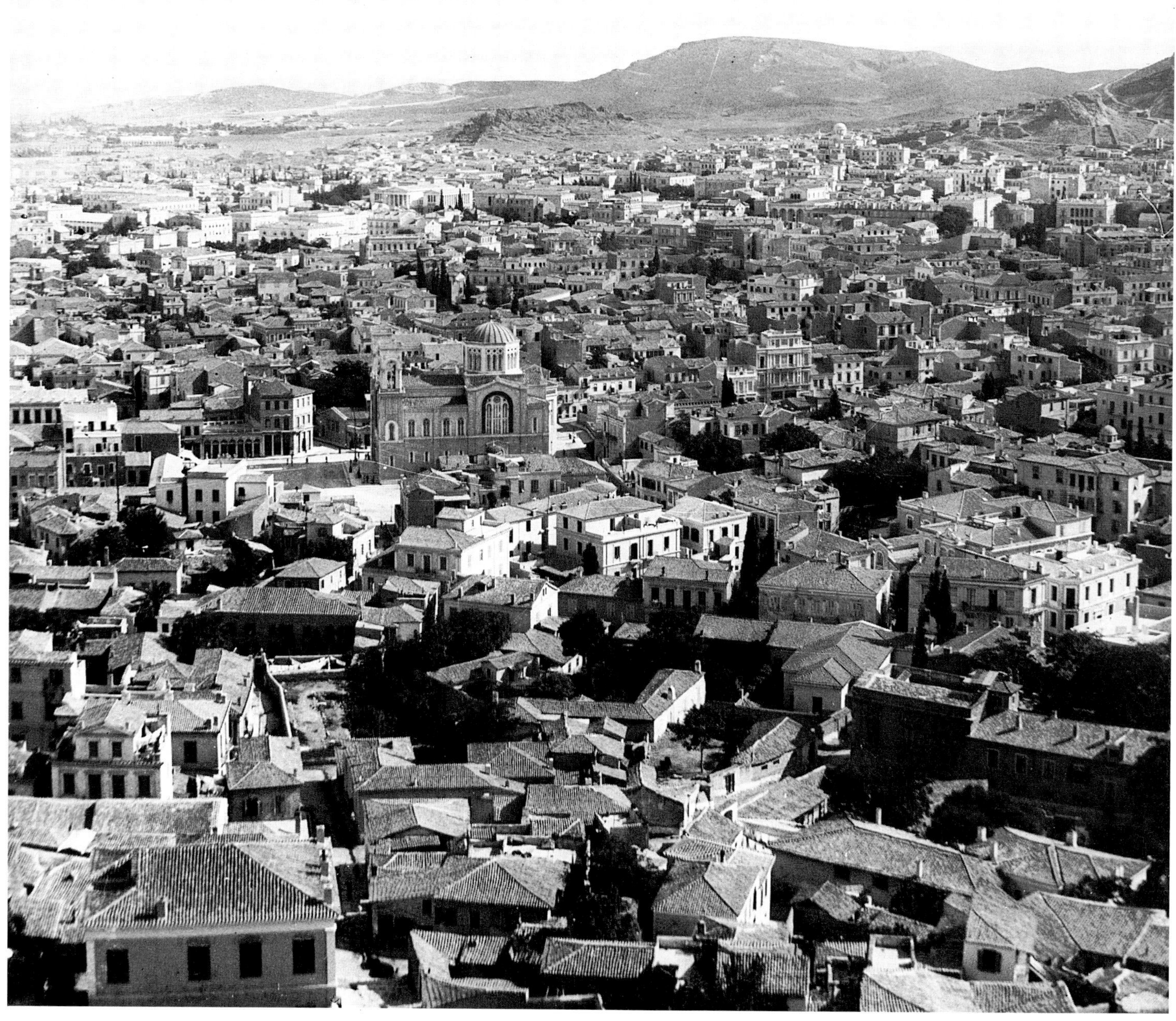

63. Το κέντρο της Αθήνας γύρω στα 1890 ιδωμένο από την Ακρόπολη. Στο κέντρο η Μητρόπολη και στο πρώτο επίπεδο η Πλάκα (Αρχείο Roger Viollet, Παρίσι).

αλλά "πανταχόθεν ελεύθερη". Η έλλειψη ακριβέστερων –και σχεδιαστικών– αναφορών εκ μέρους των αρχιτεκτόνων στην τόσο σημαντική αυτή πλευρά του συνολικού σχεδιασμού αποτελεί οδυνηρό κενό. Μία πιθανή ερμηνεία είναι ότι οι εκπονητές του σχεδίου απέφυγαν (σκοπίμως;) να καθορίσουν λεπτομερώς τη μορφή της ιδιωτικής δόμησης, ακολουθώντας στην περίπτωση αυτή μια χαρακτηριστική πολεοδομική πρακτική.

Οι αρχιτεκτονικές λύσεις των δημοσίων κτηρίων και η διάταξή τους στον χώρο παρουσιάζουν και ορισμένες αδυναμίες:

- η παράθεση των δύο μεγάλων τετράγωνων πλατειών στη νότια πλευρά της οδού Πειραιώς δημιουργεί αίσθηση μάλλον αμηχανίας· με σημερινά τουλάχιστον κριτήρια αντί αυτής της επανάληψης θα ήταν προτιμώτερη η αυτόνομη διαμόρφωσή τους·
- οι πλατείες του χρηματιστηρίου και του θέατρου, με τα τοποθετημένα στο κέντρο τους ομώνυμα κτήρια, διακόπτουν τη χωρική και κυκλοφοριακή συνέχεια της ροής του βουλεβαρίου·
- το χαμηλό ύψος της αγοράς και του "κήπου του λαού" εξασφαλίζει μεν την άμεση οπτική διασύνδεση των ανακτόρων με την Ακρόπολη, όμως τόσον αυτός ο χώρος πρασίνου όσο και ο δενδροφυτευμένος ημικυκλικός κυκλοφοριακός κόμβος διακόπτουν την αξονική συνέχεια της οδού Αθηνάς·
- η διαμόρφωση στις γωνίες της πλατείας των ανακτόρων δεν είναι διόλου ικανοποιητική, επεκρίθη δε όπως είδαμε από τον Klenze. Η ύπαρξη αντιθέτως πολλών οξυκορύφων οικοδομικών τετραγώνων, που επίσης ημφεσβητήθησαν από τον Klenze, δεν μπορεί να θεωρηθεί εγγενές ελάττωμα του σχεδίου, διότι τον 19ο αιώνα εδόθησαν επανειλημμένως εφευρετικώτατες λύσεις στη διαμόρφωση τέτοιων γωνιακών οικοπέδων. Στην περίπτωση της Αθήνας μάλιστα, το πρόβλημα ελύθη αργότερα συχνά με μια κομψή στρογγυλευμένη γωνία ή μάλλον με ένα κυλινδρικό σχήμα εμπνευσμένο από το μνημείο του Λυσικράτους.
- η πλατεία των ανακτόρων είναι κάπως έρημη και υπερβολικά μεγάλη, πράγμα όμως που εξηγεί το γεγονός ότι μάλλον προωρίζετο για χώρος παρελάσεων.

Παρά τα επί μέρους αυτά ελαττώματα, οι αρχιτέκτονες επέτυχαν με την αρμονική συνύφανση ελεύθερων δημοσίων χώρων και σαφώς αναγνωρίσιμων δημοσίων κτηρίων να προσδώσουν στο πολεοδομικό τους σχέδιο σαφή διάρθρωση και μοναδική ταυτότητα.

Μεμονωμένα στοιχεία και μορφές

Με οικονομία και δεξιότητα εισάγουν οι εκπονητές του σχεδίου εξωραϊστικά στοιχεία στον αστικό χώρο. Δεν προβλέπονται πομπώδεις μορφές, όπως αψίδες θριάμβου και ηρώα, ούτε καν μνημείο της ελληνικής Επανάστασης (ας μνημονευθεί εδώ ότι ένα προγραμματικά σχεδιασμένο γι' αυτόν το σκοπό μνημείο είναι τα Προπύλαια του Klenze στο Μόναχο). Ως μοναδικό μνημείο μπορεί να ερμηνευθεί η διαμόρφωση του χώρου στην πλατεία Συμμάχων (δηλαδή των προστάτιδων δυνάμεων Αγγλίας, Γαλλίας και Ρωσίας) στο δυτικό τμήμα της πόλης.

Σε δύο πλατείες σημειώνονται κρήνες ή πίδακες: η καθολική εκκλησία στο κέντρο της πλατείας Λουδοβίκου πλαισιώνεται από δύο μνημειώδεις κρήνες τοποθετημένες στην οικοδομική γραμμή της οδού Πειραιώς, ενώ οι οξείες γωνίες δύο οικοδομικών τετραγώνων στην κυκλική πλατεία των Μουσών στα ανατολικά της πόλης δέχονται εντοιχισμένες βρύσες στο πνεύμα του μπαρόκ (εικ. 56). Η ακτινωτή διάταξη των οδών γύρω από τους μεγάλους κυκλοφοριακούς κόμβους της πλατείας Κέκροπος και της πλατείας Μουσών οδηγεί τους αρχιτέκτονες στην υποδήλωση μιας στήλης (ή ενός οβελίσκου) στο κέντρο αυτών των πλατειών.

Εντύπωση προξενεί η λιτότης στη διαμόρφωση του τεράστιου προαυλίου των ανακτόρων (εικ. 55). Όχι μόνο λείπει απ' αυτή την πλατεία κάθε είδους διάρθρωση με πράσινο, όπως ανεφέρθη ήδη, αλλά δεν υπάρχουν ούτε καν εμβλήματα της βασιλικής εξουσίας, όπως σκοπιές, κοντάρια σημαιών και προεξέχουσες μεγαλοπρεπείς κλίμακες. Μέσα στην πόλη έχουμε λιγοστές οδούς με διπλή δενδροστοιχία: το ορθογώνιο παραλληλόγραμμο του μνημειακού βουλεβαρίου και την οδό Αθηνάς. Εδώ, η φύτευση του αστικού χώρου εχρησιμοποιήθη ως εξέχον σύμβολον της λειτουργικής σπουδαιότητος αυτών των αξόνων. Ένα άλλο αρχιτεκτονικό στοιχείο με πολεοδομική σημασία είναι οι παρόδιες στοές που χρησιμοποιούνται λειτουργικά μόνο γύρω από το κτήριο της αγοράς (bazar) και στην ημικυκλική πλατεία επί της οδού Αθηνάς στα νότια της αγοράς. Σε αντίθεση με τη μεταγενέστερη πρόταση του Καυταντζόγλου (1839), στους υπόλοιπους δρόμους της νέας πόλης δεν προβλέπονται στοές.

Στο σχέδιο απεικονίζονται επίσης αρκετά προαύλια δημοσίων κτηρίων με πράσινο. Κτήρια πολιτιστικών λειτουργιών, δημόσια λουτρά και υπουργεία διατάσσονται το καθένα στο κέντρο ενός αδόμητου οικοδομικού τετραγώνου και πλαισιώνονται από μικρές επιφάνειες πρασίνου. Σε αντίθεση με τον ελεύθερα διαμορφωμένο (στον τύπο του αγγλικού πάρκου) βασιλικό κήπο, οι επιφάνειες πρασίνου στο κέντρο της πόλης οργανώνονται με βάση απλά γεωμετρικά σχέδια. Στο χώρο γύρω από τους νέους ναούς (τη Μητρόπολη και την καθολική εκκλησία) προβλέπονται ελεύθερες συστάδες δένδρων.

Τέλος στην παραλλαγή DAI της οριστικής διατύπωσης του σχεδίου των Κλεάνθη και Schaubert (εικ. 58), οι αρχιτέκτονες υπαινίσσονται διστακτικά τη μελλοντική διαμόρφωση του ελεύθερου χώρου ανασκαφών στη βόρεια πλαγιά της Ακρόπολης: οι ευθύγραμμες δενδροστοιχίες, που χαράσσονται ως προέκταση των διανοίξεων στην παλαιά πόλη, καθώς και πολλά παρτέρια με αυστηρά γεωμετρικό σχήμα γύρω απ' το ναό του Ηφαίστου ελάχιστα ενδείκνυνται ωστόσο για τη δημιουργία ενός λειτουργικού και εύκαμπτου συστήματος πρόσβασης στο μελλοντικό αρχαιολογικό πάρκο!

Στο σπουδαίο ζήτημα του αρχιτεκτονικού ρυθμού των δημοσίων και ιδιωτικών κτηρίων οι αρχιτέκτονες δεν αναφέρονται καθόλου. Η αυστηρή συμμετρία των κατόψεων των δημοσίων κτηρίων που περιλαμβάνονται στο πολεοδομικό σχέδιο, δείχνει σαφώς την προτίμησή τους για την κλασικιστική τυπολογία της εποχής· εν τούτοις, οι συντάκτες του σχεδίου

64

64. Κύρια πρόσοψη του Πανεπιστημίου Αθηνών του Christian Hansen (Neue Photographische Gesellschaft, Βερολίνο).

σαν γνήσιοι πολεοδόμοι σ' αυτή την περίσταση πράττουν σοφά, αποφεύγοντας κάθε λεπτομερέστερο προσδιορισμό και κάθε οδηγία ως προς την αρχιτεκτονική μορφή, που θα μπορούσε να αποβεί δεσμευτική για το μελλοντικό πρόσωπο της πρωτεύουσας. Το αυστηρό αρχιτεκτονικό φρόνημά τους –τελείως στο πνεύμα του δασκάλου τους K. F. Schinkel– μαρτυρούν ωστόσο τα πρώτα τους αρχιτεκτονικά σχέδια: της έπαυλης του Άγγλου ναυάρχου Sir Malcolm και της κατοικίας τού Έλληνος τραπεζίτου Αμβροσίου Ράλλη στην Αθήνα, και τα δύο μεγαλοπρεπή κτίσματα με κύρια όψη κατανεμημένη οριζόντια σε τρία πεδία, με τετράρριχτη στέγη και κεντρικό αέτωμα πάνω από μία διάταξη παραστάδων.

ΣΥΜΠΕΡΑΣΜΑΤΙΚΗ ΠΑΡΑΤΗΡΗΣΗ: ΕΠΙΡΡΟΗ ΤΟΥ ΣΧΕΔΙΟΥ ΣΤΗΝ ΠΟΛΕΟΔΟΜΙΚΗ ΝΟΜΟΘΕΣΙΑ

Ολοκληρώνοντας, και σε συνάρτηση με τις προηγηθείσες κριτικές παρατηρήσεις επί του σχεδίου πόλης των Κλεάνθη και Schaubert για την Αθήνα, αποτολμούμε μια σύντομη αναφορά στις πιθανές επιπτώσεις του σχεδίου αυτού στην πρακτική του σχεδιασμού, καθώς και στην πρώιμη πολεοδομική νομοθεσία στην Ελλάδα:

Το πρώτο πολεοδομικό νομοθέτημα της Ελλάδος που υπεγράφη στις 3/15 Απριλίου 1835 από την αντιβασιλεία και ετέθη σε ισχύ στις 27 Μαΐου του ίδιου χρόνου φέρει τον χαρακτηριστικό τίτλο *Διάταγμα περί υγιεινής οικοδομής πόλεων και κωμών* (Φ.Ε.Κ. αρ. 19/15.5.1835, βλ. τεκμήριον 61 συλλογής "Κειμένων"). Το διάταγμα αυτό περιλαμβάνει, εκτός από αστυνομικές και τεχνικές διατάξεις, και άλλες που ορίζουν σημαντικές κατευθύνσεις ως προς τη μορφολογία και τη διάρθρωση των πόλεων και κωμών. Σε διάφορα άρθρα του νομοθετήματος περιέχονται ουσιαστικές αρχές σχεδιασμού, στις οποίες στηρίζεται και το σχέδιο των Κλεάνθη και Schaubert και τις οποίες ανεπτύξαμε ήδη. Επομένως δεν φαίνεται διόλου απίθανο εμπνευστής του διατάγματος αυτού να υπήρξε ο Schaubert, ο οποίος διετέλεσε από τις 24.5.1832 αρχιτέκτων της κυβέρνησης και από τον Ιανουάριο του 1835 διευθυντής της Αρχιτεκτονικής Υπηρεσίας του Υπουργείου Εσωτερικών. Μπορούμε να εικάσουμε πως ο E. Schaubert άδραξε εδώ την ευκαιρία να προσδώσει στις προσωπικές του αρχές και πεποιθήσεις επί του πολεοδομικού σχεδιασμού, που εμπεριέχονται στα σχέδιά του για την Αθήνα (1833), τον Πειραιά (1834) και την Ερέτρια (1834), γενική ισχύ και να τις κατοχυρώσει θεσμικά[84].

6.
ΤΑ ΣΧΕΔΙΑΣΤΙΚΑ ΤΕΚΜΗΡΙΑ

Η ΤΟΠΟΓΡΑΦΙΚΗ ΑΠΟΤΥΠΩΣΗ ΤΗΣ ΑΘΗΝΑΣ (1831-1832)

Το τοπογραφικό διάγραμμα της πόλης των Αθηνών και των περιχώρων της (εικ. 34) των Κλεάνθη και Schaubert εξεπονήθη από τον Νοέμβριο του 1831 μέχρι τον Μάιο του 1832, και μέχρι τα τέλη του 1832 συνεπληρώθη με υψόμετρα[85]. Το πρωτότυπο σχέδιο αυτής της αποτύπωσης υπό κλίμακα 1:2.000, που οι αρχιτέκτονες αναφέρουν στην "*Περιγραφή...*" (Erlaeuterung) τους και που μέχρι πρόσφατα εθεωρείτο χαμένο, ανεκαλύφθη από τον συγγραφέα προσφάτως στην Αθήνα (βλ. στην συνέχεια). Στα χρόνια που ακολούθησαν, φαίνεται πως ο Schaubert συνεπλήρωνε το σχέδιο με τα νεώτερα κάθε φορά αρχαιολογικά ευρήματα, όπως προκύπτει από ένα του γράμμα προς τον von Olfers, γενικό διεθυντή των Μουσείων του Βερολίνου[86], με ημερομηνία 23.11.1847.

Επίσης έχουμε και άλλες μαρτυρίες για την ύπαρξη αυτού του σχεδίου: πρώτος το περιγράφει ο L. Ross σε ένα του γράμμα[87] με ημερομηνία 12.10.1832· φαίνεται ότι ο καθηγητής αρχαιολογίας στο Πανεπιστήμιο του Goetingen, Karl Offried Mueller –συμφώνως με πληροφορία του Ernst Curtius– αντέγραψε το σχέδιο στην Αθήνα λίγο πριν από το θάνατό του[88] (το 1840) και ότι δύο χρόνια αργότερα (1842) ο Friedrich Gottlieb Welcker είδε το σχέδιο στην Αθήνα και συνεβούλευσε τον Schaubert να το δημοσιεύσει σε μικρότερη κλίμακα[89]. Ο A. Rossbach το 1877 αναφέρει πως το σχέδιο εφυλάσσετο στο Αρχαιολογικό Μουσείο του Πανεπιστημίου του Breslau, ως μέρος των καταλοίπων του Schaubert[90]. Σε όλες τις προηγούμενες αναφορές στο σχέδιο δεν γίνεται λόγος για την κλίμακά του.

Συμφώνως προς τα λεγόμενά τους, κανένας από τους μεταγενέστερους ερευνητές (όπως οι Koepp, Μπίρης και Russack) δεν είδε ο ίδιος το σχέδιο. Μέχρι τον Δεύτερο Παγκόσμιο πόλεμο οι ερευνητές επίστευαν πως ευρίσκετο στο Breslau. Αργότερα εθεωρήθη χαμένο πρόσφατα ή κατεστραμένο[91]. Ο συγγραφεύς της παρούσης εργασίας κατώρθωσε να αποδείξει πως τα κατάλοιπα του Schaubert παρεδώθησαν με τη μεσολάβηση του φιλέλληνα αρχαιολόγου Gerhart Rodenwaldt, καθηγητή στο Πανεπιστήμιο του Βερολίνου, το 1945 στον Έλληνα πρεσβευτή στο Βερολίνο Αλέξανδρο Ραγκαβή. Τα πολύτιμα αυτά τεκμήρια διεσώθησαν τελικά με περιπετειώδη τρόπο και αρκετά χρόνια αργότερα (1958) έφθασαν μέσω Λονδίνου στην Αθήνα, όπου και φυλάσσονται στα γραφεία της Πρώτης Εφορείας Βυζαντινών Αρχαιοτήτων.

Ένα σχέδιο που εκτίθεται εκεί, μολονότι αχρονολόγητο και ανυπόγραφο, εταυτίσθη ως το σημαντικό τοπογραφικό σχέδιο της Αθήνας, που συνέταξαν οι Κλεάνθης και Schaubert (εικ. 34). Πρόκειται για ένα ιδιαίτερα μεγάλων διαστάσεων (107×163 εκ.) πρωτότυπο σχέδιο με σινική μελάνη και ακουαρέλλα. Αποτελείται από 12 συγκολλημένα φύλλα χάρτου, και είναι σε κλίμακα 1:2.000. Πολύ πιθανόν επομένως πρόκειται μεν για το πρωτότυπο σχέδιο της τοπογραφικής αποτύπωσης όχι όμως για το "μεγάλο σχέδιο του Schaubert" (που αντέγραψε ο K. O. Mueller και που ο Schaubert συνεπλήρωνε διαρκώς μέχρι το τέλος της παραμονής του στην Ελλάδα), διότι στο σχέδιο που έχουμε δεν έχουν διαπιστωθεί μεταγενέστερες προσθήκες. Άρα το "μεγάλο σχέδιο" πρέπει να ήταν μια αντιγραφή που παραμένει μέχρι σήμερα ανεύρετη.

Το τοπογραφικό σχέδιο εξετέθη για πρώτη φορά δημοσίως το 1985 στη μεγάλη έκθεση του Ζαππείου "Αθήνα, πολιτιστική πρωτεύουσα της Ευρώπης" και εδημοσιεύθη για πρώτη φορά (τμήμα του) στο άρθρο των Γ. Κνιθάκη, Φ. Μαλλούχου και Γ. Τιγκινάκα, *Το βοϊβοδαλίκι της Αθήνας* στον τόμο *Επώνυμα αρχοντικά των χρόνων της Τουρκοκρατίας*, Αθήνα, 1986.

ΝΕΩΤΕΡΕΣ ΠΛΗΡΟΦΟΡΙΕΣ ΓΙΑ ΤΑ ΠΟΛΕΟΔΟΜΙΚΑ ΚΑΤΑΛΟΙΠΑ ΤΟΥ E. SCHAUBERT

Σ' αυτό το σημείο καλόν είναι να παρουσιάσουμε περιληπτικά το περιεχόμενο των πολεοδομικών καταλοίπων του Eduard Schaubert (σχέδια και κείμενα για τον πολεοδομικό σχεδιασμό της Αθήνας και του Πειραιά). Ο συγγραφεύς οφείλει την ανεκτίμητη για την έρευνα της πολεοδομικής εξέλιξης της Αθήνας επανεύρεση αυτών των καταλοίπων, που εθεωρούντο παραπάνω από 45 χρόνια απωλεσθέντα, στη γενναιόδωρη βοήθεια του συναδέλφου του καθηγητή Μάνου Μπίρη, που διαφυλάσσει τα κατάλοιπα του θείου του Κωνσταντίνου Μπίρη. Το 1989 μας επέτρεψε την πρόσβαση στο ιδιωτικό αρχείο του Κ. Μπίρη, στο οποίο φυλάσσονται δύο τεκμήρια που αποδεικνύουν τη διάσωση των καταλοίπων του Schaubert.

Το πρώτο τεκμήριο (έγγραφο) περιέχει όλα τα στοιχεία (ημερομηνίες και αριθμούς πρωτοκόλλων) της αλληλογραφίας μεταξύ του Υπουργείου Εξωτερικών και της ελληνικής πρεσβείας στο Λονδίνο, από την οποία πιστοποιείται η επάνοδος των καταλοίπων στην Ελλάδα (από το Βερολίνο μέσω Λονδίνου στην Αθήνα κατά τα έτη 1957-1958)[92].

Το δεύτερο τεκμήριο είναι ένας ακριβής κατάλογος περιεχομένων των πολεοδομικών καταλοίπων του Schaubert, που συνετάχθη το 1960 από τον πρεσβευτή Αλέξανδρο Ραγκαβή και στον οποίο άλλωστε χρωστάμε τη διάσωση των καταλοίπων. Είναι ο μοναδικός πλήρης κατάλογος περιεχομένων του συνόλου των τεκμηρίων που υπάρχει· ο παλαιότερος κατάλογος του Friedrich Koepp στον Archaeologischer Anzeiger του έτους 1890 ανέφερε μόνον έξι σχέδια (σε μία σημείωση του άρθρου του στη σελίδα 131), καθώς και τα προσχέδια και περιληπτικά το περιεχόμενο της "*Περιγραφής*" του σχεδίου πόλης της Αθήνας των Κλεάνθη και Schaubert.

Με τη φιλική έγκριση της τότε (1990) εφόρου της Πρώτης Εφορείας Βυζαντινών Αρχαιοτήτων στην Αθήνα κυρίας Ε. Μανωλέσσου και με την υποστήριξη του αρχιτέκτονος της Εφορείας κυρίου Ν. Δεληνικόλα ερευνήσαμε τα αρχεία της Εφορείας όπου εφυλάσσοντο από καιρό τεκμήρια σχετικά με την Αθήνα. Εδώ λοιπόν ευρέθησαν αφ' ενός μεν μία σειρά σχεδίων, αφ' ετέρου δε προσχέδια εν είδει σκαριφημάτων και ένα ανυπόγραφο χειρόγραφο κείμενο της "*Περιγραφής*" του σχεδίου πόλης της Αθήνας, των Κλεάνθη και Schaubert σε γερμανική γλώσσα.

Μετά εξαιρετικά ακριβή έλεγχο των υπαρχόντων τεκμηρίων και σύγκριση όσων ενετοπίσθησαν με τα στοιχεία που αναφέρονται στον κατάλογο Ραγκαβή, διεπιστώθη η πλήρης σύμπτωσις μεταξύ τους. Έτσι, μπορούμε σήμερα να ισχυρισθούμε με βεβαιότητα, πως επέζησαν 167 χρόνια με αξιοθαύμαστο τρόπο όλα τα πολεοδομικά κατάλοιπα του Eduard Schaubert που αναφέρονται στην ίδρυση της Αθήνας και του Πειραιά, χωρίς καμία απολύτως απώλεια και πως φυλάσσονται σήμερα στην Αθήνα. Η επιστημονική τους αξιολόγηση ολοκληρώθη ήδη από τον συγγραφέα και τα κατάλοιπα εδημοσιεύθησαν ευρέως σχολιασμένα το 1999 στην Αθήνα σε βιβλίο με τον τίτλο «Εδουάρδος Σάουμπερτ 1804-1860». Λόγω της σημασίας αυτών των τεκμηρίων, δημοσιεύουμε εδώ τον κατάλογο Ραγκαβή, καθώς και επεξηγηματικές πληροφορίες για το περιεχόμενο των πολεοδομικών καταλοίπων του Schaubert.

Υπογεγραμμένος, χειρόγραφος κατάλογος των πολεοδομικών καταλοίπων του Eduard Schaubert από τον Αλ. Ραγκαβή (1960).

Αλέξανδρος προς Νικόλαον Ρίζον Ραγκαβήν· Λωζάννη 14 Φεβρουαρίου 1960.

Σχετικώς προς την από 4ην τρέχοντος επιστολήν μου, δι' ης έστειλα το πρωτότυπον σχέδιον της προς τον πρέσβην Μόστραν επιστολής, 8/3/1956, εσωκλείω αντίγραφον δημοσιεύματος προχείρου που έκαμα εν Λονδίνω, όταν ήνοιξα δια να τα εξασφαλίσω τα δύο δέματα –κύλινδρον και χαρτοφύλακα– με τα *σχέδια Αθηνών του Ε. Schaubert. Δωρηθέντα εις την Ελλάδα* υπό του Γερμανικού Αρχαιολογικού Ινστιτούτου, *ενεργεία του εξόχου φιλέλληνος καθηγητού G. Rodenwaldt.*

1) Έντυπον, έγχρωμον (γαλλιστί) 1837, Λυσιμάχου [sic!] Καφταντζόγλου
2) Έντυπον, (μερικώς έγχρωμον) 1837
3) Έντυπον
4) "Anciennes Athènes avec églises Byzantines" (λιθόγραφον)
5) "Plan d'Athènes en 1820". "Lithographie Royale"
6) Τμήμα ανακτόρων. "Copie gehoerig zu der koenigl. Ordonanz von 22 May/2 Juni 1837" (λιθόγραφον, έγχρωμον).
7) Τμήμα επί ιχνογραφικού χάρτου (με σήμα "I 10" με κυανό μολύβι)
8) Τμήμα επί ιχνογραφικού χάρτου (με σήμα "I 11" με κυανό μολύβι)
9) Τμήμα επί ιχνογραφικού χάρτου (με σήμα "I 12" με κυανό μολύβι)
10) "Plan of antiquities of Athens" (μικρόν) με μελάνην επί ιχνογραφικού χάρτου
11) Λιθόγραφον πλήρες "Σχέδιον της Νέας Πόλεως των Αθηνών" (ενυφασμένον) "Επικυρωμένον από την Ελληνικήν Κυβέρνησιν". Διαγραφέν παρά των Εδ. ΣΧΑΟΥΒΕΡΤ και ΚΛΕΑΝΘΟΥΣ" "Muenchen bei George Jaquet & Athen bei B. Ritz".
12) Ιχνογράφημα του λόφου της Ακροπόλεως (ενυφασμένον)
13) Ενυφασμένον σχεδιάγραμμα έγχρωμον: "λιμήν Πειραιώς". Εις την οπισθίαν όψιν: "E. Schaubert". Με κυανό μολύβι:"I 30, III 1".
14) Ενυφασμένον σχεδιάγραμμα ακτής λιμένος Πειραιώς, Καστέλλας και Μουνυχίας (άνευ γραφής). Ως άνω: "I 31, III 33".
15) Χαρτόνι, σχεδιάγραμμα ως άνω με έγχρωμον σχέδιον Πειραιώς (άνευ γραφής). "I 32, III 27".
16) Εξ σιγαρόχαρτα με ερυθράν επιγραφήν: "TAV. XXXII - IV-V-VI-VII-VIII".

Ο χαρτοφύλαξ περιείχε επί πλέον:

α) χειρόγραφον τεύχος 12 φύλλων με 18 γραπτάς σελίδας και την επιγραφήν: "Erlaeuterung des Planes der Stadt Neu-Athen" και

β) 17 τεύχη με ηριθμημένας σελίδας από 317-437 με σχέδια Αθηνών και περιχώρων, χαραγμένα με μολύβι, εντός χαρτίνου περιβλήματος φέροντος την επιγραφήν δια μελάνης: "Durch E. Schaubert". Τα άνω 17 τεύχη προχείρων σχεδίων, επιγραφόμενα με "V" έχουν ως εξής: 1) 317– 2) 318– 3) 319– 4) 320– 5) 321– 6) 322/3– 7) 324– 8) 325– 9) 326– 10) 327– 11) 328/345– 12) 346/359– 13) 360– 14) 360 δις/377– 15) 378/392– 16) 393/416– 17) 417/437.

(υπογραφή)
Αλέξανδρος Ραγκαβής

Επεξηγηματικές παρατηρήσεις επί του καταλόγου των τεκμηρίων των πολεοδομικών καταλοίπων του Schaubert, μετά από προσωπική έρευνα του συγγραφέως:

- Ο αρ. 1 (εικ. 112) είναι το πρωτότυπο πολεοδομικό σχέδιο που εξεπόνησε ο Λύσανδρος Καυταντζόγλου. Ο Λύσανδρος Καυταντζόγλου εχρησιμοποίησε ως υπόβαθρο τη λιθογραφία του Altenhoven, που απεικονίζει την τότε πραγματική μορφή της Αθήνας. Σχέδιον υπό κλίμακα 1:10.000, υπογεγραμμένο, αχρονολόγητο (χρονολογείται ωστόσο με βεβαιότητα στο 1839). Μνημονεύεται στο άρθρο του Koepp (1890).
- Ο αρ. 2 και αρ. 3 (εικ. 113) είναι δύο ακόμη αντίτυπα της ίδιας λιθογραφίας του Altenhoven, δίχως όμως πρόσθετα στοιχεία. Κλίμαξ 1:10.000. Μνημονεύονται από τον Koepp στο άρθρο του (1890).
- Ο αρ. 4 είναι ένα πρωτότυπο σκαρίφημα της παλαιάς Αθήνας με σημειωμένες όλες τις βυζαντινές εκκλησίες. Σινική μελάνη σε διαφανές χαρτί, κλίμαξ 1:10.000. Ανυπόγραφο, αχρονολόγητο. Στον κατάλογο Ραγκαβή χαρακτηρίζεται εσφαλμένα ως "λιθόγραφον".
- Ο αρ. 5 είναι ένα λιθόγραφο σχέδιο που απεικονίζει την κατάσταση της Αθήνας το 1820. Κλίμαξ 1:4.000. Το σχέδιο τυπώθηκε στο Βασιλικό Τυπογραφείο της Αθήνας το έτος 1837. Ο Κ. Μπίρης εθεώρησε αυτό το σχέδιο ως την έντυπη εκδοχή του τοπογραφικού σχεδίου της Αθήνας, που συνέταξαν οι Κλεάνθης και Schaubert (1832). Μνημονεύεται στο άρθρο του Koepp (1890).
- Ο αρ. 6 (εικ. 17) είναι το πρωτότυπο σχέδιο διαμόρφωσης του χώρου γύρω από τα βασιλικά ανάκτορα (κτήριο του Gaertner), που ενεκρίθη με βασιλικό διάταγμα στις 22 Μαΐου/2 Ιουνίου 1837. Σινική μελάνη, κλίμαξ 1:2.500, ανυπόγραφο και

αχρονολόγητο. Μνημονεύεται στο άρθρο του Koepp (1890).

- Οι αρ. 7,8 και 9 είναι σκαριφήματα υπό κλίμακα 1:2.000, που απεικονίζουν ορισμένες τροποποιήσεις του σχεδίου του Klenze. Σινική μελάνη σε διαφανές χαρτί. Ανυπόγραφα, αχρονολόγητα.
- Ο αρ. 10 είναι ένα πρωτότυπο σκαρίφημα. Πρόκειται για αντιγραφή με ελεύθερο χέρι του αρχαιολογικού χάρτου των Αθηνών του Leake (1821). Σινική μελάνη σε διαφανές χαρτί. Κλίμαξ 1:8.000. Ανυπόγραφο, αχρονολόγητο.
- Ο αρ. 11 (εικ. 42) είναι η λιθογραφημένη οριστική διατύπωση του "Σχεδίου της Νέας Πόλεως των Αθηνών" των Κλεάνθη και Schaubert (1833). Κλίμαξ 1:8.000. Μνημονεύεται στο άρθρο του Koepp (1890).
- Ο αρ. 12 είναι το πρωτότυπο σχέδιο μιας αποτύπωσης της Ακρόπολης και των κτηρίων της. Μολύβι σε χαρτί. Κλίμαξ 1:1.250. Ανυπόγραφο και αχρονολόγητο. (Ο Koepp στο άρθρο του αναφέρει ένα "σχέδιο της Ακρόπολης υπό κλίμακα 1:1.000")
- Ο αρ. 13 είναι το πρωτότυπο σχέδιο πόλης του Πειραιά. Σινική μελάνη και ακουαρέλα. Κλίμαξ 1:2.500. Υπογραφή στην οπίσθια όψη: E. Schaubert. Αχρονολόγητο. Μνημονεύεται στο άρθρο του Koepp (1890).
- Ο αρ. 14 είναι πρωτότυπο σχέδιο της τοπογραφικής αποτύπωσης του Πειραιά και των γειτονικών λιμανιών. Σινική μελάνη, κλίμαξ 1:10.000. Ανυπόγραφο και αχρονολόγητο.
- Ο αρ. 15 είναι είναι πρωτότυπο σχέδιο πόλης του Πειραιά και των γειτονικών λόφων (ημιτελές προσχέδιον). Κλίμαξ 1:7.500. Σινική μελάνη. Ανυπόγραφο και αχρονολόγητο.
- Ο αρ. 16 ("εξ σιγαρόχαρτα") είναι έξι άγραφα φύλλα λεπτού διαφανούς χαρτιού (δηλαδή προστατευτικού χάρτου που τοποθετείται ανάμεσα στα σχέδια) από τη μεταγενέστερη δημοσίευση"Monumenta Pompeiana".

Τα προαναφερθέντα σχέδια από τα κατάλοιπα του Schaubert εφυλάσσοντο όντως σε ένα μεγάλο φάκελλο (από χαρτόνι) με τον τυπωμένο τίτλο: "Monumenta Pompeiana. Napoli. Tav. I-LXXV". Στο εξώφυλλο του φακέλλου υπάρχει η σφραγίδα του Αρχαιολογικού Μουσείου του Πανεπιστημίου του Breslau. Αυτή είναι μια πρόσθετη απόδειξη ότι πρόκειται για τα πολεοδομικά κατάλοιπα του E. Schaubert από το Breslau.

Το "χειρόγραφο τεύχος" που αναφέρεται στον κατάλογο είναι η πρωτότυπη αρχική διατύπωση (σε γερμανική γλώσσα) του μνημονίου "*Περιγραφή...*" (Erlaeuterung) του σχεδίου των Κλεάνθη και Schaubert (βλ. απόδοσή του στην Ελληνική στο τεκμήριο Δ του παρόντος κεφαλαίου)· Το κείμενο αυτό (Τεκμήριο C του 2ου κεφαλαίου της γερμανικής έκδοσης της παρούσης μελέτης) με εξαίρεση μερικές ασήμαντες παρεκλίσεις ταυτίζεται με το χειρόγραφο αντίγραφο του ιδίου κειμένου (σε γερμανική γλώσσα), που φυλάσσεται στην Βαυαρική Κρατική Βιβλιοθήκη στο Μόναχο, στη συλλογή Klenzeana (εικ. 35) (τεκμήριο B του 2ου κεφαλαίου της γερμανικής έκδοσης της παρούσης μελέτης). Και τα δύο κείμενα (τόσο εκείνο της Αθήνας όσο και του Μονάχου) είναι ανυπόγραφα και αχρονολόγητα. Κατά τη γνώμη μας όμως το κείμενο της Αθήνας (παλαιότερα του Breslau) πρέπει να είναι το πρωτότυπο κείμενο γραμμένο από το χέρι του Schaubert. Σ' αυτό συνηγορούν οι πολυάριθμες χειρόγραφες διαγραφές και διορθώσεις. Το κείμενο του Μονάχου αντίθετα είναι ένα άψογο χειρόγραφο αντίγραφο, που πρέπει να έφερε στη Γερμανία ο Klenze γυρίζοντας από την Ελλάδα.

Τα αναφερόμενα τέλος στον κατάλογο "17 τεύχη με ηριθμημένας σελίδας" είναι τυλιγμένα σε φαιό χαρτί περιτυλίγματος, το οποίο φέρει την επιγραφή "Aufnahme des Planes der Stadt Athen durch E. Schaubert" (Αποτύπωση της πόλης των Αθηνών υπό E. Schaubert). Πρόκειται σαφώς για τα πολυάριθμα (117 συνολικά) επιμέρους σκαριφήματα για τη σύνθεση του μεγάλου τοπογραφικού διαγράμματος της Αθήνας, που συνέταξαν οι Κλεάνθης και Schaubert. Όλα τα σχέδια έχουν σχεδιασθεί με μολύβι σε χαρτί σχεδίου με την υδατογραφία "GBC AL MASSO". Μεταξύ αυτών είναι 11 μεμονωμένα φύλλα 43×31 εκ. και έξι τεύχη 21×15 εκ. (που περιέχουν τα υπόλοιπα 106 σχέδια). Τα έξι τεύχη είναι αριθμημένα και έχουν τους εξής τίτλους: N1, Stadt [Πόλη]/N2, Stadt /N3, Umgegend [Περίχωρα] /N4, Umgegend/N5, Umgegend /N6, Nachholungen [Συμπληρώσεις].

Στα πολεοδομικά κατάλοιπα του Schaubert στην Αθήνα, εκτός από τα προαναφερθέντα τεκμήρια, υπάρχουν και δύο μεγάλα πρωτότυπα σχέδια με σινική μελάνη και ακουαρέλα, αμφότερα ανυπόγραφα και αχρονολόγητα (που δεν συμπεριλαμβάνονται στον κατάλογο του Ραγκαβή). Από το περιεχόμενο όμως των σχεδίων αυτών συνάγεται σαφώς ότι το πρώτο σχέδιο (107×163 εκ.) υπό κλίμακα 1:2.000 είναι, όπως προανεφέρθη, το πρωτότυπο σχέδιο της τοπογραφικής αποτύπωσης της Αθήνας που έκαναν οι Κλεάνθης και Schaubert το 1832 (εικ. 34), ενώ το δεύτερο σχέδιο (142×145 εκ.) υπό κλίμακα 1:1.250 είναι η τοπογραφική αποτύπωση της Αθήνας που εξεπόνησε ο αρχιτέκτων του Δήμου F. Stauffert το 1836 (αντίγραφο του σχεδίου στην εικ. 19).

Τα αναφερόμενα στο άρθρο του Koepp (1890) σχέδια πόλης (προτάσεις ή αποτυπώσεις;) των πόλεων Κορίνθου, Ερετρίας, Θηβών, Ελευσίνος, Μεγάρων, Σπάρτης, Μεσολογγίου, Στυλίδος και Αμφίσσης, τα οποία επίσης αναφέρει ως ευρισκόμενα μεταξύ των καταλοίπων του Schaubert, ούτε στον κατάλογο του Ραγκαβή περιέχονται ούτε στην Εφορεία ευρίσκονται.

ΟΙ ΔΙΑΦΟΡΕΣ ΣΧΕΔΙΑΣΤΙΚΕΣ ΠΑΡΑΛΛΑΓΕΣ ΤΟΥ ΣΧΕΔΙΟΥ

Μέχρι σήμερα, 167 χρόνια μετά από την εκπόνηση του σχεδίου, δεν διαθέτουμε όλα τα πρωτότυπα σχέδια των διαφόρων παραλλαγών της αρχικής πρότασης για την Αθήνα. Μετά από την ανακάλυψη του πρωτότυπου αρχικού σχεδίου (του λεγόμενου "σχεδίου του Βερολίνου") από τη Margarete Kuehn το 1979 παραμένουν ανεύρετες οι εξής τρεις παραλλαγές του σχεδίου[93]:

1. Το εγκριθέν στις 7/19 Οκτωβρίου 1833 (για δεύτερη φορά) και ελαφρώς τροποποιημένο σχέδιο
2. Το πρωτότυπο σχέδιο της δημοσιευμένης στην Αθήνα λιθογραφίας και
3. Η λεγόμενη παραλλαγή "των βασιλικών αρχείων".

Αντίθετα, έγινε δυνατή η ταύτιση των εξής πρωτοτύπων σχεδίων, στα οποία έχει σήμερα πρόσβαση η έρευνα:

1. Το αρχικό σχέδιο (δηλαδή το λεγόμενο "σχέδιο του Βερολίνου") (εικ. 36)

Χειρόγραφο υπόμνημα (σε γερμανική γλώσσα): "Το σχέδιο ανοικοδόμησης της νέας Αθήνας που συνέταξαν οι Κλεάνθης και Schaubert εμφαίνεται με ανοιχτόχρωμη κόκκινη σινική μελάνη, τα κύρια κτήρια με βαθύ κόκκινο, η περίμετρος της σημερινής πόλης καθώς και οι καλύτερα διατηρημένοι ναοί και τα τζαμιά με ιώδες. Σχέδιο του Leake 1821, σχέδιο των Schaubert και Κλεάνθη 1831-1832". Ανυπόγραφο και αχρονολόγητο. Το σχέδιο αποτελείται από ένα απόσπασμα του αρχαιολογικού χάρτου των Αθηνών του Leake (από το βιβλίο του *The Topography of Athens,* 1821), στο οποίο είναι κολλημένο (σαν επέκταση) ένα σκαρίφημα του νέου σχεδίου της πόλης. Οι οδικοί άξονες στην παλαιά πόλη είναι επισχεδιασμένοι επί του τοπογραφικού διαγράμματος του Leake. Έγχρωμη σινική μελάνη. 40,2×42,7 εκ. (εσωτερικές διαστάσεις 32,3×34,3 εκ.). Κλίμαξ: 1:8.000. Βορράς προς τα άνω. Ονόματα οδών στα Ελληνικά. Κρατικά ανάκτορα και κήποι, Potsdam-Sanssouci. Αρ. καταλόγου Κ ΧΙΧ 1574. Το σχέδιο αυτό εδημοσίευσε για πρώτη φορά η Margarete Kuehn στο άρθρο της: *Schinkel und der Entwurf seiner Schueler Schaubert und Kleanthes fuer die Neustadt Athen*, 1979.

2. Το πρωτότυπο του εγκριθέντος στις 29 Ιουνίου/11 Ιουλίου 1833 από την αντιβασιλεία σχεδίου πόλης (εικ.57)

Τίτλος (σε ελληνική γλώσσα): "Σχέδιον της νέας πόλεως των Αθηνών, διαταγή της διοικητικής επιτροπής, διαγραφέν παρά των αρχιτεκτόνων της Κυβερνήσεως Στ. Κλεάνθους και Εδ. Σχάουβερτ.

Ναύπλιον 29 Ιουνίου / 11 Ιουλ. 1833".

Υπογραφή: Armansperg, Maurer, Heideck.

Σινική μελάνη σε χαρτί (ενυφασμένο). 154×182 εκ.

Κλίμαξ: 1:2.000. Βορράς προς τα άνω. Υπόμνημα και εγγραφές στα Ελληνικά.

Δημοτική Βιβλιοθήκη Αθήνας.

Δημοσιευμένο για πρώτη φορά στο έργο του Κ. Μπίρη: "*Αι Αθήναι από του 19ου εις τον 20όν αιώνα*", Αθήνα 1966.

Σημ.: Το σχέδιο αυτό πρέπει κατά πάσα πιθανότητα να ταυτίζεται με το σχέδιο της πολεοδομικής υπηρεσίας του δήμου της Αθήνας που αναφέρει ο Κ. Μπίρης.

3. Το πρωτότυπο μιας παραλλαγής του σχεδίου (δηλαδή της λεγόμενης παραλλαγής DAI) (εικ. 58)

Χωρίς υπόμνημα, ανυπόγραφο, αχρονολόγητο και ανεπικύρωτο. Μολύβι, σινική μελάνη και ακουαρέλα σε χαρτί ενυφασμένο. Διαστάσεις: 68,25×94 εκ. Κλίμαξ: 1:4.000. Βορράς προς τα κάτω. Υπόμνημα και εγγραφές στα Ελληνικά. Συλλογή σχεδίων του Γερμανικού Αρχαιολογικού Ινστιτούτου στην Αθήνα (DAI). Αρ. καταλόγου: ATH. VARIA 983.

Πρώτη φορά δημοσιευμένο στο έργο του Κ. Μπίρη: "*Αι εκκλησίαι των παλαιών Αθηνών*", Αθήνα 1940.

4. Το πρωτότυπο σχέδιο του δημοσιευμένου στο Μόναχο (από τον Georges Jaquet) λιθόγραφου σχεδίου[94], το οποίο κατά πάσα πιθανότητα χρησίμευσε επίσης και για την εκτύπωση του σχεδίου στην Αθήνα (από τον Β. Ritz) (εικ. 42)

Τίτλος (σε ελληνική γλώσσα): "Σχέδιον της νέας πόλεως των Αθηνών, επικυρωμένον από την Ελληνικήν Κυβέρνησιν τω 1833, 29 Ιουνίου /11 Ιουλίου. Διαγραφέν υπό Κλεάνθους και Σχάουβερτ". Το σχέδιο έχει διακοσμητικό πλαίσιο με τα εξής μεμονωμένα αξιοθέατα και μνημεία: Πρόπυλο της Αθηνάς Αρχηγέτιδος στη Ρωμαϊκή Αγορά, το μνημείο του Λυσικράτους, τον Παρθενώνα, τον λεγόμενο "μικρό μητροπολιτικό ναό", την Πύλη του Αδριανού, τον Πύργο των Ανέμων, το Θησείο (Ηφαιστείον), το Φετιχιέ τζαμί, καθώς και μία πανοραμική άποψη της Αθήνας από τα νοτιοανατολικά.

Υπόμνημα κτηρίων: Α-Β: δημόσια καταστήματα της νέας πόλεως. I-XXXIX: αρχαία μνημεία. 1-92: ναοί και τζαμιά. Μολύβι και σινική μελάνη σε χαρτί. 46,8× 61,1 εκ. Κλίμαξ: 1:8.000. Βορράς προς τα κάτω. Υπόμνημα και εγγραφές στα Ελληνικά. Κρατική Συλλογή Γραφικών Τεχνών του Μονάχου. Αρ. καταλόγου 27119.

Η λιθογραφία εδημοσιεύθη για πρώτη φορά στο έργο του Ι. Τραυλού: "*Η πολεοδομική εξέλιξις των Αθηνών*", Αθήνα 1960.

Σε παλαιότερες δημοσιεύσεις οι τρεις ερευνητές της πολεοδομικής ιστορίας της Αθήνας Κωνσταντίνος Μπίρης, Hans Hermann Russack και Όλγα Φουντουλάκη δίνουν διάφορες πληροφορίες για τα υπάρχοντα ή και απωλεσθέντα πρωτότυπα, αντίτυπα ή παραλλαγές του σχεδίου των Κλεάνθη και Schaubert, τις οποίες παρουσιάζουμε για σύγκριση εδώ συνοπτικά:

Ο Κωνσταντίνος Μπίρης το έτος 1933 αναφέρει ότι:

1. Το πρωτότυπο του σχεδίου της Αθήνας εχάθη.
2. Αντίγραφό του υπάρχει στην Υπηρεσία "Σχεδίων Πόλεων" του Υπουργείου Συγκοινωνιών· κλίμαξ: 1:2.000.
3. Άλλο αντίγραφό του ευρίσκεται στην Πολεοδομική Υπηρεσία του δήμου της Αθήνας, κλίμαξ: 1:2.000.
4. Τρίτο αντίγραφό του ευρίσκεται στο τμήμα "Σχεδίων Πόλεων" του Νομού Αττικής και Βοιωτίας· κλίμαξ: 1:2.000. (Σημ.: τα σχέδια 2,3,4 αναφέρονται χωρίς κανένα άλλο στοιχείο για τη συγκεκριμένη παραλλαγή την οποία απεικονίζουν).
5. Μια παραλλαγή του σχεδίου "από τα βασιλικά αρχεία" (εικ. 53) υπό κλίμακα 1:4.000, δεν σώζεται πλέον.

Ο Κωνσταντίνος Μπίρης το έτος 1940 αναφέρει ότι:

6. Μια παραλλαγή του σχεδίου υπάρχει στο Γερμανικό Αρχαιολογικό Ινστιτούτο στην Αθήνα (DAI) υπό κλίμακα 1:4.000.

Ο Hans Hermann Russack το έτος 1942 αναφέρει ότι:

1. Το πρωτότυπο του σχεδίου της Αθήνας εχάθη
2. Αντίγραφό του ευρίσκεται στο τμήμα "Σχεδίων Πόλεων" του ελληνικού υπουργείου Εσωτερικών, μετέπειτα υπουργείου συγκοινωνιών και δημοσίων έργων· (δίχως άλλα στοιχεία για την παραλλαγή και την κλίμακα του σχεδίου).

3. Αντίγραφό του με σημειώσεις του E. Schaubert ευρίσκεται στο Αρχαιολογικό Μουσείο του Πανεπιστημίου του Breslau.
   (Σημ.: πρόκειται για περεξήγηση. Σύμφωνα με τον L. Ross –βλ. *Koenigsreisen* 1, σελ. 3,1– τα κατάλοιπα του Schaubert στο Breslau περιελάμβαναν αντίτυπο της λιθογραφίας του σχεδίου και όχι το πρωτότυπο σχέδιο).
4. Παραλλαγή του σχεδίου ευρίσκεται στο Γερμανικό Αρχαιολογικό Ινστιτούτο στην Αθήνα (DAI), κλίμαξ 1:4000.
5. Υπάρχει επίσης μια λιθογραφία που έγινε στο Μόναχο σε μικρότερη κλίμακα.

Η Όλγα Φουντουλάκη το έτος 1979 αναφέρει ότι:

1. Το πρωτότυπο σχέδιο της αρχικής σχεδιαστικής διατύπωσης, (δηλαδή το λεγόμενο σχέδιο του Βερολίνου) ευρίσκεται στην αίθουσα σχεδίων των Κρατικών ανακτόρων και κήπων, Potsdam, Sanssouci.
2. Το πρωτότυπο σχέδιο της δεύτερης σχεδιαστικής διατύπωσης (δηλαδή το σχέδιο που ενεκρίθη στις 29 Ιουνίου/11 Ιουλίου 1833) έχει απωλεσθεί.
3. Το πρωτότυπο σχέδιο του δημοσιευμένου δια λιθογραφίας στο Μόναχο σχεδίου ευρίσκεται στην Κρατική Συλλογή Γραφικών Τεχνών του Μονάχου.
4. Παραλλαγή του σχεδίου υπάρχει στο Γερμανικό Αρχαιολογικό Ινστιτούτο στην Αθήνα (DAI).
5. Μια λιθογραφία που έγινε στην Αθήνα υπάρχει στη βιβλιοθήκη της εν Αθήναις Αρχαιολογικής Εταιρείας.

Οι ως άνω πληροφορίες των τριών συγγραφέων παρουσιάζουν ουσιώδη κενά που προσπαθήσαμε να καλύψουμε και περιέχουν λανθασμένα στοιχεία που προσπαθήσαμε να διορθώσουμε με βάση τα πορίσματα της νεώτερης έρευνας.

ΣΗΜΕΙΩΣΕΙΣ ΤΟΥ ΚΕΦΑΛΑΙΟΥ 2

1. Ο Σταμάτιος Κλεάνθης (1802-1862) (εικ. 23) εγεννήθη στον Βελβενδό της Δυτικής Μακεδονίας, εφοίτησε σε σχολείο στο Βουκουρέστι και το 1821 έγινε μέλος του Ιερού Λόχου, που ίδρυσε ο πρίγκιψ Αλέξανδρος Υψηλάντης, με 400 περίπου εθελοντές και ο οποίος απεδεκατίσθη σχεδόν ολοσχερώς στη μάχη του Δραγατσανίου στις 7.6.1821. Ο Κλεάνθης ήταν ένας από τους ελάχιστους που επέζησαν, αλλά έπεσε αιχμάλωτος στα χέρια των Τούρκων και επρόκειτο να μεταφερθεί μαζί με 45 ακόμα συντρόφους του στην Κωνσταντινούπολη για να εκτελεσθεί δημοσίως. Κατόρθωσε όμως να δραπετεύσει και να φθάσει στη Βιέννη. Επειδή εκεί δεν αισθανόταν ασφαλής κάτω από τον έλεγχο της αυστριακής μυστικής αστυνομίας, πήγε στη Λειψία, όπου άρχισε να σπουδάζει αρχιτεκτονική. Αργότερα, από το 1827 τον βρίσκουμε να σπουδάζει αρχιτεκτονική στην Αρχιτεκτονική Ακαδημία του Βερολίνου, όπου ήταν μαθητής του Karl Friedrich Schinkel. Το 1828 πήρε μέρος στους μηνιαίους διαγωνισμούς του Συλλόγου Αρχιτεκτόνων του Βερολίνου και κέρδισε το βραβείο στο θέμα "Jagdschloss" (κυνηγετικό περίπτερο). Όπως φαίνεται από μία συστατική επιστολή του δασκάλου του, ο Schinkel εκτιμούσε πολύ τον μαθητή του. Στο Βερολίνο ο Κλεάνθης εγνώρισε τον Eduard Schaubert με τον οποίο τον συνέδεσε μια πολύχρονη φιλία και επαγγελματική συνεργασία, που ωδήγησε στην από κοινού εκπόνηση του σχεδίου της Αθήνας, καθώς και άλλων πολεοδομικών σχεδίων (π.χ. του Πειραιώς). Από το 1835, ο Κλεάνθης ηργάσθη ως αρχιτέκτων ελεύθερος επαγγελματίας και αργότερα ως επιχειρηματίας. Από τα αρχιτεκτονικά του σχέδια για δημόσια κτήρια (όπως π.χ. για το πολιτικό νοσοκομείο και μια ορθόδοξη εκκλησία στον Πειραιά, το Πανεπιστήμιο και το Αρσάκειο στην Αθήνα) δεν επραγματοποιήθη κανένα, πράγμα που εν μέρει οφείλεται στον αποξενωμένο στο μεταξύ από αυτόν Schaubert, ο οποίος ως διευθυντής της αρχιτεκτονικής υπηρεσίας του υπουργείου εσωτερικών απέρριπτε τα σχέδιά του. Ωστόσο, ο Κλεάνθης σχεδίασε πολυάριθμα κτήρια για ιδιώτες, μεταξύ των οποίων την έπαυλη της Sophie de Marbois, δούκισας της Πλακεντίας, στην οποία σήμερα στεγάζεται το Βυζαντινό Μουσείο. Το επίσης για τη δούκισσα σχεδιασμένο ανάκτορο Ροδοδάφνη στην Πεντέλη έμεινε ημιτελές. Ο Κλεάνθης προσεπάθησε αργότερα να κάνει εξαγωγές ελληνικών μαρμάρων στην Ευρώπη και γι' αυτό το σκοπό εξησφάλισε άδειες εξόρυξης στην Πάρο, στην Τήνο και στην Πεντέλη. Η επιχείρηση όμως δεν απέφερε τα κέρδη που ήλπιζε και στοίχισε στον Κλεάνθη το μεγαλύτερο μέρος της περιουσίας του. Τουλάχιστον όμως κατόρθωσε να καταγράψει στο ενεργητικό του μερικές τιμητικές αναγνωρίσεις που του προσέδωσαν κύρος: παριανό μάρμαρο εχρησιμοποιήθη για την επέκταση του Λούβρου, πεντελικό για τη σκάλα των βασιλικών ανακτόρων στην Αθήνα, και το 1851 στη Διεθνή Έκθεση του Λονδίνου ετιμήθη για το πράσινο τηνιακό μάρμαρο με χρυσό μετάλλιο. Τελικά το εμπόριο μαρμάρου προεκάλεσε και τον θάνατό του. Ο Κλεάνθης, που επέβλεπε προσωπικά τις εργασίες λατόμευσης, τον Μάρτιο του 1862 ετραυματίσθη βαριά σε ένα ατύχημα στην Πάρο και δεν μπόρεσε να σωθεί. Απέθανε στις 19 Απριλίου το 1862 στην Αθήνα. Με τη ζωή και το έργο του Κλεάνθη ησχολήθη πολύ διεξοδικά η Όλγα Φουντουλάκη στη διατριβή της *Stamatios Kleanthes 1802-1862. Ein griechischer Architekt aus der Schule Schinkels*, Karlsruhe 1979.
2. Ο Eduard Schaubert (1804-1860) (εικ. 24) εγεννήθη στο Breslau και εσπούδασε αρχιτεκτονική στην Ακαδημία Αρχιτεκτονικής (Bauakademie) του Βερολίνου ως μαθητής του Schinkel. Σ' αυτόν τον κύκλο εγνώρισε τον Σταμάτιο Κλεάνθη, με τον οποίο έμελλε να συνδεθεί με πολύχρονη φιλία και επαγγελματική συνεργασία. Την άνοιξη του 1829 έκαναν ένα εκπαιδευτικό ταξίδι στη Ρώμη, όπου στον εκεί καλλιτεχνικό κύκλο εγνώρισαν μεταξύ άλλων και τον στρατηγό Heideck, μετέπειτα μέλος της αντιβασιλείας στην Ελλάδα, ο οποίος τους έδωσε μία συστατική επιστολή για τον τότε Έλληνα κυβερνήτη Ιωάννη Καποδίστρια. Ο Καποδίστριας προσέλαβε τους δυο νεαρούς αρχιτέκτονες (τους οποίους συνέστηνε πάρα πολύ θερμά και ο Schinkel) ως αρχιτέκτονες της Κυβέρνησης και τους ανέθεσε τις πρώτες τους εργασίες στην Αίγινα, πρωτεύουσα τότε της Ελλάδος. Τον Νοέμβριο του 1831 εζήτησαν άδεια να έλθουν στην Αθήνα, όπου ηγόρασαν στη βόρεια πλαγιά της Ακρόπολης ένα ερειπωμένο σπίτι, που επεσκεύασαν και μετέτρεψαν σε εργαστήριό τους. Σ' αυτό το σπίτι (σήμερα Μουσείο του Πανεπιστημίου) εστεγάζετο κατά τα πρώτα έτη της λειτουργίας του (1837-1842) το Πανεπιστήμιο Αθηνών. Μολονότι δεν είχε ακόμα αποφασισθεί εάν πρωτεύουσα του ελληνικού βασιλείου θα ήταν η Αθήνα ή όχι (ο Όθων έφθασε στο Ναύπλιο μόλις τον Φεβρουάριο του 1833), οι Κλεάνθης και Schaubert ήδη από το 1831 ασχολούνται με την τοπογραφική αποτύπωση της Αθήνας και των περιχώρων της, χωρίς να τους έχει ανατεθεί το έργο επισήμως. Τον Μάιο του 1832 τους ανετέθη η εκπόνηση του σχεδίου της Αθήνας από τη διοικητική επιτροπή. Επειδή αυτό το σχέδιο εθεωρήθη πολύ μεγαλόπνοο και η εφαρμογή του θα είχε απαιτήσει

τεράστια ποσά αποζημιώσεων, οι δυο αρχιτέκτονες κατηγορήθησαν για ανορθολογισμό και κερδοσκοπία επί της γης· έτσι η αντιβασιλεία αναθεώρησε την απόφασή της και εζήτησε από τον Βασιλέα Λουδοβίκο Α' της Βαυαρίας να στείλει τον Klenze για να προσαρμόσει το σχέδιο στα επιχώρια δεδομένα. Αφού οι Κλεάνθης και Schaubert δεν απεδέχθησαν τις τροποποιήσεις του Klenze, υπέβαλαν τον Νοέμβριο του 1834 την παραίτησή τους από τη θέση αρχιτεκτόνων της Κυβέρνησης, αλλά συνέχισαν να συνεργάζονται στο έργο αποκατάστασης των μνημείων της Ακρόπολης. Φαίνεται όμως πως ο Κλεάνθης εγκατέλειψε αυτή την εργασία σχετικά νωρίς, διότι αμέσως μετά ως υπεύθυνοι του έργου αναφέρονται μόνον οι Ludwig Ross, Eduard Schaubert και Christian Hansen. Η σπουδαιότερη συμβολή τους είναι η αναστήλωση του ναού της Απτέρου Νίκης που περιγράφεται στη δημοσίευση *Die Akropolis von Athen nach den neuesten Ausgrabugen*, Berlin 1839.

Στα τέλη του 1834 ο Schaubert εχώρισε από τον Κλεάνθη λόγω οικονομικών διαφορών και έγινε Προϊστάμενος Αρχιτέκτων (Oberarchitekt), δηλαδή διευθυντής της αρχιτεκτονικής υπηρεσίας του υπουργείου εσωτερικών και υπουργικός σύμβουλος. Παράλληλα με τη δραστηριότητά του ως αρχιτέκτων ασχολείται με την αρχαιολογία και είναι ένας από τους πρώτους που εφιστά την προσοχή στην πολυχρωμία των αρχαίων ναών και γλυπτών.

Μετά την Επανάσταση της 3ης Σεπτεμβρίου του 1843 ο Schaubert, όπως και όλοι οι άλλοι αλλοδαποί, απολύεται από την κρατική υπηρεσία. Αφού ρύθμισε τις προσωπικές του υποθέσεις και ενώ ήταν έτοιμος να γυρίσει στην πατρίδα του, το 1845 η διοίκηση του Μουσείου του Βερολίνου του ανέθεσε διάφορες ερευνητικές εργασίες, οι οποίες τον κράτησαν στην Ελλάδα μέχρι το 1848. Κατά το διάστημα αυτό, κύρια ασχολία του ήταν η επιστασία παραγωγής γύψινων εκμαγείων αρχαίων γλυπτών, ενώ έτρεφε την ελπίδα ότι θα μπορούσε να παραμείνει μόνιμα στην Ελλάδα, ελπίδα που όμως, παρά την καλοπροαίρετη υποστήριξη του Γενικού Διευθυντή των Μουσείων του Βερολίνου von Olfers και τη βοήθεια του προξένου της Πρωσίας στη Αθήνα von Werther, παρέμεινε ανεκπλήρωτη μέχρι τα γεγονότα του 1848, οπότε ο Schaubert εγκατέλειψε οριστικά την Ελλάδα.

Μετά την επιστροφή του στο Breslau έζησε αποτραβηγμένος και απασχολούμενος μέχρι τον θάνατό του με την αρχιτεκτονική σύνθεση και με τη σπουδή της ελληνικής αρχαιότητος.

3. Κατά τα έτη 1831-32 η Αθήνα ήταν ακόμα υπό τουρκική διοίκηση, η οποία δεν επέτρεπε ούτε την είσοδο στην Ακρόπολη ούτε την τοπογραφική αποτύπωση της πόλης. Γι' αυτό οι Κλεάνθης και Schaubert είχαν πάρει ειδική άδεια, όπως φαίνεται από την πιστοποίηση της 10ης Ιουλίου 1836. Μια άλλη πιστοποίηση με ημερομηνία 5 Ιουλίου 1836 επιβεβαιώνει πως εγκατεστάθησαν στην Αθήνα το καλοκαίρι του 1831 και πως "ήρχισαν ευθύς να ασχολούνται αυθορμήτως εις τα περί του σχεδίου της πόλεως, χωρίς να λάβωσι παρ' αυτής καμίαν διαταγήν ούτε μέσα χρηματικά" (Γενικά Αρχεία του Κράτους, Αθήνα, Υπουργείο Εσωτερικών, φάκελλος 220· βλ. τεκμήριον 49 συλλογής "Κειμένων").

4. "Πριν από τρία περίπου χρόνια ήλθαν στην Ελλάδα δυο νεαροί αρχιτέκτονες σπουδασμένοι πρώτα στο Βερολίνο και έπειτα στην Ιταλία, ο κύριος Schaubert από το Breslau και ο κύριος Κλεάνθης από τη Θεσσαλία. Απετάνθησαν στον Κυβερνήτη, που εκείνο τον καιρό είχε την έδρα του στην Αίγινα, και αυτός τους έδωσε μια θέση και κάποια απασχόληση. Όταν έπειτα ο κόντες Ιωάννης μετέθεσε την έδρα του στο Ναύπλιο, αυτοί έμειναν αρχικά στην Αίγινα για να αποπερατώσουν μερικά δημόσια κτήρια. Ύστερα όμως, κουρασμένοι από τις πιέσεις του κυκλοθυμικού δυνάστη και τις δολοπλοκίες των οργάνων του, δηλαδή κυρίως του Μουστοξύδη, υπέβαλαν την παραίτησή τους, όπως είχαν κάνει ήδη δυο φορές στο παρελθόν, και εστράφησαν προς την Αθήνα. Εδώ, λόγω του προφανούς μίσους του Κυβερνήτη για τη γενέτειρα ενός Αρμοδίου και ενός Αριστογείτονος, δεν μπορούσαν βέβαια να ελπίζουν πως κάτω από τη γερά θεμελιωμένη, όπως φαινόταν τότε, εξουσία του Καποδίστρια θα ήταν ποτέ δυνατό να γίνει κάτι σημαντικό για την Αθήνα· παρ' όλα αυτά, ορμώμενοι από καθαρή αγάπη προς το αντικείμενο και με δικά τους, σημαντικά έξοδα εξεκίνησαν τη σύνταξη σε πολύ μεγάλη κλίμακα ενός τοπογραφικού σχεδίου της Αθήνας και των πλησιέστερων περιχώρων της, στηριγμένου σε ακριβείς καταμετρήσεις, και ησχολήθησαν με προτάσεις για την ίδρυση μιας νέας πόλης. Το έργο τους είχε φθάσει σχεδόν στο αίσιο τέλος του όταν, πριν από τέσσερεις μήνες, η παρούσα Προσωρινή Κυβέρνηση της Ελλάδος διώρισε πάλι ως αρχιτέκτονες της κυβέρνησης τους κυρίους Schaubert και Κλεάνθη και τους ανέθεσε επίσημα τις προαναφερθείσες εργασίες, αφού ο Ιωάννης Καποδίστριας ευρήκε τον Αρμόδιο και τον Αριστογείτονά του και η γελοία σκιώδης εξουσία του Αυγουστίνου [αδελφού του Καποδίστρια] διελύθη εις τα εξ ων συνετέθη. Έναν μήνα αργότερα διωρίσθη από την Κυβέρνηση και ο κύριος Lueders, ο οποίος προς το παρόν ασχολείται με την καταμέτρηση και τοπογράφηση λιμανιών." (Βλ. Ludwig Ross, *Erinnerungen und Mittheilungen aus Griechenland*, σελ. 151. Πρώτη δημοσίευση στο *"Blaetter fuer literarische Unterhaltung"*, 1833, τ. 26, 27).

5. Αυτή η πρώτη διατύπωση του σχεδίου, σύμφωνα με όλες τις ενδείξεις, υπεβλήθη στον νεαρό Βασιλέα και στην αντιβασιλεία μετά την άφιξή τους στο Ναύπλιο, χωρίς όμως να εγκριθεί αμέσως, όπως φαίνεται από επιστολή του Κλεάνθη (στα Ελληνικά) με αποδέκτη τον Friedrich Tiersch στο Μόναχο και ημερομηνία 3 Απριλίου 1833.

   "Ημείς εσχεδιάσαμεν την μέλλουσαν καθέδραν του βασιλείου της Ελλάδος εις τας κλεινάς Αθήνας. Επαρουσιάσαμεν το σχέδιόν μας εις τον Βασιλέα και αντιβασιλείαν, το ήρεσαν και περιμένουν τον εδώ [εις τας Αθήνας] ερχομόν των για ν' αποφασίσουν τα συμφερώτερα. Όλοι οι Έλληνες λυπήθησαν μαθόντες, ότι δεν ήλθατε μαζί με τον Βασιλέα, όλοι μας παρηγορούν ότι θέλετε έλθη μετ' ολίγον ως έδει."

6. Βασιλικόν διάταγμα 29.6./11.7 1833 *"Wiedererbauung der Stadt Athen und die Verlegung der Residenz dorthin betreffend"* (Περί ανοικοδομήσεως της πόλης των Αθηνών και μεταθέσεως της καθέδρας του Βασιλέως σε αυτή την πόλη).

7. Σε ένα χειρόγραφο εκτενές σημείωμα του 1921 (σήμερα στο Μουσείο Μπενάκη στην Αθήνα) για την πολεοδομική εξέλιξη της Αθήνας κατά τον 19ο και 20ό αιώνα, το οποίο συνέταξε η συγκροτηθείσα το έτος 1919 πολεοδομική επιτροπή αναθεωρήσεως του σχεδίου πόλεως των Αθηνών (η λεγόμενη "Επιτροπή Καλλιγά") παρατηρείται (σελ. 27):

   "Αι συνοδεύουσαι το σχέδιο αυτό [Κλεάνθη και Schaubert] διασαφητικαί παρατηρήσεις δεν περιήλθον εις γνώσιν της Επιτροπής του Σχεδίου Αθηνών". Η επιτροπή μνημονεύει στη συνέχεια ότι τα μειονεκτήματα του πρώτου σχεδίου της είναι γνωστά από τα έργα του Leo von Klenze, *Aphoristische Bemerkungen...* και του Georg von Maurer, *Das griechische Volk...*

8. Έτσι στο βασιλικό διάταγμα με ημερομηνία 6/18 Ιουλίου 1833, με το οποίο εγκρίνεται το σχέδιο, υπάρχει η εξής διαπίστωση: "Εγκρίνομεν το υπό των δύο αρχιτεκτόνων κυρίων Κλεάνθους και Σάουμπερτ διαγραφέν και μετά διασαφητικών παρατηρήσεων υποβληθέν ημίν την 8 (20) Δεκεμβρίου π.έ. [1832] σχέδιον προς ανοικοδόμησιν της πόλεως των Αθηνών ως έχει οριστικώς κατά το παρ' ημίν υπογεγραμμένον παράρτημα."

   Αυτό το χωρίον είναι αντιφατικό: αναφέρεται ως ημερομηνία επίσημης υποβολής προς έγκριση του σχεδίου η 8/20 Δεκεμβρίου 1832, πράγμα που σημαίνει ότι αποδέκτης της αίτησης ήταν η προσωρινή κυβέρνηση (διοικητική επιτροπή). Απ' την άλλη μεριά όμως ο πληθυντικός "ημίν" αναφέρεται στον Βασιλέα Όθωνα και τους αντιβασιλείς, που όμως έφθασαν στο Ναύπλιο αργότερα, στις 25 Ιανουαρίου/6 Φεβρουαρίου 1833.

   Σε ένα άλλο σημαντικό τεκμήριο, στην ενημερωτική έκθεση σε γαλλική γλώσσα του υπουργού εσωτερικών της προσωρινής κυβέρνησης Χρηστίδη προς την αντιβασιλεία, που συντάσσεται στις 21 Ιανουαρίου 1833, δηλαδή λίγο πριν από την άφιξή της στο Ναύπλιο με τίτλο "Mémoire sur l'année 1832", διαβάζουμε: "Κατά τις πληροφορίες που ελάβαμε προσφάτως, οι αρχιτέκτονες [δηλαδή οι Κλεάνθης και Schaubert], αφού ολοκλήρωσαν την αποτύπωση όλων αυτών των ενδόξων τοποθεσιών, ήρχισαν να χαράσσουν το σχέδιο της πόλης [των Αθηνών], το οποίο χωρίς καμμία αμφιβολία θα υποβληθεί συντόμως εις τον έλεγχον της Κυβερνήσεως." Αυτό το κείμενο επιτρέπει να εκληφθεί μόνο

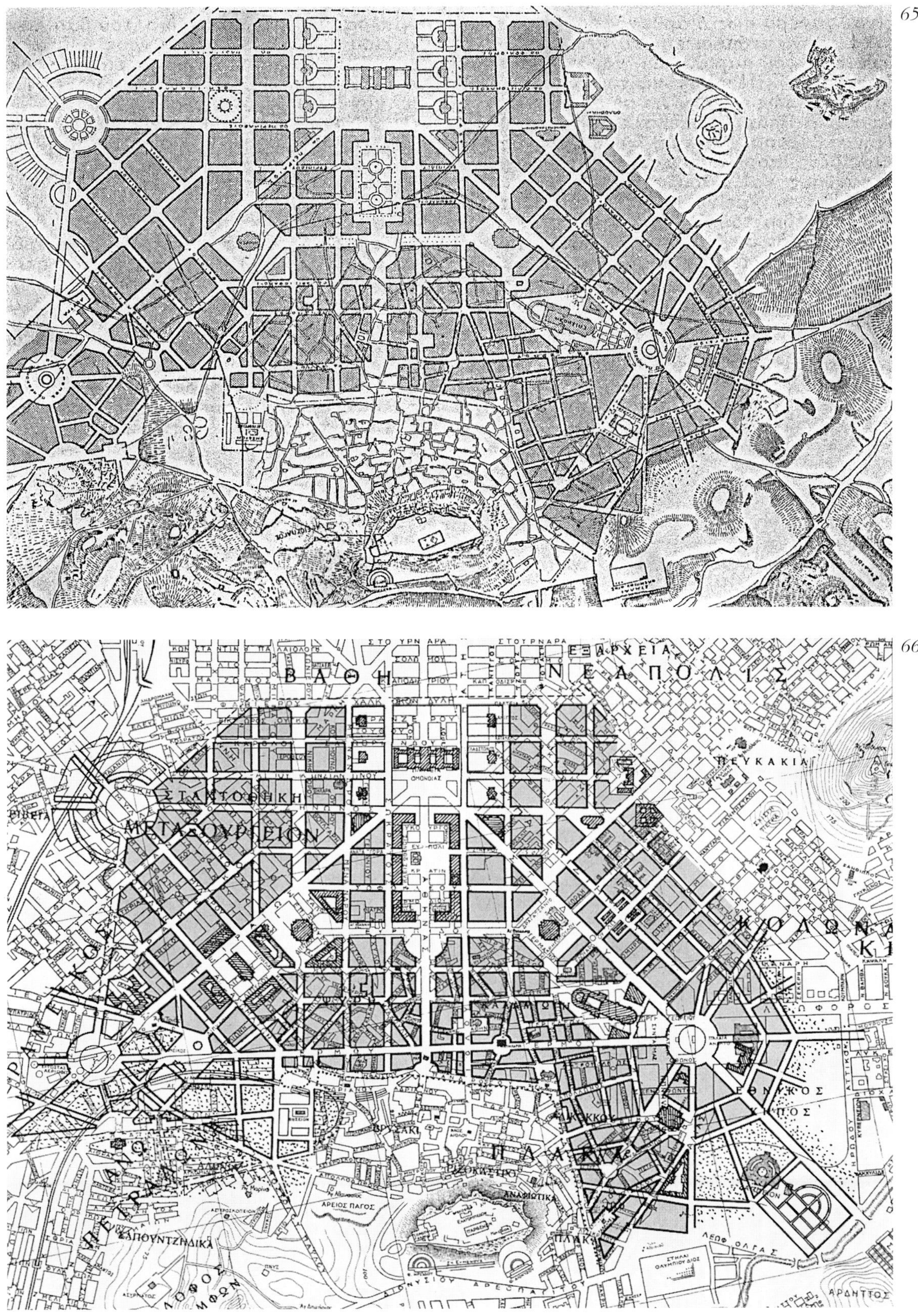

65. Η παραλλαγή του σχεδίου Κλεάνθη και Schaubert η λεγόμενη "των βασιλικών αρχείων" (βλ. Κεφ. 2, σημ. 93) με μία μόνο πλατεία (αντί δύο) στην οδόν Πειραιώς. Επανασχεδίαση από τον Κ. Μπίρη. Το πρωτότυπο δεν έχει ανευρεθεί. (Από το έργο του Κ. Μπίρη, Αθηναϊκαί μελέται Ι, Αθήνα 1938, σελ. 29).

66. Το σχέδιο των Κλεάνθη-Schaubert σε σχέση με το σημερινό δίκτυο οδών στο κέντρο της Αθήνας. Σχεδιαστική ανασύνθεση του Κ. Μπίρη. Οι αποκλίσεις μεταξύ των δύο δικτύων είναι σημαντικές. (Από το έργο του Κ. Μπίρη, Αι Αθήναι από του 19ου εις τον 20όν αιώνα, Αθήνα 1966, σελ. 29).

η αντιβασιλεία ως αποδέκτης του σχεδίου και του υπομνήματός τους. Στο κείμενο *Erlaeuterung...* των ίδιων των αρχιτεκτόνων υπάρχει τέλος μια κάπως ασαφής πρόταση: "Επί της προϋποθέσεως ταύτης στηρίζεται το σχέδιον, το οποίον θα έχωμεν την τιμήν να υποβάλωμεν τώρα εις το σεβαστόν υπουργείον". Εδώ δεν χωρεί αμφιβολία πως εκφράζεται η πρόθεση των αρχιτεκτόνων να υποβάλουν αυτό το κείμενο στο υπουργείο εσωτερικών· δεν προκύπτει όμως εάν και πότε όντως συνέβη αυτό.

9. Το σπίτι που έκτισαν οι δύο αρχιτέκτονες το 1831-32 ψηλά στη βορεινή κλιτύ της Ακρόπολης, στην παλαιά πόλη (εικ. 28-33) και στο οποίο εξεπόνησαν το αρχικό σχέδιο για τη νέα Αθήνα υπάρχει ακόμα. Κατά τα έτη 1837-1842 στέγασε το νεοϊδρυμένο Πανεπιστήμιο της Αθήνας. Εδώ έδωσε την πρώτη διάλεξη επ' ευκαιρία των εγκαινίων του ο Ludwig Ross τον Μάιο του 1837. Το 1861 το κτήριο εκπωλήθη σε ιδιώτες και παρέμεινε ιδιωτική ιδιοκτησία μέχρι το 1962, οπότε το αγόρασε το Υπουργείο Πολιτισμού. Το κτήριο ήταν σε άθλια κατάσταση. Ανεκαινίσθη κατά την περίοδο 1979-1986· σήμερα στεγάζει το Μουσείο Ιστορίας του Πανεπιστημίου Αθηνών.
10. Ο Κ. Μπίρης στο δημοσίευμά του "*Αι εκκλησίαι των παλαιών Αθηνών*", Αθήνα 1940, συντάσσει έναν κατάλογο με 140 υφιστάμενες μετά την επανάσταση εκκλησίες. Το 1940 διετηρούντο ακόμη στην αρχική τους μορφή ή αλλοιωμένα με προσθήκες και μετατροπές 38 από αυτά τα κτίσματα. Από τα δύο χαμάμ το ένα εθυσιάσθη κατά τις ανασκαφές της Ρωμαϊκής Αγοράς, το δεύτερο υπάρχει ακόμα σε καλή κατάσταση αλλά είναι εκτός λειτουργίας. Τα δυο τζαμιά (Τζισδαράκη και Φετιχιέ) είναι άψογα διατηρημένα και λειτουργούν το ένα ως Μουσείο Λαϊκής Τέχνης και το άλλο ως αποθήκη αρχαιολογικών ευρημάτων από τις ανασκαφές της Αθήνας.
11. Κατά τον υπολογισμό του πληθυσμού με βάση τον αριθμό των προτεινόμενων οικοδομικών τετραγώνων, καθώς και το μέγεθος των μονοκατοικιών και το μέσο μέγεθος των οικοπέδων τους, το κείμενο παρουσιάζει ασυνέπειες που έχει ήδη επισημάνει και ο Κ. Μπίρης. Ο πληθυσμός που προκύπτει έτσι είναι μόνο το ένα τρίτο του συνολικού πληθυσμού των 35000-40000 κατοίκων που θέτουν ως στόχο οι εκπονητές του σχεδίου. Κατά πόσον εδώ πρόκειται για λανθασμένο υπολογισμό ή για την άρρητη παραδοχή ενός διαφορετικού πυκνότερου συστήματος δόμησης, από το οποίο θα μπορούσε να προκύψει ένα μεγαλύτερο πληθυσμιακό μέγεθος, δεν είναι εύκολο να αποφανθεί κανείς.
12. Μετά από πιέσεις της βασιλίσσης Αμαλίας, η επισκευή του Αδριανείου Υδραγωγείου, ήρχισε μόλις το 1861 και ολοκληρώθη από τον Δήμο της Αθήνας το 1868.
13. Είναι ενδεικτικό ότι οι συντάκτες του σχεδίου, ως εκφραστές του πνεύματος της πεφωτισμένης δεσποτείας, δεν επρότειναν μεν το 1833 την οχύρωση της πόλης (διότι αυτό θα ήταν ένας αναχρονισμός), φρόντισαν όμως να περιορίσουν τις δυνατότητες πρόσβασης στην πόλη με τον καθορισμό ολίγων εύκολα φρουρούμενων σημείων, εν είδει "πυλών".
14. Αυτή η σημαντική παραχώρηση προς όφελος της οικοδομικής δραστηριότητος στην παλαιά πόλη και σε βάρος της ιδέας να παραμείνει εντελώς αδόμητη η προτεινόμενη περιοχή ανασκαφών, ήταν η απαρχή της παραπομπής εις τας ελληνικάς καλένδας της μεγαλόπνοης πρόθεσης γενικευμένων ανασκαφών. Ο Leo von Klenze μπόρεσε στη συνέχεια να αναπτύξει περαιτέρω αυτές τις επιφυλάξεις και να προτείνει μια στρατηγική σταδιακής ανασκαφής της περιοχής.
15. Ωστόσο ούτε από την "*Περιγραφή...*" (Erlaeuterung) ούτε από τα πρακτικά της συνεδρίασης προκύπτει ότι οι αρχιτέκτονες επιθυμούσαν ως ενιαίο σύστημα δόμησης σε ολόκληρη την πόλη το "πανταχόθεν ελεύθερον". Ένα σύστημα μονοκατοικιών με κήπο και/ή αυλή δεν είναι απαραίτητο να είναι "πανταχόθεν ελεύθερον". Αντίθετα, δεν αποκλείει καθόλου διπλοκατοικίες ή κατοικίες εν σειρά, ακόμα και κατά τμήματα το συνεχές σύστημα δόμησης.
16. Στην πραγματικότητα, η εκκλησία του αγίου Πέτρου στη Ρώμη με μήκος 200 μέτρων είναι δύο φορές μακρύτερη από την προτεινόμενη στην Αθήνα εκκλησία του Σωτήρος (εικ. 53). Παρ' όλα αυτά, οι διαστάσεις τόσο αυτής της εκκλησίας όσο και των ανακτόρων που έχουν μήκος 200 μέτρα, φαίνονται υπερβολικές για μια πόλη σαν την Αθήνα.
17. Είναι ενδεικτικό ότι με εξαίρεση τον Leo von Klenze, ο οποίος επεφορτίσθη με την αναθεώρηση του σχεδίου ως έμπειρος πραγματογνώμων, όλοι οι καλλιτέχνες, που έκαναν προτάσεις για τη νέα Αθήνα είχαν περίπου την ίδια νεαρά ηλικία την εποχή της διατύπωσής τους. Το 1832 ο Κλεάνθης ήταν 30 και ο Schaubert 28 χρονών, ο von Quast το 1834 ήταν 27 και ο Καυταντζόγλου το 1839, 28 χρονών. Δεδομένου ότι η μέση διάρκεια ζωής εκείνη την εποχή ήταν σημαντικά συντομώτερη, είναι ευνόητο ότι ταλαντούχοι και φιλόδοξοι επιστήμονες και καλλιτέχνες άρχιζαν την σταδιοδρομία τους και επροβάλλοντο πολύ ενωρίτερα απ' ό,τι σήμερα.
18. Βλ. Κ. Μπίρη: *Ο άγνωστος τρίτος του σχεδίου των Αθηνών* στο *Αθηναϊκαί μελέται* Ι, Αθήνα 1938, σελ. 28-30.
19. Ο Georg Christian Gropius (1776-1850) εγεννήθη στο Raebke κοντά στο Helmstedt και ήταν γιος του πάστορα Georg Siegfried Ludwig Gropius. Το έτος 1796 ήλθε στο Βερολίνο όπου εδιδάχθη σχέδιο και χαρακτική. Ένα διάστημα έζησε στο Herisau της Ελβετίας, από όπου αργότερα έφυγε για το Παρίσι. Εκεί το 1797 ηργάσθη ως οικοδιδάσκαλος των παιδιών του Wilhelm von Humboldt μέχρι το 1801. Μαζί με τον συμπατριώτη του Jakob Salomon Bartholdy ήλθε αρχές του 1801 στην Ελλάδα. Το κοινό τους ταξίδι μπορούμε να το παρακολουθήσουμε εν μέρει από την περιγραφή του Bartholdy. Από τα νησιά του Αιγαίου ήλθαν στην Αθήνα, όπου όμως έμειναν λίγο. Ταξίδεψαν στην κεντρική Ελλάδα και το φθινόπωρο του ίδιου έτους στην Πελοπόννησο. Στο ταξίδι τους αυτό τους συνόδευε κατά καιρούς και ο Λόρδος Aberdeen. Τον επόμενο χρόνο ταξίδεψαν στην Ήπειρο. Κατά τη διάρκεια όλων αυτών των ταξιδιών ο Gropius ηρεύνησε και απεικόνισε αρχαία μνημεία, αποκτώντας έτσι λεπτομερή γνώση των ελληνικών αρχαιοτήτων. Τα σχέδια έγιναν εξ αρχής για λογαριασμό του Λόρδου Aberdeen. Ο Gropius βοήθησε τον Λόρδο και κατά τις ανασκαφές της Πνύκας, όπου ανεκαλύφθη ο βωμός και πολλές επιγραφές.

Το 1810 ο Gropius διωρίσθη Άγγλος πρόξενος στο Τρίκερι στην είσοδο του Παγασητικού Κόλπου, που εκείνη την εποχή ήταν σημαντικό εμπορικό κέντρο. Επεσκέπτετο συχνά την Αθήνα όπου φρόντιζε τις δικές του υποθέσεις αλλά και των φίλων του ταξιδιωτών. Επίσης φαίνεται να αγόρασε νωρίς σπίτι στην Αθήνα, διότι το 1812 ήταν σε θέση να προσφέρει στον Cockerell τη φιλοξενία του. Ουσιαστική ήταν η συμμετοχή του στις ανασκαφές της Αίγινας και των Βασσών, όπως επίσης και ο ρόλος του στον πλειστηριασμό των ευρημάτων από τους χώρους αυτούς. Ο Gropius παρητήθη από το αξίωμά του στο Τρίκερι, όταν ο Αυστριακός πρεσβευτής στην Υψηλή Πύλη Ignatius Stuermer τον διώρισε "αυτοκρατορικό και βασιλικό υποπρόξενο" της Αυστρίας στην Αθήνα και στα περίχωρά της, δηλαδή στην Αίγινα, στις Σπέτσες, στην Κέα και στην Εύβοια. Υποπρόξενος έμεινε μέχρι το έτος 1830, οπότε έγινε έμμισθος πρόξενος για την ανατολική Ελλάδα. Στις 10 Ιουλίου 1840 διωρίσθη από τον τότε αυστριακό πρεσβευτή στην Υψηλή Πύλη Prokesch-Osten, γενικός πρόξενος της Αυστρίας στην Αθήνα, αξίωμα που διετήρησε μέχρι τον θάνατό του.

Λόγω των μακρόχρονων και εκτενών εμπειριών του με τους Έλληνες αλλά και με τους Τούρκους, κατά τη διάρκεια της ελληνικής Επαναστάσεως διετήρησε μια θέση σεβαστή και από τις δύο πλευρές. Έμεινε στην Αθήνα με εξαίρεση τα χρονικά διαστήματα που τα πολεμικά συμβάντα τον ηνάγκασαν να εγκαταλείψει την πόλη και να καταφύγει στη Σαλαμίνα, την Αίγινα ή τον Πόρο.

Ο Gropius συγκαταλέγεται μεταξύ εκείνων που κατέβαλαν προσπάθεια να διατηρηθούν τα αρχαία μνημεία. Με αυτό το σκοπό, καθώς και για για τη διάδοση του ευρωπαϊκού πολιτισμού στην Ελλάδα ιδρύθη την 1η Σεπεμβρίου του 1813 στην Αθήνα η Φιλόμουσος Εταιρεία. Ανάμεσα στα πρώτα μέλη της ευρίσκουμε τον ίδιο τον Gropius καθώς και τους φίλους του Cockerell, Forster, Haller von Hallerstein, Stackelberg και Linckh.

Κατά την Επανάσταση η Αθήνα που επολιορκήθη δύο φορές ήταν εκτεθειμένη σε μεγάλους κινδύνους. Ο Gropius, που έχαιρε του σεβασμού των Τούρκων, μπόρεσε να συμβάλει στην αναγκαία διατήρηση των αρχαιοτήτων.

Ο Georg Gropius επέρασε το μεγαλύτερο μέρος της ζωής του στην Αθήνα και εμελέτησε επιμελώς την πόλη και τα περίχωρά της. Ιδιαίτερες μελέτες αφιέρωσε στον τάφο του Θεμιστοκλή στην είσοδο του λιμανιού του Πειραιώς. Την εκτίμηση που απελάμβανε στην Αθήνα τη χρωστούσε όχι μόνο στο αξίωμά του και στο ενδιαφέρον του για το παρελθόν της πόλης, αλλά και στις προσωπικές του ιδιότητες. Ήταν ταλαντούχος αλλά και εύθικτος· ο Prokesch-Osten τονίζει την προσήνεια και τις γνώσεις του. Το σπίτι του ήταν φιλόξενο. Τον επεσκέπτοντο όμως επίσης για να μελετήσουν τη συλλογή του. Ιδιαίτερο ενδιαφέρον έτρεφε για την επιγραφική επιστήμη.

20. Ο Georg Ludwig Ritter von Maurer εγεννήθη το 1790 στο Erpolzheim/Pfalz και απέθανε το 1872 στο Μόναχο. Μετά τις γυμνασιακές του σπουδές στη Χαϊδελβέργη, σπούδασε εκεί και στο Παρίσι νομικά. Από το 1814 υπηρετεί ως κρατικός υπάλληλος στη Βαυαρία· το 1817 διορίζεται εφέτης και το 1824 εισαγγελεύς στο Frankenthal. Το 1826 εκλέγεται μέλος της Βαυαρικής Ακαδημίας των Επιστημών και τον ίδιο χρόνο διορίζεται καθηγητής γερμανικού ιδιωτικού δικαίου και ιστορίας του δικαίου και του γερμανικού κράτους στο Πανεπιστήμιο του Μονάχου. Το 1829 του απονέμεται ο τίτλος του κρατικού συμβούλου με έκτακτες αρμοδιότητες και του μυστικοσυμβούλου της Αυλής, το δε 1832 του ισόβιου συμβούλου της Επικρατείας του Βαυαρικού Στέμματος. Από το 1832 μέχρι το 1834 (οπότε ανεκλήθη στη Βαυαρία μετά από ενέργειες του προέδρου της αντιβασιλείας Armansperg) είναι μέλος της αντιβασιλείας στην Ελλάδα. Στην Ελλάδα ο Maurer συνέταξε πολλούς και σημαντικούς νόμους, εκ των οποίων σπουδαιότεροι είναι ο ποινικός, η ποινική δικονομία, ο οργανισμός δικαστηρίων και συμβολαιογράφων και η πολιτική δικονομία· επίσης συνέταξε τον πρώτο νόμο περί αρχαιοτήτων της χώρας. Το 1834 επανήλθε στην προηγούμενη θέση του στη Βαυαρία, το 1847 διετέλεσε για μικρό χρονικό διάστημα αναπληρωτής υπουργός στα βαυαρικά υπουργεία Δικαιοσύνης, του Βασιλικού Οίκου και Εξωτερικών και μέχρι το 1872 έφερε τον τίτλο του κρατικού συμβούλου με έκτακτες αρμοδιότητες.

21. Υπέρ της εκδοχής αυτής συνηγορεί και το γεγονός ότι οι Κλεάνθης και Schaubert εσχεδίασαν ένα σπίτι για τον Gropius στην Αθήνα, όπως φαίνεται από απόσπασμα επιστολής του Schaubert "σε μερικούς βερολινέζους φίλους του" από το έτος 1832 (βλ. τεκμήριο Α παρόντος κεφαλαίου): "Αρχίσαμε να κτίζουμε αγροικίες και όσον το δυνατόν περισσότερες εξοχικές επαύλεις (...). Στα χέρια μας έπεσαν το σπίτι του ναυάρχου Malcolm, του Ρώσου και του Αυστριακού προξένου, Αμερικανών και Άγγλων, ακόμη και ενός Αθηναίου".

22. Παραθέτουμε εδώ το σχετικό απόσπασμα από τις μυστικές σημειώσεις του Klenze για το ταξίδι του στην Αθήνα, που περιλαμβάνονται στο αδημοσίευτο μέχρι σήμερα χειρόγραφο έργο του *Memorabilien* (II/81, 82):
"Και ο γενικός πρόξενος της Αυστρίας Gropius ήλπιζε με αυτή την ευκαιρία να διορθώσει την άθλια οικονομική του κατάσταση και έκανε ό,τι περνούσε από το χέρι του για να ματαιώσει την εκλογή της τοποθεσίας στους πρόποδες του Αρείου Πάγου [λάθος του Klenze το ορθόν: του λόφου των Νυμφών] για την ανέγερση των ανακτόρων. Δίνω μόνο ένα παράδειγμα της κερδοσκοπίας που γινόταν εδώ: Επληροφορήθην στην Αθήνα ότι ο Gropius είχε αγοράσει ένα οικόπεδο περίπου 300 τάληρα, δηλαδή 1.500 φράγκα. Όταν ο βασιλεύς επέλεξε για το ανάκτορό του πραγματικά αυτή την έκταση γης, ο Gropius ηναγκάσθη να την παραχωρήσει, πήρε όμως σύμφωνα με την καθωρισμένη τιμή αποζημίωση 30.000 φράγκα, δηλαδή εκέρδισε το εικοσαπλάσιο της αρχικής της αξίας. Όταν εγύρισα από την Αθήνα στο Ναύπλιο, ο Gropius με επεσκέφθη αμέσως και η πρώτη του ερώτηση ήταν: Είναι αλήθεια ότι προτείνατε εσείς το οικόπεδό μου για το ανάκτορο και ότι η Μεγαλειότητά του επέλεξε τη θέση αυτή; Όταν απάντησα καταφατικά στην ερώτησή του κάνοντας την παρατήρηση ότι εχαιρόμουν που με αυτή την ευκαιρία τού είχα δώσει τη δυνατότητα να βγάλει καθαρό κέρδος 28.000 φράγκα, έπεσε σε ένα κάθισμα και ανεφώνησε 'Με καταστρέψατε, γιατί αν δεν είχα αυτό το ατύχημα θα εκέρδιζα τα εξαπλάσια!'"

23. Ο Κ. Μπίρης αναφέρει (βλ. *Ο άγνωστος τρίτος του σχεδίου των Αθηνών*, στο: *Αθηναϊκαί μελέται* Ι, Αθήνα 1938, σελ. 28) χωρίς όμως να κατονομάζει τις πηγές του, ότι ο Gropius αργότερα, μετά από πολύχρονες διαπραγματεύσεις εισέπραξε ως αποζημίωση από το ελληνικό κράτος ένα τεράστιο ποσό και μάλιστα ακριβώς για την μη ένταξή του οικοπέδου του στο σχέδιο πόλης, επειδή έτσι δεν πήρε υπεραξία [!].

24. "Δεν γνωρίζουμε εάν ο Schaubert εζήτησε όντως εγγράφως τη γνωμάτευση του Schinkel για το σχέδιο της Αθήνας. Επειδή όμως η επιστολή (στην οποία γίνεται λόγος για "πολύ επιθυμητή γνώμη του") έχει ημερομηνία Ιανουάριος 1832 και ο Schaubert έφθασε και ο ίδιος απροσδόκητα για μια σύντομη επίσκεψη στο Βερολίνο (το καλοκαίρι του 1833) πριν από τη δημοσίευση του γράμματος στο περιοδικό του Kugler *'Museum'* (τεύχος αρ. 30 του 1833), είναι πιθανόν να έφερε στο Βερολίνο για τον δάσκαλό του Schinkel προσωπικά αυτό το αντίγραφο του σχεδίου της Αθήνας και να πήρε προφορικά τη γνώμη του για το νέο σχέδιο της Αθήνας". (Hans-Hermann Russack: *Deutsche bauen in Athen*, Berlin, 1942, σελ. 26).

25. Γράφει ο Schaubert στην προαναφερθείσα επιστολή στους Βερολινέζους φίλους του τον Ιανουάριο του 1832 (βλ. τεκμήριο Α παρόντος κεφαλαίου): "Τώρα ασχολούμαστε με την ακριβή τοπογράφηση της Αθήνας· μόλις τελειώσουμε, θα πάρουμε το θάρρος να στείλουμε στον Γενικό Διευθυντή της αρχιτεκτονικής υπηρεσίας κύριο Schinkel ένα αντίγραφο του σχεδίου με σημειωμένα επί πλέον τα νέα αρχαιολογικά ευρήματα για να πληροφορηθούμε την πολύ επιθυμητή γνώμη του για ένα νέο σχέδιο".

26. Αυτή τη μορφολογική συγγένεια επισημαίνει με μεγάλη έμφαση και πειστικές παρατηρήσεις η Margarete Kuehn, θεωρώντας ότι αποδεικνύει τη συνεργασία του Schinkel: "Μολονότι ο Schinkel δεν είχε την τύχη να συνθέσει ο ίδιος μια ολόκληρη πόλη και ασχολήθηκε μόνο με τμηματικές πολεοδομικές επεμβάσεις (...), εν τούτοις στα σχέδια και τις γνωμοδοτήσεις του διακρίνουμε μια ιδιαίτερη πολεοδομική αντίληψη, που μαρτυρεί ότι εννοούσε την πόλη ως οργανισμό καθωρισμένο από πολλαπλές λειτουργίες και επομένως χαλαρό και με εξατομικευμένες επί μέρους λύσεις. Από αυτή την άποψη είναι ευεξήγητη η πλούσια φυσιογνωμία που διακρίνει το τροποποιημένο [δηλαδή το τελικά εγκεκριμένο] σχέδιο της Αθήνας. Σε ορισμένες λεπτομέρειες μάλιστα νομίζουμε πως αναγνωρίζουμε τη γραφή του Schinkel. Αυτό ισχύει π.χ. για τη μικρή, γεωμετρική διαμόρφωση του χώρου πίσω από τα ανάκτορα. Ο "ιππόδρομος", που εδώ περιγράφει τα παρτέρια, είναι ένα μοτίβο που στον Schinkel απαντάται - στις ενδεδειγμένες βέβαια περιπτώσεις- επανειλημμένα. Εκτός τούτου, του αρέσει να δημιουργεί μπροστά από κτίσματα σε πλατείες ή ευρείς δρόμους παρτέρια με χλοοτάπητες είτε με στρογγυλεμένες γωνίες είτε με κυκλική απόληξη, τα οποία οριοθετεί με μία δενδροστοιχία από πορτοκαλιές, όπως δείχνει παραδειγματικά το σχέδιό του για την πλατεία του Lustgarten στο Βερολίνο, που σχεδίασε το 1828. Μια παρόμοια λύση απαντάμε κατ' αρχάς στο πάρκο των ανακτόρων των Αθηνών στο μοτίβο των διπλών σειρών δέντρων που περιγράφουν τα αλλεπάλληλα παρτέρια με την επίσης κυκλική απόληξη. Μια συχνά παρατηρούμενη προσπάθεια του Schinkel είναι η ένταξη στον πολεοδομικό ιστό δενδροφυτεύσεων με αυστηρό σχήμα, π.χ. γύρω από κτήρια σε πλατείες (που το μέγεθος και το σχήμα τους δεν τα αναδεικνύουν ικανοποιητικά) ή για τη ρύθμιση του χώρου πλατειών ακανόνιστα δομημένων. Ένα καλό τέτοιο παράδειγμα είναι το σχέδιό του για το κέντρο του Βερολίνου του 1817. Κάτι παρόμοιο συμβαίνει και εδώ [στο σχέδιο της Αθήνας] με τις δενδροφυτεύσεις, οι οποίες τοποθετούνται εκατέρωθεν της εκκλησίας στο κέντρο της νότιας πλατείας επί της οδού Πειραιώς: ξεκινούν σε ικανή απόσταση πίσω από το υπερτονισμένο με μικρά πλευρικά κοσμητικά στοιχεία τμήμα της εισόδου (ίσως πίδακες κατ' απομίμησιν του μοτίβου του κανθάρου στον παλαιοχριστιανικό ναό), δεσπόζουν όμως της αψίδος και κατ' αυτόν τον τρόπο καταφέρνουν να εξισορροπήσουν τη σύνθεση ολόκληρης της πλατείας. Μια πολύ λεπταίσθητη τροποποίηση στο πνεύμα του Schinkel υπέστη και η πλαισίωση της κυκλικής πλατείας [των Μουσών] στην οδό Σταδίου. Για να αποφευχθούν οι οξείες γωνίες, τα δυο στενά οικοδομικά τετράγωνα [τριγωνικού σχήματος] υποχωρούν από την περιφέρεια του κύκλου. Προς τη μεριά της

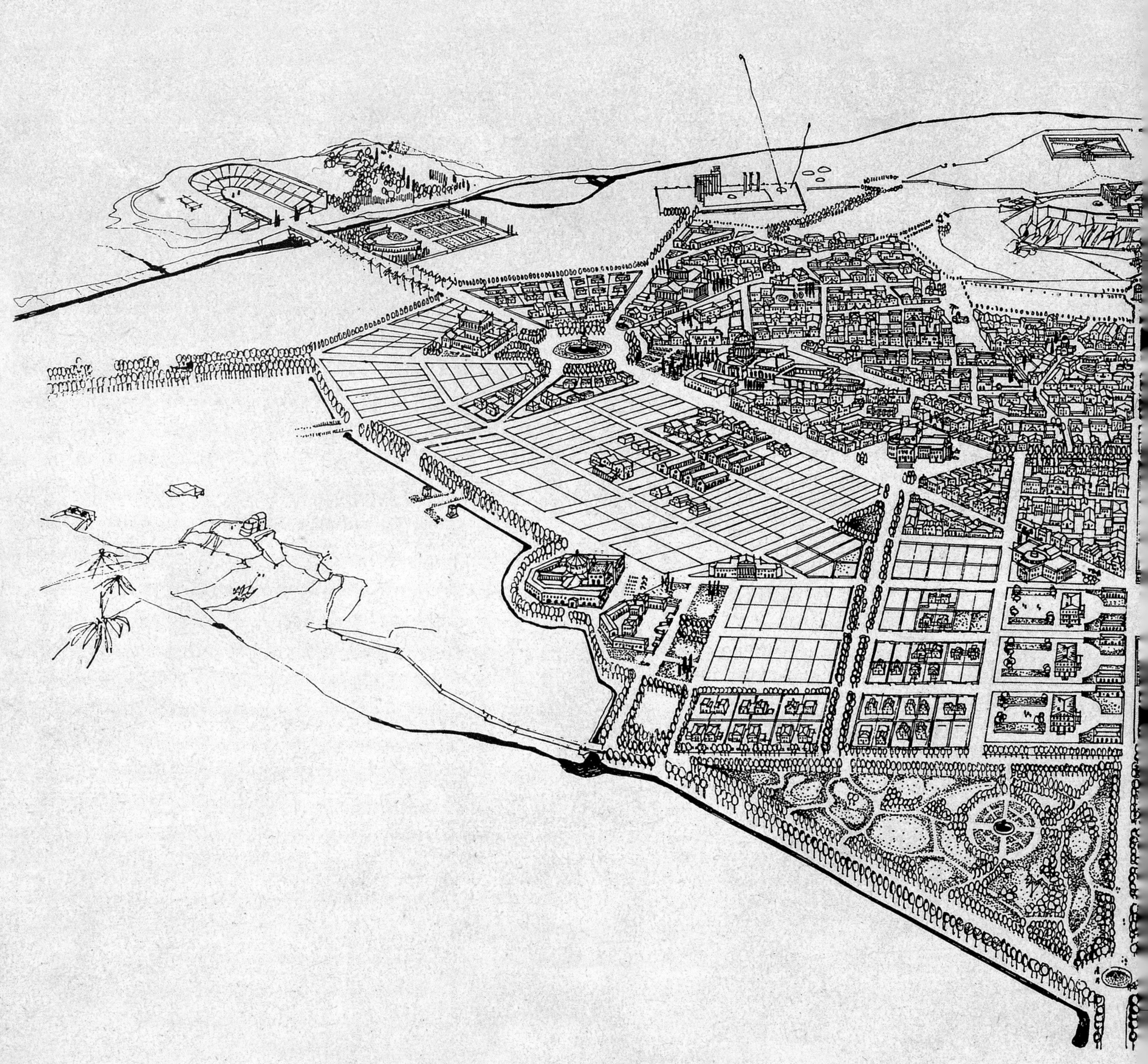

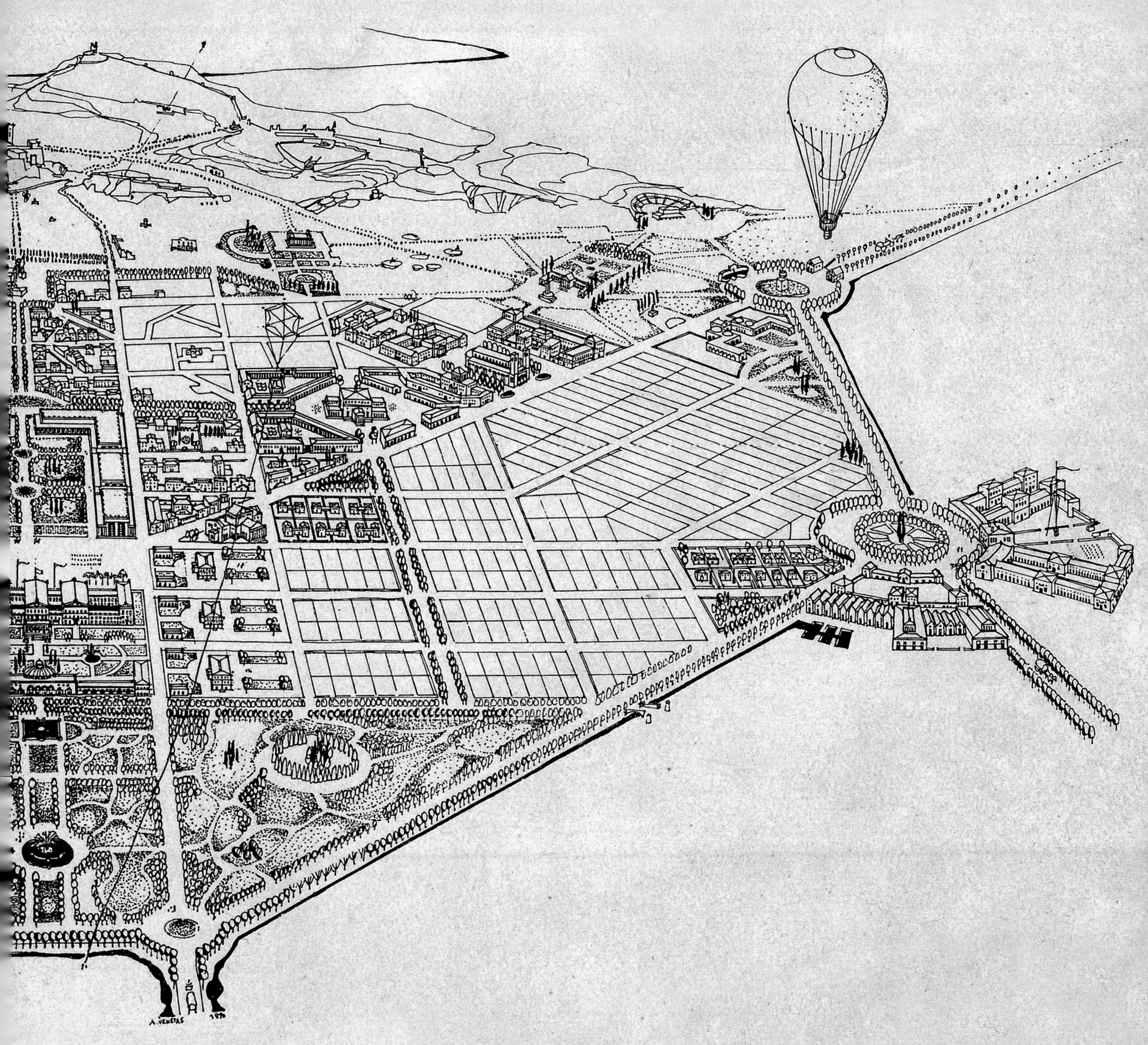

67. Σταματίου Κλεάνθη και Eduard Schaubert: Το αρχικό σχέδιο για τη νέα Αθήνα (1833). Γενικό προοπτικό από τον βορρά και από ύψος 800 μ. (Σχέδιο του συγγραφέως, 1992).

πλατείας είναι στρογγυλεμένα και διακοσμημένα με μικρά κτίσματα στα οποία στρέφουν την προσοχή μας οι διακοπές του πράσινου κύκλου του χλοοτάπητος. Είναι ένα μέτρο ουσιαστικά ελάχιστο, που όμως ανταποκρίνεται πολύ στην αντιπάθεια του Schinkel για κάθε αφηρημένη σχηματικότητα". (M. Kuehn: *Schinkel und der Entwurf seiner Schueler*..., στο έργο της *Berlin und die Antike*, II, Berlin 1979, σελ. 516/518).

27. Η Margarete Kuehn δέχεται αντιθέτως αυτόν τον ώριμο για έγκριση χαρακτήρα του σχεδίου του Βερολίνου, χωρίς όμως να προβάλει περαιτέρω αποδείξεις: "Σ' αυτό", [δηλαδή στο σχέδιο του Βερολίνου] γράφει, "βλέπουμε την πρόταση που υπέβαλαν [αρχικά] οι αρχιτέκτονες στην κυβέρνηση" (M. Kuehn: *Schinkel und der Entwurf seiner Schueler*..., στο έργο της *Berlin und die Antike*, τόμος II, Berlin 1979, σελ. 511).

28. "... εξαιτίας του σχεδίου υπέστην πολλάς ταλαιπωρίας, αι οποίαι με ηνάγκασαν να ταξιδεύσω δέκα τέσσαρας φοράς εις το Ναύπλιον και μίαν φοράν εις την Κόρινθον, καθώς γνωρίζει η Υμετέρα Μεγαλειότης, χωρίς να αποζημιωθώ ούτε κατ' ελάχιστον δια τα έξοδα ταξιδίου". (Από επιστολή του Κλεάνθη προς τον Βασιλέα Όθωνα με ημερομηνία 24.4.1837: Απαίτηση πληρωμής της οφειλόμενης αρχιτεκτονικής αμοιβής, περιγραφή της ιστορίας εκπόνησης του σχεδίου της Αθήνας και αναφορά στα πνευματικά δικαιώματα των εκπονητών του. Γενικά Αρχεία του Κράτους, Οθωνικό Αρχείο, Υπουργείο Εσωτερικών, φάκελλος 220· βλ. τεκμήριον 42 συλλογής "Κειμένων").

29. Αυτό αναφέρεται σε επιστολή του Κλεάνθη προς τον Thiersch με ημερομηνία 3.4.1833 (βλ. παραπάνω σημ. 5): "Επαρουσιάσαμεν το σχέδιόν μας εις τον Βασιλέα και αντιβασιλείαν, το ήρεσαν και περιμένουν τον εδώ ερχομόν των δια να αποφασίσουν τα συμφερώτερα". Επίσης υπάρχουν επανειλημμένες περιγραφές αυτής της διαδικασίας ελέγχου, γραμμένες από το χέρι των αρχιτεκτόνων, όπως π.χ. η εξής: "Μετά από την ευτυχή άφιξιν της Υμετέρας Μεγαλειότητος εις την Ελλάδα έσπευσαν οι ταπεινώς υπογραφόμενοι να καταθέσουν εις τας βαθμίδας του Υμετέρου θρόνου την εργασίαν των, η οποία κατόπιν ολίγων σκοπίμων και κατανοητών αλλαγών, αι οποίαι απεφασίσθησαν μετά πολλής προσοχής επί του πεδίου, επεκυρώθη από την τότε υψηλήν αντιβασιλείαν". (Αίτημα των Κλεάνθη και Schaubert προς τον Βασιλέα Όθωνα - σε γερμανική γλώσσα- για την αποπληρωμή της οφειλόμενης αρχιτεκτονικής τους αμοιβής που υπεβλήθη στις 4/18.11.1835. Γενικά Αρχεία του Κράτους, Οθωνικό Αρχείο, Υπουργείο Εσωτερικών, φάκελλος 220).

30. Η Margarete Kuehn, παρά την έλλειψη σαφών αποδεικτικών στοιχείων για τη συνεργασία του Schinkel, φαίνεται πεπεισμένη περί αυτής και αμφισβητεί στους δύο μαθητάς του την ικανότητα αυτόνομης περαιτέρω επεξεργασίας του σχεδίου τους: "Μας φαίνεται απίθανο ότι οι αρχιτέκτονες ανέπτυξαν οι ίδιοι μια τόσο διαφοροποιημένη και αρθρωμένη σύνθεση με την έννοια ενός οργανισμού και κατ' αυτόν τον τρόπο ταυτόχρονα μια πολεοδομική-αρχιτεκτονική δημιουργία με σημαντική απήχηση, βασιζόμενοι στις περιεχόμενες στο πρώτο τους σχέδιο δυνατότητες. Ένα τέτοιο επίτευγμα προϋποθέτει μακρόχρονη ενασχόληση με πολεοδομικές εργασίες. Έχουμε λοιπόν την άποψη ότι οι τροποποιήσεις που έγιναν και οι οποίες διαμορφώνουν μια συνολική φυσιογνωμία του σχεδίου πολύ πιο εκφραστική στηρίζονται στην εμπειρία και ωριμότητα του Schinkel. Το γεγονός ότι δεν υπάρχουν γραπτά ή σχεδιαστικά τεκμήρια που να μαρτυρούν τη συμμετοχή του Schinkel ως συμβούλου δεν αναιρεί την άποψή μας". (M. Kuehn, *Schinkel und der Entwurf seiner Schueler*..., στο: *Berlin und die Antike*, τόμος II, Berlin 1979, σελ. 516).
Πολύ πιο επιφυλακτικός - και ορθώς κατά τη γνώμη μας- παρατηρεί ο Thomas Hall, τα εξής:
"(...) Η Margarete Kuehn έχει αναμφισβήτητα δίκιο όταν λέει πως το σχέδιο των Αθηνών παραπέμπει στον Schinkel. Το ότι όμως έχει στοιχεία χαρακτηριστικά [της γραφής] του Schinkel δεν αποτελεί ικανή απόδειξη [της συνεργασίας του] - οι δυο αρχιτέκτονες είχαν μαθητεύσει κοντά του και φυσικά είχαν επηρεασθεί από τις πολεοδομικές του αντιλήψεις. Το ότι η οριστική διατύπωση του σχεδίου είναι ανώτερη από την προηγούμενη, επίσης δεν αποτελεί ακλόνητη απόδειξη συμβολής του Schinkel στο σχέδιο. Προς το παρόν, το ερώτημα δεν μπορεί παρά να παραμείνει ανοικτό: το σωστό είναι να μην αποκλείσουμε ούτε το ενδεχόμενο συνεργασίας του Schinkel ούτε όμως και την πιθανότητα να είχαν την αποκλειστική ευθύνη της επεξεργασμένης παραλλαγής του σχεδίου οι δύο αρχιτέκτονες". (T. Hall: "*Planung europaeischer Hauptstaedte*, Stockholm 1986, σελ. 94).

31. O Johann Gottfried Gutensohn γεννήθηκε το 1792 στο Lindau και πέθανε το 1844. Σπούδασε στην Ακαδημία των Τεχνών του Μονάχου· κατά τα έτη 1819-27 ήταν στην Ιταλία όπου εγνώρισε τον διάδοχο (της Βαυαρίας) Λουδοβίκο. Το 1827 διωρίσθη στο Μόναχο αρχιτέκτων της Αυλής και επιθεωρητής δημοσίων έργων. Τα έτη 1827/31 έκτισε το κτήριο των ιαματικών λουτρών στο Bad Brueckenau με αίθουσα ψυχαγωγίας και χορού, στο ύφος της όψιμης Αναγέννησης. Το 1832, ευρισκόμενος στην υπηρεσία του Βασιλέως Όθωνος, έκτισε στη Σύρο έναν φάρο και μία αποθήκη εμπορευμάτων. Μεταξύ 1839-1844 διετέλεσε καθηγητής προοπτικής στην Ακαδημία της Πράγας, έκτισε παράλληλα μία εκκλησία στο Marienbad, καθώς και το μνήμα του Czermak στο νεκροταφείο της Πράγας Wolschau.

32. Ακριβείς πληροφορίες για το ταξίδι του Schaubert στη Γερμανία το καλοκαίρι του 1833 έχομε από την έκθεση του υπουργού Εσωτερικών Κωλέττη προς τον Βασιλέα Όθωνα με ημερομηνία 23 Νοεμβρίου/5 Δεκεβρίου 1833, που είναι γραμμένη σε γαλλική γλώσσα. Σύμφωνα με αυτή, ο Schaubert ανεχώρησε από τον Πειραιά στις 29 Μαρτίου/11 Απριλίου 1833 με το βασιλικό πλοίο "Merkur" (ΕΡΜΗΣ) και επέστρεψε στην Αθήνα στις 15/27 Σεπτεμβρίου.

33. Αυτές τις επιφυλάξεις τις συνοψίζει εύστοχα ο Thomas Hall γράφοντας: "Ανακύπτει έτσι το ερώτημα πώς ήταν δυνατόν να εγκριθεί η αναθεωρημένη από τον Schinkel παραλλαγή του σχεδίου της Αθήνας την ίδια ώρα που ο Schaubert ερχόταν στο Βερολίνο για να ζητήσει τη γνώμη του (...) Αυτό θα προϋπέθετε πως ο Schaubert σε ένα διάστημα τριών μηνών κατόρθωσε να ταξιδέψει στο Βερολίνο, να συμβουλευθεί τον Schinkel και να μεταφέρει τις απόψεις του δασκάλου του στην Αθήνα τόσο γρήγορα ώστε στις 29 Ιουνίου/11 Ιουλίου να είναι έτοιμο κιόλας το σχέδιο που αναθεωρήθηκε τελικά. Δεν φαίνεται εντελώς απίθανο να έγιναν έτσι τα πράγματα, οπωσδήποτε όμως ο χρόνος πρέπει να ήταν πολύ περιωρισμένος". (T. Hall: "*Planung europaeischer Hauptstaedte*, Stockholm, 1986, σελ. 94).

34. Ουσιαστικές κριτικές παρατηρήσεις επί του σχεδίου των Κλεάνθη και Schaubert εμπεριέχονται σε έργα των εξής συγγραφέων: Λ. Καυταντζόγλου (1839), F. Stauffert (1844), Κ. Μπίρη (1933), H.-H. Russack (1942), Γ. Μιχαήλ (1969), Ε. Δημοσθενοπούλου (1970), Στ. Σίνου (1974), M. Kuehn (1979), Όλγας Φουντουλάκη (1979), Ι. Τσιώμη (1983) και T. Hall (1986). Βλέπε επίσης βιβλιογραφία κεφαλαίου 2.

35. Η Ελπινίκη Δημοσθενοπούλου στη διατριβή της *Oeffentliche Bauten unter Koenig Otto in Athen; Begegnungen mit Griechenland, Auffassungen und Auseinandersetzungen*, Muenchen 1970, στρέφει ιδιαίτερα την προσοχή της στις μεταβολές που υπέστησαν οι καλλιτεχνικές πεποιθήσεις του Klenze μετά την επαφή του με την Ελλάδα. Γράφει:
"Στην Ελλάδα η μελέτη των λεπτομερειών [της αρχαίας ελληνικής αρχιτεκτονικής] υποχωρεί και δίνει τη θέση της στα προβλήματα διαμόρφωσης και σχέσης των κτηρίων μεταξύ τους, με κορυφαίο παράδειγμα τα κτήρια της Ακρόπολης. Για να συλλάβουμε την τεράστια εντύπωση που έκανε ο ιερός βράχος στον Klenze, πρέπει να έχουμε υπ' όψιν μας ότι ο ίδιος στη Γερμανία αποσκοπώντας σε εντυπωσιακά κτίσματα και σε εμφανή κανονικότητα συνέθεσε προσόψεις συμμετρικές, όπως π.χ. την πρόσοψη του γειτονικού στο Leuchtenbergpalais κτηρίου του Odeon (Ωδείου). (...) Το γεγονός ότι ο Klenze χαρακτήριζε τη σύγχρονη τέχνη "μηχανική" αποδεικνυεί πρώτον την επιθυμία του για καλλιτεχνική ελευθερία και πρωτοτυπία, και δεύτερον τη διαπίστωση ότι η κλασικιστική τέχνη δεν κατόρθωσε να ξεπεράσει τη μορφοκρατία και να φθάσει σε μια γνήσια αναγέννηση του ελληνικού πνεύματος. Αυτός ο αγώνας απελευθέρωσης από τις δικές του δογματικές αντιλήψεις τον οδηγεί σε μια δημιουργική κρίση, που όμως ταυτόχρονα του ανοίγει το δρόμο προς νέες δυνατότητες".

36. Η Ελπινίκη Δημοσθενοπούλου αποπειράται επίσης (στην παραπάνω εργασία της, βλ. σημ. 35) να ορίσει την έννοια της "γραφικότητος" με τη σημασία που της απέδιδε ο Klenze: "Για τον Klenze 'γραφική' είναι μια σύνθεση που δεν υποτάσσει το κτήριο σε ένα αξονικό σχήμα αλλά στην οποία το κτίσμα συλλαμβάνεται δημιουργικά με τη φαντασία και πραγματοποιείται στον φυσικό χώρο· 'γραφική' είναι και η ζωντάνια την οποία μεταδίδει το έργο επί τόπου. Γι' αυτό τον λόγο το επίθετο 'γραφικός' χρησιμοποιείται ως αντίθεση άλλοτε προς τα 'στεγνά κτήρια' και άλλοτε προς τις 'πληκτικές πόλεις'".

37. Σε μία συνεδρίαση στις 15/27 Ιουνίου του 1834 με θέμα τις δυσκολίες εφαρμογής του σχεδίου, οι Κλεάνθης και Schaubert παρουσία του Νομάρχη, των δημογερόντων, του Νομομηχανικού Spiess και του Γενικού Εφόρου Αρχαιοτήτων Weissenborn, δήλωσαν επ' αυτού τα εξής:

"Είναι αλήθεια πως τα δημόσια κτήρια στο σχέδιο εμφανίζονται μεγαλύτερα από ό,τι θα έπρεπε, αλλά δεν μας πέρασε ποτέ από το νου πως η Κυβέρνηση θα τα έκτιζε ποτέ τόσο μεγάλα. Είναι αυτονόητο ότι κατά την ανέγερση κάθε δημοσίου κτηρίου, η Κυβέρνηση θα λαμβάνει υπ' όψιν της τις οικονομικές δυνατότητες του βασιλείου και τον πληθυσμό της πρωτεύουσας. Επιπλέον στο σχέδιο δεν συμπεριλαβάνονται παρά μόνο τα μισά από τα κτήρια που ίσως χρειασθεί η Κυβέρνηση· και τέλος, επειδή η Κυβέρνηση πληρώνει αποζημίωση μόνον 20 λεπτά τον τετραγωνικό πήχυ, ενώ η τιμή των οικοπέδων έχει ήδη ανέβει στις δύο και τρεις δραχμές, θεωρήσαμε σκόπιμο να μεριμνήσουμε ώστε η Κυβέρνηση να έχει αρκετό χώρο για όλα τα αναγκαία κτίσματα. Από την πλευρά των Αθηναίων αυτή είναι μία θυσία· και όσο λιγότερα οικόπεδα χρειασθεί η Κυβέρνηση, τόσο πιο ικανοποιημένος θα είναι ο Δήμος". (Πρακτικά της συνεδρίασης που έλαβε χώρα στις 15/27 Ιουνίου του 1834. Χειρόγραφο που φυλάσσεται στην Βαυαρική Κρατική Βιβλιοθήκη του Μονάχου, συλλογή Klenzeana III 22· βλ. τεκμήριον Ε παρόντος κεφαλαίου).

38. Παραθέτουμε εδώ ένα απόσπασμα από το κείμενο του Klenze *Observations...* (βλ. τεκμήριον 23 συλλογής "Κειμένων"), που κατά τα φαινόμενα δεν υπεβλήθη ποτέ επισήμως εις την Κυβέρνησιν αλλά που μοιάζει να το συνέταξε μόνον δια να αποσαφηνίσει τας απόψεις του: "Κατά τον νόμο η πόλις πρέπει να καλύπτει τα έξοδα συντηρήσεώς της, και τα έξοδα αυτά θα υπάρχουν τόσον εις τους δυσκόλους χρόνους όσο και κατά τας εποχάς της αφθονίας. Θα πρέπει λοιπόν να υπηρετηθεί το συμφέρον της πόλεως, και να μην λαμβάνεται υπ' όψιν η γνώμη ατόμων ξένων προς την πόλιν ή ακόμη αρχιτεκτόνων οι οποίοι κερδίζουν περισσότερα όταν τα δημόσια έργα πληθαίνουν. Και εάν ακόμη η κυβέρνησις απεφάσιζε να επιβαρύνει όλην την επικράτεια με την αξίαν των 645.471 τετρ. τεκτονικών πήχεων [δηλαδή με την αξίαν όλης της επιφάνειας που θα απήτουν οι ευρύτεροι δρόμοι εις τας Αθήνας], θα παρέμενε η φορολογική επιβάρυνσις 273 /1.000 [273 επί τοις χιλίοις] δια τους Αθηναίους.

Εις την συνέχειαν έρχεται η θεώρησις της υγιεινής, της τάξεως και της κανονικότητος της πόλεως. Εάν αφ' ενός είναι αλήθεια ότι αι σχετικώς ευρύτεραι οδοί επιτρέπουν μίαν πλέον ελευθέραν κυκλοφορίαν των ρευμάτων του αέρος, και αυτό είναι πλεονέκτημα εις εποχάς μολυσματικών ασθενειών, δεν πρέπει να παραβλέπωμεν αφ' ετέρου το πόσαι ασθένειαι μπορεί να προκληθούν από την έλλειψιν σκιάς. Ποιός δεν γνωρίζει το τι σημαίνει να διασχίζεις την πλατείαν του Ναυπλίου τας καλοκαιρινάς ημέρας; Και ποιός μπορεί να διαβεβαιώσει ότι τα χαμηλότερα τμήματα των οικιών δροσίζονται περισσότερον την νύκτα από την πλέον ελευθέραν κυκλοφορίαν του αέρος εις δρόμους πλέον ευρείς παρά από την προστασίαν του ίσκιου κατά το διάστημα της ημέρας που θα εξησφάλιζον οδοί πλέον στεναί; Η πείρα διδάσκει ακόμη ότι όταν έχωμεν ολίγην διακίνησιν του αέρος, τα ρεύματά του είναι πλέον αισθητά εις στενωτέρας παρά εις ευρυτέρας οδούς. Εις τας χώρας του Νότου ο λαός συνηθίζει να ζει εις τους δρόμους, τους οποίους γεμίζει με εμπορεύματα, κινητά εργαστήρια, κοφίνια, βαρέλια κ.λπ. Όσον περισσότερος [δημόσιος] χώρος υπάρχει, όσον περισσότερον κατατρώγεται ο χώρος των εσωτερικών αυλών, τόσο δυσκολώτερον θα μπορεί να διορθωθεί αυτή η συνήθεια.

Όσον αφορά το ωραίον, το μεγαλειώδες! αυτά συνίστανται εις την αρχιτεκτονικήν, εις την επιλογήν των σωστών αναλογιών. Αι διώροφοι κατοικίαι που κτίζονται εις την Ελλάδα δεν θα φανούν χαμένες εις οδούς [εύρους] 20, 30 ή και 40 ποδών. Θα έχανον ωστόσον και την ολίγον εντυπωσιακήν εμφάνισίν των εις οδούς μεγαλυτέρου εύρους. Ας ενθυμηθώμεν το θλιβερόν θέαμα ερημίας που παρουσιάζει το Βερολίνον με τους τόσον ευρείς δρόμους, στους οποίους δεν μπορεί κανείς να αντιληφθεί την κίνησιν του πληθυσμού! Και αυτό εις μίαν πόλιν που δεν της λείπει ο σημαντικός πληθυσμός. Ενώ αι Αθήναι θα χρειασθούν πολύν χρόνον δια να αποκτήσουν 120.000 κατοίκους οι οποίοι μπορούν να κατοικήσουν εις την έκτασιν ενός τετραγωνικού μιλίου, και νομίζω ότι το σχέδιον εκτείνεται εις ακόμη περισσότερον χώρον! Η πείρα διδάσκει ότι οι λαοί του Νότου, από την Κίνα μέχρι την Αμερική, πάντα είχον την τάσιν να κάνουν στενάς τας οδούς των πόλεών των. Και δεν λείπουν οι λόγοι δια μίαν παρομοίαν απόφασιν. Εις την σύγχρονον εποχήν, η συχνή χρήσις αμαξών προεκάλεσε την ανάγκην να δοθεί μεγαλύτερον εύρος εις τας οδούς, και όσον περισσοτέρας οδούς αδιαβάτους δια τας αμάξας είχε μια πόλις, τόσον μεγαλυτέρα η ανάγκη ωρισμένων ευρέων διανοίξεων οδών. Αλλά εάν είχαμεν οδούς σχετικώς στενάς που επιτρέπουν την διασταύρωσιν δύο αμαξών και συγχρόνως το πέρασμα των πεζών, δεν υφίσταται ανάγκη διανοίξεων".

Οι Κλεάνθης και Schaubert στην προαναφερθείσαν συνεδρίαση της 15/27 Ιουνίου 1834 (βλ. παραπάνω σημ. 37) αντέκρουσαν την παρατήρηση ότι οι δρόμοι είχαν υπερβολικό πλάτος, με το ακόλουθο διορατικό και πειστικό επιχείρημα:

"Όταν λάβαμε την εντολή να εκπονήσουμε στην Αθήνα το σχέδιο της μελλοντικής πρωτεύουσας της Ελλάδος, ούτε μας πέρασε από το μυαλό η σκέψη πως η πόλη θα ήταν έτοιμη μέσα σε λίγα χρόνια. Είμασταν πεπεισμένοι πως θα περνούσαν ίσως και πενήντα χρόνια μέχρι την πλήρη αποπεράτωσή της· ένα σχέδιο όμως γίνεται για πάντα".

39. Ο πρίγκηψ Pueckler-Muskau ασκεί αυστηρότατη κριτική στον τρόπο ανάπτυξης της Αθήνας. Στις 11.3.1836 γράφει στο ημερολόγιό του που κρατά στην Αθήνα: "Θεωρώ πραγματικό δυστύχημα το γεγονός ότι η νέα πόλη θα κτισθεί στον ίδιο χώρο στον οποίο ήταν η αρχαία. Έτσι θάβονται ασφαλώς για πάντα μεγάλοι, άγνωστοι θησαυροί. Η Κυβέρνηση διέταξε βέβαια να αφεθεί ελεύθερος ένας μικρός χώρος γύρω από κάθε υφιστάμενο αρχαίο μνημείο· αλλά ανεξάρτητα από το γεγονός ότι οι εντολές της είναι ελάχιστα σεβαστές, αυτό το μέτρο είναι βέβαια ανεπαρκές.

Γενικά είμαι της γνώμης ότι, εάν η Αθήνα επελέγη ως πρωτεύουσα, όπως φαίνεται, μόνο λόγω του ονόματός της και των φημισμένων αρχαιοτήτων της - διότι το κλίμα της πόλης είναι άκρως ανθυγιεινό και η θέση της δεν ευνοεί ούτε την άμυνα ούτε το εμπόριο- , η επιλογή αυτή είναι ένα περίεργο λάθος. Ο εγκλωβισμός της αρχαίας Αθήνας από μία μεγάλη, σύγχρονη πόλη και ιδιαίτερα με τον ακαλαίσθητο τρόπο με τον οποίο έχει αρχίσει αυτή να οικοδομείται, δεν θα εξάρει βεβαίως τη ρομαντικότητα και μεγαλοπρέπεια των αρχαίων μνημείων της Αθήνας. Ο προγενέστερος βαρβαρικός μικρός σωρός τούρκικων σπιτιών δημιουργούσε τουλάχιστον κτυπητή αντίθεση, γιατί παρ' όλα αυτά, με την άναρχη, ανατολίτικη όψη του και τους φασματικούς άσπρους τείχους του ενηρμονίζετο κάπως με τα υπέροχα αρχαία μνημεία. Το τωρινό μόρφωμα το οποίον, με την εν είδει βιομηχανικού προϊόντος άψογη όψη του, που τολμά να μιμηθεί επιπόλαια και αηδιαστικά την αρχαιότητα, προσπαθεί να καταστήσει οφθαλμοφανές ότι τώρα ζουν Πυγμαίοι εκεί που κάποτε κατοικούσαν γίγαντες". (Pueckler-Muskau, Hermann: *Suedoestlicher Bildersaal. Griechische Leiden*, Stuttgart 1840. Νέα έκδοση: Frankfurt/Main 1981, σελ. 131-132).

40. Υπέρ της εναλλακτικής αυτής επιλογής για τη χωροθέτηση της πρωτεύουσας συνηγορούν εκ των υστέρων πολλοί ερευνητές της Αθήνας. Έτσι γράφει ο Ιωάννης Μιχαήλ:

"Μια άλλη πρόταση, πολύ ενδιαφέρουσα από σημερινή σκοπιά, προέβλεπε να κτισθεί η νέα Αθήνα ανάμεσα στην Ακρόπολη και την παραλία. Σ' αυτή την πεδιάδα, που δεν έχει υψώματα, θα υπήρχε πολύ περισσότερος χώρος για τις κεντρικές λειτουργίες απ' ό,τι στη σημερινή θέση όπου το κέντρο περιορίζεται ανάμεσα στους λόφους· από την άλλη μεριά, η παλαιά πόλη και οι αρχαιολογικές περιοχές θα είχαν προφυλαχθεί από την πίεση της αναπτυσσόμενης μεγαλούπολης". (Ι. Μιχαήλ, *Entwicklungsueberlegungen und -initiativen zum Stadtplan von Athen nach dessen Erhebung zur Hauptstadt Griechenlands*, Athen 1969, σελ. 18).

Και ο Thomas Hall στην πρόσφατη συμβολή του στην ιστορία ίδρυσης της Αθήνας καταλήγει στο ίδιο συμπέρασμα:

"Μια άλλη αρχική δυνατότητα θα ήταν να τοποθετηθεί η πόλη στην πεδιάδα νότια από την Ακρόπολη, όπου οι εδαφικές και υψομετρικές συνθήκες θα ήταν μάλλον ευνοϊκές και όπου δεν υπήρχαν υψώματα να δυσχεράνουν τη μελλοντική επέκταση. (...) Οι αρχιτέκτονες όμως επέλεξαν για τη νέα πόλη την πεδιάδα στα βόρεια της Ακρόπολης. (...) Η κυριώτερη αιτία αυτής της χωροθέτησης ήταν ασφαλώς η επιθυμία τους να εξασφαλίσουν στη νέα πόλη την τοπογραφική συνέχεια με την αρχαία". (Thomas Hall, *Planung europaeischer Hauptstaedte*, Stockholm 1986, σελ. 80).

41. Βλέπε στην σελίδα 252 την πρότασή μας (σε σκαρίφημα) για μια υποθετική νέα πόλη με βάση το σχέδιο των Κλεάνθη και Schaubert χωροθετημένη στη νότια πεδιάδα, που μπορεί να θεωρηθεί μια "αναδρομική ουτοπία".

42. "Η υφιστάμενη παλαιά πόλη, που θα εχρησιμοποιείτο αμέσως, θα συνεπληρώνετο από μία σχεδιασμένη νέα πόλη, όπως προτείνουν οι Κλεάνθης και Schaubert. Τελικά επελέγη αυτή (...) η συμβιβαστική λύση της 'ελάχιστης αντίστασης' (...) Δεν πρέπει επίσης να λησμονούμε πως σ' αυτές τις περιοχές είχαν τα οικόπεδά τους οι Αθηναίοι". (Γ. Μιχαήλ, *Entwicklungsueberlegungen und -initiativen zum Stadtplan von Athen nach dessen Erhebung zur Hauptstadt Griechenlands*, Athen 1969, σελ. 19).

43. Ο Γιάννης Τσιώμης εφιστά πολύ εύστοχα την προσοχή σ' αυτή την ιδιαιτερότητα της διαμόρφωσης του σχεδίου: "Διότι αυτό που χαρακτηρίζει το σχέδιο των Αθηνών σε αντίθεση με τον σχεδιασμό άλλων πόλεων την ίδια εποχή είναι η θέληση να επιβληθούν ξανά στον φυσικό χώρο και να τονισθούν τα ιστορικά σημεία και οι διαδρομές επίσκεψης με χρήση της περιγραφής του Παυσανία". (Γιάννης Τσιώμης: *Athènes a soi-même étrangère. Éléments de formation et de récéption du modèle neoclassique urbain en Europe et en Grèce au 19 siècle*, Paris 1983, σελ. 545).

44. Επί του θέματος αυτού η Margarete Kuehn παρατηρεί:

"Ο ρόλος καταληκτικών σημείων θέας (points de vues) επιφυλάσσεται μόνο στα μνημεία της αρχαιότητος, χωρίς αυτό να σημαίνει ότι υποβιβάζονται σε επιδεικτικό θέαμα. Αφημένα σε προσήκουσα απόσταση, παραμένουν μέσα στη δική τους σημαντική σφαίρα. Τα σύγχρονα κτήρια και κτηριακά συγκροτήματα και οι πλατείες, στις οποίες ευρίσκονται αυτά, συνήθως απλώς εφάπτονται στους δρόμους. Ακόμη και η κεντρική προοπτική θέαση των ανακτόρων έχει εγκαταλειφθεί στο μεταγενέστερο σχέδιο". (Margarete Kuehn, *Schinkel und der Entwurf seiner Schueler...*, στο: *Berlin und die Antike*, Berlin 1979, τόμος ΙΙ, σελ. 518).

45. Η πρόταση των δύο αρχιτεκτόνων να απαλλοτριωθεί και να αδειάσει από όλα τα κτίσματα η άνω παλαιά πόλη (συνολικής επιφάνειας 32 εκταρίων) έγινε δεκτή από την αντιβασιλεία· στο διάταγμα "περί εκτελέσεως και ακριβούς τηρήσεως του εγκεκριμένου σχεδίου ανοικοδομήσεως της πόλεως των Αθηνών", Ναύπλιον 10/22 Δεκεμβρίου 1833 (βλ. τεκμήριον 31 συλλογής "Κειμένων") ορίζονται τα εξής:

"Οι ιδιοκτήται απάντων των οικοπέδων, άτινα κείνται εις την βορείαν και ανατολικήν κλιτύν της Ακροπόλεως εκτός του ορίου της νέας πόλεως του καθωρισθέντος υπό των κυρίων Κλεάνθους και Schaubert θέλουν επίσης παραχωρήσει ταύτα εις το κράτος, εφ' όσον θεωρηθώσι αναγκαία δια τας ανασκαφάς και τας επί του εδάφους των αρχαίων πόλεων του Θησέως και του Αδριανού προταθείσας διαμορφώσεις. Το δημόσιον ταμείον θέλει καταβάλει ως αποζημίωσιν μέσην τιμήν εξ εβδομήκοντα λεπτών τον τετραγωνικόν πήχυν". Το μέτρο αυτό ήταν ένας από τους κυριώτερους λόγους αντιδράσεων των Αθηναίων που οδήγησε στην αναθεώρηση του αρχικού σχεδίου από τον Klenze το καλοκαίρι του 1834. Στη δριμύτατη πολεμική εναντίον του σχεδίου μέσω του τύπου, οι δύο αρχιτέκτονες και ιδιαίτερα ο Κλεάνθης εκατηγορήθησαν για ταπεινά κίνητρα - δηλαδή για κερδοσκοπία επειδή είχαν στην ιδιοκτησία τους οικόπεδα στη νέα πόλη- και για αδιαφορία απέναντι στις σκληρές κοινωνικές επιπτώσεις του σχεδίου τους. Οι Αθηναίοι ξεχνούσαν όμως ότι από της 3/15 Ιουνίου του 1833 ο Δήμος της Αθήνας σε αίτημά του προς τον Βασιλέα δήλωνε μεταξύ άλλων διατεθειμένος να παραχωρήσει στο κράτος τα αναγκαία για τις ανασκαφές οικόπεδα αντί λογικής αποζημίωσης, με την ελπίδα ότι θα επιλεγόταν η Αθήνα ως πρωτεύουσα της χώρας. Συνετές φωνές υπερασπίσθησαν ωστόσο τους αρχιτέκτονες, επισημαίνοντας τον ανιδιοτελή και επιστημονικό χαρακτήρα του ρόλου τους· έτσι, παραδείγματος χάριν, στο φύλλο της 9.12.1834 της δίγλωσσης εφημερίδος "Εθνική" (ετυπώνετο στα Ελληνικά και στα Γαλλικά) διαβάζουμε:

"Κανένας όμως δεν προσπαθεί να σκεφθεί ότι οι κύριοι αυτοί [δηλαδή οι Κλεάνθης και Schaubert] δίδουν απλώς την έγκυρη γνώμη τους· και ότι στον χώρο που έχουν προβλέψει για ανασκαφές ευρίσκεται και η ιδιόκτητη κατοικία τους. Και ακόμα ότι η ζημιά που προκαλείται σε ορισμένους ιδιώτες δεν προκύπτει από την αυθαιρεσία τους, αλλά είναι μια αναπότρεπτη συνέπεια [του σχεδιασμού] και ότι τέλος δεν μπορούμε να χαρακτηρίζουμε ζημιογόνο ένα μέτρο που προκαλεί δημόσιον όφελος".

46. Στις 30 Σεπεμβρίου/12 Οκτωβρίου 1832 ο Ludwig Ross γράφει από την Αθήνα:

"Αυτά τα σχέδια εκτεταμένων ανασκαφικών ερευνών θεωρούνται από τους φίλους μου Κλεάνθην και Schaubert αναντίρρητος βάσις του σχεδίου της νέας πρωτευούσης που εξεπόνησαν· και ερωτώ ακόμη μίαν φοράν: είναι δυνατόν ο Βασιλεύς Όθων, ο υιός του φιλοτέχνου Λουδοβίκου Α' της Βαυαρίας, να μην τα εγκρίνει;" (Ludwig Ross: *Erinnerungen und Mittheilungen aus Griechenland*, Βερολίνο, 1863, σελ. 157· βλ. τεκμήριον 1 συλλογής "Κειμένων". Το κείμενο αυτό εδημοσιεύθη για πρώτη φορά στο *Blaetter fuer literarische Unterhaltung*, 1833, αρ. τευχ. 26 και 27).

47. Για αυτή τη συμβολική επιλογή των τοποθεσιών μέσα στην πόλη παραθέτουμε τις ακόλουθες, κάπως ακραίες παρατηρήσεις του Γιάννη Τσιώμη:

"Έτσι ο πρώτος συμβολισμός αναγγέλλεται χωρίς αμφισημία. Οι κορυφές του τριγώνου τοποθετούνται στους σημαίνοντες τόπους του αθηναϊκού χώρου. (...) Η μνήμη ελεύθερη από κάθε οπτικό περιορισμό είναι ακριβέστατα δεμένη με τις τοποθεσίες. Απ' αυτή τη μεριά (του Κεραμεικού) η πόλη τελειώνει στον τόπο των νεκρών και ανοίγεται προς τη θάλασσα. Η γνώση συνδυασμένη με την πίστη συναρμόζει τον τόπο του Πολέμου (Μαραθώνα), τον τόπο της Σκέψης (το Λύκειο, τους σωκρατικούς περιπάτους στις όχθες του Ιλισσού) και τέλος τον τόπο της σωματικής άσκησης (το Στάδιο). Και όλα αυτά καταλήγουν στην "Ακαδημία" που αντίκρυ της τοποθετείται η ορθόδοξη πίστη, η Μητρόπολη. Έτσι θεσμοθετείται η μονοδιάστατη σχέση του νεοέλληνα, ρωμιού και ορθόδοξου, με τον Νόμο, την Ιστορία, τον Πόλεμο, τη Σκέψη και την Άσκηση των σωμάτων. Τέλος η απόλυτη [βασιλική] εξουσία κυριαρχεί επί του συνόλου μέσω της θέσης της και της οργάνωσης του περιβάλλοντος χώρου χωρίς καμιά αμφιβολία. (...)

Επί πλέον, η πιο σημαντική αρχιτεκτονική χειρονομία είναι ο άξων συμμετρίας από Βορρά προς Νότον που ενώνει τα νέα ανάκτορα με τα Προπύλαια της Ακρόπολης και τονίζει τη μετωπική προοπτική θέαση του σημείου αυτού στο βάθος. Μια αμφίδρομη τηλεσκοπική θέα προσφέρεται έτσι στον Βασιλέα: παρατηρεί την πόλη αλλά και παρατηρείται ο ίδιος [το ανάκτορό του] από τα Προπύλαια. Η βασική σχέση υφίσταται πάντως μεταξύ αυτών των δύο σημείων: απ' τη μια μεριά τα ανάκτορα, απ' την άλλη τα Προπύλαια της Ακρόπολης (...)" (Γιάννης Τσιώμης, *Athènes a soi même étrangère...*, Paris 1983, σελ. 541 και σελ. 550-551).

48. Η οδός Αθηνάς που έχει μήκος 750 μέτρα - αρχικά είχε προβλεφθεί ως "βουλεβάριο" πλάτους 32 μέτρων με δενδροστοιχίες- κατά την κατασκευή της εμειώθη σε οδό πλάτους 24 μέτρων. Για την οδό Ερμού, που έχει μήκος

1.600 μέτρα, είχε προταθεί πλάτος 16 μέτρων. Κατά την κατασκευή της στην ανατολική της απόληξη απέκτησε όντως εύρος 16 μέτρων για ένα μικρό τμήμα, που όμως εμειώθη σε 10 μέτρα στο υπόλοιπο μήκος της.

49. Πρόκειται για τις στρογγυλές πλατείες "Μουσών" στα ανατολικά και "Κέκροπος" στα δυτικά, που στο σχέδιο έχουν αμφότερες διάμετρο 150 μέτρα· επίσης για την πλατεία σε σχήμα ορθογώνιου παραλληλόγραμμου στο βορρά μπροστά στα ανάκτορα, που έχει διαστάσεις 250×125 μέτρα.

50. Παραθέτουμε εδώ τη συγκρατημένη κριτική του Κ. Μπίρη για τον τρόπο με τον οποίο επεδιώχθη η σύνδεση της παλαιάς με τη νέα πόλη:
"Εκείνο που θα είχε κανείς να κατακρίνη εις το σχέδιον Κλεάνθους και Σάουμπερτ ως προς την ρυμοτομίαν του είναι ότι έτεμνε την παλαιάν πόλιν με πολλάς νέας οδούς και μάλιστα με μερικάς, αι οποίαι ανήκον εις το πρωτεύον δίκτυον της ρυμοτομίας. Είναι ευνόητον ότι υπήρχεν εκ μέρους των ιδιοκτητών της παλαιάς πόλεως η αξίωσις να συμπεριληφθεί αύτη εις το νέον σχέδιον, η αξίωσις όμως αυτή ήτο δυνατόν να ικανοποιηθή δι' ελαφράς μόνον διευθετήσεως της παλαιάς πόλεως και με την διάνοιξιν ολίγων μόνον νέων οδών και πλατειών. Με τον τρόπον αυτόν δεν θα απητούντο δια την εφαρμογήν του σχεδίου τόσαι θυσίαι, αι οποίαι, ως θα ίδωμεν, επροκάλεσαν την εξέγερσιν των ιδιοκτητών και εξ αιτίας αυτής την τροποποίησιν του σχεδίου, θα διετήρει δε η παλαιά πόλις τον γραφικόν χαρακτήρα της, ενώ συγχρόνως θα εβελτιώνετο εις τας λεπτομερείας της κατά πολύ". (Κ. Μπίρης, *Τα πρώτα σχέδια των Αθηνών*, Αθήνα 1933, σελ. 12).

51. Γι' αυτό το τεχνητά ακανόνιστο σχήμα του δικτύου των οδών στην παλαιά πόλη που προτείνεται από τους δυο αρχιτέκτονες και που φαίνεται πως το εθεώρησαν ένα είδος προσαρμογής στον παραδοσιακό χαρακτήρα της περιοχής, ο Γιάννης Τσιώμης παρατηρεί τα εξής:"Όσον αφορά τον ακανόνιστο ιστό του τμήματος της πόλης κοντά στην υποτείνουσα του τριγώνου [οδό Ερμού]: εδώ τα ποικίλα πλάτη και οι διάφορες κατευθύνσεις των οδών πρέπει να έχουν έναν διττό λόγο ύπαρξης. Αφενός μεν τον δισταγμό να εξαλειφθούν όλα τα βυζαντινά κατάλοιπα, όπως οι εκκλησίες, αφ' ετέρου τον δισταγμό να εξαφανισθεί κάθε ανάμνηση της παλαιάς πόλης. Αλλά και κάποια διακριτικότητα απέναντι στην άτακτη χάραξη των οδών των παλαιοτέρων του 1830, επί των οποίων είχαν ήδη ανεγερθεί κτίσματα χωρίς άδεια. Παρ' όλη αυτή τη 'σεμνότητα' των δύο αρχιτεκτόνων, που εξ άλλου δεν αφορά παρά το νότιο τμήμα του σχεδίου τους, οι ακανόνιστες αυτές ρυμοτομικές γραμμές δεν έχουν καμιά λογική, έστω και αν ακολουθούν μεσαιωνικά πρότυπα, εάν υποτεθεί πως αυτή ήταν η βούληση των αρχιτεκτόνων. Εάν ήθελαν να εξασφαλίσουν έναν τέτοιο χαρακτήρα σε αυτή την περιοχή, δεν θα είχαν παρά να ακολουθήσουν πιο πιστά την υφιστάμενη ρυμοτομία με τα ερειπωμένα κτίσματα". (Γ. Τσιώμης, *Athènes a soi-même étrangère (...)* Paris 1983, σελ. 542).

52. "Για την προστασία από τέτοιες επιδρομές, άρχισε η ανέγερση (...) στις 18 Φεβρουαρίου [του νέου ημερολογίου] του 1778 με εντολή του Χατζή-αλή Χασεκή-Μπέη, του τότε Τούρκου τυράννου της Αθήνας, ενός αδύναμου πέτρινου τείχους με προεξέχοντες πύργους, και για το έργο αυτό, όπως και για την ανέγερση του τείχους του Θεμιστοκλή μετά από τους Περσικούς πολέμους, όλοι έπρεπε να συμβάλουν με προσωπική εργασία. Στη διάρκεια του βιαστικά εκτελεσμένου αυτού έργου κατεδαφίσθησαν πολλά μνημεία της αρχαιότητος, που ο Stuart και οι παλαιότεροι ταξιδιώτες είχαν δει ακόμα όρθια, και τα υλικά τους εχρησιμοποιήθησαν ως δόμοι ή για την παραγωγή ασβέστη. Έτσι εξηφανίσθησαν μόλις πριν από εβδομήντα χρόνια οι ιωνικοί κίονες του υδραγωγείου του Αδριανού και του Αντωνίνου στους πρόποδες του Λυκαβηττού, που το επιστύλιό τους με τη μισή επιγραφή ήταν εντοιχισμένο σαν υπέρθυρο πάνω από την Πόρτα της Μπουμπουνίστρας μπροστά στο σημερινό ανάκτορο· το ίδιο έγινε και με τα λείψανα της γέφυρας του Ιλισσού μπροστά στο Στάδιο και με τον μικρό ιωνικό ναό πάνω από την πηγή της Καλλιρρόης. Στις μάχες για την κατάληψη της Ακρόπολης κατά την Επανάσταση, το τείχος του Χατζή-Αλή έπαθε βλάβες αλλά έμεινε όρθιο· εγώ το ευρήκα ακόμα στη θέση του. Άρχιζε από την Πύλη του Αδριανού, που την χρησιμοποιούσε ως δευτερεύουσα πύλη, και κατευθυνόταν από την ανατολική πλευρά της πόλης κατά μήκος της νότιας πλευράς του ιερού βράχου στο Ωδείο του Ηρώδου του Αττικού, στο οποίο εφάπτετο, έπειτα προσπερνούσε τη δυτική πλευρά της Ακρόπολης και τη ράχη του Αρείου Πάγου και από εκεί, διαγράφοντας ένα μεγάλο ημικύκλιο, περιέκλειε το πιο επίπεδο βόρειο τμήμα της πόλης και επέστρεφε στην Πύλη του Αδριανού. Κυριώτερες πύλες του τείχους ήταν η πόρτα του Μωρηά (More-Kapesi) στα δυτικά, ανάμεσα στο παλαιό Δίπυλον, η πόρτα των Αχαρνών (Egripos Kapesi ή πόρτα των Πατησιών) στο βορρά, η προαναφερθείσα πόρτα της Μπουμπουνίστρας στα ανατολικά και στη δυτική πλευρά η πόρτα Inte-Kapesi, που είναι η αντίστοιχη των Ιτωνίων Πυλών ανάμεσα στο Ολυμπείον και στο Θέατρο του Βάκχου". (Ludwig Ross, *Erinnerungen und Mittheilungen aus Griechenland*, Berlin 1863, σελ. 29-30).

53. Αυτή την πληροφορία δίνουν οι δημογέροντες της Αθήνας σε σχετική ερώτηση των δύο αρχιτεκτόνων (βλ. Πρακτικά της συνεδρίασης που έλαβε χώρα στις 15/27 Ιουνίου 1834 στην Αθήνα, τεκμήριον Ε του παρόντος κεφαλαίου).

54. Ο ακριβής υπολογισμός των επιμέρους επιφανειών βασίζεται στο λεγόμενο σχέδιο "DAI" (του Γερμανικού Αρχαιολογικού Ινστιτούτου στην Αθήνα), το οποίο από σχεδιαστική άποψη αποτελεί την πιο πλούσια σε πληροφορίες και ευανάγνωστη παραλλαγή της οριστικής διατύπωσης του σχεδίου των Κλεάνθη-Schaubert.

55. Βλέπε: Πρακτικά της συνεδρίασης που έλαβε χώρα στις 15/27 Ιουνίου 1834 στην Αθήνα, τεκμήριον Ε του παρόντος κεφαλαίου.

56. K. Mendelssohn-Bartholdy στο περιοδικό του Sybel "*Historische Zeitschrift*" XXVIII, 1872, σελ. 50 και κατά λέξη στην *Ιστορία της Ελλάδος* ΙΙ, Λειψία, 1874, σελ. 499, μόνο που εδώ οι αρχιτέκτονες αντί "απατεώνες" (Schwindler) αποκαλούνται "ιδρυτές" (Gruender).

57. Ο Γ. Τσιώμης λέει επ' αυτού:
"Καμία ένδειξη κατ' αρχάς που να αφορά την υποδομή του οδικού δικτύου που θα έπρεπε να συνδέει την Αθήνα με τα παραγωγικά κέντρα της χώρας. Το ενδιαφέρον για το θέμα αυτό είναι ανύπαρκτο στους Κλεάνθη και Schaubert, και η σιωπή τους δεν θα πρέπει να μας είναι αδιάφορη, κυρίως επειδή ένα από τα επιχειρήματα εκείνων που ήσαν αντίθετοι στην εκλογή της Αθήνας ήταν η απομόνωσή της". (Γ. Τσιώμης, *Athènes a soi-même étrangère (...)*, Paris 1983, σελ. 552).

58. Ο Στέφανος Σίνος εφιστά την προσοχή όχι μόνο στο χαρακτήρα προτύπου που έχουν τα σχέδια του 18ου αιώνα για την ακτινωτή διάταξη των οδών αλλά και σε συγκεκριμένα σχέδια διαφόρων ευρωπαϊκών πόλεων που πρέπει να επηρέασαν τη συγκεκριμένη λύση:
"Το σχέδιο των Κλεάνθη και Schaubert, του οποίου ενεκρίθη η εφαρμογή, πρέπει να θεωρηθεί σημαντικότατο επίτευγμα της πολεοδομίας του περασμένου αιώνα. Η αρχή, στην οποία στηρίζεται, είναι σίγουρα επηρεασμένη από την Piazza del Popolo [στη Ρώμη] με τις ακτινωτά συμβάλλουσες σε αυτή τρεις οδούς και από το ανακτορικό συγκρότημα των Βερσαλλιών με την πόλη να εκτείνεται μπροστά του. Και εδώ ακτινωτά διατεταγμένοι δρόμοι, που οδηγούν στα ανάκτορα, αποτελούν τον σκελετό της πρότασης - μια αρχή που αξιοποιήθη και αλλού, κυρίως κατά τον 18ο αιώνα". (Στ. Σίνος, *Die Gruendung der Neuen Stadt Athen*, άρθρο στο περιοδικό *Architectura*, 1974, σελ. 42).

59. Ο Ludwig Ross, λόγου χάριν, παρασύρεται σε μια ποιητική περιγραφή των προοπτικών θεών που προσφέρονται από το σχεδιαζόμενο ανάκτορο:
"Εις την νοτίαν πλευράν της πλατείας συμβάλλουν, με κατεύθυνσιν προς το κέντρον της προσόψεως των ανακτόρων, τρεις κύριαι οδοί από τας οποίας η μία οδηγεί νοτιοανατολικώς προς το καλώς διατηρημένον Στάδιον εις τας νοτίας όχθας του Ιλισσού και η δευτέρα νοτιοδυτικώς κατ' ευθείαν εις τον στρογγυλόν λιμένα του Πειραιώς. Μεταξύ των δύο προηγουμένων οδών ευρίσκεται η τρίτη με κατεύθυνσιν τον νότον: αυτή περνώντας από τα κατάλοιπα του Γυμνασίου των Πτολεμαίων [δηλαδή της Βιβλιοθήκης του Αδριανού], καταλήγει εις την βορεινήν πτέρυγα των Προπυλαίων και τον Άρειον

Πάγον, έτσι ώστε ο Βασιλεύς από τον εξώστην του να βλέπει ταυτοχρόνως τους αγωνιζομένους εις το Στάδιον, την αρχαίαν ένδοξον έδραν της αδιαβλήτου δικαιοσύνης και εις τον λιμένα του τας κυριάρχους των θαλασσών τριήρεις. Υπάρχει άλλον βασιλικόν ανάκτορον όμοιον αυτού; και πού αλλού θα μπορούσε να το χωροθετήσει κανείς;" (Ludwig Ross: *Erinnerungen und Mittheilungen aus Griechenland*, Berlin 1863, σελ. 159· βλ. τεκμήριον 1 συλλογής "Κειμένων").

60. Τα πλεονεκτήματα μιας τέτοιας βασικής διάταξης των οδών περιγράφει ο Στέφανος Σίνος ως εξής: "Ο συνδυασμός ενός ακτινωτού και ενός ορθογωνίου συστήματος οδών ήταν ένα από τα κύρια προβλήματα της πολεοδομίας του 19ου αιώνος. Ο σχηματισμός ενιαίων, κανονικών οικοδομικών τετραγώνων αφ' ενός και η ταχεία σύνδεση του κέντρου και των δευτερευόντων κέντρων αφ' ετέρου ήταν οι δύο παράγοντες που οδηγούσαν συχνά στο συνδυασμό των δύο συστημάτων". (Στ. Σίνος, *Die Gruendung der Neuen Stadt Athen* στο περιοδικό *Architectura*, 1974, σελ. 42).

61. Βλέπε: Κλεάνθης και Schaubert: "*Erlaeuterung des Planes der Stadt Neu-Athen*", τεκμήριον Δ του παρόντος κεφαλαίου.

62. Με την αποφυγή ενός ενιαίου, εκτεινόμενου σε ολόκληρη την πόλη ορθογώνιου οδικού κανάβου και τη χρησιμοποίηση περισσότερων του ενός ορθογωνίων συστημάτων οδών με διαφορετικό προσανατολισμό, η πόλη γίνεται σε μεγάλο βαθμό ευανάγνωστη και προσιτή και η κάτοψή της αποκτά επίσης πολυμορφία και ευκαμψία. Ακόμα και αν δεν θέλει κανείς να δεχθεί μιαν άμεση αναφορά σε αρχαίες αντιλήψεις, θα πρέπει ωστόσο να επισημανθεί ότι τέτοιου είδους λύσεις απαντώνται ήδη στον Αριστοτέλη, οι οποίες όμως αποσκοπούν κατ'αυτόν στην "ασφάλεια και τον κόσμον" [κάλλος]: "Ἡ δὲ τῶν ἰδίων οἰκήσεων διάθεσις ἡδίων μὲν νομίζεται καὶ χρησιμωτέρα πρὸς τὰς ἄλλας πράξεις, ἂν εὔτομος ᾖ καὶ κατὰ τὸν νεώτερον καὶ τὸν Ἱπποδάμειον τρόπον, πρὸς δὲ τὰς πολεμικὰς ἀσφαλείας τουναντίον ὡς εἶχον κατὰ τὸν ἀρχαῖον χρόνον· δυσέξοδος γὰρ ἐκείνη τοῖς ξενικοῖς καὶ δυσεξερεύνητος [τοῖς] ἐπιτιθεμένοις. Δι'ὃ δεῖ τούτων ἀμφοτέρων μετέχειν (ἐνδέχεται γάρ, ἄν τις οὕτως κατασκευάζῃ καθάπερ ἐν τοῖς γεωργοῖς, ἃς καλοῦσι τινές τῶν ἀμπέλων συστάδας) καὶ τὴν μὲν ὅλην μὴ ποιεῖν πόλιν εὔτομον, κατὰ μέρη δὲ καὶ τόπους· οὕτω γὰρ καὶ πρὸς ἀσφάλειαν καὶ πρὸς κόσμον ἕξει καλῶς". Αριστοτέλους, *Πολιτικά* VII, 133, στ. 21-31.

63. Σ' αυτή τη ρεαλιστική προσαρμογή της βασικής γεωμετρικής διάταξης των οδών στη μορφολογία του εδάφους και στις επιθυμητές κατά τους εκπονητές του σχεδίου οπτικές διασυνδέσεις με τα αρχαία μνημεία εφιστά την προσοχή και ο Γ. Τσιώμης:"Οι Κλεάνθης και Schaubert δεν είχαν να κάνουν με τα δικά τους φανταστικά μνημεία αλλά αντίθετα με τα πραγματικά μνημεία των Αθηνών. Αυτή είναι η μόνη απτή πραγματικότητα. Οι διατάξεις που θα προτείνουν θα έχουν ως συνέπεια το βασικό τρίγωνο να μην είναι ούτε καθαρά ορθογώνιο ούτε ισοσκελές, το τετράγωνο των βουλεβαρίων να είναι μάλλον ένα παραλληλόγραμμο και ως εκ τούτου οι γωνίες συνάντησης των οδών όχι ακριβώς 45 μοιρών! Οι παρατηρήσεις αυτές είναι νύξεις για τον ρεαλισμό που δείχνουν οι δυο εκπονητές του σχεδίου: δεν φαίνονται αυστηρά δεμένοι στη γεωμετρική λογική". (Γιάννης Τσιώμης, *Athènes a soi-même étrangère (...)* Paris 1983, σελ. 544).

64. Η Margarete Kuehn υπενθυμίζει δικαίως πως στην ιστορία της πόλης της Αθήνας διάρκειας πολλών χιλιετιών ο ορθογώνιος κάναβος εφαρμόζεται για πρώτη φορά κατά τον 19ο αιώνα:"Στην πόλη της Αθήνας όμως, που δεν υπήρξε δημιούργημα συστηματικού σχεδιασμού, αλλά η επέκτασή της ήταν σταδιακή ανά τους αιώνες, το σχέδιο των Κλεάνθη και Schaubert προσέδωσε για πρώτη φορά χαρακτήρα ιπποδάμειας ρυμοτομίας". (Margarete Kuehn, *Schinkel und der Entwurf seiner Schueler...*, στο: *Berlin und die Antike*, τόμος II, Berlin, 1979, σελ. 519).

65. "Η χωροθέτηση του ανακτόρου αποτελεί κατ' ουσίαν το σημείο συνάντησης των επιχειρημάτων και των στοιχείων που εγέννησαν το σχέδιο: ευρίσκεται στο κέντρο του τετραγώνου της γεωμετρικής σύνθεσης, αλλά είναι συγχρόνως και στην κορυφή του τριγώνου, του οποίου οι άλλες δύο κορυφές χωροθετούν η μία τον πολιτισμό (πλατεία Μουσών) και η άλλη την ιστορική μνήμη (πλατεία Κέκροπος)." (Γ. Τσιώμης, *Athènes a soi-même étrangère (...)* Paris, 1983, σελ. 547).

66. Παρά την έλλειψη ενδείξεων για τη διαίρεση των οικοδομικών τετραγώνων σε οικόπεδα στο σχέδιο των Αθηνών, μπορεί να υποθέσει κανείς με σχετική ακρίβεια την πιθανή κατάτμηση μελετώντας το νέο σχέδιο της Ερέτριας (Νέων Ψαρών) (σελ. 262). Αυτό το σχέδιο, το οποίο εξεπόνησε ο Eduard Schaubert το 1834, έχει εν μέρει ως πρότυπο το σχέδιο της Αθήνας (τριγωνική διάταξη των ορθογώνιων οδικών αξόνων, αυτόνομες συνοικίες με ορθογώνια ρυμοτομία διαφορετικής κάθε φορά κατεύθυνσης), ξεχωρίζει ωστόσο με την αυστηρά κανονική διάρθρωσή του. Τα μεγάλα οικοδομικά τετράγωνα της Ερέτριας με διαστάσεις 110×110 μέτρα είναι κατατμημένα σε 12 οικόπεδα το καθένα, διαστάσεων 55×18,3 μ. Μια ανάλογη κατάτμηση θα μπορούσε να ίσχυε και για την Αθήνα. Στο σχέδιο της Ερέτριας αναγνώσιμες είναι επίσης και οι προταθείσες δυνατότητες κατάτμησης για τριγωνικά ή τραπεζοειδή οικοδομικά τετράγωνα.

67. Παραθέτουμε εδώ τα σχετικά χωρία από τα ανάλογα τεκμήρια (Α, Δ και Ε) του παρόντος κεφαλαίου.
- "Θα μας άρεσε να διαμορφώσουμε την Αθήνα σαν χωριό, δηλαδή να προβλέψουμε σε κάθε σπίτι μια όμορφη αυλή ή κήπο" (τεκμήριον Α).
- "...10 άτομα δι' έκαστον σπίτι. Κάθε σπίτι με χώρον δι' αυλήν ή κήπον θα καταλαμβάνη 12.000 τετρ. πόδας περίπου" (τεκμήριον Δ).
- "...έτσι ώστε κανένα ιδιωτικό κτίσμα να μην υπερβαίνει τους δύο ορόφους. Εκτός τούτου, στην Ελλάδα σπάνια μένουν δύο οικογένειες σε ένα σπίτι. Κάθε οικογένεια έχει το δικό της σπίτι, την αυλή του και τον μικρό του κήπο. Αυτή είναι η συνηθισμένη πόλη στην Ελλάδα και αυτή ταιριάζει στη χώρα" (τεκμήριον Ε).

68. Αυτό προκύπτει από τους ακόλουθους υπολογισμούς: Με καθαρή πυκνότητα εποικίσεως 100 κάτοικοι / εκτάριο, αναλογούν σε κάθε οικόπεδο 1000$μ^2$ (στη νέα πόλη) 10 κάτοικοι και σε κάθε οικόπεδο 500$μ^2$ (στην παλαιά πόλη), 5 κάτοικοι. Με την παραδοχή ότι έχουμε 25 τετρ. ωφέλιμα μέτρα κατοικίας ανά κάτοικο (που για τα τότε δεδομένα πρέπει να θεωρηθεί αρκετά υψηλή), η αναγκαία ωφέλιμη επιφάνεια κατοικίας ανά οικόπεδο είναι 250 τετρ. μέτρα στην νέα και 125 τετρ. μέτρα, στην παλαιά πόλη. Αυτή θα μπορούσε να επιτευχθεί γενικά με μονώροφες ή και διώροφες μονοκατοικίες κτισμένες πολύ χαλαρά κατά το "πανταχόθεν ελεύθερο" σύστημα (μέγιστος συντελεστής καλύψεως 0,25 μέγιστος συντελεστής δομήσεως 0,25). Για να επιτευχθεί τώρα η τριπλάσια καθαρή πυκνότητα δηλαδή 300 κάτοικοι ανά εκτάριο (και επομένως 750 τετρ. μέτρα ωφέλιμα μέτρα κατοικίας ανά οικόπεδο) στη φάση της πλήρους ανάπτυξης της πόλης διατηρώντας φυσικά την ίδια κατάτμηση του οικοδομικού τετραγώνου, οι αντίστοιχοι συντελεστές θα έπρεπε να είναι οι εξής: διώροφα ή τριώροφα κτήρια, μέγιστος συντελεστής καλύψεως 0,25/ μέγιστος συντελεστής δομήσεως 0,75.

69. Αυτή η τάση απομάκρυνσης των οχλουσών χρήσεων στην περιφέρεια ή και έξω από την πόλη για λόγους υγιεινής, διατυπώνεται και στις διατάξεις της πρώιμης πολεοδομικής νομοθεσίας. Το διάταγμα της 3.4.1835 "περί υγιεινής οικοδομής πόλεων και κωμών" ορίζει ότι: (...)

"Άρθρον 19

Βιομηχανικά είτε τεχνικά καταστήματα, έχοντα βλαβεράν και επικίνδυνον επιρροήν εις τας γειτνιαζούσας κατοικίας, απαγορεύεται να ανεγείρωνται άνευ αστυνομικής αδείας. Υπάγονται δε εις την κατηγορίαν ταύτην: Τα εργαστήρια, όπου κατασκευάζονται το άμυλον, το βορουσιανόν κυανούν (bleu du prusse), αι μουσικαί χορδαί, το στιλβωτικόν δια τας τραπέζας μίγμα, το νιτρικόν οξύ (eau-forte), η μίλτος (minium), το αμμωνιακόν άλας, τα κηρόπαστα διαφόρου είδους υφάσματα, τα βιβλιοδετικά χαρτώνια, το αρσενικόν, το βερενίκειον και το εμπορευματικόν έλαιον, ομοίως δε και τα πυροτεχνεία, τα ρακοσυλλεκτήρια, οι κοπρώνες, τα κανναβοβρεκτήρια, τα ξηραντήρια της καυσίμου γης (tourbe), αι κάμινοι του γύψου και της ασβέστου, τα στεατοχωνευτήρια.

Τα ακόλουθα δεν μακρύνονται μεν από τας κατοικίας των ανθρώπων, καθιστώσιν όμως αναγκαίαν της αστυνομίας την άδειαν και την συγκατάθεσιν των γειτόνων: Τα ψιμμυθιουργεία, και εν γένει όλα τα εργαστήρια χημικών αναλύσεων ή κατασκευών, τα πιλοποιεία, σωπωνεία, αλειμματοκηρεία, βυρσοδεψεία, βαφεία, χοιροστάσια, χλωρογναφεία, και πισσωτήρια (calfatures).

Αι αλυκαί θέλουσι τάττεσθαι υπό τους επικρατούντας ανέμους της πόλεως ή της κώμης.

Άρθρον 20

Τα σφαγεία βάλλονται έξω της πόλεως παρά την θάλασσαν, ποταμόν ή ρύακα, και εις τόπον όθεν δεν πνέουσι παντελώς ή τουλάχιστον συχνά οι άνεμοι προς την πόλιν· διατηρούνται δε πάντοτε καθάρια.

Άρθρον 21

Τα πεταλωτήρια επιτρέπεται μεν να υπάρχωσιν εις τας πόλεις, εντός όμως των αυλών· εν ελλείψει δε τούτων, οι πεταλωταί εργάζονται μόνον επί των μεγάλων πλατειών.

Άρθρον 22

Τα λοιπά εργαστήρια, οσμήν δυσώδη ή βαρείαν απόζοντα ή θόρυβον προξενούντα, τοπίζονται εις αποκέντρους συνοικίας (μαχαλάδες) της πόλεως.

Άρθρον 23

Τα εκδορεία των ζώων ας μακρύνωνται τουλάχιστον ημίσειαν ώραν της πόλεως και των κωμών εις υψηλόν και σύδενδρον τόπον. Τα δε εκδαρέντα ζώα πρέπει να κατορύττωνται τουλάχιστον 6 πόδας βαθέως εις την γην. (...)"

Και στο σχέδιο των Κλεάνθη και Schaubert οι μοναδικές βιοτεχνικές μονάδες επεξεργασίας του πρωτογενούς τομέως, δηλαδή τα ελαιοτριβεία και τα σφαγεία, είναι χωροθετημένες πίσω από τον μεγάλο στρατώνα στη ΒΔ στρογγυλή πλατεία και προς την εξωτερική πλευρά της πόλης.

70. Έτσι ο Γιάννης Τσιώμης επισημαίνει το γεγονός ότι σε μια εποχή που στην Ευρώπη ξεκινά η εκβιομηχάνηση και που η ιδέα της οργάνωσης πόλεων με σχετική αυτάρκεια κερδίζει έδαφος, οι εκπονητές του σχεδίου της Αθήνας σχεδιάζουν μια πόλη "εξωπραγματική" (από άποψη λειτουργική) που, όπως "γεννιέται από το τίποτε" (είναι δηλαδή νέα) έτσι "θα ζει και από το τίποτα" (από άποψη οικονομίας): "Ένα άλλο χαρακτηριστικό γνώρισμα της εξωπραγματικότητος της Αθήνας είναι το γεγονός ότι εδώ η πόλη αυτή γεννιέται από το τίποτε και θα ζει και από το τίποτε. Αυτό βέβαια αντιτίθεται στα παραγωγικά ενδιαφέροντα που αρθρώνονται στην πολεοδομική θεώρηση της εποχής και που καταλήγουν στη διαμόρφωση του ευρωπαϊκού πολεοδομικού χώρου, ουτοπικού ή μη (...). Οι δύο αρχιτέκτονες συλλαμβάνουν μιαν εξαρτώμενη πόλη, ενώ σαν καλοί μαθηταί του Schinkel δεν θα έπρεπε να αγνοούν ούτε την αυτάρκεια των μεγάλων πόλεων ούτε και τα αυτάρκη πολεοδομικά σχέδια της ουτοπίας της Φάλαγγας (Phalanstère). Η [οικονομική] εξάρτηση της Αθήνας είναι πασιφανής στο πνεύμα του πρώτου σχεδίου, μια και δεν ευρίσκομε εδώ καμιά ζώνη βιομηχανικής παραγωγής (...). Εάν κάθε πόλη γεννά την ιδεολογία της, η Αθήνα πόλη-ιδεολόγημα είναι ίσως το μοναδικό παράδειγμα νέας πόλης στον 19ο αιώνα, που υφίσταται μόνο για να προβάλει ηθελημένα μίαν ιδεολογία. Και παρ' όλες τις διαφορές στις εκατέρωθεν [πολεοδομικές] απόψεις, διαφαίνεται εδώ ένας συμβιβασμός: μια γενικευμένη συμμαχία γύρω από τον καθ' εαυτόν λόγον υπάρξεως των Αθηνών". (Γιάννης Τσιώμης, *Athènes a soi-même étrangère*, Paris 1983, σελ. 552/558).

71. "Καταξιώνεται λοιπόν η ονομασία της Αθήνας ως πόλης του 'τριτογενούς τομέως', που δεν θα μπορέσει να ζήσει παρά με την υποστήριξη ολόκληρης της χώρας. Ο κύριος πολιτικός λόγος υπάρξεώς της την θέτει εκτός του βιωτικού χώρου της Ελλάδος, ο οποίος πρέπει να την τροφοδοτεί. Ο λόγος ύπαρξεώς της είναι η εδώ φυσική παρουσία των ερειπίων (της αρχαιότητος), των αρχαίων ονομάτων και των συνδυασμένων [μεταξύ τους] καλών τεχνών". (Γιάννης Τσιώμης, *Athènes a soi-même étrangère (...)*, Paris 1983, σελ. 558).

72. Οι αρχιτέκτονες φαίνεται πως είχαν συναίσθηση αυτού του γεγονότος, διότι οι ίδιοι διαπιστώνουν ότι: "Επιπλέον στο σχέδιο δεν συμπεριλαβάνονται παρά μόνο τα μισά από τα κτήρια που ίσως χρειασθεί η Κυβέρνηση" (βλ. τεκμήριον Ε του παρόντος κεφαλαίου). Φαίνεται λοιπόν πως οι εκπονητές του σχεδίου με τα δημόσια κτήρια που σχεδιάζουν δεν προτείνουν καθόλου μία μη τροποποιήσιμη, οριστική διάταξη στον χώρο· την πρότασή τους τη θεωρούν μάλλον ενδεικτική, μια πρόταση που θα επέτρεπε την εύκαμπτη, σταδιακή εκτέλεση του προγράμματος των δημοσίων κτηρίων. Από αυτή την άποψη η μέθοδός τους είναι άκρως "σύγχρονη", σύμφωνη με τις πρακτικές του σημερινού πολεοδομικού σχεδιασμού, ο οποίος στην πράξη αποτελεί απλώς ένα πλαίσιο δράσης που δεν καθορίζει οριστικά κτηριακά προγράμματα. Υπέρ του ενδεικτικού χαρακτήρα αυτής της πολεοδομικής πρότασης συνηγορούν και οι διαφορές όσον αφορά τον αριθμό και τη χωροθέτηση των δημοσίων καταστημάτων που παρουσιάζουν μεταξύ τους οι διάφορες παραλλαγές του σχεδίου.

73. Την διάκριση των λειτουργιών προϋποθέτει κάπως απλοποιητικά ο Στέφανος Σίνος όταν γράφει: "Βλέπει κανείς με πόση συνέπεια οι δύο αρχιτέκτονες κατανέμουν τις διάφορες λειτουργίες στην πόλη και απαιτούν τη διάκρισή τους στον χώρο". (Στέφανος Σίνος: *Die Gruendung der Neuen Stadt Athen* στο περιοδικό *Architectura*, 1974, σελ. 44).

74. Επ' αυτού ο Στέφανος Σίνος διατυπώνει την εξής άποψη: "Εάν κοιτάξουμε καλύτερα το διοικητικό κέντρο, διαπιστώνουμε πως σε αντίθεση, παραδείγματος χάριν, με την Καρλσρούη και την Ουάσιγκτον, η έδρα της κεντρικής εξουσίας ευρίσκεται μεταξύ των υπολοίπων διοικητικών κτηρίων. Φυσικά ο Friedrich Weinbrenner κατά την ανάπλαση της Καρλσρούης τον 19ο αιώνα έπρεπε να σεβασθεί το μπαρόκ συγκρότημα των ανακτόρων, γι' αυτό τα κτήρια της διοίκησης εκτίσθησαν μπροστά στα ανάκτορα - έτσι η γραφειοκρατία των αστών αντιπαρατίθεται στην εξουσία των ευγενών. Στην Αθήνα αντίθετα τα ανάκτορα πλαισιώνονται από τα κτήρια των διαφόρων υπουργείων, με τα δυο βουλευτήρια στα άκρα των δύο σειρών υπουργείων και στην αρχή των δύο διαγωνίων οδών, αποτελώντας κατ' αυτόν τον τρόπο τον συνδετικό κρίκο μεταξύ πόλης και διοίκησης". (Στέφανος Σίνος: *Die Gruendung der Neuen Stadt Athen* στο περιοδικό *Architectura*, 1974, σελ. 42-43).

75. Βλέπε τα σχετικά επιχειρήματα των δύο αρχιτεκτόνων στο τεκμήριο Ε του παρόντος κεφαλαίου.

76. Αυτή την εξάρτηση από δυτικοευρωπαϊκά πρότυπα συμπεριφοράς την περιγράφει ο Γιάννης Τσιώμης ως εξής: "Πάντως, το ευρωπαϊκό πρότυπο μιας πόλης αστών (ville bourgeoise) είναι εδώ ολοφάνερο. Πέρα από μια σύλληψη της [κτισμένης] μελλοντικής πραγματικότητος, οι Κλεάνθης και Schaubert θέλουν να επιβάλουν μια εικόνα κοινωνικής πραγματικότητος: παρουσιάζουν έναν κόσμο που συναθροίζεται, αγοράζει και επιδεικνύεται μέσα σε έναν χώρο που είναι ολοφάνερα το επίκεντρο επίδειξης μιας τάξης [της αστικής], προς το παρόν ακόμα [τότε] απούσης στην Αθήνα. Έχουμε εδώ έναν άψογο μιμητισμό [της Δύσης] στους δυο φιλέλληνες [sic!], ένα είδος αυτόματης αντίδρασης, που όχι μόνο, αρνείται την κοινωνική διαστρωμάτωση στην Αθήνα αλλά ακόμα και τον τρόπο λειτουργίας του εμπορίου σ' αυτή τη βαλκανική πόλη. Είναι ολοφάνερο ότι εδώ τίθεται ως στόχος ένας άλλος τρόπος ζωής, γνωστός απ' το Παρίσι ή το Βερολίνο. Δίπλα στο κέντρο της απόλυτης [βασιλικής] εξουσίας και στο πολιτιστικό κέντρο, το εμπορικό κέντρο της πόλης προαναγγέλλει με τον τρόπο της οργάνωσής του, μια πόλη που έχει σαν πρότυπό της την ευρωπαϊκή, την πόλη της αστικής καθημερινότητος σε πλούσιες συνοικίες, και όχι την καθημερινή συνάθροιση των πολιτών στην αγορά [αρχαιότης] ή των αγοραστών στο παζάρι [Βαλκάνια]. (...) Το θέμα της χωροθέτησης του εμπορικού κέντρου και η μορφή που πήρε στον χώρο, τονίζει κάτι που μπορεί να θεωρηθεί ως κανών στο νεοελληνικό κράτος: όταν υφίσταται αδυναμία αναφοράς στην αρχαιότητα για να προσεγγισθεί η Ευρώπη, όταν δηλαδή λείπει το στοιχείο αναφοράς, δεν απομένει παρά η άμεση αναφορά στο ευρωπαϊκό πρότυπο". (Γιάννης Τσιώμης, *Athènes a soi-même étrangère (...)*, Paris 1983, σελ. 553-554).

77. Επειδή στο σχέδιο τόσο το "Κάτω Βουλευτήριον" όσο και το "Άνω Βουλευτήριον" προβλέπεται να κτισθούν κοντά στα ανάκτορα, ο χαρακτήρ αυτού του τρίτου βουλευτηρίου παραμένει ασαφής. Το μόνο που μπορεί να σκεφθεί κανείς είναι ότι πρόκειται είτε για το Δημαρχείο είτε για κάποιο άλλο κτήριο της δημοτικής διοίκησης. Ο Γιάννης Τσιώμης με αφορμή αυτή την ασάφεια διαβλέπει μια τυπολατρική φαινομενική αναγνώριση εκ μέρους των αρχιτεκτόνων της δημοκρατικής παράδοσης της Αθήνας:
"Αγνοούμε, με δεδομένες τις τότε πολιτικές δομές, τι έννοια είχε ο όρος 'βουλευτήριον' στον νου των αρχιτεκτόνων: συμβουλευτικό σώμα ίσως ή έδρα της κυβέρνησης που συνθέτει μια τετραλογία με το ταχυδρομείο, την αστυνομία και το τελωνείο; Πάντως η χωροθέτηση αυτού του κτηρίου σε ικανή απόσταση από τα ανάκτορα και κοντά στα διοικητικά κτήρια, οδηγεί στη σκέψη ότι πρόκειται μάλλον για έδρα διοικητικής διαχείρισης και ελέγχου και όχι για έδρα ενός θεσμού-συμβόλου της δημοκρατίας.
Ένα είδος αυτοσυγκράτησης αναδύεται από αυτή την απόφαση να τοποθετηθεί το βουλευτήριο σε απόμερη θέση. Συγχρόνως όμως διαφαίνεται και ένα είδος 'σεμνοτυφίας' που αναγκάζει τους αρχιτέκτονες να προικίσουν την Αθήνα με ένα κτήριο στο οποίο, αν και δεν θα ασκείται η δημοκρατία, θα διαφαίνεται σε αυτό το όνομά της. Αλλά αυτή η παρουσία [του κτηρίου] στην Αθήνα είναι χαρακτηριστική για τη χρήση των λέξεων.
Για πιστούς βασιλόφρονες, όπως ο Κλεάνθης και ο Schaubert, δεν είχε σημασία ο χώρος της λαϊκής αντιπροσώπευσης αλλά απλώς η λέξη που θυμίζει έναν αρχαίο αθηναϊκό θεσμό ανεξάρτητα της σημασίας της. Στην Αθήνα ένα κτήριο ονομαζόμενο 'βουλευτήριον' φέρει την καταξίωσή του στο όνομά του. Έχουμε εδώ ένα είδος μνημείου αφιερωμένου στο όνομα, ένα συνεπακόλουθο του ιστορικού τοπίου, όπως οι Πυραμίδες πρέπει να ανήκουν στην έρημο της Αιγύπτου, χωρίς υποχρεωτικά να υποβάλλουν την ιδεολογία του θανάτου που τις διέπει". (Γ. Τσιώμης, *Athènes a soi-même étrangère (...)*, Paris 1983, σελ. 555).

78. Αυτό το υπαίθριο θέατρο δεν εκτίσθη ποτέ. Παρ' όλα αυτά, τα θερινά θέατρα ήταν εξαιρετικά δημοφιλή στην Αθήνα κατά το δεύτερο ήμισυ του 19ου αιώνος. Εδημιουργήθησαν ωστόσο ανατολικά του Ολυμπείου στην όχθη του Ιλισσού κοντά στην περιοχή αναψυχής του βασιλικού κήπου και του Ζαππείου στο ανατολικό τμήμα της πόλης. Το πρόσφατο θέαμα "ήχος και φως" αντιθέτως παρουσιάζεται μόλις από τη δεκαετία του 1960 στην περιοχή κοντά στον λόφο των Νυμφών (στο πλάτωμα της Πνύκας).

79. Και αυτός ο καθορισμός της θέσης σημαντικών κοινωνικών υπηρεσιών εκτός πόλεως, επειδή εθεωρείτο επιθυμητή η απομόνωσή τους, απαντάται στο διάταγμα της 3.4.1835 "περί υγιεινής οικοδομής πόλεων και κωμών", το άρθρο 18 του οποίου ορίζει: "Νοσοκομεία, σωφρονιστήρια είτε φρενοβλαβεία (hopitaux des alienés), ειρκταί και εργατικαί φυλακαί ας ανεγείρωνται όσον δυνατόν έξω της πόλεως ή τουλάχιστον εις ελευθέρως αεριζόμενα χωρία".
Και το άρθρο 24 ορίζει:
"Τα κοινοταφεία ας βάλλωνται ομοίως εις ικανήν απόστασιν της πόλεως και κώμης, καταφυτευόμενα με δένδρα και θάμνους κατά το εκδοθέν ήδη περί αυτών διάταγμα".

80. Οι συντάκτες του σχεδίου στην *"Περιγραφή"* τους αναφέρονται ρητά σ' αυτό το όραμα του εκτεταμένου αρχαιολογικού πάρκου (βλ. τεκμήριο Δ του παρόντος κεφαλαίου). Δεν ετόλμησαν όμως να προτείνουν κηποτεχνική λύση για την προτεινόμενη περιοχή ανασκαφών, επειδή δεν εγνώριζαν τι ευρήματα θα έπρεπε να περιμένουν και επομένως δεν είχαν ρεαλιστικά σημεία αναφοράς που θα κατηύθυναν τον σχεδιασμό τους. Πρώτος διετύπωσε με εκπληκτική διαύγεια τις βασικές αρχές διαμόρφωσης ενός τέτοιου ελεύθερου χώρου, οι οποίες ισχύουν ακόμα και σήμερα, ο Ludwig Ross σε επιστολή του από την Αθήνα με ημερομηνία 30 Σεπτεμβρίου/12 Οκτωβρίου:
"Κάθε φθινόπωρον η περιοχή μεταξύ των μνημείων, που θα είχε ανασκαφεί μέχρι τότε, θα μπορούσε να φυτεύεται με δένδρα και θάμνους, τα οποία θα έπρεπε να είναι κατανεμημένα σε συστάδες με την πρέπουσαν απόστασιν μεταξύ των, ώστε η επανακτηθείσα αρχαία πόλις να μην παρουσιάζεται ούτε ως μία ολόγυμνος επιφάνεια ούτε όμως και μεταμορφωμένη σε δάσος. Εις το υψηλότερον φυσικόν πλάτωμα κάτω από την Ακρόπολιν, την γυμνήν δηλαδή επίστεψιν του βράχου, από το σπήλαιο του Πανός μέχρι το θέατρον του Διονύσου μπορεί να διαμορφωθεί με ελάχιστον κόπον μία σκιερά δενδροστοιχία. Υπέροχα θα προβάλουν από το βαθυπράσινον φύλλωμα τα κιτρινόφαια λαμπερά βράχια της Ακροπόλεως και τα φωτεινά χρυσαφιά τείχη της με τας ακανονίστους γραφικάς επάλξεις· και υψηλά επάνωθέν των η επιβλητική κιονοστοιχία του Παρθενώνος. Πόσον σαγηνευτική δεν θα είναι τότε η θέα από αυτήν την δενδροστοιχίαν δια τον περιπατητήν, που θα έχει την αρχαίαν και τη νεωτέραν πόλιν στα πόδια του και πέρα μακρυά την απέραντον πεδιάδα με τον βαθυπράσινον ελαιώνα και τας μακρινάς γαλάζιας κορυφάς του Κιθαιρώνος, της Πάρνηθος και της Πεντέλης! Αι Αθήναι λόγω των ερειπίων της αρχαιότητος θα αποκτήσουν ένα πάρκον διδακτικόν και συνάμα σεβάσμιον που ομοιόν του δεν θα υπάρχει, ένα πάρκον πλούσιον εις φυσικάς καλλονάς όσον ολίγα πάρκα εις τον κόσμον". (Ludwig Ross: "*Erinnerungen und Mittheilungen aus Griechenland*", Berlin 1863, σελ. 156).

81. "Αυτή [η διάταξη] οδηγεί σ' αυτό που θα μπορούσαμε να αποκαλέσουμε οπτική ιεράρχηση οδών και διαδρομών (...) δηλαδή στην αισθητή διάκριση των κυρίων αγωγών [κυκλοφορίας] και στην ενοποίησή τους ως συνεχομένων αντιληπτικών στοιχείων." (Lynch, Kevin: *The image of the city*, 1960, σελ. 96/97).

82. Στο θέμα της αναγνωσιμότητος των διαδρομών και των οδικών δικτύων ο πρωτοπόρος Αμερικανός μελετητής Kevin Lynch, που αναλύει τη μορφολογία της πόλης από τη σκοπιά της ψυχολογίας της αντιλήψεως, συνεισφέρει τις εξής παρατηρήσεις:
"Ένας δρόμος συλλαμβάνεται όντως ως ένα στοιχείο που οδηγεί σε κάτι. Η διαδρομή οφείλει να ενισχύει αυτή την αίσθηση με ισχυρά τέρματα και με διαβάθμιση ή διαφοροποίηση της κατεύθυνσης, έτσι ώστε να δίνεται η εντύπωση της προόδου, και οι αντίθετες κατευθύνσεις να είναι ανόμοιες. (...) Οι διαδρομές μπορούν επίσης να γίνουν αντιληπτές (...) ως ένα δίκτυο που εξηγεί τις τυπικές σχέσεις μεταξύ όλων των πιθανών διαδρομών, χωρίς όμως να προσδιορίζει καμία μεμονωμένη διαδρομή. Αυτό όμως απαιτεί ένα πλέγμα που να έχει κάποια σταθερότητα, όσον αφορά την κατεύθυνση, την τοπολογική αλληλεξάρτηση ή τις αποστάσεις" (Lynch, Kevin: *The image of the city*, 1960, σελ. 97/99).

83. Παραθέτουμε εδώ τα σημαντικότερα στοιχεία και παραδοχές για τη σύνθεση αυτού του γενικού προοπτικού σχεδίου: το σημείο οράσεως ευρίσκεται στην επιμήκυνση του άξονος της οδού Αθηνάς, 1.500 μέτρα βορείως των προτεινόμενων ανακτόρων και σε ένα ύψος 800 μέτρων. Η επιλογή αυτού του σημείου επιτρέπει μια μετωπική-προοπτική απεικόνιση ολόκληρης της σχεδιαζόμενης πόλης, δηλαδή ενός πανοράματος της σχεδιαζόμενης νέας Αθήνας. Η επιλογή της γραμμής οράσεως, που σχηματίζει γωνία 45 μοιρών με το επίπεδο του εδάφους επιτρέπει μια σχετικά λεπτομερή απεικόνιση της νέας πόλης στο πρώτο επίπεδο, ενώ η παλαιά πόλη και το περίγραμμα των λόφων της Αθήνας στο βάθος σχηματίζουν το χωρικό πλαίσιο.

84. Παράλληλα με τις διατάξεις των άρθρων 18-24 αυτού του νόμου (βλ. σημειώσεις 69 και 79 του παρόντος κεφαλαίου), παραθέτουμε εδώ και άλλες οδηγίες και συστάσεις του, που μοιάζουν να συμφωνούν με τις επιμέρους επιλογές στο σχέδιο της Αθήνας:
"Άρθρον 6
Θέλει μάλιστα κατασταθή σκοπιμωτάτη των πόλεων η θέσις, εάν αι οδοί υπάρχωσιν ευθείαι και κόπτωνται ορθογωνίως· αλλ' η διεύθυνσις πρέπει να διατεθή πλαγία (εγκαρσία) προς τα τέσσαρα σημεία του κόσμου δια να φωτίζη όλα τα μέρη της πόλεως ο ήλιος. Αι οδοί δεν πρέπει να γίνωνται δυσαναλόγως και υπερβολικώς πλατείαι δια να μη αυξάνη ο καύσων από έλλειψιν σκιάς· αλλά δεν συγχωρείται πάλιν ούτε πολλά στεναί να γίνωνται· και αυτών δε των μικρών οδών το πλάτος δεν θέλει είναι ολιγώτερον των 6 μέτρων.
Άρθρον 7
Αι πλατείαι θέλουσι διορισθή ικαναί κατά τον αριθμόν και εις ανάλογον

συμμετρίαν διηρημέναι, ουχί όμως υπερβολικού μεγέθους.
Άρθρον 8
(...) Καμάραι και δενδροστοιχίαι δεν επιτρέπονται ειμή εις τας μεγάλας πλατείας και εις τας ευρυχωροτάτας ρύμας των πόλεων.
Άρθρον 13
(...) Γενικώς το ύψος των οικιών δεν πρέπει να υπερβαίνη τας δύο οροφάς [sic!]· όπου δε συμβαίνουσι σεισμοί, απαγορεύεται αυστηρώς το να έχωσι πλειοτέρας. (...)
Άρθρον 26
(...) Εις τα πέριξ και πλησιόχωρα μέρη των πόλεων και κωμών πρέπει να οικονομώνται περίπατοι και αλωαί από καρποφόρα ή τουλάχιστον σκιερά δένδρα."

85. "Την απάντησίν μου της 20ής Μαΐου [1832] εις την οποίαν εξηγούμαι σαφώς και λέγω: "Από έξ και πλέον μηνών ασχολούμαι από κοινού μετά του κυρίου Schaubert με την κοπιαστικήν και δαπανηράν αύτην εργασίαν, μέχρι τούδε όμως μόνον μερικάς προπαρασκευαστικάς εργασίας ημπορέσαμεν να αποπερατώσωμεν, τουτέστιν την σχεδίασιν της ενεστώσης καταστάσεως της πόλεως, της Ακροπόλεως και του περιχώρου της, προτού δε αρχίσωμεν την σύνταξιν του νέου σχεδίου είναι αναγκαίον να καταμετρηθώσιν τα διάφορα ύψη της πόλεως". (Από επιστολή του Κλεάνθη προς τον Βασιλέα Όθωνα στις 24.4.1837. Γενικά Αρχεία του Κράτους, Υπουργείο Εσωτερικών, φάκελλος 220· βλ. τεκμήριον 42 συλλογής "Κειμένων").
86. "... Πού και πού στα νεόκτιστα σπίτια βγαίνουν στο φως θεμέλια και θραύσματα αρχιτεκτονικών μελών, που τα σημειώνω όλα σε ένα σχέδιο της Αθήνας, γιατί θα μπορούσαν ίσως αργότερα να χρησιμεύσουν σε μια τοπογραφική αποτύπωση της Αθήνας". (Επιστολή του Schaubert από την Αθήνα στον von Olfers στο Βερολίνο με ημερομηνία 23.11.1847, που παραθέτει ο R. Foerster στο άρθρο του: "*Ein schlesischer Architekt im Lande der Hellenen*" στην εφημερίδα *Schlesien* II, Kattowitz 1908-1909, σελ. 145).
87. "Ολοκληρωμένη και σχεδιασμένη πάρα πολύ ωραία από τον κύριον Schaubert είναι μέχρι τώρα η κάτοψις ή μάλλον η χαρτογράφησις των Αθηνών και των πλησιέστερων περιχώρων των, καλύπτοντας μίαν επιφάνειαν μισού τετραγωνικού μιλίου και περισσότερον. Προς τον νότον εκτείνεται ολίγον πιο πέρα από το Στάδιον και τον Ιλισσόν· προς τα δυτικά περιλαμβάνει ολοκλήρους τους λόφους του Μουσείου, της Πνυκός και του Λυκαβηττού [το όνομα αποδίδεται λανθασμένως στον λόφο των Νυμφών], προς τα ανατολικά το μεγαλύτερον μέρος του Αγχέσμου [το όνομα αποδίδεται λανθασμένως εις τον λόφον του Λυκαβηττού] και προς τον βορράν τελειώνει εις την πεδιάδα εις απόστασιν 4000 αγγλικών ποδών από την αρχαίαν πύλην των Αχαρνών. Περιέχει τα αρχαία τείχη που η διαδρομή των μπορεί να πιστοποιηθεί με αρκετά μεγάλην ακρίβειαν, και όλα τα αρχαία κατάλοιπα μέχρι και μεμονωμένα βάθρα εφόσον ευρίσκονται κατά τα φαινόμενα ακόμη εις την θέσιν των. Από αυτήν την άποψιν η αποτύπωσις αυτή είναι πληρεστέρα από τας προγενεστέρας, διότι αφ' ενός μεν πολλά αρχαία εφάνησαν μόνον μετά την καταστροφήν της νεωτέρας πόλεως, αφ' ετέρου δε δεν διέφυγε τίποτε από την προσοχήν των αρχιτεκτόνων μας. Ταυτοχρόνως, το τοπογραφικόν τους σχέδιον περιλαμβάνει το νέον τείχος της πόλεως και τας νεωτέρας Αθήνας, δηλαδή τας εκκλησίας και τα τζαμιά, που ανακατεσκευάσθησαν, καθώς και τους δρόμους εφόσον αναγνωρίζεται η αρχική των χάραξις από τους σωρούς των ερειπίων". (Ludwig Ross: "*Erinnerungen und Mittheilungen aus Griechenland*", Βερολίνο, 1863, σελ. 152)
88. "Αθήνα, 4 Αυγούστου 1840:
Ξέρετε πόσο αισίως ολοκληρώσαμε το ταξίδι μας στην Πελοπόννησο, για τις επιτυχίες του οποίου εδημοσιεύθησαν μερικές ανακοινώσεις στο ρωμαϊκό *Bulletino* και στο *Kunstblatt* του Schorn. Μετά αναπαυθήκαμε δέκα ημέρες στην Αθήνα· αλλά για τον Mueller ειδικά αυτές οι δέκα ημέρες ξεκούρασης ήταν οι ημέρες της πιο εξαντλητικής εργασίας· οι νέες ανασκαφές στην Ακρόπολη, η οποία κατά την παραμονή του στην Αθήνα άνοιξε τον πλούσιο κόρφο της περισσότερο από ποτέ άλλοτε, και η τοπογραφική μελέτη της κάτω πόλης, απήτησαν όλες του τις δυνάμεις· τις τελευταίες δύο μέρες πριν από την αναχώρηση αντέγραψε το μεγάλο πολεοδομικό σχέδιο του Schaubert της παλαιάς και νέας Αθήνας και αδιαφόρησε για τη σοβαρή και αληθινά προφητική παραίνεση του γιατρού να μοιράσει, λόγω της ταχύτατα αυξανόμενης θερμοκρασίας, τη μέρα του ανάμεσα σε ξεκούραση και εργασία". (Ernst Curtius: *Althertum und Gegenwart*, τόμος II, 3η έκδοση, Stuttgart und Berlin 1903, σελ. 247).
89. "17 Φεβρουαρίου [1842]:
Στο σπίτι του αρχιτέκτονος και υπουργικού συμβούλου Schaubert όπου βρήκαμε απασχολημένους σε έναν περιωρισμένο χώρο και τους δύο αδελφούς Hansen. Μας έδειξε το μεγάλο του σχέδιο της παλαιάς Αθήνας, που τον παρότρυνα πιεστικά να δημοσιεύσει υποσχόμενος να συνδράμω (υπεσχέθη το καλοκαίρι να το σμικρύνει στο ένα τέταρτο της σημερινής κλίμακος) (...)". (F. G. Welcker: *Tagebuch einer griechischen Reise* (Ημερολόγιο ενός ταξιδιού στην Ελλάδα), Berlin 1865, τόμος I, σελ. 76).
90. A. Rossbach: *Das archaeologische Museum an der Universitaet zu Breslau* (Το Αρχαιολογικό Μουσείο του Πανεπιστημίου του Breslau), Breslau 1877, σελ. 115.
91. Έτσι η Όλγα Φουντουλάκη το 1979 αναφέρει τα εξής για την τύχη των καταλοίπων του Schaubert μετά το 1945 (πληροφορίες που σήμερα μετά τις νεώτερες έρευνες του συγγραφέως πρέπει να αναθεωρηθούν):
"Σήμερα δεν ξέρουμε εάν και πού υπάρχουν τα κατάλοιπα ή εάν κατεστράφησαν στον Β' Παγκόσμιο Πόλεμο. Δεν είναι επίσης γνωστόν εάν τα χειρόγραφα του Αρχαιολογικού Μουσείου του Πανεπιστημίου του Breslau μετεφέρθησαν σε ασφαλές μέρος κατά τον πόλεμο. Σύμφωνα με τη δημοσίευση του Ulrich, H.: *Η τύχη των αρχιτεκτονικών και καλλιτεχνικών μνημείων των ανατολικών περιοχών του γερμανικού κράτους και της περιοχής του Danzig*, Bonn 1957, σελ. 70, αντικείμενα του Αρχαιολογικού Ινστιτούτου είχαν μεταφερθεί στο Heinrichau (κοινότητα στη διοικητική περιοχή του Breslau, 50 χλμ. νότια της πόλης). Το 1945 η κοινότητα Heinrichau, που δεν είχε καταστραφεί, πέρασε υπό πολωνική διοίκηση. Πιθανόν να εσώθησαν τα αντικείμενα αυτά. Το περίεργο όμως είναι ότι στους δύο καταλόγους των καταλοίπων σε βιβλιοθήκες και αρχεία της Ομοσπονδιακής Δημοκρατίας της Γερμανίας (κατάλογος των γραπτών καταλοίπων σε γερμανικά αρχεία και βιβλιοθήκες 1 και 2) δεν αναφέρεται ο Schaubert. Αυτή την πληροφορία την οφείλω στο Ινστιτούτο Johann Gottfried Herder.
Βέβαιο είναι πως τα κατάλοιπα του Schaubert δεν υπάρχουν στη σημερινή Βιβλιοθήκη και στο Αρχείο του Πανεπιστημίου του Breslau· αυτήν την πληροφορία μού έδωσε η πρυτανεία του Πανεπιστημίου του Breslau". (Όλγα Φουντουλάκη: *Stamatios Kleanthes 1802-1862. Ein griechischer Architekt aus der Schule Schinkels*, διατριβή, TU Karlsruhe 1979, σελ. 146).
92. Από το τεκμήριο αυτό συνάγεται ότι ο Αλέξανδρος Ραγκαβής, Έλλην πρεσβευτής στο Βερολίνο μέχρι την κήρυξη του πολέμου ανάμεσα στη Γερμανία και την Ελλάδα (1941), το 1956 εφρόντισε ώστε ορισμένα υπόλοιπα αρχείων καθώς και ιερά σκεύη της ελληνικής εκκλησίας του Βερολίνου, που είχε στη φύλαξή του, να μεταφερθούν στο Λονδίνο και να παραδωθούν στα χέρια του εκεί Έλληνος πρεσβευτού Βασιλείου Μόστρα. Από εκεί έφθασαν το 1958 με το ατμόπλοιο "Palermo" στον Πειραιά. Ανάμεσα σε αυτά τα κειμήλια ήταν και τα πολεοδομικά κατάλοιπα του Schaubert που αφορούν τον σχεδιασμό της Αθήνας. Σύμφωνα με τη μαρτυρία του Ραγκαβή με μεσολάβηση του καθηγητή Gerhart Rodenwaldt (κατά τη διάρκεια του πολέμου, ο Rodenwaldt πέθανε το 1945) τα τεκμήρια αυτά εδωρήθησαν στο ελληνικό κράτος. Μετεφέρθησαν από το Breslau στο Βερολίνο, στα χέρια του καθηγητή Neugebauer, Εφόρου της Συλλογής Αρχαίων του Altes Museum στο Lustgarten του Βερολίνου. Ο Ραγκαβής, που κατά τη διάρκεια του πολέμου ήταν όμηρος στο Βερολίνο, παρέλαβε τα αντικείμενα αυτά και, παρά την ανασφάλεια της εποχής, κατόρθωσε να τα διασώσει.
93. Γι' αυτά τα τρία σχέδια οι εξής παρατηρήσεις:
Σχέδιο 1: ο Κωνσταντίνος Μπίρης θεωρούσε το ανυπόγραφο, αχρονολόγη-

το και μη επικυρωμένο σχέδιο "DAI" (που ευρίσκεται στη συλλογή σχεδίων του Γερμανικού Αρχαιολογικού Ινστιτούτου στην Αθήνα) ως το σχέδιο που επεκυρώθη για δεύτερη φορά από την αντιβασιλεία (με τροποποιήσεις) στις 7./19.10.1833, χωρίς ωστόσο να αποδεικνύει αυτή την υπόθεση.

Σχέδιο 2: Η λιθογραφία που εδημοσιεύθη στην Αθήνα, σχεδιαστικά είναι ταυτόσημη με το πρωτότυπο σχέδιο του υποβάθρου της λιθογραφίας που εδημοσιεύθη στο Μόναχο· άρα πιθανόν να εχρησιμοποιήθη η ίδια τυπογραφική μήτρα και για τις δύο δημοσιεύσεις.

Σχέδιο 3: Η λεγόμενη παραλλαγή του "Βασιλικού Αρχείου" εδημοσιεύθη πρώτη φορά από τον Κ. Μπίρη στο βιβλίο του *Αθηναϊκαί μελέται* Ι, 1938, σελ. 29. Ο Μπίρης, σύμφωνα με μαρτυρία του, είχε στην κατοχή του μια φωτοτυπία του χαμένου πρωτοτύπου, το οποίο πρέπει να ήταν ένα σχέδιο σε διαφανές· αυτό το σχέδιο επέμενε πως ήταν μια παραλλαγή-προϊόν της συνεργασίας του αυστριακού προξένου στην Αθήνα Georg Gropius. Η αστήριχτη αυτή υπόθεση σήμερα, μετά την ανακάλυψη του αρχικού σχεδίου του Βερολίνου και τις ενδείξεις μιας πιθανής συνεργασίας του Schinkel στο σχέδιο, είναι μάλλον απίθανη. Το σχέδιο αυτό θα μπορούσε να είναι προσχέδιο του εγκεκριμένου στις 29 Ιουνίου/11 Ιουλίου σχεδίου.

94. Ο Oswald Hederer στην Εργογραφία του βιβλίου του *Leo von Klenze, Persoenlichkeit und Werk*, Μόναχο 1964, χαρακτηρίζει τον αριθμό καταλόγου (27119) της Κρατικής Συλλογής Γραφικών Τεχνών του Μονάχου με τον τίτλο Athen, Stadtplan (Αθήνα, πολεοδομικό σχέδιο) ως έργο του Klenze. Πρόκειται για σημαντική παραδρομή, διότι αυτό το σχέδιο εταυτίσθη από τον συγγραφέα της παρούσης εργασίας ως το σχεδιασμένο με το χέρι υπόβαθρο (σινική μελάνη και μολύβι) της λιθογραφίας του σχεδίου των Κλεάνθη και Schaubert που εδημοσιεύθη στο Μόναχο. Το σχέδιο φέρει στο περιθώριο κάτω αριστερά την επιγραφή στα ελληνικά "Διαγραφέν υπό Κλεάνθους και Σχάουβερτ". Από μία σημείωση προκύπτει ότι αυτό το σχέδιο είναι δωρεά του Βασιλικού Θαλαμηπόλου Ιππολύτου Klenze και της αδελφής του Κόμησσας Oetting(en) προς τη Συλλογή το έτος 1885. Στο κάτω περιθώριο της λιθογραφίας του σχεδίου (που ένα αντίτυπό της φυλάσσεται και στην Αρχαιολογική Εταιρεία στην Αθήνα) μια επιγραφή μας πληροφορεί τα εξής: "In Stein graviert von Joseph Poetzenhammer in Muenchen" (Εχάραξε σε λίθο ο Joseph Poetzenhammer στο Μόναχο). και "Muenchen bei George Jaquet und Athen bei B. Ritz" ([τυπώθηκε στο] Μόναχο από τον George Jaquet και στην Αθήνα από τον B. Ritz).

ΒΙΒΛΙΟΓΡΑΦΙΚΗ ΕΠΙΛΟΓΗ ΚΕΦΑΛΑΙΟΥ 2 (ΚΑΤΑ ΧΡΟΝΟΛΟΓΙΚΗ ΣΕΙΡΑ)

Ross, Ludwig: *Erinnerungen und Mittheilungen aus Griechenland* (Αναμνήσεις και ανακοινώσεις από την Ελλάδα), Berlin 1863, σελ. 150-159: Παράθεση επιστολής του Ludwig Ross από την Αθήνα με ημερομηνία 30 Σεπτεμβρίου / 12 Οκτωβρίου 1832, η οποία αναφέρεται γενικά στη δράση των Κλεάνθη και Schaubert στην Αθήνα και στην αποτύπωση της παλαιάς πόλης. Προοπτικές της αρχαιολογικής έρευνας. Πρόταση για τη νέα πόλη.

Maurer, Georg Ludwig von: *Das griechische Volk in oeffentlicher, kirchlicher und privatrechtlicher Beziehung vor und nach den Freiheitskaempfen, bis Juli 1834* (Ο ελληνικός λαός και τα δημόσια και εκκλησιαστικά πράγματα, καθώς και το ιδιωτικό δίκαιο πριν και μετά τους αγώνες της απελευθέρωσης, μέχρι τον Ιούλιο του 1834), 3 τόμοι, Heidelberg 1835-1836, σελ.119-127: Αναφορά στην επιλογή της Αθήνας ως πρωτεύουσας. Έγκριση του σχεδίου πόλης των Κλεάνθη και Schaubert. Αναφορά στα δήθεν ελαττώματά του. Δυσκολίες κατά τη μετάθεση της κυβέρνησης από το Ναύπλιο στην Αθήνα.

Klenze, Leo von: *Aphoristische Bemerkungen gesammelt auf seiner Reise nach Griechenland* (Αφοριστικές παρατηρήσεις συλλεγείσες κατά τη διάρκεια του ταξιδιού του στην Ελλάδα), Berlin 1838, σελ. 419/434-441/731-732: διεξοδική κριτική του Klenze επί του αρχικού σχεδίου των Κλεάνθη και Schaubert.

Καυταντζόγλου, Λύσανδρος: *Σχεδογραφία Αθηνών*. [Στο πρωτότυπο κείμενο ο Καυταντζόγλου μεταχειρίζεται τον αδόκιμο και εννοιολογικά ακατάληπτο όρο ΣΧΕΔΟΓΡΑΦΙΑ αντί του ορθού ΣΧΕΔΙΟΓΡΑΦΙΑ.] Στην εφημερίδα *Αιών*, φύλλο 46 της 8.3.1839. Μεταξύ άλλων κριτική επί του σχεδίου των Κλεάνθη και Schaubert.

Maehrlen, J.: *Geschichte Griechenlands von der Ankunft Koenig Otto's in Nauplia bis zu seiner Thronbesteigung* (Ιστορία της Ελλάδος από την άφιξη του Βασιλέως Όθωνος στο Ναύπλιο μέχρι την ενθρόνισή του) (από τις 6.2.1833 έως την 1.6.1835), Stuttgart 1839, σελ. 569-571: αναφορά στις δυσκολίες εφαρμογής του σχεδίου των Κλεάνθη και Schaubert.

Pueckler-Muskau, Fuerst, Hermann: *Suedoestlicher Bildersaal. Griechische Leiden* (Νοτιοανατολική πινακοθήκη. Ελληνικά πάθη), Stuttgart 1840, νέα έκδοση Frankfurt/Main 1981, σελ. 131-132: κριτική θεώρηση της επιλογής της Αθήνας ως πρωτεύουσας και του τρόπου ανοικοδόμησής της.

Stauffert, Friedrich: *Die Anlage von Athen und der jetzige Zustand der Baukunst in Griechenland* (Ο σχεδιασμός της Αθήνας και η κατάσταση της αρχιτεκτονικής στην Ελλάδα σήμερα). Σκόρπιες παρατηρήσεις του F. Stauffert, τέως αρχιτέκτονος του Δήμου της Αθήνας από το 1835 μέχρι τις 15 Σεπτεμβρίου 1843. Σε παράρτημα της *"Allgemeine Bauzeitung", Ephemeriden*, αρ. 1. Wien, Μάρτιος 1844, σελ. 2-5: Αναφορά στην κατάσταση της Αθήνας κατά τα έτη 1833-1834. Επιλογή της Αθήνας ως πρωτεύουσας. Προβλήματα της αρχαιολογικής έρευνας. Κύρια χαρακτηριστικά του αρχικού σχεδίου των Κλεάνθη και Schaubert.

Welcker, F.G., *Tagebuch einer griechischen Reise* (Ημερολόγιο ενός ταξιδιού στην Ελλάδα), τόμος Ι, Berlin 1865, σελ. 76: περί του τοπογραφικού σχεδίου των Κλεάνθη και Schaubert.

Mendelsohn-Bartholdy, Karl: *Geschichte Griechenlands, von der Eroberung Konstantinopels durch die Tuerken im Jahre 1453 bis auf unsere Tage* (Ιστορία της Ελλάδος από την άλωση της Κωνσταντινούπολης από τους Τούρκους μέχρι τις μέρες μας [δηλαδή μέχρι την ενηλικίωση του Όθωνα]), Leipzig 1874, 2 τόμοι, σελ. 498-499: Η μετάθεση της κυβέρνησης από το Ναύπλιο στην Αθήνα· κριτική επί του πολεοδομικού σχεδίου της Αθήνας των Κλεάνθη και Schaubert.

Koepp, Friedrich: "*Eduard Schauberts handschriftlicher Nachlass*" (Χειρόγραφα κατάλοιπα του Eduard Schaubert). Άρθρο στο *Archaeologischer Anzeiger*, συνοδευτικό τεύχος του *Jahrbuch des deutschen Archaeologischen Instituts* (Επετηρίδος του Γερμανικού Αρχαιολογικού Ινστιτούτου) 1890, σελ. 130-133: Συμμετοχή του Schaubert στην εκπόνηση του σχεδίου της Αθήνας. Διασωθέντα σχεδιαστικά τεκμήρια. Πρώτη δημοσίευση αποσπασμάτων από την "*Περιγραφή του σχεδίου της νέας Αθήνας*" των Κλεάνθη και Schaubert.

Foerster, Richard: *Ein schlesischer Architekt im Lande der Hellenen* (Ένας αρχιτέκτων από τη Σιλεσία στη χώρα των Ελλήνων). Άρθρο στην εφημερίδα *Schlesien*, τόμος II. Kattowitz 1908-1909, σελ. 139-145: Αναφορά στη δραστηριότητα του Schaubert στην Ελλάδα.

Φαλτάϊτς, Κ.: *Τα κατά καιρούς σχέδια [των Αθηνών]*. Άρθρο στη Μεγάλη Ελληνική Εγκυκλοπαίδεια του Πυρσού, Αθήνα 1927, τόμος 2ος, σελ. 220: Το σχέδιο των Κλεάνθη και Schaubert.

Βακάς, Παύλος: *Ο αρχιτέκτων του σχεδίου των Αθηνών Σταμάτιος Κλεάνθης*. Στο *Ημερολόγιον Μεγάλης Ελλάδος* 1931, σελ. 77-90.

Μπίρης, Κωνσταντίνος: *Τα πρώτα σχέδια των Αθηνών*, Αθήνα 1933, σελ. 3-15: Κατάσταση της Αθήνας μετά την Επανάσταση. Επιλογή της θέσης της νέας πρωτεύουσας. Το σχέδιο των Κλεάνθη και Schaubert. Η εφαρμογή του σχεδίου.

Βακάς, Παύλος: *Ο αρχιτέκτων του σχεδίου των Αθηνών Eduard Schaubert*. Στο *Ημερολόγιον Μεγάλης Ελλάδος* 1935, σελ. 509-526.

Μπίρης, Κωνσταντίνος: *Αθηναϊκαί μελέται* Ι, Αθήνα 1938, σελ. 5-9: Εδουάρδος Σάουμπερτ, σελ. 10-20: Πρώτη δημοσίευση σε ελληνική γλώσσα του υπομνήματος των Κλεάνθη και Schaubert "*Περιγραφή του σχεδίου της νέας Αθήνας*", σελ. 28-30: Ο άγνωστος τρίτος του σχεδίου της Αθήνας (δηλαδή ο Georg-Christian Gropius).

Μπίρης Κωνσταντίνος: *Αι εκκλησίαι των παλαιών Αθηνών*, Αθήνα1940, σελ. 10-12: Περί πρωτοτύπων και παραλλαγών του σχεδίου πόλης των Κλεάνθη και Schaubert.

Russack, Hans-Hermann: *Deutsche bauen in Athen* (Γερμανοί κτίζουν στην Αθήνα), Berlin 1942, σελ. 23-32: Βιογραφικά των Κλεάνθη και Schaubert. Το σχέδιο πόλης της Αθήνας. Η διάρθρωση του σχεδίου· σελ. 177-182: Πρώτη δημοσίευση ολόκληρου του κειμένου της *"Περιγραφής του σχεδίου της νέας Αθήνας"* των Κλεάνθη και Schaubert σε γερμανική γλώσσα.

Ανώνυμος: *Die Neugeburt Athens* (Η αναγέννηση της Αθήνας). Άρθρο στο: *Wohnungswesen, Staedtebau und Raumordnung* (Κατοικία, πολεοδομία και χωροταξία), περιοδική έκδοση και ανακοινώσεις της Διεθνούς Ένωσης Αρχιτεκτονικής και Κατοικίας 1944, αρ. φύλλου I-III, σελ. 66.

Lavedan, Pierre: *Histoire d' Urbanisme* (Ιστορία της πολεοδομίας), τόμος 3: Η σύγχρονη εποχή, Paris 1952, σελ. 237: Το σχέδιο των Κλεάνθη και Schaubert.

Τραυλός, Ιωάννης: *Η πολεοδομική εξέλιξις των Αθηνών*, Αθήνα 1960, σελ. 236-238: Το σχέδιο των Κλεάνθη και Schaubert.

Matton, Lya et Raymond: *Athènes et ses monuments* (Η Αθήνα και τα μνημεία της), Αθήνα 1963, σελ. 208-212: Η πόλη επί Όθωνος (1834-1862)· ο σχεδιασμός της Αθήνας.

Morini, Mario: *Atlante di storia dell'Urbanistica* (Ιστορικός άτλας πολεοδομίας), Milano 1963, σελ. 324-325: Η ιστορία ίδρυσης της νέας Αθήνας.

Fiandra, Enrica: *Atene· Nascita di una capitale* (Αθήνα· γέννηση μιας πρωτεύουσας). Στο περιοδικό *Urbanistica*, τεύχος 41/1964, σελ. 69-70: Το πρώτο ρυθμιστικό σχέδιο της σύγχρονης Αθήνας.

Μπίρης, Κωνσταντίνος: *Αι Αθήναι από τον 19ον εις τον 20όν αιώνα*, Αθήνα 1966, 2 τόμοι, τόμος 1ος, σελ. 22-34: Το σχέδιο των Κλεάνθη και Schaubert· οι δυσκολίες εφαρμογής του.

Egli, Ernst: *Geschichte des Staedtebaus* (Ιστορία της πολεοδομίας), Zuerich/ Stuttgart 1967, τόμος III, σελ. 189-190: Η ιστορία ίδρυσης της νέας Αθήνας.

Μιχαήλ, Ιωάννης: *Entwicklungsueberlegungen und -initiativen zum Stadtplan von Athen nach dessen Erhebung zur Hauptstadt Griechenlands* (Προβληματισμοί και πρωτοβουλίες για την ανάπτυξη και το σχέδιο πόλης της Αθήνας μετά την ανακήρυξή της σε πρωτεύουσα της Ελλάδος), Αθήνα 1969, σελ.17-25: Το σχέδιο των Κλεάνθη και Schaubert.

Δημοσθενοπούλου, Ελπινίκη: *Oeffentliche Bauten unter Koenig Otto in Athen. Begegnungen mit Griechenland, Auffassungen und Ausseinandersetzungen* (Δημόσια κτήρια στην Αθήνα την περίοδο του Βασιλέως Όθωνος. Συναντήσεις με την Ελλάδα, αντιλήψεις και προβληματισμοί), διατριβή, Μόναχο 1970, σελ. 13-16: Το σχέδιο των Κλεάνθη και Schaubert.

Σίνος, Στέφανος: *Die Gruendung der neuen Stadt Athen* (Η ίδρυση της νέας Αθήνας). Στο περιοδικό: *Architectura*, Muenchen 1974, σελ. 41-45: Το σχέδιο των Κλεάνθη και Schaubert.

Sica, Paolo: *Storia dell'Urbanistica* (Ιστορία της πολεοδομίας). I. 18ος αιώνας, Ρώμη 1976, σελ. 429-431: Οι βαυαρικές καταβολές στην Αθήνα. Οι δύο συντάκτες του πρώτου σχεδίου.

Σκαρπιά-Hoipel, Ξ.: *Η μορφολογία του γερμανικού Κλασικισμού*, διατριβή, Θεσσαλονίκη 1976, σελ. 176-177: Αρχές σχεδιασμού του σχεδίου πόλης των Κλεάνθη και Schaubert.

Kuehn, Margarete: *Schinkel und der Entwurf seiner Schueler Schaubert und Kleanthes fuer die Neustadt Athen* (Ο Schinkel και το σχέδιο πόλης της νέας Αθήνας των μαθητών του Schaubert και Κλεάνθη)· στον συλλογικό τόμο: *Berlin und die Antike* (Το Βερολίνο και η αρχαιότητα), Berlin 1979, σελ. 509-522.

Φουντουλάκη, Όλγα: *Stamatios Kleanthes 1802-1860. Ein griechischer Architekt aus der Schule Schinkels* (Σταμάτιος Κλεάνθης 1802-1860. Ένας Έλλην αρχιτέκτων από τη σχολή του Schinkel), διατριβή, Karlsruhe 1979, σελ. 25-50: Τοπογραφικό υπόβαθρο του σχεδίου των Κλεάνθη και Schaubert. Η ιστορία εκπόνησης του πρώτου σχεδίου και η μορφολογία του.

Τσιώμης, Γιάννης: *Athènes a soi-même étrangère· éléments de formation et de récéption du modèle neoclassique urbain en Europe et en Grèce au 19 siècle* (Η Αθήνα αλλοτριωμένη· στοιχεία διαμόρφωσης και υποδοχής του νεοκλασικού πολεοδομικού προτύπου στην Ευρώπη και στην Ελλάδα τον 19ο αιώνα), διατριβή, Paris 1983, σελ. 540-560: Το σχέδιο των Κλεάνθη και Schaubert.

Φιλιππίδης, Δημήτριος: *Νεοελληνική αρχιτεκτονική*, Αθήνα 1984, σελ. 73: Το σχέδιο των Κλεάνθη και Schaubert.

Hamdorf, Friedrich-Wilhelm: *Klenzes archaeologische Studien und Reisen, seine Mission in Griechenland* (Οι αρχαιολογικές μελέτες και οι περιηγήσεις καθώς και η αποστολή του Klenze στην Ελλάδα)· στον συλλογικό τόμο: *Ein griechischer Traum. Leo von Klenze der Archaeologe* (Ένα ελληνικό όνειρο. Ο αρχαιολόγος Leo von Klenze). Κατάλογος έκθεσης, Muenchen 1985, σελ. 167-171: Το σχέδιο των Κλεάνθη και Schaubert.

Λέφας, Παύλος: *Αθήνα, μία ευρωπαϊκή πρωτεύουσα*, Αθήνα 1985, σελ. 21-28: Αναφορά στο σχέδιο των Κλεάνθη και Schaubert.

Hall, Thomas: *Planung europaeischer Hauptstaedte* (Σχεδιασμός ευρωπαϊκών πρωτευουσών), Stockholm 1986, σελ. 76-87: Ιστορία ίδρυσης της νέας Αθήνας· σελ. 77-83: ειδικά για το σχέδιο των Κλεάνθη και Schaubert.

Κωνσταντινίδης, Άρης: *Το σχέδιο για την πρωτεύουσα*. Στο τεύχος: *Τα προλεγόμενα*, Αθήνα 1989, σελ. 39-43: αρχές και πρότυπα του σχεδίου των Κλεάνθη και Schaubert.

Papageorgiou-Venetas, Alexander: *Bauen in Athen. Neue Wege des Klassizismus. Gestaltungsprinzipien deutscher Baumeister am Beispiel der Entwuerfe fuer die Athener Residenz.* (Αρχιτεκτονική στην Αθήνα. Νέοι δρόμοι του Κλασικισμού. Αρχές σχεδιασμού Γερμανών αρχιτεκτόνων κατά την εκπόνηση των προτάσεων για τα ανάκτορα στην Αθήνα 1833-1836). Εις τον ετήσιον τόμον *Thetis* (Θέτις), Mannhein 1997. σελ. 168-172: Τα ανάκτορα συμφώνως προς το σχέδιον Κλεάνθη και Schaubert,

Papageorgiou-Venetas Alexander: *Ottonopolis oder das neue Athen. Zur Planungsgeschichte der Neugruendung der Stadt im 19 Jahrhundert* (Οθωνόπολη ή η νέα Αθήνα. Συμβολή στην ιστορία σχεδιασμού της επανίδρυσης της πόλης στον 19ο αιώνα). Άρθρο στον κατάλογο της Έκθεσης *Das Neue Hellas* (η νέα Ελλάς), Μόναχον, 1999 σελ 70-71: το σχέδιο Κλεάνθη και Schaubert

Παπαγεωργίου-Βενετάς, Αλέξανδρος: *Εδουάρδος Σάουμπερτ 1804-1860. Συλλογή τεκμηρίων για τον σχεδιασμό της Αθήνας και του Πειραιά*, Αθήνα, 1999.

Bastéa, Eleni: *The Creation of Modern Athens*, (Η δημιουργία των νεοτέρων Αθηνών), Cambridge Mass, 2000, σελ. 79-85: Το σχέδιο των Κλεάνθη και Schaubert.

ΓΡΑΠΤΗ ΤΕΚΜΗΡΙΩΣΗ (ΚΕΙΜΕΝΑ) ΚΕΦΑΛΑΙΟΥ 2

ΤΕΚΜΗΡΙΟΝ Α

ΕΚΘΕΣΗ Ε. SCHAUBERT ΓΙΑ ΤΗΝ ΠΡΩΙΜΗ (1831-1832) ΔΡΑΣΤΗΡΙΟΤΗΤΑ ΤΩΝ ΚΛΕΑΝΘΗ ΚΑΙ SCHAUBERT ΣΤΗΝ ΑΘΗΝΑ

Απόσπασμα από επιστολή που έστειλε ο Schaubert από την Αθήνα τον Ιανουάριο του 1832 "σε μερικούς Βερολινέζους φίλους του". Η επιστολή έφθασε στο Βερολίνο "μετά από ένα χρόνο". Από το έργο του Alexander von Quast, Mittheilungen ueber Alt- und Neu-Athen, Berlin 1834, σελ. 2. Πρωτότυπο σε γερμανική γλώσσα.

(...) Τώρα ασχολούμεθα με την ακριβή τοπογράφηση της Αθήνας· μόλις τελειώσουμε, θα πάρουμε το θάρρος να στείλουμε στον Γενικό Διευθυντή της Αρχιτεκτονικής Υπηρεσίας κύριο Schinkel ένα αντίγραφον του σχεδίου με σημειωμένα επί πλέον τα νέα αρχαιολογικά ευρήματα, για να πληροφορηθούμε την πολύ επιθυμητή γνώμη του για ένα νέο σχέδιο... Αρχίσαμε να κτίζουμε αγροικίες και όσον το δυνατόν περισσότερες εξοχικές επαύλεις. Θα μας άρεσε να διαμορφώσουμε την Αθήνα σαν χωριό, δηλαδή να προβλέψουμε σε κάθε σπίτι μια όμορφη αυλή ή κήπο. Στα χέρια μας έπεσαν το σπίτι του Άγγλου ναυάρχου Malcolm, του Ρώσου και του Αυστριακού προξένου, διαφόρων Αμερικανών και Άγγλων, ακόμη και ενός Αθηναίου, και με τις μικρές δυνάμεις μας προσπαθούμε να επιτύχουμε όσο το δυνατόν καλύτερη εκτέλεση και μεγαλύτερη άνεση· και τα δυο, άνεση και εκτέλεση, έχουν τελείως διαφορετική έννοια εδώ από ό,τι σε μας, κυρίως όμως η τελευταία, γιατί εδώ δεν έχουν ιδέα από τις μικρές τεχνικές επινοήσεις των δικών μας τεχνιτών. Στην αρχή κτίσαμε για μας τους ίδιους ένα μικρό σπίτι στην περιοχή ανάμεσα στο Ερεχθείο και στον Πύργο των Ανέμων, στα ριζά της Ακρόπολης· οι Αθηναίοι αποκαλούν το σπίτι μας «μικρή Ακρόπολη». Δεν έχει αποπερατωθεί ακόμα, περιλαμβάνει όμως ένα μεγάλο εργαστήριο που το διακοσμήσαμε όσο καλύτερα μπορούσαμε με ανηρτημένα γύψινα αντίγραφα, ζωγραφιές και αρχαία θραύσματα (...)

ΤΕΚΜΗΡΙΟΝ Β
"ΠΕΡΙΓΡΑΦΗ ΤΟΥ ΣΧΕΔΙΟΥ ΤΗΣ ΝΕΑΣ ΑΘΗΝΑΣ"

Μνημόνιο των αρχιτεκτόνων Σταματίου Κλεάνθους και Eduard Schaubert. Χειρόγραφο αντίγραφο (καθαρογραφή), ανυπόγραφο και αχρονολόγητο. 16 σελίδες. Πρωτότυπο σε γερμανική γλώσσα. Ευρίσκεται στη Βαυαρική Κρατική Βιβλιοθήκη του Μονάχου (Συλλογή Klenzeana III 22).

ΤΕΚΜΗΡΙΟΝ Γ
"ΠΕΡΙΓΡΑΦΗ ΤΟΥ ΣΧΕΔΙΟΥ ΤΗΣ ΝΕΑΣ ΑΘΗΝΑΣ"

Μνημόνιο των αρχιτεκτόνων Σταματίου Κλεάνθους και Eduard Schaubert. Χειρόγραφο, ανυπόγραφο και αχρονολόγητο (εν τούτοις, σύμφωνα με τον γραφικό χαρακτήρα, κατά πάσα πιθανότητα γραμμένο από τον Schaubert). Συνετάχθη τέλη του 1832. 18 σελίδες. Πρωτότυπο σε γερμανική γλώσσα. Ευρίσκεται στα πολεοδομικά κατάλοιπα του Schaubert (παλαιότερα στο Μουσείο του Πανεπιστημείου του Breslau, σήμερα στην Πρώτη Εφορεία Βυζαντινών Αρχαιοτήτων στην Αθήνα).

Σημείωση:

Τα τεκμήρια Β και Γ είναι τα πρωτότυπα των δύο παραλλαγών του κειμένου "Περιγραφή του σχεδίου της νέας Αθήνας" (Erlaeuterung des Planes der Stadt Neu-Athens) σε γερμανική γλώσσα, που αποκλίνουν ελάχιστα -και μόνο φραστικά- μεταξύ τους. Παραλείπονται στην παρούσα ελληνική έκδοση του βιβλίου, περιέχονται όμως στην γερμανική του έκδοση (1994).

ΤΕΚΜΗΡΙΟΝ Δ
"ΠΕΡΙΓΡΑΦΗ ΤΟΥ ΣΧΕΔΙΟΥ ΤΗΣ ΝΕΑΣ ΑΘΗΝΑΣ"

Κείμενο της ελληνικής μετάφρασης του Μνημονίου των Κλεάνθη και Schaubert από τον Κωνσταντίνο Μπίρη, ο οποίος την εδημοσίευσε στη μελέτη του "Αθηναϊκαί μελέται" Ι, Αθήνα, 1938. Η μετάφραση έγινε από την παραλλαγή Breslau/Αθήνας (τεκμήριο Γ). (διετηρήθη εδώ η ορθογραφία του Μπίρη).

Η αγάπη προς την κοιτίδα των τεχνών και επιστημών, προς τας Αθήνας, και η έλλειψις ενός καλού σχεδίου των, αισθητή εις όλους τους επισκεπτομένους αυτάς, μας παρεκίνησεν τον Νοέμβριον του παρελθόντος έτους εις ακριβή τοπογράφησιν της πόλεως και των πλησιεστέρων περιχώρων της, δια της οποίας επεδιώξαμεν να συνδυάσωμεν δύο σκοπούς. Προβλέποντες αφ' ενός ότι ο επιστημονικός κόσμος της Ευρώπης θα ενδιεφέρετο δια την εργασίαν αυτήν, εφροντίσαμεν να σημειώσωμεν ακριβέστατα όλα τα αρχαία ερείπια και λείψανα, ακόμη και απλά θεμέλια, εκ των οποίων πλείστα όσα ανευρέθησαν κατά τα τελευταίως διαρρεύσαντα έτη, να εμφανίσωμεν δε σαφέστερα τα ύψη και βάθη, αφ' ό,τι εγένετο εις παλαιοτέρους χάρτας. Αφ' ετέρου επιστεύομεν, ότι η κυβέρνησις θα ηδύνατο να χρησιμοποιήση την τοπογράφησίν μας, αργότερα ίσως, ως μίαν χρήσιμον προπαρασκευαστικήν εργασίαν δια το σχέδιον της ανοικοδομήσεως των Αθηνών εκ των ερειπίων των, ασχέτως του αν η πόλις αυτή θα προωρίζετο ή όχι ως η μέλλουσα πρωτεύουσα της Ελλάδος. Δια τούτο εξετελέσαμεν το σχέδιον εις πολύ μεγαλυτέραν κλίμακα, παρ' ό,τι θα ήτο αναγκαίον δια μόνον αρχαιολογικούς σκοπούς: υπό κλίμακα 1:2.000. Ενομίσαμεν ότι εξυπηρετούμεν και τους δύο σκοπούς, αναγράφοντες επιμελώς τα ονόματα όλων των υπαρχουσών εκκλησιών, αφού και η αρχαιολογία δύναται ενδεχομένως να συναγάγη συμπεράσματα εκ του ονόματος μιας εκκλησίας περί του προγενεστέρως επί της θέσεώς της υπάρχοντος κτιρίου. Τον Μάιον αυτού του έτους μας εζητήθη πράγματι από την ελληνική κυβέρνησιν να μελετήσωμεν το σχέδιον των νεωτέρων Αθηνών, έχοντες υπ' όψιν την δόξαν και το κάλλος των αρχαίων.

Όσον και αν ήτο τιμητική η εντολή αυτή, δεν ήχθημεν, εν τούτοις, αφόβως εις την λύσιν ενός τόσον καθ' αυτό δυσχερούς προβλήματος, το οποίον απέβαινεν ακόμη δυσχερέστερον, αφού ούτε εγνωρίζομεν εάν έπρεπε να θεωρήσωμεν τας Αθήνας ως μέλλουσαν πρωτεύουσαν, ή απλώς ως επαρχιακήν πόλιν, αλλ' ούτε και την έκτασιν των μέσων εγνωρίζομεν, τα οποία εσκέπτετο να διαθέση η κυβέρνησις εις εκάστην των περιπτώσεων τούτων κατά την οικοδόμησιν της νέας πόλεως.

Εις αυτήν την αβεβαιότητα ενομίσαμεν ότι βαίνομεν ασφαλέστερα εάν, ακολουθούντες την κοινήν γνώμην της Ελλάδος και τας εν γένει προσδοκίας των Ελλήνων, σκεφθώμεν κατά την εργασίαν μας τας Αθήνας ως μέλλουσαν πρωτεύουσαν της Ελλάδος και καθέδραν του βασιλέως. Επί της προϋποθέσεως ταύτης στηρίζεται το σχέδιον, το οποίον θα έχωμεν την τιμήν να υποβάλωμεν τώρα εις το σεβαστόν Υπουργείον και το οποίον ας μας επιτραπή να συνοδεύσωμεν με μερικάς επεξηγηματικάς παρατηρήσεις.

Αι Αθήναι κείνται υπό την 53ην μοίραν μήκους και την 38ην μοίραν και 5 λεπτά πλάτους, 107 πόδας υψηλότερα της θαλάσσης, απολαμβάνουσαι εύκρατον και αίθριον ουρανόν· ο αέρας των είναι καθαρός και υγιεινός. Η σημερινή πόλις κείται κάτω από την Ακρόπολιν και τον Άρειον Πάγον επί της βορεινής των πλαγιάς και εις τους πρόποδας των λόφων αυτών, συνορεύεται προς δυσμάς με την λοφοσειράν της Πνυκός, προς ανατολάς με τον Λυκαβηττόν και συνέχεται προς βοράν προς το ευρύ λεκανοπέδιον. Αριθμεί περί τους 6.000 κατοίκους και είναι εφωδιασμένη αρκετά με νερό. Η πόλις περιβάλλεται από ένα άθλιον τείχος, το οποίον περικλείει περί τα 898 στρέμματα, από τα οποία μόλις τα 2/3 κατοικούνται, το δε 1/3 καλλιεργείται. Οι δρόμοι είναι καμπύλοι και γωνιώδεις, το δε πλάτος των μόλις φθάνει εις 18-20 πόδας. Το μέγιστον μέρος των σπιτιών κείται εις ερείπια, περισσότερον ιδίως της βορείας πλευράς της Ακροπόλεως, και τα ξανακτισμένα σπίτια είναι κατά το πλείστον καλύβια, εκτός 25 σπιτιών, τα οποία δυνατόν να στοιχίζουν κατά μέσον όρον 2.000 τάλληρα έκαστον. Υπάρχουν 115 μικραί εκκλησίαι, από τας οποίας μόνον 28-30 διατηρούνται οπωσδήποτε και πρέπει να επιδιορθωθούν πάλιν, ομοίως 4 τζαμιά, τα δύο οπωσδήποτε διατηρημένα, καθώς και 2 λουτρά. Προς την δυτικήν πλευράν της Ακροπόλεως ο Άρειος Πάγος και οι προς αυτόν γειτονεύοντες λόφοι καθιστούν κάθε προέκτασιν της σημερινής πόλεως αδύνατον. Επί της νοτίας πλευράς του βράχου της Ακροπόλεως υπάρχει μία έκτασις αρκετά επίπεδος, αλλά με μεγάλην κλίσιν προς την άνυδρον κοίτην του Ιλισσού. Εις τους ανατολικούς πρόποδας του ιδίου υπάρχει μία επίπεδος έκτασις, αλλά περιωρισμένη στενώς προς τα αριστερά από τον Λυκαβηττόν, προς τα δεξιά δε επίσης από τον Ιλισσόν και τον όπισθεν τούτου λόφον (η παλαιά πόλις του Αδριανού). Αυτός είναι ο χώρος, μέσα εις τον οποίον είχον να αναπτυχθούν αι μελέται μας.

Επειδή λοιπόν, με την προϋπόθεσιν ότι αι Αθήναι προορίζοντο δια πρωτεύουσαν, έπρεπε να υπολογίσωμεν αριθμόν κατοίκων τουλάχιστον 35-40.000 ατόμων και να προβλέψωμεν την δυνατότητα μιας περαιτέρω επεκτάσεως της πόλεως, ηδυνάμεθα να δεχθώμεν την αναγκαίαν επέκτασιν της σημερινής πόλεως μόνον προς την βορεινήν πλευράν, κατά τοιούτον δε τρόπον, ώστε η νέα πόλις να απλώνεται περί την παλαιάν ως ημισέληνος από ανατολών προς δυσμάς. Η περιοχή αυτή συγκεντρώνει συγχρόνως πλείστα άλλα προτερήματα. Είναι απηλλαγμένη ομίχλης, περισσότερον υγιεινή, έχει κατά το θέρος τον δροσερόν θαλάσσιον άνεμον (εμβάτην), είναι ομαλωτέρα παρά η αρχαία πόλις του Θησέως, η οποία κατά το πλείστον ήτο προσκολλημένη εις την πλαγιάν του βράχου της Ακροπόλεως, πλησιάζει δε συγχρόνως περισσότερον προς τον Πειραιά και προς το ωραίον λεκανοπέδιον, το οριζόμενον από τον ελαιώνα και την επιβλητικήν οροσειράν, ούτως ώστε και η θέα της περιοχής αυτής να είναι προτιμωτέρα από κάθε άλλην. Οι λόγοι που ηνάγκασαν τους αρχαίους να συσπειρωθούν γύρω από τον βράχον της Ακροπόλεως, κατά μεν τους απωτέρους χρόνους η μεγαλυτέρα προσέγγισις προς την πηγήν της Καλλιρόης, μεταγενεστέρως δε η προστασία την οποίαν παρείχὲν εις αυτούς η Ακρόπολις και η γειτονία των ιερών της, χάριν των οποίων εθυσίαζον ούτοι τα πλεονεκτήματα κάθε άλλης θέσεως– έπαυσαν υφιστάμενοι. Η μετάθεσις, τέλος, της πόλεως προς βορράν επί του λεκανοπεδίου παρέχει ακόμα το προτέρημα να μένη ανοικοδόμητον το έδαφος των αρχαίων πόλεων Θησέως και Αδριανού και να αφεθή ελεύθερος χώρος δι' ανασκαφάς. Εάν η τωρινή κατάστασις της Ελλάδος δεν ήθελεν επιτρέψει να γίνουν αύται αμέσως, πάντως θα ηδύνατο μία κατοπινή γενεά να επιρρίψη εις τους συγχρόνους μας κατηγορίαν δι' έλλειψιν προβλέψεως, εάν δεν ήθελεν ληφθή επί του ζητήματος αυτού άμεσος φροντίς. Ιδίως θα ήτο ευκταίον να καθαρισθή βαθμηδόν η βορεία κλιτύς της Ακροπόλεως και αι αρχαιότητές της από τας επιχώσεις αι οποίαι επεσωρεύθησαν επί χιλιετηρίδας [sic! δηλ. χιλιετίας] και ανέρχονται παντού από 8-12, εις πλείστα δε μέρη εις 18 και πλέον πόδας.

Εις τον χώρον αυτόν θα επετύγχανε κανείς απιστεύτως πλούσια ευρήματα, τόσον εις θησαυρούς τέχνης, όσον και εις σπουδαίας από ιστορικής απόψεως επιγραφάς, όπως αποδεικνύουν τούτο μερικαί άνευ ειδικού σκοπού, τυχαίως κατά την ανοικοδόμησιν οικιών γενόμεναι εκσκαφαί πλησίον του Πρυτανείου και του Πύργου των Ανέμων. Επιτρέπεται μάλιστα να προσμένωνται όχι μόνον αποκαλύψεις θεμελίων, αλλά ακόμη και σπουδαίων λειψάνων παλαιών κτιρίων, όπως συνέβη εις την περίπτωσιν του Πύργου των Ανέμων. Αλλά και αν ακόμη τα ευρήματα δεν ήθελον αποβή τόσον πλούσια δια την πολιτικήν ιστορίαν, την ιστορίαν της Τέχνης και την τοπογραφίαν των αρχαίων Αθηνών, όπως ταύτα πολύ ευλόγως αναμένονται, εν τούτοις και μόνο αυταί αύται αι υπάρχουσαι τώρα αρχαιότητες (ως τα λείψανα του Πρυτανείου, το Μνημείον του Λυσικράτους, ο Πύργος των Ανέμων, το Γυμνάσιον του Αδριανού κλπ. κλπ.) θα ήξιζε να απελευθερωθούν από τα καλύπτοντα αυτάς χώματα και από τα γειτονικά άθλια καλύβια ή και νεώτερα σπίτια, η γειτονία των οποίων ενοχλεί μόνον και διαταράσσει την εντύπωσιν, η οποία πρέπει να προξενήται εις τον θεατήν, αντί τούτου δε να εμφανίζωνται εις τα όμματα των θαυμαστών της αρχαίας τέχνης, εις τα του καλλιτέχνου και του επιστήμονος, με απροκάλυπτον όλην την καλλονήν των. Μεταξύ των μνημείων τούτων πρέπει να εκσκαφούν τα χώματα έως το έδαφος της αρχαίας πόλεως, οπότε, χωρίς αμφιβολίαν, θα διέκρινε κανείς ακόμη και την θέσιν των αρχαίων δρόμων και πλατειών. Πού και πού θα ημπορούσε να μένη κάποιο από τα γραφικά ερειπωμένα εκκλησάκια του βυζαντινού μεσαίωνος, εμφανίζον ευχάριστον αντίθεσιν προς τα έργα εκείνα των αρχαίων. Ο μεταξύ των μνημείων αυτών χώρος θα ηδύνατο να γεμίση με συστάδας δένδρων, χλόην και άλλας διαμορφώσεις κήπων, επιτυγχανομένης συγχρόνως με την διάταξιν των συστάδων των δένδρων και επωφελεστέρας προοπτικής των μνημείων, το σύνολον δε θα αποτελέση εν μουσείον της αρχαίας αρχιτεκτονικής, όμοιον του οποίου δεν έχει να επιδείξη η υφήλιος.

Ο χώρος, που επιτρέπει τας μεγαλυτέρας ελπίδας ευρημάτων κατά τας ανασκαφάς, σημειούται επί του χάρτου δι' ιδιαιτέρου χρώματος, εκεί δε όπου πρέπει να τελειώνουν τα τελευταία σπίτια προβλέπεται πλατύ πεζοδρόμιον με κατερχομένας βαθμίδας. Σημαντικόν μέρος αυτού του χώρου, ως ανήκον εις εκκλησίας, τζαμιά, τουρκικάς σχολάς κλπ., είναι ήδη εθνική ιδιοκτησία. Εν η περιπτώσει όμως η έναρξις των ανασκαφών δεν ήθελε γίνει αμέσως, ή τουλάχιστον δεν αποκτηθή αμέσως παρά του Δημοσίου ο χώρος, εις τον οποίον πρέπει να διεξαχθούν αύται, τότε υπάρχει φόβος ν' αποβούν αργότερα τόσον αι δυσκολίαι όσον και αι δαπάναι της αποκτήσεώς του ακόμη σοβαρώτεραι, ως μας έχει διδάξει η πείρα εις την Ρώμην.

Εις άλλα τμήματα της πόλεως πρέπει να ελπίζη κανείς ολιγώτερα, τα δε υπάρχοντα θα ηδύναντο να ανευρεθούν εύκολα, εάν όλα τα σπίτια απέκτων υπόγεια, τα οποία δι' αυτό το κλίμα θα ήσαν αναγκαία, και με το βαθύ έδαφος θεμελιώσεως θα ήσαν καλώς προσαρμόσιμα. Ό,τι τυχόν θ' ανευρίσκετο, θα ηδύνατο να ανασκαφή και να περιτοιχισθή όπως αι αρχαιότητες εις την Ρώμην.

Η περιοχή της νέας πόλεως, αν και δεν είναι τελείως επίπεδος, εν τούτοις είναι πρόσφορος εις οικοδόμησιν, είναι παντού αμαξιτή και πολύ κατάλληλος δια την απορροήν των νερών και των οχετών. Όσον αφορά την ρυμοτόμησίν της, επεζητήσαμεν να την προσαρμόσωμεν κατά το δυνατόν εις την διαμόρφωσιν του τόπου, χωρίς με αυτό να ζημιώσωμεν κάποιαν επιθυμητήν συμμετρίαν, εφ' όσον αύτη ήτο δυνατόν να επιτευχθή. Ενομίσαμεν εν προκειμένω ότι έπρεπε να προσέξωμεν προ παντός δύο σημεία. Να εύρωμεν την πρέπουσαν θέσιν δια το βασιλικόν ανάκτορον, μαζί με την συνεχομένην προς αυτό επίσημον πλατείαν, ως το κέντρον της πόλεως, και να επιτύχωμεν όσον το δυνατόν άμεσον και άνετον σύνδεσίν της με την σημερινήν πόλιν.

Κατά ταύτα, αι πρωτεύουσαι οδοί Πειραιώς, Ελευσίνος, Θηβών, Μαραθώνος και Μεσογείων, έπρεπε να αχθώσιν κατά εύστοχον τρόπον μέχρι του κέντρου της πόλεως, αι δε ανωτέρω μνημονευθείσαι ήδη ως υπάρχουσαι μεγαλύτεραι οικίαι να μένουν όσον το δυνατόν άθικτοι (δι' οικονομίαν δαπανών) και τα σημαντικώτερα μνημεία να χρησιμεύουν πάντοτε ως σημεία απόψεων.

Αυτά όλα ενομίσαμεν ότι επιτυγχάνονται κατά τον καλύτερον τρόπον, εάν ετοποθετούμεν τα ανάκτορα βορείως της Ακροπόλεως επί ενός υψηλού σημείου της περιοχής. Εις την μεγάλην προ αυτών πλατείαν συγκεντρούται το σύστημα των πρωτευουσών οδών, εις το οποίον οι κυριώτεροι δρόμοι συναντώνται κατά τοιούτον τρόπον, ώστε ο εξώστης των βασιλικών ανακτόρων να απολαμβάνη ταυτοχρόνως του γραφικού Λυκαβηττού, του Παναθηναϊκού Σταδίου του Ηρώδου του Αττικού, της πλουσίας εις υπερηφάνους αναμνήσεις Ακροπόλεως, των πολεμικών και εμπορικών πλοίων του Πειραιώς και της οδού Ελευσίνος. Εν συνόλω εκπορεύονται από την πλατείαν αυτήν ένδεκα δρόμοι. Οι σπουδαιότεροι απ' αυτούς είναι η οδός Σταδίου, η του Πειραιώς και τρεις άλλαι, αι οποίαι μεταξύ των δύο προηγουμένων κατευθύνονται από βορράν εις νότον προς την Ακρόπολιν. Η κατεύθυνσίς των εδόθη από την τοπικήν μορφήν του εδάφους, αυταί δε πάλιν καθορίζουν ακολούθως την κατεύθυνσιν των λοιπών οδών.

Εκ των τριών τούτων παραλλήλων οδών, η μεσαία, η της Αθηνάς, είναι δενδροφυτευμένη δια περιπάτους. Διέρχεται δια μέσου άλλης μεγάλης πλατείας, επί της οποίας προβλέπεται το Θέατρον, το Χρηματιστήριον και το Καζίνο. Επί της πλατείας ταύτης θα ανεγερθούν και τα μεγάλα καταστήματα, χωριστά από την λοιπήν αγοράν τροφίμων, την οποίαν ετοποθετήσαμεν μάλλον προς την παλαιάν πόλιν και εταξινομήσαμεν κατά τάξεις πωλητών.

Η οδός αυτή κλείεται προς νότον από τους βράχους της Ακροπόλεως με το άνδρον του Πανός και τα Προπύλαια. Αν και θα εφαίνετο εκ πρώτης όψεως ορθόν να αχθή η οδός αυτή προς τον αυχένα μεταξύ του βράχου του Αρείου Πάγου και της Ακροπόλεως, δια να ανοιχθή εκ του κέντρου της πόλεως μία απ' ευθείας συνδετική γραμμή προς την αραιότατα κατωκημένην περιοχήν πέραν του Ιλισσού, εν τούτοις, προς την άποψιν αυτήν αντιτίθενται πλείστοι λόγοι. Θα επετυγχάνετο τούτο μόνον δια μιας περαιτέρω μετατοπίσεως της μεγάλης πλατείας του βασιλικού ανακτόρου προς ΝΔ, οπότε θα εχάνοντο διάφορα προτερήματα του τωρινού σχεδίου. Δεύτερον, η ράχη εκείνη είναι πάντως αρκετά υψηλή και απόκρημνος, ώστε να μη επιτρέπη ευκόλως αμαξιτήν οδόν, τα περισσότερα δε οχήματα θα προτιμούν ν' ακολουθούν την μεταξύ του Ναού του Ολυμπίου Διός και της Ακροπόλεως οδόν, ως τούτο συμβαίνει και τώρα. Τέλος, ο εξώστης του βασιλικού ανακτόρου, αντί της μεγαλοπρεπούς θέας προς τα υπέροχα μνημεία της αρχαιότητος, θα απέκτα μόνον την θέαν μιας γυμνής, σκονισμένης και ελάχιστα συχναζομένης λεωφόρου.

Από τας οδούς που βαίνουν παραλλήλως προς την προαναφερθείσαν, η ανατολική φέρει προς τον Πύργον των Ανέμων και το μέσον του βράχου της Ακροπόλεως, άνωθεν του τείχους της οποίας προβάλλουν τα λείψανα του μικρού ναού της Αθηνάς και του Παρθενώνος, η δε δυτική προς τα ερείπια του Γυμνασίου των Πτολεμαίων και την ωραίαν κορυφήν του σεβασμίου Αρείου Πάγου. Ομοίως και αυταί αι οδοί θα έχαναν την θέαν των εκ της μετατοπίσεως της μεσαίας οδού. Και αι τρεις μαζί σχηματίζουν ούτω την απ' ευθείας σύνδεσιν του κέντρου της παλαιάς πόλεως με την νέαν. Ο δρόμος, που φέρει κατ' ευθείαν γραμμήν από τον Πειραιά προς το βασιλικόν ανάκτορον, διασχίζει, αμέσως μετά την είσοδόν του εις την πόλιν, μίαν στρογγυλήν πλατείαν, από την οποίαν εκτείνονται άλλοι δρόμοι προς όλας τας κατευθύνσεις. Ένας από αυτούς βαίνει ευθυγράμμως εκ δυσμών προς ανατολάς δια μέσου της παλαιάς πόλεως, χωρίζων αυτήν εις δύο ίσα περίπου μέρη, απολήγει εις ομοίαν στρογγυλήν πλατείαν προς το ανατολικόν τμήμα της νέας πόλεως, το οποίον συνδέει ούτω κατά τον συντομώτερον τρόπον με την Πειραϊκήν οδόν και με αυτόν τον λιμένα. Επί της τελευταίας ταύτης στρογγυλής πλατείας πάλιν, συναντώνται οκτώ δρόμοι, μεταξύ των οποίων η οδός Σταδίου, η των Μεσογείων, η οδός προς το Σούνιον κλπ.

Όλαι αι λοιπαί οδοί της νέας πόλεως είναι κατά το δυνατόν παράλληλοι προς τας κυρίας οδούς, αι οξείαι γωνίαι αποφεύγονται, και όπου προκύπτουν πολλαί αποκόπτονται. Εις την παλαιάν πόλιν πολλοί δρόμοι, λόγω οικονομίας, αφέθησαν με λοξήν κατεύθυνσιν, για να κοπούν όσον το δυνατόν ολιγώτερα από τα τυχόν υπάρχοντα σπίτια. Οι πλατύτεροι δρόμοι είναι 60 ή 70 αγγλικών ποδών πλάτους, οι άλλοι εις την νέαν πόλιν 40, οι μέλλοντες όμως να ανοιχθούν δια μέσου της παλαιάς πόλεως μόνον 30, εκεί δε υπάρχουν επίσης και δρόμοι από 15 έως 20, και ακόμη στενώτεροι. Αυτά τα στενά δρομάκια νομίζομεν ότι συγχωρούνται, δια τον λόγον ότι η χρήσις των αμαξών δεν θα είναι τόσον συχνή εδώ, όσον εις άλλας ευρωπαϊκάς πόλεις, και δια το θερμόν κλίμα, το οποίον απαιτεί περισσοτέραν σκιάν, επίσης δε διότι τα σπίτια εδώ δεν θα είναι ίσως τόσον υψηλά. Χάριν σκιάς προεβλέψαμεν τα σπίτια μερικών δρόμων με στοάς, τας περισσοτέρας δε πλατείας εκοσμήσαμεν με δένδρα, καθώς και με πολύ τρεχούμενον νερό, το οποίον πάντοτε δίδει δροσιάν και ζωήν.

Οι δρόμοι δεν σχηματίζουν παντού τετράγωνα, ούτως ώστε να υπάρχη κάποια εναλλαγή. Οι κυριώτεροι δρόμοι θα έπρεπε να εφοδιασθούν προς αμφοτέρας τας πλευράς με κάπως ανυψωμένα πεζοδρόμια, πλάτους 8-20 ποδών, το δε αμαξιτόν μέρος του δρόμου να είναι εις το μέσον κάπως κυρτόν, με σκεπασμένα ρείθρα δια την απορροήν των νερών. Εις τους στενούς δρόμους θα έπρεπε να ανοιχθούν μικραί πλατείαι. Ο δρόμος που έρχεται κατ' ευθείαν γραμμήν από τον Πειραιά, και ίσως αργότερα ηδύνατο να περιλάβη σιδηρόδρομον, από εκεί που, έξω της πόλεως, διασχίζει την πεδιάδα, θα έπρεπε να εφοδιασθή εκατέρωθεν με τάφρους, εις τα οποίας να φυτευθούν δένδρα και θάμνοι, που δεν θα στερούνται ούτω της αναγκαιούσης υγρασίας.

Όσον αφορά τον αριθμόν των κατοίκων, υπελογίσαμεν αυτόν, ως και προηγουμένως ελέχθη, εις 40.000 ψυχάς περίπου και εις 10 άτομα δι' έκαστον σπίτι. Κάθε σπίτι με χώρον δι' αυλήν ή κήπον θα καταλαμβάνη 12.000 τετρ. πόδας περίπου, κάθε δε τετράγωνον θ' αποτελήται από 10 έως 15 τοιαύτα σπίτια, εξ ου προκύπτει συνολικός αριθμός 160 τετραγώνων. Η κατανομή των δημοσίων κτιρίων έγινε καλά εις τρία τμήματα, ούτως ώστε επί της οδού Πειραιώς, μετά την διέλευσιν της ανωτέρω λεχθείσης πλατείας, οι έμποροι και οι συναλλασσόμενοι να ευρίσκουν συγκεντρωμένα τα αναγκαιούντα εις αυτούς καταστήματα, όπως επί παραδείγματι Ταχυδρομείον, Τελωνείον, Αστυνομίαν και Δικαστήρια. Εις το τέρμα της οδού αυτής ευρίσκεται η πλατεία των ανακτόρων με τα βασιλικά ανάκτορα, όπισθεν των οποίων εκτείνονται οι κήποι. Προς τα δεξιά και τ' αριστερά της πλατείας είναι αι δύο Βουλαί, πέραν δε προς τον Λυκαβηττόν τα Υπουργεία των Οικονομικών και του Πολέμου, μετά των σχετικών προς αυτά κτιρίων, όπως επί παραδείγματι το Νομισματοκοπείον, η Αποθήκη Υλικού, το Χυτήριον, ούτως ώστε εδώ εις το δεύτερον τμήμα είναι εις το μέσον ο Βασιλεύς περιστοιχιζόμενος δεξιά και αριστερά από τους υπουργούς και τα ανώτερα δημόσια κτήρια.

Εις το ανατολικόν τμήμα της πόλεως, παρά τον Ιλισσόν και το Στάδιον, είναι πάλι συγκεντρωμένα προς την ησυχωτέραν και πλέον αθόρυβον περιοχήν τα επιστημονικά μάλλον και εκπαιδευτικά ιδρύματα, Πανεπιστήμιον, Βιβλιοθήκη, Βοτανικός Κήπος και Δημόσιαι Σχολαί. Μεταξύ του τμήματος αυτού και των βασιλικών ανακτόρων κείται επί της οδού Σταδίου η Μητρόπολις. Εκτός αυτής, προβλέπεται και άλλη μεγάλη εκκλησία προς την άλλην πλευράν, ούτως ώστε αι δύο εκκλησίαι, συνυπολογιζομένων και των μικρών, θα είναι πολύ επαρκείς.

Θέατρον, Χρηματιστήριον και Καζίνο κείνται, όπως ελέχθη ανωτέρω, εις το μέσον της πόλεως, μεταξύ των ανακτόρων και της Ακροπόλεως, επί της μεγάλης πλατείας, την οποίαν διασχίζει η οδός Ακροπόλεως ή οδός Αθηνάς. Οι στρατώνες είναι τοποθετημένοι εις την ΒΑ και ΝΔ πλευράν της πόλεως, για να προστατεύεται τρόπον τινά από αυτάς τας πλευράς το λεκανοπέδιον. Το Νοσοκομείον, τα Σφαγεία, Ελαιοτριβεία και Κοιμητήρια είναι, όπως έπρεπεν, έξω της πόλεως. Δια τους τωρινούς κατοίκους θα έρχεται επαρκές νερό από τον Ιλισσόν ή από τον Υμηττόν, θα διοχετεύεται δε προς τους Αμπελοκήπους και από εκεί προς τα Αθήνας. Το καλύτερον όμως πόσιμον νερό είναι από τας φρεατοπηγάς. Εις περίπτωσιν αυξήσεως του πληθυσμού, αρτεσιανά φρέατα, ως και το ευκόλως επιδιορθώσιμον υδραγωγείον του Αδριανού, το οποίον διοχετεύει καλό νερό από την Κηφισιάν, δύνανται να προφυλάσσουν από λειψυδρίαν.

Δια τους περιπάτους ελήφθη πλουσίως φροντίς. Εκτός των λαϊκών κήπων εκατέρωθεν των ανακτόρων, θα εχρησίμευε και το μεσημβρινόν τμήμα της παλαιάς πόλεως ως περίπατος, εάν, μετά το τέλος των ανασκαφών, φυτευθή με δένδρα και δεθή με δενδροστοιχίας γύρω από την πλαγιάν της Ακροπόλεως. Δια τας δενδροστοιχίας γύρω από την Ακρόπολιν θα έπρεπε να εκλεγούν τοιαύτα δένδρα και θάμνοι, τα οποία να δύνανται ν' αναπτυχθούν και χωρίς νερό, ούτως ώστε οι ωραίοι, μελαψοί βράχοι της Ακροπόλεως να διακρίνονται μέσα από πράσινο στεφάνι. Τέλος, θα ηδύναντο να υπάρχουν δενδροστοιχίαι και φυτευμέναι τάφροι ή φράκται γύρω από όλην την πόλιν, και να ελαττωθούν ούτως αι είσοδοι εις δώδεκα, αι οποίαι είναι εύκολον να φρουρώνται.

ΤΕΚΜΗΡΙΟ Ε

Πρακτικά της συνεδρίασης με θέμα το σχέδιο πόλης της Αθήνας, που έλαβε χώραν την 15/27 Ιουνίου 1834. Παρόντες ήσαν: ο Νομάρχης, οι δημογέροντες της πόλης, οι αρχιτέκτονες της Κυβέρνησης Κλεάνθης και Schaubert, ο Νομομηχανικός λοχαγός Spiess, ο Γενικός Έφορος Αρχαιοτήτων Weissenborn (Κύριος W.). Χειρόγραφο, ανυπόγραφο και αχρονολόγητο. Πέντε σελίδες. Πρωτότυπο σε γερμανική γλώσσα. Ευρίσκεται στη Βαυαρική Κρατική Βιβλιοθήκη του Μονάχου (Συλλογή Klenzeana III 22).

Ο Νομάρχης παρουσιάζει στους συγκεντρωμένους τον Κύριο W. [Weissenborn]. ο οποίος είναι εξουσιοδοτημένος από την Κυβέρνηση να ανακοινώσει τις παρατηρήσεις του για το σχέδιο στους αρχιτέκτονες και στον Νομομηχανικό, τις οποίες έχει καταθέσει ήδη στη σεβαστή αντιβασιλεία.

Κύριος W.: Η κυβέρνηση θεωρεί ότι το εν λόγω σχέδιον είναι αντιπαραγωγικόν, ασύμφορον και ανεφάρμοστον τόσον για την πόλη όσον και για τους πολίτες που κατέχουν ακίνητα σε αυτήν· και τούτο διότι οι εν λόγω ιδιοκτήτες της περιοχής της παλαιάς πόλης απαιτούν ως αποζημίωση οικόπεδα κοντά στα Ανάκτορα, οπότε τα βασιλικά ανάκτορα θα περιβάλλονται από πλήθος άθλια καλύβια.

Οι αρχιτέκτονες: Όσον αφορά τις ανασκαφές, συμφωνούμε με τον κύριο W., γιατί βλέπουμε τη δυσκολία του πράγματος· ωστόσο είναι αναγκαίο να συμφωνήσουν επ' αυτού και η Κυβέρνηση και ο Δήμος.

Οι δημογέροντες: Ο δήμος για να δείξει στην Κυβέρνηση την προθυμία του και να διευκολύνει την εφαρμογή του σχεδίου έκαμε τη μεγάλη θυσία να παραχωρήσει τα οικόπεδα στην περιοχή που προορίζεται για ανασκαφές. Θα κάνει και την εξίσου μεγάλη θυσία να τα ξαναπάρει πίσω, αν το απαιτεί η Κυβέρνηση.

Οι αρχιτέκτονες: Επειδή ωστόσο η Κυβέρνηση επιθυμεί τις ανασκαφές, και μόνο τώρα οι συνθήκες δεν επιτρέπουν την εκτέλεσή τους, θα ήταν καλό εάν αυτή η περιοχή εκτίζετο μόνο κάτω από ορισμένες προϋποθέσεις, έτσι ώστε με το πέρας του χρόνου να μπορέσει η Κυβέρνηση να ικανοποιήσει την επιθυμία της. Προς το παρόν, το μόνο που χρειάζεται είναι να αγοράσει τους χώρους γύρω από τα υπάρχοντα ερείπια και επί πλέον εκείνους στους οποίους είναι πολύ πιθανή η ύπαρξη αρχαιοτήτων.

Ο Νομάρχης εκφράζει την ικανοποίησή του με τη διευθέτηση αυτή των πραγμάτων.

Κύριος W.: Έρχομαι στη δεύτερη παρατήρησή μου για την κατεύθυνση των δρόμων στην παλαιά πόλη· οι νέοι δρόμοι, που προτείνεται στο σχέδιο να διανοιχθούν στην παλαιά πόλη, δεν προξενούν μεγάλη ζημιά μόνο στους πολίτες, οι έντονες διαμαρτυρίες των οποίων έφθασαν μέχρι την Κυβέρνηση, αλλά θέτουν τεράστια εμπόδια και στην ταχεία ανοικοδόμηση της πόλης. Γι' αυτό το λόγο, θεωρώ αναγκαίο να κατασκευασθούν άμεσα μόνο η οδός Αθηνάς και η οδός Ερμού, και οι υπόλοιποι οδοί της παλαιάς πόλης να διορθωθούν [ευθυγραμμισθούν] λίγο. Έτσι δεν θα απαλλάσσαμε μόνον την Κυβέρνηση από δυσβάστακτες αποζημιώσεις, αλλά θα διευκολύναμε και την ταχεία ανοικοδόμηση της πόλης από τους πολίτες.

Οι αρχιτέκτονες: Επειδή επιθυμούμε να γνωρίσουμε τις έντονες διαμαρτυρίες οι οποίες έχουν φθάσει μέχρι την Κυβέρνηση, καλούμε τους κυρίους δημογέροντες της Αθήνας να μας πουν σε τι συνίστανται αυτές οι διαμαρτυρίες.

Οι δημογέροντες: Όλοι οι πολίτες είναι πολύ ικανοποιημένοι με το σχέδιο που ενέκρινε η Κυβέρνηση, όπως δηλώσαμε ρητά εχθές στη γενική συνέλευση του κυρίου von Maurer: με εξαίρεση ένα ή δύο άτομα, που οικοδομήσανε αυθαίρετα και χωρίς άδεια των αρχών παραβαίνοντας το σχέδιο. Βλέπουμε με χαρά πως η Κυβέρνηση συμφωνεί με την κατασκευή των οδών Αθηνάς και Ερμού. Όσον αφορά τις υπόλοιπες οδούς, μπορούν να διανοιχθούν σταδιακά.

Οι αρχιτέκτονες: Πού είναι λοιπόν, κύριε W., οι έντονες διαμαρτυρίες των πολιτών που, όπως λέτε, ανησύχησαν την Κυβέρνηση; Σας καλούμε τώρα να μας πείτε εάν κάνατε τον κόπο να γνωρίσετε τα ουσιαστικά μειονεκτήματα των οδών στην παλαιά πόλη που επιθυμείτε να καταργηθούν στο νέο σχέδιο· αυτό, καθώς και τη ζημία που θα υποστούν εκείνοι οι οποίοι, εμπιστευόμενοι την πρώτη απόφαση της Κυβέρνησης, οικοδόμησαν ήδη με βάση το νέο σχέδιο. Τέλος σας καλούμε να μας πείτε μήπως οι κατά τη γνώμη σας αναγκαίες επιδιορθώσεις των παλαιών δρόμων θα στοιχίσουν [συγκριτικά] ακόμα περισσότερο.

Κύριος W.: Δεν ξέρω.

Οι αρχιτέκτονες: Πώς μπορείτε τότε να κρίνετε επ' αυτού χωρίς να γνωρίζετε επακριβώς τα μειονεκτήματα της μιας και της άλλης πρότασης;

Κύριος W.: Δεν απαντά.

Οι αρχιτέκτονες: Κατά τη γνώμη μας η ζημία δεν είναι τόσο μεγάλη όσο την παρουσιάζουν μερικοί στην Κυβέρνηση· και καμιά οδός δεν μπορεί να καταργηθεί χωρίς να εκτιμηθούν πρώτα όλα τα αποπερατωμένα σπίτια, που λόγω των νέων οδών θα έπρεπε να κατεδαφισθούν, και πριν αυτή η εκτίμηση υποβληθεί στην Κυβέρνηση. Έτσι γνωρίζουμε πως ορισμένοι υπέβαλαν στην Κυβέρνηση την άποψη, πως παραδείγματος χάριν οι αποζημιώσεις για τη διάνοιξη της οδού Αιόλου θα της κοστίσουν 100.000-200.000 δραχμές, ενώ ίσως να μην κοστίσουν ούτε καν 10.000 δραχμές. Έπειτα δεν χρειάζεται να κατεδαφισθούν όλα τα σπίτια ταυτοχρόνως· προς το παρόν αρκεί να χαραχθούν εκείνες αι οδοί στις οποίες δεν υπάρχουν αποπερατωμένα σπίτια, οι άλλες όμως σταδιακά, ανάλογα με τις περιστάσεις. Όλοι όσοι έχουν κτίσει πριν από την έγκριση του σχεδίου, οικοδόμησαν χωρίς αμφιβολία με βάση τας παλαιάς οδούς. Επομένως αυτές αι οδοί δεν μπορούν να διαπλατυνθούν χωρίς μεγάλες ζημιές των κτισμάτων, ενώ αι οδοί του νέου σχεδίου στις περισσότερες περιπτώσεις κόβουν μόνον ένα κομμάτι από τις αυλές.

Κύριος W.: Με την προτεινόμενη χάραξη των οδών αποτέμνονται και αχρηστεύονται πολλά οικόπεδα και πολλοί παλαιοί δρόμοι, στους οποίους έχουν κτισθεί αρκετά σπιτάκια κιόλας, που όμως σύμφωνα με το νέο σχέδιο δεν ισχύουν πια, πρέπει να καταργηθούν.

Οι αρχιτέκτονες: Είναι αλήθεια πως λόγω της κατεύθυνσης των οδών τέμνονται πολλά οικόπεδα. Αλλά γι' αυτό, καλό είναι να ορισθεί μια επιτροπή που θα εξισορροπήσει τα συμφέροντα των πολιτών μεταξύ τους. Όσον αφορά όμως τους παλαιούς δρόμους, που σύμφωνα με το σχέδιο θα πρέπει να καταργηθούν με τον καιρό, μπορούν να παραμείνουν όπως έχουν, και σταδιακώς, καθώς θα αυξάνεται η ευημερία της πόλης, να καταργούνται. Όλα αυτά τα έχουμε λάβει υπ' όψιν μας.

Κύριος W.: Το σχέδιο είναι στο σύνολό του πολύ εκτεταμένο και δεν ανταποκρίνεται στον πληθυσμό του ελληνικού βασιλείου. Μέσα στην σχεδιαζόμενη πόλη μπορούν να εγκατασταθούν 100.000 κάτοικοι, αλλά για να δημιουργηθεί μια πόλη 100.000 κατοίκων θα έπρεπε το βασίλειο να έχει πληθυσμό 5 ως 6 εκατομμυρίων.

Οι αρχιτέκτονες: Παρακαλούμε τον κύριο Weissenborn να μας πει πόσες φορές μεγαλύτερη είναι η νέα πόλη από την παλαιά.

Κύριος W.: Δυο φορές.

Οι αρχιτέκτονες: Αν και δεν είναι δυο φορές μεγαλύτερη, ας δεχθούμε ως ορθή την παραδοχή του κυρίου W. Καλούμε τους κυρίους δημογέροντες να μας πουν πόσους κατοίκους είχε η πόλη πριν από την Επανάσταση.

Οι δημογέροντες: Οχτώ χιλιάδες ψυχές περίπου.

Οι αρχιτέκτονες: Επομένως η νέα πόλη θα χωρούσε μόνο 24000 κατοίκους. Εμείς όμως υπολογίσαμε ότι η πόλη θα έχει πληθυσμό 40.000-50.000 κατοίκους.

Κύριος W.: Κατ' αυτό τον τρόπο δεν θα δημιουργηθεί ποτέ μια πυκνοδομημένη ευρωπαϊκή πόλη.

Οι αρχιτέκτονες: Και βέβαια δεν θα γίνει ποτέ η πόλη που, όπως φαίνεται, φανταζόσασθε, διότι η Κυβέρνηση ευτυχώς έλαβε ήδη τα αναγκαία μέτρα και καθώρισε το ύψος των κτηρίων έτσι ώστε κανένα ιδιωτικό κτίσμα να μην υπερβαίνει τους δύο ορόφους. Εκτός τούτου, στην Ελλάδα σπάνια μένουν δύο οικογένειες σε ένα σπίτι. Κάθε οικογένεια έχει το δικό της σπίτι, με την αυλή του και τον μικρό του κήπο. Αυτή είναι η συνηθισμένη πόλη στην Ελλάδα και αυτή ταιριάζει στη χώρα. Τα περίχωρα των ανακτόρων, ως η περιοχή της πόλης με τη μεγαλύτερη ζήτηση, θα οικοδομηθεί αναμφισβήτητα ταχύτερα από τις άλλες και πιο κανονικά, και επίσης όχι με καλύβες αλλά με ευπρεπείς κατοικίες.

Κύριος W.: Οι δρόμοι έχουν υπερβολικά μεγάλο πλάτος και τα δημόσια καταστήματα είναι πολύ μεγάλα. Η Ελλάδα δεν είναι σε θέση να τα κτίσει. Το χρηματιστήριο είναι περιττό. Η εκκλησία του Σωτήρος είναι μεγαλύτερη από τον Άγιο Πέτρο της Ρώμης.

Οι αρχιτέκτονες: Είναι αλήθεια πως τα δημόσια κτήρια στο σχέδιο εμφανίζονται μεγαλύτερα από ό,τι θα έπρεπε, αλλά δεν μας πέρασε ποτέ από το νου πως η Κυβέρνηση θα τα έκτιζε ποτέ τόσο μεγάλα. Είναι αυτονόητο ότι κατά την ανέγερση κάθε δημοσίου κτηρίου η Κυβέρνηση θα λαμβάνει υπ' όψιν της τις οικονομικές δυνατότητες του βασιλείου και τον πληθυσμό της πρωτεύουσας. Επιπλέον στο σχέδιο δεν συμπεριλαβάνονται παρά μόνο τα μισά από τα κτήρια που ίσως χρειασθεί η Κυβέρνηση· και τέλος, επειδή η Κυβέρνηση πληρώνει αποζημίωση μόνο 20 λεπτά τον τετραγωνικό πήχυ, ενώ η τιμή [των οικοπέδων] έχει ήδη ανέβει στις δύο και τρεις δραχμές, θεωρήσαμε σκόπιμο να μεριμνήσουμε ώστε η Κυβέρνηση να έχει αρκετό χώρο για όλα τα αναγκαία κτίσματα. Από την πλευρά των Αθηναίων αυτή είναι μία θυσία· και όσο λιγότερα οικόπεδα χρειασθεί η Κυβέρνηση, τόσο πιο ικανοποιημένος θα είναι ο Δήμος.

Κύριος W.: Οι οδοί της νέας πόλης έχουν τόσο μεγάλο πλάτος και επομένως η λιθόστρωση και ο φωτισμός τους κοστίζει τόσο πολύ, που ο Δήμος θα αντιμετωπίσει μεγάλες δυσκολίες.

Λοχαγός Spies: Με συγχωρείτε, αλλά οι δρόμοι έχουν πλάτος μόνο 40 πόδια και στενότεροι δεν μπορούν να γίνουν.

Οι αρχιτέκτονες: Όταν λάβαμε την εντολή να εκπονήσουμε στην Αθήνα το σχέδιο της μελλοντικής πρωτεύουσας της Ελλάδος, ούτε μας πέρασε από το μυαλό η σκέψη πως η πόλη θα ήταν έτοιμη μέσα σε λίγα χρόνια. Είμασταν πεπεισμένοι, πως θα περνούσαν ίσως και πενήντα χρόνια μέχρι την πλήρη αποπεράτωσή της· ένα σχέδιο όμως γίνεται για πάντα.

68

68. Το Ερεχθείον από νοτιοδυτικά μετά τις πρώτες εργασίες αναστηλώσεως. Υδατογραφία του Christian Hansen (1845), 35,5×54.2 εκ. (Kunstakademiets Bibliotek, Κοπεγχάγη).

ΚΕΦΑΛΑΙΟ 3

Η "πόλη επί λόφων" περί το αναβιωμένο κάστρο: η προτεραιότης της ιστορικής συνέχειας. Η πολεοδομική πρόταση του Alexander Ferdinand von Quast και το σχέδιο για ένα ανάκτορο στην Ακρόπολη του Karl Friedrich Schinkel (1834)

1. ΤΟ ΙΣΤΟΡΙΚΟ ΕΚΠΟΝΗΣΗΣ ΤΟΥ ΣΧΕΔΙΟΥ ΚΑΙ ΤΑ ΓΡΑΠΤΑ ΤΕΚΜΗΡΙΑ

Τον Αύγουστο του 1834, ενώ ο Leo von Klenze αντιμετώπιζε στην Αθήνα τα πολεοδομικά και αρχαιολογικά προβλήματα της πόλης, ο μαθητής τού K. F. Schinkel –και μετέπειτα Γενικός Έφορος Αρχαιοτήτων της Πρωσίας– Alexander Ferdinand von Quast[1] εδημοσίευε στο Βερολίνο στον εκδοτικό οίκο του George Gropius ένα τεύχος με τον χαρακτηριστικό τίτλο *Mittheilungen ueber Alt und Neu Athen* (Ανακοινώσεις για την αρχαία και τη νέα Αθήνα) (εικ. 70).

Αφορμή της δημοσίευσης ήταν αφ' ενός μεν οι ανακοινώσεις του Eduard Schaubert για τα αρχαία μνημεία και την ιστορική τοπογραφία της Αθήνας, τις οποίες ο συγγραφεύς παρουσίαζε σχολιασμένες (σελ. 1-28 του κειμένου του), αφ' ετέρου δε το σχέδιο για τα ανάκτορα επάνω στην Ακρόπολη του K. F. Schinkel[2] το οποίον ο von Quast επαρουσίασε σε γενικές γραμμές πρώτος στο ευρύτερο κοινό.

Στην παρουσίαση του οράματος του Schinkel, ο συγγραφεύς προέτασσε τις δικές του παρατηρήσεις για την ανοικοδόμηση της νέας πόλης, συνδέοντας τα δύο αυτά θέματα σε ένα ενιαίο δοκίμιο με τίτλο *Neubau der Stadt Athen und des koeniglichen Schlosses auf seiner Burg* (Ανέγερση της νέας πόλης της Αθήνας και των βασιλικών ανακτόρων στην Ακρόπολη), το οποίο αποτελεί το δεύτερο μέρος του κειμένου που προανεφέρθη (σελ. 29-42 των *Mittheilungen*).

Το πρώτο μέρος αυτού του δοκιμίου (1.470 λέξεις) πρέπει να θεωρηθεί ως μία αυτόνομη πολεοδομική πρόταση για την Αθήνα. Η βασική ιδέα που επάνω της στηρίζει ο von Quast την πρότασή του είναι το όραμα μιας "πόλης επί λόφων" οργανωμένης γύρω από την Ακρόπολη, που αναβιώνει ως έδρα βασιλική. Ο συντάκτης είχε ήδη δημοσιεύσει το κείμενο στο οποίο αναπτύσσει αυτή την ιδέα στο Βερολίνο, στο περιοδικού του Franz Kugler *Museum, Blaetter fuer bildende Kunst* (Μουσείο, φύλλα για τις εικαστικές τέχνες), τεύχος 24.

Ο αρχιτέκτων και ιστορικός της αρχιτεκτονικής von Quast μ' αυτό τον τρόπο, χωρίς να έχει προηγηθεί επίσημη ανάθεση εκ μέρους της ελληνικής κυβέρνησης ή κάποιας σπουδαίας προσωπικότητος του δημοσίου βίου στην Ελλάδα ή την Γερμανία, με δική του πρωτοβουλία και με τον ενθουσιασμό της ηλικίας του (τότε ήταν μόλις 27 χρόνων) υποστηρίζει δημοσία μία κατευθυντήρια ιδέα, που ούτε σε ακριβή γνώση των τοπικών δεδομένων στηρίζεται ούτε είναι αποτέλεσμα διεξοδικής ενασχόλησής του με ζητήματα πολεοδομικού σχεδιασμού.

Αφετηρία των απόψεων του von Quast για την Αθήνα είναι αναμφισβήτητα το αρχιτεκτονικό σχέδιο των ανακτόρων στην Ακρόπολη του Schinkel (εικ. 71-73) που εδημοσιεύθη τον ίδιο χρόνο (1834), και το οποίο ο von Quast με την πρότασή του προσπαθεί να θεμελιώσει πολεοδομικά. Δεν γνωρίζουμε εάν αυτό συνέβη κατόπιν συμφωνίας με τον δάσκαλό του ή τουλάχιστον με την σιωπηρή συναίνεσή του. Ας μην ξεχνάμε ότι ο Schinkel ήταν καλά πληροφορημένος για το θέμα του σχεδιασμού της Αθήνας από τους μαθητές του Κλεάνθη και Schaubert και ότι παρ' όλα αυτά δεν έλαβε θέση γι' αυτό το θέμα ούτε με κάποιο μνημόνιο ούτε με κάποια σχεδιαστική πρόταση.

Εάν η συγκεκριμένη αφορμή του πολεοδομικού οράματος του von Quast (διότι θα ήταν υπερβολή να χαρακτηρισθεί η πρότασή του πολεοδομικό σχέδιο) υπήρξε το σχέδιο για ένα ανάκτορο στην Ακρόπολη του Schinkel, το ερέθισμα για να συλλάβει την ιδέα της "πόλης επί λόφων" πρέπει να προήλθε μάλλον από ένα άλλο έργο του Schinkel φιλοτεχνημένο μία δεκαετία ενωρίτερα. Αναφερόμαστε στη μεγάλη ελαιογραφία του 1825 με τίτλο Blick in Griechenlands Bluete (Ματιά στην άνθηση της Ελλάδος) (εικ. 74), η οποία προσεφέρθη ως γαμήλιο δώρο του δήμου του Βερολίνου στους γάμους της πριγκιπίσσης Λουίζας της Πρωσίας με τον πρίγκιπα Φρειδερίκο της Ολλανδίας. Ο πίναξ αυτός μπορεί να θεωρηθεί ως μία προγραμματική διδακτική αλληγορία, στην οποία παριστώνται η καθημερινή ζωή, η δημιουργική εργασία κατά την ανέγερση ενός ναού, καθώς και η ακριβής εικών μιας ελληνικής πόλης "στην ακμή του πολιτισμού" της.

Η αλληγορία αυτή, που δεν είναι άλλο από το διαχρονικό όραμα μιας Ελλάδος που ανθίζει και ξανανθίζει αιώνια, εμπεριέχει τα αρχέτυπα για τον Schinkel χαρακτηριστικά γνωρίσματα της "ελληνικής" πόλης: εδώ βλέπουμε το μόρφωμα ενός "άστεως" στενά συνδεδεμένου με το τοπίο, κτισμένου πάνω σε λόφους και σε μικρή απόσταση από τη θάλασσα, με τους ελεύθερα ιστάμενους στον χώρο ναούς του, τις αγορές του που περικλείονται από περιστύλια και με την βαθμιδωτή διάταξη των κυβικών όγκων των ιδιωτικών του κτηρίων. Διαβάζοντας κανείς την πρόταση του von Quast για την Αθήνα, έχει την εντύπωση πως βλέπει μια απόπειρα ανίδρυσης αυτής της ιδανικής πόλης σε έναν συγκεκριμένο χώρο[3].

Ενώ η πολεοδομική πρόταση του von Quast παρουσιάζεται μόνο στο περιγραφικό του κείμενο (ο συντάκτης του δεν προέβη ποτέ σε σχεδιαστική απεικόνιση της πρότασής του), τα σχετικά με την πρόταση αυτή έργα του Schinkel είναι κυρίως σχεδιαστικής και ζωγραφικής φύσης (βλέπε στη συνέχεια την ακριβή περιγραφή των σχεδίων της πρότασής του για τα ανάκτορα πάνω στην Ακρόπολη, καθώς και τα σχετικά με τον πίνακα "Ματιά στην άνθηση της Ελλάδος"). Τα έργα του Schinkel συνοδεύονται από επεξηγηματικά κείμενα, σημαντικά για την κατανόηση της γένεσης της ιδέας της επιλόφιας πόλης, που πρέπει να αξιολογηθούν παράλληλα με το δοκίμιο του von Quast ως πρόσθετα γραπτά τεκμήρια.

Για τον σχεδιασμό των ανακτόρων στην Ακρόπολη έχουν διασωθεί σημαντικές επιστολές του Schinkel. Σε αντίθεση με τον νεαρό von Quast, ο οποίος στην περιγραφή της νέας Αθήνας που οραματίζεται φθάνει στον ποιητικό οίστρο, ο 53χρονος την ίδια εποχή Schinkel διατηρεί έναν τόνο συνετό και μάλλον συγκρατημένο. Το κείμενο της πρώτης επιστολής εδημοσιεύθη για πρώτη φορά από τον Alfred Freiherr von Wolzogen στο τετράτομο έργο του *Aus Schinkels Nachlass: Reisetagebuecher, Briefe und Aphorismen* (Από τα κατάλοιπα του Schinkel: ταξιδιωτικά ημερολόγια, επιστολές, αφορισμοί), που εδημοσιεύθη τα έτη 1862-1864. Το κείμενο της δεύτερης επιστολής, στο οποίο περιγράφεται το σχέδιο αυτό καθεαυτό και το οποίο φυλάσσεται στο αρχείο Schinkel στο Altes Museum του Βερολίνου, εδημοσιεύθη για πρώτη φορά ολόκληρο από τον Rand Carter το 1980. Στο μεταξύ, οι πρωτότυπες επιστολές ενετοπίσθησαν από την Margarete Kuehn και στο Μυστικό Αρχείο των Βιτελσβάχων στο Μόναχο (βλ. αναδημοσίευσή τους στα τεκμήρια Β και Γ του παρόντος κεφαλαίου).

Και οι δύο επιστολές απευθύνονται στον διάδοχο της Βαυαρίας Μαξιμιλιανό και είναι γραμμένες στα έτη 1833 και 1834. Η πρωτοβουλία για την εκπόνηση του σχεδίου του Schinkel ανήκει ουσιαστικά στον Μαξιμιλιανό και τον γαμβρό του, τον διάδοχο της Πρωσίας Φρειδερίκο-Γουλιέλμο. Στην πρώτη επιστολή (που περιλαμβάνει μόνο 540 λέξεις), ο Schinkel προσπαθεί να απαντήσει εν συντομία στα εξής θεμελιώδη ερωτήματα: α) εάν υπάρχει γενικά ένα ιδανικό στην αρχιτεκτονική και β) ποιο θα ήταν το ιδανικό αυτό για την αρχιτεκτονική στην Ελλάδα. Στη δεύτερη επιστολή (που περιλαμβάνει 1.000 λέξεις), αιτιολογεί την επιλογή της Ακρόπολης για τη χωροθέτηση των ανακτόρων και απαριθμεί τα πλεονεκτήματα καθώς και μειονεκτήματά της. Ακολουθεί σύντομη περιγραφή του σχεδίου και η ανάπτυξη των αρχών σύνθεσης στις οποίες εστηρίχθη. Το θέμα ενός σχεδίου πόλης εναρμονισμένου με το προτεινόμενο σχέδιο των ανακτόρων δεν θίγεται.

Η περιγραφή του πίνακος "Ματιά στην άνθηση της Ελλάδος" από τον Schinkel έχει ευτυχώς επίσης διασωθεί. Εδημοσιεύθη για πρώτη φορά στο προαναφερθέν έργο του Wolzogen *Aus Schinkels Nachlass*... τόμος 3, σελ. 367, αρ. 35. Ο Schinkel κατορθώνει εδώ πολύ συνοπτικά (με 322 μόνο λέξεις) να καταστήσει σαφή την προγραμματική πρόθεση της ιδανικής αυτής εικόνος, δηλαδή την απεικόνιση μιας διαχρονικής, ελληνικής "πόλεως". Τα προαναφερθέντα έργα και γραπτά του K. F. Schinkel και του A. F. von Quast, που συνδέονται με την ίδρυση της νέας Αθήνας, έχουν αποτελέσει συχνά αντικείμενο πραγμάτευσης κατά τα τελευταία 165 χρόνια στην ειδική βιβλιογραφία. Στις πραγματείες αυτές περιλαμβάνονται τόσο περιγραφές όσο και κριτικές αναλύσεις. Στα πλαίσια της δικής μας κριτικής αντιμετώπισης των προτάσεων που συνδέονται με το όραμα της "πόλης επί λόφων", θα βασισθούμε στην προϋπάρχουσα έρευνα· οι σπουδαιότερες συμβολές σ' αυτό το θέμα παρατίθενται στη σχετική βιβλιογραφία στο τέλος του παρόντος κεφαλαίου.

2.
Η ΕΠΙΣΚΟΠΗΣΗ ΤΩΝ ΓΡΑΠΤΩΝ ΤΕΚΜΗΡΙΩΝ

ΤΕΚΜΗΡΙΟΝ Β: Η ΑΝΤΙΛΗΨΗ ΤΟΥ K.F. SCHINKEL ΓΙΑ ΤΗΝ ΙΔΑΝΙΚΗ ΣΥΛΛΗΨΗ ΣΤΗΝ ΑΡΧΙΤΕΚΤΟΝΙΚΗ ΚΑΙ ΙΔΙΑΙΤΕΡΑ ΣΕ ΣΧΕΣΗ ΜΕ ΤΗΝ ΕΛΛΑΔΑ

Όπως διαβάζουμε στην πρώτη επιστολή του Schinkel προς τον διάδοχο της Βαυαρίας το 1833, ο Μαξιμιλιανός είχε αποτανθεί στον αρχιτέκτονα, ζητώντας του εξηγήσεις για μερικά θέματα αρχής "σχετικά με την ανέγερση ενός ανακτόρου για τη Μεγαλειότητά Του τον Βασιλέα της Ελλάδος". Ο πρίγκηψ θέτει με αρκετή αφέλεια το ερώτημα "εάν κατ' αρχήν υπάρχει ή όχι εν γένει ιδανική αρχιτεκτονική [και] εάν υπάρχει ιδανική αρχιτεκτονική [ειδικά] για την Ελλάδα, ποια είναι αυτή". Επίσης θέλει να μάθει από τον Schinkel εάν υπάρχουν περιώνυμες πραγματείες που να περιγράφουν την ιδανική αυτή αρχιτεκτονική. Τα ερωτήματα αυτά αναγκάζουν τον Schinkel να διατυπώσει μια θαυμαστά συνοπτική και περιεκτική προσωπική διακήρυξη πίστης για την τέχνη του.

Σύμφωνα με τον Schinkel, "η ιδανική αρχιτεκτονική μόνο τότε μπορεί να επιτευχθεί πλήρως, όταν ένα κτήριο και στα επί μέρους στοιχεία του και ως σύνολο ανταποκρίνεται τέλεια στο σκοπό για τον οποίο εκτίσθη τόσο από πνευματική όσο και από υλική άποψη". Επειδή όμως οι λειτουργικές απαιτήσεις της ζωής μεταβάλλονται συνεχώς, κάθε παλαιότερη κατάκτηση της αρχιτεκτονικής πρέπει "να τροποποιείται πολύμορφα" και να γίνονται "νέες εφευρέσεις". Μόνο μέσα από μια δημιουργική διαδικασία προσαρμογής –πάντα κατά την άποψη του Schinkel– μπορεί να γεννηθεί ένα "αληθινά ιστορικό έργο" δηλαδή ένα έργο αιώνιας ιστορικής αξίας. Καθήκον μας είναι η επιδίωξη δημιουργίας ενός έργου "που θα είναι σε θέση να αποτελέσει μια πραγματική συνέχεια της ιστορίας και [έτσι] θα επιτρέψει τη μετεξέλιξή της"[4]. Γι' αυτό όμως δεν χρειάζεται μόνον εκτεταμένη γνώση της ιστορικής αρχιτεκτονικής μορφολογίας αλλά ιδίως "φαντασία και μαντική ικανότητα", δηλαδή η ικανότητα να προκαταλαμβάνει κανείς επερχόμενες εξελίξεις της ζωής. Ο Schinkel θεωρεί ότι το έργο για την ανέγερση "των ανακτόρων του Βασιλέως της αναγεννωμένης Ελλάδος" είναι έργο τέτοιων αξιώσεων ώστε "ακόμα και ο πιο ταλαντούχος καλλιτέχνης θα έπρεπε να προετοιμασθεί πρώτα ο ίδιος σοβα-

69

69. Προσωπογραφία του Karl Friedrich Schinkel (1781-1841) φιλοτεχνημένη από τον Franz Krueger (1836).

ρώτατα γι' αυτό". Για την πραγματοποίηση ενός τέτοιου σχεδίου –και αυτή είναι η θεμελιώδης πεποίθηση του Schinkel που αφορά οποιονδήποτε σκοπεύει να κτίσει στον ελληνικό χώρο– θα έπρεπε κανείς "διατηρώντας την πνευματική αρχή της αρχαίας ελληνικής αρχιτεκτονικής να την επεκτείνει, έτσι ώστε να συμπεριλάβει τα δεδομένα της δικής μας νέας ιστορικής περιόδου...".

Για να επιτευχθεί αυτός ο στόχος, ο Schinkel συνιστά να ληφθούν υπ' όψιν ορισμένα κριτήρια: πρέπει να επιλεγεί για τα ανάκτορα "μια χαρακτηριστική και ωραία τοποθεσία" και ο αρχιτέκτων να εκμεταλλευθεί με το έργο του τα πλεονεκτήματα αυτής της θέσης. Το ίδιο το κτήριο των ανακτόρων θα πρέπει να ανταποκρίνεται "στη διαμόρφωση ενός τρόπου ζωής του ηγεμόνος στηριγμένου στα ήθη και τις ανάγκες της χώρας". Κατά την εκπόνηση του σχεδίου θα πρέπει να απορριφθούν "τα προ πολλού φθαρμένα νεοϊταλικά και νεογαλλικά αξιώματα και ιδιαίτερα η παρεξηγημένη έννοια της συμμετρίας που έχει δημιουργήσει τόση υποκρισία και πλήξη εξουσιάζοντας και νεκρώνοντας τα πάντα". Οι κατευθυντήριες ιδέες του Schinkel για μία νέα μνημειώδη αρχιτεκτονική δημιουργία στην Αθήνα μπορούν να συνοψισθούν ως εξής: λειτουργικότητα του σχεδίου· εφευρετική νέα δημιουργία στηριγμένη στην ιστορική συνείδηση· εκλογή μιας ωραίας και πλούσιας σε συμβολισμούς τοποθεσίας· προσαρμογή του αρχιτεκτονήματος στο κλίμα και τις συνήθειες διαβίωσης στη χώρα· αποφυγή κάθε ακαμψίας και ψευδομνημειώδους συμμετρίας στη γενική σύνθεση. Στο ερώτημα για την ύπαρξη ή όχι γραπτών έργων που να πραγματεύονται αυτό το ζήτημα ο Schinkel απαντά αόριστα, λέγοντας πως ναι μεν δεν υπάρχουν συγκεκριμένα "έργα που να φωτίζουν απολύτως ικανοποιητικά το λεπτό αυτό σημείο της αρχιτεκτονικής", πλην όμως "σε κάθε σημαντικό έργο περί αρχιτεκτονικής της αρχαιότητος, του μεσαίωνος και της νεώτερης εποχής, υπάρχει σχετικό ποικίλο υλικό".

ΤΕΚΜΗΡΙΟΝ Γ: ΠΕΡΙΓΡΑΦΗ ΑΠΟ ΤΟΝ K.F. SCHINKEL ΤΟΥ ΣΧΕΔΙΟΥ ΤΩΝ ΑΝΑΚΤΟΡΩΝ ΣΤΗΝ ΑΚΡΟΠΟΛΗ ΤΗΣ ΑΘΗΝΑΣ

Η δεύτερη διασωθείσα επιστολή του Schinkel προς τον Μαξιμιλιανό του επόμενου χρόνου (1834), έχει χαρακτήρα μνημονίου με το οποίο θεμελιώνει και επεξηγεί τα σχέδια που παρέδωσε.

Από την πρώτη παράγραφο προκύπτει σαφώς: α) πως η πρωτοβουλία να ανατεθεί το σχέδιο των ανακτόρων στον Schinkel προήλθε από τον Μαξιμιλιανό, β) πως οι δύο διάδοχοι, ο Μαξιμιλανός της Βαυαρίας και ο Φρειδερίκος-Γουλιέλμος της Πρωσίας, είχαν συμφωνήσει από κοινού για το περιεχόμενο αυτού του σχεδίου και ιδιαίτερα για την επιλογή της Ακρόπολης για τη χωροθέτησή του κτηρίου και γ) πως ο Φρειδερίκος-Γουλιέλμος της Πρωσίας ανέθεσε στον Schinkel το σχέδιο του ανακτόρου στην Ακρόπολη, αφού εγύρισε στο Βερολίνο από το Μόναχο (τον χειμώνα του 1833-1834) και αφού συνεννοήθη πρώτα με τον Μαξιμιλιανό.

Ο Schinkel αναφέρεται στη συνέχεια στους "όρους", οι οποίοι του "ετέθησαν", χωρίς όμως να αποσαφηνίζει εάν τους είχε υπαγορεύσει μόνο ο εργοδότης του ή και η ίδια του η κρίση. Αυτοί οι όροι αποτελούν ταυτοχρόνως έναν κατάλογο των επιδιωκωμένων βασικών στόχων του σχεδίου. Έτσι αποσκοπείται: "ο σχεδιασμός ενός πολύ λιτού κτηρίου, ανάλογου προς το μέγεθος και τις οικονομικές δυνατότητες της χώρας", που θα είναι προσαρμοσμένο "στο κλίμα και τον ιστορικό χαρακτήρα του χώρου" και θα ανεγερθεί σε μια ασφαλή και "κατάλληλη για άμυνα" τοποθεσία. Υπενθυμίζει ακόμα μια φορά πως έχει ήδη εκλεγεί η Αθήνα ως πρωτεύουσα και πως ρητή επιθυμία του Φρειδερίκου-Γουλιέλμου της Πρωσίας είναι να ληφθεί υπ' όψιν η Ακρόπολη ως η "καταλληλότερη θέση" για τα ανάκτορα. Υπέρ αυτής της επιλογής συνηγορούν κατά τη γνώμη του διαδόχου της Πρωσίας "η ιστορική της αξία" και η "αμυντική της ιδιότητα".

Ο Schinkel ασπάζεται αυτή την επιθυμία και προσπαθεί να τη θεμελιώσει πολιτιστικά και ιδεολογικά: ονομάζει την Ακρόπολη "φωτεινό ορόσημο της παγκόσμιας ιστορίας, με το οποίο συνδέονται άπειροι συνειρμοί" και διατυπώνει τη βεβαιότητα πως οι ιδεολογικοί αυτοί συνειρμοί θα συνεχίσουν και στο μέλλον να είναι "σημαντικοί και πολύτιμοι για ολόκληρο το γένος" (προφανώς εννοεί όχι μόνο το γένος των Ελλήνων αλλά ολόκληρο το γένος των ανθρώπων). Επομένως, το μνημείο αυτό του πολιτισμού πρέπει να "αναβιώσει" και "ο καλύτερος τρόπος για την επίτευξη αυτού του στόχου (...) είναι να ανεγερθούν τα νέα ανάκτορα στην Ακρόπολη". Στη συνέχεια λαμβάνονται υπ' όψιν οι πολλές και διάφορες δυσχέρειες που αποτελούν εμπόδιο σ' αυτό το εγχείρημα: η έλλειψη νερού στο πλάτωμα της Ακρόπολης, η δύσκολη πρόσβαση, η εκτεθειμένη στις καιρικές συνθήκες θέση. Όλες αυτές οι δυσχέρειες όμως μπορούν να υπερνικηθούν με σύγχρονη τεχνική υποδομή και τεχνικές δόμησης. Οι αναγκαίες θυσίες και οι πρόσθετες δαπάνες δεν συγκρίνονται ωστόσο με όσα θα εκέρδιζε η Ελλάς και ολόκληρος ο κόσμος απ' αυτό το έργο.

Ο Schinkel γράφει πως "επεξηργάσθη το θέμα μόνο με σκαριφήματα" εννοώντας τις αριστοτεχνικά φιλοτεχνημένες υδατογραφίες του (εικ. 71-73). Υπαινίσσεται δηλαδή πως πρόκειται για προσχέδιο, για ένα σχέδιο ιδεών στο οποίο διαφαίνεται καθαρά ο αρχιτεκτονικός ρυθμός και διακρίνεται η "δυνατότητα πραγματοποίησής του". Με σεμνότητα και αίσθηση ευθύνης ομιλεί ο καλλιτέχνης για την "αυτοσυγκράτηση", δηλαδή για τη λιτή επεξεργασία του σχεδίου και την υποταγή του για λόγους "ευσεβείας" στα "υπάρχοντα αρχαία μνημεία". "Κανένα τμήμα του συγκροτήματος των νέων ανακτόρων δεν υπερέχει σε ύψος του ερειπίου του Παρθενώνος" και όσα τμήματα έχουν το ίδιο ύψος, τοποθετούνται σε ικανή απόσταση από τον ναό. Ακολουθεί η αναφορά σε μία σημαντική λεπτομέρεια του σχεδίου, δηλαδή στη διάταξη της μεγάλης αιθούσης τελετών. Εδώ ο Schinkel αφήνει τη στέγη ορατή εκ των έσω, για να δείξει πώς μπορεί να εφαρμοσθεί "η κλασική αρχή της αρχιτεκτονικής, σύμφωνα με την οποία η κατασκευή δεν πρέπει να φορά προσωπείο αλλά να είναι καλόσχημη και να προβάλλεται γυμνή όπως είναι πραγματικά". Το ανάκτορο έχει τις "μέτριες διαστάσεις των επαύλεων της Πομπηίας" και οι διάφορες πτέρυγες και τα αίθριά του αναπτύσσονται μόνο σε έναν ισόγειο όροφο. Στο νότιο τμήμα του προβλέπεται υπόγειο για τους χώρους υπηρεσίας. Αυλές και κήποι καθώς και η ελεύθερη διάταξη των διαφόρων τμημάτων του κτίσματος επιτρέπουν την γραφική του σύνδεση με τα αρχαία αρχιτεκτονικά κατάλοιπα και με τα "ακανόνιστα σχήματα του βράχου". Αποφεύγεται κάθε αλαζονική αντιπαράθεση με τα αρχαία μνημεία και όλο το κτίσμα "ανταποκρίνεται μόνο στις στοιχειώδεις απαιτήσεις μιας βασιλικής αυλής".

Ένα μόνο υπερμέγεθες στοιχείο απετολμήθη: ο Schinkel προτείνει την ανακατασκευή του ορειχάλκινου αγάλματος της Προμάχου Αθηνάς που εφιλοτέχνησε ο Φειδίας και την τοποθέτησή του στη δυτική πλευρά του πλατώματος της Ακρόπολης ως εμβλήματος της νέας Αθήνας και ως εκδήλωσης σεβασμού απέναντι στη "μεγαλειώδη αρχαιότητα".

Ο Schinkel κλείνει την επιστολή του εκφράζοντας την ελπίδα πως θα κερδίσει το ενδιαφέρον του Μαξιμιλιανού για το σχέδιό του και έτσι θα φανεί χρήσιμος στην Ελλάδα. Άλλες πρακτικές οδηγίες για την επεξεργασία της πρότασής του και την ετοιμασία σχεδίων εφαρμογής δεν δίδει.

ΤΕΚΜΗΡΙΟΝ Α: ΣΧΟΛΙΟ ΤΟΥ K.F. SCHINKEL ΓΙΑ ΤΟΝ ΠΙΝΑΚΑ ΤΟΥ "ΜΑΤΙΑ ΣΤΗΝ ΑΝΘΗΣΗ ΤΗΣ ΕΛΛΑΔΟΣ"

Μεταξύ των αφορισμών του Schinkel, που διεσώθησαν στη δημοσίευση του Wolzogen *Aus Schinkels Nachlass...* των ετών 1862-64, υπάρχει και ένα σχόλιο του καλλιτέχνη που αναφέρεται άμεσα στο περιεχόμενο και το μήνυμα της ιστορικής τοπιογραφίας "Ματιά στην άνθηση της Ελλάδος".

Ο Schinkel βεβαιώνει στο κείμενο αυτό πως η θέα ενός τοπίου μπορεί να είναι "μεγαλόπρεπη και ωραία", πως όμως κινεί ιδιαίτερα το ενδιαφέρον μόνον όταν εκεί "γίνονται αντιληπτά ίχνη της ανθρώπινης ύπαρξης". Γι' αυτό πρέπει να καθιστά κανείς σαφώς αισθητά τα ίχνη του ανθρώπου στο τοπίο. Αυτή η ανθρώπινη παρουσία όμως δεν πρέπει να είναι άμεσα συνδεδεμένη με τον "αγώνα, τη νίκη και τον όλεθρο" του ανθρώπου γιατί τότε αποσπάται η προσοχή από τη θεώρηση του τοπίου "το οποίον όμως οι καλές τέχνες οφείλουν μόνον να λαμβάνουν εδώ υπ' όψιν".

Αντίθετα, η γοητεία του τοπίου επιτείνεται όταν είτε βλέπει κανείς "έναν λαό να απολαμβάνει τη θεσπέσια φύση στον απώτατο χρυσό αιώνα του με εντελώς αφελή αυθορμητισμό και μέσα στην ωραιότερη γαλήνη" είτε παρακολουθεί "όλη την ακμή του πολιτισμού ενός άκρως καλλιεργημένου λαού, που ήξερε να χρησιμοποιεί επιτήδεια κάθε αντικείμενο της φύσης για να αντλήσει απ' αυτό ανώτερη απόλαυση ζωής για το άτομο και το λαό γενικά".

Έτσι με την διδακτική αλληγορία του "Ματιά στην άνθηση της Ελλάδος" ο Schinkel προσεπάθησε να ζήσει "νοερά μαζί μ' αυτό τον λαό και να βιώσει όλες τις καθαρά ανθρώπινες και πολιτικές πλευρές της ζωής του" πράγμα που ελπίζει να μεταδώσει και στον θεατή. Ο καλλιτέχνης αντλεί το πλήθος των αντικειμένων και θεμάτων που απεικονίζονται στον πίνακα –κτήρια, γλυπτά, τοπία, δρώμενα στην πόλη–, από πολύ κατατοπιστικές περιγραφές πόλεων, όπως π.χ. του Παυσανία. Θέμα του πίνακα είναι η δημιουργικότητα –στη ζωή και στην τέχνη– μιας ιδανικής ελληνικής πόλης την εποχή της ακμής της Ελλάδος. Ο καλλιτέχνης δεν αναφέρεται ωστόσο ειδικά στην Αθήνα.

ΤΕΚΜΗΡΙΟΝ Δ: ΟΙ ΑΠΟΨΕΙΣ ΤΟΥ VON QUAST ΓΙΑ ΤΗΝ ΑΝΑΠΤΥΞΗ ΤΗΣ ΑΘΗΝΑΣ ΩΣ "ΠΟΛΗΣ ΕΠΙ ΛΟΦΩΝ", ΟΠΩΣ ΠΕΡΙΓΡΑΦΟΝΤΑΙ ΣΤΟ ΠΡΩΤΟ ΜΕΡΟΣ ΤΟΥ ΔΟΚΙΜΙΟΥ ΤΟΥ "ΑΝΕΓΕΡΣΗ ΤΗΣ ΝΕΑΣ ΠΟΛΗΣ ΤΗΣ ΑΘΗΝΑΣ ΚΑΙ ΤΩΝ ΒΑΣΙΛΙΚΩΝ ΑΝΑΚΤΟΡΩΝ ΣΤΗΝ ΑΚΡΟΠΟΛΗ"

Ο von Quast χαιρετίζει την εκλογή της Αθήνας ως πρωτεύουσας της Ελλάδος, επειδή στο παρελθόν διέπρεψαν εδώ οι τέχνες και οι επιστήμες και επειδή φαίνεται ότι γι' αυτόν ακριβώς τον λόγο αργότερα, κατά την ρωμαϊκή εποχή και το μεσαίωνα, δεν έχασε τελείως την πολιτιστική της σημασία. Στο μεταξύ ωστόσο, "εχάθη από κάθε άποψη" η σημασία όχι μόνο της Αθήνας αλλά και όλων των άλλων ελληνικών πόλεων. Ο συγγραφεύς αποδίδει το γεγονός αυτό στο ότι λείπουν οι "ενδιάμεσοι ιστορικοί κρίκοι" (εννοώντας τα ανάλογα πολιτιστικά επιτεύγματα κατά τη διάρκεια των μέσων χρόνων σε όλους τους κοινωνικούς τομείς) που θα είχαν διατηρήσει την "άμεση παράδοση της αρχαιότητος". "Μόνον ο υπέροχος τόπος με τα ερείπια της λαμπρότερης περιόδου της τέχνης" καθώς και η, συγγενής προς την αρχαία, νεοελληνική γλώσσα μαρτυρούν την ιστορική συνέχεια.

Αυτή "η έλλειψη διαμεσολάβησης" από την αρχαία στη νέα εποχή έχει δυσμενείς επιπτώσεις σε όλους τους τομείς της πολιτικής ζωής της χώρας και, ιδίως κατά την επανίδρυση των Αθηνών, μπορεί να οδηγήσει σε λανθασμένες εκτιμήσεις και αποφάσεις. Έτσι ο von Quast αφ' ενός μεν βλέπει να διαγράφεται ο κίνδυνος μιας εξωπραγματικής αρχαιομανίας που φαίνεται να επιδιώκει "την πιστή ανακατασκευή των αρχαίων πόλεων και κτηρίων, που ερεύνησε η αρχαιολογία, χωρίς να λάβει υπ' όψιν της τις νεώτερες ανάγκες", αφ' ετέρου αντιτίθεται σαφώς στις πολυπληθείς εκείνες φωνές, που δεν εννοούν να λάβουν "διόλου υπ' όψιν τους την υπάρχουσα κατάσταση" (δηλαδή τα αρχαία μνημεία και την ιστορική τοπογραφία) και οραματίζονται μια νέα Αθήνα "με ομοιόμορφα κανονικά οικοδομικά τετράγωνα όπως στην Ουάσινγκτον, Νέα Υόρκη και Φιλαδέλφεια". Ο συγγραφεύς απορρίπτει και τις δύο αυτές απόψεις θεωρώντας ότι τη σωστή λύση υπόσχεται μία τρίτη επιλογή.

Ακολουθεί μία σύντομη ενθουσιώδης περιγραφή της Ακρόπολης, των ιστορικών λόφων στα δυτικά της, της περιοχής του Ολυμπείου και των παριλισσίων χώρων. "Μια σημαντική πεδιάδα απλώνεται προς τον βορρά και την ανατολή", γράφει, που θα ήταν η πιο ενδεδειγμένη τοποθεσία για τη χωροθέτηση της Αθήνας. Αλλά –και αυτό είναι το αποφασιστικό επιχείρημα στον τρόπο θεώρησης του von Quast– "μια τέτοια πόλη θα είχε άραγε το δικαίωμα να φέρει το όνομα Αθήνα;" Για τον Quast το όνομα Αθήνα είναι "αμετάκλητα συνδεδεμένο με την Ακρόπολη". Ακόμα και η πληρέστερη αποκάλυψη της αρχαίας πόλης με τις μελλοντικές ανασκαφές δεν θα βοηθούσε την Αθήνα να βρει την ταυτότητά της, εάν ανεπτύσσετο δίπλα στην αρχαία πόλη: "η αρχαία Αθήνα θα αντιπαρετίθετο πάντα στη νέα σαν ξένο στοιχείο" και "η νέα πόλη θα φάνταζε σαν στρατόπεδο εξωρισμένο εκτός των πυλών". Έτσι οι μαρμάρινοι ναοί της Ακρόπολης "θα κοίταζαν από ψηλά ένα νεκροταφείο που τα ανεσκαμμένα οστά του θα έδιναν βέβαια υλικό στους λόγιους επιγόνους για άκρως σοφές πραγματείες", πλην όμως ο λαός δεν θα είχε ζωντανή σχέση με το "αληθινό μεγαλείο της αρχαιότητος".

Ο Quast επανέρχεται στην ανάγκη δημιουργίας της "ανύπαρκτης σχεδόν διαμεσολάβησης από την αρχαία στη νέα εποχή". Όλοι του οι συλλογισμοί παγιδεύονται στην ιστορική ταύτιση, στην επάλληλη χωροθέτηση αρχαίας και σύγχρονης πόλης. "Πρώτα απ' όλα δεν πρέπει να καταστρέψουμε τίποτα από τα υπάρχοντα, αλλά να φροντίσουμε να τα διευρύνουμε και να τα αναπτύξουμε": σημαντικώτατη σκέψη που φαίνεται να εκφράζει σεβασμό στο status quo της παλαιάς πόλης με όλα τα αρχαία της μνημεία. Και μετά;

Μετά ακολουθεί μια σχεδόν οραματική περιγραφή της γένεσης του νέου επιθυμητού αστικού μορφώματος, φορτωμένου με πολλά χαρακτηριστικά της εξιδανικευμένης αρχαίας Αθήνας: "Ένα ανώμαλο έδαφος μας φαίνεται πιο ταιριαστό από την πληκτική πεδιάδα. Πόσο υπέροχα διατάσσονται τα τμήματα της πόλης στους διάφορους λόφους! Πώς συγκεντρώνεται όλη η ζωή

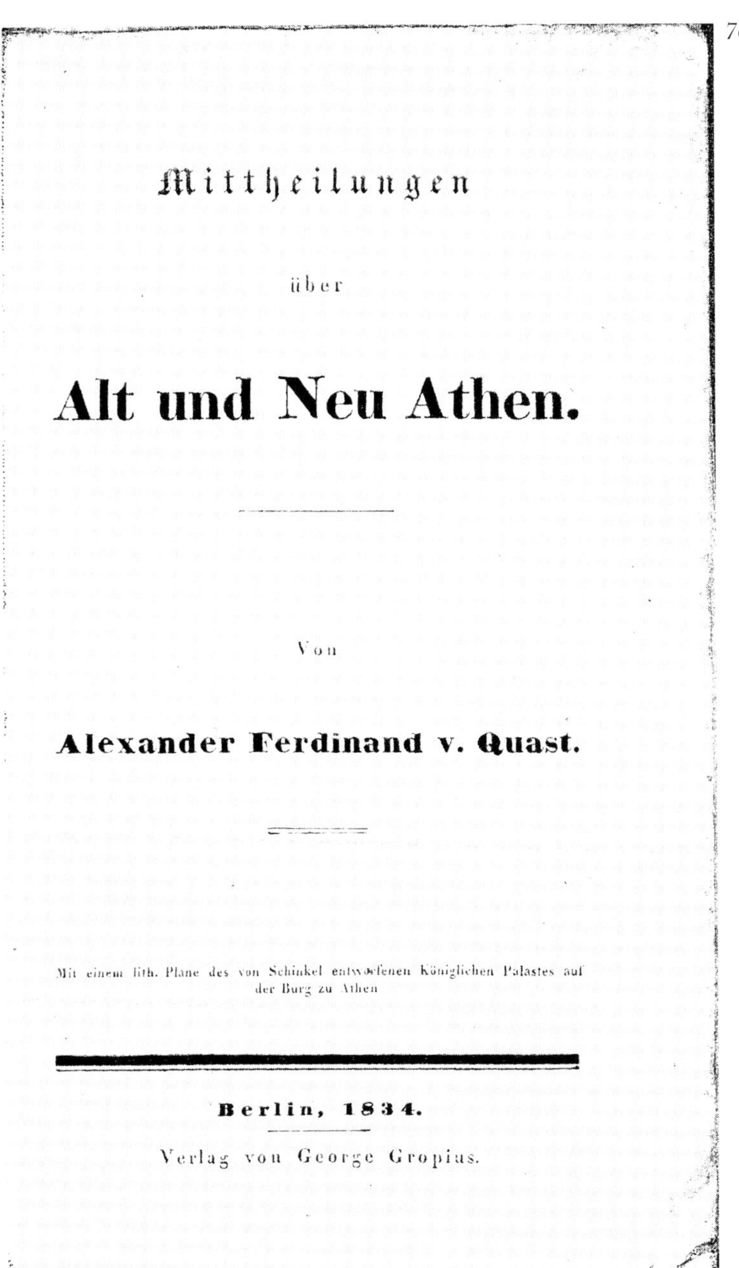
Mittheilungen

über

Alt und Neu Athen.

Von

Alexander Ferdinand v. Quast.

Mit einem lith. Plane des von Schinkel entworfenen Königlichen Palastes auf der Burg zu Athen

Berlin, 1834.

Verlag von George Gropius.

70. Εξώφυλλο της συλλογής του Alexander Ferdinand von Quast (1807-1876) "Mittheilungen über Alt- und Neu-Athen" (Ανακοινώσεις για την αρχαία και νέα Αθήνα).

στις κοιλάδες!" Ακολουθεί μια εκστατική περιγραφή του νέου εποικισμού των ιστορικών λόφων γύρω από την Ακρόπολη, που –όπως εμνημονεύσαμε ήδη– παρουσιάζει εντυπωσιακή ομοιότητα με το εξιδανικευμένο όραμα της ελληνικής πόλεως στον πίνακα του Schinkel "Ματιά στην άνθηση της Ελλάδος" και η οποία αρχίζει με τη φράση: "Είθε ο Βασιλεύς να κατοικήσει πάλι στο αρχαίο κάστρο του Κέκροπος..." Έτσι υιοθετείται πλήρως η αντίληψη του Schinkel για την "αναβίωση" της Ακρόπολης, που αναδεικνύεται σε κεντρικό θέμα της δημιουργίας μιας "πόλης επί λόφων".

Η αντίληψη του von Quast (εικ. 75-76) στηρίζεται στη στενή συνύφανση αλλά ακόμη και στην αλληλοεπικάλυψη της "αρχαίας" και της "νέας" πόλης: ο μητροπολιτικός ναός του Σωτήρος χωροθετείται στον λόφο του Αρείου Πάγου, τον οποίο συνδέει με "το βασιλικό κάστρο [δηλαδή την Ακρόπολη] το τολμηρό τόξο μιας γέφυρας"! Στα "πόδια του ιερού βράχου και των υπόλοιπων λόφων που τον περιβάλλουν σαν στεφάνι", στον αυχένα νοτιοδυτικά της Ακρόπολης και απέναντι στην "ανάβαση στο κάστρο και στον καθεδρικό ναό" προβλέπεται η κεντρική πλατεία της πόλης. Εδώ οφείλουν να συγκεντρωθούν όσο το δυνατόν περισσότερα δημόσια κτήρια, ώστε ηνωμένα να δημιουργούν την κυρίαρχη εντύπωση. Πρέπει να δημιουργηθεί μια νέα αγορά που, όπως, η πλατεία του Αγίου Μάρκου της Βενετίας, θα καταλείπει "μιαν άσβεστη εντύπωση" στον επισκέπτη. Επί πλέον, το κεντρικό αυτό σημείο της πόλης τοποθετείται στο σημείο διασταύρωσης του σημαντικού οδικού άξονα με κατεύθυνση από βορρά προς νότο, που συνδέει την υφιστάμενη πόλη (μέσω της αρχαίας Κοίλης) με τον Πειραιά, και ενός σημαντικού δρόμου που συνδέει την δυτική Αθήνα με τα Μεσόγεια. Όλο το λοφώδες έδαφος –παρά τα πολυάριθμα ίχνη του αρχαίου εποικισμού, τα οποία ο von Quast δεν λαμβάνει υπ' όψιν– καλύπτουν μεμονωμένες κατοικίες, οι οποίες "σχηματίζοντας γραφικά βαθμιδωτά σύνολα διάστικτα με πράσινο, αναρριχώνται στους λόφους και κατηφορίζουν απ' την άλλη πλαγιά". Εδώ η περιγραφή παραπέμπει στην εικόνα μιας σταδιακά αναπτυσσόμενης καταπράσινης επιλόφιας πόλης. Την κορυφή του λόφου του Μουσείου απέναντι στην Ακρόπολη, δηλαδή την κορυφή προς τη μεριά της θάλασσας με το μνημείο του Φιλοπάππου, την οραματίζεται ως ένα είδος οχυρού με στρατώνες τοποθετημένους στους "αναβαθμούς των προμαχώνων". Γιατί σε περίπτωση επίθεσης καλύτερα να εκτεθεί στον κίνδυνο της καταστροφής αυτό το μειωμένης σημασίας μνημείο παρά η Ακρόπολη! Τέλος, σε μία από τις τελευταίες παραγράφους του δοκιμίου του, ο von Quast ασχολείται με το μέλλον των παριλισσίων χώρων στα νοτιο-ανατολικά της Ακρόπολης. Βέβαια δεν επιθυμεί "μια επανεμφάνιση των αρχαίων ειδωλολατρών αθηναίων φιλοσόφων για την ανάπτυξη της σημερινής Ελλάδος"· εν τούτοις θα ήθελε να ξαναδεί στην περιοχή αυτή μια αποικία επιστημόνων και καλλιτεχνών και δένδρα να σκιάζουν πάλι τις "γαλήνιες όχθες" του Ιλισσού. Στο νοτιοανατολικό τμήμα της πόλης θα έπρεπε επίσης να μεταφερθούν και τα σχετικά πολιτιστικά ιδρύματα. Τέλος, για τον συγγραφέα παραμένει αναπάντητο το ερώτημα εάν η νότια πλαγιά της Ακρόπολης θα έπρεπε "να καλυφθεί επίσης με σπίτια" (για να περιβάλει την Ακρόπολη απ' όλες τις πλευρές η πόλη) ή εάν θα έπρεπε "να προτιμηθεί ένας μεγαλοπρεπής κήπος".

3.
ΠΡΩΙΜΕΣ ΚΡΙΣΕΙΣ ΓΙΑ ΤΗΝ ΙΔΕΑ ΤΗΣ "ΠΟΛΗΣ ΕΠΙ ΛΟΦΩΝ"

Όπως και η μεταγενέστερη πολεοδομική πρόταση του Λυσάνδρου Καυταντζόγλου (1839), έτσι και το όραμα του von Quast δεν είχε καμία απολύτως απήχηση την εποχή της δημοσίευσής του. Και τούτο αποτελεί μια ατυχή ιστορική συγκυρία, αν ληφθεί υπ' όψιν το γεγονός ότι οι δυο αυτές προτάσεις ήσαν οι μόνες πράγματι εναλλακτικές λύσεις μετά το πολεοδομικό σχέδιο των Κλεάνθη και Schaubert, που είχε εκπονηθεί στο πνεύμα του όψιμου απολυταρχισμού. Τα πολεοδομικά αυτά οράματα ήταν προϊόν ενθουσιασμού των νεαρής τότε ηλικίας αρχιτεκτόνων που τα διετύπωσαν. Πρόκειται αφ' ενός μεν για την προβολή της ιδέας της σταδιακά αναπτυσσόμενης οχυρωμένης πόλης κατά τα πρότυπα του παρελθόντος (von Quast), αφ' ετέρου δε της αρχής της ορθολογικά προσχεδιασμένης πόλης του μέλλοντος (Καυταντζόγλου). Προφανώς αμφότερες οι προτάσεις, που έγιναν αυθόρμητα, χωρίς να παρεμβληθεί η πρωτοβουλία μιας κρατικής αρχής ή κάποιας γνωστής προσωπικότητος, δεν ελήφθησαν υπ' όψιν.

Όσον αφορά το σχέδιο του Schinkel για τα ανάκτορα της Ακρόπολης, τα πράγματα είχαν πολύ διαφορετικά. Βέβαια δεν έλαβαν επίσημα θέση ούτε οι ελληνικές αρχές ούτε ο ίδιος ο Βασιλεύς[5], ο καλλιτεχνικός κόσμος όμως αντέδρασε αμέσως με μεγάλο θαυμασμό και ανεγνώρισε το αρχιτεκτονικό επίτευγμα του δασκάλου[6]. Το γεγονός που προξενεί εντύπωση είναι ότι ούτε επεκρίθη η έλλειψη πολεοδομικής ένταξης ενός τέτοιου οράματος αναβίωσης της Ακρόπολης σε μία γενικότερη πρόταση του Schinkel για την πόλη (που ποτέ δεν διετυπώθη) ούτε ελήφθησαν υπ' όψιν οι επιπτώσεις αυτής της ιδέας στη συντήρηση της Ακρόπολης, που υπεστήριζαν οι υπέρμαχοι της προστασίας των αρχαίων μνημείων.

Το σχέδιο ενεκωμιάσθη ομόφωνα στην εποχή του για την αρμονική ένταξή του στα μεγαλειώδη αρχαία μνημεία, καθώς και για την απόσταση σεβασμού που κρατούσε απ' αυτά[7], αλλά και για τη σχεδιαστική χάρη της απεικόνισής του. Διετυπώθησαν βεβαίως ουσιαστικές επιφυλάξεις όσον αφορά την τεχνική εφαρμοσιμότητα του σχεδίου στη δύσκολα προσπελάσιμη αυτή τοποθεσία, το διαθέσιμο περιωρισμένο καλλιτεχνικό δυναμικό της χώρας, το κόστος του έργου και το γεγονός ότι δεν ελαμβάνοντο υπ' όψιν τα ευρωπαϊκά αυλικά ήθη[8]. Εκτός από ενθουσιώδεις περιγραφές του σχεδίου (όπως του von Quast και του Waagen)[9], δεν υπάρχει ωστόσο ούτε μία διεξοδική κριτική ανάλυση της πρότασης του Schinkel από την εποχή της διατύπωσής της. Κριτικές αναλύσεις έχουμε μόνο στο διάστημα του 20ού αιώνα. Τελικά όχι μόνο δεν απετιμήθη κριτικά το σχέδιο, όπως προανεφέρθη, αλλά ούτε καν ανεγνωρίσθησαν οι πολεοδομικές επιπτώσεις μιας τέτοιας πρότασης. Στις 12 Αυγούστου του 1836 (δηλαδή δύο χρόνια μετά την παράδοση των σχεδίων), ο Schinkel ετιμήθη με τον Μεγαλόσταυρο του Τάγματος του Σωτήρος, την ανώτερη ελληνική διάκριση. Ο Βασιλεύς Όθων και η αντιβασιλεία όμως ουδέποτε εσχολίασαν επισήμως το σχέδιο.

4.
ΚΡΙΤΙΚΗ ΘΕΩΡΗΣΗ ΤΟΥ ΠΡΟΤΕΙΝΟΜΕΝΟΥ ΣΧΕΔΙΑΣΜΟΥ ΚΑΙ ΕΝΤΑΞΗ ΤΟΥ ΣΤΟ ΠΛΕΓΜΑ ΤΩΝ ΠΟΛΕΟΔΟΜΙΚΩΝ ΠΡΟΤΥΠΩΝ ΙΔΕΩΝ ΓΙΑ ΤΗ ΝΕΑ ΑΘΗΝΑ

Πριν προχωρήσουμε στη διεξοδική κριτική εξέταση του οράματος της επιλόφιας πόλης από άποψη διαμόρφωσης και χωροθέτησης της πόλης, θα αποπειραθούμε να διερευνήσουμε δύο άλλα, σχετικά γενικότερα, ερωτήματα. Το πρώτο αφορά τη δυνατότητα πραγματοποίησης του οράματος της "πόλης επί λόφων", το δεύτερο την σιωπή του Schinkel για τον καθεαυτό πολεοδομικό σχεδιασμό της νέας Αθήνας.

Η ΔΥΝΑΤΟΤΗΤΑ ΠΡΑΓΜΑΤΟΠΟΙΗΣΗΣ ΤΟΥ ΟΡΑΜΑΤΟΣ ΤΗΣ "ΠΟΛΗΣ ΕΠΙ ΛΟΦΩΝ"

Το ανεφάρμοστο –για διαφόρους λόγους– του σχεδίου των ανακτόρων του Schinkel καθώς και τα φιλοτεχνημένα με ιδιαίτερη κομψότητα και φαντασία με πένα και ακουαρέλλα σχέδια, προσέδωσαν εξ αρχής στην πρόταση αυτή μια αίγλη μυθική και απόκοσμη. Αλλά και ο άρρητος φόβος των περισσότερων ικανών να αναλύσουν κριτικά την πρόταση αρχαιολατρών, που απέκλειαν μιαν απευθείας αντιπαράθεση των αρχαίων μνημείων της Ακρόπολης με τις νέες δημιουργίες συνέτειναν στην απόρριψή του.

Ο πρίγκηψ Pueckler-Muskau κάνει λόγο για "εράσμια μεγαλειώδη ποίηση"[10] και ο Ludwig Ross στους ίδιους τόνους μιλά για το "ωραιότερο αρχιτεκτονικό ποίημα"[11]. Πιο συγκεκριμένος είναι ο Waagen με την παρατήρησή του ότι "όλο το κτήριο [μιλά] σαν ποίημα για έναν θαυμάσιο κόσμο ομορφιάς, που ακριβώς επειδή είναι υπερβολικά ωραίος δεν μπορεί να μετουσιωθεί σε πραγματικότητα, όπως εξ άλλου και συνέβη"[12], ενώ ο Klenze μιλά για το "θεσπέσιο και γοητευτικώτατο όνειρο θερινής νυκτός ενός μεγάλου αρχιτέκτονος" με τόνο μάλλον συγκαταβατικό[13].

Αλλά ούτε και η περιγραφή της Αθήνας ως "πόλης επί λόφων" του von Quast με τον γραφικό και πάλλοντα από αίσθημα τόνο της, ούτε και οι φανταστικού χαρακτήρος προτάσεις αρχιτεκτονικής διαμόρφωσης (ας φαντασθεί κανείς μόνο την εκκλησία του Σωτήρος πάνω στον λόφο του Αρείου Πάγου και την τεράστια γέφυρα ανάμεσα στον Άρειο Πάγο και τα Προπύλαια!) ήταν ικανές να προσδώσουν στην ιδέα της "πόλης επί λόφων" ρεαλιστικό χαρακτήρα.

Εν τούτοις μια αντικειμενική έρευνα θα έπρεπε να απαντήσει στο ερώτημα κατά πόσον το όραμα μιας Αθήνας κτισμένης πάνω σε λόφους υπήρξε για τον von Quast αλλά και για τον Schinkel μια ιδεατή επιθυμία ή μια προγραμματική πρόταση, και αυτό με αποκλειστικό κριτήριο τη στάση και τις αντιλήψεις των δύο ανδρών.

Δεν χωρά αμφιβολία ότι ο Quast επίστευε πως το σχέδιο του Schinkel για τα ανάκτορα στην Ακρόπολη όχι μόνον ήταν πραγματοποιήσιμο, αλλά και ότι θα εφηρμόζετο σύντομα. Την περιγραφή της εργασίας του δασκάλου του και την άποψή του γι' αυτή την ολοκληρώνει με την χαρακτηριστική πρόταση: "Κυριώτερη επιθυμία μας όμως είναι να πραγματωθεί το έργο [των ανακτόρων] πάνω στα ερείπια των τελευταίων βαρβαρικών περιόδων και να σημάνει την ευτυχή απαρχή μιας ωραιότερης περιόδου της Ελλάδος". Ο ίδιος ο Schinkel δεν εξεφράσθη, τουλάχιστον δημοσίως, για την εφαρμογή του σχεδίου του. Κάτι τέτοιο άλλωστε θα ήταν αντίθετο προς τον σεμνό του χαρακτήρα. Στην ευγενική απαισιόδοξη απάντησή του όμως στην επιστολή του Pueckler-Muskau από την Αθήνα μιλά "για το μάταιο εν μέρει σχέδιο των ανακτόρων" που εξεπόνησε. Ο Schinkel εδώ κατά τη γνώμη μας εκφράζεται μάλλον σαν απογοητευμένος αρχιτέκτων που λυπείται για τη μη υλοποίηση του σχεδίου του, παρά σαν ονειροπόλος ή οραματιστής που έχει συναίσθηση της απόστασης των οραμάτων του από την πραγματικότητα[14].

Την πεποίθηση ότι ο Schinkel πρέπει να θεωρούσε το σχέδιό του εφαρμόσιμο συμμερίζεται και η έμπειρη ερευνήτρια του έργου του Margarete Kuehn, που τονίζει ότι σε τελευταία ανάλυση ο Schinkel συμπεριέλαβε το σχέδιο στη σειρά των έργων του, που φέρει τον χαρακτηριστικό τίτλο "Εργα υψηλής αρχιτεκτονικής προωρισμένα να πραγματοποιηθούν"[15].

Όσον αφορά την πολεοδομική πρόταση του von Quast, μία φράση του στον πρόλογο του έργου του *Mittheilungen ueber Alt- und Neu-Athen*, που αδίκως δεν συνεκτιμήθη μέχρι σήμερα, δεν αφήνει καμία αμφιβολία πως πρέπει να τη θεωρούσε ως μία σοβαρή εναλλακτική λύση για τη μελλοντική ανάπτυξη της Αθήνας. Γράφει: "Το δοκίμιό μου για την ανοικοδόμηση της πόλης των Αθηνών αποτελεί μια περαιτέρω ανάπτυξη των ιδεών τις οποίες διετύπωσα προφορικά και γραπτά στον κύριο Schaubert, στον οποίο, όπως είναι γνωστό, ανετέθη από την ελληνική κυβέρνηση το μεγάλο αυτό έργο". Από το χωρίο που μόλις παραθέσαμε, συνάγεται ότι ο von Quast κατά την παραμονή του Schaubert στο Βερολίνο το καλοκαίρι του 1833 πρέπει να συζήτησε μαζί του και να υπεστήριξε την άποψή του, διαμετρικά αντίθετη προς το σχέδιο των Κλεάνθη και Schaubert· έτσι όμως συμπεριφέρεται μόνον ένας ειδικός που πιστεύει στη σκοπιμότητα και εφαρμοσιμότητα των προτάσεών του! Θεωρούμε λοιπόν την ιδέα της επιλόφιας πόλης ως μία πολεοδομική πρόταση για την Αθήνα, η οποία ναι μεν μορφολογικά προσανατολίζεται προς το παρελθόν, πλην

71

71. Σχέδια για ένα βασιλικό ανάκτορο στην Ακρόπολη (1834) του Karl Friedrich Schinkel. Δυτική (άνω) και νότια (κάτω) όψις. Σχέδιο με σινική μελάνη και ακουαρέλλα, 55.8×99.5 εκ. (Κρατική Συλλογή Γραφικών Τεχνών, Μόναχο).

72

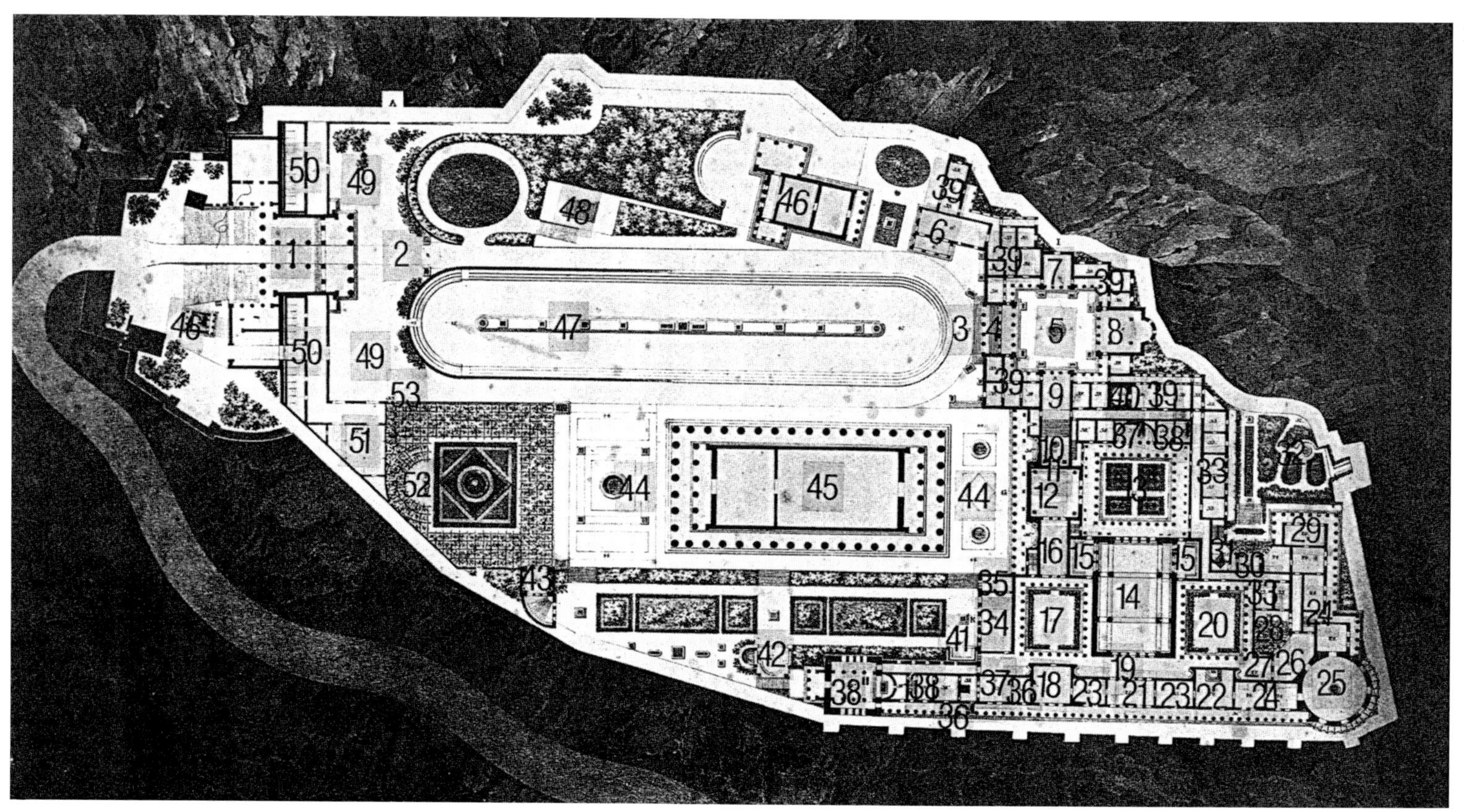

1. Τα αρχαία Προπύλαια της Ακρόπολης με την οδό πρόσβασης πάνω από τις βαθμίδες ως κεκλιμένο επίπεδο (planum inclinatum). **2.** Είσοδος στον ανωφερή δρόμο προς τα ανάκτορα. **3**. Υψηλότερο σημείο του δρόμου, 18 πόδες υψομετρική διαφορά από το επίπεδο των Προπυλαίων. **4.** Νέα προπύλαια των ανακτόρων. **5.** Προαύλιο των ανακτόρων. **6.** Ανακτορική φρουρά. **7.** Αίθουσα υποδοχής των ξένων πρέσβεων. **8**. Αίθουσα υποδοχής των αντιπροσώπων της χώρας. **9.** Είσοδος στον βασιλικό διάδρομο. **10.** Υπερυψωμένος χώρος μπροστά από τη βασιλική πύλη. **11.** Η βασιλική πύλη. **12.** Πρώτη αίθουσα υποδοχής και τελετών. **13.** Προσηρτημένη στην προηγούμενη μεγαλοπρεπής περίστυλη αυλή με κήπο και διακοσμημένη στο περιστύλιο με αρχαία αγάλματα από την Αθήνα. **14.** Μεγάλη αίθουσα τελετών. **15.** Δύο αίθουσες με έδρανα στην περίμετρό τους. **16.** Συνέχεια του βασιλικού διαδρόμου. **17.** Αυλή του βασιλέα. **18.** Αίθουσα υποδοχής του βασιλέα. **19.** Διάδρομος που συνδέει την αυλή του βασιλέα με την αυλή της βασίλισσας. **20.** Αυλή της βασίλισσας. **21**. Ανοιχτή ενδιάμεση αίθουσα μέσα από την οποία ο καθισμένος στο έδρανο [θέση 37′] μπορεί να βλέπει προς το ύπαιθρο. **22.** Αίθουσα του θρόνου. **23**. Βοηθητικά δωμάτια των χώρων υποδοχής. **24.** Δωμάτιο της βασίλισσας. **25.** Κυκλικό σαλόνι της βασίλισσας με εξώστη και πανοραμική θέα. **26.** Προθάλαμος του προηγούμενου χώρου, τον οποίο το δωμάτιο 27 συνδέει με τον χώρο υποδοχής. (Κάτω από τα δωμάτια 25 και 26 είναι τα λουτρά.) **27.** Δίοδος. **28.** Μικρή αυλή σκεπασμένη με κληματαριά. **29.** Σαλόνι του κήπου της βασίλισσας. **30.** Βεστιάριο της βασίλισσας. **31.** Υπνοδωμάτιο της βασίλισσας. (Τα δωμάτια [30] και [31] είναι πάνω σε ένα επίπεδο που καλύπτεται με βοηθητική σκεπή· μια πλατειά σκάλα οδηγεί από εδώ στον κήπο. Τα δωμάτια είναι ανατολικά. **32.** Κηπάριο της βασίλισσας κοσμημένο με καθίσματα, κρήνες, παρτέρια και αγάλματα. **33.** Δωμάτια για τις κυρίες και την ακολουθία της βασίλισσας. **34.** Αίθουσα διαλέξεων του βασιλέα. **35.** Προθάλαμος της προηγούμενης. **36′.** Μακρύ προστώο που σκιάζει τα δωμάτια με θέα τη θάλασσα. **36.** Προστώο με δύο πάγκους, δροσερό το πρωί, με θέα στον Παρθενώνα. **37.** Υπνοδωμάτια του βασιλέα. **37′.** Αναπαυτήριο με θέα πάνω από την περίστυλη αυλή και μέσα από τη μεγάλη αίθουσα υποδοχής [14], τον διάδρομο [19] και την ανοιχτή ενδιάμεση αίθουσα [21] προς τα έξω. **38.** Κόγχη, μικρός βοηθητικός χώρος του προηγούμενου. **38′.** Δωμάτιο για την ακολουθία του βασιλέα. **38″.** Παρεκκλήσι της Αυλής. **38‴.** Ιεροφυλάκιο. **39.** Δωμάτια διοίκησης της Αυλής. **40.** Αρχείο με τη μορφή θόλου. **41.** Καθιστικό κήπου. **42.** Καθιστικό κήπου με κρήνη. **43.** Μικρά προπύλαια του κήπου. **44.** Καλλωπισμένη πλατεία γύρω από τα ερείπια του Παρθενώνα με αρχαιότητες. **45.** Παρθενών. **46.** Ερεχθείο. **46′.** Ναός της Απτέρου Νίκης. ([45], [46] και [46′] παραμένουν προς το παρόν όπως είναι, δίχως αναστήλωση.) **47.** Νέο ιπποδρόμιο στο εσωτερικό του οποίου τα άλογα μπαίνουν από μία μικρή πύλη. **48.** Νέο ορειχάλκινο άγαλμα της Αθηνάς Προμάχου με γλαύκα· έμβλημα της Αθήνας. **49.** Προαύλιο για την κυκλοφορία αλόγων και αμαξών. **50.** Αυλή και στάβλοι για τα βασιλικά άλογα. **51.** Αμαξοστάσιο για τις βασιλικές άμαξες. **52.** Μεγάλη κληματαριά κάτω από τον Παρθενώνα με κήπο και έδρανο και θέα προς τον Ακροκόρινθο. **53.** Μικρή κλίμακα που οδηγεί στον κήπο του παλατιού. Τα μαγειρεία, τα καταλύματα του υπηρετικού προσωπικού και άλλα δωμάτια τοποθετούνται για οικονομικούς λόγους στο υπόγειο της νότιας πλευράς.

72. Σχέδιο των ανακτόρων της Ακρόπολης του K. F. Schinkel: κάτοψη με αρίθμηση των χώρων και υπόμνημα. Από: E. Berger, Parthenon-Kongress, Basel (Συνέδριο του Παρθενώνα στη Βασιλεία, Mainz 1984, τόμος II, πίναξ 64).

όμως οι υποστηρικτές της ήσαν βαθειά πεπεισμένοι για την ορθότητά της. Αλλά το συμπέρασμα αυτό μας οδηγεί στο δεύτερο ακανθώδες ερώτημα της σιωπής του Schinkel για τον γενικό πολεοδομικό σχεδιασμό της Αθήνας.

Η ΣΙΩΠΗ ΤΟΥ K.F. SCHINKEL ΓΙΑ ΤΟΝ ΠΟΛΕΟΔΟΜΙΚΟ ΣΧΕΔΙΑΣΜΟ ΤΗΣ ΑΘΗΝΑΣ

Η άποψη ότι ο Schinkel πρέπει να εγνώριζε το σχέδιο των μαθητών του Κλεάνθη και Schaubert και ότι μάλιστα συνέβαλε και ουσιαστικά με μεμονωμένες διορθώσεις στο αρχικό σχέδιο έχει υποστηριχθεί από την Margarete Kuehn το 1979. Για την γνώμη της αυτή έγινε ήδη λόγος στην παρούσα εργασία. Βέβαια είναι ευνόητο ότι ένας έμπειρος αρχιτέκτων και εραστής της Ελλάδος όπως ο Schinkel δεν ήθελε να αρνηθεί την τιμητική πρόσκληση να εκπονήσει το σχέδιο για την ανέγερση των ανακτόρων της Αθήνας. Ολιγώτερο σαφές όμως είναι γιατί επέλεξε ως θέση τους την Ακρόπολη: υιοθέτησε από καθήκον την επιθυμία του Φρειδερίκου-Γουλιέλμου της Πρωσίας ή ήταν πεπεισμένος και ο ίδιος για την ορθότητα αυτής της επιλογής; Εάν αληθεύει το δεύτερο, πώς υπελόγιζε να εναρμονίσει την χωροθέτηση των ανακτόρων στην Ακρόπολη με τον γενικό σχεδιασμό της Αθήνας; Ή μήπως ο Schinkel δεν αντιμετώπισε καν το πρόβλημα της τόσον απαραίτητης ένταξης των ανακτόρων σε έναν γενικό πολεοδομικό σχεδιασμό; Επειδή ο ίδιος δεν αναφέρεται στα ερωτήματα αυτά, οι απαντήσεις μας για το είδος και τα κίνητρα των ενεργειών του μπορεί να είναι μόνον υποθετικές, στηριγμένες όμως στη γνώση μας σχετικά με τα ενδιαφέροντα και τους καλλιτεχνικούς προσανατολισμούς του αρχιτέκτονος.

Ενώ ο Klenze ανέλυσε θεωρητικά την σκοπιμότητα διαφόρων σχεδίων πόλεων και αντιμετώπισε στην πράξη ως αρχιτέκτων την κατασκευή σημαντικών μνημειακών αξόνων και κτηριακών συνόλων (παραδείγματος χάριν στην Brienerstrasse και την Ludwigstrasse του Μονάχου), δεν υπάρχουν ενδείξεις ότι ο Schinkel ησχολήθη με ευρύτερα πολεοδομικά σύνολα, παρ' ότι με τα σημαντικά κτήριά του καθώρισε την κλίμακα της περαιτέρω ανάπτυξης του Βερολίνου. Απ' αυτή την άποψη οι νεαροί και άπειροι μαθητές του Κλεάνθης και Schaubert, που είχαν να αντιμετωπίσουν την εκπόνηση του σχεδίου μιας νέας πρωτεύουσας, ήσαν σε πλεονεκτική θέση απέναντί του.

Έναν ολόκληρο αιώνα αργότερα, όταν τα ζητήματα υποδομής και κοινωνικού εξοπλισμού των μεγαλουπόλεων ήλθαν στο προσκήνιο του πολεοδομικού προβληματισμού, ο Fritz Schumacher (1935) κατέκρινε την υπεροχή των "γραφικών" κριτηρίων έναντι των "χωροδομικών", στο σημαντικό από πολεοδομική άποψη έργο του Schinkel. Λυπόταν για την "εγκατάλειψη [στην περίπτωση του Schinkel] της πολεοδομίας ως τέχνης διάταξης μεγάλων όγκων" και για την υποτιθέμενη αδιαφορία του απέναντι στα "μεγάλα κοινωνικά προβλήματα της πολεοδομίας"[16].

Παρ' ότι με σημερινά κριτήρια η κριτική του Schumacher φαίνεται να παραβλέπει το πραγματικό περιεχόμενο της πολεοδομίας την εποχή του Schinkel –η πολεοδομία τότε περιορίζετο σε προβλήματα αστικής μορφολογίας και καλλωπισμού της πόλης, τα κοινωνικά και οργανωτικά θέματα δεν είχαν συνειδητοποιηθεί ακόμα–, παραμένει γεγονός ότι ο Schinkel με το έργο του εμφανίζεται μάλλον ως αρχιτέκτων που διαρθρώνει σε κρίσιμα σημεία μνημειακό αστικό περιβάλλον παρά ως πολεοδόμος που συλλαμβάνει τον μελλοντικό σχεδιασμό της ανάπτυξης μιας πόλης[17].

Η ικανότητα του Schinkel να προβαίνει σε διακριτικές βελτιώσεις του ιστού της πόλης και "να γεμίζει μεγάλους αστικούς χώρους με ετερογενείς λειτουργίες" εγκωμιάζεται ιδιαίτερα την τελευταία δεκαετία από τους απολογητές μιας πολεοδομικής σταδιακής ανάπλασης σε μικρά βήματα στο

73

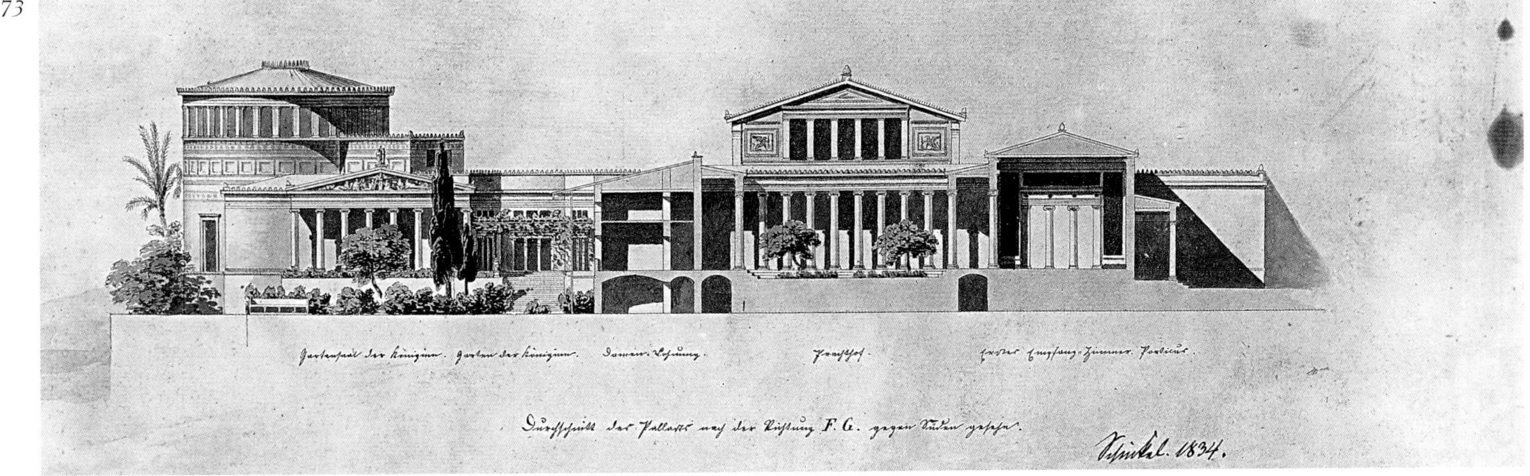

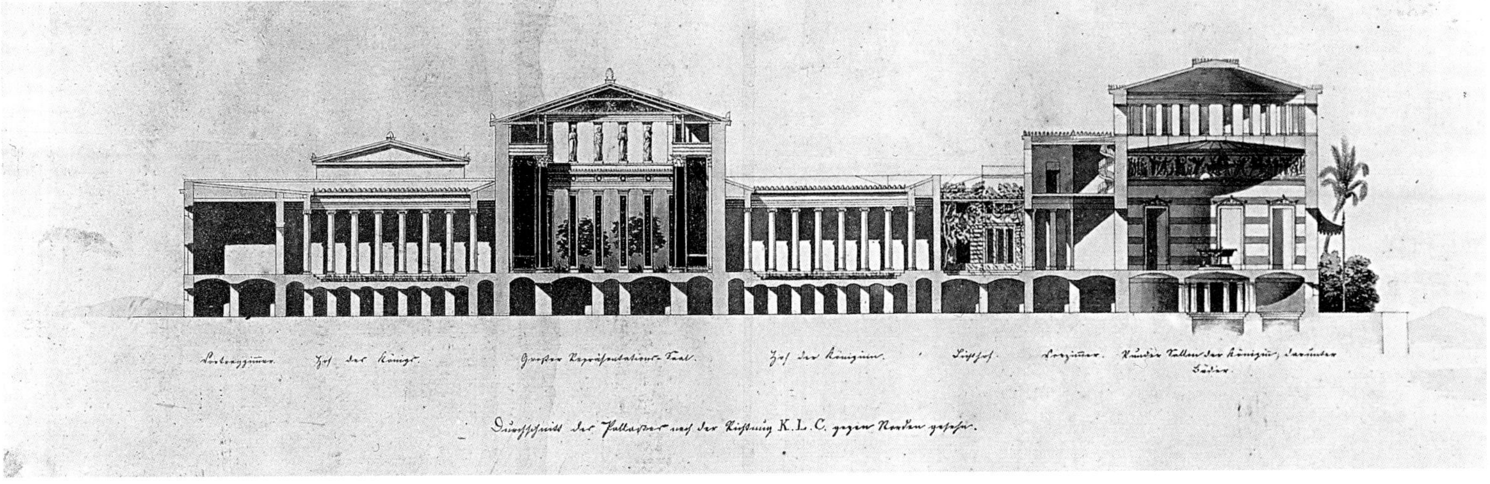

73. Σχέδια των ανακτόρων στην Ακρόπολη του K. F. Schinkel: δύο τομές των βασιλικών ανακτόρων. Υδατογραφία. (Κρατική Συλλογή Γραφικών Τεχνών, Μόναχο).

πνεύμα του εκλεκτικισμού και μεταμοντερνισμού[18]. Στην περίπτωση του σχεδιασμού της νέας Αθήνας η ικανότητά του αυτή είχε τις εξής επιπτώσεις: Είναι πολύ πιθανό η αποφασιστική επιρροή του Schinkel στο αρχικό σχέδιο της Αθήνας που εξεπόνησαν οι μαθητές του να περιωρίσθη σε επιμέρους βελτιώσεις μορφολογικής φύσεως. Αυτό αφορά τόσο στη δημιουργία του τετράγωνου μνημειώδους δενδροφυτευμένου "βουλεβαρίου" που στο σχέδιο των Κλεάνθη και Schaubert αναδεικνύει την περιοχή των ανακτόρων, όσο και στις σχεδιασμένες με ακρίβεια κατόψεις όλων των δημοσίων κτηρίων του σχεδίου υπό τη σχετικά μικρή κλίμακα 1:2.000. Στη βασική δομή όμως του σχεδίου δεν επεμβαίνει ο Schinkel. Έχει κανείς την εντύπωση ότι απεδέχθη άκριτα την τοποθεσία που επελέγη για την πόλη, το βασικό πλέγμα των οδών, ακόμα και τις προτεινόμενες καταληκτικές θέες. Ήδη αυτό υποδηλοί σαφώς μίαν αδιαφορία του Schinkel για τις θεμελιώδεις αποφάσεις πάνω στις οποίες στηρίζεται ο σχεδιασμός της νέας πόλης. Ή μήπως από διακριτικότητα δεν ήθελε να θίξει το συνθετικό έργο των μαθητών του; Το ερώτημα παραμένει ανοικτό.

Μόλις ένα χρόνο αργότερα του ανατίθεται το σχέδιο των ανακτόρων στην Ακρόπολη. Στη συνέχεια θα αναλυθούν η υψηλή αρχιτεκτονική ποιότητα και τα προβληματικά από άποψη πολεοδομικού σχεδιασμού χαρακτηριστικά αυτού του σχεδίου. Πώς εξηγείται όμως η κατ' αρχήν αποδοχή της εκτεθειμένης τοποθεσίας από τον Schinkel; Άραγε τον ενθουσιασμό του για τη μοναδικότητα του ιστορικά τόσο φορτισμένου χώρου τον συνοδεύουν και σκέψεις για την ένταξη του κτηριακού συγκροτήματος των ανακτόρων στην διάρθρωση της νέας πρωτεύουσας; Πώς φαντάζεται την συνύπαρξη στον χώρο της αναβιωμένης Ακρόπολης και της πόλης; Θα περιβάλει η κτισμένη πάνω σε λόφους πόλη τον ιερό βράχο ή θα ανεγερθεί η νέα πόλη στην πεδιάδα στα πόδια της Ακρόπολης; Ή μήπως ακόμα θα πρέπει να έχει την ενδεδειγμένη απόσταση σεβασμού από την καθέδρα του ηγεμόνος; Ο Schinkel δεν αποφαίνεται πάνω σε τέτοια ζητήματα χωροθέτησης της πόλης. Αυτό ωθεί τον νεαρό μαθητή του von Quast να διατυπώσει με αρκετή ασάφεια την πρότασή του για μια "πόλη επί λόφων" περιγράφοντάς την ως αστικό σώμα που φέρει την αναβιωμένη Ακρόπολη. Εφόσον όμως η πολεοδομική έρευνα της Αθήνας δεν μας επιτρέπει την πρόσβαση σε άλλα –ανύπαρκτα ή άγνωστα μέχρι σήμερα– τεκμήρια, δεν μπορούμε παρά να υποθέσουμε την αδιαφορία ή τουλάχιστον την εσκεμμένη σιωπή του Schinkel γι' αυτά τα θέματα.

Για αδιαφορία θα έπρεπε να μιλήσει κανείς, εάν ευσταθεί η υπόθεση ότι ο ταλαντούχος αρχιτέκτων ήταν ευτυχής που του ενεπιστεύθησαν το σημαντικόν αρχιτεκτονικόν έργον των ανακτόρων και αδιάφορος απέναντι στις πολεοδομικές επιπτώσεις του. Καθόλου απίθανο όμως να επέδειξε συνειδητή επιφύλαξη: διότι μπορεί κάλλιστα να είχε τηρήσει την βασική αρχή "survey before plan" (επιτόπια έρευνα πριν από τον σχεδιασμό), που διετύπωσε πολύ αργότερα ο Patrick Geddes, μην επιτρέποντας στον εαυτό του συστάσεις πολεοδομικού χαρακτήρος για έναν γεωγραφικό χώρο που δεν είχε επισκεφθεί ποτέ ο ίδιος.

ΤΟ ΣΧΕΔΙΟ ΤΩΝ ΑΝΑΚΤΟΡΩΝ ΣΤΗΝ ΑΚΡΟΠΟΛΗ ΤΟΥ K.F. SCHINKEL

Η διεξοδικώτερη αποτίμηση της αρχιτεκτονικής αξίας του σχεδίου του Schinkel δεν εντάσσεται στα πλαίσια της παρούσης έρευνας. Η πρότασή του έχει άλλωστε διερευνηθεί σημαντικά κατά τις τελευταίες δεκαετίες. Έτσι ο Paul Ortwin Rave στο δοκίμιό του *Schinkels Traum von einem Koenigspalast auf der Akropolis zur Athen* (Το όνειρο του Schinkel για ένα βασιλικό παλάτι στην Ακρόπολη της Αθήνας) (1934), εκτιμά την αριστοτεχνική προσαρμογή του σχεδίου στο κλίμα και τις συνήθειες διαβίωσης του Νότου καθώς και τη "διακριτικότητα" με την οποία τα νέα κτίσματα υποτάσσονται στις αρχαιότητες[19]. Αργότερα ο Hermann Pundt στην σημαντική του μονογραφία "*Schinkels Berlin*" (1972) σε μία παρέκβαση για το σχέδιο της Αθήνας, τονίζει την άνεση και την τόλμη με την οποία ο Schinkel αντιπαραθέτει το έργο του στην αρχαία κληρονομιά. Εφιστά την προσοχή στον αριστουργηματικό τρόπο με τον οποίο ξεπέρασε τις δυσκολίες που συνεπάγεται το ανώμαλο έδαφος, καθώς επίσης και στην ευκαμψία και στην πολυμέρεια του όλου συγκροτήματος, που κατά τη γνώμη του ανταποκρίνεται σε μια μεσογειακή αρχιτεκτονική[20]. Ο Rand Carter στη συμβολή του *K. Schinkel's Project for a Royal Palace on the Acropolis* (1980), πραγματεύεται ζητήματα καλλιτεχνικής εμπειρίας του Schinkel ως προϋπόθεση του αθηναϊκού έργου και εξαίρει τις αρχές σύνθεσης και την οργάνωση της γενικής κάτοψης, καθώς και τη χρησιμοποίηση χρώματος στο κτήριο[21]. Τέλος, η Margarete Kuehn στη μονογραφία της για τα προωρισμένα για το εξωτερικό έργα του Schinkel (1989), αναφέρεται σε όλα τα κτηριολογικά, συνθετικά, αισθητικά και δεοντολογικά ζητήματα που συνδέονται με το σχέδιο, με τρόπο που εξαντλεί το θέμα[22]. Η Margarete Kuehn πραγματεύεται και ένα άλλο σημαντικό ζήτημα, επί του οποίου εδώ και 150 χρόνια οι απόψεις διΐστανται: την άμεση αντιπαράθεση αρχαίων και νεώτερων κτισμάτων και τη συμβατότητά τους σύμφωνα με τη δεοντολογία της προστασίας των μνημείων[23]. Εδώ πρέπει να τονισθεί ότι η ιδέα της αναβίωσης της Ακρόπολης και της Αθήνας ως "πόλης επί λόφων" στηρίζεται στην αυτονόητη για τους υποστηρικτές της βασική αντίληψη της ισότιμης συνύφανσης του "αρχαίου" με το "νέο". Το σχέδιο του Schinkel είχε ένα ιστορικό προηγούμενο στο απραγματοποίητο σχέδιο του S. Perosini για ένα παλάτι του Ναπολέοντος στον λόφο του Καπιτωλίου στη Ρώμη (1810). Σε αντίθεση όμως με την πρόταση του Schinkel, το μεγαλομανές και αλαζονικό αυτό σχέδιο το εχαρακτήριζε η ασεβής κατεδάφιση υπαρχόντων μνημείων, όπως των Palazzi του Μιχαήλ Αγγέλου και της εκκλησίας Ara Coeli.

Ωστόσο, αν και η αρχή της ιστορικής αναβίωσης αναγνωρίζεται ως αναπόσπαστη προϋπόθεση της πολεοδομικής πρότασης του von Quast, δεν μπορούν να αποσιωπηθούν εδώ ορισμένες εγγενείς αδυναμίες του σχεδίου του Schinkel. Η πρώτη αδυναμία αφορά την πολεοδομική ένταξή του κτηριακού συγκροτήματος των ανακτόρων στον ευρύτερο χώρο της πόλης, η οποία θα ανεπτύσσετο γύρω από την Ακρόπολη, και την τοποθέτησή του σε μια θέση κυριολεκτικά αδιέξοδη: Υπάρχει μόνο μία και μόνη τερματική πρόσβαση μέσω των Προπυλαί-

74

74. "Ματιά στην άνθηση της Ελλάδος". Ελαιογραφία του Wilhelm Ahlborn, αντίγραφο του ομωνύμου πίνακος του K.F. Schinkel (1825) (Εθνική Πινακοθήκη του Βερολίνου).

ων τόσο προς το βασιλικό ανάκτορο όσο και προς το σπουδαιότερο και πιο πολυσύχναστο αρχαιολογικό σύνολο της πόλης· δεν υπάρχει δυνατότητα τοποθέτησης των υπουργείων κοντά στη βασιλική καθέδρα· τα ανάκτορα δεν περιβάλλονται από την αστική ζωή, αλλά είναι απομονωμένα από τις περιοχές κατοικίας και το επίκεντρο της πόλης. Άραγε όλα αυτά τα μειονεκτήματα ελήφθησαν υπ' όψιν συνειδητά ή απλώς ηγνοήθησαν;

Επίσης η επιταγή του σεβασμού του κυρίαρχου ρόλου των αρχαίων μνημείων και της διατήρησης της κατάλληλης απόστασης των νέων κτισμάτων από αυτά δεν ετηρήθη πάντα με συνέπεια. Ήδη ο Klenze επικρίνει το σχέδιο επειδή το αμαξοστάσιο και οι σταύλοι θα εκτίζοντο σε επαφή με "τους τοίχους και τις στοές των Προπυλαίων" (βλ. τεκμήριον 5 συλλογής "Κειμένων").

Δύο τμήματα των ανακτόρων, αν και δεν γειτνιάζουν άμεσα με τον Παρθενώνα, ορθώνονται μέχρι το ύψος του θριγκού του: η μεγάλη αίθουσα τελετών και η περίκεντρη αίθουσα της βασιλίσσης στη νοτιο-ανατολική γωνία του πλατώματος της Ακρόπολης (εικ. 71, 73). Εάν λάβει κανείς επί πλέον υπ' όψιν του τις προοπτικές αλλοιώσεις και τις οπτικές επικαλύψεις των διαφόρων πτερύγων, όπως θα ήσαν ορατές από την κάτω πόλη, φαίνεται καθαρά ότι τα νέα κτήρια μπορεί μεν να μην ήγγιζαν τα αρχαία ερείπια, το πυκνό όμως πλέγμα τους θα τα περιέβαλε ασφυκτικά. Μπορεί λοιπόν να γίνει εδώ λόγος για σεβασμό των πρωτείων της αρχαίας αρχιτεκτονικής κληρονομιάς; Στη σύνθεση προστίθενται και αυθαίρετα χρησιμοποιούμενα, εκλεκτικιστικά μορφολογικά στοιχεία: έτσι ξενίζει λόγου χάριν η ιδέα να διαμορφωθεί ο ελεύθερος χώρος στο βόρειο τμήμα του πλατώματος σε σχήμα ιπποδρόμου (εικ. 72) (μοτίβο προσφιλέστατο στον Schinkel που το μεταχειρίζεται πολύ συχνά στα σχέδιά του για κήπους και για μία λειτουργία ξένη προς το πρότυπό του, δηλαδή για τη διαμόρφωση διακοσμητικών πρασιών). Εδώ μάλλον έπαιξαν ρόλο ιστορικά πρότυπα (π.χ. ο ιππόδρομος του Παλατίνου λόφου στη Ρώμη, που την εποχή του Schinkel ήταν ήδη γνωστός ως κήπος αναψυχής των αυτοκρατορικών ανακτόρων)[24]. Το βέβαιο πάντως είναι πως με μία τέτοια διάταξη δεν μπορεί να γίνει λόγος για εναρμόνιση με το genius loci (το πνεύμα του χώρου) της Ακρόπολης των Αθηνών[25].

Ένα επί πλέον αδύνατο σημείο είναι η προτίμηση του Schinkel στις γραφικές συνθέσεις δένδρων και φυτών κάθε είδους (εικ. 71), τις οποίες εντάσσει πάντα στα αρχιτεκτονικά του σχέδια ως παράγοντα αποφασιστικής σημασίας[26]. Η βασική διαφορά ανάμεσα σε μία αρχαία (αν και "αναβιωμένη") Ακρόπολη ως ιερού περιβόλου μέσα σε έναν αστικό χώρο και ενός ιερού τεμένους στην ύπαιθρο (π.χ. στην Ολυμπία) φαίνεται να του διαφεύγει εντελώς. Έτσι μετατρέπει και τον αδόμητο χώρο του πλατώματος της Ακρόπολης σε ένα τεχνητό πάρκο με κήπους, πίδακες, διακοσμητικές συστάδες δένδρων κ.λπ. Το νερό θα στέλνεται ψηλά στην Ακρόπολη με ατμοκίνητες αντλίες και το περισσευούμενο "θα ρέει κάτω, στη χαμηλότερα κείμενη πόλη, όπου θα μπορεί να χρησιμοποιείται με πολλαπλούς χρήσιμους τρόπους εντείνοντας τη γραφικότητα του μεγαλειώδους ιερού βράχου". Δηλαδή καταρράκτες στις κλιτύες της Ακρόπολης; Με τα σημερινά μας κριτήρια στο σημείο αυτό το όραμα αγγίζει τα όρια του ατοπήματος.

Πώς όμως εξασφαλίζεται η πρόσβαση στην καθέδρα του μονάρχη; Ποιά ογκώδη κεκλιμένα επίπεδα με κλίση μεγαλύτερη από 20% θα καθιστούσαν τα Προπύλαια προσβάσιμα σε άμαξες και πώς θα έφθαναν αυτές μέχρι το πλάτωμα της Ακρόπολης περνώντας μέσα από την εσωτερική κιονοστοιχία του μνημείου που έχει εύρος μόνο 4 μέτρα; Κάθε γνώστη των τοπικών συνθηκών με πρακτικό νου τον κυριεύει δέος μπροστά σε τέτοια προβλήματα.

Για την προσαρμογή από άποψη αρχιτεκτονικού ύφους του σχεδίου στην κλασική αρχιτεκτονική των ερειπίων της Ακρόπολης, ο Schinkel γράφει: "Όλο το κτίσμα, θα μπορούσε να πει κανείς, πως έχει κρατηθεί στις μέτριες διαστάσεις των επαύλεων της Πομπηίας...". Αλλά αυτό δεν αληθεύει. Διότι στην Πομπηία ούτε επαύλεις τέτοιου μεγέθους υπάρχουν ούτε στοιχεία όπως το μεγάλο στρογγυλό γωνιακό περίπτερο της βασιλίσσης ανήκουν στις εκεί γνωστές κτηριακές μορφές. Φυσικά ο ανάλαφρος και πολυμερής χαρακτήρ του σχεδίου με τα πολλά αίθρια και τις αυλές θυμίζει την αρχιτεκτονική των κατοικιών της Πομπηίας. Πού είναι όμως ανιδρυμένη αυτή η αρχιτεκτονική; Όχι βέβαια μέσα στον πυκνοδομημένο ιστό μιας πόλης κτισμένης σε επίπεδο έδαφος, αλλά πάνω στο πλάτωμα ενός βράχου απέναντι στον αυστηρότερο και πιο μεγαλειώδη δωρικό ναό της αρχαιότητος!

Τίθεται λοιπόν το δικαιολογημένο ερώτημα: από πού ήντλησε ο Schinkel το θάρρος να προβεί σε μια τέτοια αντιπαράθεση; Την απάντηση μας τη δίνουν τα ίδια τα γραπτά του. Υπενθυμίζουμε την άποψή του υπέρ του εφευρετικού νεωτερισμού που μπορεί να εξευγενίσει κάθε είδους αρχιτεκτονική[27], καθώς και τη γνωστή "βασική του αρχή", σύμφωνα με την οποία: "Κάθε κατασκευή ας είναι καθαρή, πλήρης και αυτόνομη. Εάν συνδέεται με άλλη διαφορετικής φύσης, ας είναι και αυτή αυτόνομη, ας βρει μόνο τον πιο ταιριαστό τόπο, τη σωστή θέση και γωνία σύνδεσής της με την πρώτη. Ας γίνεται όμως [η διάταξη] πάντα έτσι ώστε να διακρίνεται η μία από την άλλη και να προβάλει πλήρως ο αρχικός χαρακτήρ κάθε μιας· επίσης, ας ικανοποιεί η κάθε μία απόλυτα με την εγγενή αρτιότητά της, στην οποία εντάσσεται και η καλλιτεχνική αρτιότητα".

Σύμφωνα με τον σύγχρονο του Schinkel, Hermann Grimm, την "φυσικότητα με την οποία ο Schinkel παρατάσσει το ένα κτήριο πλάι στο άλλο χωρίς να λαμβάνει υπ' όψιν του τον αρχιτεκτονικό ρυθμό του καθενός"[28] την αντλεί από αυτήν ακριβώς την αρχή. Αφήνουμε εδώ συνειδητά ανοικτό το ερώτημα εάν θα έπρεπε να χαρακτηρίσει κανείς αυτή τη βασική στάση αρνητικά ως "εκλεκτικιστική" ή να τη θεωρήσει με θαυμασμό ως φορέα εικαστικής ποικιλίας στην αρχιτεκτονική.

Κατά το έτος 1999, κατεσκευάσθη στο Μόναχο από τον αρχιτέκτονα Hoenigschmid, επ' ευκαιρία της μεγάλης έκθεσης "Η νέα Ελλάς" πρόπλασμα σε κλίμακα 1:500, που αποδίδει με θαυμαστή τελειότητα, τριδιάστατα την πρόταση του Schinkel για ένα ανάκτορο στην Ακρόπολη. Όλες οι παρατηρήσεις και κρίσεις που ανεφέρθησαν πάρα πάνω μπορεί να ελεχθούν με ευκολία επί του προπλάσματος αυτού, που είναι το πρώτο που κατεσκευάσθη 165 χρόνια μετά την σύλληψη της ιδέας του Schinkel.

Η ΠΡΟΓΡΑΜΜΑΤΙΚΗ ΣΗΜΑΣΙΑ ΤΟΥ ΠΙΝΑΚΟΣ "ΜΑΤΙΑ ΣΤΗΝ ΑΝΘΗΣΗ ΤΗΣ ΕΛΛΑΔΟΣ" ΓΙΑ ΤΗ ΓΕΝΕΣΗ ΤΟΥ ΟΡΑΜΑΤΟΣ ΤΗΣ ΑΘΗΝΑΣ ΩΣ "ΠΟΛΗΣ ΕΠΙ ΛΟΦΩΝ"

Μερικές ακόμα σκέψεις για τον πίνακα "Ματιά στην άνθηση της Ελλάδος", ως πιθανού προτύπου του πολεοδομικού οράματος του von Quast για την Αθήνα.

Ο ιστορικός της τέχνης Adolf Max Vogt ανέλυσε τον πίνακα σε μία σύντομη μονογραφία του (1985). Θεωρούμε την εργασία αυτή υποδειγματική, γιατί δεν αναλώνεται μόνο σε πληροφορίες για την ιστορία γένεσης του πίνακος και σε υποκειμενικές αναλύσεις των εικαστικών αρετών της εικόνος –όπως συνηθίζεται στην ιστορία της τέχνης–, αλλά αποπειράται να αναγνωρίσει τον πυρήνα του περιεχομένου του: το παριστώμενο αστικό τοπίο και τα δρώμενα ως φορείς ενός συγκεκριμένου μηνύματος. Για να το επιτύχει αυτό εξετάζει όλες, ακόμα και τις παραμικρότερες εικονικές πληροφορίες. Έτσι, μπορεί να κατανοήσει κανείς την σύνθεση και την ακτινοβολία ενός προγραμματικού διδακτικού αλληγορικού πίνακα[29]. Ο Vogt καταλήγει στο εξής πολύ διαφωτιστικό συμπέρασμα για το ιδεολογικό περιεχόμενό του: η προγραμματική διατύπωση του Schinkel "να ζήσει κανείς νοερά μαζί μ' αυτό τον λαό" σε συνάρτηση με το έτος φιλοτέχνησης του πίνακα (1825) έχει τριπλό νόημα: "Πρώτον, μας μεταφέρει την εικόνα της αρχαίας Αθήνας κατά την ακμή της. Δεύτερον, παριστάται η μελλοντική Αθήνα που θα πρέπει να ανοικοδομηθεί μετά τον επιτυχή απελευθερωτικό αγώνα των Ελλήνων. Τρίτον, είναι το υπόδειγμα για την Αθήνα στις όχθες του ποταμού Σπρέε [δηλαδή το Βερολίνο], που κινεί τα πνεύματα μετά την επιτυχή έκβαση του δικού τους πρωσικού απελευθερωτικού αγώνα [κατά του Ναπολέοντος]. Πρόκειται δηλαδή για ένα αμάλγαμα, για τη συγχώνευση τριών θεμάτων, για ένα συνδυασμό που προβάλλει (...) μία ιδέα του παρελθόντος και δύο μελλοντικές προσδοκίες".

Ας μείνουμε στη "συγχώνευση". Η εικόνα –σύμφωνα με τον Vogt– ως αφήγηση είναι τόσο μια αναδρομή στην υποτιθέμενη φυσιογνωμία της Αθήνας κατά την αρχαιότητα, την εποχή της άνθησής της, όσο και το όραμα της μελλοντικής Αθήνας που θα ανοικοδομηθεί. Ο διττός αυτός χαρακτήρ, η αμφίδρομη δηλαδή κατεύθυνση και προς τα μέλλον και προς το παρελθόν, απαντάται όμως και στην περιγραφή της "πόλης επί λόφων" που προτείνει ο von Quast. Είπαμε παραπάνω "αναδρομή στην υποτιθέμενη φυσιογνωμία της Αθήνας κατά την αρχαιότητα"· στον πίνακα του Schinkel όμως ναι μεν το τοπίο (εικ. 74) σε γενικές γραμμές μπορεί να συσχετισθεί με το αθηναϊκό λεκανοπέδιο, η αρχιτεκτονική του όμως έχει μάλλον ελληνιστικά ή ίσως και ρωμαϊκά χαρακτηριστικά. Αυτό φαίνεται τόσο από την κλίμακα των δημοσίων κτηρίων όσο και από την κτηριακή τυπολογία. Η έκφραση "ελληνική πόλη κανονικά διαρθρωμένη" που χρησιμοποίησε πρώτος ο Waagen (βλ. σημ. 3 του παρόντος κεφαλαίου) εδώ δεν πρέπει να εκληφθεί κατά γράμμα. Η πόλη ούτε "κανονικά διαρθρωμένη" είναι (δηλαδή κατά τον ιπποδάμειον ή "νέον τρόπον") αλλά ούτε και φέρει τα κύρια χαρακτηριστικά των σταδιακά ανεπτυγμένων πόλεων της ελληνικής κλασικής εποχής (του 5ου αι. π.Χ.). Το πολεοδομικό όραμα στον πίνακα "Ματιά στην άνθηση της Ελλάδος" είναι όχι μόνον από άποψη προγραμματικού περιεχομένου αλλά και αρχιτεκτονικών χαρακτηριστικών ένα αμάλγαμα των γνωστών ήδη από την εποχή του Schinkel διαφόρων αντιπροσωπευτικών στοιχείων που συνιστούν την εικόνα της αρχαίας πόλης: εδώ βλέπουμε να συνδυάζονται ελεύθερα ένας ιδανικός τύπος Ακρόπολης[30] (γνωστός από την Αθήνα της κλασικής εποχής), ένα μνημειώδες κέντρο πόλεως ελληνιστικού-ρωμαϊκού χαρακτήρα, μία "διαχρονική" μεσογειακή αρχιτεκτονική κατοικιών (σπίτια με αυλή) και τέλος ένα "ιερό άλσος" στο πνεύμα του ρομαντικού κλασικισμού (στο αριστερό προσκήνιο του πίνακα).

Εάν αναλογισθεί κανείς ότι την εποχή που εφιλοτεχνήθη ο πίναξ συγκεκριμένες πληροφορίες για την αρχαία πόλη γενικά έδιδαν μόνο τα ορατά αρχαία κατάλοιπα της Ρώμης και της Αθήνας, καθώς και τα πρώτα ευρήματα της αρχαιολογικής σκαπάνης στην Πομπηία, και ότι όλες οι άλλες γνώσεις για τη μορφολογία και τη δομή της αρχαιοελληνικής πόλης ήρχισαν να αποκτώνται βαθμιαία μόλις μετά τα μέσα του 19ου αιώνα (π.χ. Μίλητος, Πέργαμος, Έφεσος, Αθήνα, Όλυνθος και Πριήνη), δεν είναι απορίας άξιο το ότι μια τέτοια πνευματική "προβολή" της εικόνος μιας αρχαίας πόλης φέρει φανταστικά χαρακτηριστικά[31]. Η εξοικείωση με τη γλώσσα των αρχιτεκτονικών μορφών της αρχαιότητος, που την τέταρτη δεκαετία του 19ου αιώνα ήταν κοινό κτήμα όλων των αρχαιομαθών αρχιτεκτόνων της Ευρώπης, δεν εσήμαινε κατά κανένα τρόπο και σχετικά ακριβή γνώση των πολεοδομικών συνόλων κατά τη διάρκεια των σπουδαιοτέρων φάσεων ανάπτυξης της ελληνικής και ρωμαϊκής πόλης. Για τη θαυμαστή ενσυναίσθηση επομένως του Schinkel στον ελληνικό χώρο (που δεν επεσκέφθη ποτέ) δεν είναι τόσο δηλωτικά τα ελεύθερα επινοημένα και συνταιριασμένα αρχιτεκτονικά σύνολα αλλά άλλα γνωρίσματα του πίνακος. Αυτό που εντυπωσιάζει και σαγηνεύει τον θεατή είναι το "περίβλεπτον" της πόλης αλλά και η με ενσυναίσθηση ένταξή της στο φυσικό περιβάλλον (εικ. 74). Ο φυσικός χώρος συλλαμβάνεται με τα μάτια της ψυχής ως ένα άθροισμα μικρών χωρικών ενοτήτων και αλλεπαλλήλων, αισθαντικά τοποθετημένων κοντινών και μακρινών περιγραμμάτων του τοπίου. Σωστή από άποψη κλίμακος είναι και η σχέση μεταξύ του ιερού πάνω στην Ακρόπολη, του κέντρου της πόλης και των περιοχών κατοικίας. Η πεδινή και περίκλειστη, ανοικτή μόνο προς τη θάλασσα τοποθεσία είναι μεν χαρακτηριστική για τον ελληνικό χώρο, ταυτοχρόνως όμως παραπέμπει έντονα σε μία ιδεατή Αθήνα. Δεν μπορεί να παραγνωρισθεί ο βασικός χαρακτήρ της απεικονιζόμενης πόλης: πρόκειται για μία επιλόφια πόλη του ελληνικού χώρου. Δεν υπάρχουν εδώ δραματικές υψομετρικές διαφορές εδάφους και πολύ περισσότερο δεν υπάρχουν χαράδρες· η πόλη εκτείνεται πάνω σε απαλές λοφώδεις εξάρσεις και στις κοιλάδες ανάμεσά τους. Εντυπωσιακές είναι οι τοπογραφικές ομοιότητες με το αθηναϊκό λεκανοπέδιο. Τα βασικά λοιπόν αυτά χαρακτηριστικά που είναι κοινά ανάμεσα στη συμβολική απεικόνιση του Schinkel και στην πραγματική τοπογραφία της Αθήνας τα υιοθετεί ο von Quast και προσπαθεί με μία λεκτική περιγραφή να αναπτύξει για τη νέα Αθήνα την ιδέα της "πόλης επί λόφων".

ΤΟ ΟΡΑΜΑ ΤΗΣ ΑΘΗΝΑΣ ΩΣ "ΠΟΛΗΣ ΕΠΙ ΛΟΦΩΝ" ΤΟΥ ALEXANDER FERDINAND VON QUAST

Χωροθέτηση της νέας πόλης· και σχέση της με την αρχαία κληρονομιά και την ιστορική τοπογραφία της Αθήνας

Όταν μία πολεοδομική πρόταση δεν διατυπώνεται με σχέδιο αλλά μόνο λεκτικά, δύσκολα αποκτούμε μια εικόνα του πολεοδομικού οράματος· κάτω από ορισμένες συνθήκες ωστόσο, την έλλειψη αυτή μπορεί να υποκαταστήσει επιτυχώς η διεξοδική φραστική περιγραφή του επιθυμητού σχεδιασμού. Αυτό όμως προϋποθέτει –εκ μέρους του συνθέτη– τόσον ακριβείς ιδέες για τη διάρθρωση και τα μορφολογικά χαρακτηριστικά του σχεδίου όσον και επαρκή γνώση της τοπογραφίας της περιοχής. Στην περίπτωση του von Quast δεν συμβαίνει δυστυχώς ούτε το ένα ούτε το άλλο, και η πρότασή του είναι ως εκ τούτου αρκετά συγκεχυμένη και ανακριβής, από ωρισμένες απόψεις μάλιστα και τελείως ξένη προς την πραγματικότητα.

Για τις επιρροές και τα εικαστικά πρότυπα, που ο von Quast ευρήκε προφανώς στον πίνακα "Ματιά στην άνθηση της Ελλάδος" του Schinkel και που τον οδήγησαν στην πρότασή του, μιλήσαμε ήδη. Εδώ πρέπει να σημειώσουμε ότι το προσφιλές όραμα του Klenze για τη νέα Αθήνα ήταν επίσης η ιδέα μιας πόλης κτισμένης επάνω σε λόφους. Φαίνεται λοιπόν πως στην προτεινόμενη εδώ χωροθέτηση της νέας πόλης αποφασιστικό ρόλο έπαιξε όχι μόνον η επιθυμία τής κατά το δυνατόν στενής συνύφανσης και επικάλυψης στον χώρο της αρχαίας και της νέας πόλης, αλλά και η μίμηση της τυπολογίας των κτισμένων επάνω σε λόφους και όρη ιταλικών πόλεων, την οποία οι Γερμανοί αρχιτέκτονες εγνώριζαν εκείνη την εποχή σχετικώς καλύτερα.

Η μοναδική σαφής αναφορά του von Quast στην χωροθέτηση της νέας πόλης είναι ο χαρακτηρισμός του λοφώδους εδάφους στα δυτικά της Ακρόπολης και των ίδιων των κλιτύων της ως νέας περιοχής εποικισμού. Μεγάλη ασάφεια επικρατεί όσον αφορά άλλα ερωτήματα σχετικά με την επιλογή αυτής της τοποθεσίας. Δεν γνωρίζουμε, λόγου χάριν, εάν ο συντάκτης αυτής της πρότασης είχε εν γένει συναίσθηση του γεγονότος πως με την προτεινόμενη θέση ένα σημαντικό τμήμα της αρχαίας Αθήνας δεν θα μπορούσε να ανασκαφεί ποτέ, διότι η νέα πόλη θα το εκάλυπτε για πάντα. Η επιθυμία της πλήρους επικάλυψης αρχαίας και νέας πόλης θα κατέληγε σε έναν "θανάσιμο εναγκαλισμό". Ο von Quast με την πλήρη ταύτιση στον χώρο της νέας πόλης με την αρχαία Αθήνα δίνει στα κατάλοιπα της αρχαίας πόλης την χαριστική βολή. Φαίνεται πως παρασυρμένος απ' τη ρομαντική φαντασίωση της "ιστορικής διαμεσολάβησης" και "αναβίωσης" παραβλέπει τη θλιβερή αυτή συνέπεια της πρότασής του. Επίσης δεν αναφέρεται καθόλου στις επιθυμητές εξελίξεις στην –υφιστάμενη εκείνη την εποχή και πολύ κατεστραμμένη– παλαιά πόλη στη βόρεια πλαγιά της Ακρόπολης. Δεν διευκρινίζει εάν η παλαιά πόλη πρέπει να κατεδαφισθεί και να ξανακτισθεί, να εξυγειανθεί και να ενταχθεί στη νέα πόλη ή αν πρέπει να θυσιασθεί για μελλοντικές ανασκαφές[32].

Η διάρθρωση της πόλης

Επειδή όσα προτείνει ο von Quast για τη μελλοντική ανάπτυξη της Αθήνας είναι μάλλον μια πρόχειρα σκιαγραφημένη γενική εικόνα παρά το συνεπές σχέδιο ενός πολεοδομικού οργανισμού, οι αναφορές του σε συγκεκριμένα γνωρίσματα της νέας πόλης είναι σποραδικές. Από την περιγραφή του συνάγεται βέβαια έμμεσα, πως ως χωρικό πλαίσιο προτείνεται το λο-

75

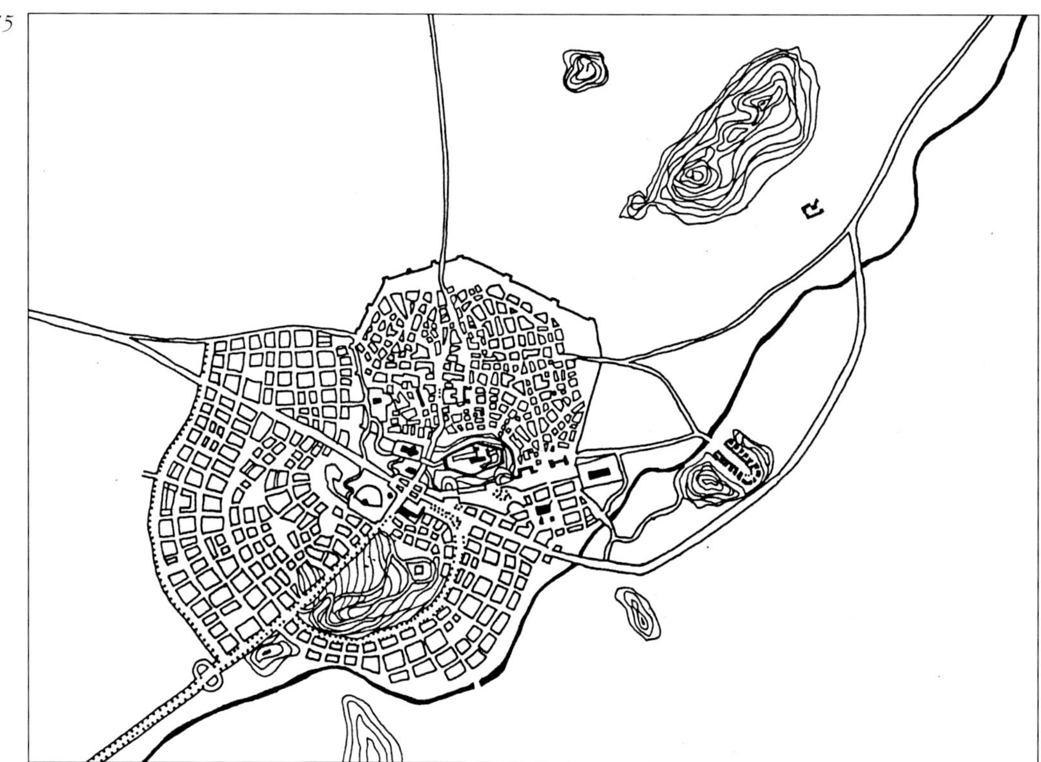

75. Σκαρίφημα στο οποίο απεικονίζεται το πολεοδομικό όραμα του Alexander Ferdinand von Quast. Κλίμαξ 1:40.000 (σχέδιο του συγγραφέως).

φώδες έδαφος στα δυτικά της Ακρόπολης· ωστόσο ούτε η ακριβής έκταση της νέας πόλης ούτε ο τρόπος συνύφανσής της με την υπάρχουσα από την εποχή της Τουρκοκρατίας πόλη περιγράφονται επακριβώς. Εάν συνυπολογισθεί η περιοχή και των τριών δυτικών λόφων, η νέα πόλη σύμφωνα με αυτή την πρόταση θα είχε έκταση περίπου 280 εκτ. (δηλαδή θα ήταν κατά 65 εκτάρια μεγαλύτερη από ό,τι η πόλη που σχεδίασαν οι Κλεάνθης και Schaubert). Επειδή δεν υπάρχει καμία αναφορά στο σύστημα και την πυκνότητα δόμησης, είναι αδύνατον να εξαχθούν συμπεράσματα ως προς το επιθυμητό ή προβλεπόμενο μέγεθος του μελλοντικού πληθυσμού. Επίσης δεν υπάρχει καμία προοπτική για τις χρονικές φάσεις της επιδιωκόμενης πολεοδομικής ανάπτυξης και πολύ περισσότερο, βέβαια, δεν προτείνονται καθορισμένοι χρόνοι εκτελέσεως έργων κατανεμημένων στο χώρο κατά τη διάρκεια αυτής της διαδικασίας.

Στην αοριστία του κειμένου ανταποκρίνεται και η έλλειψη οποιασδήποτε πρότασης συγκεκριμένων μέτρων για την εφαρμογή στην πράξη της ενδεδειγμένης πολιτικής γης. Η πρόταση του von Quast είναι η μόνη ανάμεσα σε όλες όσες έχουν διατυπωθεί για την πολεοδομική οργάνωση της Αθήνας που δεν τολμά να ασχοληθεί με τις "πεζότητες" των ρεαλιστικών ζητημάτων στρατηγικής εφαρμογής του σχεδίου. Η μνεία των κυρίων οδικών αξόνων που οδηγούν στον Πειραιά και στα γειτονικά Μεσόγεια στα ανατολικά του αθηναϊκού λεκανοπεδίου είναι μια ωχρή νύξη για την σύνδεση της νέας πρωτεύουσας με τα πλησιέστερα περίχωρά της.

Όσο για τη διάρθρωση των χρήσεων γης, ο von Quast χωρίς αμφιβολία ξεκινά από ένα μονοκεντρικό πολεοδομικό όραμα. Αυτή είναι και η μόνη σαφώς διατυπωμένη σκέψη του για τη δομή της πόλης. Η πόλη έχει ένα και μόνο επιβλητικό αστικό κέντρο· τα σπουδαιότερα δημόσια κτήρια διατάσσονται γύρω από μία κεντρική πλατεία. Δεν αναφέρονται ούτε εμπορικές χρήσεις ούτε κοινοτικές λειτουργίες. Η θέση του κέντρου ωστόσο καθορίζεται επακριβώς: είναι το κοίλωμα μεταξύ των λόφων του Αρείου Πάγου, των Νυμφών και του Μουσείου (στη θέση περίπου του αγίου Δημητρίου του Λουμπαρδιάρη). Έτσι το κέντρο της πόλης ναι μεν ευρίσκεται στον πυρήνα της λοφοσειράς στο κέντρο του αθηναϊκού λεκανοπεδίου, πλήν όμως είναι πάρα πολύ περιωρισμένο ώστε να δεχθεί το διοικητικό και κοινωνικό κέντρο μιας σύγχρονης, έστω και ταπεινής σε μέγεθος, πρωτεύουσας.

Το αστικό κέντρο προς βορρά γειτονεύει άμεσα με δύο άλλες λειτουργίες επίσης κεντρικής σημασίας: με τον μητροπολιτικό ναό στον λόφο του Αρείου Πάγου και με τα βασιλικά ανάκτορα στην Ακρόπολη. Ενώ η ανέγερση των ανακτόρων στην Ακρόπολη (παρά της προαναφερθείσες επιφυλάξεις) δεν είναι χωροδομικά αδιανόητη, η ιδέα της οικοδόμησης ενός καθεδρικού ναού πάνω στον μικρό λόφο του Αρείου Πάγου φαίνεται τερατώδης. Για τον von Quast όμως κατευθυντήρια ιδέα είναι η αντιπαράθεση στον χώρο των τριών παραμέτρων της πολιτείας –βασιλικής εξουσίας, εκκλησίας, αστικής τάξης– στο επίκεντρο της αρχαίας (αλλά και της προτεινόμενης από τον ίδιο) νέας πόλης. Η λύση αυτή ακολουθεί μάλλον αρχαία και μεσαιωνικά πολεοδομικά πρότυπα και δεν ανταποκρίνεται διόλου στη διάρθρωση μιας σύγχρονης πόλης. Η απόλυτη αδιαφορία του συντάκτη του σχεδίου απέναντι στις φοβερές αλλαγές που θα επέφερε η εφαρμογή των προτάσεών του στην ιστορική τοπογραφία της Αθήνας γεννά εύλογες απορίες σε κάθε γνώστη του τόσο φορτισμένου ιστορικά αυτού χώρου.

76

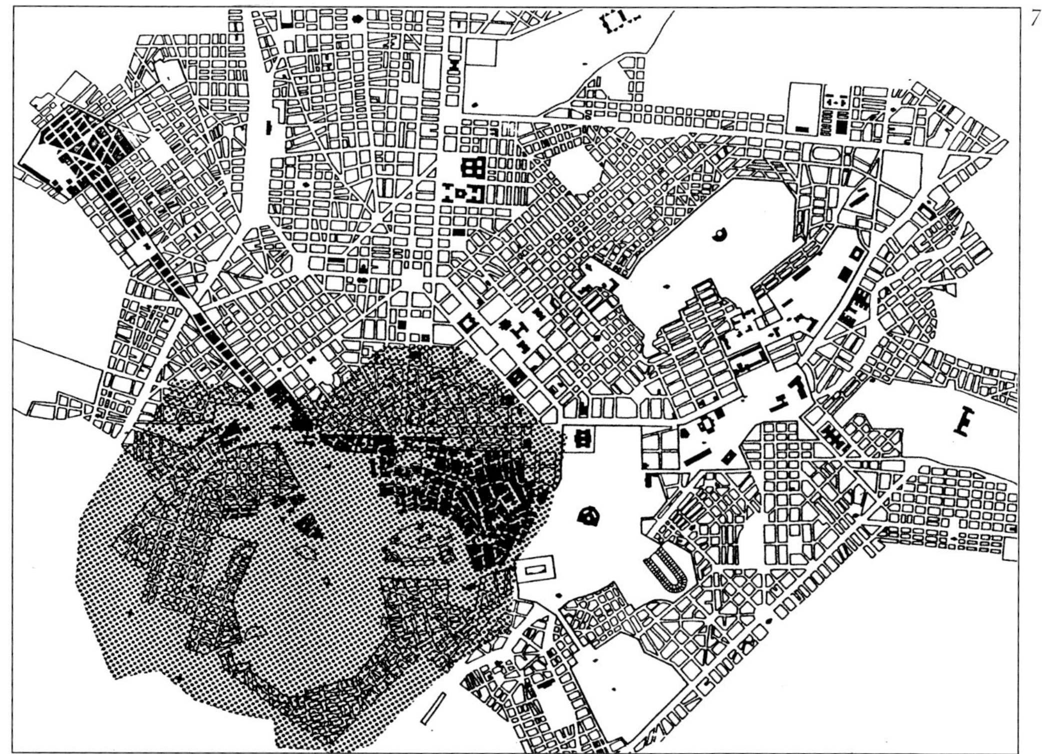

76. Το κέντρο της Αθήνας σήμερα (έτος 2000). Διάστικτη η επιφάνεια της πόλης στην πρόταση του Quast (1834) (σχέδιο του συγγραφέως).

Για τη διάταξη και τις διαστάσεις του οδικού δικτύου, το σύστημα δόμησης και τους τύπους κατοικίας πληροφορούμεθα παρεμπιπτόντως ολίγα και σποραδικά: για τον von Quast το κατάλληλο είδος δόμησης σε μία πόλη επί λόφων είναι μεμονωμένα κτίσματα κατά το "πανταχόθεν ελεύθερον" σύστημα, κτισμένα πάνω σε αναβαθμούς στις πλαγιές των λόφων. Το ίδιο σύστημα δόμησης προβλέπει και στην πεδιάδα προς τον Πειραιά με τη μορφή επαύλεων μέσα σε κήπους. Υπογραμμίζεται ο κατάφυτος χαρακτήρ της πόλης. Η οργάνωσή της γύρω από ένα μοναδικό κέντρο και πάνω στις πλαγιές των λόφων, συνεπάγεται όπως είναι φυσικό μία ακτινωτή διάταξη των κυρίων οδών, που ξεκινούν σχηματίζοντας σταυρό από την κεντρική πλατεία. Τους άλλους δρόμους –για τους οποίους ο von Quast δεν αναφέρει τίποτε– δεν μπορεί να τους φαντασθεί κανείς παρά ως έναν συνδυασμό αφ' ενός μεν καμπύλων χαράξεων παραλλήλων προς τις υψομετρικές γραμμές, αφ' ετέρου δε άλλων, καθέτων προς αυτές, ενίοτε βαθμιδωτών λόγω των κλίσεων. Στην πρόταση δεν περιέχεται σχεδόν καμία μνεία για τη διαίρεση της πόλης σε συνοικίες, πράγμα που θα περίμενε κανείς λόγω της δεδομένης φυσικής διαμόρφωσης του εδάφους (με λόφους και κοιλάδες ανάμεσά τους). Εδώ διαφαίνεται ιδιαίτερα η άγνοια της τοπογραφίας της περιοχής. Οι μόνες ζώνες με ιδιαίτερη χρήση που κατονομάζει ο von Quast είναι αφ' ενός μεν η περιοχή του τριαδικού κέντρου που περιγράψαμε ήδη, αφ' ετέρου μία ζώνη πολιτιστικών χρήσεων, προωρισμένη για "επιστημονικά και καλλιτεχνικά ιδρύματα", που προτείνεται να αναπτυχθεί στην αναδασωμένη κοιλάδα του Ιλισσού. Και οι δύο αυτές χωροθετήσεις (δηλαδή των κτηρίων που θα στεγάζουν δημόσιες και πολιτιστικές λειτουργίες) βασίζονται ωστόσο μάλλον στη συνειδητή αναβίωση ιστορικών τόπων (της Ακρόπολης, του Αρείου Πάγου, της κοιλάδος του Ιλισσού) παρά σε μία θεμελιωμένη επιλογή της καταλληλότερης μέσα στη νέα πόλη περιοχής.

Χωροθέτηση περιοχών παραγωγής, διανομής και κατανάλωσης αγαθών δεν προβλέπει το όραμα του von Quast. Αγορές, σφαγεία, βιομηχανικά και βιοτεχνικά καταστήματα δεν αναφέρονται πουθενά. Και αυτό είναι ένα γνώρισμα της ανεδαφικής πρότασής του. Η βασική προσέγγιση του von Quast είναι αισθητική-καλλιτεχνική και επομένως το πρωταρχικό γι' αυτόν δεν είναι η σκοπιμότης και η λειτουργικότης μιας σύγχρονης πόλης, αλλά η μορφολογική ιδιοτυπία και η συμβολική της ακτινοβολία.

Απ' αυτή την άποψη προξενεί εντύπωση το γεγονός πως υπάρχει μία λειτουργία που παρ' όλα αυτά φαίνεται να έχει ιδιαίτερη σημασία για τον συντάκτη αυτής της πρότασης: πρόκειται για την στρατιωτική χρήση του λόφου του Μουσείου για αμυντικούς σκοπούς. Η ιδέα δημιουργίας σ' αυτό το ύψωμα ενός οχυρού "για την προστασία της πόλης από κάθε εχθρό που ενδεχομένως επιτεθεί από τη θάλασσα" φαίνεται τουλάχιστον αναχρονιστική για την εποχή της, και ταυτόχρονα τονίζει τον παρωχημένο χαρακτήρα της φανταστικής πόλης του von Quast, που μοιάζει να ανατρέχει στις οχυρωμένες πόλεις του όψιμου μεσαίωνα.

Η πρόταση του von Quast για την Αθήνα είναι η μόνη στην οποία ούτε μελλοντικές ανασκαφές προβλέπονται ούτε συνιστάται η δημιουργία αρχαιολογικού-πολιτιστικού πάρκου. Όπως προανεφέρθη, ο Quast κατά τα φαινόμενα δεν ενδιαφέρεται για την επιστημονική έρευνα της αρχαιότητος, αλλά για τη δημιουργία μιας ιδεατής πόλης που θα αποτελεί κατά κάποιον τρόπο την αναβιωμένη αρχαία Αθήνα.

Η μορφή της πόλης

Η ιδεαλιστική θέση του von Quast επηρεάζει αποφασιστικά και τις μορφολογικές επιλογές του. Εδώ οι αναφορές του είναι ακόμα πιο συγκεχυμένες και σποραδικές: συγκεκριμένο μέλημά του είναι η δημιουργία μιας αντιπροσωπευτικής δημόσιας κεντρικής πλατείας που θα προξενεί "άσβεστη εντύπωση" όπως η πλατεία του Αγίου Μάρκου στη Βενετία! Δεύτερο μέλημά του είναι η ανέγερση του μνημειώδους μητροπολιτικού ναού πάνω στον λόφο του Αρείου Πάγου για να προβάλει έτσι ένα θρησκευτικό αντιστάθμισμα στην 'κοσμική' πια Ακρόπολη, που έχει αλλάξει ριζικά λειτουργία με την τοποθέτηση εδώ της βασιλικής καθέδρας. Η θεατρική και εν είδει σκηνικού σύνδεση των δύο μορφολογικά κορυφαίων σημείων (των Προπυλαίων της Ακρόπολης και του καθεδρικού ναού) με το "τολμηρό τόξο μιας γέφυρας" δεν στερείται θεαματικότητος, είναι όμως χαρακτηριστική της εκλεκτικιστικής νοοτροπίας του συντάκτη της πρότασης, ο οποίος συνδέει τα πιο ετερογενή στοιχεία και προσπαθεί –όχι μόνο ιστορικά αλλά και αρχιτεκτονικά-συμβολικά– να γεφυρώσει μεταξύ τους τα πιο ασυμβίβαστα[33].

Για την αρχιτεκτονική διαμόρφωση των δημοσίων κτηρίων και τη διάταξή τους γύρω από την κεντρική πλατεία δεν γίνεται καμία νύξη· το ίδιο ισχύει και για την τυπολογία και την μορφή των κτηρίων κατοικίας. Ωρισμένες διατυπώσεις μεταδίδουν ωστόσο την υποβλητική εικόνα μιας διαχρονικής ελληνικότητος με το υπέρλαμπρο αρχιτεκτονικό ένδυμα της αρχαιοπρέπειας (ανάλογη προς τη διδακτική αλληγορία του Schinkel "Ματιά στην άνθηση της Ελλάδος): "Μέσα απ' τη χρυσή [sic!] μαρμαρυγή των μαρμάρινων κιόνων, [ο Βασιλεύς] θα βλέπει κάτω την αφυπνισμένη ζωή, την τύρβη στους δρόμους και στις αγορές, τις επαύλεις των περιχώρων, τα αμπέλια και τα χωράφια, τα πλοία στον Πειραιά, το βαθυκύανο πέλαγος με τα νησιά και τα ακρωτήριά του και πέρα μακρυά στον ορίζοντα τα τολμηρά περιγράμματα των βουνών της Πελοποννήσου (...). Τα σπίτια, σχηματίζοντας γραφικά βαθμιδωτά σύνολα διάστικτα με πράσινο, αναρριχώνται στους λόφους και κατηφορίζουν απ' την άλλη πλαγιά (...). Εν τούτοις δεν θεωρούμε απίθανο οι ίδιες αυτές γαλήνιες όχθες του Ιλισσού, εάν πάλι τις σκιάσουν δέντρα, να προσελκύσουν ξανά επιστήμονες και καλλιτέχνες που μακρυά από τον θόρυβο της πόλης θα αφεθούν σε πιο ήρεμους στοχασμούς και αισθήματα". Εδώ ευρισκόμεθα αντιμέτωποι όχι με την περιγραφή της επιθυμητής μορφής μιας πόλης αλλά με το λογοτεχνικά εξωραϊσμένο καλλιτεχνικό όραμα ενός μελετητή της τέχνης (του von Quast) που περιγράφει τη ζωγραφισμένη από έναν αρχιτέκτονα (τον Schinkel) φανταστική απεικόνιση μιας πόλης. Για μια συγκεκριμένη και ακριβή τρισδιάστατη εικόνα μιας μελλοντικής πόλης αυτά τα στοιχεία είναι ωστόσο πολύ πενιχρά. Η εικόνα της νέας Αθήνας που περιγράφει ο von Quast είναι και παραμένει αβέβαιη και σχηματική.

5.
ΤΑ ΣΧΕΔΙΑΣΤΙΚΑ ΚΑΙ ΖΩΓΡΑΦΙΚΑ ΤΕΚΜΗΡΙΑ

ΤΟ ΣΧΕΔΙΟ ΤΟΥ K.F. SCHINKEL ΓΙΑ ΤΑ ΑΝΑΚΤΟΡΑ ΣΤΗΝ ΑΚΡΟΠΟΛΗ (1834)

Τα πρωτότυπα σχέδια της πρότασης για τα ανάκτορα στην Ακρόπολη του K. F. Schinkel μνημονεύονται για πρώτη φορά πλήρως στον τέταρτο τόμο του έργου του A. Wolzogen, *Aus Schinkels Nachlass· Reisetagebuecher, Briefe und Aphorismen* (Από τα κατάλοιπα του Schinkel· ταξιδιωτικά ημερολόγια, επιστολές και αφορισμοί), Βερολίνο 1862-1864, σελ. 258. Εδώ, σε έναν κατάλογο των καλλιτεχνικών καταλοίπων του Schinkel, ο οποίος εκείνη την εποχή ευρίσκετο στο Μουσείο Beuth-Schinkel της Αρχιτεκτονικής Ακαδημίας (Bauakademie) του Βερολίνου, απαριθμώνται τα εξής σχέδια:

Ανεκτέλεστο σχέδιο ενός ανακτόρου για την Αυτού Μεγαλειότητα τον Βασιλέα Όθωνα της Ελλάδος στην Ακρόπολη της Αθήνας (1834).

Αρ. 1 A.c. 194: γενική κάτοψη. Μέγεθος 25Z. 10L πλάτος, 15Z. 3L. ύψος. Υδατογραφία. 1834. Φάκελλος XXXVb 41. Περιλαμβάνεται στο έργο του Schinkel, *Werke der hoeheren Baukunst fuer die Ausfuehrung bestimmt* (Έργα της υψηλής αρχιτεκτονικής προωρισμένα να πραγματοποιηθούν), Potsdam. Ferd. Riegel. 1840. Πρώτο μέρος εικ. 2.

Αρ. 1 A.c. 195: ανατολική (κατεύθυνση AB) και βόρεια (κατεύθυνση BC) όψη. Μέγεθος 27Z. 11L πλάτος, 24Z. ύψος. Υδατογραφία. 1834. Φάκελλος XXXVb 42. Βλ. Schinkel, *Werke der hoeheren Baukunst fuer die Ausfuehrung bestimmt*, πρώτο μέρος, εικ. 1, 5 και 6. (Οι δύο τελευταίοι αριθμοί στον ίδιο φύλλο).

Αρ. 1 A.c. 196: τέσσερεις τομές. Μέγεθος 37Z. 3L πλάτος, 23Z. 10 L ύψος. Υδατογραφία. Μάρτιος 1834. Φάκελλος XXXVb 43. Βλ. Schinkel, *Werke der hoeheren Baukunst fuer die Ausfuehrung bestimmt*, πρώτο μέρος, εικ. 4 και 5.

Αρ. 1 A.c. 197: εσωτερικό προοπτικό σχέδιο της μεγάλης αιθούσης τελετών. Μέγεθος 14Z. 3L πλάτος, 17Z. 11 L ύψος. Υδατογραφία με φωτεινά ψιμύθια. Απρίλιος 1834. Φάκελλος XXXVb 44. Βλ. Schinkel, *Werke der hoeheren Baukunst fuer die Ausfuehrung bestimmt*, πρώτο μέρος, εικ. 9.

Τα πρωτότυπα σχέδια της πρότασης του Schinkel έχουν διασωθεί σε δύο σειρές, που η Margarete Kuehn περιγράφει ως εξής:

1. Στην Κρατική Συλλογή Γραφικών Τεχνών του Μονάχου:
   α) Κάτοψη χωρίς ιδιόχειρο υπόμνημα, αρ. 25071 (60×95 εκ., υδατογραφία, κλίμαξ 1:500)
   β) Φύλλο με δύο ορθές προβολές, ανατολική και βορεινή, αρ. 25072 (56×59 εκ., υδατογραφία, κλίμαξ 1: 300)
   γ) Φύλλο με τέσσερεις τομές, αρ. 25073 (60×95 εκ., υδατογραφία, κλίμαξ 1:300).

Τα τρία αυτά σχέδια, όπως εξηκρίβωσε ο Karl von Lorck, κατεχωρίσθησαν το 1880 στον κατάλογο της τότε Βασιλικής Συλλογής Γραφικών Τεχνών με τη σημείωση: "Δωρεά από τα κατάλοιπα της Αυτού Μεγαλειότητος του Βασιλέως της Ελλάδος Όθωνος". Πρόκειται δηλαδή για σχέδια που είχαν σταλεί στην Ελλάδα. Το προοπτικό σχέδιον της μεγάλης αιθούσης τελετών, που αναφέρει ο Schinkel στην επιστολή του προς τον διάδοχο της Βαυαρίας (βλ. στον επόμενο πίνακα 2δ) δεν κατέληξε στην Κρατική Συλλογή Γραφικών Τεχνών. Ίσως λόγω της ιδιαίτερης εικαστικής αξίας του να το είχαν ξεχωρίσει από τα άλλα ήδη στην Ελλάδα.

2. Στα Κρατικά Μουσεία του Βερολίνου, Εθνική Πινακοθήκη (Συλλογή Schinkel).
   Από τα σχέδια που κατέληξαν στο Μόναχο ο Schinkel φιλοτέχνησε τα εξής αντίγραφα που εχρησιμοποιήθησαν ως βάση της δημοσίευσής του *Werke der hoeheren Baukunst fuer die Ausfuehrung bestimmt*:
   α) Κάτοψη, φάκελλος XXXVb, αρ. 41 (αργότερα φάκελλος XLVI, αρ. 23), απωλέσθη κατά τον Δεύτερο Παγκόσμιο πόλεμο.
   β) Φύλλο με δύο όψεις, φάκελλος XXXVb, αρ. 42 (αργότερα φάκελλος XLVI, αρ. 29), απωλέσθη κατά τον Δεύτερο Παγκόσμιο πόλεμο.
   γ) Φύλλο με τέσσερεις τομές, φάκελλος XXXVb, αρ. 43, υπογραφή Schinkel, Μάρτιος 1834.
   δ) Άποψη της μεγάλης αιθούσης τελετών, φάκελλος XXXVb, αρ. 44, υπογραφή Schinkel, Απρίλιος 1834.

Ένα ελαφρώς απλοποιημένο σχέδιο και σε μερικές λεπτομέρειες αποκλίνον από τις –ταυτόσημες μεταξύ τους– προαναφερθείσες κατόψεις επισυνάπτεται στο άρθρο που εδημοσίευσε ο μετέπειτα Γενικός Έφορος Αρχαιοτήτων της Πρωσίας Alexander Ferdinand von Quast στο περιοδικό τού Franz Kugler *Museum*, τον Ιούλιο του 1834. Μας πληροφορεί ότι το εσχεδίασε από μνήμης.

Η έγχρωμη λιθόγραφη δημοσίευση των αρχιτεκτονικών σχεδίων των ανακτόρων στην Ακρόπολη έγινε στο έργο *Werke der hoeheren Baukunst fuer die Ausfuehrung bestimmt* που εξεδόθη σε τρεις τόμους μεταξύ των ετών 1840-43.

Στην έκδοση αυτή συμπεριελήφθησαν όλα τα παραπάνω σχέδια (υδατογραφίες), όμως με μικρές αλλαγές που πρέπει να ληφθούν υπ' όψιν. Η έκδοση αυτή περιέχει τρία επί πλέον φύλλα: ένα σχεδιάγραμμα της "βασιλικής πύλης", μία τομή κατά μήκος του "βασιλικού διαδρόμου" στα βόρεια της "αιθούσης τελετών" και ένα σχέδιο του παρεκκλησίου, στο οποίο προστίθενται διάφορες αρχιτεκτονικές και διακοσμητικές λεπτομέρειες και άλλων τμημάτων του κτηρίου.

Η ΕΛΑΙΟΓΡΑΦΙΑ ΤΟΥ K.F. SCHINKEL "ΜΑΤΙΑ ΣΤΗΝ ΑΝΘΗΣΗ ΤΗΣ ΕΛΛΑΔΟΣ" (1825)

Ο πίναξ με το ασυνήθιστα πλατύ σχήμα (94×235 εκ., αναλογία πλευρών 1:2,5) έχει χαρακτήρα πανοράματος.

Το έργο κατεστράφη τον τελευταίο χρόνο του Δευτέρου Παγκοσμίου πολέμου στο Μουσείο Schinkel του Βερολίνου. Την ίδια μοίρα είχε και ένα σχέδιο με σινική μελάνη του Schinkel με το ίδιο θέμα.

Είναι γνωστά συνολικά πέντε αντίγραφα:
- του Wilhelm Ahlborn το 1826 για τον ταγματάρχη Paalzov,
- του Carl Beckmann το 1826 για τον διάδοχο της Πρωσίας,
- του Wilhelm Ahlborn το 1836 άγνωστο για ποιόν,
- ένα αχρονολόγητο αντίγραφο ενός μόνο τμήματος του έργου στην κατοχή ενός ιδιώτη στο Βερολίνο,
- ένα χαρακτικό (ατσαλογραφία) (317×775 χιλ.) φιλοτεχνημένο το 1846 από τον J. W. F. Witthoeft για τον Σύλλογο Φίλων της Τέχνης του κράτους της Πρωσίας.

Το μόνο έγχρωμο αντίγραφο, που βρίσκεται ακόμα σήμερα στη διάθεσή μας, είναι του Ahlborn του έτους 1836, το δεύτερο δηλαδή αντίγραφο αυτού του ζωγράφου. Σήμερα φυλάσσεται στην Εθνική Πινακοθήκη του Βερολίνου (εικ. 74).

Επειδή χάθηκε ο πρωτότυπος πίναξ και δεν γνωρίζουμε την τύχη ορισμένων αντιγράφων του, το μόνο που μπορούμε να κάνουμε σήμερα είναι να εξετάσουμε συγκριτικά (με βάση δηλαδή το αντίγραφο του Ahlhorn και το σμικρυμένο χαρακτικό του Witthoeft) τη μορφή της σύνθεσης. Για το χρώμα όμως δεν είναι πια δυνατή μια συγκριτική εκτίμηση.

Η ΣΧΕΔΙΑΣΤΙΚΗ (ΕΚ ΤΩΝ ΥΣΤΕΡΩΝ) ΑΠΟΔΟΣΗ ΤΗΣ ΓΡΑΠΤΗΣ ΠΡΟΤΑΣΗΣ ΤΟΥ VON QUAST (1834). ΜΙΑ ΕΡΜΗΝΕΙΑ.

Το πρώτο μέρος του δοκιμίου του von Quast, *Neubau der Stadt Athen und des koeniglichen Schlosses auf seiner Burg* δεν συνοδεύετο από ένα σχεδιαστικό τεκμήριο που θα έδινε συγκεκριμένη μορφή στη φραστική διατύπωση της πολεοδομικής του πρότασης.

Εν τούτοις, οι γραπτές προτάσεις του επιτρέπουν την απεικόνιση (σε γενικές γραμμές βέβαια και όχι με λεπτομέρειες) της διάρθρωσης και των μορφολογικών χαρακτηριστικών της πόλης που οραματίζετο, με ένα φιλοτεχνημένο εκ των υστέρων πολεοδομικό σκαρίφημα. Έτσι γίνεται δυνατή η άμεση εποπτική αντιπαράθεση της πρότασης του von Quast με τις προτάσεις που διετύπωσαν οι Κλεάνθης και Schaubert, ο Klenze, ο Traxel και ο Καυτανιζόγλου, ενώ διευκολύνεται επίσης η συγκριτική μελέτη των διαφόρων χωροθετήσεων και των αντίστοιχων πολεοδομικών προτάσεων. Θεωρήσαμε λοιπόν ενδεδειγμένη την εκ των υστέρων σχεδιαστική απεικόνιση της πολεοδομικής αυτής πρότασης με τη μορφή ενός γραμμικού πολεοδομικού σκαριφήματος το οποίο αποτολμήσαμε (εικ. 75). Σ' αυτό το σχεδιάγραμμα, στο οποίο αποτυπώνονται οι προθέσεις του von Quast, έγινε προσπάθεια να αξιολογηθούν οι λεκτικά διατυπωμένες απόψεις του, έτσι ώστε να φαίνεται σε κάτοψη ο βασικός σκελετός της πόλης που οραματίζετο.

Όταν αποπειράται κανείς να απεικονίσει σχεδιαστικά μία πρόταση που έχει διατυπωθεί μόνο λεκτικά, πολλά στοιχεία της σχεδιασμένης σχηματικής πρότασης στηρίζονται αναγκαστικά σε υποθέσεις, ενώ άλλα μπορούν να παρασταθούν με ακρίβεια που αγγίζει τα όρια της βεβαιότητος. Έτσι δημιουργείται ένα μόρφωμα που δεν έχει βέβαια την αξίωση να είναι λεπτομερές απείκασμα των προθέσεων του συντάκτη της προτάσεως· το σκαρίφημα αυτό είναι απλώς μία προσπάθεια της πληρέστερης δυνατής απεικόνισης των ουσιωδών στοιχείων της προτάσεως.

Έτσι το σχήμα και το μέγεθος των οικοδομικών τετραγώνων –επειδή δεν καθορίζονται στο κείμενο– είναι μεν υποθετικά, αλλά ανάλογα του συνολικού μεγέθους της πόλης. Η χωροθέτηση της κεντρικής πλατείας καθώς και του μητροπολιτικού ναού είναι δεδομένες από την περιγραφή του von Quast. Το δίκτυο των οδών εχαράχθη έτσι ώστε –κάτι που φαίνεται εύλογο– οι δρόμοι να είναι παράλληλοι ή κάθετοι προς τις υψομετρικές καμπύλες των κλιτύων των δυτικών λόφων.

Το δίκτυο των πρωτευουσών οδών που προτείνει ο von Quast εχαράχθη κατά προσέγγισιν έτσι ώστε, προσαρμοσμένο στα τοπογραφικά δεδομένα, να ξεκινά ακτινωτά από την κεντρική πλατεία της νέας πόλης και αφ' ενός μεν να συνδέει την παλαιά πόλη με τη νέα, αφ' ετέρου δε να εξασφαλίζει τις κύριες συνδέσεις με τον Πειραιά, την Ελευσίνα και τα Μεσόγεια.

Όσον αφορά την έκταση της νέας πόλης στο σκαρίφημα, ο κάναβος των οδών καλύπτει αποκλειστικά την περιοχή των δυτικών λόφων (εικ. 76), δηλαδή μία επιφάνεια κάπως μεγαλύτερη από εκείνη του αρχικού σχεδίου των Κλεάνθη και Schaubert. Βέβαια η σχεδίαση με βάση εν μέρει υποθετικά στοιχεία ενέχει κινδύνους. Παρ' όλα αυτά έχουμε την πεποίθηση πως τέτοια βήματα πρέπει να αποτολμώνται, επειδή η σχεδιαστική αναπαράσταση μιας λεκτικά μόνο διατυπωμένης πρόθεσης διευκολύνει την καλύτερη κατανόησή της.

ΣΗΜΕΙΩΣΕΙΣ ΤΟΥ ΚΕΦΑΛΑΙΟΥ 3

1. Ο Alexander Ferdinand von Quast (1807-1876), αρχιτέκτων και ιστορικός της αρχιτεκτονικής, εγεννήθη και απέθανε σχεδόν εβδομηντάχρονος στο Radensleben της περιοχής του Ruppin του Βραδεμβούργου. Ήταν μαθητής του K. F. Schinkel, από το 1829 συνεργάτης του για τα σχέδια του Τελωνείου (Packhof) στο κεντρικό Βερολίνο και ενθουσιώδης θαυμαστής του δασκάλου του. Ο Schinkel σε μία έκθεσή του προς τον υπουργό Εσωτερικών της Πρωσίας στις 17.8.1815, είχε κάνει εκτενείς προτάσεις για την οργάνωση της υπηρεσίας προστασίας των μνημείων, οι οποίες όμως όσο ζούσε δεν εστέφθησαν με επιτυχία. Μόλις δύο χρόνια μετά τον θάνατό του διωρίσθη ο von Quast κατόπιν βασιλικής διαταγής με ημερομηνία 1.7.1843 ως πρώτος Γενικός Έφορος Αρχαιοτήτων της Πρωσίας. Η βασική αρχή του von Quast στον τομέα της συντήρησης των αρχιτεκτονικών έργων ήταν "η διατήρηση του ιστορικού αρχιτεκτονικού έργου ως έχει και η αναίρεση μεμονωμένων τμημάτων του μόνο όταν καλύπτουν αρχαιότερα και καλύτερα". Μεταξύ των κτηρίων που ανεστήλωσε περιλαμβάνονται η βασιλική και η Liebfrauenkirche της πόλης Trier, ο καθεδρικός ναός του Aachen και ο ναός της Παναγίας του Καπιτωλίου στην Κολωνία. Τα έτη 1856-1858 διηύθυνε μαζί με τον O. Otte το περιοδικό χριστιανικής τέχνης και αρχαιολογίας. Οι σημαντικότερες δημοσιεύσεις του είναι: *Die altchristlichen Bauwerke von Ravenna* (Τα παλαιοχριστιανικά κτίσματα της Ραβέννας) (1842), *Die romanischen Dome des Mittelrheins* (Οι ρωμανικοί καθεδρικοί ναοί του μέσου Ρήνου) (1853), *Denkmäler der Baukunst in Preussen* (Μνημεία της αρχιτεκτονικής στην Πρωσία) (1861-64).
2. Ο Karl Friedrich Schinkel (1781-1841) (εικ. 69), αρχιτέκτων και ζωγράφος, είναι ο σπουδαιότερος εκπρόσωπος του βορειογερμανικού κλασικισμού. Γεννήθηκε το 1781 στο Neuruppin της μαρκιωνίας του Βραδεμβούργου και πέθανε στο Βερολίνο στην κατοικία του, στην Ακαδημία Αρχιτεκτονικής (Bauakademie). Υπήρξε μαθητής των David και Friedrich Gilly. Τα έτη 1803-1805 εταξίδευσε για πρώτη φορά στην Ιταλία (Ρώμη, Νεάπολη, Σικελία). Το 1810 διωρίσθη καθηγητής στην Ακαδημία Αρχιτεκτονικής. Το 1822 σχεδίασε το λεγόμενο Παλαιό Μουσείο (Altes Museum) στο Lustgarten του Βερολίνου. Το 1824 (Ιούνιο μέχρι Δεκέμβριο) εταξίδευσε για δεύτερη φορά στην Ιταλία. Τα έτη 1824/25 εφιλοτέχνησε τον πίνακα "Ματιά στην άνθηση της Ελλάδος". Το 1826 (Απρίλιο μέχρι Αύγουστο) εταξίδευσε στην Αγγλία, όπου επεσκέφθη τις βιομηχανικές ζώνες της κεντρικής Αγγλίας, το Λονδίνο και το Εδιμβούργο. Μεταξύ 1831-1835 εκπονεί τα αρχιτεκτονικά σχέδια και επιβλέπει την εκτέλεση του κτηρίου της Ακαδημίας Αρχιτεκτονικής (Bauakademie) στο Βερολίνο. Το 1834 εκπονεί το σχέδιο των ανακτόρων στην Ακρόπολη της Αθήνας. Το 1835 σχεδιάζει μια αναπαράσταση της Villa Laurentina με βάση την περιγραφή του Πλινίου. Το 1838, στο τέλος μιας μακράς σταδιοδρομίας ως κρατικού λειτουργού της Πρωσίας, που κατά τη διάρκειά της αφιερώθη κυρίως στον μνημειακό καλλωπισμό του Βερολίνου, διωρίσθη Γενικός Διευθυντής της Αρχιτεκτονικής Υπηρεσίας (Oberlandesbaudirektor). Έκτοτε διηύθυνε και καθώριζε μέχρι το θάνατό του όλα τα αρχιτεκτονικά και δημόσια τεχνικά έργα στην Πρωσία. Ο Schinkel εκτός από το αρχιτεκτονικό και πολεοδομικό του έργο μάς άφησε και σημαντικό ζωγραφικό έργο. Αναφέρουμε ιδίως τους σημαντικούς μνημειακούς αλληγορικούς πίνακες: "Αρχαία ορεινή πόλη", "Γοτθικός ναός κοντά στο ποτάμι", "Μεσαιωνική πόλη σε ποτάμι", "Παλάτι πλάι σε χείμαρρο", "Ματιά στην άνθηση της Ελλάδος".
3. Δυο κείμενα –άσχετα μεταξύ τους και μέσα σε διαφορετικό πλαίσιο το καθένα– προβάλλουν το ίδιο εξιδανικευμένο όραμα μιας ελληνικής πόλης. Το πρώτο είναι ένα απόσπασμα από την πρόταση του von Quast για την ανέγερση της νέας πόλης της Αθήνας και των βασιλικών ανακτόρων στην Ακρόπολη (*Neubau der Stadt Athen und des koeniglichen Schlosses auf seiner Burg*) που εγράφη το 1834· το δεύτερο η περιγραφή του πίνακα "Ματιά στην άνθηση της Ελλάδος" στη βιογραφία του Schinkel (σελ. 377) που συνέγραψε ο Gustav Waagen:

   Ο von Quast γράφει για την Αθήνα που οραματίζεται: "Πόσο υπέροχα διατάσσονται τα τμήματα της πόλης επάνω στους λόφους! Πώς συγκεντρώνεται όλη η ζωή στις κοιλάδες! Είθε ο βασιλεύς να κατοικήσει πάλι το αρχαίο κάστρο του Κέκροπος και να κτίσει τα βασιλικά του δώματα πλάι στον οίκο του Ερεχθέως! Μέσα απ' τη χρυσή [sic!] μαρμαρυγή των μαρμάρινων κιόνων θα βλέπει κάτω την αφυπνισμένη ζωή, την τύρβη στους δρόμους και στις αγορές, τις επαύλεις των περιχώρων, τα αμπέλια και τα χωράφια, τα πλοία στον Πειραιά, το βαθυκύανο πέλαγος με τα νησιά και τα ακρωτήριά του και πέρα μακρυά στον ορίζοντα τα τολμηρά περιγράμματα των βουνών της Πελοποννήσου".

   Και ο Waagen, θαρρείς σαν ηχώ του προηγούμενου κειμένου, περιγράφει τον πίνακα της άνθησης της Ελλάδος του Schinkel ως εξής: "Αυτός ο πίναξ μας αφήνει να ρίξουμε μια ματιά στην πληρέστερη και ωραιότερη άνθηση της αρχαίας Ελλάδος. Από έναν ναό ιωνικού ρυθμού υπό κατασκευή εποπτεύουμε μια κανονικά διαρθρωμένη ελληνική πόλη. Πάνω σε ένα ύψωμα ορθώνεται με υπέρτατη γραφικότητα ένας από τους κυρίους ναούς, τέμνοντας τις γραμμές στο κεντρικό πεδίο και δεσπόζοντας σε όλα τα ωραία κτίσματα, το Γυμνάσιο, το Μαυσωλείο, την Αγορά με τους ναούς, τα θέατρα και τις στοές. Πιο πίσω, το λιμάνι με τα κτήριά του και το κυκλικό τείχος του. Πίσω από την πόλη ένας διαυγής ποταμός που, περικλείοντας με διάφορους βραχίονες ωραία δασωμένες νησίδες, εκβάλλει στη θάλασσα από την οποία πέρα μακρυά αναδύεται μες στην καταχνιά ένα νησάκι με καλοσχηματισμένες βραχώδεις ράχες, ενώ προς τη στεριά απλώνεται μια οροσειρά με τα πιο πολύμορφα και ωραιότερα σχήματα".

4. Πολύ αργότερα ακόμη, ο Alexander Ferdinand von Quast στον πανηγυρικό λόγο που εξεφώνησε το 1872 προς τιμήν του Schinkel στην Ένωση Αρχιτεκτόνων του Βερολίνου με θέμα "Schinkel und die Gegenwart" (Ο Schinkel και το παρόν), υπεγράμμισε την δημιουργική ικανότητα του Schinkel να αναδιαρθρώνει τη γλώσσα της αρχαίας μορφολογίας:"Όπως στην αρχαία αρχιτεκτονική, έτσι και εδώ [στον Schinkel] προσεγγίζεται τέλεια ο εξωτερικός [πρακτικός] σκοπός και, καθώς τον περιβάλλει το λαμπρό κάλλος της μορφής, ακόμη και ο ίδιος ο λαός αίρεται στο ύψος της πνευματικής θεώρησης. Επίσης διακρίνουμε αμέσως πως, αν και οι μορφές που χρησιμοποιούνται ανταποκρίνονται στα ευγενέστερα ελληνικά πρότυπα, εδώ παρουσιάζονται σε άλλους συνδυασμούς και μεταπλάσεις· έτσι εκλείπει ο χαρακτήρ του αντιγράφου και όλα φέρουν τη σφραγίδα της ανεξάρτητης νέας δημιουργίας. (...) Ο Schinkel ένιωθε τόσο λίγο υποχρεωμένος να αντιγράφει δουλικά τα πρότυπά του, που οι μορφές στα χέρια του διαρκώς μετεπλάθοντο και ανανεώνοντο. (...) Ο ίδιος είπε πως εκείνο που πάσχιζε ήταν να κτίζει όπως θα έκτιζαν στην σημερινή εποχή μας οι [αρχαίοι] Έλληνες με την εγγενή ικανότητά τους να δημιουργούν οργανικά μορφώματα και την αίσθηση του ωραίου που τους διέκρινε, εάν είχαν στην διάθεσή τους τα τεχνικά επιτεύγματα της σύγχρονης εποχής".

5. Παραθέτουμε επ' αυτού τη μαρτυρία του Hermann Ludwig Heinrich Fuerst Pueckler-Muskau (1785-1871), του φημισμένου αρχιτέκτονος κήπων και συγγραφέως ταξιδιωτικών εντυπώσεων, που για την σπουδαία κηποτεχνική δημιουργία του στο πάρκο του Muskau ζήτησε επανειλημμένα τη συμβουλή του Schinkel, για τον οποίο έτρεφε μεγάλη εκτίμηση. Για τα κτίσματα στο Muskau ο Schinkel έκαμε πολλά σχέδια. Σε μία επιστολή του από την Αθήνα με ημερομηνία 28 Μαρτίου 1836, στην οποία περιγράφει μια νυχτερινή επίσκεψη στην Ακρόπολη, που τη φωτίζουν φαντασμαγορικά δάδες, ο πρίγκιψ παρηγορεί τον Schinkel που δεν επραγματοποιήθη η ελπίδα του να κτισθούν τα ανάκτορα πάνω στην Ακρόπολη. Αυτό το γράμμα καθώς και η απάντηση του Schinkel δημοσιεύονται στο έργο *Briefwechsel und Tagebuecher des Fuersten H. v. Pueckler-Muskau* (Αλληλογραφία και ημερολόγια του πρίγκιπα H. v. Puecler-Muskau), Βερολίνο 1876, IX, 25-30, που επεμελήθη η Ludmilla Assing. Ο Pueckler-Muskau γράφει: "Αξιότιμε φίλε, έμαθα ότι για το υπέροχο σχέδιό σας των νέων ανακτόρων της Αθήνας, γι' αυτή την εράσμια και μεγαλειώδη ποίηση (διότι το σχέδιο αίρει τη φαινομενική αντίφαση αυτών των λέξεων) δεν σας έδωσαν ούτε καν ένα σημείον αναγνώρισης και ευγνωμοσύνης, δεν ελάβατε καν ούτε μία απλή απάντηση, μία βεβαίωση παραλαβής. Ο διάδοχός μας απορεί κι ο ίδιος γι' αυτό αλλά εσείς, ο κρατικός λειτουργός της Πρωσίας, δεν πρέπει να απορείτε. Στο σχέδιό σας δεν μπήκε μέσα σε φάκελλο με τη σημείωση: 'Ο Schinkel από το Βερολίνο στέλνει ένα σχέδιο', και από πίσω 'Να σταλεί ευχαριστήρια απάντηση'. Τότε θα είχατε λάβει προ πολλού απάντηση· έτσι όμως, όπως είναι φυσικό, ξεχαστήκατε. Αλλά, οφείλω να προσθέσω, όχι από τον νεαρό Βασιλέα. Αυτός είναι ενθουσιασμένος μαζί σας και με την έξοχη ιδέα σας. Ήταν σχεδόν το πρώτο πράγμα που μου είπε, και την άλλη μέρα μου έστειλε με τον αρχιτέκτονα του Βασιλέως της Βαυαρίας [τον Gaertner] το δικό σας ιδανικό σχέδιο και το πεζό σχέδιο που θα πραγματοποιηθεί".

6. Ο Ludwig Ross, γνωστός υποστηρικτής του σχεδίου των Κλεάνθη και Schaubert αλλά και πνευματικός άνθρωπος που, λόγω των ενδιαφερόντων του και του ρόλου του ως Γενικού Εφόρου Αρχαιοτήτων της Ελλάδος, μάλλον αποστρέφεται κάθε ιδέα "αναβίωσης" της Ακρόπολης, αναφέρεται στο σχέδιο του Schinkel με μεγάλη εκτίμηση και σεβασμό. Γράφει: "Τον Σεπτέμβριο του 1834 ήλθαν επίσης ο Βασιλεύς και η αντιβασιλεία με τη νέα της σύνθεση στην Αθήνα· θα ενεκρίνετο τώρα το σχέδιο των ανακτόρων του κυρίου von Klenze ο οποίος είχε προτείνει την ανέγερσή τους στα υψώματα του Αγίου Αθανασίου στις δυτικές παρυφές της πόλης, ανάμεσα στο Δίπυλον και στον λόφο των Νυμφών. Ταυτοχρόνως όμως κατέφθασαν και τα γοητευτικά προοπτικά και οι όψεις του αρχιτεκτονικού σχεδίου ενός ανακτόρου επάνω στην ίδια την Ακρόπολη που, με βάση την ευφυά ιδέα του τότε διαδόχου και νυν Βασιλέως της Πρωσίας, είχε εκπονήσει ο αείμνηστος Schinkel εκμεταλλευόμενος μεγαλοφυώς τον περιωρισμένο αυτό χώρο. Ο Βασιλεύς Όθων αμφιταλαντεύθη πολλές μέρες ώσπου να πεισθεί για το ανεφάρμοστο στην πράξη της ωραίας ιδέας· τέλος, παρητήθη με έναν αναστεναγμό από το μαγικό παραμυθένιο παλάτι. Ενεκρίθη το σχέδιο του Klenze, και ένα χρόνο αργότερα αντεκαταστάθη κι αυτό απ' το σχέδιο του Gaertner που μετέθεσε τα ανάκτορα στην αντίθετη πλευρά της πόλης, σχέδιο το οποίο και επραγματοποιήθη τελικώς". (L. Ross: *Erinnerungen und Mittheilungen aus Griechenland,* Berlin 1863, σελ. 76-77).

7. "Η άκαμπτη [γεωμετρική] κανονικότητα σύμφωνα με τις σύγχρονες αντιλήψεις θα ήταν εδώ εντελώς εσφαλμένη· μεγάλοι επιβλητικοί όγκοι θα κατεπίεζαν τα θεσπέσια κατάλοιπα της αρχαιότητος, τα οποία διακρίνει όχι το απόλυτο μέγεθος αλλά το μέτρο των μορφών τους. Ο Schinkel προσπαθεί να αναδείξει τα έργα του Ικτίνου και του Καλλικράτη σε όλη τους τη λαμπρότητα, και εν τούτοις επιτρέπει στα βασιλικά δώματα να είναι συνδεδεμένα με τα υψηλά πρότυπα· η ομορφιά τους δεν θα είναι γι' αυτό λιγώτερη γιατί τους αφήνουν εθελοντικά το προβάδισμα". (Alexander von Quast: *Neubau der Stadt Athen und des koeniglichen Schlosses auf seiner Burg,* Berlin 1834, σελ. 36).

8. Ο πιο σημαντικός από τους επικριτές του σχεδίου του Schinkel υπήρξε βέβαια ο Klenze, που παρέδωσε τον ίδιο χρόνο την αντιπρότασή του για τα ανάκτορα, που τα τοποθετεί στα δυτικά υψώματα του λόφου των Νυμφών. Στις μυστικές του σημειώσεις *Memorabilien*, που μέχρι σήμερα, 165 χρόνια αργότερα, παραμένουν αδημοσίευτες και φυλάσσονται στη Συλλογή Klenzeana της Κρατικής Βιβλιοθήκης της Βαυαρίας στο Μόναχο, διαβάζουμε τα ακόλουθα στις ταξιδιωτικές του εντυπώσεις από την Ελλάδα:
"Ο Schinkel (παρακινημένος από τον διάδοχο της Πρωσίας) είχε στείλει στον Βασιλέα της Ελλάδος ένα σχέδιο για την ανέγερση ενός ανακτόρου στο ύψωμα της Ακρόπολης, το οποίο είχε φθάσει μαζί με μας στο Ναύπλιο. Η εργασία αυτή ήταν ευφυέστατη, καλαίσθητη και σύμφωνη με το γνήσιο ελληνικό πνεύμα· αλλά εντελώς αταίριαστη με τα ευρωπαϊκά ήθη του Βασιλέως και της αυλής του· τελείως ανεφάρμοστη λόγω του ύψους του βράχου, της δυσκολίας ανάβασης πεζών και οχημάτων· λόγω της έλλειψης νερού, της εκτεθειμένης θέσης κ.λπ. Τα νέα κτήρια εσχημάτιζαν ένα σύνολο μαζί με τα διατηρητέα ερείπια μέσα σε ένα πάρκο, αλλά μ' όλα αυτά ο χώρος ήταν τόσο στενός ώστε για να χωρέσουν οι σταύλοι ήσαν εν επαφή με τις στοές και τους τοίχους των Προπυλαίων! Πάντως το σχέδιο αυτό ήταν το θεσπέσιο και γοητευτικώτατο όνειρο θερινής νυκτός ενός μεγάλου αρχιτέκτονος. Ηναγκάσθην να το περιγράψω ο ίδιος στον Βασιλέα επάνω στην Ακρόπολη και το έκανα στο πνεύμα όσων προανέφερα· εξ άλλου ο Βασιλεύς Όθων, αν και έκρινε δίκαια το σχέδιο, δεν έβλεπε καμία δυνατότητα εφαρμογής του." (βλ. τεκμήριον 5 συλλογής "Κειμένων").
Αλλά και ο Pueckler-Muskau στην προαναφερθείσα επιστολή του (βλ. ανωτέρω σημ. 5) συνεχίζει παρατηρώντας τα εξής για το ανεφάρμοστο του σχεδίου: "Το δικό σας σχέδιο εδώ δεν μπορεί να κτισθεί· θα έπρεπε να στείλετε μαζί και τον Φειδία και τον Καλλικράτη, και πάνω απ' όλα τα υλικά μέσα που είχε στη διάθεσή του ο Περικλής. Εδώ όμως υπάρχει τέτοια ένδεια που δεν είναι σε θέση ούτε καν να επιδιορθώσουν τον δρόμο του Πεντελικού, και γι' αυτό σκέπτονται να κατασκευάσουν τους κίονες στο προστώο του νέου ανακτόρου με οπτόπλινθους.

Είσθε τυχερός που δεν βλέπετε τη νέα Αθήνα. Σ' αυτό το απαίσιο δειγματολόγιο σπιτιών, που εν μέρει είναι επιχρωματισμένα με σχέδια ξεσηκωμένα από εγγλέζικο τσίτι, θα καταρρέατε λιπόθυμος δίπλα στους κίονες του Παρθενώνος."

9. Παραθέτουμε τα σημαντικότερα χωρία της περιγραφής από τον Quast του σχεδίου των ανακτόρων στην Ακρόπολη, που χρονικά είναι η πρώτη και παραμένει και μέχρι σήμερα μια ακριβής απεικόνιση όλου του κτηριακού συγκροτήματος, χωρίς ωστόσο να υπερβαίνει τα όρια της ενθουσιώδους περιγραφής και να αποτολμά μία κριτική αποτίμηση του σχεδίου:

"Απέναντι στα [αρχαία] Προπύλαια, όμως σε μία γραμμή πίσω από τις ανατολικές όψεις του Παρθενώνος και του Ερεχθείου, βρίσκονται τα νέα ιωνικά, κομψά προπύλαια που η κύρια διάταξή τους συγγενεύει με τη διάταξη των προπυλαίων της εποχής του Περικλή. Στη μακρόστενη πλατεία ανάμεσα στα δύο προπύλαια [τα αρχαία και τα νέα], που το πλάτος της ορίζουν ο Παρθενών και το Ερεχθείο, διαμορφώνεται ένας αρχαιοπρεπής ιππόδρομος που ο εσωτερικός του άξων [σπίνα] ενδείκνυται για την τοποθέτηση διαφόρων έργων τέχνης. Τα δυο άκρα του είναι στρογγυλεμένα και επειδή το έδαφος προς τα ανατολικά στο σημείο ακριβώς μπροστά από τα νέα προπύλαια ανεβαίνει περίπου 25 πόδια, η δυτική πλευρά είναι εξίσου υπερυψωμένη και ανάλογα διακοσμημένη. Η αμαξιτή οδός δίπλα στον δρόμο του ιπποδρόμου μετά μία σύντομη καμπή οδηγεί στα προαναφερθέντα [νέα] προπύλαια ιωνικού ρυθμού, που στα δυτικά τους ευρίσκεται απέναντι από το Ερεχθείο το κτήριο της φρουράς. Το καθευατό ανάκτορο τοποθετημένο στο πίσω τμήμα του ιερού βράχου σχηματίζει μόνο έναν όροφο μετρίου ύψους, πάνω από τη στέγη του οποίου προεξέχουν μεμονωμένοι κίονες και πύργοι [sic!] αλλά έτσι ώστε να μην υπερβαίνουν σε ύψος τον Παρθενώνα. Το κτήριο δεν έχει πρόσοψη που θα την αποκαλούσαμε κανονική· γιατί ανάλογα με το έδαφος προβάλλουν μεμονωμένες πτέρυγες και περιστύλια, ενώ το περιβάλλον τείχος σε πολλά σημεία υποχωρεί προς τα μέσα. Ενώ η δυτική πλευρά της κυρίας εισόδου των ανακτόρων παρουσιάζεται κατά κάποιο τρόπο ως μετωπική πρόσοψη, όλη τη νότια πλευρά χαρακτηρίζει μία κιονοστοιχία εν επαφή σχεδόν με το τείχος, η οποία συνεχίζει μπροστά στη μακρά πτέρυγα [των ανακτόρων] που εκτείνεται ανάμεσα στον Παρθενώνα και το νότιο τείχος και μέχρι το μέσο του Παρθενώνος, όπου τελειώνει με το παρεκκλήσι των ανακτόρων. Στο άλλο άκρο της κιονοστοιχίας, ένας επιβλητικός στρογγυλός πύργος αποτελεί το νοτιοανατολικό άκρο του βράχου και του παλατιού. Ακόμα λιγότερο κανονικές είναι οι άλλες πλευρές, που τα περιγράμματά τους ποικίλλουν ανάλογα με τον προορισμό κάθε δωματίου και συνδέονται αρμονικά με τους χαριτωμένους κήπους.

Τα κυρίως προπύλαια οδηγούν κατ' αρχάς σε μία υπαίθρια αυλή που την περιβάλλουν περιστύλια. Τα δωμάτια και οι αίθουσες γύρω απ' αυτή την αυλή προορίζονται για τους αξιωματούχους και τις υπηρεσίες της Αυλής· η αίθουσα των αντιπροσώπων της χώρας καταλαμβάνει το μεσαίο τμήμα της πλευράς ακριβώς απέναντι από τα κυρίως προπύλαια. Δεξιά ένας εστεγασμένος διάδρομος οδηγεί σε μία δεύτερη αυλή γύρω από την οποία, όπως και στη διπλανή πτέρυγα μέχρι το παρεκκλήσι, διατάσσονται τα διαμερίσματα του Βασιλέως. Ο διάδρομος οδηγεί από μια κλίμακα με απαλή κλίση σε έναν προθάλαμο, στη μέση του οποίου ο Βασιλεύς υποδέχεται αυτοπροσώπως υψηλούς ξένους.

Τα δωμάτια της βασίλισσης ευρίσκονται στο νοτιο-ανατολικό τμήμα των ανακτόρων, γύρω από μία αυλή ανάλογου μεγέθους με την αυλή του Βασιλέως. Ανάμεσα στις δύο αυλές και με στέγη που εξέχει ψηλότερα απ' αυτές τοποθετείται η μεγάλη αίθουσα τελετών, που στα βόρεια συνδέεται με μια ιδιαίτερα μεγάλη αυλή, η οποία, όπως και όλες οι προηγούμενες, περιβάλλεται από περιστύλια και είναι κοσμημένη με χλόη, λουλούδια και πορτοκαλιές· στα νότια όμως υπάρχει ένας στεγασμένος διάδρομος σε άμεση επαφή με μία μεσαία αίθουσα και την κιονοστοιχία μπροστά της, η οποία επιτρέπει μέσα από όλα αυτά τα δωμάτια τη θέα της περιοχής μπροστά στην Ακρόπολη και της απέραντης έκτασης του πελάγους. (...) Η αίθουσα τελετών χαρακτηρίζεται παρ' όλες τις καθαρές μορφές της ελληνικής αρχιτεκτονικής από ανατολίτικη μεγαλοπρέπεια ενδεδειγμένη για τα ανάκτορα ενός ηγεμόνος, που το βασίλειό του διατηρεί ακόμα πολλαπλούς δεσμούς με την Ανατολή. Είπαμε παραπάνω ότι το παλάτι καταλήγει στο νοτιο-ανατολικό άκρο [του βράχου] σε έναν μεγάλο στρογγυλό πύργο. Ο πύργος αυτός συνάπτεται με τα δωμάτια που προορίζονται για τη βασίλισσα. Στο υπόγειό του προβλέπεται ένα λουτρό, ενώ ο πρώτος όροφος περιλαμβάνει το κυρίως σαλόνι, δηλαδή έναν χώρο ανάλογο με αυτόν που οι Άγγλοι αποκαλούν drawing room. Μια ανοιχτή αλτάνα κάτω από ένα σκιερό πρόστεγο ακριβώς πάνω από την πλαγιά περιβάλλει το δωμάτιο κατά τα τρία τέταρτα του κύκλου". (Alexander von Quast: *Neubau der Stadt Athen und des koeniglichen Schlosses auf seiner Burg*, μέρος II, Berlin 1834, σελ. 37-40).

Μια γενική κριτική αποτίμηση του σχεδίου απαντάται 10 χρόνια αργότερα στην πρώτη βιογραφία του Schinkel που συνέγραψε ο Waagen:

"Τον επόμενο χρόνο ο Schinkel τιμάται με την ανάθεση του αρχιτεκτονικού σχεδίου των ανακτόρων του Βασιλέως της Ελλάδος στην Αθήνα. Βέβαια δεν θα μπορούσε να επιλεγεί πιο άξιος [γι' αυτό το έργο], γιατί κανένας δεν βρισκόταν πιο κοντά από τον Schinkel σ' αυτή την εστία της κλασικής αρχιτεκτονικής τόσο από άποψη πνευματικής συγγένειας όσο και λεπτότητος της αρχιτεκτονικής του μόρφωσης. Επίσης είχε πλήρη συναίσθηση της υψηλής ποιητικής και καλλιτεχνικής σπουδαιότητος αυτού του έργου και με τη συνηθισμένη του μεγαλοφυία συνέλαβε όλες του τις διαστάσεις. Η θέση που επέλεξε ήταν η Ακρόπολη· έτσι θα άνθιζε η νέα ζωή πλάι στα μεγαλόπρεπα ερείπια του αρχαίου μεγαλείου. Με μέγιστη ευσέβεια και άκρα λεπτότητα και διακριτικότητα περιβάλλουν όλες οι πτέρυγες του ανακτόρου τον Παρθενώνα με τέτοιο τρόπο ώστε αυτός να κυριαρχεί με το ύψος του επάνω σε όλα τα κτίσματα και να μένει ελεύθερα ορατός από παντού. Αυτή η ωραία αλληλουχία των κλασικών στη μορφή, όμως νέων, μεγάλων και μικρών κτισμάτων δεν χρειάζεται βέβαια να φοβάται τη σύγκριση με τα ερείπια, παρ' όλα αυτά όμως είναι διαφορετική, προσηρμοσμένη στις ανάγκες της εποχής μας, και με τις σκιερές περίστυλες στοές και τους μικρούς κήπους τους είναι τόσο εναρμονισμένη με το ζεστό, νότιο κλίμα, που θαρρείς πως ο αρχιτέκτων έχει ζήσει εδώ καιρό". (Waagen, Gustav Friedrich: *Karl Friedrich Schinkel als Mensch und als Kuenstler*, Berlin 1844, σελ. 406).

10. Επιστολή του Pueckler στον Schinkel από την Αθήνα στις 28.3.1836. Βλέπε σημ. 5 παρόντος κεφαλαίου.

11. "Αυτά τα σχέδια διατάσσουν στον στενό χώρο του ιερού βράχου γύρω από τα μεγαλόπρεπα ερείπια του Παρθενώνος, των Προπυλαίων και του Ερεχθείου, μια σειρά ναών και στοών με τόση χάρη που δεν θυμόμαστε να έχουμε δει ποτέ άλλοτε ωραιότερο αρχιτεκτονικό ποίημα". (L. Ross: *Reisen des Koenigs Otto und der Koenigin Amalia von Griechenland*, Halle 1848, τόμος 1, σελ. 66).

12. Waagen, Gustav Friedrich: *Karl Friedrich Schinkel als Mensch und als Kuenstler*, Berlin 1844, σελ. 406.

13. Leo von Klenze: *Memorabilien*. Αδημοσίευτο χειρόγραφο της συλλογής Klenzeana της Κρατικής Βιβλιοθήκης της Βαυαρίας στο Μόναχο. Εδώ: αναφορά στην αποστολή του στην Ελλάδα. Βλέπε σημ. 8 παρόντος κεφαλαίου.

14. Παραθέτουμε το συγκινητικό αυτό εδάφιο από την επιστολή του Schinkel: "Όταν εδιάβασα πως θα έκτιζαν τους κίονες των νέων ανακτόρων με οπτόπλινθους και πως δεν ήσαν σε θέση να επισκευάσουν τον δρόμο προς την Πεντέλη, ευρήκα σ' αυτές τις γραμμές καθησυχαστική παρηγοριά για το μάταιο εν μέρει σχέδιο των ανακτόρων, αν και από την άλλη μεριά αυτή την παρηγοριά συνοδεύει το αποκαρδιωτικό αίσθημα πως όλες οι νεανικές επιθυμίες και ωραίες ψευδαισθήσεις είναι πια παρελθόν". (Επιστολή του Schinkel από το Βερολίνο προς τον Pueckler-Muskau στην Αθήνα, με ημερομηνία 4.5.1836).

15. "Από την ιδιοσυγκρασία του, δηλαδή την ιδιοσυγκρασία ενός φύσει δη-

μιουργικού ανθρώπου που θέλει να δει το έργο του πραγματοποιημένο, συμπεραίνουμε ότι ο Schinkel θεωρούσε το έργο πραγματοποιήσιμο, ή ότι τουλάχιστον έπαιζε με τη σκέψη να δει το σχέδιό του να εφαρμόζεται. Σε τελευταία ανάλυση ο τίτλος του έργου στο οποίο δημοσίευσε αργότερα το σχέδιό του είναι 'Έργα υψηλής αρχιτεκτονικής προορισμένα να πραγματοποιηθούν' (*Werke der Hoeheren Baukunst fuer die Ausfuehrung bestimmt*). Άρα στο ερώτημα εάν η Ακρόπολη, ο ιερός αυτός περίβολος της κλασικής Ελλάδος, επετρέπετο να συνδεθεί με τη ζωή του παρόντος με τόσο απαιτητικό τρόπο, ο Schinkel λόγω του ιδεαλιστικού αρχιτεκτονικού φρονήματός του απήντησε καταφατικά. Αυτό το πρόβλημα αρχής νομίζουμε ότι δεν ετίθετο καν γι' αυτόν. Όμως έβλεπε επιταγές στις οποίες ώφειλε να υπακούσει, την επιταγή αφ' ενός μεν της εναρμόνισης, αφ' ετέρου δε της απόστασης". (M. Kuehn: *Als die Akropolis aufhoerte Festung zu sein* (Όταν η Ακρόπολη έπαψε να είναι οχυρό). Στο "*Festschrift Sperlich*", Berlin 1981, σελ. 86).

16. "Αν εξετάσουμε τη σχέση του [του Schinkel] με τα πολεοδομικά ζητήματα, αποκαλύπτονται ιδιαίτερα όχι μόνον οι ιδιομορφίες της ιδιοσυγκρασίας του αλλά ταυτοχρόνως και τα όρια της πολεοδομικής αντίληψης της εποχής του. (...) Ο Schinkel μάς δείχνει την αισθητική μετάβαση της πολεοδομίας από τέχνης διευθέτησης του χώρου σε τέχνη εικαστικών εντυπώσεων. Εδώ όμως ακριβώς ευρίσκεται το σπέρμα της εγκατάλειψης της πολεοδομίας ως τέχνης διάταξης μεγάλων όγκων (...) χάνει κανείς την αίσθηση της πολεοδομίας που απαιτεί μαθηματικές συναρτήσεις ανώτερης τάξης. Έτσι κινδυνεύει να απωλεσθεί επίσης η αίσθηση των μεγάλων κοινωνικών προβλημάτων της πολεοδομίας. Η ανοδική πορεία της καλλιτεχνικής συνείδησης του Schinkel συμπίπτει με την πτωτική πορεία της κοινωνικής καλλιτεχνικής του συνείδησης". (Fritz Schumacher: *Stroemungen in der deutschen Baukunst seit 1800* (Ρεύματα της γερμανικής αρχιτεκτονικής από το 1800), Leipzig 1935. σελ. 36).
Αλλά και ο Helmut Delius ασκεί το 1931 αυστηρή κριτική στον τρόπο που αντιλαμβάνεται ο Schinkel τα πολεοδομικά-μορφολογικά ζητήματα. Κατά τη γνώμη του, στον Schinkel έλειπε "η αίσθηση του χώρου και του όγκου". Το ταλέντο του περιωρίζετο στην γραφική πλευρά της αρχιτεκτονικής, η οποία όμως δεν μπορεί κατά κανένα τρόπο να εγγυηθεί πολεοδομικές λύσεις: "Ανακεφαλαιώνοντας, διαπιστώνουμε πως ο Schinkel δεν διέθετε πολεοδομική αντίληψη της αρχιτεκτονικής με την έννοια του χώρου και της διάταξης κτηριακών όγκων, πως αυτή η διάσταση της αρχιτεκτονικής δεν τον ενδιέφερε ποτέ και πουθενά, πως μάλιστα ο ίδιος, επομένως και η εποχή του όντως την ηρνήθησαν αυτή τη διάσταση. Με την προσωπικότητα και το έργο του ο Schinkel έκοψε τελείως και ριζικά τα νήματα που έδεναν την πολεοδομική παράδοση με την προγενέστερη εποχή. Εάν όμως αναζητήσουμε τυχόν νέες πολεοδομικές απόψεις στο έργο του, θα ιδούμε ότι η αντίθεση της πολεοδομικής αντίληψης του Schinkel συνίσταται στην παντελή έλλειψη πολεοδομικού κριτηρίου.
Η εξήγηση του εντυπωσιακού αυτού γεγονότος έγκειται αποκλειστικά και μόνο στην προσωπικότητα του Schinkel. Το ταλέντο του περιωρίζετο στη γραφική διάσταση της αρχιτεκτονικής, σε μια διάσταση δηλαδή που έχει εντελώς δευτερεύουσα σημασία για τη φύση της αρχιτεκτονικής. (...) Εάν, κατά τον Schinkel, κάθε κτήριο χαρακτηρίζεται από απόλυτη ατομικότητα και δεν έχει καμία άλλη σχέση με το περιβάλλον του εκτός από τη σχέση της τυχαίας γειτνίασης στον χώρο –πράγμα που διακηρύσσει ο ίδιος–, τότε εκπίπτει κάθε πολεοδομική θεμελείωση". (Delius, Helmut: *Die staedtebauliche Auffassung des Hellenismus bei Schinkel* (Η πολεοδομική αντίληψη της ελληνικής τέχνης στον Schinkel). Άρθρο στο περιοδικό "*Stadtbaukunst*", έτος XII, 1931, σελ. 69-73).

17. Ο Gerd Albers εξετάζοντας αυτό το ζήτημα καταλήγει στην εξής κρίση: "Ο Schinkel ήταν αρχιτέκτων με έντονη κλίση στη ζωγραφική και με εξαιρετικά ανεπτυγμένη αίσθηση των γραφικών-ατμοσφαιρικών στοιχείων της πόλης, καθώς και της αστικής ζωής μέσα σ' αυτή. Όταν όμως διαβάζει κανείς στις επιστολές και τα ημερολόγιά του την περιγραφή των εντυπώσεών του, κατά βάθος ανακαλύπτει τον προσλαμβάνοντα άνθρωπο με εικαστικά ενδιαφέροντα, όχι τον προσανατολισμένο προς το μέλλον σχεδιαστή πόλεων. (...) Αυτό επομένως που ενδιαφέρει τον Schinkel είναι αφ' ενός μεν τα μεμονωμένα κτίσματα με τις καλλιτεχνικές και τεχνικές ιδιότητές τους, αφ' ετέρου οι γραφικές επενέργειές τους στη συνολική εικόνα της πόλης ή σε επιμέρους πλευρές της. Την προσοχή του προκαλούν επίσης οι κάτοικοι της πόλης, η ζωή και τα δρώμενα μέσα σ' αυτή, αλλά μάλλον με την έννοια της ατμόσφαιρας, με την έννοια της ζωογόνησης της εικόνος, και όχι υπό το πρίσμα ενός ειδικού ενδιαφέροντος για την κοινωνική δομή της πόλης". (Gerd Albers: *Schinkel und der Staedtebau des 19en Jahrhunderts* (Ο Schinkel και η πολεοδομία του 19ου αιώνα) (1973). Στον τόμο: *Festreden Schinkel zu Ehren* (1846-1980), Berlin 1980, επιμ. J. Posener, σελ. 348-349).

18. Στο δοκίμιο του Andreas Reidemeister *Staedtebau in Berlin, Schinkel und exemplarische Momente bis heute* (Η πολεοδομία στο Βερολίνο. Ο Schinkel και οι παραδειγματικές εξελίξεις μέχρι σήμερα) (στο K. F. Schinkel: *Werke und Wirkungen*, κατάλογος της έκθεσης στο κτήριο Martin Gropius 13.3.1981-17.5.1981, σελ. 28/34), διαβάζουμε:
"Ο Schinkel προσεπάθησε να επέμβει στον χώρο της πόλης σημειακά και με την οροθέτηση σημείων να αποκαταστήσει συνάφειες στον ήδη υπάρχοντα ιστό (...). Αυτή είναι η αρχή μιας ελεγχόμενης αποκέντρωσης". Και πιο κάτω: "Υπήρξε και άλλοτε μία μέθοδος, αν και κάτω από τελείως διαφορετικές κοινωνικές συνθήκες, η οποία επέτρεψε να γεμίσουν μεγάλοι αστικοί χώροι με ετερογενείς λειτουργίες· υπήρξε και άλλοτε η μέθοδος πρόσθεσης λειτουργιών στην πυκνοδομημένη περιοχή της πόλης, έτσι ώστε ο χώρος να διευρυνθεί κατ' ανάγκην οπτικά. Αυτές οι μέθοδοι είναι τόσο χρήσιμες [σήμερα] όσο και την εποχή που ο Schinkel με φειδωλά οικονομικά μέσα επεδιώρθωνε και συνεπλήρωνε τον χαώδη αστικό χώρο που είχε βρει [στο Βερολίνο]".

19. Παραθέτουμε ωρισμένα χαρακτηριστικά αποσπάσματα από το κείμενο του Paul Ortwin Rave:
"Τα σχέδια [του Schinkel για τα ανάκτορα στην Ακρόπολη] χαρακτηρίζουν απόλυτα τη ρομαντική κατά βάθος αντίληψη του καλλιτέχνη, έτσι όπως δέκα χρόνια ενωρίτερα μεθερμήνευσε την αρχαία ζωή κατά τον ιδιόμορφο τρόπο της εποχής του στον πίνακά του "Ματιά στην άνθηση της Ελλάδος". Ο Schinkel δεν εσχεδίασε τόσο ένα παλάτι σύμφωνο με τις απαιτήσεις μιας σύγχρονης ευρωπαϊκής αυλής, όσο ένα ανάκτορο σαν κι αυτό που θα μπορούσε να είχε κατοικήσει ο Περικλής, ή μάλλον ακριβέστερα σαν κι αυτό που μια ρομαντική εποχή πίστευε πως είχε κατοικήσει ο Περικλής. Και εν τούτοις τα έχει σκεφθεί όλα μέχρι την τελευταία λεπτομέρεια και τα έχει διατάξει με τον τρόπο που απαιτεί η ζωή στο Νότο. Προστώα και υπαίθριες αυλές που γύρω τους διατάσσονται πολλά μικρά δωμάτια, μία ευάερη αίθουσα θρόνου, περιστύλια και διακοσμητικοί μικροί κήποι συνδέονται προσθετικά δημιουργώντας ένα άκρως γοητευτικό μόρφωμα, με εξαιρετικά επιτήδεια εκμετάλλευση του περιωρισμένου χώρου. Στόχος ήταν η συγχώνευση του κτηριακού συγκροτήματος και των καταλοίπων της αρχαιότητος σε ένα ενιαίο σύνολο, στο οποίο όμως ο Παρθενών θα είχε μία δεσπόζουσα και έξοχη θέση".
Και παρακάτω: "Το υπερβολικό δέος και ο δισταγμός του αρχαιολόγου ήταν κάτι ξένο στην εποχή του Schinkel, όπως εξ άλλου και στις μεγάλες εποχές της αρχιτεκτονικής που είχαν προηγηθεί. Βέβαια όπως ο Quast, και ο αρχαιολόγος Ross απαιτούσε κι αυτός να απελευθερωθούν τα αρχαία κτήρια από τις κατοπινές αλλοιώσεις και να διατηρηθούν απρόσβλητα. Αλλιώς ο Schinkel θα πρόδιδε τον εαυτό του! Αλλά το γεγονός ότι υποτάσσει τα κτίσματά του στα αρχαία μνημεία μαρτυρεί τη διακριτικότητα που τον διακρίνει. Όχι μόνο προβλέπει όλα τα νέα κτήρια μονώροφα με μέτριο ύψος, αλλά τα διατάσσει στο χαμηλότερο ανατολικό τμήμα του βραχώδους πλατώματος πίσω από τον Παρθενώνα και το Ερεχθείο, εκεί που ο Ross και αργότερα και ο Klenze επρότειναν την ανέγερση μιας γλυπτοθήκης". (Paul

Ortwin Rave: *Schinkels Traum von einem koeniglichen Palast auf der Akropolis zu Athen* (Το όνειρο του Schinkel για ένα βασιλικό παλάτι στην Ακρόπολη της Αθήνας). Στο περιοδιό *Atlantis* έτος VI, 1934, σελ. 137).

20. Έτσι γράφει ο Hermann Pundt:
"Ο Schinkel συνέθεσε τη διάταξη των ανακτόρων σεβόμενος τα υπάρχοντα αριστουργήματα του Περικλή. Αίθουσες, διαμερίσματα, αυλές και στοές διαχωρίζονται από τα αρχαία οικοδομήματα και υποτάσσονται προσεκτικά στις κύριες γραμμές τους. Σε καμία περίπτωση το ύψος των νέων κτισμάτων δεν προσβάλλει τον κυρίαρχο χαρακτήρα των πολύτιμων αρχαίων καταλοίπων. Το δέος του Schinkel απέναντι στην κλασική Ελλάδα ήταν ειλικρινές, αλλά η αυτοπεποίθηση της εποχής του, του επέτρεψε αυτό που αργότερα έμελλε να θεωρηθεί ιεροσυλία. Στη δεκαετία εν τούτοις του 1830 η μόνη του έννοια ήταν η διατύπωση αισθητικών και πρακτικών μέσων έκφρασης της αντίληψής του περί συγχρόνου ελληνικού ύφους. (...)
Όσον αφορά τη διάταξη και οργάνωση του σχεδίου, ο Schinkel έπρεπε να λάβει υπ' όψιν του όχι μόνο τις απαιτήσεις της λειτουργίας και της άνεσης, αλλά επίσης τις ειδικές κλιματικές συνθήκες και το περιορισμένο τού [διαθέσιμου] χώρου. Οι προγενέστερες εξορμήσεις του στη νότια Ιταλία και τη Σικελία τον είχαν διδάξει ότι αυτές οι χώρες απαιτούσαν λύσεις πολύ διαφορετικές από εκείνες που ισχύουν στον [κλιματικά] εχθρικό Βορρά. Οι πολυάριθμες αυλές, οι ανοικτές στοές και οι υπαίθριοι χώροι συνάθροισης των ανακτόρων της Αθήνας αντικατοπτρίζουν τη συνειδητή προσπάθεια του Schinkel να δημιουργήσει ένα περιβάλλον προσηρμοσμένο στο μεσογειακό κλίμα. Τα δεδομένα της θέσης επίσης ήταν μια πρόκληση, με αποτέλεσμα να προτείνει μια ιδιότυπη σύνθεση. Όπως ο Μνησικλής πολλούς αιώνες νωρίτερα, έτσι και ο Schinkel απήντησε θετικά στις απαιτήσεις του ανώμαλου εδάφους. Κήποι σε κοιλότητες, κλίμακες και άνδηρα θα υπερνικούσαν τις υψομετρικές διαφορές και τμήματα του ανώμαλου φυσικού εδάφους θα εχρησιμοποιούντο με τον πιο ευνοϊκό τρόπο. (...)
Την ιδέα του Schinkel για τα ανάκτορα της Αθήνας χαρακτηρίζει αφ' ενός μεν το μέλημά του να δώσει μια μεσογειακή λύση, αφ' ετέρου το ενδιαφέρον του για ένα σχέδιο σύνθετο, αποτελούμενο από πολλές ενότητες. Το σχέδιο αυτό επέτρεπε επίσης μια ευελιξία που καθιστούσε δυνατή την επιθυμητή σύνδεση με τα αρχαία μνημεία της Ακρόπολης, χωρίς να παραβιάζεται ο σεβάσμιος χαρακτήρας τους και η δεσπόζουσα οπτικά θέση τους". (Pundt, Hermann G.: *Schinkel's Berlin. A study in environmental planning* (Το Βερολίνο του Schinkel. Σπουδή σχεδιασμού του περιβάλλοντος), Cambridge, Mass. 1972, σελ. 89-91).

21. Παραθέτουμε εδώ ωρισμένες παρατηρήσεις του Rand Carter για την εξοικείωση του Schinkel με το αντικείμενο της πρότασής του για την Αθήνα:
"Τι ακριβώς, στην προηγούμενη σταδιοδρομία του Schinkel, θα μπορούσε να τον έχει προετοιμάσει για ένα σχέδιο αυτού του είδους και σ' αυτό το περιβάλλον; Ενώ μέχρι αυτή τη στιγμή η αρχιτεκτονική πρακτική του Schinkel περιοριζέτο σε ένα κλίμα και σε μία τοπογραφία της βόρειας Ευρώπης, γνώριζε ήδη καλά την κλασική έπαυλη –και ειδικώτερα την ιταλική της εκδοχή– ως αρχιτεκτονικό πρότυπο. Κατά τη διάρκεια των περιηγήσεών του στην Ιταλία το 1802-1804 και το 1824 είχε ερευνήσει τόσο την αρχαία ρωμαϊκή [sic!] μορφή της στην Πομπηία όσο και την κάπως παραλλαγμένη μορφή με την οποία συνέχιζε να υπάρχει μέχρι τις μέρες του ως λαϊκή παράδοση σε όλη την αγροτική Ιταλία και Σικελία. Το εξαίσιο Charlottenhof στο πάρκο του Potsdam που ο Schinkel είχε αναπλάσει για τον διάδοχο της Πρωσίας το 1826-1827 ήταν μια νεοκλασική maison de plaisance [περίπτερο αναψυχής]. Αργότερα, ο διάδοχος πρότεινε να συμπληρωθεί το Charlottenhof με μία ευρύχωρη έπαυλη κατά τον αυθεντικά αρχαίο τρόπο. Τον καιρό που έκανε τα σχέδια [για το κτήριο αυτό], προσεπάθησε με τη βοήθεια του Schinkel να αναπαραστήσει τις δύο επαύλεις του Πλινίου του Νεωτέρου, τη Villa Laurentina στην θάλασσα και τη Villa Tusculum".
Σχετικά με τις αρχές σύνθεσης και τη διάταξη των δωματίων γράφει: "Από την εσωτερική όψη των [αρχαίων] Προπυλαίων το έδαφος υψώνεται βαθμιαία φθάνοντας στο προστώο της κεντρικής εισόδου των ανακτόρων σε ένα επίπεδο 18 πόδια υψηλότερο από εκείνο της εισόδου [στην Ακρόπολη]. Στα βόρεια της εισόδου των ανακτόρων, το κτήριο της φρουράς διατάσσεται έτσι ώστε να προσαρμόζεται οπτικά προς το γειτονικό Ερεχθείο. Τόσο το ακανόνιστο σχήμα και περίγραμμα της ανατολικής απόληξης του πλατώματος της Ακρόπολης όσο και η παρουσία στα δυτικά αρκετών αρχαίων μνημείων απέτρεψαν κάθε απλή αξονική συμμετρία τόσο στις όψεις όσο και στις κατόψεις. Μόνον η νότια όψη με την εκτεταμένη κιονοστοιχία που συνδέει τα ιδιωτικά διαμερίσματα (μεταξύ τους αλλά και με το παρεκκλήσιο στη νοτιο-δυτική γωνία του κτηριακού συγκροτήματος) θα μπορούσε να τη δει κανείς ολόκληρη, αλλά ακόμη και τότε –εξαιτίας του γεγονότος ότι τοποθετείται στο χείλος του πλατώματος– μόνον από σεβαστή απόσταση.
Το πλέγμα των καθέτων και διασταυρουμένων κυρίων και δευτερευόντων αξόνων που στο σχέδιο του φυτώριου (Hofgaertnerei) του Potsdam ήταν κατά μέγα μέρος γραφικής έμπνευσης εδώ αποτελεί αναγκαιότητα. Παρ' όλα αυτά το σύστημα κυκλοφορίας είναι εξαιρετικά μελετημένο. Η πρώτη και πιο δημόσια αυλή είναι το κέντρο των διοικητικών λειτουργιών του παλατιού και περιβάλλεται από γραφεία και επίσημες αίθουσες αναμονής. Στρίβοντας δεξιά (προς το νότο) ο επισκέπτης περνώντας μέσα από έναν πλατύ διάδρομο φθάνει σε έναν ευρύχωρο προθάλαμο που στ' αριστερά συνδέεται με μίαν αυλή, δηλαδή με το κέντρο των κοινωνικών και εθιμοτυπικών λειτουργιών της Αυλής, στα νότια της οποίας ευρίσκεται η [μεγάλη] αίθουσα τελετών. Επίσης εισερχόμενος από τον προθάλαμο, που συνδέεται με τη δεύτερη αυλή [αίθριο], συνεχίζει κανείς σε έναν επόμενο διάδρομο τοποθετημένο στον άξονα βορρά-νότου, ο οποίος οδηγεί σε μία μικρότερη περίστυλη αυλή στην καρδιά του διαμερίσματος του Βασιλέως. Μια τέταρτη [περίστυλη] αυλή ανάλογου μεγέθους με την προηγούμενη του Βασιλέως αλλά πιο έμμεσα προσιτή αποτελεί μέρος των πιο ιδιωτικών διαμερισμάτων της βασίλισσας. Τα δωμάτια υπηρεσίας τοποθετούνται σε ένα χαμηλότερο επίπεδο, στο υπόγειο αυτής της νότιας πτέρυγας, με τα λουτρά κάτω από το σαλόνι της βασίλισσας, που ορθώνεται πάνω από τα κτήρια του νοτιοανατολικού άκρου του πλατώματος. Τα ιδιωτικά αυτά διαμερίσματα τοποθετούνται στα νότια και στα ανατολικά, όπου αφ' ενός μεν είναι πιο ηλιόλουστα αφ' ετέρου προστατεύονται από τον τραχύ ήλιο του απομεσήμερου. Τόσο η κιονοστοιχία όσο και η γραφική μαρκίζα γύρω από το σαλόνι προσφέρουν μια πανοραμική θέα της πόλης από κάτω, καθώς και της μακρινής θάλασσας".
Για τη χρησιμοποίηση χρώματος στο κτήριο γράφει: "Ο πανταχού παρών κλασικιστικός ρυθμός παρέμεινε μονόχρωμος –αν και όχι απαραιτήτως "λευκός"– μέχρι το 1830. Το 1829 ο Jakob Ignaz Hittorf δημοσίευσε τη θεωρία πως οι αρχαίοι Έλληνες χρησιμοποιούσαν ευρέως την πολυχρωμία στο εξωτερικό των κτηρίων. Παρ' ότι η άποψη αυτή βρήκε ισχυρή αντίσταση, ο Leo von Klenze στην μονόπτερη [θόλο] που έκτισε στον Αγγλικό Κήπο του Μονάχου το 1833 χρησιμοποίησε χρώμα. Παρά το προηγούμενο και άλλα μεμονωμένα παραδείγματα, όπως η πολύ μεταγενέστερη Εθνική Ακαδημία του Theophilus Hansen στην Αθήνα, η πολυχρωμία συνδεόταν μάλλον με την αναβίωση της αρχιτεκτονικής της γοτθικής εποχής και της Αναγέννησης. Όπως και να είναι, ο Schinkel χρησιμοποίησε εξωτερικό χρώμα στο σχέδιο των Αθηνών όχι για να ορίσει ή να αρθρώσει αρχιτεκτονικά και γλυπτικά στοιχεία (όπως στο κτήριο της Ακαδημίας Αρχιτεκτονικής στο Βερολίνο) αλλά για να εμπλουτίσει και να κάνει πιο ανάλαφρες τις αυστηρές κατά τα άλλα επιφάνειες είτε με οριζόντιες ταινίες είτε με ορθογώνια σχήματα με αντιθετικούς χρωματισμούς". (Carter, Rand: *Karl Friedrich Schinkels Project for a Royal Palace on the Acropolis* (Το σχέδιο του Karl Friedrich Schinkel για ένα ανάκτορο στην Ακρόπολη). Σε άρθρο του στο *Journal of Architectural Historians*, 1980, σελ. 40-44).

22. Η Margarete Kuehn μεταξύ άλλων τονίζει τις εγγενείς αρχές του σχεδίου, δηλαδή τις αρχές "της παραλληλίας, ορθογωνικότητος και αξονικότητος",

οι οποίες, καθώς εγκαταλείπεται εδώ η συμμετρία και οι περισσότεροι του ενός όροφοι, οδηγούν στη ριζική απομάκρυνση από τη μπαρόκ παράδοση της αρχιτεκτονικής ανακτόρων. Δικαίως διακρίνει πως η σύνθεση του Schinkel στηρίζεται σε μια "υποτιθέμενη πολεοδομική διάταξη" της Ακρόπολης, δηλαδή στην παραδοχή πως υφίσταται παραλληλία (στην πραγματικότητα ανύπαρκτη) μεταξύ Προπυλαίων, Παρθενώνος και τείχους του Κίμωνος. "Στην κάτοψη φαίνεται πώς, παρά τις πολύ μέτριες διαστάσεις του παλατιού, οι πολυάριθμες πτέρυγες και οι χώροι που θα εξυπηρετούσαν λειτουργίες κυβερνητικές, διοικητικές, υποδοχής και κατοικίας συνδέονται μεταξύ τους σε ένα σαφές σύστημα διάταξης. Στον τρόπο διάταξης των κτισμάτων πρέπει να έπαιξε ρόλο και μάλιστα ιδιαίτερα μεγάλο, η προαναφερθείσα διάρθρωση των ελεύθερων χώρων σύμφωνα με την υποτιθέμενη πολεοδομική διάταξη της αρχαίας Ακρόπολης. Παραλληλία, ορθογωνικότητα και αξονικότητα είναι τα καθοριστικά στοιχεία του σχεδίου, εκείνο δε που σίγουρα υπήρξε το σπουδαιότερο οργανωτικό στοιχείο της όλης σύνθεσης είναι η παράλληλη θέση του Παρθενώνος προς το τείχος του Κίμωνος, διάταξη την οποία ο Schinkel παρέλαβε αναγκαστικά από τους Stuart-Revett και Leake. Σίγουρα ο Schinkel έκρινε ως αρχιτέκτων ότι η παράλληλη διάταξη του Παρθενώνος, των Προπυλαίων και του τείχους του Κίμωνος ήταν αρχή της αρχαίας κλασικής πολεοδομίας. Το γεγονός ότι παρά τη διάρθρωση του συγκροτήματος σε πολυάριθμα μέρη ο τονισμός ορισμένων χώρων μεταδίδει την εντύπωση μεγάλης σαφήνειας, μαρτυρεί και μια φευγαλέα ακόμη ματιά στην κάτοψη. Εν τούτοις, εδημιουργήθη ένα σχέδιο που μοιάζει να ευρίσκεται στους αντίποδες του παλατιού της εποχής του Μπαρόκ, που το χαρακτηρίζουν οι ιεραρχημένοι όγκοι. Ο αριθμός και μόνο των μεγάλων περιστυλίων καθιστά σαφές πως εδώ έπαιξαν ρόλο οι επαύλεις του Πλινίου που η ανακατασκευή τους τον είχε απασχολήσει έντονα σε συνάρτηση με τον σχεδιασμό του Scharlottenhof στο Sanssouci". Kuehn Margarete: *K.F. Schinkels Lebenswerk. Band Ausland. Bauten und Entwuerfe* (Το έργο της ζωής του K.F. Schinkel: Κτήρια και σχέδια εκτός Γερμανίας) München 1989, σελ. 25-26.

23. Αυτή την εγγενή αντίφαση που διακρίνει τον πολεοδομικό σχεδιασμό της Αθήνας, ο οποίος κρυσταλλώνεται μέσα από συνεχή διάλογο με τα κατάλοιπα της αρχαιότητος, την περιγράφει πολύ εύστοχα η Margarete Kuehn στο άρθρο της *Als die Akropolis aufhoerte Festung zu sein* (Όταν η Ακρόπολη έπαψε να είναι οχυρό), Berlin 1979, σελ. 83-84: "Έτσι η λατρεία της αρχαιότητος από τη μια μεριά υπαγόρευε την ανάπτυξη της νέας ζωής μακρυά από τα σεπτά μνημεία, αφ' ετέρου εγεννούσε την επιθυμία της σύνδεσης με αυτά και της ιδίας εξύψωσης μέσω αυτών".
Ερευνώντας ιδιαίτερα τα πεπρωμένα της Ακρόπολης παρατηρεί ότι "ήδη το ερώτημα, το οποίο ανέκυψε στη συζήτηση για τη μελλοντική πρωτεύουσα, κατά πόσο δηλαδή η αρχαιότης ήταν ένας απαραβίαστος χώρος με τον οποίο δεν επετρέπετο να συνδεθεί η νέα ζωή, αφορούσε ιδιαίτερα –από διάφορες απόψεις– την Ακρόπολη".
Στην επιδίωξη από τον Schinkel της ιστορικής συνέχειας επέστησε την προσοχή πολύ αργότερα στον 20ό αιώνα και ο Georg Karo, ο τότε Διευθυντής του Γερμανικού Αρχαιολογικού Ινστιτούτου στην Αθήνα (σε ένα άρθρο στο περιοδικό "*Atlantis*" το 1934 με τίτλο "Η συντήρηση των μνημείων της Ακρόπολης των Αθηνών"):
"Σήμερα δεν υπάρχει κανένας που να μην ευγνωμονεί τη μοίρα που έσωσε την Ακρόπολη από το παλάτι του Schinkel. Δεν πρέπει να παραγνωρίζουμε όμως πως αυτή ήταν η τελευταία απόπειρα ένταξης ακόμα μια φορά των κλασικών μνημείων σε ένα ζωντανό σύνολο: μια ρομαντική απόπειρα, αντίθετη προς την εσώτατη φύση της ελληνικής τέχνης, αλλά τελευταίος κρίκος μιας αλυσίδας που συνδέει σχεδόν δέκα πέντε αιώνες".

24. Απ' όλα τα ερείπια του Παλατίνου λόφου στη Ρώμη, τη μόνη κάπως πλήρη εικόνα προσέφερε ήδη από τον 18ο αιώνα το λεγόμενο "ιπποδρόμιο" (160 μ. μήκος, 50 μ. πλάτος), στην ανατολική πτέρυγα των ανακτόρων: όχι πραγματικό ιπποδρόμιο ή στάδιο αλλά ένας κήπος που ονομάζεται "ιπποδρόμιο" εξαιτίας του σχήματός του. Γύρω του υπήρχαν τοξοστοιχίες, από τα δώματα των οποίων μπορούσε να απολαύσει κανείς τον κήπο.

25. Η Margarete Kuehn γράφει σχετικά: "Εάν ο Schinkel με το ιπποδρόμιο προσπάθησε να τακτοποιήσει την οριζοντιογραφία του εκτεταμένου άμορφου χώρου ανάμεσα στο Ερεχθείο και τον Παρθενώνα, και ενέταξε στο σχέδιο ως αυστηρή νομοτέλεια την δήθεν κατά Stuart και Revett υφιστάμενη παραλληλία ανάμεσα στα Προπύλαια και τον Παρθενώνα, τότε απέδωσε σίγουρα στην κλασική αρχαιότητα ένα πολεοδομικό φρόνημα ξένο προς αυτή". (M. Kuehn: *Als die Akropolis aufhoerte Festung zu sein* (Όταν η Ακρόπολη έπαψε να είναι οχυρό), Berlin 1979, σελ. 86).

26. Αυτή τη συχνή χρήση φυτεύσεων από τον Schinkel και την αιτιολόγησή της σχολιάζει πολύ εύστοχα ο ιστορικός της τέχνης Hermann Grimm στον λόγο του για τον Schinkel το έτος 1874:
"Τα δένδρα παίζουν σε όλα τα κτήρια του Schinkel ένα ρόλο. Σε κανένα σχεδόν σχέδιό του δεν βλέπουμε τα κτήρια χωρίς να τα συνοδεύει πλούσια φύτευση. Κήποι και κηπάρια χρησιμοποιούνται συχνά σαν αρχιτεκτονικά στοιχεία. Εάν ήταν στο χέρι του, το Βερολίνο θα ήταν ένα ιδανικό δάσος απ' όπου θα προεξείχαν εκκλησίες, παλάτια και ανδριάντες. Βλέπουμε την πλατεία του Lustgarten στο σχέδιό του σκεπασμένη με πυκνό δάσος, τις γέφυρες στις δυο πλευρές της να περιβάλλονται από συστάδες υψηλών δένδρων. (...) Ο Γερμανός νοσταλγεί εκ φύσεως το δάσος. Η μανία του Schinkel να τοποθετεί παντού στην αρχιτεκτονική του δέντρα είναι γνήσια εθνική. Ο Μιχαήλ Άγγελος δεν εσκέφθη ποτέ τέτοιο πράγμα. Ο άνθρωπος του ρωμανικού πολιτισμού προσπαθεί να δώσει στα δέντρα του όψη ει δυνατόν άκαμπτων τοίχων και αντέχει να κάθεται και να μεγαλώνει σε γυμνές [από πράσινο] πόλεις". (Herman Grimm: *Schinkel als Architekt der Stadt Berlin* (O Schinkel ως αρχιτέκτων της πόλης του Βερολίνου) (1874). Στο: *Festreden Schinkel zu Ehren* (1846-1980) (Πανηγυρικοί λόγοι προς τιμήν του Schinkel), Berlin 1980, επιμ. J. Posener, σελ. 159/164).

27. Σε μία μεταγενέστερη επιστολή του προς τον διάδοχο της Βαυαρίας με ημερομηνία 9.1.1840, ένα χρόνο επομένως πριν από το θάνατό του, ο Schinkel διετύπωσε με σαφήνεια τη θέση του, ότι κάθε αληθινή αρχιτεκτονική δημιουργία για να είναι πραγματικά "ιστορικής σημασίας έργο" πρέπει να ενέχει απαραιτήτως ένα "νέο στοιχείο". Γράφει:
"Την ιστορικότητα πρέπει να την αναθέσουμε στο μέλλον· γιατί μόνον αυτό εξελίσσει και τελειοποιεί το ήδη κτισμένο, παράγοντας ιστορικότητα· πράγμα που θα έπρεπε να είναι η μοναδική επιδίωξη στην τέχνη από κάθε άποψη. Κάθε έργο τέχνης πρέπει να εμπεριέχει ένα νέο στοιχείο· χωρίς νέο στοιχείο, ακόμα και αν είναι επεξεργασμένο σε ένα ωραίο γνωστό ρυθμό, δεν μπορεί να κινήσει το αληθινό ενδιαφέρον ούτε του δημιουργού του ούτε του θεατή. Εκείνο που του προσδίδει το ενδιαφέρον για τον υπάρχοντα κόσμο είναι αυτό το νέο στοιχείο που κάνει ώστε να προβάλει από το υφιστάμενο αυτό το κάτι παραπάνω και έτσι να το περιχέει με ένα νέο χρώμα και να το περιβάλει με τη γοητεία ενός ζωντανού πνεύματος". (Επιστολή δημοσιευμένη στο: H. Mackowsky: *K. F. Schinkel· Briefe, Tagebuecher, Gedanken* (K. F. Schinkel· επιστολές, ημερολόγια, στοχασμοί) Berlin 1922, σελ. 190).

28. Hermann Grimm: *Schinkel als Architekt der stadt Berlin* (O Schinkel ως αρχιτέκτων της πόλης του Βερολίνου) (1874). Στο: *Festreden Schinkel zu Ehren* (Πανηγυρικοί λόγοι προς τιμήν του Schinkel) (1846-1980), Berlin 1980, Επιμ. J. Posener, σελ. 159.

29. Στον προγραμματικό, ιδεολογικό χαρακτήρα των ζωγραφικών έργων του Schinkel εφιστά την προσοχή ο Paul Ortwin Rave στο κείμενό του *K. F. Schinkel: Blick in Griechenlands Bluete*. Στο: *Der Kunstbrief* τόμος 37, Berlin 1946, σελ. 7:
"Τι ήταν όμως αυτό που γοήτευσε τους Ρομαντικούς ώστε να διατυπώσουν τέτοιες [θετικές] κρίσεις για τα ζωγραφικά έργα του Schinkel; Με δυο λέξεις: διησθάνθησαν ότι τα έργα του ήσαν φορείς μιας ιδέας. Αυτό δεν πρέπει να το συγχέουμε με αυτό που ακούμε να αποκαλούν συχνά περιγραφικό ή φιλολογικό [περιεχόμενο], δηλαδή το αφηγηματικό ή ψυχαγωγικό ή

μυθιστορηματικό που ξεπηδά από ένα εικονικό περιεχόμενο. Δεν ήταν καθόλου αυτό, αλλά ένας συμβολισμός της απεικόνισης που δεν φαίνεται με την πρώτη ματιά και που μόνο μυστηριωδώς τον διαισθάνεσαι και που αποκαλύπτεται μόνο στον μυημένο. (...) Αναπόληση και επαγωγή του παρελθόντος ώστε διαμέσου της καλλιτεχνικής ανάπλασής του να συμβάλει στην εσωτερική ανάπτυξη της ανθρώπινης προσωπικότητος, να σε τι συνίσταται η θεμελιώδης αρχή του Ρομαντισμού".

30. Για τον ιδεατό χαρακτήρα της Ακρόπολης του πίνακα, ο Paul Ortwin Rave στο ίδιο άρθρο (βλ. σημ. 29) σελ. 10, γράφει: "Μόλις προφέρεις το προσφιλές όνομα: 'Ακρόπολη!', όλοι οπισθοχωρούν αμέσως τρομαγμένοι. Μια τέτοια ταύτιση είναι, λένε, υπερβολικά καθοριστική, και πολλά δεν ισχύουν πια, πολλά δεν ταυτίζονται με τα τοπικά δεδομένα και δεν συμφωνούν με την πραγματική μορφολογία του τοπίου. Βέβαια εκείνο που ενδιέφερε τον καλλιτέχνη δεν ήταν η [πιστή] απόδοση του αντικειμενικά υπάρχοντος. Και ωστόσο: εκείνος ο λόφος πέρα μακρυά είναι μία ακρόπολη, η εικόνα γενικά του υψηλού οχυρού μιας ελληνικής πόλης-κράτους, ο μεγαλοπρεπής ιερός τόπος ενός φανταστικού ελληνισμού, ο καθηγιασμένος ιερός περίβολος ενός αρχαίου ονειρικού βασιλείου".

31. Ο Paul Ortwin Rave περιγράφει ως εξής την εξιδανικευμένη πόλη που απεικονίζεται στο έργο του Schinkel:
"Εδώ ο Schinkel ήντλησε άπληστα από της πηγές της επινοητικότητος και φαντασίας του: κατοικίες με επίπεδες στέγες και μικρές εσωτερικές αυλές περιβάλλουν τα μεγαλύτερα και υψηλότερα δημόσια κτήρια με τις πολλαπλές λειτουργίες (ανάμεσά τους και λαμπροί ναοί με περιστύλια), ένα θέατρο ημικυκλικό, ένα μακρόστενο περιτειχισμένο στάδιο, πλούσια λουτρά, κτήρια αποθηκών σε ένα λιμάνι κατάμεστο από κατάρτια πλοίων, πιο πέρα το τείχος μιας πόλης με επάλξεις, πύργους και πύλες που διασχίζει έναν πράσινο λόφο, προάστεια και εξοχικές επαύλεις, άσπρα ιστία στο ποτάμι, ηλιόλουστοι αγροί και σκιεροί δρόμοι, πιο πέρα χωριά, όλα γύρω τα ίχνη μιας ειρηνικής ζωής σε μια ευλογημένη χώρα – αλήθεια στον χώρο ενός χρυσού αιώνα που δημιούργησε ένας καλλιτέχνης". (P.O. Rave: *K.F. Schinkel: Blick in Griechenlands Bluete*. Στο: *Der Kunstbrief* τ. 37, Berlin 1946, σελ. 15).

32. Η φράση από το κείμενο του Quast που ήδη παραθέσαμε: "Πρώτα απ' όλα δεν πρέπει να καταστρέψουμε τίποτα από τα υπάρχοντα, αλλά να φροντίσουμε να τα διευρύνουμε και αναπτύξουμε" είναι ασαφής· διότι δεν διευκρινίζεται εάν με τον όρο "υπάρχοντα" εννοεί την αρχαία αρχιτεκτονική κληρονομιά ή την υπάρχουσα κάτω πόλη του ύστερου μεσαίωνα και της τουρκοκρατίας στη βόρεια πλαγιά της Ακρόπολης.

33. Και αυτό ακόμα το όραμα της γέφυρας με το "τολμηρό τόξο", που θα εβίαζε στην κυριολεξία το ιστορικό τοπίο της Αθήνας σε ένα τόσο ευαίσθητο σημείο, ο Quast πιθανόν να το ήντλησε από έναν άλλο περίφημο πίνακα του Schinkel. Εννοούμε τον γνωστό, φιλοτεχνημένο το 1813 πίνακά του (κάηκε το 1931 στο Glaspalast του Μονάχου) που απεικόνιζε έναν φανταστικό γοτθικό ναό πλάι σε ποτάμι, που τα κομψά μέλη του προβάλλουν καθαρά πάνω στο λυκόφως του ουρανού. Μια οδογέφυρα με κυλινδρικούς θόλους πάνω σε υψηλούς πεσσούς συνδέει επάνω από μια χαράδρα τον καθεδρικό ναό με την πόλη.

ΒΙΒΛΙΟΓΡΑΦΙΚΗ ΕΠΙΛΟΓΗ ΚΕΦΑΛΑΙΟΥ 3 (ΚΑΤΑ ΧΡΟΝΟΛΟΓΙΚΗ ΣΕΙΡΑ)

Α. ΣΧΕΔΙΟ ΤΟΥ K. F. SCHINKEL ΓΙΑ ΤΑ ΒΑΣΙΛΙΚΑ ΑΝΑΚΤΟΡΑ ΣΤΗΝ ΑΚΡΟΠΟΛΗ ΤΗΣ ΑΘΗΝΑΣ (1834)

Quast, Alexander Ferdinand, von: *Neubau der Stadt Athen und des koeniglichen Schlosses auf seiner Burg* (Επανίδρυση της Αθήνας και ανέγερση των βασιλικών ανακτόρων στην Ακρόπολη), Μέρος ΙΙ: Περιγραφή και κριτική αποτίμηση του σχεδίου του Schinkel. Στο έργο του: *Mittheilungen ueber Alt- und Neu-Athen* (Ανακοινώσεις για την αρχαία και νέα Αθήνα). Berlin 1834.

Ανώνυμος: Σχολιασμός του σχεδίου των ανακτόρων στην Ακρόπολη του Schinkel, στο περιοδικό *The Quarterly Review*, London Oct. 1836/Jan. 1837.

Kugler, Franz: *K.F. Schinkel. Eine Charakteristik seiner kuenstlerischen Wirksamkeit* (K.F. Schinkel. Ένας χαρακτηρισμός της καλλιτεχνικής του δράσης). Berlin 1842.

Gruppe O. F.: *Karl Friedrich Schinkel und der neue berliner Dom* (Ο K. F. Schinkel και ο νέος καθεδρικός ναός του Βερολίνου). Berlin 1844, σελ. 66: Κριτική του σχεδίου για τα ανάκτορα στην Ακρόπολη.

Waagen, Gustav Friedrich: *Karl Friedrich Schinkel als Mensch und als Kuenstler* (Ο K. F. Schinkel ως άνθρωπος και καλλιτέχνης), Berlin 1844, σελ. 406: Η πρώτη βιογραφία του Schinkel στο ημερολόγιο του Βερολίνου του 1844. Ανάτυπο με εισαγωγή και επιμέλεια του Werner Gabler, Berlin/ Duesseldorf 1980.

Hittorf, Jakob Ignaz: *Notice historique sur Ch. Fr. Schinkel.* Discours du 17 Aout 1857. Paris 1857. Λόγος προς τιμήν του Schinkel που εξεφωνήθη στην Ακαδημία Καλών Τεχνών του Παρισιού.

Wolzogen, Alfred, Freiherr von: *Aus Schinkels Nachlass; Reisetagebuecher, Briefe und Aphorismen* (Από τα κατάλοιπα του Schinkel: ταξιδιωτικά ημερολόγια, επιστολές και αφορισμοί), 4 τόμοι, Βερολίνο 1862-1864, 4ος τόμος, σελ. 258.

Delius, Helmut: *Die staedtebauliche Auffassung des Hellenismus bei Schinkel* (Η πολεοδομική αντίληψη της ελληνικής τέχνης στον Schinkel). Άρθρο στο περιοδικό "*Stadtbaukunst*", έτος XII, 1931, σελ. 69-73.

Rave, Paul Ortwin: *Schinkels Traum von einem koeniglichen Palast auf der Akropolis zu Athen* (Το όνειρο του Schinkel για ένα βασιλικό παλάτι στην Ακρόπολη της Αθήνας). Στο περιοδικό *Atlantis*, έτος VI, 1934, σελ. 129-141.

Russack, Hans-Hermann: *Deutsche bauen in Athen* (Γερμανοί κτίζουν στην Αθήνα), Berlin 1942, σελ. 37-51.

Boroevic, Axel Olaf, Edler v.: *Entwurf zu einem Koenigspalast auf der Akropolis von K. F. Schinkel* (Σχέδιο του K. F. Schinkel για ένα ανάκτορο στην Ακρόπολη), Bruenn 1945 (διατριβή).

Beenken, Hermann: *Schoepferische Bauideen der deutschen Romantik* (Δημιουργικές αρχιτεκτονικές ιδέες του γερμανικού Ρομαντισμού), Mainz 1952, σελ. 68/74.

Peschken, Goerd: *Technologische Aesthetik in Schinkels Architektur* (Τεχνολογική αισθητική στην αρχιτεκτονική του Schinkel), Berlin 1964 (διατριβή), σελ. 60-63.

Μπίρης, Κωνσταντίνος: *Αι Αθήναι από του 19ου εις τον 20όν αιώνα*, Αθήναι 1966, σελ. 24.

Δημοσθενοπούλου Ελπινίκη: *Oeffentliche Bauten unter Koenig Otto in Athen. Begegnungen mit Griechenland, Auffassungen und Ausseinandersetzungen* (Δημόσια κτήρια στην Αθήνα την περίοδο του Όθωνος. Συναντήσεις με την Ελλάδα, αντιλήψεις και προβληματισμοί). Διατριβή, Muenchen 1970, σελ. 40-45.

Pundt Hermann G.: *Schinkel's Berlin. A study in environmental planning* (Το Βερολίνο του Schinkel. Σπουδή σχεδιασμού του περιβάλλοντος), Cambridge, Mass. 1972, σελ. 88-91.

Κατάλογος της έκθεσης *Berlin und die Antike* (Το Βερολίνο και η αρχαιότης),

Berlin 1979. (Για το σχέδιο της Ακρόπολης του Schinkel βλ. αρ. καταλόγου 659-662, σελ. 322-324).

Kuehn, Margarete: *Als die Akropolis aufhoerte Festung zu sein. Stimmen der Zeit zur Frage der Errichtung neuer Bauten auf der Akropolis und zur Erhaltung ihrer nachantiken Monumente* (Όταν η Ακρόπολη έπαψε να είναι οχυρό. Γνώμες της εποχής σχετικά με το θέμα ανέγερσης νέων κτηρίων πάνω στην Ακρόπολη και της διατήρησης των μετα-κλασικών μνημείων της). Στον τιμητικό τόμο για τον Sperlich (*Festschrift Sperlich*), Tuebingen 1979, σελ. 85-88.

Carter, Rand: *Karl Friedrich Schinkels Project for a Royal Palace on the Acropolis* (Το σχέδιο του Karl Friedrich Schinkel για ένα ανάκτορο στην Ακρόπολη). Σε άρθρο του στο *Journal of Architectural Historians*, 1980, σελ. 34-46.

Κατάλογος της έκθεσης *K. F. Schinkel. 1781-1841.* Staatliche Museen zu Berlin Hauptstadt der DDR. (K. F. Schinkel. 1781-1841. Κρατικά Μουσεία του Βερολίνου πρωτεύουσας της Λαϊκής Δημοκρατίας της Γερμανίας). Altes Museum 23.10.1980-29.3.1981. Αρ. καταλ. 637-649, σελ. 353-358.

Κατάλογος της έκθεσης *K. F. Schinkel; Architektur, Malerei, Kunstgewerbe. Staatliche Schloesser und Gaerten* (K. F. Schinkel; αρχιτεκτονική, ζωγραφική, εφαρμοσμένη τέχνη. Κρατικά ανάκτορα και κήποι). Ανάκτορα Scharlottenburg, Berlin (δυτικό) 13.3.1981-13.9.1981· αρ. καταλόγου 93-93d, σελ. 203-205.

Lemper, Ernst-Heinz: *Schloss und Museum. K. F. Schinkels Entwurf fuer die Akropolis von Athen* (Ανάκτορο και μουσείο. Το σχέδιο του K. F. Schinkel για την Ακρόπολη της Αθήνας). Στο: *Wissenschaftliche Zeitung der Ernst-Moritz-Arndt Universitaet*, Επιστημονική εφημερίς του Πανεπιστημίου Ernst-Moritz-Arndt, Greifswald, τόμος XXI, 1982, τεύχος 2-3, σελ. 27-30.

Burmeister, Enno: *K. F. Schinkels Schlossprojekt fuer Athen* (Το σχέδιο των ανακτόρων της Αθήνας του K. F. Schinkel). Στο: *Burgen und Schloesser in Bayern*,

77

77. Άποψη της Ακρόπολης από τον λόφο του Μουσείου. Λήψη γύρω στα 1870. Ο λεγόμενος Φράγκικος Πύργος δεν έχει ακόμα κατεδαφισθεί. Οι τεράστιοι σωροί χωμάτων των πρώτων ανασκαφών παραμορφώνουν το τοπίο (Γερμανικό Αρχαιολογικό Ινστιτούτο στην Αθήνα).

Oesterreich und Suedtirol (Κάστρα και παλάτια στη Βαυαρία, την Αυστρία και το νότιο Τυρόλο), 1982, τεύχος 1, σελ. 3-9.

Τσιώμης, Γιάννης: *Athènes a soi-même étrangère. Élements de formation et de réception du modèle neo-classique urbain en Europe et en Gréece au 19 siècle* (Η Αθήνα αλλοτριωμένη· στοιχεία διαμόρφωσης και αποδοχής του νεοκλασικού πολεοδομικού προτύπου στην Ευρώπη και στην Ελλάδα τον 19ο αιώνα), Paris 1983.

Doehl, Hartmut: *Schinkel und Klenze zur Akropolisgestaltung* (Ο Schinkel και ο Klenze για τη διαμόρφωση της Ακρόπολης). Στο: *Parthenon-Kongress* (Συνέδριο του Παρθενώνα), Basel 4-9 Απριλίου 1982, εισηγήσεις και ανακοινώσεις, τόμος I, Mainz 1984, σελ. 329-333.

Irmscher, Johannes: *Schinkels Vorschlag der Akropolisrestauration* (Η πρόταση του Schinkel για την αναστήλωση της Ακρόπολης). Στο: *Karl Friedrich Schinkel und die Antike* (Ο K. F. Schinkel και η αρχαιότητα). Συλλογή άρθρων. Τόμος 12 Beitraege der Winckelmannsgesellschaft (Άρθρα της Εταιρείας Winckelmann), Stendal 1985, σελ. 40-45.

Kuehn, Margarete: *Entwurf fuer einen Palast des Koenigs Otto von Griechenland auf der Akropolis in Athen* (Σχέδιο ενός ανακτόρου για τον βασιλέα Όθωνα της Ελλάδος στην Ακρόπολη της Αθήνας). Στο: *Karl Friedrich Schinkels Lebenswerk* (Το έργο ζωής του K. F. Schinkel), τόμος: *Ausland; Bauten und Entwuerfe* (Κτήρια και σχέδια εκτός Γερμανίας), Muenchen 1989, σελ. 3-45.

Haugsted, Ida: *Dream and reality. Danish antiquaries, architects and artists in Greece* (Όνειρο και πραγματικότητα· Δανοί αρχαιοδίφες, αρχιτέκτονες και καλλιτέχνες στην Ελλάδα), London, 1996, σελ. 111: Το σχέδιο του K.F. Schinkel για τα βασιλικά ανάκτορα στην Ακρόπολη.

Papageorgiou-Venetas, Alexander: *Bauen in Athen: Neue Wege des Klassizismus. Gestaltungsprinzipien deutscher Baumeister am Beispiel der Entwuerfe fuer die Athener Residenz 1834-1836.* (Αρχιτεκτονική στην Αθήνα: Νέοι δρόμοι του Κλασικισμού. Αρχές σχεδιασμού Γερμανών αρχιτεκτόνων κατά την εκπόνηση των προτάσεων για τα ανάκτορα στην Αθήνα 1834-1836). Εις τον ετήσιον τόμον *Thetis* (Θέτις), Mannhein 1997, σελ. 172-177: Το σχέδιο του K.F. Schinkel για τα βασιλικά ανάκτορα στην Ακρόπολη.

Papageorgiou-Venetas, Alexander: *Ottonopolis oder das neue Athen. Zur Planungsgeschichte der Neugruendung der Stadt im 19 Jahrhundert* (Οθωνόπολη ή η νέα Αθήνα. Συμβολή στην ιστορία σχεδιασμού της επανίδρυσης της πόλης στον 19ο αιώνα). Άρθρο στον κατάλογο της Έκθεσης *Das Neue Hellas* (Η νέα Ελλάς), Μόναχον, 1999, σελ. 73-74: το σχέδιο του K.F. Schinkel για τα βασιλικά ανάκτορα στην Ακρόπολη.

Buttlar von, Adrian: *Klenze versus Schinkel: Projekte fuer das Athener Schloss* (Ο Klenze σε αντιπαράθεση με τον Schinkel). Άρθρο στον κατάλογο της Έκθεσης *Das Neue Hellas* (Η νέα Ελλάς), Μόναχον, 1997· σελ. 91-99: Το σχέδιο του K.F. Schinkel για τα βασιλικά ανάκτορα στην Ακρόπολη

Bastéa, Eleni: *The Creation of Modern Athens*, (Η δημιουργία των νεωτέρων Αθηνών), Cambridge Mass, 2000, σελ. 88-92: Το σχέδιο του K.F. Schinkel για τα βασιλικά ανάκτορα στην Ακρόπολη.

Β. Ο ΠΙΝΑΞ ΤΟΥ K. F. SCHINKEL "BLICK IN GRIECHENLANDS BLUETE" (ΜΑΤΙΑ ΣΤΗΝ ΑΝΘΗΣΗ ΤΗΣ ΕΛΛΑΔΟΣ) (1825).

Waagen, Gustav Friedrich: *Karl Friedrich Schinkel als Mensch und als Kuenstler* (Ο K. F. Schinkel ως άνθρωπος και ως καλλιτέχνης), Berlin, 1844, σελ. 377-378.

Wolzogen, Alfred, Freiherr von: *Aus Schinkels Nachlass ...* (Από τα κατάλοιπα του Schinkel). 4 τόμοι. Βερολίνο 1861-1864, τόμ. 3, σελ. 367.

Rave, Paul Ortwin: *Blick in Griechenlands Bluete* (Ματιά στην άνθηση της Ελλάδος). *Der Kunstbrief*, τόμος 37, Berlin 1946.

Κατάλογος της έκθεσης *Berlin und die Antike* (Το Βερολίνο και η αρχαιότητα), Berlin 1979. (Για τον πίνακα του Schinkel: "Ματιά...": αρ. καταλόγου 195, σελ. 127-129).

Κατάλογος της έκθεσης *K. F. Schinkel. 1781-1841.* Staatliche Museen zu Berlin Hauptstadt der DDR. (K. F. Schinkel. 1781-1841. Κρατικά Μουσεία του Βερολίνου πρωτεύουσας της Λαϊκής Δημοκρατίας της Γερμανίας). Altes Museum 23.10.1980-29.3.1981. Αρ. καταλόγου 642, σελ. 359-361.

Jaffé, H. C. L.: *Das Schinkelgemaelde "Blick in Griechenlands Bluete", ein Bildungsbild* (Ο διδακτικός πίναξ του Schinkel "Ματιά στην άνθηση της Ελλάδος"). Στο: *Schinkelstudien*, επιμ. Hannelore Gaertner, Leipzig 1984.

Vogt, Max Adolf: *Karl Friedrich Schinkel; Blick in Griechenlands Bluete; ein Hoffnungsbild fuer Spree-Athen* (K. Friedrich Schinkel· ματιά στην άνθηση της Ελλάδος· μια εικόνα ελπίδος για την Αθήνα του ποταμού Spree). Frankfurt am Main,1985.

Γ. ΤΟ ΑΡΘΡΟ ΤΟΥ A. F. VON QUAST "NEUBAU DER STADT ATHEN UND DES KOENIGLICHEN SCHLOSSES AUF SEINER BURG" (ΕΠΑΝΙΔΡΥΣΗ ΤΗΣ ΝΕΑΣ ΠΟΛΗΣ ΤΗΣ ΑΘΗΝΑΣ ΚΑΙ ΑΝΕΓΕΡΣΗ ΤΩΝ ΒΑΣΙΛΙΚΩΝ ΑΝΑΚΤΟΡΩΝ ΣΤΗΝ ΑΚΡΟΠΟΛΗ), ΜΕΡΟΣ I (1834).

Rave, Paul Ortwin: *Schinkels Traum von einem koeniglichen Palast auf der Akropolis zu Athen* (Το όνειρο του Schinkel για ένα βασιλικό παλάτι στην Ακρόπολη της Αθήνας). Στο περιοδικό *Atlantis*, έτος VI, 1934, σελ. 134.

Kuehn, Margarete: *Schinkel und der Entwurf seiner Schueler Schaubert und Kleanthes fuer die Neustadt Athen* (Ο Schinkel και το σχέδιο πόλης της νέας Αθήνας των μαθητών του Schaubert και Κλεάνθη). Στο: *Berlin und die Antike* (Το Βερολίνο και η αρχαιότητα), Berlin 1979, σελ. 518.

Russack, Hans-Hermann: *Deutsche bauen in Athen* (Γερμανοί κτίζουν στην Αθήνα), Berlin 1942, σελ. 21-23.

Μιχαήλ, Ιωάννης: *Entwicklungsueberlegungen und -initiativen zum Stadtplan von Athen nach dessen Erhebung zur Hauptstadt Griechenlands* (Προβληματισμοί και πρωτοβουλίες για την ανάπτυξη και το σχέδιο πόλης της Αθήνας μετά την ανακήρυξή της σε πρωτεύουσα της Ελλάδος), Αθήνα 1969, σελ. 19.

Λέφας, Παύλος: *Αθήνα μία πρωτεύουσα της Ευρώπης*, Αθήνα 1985, σελ. 13-14.

Hall, Thomas: *Planung europaeischer Staedte* (Σχεδιασμός ευρωπαϊκών πόλεων), Stockholm 1983, σελ. 85.

ΓΡΑΠΤΗ ΤΕΚΜΗΡΙΩΣΗ (ΚΕΙΜΕΝΑ) ΚΕΦΑΛΑΙΟΥ 3

ΤΕΚΜΗΡΙΟΝ Α
ΣΧΟΛΙΟ ΤΟΥ K.F. SCHINKEL ΓΙΑ ΤΟΝ ΠΙΝΑΚΑ ΤΟΥ "ΜΑΤΙΑ ΣΤΗΝ ΑΝΘΗΣΗ ΤΗΣ ΕΛΛΑΔΟΣ" (1825)

Στο έργο του A. Wolzogen: Aus Schinkels Nachlass: Reisetagebuecher, Briefe, Aphorismen (Από τα κατάλοιπα του Schinkel: ταξιδιωτικά ημερολόγια, επιστολές, αφορισμοί), Berlin, 1861-64, τόμος 3, σελ. 367, αρ. 35. Πρωτότυπο σε γερμανική γλώσσα.

"Η θέαση τοπίων κινεί ιδιαίτερα το ενδιαφέρον, όταν σε αυτά γίνονται αντιληπτά ίχνη της ανθρώπινης ύπαρξης. Η θέα ενός τόπου, στον οποίον δεν έχει πατήσει ακόμα ανθρώπου πόδι, μπορεί να είναι μεγαλόπρεπη και ωραία, ο θεατής όμως διακατέχεται από αβεβαιότητα, ανησυχία και θλίψη, γιατί αυτό που ο άνθρωπος θέλει επάνω απ' όλα να μάθει είναι πώς εξουσίασαν οι όμοιοί του τη φύση, πώς ζήσαν μέσα σ' αυτή και πώς απήλαυσαν το κάλλος της· μένει λοιπόν αβέβαιος και ανήσυχος, επειδή ένα τέτοιο αντικείμενο [του φαίνεται] έργο μιας επερχόμενης εποχής, όταν κάποτε κατοικηθεί αυτός ο τόπος. Τώρα του προξενεί την αίσθηση του μη οικείου. Αφήνοντας να φανερωθούν με ενάργεια τα ίχνη του ανθρώπου, η γοητεία του τοπίου επιτείνεται· είτε βλέπουμε ένα λαό να απολαμβάνει την θεσπέσια φύση στον απώτατο χρυσό αιώνα του με εντελώς αφελή αυθορμητισμό και μέσα στην ωραιότερη γαλήνη (διότι η απεικόνιση του αγώνα, της νίκης και του ολέθρου στις καλές τέχνες έχει σκοπό άμεσα συναρτώμενο με τον άνθρωπο και αποσπά την προσοχή από το τοπίο, το οποίο όμως μόνον οι καλές τέχνες οφείλουν να λαμβάνουν εδώ υπ' όψιν), είτε το τοπίο επιτρέπει στον θεατή να δει όλη την ακμή του πολιτισμού ενός άκρως καλλιεργημένου λαού που ήξερε να χρησιμοποιεί επιτήδεια κάθε αντικείμενο της φύσης, για να αντλήσει απ' αυτό ανώτερη απόλαυση ζωής για το άτομο και τον λαό γενικά. Έτσι λοιπόν εδώ μπορεί να ζήσει κανείς νοερά μαζί μ' αυτό τον λαό και να βιώσει όλες τις καθαρά ανθρώπινες και πολιτικές πλευρές της ζωής του.

Αυτός ήταν ο σκοπός του παρόντος πίνακος, και για την επίτευξή του επελέγη ως θέμα η άνθηση της Ελλάδος. Εάν διαβάσει κανείς τις περιγραφές πόλεων, π.χ. και μόνον ενός Παυσανία, τότε στη δεδομένη ιδεατή εικόνα δεν θα θεωρήσει καθόλου υπερβολικό το πλήθος των αντικειμένων που μπορούσε να δει κανείς από ένα υπερυψωμένο σημείο κοντά σε κάποια σημαντική πόλη. Ο ελληνικός λαός εννοούσε να καταλείπει παντού για τις επερχόμενες γενεές μνημεία της επίγειας ύπαρξης και δράσης του· έτσι εγεννήθη η πολύπλευρη καλλιτεχνική ενασχόληση, η οποία τόσο αυτή καθαυτή όσο και ως συμβολή στη μόρφωση εν γένει έφθασε στον υψηλό αυτό βαθμό τελειότητος που και σήμερα ακόμη θαυμάζουμε".

ΤΕΚΜΗΡΙΟΝ Β

Η ΑΝΤΙΛΗΨΗ ΤΟΥ K.F. SCHINKEL ΓΙΑ ΤΗΝ ΙΔΑΝΙΚΗ ΣΥΛΛΗΨΗ ΣΤΗΝ ΑΡΧΙΤΕΚΤΟΝΙΚΗ ΚΑΙ ΙΔΙΑΙΤΕΡΑ ΣΕ ΣΧΕΣΗ ΜΕ ΤΗΝ ΕΛΛΑΔΑ.

Schinkel, Karl Friedrich: Επιστολή προς τον διάδοχο της Βαυαρίας Μαξιμιλιανό με ημερομηνία 24.1.1833. Φυλάσσεται στα Γενικά Αρχεία του Κράτους της Βαυαρίας, III, Μυστικό Αρχείο των Βιτελσβάχων, Κατάλοιπα του Βασιλέως Μαξιμιλιανού II, 72/5/11, αρ. 40. Πρωτότυπο σε γερμανική γλώσσα.

Ευμενέστατε Κύριε,

Η Υμετέρα Βασιλική Υψηλότης είχε την καλωσύνη μέσω επιστολής του Γραμματέως της κου Wendland με ημερομηνία 30 Δεκεμβρίου 1832 να μου θέσει τα εξής ερωτήματα σχετικά με την ανέγερση ενός ανακτόρου για την Μεγαλειότητά Του τον Βασιλέα της Ελλάδος:

1. Εάν κατ' αρχήν υπάρχει ή όχι εν γένει ιδανική αρχιτεκτονική.
2. Εάν υπάρχει ιδανική αρχιτεκτονική για την Ελλάδα, ποια είναι αυτή.
3. Ποια περιώνυμα έργα (πραγματείες) υπάρχουν επί του θέματος αυτού.

Τα δύο πρώτα ερωτήματα μπορούν να απαντηθούν μόνο γενικά ως εξής: "Πως το ιδανικό στην αρχιτεκτονική μόνο τότε μπορεί να επιτευχθεί πλήρως όταν ένα κτήριο και στα επί μέρους στοιχεία του και ως σύνολο ανταποκρίνεται τέλεια στον σκοπό για τον οποίο εκτίσθη τόσο από πνευματική όσο και υλική άποψη".

Επακόλουθο του προηγούμενου είναι ότι η επιδίωξη του ιδανικού σε κάθε εποχή έχει ως γνώμονα τις νέες απαιτήσεις, ότι το ωραίο [μορφολογικά] υλικό, που οι διάφορες εποχές έχουν ήδη αποθέσει στην τέχνη, βρίσκεται εν μέρει πλησιέστερα εν μέρει μακρύτερα από τις νέες απαιτήσεις και γι' αυτό, όταν χρησιμοποιείται για την ικανοποίησή τους, πρέπει να τροποποιείται πολύμορφα· ότι είναι αναγκαίες και εντελώς νέες εφευρέσεις για την προσέγγιση του στόχου και ότι, για να δημιουργηθεί ένα αληθινά ιστορικό έργο, δεν πρέπει να επαναληφθεί ένα προηγούμενο και τετελεσμένο [ιστορικό επίτευγμα] (γιατί έτσι δεν παράγεται ιστορία), αλλά να δημιουργηθεί ένα νέο έργο που θα είναι σε θέση να αποτελέσει μια πραγματική συνέχεια της ιστορίας και [έτσι] να επιτρέψει τη μετεξέλιξή της. Φυσικά για να γίνει αυτό, παράλληλα με τη γνώση του ιστορικά προϋπάρχοντος, χρειάζεται φαντασία και μαντική ικανότητα: χρειάζεται να βρεθεί το σωστό και ειδικά στην τέχνη το "επί πλέον" αναγκαίο, τουλάχιστον για το άμεσο μέλλον.

Εγώ θα ήμουν πάντως πολύ δύσπιστος απέναντι σε έναν καλλιτέχνη που θα είχε εκπονήσει με σπουδή το μεγάλο αρχιτεκτονικό έργο των ανακτόρων του Βασιλέως της αναγεννωμένης Ελλάδος και θα εμφανίζετο να μην έχει κανένα πρόβλημα με τον εαυτό του· νομίζω πως ερχόμενος αντιμέτωπος με ένα τέτοιο έργο ακόμα και ο πιο ταλαντούχος καλλιτέχνης θα έπρεπε να προετοιμασθεί πρώτα ο ίδιος σοβαρώτατα γι' αυτό.

Εάν μπορούσε κανείς διατηρώντας την πνευματική αρχή της αρχαίας ελληνικής αρχιτεκτονικής να την επεκτείνει, έτσι ώστε να συμπεριλάβει τα δεδομένα της δικής μας νέας ιστορικής περιόδου, συγχωνεύοντας ταυτόχρονα και το βέλτιστο όλων των ενδιάμεσων περιόδων, θα έκανε ίσως έτσι το πρώτο βήμα για να προσεγγίσει τη λύση του προβλήματος· χρειάζεται όμως και μεγαλοφυία, που κανένας δεν μπορεί να αποκτήσει με κόπους γιατί είναι δώρο Θεού, του οποίου ο ευτυχής είναι αθέλητος αποδέκτης.

Πολύ μεγάλη βοήθεια και ουσιαστικώτατο μέσο για την επίτευξη αυτού του στόχου είναι η διαμόρφωση ενός τρόπου ζωής του ηγεμόνος, στηριγμένου στα ήθη και τις ανάγκες της χώρας, και στη συνέχεια η επιλογή μιας χαρακτηριστικής και ωραίας τοποθεσίας για ένα κτήριο αυτού του είδους.

Η εκλογή της θέσης θα έπρεπε να είναι, κατά τη γνώμη μου, το πρώτο βήμα δημιουργίας αυτού του έργου· έπειτα ο αρχιτέκτων θα έπρεπε να εμβαθύνει στη φύση της τοποθεσίας και να συνυφάνει ωραία τα ποικίλα δεδομένα της με το έργο του. Δύσκολα θα προέκυπτε τότε ένα έργο σύμφωνο με τα προ πολλού εφθαρμένα νεοϊταλικά και νεογαλλικά αξιώματα και ιδιαίτερα με την παρεξηγημένη αρχή της συμμετρίας, που έχει δημιουργήσει τόση υποκρισία και πλήξη εξουσιάζοντας και νεκρώνοντας τα πάντα. Όσον αφορά το τρίτο ερώτημα, η απάντησή μου είναι ότι δεν υπάρχουν γραπτά έργα που να φωτίζουν απολύτως ικανοποιητικά το λεπτό αυτό σημείο της αρχιτεκτονικής, πλην όμως σε κάθε σημαντικό έργο περί αρχιτεκτονικής της αρχαιότητος, του μεσαίωνος και της νεώτερης εποχής, υπάρχει σχετικό ποικίλο υλικό. Ευαρεστηθείτε, Υψηλότατε, να δεχθείτε την άποψή μου πάνω στο θέμα που μου εθέσατε, η οποία είμαι βαθύτατα πεπεισμένος πως δεν θα μπορούσε να είναι τόσο ικανοποιητική όσο ίσως θα επιθυμούσε η Υμετέρα Βασιλική Υψηλότης.

Με βαθύτατον σεβασμόν διατελώ

της Υμετέρας Βασιλικής Υψηλότητος
ευπειθέστατος θεράπων, Schinkel
Προϊστάμενος της Αρχιτεκτονικής Υπηρεσίας

Βερολίνον, 24 Ιανουαρίου 1833

ΤΕΚΜΗΡΙΟΝ Γ

ΠΕΡΙΓΡΑΦΗ ΑΠΟ ΤΟΝ K.F. SCHINKEL ΤΟΥ ΣΧΕΔΙΟΥ ΤΩΝ ΑΝΑΚΤΟΡΩΝ ΣΤΗΝ ΑΚΡΟΠΟΛΗ ΤΗΣ ΑΘΗΝΑΣ

Schinkel, Karl Friedrich: Επιστολή προς τον διάδοχο της Βαυαρίας Μαξιμιλιανό με ημερομηνία 9.6.1834. Φυλάσσεται στα Γενικά Αρχεία του κράτους της Βαυαρίας III, Μυστικό Αρχείο των Βιτελσβάχων, Κατάλοιπα του Βασιλέως Μαξιμιλιανού II, 72/5/11, αρ. 50. Πρωτότυπο σε γερμανική γλώσσα.

Εξοχώτατε Διάδοχε του Θρόνου,
Ευμενέστατε Κύριε,

Όταν η Υμετέρα Βασιλική Υψηλότης το έτος 1832 μου έκανε τη χάρη να ζητήσει τη γνώμη μου για τον αρχιτεκτονικό ρυθμό στον οποίο θα έπρεπε να κτισθεί ένα παλάτι για τη Μεγαλειότητά Του τον Βασιλέα της Ελλάδος Όθωνα, την διετύπωσα πολύ γενικά, χωρίς να φαντασθώ πως η Υμετέρα Βασιλική Υψηλότης ανέμενε από μένα μια καλλιτεχνική εργασία. Μετά την επιστροφή της Βασιλικής Υψηλότητος του διαδόχου της Πρωσίας από το Μόναχο, μου ανεκοίνωσε ο ίδιος την ιδιαίτερη βούληση της Υμετέρας Βασιλικής

Υψηλότητος: πως δηλαδή αναμένατε ακόμα ένα πραγματικό αρχιτεκτονικό σχέδιο και μάλιστα σύμφωνο με τα στοιχεία που παρατίθενται στη συνέχεια, τα οποία είχε συμφωνήσει από κοινού με την Υμετέραν Βασιλικήν Υψηλότητα στο Μόναχο. Υπακούοντας στην ανωτέραν αυτή διαταγήν, εξεπόνησα συμφώνως προς τους όρους που μου εθέσατε το σχέδιον αυτό, το οποίο αποθέτω ταπεινώτατα εις τους πόδας της Υμετέρας Βασιλικής Υψηλότητος προσθέτοντας τις ακόλουθες παρατηρήσεις:

Οι όροι που μου ετέθησαν ήσαν οι εξής:

1. ο σχεδιασμός ενός πολύ λιτού κτηρίου, αναλόγου προς το μέγεθος και τις οικονομικές δυνατότητες της χώρας,
2. η προσαρμογή του σχεδίου στο κλίμα και τον ιστορικό χαρακτήρα του χώρου,
3. η επιλογή για το κτήριο μιας ασφαλούς και κατάλληλης για άμυνα τοποθεσίας.

Επειδή είχε αποφασισθεί η ανακήρυξη της Αθήνας σε πρωτεύουσα, η Αυτού Βασιλική Υψηλότης ο διάδοχος της Πρωσίας ήταν της απολύτου γνώμης πως η Ακρόπολη της Αθήνας ήταν η καταλληλότερη θέση για τη νέα βασιλική καθέδρα από κάθε άποψη, και πως η ιστορική της αξία υπερέβαινε κατά πολύ την αμυντική της ιδιότητα και αυτό θα έκανε να φανεί η επιλογή της για αμυντικούς λόγους τυχαία και όχι σκόπιμη (εάν πολιτικά ο ελληνικός λαός εθεωρούσε την επιλογή γι' αυτό τον λόγο αταίριαστη).

Η Ακρόπολη της Αθήνας αποτελεί φωτεινό ορόσημο της παγκόσμιας ιστορίας, με το οποίο συνδέονται άπειροι συνειρμοί που θα συνεχίσουν και στο μέλλον να είναι σημαντικοί και πολύτιμοι για ολόκληρο το γένος [των ανθρώπων]. Και μόνο γι' αυτό αξίζει να αναβιώσει αυτός ο χώρος για την ιστορία του μέλλοντος, και ο καλύτερος τρόπος για την επίτευξη αυτού του στόχου, όπως έχουν τα πράγματα σήμερα στην Ελλάδα, είναι να ανεγερθούν τα νέα ανάκτορα στην Ακρόπολη.

Οι συνδεδεμένες με αυτό το εγχείρημα δυσχέρειες είναι πολλών ειδών: η έλλειψη νερού σ' αυτό το ύψωμα, η δυσχερής ανάβαση, ο καυτός ήλιος το καλοκαίρι, ίσως οι δριμείς άνεμοι το χειμώνα. Οι δυσχέρειες αυτές όμως δεν μπορούν να είναι αποφασιστικές σε ένα τόσο σπουδαίο ιδρυτικό εγχείρημα, γιατί ευτυχώς η επιστήμη και η τέχνη κατόρθωσε να υπερνικήσει εμπόδια του είδους αυτού.

Υπόγειοι αγωγοί ύδρευσης θα μεταφέρουν νερό από τις υψηλότερες υπώρειες των βουνών και –στη χειρότερη περίπτωση– ατμοκίνητες αντλίες θα ανεβάζουν ψηλά στην Ακρόπολη όση ποσότητα τρεχούμενου και πηγαίου νερού χρειάζεται· έπειτα το περίσσιο νερό θα ρέει κάτω, στην χαμηλότερα κείμενη πόλη, όπου θα μπορεί να χρησιμοποιείται με πολλαπλούς χρήσιμους τρόπους, εντείνοντας τη γραφικότητα του μεγαλειώδους ιερού βράχου. Ένας λιθόστρωτος δρόμος θα ανηφορίζει απαλά τον βράχο και με τη βοήθεια σκιερών δένδρων και γραφικών αντηρίδων θα μπορεί να σχηματίζει μιαν άνετη και ευχάριστη πρόσβαση. Η δημιουργία ενός δροσερού ανακτόρου και τερπνών ποικιλόμορφων κήπων θα μετριάζουν το άλγος των ηλιακτίδων το καλοκαίρι και η αρχιτεκτονική κατανομή περίκλειστων αυλών, καθώς και η τεχνητή θέρμανση των δωματίων με αγωγούς θέρμανσης θα μετριάζουν τις επενέργειες των χειμερινών ψυχρών ανέμων. Έτσι, η μεγαλειώδης αυτή ουράνια νησίδα θα μπορούσε να προσφέρει έναν τερπνό και ευχάριστο τόπο διαμονής, από δε ιστορική και αισθητική άποψη τον πιο ενδιαφέροντα τόπο κατοικίας στην γη. Πόσο θα εκέρδιζε έτσι η Ελλάς, και πόσο ολόκληρος ο κόσμος! Και πόσο μηδαμινές φαίνονται οι θυσίες που πρέπει να γίνουν [για την ανέγερση των ανακτόρων] στην υψηλή αυτή θέση αντί σε μια ασήμαντη στην πεδιάδα, θυσίες που μετά την ολοκλήρωση του έργου σύντομα θα λησμονηθούν.

Μέχρι τώρα επεξηργάσθην το θέμα μόνο με σκαριφήματα, έτσι ώστε προς το παρόν να έχει μόνον εκείνη την αρχιτεκτονική σαφήνεια που επιτρέπει να διακρίνει κανείς τη δυνατότητα πραγματοποίησής του· επίσης επεδίωξα να φαίνεται καθαρά το αρχιτεκτονικό ύφος, ιδιαίτερα όμως η αυτοσυγκράτηση που επιτάσσει αφ' ενός μεν η ευσέβεια απέναντι στα υπάρχοντα αρχαία μνημεία, αφ' ετέρου οι συνθήκες στη χώρα. Κανένα τμήμα του συγκροτήματος των νέων ανακτόρων δεν υπερέχει σε ύψος του ερειπίου του Παρθενώνος, που δέσποζε στην περιοχή επί χιλιάδες χρόνια και την ατένιζε αφ' υψηλού· και όσα τμήματα έχουν το ίδιο ύψος, τοποθετημένα καθώς είναι μακρυά από το σεβάσμιο μνημείο, αφήνουν άθικτο το κύρος του.

Αντί άλλης μορφολογικής λεπτομερείας, επεσύναψα μόνο ένα προοπτικό σχέδιο με τη διάταξη της κύριας αίθουσας τελετών, για να δείξω προς το παρόν με ένα παράδειγμα πώς πρέπει να εφαρμόζεται η κλασική αρχή της αρχιτεκτονικής, σύμφωνα με την οποία "η κατασκευή δεν πρέπει να φορά προσωπείο αλλά να είναι καλόσχημη και να προβάλλεται γυμνή όπως είναι πραγματικά"· και ακόμη για να φανερώσω την εδώ αναγκαία αλλά ασυνήθιστη διαμόρφωση της αίθουσας που, ενώ έχει μεγάλο εύρος, το απαιτούμενο ύψος της μετριάζεται ώστε να μην υπερβαίνει το ύψος του ναού της Αθηνάς [δηλ. του Παρθενώνος]. Οι υπόλοιπες διατάξεις γίνονται άμεσα αντιληπτές από τα σχέδια και τα επεξηγηματικά τους υπομνήματα.

Ολόκληρο το παλάτι έχει μέτρια έκταση, οι διάφορες πτέρυγές του και τα άνετα αίθρια και προστώα, διαπλέκονται ποικιλόμορφα με κήπους και, σχηματίζοντας γραφικά σύνολα, συνδέονται με τα αυθεντικά αρχαία κτήρια και τα ακανόνιστα σχήματα του βράχου, έτσι ώστε όλο το νέο κτηριακό συγκρότημα δεν έχει το θράσος να προβάλλεται σαν σύγχρονο αλαζονικό αντιστάθμισμα του αρχαίου.

Το παλάτι είναι μονώροφο και μόνο στο νότιο τμήμα του διατάσσεται ένα υπόγειο, που περιλαμβάνει τους χώρους διαχείρισης και οικονομίας της Αυλής, των λουτρών, του υπηρετικού προσωπικού, τα μαγειρεία, τις αποθήκες τροφίμων κ.λπ. Εδώ, πάνω από τον κυρίως όροφο, ευρίσκονται σημαντικοί χώροι αμέσως κάτω από τη στέγη, που σκοπό έχουν να εμποδίζουν την υπερβολική ζέστη του ήλιου να φθάνει μέχρι τους χώρους κατοικίας.

Όλο το κτίσμα, θα μπορούσε να πει κανείς, πως έχει κρατηθεί στις μέτριες διαστάσεις των επαύλεων της Πομπηίας και επομένως ανταποκρίνεται μόνο στις στοιχειώδεις απαιτήσεις μιας βασιλικής αυλής. Μία μόνο διάταξη κολοσσιαίων διαστάσεων απετόλμησα να συμπεριλάβω σ' αυτό το σχέδιο, πράγμα που το συγχωρεί η διασημότητα αυτού του χώρου.

Το υπερμέγεθες ορειχάλκινο άγαλμα της Παλλάδος Αθηνάς [Προμάχου] που εφιλοτέχνησε ο Φειδίας με υλικά από τα λάφυρα της μάχης του Μαραθώνος, το μεγαλειώδες αυτό έμβλημα που ορθώνετο πάνω στον ιερό βράχο και εσήμαινε ως πέρα μακρυά στη στεριά και τη θάλασσα την κύρια πόλη της Ελλάδος, ηθέλησα να το επαναφέρω στη νέα Αθήνα για να ανακαλεί στον καθένα το επιβαλλόμενο δέος απέναντι στη μεγαλειώδη αρχαιότητα της αιώνια αξιομνημόνευτης πόλης. Είθε να είχα την τύχη να κερδίσω το ενδιαφέρον της Υμετέρας Βασιλικής Υψηλότητος για την εργασία μου και να φανώ έτσι ολίγον χρήσιμος, στο μέτρο των ταπεινών μου δυνάμεων, στην Ελλάδα. Κανένας άλλος δεν θα ανεγνώριζε τότε αυτή την τύχη με μεγαλύτερη ευγνωμοσύνη όσο ο διατελών με βαθύτατον σεβασμόν

της Υμετέρας Βασιλικής Υψηλότητος
ευπειθέστατος θεράπων Schinkel
Προϊστάμενος Αρχιτεκτονικής Υπηρεσίας της Πρωσίας

ΤΕΚΜΗΡΙΟΝ Δ

ΑΝΕΓΕΡΣΗ ΤΗΣ ΝΕΑΣ ΠΟΛΗΣ ΤΗΣ ΑΘΗΝΑΣ ΚΑΙ ΤΩΝ ΒΑΣΙΛΙΚΩΝ ΑΝΑΚΤΟΡΩΝ ΣΤΗΝ ΑΚΡΟΠΟΛΗ.

Alexander Ferdinand von Quast: Mittheilungen ueber Alt und Neu Athen (Ανακοινώσεις για την αρχαία και τη νέα Αθήνα) με ένα λιθόγραφο σχέδιο της αρχιτεκτονικής πρότασης για τα ανάκτορα πάνω στην Ακρόπολη που εξεπόνησε ο K. F. Schinkel, Berlin 1834, σελ. 29-34. Εκδόσεις George Gropius. Πρωτότυπο σε γερμανική γλώσσα.

Από τον τύπο γνωρίζουμε πως η Αθήνα εξελέγη οριστικά ως πρωτεύουσα της Ελλάδος και καθέδρα του Βασιλέως της. Αυτή η εκλογή μπορεί να θεωρηθεί επιτυχής από πολλές απόψεις. Μολονότι κατά την αρχαιότητα η Αθήνα δεν εθεωρήθη ποτέ πρωτεύουσα, και το Άργος, η Θήβα και η Σπάρτη κατά την πρώιμη αρχαιότητα υπερτερούσαν σε σημασία και μάλιστα αργότερα η τελευταία συναγωνιζόταν με επιτυχία την Αθήνα, εν τούτοις το όνομα της Αθήνας είναι λαμπρότερο από όλων των άλλων πόλεων της Ελλάδος. Μόνο μετά τους εσαεί αξιομνημόνευτους Περσικούς Πολέμους, που η Αθήνα συνέβαλε στην επιτυχή τους έκβαση περισσότερο από όλα τα άλλα κράτη, απέκτησε η πόλη τον ιδιαίτερο χαρακτήρα της, που ενισχύθη υπό τον Θεμιστοκλή και τον Κίμωνα και εκορυφώθη στα χρόνια του Περικλή σε τέτοιο βαθμό, έτσι ώστε ακόμα και οι πολλές κατοπινές ατυχίες της δεν μπόρεσαν να καταστρέψουν τη σημασία αυτής της πόλης. Η τέχνη και η επιστήμη είχαν βρει εκεί [στην Αθήνα] την έδρα τους. Οι πλούσιες πόλεις της Αργολίδος, όπως το Άργος, η Κόρινθος και η Σικυών, καθώς και οι εύπορες αποικίες στη Μικρά Ασία και τη Σικελία συνηγωνίζοντο την Αθήνα στις τέχνες και τις επιστήμες, τις δάφνες όμως τις έδρεπε παντού η Αθήνα. Μια ευνοϊκή συγκυρία μας επιτρέπει να αναγνωρίζουμε ακόμα μέσα στα ερείπια πόσο δίκαια θεμελιωμένη ήταν αυτή η νίκη. Ήδη η αρχαιότης το ανεγνώρισε αυτό, και οι Ρωμαίοι αυτοκράτορες, ιδιαιτέρως ο φιλότεχνος Αδριανός, εθεώρησαν τιμή τους να στήσουν τα μνημεία τους πλάι στα μνημεία του Περικλή. Έτσι η Αθήνα διετήρησε τη σημασία της μέχρι την χριστιανική-βυζαντινή εποχή, κατά την οποία προΐστατο όλων των άλλων πόλεων της κυρίως Ελλάδος, και από εκείνη την εποχή εσώθησαν πλήθος εκκλησιών, αν και μικρών.

Η σημασία της Αθήνας φυσικά εχάθη [εν τω μεταξύ] από κάθε άποψη. Βέβαια την πόλη κυβερνούν ακόμα μέχρι σήμερα άρχοντες αλλά μοιάζουν [τόσο λίγο] στους προκατόχους τους όσο και οι σημερινοί Οδυσσείς, Λυκούργοι κ.λπ. στους ομώνυμους αρχαίους. Την τύχη όμως αυτή η Αθήνα τη μοιράζεται με όλες τις υπόλοιπες πόλεις της Ελλάδος. Πουθενά δεν ευρίσκει κανείς πια μια άμεση παράδοση της αρχαιότητος, γιατί λείπουν παντελώς οι ενδιάμεσοι ιστορικοί κρίκοι· μόνον ο υπέροχος τόπος με τα ερείπια της λαμπρότερης περιόδου της τέχνης διεσώθη κατοικημένος από έναν λαό, που μιλάει μια γλώσσα που συγγενεύει με τη γλώσσα των αρχαίων.

Εάν η έλλειψη ιστορικής διαμεσολάβησης επηρεάζει αρνητικά την αναμόρφωση των πολιτικών πραγμάτων στην Ελλάδα, το ίδιο και χειρότερα επηρεάζει και την επανίδρυση της πόλης [της Αθήνας]. Μπορεί λοιπόν να περιπέσει κανείς στο λάθος να επιδιώξει την πιστή ανακατασκευή των αρχαίων πόλεων και κτηρίων που ερεύνησε η αρχαιολογία, χωρίς να λάβει υπ' όψιν του τις νεώτερες ανάγκες, και να επανεισαγάγει θεσμούς που θα ήσαν επίσης απομιμήσεις των αρχαίων· σ' αυτό το σφάλμα θα μπορούσαν να περιπέσουν πολλοί νεοέλληνες λόγιοι που για χάρη της αρχαιολογίας δείχνουν μεγάλη διάθεση να επαναφέρουν την αρχαία ειδωλολατρική θρησκεία. Άλλοι, πιο πολυάριθμοι αυτοί, δεν λαμβάνουν διόλου υπ' όψιν τους την υπάρχουσα κατάσταση και οραματίζονται μια ιδανική νέα πόλη με ομοιόμορφα κανονικά οικοδομικά τετράγωνα όπως στην Ουάσινγκτον, τη Νέα Υόρκη και τη Φιλαδέλφεια. Κανένας από τους δύο τρόπους δεν μας φαίνεται ο κατάλληλος, γι' αυτό με τις ακόλουθες γραμμές θα προσπαθήσουμε να δώσουμε τη δική μας άποψη επί του θέματος αυτού.

Η Αθήνα διατηρεί τα πιο θεσπέσια μνημεία της αρχαιότητος που μας έχουν απομείνει· από άποψη καθαρότητος τέχνης, ίσως να μην έχουν υπάρξει ποτέ άλλοτε ωραιότερες μορφές από τις μορφές του Παρθενώνος, του Ερεχθείου και των Προπυλαίων. Ευρίσκονται συγκεντρωμένα επάνω στην τιμημένη Ακρόπολη που υψώνεται σεμνά στο κέντρο της πόλης, αλλά με σαφές περίγραμμα. Όχι ολίγα όμως, επίσης σημαντικά μνημεία, ευρίσκονται σε διάφορα σημεία τής κάτω πόλης. Ένα τοπογραφικό ανάγλυφο ιδιαίτερα ενδιαφέρον σχηματίζουν στα δυτικά της Ακρόπολης οι εξάρσεις του Αρείου Πάγου, της Πνυκός και του υψηλότερου λόφου του Μουσείου. Η κοίτη του Ιλισσού αποτελεί το φυσικό όριο προς τον νότο. Μια σημαντική πεδιάδα απλώνεται προς τον βορρά και την ανατολή, η οποία βέβαια είναι η πιο ενδεδειγμένη απ' όλες τις άλλες περιοχές για την οικοδόμηση μιας σύγχρονης νέας πόλης με μεγάλες πλατείες και τα παρόμοια. Μια τέτοια πόλη όμως θα είχε άραγε το δικαίωμα να φέρει το όνομα Αθήνα; Το όνομα αυτό είναι αμετάκλητα συνδεδεμένο με την Ακρόπολη· μόνο με την Ακρόπολη συνδέεται η ιδέα καθετί μεγάλου που μας έρχεται στο νου, όταν ακούμε το όνομα της Αθήνας. Ακόμα και αν ανεσκάπτοντο τα θεμέλια της πανάρχαιας ελληνικής πόλης, ακόμα και αν μπορούσε κανείς να περπατήσει με την περιήγηση του Παυσανία στο χέρι από στενό σε στενό και να αναζητήσει πάλι τους ναούς και τα μνημεία, η νέα πόλη θα φάνταζε σαν στρατόπεδο που, εξωρισμένο εκτός των πυλών, πολιορκεί διαρκώς την [αρχαία] πόλη χωρίς να μπορεί να την κατακτήσει ποτέ· σαν να ήταν καταδικασμένη από μια κακή μοίρα στο μαρτύριο του Ταντάλου. Η αρχαία Αθήνα θα αντιπαρετίθετο πάντα στη νέα σαν ξένο στοιχείο και θα ήταν αδιανόητος κάθε δεσμός. Οι αρχαίοι μαρμάρινοι ναοί θα κοίταζαν από ψηλά ένα νεκροταφείο, που τα ανεσκαμμένα οστά του θα έδιναν βέβαια υλικό στους λόγιους επιγόνους [των αρχαίων] για άκρως σοφές πραγματείες, αλλά θα άφηναν την ψυχή του λαού άξεστη και θα την σκλήραιναν ακόμα περισσότερο απέναντι στο αληθινό μεγαλείο της αρχαιότητος.

Πρέπει να πασχίσουμε να δημιουργήσουμε με κάποιο τρόπο την ανύπαρκτη σχεδόν διαμεσολάβηση από την αρχαία στη νέα εποχή. Πρώτα απ' όλα δεν πρέπει να καταστρέψουμε τίποτα από τα υπάρχοντα, αλλά να φροντίσουμε να τα διευρύνουμε και να τα αναπτύξουμε. Ένα ανώμαλο έδαφος μας φαίνεται πιο ταιριαστό από την πληκτική πεδιάδα. Πόσο υπέροχα διατάσσονται τα τμήματα της πόλης πάνω στους διάφορους λόφους! Πώς συγκεντρώνεται όλη η ζωή στις κοιλάδες! Είθε ο Βασιλεύς να κατοικήσει πάλι το αρχαίο κάστρο του Κέκροπος και να κτίσει τα βασιλικά του δώματα πλάι στον οίκο του Ερεχθέως! Μέσα απ' τη χρυσή [sic!] μαρμαρυγή των μαρμάρινων κιόνων θα βλέπει κάτω την αφυπνισμένη ζωή, την τύρβη στους δρόμους και στις αγορές, τις επαύλεις των περιχώρων, τα αμπέλια και τα χωράφια, τα πλοία στον Πειραιά, το βαθυκύανο πέλαγος με τα νησιά και τα ακρωτήριά του και πέρα μακρυά στον ορίζοντα τα τολμηρά περιγράμματα των βουνών της Πελοποννήσου. Σε έναν άλλο λόφο, στον Άρειο Πάγο, θα ορθωθεί ο μητροπολιτικός ναός του Σωτήρος! Ένας μεγαλόπρεπος τρούλος θα σκεπάζει τον καθηγιασμένο τόπο και ο τιμημένος σταυρός, το έμβλημα της νίκης του Χριστιανισμού επί του αποθημένου Ισλάμ, θα χαιρετά με τη λάμψη του τον περιπλέοντα το ακρωτήριο του Σουνίου! Το τολμηρό τόξο μιας γέφυρας θα συνδέει το βασιλικό κάστρο [την Ακρόπολη] με το λόφον του Αρείου Πάγου και από κάτω θα περνά ένας δρόμος με ζωηρή κίνηση που θα ξεκινά από την τωρινή πόλη στα βόρεια της Ακρόπολης και θα καταλήγει στη νέα λαμπρότερη πόλη στα νοτιοδυτικά της! Γιατί εδώ, στα πόδια του ιερού βράχου και των υπόλοιπων λόφων που τον περιβάλλουν σαν στεφάνι, εν μέσω των πλέον θεσπεσίων αναμνήσεων και όχι υπερβολικά μακρυά απ' τη θάλασσα, που είναι το ζωτικό στοιχείο του νέου όπως και του αρχαίου κράτους, θα ευρίσκεται ο πυρήν της νέας πόλης! Απέναντι από την ανάβαση στο κάστρο και στον καθεδρικό ναό θα διαμορφωθεί μία πλατεία που θα την περιβάλλουν τα πρώτα δημόσια κτήρια! Είναι απόλυτη ανάγκη να συγκεντρωθούν όσο το δυνατόν περισσότερα σε ένα σημείο ώστε ενωμένα να δίνουν κυρίαρχη εντύπωση. Η Βενετία έχει μόνο μία πλατεία, του Αγίου Μάρκου, αλλά όποιος την έχει ιδεί διατηρεί άσβεστη την εντύπωσή της για όλη του τη ζωή· (έναν αλλά λέοντα). Σ' αυτή την πλατεία θα οδηγούν οι κύριοι οδικοί άξονες από τον Πειραιά, την πόλη στα βόρεια και τα Μεσόγεια. Τα σπίτια, σχηματίζοντας γραφικά βαθμιδωτά σύνολα διάστικτα με πράσινο, αναρριχώνται στους λόφους και κατηφορίζουν απ' την άλλη πλαγιά· μακρυές σειρές επαύλεων, γραφικά τοποθετημένες μέσα σε κήπους, φθάνουν μέχρι τον λιμένα. Ο λόφος του Μουσείου στο νοτιοδυτικό άκρο, ο πλησιέστερος προς τον λιμένα, δεσπόζει της πόλης απ' αυτή την πλευρά και απειλεί την Ακρόπολη. Η οχύρωσή του για την προστασία της πόλης από κάθε εχθρό που ενδεχομένως επιτεθεί από τη θάλασσα φαίνεται άκρως αναγκαία. Οι στρατώνες τοποθετούνται εδώ αρμοδίως στους αναβαθμούς των προμαχώνων. Το μνημείο του Φιλοπάππου μοιάζει σαν να αποτελεί το λάβαρο αυτού του κάστρου. Κίνδυνος να πάθει ζημιές ή να καταστραφεί από εχθρικό βομβαρδισμό δεν υπάρχει, εφόσον δεν πρέπει να αναμένεται μακρόχρονη πολιορκία της Αθήνας: γιατί η Αθήνα δεν είναι σημαντική θέση από στρατιωτική άποψη και τα οχυρωματικά έργα θα είναι απλώς για την ασφάλεια της πόλης σε περίπτωση αιφνίδιας επίθεσης. Ακόμα και αν υπήρχε τέτοιος κίνδυνος, η απώλεια αυτού του μνημείου δεν θα συνεκρίνετο ούτε κατά διάνοιαν με την απώλεια των ναών του Περικλέους στην Ακρόπολη, εάν όλη η μανία του εχθρού επικεντρώνετο σ' αυτό το μοναδικό σημείο του κλασικού κόσμου.

Εκτός από τις προαναφερθείσες περιοχές, πρέπει ακόμα να αναφέρουμε τις όχθες του Ιλισσού. Δυστυχώς σήμερα οι όχθες του έχουν χάσει όλες τις ομορφιές που κάποτε τις έκαναν τον προσφιλέστερο τόπο παραμονής των αρχαίων φιλοσόφων. Τα άλση με τα πλατάνια, όπως και τα εκεί γυμνάσια, δεν μπόρεσαν να αντισταθούν στις ολέθριες επιπτώσεις δύο χιλιετιών. Παρ' ότι δεν σκοπεύουμε βέβαια να θεωρήσουμε σωτήρια για την ανάπτυξη της σημερινής Ελλάδος μια επανεμφάνιση των αρχαίων ειδωλολατρών αθηναίων φιλοσόφων και γι' αυτό δεν επιθυμούμε την πιστή ανασύσταση του προτύπου όλων των λυκείων του κόσμου, του Λυκείου των Αθηνών και του γειτονικού Κυνοσάργους, εν τούτοις δεν θεωρούμε απίθανο οι ίδιες αυτές γαλήνιες όχθες, εάν πάλι τις σκιάσουν δέντρα, να προσελκύσουν σήμερα ξανά επιστήμονες και καλλιτέχνες, που μακρυά από τον θόρυβο της πόλης θα αφεθούν σε πιο ήρεμους στοχασμούς και αισθήματα. Για να μην χάνουν όμως οι κύριοι σαν βγαίνουν απ' τα σπουδαστήριά τους την ευγενέστατη ανάταση των ιδεών τους ώσπου να φθάσουν στην πηγή της Καλλιρρόης διανύοντας ένα μακρύ σκονισμένο λιθόστρωτο, καλό είναι η κατοικία τους να μην είναι πολύ μακρυά από εκεί· γι' αυτό θα θέλαμε τα επιστημονικά και καλλιτεχνικά ιδρύματα να τοποθετηθούν κατά το δυνατόν στη νοτιοανατολική περιοχή της πόλης. Εάν το ενδιάμεσο τμήμα στα νότια της Ακρόπολης θα πρέπει να καλυφθεί επίσης με κατοικίες ή εάν θα πρέπει να προτιμηθεί ένας μεγαλόπρεπής κήπος, αυτό δεν τολμούμε να το ορίσουμε. (...)

78

78. Leo von Klenze: προοπτική παράστασις του σχεδίου του για τα βασιλικά ανάκτορα στα υψώματα του Αγ. Αθανασίου (1835). Άποψις από νότον. Ελαιογραφία 83.5x126.0 εκ. (Μουσείον Eremitage, Πετρούπολις).

ΚΕΦΑΛΑΙΟ 4

Αντιφατικός σχεδιασμός: η "πόλη επί λόφων" ως ιδεατός στόχος, η συρρίκνωση του αρχικού σχεδίου ως πραγματικό αποτέλεσμα. Η αναθεώρηση του σχεδίου των Κλεάνθη και Schaubert από τον Leo von Klenze. Οι βασικές πολεοδομικές του απόψεις για τη νέα Αθήνα (1834)

1.
ΤΟ ΙΣΤΟΡΙΚΟ ΕΚΠΟΝΗΣΗΣ ΤΟΥ ΣΧΕΔΙΟΥ ΚΑΙ ΤΑ ΓΡΑΠΤΑ ΤΕΚΜΗΡΙΑ

Μεταξύ των διαφόρων προτάσεων για τον σχεδιασμό της νέας Αθήνας, η πρόταση του Leo von Klenze[1] (εικ. 79) είναι η δεύτερη που έγινε με επίσημη ανάθεση. Δεν ήταν απόρροια πρωτοβουλίας του συντάκτη της αλλά επέμβασης της πολιτικής εξουσίας στη διαδικασία του σχεδιασμού.

Σύμφωνα με την καθιερωμένη ιστοριογραφία, την πρωτοβουλία για την αναστολή και τροποποίηση του εγκεκριμένου ήδη από τον Ιούλιο του 1833 σχεδίου των Κλεάνθη και Schaubert την έλαβε η ελληνική αντιβασιλεία: στις 21 Ιουνίου του 1834 θεωρείται ότι πήρε μόνη της την απόφαση να ζητήσει από τον Βασιλέα Λουδοβίκο της Βαυαρίας την αποστολή[2] του Klenze. Όπως έχει όμως αποδειχθεί εν τω μεταξύ, η αλλαγή του σχεδίου ήταν αποτέλεσμα αποκλειστικώς και μόνο της ανάμειξης του Βασιλέως Λουδοβίκου και της παρέμβασής του κατά του εγκεκριμένου σχεδίου. Το σχέδιο επαρουσιάσθη στον Βασιλέα με μεγάλη καθυστέρηση –μόλις τον Μάιο του 1834– από τον αρχιτέκτονα Gutensohn μετά την επιστροφή του στο Μόναχο και προεκάλεσε αμέσως την απαρέσκεια του Βαυαρού μονάρχη. Με τον γνωστό του αυθορμητισμό απεφάσισε να στείλει ως εμπειρογνώμονα στην Ελλάδα[3] τον επιθεωρητή των βασιλικών κτισμάτων Klenze, που ήταν ο πιο εξοικειωμένος με την αρχαία ελληνική αρχιτεκτονική αρχιτέκτων στο Μόναχο.

Η εκλογή του Λουδοβίκου δεν θα μπορούσε να είναι καλύτερη. Ο πενηντάχρονος εκείνη την εποχή Klenze ευρίσκετο στο αποκορύφωμα της σταδιοδρομίας του, έχαιρε της πλήρους εμπιστοσύνης του Βασιλέως και συνεκέντρωνε στο πρόσωπό του τις σπάνιες ιδιότητες του ταλαντούχου καλλιτέχνου, του έμπειρου μεσολαβητού και του εγκυκλοπαιδικά μορφωμένου κοσμοπολίτου· επί πλέον, έτρεφε βαθειά αγάπη για την αρχαία ελληνική τέχνη και ενδιεφέρετο ζωηρά για τις τύχες του νεοσύστατου κράτους. Είναι βέβαιο πως δεν επενέβη στον σχεδιασμό της Αθήνας με δική του πρωτοβουλία ορμώμενος από το πάθος της αυτοπροβολής αλλά από την επιθυμία να διεκπεραιώσει ευσυνείδητα το τιμητικό έργο που του είχε ανατεθεί. Έτσι, όχι μόνον εξεπληρώθη η επιθυμία της ζωής του να "επισκεφθεί την Ελλάδα"[4], αλλά του εδόθη συγχρόνως και η δυνατότης να έχει αποφασιστικό λόγο στην διαδικασία σχεδιασμού της νέας Αθήνας[5].

Ανάμεσα στην επιστολή (εικ. 82) του Βασιλέως Λουδοβίκου προς την αντιβασιλεία στην Αθήνα, με την οποία την καλεί να προσκαλέσει στην Ελλάδα τον Klenze ως εμπειρογνώμονα, και την επίσημη πρόσκληση που του απηύθυνε η ελληνική πλευρά (7 Ιουλίου) πέρασε μόλις ένας μήνας, πράγμα που σημαίνει πως η αντιβασιλεία αντέδρασε ακαριαίως, αν λάβουμε υπ' όψιν μας τον βραδύ ρυθμό της ταχυδρομικής επικοινωνίας της εποχής. Ο Klenze άφησε το Μόναχο συνοδευόμενος από τον γιο του Ιππόλυτο στις 12 Ιουλίου, στις 21 επεβιβάσθη στην Αγκώνα στο ατμόπλοιο της Ιονίου Πολιτείας "Επτάνησος" και στις 23 έφθασε στην Κέρκυρα. Εδώ τον συνήντησε στις 25 του ιδίου μηνός ο Έλλην πρεσβευτής στις αυλές της Πρωσίας και Βαυαρίας πρίγκηψ Αλέξανδρος Μαυροκορδάτος, κομίζοντάς του επιστολή του Έλληνος υπουργού Εξωτερικών Ρίζου-Νερουλού. Με την επιστολή αυτή (σε γαλλική γλώσσα που φέρει ημερομηνία 25 Ιουνίου/7 Ιουλίου) η ελληνική κυβέρνηση αναθέτει στον Klenze τη σύλληψη ("creation") ενός νέου σχεδίου για την πρωτεύουσα. Είναι ενδεικτικό πως σ' αυτό το γράμμα δεν γίνεται λόγος για αναθεώρηση αλλά για νέο σχέδιο[6].

Μέσω του ιδίου απεσταλμένου ο Klenze λαμβάνει στην Κέρκυρα και μία επιστολή του Κλεάνθη, με την οποία ο συντάκτης του αρχικού σχεδίου εκφράζει με σεβασμό την εμπιστοσύνη του στην κρίση του εμπειρογνώμονος[7]. Δεν μπορούμε να κρίνουμε εάν η προσηνής αυτή στάση του Κλεάνθη ήταν πηγαία ή εάν την υπαγόρευσαν λόγοι τακτικής· το βέβαιο πάντως είναι πως δεν κατόρθωσε να άρει την προκατάληψη του Klenze απέναντί του[8].

Στις 29 Ιουλίου ο Klenze συνέχισε το ταξίδι του και την ίδια ήδη ημέρα απεβιβάσθη στην Πάτρα. Από εδώ ο δρόμος του τον έφερε μέσω Κορίνθου και Μυκηνών στο Ναύπλιο, την τότε πρωτεύουσα της χώρας, όπου έφθασε την 1η Αυγούστου του 1834. Στο Ναύπλιο έμεινε μέχρι τις 11 Αυγούστου για να διεκπεραιώσει το πολιτικό σκέλος της αποστολής του, δηλαδή να επιβάλει την ανάκληση των μελών της αντιβασιλείας von Maurer και Abel, εξουδετερώνοντας ενεργητικά τις λανθάνουσες τάσεις απειθείας των ενδιαφερομένων. Επίσης, προσεπάθησε σε μια πρώτη συνομιλία με τον Βασιλέα να παρουσιάσει στον Όθωνα με ωραία χρώματα την επιθυμία του Λουδοβίκου να επιλεγεί το ταχύτερον δυνατόν η Αθήνα ως πρωτεύουσα[9].

Στις 5 Αυγούστου ο Klenze συνέταξε ένα "*Pro memoria*", δηλαδή ένα υπόμνημα για την καλλιτεχνική του αποστολή στην Ελλάδα, και το υπέβαλε στην αντιβασιλεία (βλ. τεκμήριον Α του παρόντος κεφαλαίου). Πρόκειται για μια προγραμματική διακήρυξη αρχών διατυπωμένη με πάρα πολλή προσοχή, στην οποία υπογραμμίζει τους κύριους στόχους της επέμβασής του σύμφωνα με το πνεύμα του Λουδοβίκου, χωρίς όμως να αναφέρεται σε ειδικές αποφάσεις και πρακτικές οδηγίες, επιφυλασσόμενος να το πράξει αργότερα, μετά την επίσκεψή του επί τόπου. Ο Klenze προσεγγίζει τους στόχους του με αυτοπεποίθηση αλλά και διπλωματική δεξιότητα: θέλει να ασχοληθεί "με την αναθεώρηση και σύνταξη του σχεδίου πόλης της Αθήνας, καθώς και με την εναρμόνισή του με τις απόψεις της αντιβασιλείας"· και συμπληρώνει ότι "ως προς τον τρόπο χειρισμού του θέματος, συνέλαβε μίαν ιδέα, βασιζόμενος αφ' ενός μεν στην ίδια τη φύση του πράγματος, αφ' ετέρου δε στις νύξεις που του έκανε η Εξοχότης του ο κύριος πρόεδρος της αντιβασιλείας κόμης von Armansperg (...)".

Ο ειδικός βασιλικός απεσταλμένος, βέβαιος πως θα καλύψει ο Βασιλεύς Λουδοβίκος την "ιδέα" του (δηλαδή όλα όσα προτείνει για την πραγματοποίηση της επιθυμίας του μονάρχη του), προχωρεί σε σημαντικώτατες αποφάσεις αρχής, μην αφήνοντας στην πολιτική εξουσία της χώρας σχεδόν κανένα περιθώριο ελεύθερης επιλογής: σύμφωνα με την "ιδέα" του, η Αθήνα θα γίνει πρωτεύουσα και βασιλική καθέδρα, ο δε Πειραιεύς το επίνειό της. Η μετάθεση της κυβέρνησης στην Αθήνα θα λάβει χώραν το ταχύτερο δυνατό και αμέσως θα ξεκινήσουν τα έργα αναστήλωσης των αρχαίων μνημείων. Τις προτάσεις του για "τη θέση της νέας πόλης και τη σύνδεσή της με την παλαιά" θα τις διατυπώσει "αφού προβεί σε ακριβή αυτοψία της τοπογραφίας της περιοχής". Δεν έχει σκοπό να προβεί στη σύνταξη ενός σχεδίου για τα ανάκτορα της Αθήνας "χωρίς ειδική πρόσκληση".

Αφού χαράζει έτσι το πλαίσιο των δραστηριοτήτων του στην Αθήνα και αφού ο Βασιλεύς Όθων δίδει εντολή σε όλες τις τοπικές αρχές καθώς και στους αρχιτέκτονες Κλεάνθη και Schaubert να επιδείξουν "εις τον (...) κύριον μυστικόν σύμβουλον von Klenze πάντα τα σχέδια και τα σημειώματα καθ' όσον αφορούν την εργασίαν του"[10], ο Klenze στις 12 Αυγούστου φεύγει από το Ναύπλιο και φθάνει μέσω Λιγουριού, Επιδαύρου και Αίγινας στην Αθήνα. Για το ταξίδι αυτό έθεσαν στη διάθεσή του το βασιλικόν ιστιοφόρον.

Ο Klenze έμεινε στην Αθήνα ένα μήνα. Έφθασε στις 14 Αυγούστου και έφυγε στις 15 Σεπτεμβρίου. Στα επόμενα 30 χρόνια της ζωής του δεν έμελλε να επισκεφθεί ξανά την Ελλάδα. Είναι εντυπωσιακή η ενεργητικότητα με την οποία διεκπεραίωσε το έργο του στην Αθήνα ο πενηντάχρονος τότε άνδρας και η πληθώρα των επιτευγμάτων του μέσα σε τόσο μικρό χρονικό διάστημα.

Στις 15 Αυγούστου, συνοδευόμενος από τους αρχιτέκτονες Κλεάνθη και Schaubert, επισκέπτεται τον Πειραιά και ήδη στις 20 του ιδίου μηνός υποβάλλει στην αντιβασιλεία την έκθεσή του, με την οποία κοινοποιεί τα πορίσματα του ελέγχου που διενήργησε και εγκρίνει κατ' αρχήν το σχέδιο πόλης του Πειραιώς. Κατά τη διάρκεια των δύο επομένων εβδομάδων επιθεωρεί διεξοδικώς τα αρχαία μνημεία της Ακρόπολης και την παλαιά Αθήνα στις βόρειες υπώρειες του ιερού βράχου, καθώς και τις χαραγμένες επί του εδάφους οδούς της σχεδιαζόμενης νέας πόλης. Συζητεί με τους Κλεάνθη και Schaubert, οι οποίοι του επεξηγούν επιτόπου το σχέδιό τους, και συλλέγει πληροφορίες από κυβερνητικούς υπαλλήλους, δημογέροντες και ιδιοκτήτες ακινήτων για την πραγματική κατάσταση και τις πιθανότητες πραγματοποίησης του εγκεκριμένου σχεδίου[11]. Μ' αυτό τον τρόπο συμπληρώνει τις ήδη ευρείες γνώσεις του για την υφιστάμενη κατάσταση στην Αθήνα, από άποψη τοπογραφίας, δόμησης και κοινωνικών συνθηκών, και αποκτά πλήρη εικόνα των συμβάντων που προεκάλεσαν την πρόσκλησή του στην Αθήνα[12].

Αυτή η επιτόπια ενασχόληση με τα ζητήματα του σχεδιασμού της πόλης, καθώς και οι σημαντικές γνώσεις του Klenze γύρω από θέματα της αρχαίας ελληνικής αρχιτεκτονικής, οξύνουν την κριτική του ικανότητα σε τέτοιο βαθμό ώστε συντόμως είναι εις θέσιν να προχωρήσει με ταχύ βήμα στη σύνταξη προτάσεων αποφασιστικής σημασίας αλλά και στην υιοθέτηση ωρισμένων πρώτων πρακτικών μέτρων.

Στις 22 Αυγούστου ο Klenze υποβάλλει στην αντιβασιλεία προϋπολογισμό των δαπανών για την "ανασκαφή και αναστήλωση του Παρθενώνος", που ένα μήνα αργότερα εγκρίνεται. Ανεξαρτήτως όμως αυτού, αφού πρώτα στις 12 Αυγούστου "η αντιβασιλεία με έγγραφό της του αναθέτει την προετοιμασία (...) των αναστηλωτικών εργασιών" και αφού τον διαβεβαιώνει επισήμως "πως πρόθεσή της είναι η Ακρόπολη να μην χρησιμοποιηθεί ποτέ πια στο μέλλον ως οχυρό", προχωρεί στην κατεδάφιση των τουρκικών οχυρώσεων στα Προπύλαια[13] και στην επανατοποθέτηση αρκετών σπονδύλων κιόνων της κιονοστοιχίας στο βόρειο πτερό του Παρθενώνος.

Στις 3 Σεπτεμβρίου ολοκληρώνει την εισήγησή του "περί τροποποίησης του σχεδίου πόλης της Αθήνας" προς την αντιβασιλεία, με την οποία διατυπώνει πολύ διεξοδικά μία στρατηγική σταδιακής ανάπλασης της παλαιάς πόλης και αναθεώρησης του σχεδίου της νέας πόλης των Αθηνών (βλ. τεκμήριον Γ του παρόντος κεφαλαίου). Μέχρι τις 7 Σεπτεμβρίου έχουν ήδη σχεδιασθεί οι δύο πρώτες γνωστές παραλλαγές του σχεδίου του. Η καταπληκτική ταχύτητα, με την οποία διατυπώνει λεπτομερώς την πρότασή του και ετοιμάζει το σχεδιάγραμμα του σχεδίου πόλης, επιτρέπει την υπόθεση ότι ο Klenze είχε λάβει ωρισμένες βασικές αποφάσεις πριν ακόμα από την άφιξή του στην Αθήνα.

Κατόπιν δικής του εισήγησης (βλ. "Pro memoria", τεκμήριον Α του παρόντος κεφαλαίου), η αντιβασιλεία αποφασίζει να οργανώσει τα επίσημα εγκαίνια των αναστηλωτικών εργασιών στην Ακρόπολη από τον ίδιο τον Βασιλέα[14]. Ο Όθων αφικνείται γι' αυτό τον σκοπό στην Αθήνα στις 7 Σεπτεμβρίου 1834. Στις 9 Σεπτεμβρίου ο Klenze υποβάλλει στον Όθωνα, μετά από προφορική παρότρυνση του τελευταίου, εισήγηση "περί συντηρήσεως των αρχαιοτήτων της Ελλάδος" (βλ. τεκμήριον 6 συλλογής "Κειμένων"). Στις 10 Σεπτεμβρίου λαμβάνει χώραν η επίσημη τελετή στην Ακρόπολη, την οποία ο Klenze περιγράφει ως κορυφαία στιγμή της σταδιοδρομίας του. Κατασυγκινημένος προσφωνεί τον νεαρό μονάρχη (βλ. τεκμήριον 45 συλλογής "Κειμένων").

Ακολουθούν οι ταραγμένες μέρες της 14ης και 15ης Σεπτεμβρίου, κατά τη διάρκεια των οποίων λαμβάνει χώραν ο τελικός έλεγχος των πολεοδομικών προτάσεων του Klenze από τον Βασιλέα σε μακρές συνομιλίες μαζί του, με αποτέλεσμα μια τριπλή απόφαση: τη μετεγκατάσταση της κυβέρνησης στην Αθήνα, την έγκριση του αναθεωρημένου από τον

79

80

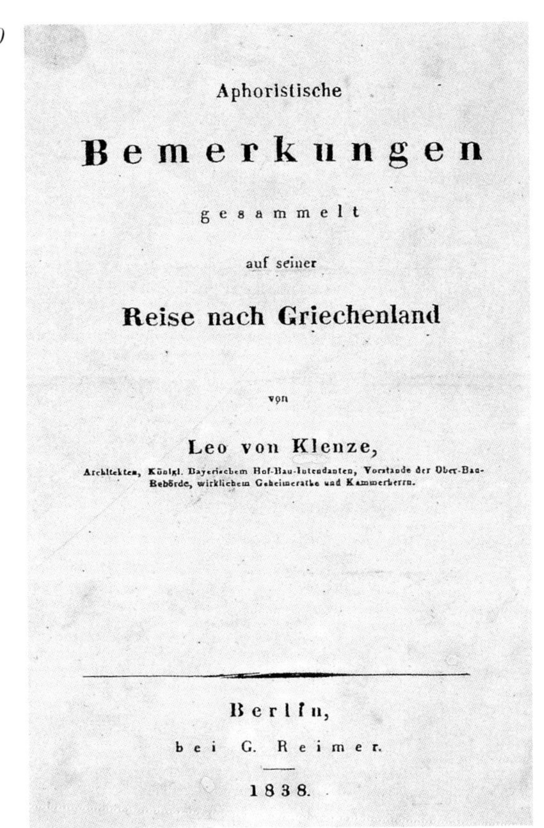

Aphoristische

Bemerkungen

gesammelt

auf seiner

Reise nach Griechenland

von

Leo von Klenze,

Architekten, Königl. Bayerischem Hof-Bau-Intendanten, Vorstande der Ober-Bau-Behörde, wirklichem Geheimerathe und Kammerherrn.

Berlin,

bei G. Reimer.

1838.

81

79. Προσωπογραφία του Leo von Klenze (1784-1864). Σχέδιο με πενάκι του W. Kaulbach.

80. Εξώφυλλο του έργου του Leo von Klenze, Aphoristische Bemerkungen gesammelt auf seiner Reise nach Griechenland. (Βλ. θεματική επισκόπηση των περιεχομένων του έργου αυτού στο Παράρτημα 1).

81. Προσωπογραφία του Βασιλέως Λουδοβίκου Α' της Βαυαρίας. Λιθογραφία του J. Stieler.

Klenze σχεδίου πόλης και τη χωροθέτηση των ανακτόρων στα υψώματα του Αγίου Αθανασίου[15].

Στις 15 Σεπτεμβρίου ο κατάκοπος Klenze, που επί πλέον υποφέρει από ελώδεις πυρετούς, επιβιβάζεται στην αγγλική φρεγάτα "Μαδαγκασκάρη" και εγκαταλείπει την Αθήνα με προορισμό το Ναύπλιο· εξαιτίας όμως του υπερβολικού φόρτου εργασίας, φεύγει δίχως να επισκεφθεί τα αρχαία κατάλοιπα του Ραμνούντος, του Θορικού, του Σουνίου και της Ελευσίνος, όπως ήταν η επιθυμία του. Στο Ναύπλιο μένει μέχρι τις αρχές Οκτωβρίου, γιατί είναι αναγκασμένος να προβεί στην "οριστική διεκπεραίωση πολλών εργασιών και συγκεκριμένα της υπόθεσης του σχεδίου της νέας πόλης". Στα μεσοδιαστήματα θα εκδράμει στους αρχαιολογικούς χώρους της Τίρυνθος, του αρχαίου Άργους και των Μυκηνών, τους οποίους περιγράφει διεξοδικά στις ταξιδιωτικές του αναμνήσεις.

Στο Ναύπλιο συντάσσει λεπτομερή γνωμοδότηση για τον τρόπο διεξαγωγής των αναστηλωτικών εργασιών στην Ακρόπολη της Αθήνας που αναφέρεται στην τεχνική πλευρά, καθώς και στην χρονική σειρά εκτέλεσης των μεμονωμένων εργασιών αναστήλωσης· στις 18 Σεπτεμβρίου υποβάλλει τη γνωμάτευσή του στην αντιβασιλεία (βλ. τεκμήριον 18 συλλογής "Κειμένων"). Στις 16 Σεπτεμβρίου ο Όθων πιεζόμενος από τον Klenze διορίζει μία δεκαμελή οικοδομική επιτροπή επιφορτισμένη με την ευθύνη της "διευθύνσεως των εργασιών ανεγέρσεως της νέας πόλεως των Αθηνών" (βλ. τεκμήριον 13 συλλογής "Κειμένων"). Στις 21 Σεπτεμβρίου ο Klenze σε επιστολή του προς τον Βασιλέα (βλ. τεκμήριον Ε παρόντος κεφαλαίου) αναπτύσσει τις κυριότερες απόψεις του για τη μορφολογία της νέας πόλης της Αθήνας, υπογραμμίζοντας ιδιαίτερα εκείνα τα στοιχεία του σχεδίου του, που κατά τη γνώμη του, δεν θα έπρεπε να θιγούν σε καμία περίπτωση.

Λίγο πριν από την αναχώρηση του Klenze από το Ναύπλιο, στις 30 Σεπτεμβρίου, δημοσιεύεται το βασιλικό διάταγμα "περί μεταθέσεως της βασιλικής καθέδρας εις τα Αθήνας και της ανοικοδομήσεως της πόλεως ταύτης" (βλ. τεκμήριον 14 συλλογής "Κειμένων"), στα 22 άρθρα του οποίου ορίζονται όλες οι λεπτομέρειες για τη μετάθεση της έδρας της κυβέρνησης στην Αθήνα την 1η Δεκεμβρίου 1834 και υιοθετούνται τα ουσιαστικά σημεία όλων των προτάσεων που είχε κάνει ο Klenze στην εισήγησή του την 3η Σεπτεμβρίου "περί τροποποίησης του σχεδίου πόλης της Αθήνας". Με το άρθρο 4 επικυρώνεται το σχέδιο του Klenze, ενώ με το άρθρο 5 κατοχυρώνεται η οριστική κατάργηση της χρησιμοποίησης της Ακρόπολης για στρατιωτικούς σκοπούς: "Η Ακρόπολις παύει να είναι οχυρόν και δεν επιτρέπεται να χρησιμοποιηθή ως οχυρόν ποτέ πλέον".

Έτσι, όσον αφορά τον πολεοδομικό σχεδιασμό και τη συντήρηση των αρχαίων μνημείων, τελικά επετεύχθησαν όλοι οι στόχοι της αποστολής του Klenze στην Ελλάδα. Αν και οι πολεοδομικές του προτάσεις για την Αθήνα εφηρμόσθησαν μόνο τμηματικά και το σχέδιό του για τα βασιλικά ανάκτορα έμεινε ανεκτέλεστο, εν τούτοις στο πολύ σύντομο διάστημα δύο μηνών (Αύγουστος-Σεπτέμβριος 1834) ο Klenze έφερε σε πέρας ένα πλήθος σχεδιαστικών καθώς και οργανωτικής φύσεως εργασιών, που απετέλεσαν τη βάση τόσο της κατοπινής εξέλιξης της πόλης των Αθηνών όσο και της συντήρησης των μνημείων της Ελλάδος.

Στις 2 Οκτωβρίου ο Klenze ανεχώρησε από το Ναύπλιο και πήρε τον δρόμο του γυρισμού διασχίζοντας την Πελοπόννησο. Ο δρόμος του τον έφερε στην Τεγέα, την Τρίπολη, την Μεγαλόπολη, την Γόρτυνα, την Ολυμπία και το Κατάκωλο, από όπου διεπεραιώθη στην Ζάκυνθο. Ήδη στις 3 Οκτωβρίου, η

82

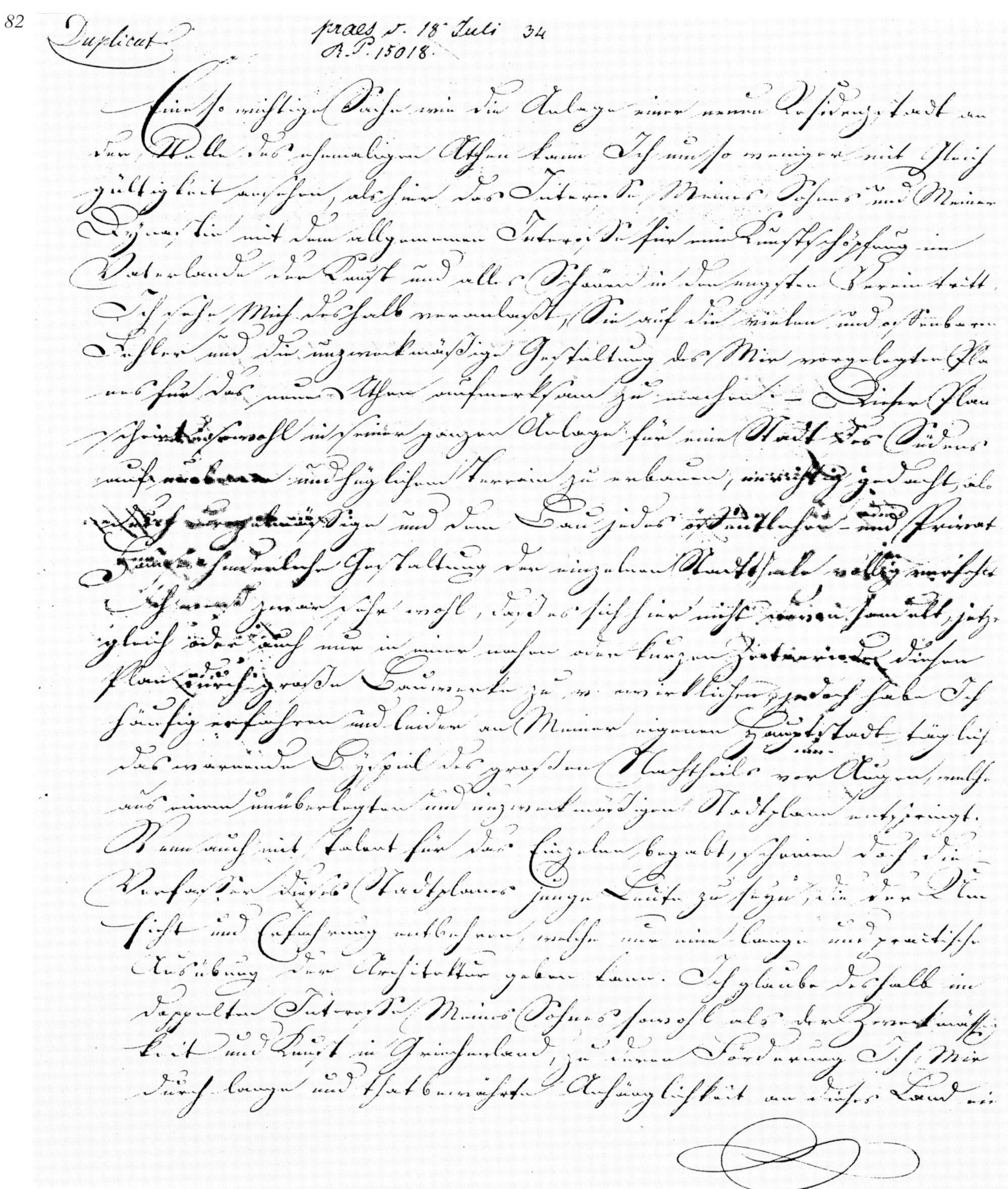

Duplicat

praes. d. 18 Juli 34
A.P. 15018

82. Ομοιότυπο της επιστολής του Βασιλέως Λουδοβίκου Α' της Βαυαρίας προς την αντιβασιλεία στην Αθήνα, από 4.6.1834. Το σημαντικό αυτό έγγραφο προεκάλεσε την αναθεώρηση του σχεδίου της νέας Αθήνας από τον Klenze. Η επιστολή ευρίσκεται στα Γενικά Αρχεία του Κράτους. Αθήνα, Οθωνικό Αρχείο, Υπουργείο Εσωτερικών, φάκελλος 221, και δημοσιεύεται εδώ για πρώτη φορά. (Βλ. τεκμήριον 32 συλλογής "Κειμένων").

αντιβασιλεία με μίαν ευχαριστήριον επιστολήν προς τον Klenze, του απευθύνει ένα επαινετικό πιστοποιητικό αναγνωρίσεως των υπηρεσιών του: "Ο μυστικός σύμβουλος του Βασιλέως της Βαυαρίας κύριος von Klenze εξετέλεσε μετά της συνήθους περισκέψεως και μεγαλοφυΐας τόσον επιτυχώς και ικανοποιητικώς το σπουδαίον έργον, δια το οποίον εκλήθη εις την Ελλάδα, ώστε η Αυτού Μεγαλειότης ο Βασιλεύς της Ελλάδος εξέφρασεν την πλήρην ικανοποίησιν αυτού και άπασαι αι προτάσεις τού προαναφερθέντος κυρίου μυστικού συμβούλου έλαβον την έγκρισιν της βασιλικής κυβερνήσεως της Ελλάδος" (βλ. τεκμήριον 15 συλλογής "Κειμένων"). Στις 16 Οκτωβρίου ο Klenze ανεχώρησε από τη Ζάκυνθο για την Αγκώνα και έφθασε στο Μόναχο μόλις στις 2 Νοεμβρίου. Λίγο αργότερα ο Βασιλεύς Λουδοβίκος του πρότεινε να φύγει και πάλι για την Αθήνα με σκοπό να παραμείνει εδώ ένα αρκετά μεγάλο διάστημα για να σταθεί τον πρώτο καιρό της διακυβέρ-

82

νησης από τον γιο του "στο πλευρό του ως πιστός και ικανός σύμβουλος και πολιτικός"[16] (βλ. *Memorabilien* II 84, τεκμήριον 5 συλλογής "Κειμένων"). Ο Klenze απέρριψε επιδέξια την πρόταση, και μάλλον αυτός ήταν ο λόγος που δεν συνώδευσε τον Βασιλέα Λουδοβίκο στο ταξίδι του στην Ελλάδα τον χειμώνα του 1835-1836.

Με εξαίρεση ωρισμένες απόρρητες σημειώσεις και παρατηρήσεις σχετικές με τον σχεδιασμό της Αθήνας που ο Klenze συμπεριέλαβε στο αδημοσίευτο μέχρι σήμερα χειρόγραφό του *Memorabilien*, στο οποίο ανατρέχουμε στις σημειώσεις του παρόντος κεφαλαίου, όλες οι άλλες γραπτά διατυπωμένες σκέψεις και προτάσεις του για το ίδιο θέμα περιλαμβάνονται στις πολύ διεξοδικές ταξιδιωτικές του αναμνήσεις που εδημοσιεύθησαν το έτος 1838 και φέρουν τον τίτλο *Aphoristische Bemerkungen gesammelt auf seiner Reise nach Griechenland* (Αφοριστικαί παρατηρήσεις συλλεγείσαι κατά τη διάρκειαν του ταξιδίου του στην Ελλάδα), εκδόσεις G. Reimer, Berlin 1838 (εικ. 80). Αυτές οι σκέψεις και προτάσεις του περιέχουν μια πολύ σημαντική περιγραφή και ανάλυση του σχεδίου του για την Αθήνα και αποκαλύπτουν τα αισθητικά και πολεοδομικά του ιδεώδη.

Για το θέμα που πραγματευόμαστε εδώ μας ενδιαφέρουν συνολικά πέντε αποσπάσματα από τις "Αφοριστικές παρατηρήσεις..." Δύο από αυτά (Τεκμήρια Β και Δ του παρόντος κεφαλαίου) είναι τμήματα του καθεαυτού κειμένου, ενώ τα άλλα τρία (Τεκμήρια Α, Γ και Ε) είναι κείμενα επίσημων υπομνημάτων και εισηγήσεων του Klenze προς την αντιβασιλεία, τα οποία έχουν συμπεριληφθεί στο έργο του.

Το τεκμήριο Α, η πρώτη γραπτή τοποθέτηση του Klenze επί του ζητήματος του σχεδιασμού της Αθήνας, είναι το προαναφερθέν "*Pro memoria*" προς την αντιβασιλεία, που συνέταξε στις 5 Αυγούστου 1834 στο Ναύπλιο. Στο κείμενο αυτό των 600 λέξεων ο Klenze διατυπώνει τους κυριωτέρους στόχους του ως εμπειρογνώμων στην Αθήνα και με επιτακτικό μάλλον ύφος την επιθυμία να γνωρίσει "τις απόψεις της αντιβασιλείας πάνω στα συγκεκριμένα σημεία πριν από την αναχώρησή" του από το Ναύπλιο, ώστε να δυνηθεί να τις λάβει υπ' όψιν του ως "γνώμονα των ενεργειών" του. Στις 12 Αυγούστου –πριν δηλαδή από την αναχώρησή του για την Αθήνα– του κοινοποιούνται ήδη οι οδηγίες που εζήτησε: του ανατίθεται να φιλοτεχνήσει "σχεδιάγραμμα τόσον της πόλεως όσον και αυτού τούτου του παλατίου", να προετοιμάσει "την σύντομον εγκατάστασιν της κυβερνήσεως και της αυλής εις τας Αθήνας" και να φροντίσει για την άμεση έναρξη των αναστηλωτικών εργασιών στην Ακρόπολη. Τέλος λαμβάνει τη διαβεβαίωση ότι τα επίσημα εγκαίνια αυτών των εργασιών θα γίνουν από τον ίδιο τον Βασιλέα κατά τη διάρκεια της παραμονής του στην Αθήνα (βλ. τεκμήριον 8 συλλογής "Κειμένων").

Στο τεκμήριο Β συνοψίζονται οι θεμελιώδεις πολεοδομικές αντιλήψεις του Klenze και οι απορρέουσες από αυτές αρχές στις οποίες, κατά τη γνώμη του, θα έπρεπε να στηρίζεται ένας ιδανικός σχεδιασμός της Αθήνας (τρία αποσπάσματα 485 λέξεων συνολικά). Επίσης αναφέρονται οι λόγοι δια τους οποίους δεν επεξεργάσθη το ιδανικό αυτό σχέδιο.

Το εκτενέστερο (3.970 λέξεις) και σημαντικότερο από τα κείμενα που παρατίθενται είναι το τεκμήριο Γ. Πρόκειται για τη λεπτομερή αιτιολόγηση και περιγραφή της αναθεώρησης του αρχικού σχεδίου των Κλεάνθη και Schaubert από τον Klenze.

83

84

85

83. Η Ακρόπολη της Αθήνας όπως απεικονίζεται στην πανοραμική άποψη που εσχεδίασε ο Ferdinand Stademann και η οποία εδημοσιεύθη στο Μόναχο το 1841. Το κάστρο εδώ φαίνεται πριν από την κατεδάφιση των μεσαιωνικών οχυρώσεων, η οποία την εποχή που φιλοτεχνήθηκε το σχέδιο (1836) ήταν σε πλήρη εξέλιξη. (Αντίτυπο του έργου στην Γεννάδειο Βιβλιοθήκη, Αθήνα).

84. Το τζαμί στον σηκό του Παρθενώνος. Σχέδιο του δανού ζωγράφου Rorbye του έτους 1835. Πενάκι και υδατογραφία. Το τζαμί κατεδαφίσθη το 1842 (Αρχαιολογική Συλλογή, Εθνικό Μουσείο Κοπεγχάγης).

85. Η είσοδος της Ακρόπολης το 1854 μετά τη διάνοιξη των Προπυλαίων και την απομάκρυνση των μεσαιωνικών προσθηκών στην Πινακοθήκη. Ο ναός της Απτέρου Νίκης είναι αναστηλωμένος, ο Φράγκικος Πύργος ορθώνεται ακόμα στη νότια πτέρυγα των Προπυλαίων (Allgemeine Bauzeitung, 1854).

Στο τεκμήριον αυτό συμπεριελήφθη το πλήρες κείμενο της εισήγησης του Klenze "περί τροποποίησης του σχεδίου πόλης της Αθήνας" που υπέβαλε στην Αντιβασιλεία στις 3 Σεπτεμβρίου του 1834, με εξαίρεση το χωρίο στο οποίο ασκεί κριτική στο αρχικό σχέδιο.

Το τεκμήριο Δ (1.020 λέξεις) περιέχει την περιγραφή του δημοσιευμένου "δια λιθογραφίας" σχεδιαγράμματος της πρότασης του Klenze για την Αθήνα, καθώς και μερικές διευκρινίσεις για τα οδωνύμια που προτείνει και για την έγκριση και την εφαρμογή του σχεδίου.

Το τεκμήριο Ε είναι μία επιστολή του Klenze προς τον Βασιλέα Όθωνα με ημερομηνία 21.9.1834, στην οποία αναφέρεται ακόμα μία φορά σε πρόσθετες παρατηρήσεις επί της πολεοδομικής δραστηριότητός του στην Αθήνα. Με το κείμενο αυτό ο Klenze υπερασπίζεται εκ νέου τον σχεδιασμό του και υπογραμμίζει τα στοιχεία εκείνα του σχεδίου που κατά τη γνώμη του δεν πρέπει κατά κανένα τρόπο να τροποποιηθούν.

Μολονότι η πρόταση του Klenze έχει παρουσιασθεί και επεξηγηθεί από τον ίδιο τον αρχιτέκτονα διεξοδικώτερα από όλα τα άλλα σχέδια για τη νέα Αθήνα, ούτε σ' αυτήν ορίζονται και περιγράφονται ωστόσο όλες οι διαρθρωτικές και μορφολογικές λύσεις λεπτομερώς.

2.
Η ΕΠΙΣΚΟΠΗΣΗ ΤΩΝ ΓΡΑΠΤΩΝ ΤΕΚΜΗΡΙΩΝ

ΤΕΚΜΗΡΙΟΝ Α: "PRO MEMORIA" ΤΟΥ KLENZE ΠΡΟΣ ΤΗΝ ΑΝΤΙΒΑΣΙΛΕΙΑ, ΝΑΥΠΛΙΟ, 5.8.1834

Με το υπόμνημα αυτό που συνέταξε στο Ναύπλιο, ο Klenze ήθελε πριν από την αναχώρησή του για την Αθήνα να περιγράψει τους στόχους της δραστηριότητός του ως εμπειρογνώμονος, να γνωστοποιήσει εκ των προτέρων τις βασικές αντιλήψεις του στην αντιβασιλεία και να ζητήσει από την τελευταία να του δώσει οδηγίες δράσης προκειμένου να εκπληρώσει την αποστολή του. Στο κείμενο αυτό θίγονται τα ακόλουθα θέματα:

- Ο Klenze αποδέχεται μετά χαράς την "πρόσκληση που έλαβε στις 7 Ιουλίου και τη ρητή επιθυμία της αντιβασιλείας" να ασχοληθεί "με την αναθεώρηση και με τη σύνταξη του σχεδίου πόλης της Αθήνας, καθώς και με την εναρμόνισή του με τις απόψεις της αντιβασιλείας".
- Κατόπιν συνεννοήσεως με τον πρόεδρο της αντιβασιλείας κόμη Armansperg, καταλήγει στην απόφαση πως θα έπρεπε να "γίνει η μεν Αθήνα πρωτεύουσα και βασιλική καθέδρα ο δε γειτονικός Πειραιεύς εμπορική πόλη και επίνειο [της πρωτεύουσας]".
- Η διατήρηση των αρχαίων μνημείων στην Ακρόπολη και η ελευθέρωσή τους από μεταγενέστερες προσθήκες είναι κατά τον Klenze άκρως επιθυμητή και αναπόφευκτη.
- Η καθυστέρηση της εφαρμογής του εγκεκριμένου σχεδίου των Κλεάνθη και Schaubert εκλόνισε την εμπιστοσύνη στην κυβέρνηση και πρέπει να γίνει κατεπειγόντως κάτι, ώστε "να απαλειφθεί η [κακή αυτή] εντύπωση". Ουσιαστικά βήματα προς την ορθή κατεύθυνση θα ήταν η μετεγκατάσταση της κυβέρνησης το ταχύτερο δυνατό στην Αθήνα, η έναρξη οικοδόμησης των ανακτόρων στην πόλη και η αναστήλωση των αρχαιοτήτων στην Ακρόπολη.
- Για την ανέγερση των ανακτόρων ο Klenze παρατηρεί ότι δεν γνωρίζει ούτε εάν διατίθενται τα αναγκαία χρηματικά μέσα ούτε εάν υπάρχει εγκεκριμένο αρχιτεκτονικό σχέδιο. Παρ' ότι του έχει ανατεθεί από τον Βασιλέα Λουδοβίκο, όταν ήταν ακόμη στο Μόναχο, η σύνταξη ενός σχεδίου για τα βασιλικά ανάκτορα στην Αθήνα, χωρίς "ειδική πρόσκληση" (δηλαδή χωρίς τη ρητή θέληση του Βασιλέως Όθωνος), δεν θέλει να ασχοληθεί με αυτό το έργο[17].
- Για να δοθεί σ' ολόκληρη την Ευρώπη ένα ασφαλές μήνυμα για την ανοικοδόμηση της Αθήνας και "για το πνεύμα που θα τη διέπει" πρέπει "μετά την οριστική διαμόρφωση του σχεδίου της Αθήνας" να εγκαινιασθούν επισήμως οι εργασίες αναστήλωσης του Παρθενώνος από τον ίδιο τον Βασιλέα Όθωνα κατά τη διάρκεια της παραμονής του Klenze στην Αθήνα. "Μια τέτοια ενέργεια (...) θα έπρεπε να κάνει στους γηγενείς αλλά και ιδιαίτερα στους ξένους που προτίθενται να κτίσουν εξαιρετικά ευνοϊκή εντύπωση".
- Ο Klenze παρακαλεί την αντιβασιλεία να του γνωστοποιήσει τις απόψεις της επί όλων αυτών των θεμάτων πριν αναχωρήσει από την Αθήνα, ώστε να τις λάβει υπ' όψιν του "ως γνώμονα των ενεργειών του".

ΤΕΚΜΗΡΙΟΝ Β: ΒΑΣΙΚΕΣ ΑΝΤΙΛΗΨΕΙΣ ΤΟΥ KLENZE ΓΙΑ ΤΗΝ ΙΔΡΥΣΗ ΤΗΣ ΝΕΑΣ ΑΘΗΝΑΣ

Μερικά λιγοστά χωρία (αποσπάσματα από τις σελίδες 416-420 των "Αφοριστικών παρατηρήσεων...") μας πληροφορούν για το ποιες ήταν οι αισθητικές και πολεοδομικές απόψεις του Klenze για την ίδρυση μιας πρωτεύουσας στον ελληνικό χώρο και δείχνουν προς ποίο είδος σχεδιασμού θα έτεινε, εάν δεν υπήρχαν οι σοβαρές δεσμεύσεις που του επέβαλαν οι αντικειμενικές συνθήκες. Συνοπτικά πρεσβεύει τα εξής:

- Κατά τους νεώτερους χρόνους επεδιώχθη μια πολεοδομική διάταξη που να εξασφαλίζει την "τέρψη του ματιού". Έτσι λοιπόν εσχεδίασαν κατόψεις πόλεων με "κανονικά διαρθρωμένο και κατά το μάλλον ή ήττον περίπλοκο γεωμετρικό σχήμα" χωρίς να λαμβάνουν υπ' όψιν τους "ότι μετά την πραγματοποίηση στο έδαφος των αφηρημένων σχημάτων, οι γεωμετρικές αυτές διατάξεις δεν είναι αναγνώσιμες". Ως παραδείγματα αναφέρει τα ρυμοτομικά σχέδια του Τουρίνου, της Νανσύ, της Πετρούπολης, του Μανχάιμ και της Καρλσρούης.

- Αντίθετα, οι αρχαίες πόλεις (εδώ αναφέρει την Πομπηία και τη Ρώμη), ανεξάρτητα από το εάν το έδαφός τους είναι πεδινό ή λοφώδες, δεν φαίνονται να ακολουθούν ανάλογη "ευθύγραμμη κανονικότητα". Σε αυτές τις πόλεις βλέπουμε "γραφικές συνθέσεις" κτηρίων τοποθετημένων χωρίς γεωμετρικούς κανόνες, το ένα δίπλα στο άλλο. Το αποτέλεσμα ήταν η εικόνα της αρχαίας πόλης να προσφέρει έναν πλούτο και μια ποικιλία εντυπώσεων που δεν έχουμε στις σύγχρονες πόλεις "με τις ευθύγραμμες φάλαγγες των πληκτικών γκρίζων προσόψεών τους, τις ασήμαντες καταληκτικές θέες τους (points de vue) και τα μεγαλόπρεπα αρχιτεκτονήματά τους".
- Η πρόσβαση προς την Ακρόπολη μας διδάσκει "με τι βαθειά αίσθηση της αληθινής ακτινοβολίας της αρχιτεκτονικής" και με πόση δεξιότητα διέτασσαν οι Έλληνες, στην ακμή της δημιουργικότητός τους, τους κτηριακούς όγκους και διεμόρφωναν μνημειώδεις αρχιτεκτονικές συνθέσεις.
- Λαμβάνοντας υπ' όψιν την "ιδιομορφία" του χώρου, δηλαδή την πλούσια σε ιστορικούς συμβολισμούς τοπογραφία της περιοχής, που προσφέρεται για την ανοικοδόμηση της Αθήνας, και την προαναφερόμενη "αρχή της γραφικότητος", ο Klenze θα διέτασσε τη νέα πόλη στα "υψώματα δυτικά και νότια της Ακρόπολης".
- Αλλά δυστυχώς τον εδέσμευαν οι αντικειμενικές συνθήκες που δεν επέτρεπαν την ελεύθερη ανάπτυξη της πολεοδομικής του πρότασης με βάση τις καλλιτεχνικές του πεποιθήσες: εν τω μεταξύ είχαν κτισθεί πολλά νέα κτίσματα τόσο στην παλαιά όσο και στη νέα πόλη πάνω στις οικοδομικές γραμμές του εγκεκριμένου τον προηγούμενο χρόνο σχεδίου, η διατήρηση των οποίων του είχε επιβληθεί. Ήταν, λοιπόν, αναγκασμένος να αφήσει "τη νέα πόλη στην πιο επίπεδη περιοχή, εκεί που είχε ήδη αρχίσει να κτίζεται". Συγχρόνως είχε αναγκασθεί να παραιτηθεί εξ αρχής από την ιδέα της ταυτόχρονης επέκτασης της πόλης προς τη λοφώδη νότια περιοχή, διότι στην περίπτωση αυτή η νέα πόλη θα κατελάμβανε υπερβολικά μεγάλη έκταση.

ΤΕΚΜΗΡΙΟΝ Γ: ΔΙΕΞΟΔΙΚΗ ΠΕΡΙΓΡΑΦΗ ΤΗΣ ΠΡΟΤΑΣΗΣ ΑΝΑΘΕΩΡΗΣΗΣ ΤΟΥ ΑΡΧΙΚΟΥ ΣΧΕΔΙΟΥ ΑΠΟ ΤΟΝ KLENZE

Η εισήγηση του Klenze προς την ελληνική αντιβασιλεία με ημερομηνία 3 Σεπτεμβρίου 1834 "περί τροποποίησης του σχεδίου πόλης της Αθήνας", είναι ένα εκτενές μνημόνιο για την αναθεώρηση του σχεδίου των Κλεάνθη και Schaubert· περιέχει τόσο συστάσεις για τη μεταχείριση των αρχαίων μνημείων της Ακρόπολης όσο και προτάσεις για την ανάπλαση της παλαιάς πόλης και τη διάταξη της νέας κάτω από τον ιερό βράχο.

Στο προοίμιό του ο συντάκτης του μνημονίου εξηγεί πως άσκησε κριτική στο αρχικό σχέδιο, όχι ωθούμενος από "μανία επίκρισης", αλλά σύμφωνα με τις πεποιθήσεις του, αναφερόμενος ταυτόχρονα με εκτίμηση στον Schaubert, τον οποίο αποκαλεί συντάκτη του σχεδίου, αποσιωπώντας το όνομα του Κλεάνθη. Ο Klenze υπογραμμίζει τη σημασία που δίνει στο έργο το οποίο του έχει ανατεθεί, με τη ρητορική διαπίστωση –η οποία αργότερα εμνημονεύθη άπειρες φορές– ότι "οποιαδήποτε επέμβαση στην Αθήνα είναι υπόθεση της ευρωπαϊκής τέχνης και κατά κάποιο τρόπο οφείλει να λογοδοτήσει κανείς γι' αυτή σε ολόκληρη την Ευρώπη".

86

86. Η Ακρόπολη και το άνω τμήμα της παλαιάς πόλης της Αθήνας από τα βορειοδυτικά. Σχέδιο με μολύβι φιλοτεχνημένο από τον Klenze, κατά την παραμονή του στην Αθήνα το 1834. Στο πρώτο επίπεδο το Ηφαιστείο (Κρατική Συλλογή Έργων Γραφικών Τεχνών του Μονάχου).

Ο Klenze δηλώνει στη συνέχεια ότι διετύπωσε τις παρατηρήσεις και τις συστάσεις του για τον σχεδιασμό της Αθήνας "μετά από πολλαπλές επισκέψεις επιτόπου, άλλοτε παρουσία των συντακτών του [πρώτου] σχεδίου, άλλοτε μόνος". Ο σχεδιασμός της Αθήνας, λέει, πρέπει να έχει ως "γνώμονα την ιδέα της ιστορικότητος και ποιητικότητος" και ταυτόχρονα "να είναι σύμφωνος με την ιστορική εξέλιξη τόσο της αρχαίας όσο και της σημερινής ένδοξης πόλης των Αθηνών".

Η απόφαση του Βασιλέως Όθωνος να ορίσει την Αθήνα ως πρωτεύουσα και βασιλική καθέδρα είναι αυτονόητη και διαγράφεται ως η μόνη σωστή προοπτική. Υπέρ της επιλογής αυτής συνηγορούν όχι μόνον οι "πολλοί άλλοι θετικοί και υλικοί λόγοι (...)"! Το όνομα και μόνον Αθήνα καθιστά την πόλη αυτή φυσική πρωτεύουσα της χώρας, και έτσι "η Αθήνα θα παρέμενε για τον κόσμο της Ελλάδος πρωτεύουσα, ακόμα και αν ανακήρυσσε κανείς πρωτεύουσα μιαν άλλη πόλη".

Κατά τον Klenze, η Αθήνα αποτελείται από τέσσερα τμήματα που τα συνδέει με την ιστορική εξέλιξη της πόλης: 1. την Ακρόπολη, 2. την πόλη του Θησέως (την αρχαία ελληνική πόλη), 3. την πόλη του Αδριανού (δηλαδή την επέκταση της Αθήνας κατά τους ρωμαϊκούς χρόνους) και 4. την Οθωνόπολη, όπως εβάπτισε ο ίδιος την υπό ίδρυσιν νέα Αθήνα[18].

Τα προτεινόμενα μέτρα για την Ακρόπολη

Στο αρχικό σχέδιο των Κλεάνθη και Schaubert δεν προτείνεται τίποτε "για τη μεταχείριση αυτής της άνω πόλης", παρατηρεί ο Klenze. Παρ' όλα αυτά δεν υπάρχει καμία αμφιβολία πως "η αποκάλυψη των αρχαίων μνημείων και του αρχαίου εδάφους εδώ είναι ακόμη πιο επιθυμητή απ' ό,τι στην κάτω πόλη" και ότι, αν και δεν το εδήλωσαν ρητώς, εν τούτοις αυτή την πρόθεση είχαν και οι εκπονητές του αρχικού σχεδίου.

Η στρατηγική που ανέπτυξε ο Klenze για την προστασία και τη συντήρηση των αρχαίων μνημείων της Ακρόπολης (εικ. 83-87) ήταν η εξής: μετά την απομάκρυνση της φρουράς ο λόφος θα έπρεπε "να απελευθερωθεί το ταχύτερο δυνατό από τα ερειπωμένα και άμορφα κτίσματα των βαρβαρικών εποχών"[19]. Εκτός βεβαίως από τα αρχαία κτίσματα και όλα τα αρχαία τείχη, δεν θα έπρεπε να κατεδαφισθούν επίσης "ίσως μερικά γραφικά τμήματα των νέων οχυρωματικών έργων, παραδείγματος χάριν ο πύργος των Φλωρεντινών Acciajuoli, μια ενετική έπαλξη δίπλα στα Προπύλαια κ.λπ."[20]. Οι λίθοι, ακόμη και τα "πολυάριθμα, εντελώς άμορφα θραύσματα μαρμάρων", που θα προέκυπταν από αυτές τις κατεδαφίσεις και από την εκκαθάριση του εδάφους, συνιστά "να διατεθούν για την ανέγερση των νέων ανακτόρων"[21]. Στη συνέχεια θα έπρεπε να προωθηθεί η αναστήλωση των κλασικών κτισμάτων και να οικοδομηθεί πάνω στο ίδιο το πλάτωμα της Ακρόπολης ένα χαμηλό κτήριο με μερικούς κλειστούς χώρους και ανοικτές στοές για την έκθεση των αρχαίων γλυπτών[22]. Τέλος ιδιαίτερα συγκινεί τον Klenze η ιδέα "να βλέπει κανείς τα κατάλοιπα αρχαίας ελληνικής γλυπτικής (...) πλάι στα ευγενέστερα συντρίμμια της αρχαίας ελληνικής αρχιτεκτονικής"[23].

Για όλες αυτές τις εργασίες ο Klenze προβλέπει ένα διάστημα οκτώ ετών[24]. Στο τέλος "η κορυφή του βράχου ανάμεσα στα μνημεία" θα εφυτεύετο "με τον πρέποντα και γραφικό τρόπο (...) με μερικές συστάδες φοινικοδένδρων, κυπαρισσιών, ελιών κ.λπ."· έτσι το αττικό τοπίο θα αποκτούσε "ένα πολύ σημαντικό γραφικό ορόσημο"[25].

87

87. Η Ακρόπολη από τον βορρά. Σχέδιο με μολύβι φιλοτεχνημένο από τον Leo von Klenze, κατά την παραμονή του στην Αθήνα το έτος 1834. Σε πρώτο επίπεδο στην πλαγιά το σπίτι των Κλεάνθη και Schaubert (Κρατική Συλλογή Έργων Γραφικών Τεχνών του Μονάχου).

Η στρατηγική της σταδιακής διενέργειας ανασκαφών στο άνω τμήμα της παλαιάς πόλης

Ο Klenze δηλώνει κατ' αρχήν απολύτως σύμφωνος με την πρόταση των Κλεάνθη και Schaubert να απομακρυνθούν στο άνω τμήμα της παλαιάς πόλης, δηλαδή στον χώρο που περιβάλλει άμεσα την Ακρόπολη και όπου "εσυνωστίζοντο ασφαλώς τα κύρια μνημεία της ελληνικής αρχιτεκτονικής και γλυπτικής της αρχαίας κλασικής εποχής", όλα τα σύγχρονα κτήρια, με εξαίρεση μερικές αξιοπρόσεκτες εκκλησίες και τζαμιά. Αλλά "για να μην τεθεί το όλο εγχείρημα εξ αρχής πάνω σε λανθασμένες βάσεις ή, πολύ χειρότερα ίσως, για να μην παραμείνει η πρόταση απραγματοποίητη", ο προτεινόμενος τρόπος εφαρμογής της θα έπρεπε οπωσδήποτε να τροποποιηθεί[26]. "Συγκεκριμένα επροτάθη σ' αυτή την περιοχή, την οποία τώρα καταλαμβάνει ένα μεγάλο μέρος του πιο πυκνά και καλά δομημένου τμήματος της πόλης", γράφει ο Klenze, "να μην επιτραπεί καμία δόμηση. Να αγορασθούν όλα [τα ακίνητα] αμέσως και να πληρωθούν τοις μετρητοίς μέσα σε τρεις μήνες". Τη ριζική όμως αυτή μέθοδο τη θεωρεί εξωπραγματική όχι μόνον επειδή οι απαραίτητες για την απαλλοτρίωση των ιδιωτικών ακινήτων δαπάνες (ύψους περίπου 1,5 εκατομμυρίου δραχμών) θα ήταν πολύ σημαντικές, αλλά και γιατί "δεν είναι δυνατόν (...) σε ένα νεοσύστατο κράτος, που το πιέζουν από όλες τις πλευρές νέες ανάγκες και του οποίου τα οικονομικά δεν έχουν ακόμα διαμορφωθεί", να διενεργηθούν ανασκαφές τόσο εκτεταμένες όσο στην Πομπηία, οι οποίες θα απαιτούσαν "πολλά εκατομμύρια".

Αλλά σε μια γενικευμένη και αδιαφοροποίητη μέθοδο απαλλοτρίωσης στο άνω τμήμα της παλαιάς πόλης αντιτίθενται και οι υπερβολικά σκληρές κοινωνικές επιπτώσεις· γιατί "ανάμεσα στα κτήρια και τα ερείπια αυτής της περιοχής της πόλης, υπάρχουν πολλά που έχουν ξανακτισθεί από τα συντρίμμια τους και πολλά που μπορούν να αποκατασταθούν με πολύ μικρότερο κόστος από ό,τι θα εκόστιζε ένα νέο σπίτι". Οι ιδιοκτήτες των σπιτιών "είναι πτωχοί άνθρωποι που δεν διαθέτουν (...) κεφάλαια" και που δεν θα μπορούσαν να κτίσουν νέες κατοικίες αφ' ενός μεν γιατί δεν θα έφθανε γι' αυτό η προβλεπόμενη χαμηλή αποζημίωση αφ' ετέρου δε γιατί θα αδυνατούσαν να επωμισθούν τον "υπέρογκο τόκο" ενός δανείου[27]. Επομένως, συμπεραίνει ο Klenze, "οι διωγμένοι τόσο αιφνιδιαστικά από τα σπίτια τους κάτοικοι και ιδιοκτήτες θα εξαναγκασθούν είτε να μεταναστεύσουν είτε να ανεγείρουν στη νέα πόλη, εφόσον θα ήθελαν να κτίσουν σ' αυτή, ένα πλήθος μικρών, ασήμαντων και κακής ποιότητος κτηρίων".

Γι' αυτούς τους λόγους ο Klenze προτείνει μια διαφορετική στρατηγική στον "χώρο που έχει ορισθεί για μελλοντικές ανασκαφές". Κατανέμει τις ιδιοκτησίες σε πέντε κατηγορίες:

– Για δύο κατηγορίες κτηρίων προτείνει την άμεση απαλλοτρίωση και την κατεδάφισή τους· συγκεκριμένα για τα κτίσματα που γειτονεύουν με τα ήδη γνωστά αρχαία μνημεία "με τρόπο που βλάπτει άμεσα τη διατήρηση ή τη θέα των μνημείων", καθώς και για τα "ερείπια και συντρίμμια που δεν επιδέχονται ανακατασκευή".

– Για δύο άλλες κατηγορίες κτηρίων συνιστά να διατηρηθούν προσωρινά και να παραμείνουν στους ιδιοκτήτες τους "μέχρις ότου το κράτος θελήσει να προβεί εις την αγορά τους με δίκαιη εκτίμηση ή συμφωνία". Τα κτήρια για τα οποία προτείνει αυτή τη ρύθμιση είναι τα "νεόδμητα ή ανακατασκευασμένα από τα ερείπια" και τα "ερειπωμένα (...) που μπορούν να επιδιορθωθούν χωρίς ουσιαστικά να ξανακτισθούν".

– Για τα κτήρια που είναι κτισμένα πάνω σε εθνική ή εκκλησιαστική γη προτείνει ποικίλη μεταχείριση κατά περίπτωσιν· αυτά "θα πρέπει, αναλόγως με τις ανάγκες και τις συνθήκες της στιγμής, είτε να διατηρηθούν είτε να κατεδαφισθούν εντελώς". Φυσικά "οι σημαντικώτερες εκκλησίες και τα λιγοστά τζαμιά" θα πρέπει "να διατηρηθούν ως ιστορικά και πολλές φορές πολύ γραφικά μνημεία του παρελθόντος".

Με αυτή τη μέθοδο της διαφορετικής κατά περίπτωση μεταχείρισης και της σταδιακής εφαρμογής των προτεινόμενων μέτρων όχι μόνο θα εξοικονομείτο ποσό 1,2 εκατομμυρίου δραχμών αλλά θα εξηφανίζοντο από την προτεινόμενη ζώνη ανασκαφής όλα τα ερείπια και θα υπήρχε αμέσως ικανός χώρος για να αρχίσει το έργο της αρχαιολογικής έρευνας. Έτσι, σε μια πρώτη φάση τα υπάρχοντα ή ανακατεσκευασμένα οικήματα θα περέμεναν εν χρήσει· επειδή όμως η κατασκευαστική τους ποιότητα δεν υπόσχεται μεγάλη διάρκεια ζωής και επειδή επί πλέον "σταδιακά όλη η ζωή, όλο το εμπόριο και όλα τα πλεονεκτήματα θα μετατεθούν στη νέα πόλη[28] (...)", οι ιδιοκτήτες τους αργά ή γρήγορα θα τα προσέφεραν "στο κράτος σε πολύ συμφέρουσες τιμές". Εν τω μεταξύ όμως η περιοχή αυτή που γειτνιάζει άμεσα με την Ακρόπολη θα προσέφερε μια πολύ καλύτερη εικόνα από "ό,τι εάν παρέμενε απλώς ένα ανοικτό πεδίο ερειπίων και συντριμμάτων".

Οι ρυθμίσεις στο κάτω (βορεινό) τμήμα της παλαιάς πόλης

Την πρόταση ανάπλασης των Κλεάνθη και Schaubert, οι οποίοι στο κάτω τμήμα της παλαιάς πόλης (δηλαδή στο τμήμα "ανάμεσα στην περιοχή των ανασκαφών και το σημερινό τείχος [Χασεκή] της πόλης") προέβλεπαν την γενικευμένη ευθυγράμμιση των οδών, ο Klenze την απέρριψε κατηγορηματικά διότι "ισοδυναμούσε σχεδόν με την κατεδάφιση όλων των κτηρίων". Κατά τη γνώμη του "θα ήταν αρκετό εάν το τμήμα αυτό της πόλης το διέσχιζαν μόνο μερικές [νέες] κύριες οδοί", προτείνει δηλαδή μόνο τις πιο απαραίτητες, κατά τη γνώμη του, και πιο εύκολα πραγματοποιήσιμες διανοίξεις. Δεν αποκλείει όμως "μεμονωμένες διευρύνσεις και βελτιώσεις των οδών" εάν παρουσιασθεί η κατάλληλη ευκαιρία. Συνιστά να αποφευχθεί η "ανενδοίαστη ευθεία χάραξη όλων των οδών, εξαιτίας των μεγάλων [υλικών] θυσιών και του κινδύνου της μονοτονίας και της μείωσης της γραφικότητος" που θα επέφερε η ρύθμιση αυτή.

Αρχές σχεδιασμού της νέας πόλης

Ο Klenze προτάσσει στο σκεπτικό του για το "σπουδαιότερο μέρος αυτού του πολεοδομικού σχεδίου, τη διαμόρφωση της

Οθωνόπολης (...), μερικές γενικές παρατηρήσεις για τους κανόνες που διέπουν την αρμόδια και ωραία διάρθρωση μιας πόλης". Εδώ επαναλαμβάνει ακόμα μία φορά τα ουσιώδη σημεία των θεωρητικών του αντιλήψεων: Τις πόλεις του Βορρά χαρακτηρίζουν "μεγάλες, ευθύγραμμες, ευρείες και κανονικές οδοί και πλατείες, που τις περιγράφουν (...) με βάση συγκεκριμένους κανόνες ομαδοποιημένα σπίτια και μέγαρα". Η θέα αυτών των πόλεων "μπορεί να είναι μεγαλειώδης και επιβλητική, με την προϋπόθεση ότι είναι χαραγμένες σε εντελώς ή σχεδόν επίπεδο έδαφος". Επίσης τέτοιου είδους διατάξεις εξασφαλίζουν άριστες προϋποθέσεις για "τον φωτισμό, την καθαριότητα και την απρόσκοπτη κυκλοφορία (...) των οχημάτων". Όμως, "η θέα τέτοιων εντελώς κανονικών γεωμετρικών διατάξεων μέσα στην πόλη σύντομα κουράζει" λόγω της μονοτονίας τους. Μάλιστα, "η εμφάνισή τους όχι μόνο κουράζει αλλά και γίνεται απωθητική, όταν χρησιμοποιούνται αυτές οι διατάξεις βεβιασμένα σε ένα μη επίπεδο και ανώμαλο ανάγλυφο εδάφους".

Σ' αυτά τα "σύγχρονα" ή "ευθύγραμμα" συστήματα ο Klenze αντιπαραθέτει "το αρχαίο", που η κατά το μάλλον ή ήττον πιστή εφαρμογή του απαντάται ακόμα και σήμερα στις περισσότερες πόλεις του Νότου. Οι οδοί και οι πλατείες είναι εδώ πολύ μικρότερες και η χάραξή τους ακολουθεί τις διακυμάνσεις του εδάφους. Οι νότιες πόλεις είναι "πολύ πιο γραφικές και προσφέρουν πολύ περισσότερες εναλλαγές από τις πόλεις του Βορρά (...), εξασφαλίζουν περισσότερη και εναλλασσόμενη προστασία από τις ακτίνες του ηλίου" και ταιριάζουν περισσότερο στον "ορεινό χαρακτήρα του τοπίου του Νότου".

Ο Klenze δεν τάσσεται κατ' αρχήν υπέρ του ενός ή του άλλου συστήματος· εν τούτοις για την Αθήνα προτείνει τη "γραφικότερη νότια" διάρθρωση, γιατί ταιριάζει καλύτερα στο λοφώδες έδαφος και στις κλιματικές συνθήκες. Αυτή τη λύση θεωρεί ως την πλέον ενδεδειγμένη, ακόμα και στην ανεπιθύμητη γι' αυτόν περίπτωση χωροθέτησης της νέας πόλης στην περιοχή με το σχετικά ανώμαλο ανάγλυφο εδάφους βορείως της παλαιάς πόλης.

Όμως, (για λόγους που έχουν αναφερθεί επανειλημμένα) είναι αναπόφευκτη τόσο η υιοθέτηση εκ μέρους του της περιοχής που έχει ήδη επιλεγεί για τη χωροθέτηση της νέας πόλης από τους συντάκτες του αρχικού σχεδίου, όσο και η "διατήρηση ορισμένων πρωτευουσών χαράξεων και ενός ευθύγραμμου συστήματος διάταξης της νέας πόλης". Έτσι, το μόνο που απομένει για τον Klenze είναι "η ευνοϊκή επιλογή των καθέκαστα λύσεων, στον βαθμό που την επιτρέπουν οι υπάρχουσες συνθήκες και η εκμετάλλευση του φυσικού αναγλύφου, όπου ακόμα αυτό είναι εφικτό".

Κριτική στο αρχικό σχέδιο των Κλεάνθη και Schaubert

[Σημείωση: Εδώ παρατίθεται στο κείμενο του Klenze λεπτομερής κριτική του αρχικού σχεδίου, την οποία παρουσιάσαμε ήδη εκτενώς στις σελίδες 57-60 και γι' αυτό τον λόγο δεν την επαναλαμβάνομε στο παρόν κεφάλαιο].

Η πρόταση του Klenze για την αναθεώρηση του αρχικού σχεδίου

Μολονότι ο Klenze αναγκάζεται από τα πράγματα να διατηρήσει την ανεπιθύμητη γι' αυτόν χωροθέτηση της νέας πόλης, που πρότειναν οι Κλεάνθης και Schaubert, και μολονότι διατηρεί επίσης αρκετές από τις πρωτεύουσες οδούς και επομένως το ευθύγραμμο σύστημα του αρχικού σχεδίου, επεδίωξε ωστόσο "την ουσιαστική αλλαγή και την εντελώς νέα διαμόρφωσή του"[29] (εικ. 94). Έτσι, πρώτα απ' όλα σμίκρυνε "όλο το σχέδιο καθώς και τις οδούς και πλατείες, που ήταν δυσανάλογες σε σχέση με τα οικήματά τους και ακατάλληλες για τη νότια [γεωγραφική] θέση της πόλης" και έριξε ιδιαίτερο βάρος στη σημαντική μείωση του αριθμού των οξυκόρυφων οικοδομικών τετραγώνων[30]. Επίσης άλλαξε τη θέση των ανακτόρων.

Ο Klenze μετέθεσε τα ανάκτορα στις δυτικές κλιτύες του λόφου των Νυμφών, δηλαδή κατά τα λεγόμενά του "στη θέση με την ωραιότερη θέα προς την Ακρόπολη, το Θησείο κ.λπ., η οποία ταυτοχρόνως προσφέρει την ωραιότερη άποψη του κτίσματος σε συνδυασμό με τα μνημεία αυτά". Εκμεταλλευόμενος το επικλινές έδαφος της περιοχής δημιουργεί αναβαθμούς, πάνω στους οποίους διατάσσει το κτηριακό συγκρότημα των ανακτόρων. Το κτίσμα "απολαμβάνει το διπλό πλεονέκτημα να ευρίσκεται συγχρόνως και μέσα στην πόλη και μέσα σε κήπο", ενώ έχει μια πανοραμική άποψη προς όλα τα σημεία του ορίζοντος. Ο Klenze αναφέρει επίσης ότι εσχεδίασε το σκαρίφημα μιας εναλλακτικής πρότασης για τη χωροθέτηση των ανακτόρων στη δυτική πλαγιά του Λυκαβηττού.

Η πλατεία των ανακτόρων του αρχικού σχεδίου στο κέντρο της πόλης (η σημερινή πλατεία Ομονοίας) στο σχέδιο του Klenze αποκτά στρογγυλό σχήμα· εκεί προτείνει την ανέγερση του μητροπολιτικού ναού του Σωτήρος. Στη θέση της "τεράστιας αγοράς" διατάσσει ένα μικρότερο κτήριο του ιδίου τύπου "με κατάλληλο μέγεθος".

Ανάμεσα στην αγορά και στο ναό του Σωτήρος προτείνει την ανέγερση δημοσίων λουτρών μέσα σε κήπους. Όσον αφορά τη λειτουργία και την κατανομή των δημοσίων κτηρίων στη νέα πόλη, ο Klenze παραπέμπει στο υπόμνημα του σχεδιαγράμματός του, χωρίς να αναφέρει τίποτε άλλο για τη χωροθέτησή τους. Φαίνεται πως προτείνει αυτή την κατανομή ενδεικτικά, γιατί στο κείμενό του αναφέρει πως "θα είναι εύκολο σε ένα τόσο μεγάλο σχέδιο να βρεθεί θέση για το ένα ή το άλλο δημόσιο κτήριο που δεν περιλαμβάνεται σ' αυτό".

Όσον αφορά το σύστημα δόμησης, στα τρία τέταρτα της συνολικής δομήσιμης επιφάνειας (δηλαδή στα δυτικά και βόρεια τμήματα της νέας πόλης), ο Klenze προτείνει το συνεχές οικοδομικό σύστημα, ενώ στην υπόλοιπη πόλη (δηλαδή στο ανατολικό της τμήμα στις νότιες υπώρειες του Λυκαβηττού) προτείνει τη δημιουργία μιας συνοικίας με επαύλεις δομημένες κατά το πανταχόθεν ελεύθερον σύστημα. Για το ύψος των κτηρίων προτείνει "στις μικρότερες οδούς να μην κτισθούν κτήρια χαμηλότερα από διώροφα, στις πρωτεύουσες οδούς όμως (...) να μην επιτρέπονται κτήρια με λιγότερους από τρεις ορόφους". Απαραίτητες προϋποθέσεις για τη δημιουργία και στην Αθήνα "εκείνου του ωραίου μεσημβρινού, ανοικτού και γραφικού χαρακτήρος, που τόσο μας θέλγει στην

Ιταλία", είναι η ακριβής χωροστάθμιση των οδών, η κανονική ανέγερση των κτηρίων πραγματικά κατά το συνεχές σύστημα, δηλαδή χωρίς κενά μεταξύ τους, και η φροντισμένη αρχιτεκτονική διαμόρφωση κάθε κτηρίου.

ΤΕΚΜΗΡΙΟΝ Δ: ΕΠΕΞΗΓΗΣΕΙΣ ΤΟΥ KLENZE ΕΠΙ ΤΟΥ ΣΧΕΔΙΟΥ ΤΟΥ ΓΙΑ ΤΗ ΝΕΑ ΑΘΗΝΑ. ΠΕΡΙΓΡΑΦΗ ΤΗΣ ΔΙΑΤΑΞΗΣ ΤΗΣ ΝΕΑΣ ΠΟΛΗΣ

Στις σελίδες 470-476 του κειμένου του *Aphoristische Bemerkungen...* ο Klenze αναφέρεται άμεσα στο λιθόγραφο (ο ίδιος το χαρακτηρίζει ως χαλκογραφία) σχεδιάγραμμα της πολεοδομικής πρότασής του για την Αθήνα και περιγράφει και άλλες λεπτομέρειές της:

"Πάνω στην Ακρόπολη, στο ανατολικό άκρο του ιερού βράχου, που έχει πολύ χαμηλότερο υψόμετρο από ό,τι το μεσαίο τμήμα του, στο οποίο ορθώνεται ο Παρθενών", προτείνει την ανέγερση μιας "Εθνικής Γλυπτοθήκης", ενός κτηρίου που του ανέθεσε να σχεδιάσει "η Μεγαλειότης του ο Βασιλεύς"[31].

Το άνω (νότιο) τμήμα της παλαιάς πόλης, που στο σχέδιο σημειώνεται με τα στοιχεία Κ2Κ2, προορίζεται για τις "μελλοντικές ανασκαφές". Εδώ προτείνεται η διατήρηση όχι μόνο των σημειωμένων μνημείων της αρχαιότητος, αλλά και των χρονολογούμενων από την Βυζαντινή εποχή και από την περίοδο της Τουρκοκρατίας. Όσο για τις "λεπτομέρειες της μελλοντικής διαμόρφωσης" του αρχαιολογικού χώρου, προτείνει να "ορισθούν μετά τα αποτελέσματα των μελλοντικών ανασκαφών"[32].

Στο υπό ανάπλασιν κάτω (βόρειο) τμήμα της παλαιάς πόλης διατηρείται η διάνοιξη των τεσσάρων οδών του αρχικού σχεδίου: της οδού Ερμού, της κάθετης προς την προηγούμενη οδού Αθηνάς, καθώς και δύο άλλων νέων οδών παραλλήλων προς την οδό Αθηνάς. Επίσης διατηρούνται ως πρωτεύουσες οδοί η οδός Πειραιώς και η οδός Σταδίου, επειδή "προς αυτή τη μεριά έχουν κτισθεί ήδη πολλά κτήρια".

Τα οικοδομικά τετράγωνα του υπό τα στοιχεία G2G2 τμήματος της πόλης προτείνει να δομηθούν κατά το συνεχές σύστημα, ενώ στα οικοδομικά τετράγωνα του "κάπως υψηλότερα κειμένου και λοφώδους τμήματος υπό τα στοιχεία Η2Η2" προτείνει "κτήρια με κήπους διατεταγμένα γραφικά κατά τον χαρακτηριστικό τρόπο του νότου". Τέλος, περιβάλλει ολόκληρη την πόλη με ένα περιμετρικό "βουλεβάριον" με δενδροστοιχίες.

Ακολουθεί ο κατάλογος των 31 δημοσίων κτηρίων και ιδρυμάτων υπό τα στοιχεία που σημειώνονται και στο υπόμνημα του λιθόγραφου σχεδιαγράμματος. Ο Klenze, για να ονομάσει τις προτεινόμενες οδούς και πλατείες, καταφεύγει στις ιστορικές μάχες, σε αρχαίους "βασιλείς της Αθήνας, νομοθέτες και στρατηγούς", καθώς και στα ονόματα αρχαίων ελλήνων ποιητών, καλλιτεχνών και φιλοσόφων· την πλατεία μπροστά στα ανάκτορα την ονομάζει πλατεία "Ευεργετών" και την αφιερώνει "στους μονάρχες που εδημιούργησαν τη νέα Ελλάδα", ενώ άλλες δύο τις ονομάζει πλατεία Λουδοβίκου και πλατεία Όθωνος[33].

Από το τετράγωνο "βουλεβάριον" στο κέντρο της πόλης του αρχικού σχεδίου ο Klenze διατηρεί μόνο το νοτιοδυτικό τμήμα του σε σχήμα L, το οποίο "πλαισιώνει με στοά" που τη βαπτίζει "Μακρά Στοά (...) σε ανάμνηση της αρχαίας Αθήνας".

Ανακεφαλαιώνοντας ο Klenze λέει πως το σχέδιό του, "αν και από άποψη επιλογής της τοποθεσίας γενικά και αρχιτεκτονικού συστήματος δεν έχει όλες τις τελειότητες", τις οποίες θα είχε εάν ήταν ελεύθερος να το διαμορφώσει όπως ήθελε, "εν τούτοις είναι τόσο λειτουργικό όσο το επέτρεπαν οι συνθήκες και η Αθήνα δεν θα υστερεί σε γραφικές ομορφιές μπροστά σε καμία ευρωπαϊκή πόλη, εάν γεμίσει με αληθινά ωραία αρχιτεκτονική". Η τελευταία αυτή προϋπόθεση όμως δεν έχει πραγματοποιηθεί μέχρι τώρα γιατί "δυστυχώς (...) η αρχιτεκτονική των μεμονωμένων κτηρίων, τα οποία έχουν ανεγερθεί μέχρι σήμερα, είναι εξόχως ανεπαρκής"...

ΤΕΚΜΗΡΙΟΝ Ε: ΠΡΟΣΘΕΤΕΣ ΠΑΡΑΤΗΡΗΣΕΙΣ ΤΟΥ KLENZE ΕΠΙ ΤΗΣ ΠΟΛΕΟΔΟΜΙΚΗΣ ΔΡΑΣΤΗΡΙΟΤΗΤΟΣ ΤΟΥ ΣΤΗΝ ΑΘΗΝΑ ΚΑΙ ΕΠΙ ΤΟΥ ΣΧΕΔΙΟΥ ΠΟΛΗΣ ΠΟΥ ΕΞΕΠΟΝΗΣΕ

Σε επιστολή του της 21 Σεπτεμβρίου 1834 προς τον Βασιλέα Όθωνα, ο Klenze πριν από την αναχώρησή του για τη Βαυαρία επανέρχεται σε πολλά κρίσιμα σημεία που αφορούν τη δραστηριότητά του ως εμπειρογνώμονος στην Αθήνα. Υπενθυμίζει ότι, όταν του ανετέθη το σχέδιο της πόλης, δεν υπήρχε "ούτε ίχνος περιορισμού των βελτιώσεων ή τροποποιήσεων" που θα θεωρούσε ενδεχομένως σκόπιμο να εισηγηθεί. Μετά από διεξοδικές συνομιλίες με τις αρχές και τα μέλη της Οικοδομικής Επιτροπής στην Αθήνα και μετά από μελέτη των εγγράφων δεν ευρήκε κανένα απολύτως "νομικό ή απορρέον από τα ιδιωτικά δικαιώματα εμπόδιο", στο οποίο θα προσέκρουε η αναθεώρηση του σχεδίου· φυσικά ηναγκάσθη να λάβει υπ' όψιν του τα κτισμένα στις νέες οδούς οικήματα, πράγμα που έκανε "με ευσυνειδησία και συχνά θυσιάζοντας τις δικές του επιθυμίες ως προς τη βέλτιστη μορφή του σχεδίου".

Τις δυσχέρειες στην εφαρμογή του αρχικού σχεδίου ο Klenze τις ανάγει στο γεγονός ότι λόγω των συνθηκών που επικρατούσαν το 1833, το σχέδιο των δύο νεαρών αρχιτεκτόνων "δεν υπεβλήθη σε αρμόδιο καλλιτεχνικό και τεχνικό έλεγχο". Επίσης, οι αρκετές απόπειρες αναθεώρησής του πριν από την άφιξή του στην Ελλάδα απέτυχαν και δεν είχαν θετικά αποτελέσματα, "επειδή οι διωρισμένοι για να το αναθεωρήσουν και βελτιώσουν δεν ήθελαν ή δεν μπορούσαν να διευθετήσουν τα πράγματα παρά μόνο με λόγια" (δεν ήταν δηλαδή αρχιτέκτονες).

[Σημείωση: Ακολουθούν μερικές κριτικές σκέψεις του Klenze για το σχέδιο των Κλεάνθη και Schaubert, τις οποίες παρουσιάσαμε ήδη εκτενώς στις σελίδες 57-60 και για αυτό τον λόγο δεν τις επαναλαμβάνουμε στο παρόν κεφάλαιον.]

Ο Klenze, αφού πρώτα προσεπάθησε σύμφωνα με την αντίληψή του περί "γραφικότητος", να βελτιώσει "τα γεωμετρικά ελαττώματα του σχεδίου", είχε την ευκαιρία να περιγράψει το σχέδιό του επί τόπου στον Βασιλέα και στα μέλη της αντιβασιλείας, επιτυγχάνοντας έτσι "την ομόφωνη έγκριση και αποδοχή των απόψεων και της εργασίας" του. Οι δύο συντάκτες του αρχικού, εγκεκριμένου σχεδίου τον προειδοποίησαν πως με βάση το σχέδιό τους είχαν λάβει χώραν πολλές αγοραπωλησίες ακινήτων και πως "η τροποποίηση των δεδομένων και των ρυμοτομικών γραμμών θα έδινε αφορμή σε συχνές δίκες και ενστάσεις". Εν τούτοις ο Klenze δεν μπορεί να περιμένει ο ίδιος τα αποτελέσματα της εκδίκασης των ενδεχόμενων ενστάσεων και παραπέμπει τον έλεγχό τους στην ειδική επιτροπή που έχει διωρισθεί μετά από δική του πρόταση στις 4/16.9.1834. Εάν η ένσταση είναι δικαιολογημένη, τότε η επιτροπή θα πρέπει να παραμερίσει τα εμπόδια εφαρμογής του σχεδίου ή "με μία δίκαιη αποζημίωση [δηλαδή με απαλλοτρίωση των ακινήτων] ή με τροποποίηση του σχεδίου". Για τις ενδεχόμενες τμηματικές τροποποιήσεις του σχεδίου του ο Klenze προτείνει ως κατάλληλους αρχιτέκτονες τους Κλεάνθη

88

88. Η Ακρόπολη από τον βορρά. Στο πρώτο επίπεδο η παλαιά πόλη και η περιοχή ανασκαφών της Στοάς του Αττάλου στις αρχές του αιώνα (Γερμανικό Αρχαιολογικό Ινστιτούτο στην Αθήνα).

και Schaubert. Οι διορθώσεις αυτές θα πρέπει να υποβληθούν προς έγκρισιν στην Οικοδομική Επιτροπή, η οποία πρέπει να φροντίσει ώστε να μην θιγούν σε καμία περίπτωση ωρισμένα ουσιώδη χαρακτηριστικά του σχεδίου του. Οι περιορισμοί που θέτει ο Klenze για τις τροποιήσεις αυτές είναι οι εξής:

- δεν θα πρέπει να τροποποιηθεί η θέση των ανακτόρων και ο περιβάλλων τα ανάκτορα χώρος·
- αναλλοίωτο πρέπει να μείνει το κέντρο της πόλης που έχει "την ειδική έγκριση" του Βασιλέως· συγκεκριμένα πρέπει να μείνει άθικτο "το σχήμα, το μέγεθος και η διάταξη" της στρογγυλής πλατείας στην οποία προβλέπει την ανέγερση του ναού του Σωτήρος, καθώς και ο κήπος του λαού και η αγορά·
- το τετράγωνο βουλεβάριο με τις δενδροστοιχίες του αρχικού σχεδίου πρέπει να καταργηθεί και να αντικατασταθεί από μίαν οδό περιπάτου σχήματος L, δηλαδή τη λεγόμενη "Μακρά Στοά" του σχεδίου του με τις παρόδιες στοές και τα δώματα από επάνω·
- για την καλύτερη προσαρμογή στο φυσικό έδαφος η στρογγυλή πλατεία των Μουσών στα ανατολικά της πόλης "δεν θα πρέπει σε καμία περίπτωση να μείνει σε αυτό το υψηλό σημείο", αλλά να χωροθετηθεί "χαμηλότερα", εκεί που την εσχεδίασε ο Klenze· με τις τυχόν τροποποιήσεις δεν πρέπει να προκύψουν "οξείες γωνίες στις κατόψεις των κτηρίων και των οικοδομικών τετραγώνων", ενώ πρέπει να αποφύγει κανείς να τοποθετήσει "τα δημόσια κτήρια διαγωνίως προς τις πλευρές των πλατειών"·
- τέλος, δεν θα ήταν σκόπιμο να γίνουν δεκτές ουσιαστικές αλλαγές στη θέση και τη διάταξη των κτηρίων για τις πολιτιστικές λειτουργίες που προβλέπονται στο ανατολικό τμήμα της πόλης (δηλαδή του θεάτρου, της ακαδημίας, της βιβλιοθήκης κ.λπ.).

Παρά τους περιορισμούς αυτούς, ο Klenze είναι πεπεισμένος πως υπάρχει αρκετό περιθώριο "άρσης όλων των εμποδίων" (υπονοεί προφανώς πως υπάρχει περιθώριο τροποποιήσεων), ώστε να διασφαλισθεί η ταχεία πραγματοποίηση του σχεδίου. Ειδική μέριμνα πρέπει να υπάρξει για τη "χωροθέτηση, τη χωροστάθμιση και τη χάραξη του σχεδίου επί του εδάφους", γιατί το έδαφος της νέας πόλης είναι ανώμαλο και απ' αυτή την άποψη θα αναφανούν ιδιαίτερες δυσκολίες κατά την εφαρμογή του σχεδίου. Τελειώνοντας ο Klenze υπενθυμίζει ακόμα μία φορά "πως οι παλαιότερες πόλεις των νοτίων λαών συχνά δεν είναι αποτέλεσμα ενός κανονικού γεωμετρικού σχεδίου αλλά των τοπικών συνθηκών ή και της σύμπτωσης" και πως επομένως για την Αθήνα εκείνο που έχει σημασία είναι μάλλον "η διαμόρφωση ενός κατάλληλου αρχιτεκτονικού ρυθμού χαρακτηριστικού του Νότου και των συνθηκών του, παρά η προτίμηση για την (...) γεωμετρική κανονικότητα στη χάραξη των οδών".

3.
ΟΙ ΑΙΣΘΗΤΙΚΕΣ ΚΑΙ ΠΟΛΕΟΔΟΜΙΚΕΣ ΑΝΤΙΛΗΨΕΙΣ ΤΟΥ KLENZE ΓΙΑ ΜΙΑ ΠΟΛΗ ΚΤΙΣΜΕΝΗ ΠΑΝΩ ΣΕ ΚΛΑΣΙΚΟ ΕΔΑΦΟΣ· ΤΟ ΙΔΑΝΙΚΟ ΣΧΕΔΙΟ ΠΟΥ ΟΡΑΜΑΤΙΖΕΤΑΙ ΓΙΑ ΤΗΝ ΑΘΗΝΑ

Το ανοικτό και καλλιεργημένο πνεύμα του Klenze, καθώς και η μεγάλη καλλιτεχνική και ανθρωπιστική του παιδεία, τού επέτρεψε μια πολύπλευρη δραστηριότητα. Τα έργα του, τα οποία καλύπτουν τρεις διαφορετικούς τομείς –της αρχιτεκτονικής, της ζωγραφικής, καθώς και της ιστορίας της αρχιτεκτονικής και της τέχνης– τα χαρακτηρίζει εξαιρετική ευσυνειδησία, δεν είναι δηλαδή αποτελέσματα ερασιτεχνικής πολυπραγμοσύνης.

Το ερώτημα όμως κατά πόσον ο Klenze υπήρξε και ένας καταξιωμένος πολεοδόμος μόνο με επιφύλαξη μπορεί να απαντηθεί καταφατικά. Όπως ο σύγχρονός του K. F. Schinkel στο Βερολίνο (αλλά διαφορετικά από ό,τι ο αρχιτέκτων F. Weinbrenner ή ο αριστοκράτης ερασιτέχνης J. A. Ehrenstroem, οι οποίοι την ίδια σχεδόν περίοδο εξεπόνησαν τα πολεοδομικά σχέδια αναδιάρθρωσης των πόλεων Καρλσρούη και Ελσίνκι[34]), ο Klenze κατά τη διάρκεια της σταδιοδρομίας του αντιμετώπισε μόνον ένα σημαντικό πολεοδομικό έργο, δηλαδή τη διαμόρφωση της πλατείας Ωδείου (Odeonplatz) και του νοτίου μισού της μνημειακής οδού Λουδοβίκου (Ludwigstrasse) στο Μόναχο. Όσο σημαντικό και αν ήταν το έργο αυτό, δεν υπερβαίνει την περιωρισμένη κλίμακα μιας επί μέρους πολεοδομικής σύνθεσης που δεν έχει κατά κανένα τρόπο τις διαστάσεις γενικού πολεοδομικού σχεδίου.

Βέβαια στην περίπτωση της Αθήνας –λόγω βασιλικής εύνοιας όπως είδαμε– ανατίθεται επιτέλους στον Klenze ένα σημαντικό πολεοδομικό έργο. Αλλά το ερώτημα κατά πόσον ήταν ο ενδεδειγμένος για να το φέρει εις πέρας είναι δύσκολο να απαντηθεί αναδρομικά διότι, λόγω του περιωρισμένου χρόνου που είχε στη διάθεσή του και των δεσμεύσεων που του επεβλήθησαν, δεν αποφάσισε να προβεί σε έναν νέο σχεδιασμό με βάση τις προσωπικές του πεποιθήσεις και περιωρίσθη στην αναθεώρηση μόνο του αρχικού σχεδίου των Κλεάνθη και Schaubert. Ο Klenze τονίζει αυτό το γεγονός στο κείμενό του[35] για να δικαιολογήσει την έλλειψη πρωτοτυπίας της διόρθωσης που κάνει στο αρχικό σχέδιο, της οποίας ασφαλώς είχε συναίσθηση. Βλέποντάς τον να ασχολείται εντατικά τόσο με τα οργανωτικά όσο και τα καλλιτεχνικά προβλήματα του σχεδιασμού της πόλης, δεν καταλαβαίνουμε ωστόσο τι τον εμπόδισε να απεικονίσει έστω με σκαριφήματα και πρόχειρα σχέδια τις προσωπικές του ιδέες για τον σχεδιασμό της Αθήνας· πόσο μάλλον όταν λεκτικά διετύπωσε επανειλημμένα τις ιδέες του αυτές.

Αντί λοιπόν να σχεδιάσει, ελεύθερος από τους περιορισμούς της πραγματικότητος, μια δική του πρόταση που θα εξέφραζε παραδειγματικά τις πολεοδομικές-καλλιτεχνικές του προθέσεις –έστω και χωρίς την προοπτική της εφαρμογής τους– ο Klenze αρκείται στη θεωρητική εξέταση της ενδεδειγμένης, κατά την άποψή του, για τον Νότο μορφής πόλης[36]. Επειδή λοιπόν δεν διαθέτουμε σχεδιαστική διατύπωση της πρότασής του για μια ιδεατή Αθήνα, δεν είναι δυνατό στη συγκεκριμένη περίπτωση να κρίνουμε τις πραγματικές δημιουργικές ικανότητες του αρχιτέκτονος, που θα εφαίνοντο εάν συνέτασσε ένα αδέσμευτο σχέδιο. Παρ' όλα αυτά αξίζει να σταθούμε στις αρχές που αναφέρει ο Klenze, γιατί είναι ο μόνος που θέτει το ερώτημα των πολεοδομικών αρχών που πρέπει να ισχύουν στον ελληνικό χώρο.

Στην παρουσίαση της κριτικής που ήσκησε ο Klenze στο αρχικό σχέδιο των Κλεάνθη και Schaubert, αναφέραμε ήδη (βλ. σελ. 60) ότι στο ελάχιστο χρονικό διάστημα της παραμονής του στην Ελλάδα υιοθέτησε απόψεις που τον απεμάκρυναν πολύ από τις κλασικιστικές αρχές σχεδιασμού που κυριαρχούσαν τότε στην κεντρική Ευρώπη. Αυτή η μεταστροφή εβασίσθη στην εξαιρετική ικανότητά του να ενσυναισθανθεί τις ιδιότητες του ελληνικού τοπίου και του ελληνικού κλίματος[37], που παράγουν μιαν άλλη αντίληψη περί πόλης απ' ό,τι στον Βορρά, καθώς και στη βαθειά γνώση του της αρχαίας ελληνικής ιστορίας και της ιστορίας της αρχαίας τέχνης.

Σύμφωνα με τον Klenze, όταν ιδρύει κανείς πόλεις πάνω στο κλασικό έδαφος επιτυγχάνει την "ελληνική αναβίωση" όχι προσφεύγοντας στη στείρα απομίμηση των μορφών αλλά τηρώντας τις αρχαιοελληνικές αρχές σχεδιασμού. Επικαλούμενος τις σποραδικές σχετικές γραπτές νύξεις σε έργα της αρχαιότητος και λαμβάνοντας υπ' όψιν του τις λιγοστές γνωστές στην εποχή του αρχαίες πόλεις (Πομπηία, Ρώμη, Ακρόπολη της Αθήνας), ο Klenze αντιλαμβάνεται –ή μάλλον διαισθάνεται– τη φύση της αρχαίας ελληνικής αστυδομικής τέχνης[38]. Η αρχαία ελληνική πολεοδομία δεν είναι προϊόν ούτε "εφαρμογής θεωρητικών συστημάτων και αισθητικών τεχνασμάτων", δηλαδή ούτε συμμετρικής διάταξης των κτηρίων γύρω από έναν άξονα, ούτε "ακκισμού αναλογιών", δηλαδή διατάξεων που υπακούουν σε προκαθορισμένες αναλογίες, ή συνειδητής "μείωσης ή αύξησης [των όγκων]", δηλαδή του συνειδητού σχεδιασμού κτηρίων που δεσπόζουν στον χώρο[39]. Στόχος της αρχαίας ελληνικής πολεοδομίας ήταν η φυσικότητα και αρμοδιότητα μέσω της οργανικής ανάπτυξης της πόλης, έτσι ώστε ακόμα και όταν εχρησιμοποιείτο το ιπποδάμειο σύστημα διάταξης των πόλεων, δηλαδή ένας κανονικός, ορθογώνιος κάναβος, να μην παράγεται ποτέ η μονοτονία και στειρότητα των σύγχρονων πόλεων, δηλαδή των πόλεων του μπαρόκ και του κλασικισμού[40].

Είναι γεγονός πως ο Klenze δεν μπόρεσε να αναγνωρίσει και να διατυπώσει καθαρά την ψυχολογική-αντιληπτική διάσταση της μορφολογίας της αρχαίας ελληνικής πόλης· αυτό έμελλε να το κάνει αργότερα στον 20ό αιώνα ο Έλλην αρχιτέκτων Κωνσταντίνος Δοξιάδης[41]. Με αξιοθαύμαστη οξυδέρκεια ο Klenze διαισθάνεται ωστόσο τις συνθετικές αρχές που διέπουν τις αρχαίες ελληνικές πόλεις και τις οποίες επεσήμανε πολύ αργότερα ο σπουδαίος ερευνητής της αρχαίας πολεοδομίας Armin von Gerkan: στην αρχαία ελληνική πόλη δεν υπάρχουν μετωπικές ή αξονικές διατάξεις κτηρίων ή πλατειών· οι αγορές εφάπτονται στις πρωτεύουσες οδούς· οι οδοί ικανοποιούν αμιγώς ανάγκες κυκλοφορίας και δεν ακτινοβολούν επίδειξη κοινωνικής ισχύος· οι κτηριακοί όγκοι διατάσσονται βαθμιδωτά κατά προτίμησιν σε πλαγιές με μεσημβρινό προσανατολισμό· η δόμηση είναι χαμηλή και επιδιώκεται η οπτική διασύνδεση με το φυσικό τοπίο[42].

Ο Klenze γεφυρώνοντας δύο χιλιετίες, διατυπώνει το αίτημα της αναγκαιότητος ύπαρξης σταθερών αντιλήψεων σχεδιασμού των πόλεων στην Ελλάδα, επειδή τα κλιματικά δεδομένα και το τοπίο της παραμένουν αμετάβλητα. Κατά τη γνώμη του, οι προαναφερθείσες αρχαιοελληνικές αρχές εξακολουθούν να ισχύουν ακόμα και για τις σύγχρονες "νότιες πόλεις": ανώμαλο έδαφος, ελεύθερη αθροιστική διάταξη των κτηρίων (αυτή που συνήθως αποκαλεί "γραφική διάταξη"), διαμόρφωση που θα "είναι προϊόν (...) των τοπικών συνθηκών ή και της σύμπτωσης" παραμένουν γι' αυτόν τα καθοριστικά στοιχεία[43].

Ο Klenze παραβλέπει βέβαια τόσο τις απαιτήσεις της κυκλοφορίας των οχημάτων που ήδη υπάρχουν όσο και τις επιθυμητές δυνατότητες ανάπτυξης μιας "σύγχρονης" πρωτεύουσας. Αυτή η αδιαφορία απέναντι σε λειτουργικά ζητήματα του πολεοδομικού σχεδιασμού στην περίπτωση της Αθήνας και η εμμονή σε μια ιδανική πόλη με πρότυπο το αρχαίο ελληνικό άστυ, φέρνει φανερά σε αμηχανία τον Klenze. Όπως ο von Quast[44] τον ίδιο χρόνο, το 1834, έτσι και ο Klenze αδυνατεί να σχεδιάσει μία επιλόφια πόλη δίνοντάς της ταυτοχρόνως τα χαρακτηριστικά μιας νέας πρωτεύουσας· διότι τελικά έχει συναίσθηση του γεγονότος ότι η επιθυμητή τυχαία ανάπτυξη απ' τη μια μεριά και ο συνειδητός σχεδιασμός από την άλλη αποκλείονται αμοιβαία[45]. Έτσι, δεν του απομένει άλλο παρά να περιορίσει τις μορφολογικές αρχές του σε ένα μόνο τμήμα του συνολικού σχεδίου, δηλαδή στο σχέδιό του για τα ανάκτορα στις δυτικές κλιτύες του λόφου των Νυμφών. Κατά τα άλλα, με το πρόσχημα των αντικειμενικών περιορισμών, παραιτείται από το καθεαυτό έργο τού εκ νέου σχεδιασμού της πρωτεύουσας και επιδίδεται σε μία ελάχιστα επιτυχή αναθεώρηση του αρχικού σχεδίου, το οποίο στην ουσία απλώς αποδυναμώνει.

Για τον Klenze το αποφασιστικό βίωμα για την διαμόρφωση της νέας του αντίληψης περί αρχαιοελληνικής διάταξης του χώρου ήταν χωρίς αμφιβολία η επίσκεψη στην Ακρόπολη της Αθήνας. Εσχεδίασε πολλές φορές ελεύθερα τη γενική άποψή της και ιδιαίτερα από τη δυτική πλευρά, δηλαδή από την πλευρά των βασιλικών ανακτόρων της πρότασής του (βλ. τα δύο σκαριφήματα με μολύβι της Συλλογής Έργων Γραφικών Τεχνών του Μονάχου, εικ. 86 και 87). Φαίνεται πως τον εγοήτευσε ιδιαίτερα η ελεύθερη διάταξη των κτισμάτων της Ακρόπολης και η θέα αυτής της διάταξης, ιδίως από τα δυτικά[46]. Την άποψη αυτή τη βλέπουμε επίσης σε ένα γραμμικό του σχέδιο, στο οποίο αναπαριστά την Ακρόπολη, όχι βέβαια με αρχαιολογική ακρίβεια, αλλά με πολύ υποβλητικό τρόπο (εικ. 89), έτσι ώστε να διακρίνονται ιδιαίτερα η μετατόπιση των αξόνων, η ελεύθερη σύνθεση των κτηριακών όγκων και η "γραφική" τοποθέτηση του ενός σε σχέση με το άλλο.

Στο σχέδιό του, τα ανάκτορα που διατάσσονται βαθμιδωτά σε διάφορα άνδηρα στις δυτικές κλιτύες του λόφου των Νυμφών, προβάλλουν με φόντο την Ακρόπολη, που τη βλέπουμε από τη δυτική πλευρά. Παρά την τελείως διαφορετική λειτουργία των δύο αυτών μνημειακών κτηριακών συγκροτημάτων (το ένα αρχαίος ιερός περίβολος, το άλλο σύγχρονο ανάκτορο του μονάρχη), παρατηρούμε πως η διάταξη των κτηριακών όγκων είναι συγγενής (εικ. 89 και 92): σχετικά μικρότερα κτήρια ποικίλων μορφών, συνδεδεμένα με κλίμακες και κεκλιμένα επίπεδα, διατάσσονται βαθμιδωτά με φόντο το δεσπόζον κυρίαρχο κτήριο. Σ' αυτή τη σύνθεση ο αρχιτέκτων στρέφει την προσοχή του όχι μόνο σε επιλεγμένες μορφές της αρχαίας ελληνικής αρχιτεκτονικής, αλλά σε μεγάλο βαθμό και στη χωροθέτηση στο λοφώδες έδαφος, στις ωραίες θέες και στην άμεση οπτική σύνδεση με την Ακρόπολη[47].

Ο Klenze τονίζει ιδιαίτερα πως στην περίπτωση αυτού του σχεδίου δεν ενέδωσε στην ιδέα μιας "οικονομικής" λύσης που θα είχε μεγάλες πιθανότητες να πραγματοποιηθεί[48], αλλά ότι μετά την επιστροφή του στο Μόναχο εξεπλήρωσε την ιδιαίτερη επιθυμία του Βασιλέως Όθωνος και διετύπωσε το δημιούργημα της φαντασίας του σε ένα σχέδιο που ικανοποιούσε τις "απαιτήσεις της τέχνης με την υψηλότερη έννοια του όρου". Έτσι το σχέδιο των ανακτόρων αποκτά τη σημασία παραδείγματος· είναι το "pars pro toto" της ιδανικής πολεοδομικής πρότασης του Klenze για την Αθήνα ως επιλόφιας πόλης που δεν εσχεδιάσθη ποτέ.

Ο Klenze μάς δίνει και σ' αυτή την περίπτωση μια αριστοτεχνικά φιλοτεχνημένη και πειστική γενική άποψη (εικ. 78, 92) ενός μνημειώδους κτηριακού συγκροτήματος εναρμονισμένου με το πνεύμα του τόπου, που πρόκειται να κτισθεί σταδιακά[49]. Ο Friedrich Stauffert εγκωμιάζει το απραγματοποίητο τελικά σχέδιο λέγοντας: "Το σχέδιο για τα ανάκτορα θα ήταν ασφαλώς καταλληλότερο και (...) θα ταίριαζε πολύ καλύτερα στο ελληνικό κλίμα από ό,τι το παλάτι του Gaertner"[50].

Η λεπτομερής παρουσίαση και ανάλυση του αρχιτεκτονικού σχεδίου για τα βασιλικά ανάκτορα του Klenze ξεφεύγει από τα πλαίσια της παρούσης εργασίας. Μια διεξοδική περιγραφή του κτηρίου μάς δίνει ο ίδιος ο Klenze στις "Αφοριστικές παρατηρήσεις...", σελ. 487 έως 498. Εν τούτοις δεν μπορεί να αποφύγει κανείς την εντύπωση πως οι θεωρητικές αρχές οργάνωσης του χώρου, που ο Klenze διακηρύσσει ως εφαρμόσιμες στον σχεδιασμό της Αθήνας, στην πραγματικότητα ενδείκνυνται μόνο σε περιπτώσεις πολεοδομικών συνθέσεων σχετικά περιωρισμένης κλίμακος, όπως για παράδειγμα των βασιλικών ανακτόρων· και άθελά του θυμάται κανείς τα αυστηρά λόγια του συγχρόνου του Klenze, E. Kopp, κατά τη γνώμη του οποίου οι βασικές αρχές του δασκάλου [δηλαδή του Klenze] "είναι διατυπωμένες τόσο ελαστικά και τόσο περίτεχνα, ώστε έχεις την εντύπωση πως έρχονται εκ των υστέρων να δικαιολογήσουν τα σχέδιά του"[51].

89

89. Leo von Klenze: απόπειρα αναπαράστασης της Ακρόπολης κατά την αρχαιότητα. Πρόχειρο σκαρίφημα με πενάκι μεγάλης υποβλητικής δύναμης, αν και από αρχαιολογική άποψη ανακριβές (Κρατική Συλλογή Έργων Γραφικών Τεχνών του Μονάχου).

4.
ΚΡΙΤΙΚΗ ΘΕΩΡΗΣΗ ΤΟΥ ΠΡΟΤΕΙΝΟΜΕΝΟΥ ΣΧΕΔΙΑΣΜΟΥ ΚΑΙ Η ΕΝΤΑΞΗ ΤΟΥ ΣΤΟ ΠΛΑΙΣΙΟ ΤΩΝ ΠΟΛΕΟΔΟΜΙΚΩΝ ΠΡΟΤΥΠΩΝ ΙΔΕΩΝ ΓΙΑ ΤΗ ΝΕΑ ΑΘΗΝΑ

ΑΝΤΙΛΗΨΕΙΣ ΚΑΙ ΑΡΧΕΣ ΤΟΥ KLENZE ΕΠΙ ΤΩΝ ΟΠΟΙΩΝ ΕΒΑΣΙΣΘΗ Η ΑΝΑΘΕΩΡΗΣΗ ΤΟΥ ΑΡΧΙΚΟΥ ΣΧΕΔΙΟΥ· ΣΤΟΧΟΙ ΚΑΙ ΠΡΟΤΕΡΑΙΟΤΗΤΕΣ ΤΗΣ ΕΠΕΜΒΑΣΗΣ ΤΟΥ

Όπως συνάγεται από τα προηγούμενα, ο Klenze δεν έλαβε καμία σαφή απόφαση για τη χωροθέτηση της νέας Αθήνας. Βέβαια προτείνει ως επιθυμητή λύση τα "υψώματα δυτικά και νότια της Ακρόπολης", αλλά αποφεύγει τον ακριβέστερο καθορισμό του χώρου, σε αντίθεση με τον Quast που τον ορίζει με ακρίβεια στο πολεοδομικό του όραμα.

Ο Klenze τελικά στο αναθεωρημένο από τον ίδιο αρχικό σχέδιο, διατηρεί την ίδια περιοχή χωροθέτησης της νέας πόλης που πρότειναν οι Κλεάνθης και Schaubert. Βέβαια, σε πολλά σημεία του κειμένου του εκφράζει τη δυσαρέσκειά του γι' αυτή την επιλογή και απορρίπτει ιδίως το σχετικά ανώμαλο έδαφος του χώρου επέκτασης της πόλης που υπερβάλλοντας το αποκαλεί "λοφώδες" και που γι' αυτό τον λόγο το θεωρεί ακατάλληλο για τη χωροθέτηση μιας πόλης με "γεωμετρική" διάταξη· ωστόσο, υποκύπτοντας, όπως ομολογεί, στις αντικειμενικές συνθήκες, υιοθετεί την προβλεπόμενη για τη νέα πόλη τοποθεσία, μην επιλέγοντας ο ίδιος αυτή που θα ήταν, κατά τη γνώμη του, η ενδεδειγμένη.

Αντιφατικός εμφανίζεται ο Klenze και στο θέμα της επιθυμητής διασύνδεσης στον χώρο της νέας πόλης με την αρχαία αρχιτεκτονική κληρονομιά και με την ιστορική τοπογραφία της πόλης. Όπως ο Quast έτσι και ο Klenze φαίνεται πως δεν συνειδητοποίησε την εγγενή αντίφαση που ενυπάρχει στην ιδανική, κατά τη γνώμη του, λύση, δηλαδή την αντίφαση μεταξύ επιλόφιας πόλης και προστασίας των αρχαίων καταλοίπων στους λόφους στα δυτικά της Ακρόπολης. Έτσι, η πρότασή του να οικοδομηθούν τα βασιλικά ανάκτορα και τα υπουργεία εν μέρει στην περιοχή του αρχαίου νεκροταφείου (στον Κεραμεικό) έρχεται σε κατάφωρη αντίθεση με την επιθυμία του να διασφαλίσει μια εκτεταμένη ζώνη ανασκαφών βόρεια και δυτικά της Ακρόπολης.

Από άποψη ουσιωδών διαρθρωτικών και μορφολογικών επιλογών, δύσκολα θα απέδιδε κανείς στο αναθεωρημένο από τον Klenze σχέδιο δημιουργικότητα και πρωτοτυπία. Για την κριτική αποτίμηση του έργου του αποκτούν βαρύτητα άλλα κριτήρια· εκείνο που διακρίνει την επέμβαση του Klenze στον σχεδιασμό της νέας Αθήνας σε σύγκριση με τις άλλες ανάλογες προτάσεις είναι μια σειρά πραγματιστικών στόχων. Τους στόχους αυτούς του υπαγορεύουν τόσο προσωπικές αισθητικές και πολιτιστικές αρχές, όσο και συγκεκριμένες πολιτικές σκοπιμότητες.

Προεκλαμβάνοντες την κριτική θεώρηση των προτάσεών του, παραθέτουμε από τώρα τις κυριότερες επιδιώξεις του: ο Klenze επιδιώκει όχι μόνο την αποκάλυψη και διατήρηση, αλλά και την εκτεταμένη συντήρηση και την αναστήλωση των αρχαίων μνημείων στην Ακρόπολη, για να προσδώσει στην επιλογή αυτής της πόλης ως πρωτεύουσας του ελληνικού κράτους χαρακτήρα αναντίρρητο. Έτσι εξηγείται και η μετατόπιση του κέντρου του ενδιαφέροντός του από τα πολεοδομικά προβλήματα στις αρχαιότητες της Ακρόπολης και η διάθεση να συμβιβασθεί στο θέμα της πολιτικής των απαλλοτριώσεων στη ζώνη ανασκαφών της παλαιάς πόλης[52]. Από την άλλη μεριά όσον αφορά στην ίδρυση της νέας Αθήνας επιδιώκει ουσιαστικά την επέκταση απλώς της παλαιάς πόλης.

Η πρότασή του να διατηρηθεί η παλαιά πόλη σχεδόν άθικτη, εκπορεύεται όχι μόνον από πρακτικές εκτιμήσεις, που αποσκοπούν στον κατευνασμό του αγανακτισμένου πληθυσμού[53], αλλά και από την ιδέα της ανοικτής αντιπαράθεσης της αρχιτεκτονικής της νέας πόλης με την αρχιτεκτονική της "γραφικής παλαιάς Αθήνας". Έτσι η πρότασή του για τον τρόπο της επέκτασης –δύο απλοί άξονες ανάπτυξης, η οδός Σταδίου και η οδός Πειραιώς, εκατέρωθεν των οποίων θα διαταχθούν οι νέες περιοχές δόμησης– ανταποκρίνεται στην ιδέα της σταδιακής επέκτασης του ιστού της πόλης[54]. Τα ασύμμετρα και "ατελή" χαρακτηριστικά του σχεδίου της περιοχής επέκτασης υποδηλώνουν επίσης σταδιακή ανάπτυξη της νέας πόλης.

Παράλληλα με τον τριπλό αυτό στόχο –αναβίωση της Ακρόπολης, διατήρηση της παλαιάς πόλης, σταδιακή ανάπτυξη της νέας πόλης– τον Klenze ενδιαφέρουν κυρίως όχι οι λεπτομέρειες του σχεδιασμού της πόλης στο σύνολό της, αλλά μάλλον η αρχιτεκτονική διαμόρφωση των βασιλικών ανακτόρων και του χώρου που τα περιβάλλει. Μπορούμε μάλιστα να υποθέσουμε ότι ο βασιλικός επίτροπος είχε υιοθετήσει τους προαναφερθέντες κύριους σχεδιαστικούς στόχους του πριν ακόμα από την άφιξή του στην Αθήνα και ότι εξεμεταλλεύθη το διάστημα του ενός μηνός που παρέμεινε εδώ, για να διατυπώσει αυτούς τους στόχους σχεδιαστικά σε ένα συμβιβαστικό και όχι πρωτότυπο σχέδιο. Η σχεδιαστική απόδοση της τρισδιάστατης δομής μιας πόλης στο σύνολό της δεν ενδιαφέρει τον Klenze: γιατί ούτε πιστεύει στη σκοπιμότητα ενός τέτοιου σχεδίου ούτε έχει την αναγκαία δεινότητα για ένα τέτοιο έργο[55].

Αντίθετα, η λεπτομερής επεξεργασία του σχεδίου των ανακτόρων, του βασιλικού κήπου, των βοηθητικών κτηρίων και των υπουργείων προέχει όχι μόνο για πολιτικούς και ιδεολογικούς λόγους[56], αλλά τον προκαλεί και ως καλλιτεχνικό έργο. Οι χωροδομικές προτάσεις για το σύνολο της πόλης, οι οποίες αποσκοπούν στον περιορισμό της έκτασης της νέας Αθήνας, σε στενώτερους δρόμους και δόμηση κατά το συνεχές σύστημα, ανταποκρίνονται μεν στις αντιλήψεις του περί "γραφικής πόλης του Νότου", παραμένουν όμως γι' αυτόν αντικείμενο δευτερευούσης σημασίας.

ΘΕΜΑΤΑ ΣΥΝΤΗΡΗΣΗΣ ΤΩΝ ΜΝΗΜΕΙΩΝ: Η ΔΙΑΜΟΡΦΩΣΗ ΤΗΣ ΑΚΡΟΠΟΛΗΣ ΚΑΙ ΤΗΣ ΖΩΝΗΣ ΤΩΝ ΑΝΑΣΚΑΦΩΝ ΣΤΙΣ ΒΟΡΕΙΕΣ ΚΛΙΤΥΕΣ ΤΗΣ

Η συμβολή του Klenze στην προστασία των αρχαιοτήτων της Ελλάδος και ειδικά της Αθήνας καθώς και οι συστάσεις του για την αναστήλωση των μνημείων της Ακρόπολης υπογραμμίσθησαν επανειλημμένα στη σχετική βιβλιογραφία[57]· ταυτόχρονα όμως του προσάπτεται η μομφή πως είναι αυτός που εισήγαγε την "καθαρεύουσα" τάση "αναίρεσης της ιστορίας", που διακρίνει τη συντήρηση των αρχαιοτήτων στην Αθήνα, δηλαδή την τάση απομάκρυνσης από την Ακρόπολη όλων των

90

90. "Ιδανική άποψη της πόλης των Αθηνών με την Ακρόπολη και τον Άρειο Πάγο". Ελαιογραφία του Leo von Klenze (1846). Αριστοτεχνική απόπειρα αναπαράστασης με φανταστικά χαρακτηριστικά (Νέα Πινακοθήκη του Μονάχου).

αρχιτεκτονικών μαρτυριών του παρελθόντος που δεν χρονολογούνται από την κλασική εποχή. Όμως τόσο η θετική όσο και η αρνητική κριτική του έργου του Klenze αντικατοπτρίζουν μόνον εν μέρει την αλήθεια.

Ασφαλώς δεν ήταν ο Klenze αυτός που καθώρισε τα νομοθετικά και οργανωτικά πλαίσια της συντήρησης των αρχαιοτήτων και των ανασκαφών στην Ελλάδα. Το έργο αυτό είναι επίτευγμα του διακεκριμένου νομικού και μέλους της αντιβασιλείας Georg von Maurer, ο οποίος συνέταξε τον πρώτο σχετικό νόμο και προώθησε τη δημοσίευσή του την άνοιξη κιόλας του 1834, δηλαδή πριν από την άφιξη του Klenze στην Ελλάδα[58]. Είναι όμως γεγονός, ότι μόνον η ενεργητική επέμβαση του Klenze εξησφάλισε τις αναγκαίες πιστώσεις για την έναρξη των αναστηλωτικών εργασιών στην Ακρόπολη, ότι είχε ο ίδιος την επίβλεψη των εργασιών αυτών κατά την έναρξή τους και ότι εμερίμνησε για τη συνέχισή τους[59]. Επίσης σ' αυτόν αλλά και στον Ludwing Ross[60] χρωστούμε την αποστρατικοποίηση της Ακρόπολης, που είχε ως αποτέλεσμα την ένταξη και πάλι της "πόλεως του Κέκροπος" ως μνημειακού κτηριακού συγκροτήματος στον ιστό της Αθήνας.

Από την άλλη μεριά, στη γνωμοδότησή του "περί ωρισμένων λεπτομερειών που αφορούν τη διενέργεια των αναστηλωτικών εργασιών στην Ακρόπολη" από 18.9.1834 (βλ. τεκμήριον 18 συλλογής "Κειμένων"), καθώς και στην εισήγησή του με ημερομηνία 3.9.1834 "περί τροποποίησης του σχεδίου πόλης της Αθήνας" (βλ. τεκμήριον Γ του παρόντος κεφαλαίου), βλέπουμε καθαρά τη λεπταίσθητη αντίληψή του περί αναστηλωτικού ήθους και αναστηλωτικής τεχνικής. Ο Klenze στις εισηγήσεις του αυτές, τάσσεται μεν σαφώς υπέρ της εκτεταμένης αποκάλυψης και αναστήλωσης όλων των αρχαίων κτισμάτων της Ακρόπολης και δίνει ακριβείς οδηγίες που η επικαιρότητά τους εντυπωσιάζει (δηλαδή η συμφωνία τους με τις αρχές που αποκρυσταλλώθησαν σχετικά πρόσφατα και διετυπώθησαν στον Χάρτη της Βενετίας το 1964)[61]. Ταυτόχρονα όμως συνηγορεί ρητά υπέρ της διατήρησης του "αναπόφευκτου χαρακτήρα του γραφικού ερειπίου", που διακρίνει τα αρχιτεκτονικά αυτά μνημεία[62]. Επίσης θέλει βέβαια την απομάκρυνση των μαρτυριών των μεταγενέστερων "βαρβαρικών εποχών" (δηλαδή της Τουρκοκρατίας και του Μεσαίωνα), αλλά τάσσεται κατ' εξαίρεσιν υπέρ της διατήρησης "μερικών γραφικών τμημάτων" των μεσαιωνικών κτισμάτων, όπως "παραδείγματος χάριν του πύργου των Φλωρεντινών Acciajuoli"[63].

Γενικά το όραμα του Klenze για μίαν Ακρόπολη με απεκατεστημένο μελλοντικά το κύρος της δεν μπορεί να θεωρηθεί "καθαρεύον" με την έννοια μιας άχρονης αισθητικής θεώρησης. Ο Klenze δίνει βέβαια μεγάλη βαρύτητα στην αναστήλωση (με την έννοια της θεμιτής αποκατάστασης των κτηρίων για την οποία θα εχρησιμοποιούντο σχεδόν κατ' αποκλειστικότητα αυθεντικά αρχιτεκτονικά μέλη), καθώς και στην αποκατάσταση της βέλτιστης δυνατής αναγνωσιμότητος των μνημείων. Ταυτόχρονα όμως ανέχεται όχι μόνο την ύπαρξη μεταγενέστερων κτισμάτων πάνω στο πλάτωμα της Ακρόπολης, αλλά επί πλέον αναλογίζεται πώς θα μπορούσε να ενταχθεί η Ακρόπολη στη ζωή της νέας πόλης ως πνευματικό της επίκεντρο. Αυτό το μαρτυρούν όχι μόνον οι προτάσεις του για την έκθεση των γλυπτών της Ακρόπολης επιτόπου και την ανέγερση του μουσείου της πάνω στο πλάτωμα, αλλά και η πρόθεσή του να φυτευθεί η "κορυφή του βράχου" [το πλάτωμα της Ακρόπολης] με συστάδες δένδρων. Εκείνο επομένως που επεδίωκε ο Klenze ήταν η δημιουργία ενός καθηγιασμένου πολιτιστικού περιβόλου, ενός μοναδικού στον κόσμο υπαίθριου μουσείου, όπου τα ανεστημένα "κατάλοιπα του ένδοξου παρελθόντος" θα ήταν "τα πλέον ασφαλή θεμέλια ενός ένδοξου παρόντος και μέλλοντος"[64].

Πιο συγκρατημένες, όπως είδαμε, είναι οι προτάσεις του για την δημιουργία μιας ενιαίας ζώνης ανασκαφών στη βόρεια πλαγιά της Ακρόπολης. Παρ' ότι η προταθείσα από τον Klenze περιοχή ανασκαφών είναι σημαντικά μικρότερη απ' ό,τι προέβλεπε το αρχικό σχέδιο (σύμφωνα με την πρόταση του Klenze θα κατεδαφίζοντο αντί 32 εκτάρια όπως στο αρχικό σχέδιο μόνο 17,5 εκτάρια του άνω τμήματος της παλαιάς πόλης), διατηρεί και αυτός ως τελικό στόχο την πλήρη απελευθέρωση της ζώνης αυτής από τα νεώτερα κτίσματα. Η διαφοροποιημένη κατά περίπτωσιν πολιτική απαλλοτριώσεων που προτείνει για την επίτευξη αυτού του στόχου, αποσκοπεί στη σταδιακή διεύρυνση της ζώνης ανασκαφών, πράγμα που θα διαρκούσε αρκετές δεκαετίες.

Στο λιθόγραφο σχέδιό του (εικ. 99) ο Klenze σημειώνει με μεγάλη ακρίβεια τα υπάρχοντα σ' αυτή την περιοχή (δηλαδή στη βόρεια πλαγιά της Ακρόπολης) αλλά και αλλού "λείψανα παλαιών μνημάτων ελληνικών" (από τα στοιχεία I-XXX), τα "μνήματα χριστιανά και τουρκικά" (υπό τα στοιχεία A-Z) και τα "νέα κτίσματα" (υπό τα στοιχεία Α2-Ν2)· στις δε σελ. 455-463 των "Αφοριστικών παρατηρήσεων..." μας δίνει σημαντικές πληροφορίες για τα αρχαία μνημεία, οι οποίες βέβαια είναι ανάλογες με τις γνώσεις της εποχής.

Επειδή ο Klenze υπολογίζει ότι οι ανασκαφές θα απαιτήσουν αρκετά μεγάλο διάστημα, θεωρεί προφανώς παρακινδυνευμένο να προτείνει ο,τιδήποτε για τη διαμόρφωση του ελεύθερου χώρου αυτής της ζώνης. Έτσι στο σχεδιάγραμμά του, το απόλυτα έρημο πεδίο ανασκαφών στις βόρειες κλιτύες της Ακρόπολης έρχεται σε αντίθεση με τον λεπτομερώς σχεδιασμένο μεγάλο κήπο (συνολική έκταση: 24 εκτάρια) των βασιλικών ανακτόρων, που εκτείνεται από τον Κεραμεικό μέχρι την Πνύκα. Παρότι ο Klenze θέλει τα ανάκτορα όσο το δυνατόν πλησιέστερα στην Ακρόπολη, που του χρησιμεύει ως ένδοξο σκηνικό φόντο για την βασιλική καθέδρα, στο σχέδιο δεν υπάρχει καμία οργανική σύνδεση (με διαμόρφωση του χέρσου χώρου και με δημιουργία προσβάσεων) μεταξύ ανακτόρων και Ακρόπολης. Επίσης δεν προτείνεται καμία λύση για τη μετάβαση από τη ζώνη ανασκαφών στην παλαιά πόλη.

ΟΙ ΕΠΕΜΒΑΣΕΙΣ ΣΤΟ ΔΙΑΤΗΡΟΥΜΕΝΟ ΤΜΗΜΑ ΤΗΣ ΠΑΛΑΙΑΣ ΠΟΛΗΣ

Το διατηρούμενο κάτω (βόρειο) τμήμα της παλαιάς πόλης στο σχέδιο του Klenze είναι σημαντικά μεγαλύτερο απ' ό,τι στο αρχικό σχέδιο (εδώ καταλαμβάνει 54,0 εκτάρια αντί 39,5 του αρχικού σχεδίου). Ενώ οι Κλεάνθης και Schaubert προέβλεψαν την εξυγίανση του διατηρούμενου αυτού πυρήνα της παλαιάς πόλης προτείνοντας εκτεταμένη αναδιάταξη των

91

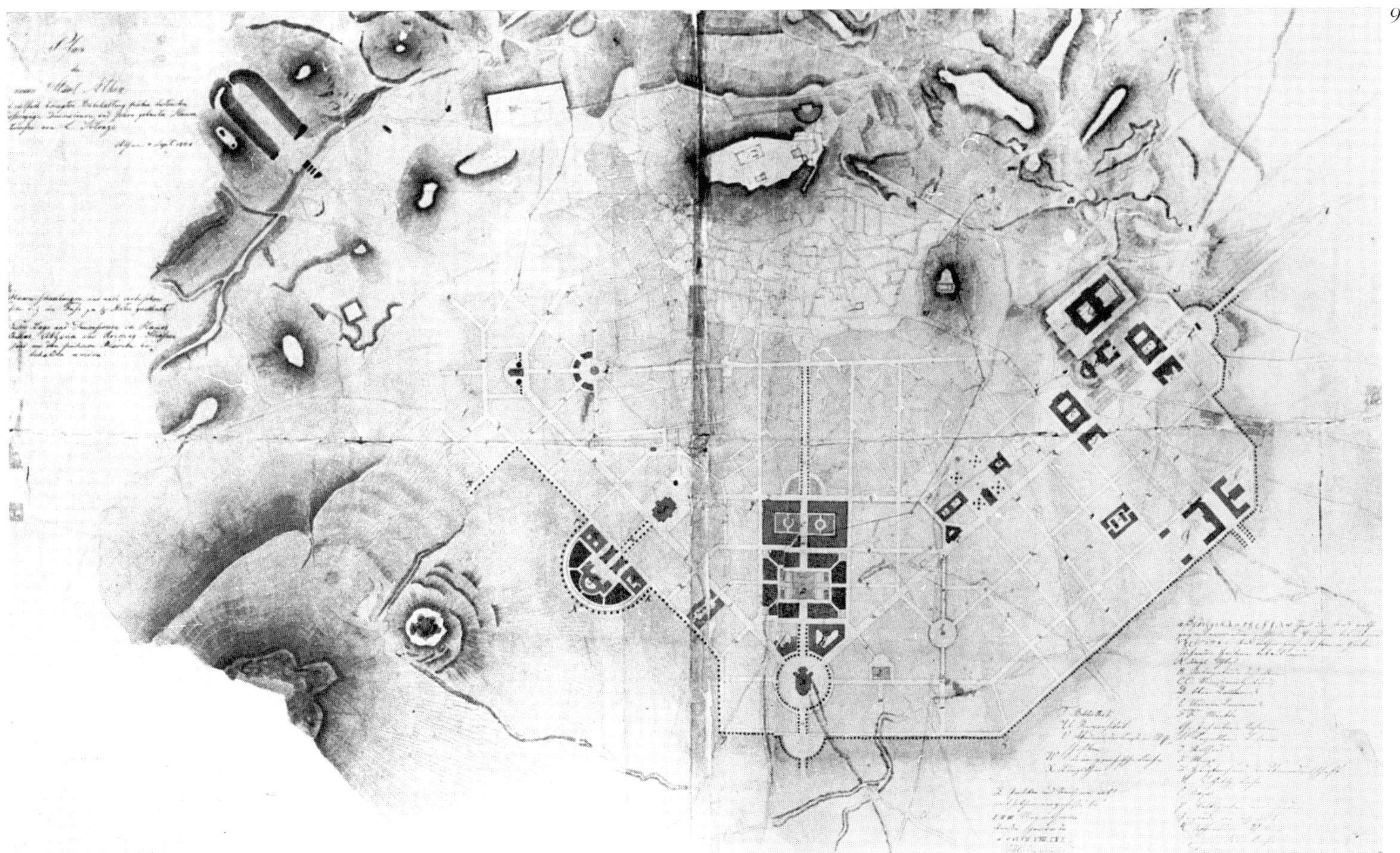

91. Η πρώτη παραλλαγή του σχεδίου του Klenze (παραλλαγή της Αθήνας). Πενάκι με έγχρωμη σινική μελάνη. Το σχέδιο πόλης είναι σχεδιασμένο στο τοπογραφικό υπόβαθρο της παραλλαγής DAI του σχεδίου των Κλεάνθη και Schaubert (βλ. εικ. 58). Βορράς προς τα κάτω. Κλίμαξ πρωτοτύπου 1:4.000. (Εθνικό Ιστορικό Μουσείο, Αθήνα).

92

92. Leo von Klenze: Το σχέδιο για τα βασιλικά ανάκτορα και τα μινιστέρια (υπουργεία) (1834). Γενική άποψις από βορειοδυτικά. Υδατογραφία 34.0×134.0 εκ. (Κρατική Συλλογή Γραφικών Τεχνών, Μόναχο).

93

93. Γενική μετωπική άποψις των κτηρίων της "αθηναϊκής τριλογίας" (Εθνική Βιβλιοθήκη, Πανεπιστήμιον, Ακαδημία) και δεξιώτερα το Οφθαλμιατρείον και η πρόταση του Theophil Hansen για τον Άγιο Διονύσιο των Καθολικών (1859). Υδατογραφία του Theophil Hansen 17.0×87.5 εκ. (Συλλογή χαρακτικών της Akademie der Bildenden Kuenste, Βιέννη).

οδών, πράγμα που δικαιολογούσε η προϊούσα παρακμή της παλαιάς πόλης κατά το 1832, ο Klenze δύο χρόνια αργότερα έρχεται αντιμέτωπος με μία εντελώς διαφορετική πραγματικότητα: η αυθαίρετη δόμηση στην παλαιά πόλη και η μη τήρηση του αρχικού σχεδίου είχαν ήδη αρχίσει. Αυτή την εξέλιξη ο "βασιλικός επίτροπος" πρέπει να τη λάβει υπ' όψιν του και να τη στρέψει προς τη σωστή κατεύθυνση[65]. Έτσι κατοχυρώνει σε μεγάλο βαθμό το status quo και προτείνει για την παλαιά πόλη όχι την πραγματική ανάπλασή της με την έννοια της αναδιάταξης του δικτύου των οδών και της αναδιάρθρωσης των οικοδομικών τετραγώνων, αλλά την διατήρηση μόνο των τεσσάρων σπουδαιοτέρων διανοίξεων που προβλέπονται στο αρχικό σχέδιο[66].

Ιδιαίτερη εντύπωση προξενεί εδώ η άκαμπτη σχηματικότητα της χάραξης αυτών των διανοίξεων. Έτσι, ο κεντρικός άξων της οδού Νίκης (σήμερα Αθηνάς) με κατεύθυνση από βορρά προς νότο εκβάλλει χωρίς να δημιουργείται πλατεία στο τζαμί του Τζισδαράκη, του οποίου η παρουσία διακόπτει τη συνέχεια του δρόμου, και η οδός Ερμού με κατεύθυνση από τα ανατολικά προς τα δυτικά χαράζεται πάνω από τη βυζαντινή εκκλησία της

Καπνικαρέας, πράγμα που δείχνει ότι προωρίζετο για κατεδάφιση. Άκρως ατυχής είναι και η λύση του Klenze για το δυτικό άκρο της οδού Ερμού κοντά στα ανάκτορα: η διάνοιξη αυτή δεν συνδέεται ούτε με την οδό Πειραιώς (τον δυτικό κεντρικό άξονα της νέας πόλης) ούτε με τα ανάκτορα.

Η προοπτική διατήρησης της παλαιάς πόλης ωστόσο, δεν μοιάζει να επεβλήθη στον Klenze μόνον από τις περιστάσεις. Σύμφωνα με όλες τις ενδείξεις, η επιλογή του αυτή συνδέεται με τις βαθύτερες πεποιθήσεις του περί της οργανικά αναπτυσσόμενης πόλης. Η ύπαρξη ενός παλαιού "γραφικού" πυρήνα ως αφετηρίας του σχεδιασμού της επέκτασης της πόλης, της οποίας το οδικό δίκτυο θα ήταν βέβαια κανονικό αλλά κατά κανένα τρόπο συμμετρικό, δημιουργεί τις προϋποθέσεις αποφυγής "του κινδύνου της μονοτονίας και της μείωσης της γραφικότητος", όπως λέει ο ίδιος ο Klenze (βλ. τεκμήριον Γ παρόντος κεφαλαίου).

Οι τέσσερεις νέες διανοίξεις του αρχικού σχεδίου που διετήρησε ο Klenze επραγματοποιήθησαν τελικά, αν και όχι πάντα ακριβώς όπως είχαν προβλεφθεί (π.χ. η οδός Αθηνάς απέκτησε πλάτος 21 αντί 32 μέτρα) και με μεγάλο κοινωνικό κόστος. Επί-

94

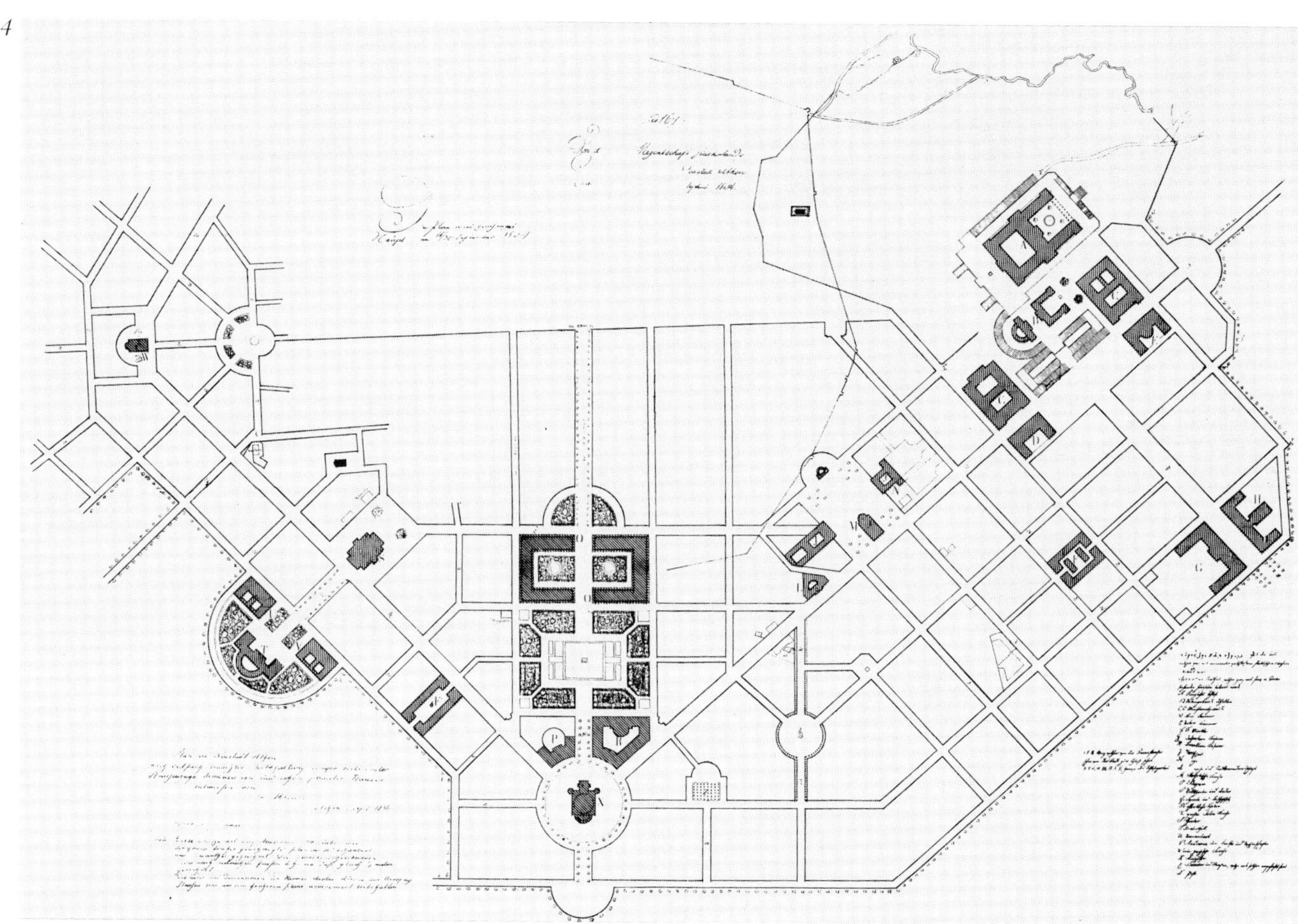

94. Η εγκεκριμένη από την αντιβασιλεία στις 18/30 Σεπτεμβρίου παραλλαγή του σχεδίου Klenze. Πενάκι σε χαρτί. Χωρίς τοπογραφικό υπόβαθρο και χωρίς αποτύπωση της παλαιάς πόλης. Βορράς προς τα κάτω. Κλίμαξ πρωτοτύπου 1:2.000· (Υπηρεσία "Σχεδίων Πόλεων" του Υπουργείου Συγκοινωνιών, Αθήνα μέχρι το 1933· σήμερα ανεύρετο).

σης κατά τη διάρκεια της πρώτης δεκαετίας μετά την έγκριση του σχεδίου έγιναν πολυάριθμες τοπικές βελτιώσεις και διορθώσεις του υπάρχοντος οδικού δικτύου και εδημιουργήθησαν οι προϋποθέσεις για τη μετατροπή των στενωπών της παλαιάς πόλης σε οδούς στενές μεν αλλά προσιτές στα τροχοφόρα[67].

Η ΕΚΤΑΣΗ ΤΗΣ ΠΟΛΗΣ. ΜΕΤΡΑ ΚΑΙ ΠΡΟΟΠΤΙΚΕΣ ΑΝΑΠΤΥΞΗΣ. ΧΩΡΟΤΑΞΙΚΕΣ ΘΕΩΡΗΣΕΙΣ

Ο Klenze δεν αναφέρεται στο επιθυμητό μελλοντικό μέγεθος της σχεδιαζόμενης νέας πόλης· επίσης αδιασαφήνιστο παραμένει το θέμα των χρονικών οριζόντων της πληθυσμιακής ανάπτυξης. Αυτή τη φαινομενική αδιαφορία του για τις προοπτικές χωρικής και πληθυσμιακής ανάπτυξης της πόλης την εξηγεί ασφαλώς η "εξελικτική" θεωρία του για τη δημιουργία της πόλης: ο Klenze θεωρεί πως εκείνο που ενδιαφέρει εδώ δεν είναι η περιγραφή της τελικής κατάστασης αλλά η έναρξη της διαδικασίας ανάπτυξης.

Έτσι, από το αρχικό σχέδιο των Κλεάνθη και Schaubert υιοθετεί όχι μόνο τη θέση αλλά περίπου και την έκταση της συνολικής πόλης, καθώς και τον χαρακτήρα μιας νέας πόλης που ταυτόχρονα αποτελεί επέκταση της παλαιάς. Απ' αυτή την άποψη η μείωση της συνολικής έκτασης της εντός σχεδίου περιοχής, την οποία τονίζουν όλοι οι ερευνητές της πολεοδομικής ιστορίας της Αθήνας, έχει δευτερεύουσα σημασία[68], ιδίως εάν σκεφθεί κανείς ότι η συνολική οικοδομήσιμη έκταση κατοικίας στο σχέδιο του Klenze είναι μόνο 8 εκτάρια μικρότερη από ό,τι στο αρχικό σχέδιο.

Η σχετικά μικρή μετατόπιση των μεγεθών στην κατανομή των επιφανειών που διαπιστώνουμε συγκρίνοντας το αρχικό σχέδιο των Κλεάνθη και Schaubert με το αναθεωρημένο του Klenze, φαίνεται στον ακόλουθο πίνακα:

Συγκριτική απεικόνιση της κατανομής των επιφανειών (σε εκτάρια) στο σύνολο της πόλης (παλαιά και νέα πόλη).

Είδος επιφάνειας	Αρχικό σχέδιο των Κλεάνθη Schaubert	Σχέδιο Klenze	Διαφορά
(Α) Νέα πόλη (με βασιλικό κήπο)	215,000	167,00	–48,00
(Β) Περιοχή ανάπλασης παλαιάς πόλης	39,50	54,00	+14,50
(Γ) Περιοχή προς κατεδάφιση παλαιάς πόλης	32,00	17,50	–14,50
(Δ) Αδόμητες κλιτύες Ακρόπολης εντός του τείχους Χασεκή.	11,00	9,50	–1,50
(Ε) Πλάτωμα Ακρόπολης	3,00	3,00	0,00
Συνολική έκταση πόλης	300,50 εκτ.	251,00 εκτ.	–49,50 εκτ.

Ο Klenze, όσον αφορά τη στρατηγική εφαρμογής του σχεδίου του, ασχολείται ιδιαίτερα μόνο με την πολιτική απαλλοτριώσεων στη ζώνη των ανασκαφών· στην πολιτική ανοικοδόμησης και στον έλεγχο της οικοδομικής δραστηριότητος δεν αναφέρεται. Εκτός από τις τέσσερεις νέες διανοίξεις στην παλαιά πόλη, ο Klenze αρκείται σε υποδείξεις τεχνικής φύσεως, συγκεκριμένα στην αναγκαιότητα ακριβούς χωροστάθμισης των νέων οδικών χαράξεων, και δεν κάνει καμία πρόταση για τις δυνατότητες χρηματοδότησης και τον χρόνο κατασκευής των μεμονωμένων έργων, ιδίως των δημοσίων κτηρίων και ιδρυμάτων.

Στον εξελικτικό χαρακτήρα της πόλης που οραματίζεται αναφερθήκαμε ήδη. Τελείως αντίθετη όμως προς το πραγματιστικό αυτό όραμα μιας ασύμμετρα διατεταγμένης πόλης συνεχώς εξελισσόμενης, η οποία οργανώνεται εκατέρωθεν δύο οδικών αξόνων που εφάπτονται στην παλαιά πόλη (δηλαδή εκατέρωθεν των οδών Σταδίου και Πειραιώς), είναι η πρότασή του δημιουργίας ενός εξωτερικού, περιμετρικού δακτυλίου (βουλεβαρίου). Την αμφίβολη σκοπιμότητα αυτού του στατικού συνόρου με έναν ωρισμένο αριθμό "προσβάσεων" τονίσαμε ήδη κατά την κριτική θεώρηση του αρχικού σχεδίου των Κλεάνθη και Schaubert. Ο Klenze υιοθετεί αυτή την ατυχή ιδέα του αρχικού σχεδιασμού, σχεδιάζοντας μάλιστα δίπλα στις δενδροστοιχίες του βουλεβαρίου ως διαχωριστικά στοιχεία "φυτευμένες τάφρους και φράκτες". Η υιοθέτηση αυτού του μορφολογικού στοιχείου αποτελεί μάλλον άκριτη υιοθέτηση μιας λύσης του αρχικού σχεδίου παρά συνειδητή επιλογή ενός διαρθρωτικού στοιχείου στον σχεδιασμό της νέας πόλης[69].

Η ΔΙΑΡΘΡΩΣΗ ΤΗΣ ΠΟΛΗΣ

Στο πολεοδομικό σχέδιο του Klenze (εικ. 99) δεν παρατηρείται μόνον έλλειψη πρωτοτυπίας των καθοριστικών γνωρισμάτων της πόλης· αυτό άλλωστε είναι σχεδόν αναπόφευκτο όταν αναθεωρεί κανείς ένα υφιστάμενο και εν μέρει εφαρμοσμένο σχέδιο, όπως στην περίπτωση της Αθήνας. Το απογοητευτικό είναι πως το σχέδιο δεν προσφέρει ούτε σαφείς διαρθρωτικές προτάσεις ούτε και νέες μορφολογικές λύσεις.

Πίσω από τη δριμύτατη κριτική που ασκεί ο Klenze στο αρχικό σχέδιο και πίσω από μια επιδέξια παρουσίαση των αντιπροτάσεών του εν είδει διακήρυξης αρχών κρύβεται η αμηχανία του για τη συρρίκνωση του αρχικού πολεοδομικού οράματος, την οποία επέφερε η επέμβασή του[70].

Έτσι δημιουργείται αναγκαστικά η εντύπωση, πως οι συνεπείς χωροδομικές λύσεις των Κλεάνθη και Schaubert τροποποιήθησαν απλώς για να αλλάξει κάτι· πως η επέμβαση του Klenze δεν ήταν άλλο από τη βεβιασμένη προσπάθεια να προσδώσει στο αρχικό σχέδιο της πόλης νέα ταυτότητα. Έτσι, στο σχέδιό του διακρίνονται μεν ωρισμένες επιμέρους πρωτότυπες λύσεις, η σχεδιαστική διατύπωσή τους όμως παραμένει διαρκώς διστακτική και ατελής. Χωρίς να εγκαταλείψει το ορθογώνιο, ορθολογικά διατεταγμένο οδικό δίκτυο, ο Klenze μάχεται κάθε συμμετρία τόσο στην τοποθέτηση των δημοσίων κτηρίων[71] όσο και στη διάταξη των οικοδομικών τετραγώνων. Η οδός Πειραιώς και η οδός Φειδίου (σήμερα οδός Σταδίου) είναι απλοί άξονες ανάπτυξης, ο σκελετός της επέκτασης της πόλης[72]. Η αυθαίρετη πολυμορφία των οικοδομικών τετραγώνων υπογραμμίζει τον χαρακτήρα της "οργανικά αναπτυσσόμενης" πόλης που θέλει να προσδώσει στη νέα πόλη: αντί της διαίρεσης σε οικοδομικά τετράγωνα, τα οποία –αν παραβλέψουμε κάποιες μικρές αποκλίσεις– στο αρχικό σχέδιο ακολουθούν κατά κανόνα ένα ορθογώνιο σχήμα, στο σχέδιο του Klenze έχουμε να κάνουμε με ένα μάλλον τυχαίο και ακατανόητο κράμα από τετράγωνα, επιμήκη και πολυγωνικά οικοδομικά τετράγωνα. Ο Klenze δίνει μεγάλη βαρύτητα στη μείωση του αριθμού και του πλάτους των οδών, καθώς και στο μεγαλύτερο ύψος των κτηρίων και (για το μεγαλύτερο, δυτικό τμήμα της περιοχής κατοικίας) στο συνεχές σύστημα δόμησης. Αυτό το δικαιολογεί με τον "νότιο" χαρακτήρα που θέλει να έχει η πόλη, προβάλλοντας ως επιχείρημα τις κλιματικές συνθήκες του Νότου). Παρά την επιθυμητή από τον Klenze μείωση του εύρους των δευτερευουσών οδών της νέας Αθήνας από 12,5 σε 10,0 μέτρα, που όμως δεν τηρείται καν με συνέπεια σε όλο το σχέδιο, δεν μπορεί να γίνει λόγος για ριζική μεταβολή του ποσοστού συμμετοχής των κοινοχρήστων χώρων κυκλοφορίας (οδών και πλατειών) στη συνολική επιφάνεια της πόλης: ενώ το σύνολο των επιφανειών κυκλοφορίας στο αρχικό σχέδιο αποτελούσε το 29,7% και η καθαρή επιφάνεια περιοχών κατοικίας το 42,9% της συνολικής επιφάνειας της νέας πόλης, στο σχέδιο του Klenze τα ποσοστά αυτά έχουν μετατοπισθεί μόνο σε 25,2% και 50,3% αντίστοιχα). Αυτή η σχετικά μικρή αύξηση του ποσοστού της οικοδομήσιμης γης επί του συνόλου της πόλης και η παράλληλη διατήρηση του ορθογώνιου οδικού καννάβου δεν εξασφαλίζουν βέβαια στην πόλη τον εντελώς διαφορετικό χαρακτήρα ενός οικισμού που αναπτύσσεται οργανικά, πόσο μάλλον μιας ελεύθερα αναπτυσσόμενης πόλης.

Ένα άλλο στοιχείο της πολεοδομικής πρότασης του Klenze είναι η προσπάθεια της μεγαλύτερης δυνατής διαφοροποίησης του συστήματος δόμησης σε όλη την πόλη. Παράλληλα με τα παραδοσιακά σπίτια με αυλή στην παλαιά πόλη, προτείνεται η δημιουργία στη νέα πόλη αφ' ενός μεν ενός πυκνοδομημένου τμήματος (του δυτικού), όπου θα ισχύει το συνεχές σύστημα δόμησης και τα κτήρια θα είναι τριώροφα έως τετραώροφα, αφ' ετέρου δε ενός τμήματος (του ανατολικού) που θα περιλαμβάνει επαύλεις κτισμένες κατά το "πανταχόθεν ελεύθερον" σύστημα. Αυτή η πολυμορφία του συστήματος δόμησης υποτίθεται πως αποτελεί επίσης χαρακτηριστικό στοιχείο μιας "οργανικά αναπτυσσόμενης" πόλης. Παρ' ότι κατ' αρχήν δεν έχουμε να αντιτάξουμε τίποτε στην επιλογή ποικίλων συστημάτων δόμησης, εν τούτοις η χωρική αυτή διάταξη του Klenze μας φαίνεται μάλλον αμήχανη: Δίπλα στην διατεταγμένη στις δυτικές υπώρειες της Ακρόπολης παλαιά πόλη αναπτύσσονται τα δύο άνισα τμήματα της νέας πόλης, που οι κατόψεις τους ναι μεν αποτελούνται από παρόμοια οικοδομικά τετράγωνα, πλην όμως από άποψη χωροδομική είναι εντελώς διαφορετικά: στο δυτικό τμήμα έχουμε "συναπτόμενα αστικά σπίτια", στο ανατολικό "κτήρια με κήπους διατεταγμένα γραφικά κατά τον χαρακτηριστικό τρόπο του Νότου"![73]. Επίσης δεν θα έπρεπε να περάσει απαρατήρητο ένα από τα επακόλουθα της πιο πυκνής δόμησης της πόλης: η αύξηση των συ-

95

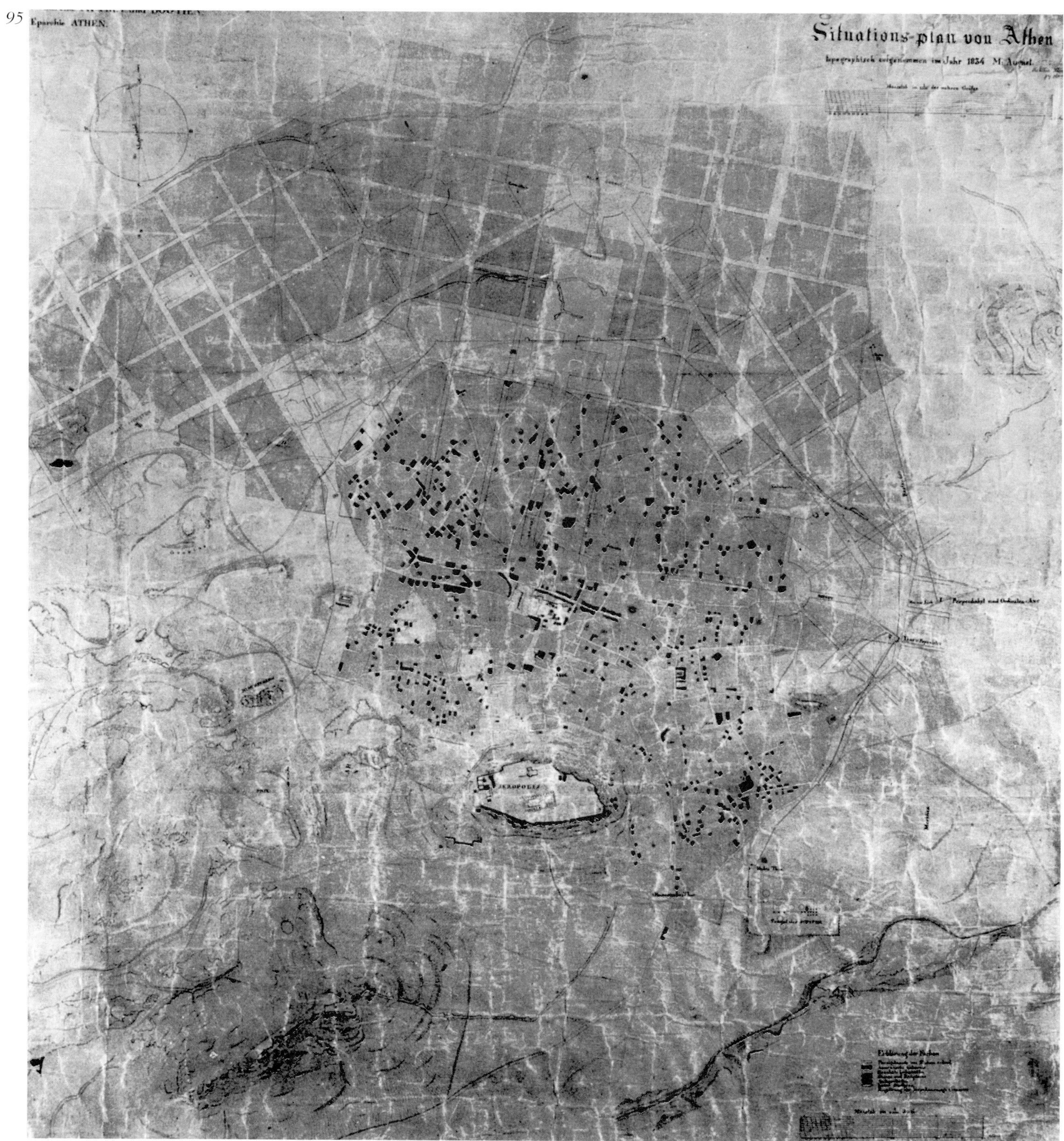

95. "Τοπογραφική αποτύπωση της Αθήνας συνταχθείσα κατά τον μήνα Αύγουστο του έτους 1834" από τον Wilhelm von Weiler. Παραλλαγή Α: στο σχέδιο σημειώνονται οι ρυμοτομικές γραμμές τόσο του σχεδίου των Κλεάνθη και Schaubert όσο και του σχεδίου του Klenze. Πενάκι και υδατογραφία. Κλίμαξ πρωτοτύπου: 1:2.500· (από το έργο του Κ. Μπίρη: Αι Αθήναι από του 19ου εις τον 20όν αιώνα, Αθήνα 1966).

ντελεστών δόμησης (που προεκάλεσαν η επιλογή του συνεχούς συστήματος και η πρόβλεψη περισσότερων από δύο ορόφους), είχε αρνητικές επιπτώσεις στη μετέπειτα ανάπτυξη και της ποιότητας ζωής στο κέντρο της Αθήνας[74].

Εξίσου τυχαία ή μάλλον αυθαίρετη είναι η επιλογή της θέσης και ο τρόπος κατανομής των δημοσίων κτηρίων στον ιστό της πόλης. Φαίνεται ωσάν ο Klenze, αφού προέβη στη μοναδική αλλαγή χωροθέτησης που δικαιολογεί, δηλαδή στην επιλογή διαφορετικής θέσης για την ανέγερση των ανακτόρων, και αφού διετήρησε απρόθυμα το σύστημα των κυρίων αξόνων κυκλοφορίας του αρχικού σχεδίου, να σκόρπισε με διάθεση σχεδόν διακοσμητική έναν τυχαίο αριθμό δημοσίων κτηρίων

96

96. *"Τοπογραφική αποτύπωση της Αθήνας συνταχθείσα κατά τον μήνα Αύγουστο του έτους 1834" από τον Wilhlem von Weiler. Παραλλαγή Β: στο σχέδιο σημειώνονται οι ρυμοτομικές γραμμές τόσο του σχεδίου των Κλεάνθη και Schaubert όσο και του σχεδίου του Klenze. Σχέδιο με πενάκι. Κλίμαξ πρωτοτύπου 1:2.500· (Φωτογραφικό Αρχείο του Μουσείου Μπενάκη, Αθήνα).*

μέσα στην πόλη[75]. Η διάταξη αυτών των κτηρίων δεν συμβάλλει στη σαφή διάρθρωση της νέας πόλης· επίσης ακατανόητα κατανεμημένες είναι πολλές φορές και οι χρήσεις τους, καθώς και η σχέση μεταξύ τους. Η συνολική επιφάνεια που καλύπτουν αυτά τα κτήρια –τόσον ως απόλυτο μέγεθος όσο και ως ποσοστό επί της συνολικής επιφανείας της πόλης– είναι σημαντικά μειωμένη σε σύγκριση με την αντίστοιχη επιφάνεια στο αρχικό σχέδιο.

Ο Klenze εγκαταλείπει τον προβλεπόμενο στο αρχικό σχέδιο άμεσο συνδυασμό του κήπου του λαού με τα κτήρια της αγοράς (bazar)· αντ' αυτού προτείνει την παραθετική διάταξη του κήπου του λαού (στον βορρά) και της αγοράς (στον νότο) επί της οδού Αθηνάς. Στοιχεία αυτής της διάταξης διακρίνονται ακόμη και σήμερα στην κάτοψη της πόλης.

Εκτός από το κτηριακό συγκρότημα των βασιλικών ανακτόρων, σημαντική στο σχέδιο του Klenze είναι μόνο μία ακόμη διάταξη δημοσίων κτηρίων: το πολιτιστικό κέντρο στις βορειανατολικές παρυφές της πόλης, που είναι αμιγής δική του πρόταση. Ο Klenze διατάσσει εδώ τρία κτήρια –τα κτήρια της Ακαδημίας, του Πανεπιστημίου και της Βιβλιοθήκης– με τις κατόψεις τους σε σχήμα Π έχοντας προφανώς ως πρότυπο την πλα-

97

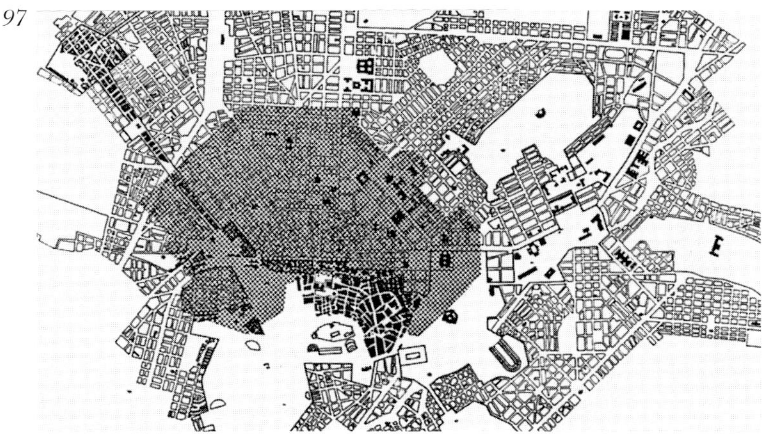

97. Το κέντρο της Αθήνας σήμερα (έτος 2000). Με γκρίζα σκίαση η έκταση της πόλης στο σχέδιο του Klenze (1834). Κλίμαξ περίπου 1:55.000 (σχέδιο του συγγραφέως).

τεία του Βασιλέως (Koenigsplatz) στο Μόναχο. Παρ' όλα αυτά ο χαρακτήρ των δύο αυτών μνημειακών διατάξεων διαφέρει ριζικώς: στην περίπτωση του Μονάχου έχουμε να κάνουμε με μία επίσημη είσοδο στη νέα πόλη, ενώ η αποκαλούμενη "αθηναϊκή τριλογία"[76] παραμένει στο σχέδιο του Klenze ένα πολιτιστικό κέντρο τοποθετημένο έκκεντρα στις παρυφές της πόλης. Παρά την τελικά διαφορετική απ' αυτή που προεβλέπετο αρχικώς διάταξή των κτηρίων (το σχήμα Π εγκατελείφθη υπέρ μιας μετωπικής παράθεσης), η "αθηναϊκή τριλογία" είναι το μόνο συγκρότημα δημοσίων κτηρίων της πρωτεύουσας που εκτίσθη αργότερα με βάση τις προτάσεις του Klenze.

Ιδιαίτερα ατυχής είναι η τροποποίηση που υφίσταται το τετράγωνο, μεγαλοπρεπές κεντρικό βουλεβάριο του αρχικού σχεδίου: εγκαταλείπεται χάριν μιας οδού σε σχήμα L με παρόδιες στοές περιπάτου, η οποία θα έφερε το αρχαιοπρεπές όνομα "Μακρά Στοά". Αυτή η ασύμμετρα διατεταγμένη μεγαλοπρεπής λεωφόρος (η οποία ας σημειωθεί δεν έμελλε και αυτή να πραγματοποιηθεί ποτέ, όπως άλλωστε και το βουλεβάριο του αρχικού σχεδίου) με τον δυτικό της βραχίονα διασχίζει τη νέα πόλη με κατεύθυνση από τον βορρά προς τον νότο, περνώντας από μια μάλλον τυχαία χωροθετημένη στρογγυλή πλατεία· ο νότιος βραχίων της εφάπτεται στις βόρειες παρυφές της παλαιάς πόλης και έχει κατεύθυνση από τα δυτικά προς τα ανατολικά. Γενικά, αυτή η λεωφόρος δεν αποτελεί ούτε στοιχείο συνοχής μεταξύ παλαιάς και νέας πόλης, ούτε καθοριστικό στοιχείο της τελευταίας. Εδώ στη σημαντική αυτήν επί μέρους διάταξη τεκμηριώνεται παραδειγματικά η συρρίκνωση του αρχικού σχεδίου[77].

Οι επιφάνειες πρασίνου ελάχιστα μειώνονται στο σχέδιο του Klenze· μάλιστα ο βασιλικός κήπος με τα 24,50 εκτάριά του, καλύπτει επιφάνεια μεγαλύτερη από ό,τι προεβλέπετο στο αρχικό σχέδιο. Παρ' όλα αυτά η έντονη κατάτμηση των χώρων πρασίνου σε διάφορες, ασύνδετες στον χώρο ενότητες διατηρείται και σε αυτό το σχέδιο. Οι δενδροφυτευμένες κεντρικές λεωφόροι καταργούνται. Φύτευση στην περιοχή των ανασκαφών δεν προβλέπεται, σε αντίθεση με το αρχικό σχέδιο.

Στον πίνακα της συγκριτικής κατανομής των χρήσεων γης στην περιοχή της νέας πόλης (κατά το αρχικό σχέδιο και κατά το σχέδιο Klenze) που παραθέτουμε στη συνέχεια, φαίνονται καθαρά οι προαναφερόμενες τροποποιήσεις στο ποσοστό συμμετοχής τής εκάστοτε χρήσης στη συνολική επιφάνεια της πόλης. Πολύ σημαντικότερη όμως θεωρούμε τη μείωση της συνολικής επιφάνειας της νέας πόλης κατά 22,5% περίπου.

Συγκριτική κατανομή χρήσεων γης στη νέα πόλη (σε εκτάρια)

Είδος χρήσης	Σχέδιο Κλεάνθη-Schaubert έκταση/ποσοστό	Σχέδιο Klenze έκταση/ποσοστό	Διαφορά
1. Επιφάνειες κυκλοφορίας	63,90/(29,7%)	42,20/(25,2%)	–21,70
αναλυτικά: οδοί	(45,80)	(26,40)	(–19,40)
πλατείες	(18,10)	(15,80)	(–2,30)
2. Δημόσια κτήρια και ιδρύματα	28,20/(13,1%)	12,00 / (7,2%)	–16,20
3. Χώροι πρασίνου	30,60/(14,3%)	28,80/(17,3%)	–1,80
εκ των οποίων: βασιλικός κήπος	(18,00)	(24,50)	(+6,50)
4. Καθαρή επιφάνεια κατοικίας (δηλ. οικοδομικών τετραγώνων)	92,30/(42,9%)	84,00/(50,3%)	-8,30
Σύνολο (σε εκτάρια)	215,00/(100,0%)	167,00/(100,0%)	-48,00

Η ΜΟΡΦΗ ΤΗΣ ΠΟΛΗΣ

Μπορεί ο Klenze στην περίπτωση του σχεδιασμού της Αθήνας να εγκαταλείπει τις παραδοσιακές αρχές διάταξης πολεοδομικών συνθέσεων του κλασικισμού και να τάσσεται υπέρ "της γραφικότητος" και της "οργανικά αναπτυσσόμενης πόλης", αλλά είναι ευνόητο ότι δυσκολεύεται πολύ να σχεδιάσει ένα τέτοιο εξελικτικό αστικό μόρφωμα. Έχουμε ήδη αναφερθεί στο πρόβλημα της εγγενούς αυτής αντίφασης, της οποίας έχει και ο ίδιος επίγνωση.

Ωστόσο, από ένα σχέδιο στηριγμένο στις αρχές του περί "μεσημβρινού τρόπου δόμησης", θα περίμενε να βρει κανείς κάποια μορφολογικά χαρακτηριστικά, τα οποία ο Klenze κατά τα φαινόμενα δεν κατόρθωσε να συλλάβει. Ακόμα και αν μείνει κανείς στον συμβιβαστικό χαρακτήρα της "διόρθωσης" του αρχικού σχεδίου, διαπιστώνει πολλές ελλείψεις στην πολεοδομική πρόταση του Klenze. Συγκεκριμένα: ελεύθερα τοποθετημένα στον χώρο οικήματα με κήπους στις νότιες υπώρειες του

Λυκαβηττού (στην ανατολική περιφέρεια της πόλης) και γύρω από τον λόφο του Ιππίου Κολωνού (στα δυτικά) θα μπορούσαν να είναι μια "γραφική" πλαισίωση του κέντρου της πόλης και ταυτόχρονα μια πολύ επιτυχής μετάβαση στο περιβάλλον φυσικό τοπίο. Αντ' αυτού ο Klenze αρκείται στην ανισομερή διχοτόμηση της μελλοντικής πόλης σε δύο τμήματα, όπως περιγράψαμε ήδη, όπου στο μεν δυτικό προτείνει το συνεχές σύστημα δόμησης, στο δε ανατολικό προβλέπει επαύλεις.

Από την άλλη μεριά, όταν απορρίπτει κανείς τον ρόλο των λου στο αρχικό σχέδιο) να προτείνει και έναν φυτεμένο πεζόδρομο γύρω από την Ακρόπολη, δημιουργώντας έτσι μια πρόσβαση στον Ιερό Βράχο και στα αρχαία θέατρα, που στο σχέδιό του δεν υπάρχει. Ακόμα και τα σημαντικότερα αρχαία μνημεία στις ανατολικές παρυφές της πόλης, το Ολυμπείον και το Παναθηναϊκόν Στάδιον, μένουν αποξενωμένα από την πόλη· ούτε καν με δρόμο προσπελάσεως δεν συνδέονται με αυτήν![78]

Την ίδια αδιαφορία δείχνει ο Klenze και απέναντι στην ιστορική τοπογραφία της Αθήνας. Οι δυτικοί λόφοι, στους

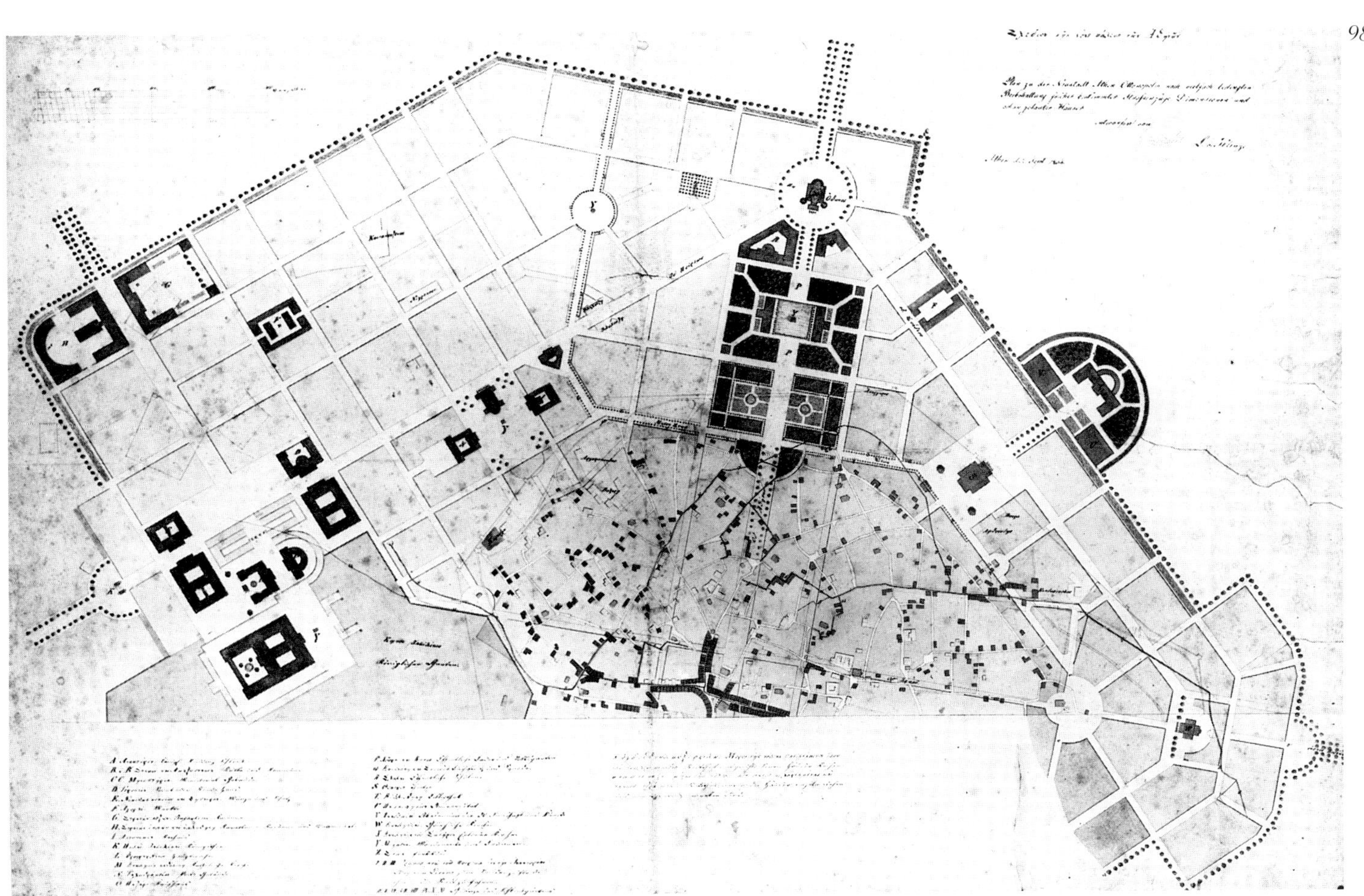

98. *Προσχέδιο (;) της λιθογραφίας του σχεδίου του Klenze (εικ. 99)· δίχως τοπογραφικό υπόβαθρο. Σχεδιάγραμμα της παλαιάς πόλης, όπως την απετύπωσε ο Weiler. Πενάκι και υδατογραφία. Κλίμαξ πρωτοτύπου 1:2.500 (Συλλογή Σχεδίων του Μουσείου της Πόλης του Μονάχου).*

στοιχείων οπτικής αναφοράς και στόχων καταληκτικής θέας για τα μνημεία, όπως κάνει ο Klenze, τότε από έναν πολεοδόμο που έχει ιστορική συνείδηση και θέλει να συνθέσει με "γραφικά" μέσα θα περίμενε κανείς ότι θα προέβλεπε για τα αρχαία μνημεία της Αθήνας μια άλλη πιο ταιριαστή λειτουργία. Έτσι, σημαντικά μνημεία στην παλαιά πόλη, που την εποχή του Klenze ήταν ήδη ορατά, όπως το μνημείο του Λυσικράτους, ο Πύργος των Ανέμων, η Βιβλιοθήκη του Αδριανού και το Ηφαιστείον, θα μπορούσαν να αναβαθμισθούν μεταβαλλόμενα σε διαρθρωτικά στοιχεία της σύνθεσης, εάν π.χ. προέβλεπε σ' αυτά πλατείες ή εάν τα ενέτασσε σε μια ζώνη πρασίνου στις παρυφές της παλαιάς πόλης. Μια τέτοια ζώνη πρασίνου –που θα είχε χαρακτήρα αρχαιολογικού περιπάτου– θα ήταν επίσης η ιδανική μετάβαση από την παλαιά πόλη στην προβλεπόμενη περιοχή ανασκαφών. Θα μπορούσε (όπως προεβλέπετο εξ άλ- οποίους δεν προβλέπει δόμηση, δηλαδή οι λόφοι της Πνυκός, του Αρείου Πάγου και του Μουσείου, καθώς και η κοιλάδα του Ιλισσού, παραμένουν περιοχές έρημες, απρόσιτες από την πόλη και χωρίς καμία διαμόρφωση του τοπίου. Δίπλα στον μεγαλόπρεπο κήπο των ανακτόρων στις βορειο-δυτικές υπώρειες του λόφου των Νυμφών, περιμένει κανείς μια σταδιακή μετάβαση σε ένα ακόμα πιο ελεύθερα διαμορφωμένο φυσικό τοπίο προς τον νότο. Αντ' αυτού, ο κήπος των ανακτόρων κόβεται απότομα με την περίφραξη που τον περιβάλλει –μια αυθαίρετα τραβηγμένη τεθλασμένη γραμμή που αγνοεί εντελώς την τοπογραφία του εδάφους.

Στην ίδια τη νέα πόλη διαπιστώνει κανείς την έλλειψη διάρθρωσης σε σαφώς διακεκριμένα τμήματα, τα οποία, ακόμα και διατηρώντας τους υφιστάμενους κυρίους οδικούς άξονες (δηλαδή την οδό Πειραιώς και την οδό Σταδίου), θα μπορού-

99

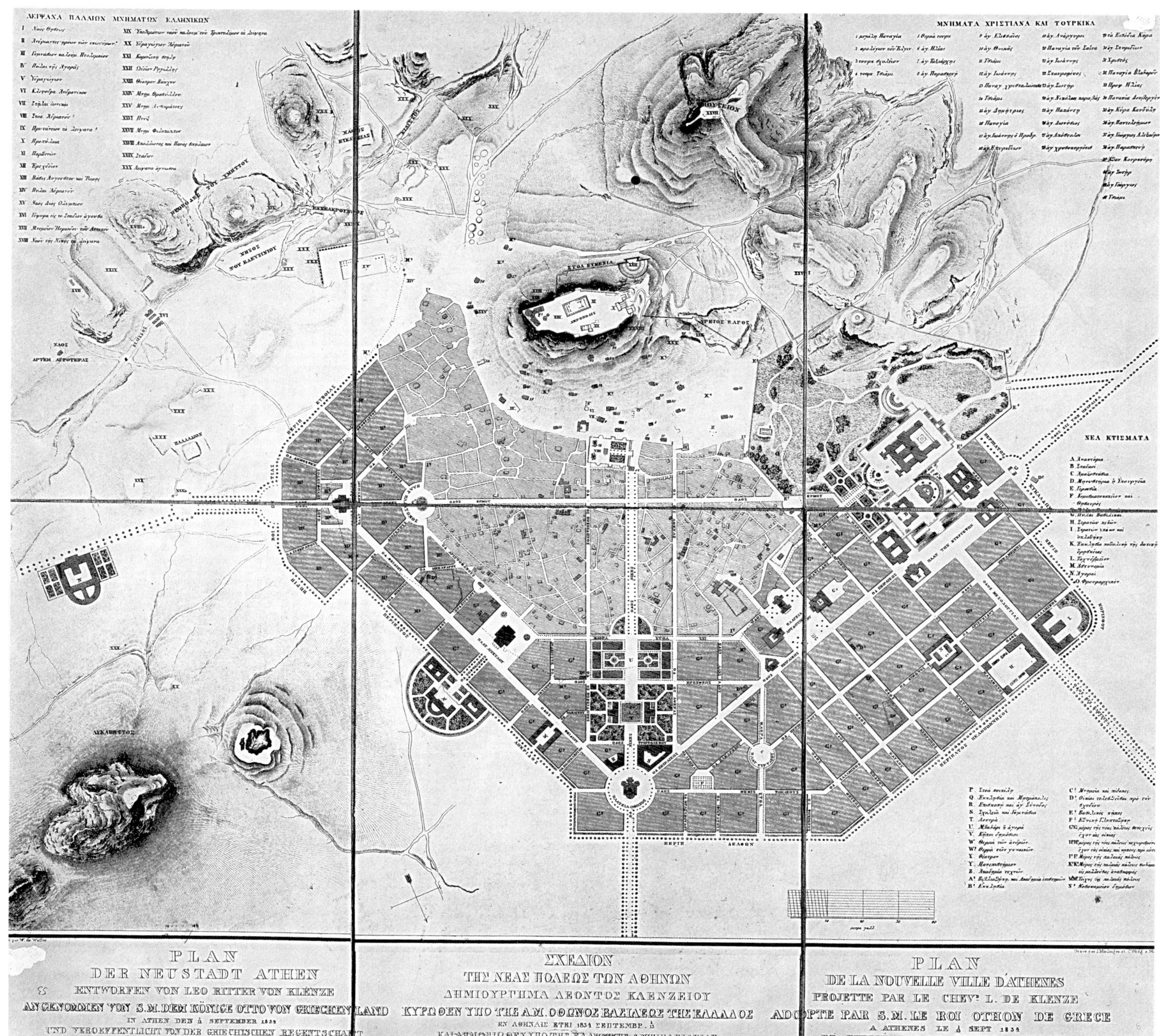

99. Η δημοσιευμένη στο Μόναχο λιθογραφία του σχεδίου του Klenze με τοπογραφικό υπόβαθρο. Σχεδιάγραμμα της παλαιάς πόλης, όπως την απετύπωσε ο Weiler. Βορράς προς τα κάτω. Κλίμαξ πρωτοτύπου 1:6.250· (από την έκδοση ' Έξι λιθογραφίες από το ταξίδι του Klenze στην Ελλάδα', Berlin, 1938).

σαν να διαταχθούν ακτινωτά γύρω από την παλαιά πόλη. Τέλος, λείπει επίσης το κατ' εξοχήν μορφολογικό χαρακτηριστικό γνώρισμα μιας "πόλης του Νότου": λείπουν οι εμπορικοί δρόμοι, που με τις στοές και τις διαπλατύνσεις τους αποτελούν τον άξονα κάθε συνοικίας και στους οποίους συγκεντρώνεται όλη η ζωή της πόλης.

Ο Klenze επίσης δεν προβλέπει στοές στις οδούς (μια πρόταση που ο νεαρός Καυταντζόγλου πέντε μόλις χρόνια αργότερα προβάλλει ως ένα από τα κύρια χαρακτηριστικά του σχεδίου του). Έτσι δεν επανεισάγεται μία λύση με μακρά παράδοση στη χώρα, η οποία αφ' ενός μεν είναι λειτουργική, αφ' ετέρου δε καλλωπίζει τον δημόσιο χώρο. Αντ' αυτού διατηρεί –όπως περιγράψαμε ήδη– σαν ανάμνηση του αρχικού τετραγώνου "βουλεβαρίου" τη μόνη πλαισιωμένη με παρόδιες στοές οδό σε σχήμα L, τη λεγόμενη "Μακρά Στοά", που η χάραξή της πρέπει να θεωρηθεί ως το τυχαίο αποτέλεσμα της συρίκνωσης του οδικού δικτύου.

Για την ανέγερση δημοσίων κτηρίων και εκκλησιών σε πλατείες ο Klenze, τουλάχιστον στην περίπτωση της Αθήνας, μία μόνο λύση γνωρίζει: την τοποθέτησή τους στο κέντρο του χώρου παράλληλα προς τις προσόψεις των οικοδομικών τετραγώνων που ορίζουν τον εκάστοτε χώρο. Αυτή τη διάταξη, που τη χαρακτηρίζει παντελής έλλειψη φαντασίας, προσπαθεί να την αντισταθμίσει αλλού με κάποιες δυσνόητες μορφολογικές εκκεντρικότητες: σε μια μικρή πολυγωνική πλατεία π.χ. στα δυτικά της πλατείας Όθωνος (Ομονοίας) προβλέπει μια ανοικτή στοά 30×50 μ. που την ονομάζει "Στοά Ποικίλη" και της οποίας η λειτουργία παραμένει ασαφής· ο άξων της οδού Αθηνάς διακόπτεται από μία μεγάλη (50×50 μ.) διακοσμητική δεξαμενή των δημοσίων λουτρών, ενώ η ίδια η οδός Αθηνάς, πλάτους 32 μ., διχοτομεί την αγορά (bazar). Έτσι ακόμα και στην πλειονότητα των επιμέρους λύσεων του σχεδίου του της Αθήνας (με εξαίρεση το κτηριακό συγκρότημα των ανακτόρων) δεν διακρίνει κανείς τις αρετές που έχουν οι δημιουργίες του Klenze στο Μόναχο (πλατεία Ωδείου / Odeonplatz, πλατεία Βασιλέως / Koenigsplatz). Και την έλλειψη αυτή δεν είναι δυνατόν βεβαίως να την αντισταθμίσει ο ιδεατός στόχος του Klenze να έχουν τα κτίσματα της πόλης "ωραίο μεσημβρινό, ανοιχτό και γραφικό χαρακτήρα" (βλ. τεκμήριον Γ παρόντος κεφαλαίου)[79].

Ανακεφαλαιώνοντας, διαπιστώνουμε ότι η αναθεώρηση του σχεδίου της Αθήνας από τον Klenze έχει τις αδυναμίες ενός συμβιβαστικού σχεδίου, διότι ούτε τα βασικά χαρακτηριστικά της "γραφικής" πόλης που επεδίωκε έχει, ούτε όμως και τη σαφή διάρθρωση της κάτοψης μιας πόλης σχεδιασμένης σύμφωνα με τις γεωμετρικές αρχές διάταξης της εποχής του όψιμου δεσποτισμού, που διέπουν τον σχεδιασμό των Κλεάνθη και Schaubert. Ιδιαίτερα απογοητευτικό παραμένει το γεγονός ότι δεν συνέχονται οι περιοχές των ανασκαφών, της παλαιάς πόλης και της επέκτασης του σχεδίου, οι οποίες παρατίθενται χωρίς κάποια λύση μετάβασης από τη μία στην άλλη.

5.
ΤΑ ΣΧΕΔΙΑΣΤΙΚΑ ΤΕΚΜΗΡΙΑ

ΣΤΑΔΙΑ ΩΡΙΜΑΝΣΗΣ ΤΗΣ ΣΧΕΔΙΑΣΤΙΚΗΣ ΑΠΕΙΚΟΝΙΣΗΣ ΤΗΣ ΠΡΟΤΑΣΗΣ

Όπως και στην περίπτωση του σχεδίου των Κλεάνθη και Schaubert, έτσι και εδώ δεν έχουν διασωθεί προσχέδια ή σκαριφήματα της προτεινόμενης από τον Klenze αναθεώρησης του αρχικού σχεδίου. Δεν είμαστε λοιπόν σε θέση να γνωρίζουμε την μέθοδο εργασίας που ακολούθησε κατά την τροποποίηση του αρχικού σχεδίου των μαθητών του Schinkel· επομένως, παραμένει ανοικτό το σημαντικό ερώτημα κατά πόσον ο Klenze διηρεύνησε περισσότερες από μία εναλλακτικές λύσεις[80].

Από τα δεδομένα του ιστορικού του σχεδιασμού συνάγεται ωστόσο ότι ο Klenze εξεπόνησε το σχέδιό του κάτω από πίεση χρόνου και με τον δεσμευτικό όρο που του επεβλήθη εκ των πραγμάτων, να διατηρήσει τις κύριες χαράξεις του πρώτου σχεδίου. Αυτό κατά τα φαινόμενα τον ηνάγκασε να διατυπώσει μία μόνο λύση, την οποία ολοκλήρωσε προοδευτικά.

Οι τέσσερεις σχεδιαστικές παραλλαγές του σχεδίου του που έχουν διασωθεί, απεικονίζουν, όπως ήταν αναμενόμενο, ισάριθμα στάδια ωρίμανσης ενός και του αυτού πολεοδομικού σχεδίου. Οι δύο πρώτες εφιλοτεχνήθησαν στην Αθήνα, και μάλιστα στο πολύ σύντομο χρονικό διάστημα των τριών εβδομάδων (15 Αυγούστου έως 7 Σεπτεμβρίου 1834). Λόγω έλλειψης καλύτερου τοπογραφικού υποβάθρου, ο Klenze εχρησιμοποίησε για τις δύο σχεδιαστικές παραλλαγές το τοπογραφικό υπόβαθρο των Κλεάνθη και Schaubert[81]. Στην Αθήνα, επειδή επί ένα διάστημα υπέφερε από ελώδεις πυρετούς, είχε βοηθό του τον νεαρό αρχιτέκτονα Roeser, ο οποίος αντέγραφε και σχεδίαζε τις εργασίες του[82]. Στην Ελλάδα ακολούθησε τον Klenze και ο γιος του Ιππόλυτος μετά από ρητή επιθυμία του, για να τον βοηθήσει στη σχεδίαση[83]. Η πρώτη κιόλας παραλλαγή του σχεδίου (η παραλλαγή της Αθήνας) (εικ. 91) περιέχει όλα τα ουσιαστικά χαρακτηριστικά της πρότασής του, που διετηρήθησαν μέχρι την τελική εκτύπωσή του σχεδίου στο Μόναχο. Η αμέσως επόμενη σχεδιαστική παραλλαγή του εγκεκριμένου από 18/30 Σεπτεμβρίου σχεδίου πόλης (εικ. 94) ουσιαστικά ταυτίζεται με την πρώτη, με τη διαφορά ότι δεν περιέχει τοπογραφικά δεδομένα και είναι ένα αυστηρά γραμμικό σχέδιο (χωρίς επιχρωμάτιση των επιφανειών). Επίσης παραλείπεται η παλαιά πόλη.

Οι δύο επόμενες παραλλαγές (εικ. 98, 99), παρά τα διαφορετικά στοιχεία που αναγράφονται στους αντίστοιχους χάρτες[84], εσχεδιάσθησαν στο Μόναχο[85] και έχουν υπόβαθρο την ακριβή τοπογραφική αποτύπωση της πόλης που συνέταξε ο Wilhelm von Weiler στο διάστημα μεταξύ Αυγούστου και Οκτωβρίου του 1834[86]. Η πρώτη παραλλαγή του Μονάχου είναι ένα πρωτότυπο σχεδιάγραμμα της πρότασης του Klenze, η δεύτερη η δημοσιευμένη λιθογραφία της προηγούμενης. Η τελευταία εντυπωσιάζει ιδιαίτερα με την επιμελή αναγραφή όλων των αρχαίων και μεσαιωνικών μνημείων, καθώς και με τη λεπτομερή σχεδίαση του κτηριακού συγκροτήματος των ανακτόρων.

Ως προς τα κύρια χαρακτηριστικά της η πρόταση παραμένει η ίδια, μόνο μεμονωμένες λεπτομέρειες παρουσιάζονται διαφορετικά στη λιθογραφία του Μονάχου[87], και αυτό οφείλεται εν μέρει στις επανειλημμένες μεταβολές που απαιτούσε ο νεαρός αναποφάσιστος μονάρχης[88]· οι αλλαγές αυτές δεν αλλάζουν ωστόσο τίποτε το ουσιώδες στον γενικό πολεοδομικό σχεδιασμό.

Μια ενδιαφέρουσα ενδιάμεση βαθμίδα του σχεδιασμού αποτελούν οι δύο παραλλαγές (εικ. 95, 96) της τοπογραφικής αποτύπωσης της πόλης, που συνέταξε το καλοκαίρι και το φθινόπωρο του 1834 ο υπολοχαγός Wilhelm von Weiler. Πάνω στα φύλλα αυτά είναι σχεδιασμένες με μικρές μόνον αποκλίσεις οι κύριες ρυμοτομικές γραμμές τόσο της πρότασης των Κλεάνθη και Schaubert όσο και του Klenze· βλέποντάς τα κανείς, είναι βέβαιος ότι έχει μπροστά του τις πρώτες απόπειρες εφαρμογής επί του εδάφους της αναθεώρησης του αρχικού σχεδίου. Τα σχέδια αυτά, δηλαδή, επιτρέπουν –πράγμα σπάνιο– να αντιληφθεί κανείς τη διαδικασία σχεδιασμού και συγκεκριμένα την απόπειρα του Klenze να αντιπαραθέσει τις τροποποιήσεις του στο αρχικό σχέδιο.

Τέλος, πρέπει να αναφερθούν και τρία σκαριφήματα που περιέχονται στα κατάλοιπα του Eduard Schaubert, που ανεκαλύφθησαν το 1989 από τον γράφοντα στην Αθήνα. Τα σκαριφήματα αυτά απεικονίζουν τρία σημαντικά αποσπάσματα του σχεδίου πόλης του Klenze (την περιοχή γύρω από τα ανάκτορα, το κεντρικό τμήμα της πόλης γύρω από τον ναό του Σωτήρος και την αγορά, καθώς και την περιοχή γύρω από την ανατολικά κείμενη ημικυκλική "πλατεία Πλάτωνος") και είναι σχεδιασμένα στην κλίμακα του εγκεκριμένου σχεδίου (1:2.000).

Έχουμε μια ανακοίνωση του Βασιλέως Όθωνος προς τον Klenze από 10/22 Οκτωβρίου 1834 (βλ. τεκμήριον 38 συλλογής "Κειμένων"), στην οποία αναφέρονται οι "μεταβολές που η Α.Μ. επιθυμεί να γίνουν στο επικυρωμένο (...) σχέδιο της νέας πόλης της Αθήνας". Τα τρία αυτά σκαριφήματα, φιλοτεχνημένα σε λεπτό διαφανές χαρτί σχεδίου, αποτελούν την ακριβή σχεδιαστική απόδοση των μεταβολών που επιθυμεί ο Βασιλεύς και επομένως πρέπει να θεωρηθούν αντίγραφα των φύλλων που επισυνάπτοντο στην επιστολή του Βασιλέως προς τον Klenze και παρέμειναν στην Αθήνα στην κατοχή του αρχιτέκτονος της κυβέρνησης Schaubert. Με εξαίρεση τη μετατόπιση της καθολικής εκκλησίας επί της πλατείας Λουδοβίκου και τη σχεδίαση του πολιτικού νοσοκομείου στην ανατολική περιφέρεια της πόλης, οι υπόλοιπες τροποποιήσεις που εζήτησε ο Όθων δεν συμπεριελήφθησαν στην οριστική λιθόγραφη δημοσίευση του σχεδίου.

ΟΙ ΔΙΑΦΟΡΕΣ ΣΧΕΔΙΑΣΤΙΚΕΣ ΠΑΡΑΛΛΑΓΕΣ ΤΟΥ ΣΧΕΔΙΟΥ

Η αναθεώρηση του αρχικού σχεδίου της Αθήνας που συνέταξε ο Klenze, σώζεται, όπως προανεφέρθη, σε διάφορα σχεδιαστικά τεκμήρια, δηλαδή σε τρία σχεδιαγράμματα και μία λιθογραφία. Αυτές οι ελαφρώς αποκλίνουσες μεταξύ τους παραλλαγές της πρότασης του Klenze απεικονίζουν τα στάδια ωρίμανσης του σχεδίου, διότι οι διορθώσεις αφορούν λεπτομέρειες της πρότασης και επομένως τα σχέδια αυτά σε καμία περίπτωση δεν πρέπει να θεωρηθούν εναλλακτικές προτάσεις σχεδιασμού της πόλης στο σύνολό της. Οι γενικές γραμμές του πολεοδομικού σχεδίου της Αθήνας που εξεπόνησε ο Klenze περιέχονται και ως σκαρίφημα (εικ. 95, 96) στους χάρτες της τοπογραφικής αποτύπωσης της παλαιάς πόλης, που συνέταξε ο Wilhelm von Weiler τον Αύγουστο του 1834.

Μια μεταγενέστερη "τροποποίηση" του σχεδίου, που ο Klenze υπέβαλε από το Μόναχο στον Βασιλέα Όθωνα το καλοκαίρι του 1837 και την οποία επιβεβαιώνει ένα έγγραφο που σώθηκε[89], δεν έχει βρεθεί μέχρι σήμερα. Το ίδιο ισχύει και για το πρωτότυπο σχέδιο που εχρησιμοποιήθη για την εκτύπωση της λιθογραφίας που εδημοσιεύθη το 1838 στο Μόναχο.

Παραθέτουμε τα στοιχεία για τα σχεδιαστικά τεκμήρια της πρότασης Klenze, που διαθέτουμε μέχρι στιγμής:

1. Η πρώτη παραλλαγή του σχεδίου (παραλλαγή της Αθήνας) (εικ. 91)

Τίτλος (επάνω αριστερά σε γερμανική γλώσσα): "Σχέδιο της νέας πόλης των Αθηνών, στο οποίο διατηρούνται για πολλαπλούς λόγους ωρισμένες ήδη προκαθωρισμένες οδοί, διαστάσεις και δομημένα κτίσματα. Συνταχθέν υπό Leo von Klenze, Αθήνα, 7 Σεπεμβρίου 1834".

Υπόμνημα (κάτω δεξιά σε γερμανική γλώσσα) των δημοσίων κτηρίων της νέας πόλης: Α-Ζ.

Σχέδιο με σινική μελάνη και υδρόχρωμα, 56×91 εκ. Κλίμαξ 1:4.000. Βορράς προς τα κάτω. Εθνικό Ιστορικό Μουσείο, Αθήνα. Το τοπογραφικό υπόβαθρο είναι το αυτό με της παραλλαγής DAI του σχεδίου των Κλεάνθη και Schaubert. Το σχέδιο δημοσιεύεται εδώ για πρώτη φορά.

2. Το πρωτότυπο σχεδιάγραμμα του εγκεκριμένου από 18/30 Σεπτεμβρίου 1834 σχεδίου πόλης (εικ. 94)

Τίτλος (κάτω αριστερά σε γερμανική γλώσσα): "Σχέδιο της νέας πόλης των Αθηνών, στο οποίο διατηρούνται για πολλαπλούς λόγους ωρισμένες ήδη προκαθωρισμένες οδοί, διαστάσεις και δομημένα κτίσματα. Συνταχθέν υπό Leo von Klenze, Αθήνα, 7 Σεπεμβρίου 1834. Σημείωση: Το σχέδιο αυτό έχει συνταχθεί στην ίδια κλίμακα με το μεγάλο εγκριθέν στο παρελθόν σχέδιο των κυρίων Κλεάνθη και Schaubert. Το εύρος των οδών δίνεται σε μετρικά πόδια (ένα πόδι ίσο με 0,3 μέτρα). Το μήκος και οι διαστάσεις των οδών Ηροδότου, Αθηνάς και Αρείου Πάγου παραμένουν όπως και στο προηγούμενο σχέδιο".

Υπογραφή (επάνω στο κέντρο): Armansperg, Maurer, Heydeck. Υπόμνημα (κάτω δεξιά σε γερμανική γλώσσα) των δημοσίων κτηρίων της νέας πόλης: Α-Ζ.

Σχέδιο με σινική μελάνη. Περίπου 115×75 εκ. Κλίμαξ 1:2.000. Βορράς προς τα κάτω.

Υπηρεσία "Σχεδίων Πόλεων" του Υπουργείου Συγκοινωνιών μέχρι το 1933· σήμερα ανεύρετο. Χωρίς τοπογραφικό υπόβαθρο και χωρίς την απεικόνιση της παλαιάς πόλης. Μόνο ρυμοτομικές γραμμές.

Εδημοσιεύθη για πρώτη φορά στο έργο του Κ. Μπίρη: *Αι Αθήναι από του 19ου εις τον 20όν αιώνα*, Αθήνα, 1966.

3. Τοπογραφική αποτύπωση της Αθήνας που συνέταξε ο Wilhelm von Weiler με επισχεδιασμένες διαγραμματικά τις ρυμοτομικές γραμμές τόσο του σχεδίου των Κλεάνθη και Schaubert όσο και του σχεδίου του Klenze (εικ. 95, 96)

Τίτλος (επάνω αριστερά, σε γερμανική γλώσσα): "Νομαρχία Αττικής και Βοιωτίας, Επαρχία Αθηνών". "Τοπογραφική αποτύπωση της Αθήνας συνταχθείσα κατά τον μήνα Αύγουστο του έτους 1834. Κλίμαξ 1:2.500 του αληθινού μεγέθους. W. von Weiler, υπολοχαγός του Μηχανικού" (επάνω δεξιά). Επεξήγηση των χρωμάτων (κάτω δεξιά): 1. Ιδιωτικά λιθόκτιστα κτήρια, 2. Κτήρια, 3. Κατοικημένες πλινθόκτιστες καλύβες, 4. Ερείπια και οικόπεδα, 5. Αρχαιότητες, 6. Νέο σχέδιο πόλης, 7. Ρυθμίσεις της Επιτροπής Καλλωπισμού, 8. Κήποι". (Κείμενο σε γερμανική γλώσσα).

"Ενεκρίθη δια του από 28 Φεβρ./12 Μαρτίου 1835 ΒΔ" (κάτω δεξιά, σε ελληνική γλώσσα).

Σχέδιο με σινική μελάνη και υδρόχρωμα. Περίπου 85×104 εκ. Κλίμαξ 1:2.500. Βορράς προς τα επάνω.

Υπηρεσία "Σχεδίων Πόλεων" του Υπουργείου Συγκοινωνιών μέχρι το 1921· σήμερα ανεύρετο. Υφίστανται δύο σχεδόν ταυτόσημα αντίγραφα. Το ένα εδημοσίευσε ο Κ. Μπίρης στο έργο του *Αι Αθήναι από του 19ου εις τον 20όν αιώνα*, Αθήνα 1966.

4. Προσχέδιο (;) του λιθόγραφου σχεδίου που εδημοσιεύθη στο Μόναχο (εικ. 98)

Τίτλος (επάνω δεξιά): "Σχέδιον της νέας πόλεως των Αθηνών" (σε ελληνική γλώσσα) και "Σχέδιον της νέας πόλεως των Αθηνών, στο οποίο διατηρούνται για πολλαπλούς λόγους ωρισμένες ήδη προκαθωρισμένες οδοί, διαστάσεις και δομημένα κτίσματα. Συνταχθέν υπό Leo von Klenze, Αθήνα, 7 Σεπτεμβρίου 1834" (σε γερμανική γλώσσα).

Υπόμνημα (κάτω αριστερά, σε γερμανική γλώσσα) των δημοσίων κτηρίων της νέας πόλης: A-Z.

Σχέδιο με σινική μελάνη και υδρόχρωμα, 61,5×93,3 εκ. Κλίμαξ 1:2.500. Βορράς προς τα κάτω. Συλλογή Σχεδίων του Μουσείου της Πόλης του Μονάχου.

Τοπογραφική αποτύπωση της πόλης σύμφωνα με το σχεδιάγραμμα του Weiler. Εδημοσιεύθη για πρώτη φορά στο έργο *Ein griechischer Traum. Leo von Klenze der Archaeologe* (Ένα ελληνικό όνειρο. Ο αρχαιολόγος Leo von Klenze). Κατάλογος έκθεσης. Muenchen 1985, σελ. 315.

5. Η δημοσιευθείσα στο Μόναχο λιθογραφία (εικ. 99)

Τίτλος στο κάτω περιθώριο του σχεδιαγράμματος (κείμενο σε ελληνική, γαλλική και γερμανική γλώσσα): "Σχέδιον της νέας πόλεως των Αθηνών, δημιούργημα Λέοντος Κλενζείου, κυρωθέν υπό της Α.Μ. Όθωνος Βασιλέως της Ελλάδος εν Αθήναις έτει 1834 Σεπτεμβρίου 1/13 και δημοσιευθέν υπό της Ελληνικής Αντιβασιλείας εν Ναυπλίω Σεπτεμβρίου 18/30 1834".

Γύρω από το σχέδιο και άλλα υπομνήματα (σε ελληνική γλώσσα): I-XXX Λείψανα παλαιών μνημάτων ελληνικών, 1-42 Μνήματα χριστιανά και τουρκικά, A-Z και A2-N2 Νέα κτίσματα.

Μονόχρωμη (ασπρόμαυρη) λιθογραφία που εδημοσιεύθη στο έργο του Leo von Klenze: *Sechs Lithographien zu Leo von Klenzes griechischer Reise* (Έξι λιθογραφίες από το ταξίδι του Leo von Klenze στην Ελλάδα), Berlin 1838. 45×53 εκ. Κλίμαξ 1:6.250. Βορράς προς τα κάτω.

Με τοπογραφικό υπόβαθρο. Συμπεριλαμβάνεται η αποτύπωση όλης της παλαιάς πόλης του Weiler. Πρόσθετα στοιχεία (με πολύ μικρά γράμματα κάτω από το σχέδιο): "Levé par W. de Weiler, gravé par I. Muenziger et C. Weilg a Munich".

Το πρωτότυπο σχέδιο που εχρησίμευσε ως βάση της λιθογραφίας δεν έχει βρεθεί μέχρι σήμερα.

ΣΗΜΕΙΩΣΕΙΣ ΤΟΥ ΚΕΦΑΛΑΙΟΥ 4

1. Ο Leo von Klenze (εικ. 79), αρχιτέκτων και ζωγράφος, εγεννήθη το 1784 στο Bockenem κοντά στο Hildesheim και απέθανε το 1864 στο Μόναχο. Γόνος οικογένειας δημοσίων υπαλλήλων της βόρειας Γερμανίας, φοίτησε στο κλασικό Γυμνάσιο του Braunschweig και σπούδασε αρχιτεκτονική αρχικά στο Βερολίνο κοντά στους Hirt και Gilly και έπειτα στο Παρίσι ως μαθητής του Durand. Την περίοδο 1808-1813 διετέλεσε αρχιτέκτων της Αυλής του Βασιλέως Jerôme Bonaparte στο Kassel και μεταξύ των ετών 1816 και 1864 Αρχιτέκτων του Βασιλέως Λουδοβίκου Α' στο Μόναχο. Ο Klenze είναι ο σπουδαιότερος εκπρόσωπος του κλασικισμού στη νότια Γερμανία. Παρά την τεράστια παραγωγικότητά του στον τομέα της αρχιτεκτονικής, ο πολυάσχολος αυτός καλλιτέχνης ευρήκε χρόνο να φιλοτεχνήσει πολυάριθμες ελαιογραφίες, υδατογραφίες και σχέδια, να εμβαθύνει σε μελέτες αισθητικές, αρχαιολογικές και ιστορίας των θρησκειών, ακόμα και να μάθει την ελληνική γλώσσα.
Ο Βασιλεύς Λουδοβίκος εκτιμούσε στο πρόσωπό του όχι μόνο τον μεγαλοφυή αρχιτέκτονα αλλά και τον επιστήμονα και τον τέλειο αυλικό. Τον διώρισε σε διευθυντικές θέσεις (υπήρξε επιθεωρητής βασιλικών κτισμάτων [Hofbauintendant] και διευθυντής της Ανώτατης Οικοδομικής Υπηρεσίας της Επικρατείας [Oberste Baubehoerde]) και του ανέθεσε πλήθος εργασίες· τον ετίμησε με παράσημα και τίτλους και με τον κληρονομικό τίτλο ευγενείας. Οι σχέσεις μεταξύ του Klenze και του Βασιλέως Λουδοβίκου εψυχράνθησαν για μια περίοδο, αλλά μόνο πρόσκαιρα, για να γίνουν αργότερα ακόμα πιο θερμές. Παράλληλα με τις ασχολίες του στην αυλή, ο Klenze ανελάμβανε συνθέσεις και για ξένες αυλές και διατηρούσε συχνή αλληλογραφία με πολυάριθμα μέλη της αριστοκρατίας του αίματος και του πνεύματος. Διακρίσεις τού απένειμαν επίσης ξένοι ηγεμόνες και επιστημονικές εταιρείες. Σε αντίθεση με τον παλαιότερο κλασικισμό ενός Weinbrenner και ενός Karl von Fischer, που ήταν ακόμα πολύ δεμένος με την εποχή του μπαρόκ, ο Klenze, όπως επίσης οι Karl Friedrich Schinkel και Gottfried Semper, είναι εκπρόσωποι του ρομαντικού κλασικισμού.
Το 1834 ο Klenze εταξίδευσε στην Ελλάδα ως ειδικός απεσταλμένος του Βασιλέως Λουδοβίκου Α' της Βαυαρίας για να μεταφέρει την εντολή ανάκλησης των μελών της αντιβασιλείας Abel και Maurer. Στην Ελλάδα αναθεώρησε το αρχικό σχέδιο για τη νέα Αθήνα, που είχαν συντάξει οι Κλεάνθης και Schaubert, και αργότερα στο Μόναχο εξεπόνησε τα σχέδια για τα βασιλικά ανάκτορα και το "Παντεχνείον" στην Αθήνα, που έμειναν όμως απραγματοποίητα. Με τα μέτρα που εισηγήθη για τη διάσωση και διατήρηση των αρχαίων μνημείων της Ακρόπολης εκέρδισε τη γενική αναγνώριση. Ο Klenze ανέγειρε 86 κτήρια (κυρίως στο Μόναχο και στη Βαυαρία, αλλά και στο εξωτερικό, όπως το ανάκτορο Eremitage στην Πετρούπολη και τον καθολικό ναό του Αγίου Διονυσίου στην Αθήνα). Τα σπουδαιότερα αρχιτεκτονικά του έργα είναι στο μεν Μόναχο η Γλυπτοθήκη, η πτέρυγα της αίθουσας τελετών των ανακτόρων, η Πινακοθήκη και τα Προπύλαια, στο δε Kehlheim το Ηρώον της απελευθερώσεως και στο Regensburg η Walhalla.

2. Έτσι σε μία διαταγή του βασιλέως Όθωνος προς το Υπουργείο Εσωτερικών, Ναύπλιον 26 Ιουλίου/7 Αυγούστου 1834 (βλ. τεκμήριον 24 συλλογής "Κειμένων), διαβάζουμε:
"Με την Ημετέραν απόφασιν από 9/21 Ιουνίου [1834] διετάξαμεν επιμελή αναθεώρησιν του σχεδίου πόλεως Αθηνών, και η θέλησις Ημών τώρα είναι η οριστική ρύθμισις του σπουδαιοτάτου αυτού θέματος. Κατόπιν θερμής επιθυμίας Ημών η Αυτού Μεγαλειότης ο Βασιλεύς της Βαυαρίας και πολυαγαπημένος πατήρ Ημών, ανέθεσεν εις τον ήδη παρόντα εν Ελλάδι μυστικόν σύμβουλον κύριον von Klenze, άνδρα εξαίρετον, λόγω δε μακροχρονίου και πολυπλεύρου ασκήσεως της αρχιτεκτονικής, διαθέτοντα βαθυτάτας γνώσεις εις τον τομέαν αυτόν, να ασχοληθή μετά του αντικειμένου τούτου, έλθη επί τόπου, ελέγξη το σχέδιον και συμβάλη δια της συμβουλής του εις την βελτίωσιν και εφαρμογήν του".
Την ίδια ερμηνεία των γεγονότων, από την οποία συνάγεται πως η πρωτοβουλία προήλθε από την ελληνική πλευρά, δίνει και ο ίδιος ο Klenze στις δημοσιευμένες αναμνήσεις του από το ταξίδι του στην Ελλάδα:

"Ο χρόνος που είχε ορισθεί για τη μετάθεση της βασιλικής καθέδρας περνούσε και η αντιβασιλεία ηναγκάσθη τελικώς να αναστείλει την εφαρμογή του σχεδίου και να αποφασίσει την πρόσκλησή μου στην Ελλάδα, πράγμα που η Μεγαλειότης του ο Βασιλεύς της Βαυαρίας απεδέχθη ευμενώς και δηλώνοντας πρόθυμος να μου εγκρίνει την αναγκαία άδεια". (Leo von Klenze: *Aphoristische Bemerkungen*..., Berlin 1838, σελ. 22).

Και στις δύο αυτές περιπτώσεις οι συντάκτες των κειμένων προσπαθούν να δημιουργήσουν την εντύπωση πως η αντιβασιλεία απεφάσισε και ενήργησε αυτοβούλως και πως επήρε την απόφαση αναθεώρησης του σχεδίου αυτοδύναμα, πράγμα που στο μεταξύ γνωρίζουμε ότι δεν ανταποκρίνεται στην πραγματικότητα.

3. Στις μυστικές αδημοσίευτες σημειώσεις του που φέρουν τον τίτλο *Memorabilien* (Αξιομνημόνευτα), ο Klenze μάς δίνει ακριβείς πληροφορίες για τα πραγματικά γεγονότα που ωδήγησαν σ' αυτή την πρωτοβουλία του Βασιλέως Λουδοβίκου:

"Στα τέλη Μαΐου [1834] με εκάλεσε κατεπειγόντως ο Βασιλεύς [Λουδοβίκος Α' της Βαυαρίας] και με προϋπάντησε με τα λόγια: 'Klenze, είδατε το σχέδιο της Αθήνας που εξεπόνησαν οι Κλεάνθης και Schaubert;' Απήντησα αρνητικά και έλαβα την εντολή να το μελετήσω αμέσως. Αυτό το σχέδιο το είχε δείξει στον Βασιλέα μετά την επιστροφή του [από την Αθήνα] ο αρχιτέκτων Gutensohn και του είχε προκαλέσει τέτοια απαρέσκεια που μου είπε ένα σωρό κακά γι' αυτό. Εγώ, αφού είδα το σχέδιο, δεν μπορούσα να αρνηθώ πως ήταν κοινότοπο και είχε πλήθος οξυκόρυφων οικοδομικών τετραγώνων και ρομβοειδών πλατειών, και έτσι ήταν όχι μόνο μη λειτουργικό αλλά και άσχημο.

Στη σύνθεση αυτή η [νέα] πόλη ήταν τελείως αλλιώτικη [από την παλαιά] με ευθείες και ευρείες οδούς κατά το πρότυπο των πόλεων Karlsruhe και Mannheim, και στις λεπτομέρειές της ήταν διατεταγμένη με εντελώς μαθητικό τρόπο.

Παρ' όλα αυτά, προσεπάθησα να μετριάσω την αληθινή αγανάκτηση του Βασιλέως γι' αυτή την εργασία και η Α.Μ. μου ανεκοίνωσε πως θα έγραφε στην αντιβασιλεία και στον Βασιλέα της Ελλάδος και θα ηξίωνε την πρόσκλησή μου στην Αθήνα για να τροποποιήσω και να συνθέσω εγώ αυτό το σχέδιο! Δήλωσα πρόθυμος να εκτελέσω αυτή την εργασία, εφόσον θα έφθαναν οι μήνες Σεπτέμβριος, Οκτώβριος και Νοέμβριος, γιατί δεν επίστευα πως τα βαρύτατα καθήκοντά μου στο Μόναχο θα μου άφηναν περισσότερο χρόνο". (Leo von Klenze: *Memorabilien*, II 47· βλ. τεκμήριον 5 συλλογής "Κειμένων").

Αλλά και η επιστολή του Βασιλέως Λουδοβίκου Α' της Βαυαρίας προς την αντιβασιλεία, Μόναχο 4 Ιουνίου 1834 (εικ. 82), που εντοπίσθη από τον συγγραφέα στα Γενικά Αρχεία του Κράτους στην Αθήνα, αποδεικνύει ότι στην πράξη την αναθεώρηση του σχεδίου, στην οποία προέβη η αντιβασιλεία, την είχε επιβάλει παρασκηνιακά ο Βασιλεύς Λουδοβίκος: (...) "Αισθάνομαι δια τούτο υποχρεωμένος να σας επιστήσω την προσοχήν εις τα προφανή ελαττώματα και εις την ακατάλληλον διαμόρφωσιν του σχεδίου των νέων Αθηνών που μου υπεβλήθη. Το σχέδιον αυτό Μου φαίνεται όχι μόνον γενικώς ως προς την διάταξίν του λανθασμένον, δια την ανέγερσιν μιας πόλεως του Νότου εις ανώμαλον και λοφώδες έδαφος, αλλά και εντελώς άστοχον ως διαμόρφωσις των επί μέρους οικοδομικών τετραγώνων της πόλεως, διότι είναι ακανόνιστα και παρεμποδίζουν την δόμησιν κάθε δημοσίου και ιδιωτικού κτηρίου. (...) Πιστεύω λοιπόν ότι προς το διττόν συμφέρον τόσον του Υιού Μου όσον και της τέχνης εις την Ελλάδα, την οποίαν πιστεύω πως με την μακρόχρονον και δοκιμασμένην εις την πράξιν αγάπην Μου δι' αυτήν την χώραν έχω κάθε δικαίωμα να προωθήσω, πρέπει να εκφράσω την ζωηράν επιθυμίαν Μου να ανασταλεί η έναρξις εφαρμογής αυτού του σχεδίου, έως ότου να το ελέγξει επαρκώς επί τόπου ένας έμπειρος αρχιτέκτων και το προσαρμόσει εις την τοπογραφίαν της περιοχής. Εάν επιλεγεί από την αντιβασιλείαν δι' αυτόν τον σκοπόν, όπως είναι η ζωηρά Μου επιθυμία, ο μυστικός σύμβουλος von Klenze, είμαι διατεθειμένος να του χορηγήσω δια τους μήνας Σεπτέμβριον, Οκτώβριον και Νοέμβριον ε.ε. την αναγκαίαν άδειαν. Είμαι πεπεισμένος πως ο γνωστός από καιρού ως φίλος της Ελλάδος και της ελληνικής υποθέσεως καλλιτέχνης θα εδέχετο μίαν πρόσκλησιν της αντιβασιλείας ανάλογον προς την θέσιν και τον βαθμόν του". (...) Και στο υστερόγραφο ο Βασιλεύς προσθέτει ιδιοχείρως:

"Διακαής επιθυμία μου είναι να έλθει ο Klenze κατά το τρέχον έτος εις την Ελλάδα. Το ζητούμενον δεν είναι τα κτήρια τα οποία πρέπει να κτισθούν τώρα, αλλά το να αλλάξει το σχέδιον των Αθηνών. Θα ήμην απαρηγόρητος εάν εφηρμόζετο το περί ου ο λόγος σχέδιον, το οποίον δεν είχα ιδεί ακόμη όταν ενέκρινα την καταλληλότητά του". (Γενικά Αρχεία του Κράτους, Αθήνα, Οθωνικό Αρχείο, Υπουργείο Εσωτερικών, φάκελλος 221· βλ. τεκμήριον 32 συλλογής "Κειμένων").

4. Στον πρόλογο ήδη του βιβλίου του *Aphoristische Bemerkungen*... ο Klenze μιλάει με ενθουσιασμό για το ταξίδι αυτό που εσχεδίαζε από καιρό: "Ανέκαθεν ήταν μία από τις διακαέστερες επιθυμίες μου να επισκεφθώ την Ελλάδα. Τον καιρό των σπουδών μου όμως οι πολιτικές συνθήκες στην Ευρώπη δεν μου επέτρεψαν αυτό το ταξίδι και αργότερα μια ζωή αφιερωμένη από πολύ νωρίς στην πρακτική άσκηση της τέχνης έβαζε διαρκώς νέα εμπόδια στην εκπλήρωση αυτού του στόχου. Έπειτα, το 1818 ωρίσθη να συνοδεύσω την βασιλικήν Υψηλότητά του τον τότε Διάδοχον της Βαυαρίας και νυν τη Μεγαλειοτητά του τον Βασιλέα σε ένα ταξίδι στην κλασική αυτή χώρα· ωρίσθη λοιπόν η ημέρα της αναχώρησης από τη Ρώμη για το Οτράντο, όπου περίμενε ήδη έτοιμο να αποπλεύσει για την Κέρκυρα ένα αγγλικό πολεμικό πλοίο, όταν αίφνης νέα εμπόδια επαρουσιάσθησαν αναγκάζοντάς μας να γυρίσουμε στην πατρίδα. Η επανάσταση των Ελλήνων που ξέσπασε λίγο αργότερα ανέβαλε ξανά επ' αόριστον το ταξίδι, και ενώ πίστευα πια πως θα έπρεπε να παραιτηθώ από την εκπλήρωση της παλαιάς μου αυτής επιθυμίας, το καλοκαίρι του 1834 έδωσε η χάρη της Αυτού Μεγαλειότητος του Βασιλέως της Βαυαρίας και έκανα επιτέλους για υπηρεσιακούς λόγους αυτό το ταξίδι στην Ελλάδα, το οποίο, αν και σύντομο, με ευρήκε μετά τη μάταιη επιθυμία τόσο πολλών χρόνων αρκετά προετοιμασμένον για να εκμεταλλευθώ τον χρόνο όσο το δυνατόν καλύτερα".

5. Ο Λουδοβίκος έστειλε στην Αθήνα τον Klenze ως ειδικό επίτροπο με διττή αποστολή: αφ' ενός με την εντολή να μεταφέρει στα μέλη της αντιβασιλείας Abel και Maurer την ανάκλησή τους και να ενδυναμώσει το κύρος του προέδρου κόμη von Armansperg· αφ' ετέρου όμως με την εξουσιοδότηση όχι απλώς να αναθεωρήσει το εγκεκριμένο αρχικό σχέδιο της Αθήνας αλλά "να επεξεργασθή επιτοπίως εν καλώς μελετημένον σχέδιον ιδρύσεως και ανεγέρσεως ενός βασιλικού ανακτόρου". Ενδιαφέρουσα από άποψη τακτικής είναι και η σκέψη του Λουδοβίκου ότι η πολιτική αποστολή του Klenze θα προσέδιδε μεγαλύτερο κύρος στην πολεοδομική του δραστηριότητα: όλα αυτά προκύπτουν τόσο από τη διαταγή του Λουδοβίκου για το ταξίδι του Klenze (*Klenzeana*, III, 21), όσο και από τις απόρρητες σημειώσεις του τελευταίου *Memorabilien* II 52. Στη διαταγή αναφέρεται: "Επί τη ευκαιρία της αποστολής ως αντιπροσώπου Ημών εις την Ελλάδα του Επιθεωρητού των Ημετέρων βασιλικών κτισμάτων και μυστικού συμβούλου von Klenze, ο οποίος ως ειδήμων περί τας τέχνας απολαμβάνει της Ημετέρας ευμενεστάτης εμπιστοσύνης, όπως επεξεργασθή επιτοπίως εν καλώς μελετημένον σχέδιον ιδρύσεως και ανεγέρσεως ενός βασιλικού ανακτόρου πλησίον των αρχαίων Αθηνών και όπως υποβάλη τούτο αμέσως εις Ημάς προς κρίσιν, ο περί ου ο λόγος αρχιτέκτων θέλει ταυτοχρόνως μεταφέρει τας επισυναπτομένας εις το παρόν εντολάς εις τον σύμβουλον επικρατείας [Staats- und Reichsrath] von Maurer καθώς και εις τον διπλωματικόν σύμβουλον [Legationsrath] von Abel και θέλει διαμηνύσει εις αμφοτέρους την σταθεράν και σοβαράν Ημετέραν θέλησιν να πεισθώσιν αναντιρρήτως εις την δια της παρούσης κοινοποιουμένης εις αυτούς ανακλήσεως της εντολής των ανατεθέντων εις τούτους παρά την ελληνικήν αντιβασιλείαν καθηκόντων, όπως αποφύγωσι την υψηλοτάτην δυσμένειαν Ημών και επί πλέον τας δυσαρέστους συνεπείας της ανυπακοής, τας οποίας θα υποστώσιν οπωσδήποτε εις εναντίαν περίπτωσιν (την οποίαν δεν θέλομεν να προϋποθέσωμεν), και να επιστρέψωσι πάραυτα εις την Βαυαρίαν".

Και στα *Memorabilien* αναφέρεται:

"Στις 19 Ιουνίου με εκάλεσε ο υπουργός των Εξωτερικών [Gise] για να μου μεταφέρει μια εντολή της Α.Μ. του Βασιλέως. (...) [Ο υπουργός των Εξωτερικών] με ενημέρωσε για τις διαφωνίες των μελών της αντιβασιλείας, που μου ήσαν ήδη γνωστές από καιρό και έκλεισε με τα λόγια: η Α.Μ. ο Βασιλεύς επείσθη πως η υπόθεση είχε λάβει τέτοιες διαστάσεις ώστε δεν ήταν δυνατόν να εξομαλυνθεί με γραπτές διαβουλεύσεις και πως ήταν αδύνατον να επιτευχθεί πλέον η συμφιλίωση των αντιτιθεμένων μερών· ήταν λοιπόν αποφασισμένος να στείλει έναν ειδικό ή αυλικό επίτροπο στην Ελλάδα και να καθορίσει με νέο τρόπο τα πράγματα στην αντιβασιλεία και πως αυτός ο επίτροπος ήμουν εγώ! Τόσο αυτή καθεαυτή η υπόθεση όσο και η αναγκαστικά εσπευσμένη αναχώρησή μου, η οποία επέβαλε τη βιαστική διευθέτηση τόσο πολλών εκκρεμοτήτων, καθώς και η ακραία [δηλαδή πολύ θερμή] εποχή του χρόνου που είχε κοστίσει σε τόσο πολλούς τη ζωή τους, με έκαναν να εκφέρω κάποιες επιφυλάξεις γι' αυτήν την κατά τα άλλα άκρως τιμητικήν αποστολήν, ο υπουργός όμως μου είπε να πάω αμέσως στην Α.Μ. τον Βασιλέα για να μου επιβεβαιώσει ο ίδιος την ανάθεση της αποστολής.

Η Α.Μ. μου επανέλαβε ό,τι μου είχε ήδη πει ο Gise, εκφράζοντας την ελπίδα πως σ' αυτή τη σημαντική αποστολή θα απεδεικνυόμουν αντάξιος της εμπιστοσύνης του. Μερικές επιφυλάξεις μου ως προς την καταλληλότητα του προσώπου μου για αυτήν την αποστολή, ο Βασιλεύς τις αντέκρουσε λέγοντας πως, αντιθέτως, με εύρισκε ιδιαίτερα κατάλληλο, διότι ήμουν άξιος πολιτικός και άνθρωπος με πείρα του κόσμου, που εγνώριζε καλά τα ελληνικά πράγματα· εξ άλλου, είπε, έτσι θα επετύγχανε έναν ακόμη στόχο: θα μπορούσε να επηρεάσει μέσω εμού πιο εύκολα το σχέδιο πόλης της Αθήνας, που τόσο πολύ τον ενδιέφερε. Τελικά δεν μπόρεσα να αποφύγω αυτή την αποστολή, γιατί επί πλέον ο Βασιλεύς μού παρουσίασε τη θέση μου ως τελείως ανεξάρτητη και περιβεβλημένη με το απαραίτητο κύρος". (Βλ. τεκμήριον 5 συλλογής "Κειμένων").

6. Από την πρόσκληση με τα τόσο κολακευτικά λόγια, που έστειλε ο Ρίζος-Νερουλός στον Klenze, φαίνεται καθαρά ότι στην πραγματικότητα ο Klenze επεβλήθη στην ελληνική αντιβασιλεία από τον Λουδοβίκο και ότι εκείνη στη συνέχεια τον "εδέχθη με ευγνωμοσύνη". Ταυτοχρόνως όμως η ελληνική πλευρά δηλώνει στον εμπειρογνώμονα με τρόπο που δεν επιδέχεται παρερμηνεία ότι η αναστολή της εφαρμογής του σχεδίου θα διαρκέσει το πολύ δύο-τρεις μήνες· πράγμα που περιόριζε εξ αρχής σημαντικά το πεδίο δράσης και τις δυνατότητες επέμβασης του Klenze:

"Με αίσθημα βαθείας ευγνωμοσύνης η κυβέρνησις της Αυτού Μεγαλειότητος, σεβαστέ μου Κύριε, έμαθε ότι η Αυτού Βαυαρική Μεγαλειότης, ωθουμένη από την αγάπην της προς τον βασιλικόν Υιόν της και το ενδιαφέρον της δια την πόλιν των Αθηνών, όχι μόνο λόγω της ιδιότητός της ως πρωτευούσης του βασιλείου αλλά επίσης και ως αρχαίου λίκνου των επιστημών και των τεχνών, έκρινε ότι θα πρέπει να ληφθεί ιδιαιτέρα μέριμνα υπό τοιαύτας περιστάσεις δια το σχέδιον αυτής της ενδόξου πόλεως και εθεώρησε ότι με την εκτέλεσιν αυτού του σημαντικού έργου θα πρέπει να επιφορτισθεί πρόσωπον ανεγνωρισμένον τόσον δια τας ικανότητάς του εις την αρχιτεκτονικήν όσον και δια πολλάς άλλας.

Η κυβέρνησις της Αυτού Μεγαλειότητος του σεβαστού μου Μονάρχου, αισθάνεται ευγνωμοσύνην έναντι της αυτού Βαυαρικής Μεγαλειότητος, η οποία, πεπεισμένη ούσα ότι η καλυτέρα εκδήλωσις εμπιστοσύνης σχετικώς με την εκπόνησιν ενός παρομοίου σχεδίου δεν μπορεί παρά να είναι να ορισθείτε Υμείς, Κύριε, ως συντάκτης του, είχε την καλωσύνην να προτείνει εις την υψηλή αντιβασιλείαν να σας χορηγήσει [αυτός] άδειαν κατά τους μήνας Σεπτέμβριον, Οκτώβριον και Νοέμβριον και να σας επιτρέψει να μεταβείτε εις την Ελλάδα, προκειμένου να εξετάσητε επιτόπου το σχέδιον των Αθηνών, το διορθώσητε και το προσαρμόσητε εις την τοποθεσίαν. (...)

Θέλω να ελπίζω ότι δεν θα παραλείψετε να επισπεύσετε το ταξίδιόν σας, ιδίως όταν γνωρίσετε ότι η Κυβέρνησίς μου έχει τοιαύτην εμπιστοσύνην εις τα ιδικά σας μέσα, ώστε απεφάσισε να ανασταλεί κάθε εκτέλεσις του σχεδίου το οποίον εξεπόνησαν οι αρχιτέκτονες κ.κ. Schaubert και Κλεάνθης. Εκείνον δε που με κάνει ακόμη να πιστεύω πως ούτε η κόπωσις του ταξιδίου ούτε η στέρησις της οικογενείας θα σας εμποδίσουν να έλθητε είναι η πεποίθησίς μου ότι δεν μπορεί να αδιαφορήσετε δια την δόξαν που θα συνδεθεί ασφαλώς με εκείνον που θα επισφραγίσει μιαν ήδη διησφαλισμένην φήμην, εκπονών εν σχέδιον δια την πόλιν των Αθηνών! Πόλιν με την οποίαν συνδέονται τόσαι ένδοξοι αναμνήσεις.

Θα σας είναι εύκολον, Κύριε, να αντιληφθείτε ταυτοχρόνως ότι η κυβέρνησίς μου δεν θα ηδύνατο να αναστείλει δια περισσότερον από δυο ή τρεις μήνας τας προαναφερθείσας εργασίας χωρίς να επιφέρει σημαντικήν ζημίαν στους ενδιαφερόμενους ιδιοκτήτες." (Επιστολή του υπουργού Εξωτερικών Ρίζου-Νερουλού προς τον Klenze. Ναύπλιον 25 Ιουνίου/7 Ιουλίου 1834· βλ. τεκμήριον 21 συλλογής "Κειμένων").

7. Με σχεδόν αφελή πεποίθηση γράφει ο Κλεάνθης: "Τόσον εγώ όσον και ο ομότεχνός μου Schaubert ηκούσαμεν μετά χαράς ότι το προσεχές φθινόπωρον θέλετε επισκεφθή την Ελλάδα δια να ελέγξητε κατά πρώτην προτεραιότητα επιτοπίως το σχέδιον πόλεως το οποίον συνετάξαμεν. Η επίσκεψίς σας είναι πολυπόθητος εις ημάς δια δύο λόγους: πρώτον, διότι θα έχω την τιμήν να σας ξαναϊδώ επί κλασικού εδάφους, δεύτερον διότι προσδοκώμεν εις το κατατεθέν σχέδιόν μας να αποδοθή η δικαιοσύνη την οποίαν δεν θα αρνηθή βεβαίως εις αυτό η λαμπρά φώτισις της Υψηλής Ευγενείας σας, αφού θα είσθε εις θέσιν, εξοικειωθείς πλέον μετά των εδώ συνθηκών, να αναγνωρίσητε το βέλτιστον". (Επιστολή του Κλεάνθη προς τον Klenze. Ναύπλιον -/16 Ιουλίου 1834· βλ. τεκμήριον 22 συλλογής "Κειμένων").

8. Στις μυστικές του σημειώσεις ο Klenze αναφέρει την εξής εντελώς άδικη κατηγορία για τον Κλεάνθη, χωρίς να προσκομίζει συγκεκριμένες αποδείξεις: "Όσον αφορά το αρχιτεκτονικό σκέλος των προσπαθειών μου, ευρέθην αντιμέτωπος με τις δεινότερες μηχανορραφίες των κερδοσκόπων της οικοδομής οι οποίοι, στηριγμένοι στο σχέδιο που είχαν εκπονήσει οι Κλεάνθης και Schaubert, είχαν προβεί σε αλλεπάλληλες αγοραπωλησίες που απέβλεπαν σε τεράστια οικονομικά κέρδη. Ο ένας από αυτούς τους αρχιτέκτονες, ο Schaubert, τόσο έντιμος όσο και ικανός, ήταν σε όλη αυτή την ιστορία το καλόθυμο παθητικό όργανο του δεύτερου, του Κλεάνθη, ενός αχρείου απατεώνα που συνεργάζετο με όλους αυτούς τους κερδοσκόπους". (Leo von Klenze: *Memorabilien* II 81· βλ. τεκμήριον 5 συλλογής "Κειμένων").

9. "Παρ' όλα αυτά η υποδοχή μου από τον νεαρό μονάρχη, στον οποίο υπέβαλα τα σέβη μου την ημέρα της άφιξής μου στο Άργος, ήταν πολύ φιλική· ωστόσο σύντομα διέκοψε κάθε πολιτική συζήτηση, για να μου μιλήσει διεξοδικά για το σχέδιο της πόλης και των ανακτόρων των Αθηνών.

Η επιθυμία του Βασιλέως της Βαυαρίας να παρακινήσω τον νεαρό Βασιλέα να επιλέξει για έδρα της κυβέρνησής του την Αθήνα ήταν τόσο ζωηρή και την είχε χαρακτηρίσει τόσο πολλές φορές ως κύριο σκοπό του ταξιδιού μου, ώστε δεν μπορούσα, όπως θα είχα κάνει διαφορετικά ευχαρίστως με βάση τις [περιωρισμένες] γνώσεις μου για τη μορφολογία του εδάφους, να μην ασχοληθώ με το θέμα, παρ' ότι με αυτή καθαυτή την επιθυμία του Βασιλέως ήμουν απολύτως σύμφωνος". (Leo von Klenze: *Memorabilien II* 72· βλ. τεκμήριον 5 συλλογής "Κειμένων").

10. "Γνωστοποιήσαντες τα προαναφερθέντα [δηλαδή τα της αφίξεως του Klenze] εις την Ημετέραν επί των εσωτερικών γραμματείαν, παραγγείλαμεν εις αυτήν να δώση οδηγίας εις τον νομάρχην των Αθηνών και να τον διατάξη να επιδείξη εις τον προαναφερθέντα κύριον von Klenze πάντα τα σχέδια και τα σημειώματα καθ' όσον αφορούν την εργασίαν του, να θέση πάραυτα και προθύμως εις την διάθεσιν του ιδίου τα πρόσωπα και τα μέσα, τα οποία χρειάζεται δια την εκτέλεσιν της αποστολής αυτού, να του δοθή πάσα δυνατή βοήθεια και εν γένει να αντιμετωπισθή με τον προσήκοντα εις το αξίωμά του σεβασμόν". (Διαταγή του Βασιλέως Όθωνος προς το Υπουργείο Εσωτερικών. Ναύπλιον 26 Ιουλίου/7 Αυγούστου 1834· βλ. τεκμήριον 24 συλλογής "Κειμένων").

11. Ο Klenze στο έργο του *Aphoristische Bemerkungen*... μοιάζει να ενδιαφέρεται ιδιαίτερα να μεταδώσει στον αναγνώστη την εντύπωση ότι είχε φροντίσει ευσυνείδητα να συλλέξει ακριβείς πληροφορίες επιτόπου. Σε πολλά σημεία κάνει λόγο για τις επαφές και τις ενημερωτικές συνομιλίες του στην Αθήνα καθώς και για τις αυτοψίες του:

"Επιστρέφοντας στην πόλη [στις 16 Αυγούστου 1834] ευρήκα να με περιμένουν οι δημοτικές αρχές, ο νομάρχης, ο έπαρχος, οι δημογέροντες και η διορισμένη για την οικοδόμηση της νέας Αθήνας ειδική επιτροπή, μέλη της οποίας ήσαν και οι δύο αρχιτέκτονες, ο κύριος Schaubert και ο κύριος Κλεάνθης, ένας Έλλην από τη Θεσσαλία, που είχαν συντάξει το αρχικό σχέδιο της νέας πόλης". (Leo von Klenze: *Aphoristische Bemerkungen...*, σελ. 285). Και αλλού: "Αφού μου εγνώρισαν οι ίδιοι οι συντάκτες [του σχεδίου] τη θέση και τη διάρθρωση κάθε τομέα του, καθώς και τη θέση κάθε σημαντικού κτηρίου με επισκέψεις μας επιτόπου, συμβουλευόμενος τον νομάρχη και άλλους ενημερωμένους κατοίκους προσεπάθησα να συγκεντρώσω όλες τις αναγκαίες πληροφορίες για τις συνθήκες και ιδιομορφίες της ζωής των κατοίκων της πόλης και, διερευνώντας συχνά και επακριβώς την περιοχή και τα περίχωρά της, να αποκτήσω την απαραίτητη γνώση του τόπου". (Leo von Klenze: *Aphoristische Bemerkungen...*, σελ. 403-404· βλ. τεκμήριον 46 συλλογής Κειμένων).

Και τέλος:

"Ανεχώρησα για την Αθήνα με σκοπό να ελέγξω επακριβώς επί τόπου το νέο επικυρωμένο δια βασιλικού διατάγματος από 29 Ιουνίου/11 Ιουλίου [1833] γενικό σχέδιο, και τώρα είμαι σε θέση να δώσω σχετικά τις ακόλουθες επεξηγήσεις, αφού πρώτα ενημερώθην μετά πολλαπλές αυτοψίες επιτόπου, άλλοτε παρουσία των συντακτών [Κλεάνθη και Schaubert] εκείνου του σχεδίου, άλλοτε μόνος μου, για την τόσο σημαντική εδώ μορφολογία του εδάφους και για τις υπόλοιπες τοπικές συνθήκες, τον προσανατολισμό, τους επικρατούντες ανέμους, τη ροή των υδάτων κ.λπ.". (Leo von Klenze: *Aphoristische Bemerkungen....*, σελ. 421· βλ. τεκμήριον Γ παρόντος κεφαλαίου).

12. Ο ίδιος ο Klenze προβαίνει σε κριτική παρουσίαση των αντιδράσεων στο αρχικό σχέδιο πόλης, καθώς και των συμβάντων που ωδήγησαν στην πρόσκλησή του στην Ελλάδα στο έργο του *Aphoristische Bemerkungen....* Επειδή αυτό το κείμενο μας προσφέρει μια σύντομη επισκόπηση της προϊστορίας της επέμβασης του Klenze στον σχεδιασμό της Αθήνας, το παραθέτουμε εδώ ολόκληρο:

"Αμέσως μετά την έγκριση του σχεδίου πόλης είχαν υψωθεί φωνές διαμαρτυρίας απ' όλες τις πλευρές, και στις 16 Οκτωβρίου [1833] η δημογεροντία της Αθήνας, με την υποστήριξη του υπουργού Εσωτερικών Ψύλλα, επαρουσιάσθη στην αντιβασιλεία με την παράκληση να της δοθεί η άδεια να προτείνει και να προβεί σε τροποποιήσεις του σχεδίου εκείνου. Αυτές οι εκδηλώσεις δυσαρέσκειας αφορούσαν τόσο τις διοικητικές και οικονομικές διατάξεις του διατάγματος της αντιβασιλείας της 11ης Ιουλίου [1833] όσο και την ίδια την αρχιτεκτονική μορφή του σχεδίου. Ο νέος υπουργός Εσωτερικών Κωλέττης παρουσίασε έναν προϋπολογισμό, σύμφωνα με τον οποίο για την απαλλοτρίωση της περιοχής ανασκαφών στην ανατολική και βορεινή πλαγιά της Ακρόπολης, καθώς και για την αποζημίωση των κατεδαφιστέων σπιτιών προκειμένου να ευθυγραμισθούν όλοι οι δρόμοι στην τότε κτισμένη και κατοικημένη [παλαιά] πόλη, θα έπρεπε να καταβληθούν μέσα σε 6 έως 8 μήνες 1.563.000 δραχμές. Αυτό το ποσό όμως ήταν δυσανάλογο εάν όχι προς τον επιδιωκόμενο σκοπό, οπωσδήποτε όμως προς τα μέσα των δημοσίων ταμείων που ήταν επιβεβαρυμένα με κάθε λογής ανάγκες. Μετά αρκετές διαπραγματεύσεις, ο δήμος της Αθήνας στις 22 Δεκεμβρίου 1833 υπέκυψε σε όλα όσα ώριζε το διάταγμα της αντιβασιλείας από 11 Ιουλίου [1833], με αποτέλεσμα την κοινή συμφωνία επ' αυτού. Στην Αθήνα υπεδέχθησαν τη δημοσίευση της σχετικής απόφασης με άκρατο ενθουσιασμό και στα τέλη του 1833 αυτό έγινε αφορμή θρησκευτικών τελετών και άλλων πανηγυρισμών.

Αμέσως εχαράχθησαν όλοι οι κύριοι δρόμοι και οι πλατείες και ωρίσθη ειδική επιτροπή επιφορτισμένη με τις μετρήσεις, τις εκτιμήσεις και τους συμβιβασμούς, καθώς και με την κατανομή του βάρους των αποζημιώσεων ανάμεσα στην κυβέρνηση, τον δήμο και τους ιδιοκτήτες. Προϊστάμενος της επιτροπής διωρίσθη ο κύριος Κλεομένης, μέλη της ο κύριος Σκιλίτζης και ο κύριος Κλεάνθης. Μόλις όμως εχαράχθησαν επί του εδάφους οι πλατείες και επομένως γίναν ορατές, υψώθησαν ακόμα πιο δυνατές φωνές διαμαρτυρίας από ό,τι παλαιότερα εναντίον του σχεδίου και της διάταξης των κτηρίων, τις οποίες η αντιβασιλεία ηναγκάσθη να λάβει υπ' όψιν της. Παραλλήλως με τις αντιρρήσεις για τη διάρθρωση του σχεδίου διεδόθησαν, ίσως από φθόνο και ζηλοτυπία, υπερβολικές φήμες για κερδοσκοπία επί της γης, η οποία είχε δήθεν θεμελειωθεί πάνω σ' αυτό το σχέδιο. Δικαιολογημένες διαμαρτυρίες ηκούσθησαν και για την άμεση απαλλοτρίωση όλων των νεοδμήτων ή ερειπωμένων σπιτιών στην περιοχή της βορεινής και ανατολικής πλαγιάς της Ακρόπολης, η οποία προωρίζετο για μελλοντικές ανασκαφές.

Ένας μεγάλος αριθμός Αθηναίων πολιτών ήταν ιδιοκτήτες οικιών σ' αυτή την περιοχή που είχαν αποκατασταθεί και κατοικηθεί ή που με ελάχιστα έξοδα θα μπορούσαν να ξαναγίνουν κατοικίσιμες και οι οποίες έτσι προσέφεραν τον αναγκαίο χώρο για τη διαμονή των οικογενειών τους και για τις εργασίες που είχαν σχέση με τα χωράφια τους, τα αμπέλια και τις ελιές τους.

Το ποσό όμως αποζημίωσης αυτών των ιδιοκτησιών δεν επαρκούσε ούτε κατά διάνοια για να εξασφαλίσει σ' αυτούς τους πτωχούς ανθρώπους τα μέσα ώστε να κτίσουν ένα καινούργιο σπίτι στις πλατιές και υπολογισμένες για μεγάλα κτήρια οδούς και στις τεράστιες πλατείες της προτεινόμενης νέας πόλης. Από την άλλη μεριά, όπως ελέχθη, το συνολικό ποσό της άμεσης αποζημίωσης των υπό απαλλοτρίωσιν ιδιοκτησιών αυτής της περιοχής ήταν δυσανάλογα μεγάλο σε σχέση με τις οικονομικές δυνατότητες του κράτους, και το απαιτούμενο γι' αυτές καθεαυτές τις ανασκαφές χρηματικό ποσό θα ανήρχετο σε πολλά εκατομμύρια και ήταν επίσης απαγορευτικό.

Ενώ η πρώτη απόφαση να μετατεθεί η έδρα της κυβέρνησης στην Αθήνα είχε συγκεντρώσει εδώ πολλούς που ήθελαν να οικοδομήσουν, πολλούς κερδοσκόπους αλλά και πολλούς τεχνίτες και υλικά οικοδομών, τώρα οι πολίτες δεν είχαν πια εμπιστοσύνη ότι η κυβέρνηση θα ετήρει την υπόσχεσή της, αφ' ενός μεν λόγω των πολλών ενστάσεων, άλλων δικαιολογημένων και άλλων αδικαιολογήτων, εναντίον του σχεδίου και των σχετικών αποφάσεων, αφ' ετέρου εξαιτίας των διαφωνιών στους κόλπους της αντιβασιλείας που, παρά την προηγούμενη ομόφωνη απόφασή της, τώρα επεξετείνοντο και στο θέμα της μετεγκατάστασης στην Αθήνα αλλά και του ενδεδειγμένου γι' αυτή χρόνου. Αυτή η δυσπιστία πήρε σύντομα τέτοιες διαστάσεις, ώστε ιδιώτες πρόθυμοι να κτίσουν, κερδοσκόποι και τεχνίτες εγκατέλειψαν ξανά την Αθήνα και πολλά πλοία φορτωμένα με ξυλεία, σίδερα, γυαλιά και άλλα υλικά οικοδομών γύρισαν πάλι από τον Πειραιά στα λιμάνια της Οδησσού, της Τεργέστης και της Μασσαλίας.

Τέλος, στις 9 Ιουνίου [1834] ήλθε στην Αθήνα ένα μέλος της αντιβασιλείας [ο von Maurer] μαζί με τον Γενικό Έφορο των επιστημονικών ιδρυμάτων και αρχαιοτήτων [Weissenborn], για να διερευνήσει τις διάφορες διαμαρτυρίες για τα ζητήματα οικοδόμησης και για να διατυπώσει προτάσεις, ώστε να παραμερισθούν τα προβλήματα.

Ο ίδιος ο κύριος von Maurer στο έργο του για την Ελλάδα, μας πληροφορεί για τις ποικίλες διαμαρτυρίες εναντίον της προβλεπόμενης ρυμοτομίας που έφθασαν στ' αυτιά του· αλλά όλα αυτά δεν έφεραν κανένα αποτέλεσμα, αφ' ενός μεν επειδή αυτή η αποστολή δεν είχε ανατεθεί σε αρχιτέκτονα, αφ' ετέρου επειδή ήδη είχα κληθεί να επέμβω εγώ, οπότε εφάνη σκόπιμο να αναβληθούν όλα μέχρι την άφιξή μου, πράγμα που εγνωστοποιήθη και στο νομάρχη της Αθήνας κύριο Σκούφο στις 23 Ιουνίου [1834]. Κάτω απ' αυτές τις συνθήκες μπορείτε να φαντασθείτε πόσο ευπρόσδεκτος πρέπει να ήμουν στην Αθήνα, σε όλους αυτούς που δεν είχαν συμμετάσχει άμεσα στη σύνταξη του σχεδίου ή που δεν έπρεπε να φοβούνται πως η επέμβασή μου θα παρενοχλούσε τις πράξεις κερδοσκοπίας επί της γης και της οικοδομής, οι οποίες είχαν βασισθεί στη διάρθρωση αυτού του σχεδίου!" (Leo von Klenze: *Aphoristische Bemerkungen...*, σελ. 400-403· βλ. τεκμήριον 46 συλλογής "Κειμένων").

13. "Επειδή όμως το κτίσμα αυτό [δηλαδή οι μεσαιωνικές προσθήκες των Προπυλαίων] είναι σήμερα ένα από τα πιο καλοδιατηρημένα και, αν κρίνει κανείς από το ερείπιο του προμαχώνα μπροστά του, που είναι σε πολύ κακή κατάσταση, αποτελούσε το κυρίως οχυρό της Ακρόπολης στο μοναδικό σημείο πρόσβασης στον ιερό βράχο, απεφάσισα να καταπιαστώ μαζί του πριν από όλα τα άλλα, και έτσι διέταξα να αρχίσει αμέσως και με πολλή σπουδή η διάνοιξη του μεσαίου μετακιονίου διαστήματος.

Έπιασαν δουλειά ογδόντα ως εκατό Έλληνες εργάτες μαζί με μερικούς στρατιώτες του Μηχανικού υπό την άμεση εποπτεία του αξιωματικού του Μηχανικού, που ήταν υπό τας διαταγάς μου, και εδούλευαν όσο γρήγορα και καλά τους επέτρεπε ο καύσων και η κάκιστη κατάσταση των εργαλείων. Μοχλοί από σαθρό ξύλο, μερικοί αδύναμοι σιδερένιοι λοστοί και σχοινιά δεμένα με κόμπους ήσαν όλα όσα είχαμε στην διάθεσή μας, γι' αυτό συχνά εχρειάζετο η δύναμη όλων των εργατών για να μετακινηθούν βάρη έξι έως οκτώ κανταριών". (Leo von Klenze: *Aphoristische Bemerkungen...*, σελ. 306· βλ. τεκμήριον 44 συλλογής "Κειμένων").

14. Παραθέτουμε εδώ τη σχετική επιχειρηματολογία του Klenze, στην οποία συνδυάζονται ως συνήθως οι θεωρητικές απόψεις του περί πολεοδομίας και συντήρησης μνημείων με πολιτικούς στόχους:
"Για να δοθεί λοιπόν μια βέβαιη εγγύηση για την ανοικοδόμηση της Αθήνας και για το πνεύμα που θα τη διέπει, εγγύηση που θα έχει απήχηση σε όλη την Ελλάδα αλλά και στην Ευρώπη, δεν απομένει άλλο μέσο από την άμεση έναρξη, μετά την οριστική διαμόρφωση του σχεδίου της Αθήνας, των ανασκαφών και των εργασιών αποκατάστασης των αρχαίων μνημείων, και μάλιστα με την αναστήλωση του Παρθενώνος, του κυριωτέρου μνημείου της Αθήνας. Το εγχείρημα αυτό πρέπει να περιβληθεί με την επισημότητα και τους τύπους που απαιτούν οι περιστάσεις και ο ζωντανός ελληνικός λαός που χρειάζεται κατ' αίσθησιν εντυπώσεις. Μια τέτοια ενέργεια εκ μέρους της αντιβασιλείας ή της ιδίας της Αυτού Μεγαλειότητος του Βασιλέως και, μάλιστα επιτρέψτε μου να προσθέσω, κατά τη διάρκεια της δικής μου παραμονής στην Αθήνα, θα έπρεπε να κάνει στους γηγενείς αλλά και ιδιαίτερα στους ξένους που προτίθενται να κτίσουν εξαιρετικά ευνοϊκή εντύπωση. Οι ετήσιες οικονομικές θυσίες εξ άλλου –εάν δεν απαιτηθεί η ολοκλήρωση της αναστήλωσης υπερβολικά γρήγορα– θα ήσαν μάλλον περιωρισμένες, οι πιστώσεις όμως θα έπρεπε να παρέχονται αμέσως και να συνεχίζεται η πληρωμή τους τακτικά". (Leo von Klenze: *Pro Memoria* προς την αντιβασιλεία, 5.8.1834· βλ. τεκμήριον Α παρόντος κεφαλαίου).

15. Ενδεικτικό της διπλωματικότητος του Klenze είναι το γεγονός ότι μας δίνει δύο διαφορετικές, αποκλίνουσες μεταξύ τους περιγραφές των συνομιλιών που είχε για το σχέδιό του με τον νεαρό Βασιλέα και της αποδοχής του τελικά από τον Όθωνα. Στο δημοσιευμένο κείμενο των *Αφοριστικών του παρατηρήσεων...* μας δίνει μια εικόνα της εξέλιξης των συσκέψεων απόλυτα αρμονική. Γράφει:
"Μετά την άφιξη της Αυτού Μεγαλειότητος του Βασιλέως και της αντιβασιλείας διευκρινίσθησαν, εσυζητήθησαν και ηλέγχθησαν οι προτάσεις μου με τον προσεκτικώτερο δυνατό τρόπο επιτόπου. Κάναμε επίσης συχνούς περιπάτους έφιπποι ή με τα πόδια, για να δει η Μεγαλειότης του ο Βασιλεύς με τα ίδια του τα μάτια την τοποθεσία και τη θέση κάθε [σχεδιαζομένης] πλατείας και κάθε κτηρίου. Επίσης εσταθμίσθη από κάθε άποψη κατά κύριο λόγο το ζήτημα της μετεγκατάστασης της κυβέρνησης στην Αθήνα, καθώς και του χρόνου που θα ελάμβανε χώραν· και επειδή όπως είχαν τα πράγματα, τα ζητήματα που πρυτάνευαν ήσαν αρχιτεκτονικής φύσεως δυσκολίες και ενδοιασμοί, ήμουν σε θέση να αντικρούσω και να παραμερίσω όλες τις ενστάσεις και αμφιβολίες, και είχα τη χαρά να δω να λαμβάνεται επιτέλους μία απόφαση που μου εφάνη πολύ ουσιαστική για το καλό του νεοσύστατου κράτους.
Στις 14 Σεπτεμβρίου μετά από ακρόαση, που κράτησε σχεδόν χωρίς καμία διακοπή από τις 11 1/2 το πρωί μέχρι τις 9 το βράδυ και κατά την οποία εσυζητήθησαν και διεσαφηνίσθησαν ακόμα μία φορά όλα τα δεδομένα, η Μεγαλειότης του ο Βασιλεύς μού εδήλωσε πως είχε λάβει την οριστική απόφαση 'να επικυρώσει την ανακήρυξη της Αθήνας ως πρωτευούσας' και πως 'ήθελε να μεταθέσει τη βασιλική καθέδρα στην Αθήνα την 1η Δεκεμβρίου'. Την απόφασή του αυτή την επανέλαβε στα μέλη της αντιβασιλείας, που επίσης μόλις είχαν προσέλθει. Χωρίς να θέλω να εισέλθω στις λεπτομέρειες αυτής της συνομιλίας, επιτρέψατέ μου σ' αυτό το σημείο να αναλογισθώ με χαρά ακόμα μία φορά την ευσυνειδησία, απόρροια του αληθινού του ενθουσιασμού για την υψηλή του αποστολή και της φροντίδας και επιμέλειας προς ώφελος της Ελλάδος, με την οποία διεξήγαγε ο νεαρός μονάρχης αυτές τις διαπραγματεύσεις. Εάν ο Βασιλεύς της Ελλάδος ενεργεί ελεύθερα διαπνεόμενος από αυτό το γνήσιο ελληνικό πνεύμα, θα προωθήσει και θα ολοκληρώσει επιτυχώς την παλιγγενεσία του νεοσύστατου κράτους. (...)
Η θεσπέσια πανοραμική άποψη, η υψηλά κείμενη, υγιεινή και ικανή να αρδεύεται πλήρως τοποθεσία (...) συνετέλεσαν εις το να επιλέξει τελικά ο νεαρός Βασιλεύς τη θέση [για τα βασιλικά ανάκτορα] στον εσωτερικό Κεραμεικό. Έτσι, στην προσωρινή βασιλική έγκριση ολόκληρου του σχεδίου πόλης, που έλαβε χώραν στις 13 Σεπτεμβρίου στην Αθήνα, προσετέθη και μια ρητή απόφαση του Βασιλέως που ώριζε τα εξής:
'Μεταξύ των προταθεισών υπό του μυστικού συμβούλου von Klenze θέσεων δια την ανέγερσιν των ανακτόρων εγκρίνω την θέσιν πλησίον του ναού του Θησέως'.
Μία δεύτερη γραπτή απόφαση για αυτό το σχέδιο πόλης, που ο Βασιλεύς απέστειλε στην αντιβασιλεία στις 14 Σεπτεμβρίου, μία μέρα μετά την αναχώρησή του από το χωριό Βελάρη, περιείχε την επικύρωση αυτής της επιλογής". (Leo von Klenze: *Aphoristische Bemerkungen...*, σελ. 446-448.)
Αντίθετα, στις απόρρητες σημειώσεις του με τίτλο *Memorabilien*, ο Klenze μας μεταφέρει την τεταμένη ατμόσφαιρα των συνομιλιών, υπογραμμίζοντας την αναποφασιστικότητα του Βασιλέως Όθωνος:
"Επειδή αυτή τη συζήτηση ήμουν αναγκασμένος να την κάνω πάντα ολομόναχος με τον Βασιλέα, αφού μόλις είχα συνέλθει από μιαν επικίνδυνη αρρώστια, αυτές οι πολύωρες και πολυήμερες συνομιλίες με κούραζαν και με ενοχλούσαν σε απίστευτο βαθμό. Μόνον η μεγάλη καλωσύνη, η προσήνεια και η προσπάθεια και η θέλησή του να αποφασίσει και να πράξει το καλύτερο, που διεφαίνοντο διαρκώς μέσα σ' αυτούς τους ατέρμονας λόγους και αντιλόγους, μου έδιναν την ψυχική δύναμη να ανθέξω· η επανάληψη όμως για εκατοστή φορά του ιδίου πράγματος, η απόκρουση για εκατοστή φορά ενδοιασμών που είχαν πάψει να υπάρχουν προ πολλού ξεπερνούσε κάθε φαντασία και περιγραφή.
Και να σκεφθεί κανείς ότι ο Βασιλεύς δεν ήταν καθόλου προκατειλημμένος και ενάντιος στην υπόθεση αυτή καθεαυτή, του ήταν όμως αδύνατον να αποφασίσει και προσπαθούσε να αναβάλει την τρομερή αυτή στιγμή με όλα τα μέσα της συζήτησης που μπορεί να διανοηθεί κανείς. Όταν μετά από 6-8 συνεδρίες διαρκείας 4-8 ωρών η κάθε μια, μετά από επανειλημμένες επιθεωρήσεις των σχεδίων και προτάσεών μου στην αίθουσα αλλά και επί του πεδίου, εφάνη επιτέλους να έχει εξαντληθεί πλέον το θέμα, ο Βασιλεύς ώρισε την παραμονή της αναχώρησής του ως την ημέρα που θα αποφάσιζε και – όπως τόσες άλλες φορές – με προσεκάλεσε στο γεύμα. Ήταν 4 το απόγευμα· ήμουν εξηντλημένος, άρρωστος και δύσθυμος και ήθελα εκείνη τη ημέρα να μείνω ξαπλωμένος μέχρι την ώρα του φαγητού. Ήδη όμως στις 8 [το πρωί] ο Βασιλεύς μού διεμήνυσε να πάω στις 11 ντυμένος όπως θα ήθελα για το τραπέζι, διότι είχε να συζητήσει ακόμη πολλά μαζί μου. Ο κύριος von Kobell ήταν ειδοποιημένος να είναι έτοιμος όταν θα τον φώναζε ο Βασιλεύς για την οριστική υπογραφή των εγγράφων. Στις 11 ξανάρχισε η εξέταση του θέματος κατά πόσον ήταν σκόπιμον να επιλεγεί η Αθήνα ως έδρα της κυβέρνησης, εάν αυτό θα έπρεπε να συμβεί ήδη την 1η Φεβρουαρίου [1835], όπως ήθελε η αντιβασιλεία, ποια θέση, από όσες είχα προτείνει για τα ανάκτορα, έπρεπε να εγκριθεί και αν έπρεπε να εγκριθεί το σχέδιο πόλης που του υπέβαλα.
Αν και όλα αυτά είχαν εξετασθεί και συζητηθεί μύριες όσες φορές, ξαναρχίσαμε απ' την αρχή. Όταν εσήμανε η ώρα του μεσημβρινού γεύματος, δεν είχαμε ακόμα τελειώσει· εγώ έπρεπε να καθήσω πλάι στον Βασιλέα, και κατά τη διάρκεια του γεύματος εσυνεχίσθη η συζήτηση χωρίς διακοπή. Μετά το γεύμα ο Βασιλεύς μού διεμήνυσε να προσέλθω ακόμα μία φορά στο γραφείο του, και η συζήτηση ξανάρχισε.
Στις 8 το βράδυ ήρθε το μέλος της αντιβασιλείας von Kobell με τα έγγραφα που έπρεπε να υπογράψει ο Βασιλεύς. Ο Βασιλεύς τού διεμήνυσε να περιμένει και η συζήτησή μας εσυνεχίσθη μέχρι τις εννέα και μισή, οπότε επιτέλους είχαν παραμερισθεί όλα [τα εμπόδια] και ο βασιλεύς είχε τόσο καλή διάθεση, ώστε απεφάσισε την μετοίκηση ήδη για την 1η Δεκεμβρίου [1834].
Μου ανήρτησε τότε στον λαιμό με τις πιο κολακευτικές φιλοφρονήσεις για τη

δραστηριότητά μου ως φιλέλληνος, βασιλικού επιτρόπου και αρχιτέκτονος στην Ελλάδα τον χρυσό Σταυρό του Τάγματος του Σωτήρος και κάλεσε τον κύριο von Kobell. Ο Βασιλεύς τού είπε τώρα ο ίδιος πως είχα παραμερίσει όλους τους ενδοιασμούς του και τον είχα πείσει σε τέτοιο βαθμό για την ωφέλιμη από κάθε άποψη μετοίκηση στην Αθήνα, ώστε δεν ήθελε να περιμένει μέχρι την 1η Φεβρουαρίου αλλά ότι επιθυμεί να πραγματοποιηθεί η απόφαση ήδη την 1η Δεκεμβρίου. Ο Kobell έκπληκτος είπε πως ήταν περιχαρής για τη σημαντική απόφαση του Βασιλέως. Εγώ όμως μετά από 12 ώρες ήμουν εξουθενωμένος και, επειδή ήμουν περιττός κατά την τυπική διαδικασία της υπογραφής, εζήτησα την άδεια να αποσυρθώ, εχαιρέτησα και έφυγα παρατώντας για το σπίτι.

Την επόμενη μέρα στις 5 τα χαράματα ο Βασιλεύς θα εκκινούσε για τη Θήβα· εγώ είχα ανεβάσει πάλι υψηλό πυρετό και όταν στις 8 το πρωί ο Βασιλεύς μού διεμήνυσε πως είχε ακόμα κάποιους ενδοιασμούς έμεινα κατάπληκτος. Αυτό παραπήγαινε! Ήμουν σωματικά πάρα πολύ άρρωστος ώστε να έχω την ψυχική δύναμη, έτσι του διεμήνυσα πως ήταν αδύνατο να πάω, γιατί ήμουν πολύ άρρωστος.

Ύστερα από λίγο ενεφανίσθη ο προσωπικός ιατρός του Βασιλέως, ένας άνδρας που εκείνη την εποχή ήταν πιο υψηλά απ' όλους στην εμπιστοσύνη του: ήταν ο δόκτωρ Roeser που τον είχε στείλει ο Βασιλεύς να μου δώσει την ιατρική του συμβουλή· ο δόκτωρ Roeser μού εδιηγήθη το τι είχε συμβεί.

Μόλις είχα φύγει το προηγούμενο βράδυ και ο Kobell έβγαλε το σχέδιο της απόφασης εξύπνησαν πάλι νέοι φόβοι και αμφιβολίες. Μη όντας πληροφορημένος για την πορεία της συζήτησης που είχα διεξαγάγει εγώ, ο Kobell δεν συντόμευσε την συνομιλία, και στη 1 η ώρα τη νύχτα ο Βασιλεύς τον απέλυσε με την εντολή να ξανάρθει την επομένη το πρωί.

Στις 5 συνεκεντρώθη όλη η κουστωδία του Βασιλέως για να ξεκινήσουν· αχθοφόρα άλογα, ένοπλοι συνοδοί και ακόλουθοι εσχημάτιζαν μια πομπή από εξήντα άλογα· κατέφθασε και ο προσωπικός του ιατρός δόκτωρ Roeser που ήταν κοντά στον Βασιλέα, όταν επαρουσιάσθη ο Kobell για την τελευταία αποφασιστική πράξη - την υπογραφή.

Τότε, ο καημένος ο νεαρός Βασιλεύς (όπως μου είπε ο ίδιος ο Roeser) έγειρε το κεφάλι απελπισμένος στον τοίχο και ανεφώνησε: 'Θεέ μου! Θεέ μου! Roeser, τώρα οφείλω, τώρα πρέπει να πάρω μιαν απόφαση!'

Ο Kobell μπήκε - και ξανά συζητήσεις και δισταγμοί· τότε εκλήθην και εγώ. Όλοι επερίμεναν, αλλά επειδή δεν μπορούσα να πάω, ο Kobell συνέχισε τις μάταιες προσπάθειες. Ο Roeser, εξω φρενών πλέον κι αυτός, με ερώτησε τι θα έπρεπε να γίνει. Του είπα τι θεωρούσα ενδεδειγμένο και ωφέλιμο [για την υπόθεση], και ήταν αυτός ο οποίος αναφέροντας ό,τι είχε ακούσει από μένα έπεισε επιτέλους τον Βασιλέα να επικυρώσει την ειλημμένη προ πολλού απόφαση με την υπογραφή των τεσσάρων γραμμάτων "Όθων"! Έπειτα ο Βασιλεύς ξεκίνησε για ένα ταξίδι, για το οποίο τον περίμεναν 40-50 άτομα από τις 5 το πρωί!" (Leo von Klenze: *Memorabilien* II 75-79· βλ. τεκμήριον 5 συλλογής "Κειμένων").

16. Πόσο ανίκανο ήταν το περιβάλλον του νεαρού μονάρχη να τον συμβουλεύσει και πόσο ανύπαρκτο ήταν το αληθινό ενδιαφέρον της αντιβασιλείας για τα ζητήματα του πολεοδομικού σχεδιασμού, επιβεβαιώνει η ακόλουθη παρατήρηση του Klenze:

"Ο πρόεδρος της αντιβασιλείας, όπως προανέφερα, δεν ανεμίχθη καθόλου σ' αυτές τις συνομιλίες· ο Heydeck δεν είχε καν έλθει στην Αθήνα και ο Kobell δεν είχε ασχοληθεί παρά μόνο με τα τυπικά της απόφασης. Από τους υπουργούς παρόντες ήταν μόνο ο Lesuire και ο Κωλέττης· αλλά σ' αυτό το θέμα ούτε καν ερωτήθησαν, επειδή ο Lesuire ως στρατιώτης δεν ήθελε να ανταλλάξει το οχυρωμένο Ναύπλιο με την ατείχιστη Αθήνα και τον Κωλέττη οι Armansperg και Kobell είχαν φροντίσει να τον παρουσιάσουν στον Βασιλέα ως τόσο ύποπτο φιλελεύθερο, που ούτε καν τον συνεβουλεύθη. Επίσης σ' ολόκληρη την αυλή του Βασιλέως δεν υπήρχε ούτε ένας άνθρωπος ικανός να έχει γνώμη στην τόσο σημαντική αυτή υπόθεση [δηλαδή στον σχεδιασμό της Αθήνας]". (Leo von Klenze: *Memorabilien* II 79-80· βλ. τεκμήριον 5 συλλογής "Κειμένων").

Ένας λόγος παραπάνω για τον Όθωνα να θαυμάσει και να εκτιμήσει την αποφασιστικότητα και τη δράση του Klenze.

17. Η πρόσκληση αυτή όμως δεν άργησε να έλθει: "Η αντιβασιλεία ήδη από τις 12 Αυγούστου [1834] μου είχε ζητήσει να κάνω ένα σχέδιο για τα βασιλικά ανάκτορα στην Αθήνα, και μάλιστα σε όποια θέση θα διάλεγα εγώ, και αυτή η πρόσκληση επεκυρώθη από τη Μεγαλειότητά του τον Βασιλέα". (Leo von Klenze: *Aphoristische Bemerkungen...*, σελ. 476· βλ. τεκμήριον 48 συλλογής "Κειμένων").

18. Στη διαίρεση αυτή ο Klenze προβαίνει με καθαρά ιστορικά κριτήρια που δεν έχουν καμία σχέση με τον σχεδιασμό της νέας Αθήνας. Η διαίρεση της πόλης κάτω από την Ακρόπολη σε τρία τμήματα, στις πόλεις του Θησέως, του Αδριανού και του Όθωνος, είναι υποθετική και δεν ανταποκρίνεται στην πραγματική κατάσταση του έτους 1834. Στην πραγματικότητα μπορούσε να γίνει λόγος μόνο για μία νέα Αθήνα (δηλαδή την Οθωνόπολη), την οποία αποτελούσαν τρεις περιοχές: η ζώνη των ανασκαφών, η παλαιά πόλη που χρειαζόταν ανάπλαση και η νέα πόλη.

19. Η φράση αυτή του Klenze συνιστά τον πυρήνα της κυρίαρχης στην Ελλάδα, από την εποχή που ιδρύθηκε η νέα Αθήνα, καθαρεύουσας αντίληψης συντήρησης των μνημείων, που επιδιώκει την απομάκρυνση των επισωρευμένων υλικών και μορφών σε ένα κτίσμα, ώστε να αποκατασταθεί έτσι η υποτιθέμενη "αρχική κατάσταση" του μνημείου ή να επιτευχθεί η μεγαλύτερη δυνατή προσέγγιση προς αυτήν την κατάσταση. Παρά την αρχή της ισοτιμίας όλων των ιστορικών φάσεων ενός αρχιτεκτονικού μνημείου που διεκηρύχθη ήδη από το 1964 στον Διεθνή Χάρτη της Βενετίας – και από την οποία απορρέει και ο σεβασμός όλων των μεταγενεστέρων προσθηκών και μετατροπών– μέχρι σήμερα στην Ελλάδα σημαντικό ρόλο κατά την αποκατάσταση των αρχαίων μνημείων παίζει η περιφρόνηση των "βαρβαρικών εποχών".

20. Η επιφύλαξη αυτή του Klenze, ο οποίος θέλει να διατηρήσει τον λεγόμενο "Φράγκικο" πύργο στα Προπύλαια, όπως είναι γνωστό δεν ελήφθη υπ' όψιν. Πενήντα περίπου χρόνια αργότερα –το 1875– αυτό το ορόσημο της μεσαιωνικής Αθήνας κατεδαφίσθη με πρωτοβουλία και έξοδα του H. Schliemann και με τη συναίνεση της ελληνικής κυβέρνησης.

21. Η παράξενη αυτή σύσταση του Klenze να χρησιμοποιηθούν για την οικοδόμηση των νέων ανακτόρων αρχαία μάρμαρα, εφ' όσον βεβαίως θα ήσαν "άμορφα", δείχνει αφ' ενός μεν "οικονομική" σκέψη αφ' ετέρου δε τις ελευθερίες που επέτρεπε η συντήρηση των μνημείων εκείνη την εποχή και που είναι σήμερα τελείως αδιανόητες.

Και πράγματι, κατά την ανακαίνιση εκ βάθρων του Αρσακείου (αρχιτέκτων: Λύσανδρος Καυταντζόγλου, κατασκευή 1845-1850) που έγινε πρόσφατα (1986-1989, αρχιτέκτων Αλέξανδρος Καλλιγάς) ευρέθησαν στην τοιχοποιία του κλασικιστικού κτηρίου πλήθος θραυσμάτων αρχαίων μαρμαρίνων λίθων, συχνά με γλυπτό διάκοσμο. Το γεγονός αυτό μας επιτρέπει να υποθέσουμε ότι μαρμάρινα θραύμαστα από την Ακρόπολη εχρησιμοποιήθησαν και στο κτήριο των ανακτόρων του Gaertner και "αξιοποιήθησαν" κατά τον ίδιο τρόπο.

22. Ο Klenze στο κείμενό του αυτό από παραδρομή φέρεται να προτείνει την ανέγερση του μουσείου της Ακρόπολης "στο δυτικό άκρο του ιερού βράχου". Στο λιθόγραφο σχέδιο της πρότασής του για την Αθήνα το κτήριο είναι τοποθετημένο στο νοτιοανατολικό άκρο του πλατώματος, στο ίδιο ακριβώς σημείο στο οποίο εκτίσθη αργότερα όντως το μουσείο της Ακρόπολης (αρχιτέκτων Π. Κάλκος, ανέγερση 1865-1874). Στο σχέδιο, το υπό το στοιχείο (F2) σημειωμένο κτήριο του μουσείου αποτελείται από έναν κεντρικό κλειστό περίκεντρο χώρο και από δύο συμμετρικά διατεταγμένες πλευρικές πτέρυγες.

23. Η ιδέα του Klenze να εκτεθούν επιτόπου τα γλυπτά της Ακρόπολης επεβλήθη όντως αργότερα. Δυστυχώς εξετέθησαν σε κλειστές αίθουσες και όχι σε υπαίθριες στοές. Το σπάνιο θέαμα που θα προσέφεραν αυτά τα μοναδικά έργα τέχνης εκτεθειμένα στο ύπαιθρο αποδεικνύουν οι αριστουργηματικές φωτογραφίες του H. Wagner, ο οποίος μετέφερε προσωρινά αρχαϊκά γλυπτά από το μουσείο στο ύπαιθρο και τα εφωτογράφισε σε άμεσο συσχετισμό με τα αρχαία κτίσματα πάνω στην Ακρόπολη. (βλ. E. Langlotz-W. Schuchard:

Archaische Plastik auf der Akropolis (Αρχαϊκά γλυπτά στην Ακρόπολη), Frankfurt am Main 1943).

24. Η εκτίμηση αυτή σήμερα μας φαίνεται υπερβολικά αισιόδοξη, αν σκεφθούμε πως εδώ και 165 χρόνια συνεχίζεται η αναστήλωση των μνημείων της Ακρόπολης και πως βέβαια θα συνεχισθεί και στο άμεσο και στο απώτερο μέλλον.
25. Το όραμα αυτό της "γραφικής" φύτευσης του πλατώματος της Ακρόπολης απερρίφθη –και σωστά– από τους Έλληνες συντηρητές των μνημείων, ως ξένο προς το πνεύμα του χώρου.
26. Η διαφοροποιημένη και πολύ προσεκτική αυτή μέθοδος απαλλοτριώσεων που προτείνει ο Klenze χάριν των ανασκαφών αποδεικνύει τόσο τη δεξιότητά του σε θέματα τακτικής όσο και τη ρεαλιστική αντιμετώπιση των ζητημάτων σχεδιασμού.
27. "Θα έφθανε η σύνταξη ενός καλού νόμου περί δανεισμού για να αποκατασταθεί η εμπιστοσύνη των ιδιωτών και του κοινού, [η οποία έχει κλονισθεί] λόγω της παντελούς έλλειψης ασφάλειας, και για να μειωθούν οι υπέρογκοι τόκοι που φθάνουν το είκοσι πέντε έως τριάντα, ακόμα και το τριάντα έξι τοις εκατό". (Leo von Klenze: *Aphoristische Bemerkungen*..., σελ. 131).
28. Οι μετέπειτα εξελίξεις δεν επεβεβαίωσαν την προσδοκία πως το εμπόριο και οι υπηρεσίες θα μετεφέροντο σταδιακά στη νέα πόλη: η παλαιά Αθήνα παρέμεινε και εξακολουθεί ακόμα και σήμερα να είναι μια περιοχή μικτών χρήσεων που χρησιμοποιείται εντατικά, με κυριώτερες λειτουργίες το μικρεμπόριο και τις βιοτεχνίες.
29. Πρόκειται για την προβολή μιας επιθυμίας του Klenze που αγγίζει τα όρια της αυταπάτης: με το σχέδιό του, όπως θα δούμε δεν προτείνει κατά κανένα τρόπο μια "εντελώς νέα διαμόρφωση", αλλά μάλλον τροποποιεί συμβιβαστικά το αρχικό πολεοδομικό όραμα των Κλεάνθη και Schaubert.
30. Και εδώ υπερβάλλει εν γνώσει του ο Klenze: ο συνολικός αριθμός των μη ορθογωνίων οικοδομικών τετραγώνων στο σχέδιο των Κλεάνθη και Schaubert είναι 45, αλλά και στο δικό του σχέδιο εξακολουθεί να είναι περίπου 30.
31. Ωστόσο ο Klenze, στο σχέδιο που επεξεργάσθη στο Μόναχο το 1839, δεν πρότεινε να χωροθετηθεί το Παντεχνείο, δηλαδή η Σχολή Καλών Τεχνών συνδυασμένη με μία Εθνική Γλυπτοθήκη, στο πλάτωμα της Ακρόπολης αλλά στον λόφο των Νυμφών.
32. Σοφά πράττοντας ο Klenze αποφεύγει οποιαδήποτε πρόταση για την κηποτεχνική διαμόρφωση του ελεύθερου χώρου στη ζώνη των ανασκαφών, διότι εκείνη την εποχή δεν μπορούσε ακόμα να προβλεφθεί η οριστική της μορφή και έκταση.
33. Για τη συμβολικότητα των οδωνυμίων της Αθήνας μιλήσαμε ήδη. Ενδιαφέρον είναι το γεγονός, ότι ο Klenze στο σχέδιό του μετονομάζει όλους τους δρόμους για να κρατήσει αποστάσεις από το αρχικό σχέδιο των Κλεάνθη και Schaubert και για να δημιουργήσει την ψευδαίσθηση της πρωτοτυπίας.
34. Την εποχή του κλασικισμού ήταν μάλλον σπάνιο να ανατεθεί το έργο του σχεδιασμού εξ αρχής μιας νέας πρωτεύουσας και βασιλικής καθέδρας ή τουλάχιστον η ανάπλαση μιας πόλης σε συνδιασμό με μια τόσο γενναία επέκταση. Τα μόνα ανάλογα παραδείγματα που έχουμε είναι εκτός από την Αθήνα, οι πόλεις Christiania (Όσλο), Helsingfors (Ελσίνκι) και Καρλσρουή. Έτσι εξηγείται και το γεγονός ότι στους δύο σημαντικώτερους αυτή την περίοδο αρχιτέκτονες του γερμανικού χώρου, δηλαδή στους K. F. Schinkel και Leo von Klenze, ανατίθενται μόνο έργα τμηματικής πολεοδομικής ανάπλασης, όπως στο Βερολίνο –το σχέδιο του κέντρου της πόλης (1817) που ανατίθεται στον Schinkel– ή στο Μόναχο (Klenze: Πλατεία Ωδείου, 1816).
35. "Σύμφωνα με τις απόψεις αυτές περί της ιδιομορφίας του χώρου που προσεφέρετο για την ανοικοδόμηση της Αθήνας και τις αντιλήψεις περί αρχιτεκτονικού κάλλους, θα επιθυμούσα πολύ να είχαν διατεθεί για τη νέα πόλη τα υψώματα δυτικά και νότια της Ακρόπολης, καθώς και η υψηλότερα κειμένη περιοχή που επιτρέπει την ελεύθερη πρόσβαση του θαλασσινού αέρα [εμβάτη] και η οποία εκτείνεται από τον λόφο του Μουσείου μέχρι την Καλλιρρόη και από εκεί μέχρι τον Λυκαβηττό.

    Δυστυχώς όμως δεν ήμουν πλέον ελεύθερος να το πράξω αυτό!(...)

    Το σχέδιο [των Κλεάνθη και Schaubert] είχε εγκριθεί πριν από ένα χρόνο και πολλά νέα κτήρια στο εσωτερικό της παλαιάς πόλης είχαν ήδη κτισθεί με βάση τις [οικοδομικές] γραμμές του. Επίσης είχαν οικοδομηθεί και δέκα λίγο ως πολύ μεγάλα κτήρια στις χαραγμένες επί του εδάφους οδούς και στις πλατείες της νέας πόλης, που η διατήρησή τους ήταν ένας από τους όρους που μου είχαν τεθεί, και τα οποία έπρεπε να διατηρηθούν, εάν η κυβέρνηση δεν ήθελε να γελοιοποιηθεί. Έπρεπε λοιπόν να παραιτηθώ από την επιθυμία να καλυφθούν τα υψώματα εκείνα ξανά με μίαν αληθινά ωραία και γραφική πόλη και να αφήσω τη νέα πόλη στην πιο επίπεδη περιοχή, εκεί που είχε ήδη αρχίσει να κτίζεται. Διότι εάν εκτίζοντο παραλλήλως και τα υψώματα, η πόλη θα κατελάμβανε εξαιρετικά δυσανάλογη έκταση". (Leo von Klenze: *Aphoristische Bemerkungen*..., σελ. 419-420· βλ. τεκμήριον Β παρόντος κεφαλαίου).
36. Αντίθετα, ο K. F. Schinkel με το σχέδιό του για τα ανάκτορα της Ακρόπολης απέδειξε πως είχε την τόλμη να συντάξει ένα σχέδιο, που είχε ελάχιστες πιθανότητες να εφαρμοσθεί, απλώς και μόνο για να δώσει συγκεκριμένη μορφή στις καλλιτεχνικές του πεποιθήσεις. Τέτοια καλλιτεχνικά τολμήματα όμως εφόβιζαν τον πραγματιστή Klenze, γι' αυτό άλλωστε δεν απεικόνισε σχεδιαστικά την πρότασή του για την Αθήνα, η οποία θα εστηρίζετο, κατά τα λεγόμενά του, στην αρχή της "γραφικότητος" που είχε τόσο εξυμνήσει. Το τόλμημα του Schinkel το εγκωμιάζει συγκρατημένα, με πολλές επιφυλάξεις. Γράφει:

    "Ο Schinkel (παρακινημένος από τον διάδοχο της Πρωσίας) είχε στείλει στον Βασιλέα της Ελλάδος ένα σχέδιο για την ανέγερση ενός ανακτόρου στο ύψωμα της Ακρόπολης, το οποίο είχε φθάσει μαζί με μας στο Ναύπλιο. Η εργασία αυτή ήταν ευφυέστατη, καλαίσθητη και σύμφωνη με το γνήσιο ελληνικό πνεύμα· αλλά εντελώς αταίριαστη με τα ευρωπαϊκά ήθη του Βασιλέως και της αυλής του· τελείως ανεφάρμοστη λόγω του ύψους του βράχου, της δυσκολίας ανάβασης πεζών και οχημάτων· λόγω της έλλειψης νερού, της εκτεθειμένης θέσης κ.λπ. Τα νέα κτήρια εσχημάτιζαν ένα σύνολο μαζί με τα διατηρητέα ερείπια μέσα σε ένα πάρκο, αλλά μ' όλα αυτά ο χώρος ήταν τόσο στενός ώστε για να χωρέσουν οι σταύλοι ήσαν εν επαφή με τις στοές και τους τοίχους των Προπυλαίων! Πάντως, το σχέδιο αυτό ήταν το θεσπέσιο και γοητευτικώτατο όνειρο θερινής νυκτός ενός μεγάλου αρχιτέκτονος.

    Ηναγκάσθην να το περιγράψω ο ίδιος στον Βασιλέα επάνω στην Ακρόπολη και αυτό το έκανα στο πνεύμα όσων προανέφερα· αλλά ο Βασιλεύς Όθων, αν και έκρινε δίκαια το σχέδιο, δεν έβλεπε καμία δυνατότητα εφαρμογής του". (Leo von Klenze: *Memorabilien* II 82-83· βλ. τεκμήριον 5 συλλογής "Κειμένων").
37. Παραθέτουμε τις ενθουσιώδεις αλλά και πολύ εύστοχες παρατηρήσεις του σχετικά:

    "Για να αποκτήσει κανείς μια ιδέα της ομορφιάς αυτού του θεάματος, πρέπει να γνωρίζει τον ελληνικό αιθέρα, τον ελληνικό ήλιο και τον χαρακτήρα του ελληνικού τοπίου, που αναπτύσσεται σε όλη του τη γοητεία κυρίως στα μακρινά του περιγράμματα. Ούτε η ίδια η νότια Ιταλία, η Καλαβρία, η Απουλία και η Σικελία δεν δίνουν μίαν ιδέα των περιγραμμάτων αυτών του ελληνικού τοπίου, μέσα από το οποίο αναδύονται οι καθαρώτερες μορφές ορέων με σαφήνεια και πλαστικότητα, σαν αγάλματα πλασμένα από τον Φειδία και τον Πραξιτέλη και με έναν πλούτο χρωμάτων ασύγκριτο σε αρμονία, ελευθερία και εναλλαγή των τόνων, φωτοσκιάσεις και παιχνιδίσματα φωτός.

    Οι χώρες αυτές σε σύγκριση με την Ελλάδα όσον αφορά το τοπίο στις κοντινές και μέσες αποστάσεις έχουν το σπουδαίο πλεονέκτημα του πολιτισμένου περιβάλλοντος, της ωραίας και πλουσίας χλωρίδος και της γραφικής αρχιτεκτονικής. Αλλά μακρινά περιγράμματα, όρη και βραχώδεις σχηματισμοί υπάρχουν μόνο στην Ελλάδα, και ο ιταλικός ουρανός δεν είναι ποτέ τόσον απείρως θελκτικός όσο ο ελληνικός, ο τόσο ωραία σημαινόμενος από τις λέξεις λαμπρότατος αιθήρ". (Leo von Klenze: *Aphoristische Bemerkungen*..., σελ. 173-174).
38. Εδώ οι σχετικές παρατηρήσεις του:

    "Εάν συγκεντρώσουμε από τους κλασικούς [συγγραφείς] τους ελάχιστους κανόνες που γνωρίζουμε, σύμφωνα με τους οποίους διέτασσαν τις πόλεις τους οι [αρχαίοι] Έλληνες, οι οποίοι επέλεγαν τη θέση των οικισμών τους με πνεύμα προσανατολισμένο στη λειτουργικότητα και την παράδοση, θα αντικρύσουμε μια τάση μάλλον προς τη γραφική παρά προς την κανονικά και γεωμετρικά διατεταγμένη πόλη". (Leo von Klenze: *Aphoristische Bemerkungen...*, σελ. 410· βλ. τεκμήριον 46 συλλογής "Κειμένων").

Και:

"Γόνιμο έδαφος, γειτνίαση με ένα λιμάνι, καλά οχυρωματικά έργα και ωραία κτήρια ήταν τα πράγματα που κατά τη γνώμη του [του Στράβωνος] αρκούσαν στους Έλληνες για τις πόλεις τους, ενώ για τους Ρωμαίους σημασία είχαν κυρίως οι αστυνομικές διατάξεις, οι οχετοί, τα υδραγωγεία και οι λιθόστρωτοι δρόμοι. Ο κανών που ακολουθούσαν τα αρχαιότερα φύλα ήταν η αρμόδια διάταξη όλης της πόλης συνδυασμένη με όσο το δυνατόν ωραιότερα κτίσματα, χωρίς όμως να λαμβάνουν πολύ υπ' όψιν την υλική άνεση του κάθε πολίτη. Σε αυτό οι Ρωμαίοι και οι Ίωνες απέκλιναν ως ένα βαθμό από τα δωρικά φύλα και τον δωρικό τρόπο. (...)

Εάν συγκρίνουμε απ' αυτή την άποψη τον τρόπο με τον οποίο διατάσσονται στην Πομπηία οι δρόμοι, οι πλατείες και τα κτήρια με τα ολίγα [ανάλογα στοιχεία] που μας δίνουν τα αποσπάσματα του σχεδίου της ίδιας της αρχαίας οικουμενικής Ρώμης που φυλάσσονται στο Καπιτώλιο, δεν μπορεί παρά να καταλήξουμε στο συμπέρασμα πως οι πόλεις των αρχαίων, ακόμα και όταν ήταν κτισμένες σε επίπεδο έδαφος, όπως η Πομπηία, ή σε ελαφρώς λοφώδες έδαφος, όπως η Ρώμη, απέκλιναν πάρα πολύ από την ευθύγραμμη κανονικότητα των λεγόμενων ωραίων δικών μας πόλεων όπως είναι το Τουρίνο, το Νανσύ, η Πετρούπολη, το Μανχάιμ, η Καρλσρούη κ.λπ.

Όμως για ένα υγιές και δεκτικό στη γοητεία του γραφικού μάτι οι εντυπώσεις αυτών των πόλεων που κουράζουν με τη μονοτονία τους, οι ευθύγραμμες φάλαγγες των πληκτικών γκρίζων προσόψεών τους, οι ασήμαντες καταληκτικές θέες τους και τα μεγαλόπρεπα αρχιτεκτονήματά τους δεν είναι τίποτε μπροστά στις πλούσιες και γραφικές συνθέσεις των τοποθετημένων χωρίς γεωμετρικούς κανόνες το ένα πάνω στο άλλο, των στοιβαγμένων, θα έλεγε κανείς, αρχαίων κτηρίων.

Το αρχαίο και το νέο Forum στην Πομπηία, το Forum Maximum, το Καπιτώλιο και τα ανάκτορα του Παλατίνου λόφου στη Ρώμη, η είσοδος στην Ακρόπολη της Αθήνας, εν μέρει όπως έχουν διατηρηθεί, εν μέρει όπως μπορούν να αναπαρασταθούν σχεδιαστικά με αρκετή βεβαιότητα, μπορούν να μας δώσουν μια σαφή ιδέα αυτού του τρόπου γραφικής διάταξης πολλών μεγαλοπρεπών κτισμάτων.

Ενώ στις δύο αγορές της Πομπηίας συνέχουν τις πλούσιες συνθέσεις εναλασσόμενων και γραφικά διατεταγμένων μεγαλοπρεπών κτισμάτων οι ευθείες γραμμές των χαμηλών στοών που περιβάλλουν αυτές τις πλατείες, στη Ρώμη χάνεται και αυτό το μέσο κανονικής διάταξης και τα μνημεία στο Forum Maximum, όπως μας δείχνουν ακόμη τα ερείπια, όσο περισσότερο πλησιάζουν το κεντρικό σημείο του Καπιτωλίου τόσο πυκνότερα και πιο ακανόνιστα διατάσσονται. Την ίδια ακριβώς εικόνα μας δίνει και ο Στράβων, όταν κάνει λόγο για ναούς "συνεχεῖς ἀλλήλοις" στο Πεδίον του Άρεως και των αλλεπάλληλων περιστυλίων, βασιλικών και ναών της αρχαίας αγοράς και του Παλατίνου λόφου στη Ρώμη.

Με μεγαλύτερη ακόμα ενάργεια όμως μας αποδεικνύει η πρόσβαση προς την Ακρόπολη της Αθήνας, με τι βαθειά αίσθηση της αληθινής ακτινοβολίας της αρχιτεκτονικής διεμόρφωσαν οι Έλληνες κατά την ωραιότερη εποχή της ιστορίας και της τέχνης τους τις αρχιτεκτονικές κατασκευές και συνθέσεις τους· θεωρούμε δε και απ' αυτή την άποψη τα κτήρια της Ακρόπολης ως το ύψιστο έργο που εδημιούργησε ποτέ η αρχιτεκτονική". (Leo von Klenze: *Aphoristische Bemerkungen...*, σελ. 410 και 416-419).

39. Ο Klenze αναφέρει σχετικά:

"Αλλά στην αρχαιότητα, όπως τα αρχιτεκτονικά αλλά και γλυπτικά μέρη ενός κτηρίου επροσαρμόζοντο και εθυσιάζοντο διαρκώς στην συνολική εντύπωση του κτηρίου, στη λειτουργία του, καθώς και στις απαιτήσεις της τοποθεσίας, έτσι επροσαρμόζετο και εθυσιάζετο και το ίδιο το κτήριο στο σύνολο της πολεοδομικής σύνθεσης. Δεν εγίνετο προσπάθεια να διαφοροποιήσουν το ένα κτήριο από το άλλο, εφαρμόζοντας θεωρητικά συστήματα και αισθητικά τεχνάσματα, και αγνοούσαν παντελώς τις προσφιλείς στη νεώτερη τέχνη εκφράσεις 'μείωση' και 'αύξηση' [των όγκων] καθώς και την προσπάθεια των συγχρόνων μας να παραγάγουν την τάδε ή τη δείνα προσφιλή εντύπωση με όλους αυτούς τους ακκισμούς των αναλογιών (Leo von Klenze: *Aphoristische Bemerkungen....*, σελ. 355)..

40. Ο Klenze γράφει σχετικά:

"Όπως ο καθένας [στην αρχαιότητα] εφρόντιζε να διαμορφώσει και να αναπτύξει μόνο την ατομικότητά του, και το κράτος ελάχιστα ενδιεφέρετο για το πώς ο πολίτης το επετύγχανε αυτό, έτσι και οι αρχιτέκτονες της αρχαιότητος ελάχιστα ενδιεφέροντο για το 'υψηλότερο' ή 'χαμηλότερο', για τη 'μείωση' ή 'αύξηση' των [κτηριακών όγκων] και ετοποθέτουν κάθε έργο τους αναπτύσσοντάς το όσο το δυνατόν πιο αντικειμενικά και τέλεια. Ήταν πεπεισμένοι ότι, μολονότι κατ' αυτόν τον τρόπο το ένα υπετάσσετο στο άλλο, ωστόσο επετυγχάνετο μια συνολική εντύπωση των επί μέρους ομάδων κτηρίων αλλά και ολόκληρης της πόλης, πράγμα το οποίο από άποψη λειτουργικότητος και γραφικής φυσικότητος είναι απείρως προτιμώτερο από τις ακαδημαϊκά ρυθμισμένες, κανονικές, εγκεφαλικές και πληκτικές πόλεις μας". (Leo von Klenze: *Aphoristische Bemerkungen...*, σελ. 355-356).

Και ακόμη:

"Μπορεί λοιπόν κατόπιν όλων αυτών να δεχθεί κανείς ότι η τροποποίηση κατά το ιωνικό πρότυπο που εισήγαγε ο Ιππόδαμος στην αρχαία δωρική πολεοδομία είχε ως στόχο μια πιο άνετη και καλύτερη διάταξη των πλατειών, των οδών και των κτηρίων, αυτό όμως δεν μας φαίνεται να αποδεικνύει κατ' ουδένα τρόπο ότι πρέπει να θεωρούμε αυτή τη διάταξη όμοια με τη διάταξη που επεδιώχθη κατά τους νεώτερους χρόνους στις πόλεις.

Σ' αυτές [τις νεώτερες πόλεις] επεδίωξαν κατά κάποιο τρόπο την τέρψη του ματιού που εξασφαλίζει ένα κανονικά διαρθρωμένο και κατά το μάλλον ή ήττον περίπλοκο γεωμετρικό σχήμα, χωρίς να βλέπουν ότι μετά την πραγματοποίηση στο έδαφος των αφηρημένων σχημάτων, οι γεωμετρικές αυτές διατάξεις δεν είναι αναγνώσιμες". (Leo von Klenze: *Aphoristische Bemerkungen...*, σελ. 416-417· βλ. τεκμήριον Β του παρόντος).

41. Στο μεταξύ έχουν διευκρινισθεί τα εξής σχετικά με το θέμα αυτό: Η ελληνική αρχαιότης, διατάσοντας τα σπουδαιότερα κτήρια ελεύθερα και ασύμμετρα στον αστικό χώρο, κατόρθωσε να δημιουργήσει στο κέντρο της πόλης (στον ιερό περίβολο ή στην Αγορά) μια πολεοδομική εικόνα με έντονα πλαστικό χαρακτήρα. Είναι ενδεικτικό ότι, ενώ διαφέρουν τα συστήματα χάραξης των οδών (κατά τον "παλαιό" ή τον νέον "ιπποδάμειο" τρόπο), το κύριο γνώρισμα της διαμόρφωσης της Αγοράς ή του Ιερού είναι πάντα η αίσθηση του προοπτικού βάθους του χώρου που προκαλεί.

Η προοπτική θέαση στο κέντρο της πόλης κατευθύνεται σχεδόν πάντα προς έναν ακάλυπτο χώρο σημαντικής έκτασης, που τον ορίζουν περιμετρικά διάφορα στοιχεία σε ευκρινή παράθεση (όπως κτήρια, εξάρσεις του αναγλύφου του εδάφους, προοπτικές φυγές προς το γειτονικό φυσικό τοπίο)· τα στοιχεία αυτά βρίσκονται είτε σε ένα επίπεδο (π.χ. Ολυμπία) είτε σε διάφορες στάθμες (π.χ. Πέργαμος). Μεμονωμένα οικοδομήματα πανταχόθεν "ελεύθερα" μεγάλης συμβολικής σημασίας (ναοί) καθώς και άλλα στοιχεία (βωμοί, εξέδρες, αγάλματα) τοποθετούνται στους ενδιάμεσους ακάλυπτους χώρους διαρθρώνοντας την όλη σύνθεση. Η προοπτική θέαση των ελεύθερα τοποθετημένων κτηρίων στο κέντρο της πόλης προσφέρει μια πολεοδομική εικόνα με έντονη τη σφραγίδα της πλαστικότητος του στατικού χώρου και της λανθάνουσας δυναμικότητος των ανθρώπινων κινήσεων μέσα σ' αυτόν.

Ενώ η διάρθρωση του ναού (του αντιπροσωπευτικού δηλαδή κτίσματος της ελληνικής αρχιτεκτονικής) υπακούει όχι στο ανθρώπινο μέτρο αλλά στον "εμβάτη", δηλαδή στο απόλυτο και εγγενές μέτρο που διέπει κάθε κτήριο ως πλαστικό έργο, ο πολεοδομικός χώρος είναι προσηρμοσμένος εις τας δυνάμει κινήσεις του ανθρώπου και διαρθρώνεται σύμφωνα με τα βιώματά του: κρίσιμες θέσεις-κλειδιά και καθοριστικά σημεία οράσεως προσφέρονται στον επισκέπτη-παρατηρητή.

Οι μετωπικές και αξονικές διατάξεις, οι οποίες δημιουργούν μια συμβατική και σκηνοθετική πολεοδομική εικόνα, είναι ξένες προς το ελληνικό πνεύμα της αρχαϊκής και κλασικής εποχής. Τον πολεοδομικό σχεδιασμό διέπουν οι ακόλουθες μορφολογικές αρχές:

- Τοποθέτηση των κτηριακών όγκων ως ελεύθερα ιστάμενων πλαστικών σωμάτων, ορατών και προσπελάσιμων από όλες τις μεριές. Οι διαστάσεις των κτηρίων και των δημοσίων χώρων έχουν ως μέτρο τον άνθρωπο. Οι διατάξεις αυτές γεννούν στον κάτοικο της πόλης την αίσθηση του οικείου, ξυπνούν την περιέργεια και το ενδιαφέρον του, τον καλούν να εξερευνήσει τον αστικό χώρο.
- Με τη διάταξη των κτηρίων προς άλληλα δημιουργούνται "οπτικοί διάδρομοι" που υποβάλλουν στον επισκέπτη μία ή και περισσότερες διαδρομές, διευκολύνοντας συγχρόνως και τον προσανατολισμό του. Εδώ έχουμε να κάνουμε με μία "δυναμική" τοποθέτηση των κτηρίων, χωρίς άξονες συμμετρίας και μονότονη παράταξη οικοδομημάτων "επί προσόψεως οδού".
- Άριστη αλληλουχία επί μέρους θεάσεων κατά μήκος αυτών των "διαδρομών", που επιτρέπουν στον επισκέπτη επίσης να αποθαυμάσει τα σπουδαιότερα οικοδομήματα αλλά και τα κορυφαία σημεία του περιβάλλοντος φυσικού τοπίου. Έτσι, στον κάτοικο προσφέρεται μια αλληλουχία εντυπώσεων, που με τη βοήθεια της μνήμης συμπυκνώνονται σε ένα μοναδικό βίωμα του συνολικού πολεοδομικού χώρου. Δεν αποσκοπείται η δημιουργία σκηνογραφικών-στατικών "γενικών απόψεων".
- Με την κατανομή των κτηριακών όγκων επιδιώκεται η δημιουργία σαφώς διαρθρωμένων και περιγεγραμμένων αλλά όχι "κλειστών" αστικών χώρων. Σωστά εντεταγμένα σημεία φυγής ανοίγουν εν μέρει αυτούς τους χώρους και φροντίζουν για την οπτική ένταξη του φυσικού τοπίου στον χώρο της πόλης.
- Σκόπιμη δημιουργία μηχανισμών ψυχολογικής επιρροής πάνω στον κάτοικο της πόλης: με τη σοφή διάταξη των χώρων και των κτισμάτων επιδιώκονται συνειδητά ψυχολογικά βιώματα, όπως έκπληξη, θαυμασμός, ανάταση, ταπεινότητα, αισθήματα ασφάλειας ή οικειότητος. Τα αισθήματα αυτά εντείνουν το ενδιαφέρον του παρατηρητή για τα συμβαίνοντα στην πόλη.
- Εισαγωγή "οπτικών απατών" ή για την ακρίβεια "διορθώσεων", που προκαλούν ιδιαίτερες αντιληπτικές συνθήκες, ώστε να λειτουργήσουν οι προαναφερθέντες ψυχολογικοί μηχανισμοί.

Φαίνεται λοιπόν πως το ελληνικό πνεύμα επεδίωξε τον εμπλουτισμό των βιωμάτων του πολίτη με την μορφή της πόλης που συνέλαβε, ικανοποιώντας έτσι πρωταρχικά τις ψυχικές του ανάγκες. Έτσι εγεννήθη μια αρμονική πολεοδομική εικόνα, που υπερέβαλε κατά πολύ την απλή γεωμετρική αρμονία των μορφών και των αναλογιών. Γιατί, ας μην ξεχνάμε ότι η εικαστική αρμονία είναι αναγκαία, αλλά όχι και ικανή συνθήκη πραγματικής αρμονίας: "Ἁρμονίη ἀφανὴς φανερῆς κρείσσων" (Ηράκλειτος).

42. Παραθέτουμε εδώ την εύστοχη περιγραφή του Armin von Gerkan για το πώς αντιλαμβάνεται η ελληνική αρχαιότης τον χώρο της οδού και της δημόσιας πλατείας:

"Η αγορά ευρίσκεται στο κέντρο της πόλης, χωρίς αυτό να σημαίνει ότι ορίζεται μαθηματικά αυτό το κέντρο με αρίθμηση των οδών προς τα δύο αντίθετα σημεία του ορίζοντος ή με υπολογισμό των υψομετρικών διαφορών μέσα στην πόλη. Εάν αυτό συμβαίνει στην Πριήνη πρόκειται για σύμπτωση· γενικά η αγορά πρέπει να ευρίσκεται μόνο στο κυκλοφοριακό κέντρο, στις πόλεις λιμάνια επομένως πιο κοντά στη θάλασσα. Εκτός τούτου, η αγορά εφάπτεται στον κυριώτερο δρόμο, πράγμα που τελικά σημαίνει το ίδιο. Εν τούτοις, ούτε αυτός ο δρόμος ούτε οποιοσδήποτε άλλος διασχίζει ποτέ ως άξων στο μέσον την αγορά, αλλά την προσπερνά και συνεχίζει μέσα στην πόλη· η αγορά δεν είναι διεύρυνση της οδού, αλλά μία πλατεία επί της οδού που είναι προσπελάσιμη από αυτήν. Αυτό είναι ιδιαίτερα σημαντικό, διότι όσο εκείνο που μετρά για τις πλατείες και τις οδούς παραμένει αποκλειστικά η χρήση για την οποία προορίζονται, έχουμε πάντα μία εφαπτόμενη οδό, όπως θα μπορούσαμε να την αποκαλέσουμε· και τη μεν χρήση της οδού ορίζει η ανάγκη ενός άξονος κυκλοφορίας με αδιάσπαστο μήκος, στον βαθμό που το επιτρέπει το μέγεθος της πόλης και το φυσικό έδαφος, τη δε χρήση των πλατειών η σημασία τους ως τόπων εμπορίου, ως τόπων συνάθροισης του κυρίαρχου δήμου, των λατρευτικών κοινοτήτων, των μαχίμων ανδρών κ.λπ. Την ίδια σχέση οδού-πλατείας συναντούμε και στις μεσαιωνικές πόλεις και την ίδια επιδιώκει εκ νέου η σύγχρονη πολεοδομία· στις εποχές όμως κατά τις οποίες δεν είναι αποφασιστικής σημασίας η φυσική ανάγκη αλλά μόνον η θέληση ενός μονάρχου ή μιας κοινωνικής ομάδος, [η αρχή αυτή] εγκαταλείπεται συνήθως: επειδή πρυτανεύει η εσφαλμένη άποψη ότι οι υψηλές καλλιτεχνικές αξιώσεις είναι ανεξάρτητες από την πρακτική χρησιμότητα, η οποία επομένως μπορεί να παραμεληθεί, οι δρόμοι διατάσσονται αξονικά με κατεύθυνση προς κάποιο αυθαίρετο καταληκτικό σημείο και οι πλατείες καταστρέφονται με κεντρικά επιδεικτικά κτήρια, μνημεία και κήπους. Σ' αυτή την πλάνη βασίζονται τόσο οι δρόμοι των Σφιγγών των Φαραώ, όσο και οι αξονικές διατάξεις των μεγαλόπρεπων πλατειών της ρωμαϊκής αυτοκρατορικής περιόδου, καθώς και οι οδοί τους με τις στοές και τα τετράπυλα, οι αψίδες θριάμβου και οι άλλες αψίδες των οδών με τα νυμφαία και τα μέγαρα ως σκηνικό υπόβαθρο· αλλά δεν είναι καλύτερες και οι ακόμα μεγαλύτερες συνθέσεις από την εποχή του μπαρόκ μέχρι τις ημέρες μας, από τις οποίες κάθε πόλη κληρονόμησε τις πλατείες της, απ' όπου ξεκινούν ακτινωτά οι οδικοί άξονες, οι οποίοι παρεμποδίζουν την κυκλοφορία. Αυτή η χάραξη των οδών εν είδει αξόνων συμμετρίας έχει εξίσου ελάχιστα κοινά με το ελληνικό σύστημα των εφαπτομένων οδών όσο και η πολυτέλεια και επίδειξη με τον αληθινό πολιτισμό". (Armin von Gerkan: *Griechische Staedteanlagen*, Berlin 1924, σελ. 95-96).

43. Ο Klenze λέει σχετικά:

"Σ' αυτά τα ευθύγραμμα, όπως μπορούμε να τα αποκαλέσουμε σύμφωνα με τα προαναφερόμενα, σύγχρονα συστήματα, αντιπαρατίθεται το αρχαίο που η κατά το μάλλον ή ήττον πιστή εφαρμογή του απαντάται ακόμα και σήμερα στις περισσότερες πόλεις του Νότου.

Οι οδοί και οι πλατείες είναι πολύ μικρότερες εδώ, [οι οδοί είναι] βέβαια συχνά ευθύγραμμες αλλά διανύουν πολύ μικρότερες αποστάσεις, και πάντα διατάσονται έτσι, ώστε η χάραξή τους να ακολουθεί τις διακυμάνσεις του εδάφους. Οι νότιες αυτές πόλεις είναι πολύ πιο γραφικές και προσφέρουν πολύ περισσότερες εναλλαγές από τις πόλεις του Βορρά, ενώ μοιάζουν πιο ενδεδειγμένες για νότιες χώρες, επειδή εξασφαλίζουν περισσότερη και εναλλασσόμενη προστασία από τις ακτίνες του ήλιου και επειδή μοιάζουν καλύτερα ενηρμονισμένες τόσο με τις γενικές απαιτήσεις του αρχιτεκτονικού κάλλους όσο και με τον συχνά ορεινό χαρακτήρα του τοπίου του Νότου". (Leo von Klenze: *Aphoristische Bemerkungen...*, σελ. 432· βλ. τεκμήριον Γ παρόντος κεφαλαίου).

Και σε ένα άλλο σημείο:

"Επίσης, κάτω από τις συνθήκες που επικρατούν, οι υπεύθυνοι αρχιτέκτονες πρέπει να πεισθούν πως η απόλυτα γεωμετρική χάραξη των δρόμων μιας πόλης σπάνια εγγυάται αληθινή ομορφιά· πως οι ωραιότερες πόλεις των νοτίων λαών συχνά δεν είναι αποτέλεσμα ενός κανονικού γεωμετρικού σχεδίου αλλά των τοπικών συνθηκών ή και της σύμπτωσης, και πως στην Αθήνα ο στόχος πρέπει να είναι μάλλον η διαμόρφωση ενός καταλλήλου αρχιτεκτονικού ρυθμού χαρακτηριστικού του Νότου και των συνθηκών του, παρά η προτίμηση για τη μια ή την άλλη γεωμετρική κανονικότητα στη χάραξη των οδών". (Leo von Klenze: *Aphoristische Bemerkungen...*, σελ. 735· βλ. τεκμήριον Ε παρόντος κεφαλαίου).

44. Ο Hans Herrmann Russack εφιστά την προσοχή στη συγγένεια των πολεοδομικών οραμάτων του Quast και του Klenze, καθώς και στα χαρακτηριστικά ενός "ρομαντικού πολεοδόμου" στην περίπτωση του Klenze: "Ο Klenze, ως προς τη χωροθέτηση της νέας πόλης, υπεστήριζε τις ίδιες βασικές αρχές του Ferdinand von Quast· φυσικά είναι πιθανόν να γνώριζε ο Klenze την παρουσιασμένη με τόσο θέρμη στο περιοδικό '*Museum*' του Kugler πρόταση του von Quast για την οικοδόμηση της νέας Αθήνας". (H. H. Russack: *Deutsche bauen in Athen*, Berlin 1942, σελ. 32).

Και:

"Ο Klenze αντίθετα έκρυβε μέσα του έναν ρομαντικό πολεοδόμο, έναν οπαδό του γραφικού ύφους, του οποίου η προτίμηση για τις οπτικές εντυπώσεις, που προκύπτουν από ακανόνιστες χαράξεις οδών και από τη διάταξη της πόλης σε διάφορα επίπεδα, ίσως να ανάγεται στις νεανικές του εντυπώσεις που του επροξένησαν οι παλαιές πόλεις με τα δαιδαλώδη δρομάκια της πατρίδος του στο Harz, ή ίσως και τα εκπαιδευτικά ταξίδια του στις μεσαιωνικές πολιτείες της Ιταλίας". (H. H. Russack: *Deutsche bauen in Athen,* Berlin 1942, σελ. 32-33).

45. Έτσι, ο Klenze με αυτοκριτική διάθεση εφιστά την προσοχή στον κίνδυνο της επιτηδευμένης φυσικότητος:
"Αυτός ο τρόπος χειρισμού όμως ενέχει τον κίνδυνο της βεβιασμένης επιδίωξης αρχιτεκτονικών συνθέσεων και εντυπώσεων, που μόνον η σύμπτωση μπορεί να εξασφαλίσει σε ευτυχείς περιπτώσεις, και οι οποίες, όταν θέλει να τις πετύχει κανείς συνειδητά, οδηγούν εύκολα στις επιτηδευμένες συνθέσεις του συρμού, που χρησιμοποιούνται για τις αγγλικές εξοχικές επαύλεις". (Leo von Klenze: *Aphoristische Bemerkungen...,* σελ. 486-487· βλ. τεκμήριον 48 συλλογής "Κειμένων").

46. Η Ελπινίκη Δημοσθενοπούλου γράφει σχετικά:
"Ο Klenze βασιζόμενος στις αρχές της νεώτερης τέχνης, όπου τα κτήρια συντίθενται με τη βοήθεια ενός αξονικού συστήματος συντεταγμένων, βλέποντας τον ιερό περίβολο [της Ακρόπολης] αντικρύζει ξαφνικά έναν τελείως νέο κόσμο. Κλονίζεται διαπιστώνοντας ότι δεν υπάρχει επίσημη, κυρία πρόσοψη, ότι η σχέση των κτηρίων μεταξύ τους φαίνεται τυχαία και ότι η διάταξη στον εξωτερικό περιβάλλοντα χώρο δεν ακολουθεί τις αρχές της αξονικής αναφοράς". (Δημοσθενοπούλου, Ελπινίκη: *Oeffentliche Bauten unter Koenig Otto in Athen,* Μόναχο 1970, σελ. 22-23).

47. Αποσπάσματα από την περιγραφή του σχεδίου για τα ανάκτορα από τον ίδιο τον Klenze:
"Η θέση γι' αυτό το παλάτι, όπως φαίνεται στο σχέδιο της πόλης, έχει επιλεγεί έτσι ώστε το κτήριο να έχει ωραία θέα προς όλες τις κατευθύνσεις και να προβάλλει ωραία από όλες τις πλευρές. Προς τον βορρά εμφανίζεται η πόλη με την ωραιότερη θέα της, γιατί το έδαφος χαμηλώνει σταδιακά και έτσι δεν φαίνονται τόσο πολύ οι στέγες που τα κεραμίδια τους δεν είναι πια κόσμημα και καλλωπιστικό στοιχείο, όπως στην αρχαία Αθήνα. Προς τα βορειοανατολικά εμφανίζονται ο Άρειος Πάγος και η Ακρόπολη από την ωραιότερη πλευρά τους. Βλέπει κανείς τα Προπύλαια και το καλύτερα διατηρημένο αέτωμα του Παρθενώνος, και λίγο πιο αριστερά, στο πρώτο επίπεδο, τον ναό του Θησέως. Η θάλασσα είναι ορατή από τα νότια και δυτικά παράθυρα του ανακτόρου από το ακρωτήριο Ζωστήρ μέχρι τον Ισθμό, ενώ τα δυτικά, βορεινά και ανατολικά παράθυρα προσφέρουν μια ανεμπόδιστη και χωρίς διακοπές θέα των ωραίων αττικών λόφων και βουνών.
Μια πανοραμική άποψη της Αθήνας μπορεί και πρέπει να σχεδιασθεί μόνον απ' αυτή τη θέση. (...)
Αυτός καθεαυτός ο κήπος έχει εξαιρετικά ευνοϊκή θέση και διαμόρφωση, διότι περιλαμβάνει ένα τμήμα με ανώμαλο έδαφος, επίπεδες επιφάνειες, βράχια, δροσερές σπηλιές και κατάλοιπα αρχαίων, και διότι μπορεί να αρδεύεται επαρκώς, έτσι ώστε να ευδοκιμήσουν και φυλλοβόλα φυτά, τα οποία όπως είναι γνωστό εξασφαλίζουν πολύ ταχύτερα σκιά και απόλαυση από τα αειθαλή και πολύ αργά αναπτυσσόμενα δέντρα και τους θάμνους. Παράλληλα με τα ταχέως αναπτυσσόμενα αυτά φυτά μπορούν και πρέπει ωστόσο να φυτευθούν και αειθαλή φυτά του Νότου, ώστε στο μέλλον να αποκτήσει κανείς έναν κήπο με αληθινά μεσημβρινό χαρακτήρα". (Leo von Klenze: *Aphoristische Bemerkungen...,* σελ. 481-482· βλ. τεκμήριον 48 συλλογής "Κειμένων").
Και συνεχίζει:
"Το μέγαρο της Αυτού Μεγαλειότητος του Βασιλέως της Ελλάδος θα έπρεπε να ικανοποιεί οπωσδήποτε τις σημερινές ανάγκες με τρόπο ώστε, μην αποκλείοντας την ιδιόμορφη γοητεία και τις αξιώσεις του ελληνικού Νότου, να εναρμονίζεται με τον γνήσιο ρυθμό της ελληνικής αρχιτεκτονικής.
Ευτυχώς όμως εγγενές στοιχείο της [αρχαίας] ελληνικής αρχιτεκτονικής είναι ο ευπροσάρμοστος χαρακτήρ της, που επιτρέπει την προσαρμογή της σε κάθε αντικείμενο [δηλαδή κτίσμα] και σε κάθε είδους ανάγκες· έτσι, οι δυσκολίες οι οποίες ίσως θα μπορούσαν να παρουσιασθούν απ' αυτή την πλευρά προσέδωσαν στην εκπόνηση του σχεδίου, που παρουσιάζουμε εδώ, πρόσθετη γοητεία.
Ενώ όμως οι επί μέρους [αρχαιο-] ελληνικές μορφές της αρχιτεκτονικής αποδείχθησαν απολύτως επαρκείς, στην προκειμένη περίπτωση εγεννήθη το ερώτημα της σύνθεσής τους: τι ήταν σκοπιμώτερο, η συνένωσή τους σε ένα κανονικό γεωμετρικό ή μάλλον σε ένα γραφικό σύνολο; επ' αυτού νομίσαμε αναγκαίο να τηρήσουμε μίαν αρχή που επαρουσιάσαμε ήδη κατά την ανάπτυξη του σχεδίου μας για την πόλη της Αθήνας. Νομίζουμε δηλαδή ότι για τα κτίσματα του Νότου η μεγάλη ευθύγραμμη και άκαμπτη βόρεια θεωρία περί καταληκτικής θέας (point de vue) είναι κατ' εξοχήν αταίριαστη και ότι εδώ στο λοφώδες αυτό έδαφος έπρεπε κανείς να υιοθετήσει τον τρόπο των αρχαίων και να προτιμήσει μία γραφική σύνθεση. (...)
Νομίσαμε λοιπόν (και αυτή η σκέψη εγεννήθη μέσα μας, όπως και ολόκληρο το σχέδιο, επιτόπου μετά από επανειλημμένη σκέψη) πως ό,τι ήταν αναγκαίο θα επετυγχάνετο με τον γραφικό [δηλ. ελεύθερο] συνδυασμό των μεμονωμένων κτηρίων (το καθένα από τα οποία θα αποτελούσε καθεαυτό έναν ξεχωριστό συμμετρικό όγκο)". (Leo von Klenze: *Aphoristische Bemerkungen...,* σελ. 486-487· βλ. τεκμήριον 48 συλλογής "Κειμένων").

48. Εδώ η σχετική ομολογία του Klenze:
"Όταν η Μεγαλειότης του, αφού πρώτα ηρεύνησε με τον ωριμώτερο και προσεκτικώτερο δυνατό τρόπο το θέμα, απεφάνθη υπέρ της δεύτερης επιλογής [δηλαδή της χωροθέτησης του ανακτόρου στον Κεραμεικό], στη θέση που ήμουν και με τα υπηρεσιακά καθήκοντα που είχα, ευχαρίστως θα άφηνα την περαιτέρω επεξεργασία του σχεδίου σε οποιονδήποτε άλλον. Αλλά οι παροτρύνσεις της Μεγαλειότητός του να αναλάβω ο ίδιος αυτή την εργασία ήταν τόσο ευμενείς, επιτακτικές και συχνές, που τελικά ηναγκάσθην να υποχωρήσω, κυρίως διότι, αν και δεν θα είχα την ευκαιρία να δω να πραγματοποιείται κάτι ικανοποιητικό, θα μπορούσα ει μη τι άλλο να συνδέσω ένα ελεύθερο και μεγαλόπνοο αρχιτεκτονικό σχέδιο με την ωραία ψευδαίσθηση της πραγματοποίησής του. Πόσο γοητεύει η ελεύθερη δημιουργία τον αρχιτέκτονα της πράξης, μπορεί να κρίνει μόνον όποιος ευρίσκεται σε παρόμοια με τη δική μου θέση και έχει εξίσου πολλές ευκαιρίες, όπως εγώ, να δει τα έργα του να πραγματοποιούνται! (...)
Όλα τα εμπόδια που ενεφανίσθησαν αργότερα ήσαν αρκετά γνωστά και προβλέψιμα, και θα έπρεπε να με ωθήσουν να εκπονήσω ένα μικρό και –τουλάχιστον φαινομενικά ή προς το παρόν– οικονομικώτερο σχέδιο, εάν ο στόχος ήταν η πραγματοποίησή του, και να παραμερίσω την επιθυμία της ελεύθερης διατύπωσης μιας αρχιτεκτονικής ιδέας. Όμως, όπως είπα, στη θέση μου, δηλαδή στη θέση ενός ανθρώπου που είχε πολλά πραγματοποιημένα σχέδια στο ενεργητικό του αλλά πολύ ολίγες ελεύθερες συνθέσεις, επροτίμησα το τελευταίο, και έτσι εγεννήθη το σχέδιο των ανακτόρων που παρουσιάζω εδώ". (Leo von Klenze: *Aphoristische Bemerkungen...,* σελ. 476-478· βλ. τεκμήριον 48 συλλογής "Κειμένων").

49. Τη σκέψη της σταδιακής κατασκευής των βασιλικών ανακτόρων την υπαγόρευσε βεβαίως η οικονομική αναγκαιότης, ανταπεκρίνετο όμως και στην πεποίθηση του Klenze ότι τα αρχιτεκτονικά σύνολα, όπως εξ άλλου και οι πόλεις, θα έπρεπε να αναπτύσσονται βαθμιαίως:
"Είναι αυτονόητο ότι όλο αυτό το κτηριακό συγκρότημα εάν ενεκρίνετο από τη Μεγαλειότητά του τον Βασιλέα της Ελλάδος και εάν απεφασίζετο η ανέγερσή του, η ολοκλήρωσή του θα απαιτούσε μια σειρά ετών και, εάν όχι δυσανάλογα και απρόσιτα, ωστόσο σημαντικά χρηματικά ποσά. Γι' αυτό τον λόγο και σύμφωνα με τις ρητές προθέσεις της Μεγαλειότητός του, τις οποίες μου ανεκοίνωσε, φροντίσαμε να σχεδιασθεί έτσι ώστε να ανταποκρίνεται στις υφιστάμενες ανάγκες, ακόμα και εάν εκτίζετο μόνον ένα τμήμα του και έτσι ώστε, καθώς θα εμεγάλωνε με την προσθήκη ενός νέου κάθε φορά τμήματος, να δικαιώνει κάθε φορά το αρχικό σχέδιο". (Leo von Klenze: *Aphoristische Bemerkungen...,* σελ. 496· βλ. τεκμήριον 48 συλλογής "Κειμένων").

50. "Το σχέδιο [του Klenze] για τα ανάκτορα θα ήταν ασφαλώς καταλληλότερο και, όπως ήταν διαμορφωμένο με ευάερες αυλές, περίπτερα, άνδηρα και πί-

δακες, θα ταίριαζε πολύ καλύτερα στο ελληνικό κλίμα από ό,τι το παλάτι του Gaertner, το οποίο με τις περίκλειστες αυλές και τους απωθητικούς εσωτερικούς διαδρόμους του θα ταίριαζε μάλλον για κατοικία ενός ηγεμόνος, που στη χώρα του επικρατεί πάντα χειμώνας, και όχι για τα ανάκτορα μιας χώρας που χαίρεται το υπέροχο ήπιο κλίμα όλο τον χρόνο. Επίσης, η ιδέα να ενταχθεί ο ναός του Θησέως στον βασιλικό κήπο που περιέβαλε τα ανάκτορα ήταν πραγματικά εφευρετική. Το κόστος όμως μεταφοράς νερού σ' αυτούς τους κήπους, πράγμα αδύνατο χωρίς ανυψωτικές μηχανές, θα ήταν ανυπολόγιστο, ενώ επί πλέον ένα μεγάλο μέρος του μελλοντικού κήπου θα έπρεπε να μεταμορφωθεί από βραχώδες έδαφος σε εύφορη γη". (Friedrich Stauffert: *Die Anlage von Athen und der jetzige Zustand der Baukunst in Griechenland*, 1844, σελ. 6· βλ. τεκμήριον 4 συλλογής "Κειμένων").

51. Σχόλιο του E. Kopp στο έργο του: *Leo von Klenzes architektonische Werke* στο περιοδικό *Kritische Blaetter besonders ueber das Bauwesen*, τεύχη II και III, Jena 1854, σελ. 239).

52. Ο Γ. Τσιώμης παρατηρεί ευστόχως πως ο Klenze προβαίνει στην αξιολόγηση των υφισταμένων κτηρίων στην περιοχή των ανασκαφών και στη διάκρισή τους σε κατηγορίες με βάση αισθητικά αλλά και οικονομικά κριτήρια και ότι κατ' αυτόν τον τρόπο συνδέει στενά αρχαιολογικά ενδιαφέροντα με αναγκαιότητες που είναι απόρροια της κερδοσκοπίας επί της γης. Αυτό ακριβώς, για τον Τσιώμη, αποτελεί απόδειξη ενός πραγματισμού που στοχεύει στην επιτυχία· γιατί οι εκκλήσεις δεν έφθαναν για να ανοικοδομηθεί η Αθήνα:
"Η ταξινόμηση [των θεμάτων] από τον Klenze αποτελεί, πράγματι, εξαίρεση για την εποχή εκείνη, γιατί αναφερόμενος αμέσως στο κόστος απαλλοτρίωσης και άρα στον προϋπολογισμό συνδέει αισθητικά και ιδεολογικά κριτήρια με την πραγματικότητα επί του πεδίου. Η σύνδεση αυτή μεταξύ 'αιθερίων' και συγκεκριμένων στοιχείων –στην περίπτωση της Αθήνας η επικάλυψη αρχαιολογίας και κερδοσκοπίας– αποτελεί ασφαλώς μια ένδειξη πραγματισμού, αλλά οδηγεί επίσης στην ακόλουθη διαπίστωση: στον άμεσο πολιτικό ρόλο που θα διαδραματίσουν οι αρχαιότητες. Η ευελιξία την οποία επιδεικνύει ο Klenze στο καινούριο σχέδιό του δείχνει τον διαφορετικού τύπου ρεαλισμό που τον διακρίνει σε σύγκριση με τους Κλεάνθη και Schaubert, ρεαλισμό αναγκαίο προκειμένου να είναι αποτελεσματικό το σχέδιο. Δεν φθάνει να το απαιτήσει κανείς για να αναβιώσει η Αθήνα". (Τσιώμης, Γ.: *Athènes a soi-même étrangère*, Παρίσι 1983, σελ. 580).

53. Πολύ μονόπλευρα κρίνει επ' αυτού ο Κωνσταντίνος Μπίρης. Υποθέτει πως μόνον η απόλυτη αφοσίωση του Klenze προς τον Βασιλέα Λουδοβίκο, που αγγίζει τα όρια της δουλικότητος, υπαγόρευσε τις σχετικές συστάσεις του:
"Η διαπίστωσις αυτή μας επιτρέπει να συμπεράνωμεν ότι ο κύριος σκοπός του Κλέντσε υπήρξε πώς να ικανοποιήση τους πόθους των Αθηναίων δια να φανή ευάρεστος εις αυτούς, και να εξαγάγη την Βασιλείαν από την δύσκολον θέσιν εις την οποίαν την έφερεν η εξέγερσίς των. Την σκέψιν του αυτήν ομολογεί άλλωστε εις μίαν περικοπήν του βιβλίου του, εις την οποίαν γράφει ότι δεν επρότεινεν να γίνη αλλού η πόλις δια να μη θέση εις δύσκολον θέσιν την Βασιλείαν έναντι της βεβαίας εξεγέρσεως των ιδιοκτητών, οι οποίοι θα εζημιούντο από την μετάθεσιν αυτήν. Εκ πρώτης όψεως ίσως φαίνεται περίεργον πώς εις τόσον διακεκριμένος αρχιτέκτων ήτο δυνατόν να υποτάξη τας πεποιθήσεις του εις τόσον ευτελείς σκοπούς. Το πράγμα όμως εξηγείται επαρκώς, όταν ληφθή υπ' όψιν ότι ο Κλέντσε ήτο τεταγμένος εις την υπηρεσίαν του βασιλικού οίκου των Βίττελσμπαχ, του οποίου τα συμφέροντα ώφειλε να υπηρετή τυφλώς και με πάσαν θυσίαν". (Μπίρης, Κωνσταντίνος: *Τα πρώτα σχέδια των Αθηνών*, Αθήναι, 1933, σελ. 21).

54. Αυτό τονίζει και ο Γ. Τσιώμης, όταν κάνει λόγο για τον "χαρακτήρα κατευθυντήριων γραμμών" των δύο πρωτευουσών οδών της νέας πόλης, οι οποίες θα αποτελούσαν τον σκελετό της ανάπτυξης της πόλης στο σχέδιο του Klenze:
"Το γεωμετρικό σχήμα, το σχέδιο που παράγεται διανοητικά, στον Klenze δεν μεταγράφεται κατ' ανάγκην σε γραμμές που απεικονίζουν ρυμοτομικές γραμμές ή οδούς. Το σχέδιο της νέας πόλης, βασιζόμενο στα ίδια δεδομένα με το προηγούμενο [σχέδιο], ως προς τα φυσικά σημεία αναφοράς θα πραγματοποιηθεί με βάση μιαν ιδέα: να περιβάλει την [παλαιά] πόλη και να την 'ολοκληρώσει' με τάξη, αντί να καταστρώσει έναν κάναβο, εξ υπαρχής γεωμετρικό και επεκτάσιμο επ' άπειρον, στον οποίο οφείλει να υποταχθεί η χάραξη των δρόμων. Έτσι, οι δυο πλευρές που ξεκινούν από την κορυφή του τριγώνου (την παλαιά θέση των ανακτόρων) γίνονται οι κατευθυντήριες γραμμές που περιζώνουν την παλαιά πόλη". (Τσιώμης, Γ.: *Athènes a soi-même étrangère*, Παρίσι 1983, σελ. 564)

55. Την προφανή αδυναμία του Klenze να επεξεργασθεί ένα πρωτότυπο γενικό σχέδιο της πόλης, το οποίο θα ήταν προϊόν ενός σαφούς πολεοδομικού οράματος, υπογραμμίζει και ο Στέφανος Σίνος:
"Δεν είναι εύκολο να ανακαλύψει κανείς κάποια υψηλή ποιότητα σ' αυτόν τον σχεδιασμό, εκτός από την ιδέα να κτισθεί η πόλη έτσι ώστε να δημιουργεί την εντύπωση της ιστορικής συνέχειας. Είναι όμως δύσκολο να πεις εάν αυτό έγινε συνειδητά ή όχι· μάλλον είμαστε υποχρεωμένοι να δούμε εδώ την αδυναμία ενός αρχιτέκτονος να συνθέσει σε μεγάλη, πολεοδομική κλίμακα. Ευτυχώς βέβαια που τουλάχιστον το διοικητικό κέντρο δεν εκτίσθη εκεί που ήθελε ο Klenze". (Σίνος, Στέφανος: *Die Gruendung der neuen Stadt Athen*. Στο περιοδικό: *Architectura*, Muenchen 1974, σελ. 48).

56. Επ' αυτού λέει και πάλιν ο Στέφανος Σίνος:
"Ο σχεδιασμός ενός ολόκληρου διοικητικού κέντρου στις παρυφές της πόλης σήμερα ίσως να είναι δυνατός, την εποχή του Klenze όμως δεν έδειχνε παρά τη ρομαντική του θέση απέναντι στο πρόβλημα. Ο σχεδιασμός ενός τέτοιου κέντρου που στρέφει τα νώτα του στην πόλη, που έχει ως άξονα των ανακτόρων τη θέα προς τη θάλασσα και ως άξονα των βουλευτηρίων και υπουργείων την οδό προς την Ελευσίνα, ιδεολογικά πρέπει να είναι πολύ πιο κοντά στην ιδέα της απόλυτης μοναρχίας απ' ό,τι η λύση που προτείνεται στο σχέδιο των Κλεάνθη και Schaubert. Στο σχέδιο του Klenze η πόλη αγνοείται από την κυβέρνηση, στο προηγούμενο σχέδιο αντίθετα η κυβέρνηση περιβάλλεται από την πόλη". Σίνος, Στέφανος: *Die Gruendung der neuen Stadt Athen*. Στο περιοδικό: *Architectura*, Muenchen 1974, σελ. 48).

57. Στην εισαγωγή του καταλόγου της μεγάλης έκθεσης για τις εργασίες αναστήλωσης των μνημείων της Ακρόπολης ("*The Acropolis at Athens. Conservation, Restoration and Research*", Αθήνα 1985) υπάρχει η εξής εκτίμηση της συμβολής του Klenze:
"Ο Leo von Klenze, ο φημισμένος αρχιτέκτων της Βαυαρικής Αυλής του Μονάχου, επεσκέφθη την Ελλάδα από τον Ιούλιο έως τον Σεπτέμβριο του 1834· η σύντομη παραμονή του απεδείχθη αποφασιστικής σημασίας για την τύχη των μνημείων της Ακρόπολης. Ο von Klenze, μία από τις κορυφαίες προσωπικότητες του ρομαντικού κλασικισμού, υπέβαλε τρία υπομνήματα στην αντιβασιλεία και στον Βασιλέα Όθωνα, με τα οποία ετέθησαν για πρώτη φορά οι αρχές της αναστήλωσης και της ανασκαφής της Ακρόπολης". (Από την εισαγωγή του προαναφερομένου καταλόγου με τίτλο: Επεμβάσεις στην Ακρόπολη: 1833-1975 της Μαρίας Καζανάκη και της Φανής Μαλλούχου).
Και ο F. W. Hamdorf υπενθυμίζει ότι: "Τα μέσα του κράτους (...) δεν έφθαναν ούτε καν για τις πιο επιτακτικές δημόσιες δαπάνες. Πρώτος ο Klenze μπόρεσε, λόγω της ασυνήθιστης θέσης του, να δώσει κάποια έμφαση στα ενδιαφέροντα της συντήρησης των μνημείων, ενώ μέχρι τότε εδίδοντο χρήματα μόνο για αναρίθμητα προγράμματα στο όνομα της παλιγγενεσίας και της αναβίωσης της Ελλάδος". (Hamdorf, Friedrich-Wilhelm: *Klenzes archaeologische Studien und Reisen, seine Mission in Griechenland*. Στον Κατάλογο της Έκθεσης *Ein griechischer Traum. Leo von Klenze der Archaeologe*, Muenchen 1985, σελ. 163).

58. Ο νόμος αυτός της 20.5.1834 με τα 114 άρθρα του, που εδημοσιεύθη στο Ναύπλιο από την αντιβασιλεία και φέρει τον χαρακτηριστικό τίτλο "περί των επιστημονικών και τεχνολογικών συλλογών περί ανακαλύψεως και διατηρήσεως των αρχαιοτήτων και της χρήσεως αυτών", είναι ένα από τα πρώτα διεξοδικά νομοθετήματα περί προστασίας μνημείων στην Ευρώπη. Δεν ρυθμίζει απλώς οργανωτικά ζητήματα, όπως τη συγκρότηση επιστημονικών συλλογών και συλλογών έργων τέχνης (Τμήμα Α), καθώς και τη δομή των εποπτικών αρχών (Τμήμα Β), αλλά ασχολείται με όλα τα σημαντικά ζητήματα "περί αρχαιοτήτων" (Τμήμα Γ). Οι κυριώτερες διατάξεις του νόμου, που εξα-

κολουθούν εν πολλοίς να αποτελούν μέχρι σήμερα τον πυρήνα της σχετικής ελληνικής νομοθεσίας, είναι οι εξής:

Περί δικαιωμάτων ιδιοκτησίας επί αρχαιοτήτων:

Άρθρον 61. Όλαι αι εντός της Ελλάδος αρχαιότητες, ως έργα των προγόνων του ελληνικού λαού, θεωρούνται ως κτήμα εθνικόν όλων των Ελλήνων εν γένει.

Άρθρον 62. Όλα τα επί εθνικής γης, ή υπ' αυτήν, ή εις τον πυθμένα της θαλάσσης, εις ποταμούς και δημοσίους ρύακας, εις λίμνας ή βάλτους ευρισκόμενα ερείπια ή άλλα αρχαιότητος αντικείμενα, οποίου δήποτε ονόματος, είναι ιδιοκτησία του Κράτους.

Άρθρον 63. Ιδιοκτησία των ιδιωτών είναι: α. όλαι αι εις ιδιωτικάς συλλογάς, ή εις κτήσιν ιδιωτών ευρισκόμεναι αρχαιότητες· β. όλα τα επί ιδιοκτήτων γαιών ή υπ' αυτάς ευρισκόμενα ερείπια ή άλλαι αρχαιότητες, κατά τους όρους του επομένου άρθρου 64.

Άρθρον 64. Των επί ιδιοκτήτου γης, υπ' αυτήν, εις τοίχους, υπό συντρίμματα, ή όπως δήποτε άλλως κρυπτομένων, και μετά την εποχήν, καθ' ην ο παρών νόμος εμβαίνει εις ενέργειαν, ανακαλυφθησομένων, είτε κατά τύχην, είτε δι' επίτηδες ανασκαφής, αρχαιοτήτων, η ιδιοκτησία ανήκει εξ ημισείας εις το Κράτος, συμφώνως με τα περί τούτου οριζόμενα εις το 80 άρθρον.

Περί εισαγωγής και εξαγωγής αρχαιοτήτων:

Άρθρον 75. Όλα της αρχαιότητος τα αντικείμενα εισάγονται ανεμποδίστως εις την Επικράτειαν. Ο θέλων να διατηρήση το δικαίωμα της αύθις εξαγωγής αυτών, χρεωστεί εντός 8 ημερών μετά την άφιξιν των τοιούτων αρχαιοτήτων να ειδοποιήση περί αυτών μίαν από τας εις το άρθρον 65 στοιχ. α' αναφερομένας επιτροπάς, και να δώση τον κατά τα άρθρα 67 και 68 απαιτούμενον κατάλογον. Αμεληθείσης της διατάξεως ταύτης, θεωρούνται αι εισαχθείσαι αρχαιότητες ως επιτόπιοι, και ισχύει περί αυτών το άρθρον 76.

Άρθρον 76. Αρχαιότητες, εντός της Ελλάδος ανευρεθείσαι, δεν δύνανται χωρίς αδείας της Κυβερνήσεως επ' ουδεμία προφάσει να εξαχθώσιν εκτός της Επικρατείας, επί τη εις το άρθρον 702 ποινικού νόμου επιβαλλομένη ποινή.

Περί δικαιώματος διαθέσεως των αρχαιοτήτων και περί χρήσεως αυτών:

Άρθρον 84. Ιδιώται, έχοντες ή μεμονωμένας ελληνικάς αρχαιότητας ή συλλογάς αυτών, ή ιδιοκτησίας επί των οποίων ευρίσκονται τοιαύται, θεωρούνται, κατά το άρθρον 61, και μερικωτέρως κατά τους όρους των άρθρων 64, 65 και 80, ως κεκτημένα ελληνικά εθνικά κτήματα, επομένως πάσα εν γνώσει φθορά ή βλάβη αυτών τοις απαγορεύεται.

Άρθρον 85. Ιδίως απαγορεύεται εις τοιούτους ιδιώτας, άνευ αδείας: α. Να φθείρουν ή να παραβλάπτουν ευρισκόμενα ή ανακαλυπτόμενα εις το μέλλον επί ιδιοκτήτων αυτών γαιών αρχαία μνημεία, λείψανα παλαιών οδών, λουτρών, τάφων κτλ. β. Να κατασκευάζουν εις περιφέρειαν ενός τετάρτου μυριομέτρου ελληνικών λειψάνων ασβεστοκαμίνους, δια να μη δίδεται αφορμή και περίστασις εις βλάβην και φθορά των αρχαιοτήτων· γ. Να λαμβάνουν πλησίον των αρχαίων οικοδομημάτων μέτρα δυνάμενα να επιφέρουν κατάπτωσιν αυτών· δ. Να αφαιρούν πέτρας από τα πεπτωκότα μνημεία της αρχαιότητος· ε. Να αφαιρούν αρχαιότητας οποίας δήποτε από εκκλησίας ιδιοκτήτους ή μοναστήρια· ζ. Να στήνουν ικριώματα (σκαλωσαίς) επάνω εις κτήρια αρχαία, είτε δια να αποτυπώσουν μέρη αυτών, είτε δια να ζωγραφίσουν, είτε δια να καταμετρήσουν αυτά, είτε δι'οποιονδήποτε άλλον σκοπόν· η. Να μεταχειρίζωνται τους επί ιδιοκτήτων τόπων ευρισκομένους, εντελώς ή κατά μέρος σώους ναούς και άλλα ελληνικά κτήρια, τάφους, σαρκοφάγους και άλλα της αρχαιότητος αντικείμενα, προς οικονομικόν τινά σκοπόν, ιδίως δε ως κατοικίας, αποθήκας καρπών, φάτνας, ποτιστήρια κτλ., καν δεν ήθελε προξενείσθαι ως εκ τοιαύτης χρήσεως άμεσός τις φθορά ή βλάβη.

Άρθρον 86. Παρατηρήσας ο ιδιώτης ότι το επί της ιδιοκτησίας του ευρισκόμενον μνημείον της αρχαιότητος κινδυνεύει να κρημνισθή, θέλει ειδοποιεί επί τούτου μίαν των εις το άρθρ. 29 αναφερομένων επιτροπών, ή τον κατά τον δήμον, την επαρχίαν ή τον νομόν έφορον, δια να ληφθούν υπό την διεύθυνσιν του γενικού εφόρου τα αναγκαία μέτρα προς διατήρησιν αυτού.

Περί ανασκαφών:

Άρθρον 100. Ουδείς ανεξαιρέτως θέλει επιχειρίζεσθαι άνευ αδείας ανασκαφάς, είτε εις ιδιόκτητον είτε εις ξένον τόπον, επί ποινή προστίμου 25-2000 δραχμών και δημεύσεως των ανευρεθεισών αρχαιοτήτων.

Άρθρον 107. Η κυβέρνησις έχει το δικαίωμα να κλείη και να εμποδίζη επιτραπείσας ήδη και αρχισθείσας ανασκαφάς, οσάκις αυταί δύνανται να είναι επιβλαβείς εις την κοινήν ασφάλειαν και υγείαν. Το κλείσιμον αυτών θέλει ζητείσθαι από τον πλησιέστερον έπαρχον ή νομάρχην, αλλά δύναται να επιταχθή παρ' αυτού και εξ επαγγέλματος.

Και τέλος,

Περί αντικειμένων θεωρουμένων ως αρχαιοτήτων:

Άρθρον 110. Εκτός των έργων αρχιτεκτονικής και γλυπτικής, θεωρούνται ως αρχαιότητες και όγκοι λαξευμένων μαρμάρων ή πετρών οποίου δήποτε σχήματος· ομοίως και ζωγραφίαι, ψηφωτά, αγγεία, όπλα, κοσμήματα και άλλα μετάλλινα ή πήλινα σκεύη, δακτυλιόλιθοι, νομίσματα και επιγραφαί παντός είδους. Όλα τα τοιαύτα αντικείμενα υπόκεινται εις τους όρους του παρόντος.

Άρθρον 111. Και τα αντικείμενα της τέχνης ακόμα, τα προερχόμενα από την αρχαιοτάτην εποχήν του χριστιανισμού ή τον μεσαίωνα, δεν εξαιρούνται από τους κανονισμούς του παρόντος.

59. Για την έκταση των αναστηλωτικών εργασιών στην Ακρόπολη ο Ludwig Ross αναφέρει τα εξής: "Παρόντος ακόμη του κυρίου von Klenze στην Αθήνα, τον Αύγουστο του 1834, ήρχισαν αι ανασκαφικαί και αναστηλωτικαί εργασίαι στην Ακρόπολη και εγκαινιάσθησαν κατά την επίσκεψιν του Βασιλέως με μίαν μικράν κατάλληλον τελετήν κάτω από τα σεβάσμια περιστύλια του Παρθενώνος. Στη συνέχεια, η διεύθυνσις των εργασιών ανετέθη εις εμέ, διωρίσθην έφορος αρχαιοτήτων ('ο επί των αρχαιοτήτων')· αλλά εξαιτίας του ταξιδιού, στο οποίον είχα την τιμή να συνοδεύσω τον Βασιλέα, και εξαιτίας των κοπιαστικών και ενοχλητικών καθηκόντων μου εις την οικοδομικήν επιτροπήν διεκόπησαν αι εργασίαι αυταί δια αρκετούς μήνας. Επιτέλους επραγματοποιήθη η εγκατάστασις της κυβερνήσεως και το έργον μπόρεσε να συνεχισθεί. Εγκατεστάθην ξανά στην ταπεινή μου κατοικία στις βόρειες κλιτύες της Ακροπόλεως, επάνω στον δρόμο που είχα δει πολλές φορές παλαιότερα να ανηφορίζει ο προκάτοχός μου ο Ντισντάρ-αγάς με τον τυμπανιστή του· ο προϊστάμενος αρχιτέκτων [διευθυντής της αρχιτεκτονικής υπηρεσίας του Υπουργείου Εσωτερικών], ο φίλος μου Schaubert από το Breslau και ο ικανός Δανός αρχιτέκτων Christian Hansen, που τώρα κατασκευάζει τα κτήρια του αυστριακού οίκου Lloyd στην Τεργέστη, ωρίσθησαν υφιστάμενοί μου για το τεχνικόν μέρος. Δια τη φύλαξιν της Ακροπόλεως και δια να συνοδεύουν και να επιτηρούν τους επισκέπτας των αρχαίων μνημείων ετέθησαν εις την διάθεσίν μου δώδεκα απόμαχοι του λόχου απομάχων της Μονεμβασιάς (Napoli di Malvasia), εξαιρετικά θετικοί, καλοί και ευσυνείδητοι άνθρωποι, που δεν είχα ποτέ παράπονο απ' αυτούς. Εις την είσοδον της Ακροπόλεως επάνω από το Ωδείον του Ηρώδου του Αττικού, ο Schaubert κι εγώ τους εκτίσαμε ένα σπιτάκι που, για να υποδηλοί ο αρχιτεκτονικός του χαρακτήρ τη χρήσιν του, το συνθέσαμε κατά το μεγαλύτερο μέρος από άχρηστα αρχαία συντρίμματα, σπονδύλους κιόνων, επιστύλια, ανάγλυφα και επιγραφές". (Ross, Ludwig: *Erinnerungen und Mittheilungen aus Griechenland,* Berlin 1863, σελ. 80-81).

60. Στις 18 Αυγούστου 1834, η αντιβασιλεία διαβεβαιώνει τον Klenze "ότι ουδέποτε υπήρξεν πρόθεσις αντιμετωπίσεως της Ακροπόλεως ως οχυρού" (βλ. τεκμήριον 12 συλλογής "Κειμένων"), πράγμα που κατοχυρώνεται με το άρθρο 5: "Η Ακρόπολις παύει να είναι οχυρόν και δεν επιτρέπεται να χρησιμοποιηθή ως οχυρόν ποτέ πλέον" του Διατάγματος από 30.9.1834 (βλ. τεκμήριον 14 συλλογής "Κειμένων").

Εν τούτοις επέρασαν 5 μήνες μέχρις ότου απομακρυνθεί η φρουρά, τον Φεβρουάριο του 1835 μετά από προσπάθειες του Ludwig Ross. Παραθέτουμε όσα πολύ διαφωτιστικά γράφει σχετικά ο ίδιος: "Η Ακρόπολη βέβαια ήταν πάντα υπό στρατιωτική κατοχή. Στο μεγάλο τουρκικό τζαμί που υπήρχε τότε στη μέση του Παρθενώνος, στις πτέρυγες των Προπυλαίων, που εχρησίμευον στους Τούρκους ως στρατιωτικές αποθήκες, και στα άλλα κατοικήσιμα ακόμα κατάλοιπα των παλαιοτέρων παραπηγμάτων διέμενε ένας λόχος Βαυαρών με μερικά κανόνια, αφ' ενός μεν επειδή πραγματικά δεν υπήρχε άλλο κατάλυμα για τους ανθρώπους, αφ' ετέρου επειδή ο τότε υπουργός στρατιωτικών, ο αποθανών στρατηγός von Leisure, δεν μπορούσε να εγκαταλείψει την ιδέα ότι η ασφάλεια της Αθήνας απήτει την στρατιωτικήν κατοχήν της Ακροπόλεως, ενώ ταυτοχρόνως εθεώρει θέμα τιμής το να μην παραγκωνισθεί εδώ από τας πολιτικάς αρχάς. Κάθε ημέραν στις 12 η ώρα, λόγω ελλείψεως ωρολογίου, ανήγγελε το μεσημέρι μια κανονιά από την Ακρόπολιν. Αλλά η παρουσία των στρατιωτών ημπόδιζε πολύ την εργασία μου· εκτός απ' αυτό, εχρειαζόμην κι εγώ όλα τα κτήρια για αποθήκες προμηθειών και υπόστεγα για τις χειράμαξες, τους μοχλούς, τις τροχαλίες και τα άλλα εργαλεία. Επίεζα λοιπόν ακαταπαύστως δια να απομακρυνθούν εντελώς οι στρατιωτικοί από την Ακρόπολιν· μέσα στους κόλπους της αντιβασιλείας με υπεστήριζε ο κύριος von Kobell με όλας του τας δυνάμεις, ώσπου τον Φεβρουάριο εδόθη επιτέλους η σχετική διαταγή. Ο στρατηγός Leisure εθίχθη βαθύτατα· για να με παιδεύσει άφησε όλο το τζαμί γεμάτο με στρατιωτικές αποσκευές. Εγώ απήτησα την άμεση απομάκρυνσή τους και ηπείλησα εγγράφως ότι σε αντίθετη περίπτωση θα πετούσα όλα τα πράγματα έξω. Μου έστειλε τότε έναν αξιωματικόν, που παρουσία μου εσφράγισε το τζαμί και συνέταξε πρωτόκολλον απογραφής των πραγμάτων που περιείχε. Εδήλωσα στον κύριο πως μπορούσε να εκτελέσει την εντολήν του προϊσταμένου του· μόλις όμως θα έφευγε θα έκλεινα την εξωτερικήν πύλην της Ακροπόλεως, διότι από εδώ και εις το εξής είχα εγώ τα κλειδιά της, θα απέλυα όλους μου τους εργάτες και θα ανέφερα το συμβάν στην υψηλή αντιβασιλεία. Το είπα και το έκανα.

Πέρασαν μερικές ημέρες και ο στρατηγός έλαβε την διαταγήν να εγκαταλείψει και το τζαμί και να μου παραδώσει όλα τα κτήρια· η αντιβασιλεία για να του δώσει μίαν μικράν ικανοποίησιν επέπληξε και μένα για το τραχύ και άπρεπο ύφος της αναφοράς μου, αλλά εδέχθην αυτή την μομφήν ευχαρίστως. Με τα μέτρα που είχαν αποφασισθεί ενίκησα απολύτως, ήμουν πλέον ο μόνος εξουσιαστής του κάστρου της Αθήνας και τίποτε πια δεν παρεμπόδιζε τις αρχαιολογικές μου εργασίες. Ο στρατός μού εκράτησε καιρό κακία για την ήττα του και έξω από την Ακρόπολη συνέβαιναν συχνά μικρές προστριβές. Εάν δεν είχα τότε επιμείνει, ίσως τα Προπύλαια να ήσαν ακόμη στρατών και φυλάκειο". (Ross, Ludwig: *Erinnerungen und Mittheilungen aus Griechenland,* Berlin 1863, σελ. 81-82).

61. Έτσι ο Klenze συνιστά π.χ. τη σαφή διάκριση μεταξύ αυθεντικών μαρμάρινων μελών και μαρμάρων που υπεκατέστησαν τα αρχικά, εισηγούμενος τη συνήθη σήμερα αντίληψη περί αναγνωσιμότητος των μέτρων αποκατάστασης των μνημείων: "Εάν δια την αναστήλωσιν ενός κίονος ελλείπουν ένα ή δύο τεμάχια, θα πρέπει να γίνουν νέα από τα διαθέσιμα μάρμαρα, αλλά χωρίς να αποσιωπηθεί και καταστεί αγνώριστος αυτή η αποκατάστασις δια μέσων προσποιήσεως". (Leo von Klenze: Γνωμάτευση της 6/18 Σεπτεμβρίου 1834 "περί ωρισμένων λεπτομερειών που αφορούν εις την διενέργειαν των αναστηλωτικών εργασιών εις την Ακρόπολη", η οποία περιλαμβάνεται εις το έργον του *Aphoristische Bemerkungen...*, σελ. 394· βλ. τεκμήριον 18 συλλογής "Κειμένων").
62. "Όλα τα αναγκαία δια την πραγματικήν αναστήλωσιν τεμάχια που είναι ακόμη εις καλήν κατάστασιν θα έπρεπε να μεταφερθούν αμέσως κατά τας ανασκαφάς εις τον τόπον της αναστηλώσεως ή όσον γίνεται πλησιέστερα προς αυτόν, όπου πρέπει να τοποθετηθούν και να χρησιμοποιηθούν. Όσα τεμάχια είναι άχρηστα πλέον δι' αυτόν τον σκοπόν, εφόσον παρουσιάζουν ακόμη κάποιον ενδιαφέρον διατηρούντα αρχιτεκτονικάς μορφάς, διατομάς, γείσα, διακοσμητικά στοιχεία, γλυπτό διάκοσμο ή ζωγραφιές, θα πρέπει επίσης να φυλαχθούν και να διαταχθούν με αρμόδιον και γραφικόν τρόπον μέσα και γύρω από το ερείπιον. Τοιουτοτρόπως το κτίσμα δεν θα χάσει τον αναπόφευκτον χαρακτήρα του γραφικού ερειπίου με τον οποίον το εσφράγισεν ο χρόνος". (Leo von Klenze: Γνωμάτευση της 6/18 Σεπτεμβρίου 1834 "περί ωρισμένων λεπτομερειών που αφορούν εις την διενέργειαν των αναστηλωτικών εργασιών εις την Ακρόπολιν" η οποία περιλαμβάνεται εις το έργον του *Aphoristische Bemerkungen...*, σελ. 393-394· βλ. τεκμήριον 18 συλλογής "Κειμένων").
63. "Αυτό το ύψωμα [δηλαδή η Ακρόπολη], αφ' ης στιγμής υπάρχει πλέον η επίσημη δήλωση πως δεν πρόκειται να ξαναχρησιμοποιηθεί και να θεωρηθεί ποτέ πια ως οχυρό, θα πρέπει να απελευθερωθεί το ταχύτερον δυνατόν από τα ερειπωμένα και άμορφα κτίσματα των βαρβαρικών εποχών. Όλα τα αρχαία τείχη θα έπρεπε όμως να εξαιρεθούν και ίσως μερικά γραφικά τμήματα των νέων οχυρωματικών έργων, παραδείγματος χάριν ο πύργος των Φλωρεντινών Acciajuoli, μια ενετική έπαλξη δίπλα στα Προπύλαια κ.λπ.". (Leo von Klenze: εισήγηση προς την ελληνική αντιβασιλεία, 3.9.1834, "περί τροποποίησης του σχεδίου πόλης της Αθήνας". Από το έργο: *Aphoristische Bemerkungen...*, σελ. 423· βλ. τεκμήριον Γ παρόντος κεφαλαίου).
64. "Τα ίχνη μιας βάρβαρης εποχής, χαλάσματα και άμορφα συντρίμμια θα εξαφανισθούν εδώ, όπως και παντού στην Ελλάδα και τα κατάλοιπα του ενδόξου παρελθόντος θα αναστηθούν με νέα λάμψη ως τα πλέον σταθερά θεμέλια ενός ενδόξου παρόντος και μέλλοντος". (Leo von Klenze: Προσφώνηση του Klenze προς τον Βασιλέα Όθωνα στις 10.9.1834 κατά την πανηγυρική έναρξη των εργασιών αναστήλωσης των μνημείων της Ακρόπολης. Από το έργο: *Aphoristische Bemerkungen...*, σελ. 386· βλ. τεκμήριον 45 συλλογής "Κειμένων").
65. Το γεγονός αυτό περιγράφει και ο Γ. Τσιώμης εύστοχα ως εξής:
"Αυτό είναι το πρόβλημα που έπρεπε να επιλύσει ο Leo von Klenze: στην αντιπαράθεση των ρευμάτων 'κατάληψης' [του χώρου] με την κυριολεκτική έννοια του όρου, όπου το ένα θεωρείται ως 'πολεοδόμηση' της πρωτεύουσας από επαγγελματίες ενώ το άλλο ως άγρια αστικοποίηση που ξεφεύγει από οποιαδήποτε λογική προγραμματισμού και άρα πολεοδομικού σχεδίου, οφείλει, με τις αδιαμφισβήτητες γνώσεις του, να δώσει λύση ο αρχιτέκτων του Λουδοβίκου της Βαυαρίας". (Τσιώμης, Γ.: *Athènes a soi-même étrangère*, Παρίσι 1983, σελ. 562)
66. Επ' αυτού επίσης ο Τσιώμης:
"Ολόκληρη η ζώνη, που είναι απροσδιόριστη [sic!] στο σχέδιο του Klenze, είναι ήδη κατοικημένη και κτισμένη πάνω στην παλαιά χάραξη της πόλης. Εξ άλλου, επάνω στους τρεις άξονες Βορρά-Νότου και στην υποτείνουσα του τριγώνου, την οδό Ερμού, υπάρχουν ήδη κατοικίες, που θα πρέπει να κατεδαφισθούν για να υλοποιηθούν αυτοί οι τέσσερεις δρόμοι. Με άλλα λόγια, σε διάστημα ενός χρόνου εκείνο που αποτελούσε αφηρημένο σχέδιο σε παρθένο έδαφος γίνεται εν μέρει σχέδιο διανοίξεων στο υφιστάμενο κέντρο μιας παλαιάς πόλης. Ο Klenze λαμβάνει υπ' όψιν του αυτή την πραγματικότητα. Πέραν των τεσσάρων οδών δεν θα πραγματοποιηθεί κανένας από τους άλλους που προεβλέποντο στο σχέδιο των Κλεάνθη-Schaubert. Πρέπει να προσθέσουμε ότι εκείνη τη στιγμή όλο το βορεινό τμήμα πέρα από το εμπορικό κέντρο είναι ακόμη ακατοίκητο". (Τσιώμης, Γ.: *Athènes a soi-même étrangère*, Παρίσι 1983, σελ. 563).
67. Ακριβείς πληροφορίες για τα μέτρα ρύθμισης της παλαιάς πόλης μάς δίνει η έκθεση του αρχιτέκτονος του δήμου της Αθήνας Friedrich Stauffert το 1844:
"Όσον αφορά την αρχιτεκτονική φυσιογνωμία της Αθήνας, η πόλη διαιρείται στην παλαιά, που οι Τούρκοι είχαν περιβάλει με ένα κατεδαφισμένο τώρα τείχος, και στη νέα Αθήνα, που είναι χωροθετημένη κατά το μεγαλύτερο μέρος της έξω από την παλαιά· ωστόσο τα δύο αυτά τμήματα συνδέονται στενά και τίποτε δεν τα χωρίζει. Η παλαιά πόλη διετηρήθη αναγκαστικώς σε γενικές γραμμές όπως ήταν· οι μόνες επεμβάσεις, όταν δεν τις παρεμπόδιζαν η δωροδοκία και ο νεποτισμός, ήταν οι ακόλουθες: διενοίχθησαν οι οδοί που θα ανεφερθούν στη συνέχεια, απεκόπησαν γωνίες, κόγχες, κτίσματα και ερείπια, που προεξείχαν πολύ στούς δρόμους, και διεπλατύνθησαν όσο το δυνατόν περισσότερο αι υπάρχουσαι οδοί.
Έτσι, η παλαιά αυτή συνοικία εβελτιώθη σημαντικώς, πράγμα που ίσως ο ξένος επισκέπτης δεν μπορεί να αντιληφθεί, γιατί μόνον όσοι εγνώρισαν τη φοβερή κατάσταση της Αθήνας το 1833 μπορούν να κρίνουν. Τη θέση των παλαιότερων στενωπών πλάτους 2-3, το πολύ 4 μέτρων, πήραν οδοί πλάτους 6, 7 και 9 μέτρων, και οι οικοδομικές γραμμές δεν είναι τεθλασμένες αλλά – στο βαθμό που το επέτρεπε η τοποθεσία, απαλά καμπύλες γραμμές, έτσι ώστε εκεί από όπου κάποτε διέβαινες μόνο πεζός, τώρα μπορείς να περάσεις άνετα με όχημα. Μόνο το τμήμα της πόλης που προωρίζετο για ανασκαφές εξηρέθη, όπως προανεφέραμε.

Η παλαιά πόλη τέμνεται κατά μήκος και με κατεύθυνση από τα δυτικά προς τα ανατολικά από την οδόν Έρμού που έχει μήκος 1300 και πλάτος 10 μέτρα. Στο ανατολικό άκρο της η οδός Ερμού καταλήγει στην μεγάλη πλατεία, που την ορίζουν μετωπικά το νέο ανάκτορο, προς δε τον βορρά, τον νότο και την δύση ιδιωτικές κατοικίες, και στην οποία θα κτισθούν μια μέρα τα κτήρια των υπουργείων.

Αυτή, καθώς και οι επόμενες δύο πρωτεύουσες οδοί της παλαιάς πόλης διενοίχθησαν το 1834 και συνήθως δια της βίας. Η αποζημίωση των οικοπέδων που απεκόπησαν, κυρίως των πτωχοτέρων ιδιοκτητών δεν είχε ακόμα καταβληθεί το 1843 και εκατοντάδες αιτήσεις προς τις αρμόδιες αρχές έμεναν πάντα χωρίς αποτέλεσμα· αντίθετα, είναι γνωστό πως πλούσιοι ιδίως Αθηναίοι απεζημιώθησαν.

Η δευτέρα κυρία οδός, η οδός Αιόλου, τέμνει την προηγούμενη οδό [Ερμού] κάθετα, έχει διεύθυνση από το νότον προς τον βορρά και ξεκινά από την πλατεία με τον Πύργο των Ανέμων. Ο Πύργος των Ανέμων, που ένα τμήμα του ύψους 5 μέτρων είναι ακόμα χωμένο στη γη, αποτελεί την καταληκτική θέα της οδού Αιόλου, όταν γυρίσει κανείς και κοιτάξει από τον βορρά προς την Ακρόπολη.

Η οδός Αθηνάς ξεκινά από την οδόν Ερμού και οδηγεί παραλλήλως προς την οδόν Αιόλου στην πλατεία, στην οποία μελλοντικά σε ανάμνηση του πολέμου για την απελευθέρωση από τους Τούρκους θα κτισθεί ο ναός του Σωτήρος, για τον οποίον ο αρχιτέκτων κύριος Lange εξεπόνησε ένα υπέροχο σχέδιο σε βυζαντινό ρυθμό, που η πραγματοποίησή του όμως θα αργήσει ακόμα πολύ, γιατί το κόστος ενός τέτοιου κτηρίου υπολογίζεται στα 5 περίπου εκατομμύρια δραχμές.

Αυτή η τρίτη κυρία οδός [Αθηνάς] έχει εύρος 21 μέτρα και τα σπίτια εδώ προβλέπονται υποχρεωτικά με στοές, πράγμα που θα έπρεπε να είχε γίνει σε όλους τους κυρίους δρόμους για την καλύτερη προφύλαξη των περαστικών από τις ακτίνες του ήλιου, που το καλοκαίρι ανεβάζουν τη θερμοκρασία υπό σκιάν στους 34 βαθμούς Reaumur". (Stauffert, Friedrich: *"Die Anlage von Athen und der jetzige Zustand der Baukunst in Griechenland*. Άρθρο δημοσιευμένο σε παράρτημα της *"Allgemeine Bauzeitung"*, *Ephemeriden*, αρ. 1, Wien, Μάρτιος 1844, σελ. 7-8, Βιέννη, Απρίλιος 1844, σελ. 17· βλ. τεκμήριον 4 συλλογής "Κειμένων").

68. Ο Κωνσταντίνος Μπίρης μάς δίνει αντιφατικές πληροφορίες για τη μείωση της συνολικής επιφάνειας της πόλης από τον Klenze. Στο δημοσίευμά του *"Τα πρώτα σχέδια των Αθηνών"*, Αθήνα, 1933, σελ. 19, αναφέρει ότι η έκτασή της εμειώθη κατά 15,4 εκτ. και στην πραγματεία του *"Αι Αθήναι από του 19ου εις τον 20όν αιώνα"*, Αθήνα 1966, σελ. 38, αναφέρει μία μείωση της τάξεως των 75,4 εκτ.! Η πραγματική μείωση ανέρχεται σε 49,5 εκτ.

69. Αυτή την εσωτερική αντίφαση (αναπτυσσόμενη πόλη με αυστηρή οροθέτηση!) υποδεικνύει και ο Στέφανος Σίνος:

"[Ο Klenze] επρότεινε μία δενδροστοιχία γύρω από την πόλη, που θα ήταν το ακραίο περίγραμμά της. Μ' αυτή την αλέα η επιφάνεια της πόλης απέκτησε εκτός από σαφές όριο και έναν δήθεν περίπατο με θέα προς την ανοιχτή φύση. Αντί δηλαδή να αντιμετωπίσει το πρόβλημα της ανοικτής πόλης, προσεπάθησε να δώσει στον αστικό χώρο ένα σταθερό σύνορο μέσω μιας αμφίβολης λειτουργίας. Εκτός απ' αυτό, δεν δίνει στην πόλη την δυνατότητα της επέκτασης, γιατί η επέκταση δεν είναι δικό του πρόβλημα αλλά μιας μεταγενέστερης γενιάς". (Σίνος, Στέφανος: *"Die Gruendung der Neuen Stadt Athen"*, στο περιοδικό *Architectura*, Karlsruhe 1974, σελ. 48).

70. Στην αδυναμία του Klenze να υπερασπίσει τον σχεδιασμό που προτείνει, εφιστά πρώτος την προσοχή ο Κωνσταντίνος Μπίρης σημειώνοντας εύστοχα:

"Αν θελήσωμεν να αναζητήσωμεν τους πραγματικούς λόγους, οι οποίοι ενέπνευσαν εις τον Κλέντσε το πνεύμα του μετριασμού των αξιώσεων του σχεδίου, λαμβάνοντες υπ' όψιν τας περιστάσεις, υπό τας οποίας εζητήθη η επέμβασίς του, δηλαδή την λυσσώδη αντίδρασιν των ιδιοκτητών εναντίον του σχεδίου Κλεάνθους και Σάουμπερτ, σχηματίζομεν ευκόλως την πεποίθησιν ότι αι αντιρρήσεις του δια τας γραμμάς του αρχικού σχεδίου μόνον ως προς την τοποθέτησιν των ανακτόρων ήσαν ειλικρινείς και προήρχοντο από πραγματικάς επιστημονικάς και καλλιτεχνικάς του αντιλήψεις, τας οποίας δια μακρών εκθέτει εις το σύγγραμμά του. Ως προς τας λοιπάς τροποποιήσεις παρατηρούμεν ότι δι' άλλας μεν προβάλλει μερικάς δικαιολογίας τόσον ασημάντους και αστηρίκτους, ώστε να φαίνωνται ότι αποτελούν απλά προσχήματα, άλλας δε αποφεύγει εντελώς να δικαιολογήση ή δεν τας αναφέρει καθόλου εις το βιβλίον του". (Κ. Μπίρης, *"Τα πρώτα σχέδια των Αθηνών"*, Αθήνα 1933, σελ. 21). Και ο Γιάννης Μιχαήλ τονίζει την απώλεια 'συνοχής' του σχεδίου μετά την αναθεώρηση του Klenze:

"Ο Klenze πολλές φορές κατέκρινε το σχέδιο της νέας πόλης των Κλεάνθη και Schaubert και απέφυγε να αναφέρει τα προτερήματά του. (...) Οι επεμβάσεις του ήταν πολύ σημαντικές και έβλαψαν τη συνοχή του σχεδίου". Γιάννης Μιχαήλ: *Entwicklungsueberlegungen und -initiativen zum Stadtplan von Athen nach dessen Erhebung zur Hauptstadt Griechenlands*, Αθήνα 1969, σελ. 27).

71. Ο Στέφανος Σίνος παρατηρεί εύστοχα:

"Όπως στο Μόναχο, έτσι και στην Αθήνα [ο Klenze] προτείνει μια ασύμμετρη γενικά διάταξη των δημοσίων κτηρίων σε σχέση με τον παλαιό πυρήνα της πόλης". (Σίνος, Στέφανος: *"Die Gruendung der Neuen Stadt Athen"*, στο περιοδικό *Architectura*, Karlsruhe 1974, σελ. 47).

72. Ο Γ. Τσιώμης παρατηρεί σχετικά:

"Φαίνεται εντονώτερα ότι ο Klenze ηκολούθησε τις δυο βασικές κατευθύνσεις [την οδό Πειραιώς και Σταδίου] αφού η κάθετη χάραξη [δευτερευουσών οδών] υποδεικνύει τη νέα διεύθυνση των δρόμων, εγκαταλείποντας έτσι την ιπποδάμεια χάραξη, η οποία, ενώ στην πρώτη λύση εκυριάρχει, γίνεται τώρα ένας τρόπος μερικής διάταξης κατά μήκος των δύο αξόνων". (Τσιώμης, Γ.: *Athènes a soi-même étrangère*, Παρίσι 1983, σελ. 564).

73. Leo von Klenze: *Aphoristische Bemerkungen...*, σελ. 472· βλ. τεκμήριον Δ του παρόντος.

74. Απ' αυτή την άποψη σωστά παρατηρεί ο Thomas Hall: "Ο Klenze ήθελε να μειώσει το πλάτος των οδών, ενώ ταυτοχρόνως ήταν υπέρ ενός πολυωρόφου και πιο πυκνού συστήματος δόμησης από αυτό που είχαν προτείνει οι Κλεάνθης και Schaubert. Ίσως αυτό να το εξηγεί εν μέρει το γεγονός ότι έκανε την ανάγκη φιλοτιμία· ηυξημένη εκμετάλλευση της γης ήταν ένας τρόπος να μειώσει τη δυσαρέσκεια για το σχέδιο".

Και:

"Βασική σκέψη του Klenze ήταν να στενέψει τους δρόμους και έτσι να τους κάνει πιο γραφικούς· εκτός τούτου όμως έτσι θα κατελάμβαναν ολιγώτερη ακριβή γη. Στον βαθμό που αυτές οι προθέσεις επραγματοποιήθησαν, προσέφεραν φυσικά στην πόλη μια πραγματικά κακή υπηρεσία". (Hall, Thomas: *Planung europaeischer Staedte*, Stockholm 1986, σελ. 85 και 87).

75. Η ακριβής σπουδή του καταλόγου των δημοσίων κτηρίων που προβλέπονται στο σχέδιο πόλης του Klenze (βλ. τεκμήριον 40 συλλογής "Κειμένων") αποδεικνύει ότι η επιλογή αυτή των κτηρίων είναι τυχαία, διότι παραλείπεται μεγάλος αριθμός σημαντικών δημοσίων καταστημάτων.

76. Στη θέση του προβλεπόμενου από τον Klenze πολιτιστικού κέντρου οικοδομήθησαν κατά τη διάρκεια του 19ου αιώνα τα εξής τρία κτήρια: το Πανεπιστήμιο (1839-1864, αρχιτέκτων Christian Hansen)· η Ακαδημία (1859-1885, αρχιτέκτων Theophil Hansen) και η Εθνική Βιβλιοθήκη (1884-1902, αρχιτέκτων Theophil Hansen), που ακόμη καθορίζουν στο κέντρο της Αθήνας τη φυσιογνωμία της πόλης. Ο γενικός χαρακτηρισμός "αθηναϊκή τριλογία" για το μνημειακό αυτό κτηριακό συγκρότητα είναι του Theophil Hansen.

77. Ο Κωνσταντίνος Μπίρης κρίνει πολύ αυστηρά τη συρρίκνωση του αρχικού σχεδίου από τον Klenze· παρατηρεί:

Αν συγκρίνη κανείς τα δύο σχέδια, θα παρατηρήση εν τούτοις ότι, εκτός των ανωτέρω, υπάρχουν και άλλαι βασικαί τροποποιήσεις, δια τας οποίας ο Κλέντσε αποφεύγει να ομιλήση, εξ ων αι κυριώτεραι είναι ο περιορισμός του αρχαιολογικού χώρου, η στρέβλωσις της οδού Σταδίου και η κατάργησις των βουλεβαρίων που επλαισίωναν το κέντρον του ρυμοτομικού συστήματος. Αν ληφθή υπ' όψιν η αναμφισβήτητος πολυλογία, με την οποίαν εκφέρει τας παρατηρήσεις και τας αντιλήψεις του δι' όλα τα άλλα θέματα, γεννάται η υπόνοια ότι σκοπίμως αποφεύγει να ομιλήση δια τας τροποποιήσεις αυτάς του σχεδίου, συναισθανόμενος την ορθότητα των απόψεων του Κλεάνθους και Σάουμπερτ ως προς τα σημεία αυτά και την ευθύνην του δια την άνευ λόγου ανατροπήν των". (Κ. Μπίρης: *Τα πρώτα σχέδια των Αθηνών*, Αθήνα 1933, σελ. 19-20).

78. Την κρίση μας αυτή συμμερίζεται και ο Στέφανος Σίνος: "Επίσης δεν ενδιαφέρεται [ο Klenze] για τη σύνδεση της πόλης με τον περιβάλλοντα χώρο και για την ένταξη των αρχαίων μνημείων στη διάρθρωση της πόλης. Ο άξων προς το αρχαίο στάδιο διεκόπη, επίσης ο άξων προς τον ναό του Ολυμπίου Διός και μία σύνδεση με τη θάλασσα προς τα ανατολικά δεν προβλέπεται στο οδικό δίκτυο της πόλης". Σίνος, Στέφανος: "*Die Gruendung der Neuen Stadt Athen*", στο περιοδικό *Architectura*, Karlsruhe 1974, σελ. 48).

79. Αυτή η τόσο συχνά επαναλαμβανόμενη αξίωση του Klenze συμπεριελήφθη τελικώς και στο βασιλικό διάταγμα από 18/30 Σεπτεμβρίου 1834 "περί μεταθέσεως της βασιλικής καθέδρας εις τας Αθήνας και περί ανοικοδομήσεως της πόλεως ταύτης". Στο άρθρο 13 αυτού του διατάγματος διαβάζουμε:
"Η Οικοδομική Επιτροπή πρέπει να λάβη υπ' όψιν το τι συμφωνεί με την νοτίαν γεωγραφικήν θέσιν και τας εξ αυτής εκπορευομένας συνθήκας και να ασκή επιρροήν επί της αρχιτεκτονικής μορφής των κτηρίων. Πρόθεσις Ημών είναι η διάκρισις της νέας πόλεως των Αθηνών από τας πόλεις βορείων χωρών και η αξία ανάδειξίς της πλησίον των προτύπων της Αρχαιότητος. Εφιστάται ιδιαιτέρως η προσοχή της Οικοδομικής Επιτροπής εις το γεγονός, το οποίον οφείλει να κατανοήση, ότι δια του συμφώνου προς το κλίμα και του ωραίου ρυθμού εκάστου κτηρίου δύναται να δημιουργηθή και προωθηθή το κάλλος μιας πόλεως του Νότου πολύ περισσότερον απ' ό,τι μέσω της γεωμετρικής κανονικότητος του σχεδίου". (Βλ. τεκμήριον 14 συλλογής "Κειμένων").

80. Η ύπαρξη μιας και μόνης τέτοιας εναλλακτικής λύσης πιστοποιείται ωστόσο από τα κείμενά του. Ο Klenze σε δύο σημεία του έργου του *Aphoristische Bemerkungen*... εφιστά την προσοχή σε μία επεξηργασμένη από τον ίδιο εναλλακτική πρόταση για την ανέγερση των ανακτόρων "στη δυτική πλαγιά του Λυκαβηττού". Σχεδιαστικά τεκμήρια όμως αυτής της πρότασης δεν έχουν ευρεθεί μέχρι σήμερα ούτε στο Μόναχο ούτε στην Αθήνα. Κατά τα φαινόμενα, η πρόταση αυτή δεν ελήφθη υπ' όψιν στον σχεδιασμό της πόλης για διαφόρους λόγους, στους οποίους ο Klenze αναφέρεται λεπτομερώς: "Για να εξανιλήσω κατά το δυνατόν το ζήτημα της θέσεως των ανακτόρων, προσέθεσα στο σχέδιο ένα ιδιαίτερο φύλλο με ένα σκαρίφημα για τα νέα ανάκτορα, τα οποία θα μπορούσαν να χωροθετηθούν και στη δυτική πλαγιά του Λυκαβηττού προς τη μεριά του Ολυμπείου· αλλά εάν αυτό το σχέδιο αξίζει να ληφθεί υπ' όψιν ή όχι επιφυλάσσομαι να το συζητήσω διεξοδικώτερα επιτόπου". (Leo von Klenze: *Aphoristische Bemerkungen*..., σελ. 443· βλ. τεκμήριον Γ παρόντος κεφαλαίου).
Και πιο κάτω:
"Η επιλογή της θέσεως των βασιλικών ανακτόρων ήταν απόρροια εκτενέστατων συζητήσεων· η επιλογή αυτή καθεαυτή, καθώς και τα ποικίλα ιδιωτικά συμφέροντα που συνδέονταν με αυτή και τα οποία αναγκαστικά θα προκαλούσαν όλες τις δυνατές αντιδράσεις και δολοπλοκίες, δεν επέτρεπαν να μην φωτισθούν όλες οι πλευρές του θέματος.
Παράλληλα με τη θέση πάνω στο ωραίο ύψωμα του εσωτερικού Κεραμεικού, ανάμεσα στο Θησείο και στον λόφο των Νυμφών, είχα προτείνει, όπως προείπα, και μία άλλη για την ανέγερση των βασιλικών ανακτόρων στις υπώρειες του Λυκαβηττού. Συνεζητήθησαν λοιπόν τα υπέρ και τα κατά κάθε θέσης και επειδή η τοποθεσία της Αθήνας είναι εν γένει πολύ ευνοϊκή για την ανέγερση μιας πόλης και επομένως κάθε θέση προσφέρει τα δικά της προτερήματα και τις δικές της ιδιαίτερες ομορφιές, η επιλογή δεν ήταν πολύ εύκολη.
Το γεγονός ότι ο βράχος του Λυκαβηττού καίγεται ολημερίς από τον ήλιο και ότι η περιοχή θερμαίνεται από την αντανάκλαση [του ήλιου] μέρα-νύχτα σαν φούρνος, πράγμα που θα καθιστούσε ένα κτήριο τοποθετημένο στη νότια πλαγιά του κατά τα τρία τέταρτα του χρόνου σχεδόν μη κατοικήσιμο, αντετίθετο στην επιλογή αυτής της θέσης. Επίσης δικαίως εξεφράσθη και ο φόβος της έλλειψης νερού, γιατί υπάρχει μεν μια πηγή στην πλαγιά του Λυκαβηττού αλλά δίνει νερό μόνο τον χειμώνα, ενώ την άνοιξη, το καλοκαίρι και το φθινόπωρο στερεύει. Ακόμη, για να έχει κανείς κάποια θέα προς τη θάλασσα πρέπει να ανέβει υπερβολικά υψηλά στον βραχώδη λόφο, και η θέα της Ακρόπολης και της πόλης από εδώ είναι η πλέον ατυχής, γιατί από την πρώτη [δηλ. την Ακρόπολη] βλέπει κανείς μόνο το γυμνό και χαμηλό οπίσθιο τμήμα της, ενώ από τη δεύτερη [δηλ. την πόλη] βλέπει, λόγω της τοπογραφίας του εδάφους μόνο τις άσχημες στέγες της παλαιάς πόλης". (Leo von Klenze: *Aphoristische Bemerkungen*..., σελ. 447-448).

81. Αυτό συνάγεται από τα εξής:
Η πρώτη παραλλαγή (η παραλλαγή της Αθήνας) του σχεδίου του Klenze είναι σχεδιασμένη στην ίδια κλίμακα (1:4.000) στην οποία είναι σχεδιασμένη και η παραλλαγή DAI του σχεδίου Κλεάνθη και Schaubert και πάνω στο τοπογραφικό υπόβαθρο της τελευταίας. Μία σημείωση στο πρωτότυπο σχεδιάγραμμα του εγκεκριμένου σχεδίου επισημαίνει το γεγονός ότι εσχεδιάσθη "στην ίδια κλίμακα (1:2.000) με το μεγάλο παλαιότερα εγκεκριμένο σχέδιο των κυρίων Κλεάνθη και Schaubert". Ο ίδιος ο Klenze το επιβεβαιώνει λέγοντας ότι: "Ούτω δεν μου απέμενε άλλον τι από του να εργασθώ με βάσιν το σχέδιον των κυρίων Κλεάνθους και Schaubert και να υποτάξω το σχέδιόν μου εις τας περιεχομένας εις αυτό κυρίας γραμμάς και διαστάσεις". (Βλ. τεκμήριον 39 συλλογής "Κειμένων").

82. Αυτό το επιβεβαιώνει ο ίδιος ο Klenze σε επιστολή του προς τον Βασιλέα Όθωνα με ημερομηνία 28 Αυγούστου/9 Σεπτεμβρίου 1834 από την Αθήνα (βλ. τεκμήριον 34 συλλογής "Κειμένων"):
"Τέλος, λαμβάνω το θάρρος να αναφέρω ότι ο εμπειροτέχνης της οικοδομής Roeser προσεφέρθη να με βοηθήσει κατά την παραμονήν μου εις Αθήνας και ότι εξαιτίας της αδιαθεσίας μου τον εχρησιμοποίησα πολύ και με πλήρη ικανοποίησιν εις την σχεδίασιν και αντιγραφήν των εργασιών μου, καθώς και εις την επίβλεψιν των έργων της Ακροπόλεως, και ως εκ τούτου τον συνιστώ ανεπιφυλάκτως εις την Υμετέραν Μεγαλειότητα".

83. Αυτό το πληροφορούμεθα από επιστολή του Klenze προς τον Βασιλέα Λουδοβίκο, με την οποία τον παρακαλεί να του επιτρέψει να πάρει μαζί του στην Ελλάδα τον γιο του Ιππόλυτο:
"(...) Όπως έχουν τα πράγματα, θεωρώ αδύνατη την εκπλήρωση της αποστολής μου στην Αθήνα, χωρίς την επικουρία ενός έμπιστου βοηθού στη σχεδίαση, αποτύπωση κ.λπ., και επειδή ο γιος μου είναι ησκημένος και επιδέξιος και στα δύο, πιστεύω θα μου επιτρέψετε να τολμήσω να ζητήσω να μου τον δώσετε οπωσδήποτε μαζί μου ως βοηθό, πολύ περισσότερο εφ' όσον δεν πρόκειται να προκύψει και ούτε πρέπει να προκύψει αύξηση των εξόδων ταξιδίου, και σε περίπτωση που συμβεί αυτό, είμαι διατεθειμένος να τα καλύψω ο ίδιος, εάν χρειασθεί. (...)". (Επιστολή του Klenze προς τον Βασιλέα Λουδοβίκο, Μόναχο 29 Ιουνίου 1834, Μυστικά Αρχεία της Αυλής του Μονάχου, NL Ludwig I, αρ. II A.32).

84. Είναι ενδεικτικό ότι και στις τρεις πρώτες παραλλαγές του σχεδίου σημειώνεται η ίδια ημερομηνία "7 Σεπτεμβρίου 1834" και ο ίδιος τόπος "Αθήνα"· μάλιστα ακόμη και στη δημοσιευμένη στο Μόναχο λιθογραφία, η μόνη πληροφορία που βρίσκουμε είναι ότι πρόκειται για σχέδιο "δημοσιευθέν υπό της ελληνικής αντιβασιλείας εν Αθήναις έτει 1834 Σεπτεμβρίου 18/30". Έχει κανείς την εντύπωση, πως ο Klenze κατ' αυτόν τον τρόπο ήθελε να τονίσει ότι η εργασία του ουσιαστικά είχε εκπονηθεί στην Αθήνα, πράγμα που άλλωστε ανταποκρίνεται στην αλήθεια.

85. Το γεγονός ότι ο Klenze συνέχισε να εργάζεται επί του σχεδίου του και μετά την επιστροφή του στο Μόναχο και ότι επέφερε σ' αυτό τμηματικές βελτιώσεις και τροποποιήσεις το μαθαίνουμε από επιστολή του την οποία απευθύνει στις 18 Νοεμβρίου 1834 από το Μόναχο στον Βασιλέα Όθωνα ("προς την αντιβασιλεία"). Γράφει:
"Επιστρέφων όμως, ήδη κατά την παραμονήν μου εις το λοιμοκαθαρτήριον της Αγκώνος, αντιπαραβάλλων το σχέδιο αυτό και την εργασίαν μου με την νέαν αποτύπωσιν, ευρήκα σημαντικάς διαφοράς, και δι' αυτό, αφικνούμενος εδώ, [εις το Μόναχον] έσπευσα να ολοκληρώσω αμέσως αυτήν την αντιπαραβολήν και να καταγράψω τα αποτελέσματά της. Εξαιτίας αυτού του γεγονότος, αντελήφθην ότι ήσαν αναγκαίαι σημαντικαί τροποποιήσεις του [δικού μου] σχεδίου, αι οποίαι ενίοτε επέφεραν μεταβολάς των σχημάτων χωρίς όμως να θίγουν τα σημαντικώτερα στοιχεία του. Κατά τη νέαν αυτήν επεξεργασίαν, έλαβα ταυτοχρόνως υπ' όψιν μου τας οδηγίας δια την διαμόρφωσιν των ανακτόρων και των τμημάτων των, τας οποίας μου είχε ανακοινώσει η Αυτού Μεγαλειότης εις

επιστολήν της από το χωρίον Βελάρη με ημερομηνίαν 2/14 Σεπτεμβρίου. Δια της παρούσης λαμβάνω την τιμήν να αποστείλω τη νέαν ταύτην επεξεργασίαν του σχεδίου μου εις την Υμετέραν Μεγαλειότητα και να παρακαλέσω ευπειθέστατα να αντικαταστήσητε στα αρχεία την παλαιάν ατελή παραλλαγήν, την οποίαν έπρεπε να παραδώσω εις το Ναύπλιον, με την νέαν και ορθήν". (Επιστολή του Klenze προς τον Βασιλέα Όθωνα, Μόναχο, 18 Νοεμβρίου 1834: "Περί του σχεδίου της πρωτευούσης"· βλ. τεκμήριον 39 συλλογής "Κειμένων").

86. Κατά τα φαινόμενα, ο Klenze εθεώρησε αυτή τη χωρομέτρηση αναγκαία προϋπόθεση της εργασίας του. Το γεγονός ότι η αποτύπωση της υφιστάμενης κατάστασης από τον Weiler έγινε ουσιαστικώς παράλληλα με την εκπόνηση του σχεδίου της Αθήνας από τον Klenze το αποδεικνύει όχι μόνον η χρονολογία του τοπογραφικού σχεδίου του Weiler (Αύγουστος 1834), αλλά και ο ίδιος ο Klenze με όσα λέει στην ήδη αναφερθείσα επιστολή του προς τον βασιλέα Όθωνα, με ημερομηνία 18 Νοεμβρίου 1834:
"Όταν ελήφθη η απόφασις δια την αποστολήν μου εις την Ελλάδα δια να τακτοποιήσω το σχέδιον της πόλεως των Αθηνών, εδόθη ταυτοχρόνως εντολή εις την ελληνικήν στρατιωτικήν αρχήν να αναθέσει δι' αυτόν τον σκοπόν τη σύνταξιν ακριβούς τοπογραφικού σχεδίου της πόλεως και των περιχώρων αυτής. Εξαιτίας της εσπευσμένης αφίξεώς μου όμως, το σχέδιον αυτό, παρ' όλην την εργατικότητα του λοχαγού του Μηχανικού von Weiler, όταν έφθασα μόλις είχε αρχίσει, και έτσι παρέλαβα το πρώτον ήμισυ του τοπογραφικού διαγράμματος, μόλις την παραμονήν της αναχωρήσεώς μου". (Βλ. τεκμήριον 39 συλλογής "Κειμένων").

87. Επισημαίνουμε τις εξής επιμέρους τροποποιήσεις στην λιθογραφία του Μονάχου:
- Τα προβλεπόμενα στα βορειοδυτικά του κτηρίου των ανακτόρων κτίσματα των βασιλικών σταύλων και το ημικυκλικό κεκλιμένο επίπεδο της πρόσβασης μετατίθενται στη συμμετρικά αντίθετη θέση (με άξονα την οδό Μεσολογγίου).
- Στα βορειοανατολικά των ανακτόρων προστίθεται ένας διακοσμητικός κήπος διατεταγμένος κατά τη γαλλική παράδοση.
- Στα νοτιοδυτικά του στρατώνος του ιππικού προβλέπεται ένα ημικυκλικό προαύλιο με παρτέρια.
- Η καθολική εκκλησία της πλατείας Λουδοβίκου υποχωρεί από την οικοδομική γραμμή της οδού Πειραιώς προς το ημικυκλικό βάθος της πλατείας.
- Το κτήριο της αστυνομίας στην πλατεία Λουδοβίκου αποκτά μικρότερες διαστάσεις.
- Η οδός Ηρώδου του Αττικού, η τελευταία προς τα δυτικά [παράλληλη προς την οδό Αθηνάς] διάνοιξη που προεβλέπετο στην παλαιά πόλη, καταργείται.
- Στη βόρεια περιφέρεια της νέας πόλης προβλέπονται τέσσερα επί πλέον οικοδομικά τετράγωνα (απόρροια περαιτέρω κατάτμησης και διαφορετικής χάραξης των οδών).
- Καταργούνται οι χώροι πρασίνου στην πλατεία Πλάτωνος προς τα ανατολικά.
- Στην νοτιοανατολική πλαγιά του Λυκαβηττού προβλέπεται εκτός σχεδίου πόλης ένα πολιτικό νοσοκομείο.
- Στο ανατολικό άκρο της οδού Ερμού σχεδιάζεται μία ημικυκλική πλατεία, που έχει τον χαρακτήρα εισόδου στην πόλη.

88. Είναι χαρακτηριστικό ότι ο Όθων την ίδια ημέρα, στις 14 Σεπτεμβρίου του 1834, αφού πρώτα εγκρίνει μετά από πολύ δισταγμό το σχέδιο του Klenze και ορίζει τη μετάθεση της βασιλικής καθέδρας στην Αθήνα για την 1η Δεκεμβρίου 1834, σε γράμμα του προς τον Klenze από το χωριό Βελάρη περιορίζει ξανά τα περιθώρια δράσης του Klenze, επισημαίνοντας την πρόθεσή του να αποφασίσει ο ίδιος για επιμέρους πλευρές του σχεδιασμού αργότερα:
"Παρατηρήσεις
επί του σχεδίου των Αθηνών, τας οποίας ηυαρεστήθη να κάμη η Μεγαλειότης του ο Βασιλεύς.
Συμφωνώ:
1ον με την διάνοιξιν των ευθυγράμμων οδών εις την παλαιάν πόλιν εις το σχέδιον του κυρίου μυστικού συμβούλου von Klenze, τουτέστιν των οδών Ερμού, Αθηνάς και των παραλλήλων προς αυτήν οδών· 2ον με την θέσιν της αγοράς (bazar), των λουτρών και της μεγάλης στρογγύλης πλατείας μετά της εκκλησίας, καθώς και με το μέγεθος και την θέσιν εις την οποίαν τοποθετούνται επί του σχεδίου. Η Αυτού Μεγαλειότης επιφυλάσσεται να αποφανθή οριστικώς δια το υπόλοιπον τμήμα του σχεδίου, το οποίον εν γένει είναι της αρεσκείας της Αυτού Μεγαλειότητος, κατά την επιστροφήν Της μέσω Αθηνών (...)". (Βλ. τεκμήριον 25 συλλογής "Κειμένων").

89. Παραθέτουμε ολόκληρο το περιεχόμενο μιας διαταγής του Βασιλέως Όθωνος προς το Υπουργείο Εσωτερικών με ημερομηνία 29 Μαΐου/10 Ιουνίου 1837, από την οποία συνάγεται η ύπαρξη αυτής της νεώτερης επεξεργασίας του σχεδίου του Klenze, η οποία μέχρι σήμερα δεν έχει ευρεθεί: "Δια της παρούσης μεταβιβάζεται εις το Υπουργείον των Εσωτερικών το συνταχθέν υπό του κυρίου von Klenze νεώτερον σχέδιον της πόλεως των Αθηνών, περιέχον ωρισμένας τροποποιήσεις του αρχικού σχεδίου του ιδίου, και ανατίθεται εις την Ημετέραν επί των Εσωτερικών Γραμματείαν η σύνταξις ενός νέου σχεδίου πόλεως το οποίον θα λαμβάνη υπ' όψιν τας ανωτέρω τροποποιήσεις και τα ωρισθέντα υφ' Ημών δια το ανακτόριον, καθώς και η υποβολή αυτού εις Ημάς προς επικύρωσιν". (Βλ. τεκμήριον 43 συλλογής "Κειμένων").

ΒΙΒΛΙΟΓΡΑΦΙΚΗ ΕΠΙΛΟΓΗ ΚΕΦΑΛΑΙΟΥ 4 (ΚΑΤΑ ΧΡΟΝΟΛΟΓΙΚΗ ΣΕΙΡΑ)

Ross, Ludwig: *Erinnerungen und Mittheilungen aus Griechenland* (Αναμνήσεις και ανακοινώσεις από την Ελλάδα), Berlin 1863, σελ. 76: Αναθεώρηση του σχεδίου της Αθήνας από τον Klenze, σχέδια για τα βασιλικά ανάκτορα.

Klenze, Leo von: *Memorabilien, oder Farben zu einem Gemaelde, welches sich die Nachwelt vom Koenige Ludwig von Bayern machen wird* (Αξιομνημόνευτα ή χρώματα ενός πορτραίτου του Βασιλέως Λουδοβίκου Α' της Βαυαρίας, όπως θα το ζωγραφίσουν οι επερχόμενες γενεές)· αχρονολόγητο χειρόγραφο που φυλάσσεται στη Βαυαρική Κρατική Βιβλιοθήκη του Μονάχου, τμήμα χειρογράφων, συλλογή Klenzeana I, 1-77. Στο II 48-II 84: Ταξίδι του Klenze στην Ελλάδα. Μυστικές σημειώσεις του Klenze για τις πολιτικές δολοπλοκίες, τον χαρακτήρα του Βασιλέως Όθωνος και τις δύσκολες διαπραγματεύσεις ώσπου να εγκριθεί η αναθεώρηση του αρχικού σχεδίου.

Klenze, Leo von: *Aphoristische Bemerkungen gesammelt auf seiner Reise nach Griechenland* (Αφοριστικές παρατηρήσεις συλλεγείσες κατά τη διάρκεια του ταξιδιού του στην Ελλάδα), Berlin 1838, σελ. 419-420: Βασικές αντιλήψεις του Klenze για τη διάρθρωση της νέας Αθήνας. Προτάσεις τροποποίησης του σχεδίου: σελ. 420-446/729-735. Περιγραφή του σχεδίου του: σελ. 470-476.

Klenze, Leo von: *Sechs Lithographien zu Leo von Klenzes griechischer Reise* (Έξι λιθογραφίες από το ταξίδι του Leo von Klenze στην Ελλάδα), Berlin 1838.

Maehrlen, J.: *Geschichte Griechenlands von der Ankunft Koenig Ottos in Nauplia bis zu seiner Thronbesteigung* (Ιστορία της Ελλάδος από την άφιξη του Βασιλέως Όθωνος στο Ναύπλιο μέχρι την ενθρόνισή του) (από τις 6.2.1833 έως την 1.6.1835), Stuttgart 1839, σελ. 571-578: Η δράση του Klenze στην Αθήνα. Μετάθεση της κυβέρνησης στην Αθήνα. Οικοδομική δραστηριότητα.

Ανώνυμος: *Kunstgeschichte und Periegese:* Κριτική παρουσίαση του βιβλίου *Aphoristische Bemerkungen...* στο Kunstblatt, Stuttgart 1840, τεύχος 2, σελ. 5-7 τεύχος 3 σελ. 9-11, τεύχος 4 σελ. 13-16, τεύχος 5 σελ. 17-19.

Stauffert, Friedrich: *Die Anlage von Athen und der jetzige Zustand der Baukunst in Griechenland* (Ο σχεδιασμός της Αθήνας και η κατάσταση της αρχιτεκτονικής στην Ελλάδα σήμερα). Σκόρπιες παρατηρήσεις του F. Stauffert, τέως αρχιτέκτονος του Δήμου της Αθήνας από το 1835 μέχρι τις 15 Σεπτεμβρίου 1843. Σε παράρτημα της "*Allgemeine Bauzeitung*", *Ephemeriden*, αρ. 1. Wien, Μάρτιος 1844, σελ. 5-6: αναφορά στην αναθεώρηση του σχεδίου πόλης από τον Klenze και στο σχέδιό του για τα ανάκτορα.

Koepp, Friedrich: "*Eduard Schauberts handschriftlicher Nachlass*" (Χειρόγραφα κατάλοιπα του Eduard Schaubert). Άρθρο στο *Archaeologischer Anzeiger*, συνοδευτικό τεύχος του *Jahrbuch des deutschen Archaeologischen Instituts* (Επετηρίδος του Γερμανικού Αρχαιολογικού Ινστιτούτου) 1890, σελ. 133-134: Η αναθεώρηση του σχεδίου της νέας Αθήνας από τον Klenze. Άδικες κατηγορίες εναντίον των Κλεάνθη και Schaubert.

Φαλτάϊτς, Κ.: *Τα κατά καιρούς σχέδια [των Αθηνών]*. Άρθρο στη Μεγάλη Ελληνική Εγκυκλοπαίδεια του Πυρσού, Αθήνα 1927. Τόμος 2ος, σελ. 220-221: το αναθεωρημένο σχέδιο του Klenze.

Μπίρης, Κωνσταντίνος: *Τα πρώτα σχέδια των Αθηνών*, Αθήνα 1933, σελ. 16-21: Ο Klenze στην Αθήνα· οι πρωτοβουλίες του κατά την παραμονή του στην πόλη και η αναθεώρηση του σχεδίου πόλης των Κλεάνθη και Schaubert.

Μπίρης Κωνσταντίνος: *Αι εκκλησίαι των παλαιών Αθηνών*, Αθήνα 1940, σελ. 14-16: το σχέδιο της Αθήνας του Leo von Klenze.

Russack, Hans-Hermann: *Deutsche bauen in Athen* (Γερμανοί κτίζουν στην Αθήνα), Berlin 1942, σελ. 32-35: ο Klenze ως αναθεωρητής του σχεδίου της Αθήνας.

Ανώνυμος: *Die Neugeburt Athens* (Η αναγέννηση της Αθήνας). Άρθρο στο: *Wohnungswesen, Staedtebau und Raumordnung* (Κατοικία, πολεοδομία και χωροταξία), περιοδική έκδοση και ανακοινώσεις της Διεθνούς Ένωσης Αρχιτεκτονικής και Κατοικίας. 1944, αρ. φύλλου I-III, σελ. 66.

Lavedan, Pierre: *Histoire del' Urbanisme* (Ιστορία της πολεοδομίας), τόμος 3: Η σύγχρονη εποχή, Paris 1952, σελ. 238: Η αναθεώρηση του σχεδίου της πόλης των Αθηνών από τον Klenze.

Τραυλός, Ιωάννης: *Η πολεοδομική εξέλιξις των Αθηνών*, Αθήνα 1960, σελ. 238-239: Η αναθεώρηση του σχεδίου της πόλης της Αθήνας από τον Klenze.

Matton, Lya et Raymond: *Athènes et ses monuments* (Η Αθήνα και τα μνημεία της), Αθήνα 1963, σελ. 208-212: Η πόλη επί Όθωνος (1834-1862)· ο σχεδιασμός της Αθήνας.

Morini, Mario: *Atlante di storia dell'Urbanistica* (Ιστορικός άτλας πολεοδομίας), Milano 1963, σελ. 324-325: Η ιστορία ίδρυσης της νέας Αθήνας.

Fiandra, Enrica: *Atene· Nascita di una capitale* (Αθήνα· γένεση μιας πρωτεύουσας). Στο περιοδικό *Urbanistica*, τεύχος 41/1964, σελ. 69-70: Το πρώτο ρυθμιστικό σχέδιο της σύγχρονης Αθήνας.

Hederer, Oswald: *Leo von Klenze, Persoenlichkeit und Werk* (Leo von Klenze: προσωπικότητα και έργο), Μόναχο 1964, σελ. 140-146: Το σχέδιο πόλης της Αθήνας του Klenze· η πολεοδομική του θεωρία.

Μπίρης, Κωνσταντίνος: *Αι Αθήναι από του 19ου εις τον 20όν αιώνα*, Αθήνα 1966, 2 τόμοι, τόμος 1ος, σελ. 35-39: Η αναθεώρηση του σχεδίου της Αθήνας από τον Klenze.

Egli, Ernst: *Geschichte des Staedtebaus* (Ιστορία της πολεοδομίας), Zuerich/ Stuttgart 1967, τόμος III, σελ. 189-190: Η ιστορία ίδρυσης της νέας Αθήνας.

Μιχαήλ, Ιωάννης: *Entwicklungsueberlegungen und -initiativen zum Stadtplan von Athen nach dessen Erhebung zur Hauptstadt Griechenlands* (Προβληματισμοί και πρωτοβουλίες για την ανάπτυξη και το σχέδιο πόλης της Αθήνας μετά την ανακήρυξή της σε πρωτεύουσα της Ελλάδος), Αθήνα 1969, σελ. 25-28: Κριτική του Klenze στο σχέδιο των Κλεάνθη και Schaubert. Οι προτάσεις του Klenze. Το σχέδιο για τα ανάκτορα.

Δημοσθενοπούλου, Ελπινίκη: *Oeffentliche Bauten unter Koenig Otto in Athen* (Δημόσια κτήρια στην Αθήνα την περίοδο του Όθωνος), διατριβή, Μόναχο 1970, σελ. 18-39/46-58: Η αναθεώρηση του σχεδίου των Κλεάνθη και Schaubert από τον Klenze. Οι θεωρητικές του αντιλήψεις περί πολεοδομικού σχεδιασμού. Το σχέδιο για τα ανάκτορα.

Σίνος, Στέφανος: *Die Gruendung der neuen Stadt Athen* (Η ίδρυση της νέας Αθήνας). Στο περιοδικό: *Architectura*, Munchen 1974, σελ. 47-48: Το σχέδιο της νέας Αθήνας του Klenze.

Sica, Paolo: *Storia dell'Urbanistica* (Ιστορία της πολεοδομίας): I. 18ος αιώνας. Ρώμη 1976, σελ. 431: Οι βαυαρικές καταβολές στην Αθήνα· η αναθεώρηση του σχεδίου.

Σκαρπιά-Hoipel, Ξ.: *Η μορφολογία του γερμανικού Κλασικισμού*, διατριβή, Θεσσαλονίκη 1976, σελ. 175: Πολεοδομικές αρχές του σχεδίου πόλης της Αθήνας του Klenze.

Φουντουλάκη, Όλγα: *Stamatios Kleanthes 1802-1860. Ein griechischer Architekt aus der Schule Schinkels* (Σταμάτιος Κλεάνθης 1802-1860. Ένας Έλλην αρχιτέκτων από τη σχολή του Schinkel), διατριβή, TU Karlsruhe, 1979, σελ. 51-54: αναθεώρηση του σχεδίου πόλης από τον Klenze.

Κόκκου, Αγγελική: *Die ersten Jahre des modernen Athen* (Τα πρώτα χρόνια της σύγχρονης Αθήνας). Στο: *Athen-Muenchen. Bildfuehrer des Bayerischen Nationalmuseums* (Αθήνα-Μόναχο. Εικονογραφικός οδηγός του Βαυαρικού Εθνικού Μουσείου), Muenchen 1980, σελ. 18: η αναθεώρηση του σχεδίου της Αθήνας από τον Klenze.

Τσιώμης, Γιάννης: *Athènes a soi-même étrangère· éléments de formation et de réception du modèle neo-classique urbain en Europe et en Grèce au 19 siecle* (Η Αθήνα αλλοτριωμένη· στοιχεία διαμόρφωσης και υποδοχής του νεοκλασικού πολεοδομικού προτύπου στην Ευρώπη και στην Ελλάδα τον 19ο αιώνα), διατριβή, Paris 1983, σελ. 561-575: Η επέμβαση του Leo von Klenze στην Αθήνα, σελ. 576-586: Τα δύο πολεοδομικά οράματα (δηλαδή των Κλεάνθη-Schaubert και του Klenze).

Φιλιππίδης, Δημήτριος: *Νεοελληνική αρχιτεκτονική*, Αθήνα 1984, σελ. 75: Το σχέδιο πόλης της νέας Αθήνας του Klenze.

Λέφας, Παύλος: *Αθήνα, μία ευρωπαϊκή πρωτεύουσα*, Αθήνα 1985, σελ. 36-40: Το έργο του Klenze στην Αθήνα.

Hall, Thomas: *Planung europaeischer Hauptstaedte* (Σχεδιασμός ευρωπαϊκών πρωτευουσών), Stockholm 1986, σελ. 76-87: ιστορία ίδρυσης της νέας Αθήνας, σελ. 83-86: αναθεώρηση του σχεδίου από τον Klenze.

Haugsted, Ida: *Dream and reality. Danish antiquaries, architects and artists in Greece* (Όνειρο και πραγματικότητα· Δανοί αρχαιοδίφες, αρχιτέκτονες και καλλιτέχνες στην Ελλάδα), London, 1996, σελ. 111-112: Η αναθεώρηση του σχεδίου Κλεάνθη και Schaubert από τον Klenze.

Papageorgiou-Venetas, Alexander: *Bauen in Athen: Neue Wege des Klassizismus. Gestaltungsprinzipien deutscher Baumeister am Beispiel der Entwuerfe fuer die Athener Residenz 1834-1836.* (Αρχιτεκτονική στην Αθήνα: Νέοι δρόμοι του Κλασικισμού. Αρχές σχεδιασμού Γερμανών αρχιτεκτόνων κατά την εκπόνηση των προτάσεων για τα ανάκτορα στην Αθήνα 1834-1836). Εις τον ετήσιον τόμον *Thetis* (Θέτις), Mannhein 1997, σελ. 177-184: Τα ανάκτορα συμφώνως προς το σχέδιο Klenze.

Papageorgiou-Venetas, Alexander: *Ottonopolis oder das neue Athen. Zur Planungsgeschichte der Neugruendung der Stadt im 19 Jahrhundert* (Οθωνόπολη ή η νέα Αθήνα. Συμβολή στην ιστορία σχεδιασμού της επανίδρυσης της πόλης στον 19ο αιώνα). Άρθρο στον κατάλογο της Έκθεσης *Das Neue Hellas* (Η νέα Ελλάς), Μόναχο, 1999, σελ. 71-73: η αναθεώρηση του σχεδίου Κλεάνθη και Schaubert από τον Klenze.

Παπαγεωργίου-Βενετάς, Αλέξανδρος: *Ο Leo von Klenze στην Ελλάδα*, Αθήνα, 1999, σελ. 37-64: Η αναθεώρηση του σχεδίου της νέας Αθήνας από τον Klenze, σελ. 94-100: Τα σχέδια του Klenze για τα ανάκτορα των Αθηνών.

Buttlar von, Adrian: *Klenze versus Schinkel: Projekte fuer das Athener Schloss* (Ο Klenze σε αντιπαράθεση με τον Schinkel). Άρθρο στον κατάλογο της Έκθεσης *Das Neue Hellas* (Η νέα Ελλάς), Μόναχο, 1999· σελ. 98-104: Τα ανάκτορα συμφώνως προς το σχέδιο του Klenze.

Buttlar von, Adrian: *Leo von Klenze: Leben, Werk, Vision* (Ο Leo von Klenze: Ζωή, έργο και όραμα) Μόναχο, 1999 σελ. 336-342: Η αναθεώρηση του σχεδίου Κλεάνθη και Schaubert από τον Klenze, σελ. 342-352: Το σχέδιο του Klenze για τα ανάκτορα των Αθηνών.

Papageorgiou-Venetas, Alexander: *Klenze und Griechenland* (Ο Klenze και η Ελλάδα). Εις τον ετήσιον τόμον *Thetis* (Θέτις), Mannhein 2000, σελ. 202-232.

Nerdringer, Winfried (Hrsg): *Leo von Klenze: Architekt zwischen Kunst und Hof 1784-1864* (Ο Leo von Klenze, αρχιτέκτων μεταξύ τέχνης και βασιλικής Αυλής· 1784- 1864) Κατάλογος έκθεσης, Μόναχο, 2000 σελ. 432-435: Το σχέδιο του Klenze για τα ανάκτορα των Αθηνών σελ. 436-439: Η αναθεώρηση του σχεδίου Κλεάνθη και Schaubert από τον Klenze.

Bastéa, Eleni, *The Creation of Modern Athens*, (Η δημιουργία των νεωτέρων Αθηνών), Cambridge Mass, 2000, σελ. 85-88: Η αναθεώρηση του σχεδίου Κλεάνθη και Schaubert από τον Klenze.

ΓΡΑΠΤΗ ΤΕΚΜΗΡΙΩΣΗ (ΚΕΙΜΕΝΑ) ΚΕΦΑΛΑΙΟΥ 4

ΤΕΚΜΗΡΙΟΝ Α

"PRO MEMORIA" ΤΟΥ KLENZE ΠΡΟΣ ΤΗΝ ΑΝΤΙΒΑΣΙΛΕΙΑ. ΝΑΥΠΛΙΟ, 5 ΑΥΓΟΥΣΤΟΥ 1834. ΣΧΕΤΙΚΑ ΜΕ ΤΗΝ ΑΝΑΘΕΩΡΗΣΗ ΚΑΙ ΣΥΝΤΑΞΗ ΤΟΥ ΣΧΕΔΙΟΥ ΠΟΛΗΣ ΤΗΣ ΑΘΗΝΑΣ, ΤΙΣ ΑΝΑΣΚΑΦΕΣ ΚΑΙ ΤΗΝ ΑΝΑΣΤΗΛΩΣΗ ΤΩΝ ΑΡΧΑΙΩΝ ΜΝΗΜΕΙΩΝ ΣΤΗΝ ΠΟΛΗ.

Δημοσιευμένο στο έργο: Klenze, Leo von: Aphoristische Bemerkungen gesammelt auf seiner Reise nach Griechenland, Berlin 1838, σελ. 718-721. Συνημμένο παράθεμα VI (1). Πρωτότυπο σε γερμανική γλώσσα.

Pro Memoria [Υπόμνημα].

Με αφορμή τη συζήτηση σήμερα το πρωί και συμφώνως με την επιθυμία που μου εξεφράσθη σχετικώς με την ανέγερση της νέας Αθήνας, σπεύδω να κοινοποιήσω εγγράφως τις ακόλουθες παρατηρήσεις. Όπως εδήλωσα ήδη, για μένα είναι μεγάλη τιμή και χαρά, υπακούοντας στην πρόσκληση που έλαβα στις 7 Ιουλίου και στη ρητή επιθυμία της αντιβασιλείας, να ασχοληθώ με την αναθεώρηση και με τη σύνταξη του σχεδίου πόλης της Αθήνας, καθώς και με την εναρμόνισή του με τις απόψεις της αντιβασιλείας.

Από τα έγγραφα που μου εκοινοποιήθησαν κατάλαβα πως δεν πρέπει να καθυστερήσουμε ούτε στιγμή, εάν δεν θέλουμε να ατονήσει τελείως η τάση οικοδόμησης στην Αθήνα και να εξανεμισθεί η εμπιστοσύνη στις υποσχέσεις και στις ενέργειες της κυβέρνησης. Γι' αυτό τον λόγο, μόλις διεκπεραιώσω εδώ [στο Ναύπλιο] τις εργασίες μου, θα αναχωρήσω για την Αθήνα.

Ως προς τον τρόπο χειρισμού του θέματος [της ανοικοδόμησης της Αθήνας] συνέλαβα την εξής ιδέα, βασιζόμενος αφ' ενός μεν στην ίδια τη φύση του πράγματος, αφ' ετέρου δε στις νύξεις που μου έκανε η Εξοχότης του, ο κύριος πρόεδρος της αντιβασιλείας κόμης von Armansperg.

Μου φαίνεται απόλυτα ορθή η σκέψη να γίνει η μεν Αθήνα πρωτεύουσα και βασιλική καθέδρα, ο δε κοντινός Πειραιεύς εμπορική πόλη και επίνειο [της πρωτεύουσας]. Εξίσου αναπόδραστη και αναγκαία μου φαίνεται η διατήρηση των αρχαίων μνημείων επάνω και γύρω από την Ακρόπολη, καθώς και η απελευθέρωσή τους από τα σύγχρονα παρακείμενα κτίσματα και από τα ερείπια.

Όσον αφορά τη θέση της νέας πόλης και τη σύνδεσή της με την παλαιά, θα αποφανθούμε μόνον αφού προβούμε σε ακριβή αυτοψία της τοπογραφίας της περιοχής.

Οι μεγάλες καθυστερήσεις στην εκτέλεση των διατάξεων που εθεσπίσθησαν και η επίσημη θεμελίωση ενός ανακτόρου χωρίς όμως να συνεχισθεί η οικοδόμησή του επί 5 έως 6 μήνες, εκλόνισαν την εμπιστοσύνη στις προθέσεις της κυβέρνησης και γι' αυτό είναι ανάγκη να απαλειφθεί η [κακή αυτή] εντύπωση. Ο καλύτερος τρόπος για να επιτευχθεί αυτό θα ήταν να έλθουν πράγματι οι κυβερνητικές υπηρεσίες και μάλιστα το ταχύτερο δυνατό στην Αθήνα, να αρχίσει η ανέγερση των ανακτόρων καθώς και η αναστήλωση των αρχαίων μνημείων. Αν και μια επίσημη έκθεση του κυρίου Μισίου εγγυάται ότι δεν υπάρχει καθόλου έλλειψη χώρου για την πραγματοποίηση της μετοίκησης, δεν είμαι σε θέση να κρίνω τι θα κάνει και τι θα αποφασίσει η κυβέρνηση, όσον αφορά το πρώτο αυτό σημείο.

Όσο για την έναρξη της οικοδόμησης των ανακτόρων, δεν γνωρίζω εάν την επιτρέπουν τα χρηματικά μέσα και οι άλλες συνθήκες, ούτε εάν υπάρχει εγκεκριμένο σχέδιο.

Παρ' όλα όσα αναφέρονται σχετικά με την εκπόνηση ενός σχετικού σχεδίου [για τα ανάκτορα] στις οδηγίες που ετοιμάσθησαν για μένα στο Μόναχο, χωρίς ειδική πρόσκληση δεν έχω σκοπό να προβώ στην εκπόνηση ενός τέτοιου σχεδίου, αν και η κύρια ιδέα θα μπορούσε να προκύψει εύκολα και καθαρά από τις υφιστάμενες συνθήκες.

Για να δοθεί λοιπόν μια βέβαιη εγγύηση για την ανοικοδόμηση της Αθήνας και για το πνεύμα που θα τη διέπει, εγγύηση που θα έχει απήχηση σε όλη την Ελλάδα αλλά και στην Ευρώπη, δεν απομένει άλλο μέσο από την άμεση έναρξη, μετά την οριστική διαμόρφωση του σχεδίου της Αθήνας, των ανασκαφών και των εργασιών αποκατάστασης των αρχαίων μνημείων και μάλιστα με την αναστήλωση του Παρθενώνος, του κυριωτέρου μνημείου της Αθήνας. Το εγχείρημα αυτό πρέπει να περιβληθεί με την επισημότητα και τους τύπους που απαιτούν οι περιστάσεις και ο ζωντανός ελληνικός λαός, που χρειάζεται κατ' αίσθησιν εντυπώσεις. Μια τέτοια ενέργεια εκ μέρους της αντιβασιλείας ή της ιδίας της Αυτού Μεγαλειότητος του Βασιλέως και, μάλιστα επιτρέψτε μου να προσθέσω, κατά τη διάρκεια της δικής μου παραμονής στην Αθήνα, θα έπρεπε να κάνει στους γηγενείς αλλά και ιδιαίτερα στους ξένους που προτίθενται να κτίσουν εξαιρετικά ευνοϊκή εντύπωση. Οι οικονομικές θυσίες εξ άλλου –εάν δεν απαιτηθεί η ολοκλήρωση της αναστήλωσης υπερβολικά γρήγορα– θα ήσαν μάλλον περιωρισμένες, οι πιστώσεις όμως θα έπρεπε να παρέχονται αμέσως και να συνεχίζεται η πληρωμή τους τακτικά.

Επιθυμώ να γνωρίσω τις απόψεις της αντιβασιλείας πάνω στα συγκεκριμένα σημεία πριν από την αναχώρησή μου [από το Ναύπλιο], ώστε να μπορέσω να τις λάβω ως γνώμονα των ενεργειών μου.

Ναύπλιον, 5 Αυγούστου 1834. Leo von Klenze

ΤΕΚΜΗΡΙΟΝ Β

ΒΑΣΙΚΕΣ ΑΝΤΙΛΗΨΕΙΣ ΤΟΥ KLENZE ΓΙΑ ΤΗΝ ΙΔΡΥΣΗ ΤΗΣ ΝΕΑΣ ΑΘΗΝΑΣ

Δημοσιευμένες στο έργο: Klenze, Leo von: Aphoristische Bemerkungen gesammelt auf seiner Reise nach Griechenland, Berlin, 1838, σελ. 416-420. Πρωτότυπο σε γερμανική γλώσσα.

Μπορεί λοιπόν κατόπιν όλων αυτών να δεχθεί κανείς, ότι η τροποποίηση κατά το ιωνικό πρότυπο που εισήγαγε ο Ιππόδαμος στην αρχαία δωρική πολεοδομία είχε ως στόχο μια πιο άνετη και καλύτερη διάταξη των πλατειών, των οδών και των κτηρίων, αυτό όμως δεν μας φαίνεται να αποδεικνύει κατ' ουδένα τρόπο ότι πρέπει να θεωρούμε αυτή τη διάταξη όμοια με τη διάταξη που επεδιώχθη κατά τους νεωτέρους χρόνους στις πόλεις.

Σ' αυτές [τις νεώτερες πόλεις] επεδίωξαν κατά κάποιο τρόπο την τέρψη του ματιού που εξασφαλίζει ένα κανονικά διαρθρωμένο και κατά το μάλλον ή ήττον περίπλοκο γεωμετρικό σχήμα, χωρίς να σκεφθούν ότι μετά την πραγματοποίηση στο έδαφος των αφηρημένων σχημάτων, οι γεωμετρικές αυτές διατάξεις δεν είναι αναγνώσιμες.

Εάν συγκρίνουμε απ' αυτή την άποψη τον τρόπο με τον οποίο διατάσσονται στην Πομπηία οι δρόμοι, οι πλατείες και τα κτήρια με τα λιγοστά [ανάλογα στοιχεία] που μας δίνουν τα αποσπάσματα του σχεδίου της ίδιας της αρχαίας οικουμενικής Ρώμης που φυλάσσονται στο Καπιτώλιο, δεν μπορεί παρά να καταλήξουμε στο συμπέρασμα πως οι πόλεις των αρχαίων, ακόμα και όταν ήταν κτισμένες σε επίπεδο έδαφος, όπως η Πομπηία, ή σε ελαφρώς λοφώδες έδαφος, όπως η Ρώμη, απέκλιναν πάρα πολύ από την ευθύγραμμη κανονικότητα των λεγομένων ωραίων δικών μας πόλεων, όπως είναι το Τουρίνο, το Νανσύ, η Πετρούπολη, το Μανχάιμ, η Καρλσρούη κ.λπ.

Όμως για ένα υγιές και δεκτικό στη γοητεία του γραφικού μάτι, οι εντυπώσεις αυτών των πόλεων που κουράζουν με τη μονοτονία τους, με τις ευθύγραμμες φάλαγγες των πληκτικών γκρίζων προσόψεών τους, τις ασήμαντες καταληκτικές θέες τους και τα μεγαλόπρεπα αρχιτεκτονήματά τους, δεν είναι τίποτε μπροστά στις πλούσιες και γραφικές συνθέσεις των τοποθετημένων χωρίς γεωμετρικούς κανόνες το ένα πάνω και δίπλα στο άλλο, των στοιβαγμένων, θα έλεγε κανείς, αρχαίων κτηρίων. (...)

Με μεγαλύτερη ακόμα ενάργεια όμως μας αποδεικνύει η πρόσβαση προς την Ακρόπολη της Αθήνας με τι βαθειά αίσθηση της αληθινής ακτινοβολίας της αρχιτεκτονικής διαμόρφωσαν οι Έλληνες κατά την ωραιότερη εποχή της ιστορίας και της τέχνης τους τις αρχιτεκτονικές κατασκευές και συνθέσεις τους· θεωρούμε δε και απ' αυτή την άποψη τα κτήρια της Ακρόπολης ως το ύψιστο έργο που εδημιούργησε ποτέ η αρχιτεκτονική.

Σύμφωνα με τις απόψεις αυτές περί της ιδιομορφίας του χώρου, που προσεφέρετο για την ανοικοδόμηση της Αθήνας, και τις αντιλήψεις περί αρχιτεκτονικού κάλλους, θα επιθυμούσα πολύ να είχαν διατεθεί για τη νέα πόλη τα υψώματα δυτικά και νότια της Ακρόπολης καθώς και η υψηλότερα κείμενη περιοχή, που επιτρέπει την ελεύθερη πρόσβαση του θαλασσινού αέρα [εμβάτη] και η οποία εκτείνεται από τον λόφο του Μουσείου μέχρι την Καλλιρρόη και από εκεί μέχρι τον Λυκαβηττό.

Δυστυχώς όμως δεν ήμουν πλέον ελεύθερος για μια τέτοια επιλογή! (...)

Το σχέδιο [των Κλεάνθη και Schaubert] είχε εγκριθεί πριν από ένα χρόνο και πολλά νέα κτήρια στο εσωτερικό της παλαιάς πόλης είχαν ήδη κτισθεί με βάση τις [οικοδομικές] γραμμές του. Επίσης είχαν οικοδομηθεί και δέκα λίγο ως πολύ μεγάλα κτήρια στις χαραγμένες επί του εδάφους οδούς και στις πλατείες της νέας πόλης, που η διατήρησή τους ήταν ένας από τους όρους που μου είχαν τεθεί, και τα οποία έπρεπε να διατηρηθούν, εάν η κυβέρνηση δεν ήθελε να γελοιοποιηθεί. Έπρεπε λοιπόν να παραιτηθώ από την επιθυμία να καλυφθούν τα υψώματα εκείνα ξανά με μια αληθινά ωραία και γραφική πόλη και να αφήσω τη νέα πόλη στην πιο επίπεδη περιοχή, εκεί που εί-

100

100. Η νότια γωνία της ανακατασκευασμένης Στοάς του Αττάλου κατά το έτος 1960 (American School of Classical Studies, Αθήνα).

χε ήδη αρχίσει να κτίζεται. Διότι εάν εκτίζοντο παραλλήλως και τα υψώματα, η πόλη θα κατελάμβανε εξαιρετικά δυσανάλογη έκταση.

ΤΕΚΜΗΡΙΟΝ Γ

ΑΠΟΣΠΑΣΜΑΤΑ ΑΠΟ ΤΗΝ ΕΙΣΗΓΗΣΗ ΤΟΥ KLENZE ΠΡΟΣ ΤΗΝ ΕΛΛΗΝΙΚΗ ΑΝΤΙΒΑΣΙΛΕΙΑ. 23 ΑΥΓΟΥΣΤΟΥ/3 ΣΕΠΤΕΜΒΡΙΟΥ 1834. "ΠΕΡΙ ΤΡΟΠΟΠΟΙΗΣΗΣ ΤΟΥ ΣΧΕΔΙΟΥ ΠΟΛΗΣ ΤΗΣ ΑΘΗΝΑΣ".

Δημοσιευμένα στο έργο: Klenze, Leo von: Aphoristische Bemerkungen gesammelt auf seiner Reise nach Griechenland, Berlin, 1838, σελ. 420-434 και 441-446. Πρωτότυπο σε γερμανική γλώσσα

Τους λόγους λοιπόν για τους οποίους ετροποποίησα το σχέδιο [των Κλεάνθη και Schaubert], το οποίο είχε [προηγουμένως] εγκρίνει η αντιβασιλεία, τους εξέθεσα γραπτώς στην αντιβασιλεία στις 3 Σεπτεμβρίου, μαζί με μία σύντομη περιγραφή του δικού μου νέου σχεδίου. Οποιαδήποτε επέμβαση στην Αθήνα είναι υπόθεση της ευρωπαϊκής τέχνης και κατά κάποιο τρόπο οφείλει να λογοδοτήσει κανείς γι' αυτή σε ολόκληρη την Ευρώπη.

Μόνο αυτή η πεποίθηση και διόλου η μανία επίκρισης του συντάκτη αυτού του σχεδίου κυρίου Schaubert, που τον εκτιμώ για τις αρετές και τα χαρίσματά του, με ωθούν να επαναλάβω εδώ αρκετά από όσα ελέχθησαν τότε και να καταστήσω γνωστά τα κίνητρα των σχετικών με την τόσο σπουδαία αυτή υπόθεση ενεργειών και πράξεών μου, επεκτεινόμενος στο θέμα περίπου όσο και τότε στην έκθεσή μου προς τη Μεγαλειότητά του και την αντιβασιλεία:

"Ακολουθών την πρόσκληση που έλαβα από τη Μεγαλειότητά του τον Βασιλέα και από την αντιβασιλεία της Ελλάδος και μετά την ευμενή παραχώρηση αδείας εκ μέρους της Αυτού Μεγαλειότητος του Βασιλέως της Βαυαρίας και Κυρίου μου, ανεχώρησα για την Αθήνα με σκοπό να ελέγξω επακριβώς επί τόπου το νέο επικυρωμένο δια βασιλικού διατάγματος από 29 Ιουνίου/11 Ιουλίου [1833] γενικό σχέδιο, και τώρα είμαι εις θέσιν να δώσω σχετικά τις ακόλουθες επεξηγήσεις, αφού πρώτα ενημερώθην μετά από πολλαπλές αυτοψίες επιτόπου, άλλοτε παρουσία των συντακτών [Κλεάνθη και Schaubert] του [πρώτου] σχεδίου, άλλοτε μόνος μου, για την τόσο σημαντική εδώ μορφολογία του εδάφους και για τις υπόλοιπες τοπικές συνθήκες, τον προσανατολισμό, τους επικρατούντες ανέμους, τη ροή των υδάτων κ.λπ.

Η σύλληψις του σχεδίου οφείλει να έχει ως γνώμονα την ιδέα της ιστορικότητος και ποιητικότητος και να είναι σύμφωνη με την ιστορική εξέλιξη τόσο της αρχαίας όσο και της σημερινής ένδοξης πόλης των Αθηνών. Τέσσερεις μεγάλες εποχές αριθμεί η Αθήνα και αυτές πρέπει να φαίνονται επίσης στην πόλη και στη μελλοντική της διάρθρωση.

Πρώτα έρχεται η Ακρόπολη πάνω στο βραχώδες ύψωμα [sic!], αμέσως μετά στις νότιες και δυτικές κλιτύες της η πόλη του Θησέως, κάπως χαμηλότερα προς τα ανατολικά η πόλη του Αδριανού και τέλος μια νέα πόλη που αρχίζει να διαμορφώνεται τώρα, στη δική μας εποχή, η Οθωνόπολις. Τι αναμνήσεις, τι πλούτο δόξας, μεγαλείου και ελπίδων δεν προσφέρει το όνομα καθενός απ' αυτά τα τμήματα της πόλης! Κι όλα αυτά περιέχονται σε ένα μόνον όνομα, στο όνομα ΑΘΗΝΑ!

Αλήθεια, όπως είναι σήμερα η χώρα, μού φαίνεται πως δεν χρειάζονται οι πολλοί άλλοι θετικοί και υλικοί λόγοι για να αποτρέψουν κάθε σκέψη για μια άλλη πρωτεύουσα της Ελλάδος. Το όνομα και μόνον "Αθήνα" ανοικοδομεί την πόλη και της χαρίζει την τέταρτη εποχή της· και η Αθήνα θα παρέμενε για τον κόσμο της Ελλάδος πρωτεύουσα, ακόμα και αν ανεκήρυσσε κανείς πρωτεύουσα μιαν άλλη πόλη. Αρκετά όμως γι' αυτά· διότι η σοφία της Μεγαλειότητός σας έχει πλέον αποφανθεί οριστικώς επί του ζητήματος αυτού. Για τον τρόπο τώρα μεταχείρισης του καθενός από αυτά τα τμήματα της πόλης έχω να παρατηρήσω τα εξής:

1. Η πόλη του Κέκροπος ή η Ακρόπολη

Στις προτάσεις των κυρίων Κλεάνθη και Schaubert, καθ' όσον γνωρίζω, δεν υπάρχει τίποτε για τη μεταχείριση αυτής της άνω πόλης· και όμως δεν μπορεί να υπάρξει καμία αμφιβολία, πως η αποκάλυψη των αρχαίων μνημείων και του αρχαίου εδάφους εδώ είναι ακόμη πιο επιθυμητή απ ό,τι στην κάτω πόλη, και ότι ήταν και αυτή μέσα στις προθέσεις τους.

Η δική μου ταπεινή γνώμη επ' αυτού θα ήταν η εξής: Αυτό το ύψωμα [δηλαδή η Ακρόπολη], αφ' ης στιγμής υπάρχει πλέον η επίσημη δήλωση πως δεν πρόκειται να ξαναχρησιμοποιηθεί και να θεωρηθεί ποτέ πια ως οχυρό, θα πρέπει να απελευθερωθεί το ταχύτερον δυνατόν από τα ερειπωμένα και άμορφα κτίσματα των βαρβαρικών εποχών. Όλα τα αρχαία τείχη θα έπρεπε όμως να διατηρηθούν και ίσως μερικά γραφικά τμήματα των νέων οχυρωματικών έργων, παραδείγματος χάριν ο πύργος των Φλωρεντινών Acciajuoli, μια ενετική έπαλξη δίπλα στα Προπύλαια κ.λπ. Η άμεση κατεδάφιση όλων των άλλων τειχών φαίνεται ακόμη πιο επιθυμητή, επειδή θα μπορούσε να αξιοποιηθεί σίγουρα καλά το μεγάλο πλήθος των καλών λιθίνων δόμων στην ανοικοδόμηση της πόλης. Τα πολυάριθμα, εντελώς άμορφα θραύσμαστα μαρμάρων, τα οποία θα προκύψουν εν μέρει από αυτή την κατεδάφιση, εν μέρει από την εκκαθάριση μέχρι να φανεί το αρχικό έδαφος, θα συνιστούσα να διατεθούν για την ανέγερση των νέων ανακτόρων. Μ' αυτό τον τρόπο, δηλαδή με την αξιοποίηση αυτών των υλικών θα εκαλύπτοντο οι δαπάνες της κατεδάφισης των τειχών και σίγουρα μεγάλο μέρος των δαπανών απομάκρυνσης των ερειπίων.

Ένα χρονικό διάστημα πέντε έως έξι ετών μου φαίνεται ότι ενδείκνυται γι' αυτό το έργο. Τα δύο επόμενα χρόνια θα έφθαναν για την αναστήλωση των Προπυλαίων και των ανεκτιμήτων ερειπίων του Ερεχθείου κ.λπ., καθώς και για την ανέγερση στο δυτικό άκρο [sic!] του ιερού βράχου ενός χαμηλού κτηρίου αποτελούμενου από μερικές αίθουσες και περιστύλια, για τη στέγαση ενός εθνικού μουσείου. Αυτό το τμήμα του βράχου είναι πολύ χαμηλότερο από το έδαφος γύρω από τον Παρθενώνα και θα προσέφερε επαρκή χώρο για ένα κτήριο το οποίο, αν και αρκετά σημαντικό, δεν θα ήταν τόσο υψηλό ώστε να παραβλάπτει τα κατάλοιπα της αρχαιότητος. Ολίγοι κλειστοί χώροι θα στέγαζαν τα νομίσματα, τους σφραγιδολίθους, τα χάλκινα αντικείμενα, τα αγγεία και τα άλλα μικροαντικείμενα αρχαίας τέχνης, ενώ η ομορφιά του ελληνικού ουρανού επιτρέπει την έκθεση των περισσοτέρων μαρμάρινων γλυπτών έργων σε ανοικτές στοές, όπου ο θεατής θα τα απελάμβανε σε συνδυασμό με την ωραία φύση που θα ενέτεινε τη γοητεία τους.

Η ιδέα να βλέπει κανείς τα κατάλοιπα της αρχαίας ελληνικής γλυπτικής επάνω στον εδώ και τρεις χιλιάδες χρόνια ιερό αυτό βράχο, πλάι στα ευγενέστερα ερείπια της αρχαίας ελληνικής αρχιτεκτονικής είναι τόσο αναντίρρητη που νομίζω πως πρέπει να προτείνω την πραγματοποίησή της.

Θα έπρεπε επίσης η κορυφή του βράχου [δηλαδή το πλάτωμα της Ακρόπολης] ανάμεσα στα μνημεία να κατανεμηθεί με τον πρέποντα και γραφικό τρόπο και να φυτευθεί με μερικές συστάδες φοινικοδένδρων, κυπαρισσιών, ελαιοδένδρων κ.λπ.· έτσι θα προσδώσει κανείς στο όλον μορφή άκρως γοητευτική και θα διασφαλίσει στην υπέροχη περιοχή της Αττικής ένα πολύ σημαντικό γραφικό ορόσημο.

2. Η αρχαία πόλη του Θησέως

Στον περιβάλλοντα χώρο της Ακρόπολης, ιδιαίτερα στη βορειοδυτική, δυτική και νότια πλαγιά της, εσυνωστίζοντο ασφαλώς τα κύρια μνημεία της ελληνικής αρχιτεκτονικής και γλυπτικής της αρχαίας κλασικής εποχής, και μερικά απ' αυτά εξακολουθούν να ορθώνονται ακόμα εδώ ως μάρτυρες του αλλοτινού μεγαλείου. Όμως είναι εν μέρει θαμμένα στις επιχώσεις, που φθάνουν συχνά τα 18 πόδια ύψος. Το ανυψωμένο έδαφος ασφαλώς κρύβει ακόμα μες στον κόρφο του τα ερείπια τελείως αγνώστων ή μόνον από τους συγγραφείς αναφερομένων μνημείων.

Έγινε λοιπόν η απολύτως ενδεδειγμένη πρόταση να απομακρυνθούν από αυτό το τμήμα της πόλης, που εκτείνεται πέραν από τη στοά του Αδριανού και μέχρι το χορηγικό μνημείο του Λυσικράτους στην οδό Τριπόδων, όλα τα σύγχρονα κτήρια, με εξαίρεση μερικές αξιοπρόσεκτες εκκλησίες και τζαμιά, να καθαρισθεί εντελώς για να αναφανεί σταδιακά το αρχαίο έδαφος και να μεταμορφωθεί όλος ο χώρος σε ένα είδος περιπάτου και κήπου. Με αυτή καθαυτή την πρόταση δεν μπορώ παρά να είμαι απολύτως σύμφωνος· αλλά για να μην τεθεί το όλο εγχείρημα εξ αρχής επάνω σε λανθασμένες βάσεις ή, πολύ χειρότερα ίσως, για να μην παραμείνει η πρόταση απραγματοποίητη, ο προτεινόμενος τρόπος εφαρμογής της πρέπει να υποστεί κάποια τροποποίηση. Συγκεκριμένα έγινε η πρόταση σ' αυτή την περιοχή, την οποία τώρα καταλαμβάνει ένα μεγάλο μέρος του πιο πυκνά και καλά δομημένου τμήματος της πόλης, να μην επιτραπεί καμία δόμηση. Να αγορασθούν όλα [τα ακίνητα] αμέσως και να πληρωθούν τοις μετρητοίς μέσα σε τρεις μήνες.

Σύμφωνα με τις εκτιμήσεις του Ι. Μισίου και του Κλεάνθη το ποσό μόνο αυτής της αποζημίωσης θα ανήρχετο σε 1.367.000 δραχμές, στο οποίο θα έπρεπε να προστεθούν οι δαπάνες κατεδάφισης, ενώ τα υλικά οικοδομών που θα προέκυπταν θα περιήρχοντο εις τους ιδιοκτήτες. Θα έπρεπε λοιπόν να υπολογίζει κανείς συνολικό κόστος 1.563.000 δραχμών. Για να επιφέρει όμως η γρήγορη αυτή αγορά και σημαντική δαπάνη το επιθυμητό αποτέλεσμα, θα πρέπει να ξεκινήσει αμέσως η ανασκαφή της περιοχής. Όλοι όμως όσοι γνωρίζουν την έκταση, τη δυσκολία και τις δαπάνες ενός τεράστιου έργου σαν κι αυτό, παραβάλλοντάς το παραδείγματος χάριν με τις ανασκαφές στην Πομπηία, στο Herkulaneum και στο Ρωμαϊκό Forum, δεν είναι δυνατόν να πιστεύουν πως μπορεί κανείς να αρχίσει αμέσως και να συνεχίσει δραστήρια αυτές τις εργασίες, που απαιτούν πολλά εκατομμύρια και μάλιστα ενώ ταυτοχρόνως θα διενεργούνται οι πολύ σπουδαιότερες εργασίες επάνω στην Ακρόπολη. Και όλα αυτά σε ένα νεοσύστατο κράτος, που το πιέζουν από όλες τις πλευρές νέες ανάγκες και του οποίου τα οικονομικά δεν έχουν ακόμα διαμορφωθεί.

Εκτός απ' αυτό, ανάμεσα στα κτήρια και τα ερείπια αυτής της περιοχής της πόλης, υπάρχουν πολλά που έχουν ξανακτισθεί από τα συντρίμμια τους και πολλά που μπορούν να αποκατασταθούν με πολύ μικρότερο κόστος από ό,τι θα εκόστιζε ένα νέο σπίτι.

Η αποζημίωση των 70 λεπτών ανά πήχυ και η χαμηλή εκτίμηση της αξίας αυτών των ερειπίων δεν θα έφθανε ούτε κατά διάνοιαν για την οικοδόμηση μιας νέας ανάλογης κατοικίας στη νέα Αθήνα, και επί πλέον μου φαίνεται πως εδώ η βιαστική αυτή εκχώρηση πατροπαράδοτης ιδιοκτησίας θεωρείται πολύ αυστηρό μέτρο. Επειδή λοιπόν σχεδόν όλοι όσους θίγει αυτό το μέτρο είναι πτωχοί άνθρωποι, που δεν διαθέτουν τα αναγκαία κεφάλαια για την οικοδόμηση νέων και αξιολόγων οικιών στη νέα πόλη και επειδή οι υπέρογκοι τόκοι καθιστούν εξαιρετικά βαρύ τον δανεισμό ξένων χρημάτων γι' αυτό τον σκοπό, οι διωγμένοι τόσο αιφνιδιαστικά από τα σπίτια τους κάτοικοι και ιδιοκτήτες θα εξαναγκασθούν είτε να μεταναστεύσουν είτε να ανεγείρουν στη νέα πόλη, εφόσον θα ήθελαν να κτίσουν σ' αυτή, ένα πλήθος μικρών, ασήμαντων και κακής ποιότητος κτηρίων.

Γι' αυτούς τους λόγους έγιναν ήδη παλαιότερα πολλές και διάφορες προτάσεις τροποποίησης των σχετικών μέτρων, ας μου επιτραπεί λοιπόν να εισηγηθώ και εγώ μία διευθέτηση, που νομίζω πως ανταποκρίνεται στο πρόβλημα και στις περιστάσεις και η οποία είναι η εξής:

Οι ιδιοκτησίες οι οποίες βρίσκονται στον χώρο που έχει ορισθεί για μελλοντικές ανασκαφές κατανέμονται σε πέντε κατηγορίες:

α. Κρατικά ακίνητα, μοναστήρια, εκκλησίες, τζαμιά και οικόπεδα, που περιήλθαν στο κράτος από πρώην τούρκους ιδιοκτήτες, ή που ήταν στην ιδιοκτησία οικογενειών και κληρονόμων που εχάθησαν κατά την Επανάσταση και περιήλθαν επίσης εις το κράτος.

β. Ακίνητα τα οποία περιβάλλουν ή αγγίζουν γνωστά μνημεία με τρόπο που βλάπτει άμεσα τη διατήρησή τους ή τη θέα τους.

γ. Νεόδμητα ή ανακατασκευασμένα από τα ερείπια, κατοικημένα ή ακατοίκητα σπίτια.

δ. Ερειπωμένα κτήρια που μπορούν να επιδιορθωθούν, χωρίς ουσιαστικά να ξανακτισθούν.

ε. Οικόπεδα στα οποία υπάρχουν πλέον μόνον ερείπια και συντρίμμια που δεν επιδέχονται ανακατασκευή.

Όσον αφορά τα ακίνητα της πρώτης κατηγορίας, αυτά θα πρέπει, ανάλογα με τις ανάγκες και τις συνθήκες της στιγμής, είτε να διατηρηθούν είτε να κατεδαφισθούν εντελώς· ωστόσο φαίνεται επιθυμητό να διατηρηθούν ως ιστορικά και πολλές φορές πολύ γραφικά μνημεία του παρελθόντος οι σημαντικότερες εκκλησίες και τα λιγοστά τζαμιά.

Οι ιδιοκτησίες της δεύτερης κατηγορίας θα ήταν σκόπιμο να αγορασθούν αμέσως και να κατεδαφισθούν, εφόσον το απαιτεί η απαλλαγή [από τον ενοχλητικό περίγυρο] των ήδη από τώρα γνωστών και ορατών μνημείων. Τα οικήματα της τρίτης κατηγορίας στην αρχή και μέχρις ότου το κράτος θελήσει να προβεί εις την αγορά τους με δίκαιη εκτίμηση ή συμφωνία, θα παρέμεναν στην απρόσκοπτη ιδιοκτησία και χρήση των ιδιοκτητών.

Προκειμένου να αποφευχθεί κάθε εντύπωση σκληρότητος απέναντι στην ατομική ιδιοκτησία, θα μου εφαίνετο σκόπιμη η ανακατασκευή των κτηρίων της τέταρτης κατηγορίας, η οποία όμως θα πρέπει να επιτραπεί μόνον υπό τον όρο ότι η Νομαρχία και η ήδη υπάρχουσα Οικοδομική Επιτροπή θα ασκεί την αναγκαία εποπτεία, έτσι ώστε να αποφευχθεί κάθε κατάχρηση της παραχώρησης αυτής με την υπερβολική διεύρυνση της έννοιας της ανακατασκευής ενός ερειπωμένου κτηρίου.

Όσον αφορά τέλος την πέμπτη και τελευταία κατηγορία ακινήτων, φαίνεται πως το πιο ενδεδειγμένο είναι να περάσουν στην κυριότητα του κράτους με βάση την ήδη καθορισμένη στο Διάταγμα από 30 Αυγούστου/12 Σεπτεμβρίου 1833 τιμή των 70 λεπτών τον τετραγωνικό πήχυ και να απομακρυνθούν αμέσως τα συντρίμμια, όπως έχει ήδη ωρισθεί. Ανέθεσα στον νομάρχη, στους δημογέροντες και στους κυρίους Κλεάνθη και Schaubert να μου ετοιμάσουν μίαν εκτίμηση της αξίας όλων των οικοπέδων που θα αγορασθούν, την οποία επισυνάπτω εδώ στο πρωτότυπο και η οποία μειώνει την οικονομική θυσία που θα πρέπει να κάνει το κράτος από 1.367.000 σε 148.000 δραχμές. Με αυτή τη μέθοδο, μέσα σε λίγους μήνες θα εξηφανίζοντο από το προαναφερόμενο τμήμα της πόλης όλα τα ερείπια και θα διετίθετο μεγάλος χώρος για τις ανασκαφές, όταν θα άρχιζαν. Εκτός απ' αυτό, πρέπει να αναμένουμε πως οι ιδιοκτήτες σ' αυτή την περιοχή της πόλης, αφ' ενός μεν επειδή τα ανακατασκευασμένα από τα ερείπια σπίτια τους δεν εγγυώνται μεγάλη διάρκεια ζωής, αφ' ετέρου δε επειδή σταδιακά όλη η ζωή, όλο το εμπόριο και όλα τα πλεονεκτήματα θα μεταφερθούν στη νέα πόλη, σε λίγα χρόνια θα εγκαταλείψουν ευχαρίστως τα σπίτια τους και θα τα προσφέρουν στο κράτος με πολύ συμφέρουσες τιμές, εάν δεν θελήσει να κάνει κανείς χρήση των άφθονων μέσων, τα οποία διαθέτουν οι αρχές για να μειώσουν τις υπερβολικές απαιτήσεις (και που έχουν να κάνουν με τον τρόπο μεταχείρισης αυτού του τμήματος της πόλης, ως προς την αστυνόμευση των δρόμων φερ' ειπείν, τον φωτισμό τους κ.λπ.). Έτσι εύκολα μπορεί να προβλέψει κανείς πως το κράτος σε ένα εύλογο χρονικό διάστημα θα επετύχει τον στόχο του εξοικονομώντας τουλάχιστον ένα εκατομμύριο δραχμές, ενώ αυτό το τμήμα της πόλης μέχρι τη στιγμή που θα αρχίσουν οι ανασκαφές με προοπτική την συνεπή συνέχισή τους, θα έχει πάντα καλύτερη όψη απ' ό,τι εάν παρέμενε απλώς ένα ανοικτό πεδίο ερειπίων και συντριμμάτων.

3. Το τμήμα της πόλης ανάμεσα στην περιοχή των ανασκαφών και το σημερινό τείχος της πόλης [τείχος Χασεκή]

Οι συντάκτες του υπάρχοντος σχεδίου επρότειναν αυτό το τμήμα της πόλης ως προς τη μορφή να μοιάζει όσο το δυνατόν περισσότερο με μια εντελώς κανονικά διατεταγμένη πόλη, χαράζοντας νέες οδούς πάντα ευθύγραμμες και πολλές φορές παράλληλες.

Εάν κοιτάξει όμως κανείς τον, πραγματικά χωρίς προηγούμενο, λαβύρινθο των σημερινών δρόμων και κτηρίων της [παλαιάς] Αθήνας και τον συγκρίνει με τις πολλές οδούς του σχεδίου, θα διαπιστώσει ότι η διόρθωση αυτή [δηλαδή η ευθυγράμμιση των οδών της], λαμβάνοντας υπ' όψιν τις δυσχέρειες στις οποίες θα προσκρούσει, ισοδυναμεί σχεδόν με την κατεδάφιση όλων των κτηρίων. Επί πλέον η νέα πόλη θα αποκτήσει ούτως ή άλλως πολλές ευθύγραμμες οδούς· γι' αυτό η ταπεινή μου γνώμη είναι πως αντί της ευθύγραμμης χάραξης όλων των οδών σ' αυτό το τμήμα της πόλης [στην παλαιά Αθήνα], θα ήταν αρκετό εάν το διέσχιζαν μόνο μερικές [νέες] κύριες οδοί, πράγμα που κάνω εγώ στο σχέδιό μου (προτείνοντας δηλαδή ό,τι είναι σκοπιμώτερο και ευκολότερα πραγματοποιήσιμο και επίσης σεβόμενος ό,τι έχει ήδη αρχίσει πραγματικά, όπως π.χ. στην οδό Αιόλου). Αυτό όμως δεν αποκλείει μεμονωμένες διευρύνσεις και βελτιώσεις των οδών εάν παρουσιασθεί η κατάλληλη ευκαιρία. Εκείνο όμως που δεν συνιστώ κατά κανένα τρόπο είναι η ανενδοίαστη ευθεία χάραξη όλων των οδών, εξαιτίας των μεγάλων θυσιών και του κινδύνου της μονοτονίας και της μείωσης της γραφικότητος.

Έρχομαι τώρα στο σπουδαιότερο μέρος αυτού του πολεοδομικού σχεδίου, στη διαμόρφωση της Οθωνόπολης.

4. Η Οθωνόπολη

Για να είναι θεμελιωμένη η άποψή μας, πρέπει να κάνουμε εν συντομία μερικές γενικές παρατηρήσεις για τους κανόνες που διέπουν την κατάλληλη και ωραία διάρθρωση μιας πόλης.

Μας φαίνεται πως το θέμα έχει δύο όψεις. Μεγάλες ευθύγραμμες, ευρείες και κανονικές οδοί και πλατείες, που τις περιγράφουν περίπου όμοια και ισοϋψή ή με βάση συγκεκριμένους κανόνες ομαδοποιημένα σπίτια και μέγαρα· οδοί και πλατείες σαν κι αυτές που βλέπουμε στις πόλεις του Βορρά, στην Πετρούπολη, στο Βερολίνο, στο Νανσύ, στην Καρλσρούη και στο Μανχάιμ, ακόμα και στο Τουρίνο, στο Corso της Ρώμης κ.λπ., έχουν το μαθηματικά αποδεδειγμένο πλεονέκτημα να αποτελούν τη συντομώτερη σύνδεση μεταξύ δύο σημείων και να διευκολύνουν τον φωτισμό, την καθαριότητα και την απρόσκοπτη κυκλοφορία τουλάχιστον των οχημάτων. Επίσης η εντύπωσή τους μπορεί να είναι μεγαλειώδης και επιβλητική, με την προϋπόθεση ότι είναι χαραγμένες σε εντελώς ή σχεδόν επίπεδο έδαφος, όπως συμβαίνει σε όλα τα προαναφερθέντα παραδείγματα. Εν τούτοις, έχει παρατηρηθεί προ πολλού επανειλημμένως, ότι η θέα τέτοιων εντελώς κανονικών γεωμετρικών διατάξεων μέσα στην πόλη σύντομα κουράζει. Και η εμφάνισή τους όχι μόνο κουράζει αλλά και γίνεται αποθητική όταν χρησιμοποιούνται [αυτές οι διατάξεις] βεβιασμένα σε ένα μη επίπεδο και ανώμαλο ανάγλυφο εδάφους, όπως π.χ. συμβαίνει με τη Μακρά Οδό της Ρώμης, την οποία, εις πείσμα κάθε λογικής, εχάραξαν από την Trinita dei Monti μέχρι το παλάτι του Λατερανού, περνώντας πάνω από τρεις σημαντικές εξάρσεις του εδάφους.

Σ' αυτά τα ευθύγραμμα, όπως μπορούμε να τα αποκαλέσουμε σύμφωνα με τα προαναφερόμενα, σύγχρονα συστήματα, αντιπαρατίθεται το αρχαίο, που η κατά το μάλλον ή ήττον πιστή εφαρμογή του απαντάται ακόμη και σήμερα στις περισσότερες πόλεις του Νότου. Οι οδοί και οι πλατείες είναι πολύ μικρότερες εδώ, [οι οδοί είναι] βέβαια συχνά ευθύγραμμες αλλά διανύουν πολύ μικρότερες αποστάσεις, και πάντα διατάσσονται έτσι ώστε η χάραξή τους να ακολουθεί τις διακυμάνσεις του εδάφους. Οι νότιες αυτές πόλεις είναι πολύ πιο γραφικές και προσφέρουν πολύ περισσότερες εναλλαγές από τις πόλεις του Βορρά, ενώ μοιάζουν πιο ενδεδειγμένες για νότιες χώρες, επειδή εξασφαλίζουν περισσότερη και εναλλασσόμενη προστασία από τις ακτίνες του ήλιου και επειδή μοιάζουν καλύτερα εναρμονισμένες τόσο με τις γενικές απαιτήσεις του αρχιτεκτονικού κάλλους όσο και με τον συχνά ορεινό χαρακτήρα του τόπου του Νότου.

Αν και δεν θέλουμε να αποφανθούμε απόλυτα υπέρ της θετικής αξίας και του κάλλους των δύο αυτών τρόπων διάρθρωσης των πόλεων, εν τούτοις μπορούμε να ισχυρισθούμε με βεβαιότητα ότι μια τέτοια απόλυτα ευθυγραμμισμένη διάταξη πόλης με ευρείες οδούς και μεγάλες πλατείες δεν ταιριάζει σε λοφώδη τοποθεσία.

Εάν τώρα κοιτάξουμε το έδαφος της Αθήνας γενικά, θα δούμε πως δεν μπορούμε να το χαρακτηρίσουμε απλώς λοφώδες, αλλά ορεινό και βραχώδες [sic!], και ως εκ τούτου η διάταξη της αρχαίας, όπως τώρα και της νεώτερης [παλαιάς] πόλης, είναι ακανόνιστη σε μεγάλο βαθμό, και ασφαλώς περισσότερο από όσο θα ήταν αναγκαίο και σύμφωνο με τα δικά μας ήθη και τις δικές μας ανάγκες. Το τμήμα το οποίο ωρίσθη για την ανέγερση της σχεδιαζόμενης νέας πόλης είναι βέβαια κάπως ολιγώτερο ανώμαλο· εν τούτοις όμως παρουσιάζει, για να μην αναφέρουμε πολλές μικρότερες εξάρσεις και λεκάνες, τρία κύρια υψώματα: δηλαδή το ύψωμα δεξιά της οδού Πειραιώς προς τον βράχο του Αρείου Πάγου και τον λεγόμενο λόφο των Νυμφών· το ύψωμα στο μέσον της περιοχής, στην οποία προτείνεται η ανέγερση των ανακτόρων του Βασιλέως· ιδιαίτερα δε λοφώδες και ανώμαλο είναι το ανάγλυφο της περιοχής κάτω από τον Λυκαβηττό όπου εχωροθετήθη η πλατεία και ο καθεδρικός ναός του Σωτήρος σε ανάμνηση της απελευθέρωσης της Ελλάδος. Εδώ συχνά και ανά μικρά διαστήματα απαντώνται εδαφικές εξάρσεις και κοιλότητες με υψομετρική διαφορά 30 έως 40 πόδια, που βέβαια δεν ανταποκρίνονται στην έννοια και στις συνθήκες για την ανέγερση μιας απόλυτα ευθυγραμμισμένης επίπεδης πόλης. Εάν δεν ήθελαν [οι Κλεάνθης και Schaubert], όπως θα εφαίνετο ενδεδειγμένο σε μας ως πολύ πιο ωραίο και απείρως καταλληλότερο, να επιλέξουν για την οικοδόμηση της νέας πόλης τη νότια και δυτική πλευρά της Ακρόπολης, κατά την ταπεινή μου γνώμη θα ήταν καλύτερα να προσδώσουν στη νέα πόλη μια διάταξη ολιγώτερο ευθύγραμμη και βορειοευρωπαϊκή, που θα ακολουθούσε τις διακυμάνσεις του εδάφους και θα ήταν περισσότερο γραφική και με νότιο χαρακτήρα. Όμως δεν έχουμε πια αυτή την δυνατότητα [για μια τέτοια αλλαγή].

Το σχέδιο, επικυρωμένο από την Υμετέραν Μεγαλειότητα, έχει χαραχθεί και ακούγεται πως έχουν γίνει ήδη πολλές αγορές με βάση την ύπατη αυτή επικύρωση, ακόμη και κτήρια έχουν αποπερατωθεί ήδη ή ευρίσκονται υπό κατασκευήν, όπως των κυρίων Καντακουζηνού, Βλαχούτζη, Βούρου, Κοντοσταύλου κ.λπ. Όλα αυτά καθιστούν τη διατήρηση ωρισμένων πρωτευουσών χαράξεων και ενός ευθυγράμμου συστήματος διάταξης της νέας πόλης αναπόφευκτη, και το μόνο θέμα που τίθεται είναι η ευνοϊκή επιλογή των καθέκαστα λύσεων, στον βαθμό που την επιτρέπουν οι υπάρχουσες συνθήκες, καθώς και η εκμετάλλευση του φυσικού αναγλύφου, όπου ακόμα αυτό είναι εφικτό.

[(...) Εδώ ακολουθεί η διεξοδική κριτική του Klenze επί του σχεδίου των Κλεάνθη και Schaubert. Βλ. επ' αυτού κεφ. 2, 4].

Αφού ενημερώθην ακριβώς για τις βελτιώσεις που χρειάζεται το νέο αυτό σχέδιο και τις οποίες είναι ικανό να δεχθεί, καθώς και για την μορφολογία του εδάφους, προσεπάθησα να αποφύγω στην τροποποίησή του τα ελαττώματα που κατέκρινα.

Όπως προείπα, σε διάφορα σημεία επί των νέων χαράξεων των οδών έχουν αρχίσει να κτίζονται ή έχουν ήδη αποπερατωθεί αρκετές εκτεταμένες διαμορφώσεις και κτήρια και αυτά καθώς και οι πολλές αγοραπωλησίες οικοπέδων, οι οποίες όπως λέγεται έλαβαν χώρα με βάση αυτό το σχέδιο [των Κλεάνθη και Schaubert] και οι οποίες δεν μπορούν να ακυρωθούν δίχως αποζημίωση, με ηνάγκασαν, παρά την επιθυμία μου, να διατηρήσω αφ' ενός μεν την θέση στην οποίαν εκτείνεται η νέα πόλη σύμφωνα με το εγκεκριμένο σχέδιο, αφ' ετέρου δε και πολλές πρωτεύουσες οδούς και επομένως το ευθύγραμμο σύστημα. Εάν συγκρίνει όμως κανείς [το δικό μου με το ήδη εγκεκριμένο σχέδιο] εύκολα θα διαπιστώσει την ουσιαστική αλλαγή και την εντελώς νέα διαμόρφωσή του.

Πρώτα απ' όλα εσμίκρυνα όλο το σχέδιο καθώς και τις οδούς και πλατείες που ήταν δυσανάλογες σε σχέση με τα οικήματά τους και ακατάλληλες για τη νότια [γεωγραφική] θέση της πόλης. Ο μεγάλος αριθμός οξυκορύφων οικοδομικών τετραγώνων εμειώθη από σαράντα σε τέσσερα-πέντε, από τα οποία μάλιστα τα δύο επί της οδού Πειραιώς έπρεπε ούτως ή άλλως να διατηρηθούν, γιατί ήσαν ήδη κτισμένα.

Τα βασιλικά ανάκτορα τα μετέθεσα από τον τελείως ακατάλληλο χώρο στον οποίο είχαν σχεδιασθεί, στη θέση με την ωραιότερη θέα προς την Ακρόπολη, το Θησείο κ.λπ., η οποία ταυτοχρόνως προσφέρει και την ωραιότερη άποψη του κτίσματος σε συνδυασμό με τα μνημεία αυτά. Το ανυψωμένο έδαφος αυτής της περιοχής το εχρησιμοποίησα, σύμφωνα με τις υποδείξεις της Υμετέρας Μεγαλειότητος, για τη δημιουργία προς όλες τις πλευρές αναβαθμών που αυξάνουν τόσο την ομορφιά και οι οποίοι με την κατάλληλη διάταξη κεκλιμένων επιπέδων και αμαξιτών προσβάσεων είναι πολύ εύκολα βατοί και σε άλογα και σε άμαξες. Προς τη μεριά της πόλης το ανάκτορο αυτό ορίζουν δύο μεγάλα κτήρια, στα οποία μπορούν να στεγασθούν άνετα οι υπηρεσιακοί χώροι όλων των υπουργείων. Λίγο πιο χαμηλά από τα ανάκτορα και σε κάποια απόσταση απ' αυτά είναι οι σταύλοι, τα αμαξοστάσια και τα κτήρια του υπηρετικού προσωπικού, καθώς και τα μαγειρεία και οι αποθήκες που τοποθετούνται στη βόρεια πλευρά του άνω ανδήρου. Η νότια, δυτική και ανατολική πλευρά αυτών των ανδήρων εφάπτονται στον κήπο των ανακτόρων, ο οποίος εκτείνεται μέχρι τον βράχο του Αρείου Πάγου και τον ναό του Θησέως. Έτσι, αυτό το ανάκτορο απολαμβάνει το διπλό πλεονέκτημα να ευρίσκεται συγχρόνως και μέσα στην πόλη και μέσα σε κήπο. Το ότι αυτή η θέση μπορεί να αρδεύεται επαρκώς είναι αυτονόητο. Εύκολα αποδεικνύεται ότι καμία άλλη πρωτεύουσα της Ευρώπης δεν προσφέρει παρόμοια πλεονεκτήματα και ομορφιές για την ανέγερση ενός ανακτόρου. Από εδώ όχι μόνο βλέπει κανείς την πόλη με τα σημαντικότερα ερείπιά της από την ευνοϊκότερη πλευρά αλλά έχει και μια σχεδόν ελεύθερη πανοραμική άποψη όλου του γύρω χώρου: της θάλασσας [του Σαρωνικού], του ακρωτηρίου της Μουνυχίας και του Πειραιώς, του ωραίου ελαιώνος, των τριών κυριωτέρων βουνών της Αττικής, των λόφων της Αιγιάλης [sic!], του Κορυδαλλού και της Δάφνης, του Βριλησσού και του Λυκαβηττού. Για να εξαντλήσω κατά το δυνατόν το ζήτημα της θέσης των ανακτόρων, προσέθεσα στο σχέδιο ένα ιδιαίτερο φύλλο με ένα σκαρίφημα για τα νέα ανάκτορα, τα οποία θα μπορούσαν να χωροθετηθούν και στη δυτική πλαγιά του Λυκαβηττού προς τη μεριά του Ολυμπιείου· αλλά εάν αυτό το σχέδιο αξίζει να ληφθεί υπ' όψιν ή όχι, επιφυλάσσομαι να το συζητήσω διεξοδικώτερα επιτόπου. Στην πλατεία, η οποία στο παλαιό σχέδιο ωρίζετο για τα ανάκτορα, στην οποία όμως έδωσα στρογγυλό σχήμα, το μόνο που ταιριάζει στις ακτινωτές οδούς, τοποθετείται ο ναός του Σωτήρος, που είναι μεν μεγάλων αλλά όχι υπερβολικών διαστάσεων. Η εκκλησία αυτή μου φαίνεται πολύ καλά τοποθετημένη εκεί και από κάθε άποψη πιο ταιριαστή σ' αυτή τη θέση από ό,τι ένα βασιλικό ανάκτορο, διότι για αυτή την πλατεία, όπως διευκρίνισα προηγουμένως, δεν εξασφαλίζεται η θέα των σημείων, στα οποία καταλήγουν οι τρείς πρωτεύουσες οδοί.

Αντί της τεράστιας αγοράς [bazar] διέταξα ένα ανάλογο κτήριο με κατάλληλο μέγεθος, για την ανέγερση του οποίου εξεδήλωσε ήδη ενδιαφέρον ένας επιχειρηματίας, φυσικά υπό τον πολύ αποδεκτό όρο να είναι τριώροφο. Ο υπόλοιπος χώρος, ο οποίος ευρίσκεται στην περιοχή με το χαμηλότερο υψόμετρο στην πόλη, μου φαίνεται πολύ ταιριαστός και κατάλληλος για την εγκατάσταση δημοσίων λουτρών και με φυτεύσεις, καφενεία κ.λπ. θα μπορούσε να γίνει ένας δημόσιος χώρος αναψυχής κοντά βέβαια αλλά ταυτοχρόνως εντελώς χωριστά από μια αγορά [bazar] σαν κι αυτή που χρειάζεται μια τέτοια πόλη. Το τμήμα της πόλης στις υπώρειες του Λυκαβηττού, που στο παλαιό σχέδιο είχε ωρισθεί για την εκκλησία του Σωτήρος, μου εφάνη κατάλληλο περισσότερο για κτίσματα που περιβάλλονται από κήπους και διατάσσονται λιγότερο κανονικά παρά για αστικά κτήρια. Για να εξασφαλισθεί επαρκής χώρος ώστε να ικανοποιηθεί αυτή η προτίμηση και αυτή η ανάγκη, θα μπορούσε να προτείνει κανείς να προβλεφθεί μόνο στο τμήμα της πόλης μεταξύ των ανακτόρων και της οικίας Κοντοσταύλου μία ενιαία κανονική δόμηση και η συμπλήρωση των οδών και των πλατειών με συνεχή, πραγματικά αστικά κτήρια [δηλαδή κατά το συνεχές σύστημα δόμησης].

Ο τρόπος όμως με τον οποίο ετοποθέτησα και προέβλεψα μερικά δημόσια κτήρια εμφαίνεται στο ίδιο το σχέδιο, και ως προς αυτά ηναγκάσθην να περιορισθώ στα στοιχεία που είχα στη διάθεσή μου. Σε κάθε περίπτωση θα είναι εύκολο σε ένα τόσο μεγάλο σχέδιο να ευρεθεί θέση για το ένα ή το άλλο δημόσιο κτήριο που δεν περιλαμβάνεται σ' αυτό.

Όπως είναι διαρθρωμένο τώρα το σχέδιο, στις μικρότερες οδούς καλό είναι να μην κτισθούν κτήρια χαμηλότερα από διώροφα, στις πρωτεύουσες οδούς όμως, που έχουν πλάτος πάνω από 40 πόδια, δεν πρέπει να επιτρέπονται κτήρια με ολιγώτερους από τρεις ορόφους, του ισογείου συμπεριλαμβανομένου. Στην προαναφερθείσα περιοχή είναι απολύτως αναγκαίο τα σπίτια να δομηθούν κατά το συνεχές σύστημα, όπως είθισται σε μια πόλη, ενώ για τα περίπτερα κτίσματα και τα κτήρια με κήπο ορίζεται, όπως προανέφερα, η περιοχή στις υπώρειες του Λυκαβηττού. Χωρίς αυτές τις διατάξεις το αποτέλεσμα θα είναι άκρως ατυχές και η θέα του όλου πολύ άσχημη. Δυστυχώς, όσα οικήματα εκτίσθησαν ή άρχισαν να κτίζονται μέχρι τώρα στις χαραγμένες επί του εδάφους οδούς είναι εξαιρετικά άτοπα από αυτή την άποψη. Το κτίσμα του κυρίου Βλαχούτζη στην οδό Πειραιώς, οι οικίες των κυρίων Κοντοσιάβλου, Νεγρεπόντη και άλλων δεν διαμορφώνουν με τις προσόψεις τους τις καθωρισμένες οικοδομικές γραμμές, οι τελευταίες ορίζονται από άθλιες πλινθόκτιστες μάνδρες επί των οδών σχηματίζοντας όλες τις δυνατές λοξές γωνίες, πράγμα που δημιουργεί άθλια εντύπωση.

Ελεεινό είναι και το αρχιτεκτονικό ύφος αυτών των οικιών, δεν ενυπάρχει σ' αυτό ούτε ίχνος εκείνου του ωραίου μεσημβρινού, ανοικτού και γραφικού χαρακτήρος που τόσο μας θέλγει στην Ιταλία. Θα έπρεπε όμως να ληφθεί μέριμνα επ' αυτού εξ αρχής από τους αρχιτέκτονες, γιατί ένα τέτοιο άσχημο αρχιτεκτονικό ύφος εύκολα καθιερώνεται και γίνεται καθολική συνήθεια, και τότε είναι πολύ δύσκολη η βελτίωσή του.

Εξ ίσου αναγκαίο είναι να επιτηρεί κανείς άγρυπνα από την αρχή την χωροστάθμιση των οδών και η επιτροπή που πρόκειται να διορισθεί, μου φαίνεται πως καλό είναι να επιφορτίσει ένα από τα μέλη της ειδικά και αποκλειστικά με αυτό το έργο.

Θεωρώντας ότι με όσα είπα εξήντλησα όλα τα σημεία του τόσο σπουδαίου αυτού αντικειμένου, αφήνω εις την ανωτέραν κρίση την απόφαση επ' αυτών".

ΤΕΚΜΗΡΙΟΝ Δ
ΕΠΕΞΗΓΗΣΕΙΣ ΤΟΥ KLENZE ΕΠΙ ΤΟΥ ΣΧΕΔΙΟΥ ΤΟΥ ΓΙΑ ΤΗ ΝΕΑ ΑΘΗΝΑ. ΠΕΡΙΓΡΑΦΗ ΤΗΣ ΔΙΑΤΑΞΗΣ ΤΗΣ ΝΕΑΣ ΠΟΛΗΣ

Δημοσιευμένο στο έργο: Klenze, Leo von: Aphoristische Bemerkungen gesammelt auf seiner Reise nach Griechenland, Berlin, 1838, σελ. 470-476. Πρωτότυπο σε γερμανική γλώσσα.

Το σχέδιο, το οποίο απεικονίσαμε στον δεύτερο χαλκογραφημένο πίνακα, δείχνει καθαρά τους τομείς και τα τμήματα στα οποία χώρισα την πόλη.

Επάνω εις την Ακρόπολη, στο ανατολικό άκρο του ιερού βράχου, που έχει πολύ χαμηλότερο υψόμετρο από ό,τι το μεσαίο τμήμα του στο οποίο ορθώνεται ο Παρθενών, επρότειναν την ανέγερση μιάς Εθνικής Γλυπτοθήκης, την οποία μου ανέθεσε να σχεδιάσω η Μεγαλειότης του ο Βασιλεύς, χωρίς όμως να εκπληρώσω μέχρι τώρα αυτή την εντολή.

Ο χώρος υπό τα στοιχεία K2K2 είναι το προοριζόμενο για μελλοντικές ανασκαφές τμήμα της πόλης. Τα μνημεία της αρχαιότητος, της χριστιανικής και οθωμανικής εποχής, που σημειώνονται στον χάρτη, προτείνεται να διατηρηθούν. Λεπτομέρειες της μελλοντικής διαμόρφωσης [του αρχαιολογικού χώρου] θα ορισθούν μετά τα αποτελέσματα των μελλοντικών ανασκαφών. Μέσα στην υφιστάμενη πόλη που περιβάλλει το τείχος [του Χασεκή] υπό τα στοιχεία I2I2, επειδή εδώ έχουν κτισθεί αρκετά οικήματα με βάση τις ρυμοτομικές γραμμές του παλαιότερου σχεδίου [των Κλεάνθη και Schaubert] διατηρήσαμε τέσσερεις ευθύγραμμες οδούς, από τις οποίες η μεσαία με κατεύθυνση από τον βορρά προς το νότο καταλήγει ακριβώς στο τζαμί [Τσισδαράκη] που είναι κτισμένο στη γωνία της Στοάς του Αδριανού. Την οδό αυτή ονομάσαμε οδό Νίκης. Στις παράλληλες προς την προηγούμενη οδούς δώσαμε τα ονόματα των θεοτήτων που κατά την αρχαιότητα εχάρισαν στην πόλη δόξα, δύναμη και νίκη: του θεού Ποσειδώνος και της θεάς Αθηνάς. Η μία κατευθύνεται προς το Ωρολόγιον του Ανδρονίκου και η άλλη προς την κορυφή του Αρείου Πάγου. Μία άλλη οδός με κατεύθυνση από την ανατολή προς τη δύση, που τέμνει τις προαναφερόμενες υπό ορθήν γωνία, επήρε το όνομα του πολυμήχανου αγγελιοφόρου των θεών Ερμή. Προς το βόρειο άκρο της οδού Νίκης, επειδή προς αυτή τη μεριά είχαν ήδη κτισθεί πολλά κτήρια, ηναγκάσθημεν επίσης να χαράξουμε δύο δρόμους, τον ένα προς την κατεύθυνση του Πειραιώς, τον άλλο προς την πολύ ασήμαντη βέβαια κοιλότητα που κάποτε κατελάμβανε το Παναθηναϊκό Στάδιο του Ηρώδου του Αττικού.

Αυτές οι οδοί ωστόσο είναι το μόνο που ηναγκάσθην ή εθεώρησα σκόπιμο να κρατήσω από το παλαιό σχέδιο.

Διέταξα τα τμήματα του όλου με τέτοιο τρόπο, ώστε στο τμήμα υπό τα στοιχεία G2G2 να οικοδομηθούν μόνο συναπτόμενα αστικά σπίτια, στο κάπως υψηλότερα κείμενο και λοφώδες τμήμα υπό τα στοιχεία H2H2 όμως κτήρια με κήπους, διατεταγμένα γραφικά κατά τον χαρακτηριστικό τρόπο του Νότου.

Ολόκληρη την πόλη την περιέβαλα με περιμετρικές δενδροστοιχίες, βουλεβάρια, που τους έδωσα τα ονόματα των επαρχιών ή των περιοχών της πόλης προς τις οποίες κατευθύνονται. Ως ονόματα των περιπάτων αυτών εχρησίμευσαν οι Κυκλάδες, η Κόρινθος, η Πελοπόννησος, οι Δελφοί, η Λοκρίς, η Βοιωτία και η Εύβοια.

[Υπόμνημα της πολεοδομικής πρότασης του Leo von Klenze για την Αθήνα]

A	Το βασιλικό ανάκτορο
B	Οι σταύλοι και ο χώρος ιππασίας
C	Τα αμαξοστάσια
E^2E^2	Ο κήπος των ανακτόρων
DD	Δύο κτήρια υπουργείων
E	Το κτήριο της γερουσίας ή του συμβουλίου επικρατείας
F	Το θησαυροφυλάκιο και το νομισματοκοπείο
G	Η βασιλική πύλη
H	Ο στρατών του πεζικού
I	Ο στρατών του ιππικού και το οπλοστάσιο
K	Η καθολική εκκλησία
L	Το ταχυδρομείο
M	Το δημαρχείο
N	Οι αγορές
O	Το φρουραρχείο
P	Υπόστυλη αίθουσα που, όπως στην αρχαία Αθήνα, ονομάζεται "Ποικίλη"
Q	Η εκκλησία του Σωτήρος, που η ανέγερσή της ωρίσθη ήδη με απόφαση της αντιβασιλείας
R	Η έδρα του μητροπολίτη και της ιεράς συνόδου
S	Σχολεία και γυμνάσια
T	Υπαίθρια λουτρά
WW	Στεγασμένα γυναικεία λουτρά
U	Αγορά (bazar)
V	Κήπος του λαού
X	Θέατρο
Y	Πανεπιστήμιο
Z	Ακαδημία καλών τεχνών
A2	Βιβλιοθήκη και ακαδημία επιστημών
B2	Ελληνοορθόδοξη εκκλησία
C2	Δημόσιες κρήνες και μνημεία
N2	Γενικό νοσοκομείο
D2	Τα κατά την περίοδο της εκπόνησης του σχεδίου ήδη δομημένα κτίσματα στην νέα πόλη

Με τα ονόματα των οδών και πλατειών προσεπάθησα να ανακαλέσω στη μνήμη τις εποχές της δόξης και της δύναμης της Αθήνας, και γι' αυτό τον λόγο γύρω από τα ανάκτορα είναι συγκεντρωμένα τα ονόματα αρχαίων και νέων μαχών, όπως του Μαραθώνος, των Πλαταιών και του Μεσολογγίου· οι βασιλείς της Αθήνας, νομοθέτες και στρατηγοί, έτσι τα ονόματα Κέκροψ, Θησεύς, Κόδρος, Σόλων, Κίμων, Θεμιστοκλής, Αριστείδης, Μιλτιάδης, το όνομα του Αγίου Παύλου, τα ονόματα Φωκίων, Ιφικράτης και Θρασύβουλος.

Ανάμεσα στους Αθηναίους, σύμφωνα με τον αρχαίο θρύλο, συγκαταλέγεται εδώ και ο Τυρταίος, ο ήρως ποιητής του Μεσσηνιακού πολέμου [που ενεψύχωσε τους μαχομένους με τα εμβατήριά του]· και δεν ελησμονήθησαν ούτε οι τρεις ηρωίδες από τη μυθική, ηρωική και πολιτικά λαμπρή περίοδο της Αθήνας, η Πάνδροσος, η Λέαινα και η Ασπασία.

Οι οδοί που έλαβον το όνομα των ευεργετών της Αθήνας Κέκροπος και Τριπτολέμου περνούν πλάι από τον κήπο του λαού και, ενώ η πλατεία μπροστά στα ανάκτορα ονομάζεται πλατεία Ευεργετών και είναι αφιερωμένη στους μονάρχες που εδημιούργησαν τη νέα Ελλάδα, η πλατεία όπου ευρίσκεται η καθολική εκκλησία φέρει το όνομα του Βασιλέως της Βαυαρίας Λουδοβίκου Α' και η πλατεία με την ελληνοορθόδοξη εκκλησία του Σωτήρος έλαβε το όνομα του πρώτου Έλληνος Βασιλέως Όθωνος.

Τη μνήμη των ελλήνων καλλιτεχνών, ποιητών, ρητόρων και φιλοσόφων ανακαλούν τα ονόματα στη βορειοανατολική πλευρά της νέας πόλης, όπου ευρίσκονται και τα επιστημονικά και καλλιτεχνικά ιδρύματα.

Ο Φειδίας, ο Πολύκλειτος, ο Πάναινος, ο Ικτίνος, ο Πραξιτέλης, ο Καλλικράτης, ο Μίκων, ο Αισχύλος, ο Σοφοκλής, ο Αριστοφάνης, ο Μένανδρος, ο Διογένης, ο Πλάτων, ο Ζήνων, ο Σωκράτης, ο Θουκυδίδης, ο Ξενοφών, ο Ισοκράτης, ο Λυσίας, ο Θεόφραστος και ο Δημοσθένης έχουν εδώ οδούς και πλατείες με το όνομά τους.

Έναν πλατύ δρόμο που περικλείει την αγορά, τον κήπο του λαού κ.λπ. και φθάνει μέχρι την πλατεία θεάτρου, τον πλαισιώσαμε με στοά, στην οποία σε ανάμνηση της αρχαίας Αθήνας δώσαμε το όνομα "Μακρά Στοά".

Είναι περιττό να πούμε και άλλα γι' αυτό το σχέδιο που μπορεί να επεξηγηθεί και να θεμελειωθεί από μόνο του· αν και από άποψη επιλογής της τοποθεσίας γενικά και αρχιτεκτονικού συστήματος δεν έχει όλες τις τελειότητες, τις οποίες, εάν είμασταν απολύτως ελεύθεροι, θα μπορούσαμε να του είχαμε δώσει, εν τούτοις είναι τόσο λειτουργικό όσο το επέτρεπαν οι συνθήκες και η Αθήνα δεν θα υστερεί σε γραφικές ομορφιές μπροστά σε καμία ευρωπαϊκή πόλη, εάν γεμίσει με αληθινά ωραία αρχιτεκτονική.

Έτσι, αυτό το σχέδιο ενεκρίθη επισήμως από την Μεγαλειότητά του τον Βασιλέα και την αντιβασιλεία στις 30 Σεπτεμβρίου [1834] και έπειτα, κατόπιν δικής μου εισήγησης, διωρίσθη μία επιτροπή για την εφαρμογή του, ενώ μου εζητήθη να παράσχω τη βοήθειά μου για την πραγματοποίησή του και από μακρυά. Την ευγνώμονα αναγνώριση των κόπων και των επιτευγμάτων μού εξέφρασε με επιστολή της η αντιβασιλεία και με μία δεύτερη η δημογεροντεία της Αθήνας. Επίσης στις 23 Δεκεμβρίου [1834], μετά από εισηγήσεις του υπουργού Κωλέττη, διετάχθη και έπειτα εξεκίνησε η χάραξη επί του εδάφους όλων των οδών και πλατειών, που προέβλεπε το σχέδιό μου, άρχισε η διάνοιξη των οδών Νίκης, Αθηνάς, Ποσειδώνος και Ερμού μέσα στην παλαιά πόλη, και όλα τα νέα κτήρια εκτίσθησαν και εξακολουθούν να κτίζονται με βάση τις προβλεπόμενες σ' αυτό ρυμοτομικές γραμμές. Δυστυχώς όμως, η αρχιτεκτονική των μεμονωμένων κτηρίων, τα οποία έχουν ανεγερθεί μέχρι σήμερα, είναι εξόχως ανεπαρκής, και οι παρατηρήσεις που έκαμα επ' αυτού στην αντιβασιλεία δεν είχαν την παραμικρή απήχηση.

ΤΕΚΜΗΡΙΟΝ Ε

ΕΠΙΣΤΟΛΗ ΤΟΥ KLENZE ΠΡΟΣ ΤΟΝ ΒΑΣΙΛΕΑ ΟΘΩΝΑ. 9/21 ΣΕΠΤΕΜΒΡΙΟΥ 1834. "ΠΡΟΣΘΕΤΕΣ ΠΑΡΑΤΗΡΗΣΕΙΣ ΤΟΥ KLENZE ΕΠΙ ΤΗΣ ΠΟΛΕΟΔΟΜΙΚΗΣ ΔΡΑΣΤΗΡΙΟΤΗΤΑΣ ΤΟΥ ΣΤΗΝ ΑΘΗΝΑ ΚΑΙ ΕΠΙ ΤΟΥ ΣΧΕΔΙΟΥ ΠΟΛΗΣ ΠΟΥ ΕΞΕΠΟΝΗΣΕ".

Δημοσιευμένο στο έργο: Klenze, Leo von: Aphoristische Bemerkungen gesammelt auf seiner Reise nach Griechenland, Berlin, 1838, Συνημμένο παράθεμα VIII, σελ. 723-731 και 732-735. Πρωτότυπο σε γερμανική γλώσσα.

Προς την Μεγαλειότητά του τον Βασιλέα της Ελλάδος (προς την αντιβασιλεία). Περί τροποποίησης του σχεδίου πόλης της Αθήνας.

Μετά την εισήγησή μου από 23 Αυγούστου (3 Σεπτεμβρίου) περί του σχεδίου της Αθήνας, είμαι υποχρεωμένος να παρατηρήσω επιπροσθέτως τα εξής:

Είναι γνωστό στην Υμετέρα Μεγαλειότητα πως, αφότου έγινε γνωστό το σχέδιο για την ανοικοδόμηση της πόλης των Αθηνών που εξεπόνησαν οι Κλεάνθης και Schaubert και ενεκρίθη προσωρινώς και το οποίο, όπως μου φαίνεται, λόγω των δυσχερών συνθηκών δεν υπεβλήθη σε αρμόδιο καλλιτεχνικό και τεχνικό έλεγχο, η κοινή γνώμη γενικά της Ελλάδος απεδοκίμασε τόσο έντονα πολλά σημεία του, ώστε ήδη πριν από την πρόσκληση και άφιξή μου στην Ελλάδα διετάχθησαν αρκετές αναθεωρήσεις του, οι οποίες εν τούτοις δεν έφεραν κανένα αποτέλεσμα, επειδή οι διωρισμένοι για να το αναθεωρήσουν και βελτιώσουν δεν ήθελαν ή δεν μπορούσαν να διευθετήσουν τα πράγματα παρά μόνο με λόγια.

Όταν ανετέθη εις εμέ αυτό το έργο, ούτε στην γραπτή εντολή ούτε σε όλα όσα μου ανεκοινώθησαν επί του θέματος προφορικώς υπήρχε έστω και ένα ίχνος περιορισμού για τις βελτιώσεις ή τροποποιήσεις τις οποίες θα ήθελα να εισηγηθώ.

Εξ άλλου, στην ίδια την Αθήνα, δηλαδή επί τόπου, παρ' όλες τις πολλές συνεννοήσεις μου με τις αρχές, τον νομάρχη, τους δημογέροντες και τα μέλη της εδώ διωρισμένης επιτροπής για την εκτέλεση του σχεδίου, δεν επληροφορήθην απολύτως τίποτε που να με έκανε να πιστέψω πως οι προτεινόμενες από εμέ τροποποιήσεις προσέκρουαν σε οποιοδήποτε νομικό ή απορρέον από ιδιωτικά δικαιώματα εμπόδιο. Επίσης τίποτε σχετικό δεν περιείχαν και τα έγγραφα, τα οποία μου είχαν γνωστοποιηθεί.

Επομένως, έπρεπε να λάβω υπ' όψιν μου μόνο τα ήδη γνωστά σε εμένα εμπόδια των ενδεχομένων τροποποιήσεων που θα επρότεινα, δηλαδή τα κτισμένα ήδη στας οδούς [του αρχικού σχεδίου] οικήματα κ.λπ., και το έπραξα αυτό με ευσυνειδησία και συχνά θυσιάζοντας τις δικές μου επιθυμίες ως προς τη βέλτιστη μορφή του σχεδίου.

[(...) εδώ ακολουθούν μερικές κριτικές σκέψεις του Klenze για το σχέδιο των Κλεάνθη και Schaubert. Βλ. σχετικά κεφ. 2, 4].

Προσεπάθησα να βελτιώσω τα γεωμετρικά ελαττώματα [της χαράξεως] του σχεδίου, συμφώνως, επιτρέψτε μου να πω, προς την αντίληψή μου περί "γραφικότητος"· είχα την ευτυχία να δείξω το σχέδιο και να το εξηγήσω εις την Υμετέραν Μεγαλειότητα και εις τα μέλη της υψηλής αντιβασιλείας επίσης επί τόπου και να επιτύχω έτσι την ομόφωνη έγκριση και αποδοχή των απόψεων και της εργασίας μου. Επίσης, η εργασία μου ενεκρίθη από όλους αυτούς, στους οποίους έδειξα αργότερα το σχέδιό μου, με εξαίρεση τους δύο συντάκτες του αρχικού σχεδίου, οι οποίοι τώρα μόλις με πληροφορούν και με διαβεβαιώνουν πως έλαβαν χώραν πολλές πράξεις αγοραπωλησίας [ακινήτων] με βάση το προηγούμενο σχέδιο και πως η τροποποίηση των δεδομένων και των ρυμοτομικών γραμμών θα έδινε αφορμή σε συχνές δίκες και ενστάσεις.

Επειδή δεν μπορώ να κρίνω κατά πόσον αυτό αληθεύει και θα συμβεί πραγματικά και επειδή μου είναι αδύνατον να περιμένω τα αποτελέσματα αυτών των εκδικάσεων, θεωρώ καθήκον μου να εξηγήσω εκ των προτέρων τις τροποποιήσεις τις οποίες θα μπορούσε να υποστεί το σχέδιό μου και πώς θα ήταν καλό να γίνουν αυτές.

Η, κατόπιν της ταπεινής μου εισήγησης, διωρισμένη στην Αθήνα από 4/16 Σεπτεμβρίου [1834] ειδική επιτροπή [δηλαδή η οικοδομική] πιστεύω πως θα έπρεπε να ελέγξει τις ενστάσεις που θα υποβληθούν επί τη βάσει των προαναφερθέντων κεκτημένων δικαιωμάτων ιδιοκτησίας και να αποφανθεί εάν πρέπει να ληφθούν υπ' όψιν ή όχι. Εάν πρέπει να συμβεί όντως το πρώτο, τότε η επιτροπή θα πρέπει να αποφασίσει τον τρόπο που πρέπει να ληφθούν υπ' όψιν και δη αποφαινομένη επί του εάν το εμπόδιο [ακίνητο στο οποίο προσκόπτει η εφαρμογή του σχεδίου] μπορεί να παραμερισθεί με μία δίκαιη αποζημίωση ή με τροποποίηση του σχεδίου. Στην τελευταία περίπτωση υποβάλλω την μη δεσμευτική εισήγηση να προβούν στην τροποποίηση του σχεδίου μου οι ίδιοι οι κύριοι Κλεάνθης και Schaubert και να την υποβάλουν στην επιτροπή προς έγκρισιν· πιστεύω όμως πως χάριν της αρμοδιότητος και του κάλλους του σχεδίου πρέπει να προτείνω γι' αυτές τις τροποποιήσεις τους εξής περιορισμούς:

1. Δεν θα πρέπει να τροποποιηθεί ούτε η εγκεκριμένη από την Υμετέραν Μεγαλειότητα θέση των ανακτόρων ούτε ο περιβάλλων τους χώρος.
2. Καμία τροποποίηση δεν θα πρέπει επίσης να θίξει το σχήμα, το μέγεθος και τη διάταξη της πλατείας, στην οποία προβλέπω την ανέγερση του ναού του Σωτήρος, καθώς και του κήπου του λαού και της αγοράς (bazar), επειδή αυτό το τμήμα της πόλης εκτός από τη γενική έχει και την ειδική έγκριση της Υμετέρας Μεγαλειότητος.
3. Νομίζω πως, λόγω των τοπικών συνθηκών, το μεγάλο εύρος και οι δενδροστοιχίες του βουλεβαρίου που προέβλεπε το προηγούμενο σχέδιο και το οποίο περιγράφει με απόλυτη γεωμετρική κανονικότητα το οριζόμενο στο 2ο άρθρο τμήμα της πόλης, δεν πρέπει να επιτραπούν, πως το εύρος της οδού αυτής ανάμεσα στα κτήρια πρέπει να περιορισθεί σε 60 πόδια και πως μπροστά σε αυτά τα κτήρια πρέπει να διαταχθούν πάροδιες στοές με δώματα από επάνω, που είναι τόσο ευχάριστες στο Νότο.
4. Η στρογγυλή πλατεία των Μουσών που προηγουμένως προεβλέπετο στην περιοχή προς τον Λυκαβηττό δεν θα πρέπει σε καμία περίπτωση να τοποθετηθεί σε αυτό το υψηλό σημείο, αλλά εκεί όπου την εσχεδίασα εγώ, δηλαδή χαμηλότερα, εάν δεν θέλουμε να δημιουργηθεί εδώ κάτι τελείως ασυμβίβαστο με τη μορφολογία του εδάφους.
5. Πιστεύω ότι προς το συμφέρον του πράγματος, με τις τυχόν τροποποιήσεις δεν πρέπει ούτε να δημιουργηθούν εκ νέου οξείες γωνίες στις κατόψεις των κτηρίων και των οικοδομικών τετραγώνων ούτε να τοποθετηθούν τα δημόσια κτήρια διαγωνίως προς τις πλευρές των πλατειών·
6. Δεν νομίζω πως θα ήταν αναγκαίο ή σκόπιμο να γίνουν δεκτές ουσιαστικές αλλαγές στη θέση και την διάταξη των κτηρίων του θεάτρου, της ακαδημίας, της βιβλιοθήκης κ.λπ. όπως τις επρότεινα εγώ.

Νομίζω ότι παρ' όλα αυτά, υπάρχει ακόμα περιθώριο άρσης όλων των εμποδίων και μάλιστα αρκετά ευρύ, έτσι ώστε να μπορέσει να κινηθεί κανείς ελεύθερα με κριτήριο τις δεδομένες συνθήκες, και πως κατ' αυτόν τον τρόπο τίποτε δεν θα καθυστερήσει την ταχεία πραγματοποίηση του σχεδίου, πράγμα που θα έπρεπε να αποφευχθεί.

Όσον αφορά τη νέα χωρομέτρηση, τη χωροστάθμιση και τη χάραξη του σχεδίου επί του εδάφους, το επιθυμητό φυσικά θα ήταν [οι εργασίες αυτές] να γίνουν όπως μέχρι τώρα από τους κυρίους Κλεάνθη και Schaubert υπό τη διεύθυνση της ειδικής επιτροπής· σε περίπτωση όμως που [οι κύριοι Κλεάνθης και Schaubert] κωλύονται να τις αναλάβουν λόγω άλλων εργασιών ή άλλων λόγων, θα μπορούσε να φέρει εύκολα εις πέρας το έργο αυτό ο υπολοχαγός Weiler, ο οποίος συνέταξε το ακριβέστατο τοπογραφικό διάγραμμα της πόλης, ή κάποιος άλλος από τους διωρισμένους πολιτικούς αρχιτέκτονες, πάντα βέβαια υπό τη διεύθυνση της ειδικής επιτροπής.

Άλλη μία φορά πρέπει να επιστήσω την προσοχή όλων στην σπουδαιότητα μιας σωστής, καλά υπολογισμένης και αυστηρά εφηρμοσμένης χωροστάθμισης των οδών και πλατειών, δεδομένου ότι το έδαφος είναι πολύ λοφώδες, πράγμα που δημιουργεί δυσκολίες στη χάραξη του σχεδίου μιας πόλης σαν κι αυτής που πρέπει να γίνει τώρα η Αθήνα.

Όταν βλέπει κανείς πως τώρα σε ένα μόνο κτήριο, το οποίο κείται στο σχεδόν πιο επίπεδο τμήμα όλης της νέας πόλης, στο σπίτι του πρίγκιπα Καντακουζηνού, υπάρχει μια υψομετρική διαφορά σχεδόν 7 ποδών, καταλαβαίνει πόση προσοχή πρέπει να δοθεί στην εφαρμογή του σχεδίου.

Επίσης, κάτω από τις συνθήκες που επικρατούν, οι υπεύθυνοι αρχιτέκτονες πρέπει να πεισθούν πως η απόλυτα γεωμετρική χάραξη των οδών μιας πόλης σπάνια εγγυάται αληθινή ομορφιά· πως οι ωραιότερες πόλεις των νοτίων λαών συχνά δεν είναι αποτέλεσμα ενός κανονικού γεωμετρικού σχεδίου αλλά των τοπικών συνθηκών ή και της σύμπτωσης, και πως στην Αθήνα ο στόχος πρέπει να είναι μάλλον η διαμόρφωση ενός κατάλληλου αρχιτεκτονικού ρυθμού χαρακτηριστικού του Νότου και των συνθηκών του, παρά η προτίμηση για τη μία ή την άλλη γεωμετρική κανονικότητα στη χάραξη των οδών.

Leo von Klenze

101

101. Η πρόσβαση προς την Ακρόπολη (φωτογραφία με τηλεφακό του συγγραφέως γύρω στα 1975).

ΚΕΦΑΛΑΙΟ 5

Η συμμετρία ως αφηρημένος κανών: η σχηματοποίηση του σχεδιασμού της Αθήνας. Το "τοπογραφικό" σχέδιο του August Traxel (1836)

1. ΤΟ ΙΣΤΟΡΙΚΟ ΕΚΠΟΝΗΣΗΣ ΤΟΥ ΣΧΕΔΙΟΥ ΚΑΙ ΤΑ ΓΡΑΠΤΑ ΤΕΚΜΗΡΙΑ

Ενάμισι περίπου χρόνο μετά την αναχώρηση του Leo von Klenze από την Ελλάδα και περίπου την εποχή της παραμονής στην Αθήνα του Βασιλέως Λουδοβίκου της Βαυαρίας, την άνοιξη του έτους 1836 εδημοσιεύθη στο Παρίσι και στη Στουτγάρδη ένα πολύ επιμελημένο χαρακτικό σχέδιο με τίτλο (σε γερμανική και γαλλική γλώσσα) "Τοπογραφικόν σχέδιον των Αθηνών, τμήμα της βασιλικής καθέδρας" (εικ. 102), υπογεγραμμένο από τον August Traxel[1]. Μαζί με ένα δεύτερο φύλλο των αυτών διαστάσεων (58×39,5 εκ., κλίμαξ 1:15.000) με τίτλο "Τοπογραφικόν σχέδιον των Αθηνών, τμήμα του επινείου Πειραιώς", το σχέδιο αυτό αποτελεί την ιδιόρρυθη απόπειρα απεικόνισης "του τμήματος της βασιλικής καθέδρας" [δηλαδή της Αθήνας] "ως είχε υπό τον Περικλή, τον Αδριανό και τους Τούρκους, ως έχει σήμερον και ως θα έχει εις το μέλλον"!

Ήδη ο προγραμματικός αυτός τίτλος μας βάζει σε αμηχανία: θα μπορούσε να δηλώνει μίαν απόπειρα διαπλοκής της αποτύπωσης της παλαιάς Αθήνας και των αρχαίων μνημείων της (συμπληρωμένης με τα κτήρια που οικοδομήθησαν μεταξύ 1832-1836) με το σχέδιο του Klenze ως μελλοντική προοπτική, πράγμα που επεχείρησε επιτυχώς τον επόμενο χρόνο, το 1837, ο Ferdinand Altenhoven[2] (εικ. 113). Ο Traxel όμως με το σχέδιό του φαίνεται πως είχε πολύ μεγαλύτερες φιλοδοξίες: "κύριο αντικείμενο" του εγχειρήματός του θεωρεί τα "τοπογραφικά φύλλα" τα οποία, λέει, εξεπονήθησαν από τον ίδιο επί τόπου. "Ειδική πρόθεσή του" ήταν "να εισαγάγει το κοινό με τη βοήθεια των υπαρχουσών μέχρι σήμερα πηγών στην αρχαία Αθήνα και στα ερείπιά της". Φαίνεται λοιπόν πως εδώ επεδιώχθη μια αρχαιολογική-διδακτική απεικόνιση των γνώσεων εκείνης της εποχής σχετικά με την ιστορική τοπογραφία της Αθήνας.

Όπως όμως θα δούμε, ο συντάκτης αυτών των σχεδίων δεν κατώρθωσε βέβαια να προσεγγίσει τον στόχο αυτό. Ενδιαφέρον παρουσιάζει μία άλλη δήλωση του Traxel, ότι δηλαδή "για να ολοκληρώσει το σχέδιό του" συμπεριέλαβε σ' αυτό τις οδούς και τις πλατείες "του σχεδίου [της νέας] πόλης".

Αυτή η δήθεν τεκμηριωμένη απεικόνιση των κυρίων χαρακτηριστικών του αναθεωρημένου από τον Klenze σχεδίου πόλης της Αθήνας δεν ετηρήθη ωστόσο από τον συντάκτη του σχεδίου. Στην πραγματικότητα πρόκειται για ένα συνονθύλευμα στοιχείων, που έχουν ληφθεί από τα υπάρχοντα σχέδια των Κλεάνθη-Schaubert και Klenze, εμπλουτισμένων με επιμέρους αλλαγές και ευρήματα του ίδιου του Traxel.

Είναι φανερό πως στην περίπτωση του σχεδίου του Traxel δεν έχουμε να κάνουμε με ένα καθαρά τοπογραφικό σχέδιο. Δυσκολώτερο είναι να αποφανθούμε εάν το απεικονιζόμενο πολεοδομικό διάγραμμα πρέπει να θεωρηθεί απλώς ως ένα επιπόλαιο-σχηματικό αμάλγαμα προγενεστέρων σχεδίων ή ως ιδιαίτερη συμβολή στον σχεδιασμό της Αθήνας. Για να διευκρινίσουμε αυτό το ζήτημα πρέπει, εκτός από το ίδιο το σχέδιο, να συμπεριλάβουμε στη θεώρησή μας τον βίο και την πολιτεία του Traxel, καθώς και τον χαρακτήρα και τις προσωπικές του φιλοδοξίες. Επειδή ο συντάκτης του σχεδίου δεν αναφέρεται πουθενά ο ίδιος σε σχεδιαστικούς στόχους ούτε σε τυχόν επιδιωκόμενες λύσεις, για την κατανόηση του σχεδίου του είμαστε αναγκασμένοι να στηριχθούμε στις προαναφερόμενες ενδείξεις. Οι μοναδικές πληροφορίες για τους δύο χάρτες της Αθήνας που μας δίνει ο ίδιος ο Traxel είναι αυτές που περιλαμβάνονται στις "Σημειώσεις" πάνω στους δύο χάρτες και τις οποίες παραθέτουμε:

Σημείωση στον χάρτη "Τοπογραφικόν σχέδιον των Αθηνών, τμήμα της βασιλικής καθέδρας" (εικ. 102):

"Οι τοπογραφικοί χάρτες, οι οποίοι αποτελούν το κύριο αντικείμενο αυτής της δημοσίευσης, εξεπονήθησαν επί τόπου. Για να τους ολοκληρώσω προσέθεσα τας οδούς και τας πλατείας του σχεδίου [της νέας] πόλεως. Κατά τα άλλα, δεν είναι περιττόν να δηλώσω ότι ιδιαιτέρα πρόθεσίς μου ήταν να εισαγάγω το κοινό με την βοήθεια των υπαρχουσών μέχρι σήμερα πηγών στην αρχαία Αθήνα και στα ερείπιά της, χωρίς να έχω γι' αυτόν τον σκοπόν τις αξιώσεις ενός καλλιτέχνη που υπεστηρίχθη από την κυβέρνηση".

Σημείωση στον χάρτη "Τοπογραφικόν σχέδιον των Αθηνών, τμήμα του επινείου Πειραιώς":

"Η πόλη της Αθήνας ανεκηρύχθη πρωτεύουσα της Ελλάδος μόλις το 1834. Η αυλή μετεγκατεστάθη από το Ναύπλιον στην Αθήνα την πρώτην Ιανουαρίου [sic!] του 1835. Η Αθήνα αποτελείται ακόμα, όπως και στην αρχαία εποχή, από επιμέρους δήμους, δηλαδή από την καθεαυτή βασιλική καθέδρα και από το επίνειό της. Ο πληθυσμός της πρώτης ηυξήθη μέσα σε λίγους μήνες από 4.000 σε 20.000 κατοίκους, ενώ του Πειραιώς δεν αριθμεί παρά μερικές μόνον εκατοντάδες. Αιτία ήταν οι επικρατούσες εδώ επιδημίες και το ασήμαντο εμπόριο που τώρα μόλις αναπτύσσεται. Η οικοδόμηση των νέων πόλεων ήρχισε αμέσως μετά τη μετεγκατάσταση [της κυβέρνησης]. Έχουν ήδη κατεδαφισθεί τα παλαιά τείχη και έχουν χαραχθεί οι νέες οδοί και πλατείες. Όσον αφορά εις τους λιμένας της πόλης, εχρειάσθη να αλλάξουν πολλά στην προγενέστερη διαμόρφωσή τους, ιδίως στον Πειραιά, όπου το λεγόμενο τμήμα του Κανθάρου εξηφανίσθη κάτω από τους δρόμους του νέου σχεδίου. Το ανάκτορον του Βασιλέως προς το παρόν είναι ένα εύχαρες αστικό οίκημα στις υπώρειες του όρους Αγχέσμου [Λυκαβηττού], μέσα στα επόμενα όμως χρόνια θα ανεγερθούν τα λαμπρότερα βασιλικά ανάκτορα της πρωτευούσης".

2.
Η ΔΙΑΜΟΡΦΩΣΗ ΤΟΥ ΣΧΕΔΙΟΥ ΩΣ ΧΑΡΤΟΓΡΑΦΙΚΗ ΦΑΝΤΑΣΙΩΣΗ. ΣΕ ΤΙ ΑΠΟΣΚΟΠΟΥΣΕ Ο AUGUST TRAXEL ΜΕ ΤΟ ΣΧΕΔΙΟ ΤΟΥ;

Ένας έμπειρος παρατηρητής, εξοικειωμένος με τις εναλλακτικές προτάσεις σχεδιασμού της Αθήνας, που θα μελετήσει προσεκτικά το σχέδιο του Traxel, θα αναγνωρίσει αμέσως ότι πρόκειται για ένα ερμαφρόδιτο κατασκεύασμα, για το αμφίβολο αποτέλεσμα της ανάμειξης διαφόρων συγκεχυμένων προθέσεων· το σχέδιο του Traxel δεν αποτελεί ούτε ακριβή τοπογραφική αποτύπωση ούτε αρχαιολογικό χάρτη ούτε πολύ περισσότερο πρωτότυπο σχεδιασμό μιας μελλοντικής κατάστασης της πόλης, αλλά ένα αδόκιμο κράμα όλων αυτών και σε τελευταία ανάλυση ένα αλλοπρόσαλλο δημιούργημα, το ευφάνταστο προϊόν μιας συγκεχυμένης βούλησης που διψάει για δημοσιότητα.

Το γεγονός ότι αυτά τα δύο τεκμήρια του αθηναϊκού σχεδιασμού (δηλαδή τα σχέδια του Traxel "Αθήνα, τμήμα της βασιλικής καθέδρας" και "Αθήνα, τμήμα του επινείου Πειραιώς") ανεσύρθησαν από τη λήθη[3], το οφείλουμε στον Στέφανο Σίνο και στην Όλγα Φουντουλάκη, που τα παρουσίασαν στο περιοδικό *Architectura* τα έτη 1974 και 1980 αντιστοίχως. Μη διακρίνοντας ωστόσο την ιδιομορφία αυτού του "σχεδιασμού", που θα πρέπει να χαρακτηρισθεί μάλλον "μη σχεδιασμός", και δίχως να ερευνήσουν την επιστημονική επάρκεια και τις προθέσεις του συντάκτη των σχεδίων, οι προαναφερόμενοι ερευνητές θεωρούν τα σχέδια του Traxel πολεοδομικά τεκμήρια που εκπροσωπούν μια αυτόνομη συνθετική βούληση και πρέπει να αντιμετωπισθούν ανάλογα.

Και όμως, τόσο το περιεχόμενο όσο και η ποιότητα των σχεδίων αυτών, καθώς και τα μορφολογικά γνωρίσματά τους, επιβάλλουν έναν τελείως διαφορετικό τρόπο θεώρησης του φαινομένου "Traxel".

Τα λίγα που γνωρίζουμε γι' αυτόν, μας επιτρέπουν μια βέβαιη διαπίστωση: ο Traxel δεν ήταν επαγγελματίας καλλιτέχνης, δηλαδή αρχιτέκτων ή αρχιτέκτων τοπίου, και βεβαίως δεν ήταν τοπογράφος. Η μαθητεία του επί ένα χρόνο στην Αρχιτεκτονική Ακαδημία (Bauakademie) του Βερολίνου, δεν μπορεί να θεωρηθεί κανονική σπουδή, αλλά αφορμή και αφετηρία ενός επικίνδυνου ερασιτεχνισμού[4] στον τομέα της αρχιτεκτονικής.

Πέρα απ' αυτό, όλα συνηγορούν στο ότι ο Traxel δεν υπήρξε ποτέ πραγματικά προοδευτικό πνεύμα, όπως υποκρίνεται, αλλά μια συγκεχυμένη προσωπικότητα με πολιτικές φιλοδοξίες, ένας εκκεντρικός που παίζει σαν ταχυδακτυλουργός με την ιδεολογία του φιλελευθερισμού και που κύριο μέλημά του ήταν ο θόρυβος γύρω από το πρόσωπό του και η άμεση αναγνώριση της δήθεν "μεγαλοφυΐας" του. Τα γνωρίσματα αυτά του χαρακτήρα του τα αποδεικνύουν όχι μόνον οι διαρκείς προκλητικές προστριβές με τις αρχές της ίδιας του της χώρας και οι μετέπειτα προσπάθειες εξευμενισμού τους[5], αλλά και ο τρόπος με τον οποίο περιγράφει ο ίδιος τον εαυτό του: "ανήκω στο λογοτεχνικό γένος των σατιρικών"[6], και: "θα ήμουν σε θέση να στερηθώ τα πάντα στον κόσμο (...) ποτέ όμως την ελαφρομυαλιά μου"[7]. Σχεδόν υπό το κράτος μανίας καταδιώξεως, ασκεί πολεμική εναντίον του ιδίου του εκδότη του, αθετεί το συμβόλαιό του και τον φέρνει στην ανάγκη να δηλώσει ότι τα έργα του, (δηλαδή του Traxel), είχαν τόσο μικρή απήχηση, ώστε βάσει του συμβολαίου χρωστάει στον εκδοτικό οίκο 1.500 φιορίνια...[8].

Ο ίδιος ο Traxel μάς λέει στην εισαγωγή (1836) του βιβλίου του *Anacharsis Germanikos* (Ανάχαρσις Γερμανικός) (εικ. 107) τι επεδίωκε με την περιγραφή του ταξιδιού του στην Ελλάδα (την χώρα επεσκέφθη το 1835 και το βιβλίο εξεδόθη το 1837/38): να περιγράψει τις "περιπλανήσεις ενός κοσμοπολίτη" χωρίς να μπει "στην αυστηρά κλειστή σφαίρα της αρχαιολογικής έρευνας", γιατί θα του έκοβε "τα φτερά της άστατης και ελαφρόμυαλης Μούσας" του[9]. Παριστάνει τον επιπόλαιο ηθογράφο, τον περιηγητή που κάνει ένα εκπαιδευτικό ταξίδι με τις παιδαγωγικές προθέσεις ενός αρχαιόφιλου, τον ελευθερόφρονα, τον φιλάνθρωπο, τον άνθρωπο με σημαντική παιδεία που εξηγεί τα πάντα — γιατί όχι και τον πολεοδόμο; Πίσω από το σχεδιαζόμενο εξάτομο ταξιδιωτικό βιβλίο του "Ανάχαρσις Γερμανικός"[10], την περιγραφή δηλαδή μιας περιήγησης στις χώρες της Μεσογείου[11], και πίσω από τους αρχαιολογικούς-τοπογραφικούς χάρτες μεγάλου σχήματος της Αθήνας, τους οποίους θα ακολουθούσε ένας "Άτλας των αρχαίων πόλεων", κρύβεται η ίδια αφελής και θρασεία πρόθεση: η φιλοδοξία παραγωγής από έναν άνθρωπο χωρίς εξειδικευμένες γνώσεις και χωρίς παιδεία επιπόλαιων προϊόντων για το φιλοπερίεργο αναγνωστικό κοινό της κεντρικής Ευρώπης, που θα εύρισκαν εύκολη διάθεση και επομένως θα απέφεραν πολλά κέρδη και δημοσιότητα.

Πριν ασχοληθούμε με τις δήθεν πολεοδομικές προθέσεις του σχεδίου του, είναι σκόπιμο να ελέγξουμε την ποιότητα των τοπογραφικών και αρχαιολογικών πληροφοριών που παραθέτει στο κείμενο της περιήγησής του και που σημειώνει στο σχέδιό του (τμήμα της βασιλικής καθέδρας), για να κρίνουμε εν γένει τον βαθμό της φερεγγυότητός του.

Το σχέδιο της Αθήνας του Traxel στηρίζεται προφανώς στην τοπογραφική-αρχαιολογική αποτύπωση που συνέταξε ο συνταγματάρχης Leake το 1821[12] (εικ. 5). Υπάρχουν σαφείς ενδείξεις ότι ο Traxel αντέγραψε πληροφορίες από την παλαιότερη αυτή εργασία στα τυφλά, χωρίς να καταλαβαίνει τι κάνει: αγόρασε την "Τοπογραφία των Αθηνών" του Leake κατά την παραμονή του στην πόλη[13] την άνοιξη του 1835 και υιοθέτησε άκριτα ωρισμένα λάθη του παλαιότερου σχεδίου του συγγραφέως αυτού· για παράδειγμα στο σχέδιό του ο Traxel —κι αυτό σε μια εποχή που είχαν αποσαφηνισθεί τα σχετικά αρχαιολογικά-τοπογραφικά ζητήματα και η τοπογραφία του Leake χρειάζετο αναθεώρηση— ονομάζει τον Λυκαβηττό Mons Anchesmus (όρος Άγχεσμος)[14] και διατηρεί τη λανθασμένη παράλληλη διάταξη των αρχιτεκτονικών μνημείων της Ακρόπολης[15].

102

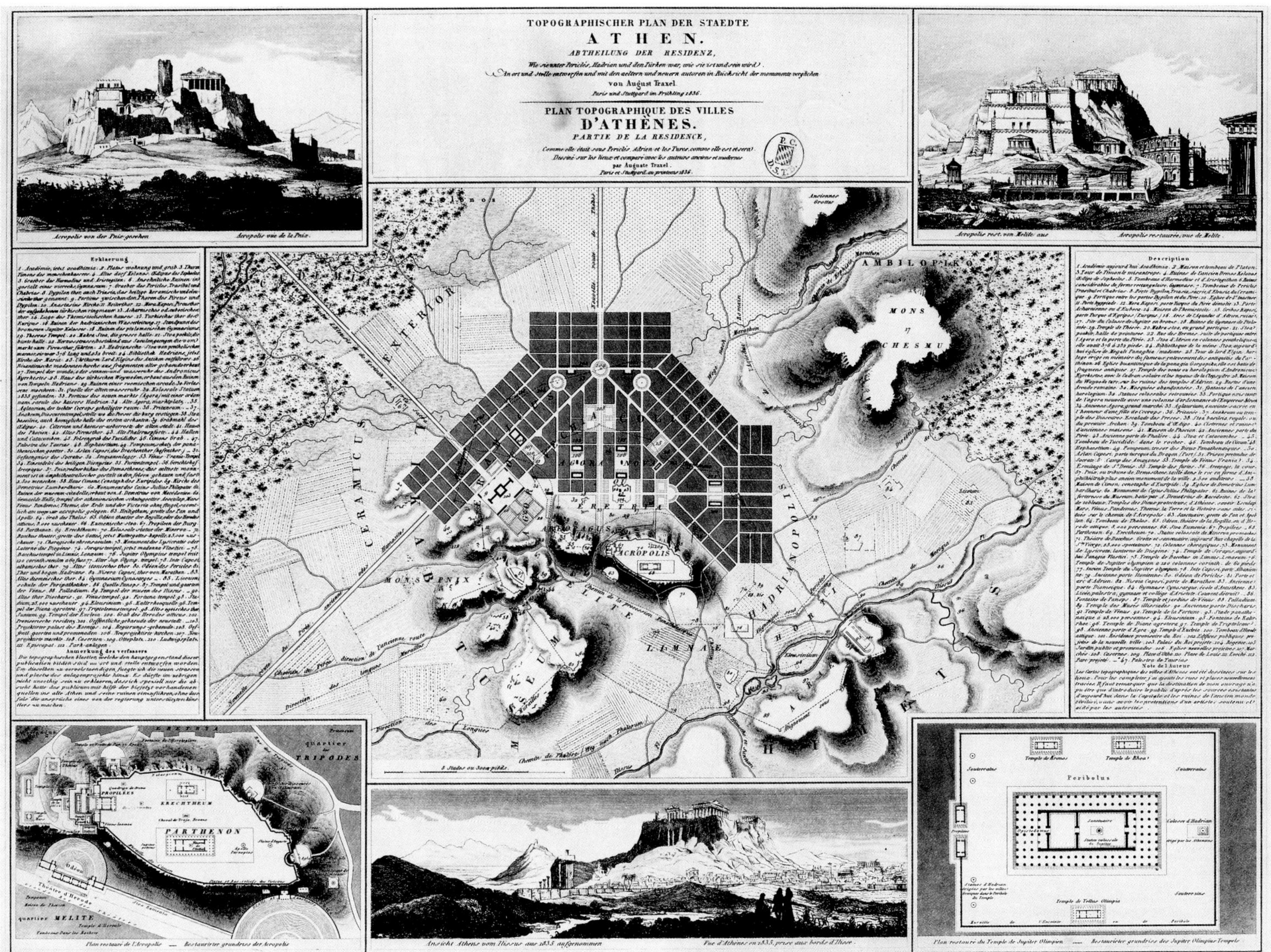

102. "Τοπογραφικόν σχέδιον των Αθηνών, τμήμα της βασιλικής καθέδρας" του August Traxel (1836). Χαλκογραφία. Διακοσμητικό πλαίσιο του σχεδίου με οκτώ πεδία. Κλίμαξ του πρωτοτύπου 1:15.000 (αντίτυπο της χαλκογραφίας στο τμήμα χαρτών της Κρατικής Βιβλιοθήκης της Βαυαρίας στο Μόναχο).

Ένας μεγάλος αριθμός αρχαίων ερειπίων που σημειώνονται στο σχέδιο του Traxel είναι τοποθετημένα σε λανθασμένες θέσεις· το Ωδείον του Περικλή, λόγου χάριν, τοποθετείται στην πηγή του Ιλισσού Καλλιρρόη (αρ. 80 στο σχέδιό του), ο ναός και το άλσος της Αρτέμιδος στη θέση του σημερινού βασιλικού κήπου (αρ. 87), το Γυμνάσιον Κυνοσάργους στις νότιες υπώρειες του Λυκαβηττού (αρ. 84) και το Λύκειον, η Περιπατητική Σχολή, στη θέση της Μονής Πετράκη (αρ. 85) ακόμα πιο ανατολικά στις ίδιες υπώρειες! Εντελώς λανθασμένη είναι η θέση του αρχαίου τείχους της Αθήνας· το βόρειο, ανατολικό και νότιο τμήμα της κλασικής θεμιστόκλειας οχύρωσης ο Traxel το σχεδιάζει 500 περίπου μέτρα έξω από την πραγματική του θέση, αυξάνοντας έτσι την έκταση της αρχαίας πόλης· το τείχος της πόλης του Αδριανού μετατοπίζεται προς τα ανατολικά και περιλαμβάνει έτσι όλη την περιοχή του Ιλισσού, το Ελευσίνιο και τον λόφο του Αρδηττού με το αρχαίο στάδιο![16]

Τα προηγούμενα λάθη αποδεικνύουν κατ' αρχάς την επιπολαιότητα του εκπονητή αυτού του σχεδίου. Πολύ χειρότερα ακόμα έχουν τα πράγματα με τις "λόγιες" απόψεις του Traxel περί αρχαιολογικών ζητημάτων. Τα κεφάλαια του έργου του "Ανάχαρσις Γερμανικός" που αφιερώνονται στην Αθήνα βρίθουν από αλλόκοτες απόψεις περί του νοήματος της αρχαιολογικής έρευνας αλλά και διασκεδαστικότατα δείγματα της αμάθειάς του. Δεν είναι πλέον "τόσον έμπλεως ενθουσιασμού για τους αρχαίους ναούς (...) γιατί στην κατασκευή τους" δεν βλέπει "καθόλου την ποικιλία μορφών που απαιτείται ώστε να θεωρούνται έργα τέχνης"[17]· οι αρχαιολόγοι το μόνο πια που κάνουν, μας λέει, είναι να ψάχνουν "θραύσματα επιγραφών", ενώ "έχουν πια βρεθεί και δημοσιευθεί προ πολλού όλες οι σημαντικές επιγραφές"![18]. Και για το Ερεχθείο "ξεστομίζει με θάρρος" να τ' ακούσουν οι πάντες ότι "προς στα δυτικά είχε ακόμα ένα προστώο όμοιο με το υπάρχον"![19] και ότι "ανεκάλυψε" "τα τόξα της γέφυρας, τα οποία, τρία τον αριθμό, είναι αναμφισβήτητα ελληνικά και συνδέονται με τα Προπύλαια", και τα οποία ο Leake δεν παρατήρησε! Τα τόξα αυτά ανήκαν σε μία γέφυρα που συνέδεε δήθεν τον λόφο του Αρείου Πάγου με τα Προπύλαια!![20] Με ακόμα πιο έξαλλη φαντασία, με οδηγό τάχα τον Παυσανία και όχι όπως οι "κουμπάροι" [sic!] οι αρχαιολόγοι, αναπαριστά τον χώρο γύρω από την Ακρόπολη. Στις δυτικές υπώρειές της τοποθετεί τους "ναούς της Νίκης, της

Αφροδίτης και της Θέμιδος" και μάλιστα σχεδιάζει τα φανταστικά αυτά κτίσματα σε μία από τις μικρογραφίες του σχεδίου του (πάνω δεξιά)[21].

Την άγνοια του συγγραφέως του έργου "Ανάχαρσις Γερμανικός" αποδεικνύουν επίσης μια σειρά τοπογραφικών παρανοήσεων και παρεφθαρμένων τοπωνυμίων: ο λόφος του Φιλοπάππου μετατρέπεται σε "λόφο του Φιλοπάγου (άλλως Πνυξ)" [!!] (σελ. 172 του κειμένου του)· το όρος "Leukobetus" [sic! εννοεί τον Λυκαβηττό], στον οποίο σύγχρονα ευρωπαϊκά σπίτια "ανταμώνουν θαυμάσια με τους γειτονικούς τούρκικους τρούλους και τους μιναρέδες" (σελ. 236), είναι φανερό ότι τον συγχέει με τους δυτικούς λόφους που στις βόρειες υπώρειές τους απλώνεται η παλαιά πόλη· τα Μακρά Τείχη του Θεμιστοκλή τα αποκαλεί "του Περικλή" (σελ. 237) και τα μεταλλεία αργύρου και μολύβδου του Λαυρίου "μεταλλεία χρυσού του Σουνίου" (σελ. 224). Την "Ακαδημία του Πλάτωνος" όμως, μας λέει, την "είχαν μετατοπίσει οι αρχαιολόγοι προ της πύλης της αντιβασιλείας, που οδηγεί στον Μαραθώνα και την Εύβοια" (σελ. 227). Εδώ προφανώς μνημονεύει τον Μαραθώνα και την Εύβοια αντί την Ελευσίνα, πράγμα που δείχνει τον πλήρη τοπογραφικό αποπροσανατολισμό του συγγραφέως. Μετά όλα αυτά κατανοεί κανείς την ομολογία του Traxel όταν γράφει: "Προς το παρόν αδυνατώ να τα κατανοήσω όλα και παίζω με τα μνημεία της παγκόσμιας ιστορίας σαν παιδί με τις χριστουγεννιάτικες επιθυμίες του"[22].

Όπως λοιπόν φαίνεται, το σχέδιο της Αθήνας του Traxel δεν πληροί τις προϋποθέσεις ούτε μιας τοπογραφικής αποτύπωσης, ούτε μιας τεκμηρίωσης των αρχαιοτήτων της Αθήνας, όπως βεβαιώνει ο συντάκτης του. Αντίθετα τα ποικίλα λάθη και οι ελλείψεις του σχεδίου το κάνουν ολιγώτερο χρήσιμο και από παλαιότερες εργασίες[23] και του δίνουν την όψη φανταστικής χαρτογράφησης που συνετάχθη για αμφίβολους σκοπούς δημοσιότητος.

103

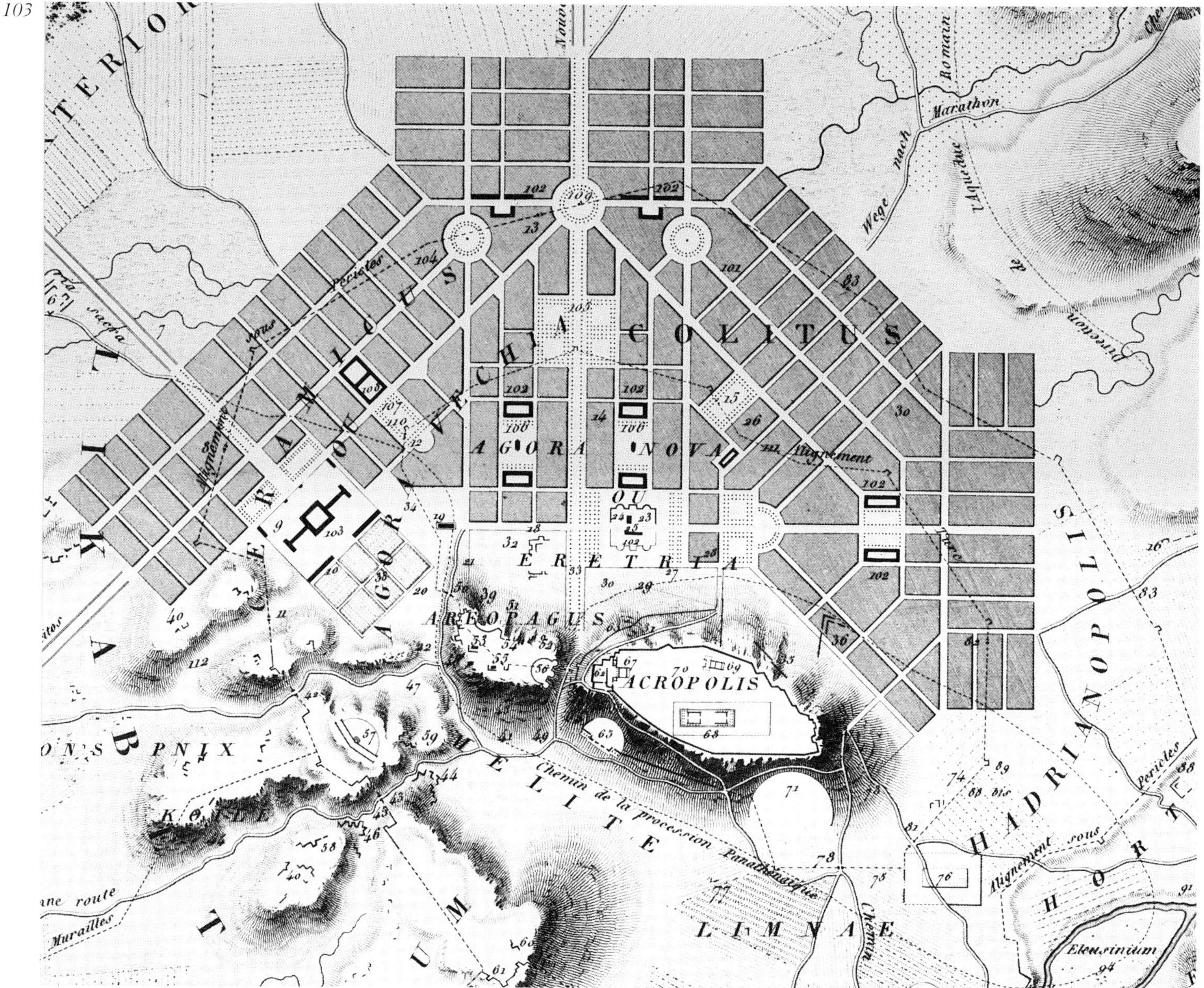

103. Απόσπασμα από το σχέδιο της εικόνος 102. Ο σχηματικός χαρακτήρ του σχεδιαστικού αυτού τεκμηρίου και η αφηρημένα συμμετρική διαμόρφωση της κεντρικής περιοχής είναι οφθαλμοφανείς. Κλίμαξ του πρωτοτύπου 1: 15.000.

3.
ΚΡΙΤΙΚΗ ΘΕΩΡΗΣΗ ΤΟΥ ΥΠΟΤΙΘΕΜΕΝΟΥ ΠΟΛΕΟΔΟΜΙΚΟΥ ΠΕΡΙΕΧΟΜΕΝΟΥ ΤΟΥ ΣΧΕΔΙΟΥ

Τα διόλου σοβαρά γνωρίσματα του σχεδίου του Traxel —που αφορούν τόσο την τοπογραφία της Αθήνας όσο και την ταύτιση και την επισήμανση των αρχαίων κτισμάτων της—, όπως επίσης και οι επιπόλαιες απόψεις από τις οποίες παραθέσαμε ήδη αρκετές, δείχνουν πως δεν πρέπει να περιμένουμε τίποτε αξιόλογο από το πολεοδομικό περιεχόμενο του σχεδίου του. Αυτή η επιπολαιότης κυρίως και όχι το γεγονός ότι δεν έχει επαρκή ακαδημαϊκή μόρφωση μας κάνει επιφυλακτικούς απέναντί του. Διότι και ένας πολίτης χωρίς ειδική μόρφωση είναι σε θέση να διατυπώσει αποδεκτές προτάσεις για την επέκταση και βελτίωση του σχεδίου μιας πόλης με την οποία είναι εξοικειωμένος. Ένα τέτοιο σχέδιο θα έχει ενδεχομένως ωρισμένες αδυναμίες· όταν όμως η προσπάθεια είναι σοβαρή και έχει σχέση με την πραγματικότητα, ακόμα και την εργασία ενός μη ειδικού δεν θα τη διακρίνει η σχηματικότης ή η σύγχυση ενός φανταστικού μορφώματος, όπως είναι το σχέδιο του Traxel.

Ο Traxel ευρέθη στην Αθήνα μόνο μία φορά (τον Μάρτιο του 1835) και για μικρό χρονικό διάστημα (ένα μήνα)· επί πλέον δεν ήταν καθόλου εξοικειωμένος με τα δεδομένα της πόλης, πράγμα που αποδεικνύουν όχι μόνον οι λανθασμένες ταυτίσεις και τα αλλοπρόσαλλα τοπωνύμια στην περιγραφή της Αθήνας, αλλά και οι ανακριβείς πληροφορίες για τη διαδικασία σχεδιασμού της νέας πόλης[24]. Κάτω απ' αυτές τις προϋποθέσεις, ακόμα και ο πιο ευσυνείδητος μη ειδικός θα εδυσκολεύετο πάρα πολύ να συντάξει ένα σχέδιο πόλης για την Αθήνα. Και πολύ ολιγώτερο βέβαια μπορεί να περιμένει κανείς μια τέτοια εργασία από τον Traxel και την "άστατη και ελαφρόμυαλη Μούσα" του.

104

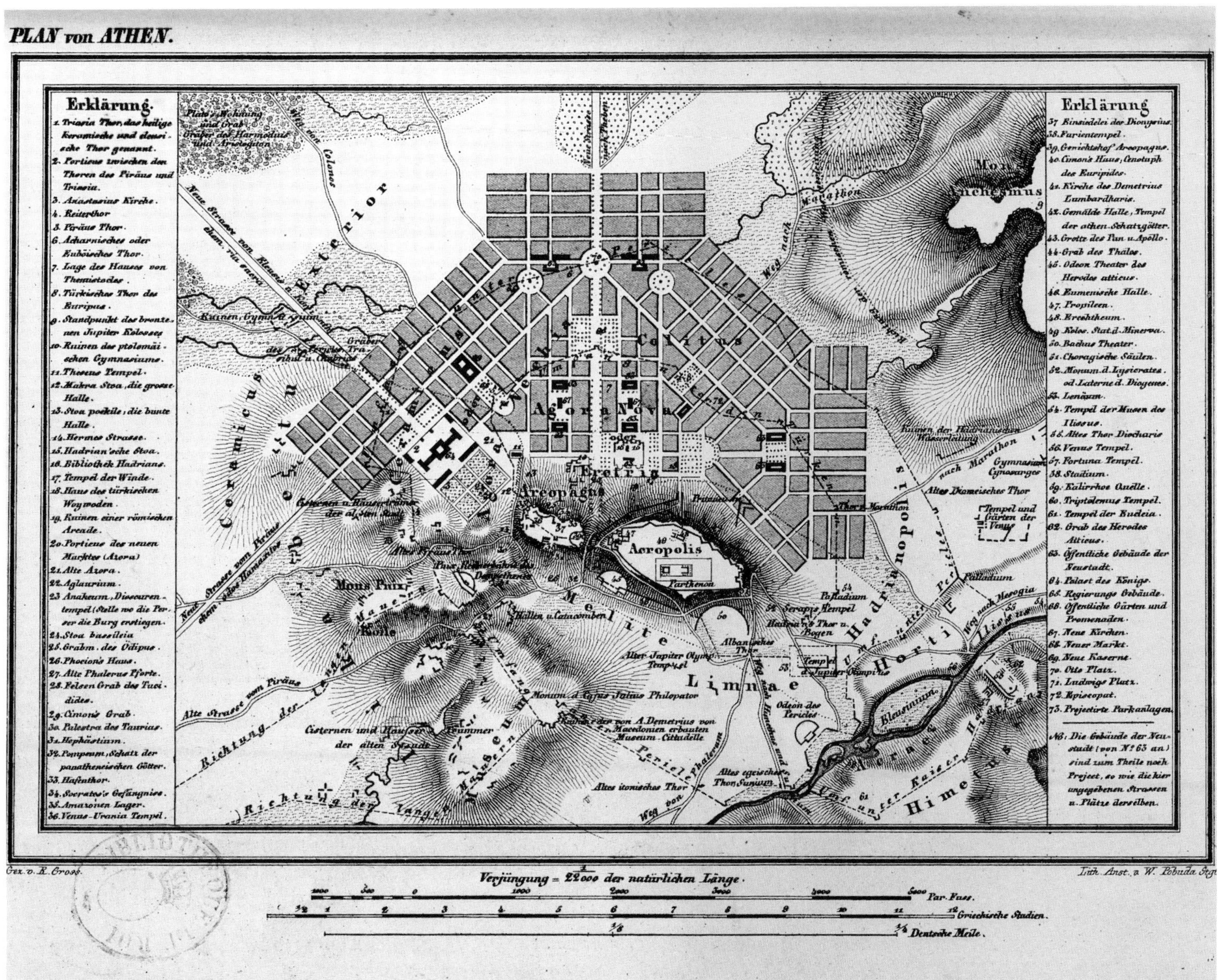

104. "Σχέδιο της Αθήνας". *Τυπωμένη παραλλαγή (A) του σχεδίου του Traxel. Κλίμαξ πρωτοτύπου 1:30.000 (Από τον Άτλαντα της Εγκυκλοπαίδειας του Brockhaus, 9η έκδοση, Stuttgart, 1844).*

Ο ίδιος ο Traxel, όπως είδαμε, περιγράφει μεν τις προθέσεις του αρκετά συγκεχυμένα (στόχος του ήταν ένα κράμα αρχαιολογικού άτλαντος και απεικόνισης του "σχεδίου πόλης", δηλαδή του αναθεωρημένου από τον Klenze αρχικού σχεδίου), δηλώνει όμως ρητά πως ως καλλιτέχνης "δεν υπεστηρίχθη από την Κυβέρνηση", άρα δεν έλαβε καμία ανάθεση. Επίσης, πουθενά στα κείμενά του δεν κάνει λόγο για τυχόν πρόθεση να επεξεργασθεί αυτόνομα ένα σχέδιο, ή μία πρόταση για τη νέα Αθήνα.

Εν τούτοις το σχέδιο του Traxel δεν είναι απλό αντίγραφο —με άλλο σχεδιαστικό ένδυμα— του σχεδίου του Klenze! Βασιζόμενος τόσο στο αρχικό σχέδιο των Κλεάνθη και Schaubert όσο και στο σχέδιο του Klenze, ο Traxel προσδίδει στο σχέδιό του χαρακτηριστικά επινοημένα από τον ίδιο.

Το ίδιο το σχέδιο δεν είναι συγκεχυμένο. Ως κάτοψη πόλης μάλιστα είναι αρκετά σαφές και ευανάγνωστο. Επίσης είναι προσεκτικά φιλοτεχνημένο, πράγμα που στον άπειρο παρατηρητή δίνει την εντύπωση της —συχνά συνοδευόμενης από φιλοπονία— σοβαρότητος. Αλλά τα φαινόμενα απατούν! Αν και το σχέδιο δεν παρουσιάζει ασάφειες, η στείρα σχηματικότης του μας πείθει ότι πρόκειται για μια φανταστική επινόηση που προορίζεται για ένα απληροφόρητο αναγνωστικό κοινό. Το σχέδιο δεν είναι ούτε αποτύπωση της υφιστάμενης κατάστασης της πόλης της Αθήνας ούτε πολεοδομική πρόταση για τη νέα πόλη: είναι ένα σχεδιαστικό παιχνίδι, ένας φανταστικός σχεδιασμός άσχετος προς την πραγματικότητα, που εν τούτοις στηρίζεται στις προϋπάρχουσες εργασίες άλλων. Όταν ομιλούμε για "σχηματικότητα" αυτού του σχεδίου (εικ. 102), εννοούμε τα εξής χαρακτηριστικά του:

α. Την ψυχρή, άκαμπτη συμμετρία στην κεντρική περιοχή, που θυμίζει σχεδιαστική αφαίρεση και κατ' ουδένα τρόπο αστικό μόρφωμα[25]: ταυτόσημοι δρόμοι, ταυτόσημες πλατείες, ταυτόσημα οικοδομικά τετράγωνα —ποικίλου μεγέθους και σχήματος— επαναλαμβάνονται ως αντικατοπτρισμός εκατέρωθεν του άξονος της οδού Αθηνάς.

β. Τον εξόχως εξωπραγματικό χαρακτήρα του: όλα τα δημόσια κτήρια σημειώνονται ως απλά τετράγωνα χωρίς διαμορφωμένη κάτοψη. Διατάσσονται και αυτά συμμετρικά εκατέρωθεν οδικών αξόνων και δεν ορίζεται πουθενά η λειτουργία τους. Πρόκειται για φαντάσματα κτηρίων, που η χρήση τους παραμένει άγνωστη.

γ. Τα ορθογώνια οικοδομικά τετράγωνα που το μήκος τους συχνά υπερβαίνει τα 200 μέτρα και τα οποία είναι αδιανόητα για μια πόλη με το μέγεθος της Αθήνας και που είναι απλοϊκό προϊόν της διακοσμητικής διάρθρωσης της κάτοψης.

δ. Τέλος την έλλειψη οποιασδήποτε περιγραφής της διάρθρωσης της πόλης, ως οργανισμού ικανού να λειτουργήσει.

Στο σχέδιο του Traxel δεν μπορούμε συνεπώς να αναγνωρίσουμε καμία συγκεκριμένη πρόθεση πολεοδομικού σχεδιασμού. Φυσικά μπορεί κανείς να αποδώσει προθέσεις και σε ένα φανταστικό μόρφωμα. Και αυτό δυστυχώς συμβαίνει όταν ο Στέφανος Σίνος παρατηρεί ότι εδώ καταβάλλεται προσπάθεια "συνδυασμού των δύο προγενέστερων σχεδίων [δηλαδή των σχεδίων των Κλεάνθη-Schaubert και Klenze] και η διατύπωση μιας ισορροπημένης πρότασης"[26]· ή όταν διαπιστώνει ότι: "Παρά τις κάποιες αδυναμίες του, δεν μπορεί να μην παρατηρήσει κανείς ωρισμένες καλές πλευρές του σχεδίου· την ορθογωνικού σχήματος επέκταση της πόλης προς τα ανατολικά και προς τον βορρά, τον σχεδιασμό του περιφερειακού δακτυλίου[27], καθώς και την κατάργηση του διοικητικού κέντρου κοντά στα ανάκτορα, που είχε προτείνει ο Klenze. Προς το παρόν δεν μπορεί να διαπιστωθεί ακριβώς σε ποιο βαθμό επηρεάσθη [ο Traxel] στο σχέδιό του από συζητήσεις της εποχής"[28].

Θα ήταν μάταιο εγχείρημα να προβούμε στην μορφολογική περιγραφή του σχεδίου και στην αξιολόγησή του από άποψη πολεοδομικού σχεδιασμού, όταν δεν είμαστε διόλου πεπεισμένοι για τη σοβαρότητά του. Είναι τολμηρό βέβαια να κρίνει κανείς 165 χρόνια αργότερα τη φύση ενός σχεδιαστικού τεκμηρίου, του οποίου ο συντάκτης δεν λέει τίποτε για το ιστορικό της δημιουργίας του και για το ποιες ήταν οι προθέσεις του. Οι προαναφερθείσες κρίσεις ωστόσο πείθουν, κατά τη γνώμη μας, ότι το σχέδιο της Αθήνας του August Traxel δεν μπορεί να θεωρηθεί ως "τεκμήριο σχεδιασμού" με την πραγματική έννοια του όρου.

Για να μην αδικήσουμε όμως, και μάλιστα μετά θάνατον, τον συντάκτη του, καλόν είναι να μην παραβλέψουμε και τη δυνατότητα μιας άλλης ερμηνείας της πρωτοβουλίας του. Εάν υποθέσουμε ότι ο Traxel ενήργησε συνειδητά ως πολεοδόμος, τότε η σύντομη κριτική περιγραφή του Στέφανου Σίνου διατηρεί την ισχύ της. Γι αυτό τον λόγο, θα παραθέσουμε εδώ ένα εκτενές χωρίον από αυτό το κείμενο: "Στο πολεοδομικό του σχέδιο ο Traxel —όπως άλλωστε και οι Κλεάνθης και Schaubert— επιχειρεί μία ριζική αναδιάρθρωση της παλαιάς πόλης, που τα παλαιά της κτίσματα αγνοούνται εντελώς. Ένας ευρύς χώρος γύρω από την Ακρόπολη διατηρείται αδόμητος, ενώ ο ίδιος ο ιερός βράχος στο σχέδιο αποτυπώνεται υπερβολικά ακανόνιστος. Από την άλλη μεριά διατηρεί την περίκεντρη πλατεία στον βορρά που επρότεινε ο Klenze· ωστόσο συμμετρικά προς την προταθείσα [από τον Klenze επίσης] εκεί μικρότερη στρογγυλή πλατεία, χωροθετείται στα ανατολικά μια δεύτερη πλατεία. Έτσι, ο Traxel αποκαθιστά τη συμμετρική διάταξη γύρω από τον κύριο οδικό άξονα της πόλης. Επίσης, το ανατολικό τμήμα εξομοιώνεται με το δυτικό και από άποψη έκτασης, και [η πόλη] αποκτά τις τρείς παράλληλες οδούς που σήμερα δεσπόζουν στην εικόνα του αθηναϊκού κέντρου. Προς τον βορρά ο Traxel επεκτείνει τον κυρίως οδικό άξονα [της οδού Αθηνάς] στο φυσικό τοπίο, το ίδιο δε κάνει και με τις δύο οδούς που σχεδιάζονται παράλληλες προς τον προηγούμενο άξονα ήδη από τους Κλεάνθη και Schaubert και που εδώ διέρχονται από τις δύο δευτερεύουσες στρογγυλές πλατείες. Έτσι αποκαθίσταται η ιδέα του κεντρικού ορθογωνίου που είδαμε στο πρώτο σχέδιο των Αθηνών.

Από την άλλη μεριά ο Traxel, όπως και ο Klenze, καταργούν τις περίκεντρες πλατείες στα άκρα της πόλης που υπήρχαν στο αρχικό σχέδιο. Προτείνει όμως μια συνοικία στην ανατολική πλευρά της πόλης, που τα οικοδομικά της τετράγωνα έχουν προσανατολισμό από τα δυτικά προς τα ανατολικά, καθιστώντας έτσι δυνατή την περαιτέρω επέκταση του ιστού της πόλης. Η οδός, η οποία έχει κατεύθυνση από βορρά προς νότο και χωρίζει αυτό το τμήμα από την υπόλοιπη πόλη, έχει ως καταληκτική θέα τον ναό του Διός [Ολυμπείο] και κατευθύνεται προς τη θάλασσα και το Φάληρο· με παρόμοιο τρόπο μεγαλώνει η πόλη και προς τον βορρά, επεκτεινόμενη πέρα από την κεντρική περίκεντρη πλατεία. Από τους δύο κυρίους διαγώνιους άξονες της πόλης, ο ανατολικός καταλήγει σε μία ορθογώνια πλατεία στη θέση της σημερινής πλατείας Συντάγματος, στην οποία βρίσκονται τα κτήρια διοίκησης, και ο δυτικός στην πλατεία φάνεια εκατέρωθεν της πρωτευούσης οδού. Υποθέτουμε πως συνειδητή πρόθεση του Traxel ήταν να απομονώσει την κεντρική οδό από την κίνηση της αγοράς. Τον χώρο του αρχαίου κέντρου της πόλης διαμορφώνει με μεγάλες πλατείες, για να αναδειχθούν οι αρχαιότητες. Οι δύο πλατείες στη μέση των δύο διαγωνίων αξόνων και στο κέντρο όλης της πόλης διατηρούνται.

Αν και ο Traxel δεν αναφέρει την ακριβή λειτουργία κάθε

105

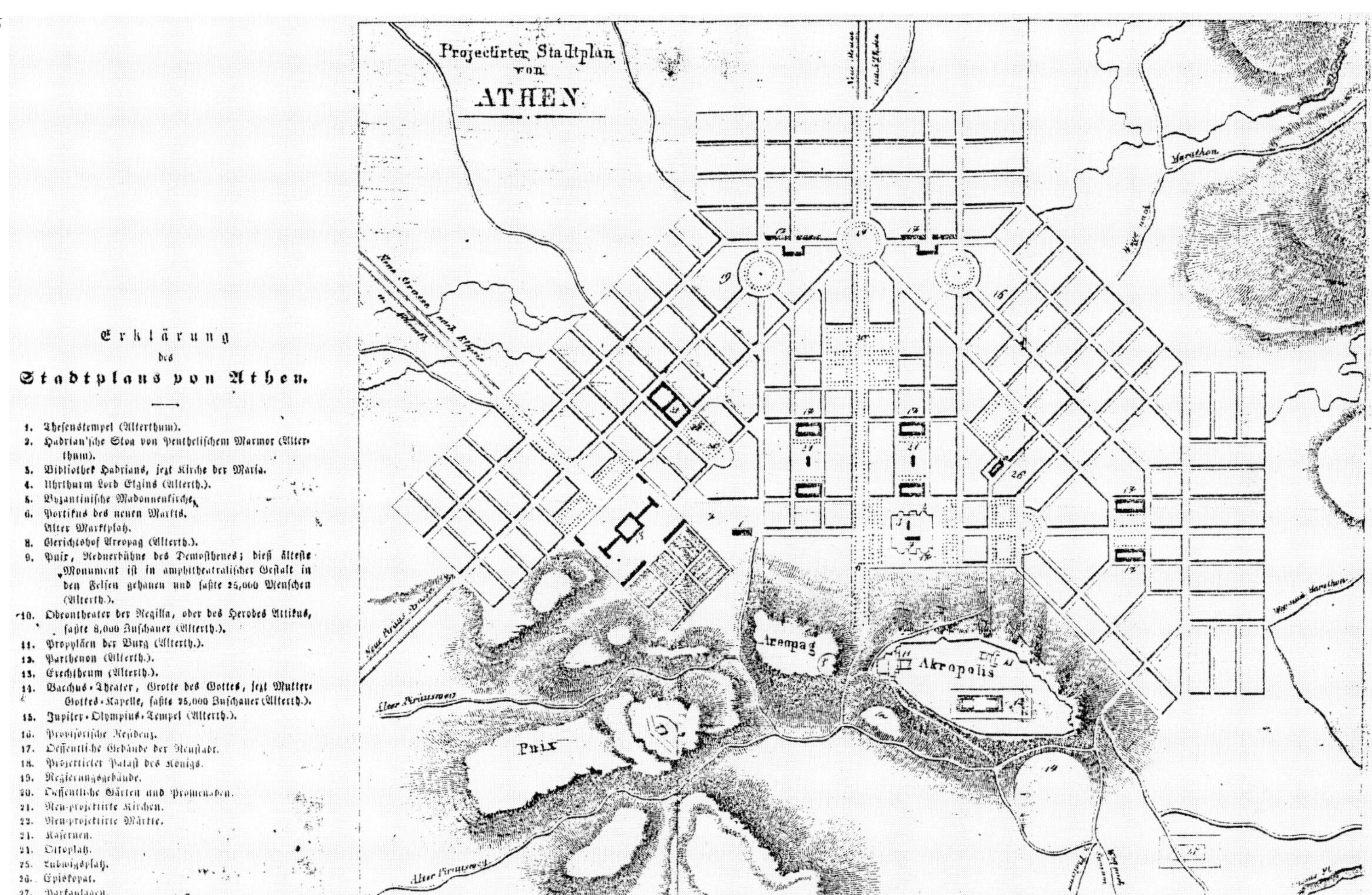

105. "Πολεοδομικό σχέδιο της Αθήνας". Τυπωμένη παραλλαγή (Β) του σχεδίου του Traxel. Κλίμαξ πρωτοτύπου 1:15.000 (Από το έργο του J. Maehrlen, Geschichte Griechenlands von der Ankunft König Ottos in Nauplia dis zu seiner Thronbesteigung. Stuttgart, 1839).

των ανακτόρων που διατάσσεται στον άξονα της οδού Ελευσίνος. Κατά μήκος αυτού του άξονος τοποθετείται και ο βασιλικός κήπος. Η οδός που άγει εκτός πόλεως, στα δυτικά προς τον Πειραιά, δεν ταυτίζεται με την επιμήκυνση του διαγώνιου άξονα αλλά με την παράλληλη προς αυτόν οδό που ξεκινά από τη δυτική στρογγυλή πλατεία. Στα ανατολικά η προαναφερθείσα οδός εξόδου προς νότον συνδέεται με την οδό που χαράζεται με κατεύθυνση από τα ανατολικά προς τα δυτικά και η οποία διέρχεται από την κεντρική στρογγυλή πλατεία.

Έτσι, δημιουργείται μία παρακαμπτήρια οδός, που στα δυτικά δεν έχει στην επιμήκυνσή της μια σωστή έξοδο, και το τριγωνικό σύστημα οδών του σχεδίου των Κλεάνθη και Schaubert αντικαθίσταται από ένα πολυγωνικό σύστημα. Διαφορετική από ό,τι στα δύο προηγούμενα σχέδια είναι και η λύση στην περιοχή της κεντρικής αγοράς. Εδώ το δυτικό τμήμα της αγοράς χωρίζεται από το ανατολικό με μία διαφορετικά δομημένη επισημαντικού κτηρίου, σχεδιάζει ένα πλήθος δημοσίων κτηρίων και αφήνει την πόλη ανοικτή προς όλες τις κατευθύνσεις για να μπορεί να επεκταθεί μελλοντικά. Η κατανομή των δημοσίων κτηρίων και η ανέγερση ενός διοικητικού κέντρου στα ανατολικά είναι ιδέες που πιθανόν αντικατοπτρίζουν τις απόψεις μερικών διακεκριμένων προσώπων, που όμως αναιρούν εντελώς τις βασικές αρχές του αρχικού σχεδιασμού. Ίσως να πρόκειται για την απόπειρα διαμόρφωσης ενός χώρου για τις κύριες διοικητικές λειτουργίες επί της οδού μεταξύ πλατείας Συντάγματος και ανακτόρων, που χαράζεται με κατεύθυνση από την ανατολή προς τη δύση [οδός Ερμού]. Ωστόσο και αυτή η ιδέα, δηλαδή η χωροθέτηση στην περιοχή της παλαιάς πόλης και στις παρυφές της νέας ενός τέτοιου κέντρου, δεν μπορεί να θεωρηθεί ευτυχής". (Στέφανος Σίνος, *Die Gruendung der neuen Stadt Athen*, περιοδικό *Architectura*, 1974, σελ. 49-51).

Δεν θα πρέπει να αποσιωπηθεί εδώ και ένα τελευταίο θέμα

106

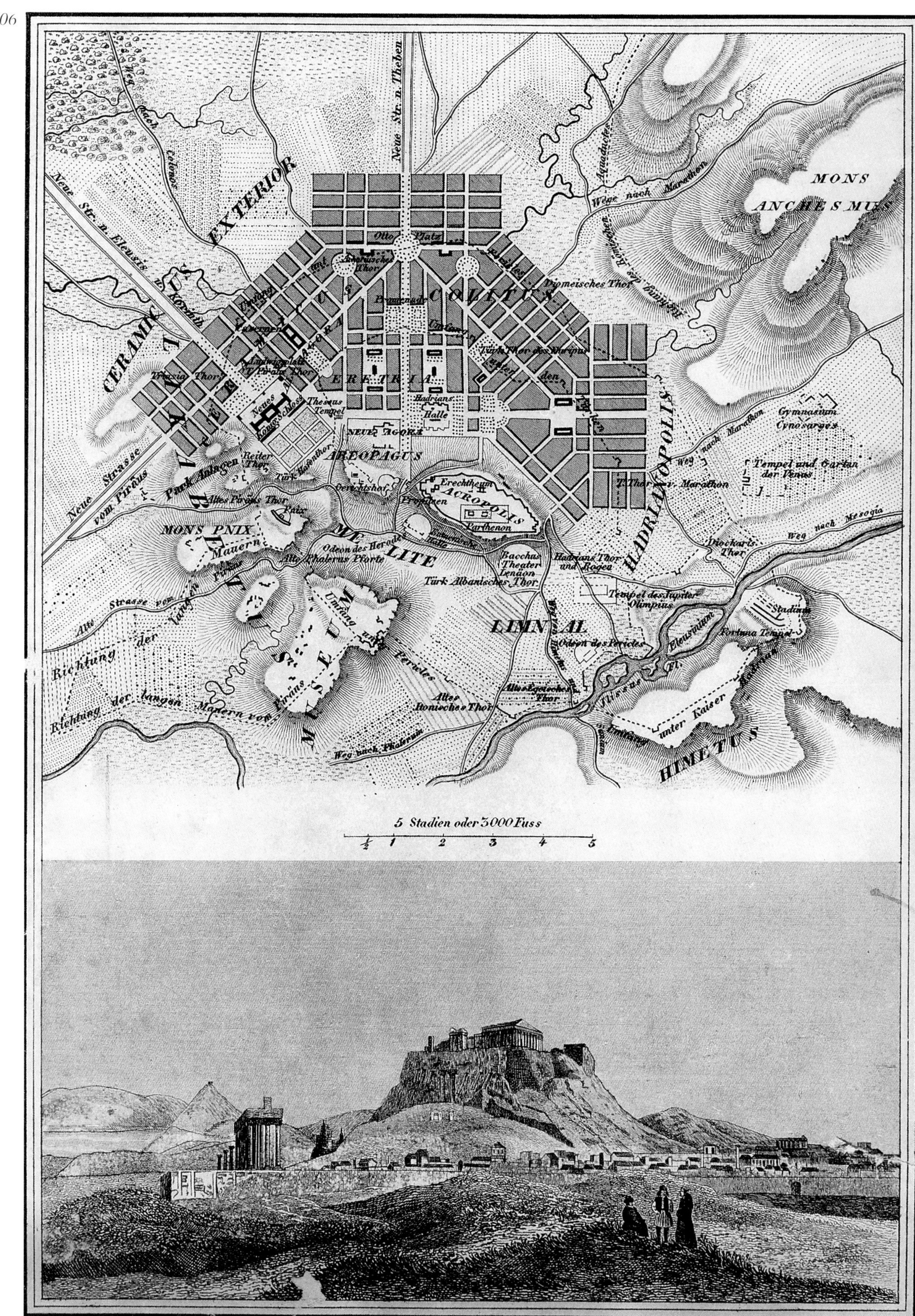

106. "Σχέδιο και άποψη της Αθήνας". Τυπωμένη παραλλαγή (Γ) του σχεδίου του Traxel. Κλίμαξ πρωτοτύπου 1:30.000 (Από τη Μεγάλη Ελληνική Εγκυκλοπαίδεια του Πυρσού, λήμμα "Αθήνα". 1927. Πρώτη δημοσίευση άγνωστη).

σχετικά με το σχέδιο του Traxel. Φαίνεται πως το σχέδιο αυτό την εποχή της εκπόνησής του ήταν το πιο γνωστό από όλες τις προτάσεις για την ίδρυση της νέας Αθήνας. Η πρόταση του von Quast (1834) δεν απεικονίσθη από τον συντάκτη της ποτέ σχεδιαστικά· η πρόταση του Λυσάνδρου Καυταντζόγλου (1839) διεσώθη μόνο σε ένα πρωτότυπο σχέδιο, φιλοτεχνημένο επάνω σε τυπωμένο παλαιότερο χάρτη. Τα σχέδια των Κλεάνθη και Schaubert (1833) καθώς και του Klenze (1834), παρά την επικύρωσή τους από την κυβέρνηση, εξετυπώθησαν μόνον μία φορά και ήταν γνωστά μόνον σε ένα μικρό κύκλο του μορφωμένου κοινού. Μόνο το σχέδιο του Traxel εγνώρισε τέσσερεις —απ' όσο γνωρίζουμε μέχρι σήμερα— εκδόσεις, στις οποίες τα τυπογραφικά υπόβαθρα ήσαν μεν διαφορετικά, τα χαρακτηριστικά του σχεδίου ωστόσο τα ίδια. Μοιάζει ειρωνεία της τύχης το γεγονός ότι τη μεγαλύτερη δημοσιότητα είχε τελικά το πιο άσχετο με την πραγματικότητα σχέδιο για τη νέα Αθήνα. Η διάδοση και προβολή του ωστόσο ήταν και η μόνη πραγματική πρόθεση του συντάκτη του.

4.
ΤΑ ΣΧΕΔΙΑΣΤΙΚΑ ΤΕΚΜΗΡΙΑ

Μέχρι σήμερα έχουν επισημανθεί τέσσερεις σχεδιαστικές διατυπώσεις του σχεδίου του Traxel με επουσιώδεις αποκλίσεις μεταξύ τους. Η μία από αυτές ετυπώθη υπό την μορφήν ανεξάρτητου χάρτη[29]· οι υπόλοιπες είναι χαρακτικά που περιλαμβάνονται σε βιβλία[30]. Τα σχεδιαστικά ή χαρακτικά υπόβαθρα (πρωτότυπα σχέδια) των τυπωμένων αυτών σχεδίων είναι άγνωστα. Δεν αποκλείεται να ανακαλυφθούν μελλοντικά και άλλες τυπωμένες παραλλαγές του σχεδίου γιατί, όπως φαίνεται, είχε σημαντική διάδοση στην εποχή του.

Οι τέσσερεις υπάρχουσες διατυπώσεις (παραλλαγές) του σχεδίου έχουν τα ακόλουθα χαρακτηριστικά:

1. Τοπογραφικόν σχέδιον των Αθηνών, τμήμα της βασιλικής καθέδρας. Χαλκογραφία (εικ. 102)

Υπόμνημα (πάνω, στο μέσον, σε γερμανική γλώσσα): "Τοπογραφικόν σχέδιον των Αθηνών, τμήμα της βασιλικής καθέδρας, ως είχε υπό τον Περικλή, τον Αδριανό και τους Τούρκους, ως έχει σήμερον και ως θα έχει εις το μέλλον. Συνταχθέν επί τόπου και συγκριθέν μετά των πονημάτων των παλαιοτέρων και νεωτέρων ως προς τα μνημεία, δημιούργημα του August Traxel. Εν Παρισίοις και Στουτγάρδη εν έτει 1836 ανοίξεως".
(Από κάτω ακολουθεί ένα ταυτόσημο κείμενο σε γαλλική γλώσσα)

Διακοσμητική πλαισίωση του σχεδίου με οκτώ πεδία· σε τρία από αυτά τα πεδία κείμενα, συγκεκριμένα:
επάνω, στο μέσον: τίτλος (βλ. ανωτέρω)
αριστερά στη μέση: περιγραφή και σημείωση του συντάκτη (σε γερμανική γλώσσα)
δεξιά στη μέση: περιγραφή και σημείωση του συντάκτη (σε γαλλική γλώσσα)
Στα άλλα πέντε πεδία απεικονίσεις, συγκεκριμένα:
πάνω δεξιά κι αριστερά: δύο όψεις της Ακρόπολης από τα δυτικά (ως ερείπιο και αναστηλωμένη)
κάτω αριστερά: συμπληρωμένη κάτοψη της Ακρόπολης
κάτω στη μέση: άποψη της Αθήνας από την κοιλάδα του Ιλισσού
κάτω δεξιά: συμπληρωμένη κάτοψη του ναού του Ολυμπίου Διός

Στην "περιγραφή" μνημονεύονται τα 109 κτίσματα που αριθμούνται στο σχέδιο, οι αρχαιότητες, κ.λπ.

Οι εγγραφές επί του σχεδίου της πόλης είναι σε γαλλική γλώσσα.

Χαλκογραφία με τη σημείωση: "A Paris gravé par Gavard, rue du marché St. Honoré".
Διαστάσεις σχεδίου: 58,0×39,5 εκ.
Κλίμαξ 1:15.000· βορράς προς τα άνω.
Αντίτυπο του χαλκογραφημένου αυτού σχεδίου ευρίσκεται

107

Anacharsis

Germanikos,

oder

Kreuzzüge eines Cosmopoliten.

Von

August Traxel.

Zweiter Theil.

Palermo bis Athen und Corfu.

Stuttgart.

Fr. Brodhag'sche Buchhandlung.

1838.

107. Η σελίδα του τίτλου του βιβλίου με τις περιηγήσεις του A. Traxel στη Μεσόγειο το 1835.

στο τμήμα χαρτών της Κρατικής Βιβλιοθήκης της Βαυαρίας στο Μόναχο, φάκελλος XVIII, 28 db.

Εδημοσιεύθη πρώτη φορά στο άρθρο του Στ. Σίνου: *Die Gruendung der neuen Stadt Athen*, στο περιοδικό *Architectura*, 1974, σελ. 41-52.

2. Παραλλαγή Α: Σχέδιο της Αθήνας. Τυπωμένο σε βιβλίο (εικ. 104)

Υπόμνημα: "Σχέδιο της Αθήνας" και εκατέρωθεν του σχεδίου (δεξιά και αριστερά): "Περιγραφή" με απαρίθμηση διαφόρων κτισμάτων και αρχαίων μνημείων (73 τον αριθμόν).

Το σχέδιο είναι ανυπόγραφο και αχρονολόγητο· τυπωμένο στον περιγραφικό άτλαντα της Εγκυκλοπαίδειας του Brockhaus (*Brockhaus Conversations-Lexikon*), 9η έκδοση, Stuttgart, εκδόσεις Scheible, Rieger και Sattler, 1844, σελ. 109.

Οι εγγραφές στο σχέδιο είναι σε γερμανική γλώσσα. Υπόβαθρο: λιθογραφία με τη σημείωση: "Σχεδιασθέν υπό R. Gross, Λιθογραφικό τυπογραφείο W. Poluda, Stuttgart".

Διαστάσεις: 17.8×12,0 εκ.

Κλίμαξ 1:30.000· βορράς προς τα άνω.

Φωτογραφία του τυπωμένου αυτού σχεδίου υπάρχει στο τμήμα χαρτών της Εθνικής Βιβλιοθήκης στο Παρίσι. Αρ. καταλόγου Ge FF 6439. Σφραγίς: "Bibliothèque du roi" (Βασιλική Βιβλιοθήκη).

3. Παραλλαγή Β: Πολεοδομικό σχέδιο της Αθήνας. Τυπωμένο σε βιβλίο (εικ. 105)

Υπόμνημα: "Πολεοδομικό σχέδιο της Αθήνας" (Απαρίθμηση 27 κτηρίων και αρχαίων μνημείων της πόλης σε δύο άλλες σελίδες του βιβλίου). Το σχέδιο είναι ανυπόγραφο και αχρονολόγητο· απεικονίζεται σε δύο αντικρυστές σελίδες του έργου του J. Maehrlen: *Geschichte Griechenlands von der Ankunft Koenig Ottos in Nauplia bis zu seiner Thronbesteigung*, Stuttgart 1839.

Οι εγγραφές στο σχέδιο είναι σε γερμανική γλώσσα. Διαστάσεις του σχεδίου 19,5×17,2 εκ.

Κλίμαξ 1:15.000· βορράς προς τα κάτω.

4. Παραλλαγή Γ: Σχέδιο και άποψη της Αθήνας. Τυπωμένο σε βιβλίο (εικ. 106)

Υπόμνημα: "Σχέδιο και άποψη της Αθήνας".

Το σχέδιο είναι ανυπόγραφο και αχρονολόγητο· τυπωμένο στη σελ. 223 τόμου 2 της *Μεγάλης Ελληνικής Εγκυκλοπαίδειας* του Πυρσού στο λήμμα *Αθήνα*, 1927. Οι εγγραφές στο σχέδιο είναι σε γερμανική γλώσσα.

Υπόβαθρο: λιθογραφία χωρίς άλλα στοιχεία.

Διαστάσεις του σχεδίου (κάτοψη και προοπτική άποψη της Αθήνας): 18,6×12,5 εκ.

Κλίμαξ περίπου 1:30.000. Βορράς προς τα άνω.

ΣΗΜΕΙΩΣΕΙΣ ΤΟΥ ΚΕΦΑΛΑΙΟΥ 5

1. Οι βιογραφικές μας πληροφορίες για τον Christian August Traxel παρουσιάζουν πολλά κενά. Εγεννήθη το 1800 στο Bitburg κοντά στην πόλη Trier και απέθανε το 1839 στο Mannheim. Είναι γνωστός κυρίως ως λογοτέχνης και δημοσιογράφος· ησχολήθη με εριστικά άρθρα, με τη λεγόμενη "περιστασιακή αρθρογραφία" και με ταξιδιωτικές εντυπώσεις. Η σύντομη ζωή του ήταν άστατη και ταραγμένη. Φοίτησε στο Γυμνάσιο της Trier, το 1823 ήταν στην Κολωνία και το 1825 στη Δρέσδη, το 1825/26 πάλι στην Κολωνία όπου για ένα διάστημα ήταν συντάκτης της εφημερίδος "*Koelnisches Unterhaltungsblatt*" και το 1827 εσπούδασε για μικρό χρονικό διάστημα στην Ακαδημία Αρχιτεκτονικής του Βερολίνου.

   Κατά τη διάρκεια της θητείας του στο πρωσικό σύνταγμα των Γρεναδιέρων της φρουράς "Alexander", προκάλεσε υποψίες με ένα του ποίημα που εξυμνούσε τον Ναπολέοντα και με διάφορα άρθρα του στην εφημερίδα Colonia· συνελήφθη και εφυλακίσθη στο Μαγδεμβούργο, απ' όπου απελύθη έξι μήνες αργότερα. Το 1830 τον ευρίσκουμε πάλι στην Κολωνία και το 1832 συντάκτη της εφημερίδος "*Verkuendiger am Rhein*" στην ίδια πόλη. Διώκεται από τις πρωσικές δικαστικές αρχές για άρθρα του σε γαλλικές εφημερίδες, διαφεύγει στο Παρίσι, ταξιδεύει το 1834-1835 στην Ιταλία και την Ελλάδα και το 1837 έρχεται στο Βερολίνο για να παραδοθεί στις δικαστικές αρχές και στην κυβερνητική ανακριτική επιτροπή. Με επιστολή του από το Βερολίνο στις 5.7.1838, ανακοινώνει αργότερα στις εφημερίδες την ανάκτηση της ελευθερίας του. Έγραψε επίσης με τα ψευδώνυμα Alberti, Victor Lenz, Moselmann, Saenger.

   Για το λογοτεχνικό έργο του Traxel μας πληροφορεί διεξοδικά ένα εκτενές άρθρο του K. Goedeke στο πολύτομο έργο του *Deutsche Dichtung* (Γερμανική ποίηση), τόμος XIII, Dresden 1938, σελ. 544-547.

2. Ο Ferdinand Altenhoven (ή Aldenhoven), τον οποίο γνωρίζουμε ως "Secrétaire ministériel au départment da la maison du roi et des relations extérieures (δηλαδή ως υπουργικό σύμβουλο στο Υπουργείο των Εξωτερικών και της Αυλής) και ως "inspécteur de la lithographie royale" (επιθεωρητή της βασιλικής λιθογραφίας) στην Αθήνα ήταν ο εκδότης δύο χαρτών, που αποτελούν την πρώτη ακριβή τυπωμένη αποτύπωση της υφιστάμενης κατάστασης στην περιοχή της Αθήνας στα τέλη του 1836.

   Παραθέτουμε τα υπομνήματα αυτών των σχεδίων:

   (1) "Plan topographique d'Athènes et de ses environs". (Βλ. απόσπασμα του χάρτη εικ. 151) Dressé au 20.000me par Ferdinand Altenhoven. Athènes 1837. Gravé par A. Forster, imprimé par A. Huber et I. Marcodimos. Lithographie royale. 54×45 cm.

   (2) "Athènes, 1837", Ferdinand Altenhoven (εικ. 113), 1:10.000. Gravé par Forster, imprimé par Christodoulo, lithographie royale. 35,2×32,0 cm.

3. Η Όλγα Φουντουλάκη εξηγεί τη μακρόχρονη αφάνεια των χαρτών της Αθήνας του Traxel παρατηρώντας: "Ο λόγος για τον οποίον οι χάρτες του Traxel περιέπεσαν στη λήθη είναι πιθανόν η μικρή διάρκεια της ζωής του και ο αποσπασματικός χαρακτήρ του έργου του. Είναι ενδεικτικό ότι ο Judeich στο έργο του για την τοπογραφία της Αθήνας, μολονότι παραθέτει ήσσονος σημασίας χάρτες, δεν αναφέρει την εργασία του Traxel" (Φουντουλάκη, Όλγα: *Der archaeologisch-topographische Plan der Hafenstadt Piraeus von A. Traxel* (Ο αρχαιολογικός-τοπογραφικός χάρτης του Πειραιά που συνέταξε ο August Traxel). Άρθρο στο περιοδικό *Architectura*, 1980, σελ. 166).

4. Τον όρο "Dilettantismus" στο γερμανικό πρωτότυπο κείμενο της εργασίας μας αποδώσαμε με "ερασιτεχνισμό" διότι ο όρος αυτός, ο οποίος αρχικά εσήμαινε τον άνθρωπο που ευφραίνεται με κάτι (τον βαθιά φιλόμουσο π.χ. εάν ευφραίνεται με τη μουσική) χρησιμοποιείται εδώ με όλες τις υποτιμητικές συνυποδηλώσεις που φέρει η έννοια σήμερα, δεδομένου ότι ο Traxel δεν προσεπάθησε να προσεγγίσει τον αρχαίο κόσμο όπως οι παλαιότεροι "Dilettanti" (πρβ. π.χ. τη "Society of Dilettanti" του Λονδίνου), δηλαδή οι άκρως καλλιεργημέ-

νοι εραστές της αρχαιότητος· η εργασία του ήταν προϊόν μιας ψευδοεπιστημονικής δραστηριότητος ενός ανθρώπου που μέσα στην άγνοιά του παριστάνει πως γνωρίζει τα πάντα.

5. Βλέπε σύντομη βιογραφία του Traxel στη σημείωση 1 του παρόντος κεφαλαίου. Χαρακτηριστικές των συγκεχυμένων πολιτικών και ηθικών απόψεών του είναι και οι ακόλουθες σκέψεις του: "Για τον πολιτικό, ηθικό και διανοούμενο εαυτό μου δεν είναι πρέπον να μιλήσω στα βιβλία μου, παρά μόνο όσο είναι αναγκαίο για τη λογοτεχνική τους φήμη. Η λογοκρισία είχε την καλωσύνη να με συνετίσει, διαγράφοντας τον προηγούμενο χρόνο από δύο τόμους μου με αθώες φλυαρίες πενήντα περίπου σελίδες και πεντακόσια επιχειρήματα που ήθελα να διαδώσω στον κόσμο ως σύμβολο καλολογικού πνεύματος. Ορισμένοι φεουδαρχικοί κώδικες, που ισχύουν ακόμα στην πολιτισμένη Γερμανία, θεωρούν τέτοιες εξομολογήσεις εκ βαθέων ως απόπειρες πρόκλησης της κυβέρνησης, ίσως ακόμα και ανατροπής της, και ως εκ τούτου... Με την αστυνομία παθαίνω ό,τι και ο Μεφιστοφελής του Γκαίτε: με την ίδια ξέρω να τα βρίσκω, όχι όμως και με τον κατατρεγμό της, που είναι έγκλημα εσχάτης προδοσίας κατά του πνεύματος σε όλες του τις εκφάνσεις. Το επινόησαν οι ίδιες οι Ευμενίδες αφότου έπαψαν να είναι οι Έχιδνες της Θέμιδος.
Ας μη με ρωτήσει κανένας πώς γίνεται και σε όλο αυτό το έργο παραμένω ανώδυνος και κάνω μόνο τα γλυκά μάτια στα κορίτσια, τα αγάλματα, τους ναούς, τα βουνά και τα γαλάζια κύματα· μου το επέβαλε η σιδηρά περιοχή στην οποία με τοποθετεί ο ανθρώπινος νόμος που συνετίζει τα κτήνη και τους συγγραφείς". (Traxel, A.: *Anacharsis Germanikos* (Ανάχαρσις Γερμανικός), Stuttgart 1837. Απόσπασμα από τον πρόλογο, "Παρίσι, Μάρτιος 1836", σελ. X-XII).

6. "Ένας ζωγράφος θα εύρισκε αυτή τη στιγμή πλούσιο υλικό εδώ [στην Αθήνα] για χαρακτηριστικούς ηθογραφικούς πίνακες με θέματα την καθημερινή ζωή κ.λπ., ένας γελοιογράφος ίσως ακόμα πλουσιότερο για γελοιογραφίες. Επειδή όμως εγώ δεν είμαι ούτε το ένα ούτε το άλλο, αλλά ανήκω το πολύ στο λογοτεχνικό γένος των σατιρικών, μικρό μόνο κέρδος μπορώ να αποκομίσω από τη μικρότητα της μεγαλοπρέπειας και από την κραυγαλέα αντίθεση που κυριαρχεί στα φυσικά και ηθικά πράγματα [εδώ]". (Traxel, A.: *Anacharsis Germanikos*, Stuttgart 1838, τόμος II, σελ. 174).

7. "Θα ήμουν σε θέση να στερηθώ τα πάντα στον κόσμο, την πολιτική, την αστυνομία, τις γριές [κουτσομπόλες], τα λογοτεχνικά φύλλα, τον κύριο Eugène Scribe, την ελευθερία και ισότητα, τους έντιμους κυρίους του Βερολίνου, της Βιέννης και της Πετρούπολης, ακόμα και την αρετή των γυναικών που παρ' όλα αυτά δεν είναι χίμαιρα - ποτέ όμως την ελαφρομυαλιά μου. Αυτή η ιδιότητά μου είναι ο από μηχανής θεός μου, το πνεύμα μου, ο φύλαξ άγγελος της συγγραφικής μου ικανότητος. Αν ποτέ αναγκασθώ και πάψω να είμαι ελαφρόμυαλος, εάν κάποτε κάνω τα πάντα με περίσκεψη και φρόνηση, τότε θα εγκαταλείψω τον εαυτό μου, τότε μπορεί να με εγκαταλείψει όλος ο κόσμος, θα είμαι νεκρός, θαμμένος. Ελπίζω πως σ' αυτό μου το βιβλίο θα γίνει αντιληπτή όχι μόνο η ελαφρομυαλιά αλλά και η επιπολαιότητά μου. Δεν υπάρχει τίποτε εδώ που ο δόκτωρ Menzel θα μπορούσε να εμπιστευθεί στις ντελικάτες ωραίες του στη Στουτγάρδη χωρίς να κοκκινίσει από ντροπή· [στο κείμενό μου] υπάρχει παντού αιρετικότητα, ειδωλολατρισμός, ιακωβινισμός, ανηθικότητα". (Traxel, A.: *Anacharsis Germanikos*, Stuttgart 1837. Απόσπασμα από τον πρόλογο, "Παρίσι, Μάρτιος 1836", σελ. IX-X).

8. Στο άρθρο για τον Traxel στο βασικό έργο του K. Goedeke (βλ. βιβλιογραφία του παρόντος κεφαλαίου) περιέχονται οι εξής πολύ διαφωτιστικές πληροφορίες για τα επαγγελματικά του ήθη και τη μεγαλομανία του: στη "δήλωσή" του εναντίον του βιβλιοπωλείου Brodhag στην "Γενική Εφημερίδα", 1839, παράρτημα του φύλλου 234/22 Αυγούστου, σελ. 1831, ο Traxel απαριθμεί τα δημοσιευμένα στον ομώνυμο εκδοτικό οίκο έργα του: τα απομνημονεύματά του, έξι τόμους του έργου "Ανάχαρσις Γερμανικός" ή περιηγήσεις στην Ευρώπη και τους μεγάλου μεγέθους αρχαιολογικούς-τοπογραφικούς χάρτες της Αθήνας, τους οποίους θα ακολουθούσε ένας άτλας των πόλεων της αρχαιότητος. Πριν ακόμα από την έκδοση του έργου του "Ανάχαρσις Γερμανικός", επειδή "δεν ετηρήθησαν ωρισμένες θετικές υποχρεώσεις", ηναγκάσθη να αναστείλει το συμβόλαιό του. "Από τότε", γράφει, "πέρασαν δύο χρόνια, έζησα περιπέτειες που δεν μπορούν να αναφερθούν εδώ και ούτε θα γίνουν πιστευτές, οι οποίες όμως με έβγαλαν εντελώς από τη λογοτεχνική μου ιδιότητα, και ξαφνικά βλέπω επιτέλους προς μεγάλη μου έκπληξη τα γραπτά μου με αλλαγμένη μορφή, διαφορετικό τίτλο και χωρίς το όνομά μου, με μία μάλιστα ηλίθια και σχεδόν υβριστική για μένα εισαγωγή - η δική μου παρελείφθη από σεβασμό προς ορισμένα πρόσωπα - να περιηγούνται εκ νέου τον κόσμο και μάλιστα σε πολλά αντίτυπα. 'Ταξιδιωτικός οδηγός για τον Νότο' εβαπτίσθη ο 'Ανάχαρσίς' μου και συγκεκριμένα, όπως λέει ο ίδιος ο εκδοτικός οίκος, για να ξεπουληθούν τα υπόλοιπα της πρώτης έκδοσης και για να μην προκαλέσει τις δυσμενείς αντιδράσεις ορισμένων το μισητό μου όνομα". Ο Traxel ισχυρίζεται πως η ενέργεια αυτή του βιβλιοπωλείου Brodhag τον εζημίωσε εξαιρετικά, κυρίως "τον τρόπο παραγωγής του" και τα "λογοτεχνικά του σχέδια", τα οποία έτσι "ανεστάλησαν όλα". "Το σχεδιασμένο από εμένα τελευταία στο Παρίσι και διαδεδομένο ως δείγμα *Continental- und Universal-Revue Forum* για την πνευματική ζωή των λαών πρέπει αναγκαστικά να διακοπεί"... Η δήλωση υπογράφεται: "Μόναχο, Ιούλιος 1839. Ch. A. Traxel".
Η απάντηση του εκδοτικού οίκου στις 28 Αυγούστου 1839 δημοσιεύεται στο παράρτημα του φύλλου 249/5 Σεπτεμβρίου 1839, σελ. 1942 με τον τίτλο: "Προς τον κύριο August Traxel (Victor Lenz)". Χαρακτηρίζει τους ισχυρισμούς του Traxel συκοφαντίες: "πρέπει να τον παρέσυρε σε τέτοιες παραμορφώσεις της αλήθειας η στενόχωρη οικονομική του κατάσταση, γιατί, απ' όσο γνωρίζουμε, ζει από τα γραπτά του". Τα έργα του Traxel - διαβάζουμε στην απάντηση - που είχε την ατυχία να αναλάβει την έκδοσή τους ο οίκος Brodhag, ευρήκαν τόσο μικρή απήχηση, που με βάση τα συμβόλαια πρέπει να απαιτήσει από τον Traxel περίπου 1.500 φιορίνια αποζημίωση. Τις αλλαγές σε ένα από τα έργα του, ισχυρίζεται ο εκδοτικός οίκος, τις είχε εγκρίνει ο ίδιος σε μία επίσκεψή του στην Στουτγάρδη και έπειτα τους είχε αποχαιρετήσει φιλικώτατα. Γι' αυτό τους εξέπληξε πολύ η "συκοφαντική αυτή δήλωσή του". Απ' ό,τι φαίνεται ο Traxel δεν ανταπήντησε· άλλωστε πέθανε στις 7 Οκτωβρίου 1839.

9. Παραθέτουμε την κάπως αυθάδη και επιπόλαια εξήγηση του Traxel για τη μέθοδο συγγραφής του έργου του "Ανάχαρσις", την οποία αντιδιαστέλλει με πολύ ειρωνικό ύφος προς εκείνη του "βιβλιοθηκάριου" (εννοεί του αββά Barthelemy, συγγραφέα του *Voyage du jeune Anacharsis*, Paris 1788):
"Ο Ανάχαρσις ήταν ένας περιηγητής στην αρχαία Ελλάδα που παρατηρούσε όλα τα ενδιαφέροντα πράγματα και που δεν του έλειπε τίποτε εκτός - γιατί πώς να τα διαθέτει αυτά ένας βιβλιοθηκάριος; - από ποιητικά μάτια και από τη φλόγα των νιάτων. Θα μπορούσε να είναι ο Πυγμαλίων, αλλά δεν θα έβλεπε ζωντανεμένο το άγαλμά του, και αν το έβλεπε, δεν θα το αγκάλιαζε. Τι άλλο να κάνω με έναν τέτοιο ασκητή από το να τον ληστέψω επιστημονικά και να τον ζυμώσω μέσα στο μεγάλο χιουμοριστικό μέρος του έργου μου; Το έκανα κατά τον τρόπο μου (δεν μπορούσα αλλιώς), δηλαδή ήμουν ολιγώτερο σοβαρός, ολιγώτερο εκτενής και πιο διασκεδαστικός απ' αυτόν. Δεν έχει ξανασυμβεί να λέει τέτοιο πράγμα ένας Γερμανός συγκρίνοντας τον εαυτό του με έναν Γάλλο. Ο δικός μου 'Ανάχαρσις ο Γερμανικός' θα μπορούσε να μεταφρασθεί: 'Ο γερμανός στρατοκόπος'. Το έκανα άλλωστε ήδη αυτό, βάζοντας στο έργο τον υπότιτλο 'Περιπλανήσεις ενός κοσμοπολίτη' υπαινισσόμενος έτσι περιπαικτικά πως ήθελα - και όντως ήταν αυτή η επιθυμία μου - να συμπεριλάβω στον κύκλο των παρατηρήσεων και περιηγήσεών μου όχι μόνο την Ελλάδα αλλά ολόκληρο τον κόσμο, με τον όρο 'κόσμο' εννοώντας το πολύ τον αρχαίο κόσμο που ορίζεται από τη Μεσόγειο. Ένας Έλλην Ανάχαρσις θα μου είχε προδιαγράψει την αυστηρά κλειστή σφαίρα της έρευνας και θα είχε κόψει τα φτερά της άστατης και ελαφρόμυαλης Μούσας μου". (Traxel, A.: *Anacharsis Germanikos*, Stuttgart 1837. Απόσπασμα από τον πρόλογο, "Παρίσι, Μάρτιος 1836", σελ. X).

10. Βλ. σχετικά σημ. 8 παρόντος, καθώς και την αναγγελία αυτού του έργου (του

οποίου, ως γνωστόν εδημοσιεύθησαν μόνο οι δύο πρώτοι τόμοι, στην εισαγωγή του πρώτου τόμου: "Αναγγέλλω εκ των προτέρων τη συνέχιση των στοχασμών και διηγήσεων από τις περιηγήσεις μου σε άλλους αξιοπερίεργους τόπους της Ευρώπης και της Μεσογείου, ίσως του σημαντικώτερου τμήματος της Ασίας και της Αφρικής..." (Traxel, A: *Anacharsis Germanikos*, Stuttgart 1837. "Παρίσι, Μάρτιος 1836" σελ. X).

11. Βλέπε στην προηγούμενη σημείωση 9 την ομολογία του Traxel πως με τον "κόσμο" εννοεί τον κόσμο της Μεσογείου.
12. Ο Βρεττανός περιηγητής συνταγματάρχης William Martin Leake (1777-1860) εδημοσίευσε το έτος 1821 την εργασία του "*Topography of Athens*" (η πρώτη μετάφραση του έργου στα γερμανικά από τον Rinaecker δημοσιεύθηκε το 1829 στην Halle). Η καινοτομία στο έργο του Leake είναι πως σκοπός του είναι η παρουσίαση και μόνο της αθηναϊκής ιστορικής τοπογραφίας· έτσι το έργο διαφοροποιείται από το είδος της ταξιδιωτικής περιγραφής και διαρθρώνεται συστηματικά. Πολλά αρχαιολογικά ερωτήματα ετέθησαν για πρώτη φορά από τον Leake και μάλιστα αρκετά απ' αυτά απαντήθηκαν πάρα πολύ σωστά.
13. "Ακόμα και ένας Γερμανός βιβλιοδέτης εγκατεστάσθη [στην Αθήνα] ως βιβλιοπώλης της αυλής και μου επώλησε εχθές τον Παυσανία και την 'Τοπογραφία των Αθηνών' του Leake". (Traxel, A.: *Anacharsis Germanikos*, Stuttgart 1837, τόμος Τόμος II, σελ. 183).
14. Ο υψηλότερος λόφος της Αθήνας, ο Λυκαβηττός (υψόμετρο 278μ.) ονομάσθη σωστά ήδη από 1832 από τον P. W. Forchhammer (1801-1894).
15. Αυτή η εσφαλμένη παράλληλη τοποθέτηση των κτηρίων της Ακρόπολης θεωρείται δεδομένη από τους Stuart και Revett (1762), καθώς και από τον Leake (1821) αλλά και τον Schinkel (1834) στο σχέδιό του για τα ανάκτορα.
16. Ας σημειωθεί ότι η θέση του αρχαίου τείχους της Αθήνας όπως απεικονίζεται και στο σχέδιο του Leake, ήταν υποθετική. Το τείχος εφαίνετο λανθασμένα να εκτείνεται προς τα ανατολικά, ένα ολόκληρο χιλιόμετρο πιο πέρα από την πραγματική του θέση, αυξάνοντας έτσι σημαντικώς τη συνολική έκταση της αρχαίας πόλης.
17. Παραθέτουμε τις μωρές κοινοτοπίες με τις οποίες ο Traxel αποπειράται να υπονομεύσει το νόημα της αρχαιολογίας: "Στο μεταξύ έπαυσα να είμαι τόσο έμπλεως ενθουσιασμού για τους αρχαίους ναούς, όπως ήσαν μέχρι τώρα οι καλλιτέχνες και αρχαιολόγοι, γιατί στην κατασκευή τους δεν ευρίσκω καθόλου την ποικιλία μορφών που απαιτείται ώστε να θεωρούνται έργα τέχνης. Βλέποντας έναν ή δύο, γνωρίζω και όλους τους υπόλοιπους, και δεν απομένει να θαυμάσω άλλο από την μικρότερη ή μεγαλύτερη δεξιότητα της σμίλης. Είναι αφελής όποιος χάνει τον καιρό του σχεδιάζοντας στην Ανατολή τους διαφόρους κίονες και τις ζωοφόρους τους ή αναζητώντας μια κάτοψη που βασίζεται σε μεγάλο ή μικρότερο πλήθος διαστάσεων· γιατί ούτε τον εαυτό του ούτε την επιστήμη προάγει έτσι. Στον αρχαίο όπως και στο νέο κόσμο πρέπει να αναζητεί κανείς το μοναδικό στο είδος του που αφυπνίζει το πνεύμα και το κάνει να στοχάζεται και να επινοεί". (Traxel, A.: *Anacharsis Germanikos*, Stuttgart 1838, τόμος II, σελ. 204).
18. Παραθέτουμε ολόκληρο το σχετικό απόσπασμα: "Θα σας μιλήσω τώρα για ένα άλλο φαινόμενο αβδηριτισμού, το οποίο, πιστεύω, έχει γεννηθεί στο κεφάλι ενός νέου συμβούλου, που μέλημα του είναι να ξαναnθήσει η σχολή των Πυθαγορείων. Το όνομά του δεν ενδιαφέρει. Αυτός ο άνδρας πρότεινε να κυκλοφορήσει στην Αθήνα ένα γερμανικό φύλλο αφιερωμένο αποκλειστικά στη δημοσίευση αρχαίων επιγραφών. Μια τέτοια ιδέα πραγματικά μόνον ένας Γερμανός επιστήμων μπορεί να τη συλλάβει, για τον οποίο έχουν μεγαλύτερο βάρος τα γράμματα από τα συμβάντα, οι αριθμοί από την ιστορία. Ανεξάρτητα απ' το γεγονός πως το έργο αυτό θα είχε αναγνώστες μόνο μερικούς αρχαιολόγους που θέλουν να ανακαλύψουν κάτι, είναι αρκετά γνωστό πως μόνο θραύσματα επιγραφών με περιεχόμενο μπορούν να ευρεθούν, γιατί έχουν πια ευρεθεί και δημοσιευθεί προ πολλού οι σημαντικές [επιγραφές]". (Traxel, A.: *Anacharsis Germanikos*, Stuttgart 1838, τόμος II, σελ. 225/26).
19. Εδώ, οι αλλοπρόσαλλες υποθέσεις του Traxel για το Ερεχθείον: "Θα το ξεστομίσω με θάρρος: μέχρι τώρα ο μικρός και αρχαιότερος αυτός ναός της Ακρόπολης ήταν για καλλιτέχνες και φιλότεχνους, για ιστορικούς και αρχαιολόγους ένα αίνιγμα. Όπως τον βλέπουμε τώρα, επιτρέπει την αναπαράσταση του αρχιτεκτονικού σχεδίου του και μας κάνει να υποθέσουμε ότι στα δυτικά είχε ακόμα ένα προστώο όμοιο με το υπάρχον. Θεωρώ την πρόσταση των Καρυατίδων ως σηκό και άδυτον, μέσα στο οποίο οι Αθηναίοι φύλαγαν το αρχαιότερο άγαλμα της Αθηνάς, το Παλλάδιό της. Σ' αυτή την περίπτωση θα μπορούσαν να έχουν το ναό τους δεξιά ο Θησεύς και αριστερά ο Ερεχθεύς. Το όνομα Κεκρόπειον είναι μεταγενέστερο και δεν μπορώ να το εξηγήσω διότι ο Κέκροψ, παρ' ότι υπήρξε ο πρώτος κτίστης της Αττικής, δεν ελατρεύθη ποτέ ως θεός". (Traxel, A.: *Anacharsis Germanikos*, Stuttgart 1838, τόμος II, σελ. 217).
20. Το αβάσιμο αυτού του ισχυρισμού είναι φανερό. Από πού αντλεί ο Traxel αυτό το αρχαιολογικό παραμύθι για τα ελληνικά βάθρα γέφυρας; Είναι γεγονός πως το έτος 1835 υπήρχε ακόμα μια θολωτή είσοδος του μεσαιωνικού τείχους πλάι στη βάση του τεθρίππου του Αγρίππα, που τεκμηρίωσε ο K. W. Heydeck με τον ωραίο του πίνακα ("Ανάβαση στην Ακρόπολη", 1835. Ελαιογραφία σε μουσαμά. 72×87 εκ. Δανεισμένο από την Κρατική Βαυαρική Συλλογή Πινάκων στο Μουσείο της Πόλης των Αθηνών). Το ερείπιο αυτό πήρε τεράστιες διαστάσεις στην ερμηνεία του Traxel, ο οποίος πολύ πιθανόν να γνώριζε επίσης την πρόταση του Quast για "το τολμηρό τόξο μιας γέφυρας", που σύμφωνα με το σχέδιό του θα ήνωνε τα Προπύλαια με τον Άρειο Πάγο, και ταύτισε έτσι την πραγματικότητα με υποθετικές ιδέες.
Παραθέτουμε το σχετικό απόσπασμα από το κείμενό του:
"Ο Βρετανός περιηγητής Leake συνέγραψε μία εύστοχη τοπογραφία της Αθήνας και συμπεριέλαβε επίσης σχέδια, όψεις και κατόψεις του βράχου της Αθηνάς, που έκαναν πολλή εντύπωση και έτυχαν μεγάλης επιδοκιμασίας. Παρ' όλα αυτά παίρνω το θάρρος, μετά εμπεριστατωμένη μέτρηση των αναλογιών και της δομής [των κτισμάτων] να παρατηρήσω ότι οι αναπαραστάσεις του είναι εντελώς εσφαλμένες και ότι ιδιαίτερα η δημοσιευμένη ανάβασή του [στην Ακρόπολη], όσο και να συνεβουλεύθη την περιγραφή του Παυσανία, είναι απαράδεκτη. Η αιτία είναι απλή και φυσική. Ο κύριος Leake, ο οποίος βέβαια δεν ήταν αρχιτέκτων, στα κτήρια των Προπυλαίων, τα οποία μπροστά είναι τελείως παραμορφωμένα από νεώτερους τοίχους και οχυρά, δεν παρετήρησε τα τόξα της γέφυρας που οδηγούσαν στα μεγάλα βάθρα των τεθρίππων από τα οποία σώζεται ολόκληρο το αριστερό. Για μένα αυτά τα τόξα της γέφυρας, τα οποία, τρία τον αριθμό είναι αναμφισβήτητα ελληνικά και συνδέονται με τα Προπύλαια, αποδεικνύουν πως κατά πάσα πιθανότητα κάποτε ο δρόμος προς τον λόφο διέγραφε μια πιο ανοικτή και πιο άνετη καμπύλη μέχρι την πύλη απ' ό,τι τώρα και πως σ' αυτή την περίπτωση ο λόφος του Αρείου Πάγου, ο οποίος ανεβαίνει μαλακά ως την Ακρόπολη, συνδεόταν τεχνητά με την Ακρόπολη μέσω αυτής ακριβώς της γέφυρας με τρόπο πολύ πιο επιβλητικό". (Traxel, A.: *Anacharsis Germanikos*, Stuttgart 1838, τόμος II, σελ. 212).
21. "Τότε όμως τα αγάλματα που αναφέρει ο Παυσανίας γύρω από τους μικρούς ναούς της Νίκης, της Αφροδίτης και της Θέμιδος δεν ευρίσκοντο, όπως λέει ο ίδιος αρχαιολόγος [δηλαδή ο συνταγματάρχης Leake] και όλοι οι κουμπάροι [sic!] πάνω σε άνδηρα με περιστρεφόμενες σκάλες (δεν μπορώ παρά να τα αποκαλέσω έτσι) αλλά σε ευρύχωρες αυλές ανάμεσα στο οχυρό της Ακρόπολης και τον λόφο του Αρείου Πάγου. Αυτό το δηλώνω προς τιμήν των Αθηναίων καλλιτεχνών". (Traxel, A.: *Anacharsis Germanikos*, Stuttgart, 1838, Τόμος II, σελ. 212/13).
22. "Δεν συμφωνείτε; η σκέψη να είσαι στην Ακρόπολη και να πίνεις από την πηγή της ιστορίας είναι ωραία! Θεωρείς εαυτόν ήρωα και νικητή μιας μάχης, νιώθεις δυναμωμένος, ατσαλωμένος, ίσως και μεγαλοφυής. Προς το παρόν αδυνατώ να τα κατανοήσω όλα και παίζω με τα μνημεία της παγκόσμιας ιστορίας σαν παιδί με τις χριστουγεννιάτικες επιθυμίες του. Φοβάμαι μήπως θυμώσω τα αγάλματα και τις κολώνες, θεωρώντας τα κακόφωνα ανθρωπάκια [παιχνίδια] της Νυρεμβέργης, και έτσι τα παρατηρώ απλώς με άπληστα βλέμματα". (Traxel, A.: *Anacharsis Germanikos*, Stuttgart 1838, τόμος II, σελ. 204).

23. Οι σπουδαιότερες, αρκετά κοντά στην πραγματικότητα, παλαιότερες τοπογραφικές αποτυπώσεις της πόλης των Αθηνών είναι:
- το σχέδιο Verneda (1687)
- το σχέδιο του Coubault (1800)
- το σχέδιο του Fauvel (1812)

24. Ο Traxel μας δίνει τις εξής πενιχρές και συχνά εσφαλμένες πληροφορίες για τον σχεδιασμό της Αθήνας (τον Μάρτιο του 1835):
"Όσον αφορά τα νέα ανάκτορα του Βασιλέως Όθωνος, τα οποία, συμφώνως με το σχέδιο του Βαυαρού αρχιτέκτονος της αυλής Klenze, πρόκειται να ανεγερθούν στην εξώτατη έξαρση της παλαιάς Αθήνας, ευρίσκονται στην κορυφή του δέλτα του αρχαίου σχεδίου πόλης [sic!], που σχηματίζουν η Ακρόπολη, ο λόφος του Φιλοπάγου [sic!] (ή Πνυκός) και του Αρείου Πάγου και η Ιερά Πύλη ή απλώς Πύλη της Ελευσίνος - όπως φαίνεται ο βασιλεύς θα βλέπει καθημερινά τις σκιές [τα φαντάσματα] της Ακαδημίας μπροστά από τον λόφο του Πλάτωνος και θα γίνει μέλος της σχολής που εσχεδίασε [ίδρυσε] ο Ραφαήλ [sic!]- μάλλον θα πρέπει να περιμένουν καλύτερες εποχές [για να οικοδομηθούν]. Μίλησα με τον επιφορτισμένο με την εποπτεία των κρατικών κτηρίων αρχιτέκτονα Schaubert, ο οποίος αφιέρωσε εδώ τρία χρόνια στη σπουδή των μνημείων και στην ίδρυση της νέας πρωτεύουσας, και δεν είχε ακόμα ιδέα σχετικά με αυτό το σχέδιο. Ο κύριος Klenze κυοφορεί ακόμα το αρχιτεκτονικό σχέδιο [των ανακτόρων] και ο κύριος Schaubert φαίνεται πως δεν θέλει να γνωστοποιήσει τις δικές του ιδέες". (Traxel, A.: *Anacharsis Germanikos,* Stuttgart 1838, τόμος ΙΙ, σελ. 172). Και αλλού:
"Η θέση αυτή επελέγη από τον Βασιλέα και τον αρχιτέκτονα της αυλής για την ανέγερση των βασιλικών ανακτόρων, επειδή η μικρή ανύψωση του εδάφους είναι ευνοϊκή τόσο από άποψη θέας όσο και ως τοποθεσία και επειδή το οικόπεδο είναι κατά το μεγαλύτερο μέρος του βραχώδες και χρειάζεται περιωρισμένη θεμελίωση. Μου έδειξαν βέβαια και ένα άλλο κολοσσιαίο σχέδιο του Schinkel, ο οποίος με τη συνηθισμένη του δημιουργικότητα μετεμόρφωσε [στα σχέδια μόνο] ολόκληρη την Ακρόπολη σε ένα μουσειακό παλάτι, διαμορφώνοντας γύρω του τους μαγικούς κήπους της Αρμίδας· αλλά δεν χρειάζεται παρά μόνο μία ματιά για να πεισθείς πως δεν είναι εφαρμόσιμο. Η πτωχή Ελλάς θα πρέπει για πολύ καιρό ακόμα να αυτοσυγκρατείται στην προτίμηση για μεγαλεπίβολες ιδέες και για την πολυτέλεια των αρχαίων Συβαριτών, και θα πρέπει να αρκεσθεί στον επιούσιο άρτο, ή μάλλον στο αλάτι και στις ελιές. Κατά πάσα πιθανότητα και το σχέδιο για τα ανάκτορα του Klenze θα υποστεί ακόμη μεταβολές.
Το νέο σχέδιο πόλης επεξετάθη μέχρι πέραν από τα όρια του αρχαίου τείχους του Αδριανού, παρ' ότι είναι οφθαλμοφανές πως η υπάρχουσα μαζί με τη μελλοντική πόλη δεν πρόκειται να καταλάβει παραπάνω από το ένα τέταρτο της αρχαίας Αθήνας, δηλαδή των συνοικιών του Κεραμεικού, του Κολυττού και της Αγοράς. Τον κύριο οδικό άξονα τον κατηύθυναν υπό ορθή γωνία προς την Ακρόπολη και έπειτα τους νέους δρόμους, που διασχίζουν τα ερείπια της τουρκικής πόλης, τους χάραξαν παράλληλα προς τον Ιλισσό και τον Κηφισό". (Traxel, A.: *Anacharsis Germanikos,* Stuttgart 1838, τόμος ΙΙ, σελ. 247-248).
Από την περιγραφή του Traxel δεν λείπουν όμως και οι χονδροειδείς παρανοήσεις όσων ήκουσε: "Ένας Γερμανός βιβλιοδέτης στην Αθήνα παίζει με τη σκέψη μετά την ανακατασκευή των μακρών τειχών για τη σύνδεση με τον Πειραιά να εκδώσει στην πόλη του Αλκιβιάδη-Όθωνος ένα ημερήσιο φύλλο στα Γερμανικά και να καλέσει ως συνεργάτες όλους τους γιους των Μουσών του Ελικώνα και του Παρνασσού, που είναι ολόκληρη στρατιά". (Traxel, A.: *Anacharsis Germanikos,* Stuttgart 1838, Τόμος ΙΙ, σελ. 183).

25. Η συμμετρία είναι ασφαλώς αρχή του ευρωπαϊκού πολεοδομικού σχεδιασμού κατά την Αναγέννηση, το Μπαρόκ και τον πρώιμο Κλασικισμό. Η συμμετρία αυτή όμως αφορά το βασικό πλέγμα του οδικού δικτύου και όταν εφαρμόζεται σε κτηριακούς όγκους, περιορίζεται στο τοπικό επίπεδο μιας πλατείας ή ενός δρόμου. Σε κλίμακα ολόκληρης πόλης όμως για την αναίρεση της στειρότητος αυτής της απόλυτης συμμετρίας φροντίζουν πάντα για λεπτές αλλά σημαντικές διαφοροποιήσεις (π.χ. διαφοροποίηση των όγκων των δημοσίων κτηρίων, κήποι ή φρούρια έκκεντρα τοποθετημένα, διαφορετική διαμόρφωση των εισόδων στην πόλη, κ.λπ.). Στην κεντρική περιοχή του σχεδίου του Traxel δεν υπάρχουν ανάλογες διαφοροποιήσεις.

26. Βλ. Στ. Σίνος, *Die Gruendung der Neuen Stadt Athen*. Άρθρο στο περιοδικό *Architectura*, Karlsruhe/Athen, 1974, σελ. 49.

27. Ο αναφερόμενος από τον Στ. Σίνο "περιφερειακός δακτύλιος" δεν υπάρχει πουθενά στο σχέδιο του Traxel.

28. Βλ. Στ. Σίνος, *Die Gruendung der Neuen Stadt Athen*. Άρθρο στο περιοδικό *Architectura*, Karlsruhe/Athen 1974, σελ. 51.

29. Ο Στέφανος Σίνος, ο οποίος εδημοσίευσε για πρώτη φορά αυτόν τον χάρτη το 1974, δεν φαίνεται να τον έχει συνδέσει με τις άλλες τυπωμένες (σε βιβλία) παραλλαγές του σχεδίου. Τουλάχιστον δεν τις αναφέρει.

30. Οι τρεις αυτές ανυπόγραφες και αχρονολόγητες διατυπώσεις του σχεδίου του Traxel ήταν από καιρό γνωστές, συνήθως όμως είχαν ερμηνευθεί σαν παραλλαγές του σχεδίου του Klenze και δεν απεδίδετο η πατρότητά τους στον Traxel.

ΒΙΒΛΙΟΓΡΑΦΙΚΗ ΕΠΙΛΟΓΗ ΚΕΦΑΛΑΙΟΥ 5 (ΚΑΤΑ ΧΡΟΝΟΛΟΓΙΚΗ ΣΕΙΡΑ)

Bornstedt, A. von: *Eine biographisch-kritische Skizze von Ch. A. Traxel* (Κριτικό σχεδιογράφημα της βιογραφίας του Ch. A. Traxel). Άρθρο στην εφημερίδα *Abendzeitung,* 1837, αρ. φύλλου 149/150.

Traxel, August: *Anacharsis Germanikos, oder Kreuzzuege eines Cosmopoliten* (Ανάχαρσις γερμανικός ή περιπλανήσεις ενός κοσμοπολίτη). Πρώτος τόμος: Από το Παρίσι στη Νεάπολη, Stuttgart, 1837. Δεύτερος τόμος: Από το Παλέρμο στην Αθήνα και Κέρκυρα, Stuttgart 1838, εκδόσεις Brodhag. Στις σελίδες 170 έως 248 του δεύτερου τόμου: διεξοδική περιγραφή της επίσκεψής του στην Αθήνα τον Μάρτιο και Απρίλιο του 1835.

Maehrlen, J..: *Geschichte Griechenlands von der Ankunft Koenig Otto's in Nauplia bis zu seiner Thronbesteigung* (Ιστορία της Ελλάδος από την άφιξη του Βασιλέως Όθωνος στο Ναύπλιο μέχρι την ενθρόνισή του) (από τις 6.2.1833 έως την 1.6.1835). Stuttgart 1839. Σχέδιο της Αθήνας του Traxel μαζί με το υπόμνημά του.

Schmidt, A. G.: *Galerie Deutscher Pseudonymer Schriftssteller,* (Πινακοθήκη γερμανών συγγραφέων με ψευδώνυμο), 1840, 2ος τόμος. Για τον Traxel βλ. σελ. 234.

Falteits, K.: *Τα κατά καιρούς σχέδια [των Αθηνών]*. Άρθρο στη Μεγάλη Ελληνική Εγκυκλοπαίδεια του Πυρσού, Αθήνα 1927, τόμος 2ος. Στη σελίδα 223 σχέδιο της Αθήνας του Traxel.

Buchheim, Karl: *Die Geschichte der Koelnischen Zeitung* (Ιστορία της "Εφημερίδος της Κολωνίας"), 1930, τόμος 2ος. Για τον Traxel βλ. σελ. 19 και 30.

Goedeke, K.: *Deutsche Dichtung* (Γερμανική ποίηση), τόμος XIII, Dresden 1938. Στις σελ. 544-547 βιογραφικό και βιβλιογραφικό άρθρο για τον Traxel.

Σίνος, Στέφανος: *Die Gruendung der neuen Stadt Athen* (Η ίδρυση της νέας Αθήνας). Στο περιοδικό: *Architectura,* 1974. Σελ. 48-51: η πρώτη και μέχρι τώρα μοναδική κριτική παρουσίαση του σχεδίου της Αθήνας του Traxel.

Φουντουλάκη, Όλγα: *Der archaeologisch-topographische Plan der Hafenstadt Piraeus* von A. Traxel (Ο αρχαιολογικός και τοπογραφικός χάρτης του Πειραιά). Άρθρο στο περιοδικό *Architectura,* 1980. Στη σελ. 164-166: αναφορά στη βιογραφία του Traxel και στο ταξίδι του στην Ελλάδα την άνοιξη του 1835.

108

108. Το Αστεροσκοπείον των Αθηνών (1842 - 1843). Νεανικόν έργον του Theophil Hansen στον λόφο των Νυμφών. Υδατογραφία (1846) του Theophil Hansen 38,5×55.5 εκ. (Συλλογή χαρακτικών της Akademie der Bildenden Kuenste, Βιέννη).

ΚΕΦΑΛΑΙΟ 6

Η πόλη στην ανατολική πεδιάδα: ο ορθογώνιος κάναβος ως προάγγελος της πόλης της βιομηχανικής εποχής. Η πολεοδομική πρόταση του Λυσάνδρου Καυταντζόγλου: μια ορθολογική εναλλακτική πρόταση (1839)

1. ΤΟ ΙΣΤΟΡΙΚΟ ΕΚΠΟΝΗΣΗΣ ΤΟΥ ΣΧΕΔΙΟΥ ΚΑΙ ΤΑ ΓΡΑΠΤΑ ΤΕΚΜΗΡΙΑ

Η πρόταση του Έλληνος αρχιτέκτονος Λυσάνδρου Καυταντζόγλου[1] (εικ. 109) που διετυπώθη το 1839 είναι το τελευταίο χρονικά από τα ανταγωνιστικά πολεοδομικά οράματα για τη διαμόρφωση της νέας Αθήνας.

Κατά την εξάμηνη παραμονή του στην Αθήνα —καθ' οδόν από το Παρίσι, όπου μόλις είχε αποπερατώσει τις σπουδές του, για την Κωνσταντινούπολη (Οκτώβριος 1838-Απρίλιος 1839) ο ταλαντούχος και μόλις εικοσιοκτάχρονος εκείνη την εποχή αρχιτέκτων ανέλυσε κριτικά το σχέδιο των Κλεάνθη και Schaubert, καθώς και τις τροποποιήσεις του Leo von Klenze, και αντεπαρέθεσε σ' αυτές τις προτάσεις τις δικές του απόψεις.

Όπως και στην περίπτωση της πολεοδομικής πρότασης του Ferdinand von Quast, έτσι και εδώ βλέπουμε τον Καυταντζόγλου να εκφέρει γνώμη αυτόκλητος, επειδή τον ενδιαφέρει το θέμα ως καλλιτέχνη και επιστήμονα· και εκφράζεται τόσο δημοσία όσο και με μία γνωμοδότησή του, που απευθύνει προσωπικά στον Βασιλέα. Οι κατευθυντήριες ιδέες του περιέχονται σε δύο γραπτά τεκμήρια και σε ένα σχέδιο που επισημάνθη προσφάτως. Η πρόταση του Καυταντζόγλου πρέπει να αξιολογηθεί ως μία συγκεκριμένη εναλλακτική λύση, ως μία ρεαλιστική αντιπρόταση στο αρχικό σχέδιο.

Το μόνο γνωστό γραπτό τεκμήριο, που αποσπάσματά του εδημοσίευσε και εσχολίασε ο Κωνσταντίνος Μπίρης[2] και το οποίο περιείχε τις απόψεις του Καυταντζόγλου, ήταν μία εριστική πραγματεία του με τίτλο *Σχεδογραφία Αθηνών*, που εδημοσιεύθη στην εφημερίδα *"Αιών"* (φύλλο 46 της 8ης Μαρτίου 1839).

Το κείμενο αυτό (βλ. τεκμήριον Α παρόντος κεφαλαίου) που περιλαμβάνει 2.964 λέξεις, ο Καυταντζόγλου το ανεδημοσίευσε στο απώγειο της σταδιοδρομίας του 19 χρόνια αργότερα μαζί με ένα μεταγενέστερο, το οποίο επεγράφετο "Ολίγα τινά περί της ανασκαφής του αρχαίου εδάφους του κατά το τέταρτον τμήμα της νέας πόλεως των Αθηνών" (εκ του αριθμού 2691 της *"Αθηνάς"* 16 Αυγούστου 1858), σε ένα αυτόνομο τεύχος με γενικό τίτλο *Περί μεταρρυθμίσεως της πόλεως Αθηνών γνώμαι* (εικ. 110).

Στη δεύτερη αυτή δημοσίευση του έτους 1858 (στη σελίδα 25 του κειμένου) ο Καυταντζόγλου τονίζει το εξής: "Υποβάλλων και πάλιν σχέδιον (...), όπερ ήδη προ πολλών ετών, κατά το 1839, καθυπέβαλον εις την κυβέρνησιν και δια του *'Αιώνος'*, Μαρτίου 8 του αυτού έτους, εδημοσίευσα υπό άλλην μίαν έποψιν, αλλά προς τον αυτόν σκοπόν· αλλ' ατυχώς δεν εισακούσθην".

Η υπόδειξη αυτή δεν αφήνει καμίαν αμφιβολία πως ο Καυταντζόγλου συνέταξε το 1839 τουλάχιστον ένα ακόμη κείμενο και δη υπό την μορφήν γνωμοδότησης, εισηγητικής έκθεσης ή κριτικής ανάλυσης, που απευθύνετο προς την ελληνική κυβέρνηση ή τον Βασιλέα. Δυστυχώς το τεκμήριο αυτό είχε παραμείνει μέχρι προ ολίγου άγνωστο.

Το 1987 είχαμε την τύχη να ανακαλύψουμε στα Γενικά Αρχεία του Κράτους[3] το αντίγραφο μιας αχρονολόγητης αλλά υπογεγραμμένης εισήγησης του Καυταντζόγλου προς τον βασιλέα Όθωνα (η οποία κατά πάσα πιθανότητα χρονολογείται στα 1839), που το περιεχόμενό της —αν και πιο συνοπτικό— ταυτίζεται σε μεγάλο βαθμό με το περιεχόμενο της εριστικής πραγματείας που εδημοσιεύθη στην εφημερίδα *"Αιών"*. Το ανακαλυφθέν εκ νέου αυτό κείμενο (Β) περιέχει 1.103 λέξεις, έχει δηλαδή το ένα τρίτο της έκτασης της δημοσιευμένης πρότασης (Α) του συντάκτη του. Είναι γραμμένο στη γαλλική γλώσσα και φέρει τον τίτλο *Esquisse d'un plan pour la ville d'Athènes propre a remplacer le projet en éxecution si mal conçu et impossible a recevoir sa totale organisation* (Σκαρίφημα σχεδίου για την πόλη των Αθηνών προκειμένου να αντικαταστήσει το εκτελούμενο σχέδιο, του οποίου η σύλληψη είναι λανθασμένη και η εφαρμογή αδύνατη) (εικ. 111). Παρά την κομψοέπειά του, ο αρκετά μεγάλος αριθμός ορθογραφικών λαθών του κειμένου προδίδει πως δεν είναι γραμμένο από χέρι Γάλλου.

Το νέο αυτό κείμενο (Β) ομοιάζει στην επιχειρηματολογία και τους στόχους με το κείμενο (Α)· επίσης έχει και αυτό χαρακτήρα μάλλον πολεμικής παρά επιστημονικά και ορθολογικά διατυπωμένης γνωμοδότησης για μια σπουδαία σχεδιαστική πρόθεση του κράτους, που εκείνη την εποχή δεν είχε ακόμα πλήρως πραγματοποιηθεί. Και τα δύο τεκμήρια δεν τα διακρίνει ούτε αυστηρή διάρθρωση περιεχομένου, ούτε συνεπής μέθοδος ανάπτυξης της επιχειρηματολογίας και συναγωγής συμπερασμάτων. Περιεχόμενο της τοποθέτησης: κριτική στα εγκεκριμένα σχέδια πόλης και στον τρόπο εφαρμογής τους· μια ιδανική πρόταση του συντάκτη της εισήγησης (η οποία για πρακτικούς λόγους ήταν πλέον ανεπίκαιρη)· ένα άλλο σχέδιο που ο Καυταντζόγλου χαρακτηρίζει άμεσα εφαρμόσιμο· μέτρα για την εφαρμογή του σχεδίου αυτού, καθώς και αναμενόμενα θετικά επακόλουθα. Όλα αυτά τα ποικίλα θέματα αναπτύσσονται χωρίς συνεπή σειρά, σαν ένα πολύχρωμο μωσαϊκό επιχειρημάτων, με πείσμα και με εριστικό τόνο.

Για να εξαγάγουμε το ουσιαστικό περιεχόμενο της πολεοδομικής αυτής πρότασης, θα αποπειραθούμε στη συνέχεια να παρουσιάσουμε όλα τα ουσιαστικά —δηλαδή όχι απλώς ρητορικά— επιχειρήματα των δύο κειμένων με λογική σειρά σε μια πειστική σύνοψη.

2.
Η ΕΠΙΣΚΟΠΗΣΗ ΤΩΝ ΓΡΑΠΤΩΝ ΤΕΚΜΗΡΙΩΝ

ΚΕΙΜΕΝΟΝ Α: "ΣΧΕΔΟΓΡΑΦΙΑ ΑΘΗΝΩΝ"

Εισαγωγικές παρατηρήσεις

Στο προοίμιο εξηγείται ότι δεν συζητείται πλέον η επιλογή τής Αθήνας ως πρωτεύουσας, διότι δυστυχώς η απόφαση αυτή, αν και εσφαλμένη, έχει πλέον ληφθεί· το θέμα είναι η επισήμανση των πρακτικών μέτρων που πρέπει να ληφθούν, ώστε να ξεπερασθούν τα προφανή εμπόδια που αναστέλλουν την αρμονική ανάπτυξη της πόλης.

Ακολουθεί σύντομη ιστορική ανασκόπηση: η Αθήνα κατά την αρχαιότητα και τον μεσαίωνα ήταν ανεπτυγμένη στις βόρειες κλιτύες της οχυρωμένης άνω πόλης (της Ακρόπολης), και αυτό μόνο για λόγους ασφαλείας, επειδή υπήρχε κίνδυνος επίθεσης από τη πλευρά της θάλασσας. Είναι ενδεικτικό ότι η πόλη επεξετάθη προς τα ανατολικά και διεμορφώθη έτσι η λεγόμενη πόλη του Αδριανού[4] κατά την εποχή της ρωμαϊκής κυριαρχίας, όταν υπήρχε σχετική ασφάλεια και πολιτική σταθερότητα. Η επιλογή της θέσης στις βόρειες υπώρειες της Ακρόπολης ενείχε μόνο μειονεκτήματα: δεν προσέφερε ούτε άμεση οπτική διασύνδεση της πόλης με τη θάλασσα, ούτε την απόλαυση της θαλασσινής αύρας το καλοκαίρι, και τον χειμώνα ενέσκηπτε εδώ ομίχλη. Για τη νέα επομένως Αθήνα θα έπρεπε να είχε αποφευχθεί αυτή η θέση, αφού άλλωστε δεν συνέτρεχαν πια αμυντικοί λόγοι για την επιλογή αυτή, πόσο μάλλον αφού σ' αυτή την περιοχή εσχεδιάζοντο εντατικές ανασκαφές για την αποκάλυψη της αρχαίας πόλης. Θα έπρεπε λοιπόν να επιλεγεί μια άλλη θέση που δεν θα επαρουσίαζε αυτά τα μειονεκτήματα.

Η ιδανική θέση

Η κείμενη στα νοτιοδυτικά της κεντρικής λοφοσειράς της πόλης (δηλαδή των λόφων Αρείου Πάγου, Πνυκός και Μουσείου) κοιλάδα του Κηφισού, που επιτρέπει τη θέα προς τη θάλασσα και προφυλάσσεται από τους βορείους ανέμους, θα ήταν η ιδανική θέση για τη χωροθέτηση της νέας Αθήνας. Η νέα πόλη θα ήταν πλησιέστερα στο λιμάνι του Πειραιά και κατ' αυτόν τον τρόπο –αυτό είναι αποφασιστικής σημασίας για τον Καυταντζόγλου– "θα ήρετο πάσα ελπίς τού να ενωθή με την παλαιάν πόλιν", γιατί οι λόφοι ανάμεσα στην παλαιά και τη νέα Αθήνα θα διεμορφώνοντο σε ένα εκτεταμένο αρχαιολογικό πάρκο και θα αποτελούσαν φυσικό εμπόδιο. Επίσης, με την επιλογή αυτής της θέσης θα μπορούσε να ξεκινήσει και μια υγιής πολιτική γης: η κυβέρνηση θα μπορούσε να αγοράσει εύκολα και σε μέτρια τιμή τους άγονους αγρούς και πουλώντας τους στη συνέχεια ως οικόπεδα να επενδύσει τα σημαντικά κέρδη στην υποδομή της πόλης[5].

Κριτική επί του εγκεκριμένου σχέδιου

"Κατά δυστυχίαν αύτη η καταλληλοτέρα θέσις παρημελήθη και προεκρίθη να συναφθή η νέα πόλις με την αρχαίαν, παρά να χωρισθή απ' αυτής παντάπασι και να εκταθή προς την πεδιάδα" [εννοεί τη νότια πεδιάδα του αθηναϊκού λεκανοπεδίου προς την θάλασσα].

"Οι πρώτοι διωρισθέντες να σχεδιάσωσι την πρωτεύουσαν της Ελλάδος[6] εσχημάτισαν αυτήν εις είδος προαστείων", συνεχίζει, με τα οποία περιεκύκλωσαν την παλαιά πόλη και άφησαν για "την ανασκαφήν μόνο τους βορείους πρόποδας της Ακροπόλεως", δηλαδή ένα μόνο μέρος της παλαιάς πόλης. Αυτό το μέτρο γεννά πολλά άτοπα:

– πρώτον, η νέα πόλη, για να περικυκλώσει την παλαιά επεξετάθη σε περιφέρεια "ασύμμετρον με τον παρόντα και τον εντός εκατοταεντηρίδος [sic] ελπιζόμενον αριθμόν των κατοίκων"[7] και
– δεύτερον, στο εγκεκριμένο σχέδιο προβλέπεται η διατήρηση του μεγαλύτερου μέρους της παλαιάς ερειπωμένης πόλης, που στο υπέδαφός της ευρίσκονται οι αρχαιότητες και η οποία αποτελεί αληθινό λαβύρινθο. Επειδή η κυβέρνηση απεδείχθη ανίκανη να πραγματοποιήσει τις εκτεταμένες απαλλοτριώσεις που είχε υποσχεθεί μέσα στο συμφωνημένο με τον δήμο της Αθήνας διάστημα των έξι μηνών, στην κεντρική αυτή περιοχή εξεκίνησε έντονη οικοδομική δραστηριότης· έτσι κατέστη εξαιρετικά αμφίβολη η δυνατότης μελλοντικών ανασκαφών. Την ασυντόνιστη και αυθαίρετη ("ατάκτως και ως έτυχεν") αυτήν οικοδομική δραστηριότητα ενίσχυσε η βεβιασμένη μετεγκατάσταση της κυβέρνησης τον χειμώνα 1834-1835 και η επιτακτική ανάγκη για δημόσια κτήρια και κατοικίες που έτσι εδημιουργήθη.

Υπό αυτές τις προϋποθέσεις, ο Καυταντζόγλου προβλέπει πως οι περιφερειακές ζώνες της νέας εγκεκριμένης πόλης θα μείνουν για μεγάλο χρονικό διάστημα αδόμητες· διότι αφ' ενός μεν τα οικόπεδα εδώ είναι σε μεγάλη απόσταση από το κέντρο της πόλης που εξακολουθεί να ευρίσκεται στην παλαιά Αθήνα, εφετέρου με την αλλαγή θέσης των ανακτόρων (προς ανατολάς) δεν υπάρχει κανένα κίνητρο ώστε να κτίσει κανείς την κατοικία του στη νέα πόλη προς τον βορρά[8]. Επομένως με αυτό τον τρόπο δεν θα προωθηθεί ούτε η ανασκαφή της αρχαίας πόλης ούτε η σωστή ανάπτυξη της νέας Αθήνας.

Το "πολυγώνιον" σύστημα διάταξης του οδικού δικτύου στο εγκεκριμένο σχέδιο διαχωρίζει και κατατέμνει τη γη σε σχήματα οικοδομικών τετραγώνων "οποιουδήποτε αρχιτεκτονικού καλλωπισμού ανεπίδεκτα" και γι' αυτό τον λόγο "είναι κατάλληλον μάλλον δια κήπον παρά δια πόλιν". "Η παρούσα αθλιότης του σχεδίου της πόλεως" κρατάει μακρυά και "τους πλουσίους ομογενείς, όσοι έφθασαν να κτίσουν ενταύθα οικίας, απομακρύνει δε και τους λοιπούς όσοι έρχονται με σκοπόν να κτίσουν, και αφαιρεί ούτως από τους πολίτας πάσαν ελπίδα μέλλοντος, πλουτισμού και ευζωίας".

109

109. Προσωπογραφία του Λύσανδρου Καυταντζόγλου (1811-1885).

110

ΠΕΡΙ

ΜΕΤΑΡΡΥΘΜΙΣΕΩΣ ΤΗΣ ΠΟΛΕΩΣ ΑΘΗΝΩΝ

ΓΝΩΜΑΙ

ΛΥΣΑΝΔΡΟΥ ΚΑΥΤΑΝΖΟΓΛΟΥ

ΑΡΧΙΤΕΚΤΟΝΟΣ,

ΔΙΕΥΘΥΝΤΟΥ ΤΟΥ ΕΝ ΑΘΗΝΑΙΣ Β. ΠΟΛΥΤΕΧΝΕΙΟΥ,

Μέλους κατ' ἀξίαν τῆς ἐν 'Ρώμῃ καλλιτεχνικῆς Ἀκαδημίας τοῦ 'Αγίου Λουκᾶ, τῆς τῶν Μεδιολάνων, Βονωνίας, Πάρμας, τῆς Βασιλικῆς τῶν Βρετανικῶν Ἀρχιτεκτόνων Ἀκαδημίας, καὶ τοῦ ἐν 'Ρώμῃ ἀντεπιστέλλοντος ἀρχαιολογικοῦ Καθιδρύματος.

ΕΝ ΑΘΗΝΑΙΣ,

ΕΚ ΤΗΣ ΤΥΠΟΓΡΑΦΙΑΣ Σ. ΠΑΥΛΙΔΟΥ ΚΑΙ Ζ. ΓΡΥΠΑΡΗ.

(ΟΔΟΣ ΕΥΣΣΗΣ, 'Αριθ. 815.)

1858.

110. Εξώφυλλο του τεύχους "Περί μεταρρυθμίσεως της πόλεως Αθηνών γνώμαι", Αθήνα, 1858.

Ο προτεινόμενος εναλλακτικός σχεδιασμός

Η οικοδόμηση των ανακτόρων του Friedrich von Gaertner "επί της υψηλοτέρας και ωραιοτέρας υπό τον Λυκαβηττόν θέσεως" θα κατευθύνει την ασυγκράτητη επέκταση της πόλης προς αυτή την περιοχή· η κυβέρνηση θα έπρεπε να ενισχύσει συνειδητά αυτή την τάση και να εκμεταλλευθεί την ευκαιρία για να διορθώσει εγκαίρως το ισχύον σχέδιον.

Για να επιτευχθεί ένας σχεδιασμός εφαρμόσιμος και ικανός "να καταστήση την μέλλουσαν πόλιν των Αθηνών αξίαν τω όντι πρωτεύουσαν της Ελλάδος και των φώτων του 19ου αιώνος" πρέπει να γίνουν τα εξής:

– Να χωρισθεί η νέα από την υπάρχουσα παλαιά πόλη "δια καταφύτου τινός πλατείας οδού, κατά μίμησιν όλων των άλλων ευρωπαϊκών πόλεων, όσαι μη έχουσαι εξ αρχής σχέδιον κατάλληλον εις την μετά ταύτα λαμπρότητά των, εδιωρθώθησαν ήδη και διορθώνονται".
– "Να προσδιορισθή ως κέντρον της πόλεως το παλάτιον" που σχεδίασε ο Friedrich von Gaertner.
– Ο δομημένος χώρος γύρω από το παλάτι "να χωρισθή (...) τακτικώς εις ικανάς καταφύτους πλατείας και εις ευρείας, ευθείας και παραλλήλους οδούς".
– Να προβλεφθούν στις οδούς δενδροστοιχίες για να προφυλάσσουν τις οικίες από την ηλιακή ακτινοβολία. Αργότερα, στη θέση τους μπορούν να προστεθούν παρόδιες στοές.
– Να δημιουργηθούν δύο σημαντικές πλατείες που θα χρησιμεύουν ως πύλες ή "προαύλια της νέας πόλεως": μία στην ανατολική έξοδο της οδού Ερμού[9] απέναντι από τα βασιλικά ανάκτορα, που θα έχει στη μέση ένα "θριαμβικόν τόξον" σε ανάμνηση της ανέγερσης των νέων Αθηνών[10]· μία δεύτερη στο μεσημβρινό τμήμα της πόλης, στο σημείο κατάληξης μιας οδού που θα συνδέει μελλοντικά την πόλη με τον Πειραιά και η οποία θα έχει επίσης μίαν αψίδα θριάμβου στη μνήμη "των υπέρ της εθνικής ανεξαρτησίας ενδόξων πράξεων των Ελλήνων".
– Ο μελλοντικός δρόμος "ο εκ του Πειραιώς" πρέπει να είναι ευθύς, να διέρχεται ανατολικώς του λόφου του Μουσείου ("πέραν του λόφου του Φιλοπάππου") και να εισέρχεται στη νέα Αθήνα από την πιο ωραία πλευρά, την περιοχή ανάμεσα στην Ακρόπολη και τον ναό του Ολυμπίου Διός.
– Να καλλωπισθεί το νέο κέντρο της πόλης με δύο ωραίους κήπους, έναν "προς μεσημβρίαν (...) ίδιον βασιλικόν" και έναν "προς ανατολάς δημόσιον".
– Στο νότιο άκρο αυτής της κεντρικής ζώνης πρασίνου, πλάι στη μονή Ασωμάτων του Πετράκη να κτισθεί ο μητροπολιτικός ναός του Σωτήρος.
– Ο "θρασέως ανυψούμενος Λυκαβηττός να διορισθή να βαστάζη εις την κορυφήν του κομψήν αστεροσκοπικήν οικοδομήν". Η επίστεψη του λόφου με ένα ωραίο κτήριο "θέλει τέρπει εν ταυτώ την όρασιν, και θέλει εξαίρει τον νουν του θεατού εις λογισμούς υψηλοτέρους".
– Όλη η περιοχή στα νότια της πόλης, από τον λόφο του Αρδηττού και το Ολυμπειό και μέχρι την Ακρόπολη και τα ιστορικά υψώματα στα δυτικά, να μεταβληθεί σε έναν με-

γάλο κήπο "προς περίπατον και ψυχαγωγίαν του λαού", που θα σχηματισθεί "κατά τον αγγλικόν τρόπον". Ο κήπος αυτός "ήθελεν είσθαι βεβαίως ο ωραιότερος κήπος τούτου του είδους".

Τα προτεινόμενα μέτρα και εργαλεία για την εφαρμογή του σχεδίου

Η κυβέρνηση πρέπει να αγοράσει τη γη που επάνω της θα ανεγερθεί η νέα πόλη ("τους πέριξ του νέου παλατίου αγρούς") ή να την ανταλλάξει με άλλες εθνικές γαίες. Έτσι, "γινομένη κυρία του τόπου" με σχετικά μικρή δαπάνη, θα προχωρήσει "στον ακώλυτο σχεδιασμό" της νέας πόλης και στην προσφορώτερη χωροθέτηση των δημοσίων κτηρίων και χάραξη των οδών και πλατειών· επί πλέον, το κράτος θα έχει τη δυνατότητα να προσφέρει στους κατοίκους της παλαιάς πόλης οικόπεδα στη νέα και να τα ανταλλάξει με τα ακίνητά τους στην περιοχή των ανασκαφών, στις βόρειες κλιτύες της Ακρόπολης. Έτσι "θα δυνηθή (...) να βάλη εις ενέργειαν την δια την επιστήμην της αρχαιολογίας εν γένει, και τον στολισμόν του μουσείου μας ιδίως, τόσον αναγκαίαν ανασκαφήν".

Οι δρόμοι και οι πλατείες πρέπει να διανοιγούν εξ αρχής και να φυτευθούν ώστε να χρησιμεύουν "εις περιδιάβασιν". Τα οικόπεδα πρέπει να περιφραχθούν, μπορούν δε να καλλιεργούνται μέχρις ότου οικοδομηθούν.

Πρέπει να συσταθεί επιτροπή "εξ ανθρώπων ειδημόνων (...) κατά μίμησιν των επιτροπών των λεγομένων καλλωπιστών (comissioni d'ornato), αίτινες κατά πρώτον εσυστήθησαν εις την Ιταλίαν επί του μεγάλου Ναπολέοντος". Η επιτροπή αυτή θα επιστατεί στον εξωραϊσμό της πόλης και θα ελέγχει τα σχέδια των ιδιωτικών και δημοσίων κτηρίων αλλά και την χάραξη των νέων οδών και την επιδιόρθωση των παλαιών. Έργο της επιτροπής δεν θα είναι μόνον η πιστή εφαρμογή του σχεδίου της νέας πόλης, αλλά και η μέριμνα για τις διευθετήσεις στην παλαιά πόλη.

Το σχέδιο της νέας Αθήνας πρέπει να λιθογραφηθεί και να δημοσιευθεί για να είναι προσιτό σε όλους "και ούτω να εμποδίση πολλάς ατοπίας και ζημίας, αι οποίαι άλλως είναι δυσαπόφευκτοι".

Τα αναμενόμενα θετικά επακόλουθα της εφαρμογής του προτεινόμενου σχεδιασμού

Εάν επιλεγεί η σωστή τακτική, η εκ νέου τροποποίηση του σχεδίου δεν θα προσκρούσει σε αξιόλογη αντίσταση εκ μέρους του πληθυσμού. Ο Καυταντζόγλου προτείνει όσοι από τους κατοίκους έκτισαν τα σπίτια τους εκτός της περιοχής στην οποία χωροθετεί τη νέα πόλη (δηλαδή όσοι έχουν οικοδομήσει στην παλαιά πόλη και στην επέκτασή της προς βορράν, σύμφωνα με το σχέδιο των Κλεάνθη και Schaubert) να εξακολουθήσουν να τα κατοικούν και να τα νέμονται "μέχρι της τελείας αυτών φθοράς". Αργότερα οι ιδιοκτήτες τους μπορούν να μετοικήσουν και αυτοί στη νέα Αθήνα, πωλούντες τα ακίνητά τους στο κράτος και κτίζοντες "χωρίς τινός ζημίας" στη νέα πόλη, "αποκτώντες ούτω κατοικίας υγιεινοτέρας και εις θέσιν ανοικτοτέραν και ωραιοτέραν".

Εάν η νέα πόλη "χωρισθή τακτικώς (...) εις ικανάς καταφύτους πλατείας και εις ευρείας, ευθείας και παραλλήλους οδούς", δηλαδή εάν διατεθεί και ρυμοτομηθεί όπως πρέπει, θα καταστή "υγιεινοτέρα και δια την κυκλοφορίαν των αμαξών επιτηδειοτέρα", διότι η στενότης των δρόμων ήδη εμποδίζει στην Αθήνα την αμαξηλασία και την ελεύθερη μεταφορά των εμπορευμάτων. Το επιχείρημα ότι οι στενοί δρόμοι είναι πιο κατάλληλοι στις μεσημβρινές πόλεις, δεν ευσταθεί. Διότι "αι οδοί δύνανται καλλίτερα να σκιασθούν υπό των παραπεφυτευμένων δένδρων ή υπό των οικιών".

111

Esquisse d'un plan pour la ville d'Athenes propre à remplacer le projet en execution si mal conçu et impossible à recevoir jamais sa totale Organisation

Je ne veux pas discuter la plus convenable situation de la ville, car cela est inutile étant fixée par la position du Palais! Je veux presenter seulement les graves inconvenients que le projet en execution present et qui seront à jamais irréparables si la seule volonté Royale ne porte à temps un remede decisif à ce mal-entendu projet, que les interets privés ont rendu la capitale de la Grece et des Arts incapable à recevoir tout son developpement esperé, en le faisant prendre un aspect si triste qui empêche les riches tant grecs qu'etrangers à venir jouir des bienfaits de son climat, qui outre l'avantage qu'ils apporteraient par leur sejour embeliraient la ville par des somptueuses constructions, comme cela arrive en Italie et principalement en Toscane, ou les noms des Demidofs et

111. Πρώτη σελίς της ιδιόχειρης εισήγησης (1839) του Καυταντζόγλου προς τον Βασιλέα Όθωνα που συνώδευε το σχέδιό του και που επεγράφετο "Esquisse d'un nouveau plan pour la ville d'Athènes..." (Γενικά Αρχεία του Κράτους, Οθωνικό Αρχείο, Αθήνα, Υπουργείο Εσωτερικών, φάκελλος 214, κείμενο Β παρόντος κεφαλαίου).

Ευρείς και κατάφυτοι δρόμοι υπάρχουν σε όλες τις νεοσχεδιασμένες πόλεις του Νότου. Παράδειγμα το Αλγέριο, όπως ερυμοτομήθη από τους Γάλλους που το εκυρίευσαν το 1830 αλλά και "η προ οφθαλμών μας ανεγειρομένη των Πατρών πόλις, ήτις ερυμοτομήθη επί Κυβερνήτου [Καποδιστρίου, 1828-1831] εντελέστερον υπό του Βουλγάρεως, Έλληνος αρχιτέκτονος".

Μια νέα πόλη με κατάφυτες πλατείες και ευρείας οδούς αλλά και με πλαίσιο την ένδοξη αρχιτεκτονική μας κληρονομιά θα προσέφερε στους επισκέπτες της μεγάλη ευχαρίστηση και αισθητική απόλαυση. Θα προσήλκυε ευπόρους περιηγητές που θα ωφελούσαν "σημαντικά εις την ενταύθα διαμονήν των τους πολίτας".

Εάν γίνει δεκτή μια τέτοια πρόταση, η οποία "προέρχεται από καθαρόν αίσθημα, και μόνον σκοπόν έχει την ωφέλειαν και τιμήν της ελληνικής κυβερνήσεως και των κατοίκων των Αθηνών", θα επιταχυνθεί η ανάπτυξη της πόλης γιατί θα προσελκύσει από παντού πλουσίους "ομογενείς και αλλογενείς", που θα έρθουν να "κατοικήσουν πόλιν κομψήν και αναπαυτικήν". Έτσι θα δημουργηθούν νέοι πόροι και επί πλέον θα διευκολυνθεί η αδύνατος σήμερον ανασκαφή "εκ της οποίας η επιστήμη και ο εκπεπολιτευμένος κόσμος ελπίζει μεγάλην ωφέλειαν". Τέλος, το ελληνικόν έθνος θα δει "τέλος πάντων την πρωτεύουσαν αυτού αυξάνουσαν και λαμβάνουσαν μορφήν πόλεως ελευθέρας και εκπεπολιτευμένου λαού, αντί να διατηρή έτι τον τουρκικόν και βάρβαρον χαρακτήρα".

ΚΕΙΜΕΝΟ Β: "ΣΚΑΡΙΦΗΜΑ ΣΧΕΔΙΟΥ ΓΙΑ ΤΗΝ ΠΟΛΗ ΤΩΝ ΑΘΗΝΩΝ ΠΡΟΚΕΙΜΕΝΟΥ ΝΑ ΑΝΤΙΚΑΤΑΣΤΗΣΕΙ ΤΟ ΕΚΤΕΛΟΥΜΕΝΟΝ ΣΧΕΔΙΟΝ ΤΟΥ ΟΠΟΙΟΥ Η ΣΥΛΛΗΨΙΣ ΕΙΝΑΙ ΛΑΝΘΑΣΜΕΝΗ ΚΑΙ Η ΕΦΑΡΜΟΓΗ ΑΔΥΝΑΤΟΣ"

Ενώ το ελληνικό κείμενο (Α) της *Σχεδογραφίας Αθηνών* έχει χαρακτήρα πολεμικής και περιέχει σε γλώσσα μάλλον πληθωρική διάφορες θεωρήσεις (με θέμα την ιστορία της Αθήνας ή την κριτική του αρχικού σχεδίου της νέας πόλης και τα αναμενόμενα πλεονεκτήματα από την αντιπρόταση του Καυταντζόγλου), το γαλλικό κείμενο (Β) με τίτλο "*Esquisse d'un plan pour la ville d'Athènes...*" (εικ. 111), ως προσωπική επιστολή του συντάκτη του προς τον Βασιλέα Όθωνα, είναι πιο σύντομο και σαφές. Έχει αναμφιβόλως τον χαρακτήρα μνημονίου ή πραγματογνωμοσύνης που συνοψίζει τις ουσιαστικές ιδέες του συντάκτη του.

Παρά τη σχετική συντομία του, στο κείμενο (Β) υπάρχουν αρκετές πρόσθετες ιδέες, που δεν περιλαμβάνονται στο κείμενο (Α). Για να αποφευχθεί η επανάληψη αλληλοκαλυπτόμενων διατυπώσεων των δύο κειμένων, θα παρουσιάσουμε εδώ μόνο τα στοιχεία του κειμένου (Β) που εμπλουτίζουν το πολεοδομικό όραμα του Καυταντζόγλου:

Οι κυβερνήσεις σήμερα, επενδύοντας τεράστια κεφάλαια, προσπαθούν να αναπλάσουν τις παλαιές πόλεις, με σκοπό την βελτίωση των συνθηκών υγιεινής και την καλύτερη ικανοποίηση των βιοτικών αναγκών. Αυτός όμως ακριβώς ο βασικός στόχος δεν ελήφθη υπ' όψιν κατά τον νέον σχεδιασμόν της Αθήνας, διότι επέτρεψαν η πρωτεύουσα να εγκατασταθεί μέσα στην παλαιά πόλη"[11].

Η βασική απόφαση κατά την εγκεκριμένη πρόταση "να πλαισιωθεί η υφιστάμενη παλαιά πόλη από την "ελάχιστα κανονική" προτεινόμενη νέα πόλη στα βόρεια "με την ελπίδα ότι στη συνέχεια θα είναι δυνατόν να τακτοποιηθεί το κέντρον" (εννοεί την παλαιά πόλη), είναι ανεφάρμοστη ακόμα και αν διέθετε κανείς απεριόριστα χρηματικά μέσα και απεριόριστο χρόνο. Επίσης, είναι κρίμα μια πόλη που δημιουργείται κοντά στη θάλασσα να στερείται "αυτό το υπέροχο θέαμα της φύσης".

Όσον αφορά τα ειδικά γνωρίσματα του δικού του πολεοδομικού σχεδίου, ο Καυταντζόγλου στο κείμενο (Β) αναφέρει επί πλέον τα εξής στοιχεία:

– ο χώρος ανέγερσης των σπουδαιοτέρων δημοσίων κτηρίων θα πρέπει να δημιουργήσει σημεία αποκρυστάλλωσης για τη σταδιακή της ανάπτυξη κατανεμημένα ισορρόπως μέσα στον ιστό της πόλης·
– ως θεμελειώδης διάταξις προτείνεται όχι μόνον ένα ορθογώνιο σύστημα οδικού δικτύου αλλά και η κατανομή της περιοχής του σχεδίου πόλης μέσω τεσσάρων κυρίων οδών που εκβάλλουν στην "βασιλικήν πλατεία"[12]·
– συνιστά οι πλατείες να είναι τετράγωνες με μιαν επιφάνεια πρασίνου στο κέντρο τους, η οποία θα είναι περιφραγμένη με πρότυπο τις "πλατείες [Squares] του Λονδίνου"·
– παραλλήλως προς την Ακρόπολη, αναφέρεται εδώ και ο Λυκαβηττός και μάλιστα όχι μόνον ως φορεύς του αστεροσκοπείου αλλά και ως περιοχή περιπάτου (χωρίς όμως λεπτομερέστερη περιγραφή της διαμόρφωσής του)·
– η προταθείσα περιοχή χωροθέτησης της νέας πόλης (δηλαδή η ανατολικά κείμενη περιοχή ανάμεσα στον Λυκαβηττό και τον Ιλισσό) χαρακτηρίζεται κατάλληλη γιατί έχει ωραία θέα προς την θάλασσα[13] και επίσης επειδή η φυσική κλίση του εδάφους διευκολύνει την απορροή των υδάτων.

Τέλος, με ακόμα μεγαλύτερη ενεργητικότητα απ' ότι στο κείμενο (Α) επαναλαμβάνει την σκοπιμότητα της προοδευτικής και στο μέλλον πλήρους ερήμωσης της παλαιάς πόλης υπό το πρίσμα της προοπτικής των μελλοντικών ανασκαφών, εφ' όσον εφαρμοσθεί η στρατηγική της μετατόπισης της νέας Αθήνας.

3. ΚΡΙΤΙΚΗ ΘΕΩΡΗΣΗ ΤΟΥ ΠΡΟΤΕΙΝΟΜΕΝΟΥ ΣΧΕΔΙΑΣΜΟΥ ΚΑΙ Η ΕΝΤΑΞΗ ΤΟΥ ΣΤΟ ΠΛΑΙΣΙΟ ΤΩΝ ΠΟΛΕΟΔΟΜΙΚΩΝ ΠΡΟΤΥΠΩΝ ΙΔΕΩΝ ΓΙΑ ΤΗ ΝΕΑ ΑΘΗΝΑ

ΧΩΡΟΘΕΤΗΣΗ ΤΟΥ ΣΧΕΔΙΟΥ· ΧΩΡΙΚΗ ΚΑΙ ΣΥΜΒΟΛΙΚΗ ΣΥΝΔΕΣΗ ΤΗΣ ΝΕΑΣ ΠΟΛΗΣ ΜΕ ΤΗΝ ΑΡΧΑΙΑ ΚΛΗΡΟΝΟΜΙΑ ΚΑΙ ΤΗΝ ΙΣΤΟΡΙΚΗ ΤΟΠΟΓΡΑΦΙΑ ΤΗΣ ΑΘΗΝΑΣ

Από την αρχή, κατά τις διαβουλεύσεις για την ίδρυση της νέας πόλης εσυζητήθη σοβαρώς και υπεστηρίχθη από πολλούς επιστήμονες και εμπειρογνώμονες ο ριζικός διαχωρισμός της νεοσχεδιαζόμενης πρωτεύουσας και βασιλικής καθέδρας της Ελλάδος από τα αρχαία μνημεία της πόλης και την θέση της αρχαίας Αθήνας, δηλαδή από τη ζώνη των μελλοντικών ανασκαφών.

Υπέρ αυτής της άποψης και της ανέγερσης της νέας πρωτεύουσας στον Πειραιά τάσσονται ρητά από ενωρίς όχι μόνον ο αρχιτέκτων της αυλής Gutensohn και ο αρχαιολόγος Raoul-Rochette, αλλά και ο αρχιτέκτων του δήμου της Αθήνας Friedrich Stauffert, στο κριτικό του άρθρο *Die Anlage von Athen...* (1844), στο οποίο αναφέρεται αναδρομικά στη σκοπιμότητα μιας τέτοιας απόφασης[14].

Με τον ίδιο ακριβώς στόχο –δηλαδή τον ορθολογικό σχεδιασμό της νέας πόλης και ταυτοχρόνως την διασφάλιση των μελλοντικών ανασκαφών και την αποκάλυψη της αρχαίας πόλης– συμβάλλει και ο νεαρός Καυταντζόγλου στη συζήτηση με τις ιδέες του για τη θέση της νέας πόλης.

Εν τούτοις, τόσο η "ιδανική" του πρόταση (το 1839) να ανεγερθεί η νέα πόλη νοτιοδυτικά των ιστορικών λόφων στην κοιλάδα του Κηφισού, όσο και η "ρεαλιστική" του άποψη να απλωθεί στην ανατολική πεδιάδα γύρω από το υπό κατασκευή την εποχή εκείνη βασιλικό ανάκτορο (δηλαδή στην περιοχή ανάμεσα στον Λυκαβηττό και τον Ιλισσό) (εικ. 112) είναι απόρροια του ιδεατού προτύπου μιας "χωρικής αντιπαράθεσης" της νέας πόλης με την αρχαία αρχιτεκτονική κληρονομιά.

Το κυριώτερο κίνητρο της "αντιπαράθεσης" της νέας και της αρχαίας πόλης είναι η προστασία και η διατήρηση των ιστορικών λόφων ως έχουν, δηλαδή η απαγόρευση της δόμησης σ' αυτούς, καθώς και η σταδιακή ανασκαφή όλης της αρχαίας πόλης[15].

Το ιδεατό πρότυπο της "χωρικής αντιπαράθεσης" μεταξύ της νέας πόλης αφ' ενός και της περιοχής της Ακρόπολης και της αρχαίας πόλης με τον έντονα ιστορικό χαρακτήρα αφ' ετέρου στηρίζεται στην ιδέα της ιστορικής συνέχειας της Αθήνας και γι' αυτό δεν πρέπει να εξομοιώνεται με τον ριζικό διαχωρισμό της αρχαίας από τη νέα πόλη. Μια νέα πόλη ιδρυμένη, παραδείγματος χάριν, στον μυχό του Πειραιώς, αν και θα απείχε μόλις 7 χιλιόμετρα από την Ακρόπολη δεν θα μπορούσε να ταυτισθεί κατ' ουδένα τρόπο με την Αθήνα, λαμβανομένης υπ' όψιν της οικιστικής ανάπτυξης του λεκανοπεδίου εκείνη την εποχή. Μια τέτοια παραλιακή πόλη θα έπρεπε να είναι προσηρμοσμένη σε μια εντελώς διαφορετική τοπογραφία (δηλαδή στους λόφους της χερσονήσου του Πειραιώς και στα λιμάνια της)· εδώ η σχέση της νέας πόλης με τα ιστορικά κατάλοιπα θα ήταν ανύπαρκτη. Η μοναδική μορφολογική και συμβολική αναφορά, που ένα τέτοιο σχέδιο θα έπρεπε να τονίσει, θα ήταν η πρόσβαση και η θέα προς την θάλασσα.

Κοινή πεποίθηση όμως όλων των προτάσεων για τη νέα Αθήνα ήταν, όπως είδαμε, η ανάγκη της έντονης συμβολικής και χωρικής διασύνδεσης της νεοσχεδιαζόμενης πρωτεύουσας με την αρχιτεκτονική κληρονομιά της Αθήνας. Τη διασύνδεση αυτή προσεπάθησαν να εξασφαλίσουν όλα τα άλλα σχέδια πόλης –δηλαδή όλα εκτός από το σχέδιο που πραγματευόμαστε εδώ– είτε με την αλληλοεπικάλυψη και συνύφανση είτε με την προσθετική παράθεση στον χώρο του "παλαιού" και του "νέου". Προφανώς οι συντάκτες τους επίστευαν πως η σύντηξη του παραδοσιακού και μελλοντικού αστικού χώρου θα επετυγχάνετο μόνον εάν το "παλαιό" άγγιζε το "νέο".

Η αντιπρόταση του Καυταντζόγλου εμφορείται από την ιδέα της "αντιπαράθεσης", με την έννοια μιας παράλληλης τοποθέτησης στον χώρο, από την ιδέα της ισορροπημένης συνύπαρξης της ελεύθερης από νέα δόμηση και αυτόνομης ιστορικής τοπογραφίας της Αθήνας, και του ανεξάρτητου ιστού της νέας πόλης.

Βέβαια και σ' αυτή την περίπτωση θα μπορούσε ενδεχομένως να γίνει λόγος για "προσθετική παράθεση" στον χώρο, γιατί η νέα πόλη χωροθετείται στα ανατολικά της ιστορικής ζώνης και σε άμεση γειτνίαση με αυτή. Απαραγνώριστα όμως μορφολογικά χαρακτηριστικά μαρτυρούν πως πρόθεση του Καυταντζόγλου ήταν η "αντιπαράθεση"!

Η νέα πόλη, με την συνεκτική και ορθογώνια ρυμοτομία της καθώς και με την δενδροφυτευμένη λεωφόρο που την περιβάλλει, διακρίνεται μεν σαφώς από τον ιστορικό χώρο αλλά δεν αποξενώνεται απ' αυτόν. Η νέα πόλη δεν περιβάλλει την παλαιά –η οποία στην πρόταση αυτή παραδίδεται στη σταδιακή παρακμή και φθορά–, αλλά αντιπαρατίθεται στα ανατολικά της. Έτσι, και επίσης εξαιτίας του αυστηρού ορθογώνιου οδικού δικτύου της, δεν υπάρχει ούτε λειτουργική σύνδεση ούτε κανενός είδους συνύφανση μεταξύ παλαιάς και νέας πόλης. Η νέα πόλη έχει χαρακτήρα αυτονόμου και προσανατολισμένου προς το μέλλον αστικού οργανισμού.

Το κυριώτερο όμως γνώρισμα αυτής της "αντιπαράθεσης" είναι η παντελής έλλειψη μνημειακών οπτικών αναφορών, αυτών που ο Klenze αποκαλεί "points de vue": τα εστιακά κέντρα της νέας πόλης δεν έχουν ως "καταληκτική θέα" τα αρχαία μνημεία (την Ακρόπολη, το λόφο της Πνυκός ή το Στάδιο). Οι αρχαιότητες δεν εντάσσονται στο νέο πολεοδομικό σχέδιο ως συμβολικά σημεία αναφοράς. Το κυρίαρχο στοιχείο της πρότασης του Καυταντζόγλου είναι μια άλλη, ολιγώτερο επιδεικτική, αλλά αντ' αυτού πολύ πιο ριζοσπαστική ιδέα: η σταδιακή δημιουργία ενός μεγάλου πολιτιστικού πάρκου που θα περιελάμβανε, όχι μόνο την περιοχή της Ακρόπολης και των άλλων ιστορικών λόφων, αλλά και ολόκληρη την αρχαία πόλη (γύρω από τον ιερό βράχο και

112

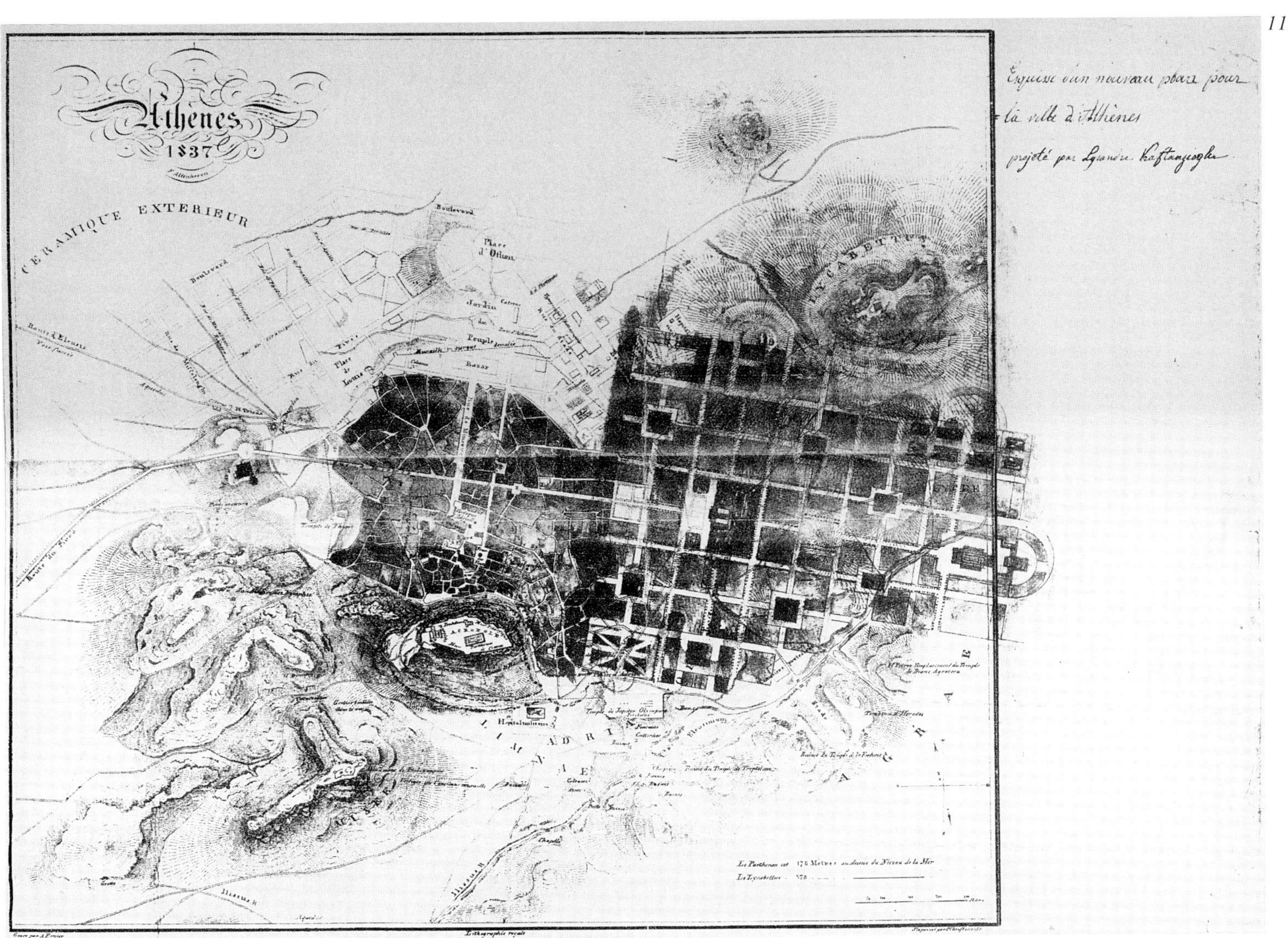

112. "Esquisse d'un nouveau plan pour la ville d'Athènes, projété par Lysandre Kaftangioglou". *Διακρίνεται καθαρά ο ορθογώνιος κάναβος του σχεδίου της νέας πόλης στα ανατολικά της παλαιάς. Έχει σχεδιασθεί πάνω σε αντίτυπο της λιθογραφίας της τοπογραφικής αποτύπωσης του F. Altenhoven, που εδημοσιεύθη το 1837. Σινική μελάνη και υδρόχρωμα. Κλίμαξ του πρωτοτύπου 1:10.000 (Κατάλοιπα του Schaubert, Πρώτη Εφορεία Βυζαντινών Αρχαιοτήτων, Αθήνα).*

ιδίως στις βόρειες υπώρειές του) και το οποίο θα αποτελούσε έναν μνημειώδη πολιτιστικό χώρο σε άμεση επαφή με την νέα πόλη.

Παρά το γεγονός ότι ο καθορισμός της θέσης της νέας πόλης προς τα ανατολικά θα είχε δυσχεράνει την μελλοντική επέκταση της πόλης, η πρόταση του Καυταντζόγλου παραμένει η μόνη που περιέχει εν σπέρματι την ιδέα μιας μελλοντικής μνημειακής ζώνης πρασίνου (Gruene Mitte), που θα ήταν κάτι σαν αυτόνομο καταφύγιο των αρχιτεκτονικών μνημείων της πόλης. Από αυτή την άποψη –και βέβαια όχι μόνο– θεωρούμε το σχέδιο του Καυταντζόγλου ως την πλέον "σύγχρονη" από όλες τις προτάσεις που διετυπώθησαν την εποχή της ίδρυσης της νέας Αθήνας, ή μάλλον ως το όραμα με τον σαφέστερο προσανατολισμό προς το μέλλον.

Στη συνέχεια θα παρουσιασθούν οι καθ' έκαστα ιδέες του Καυταντζόγλου, δηλαδή το πώς φαίνεται να αντιλαμβάνεται τη διάρθρωση αλλά και τη μορφή της πόλης· πέρα απ' αυτό όμως, θα μνημονευθούν και τα θέματα του πολεοδομικού σχεδιασμού της Αθήνας που περνούν σχεδόν απαρατήρητα στο σχέδιό του.

Η ΕΚΤΑΣΗ ΤΗΣ ΠΟΛΗΣ· ΜΕΤΡΑ ΚΑΙ ΠΡΟΟΠΤΙΚΕΣ ΑΝΑΠΤΥΞΗΣ. ΧΩΡΟΤΑΞΙΚΕΣ ΘΕΩΡΗΣΕΙΣ

Στα κείμενά του ο Καυταντζόγλου δεν δίνει συγκεκριμένα μεγέθη για την πόλη· ούτε την έκτασή της ορίζει ακριβώς ούτε το επιθυμητό μέγεθος του πληθυσμού της ούτε τον χρονικό ορίζοντα της ανάπτυξής της. Η επιφάνεια της πόλης ορίζεται βέβαια έμμεσα, αφού την τοποθετεί στην πεδιάδα ανάμεσα στον Λυκαβηττό και τον Ιλισσό, η έκτασή της όμως φαίνεται μόνο στο πολεοδομικό σχεδιάγραμμα. Η πόλη εδώ καταλαμβάνει έκταση περίπου 145 εκταρίων, δηλαδή ίση με τα τρία τέταρτα της έκτασης της νέας Αθήνας στο σχέδιο των Κλεάνθη και Schaubert. Τούτο είναι συνεπές προς την άποψη του Καυταντζόγλου ότι "ἡ περιφέρειεα" των Αθηνών στο αρχικό σχέδιο ήταν "ασύμμετρος με τον παρόντα και τον εντός εκατονταετηρίδος [sic] ελπιζόμενον αριθμόν των κατοίκων".

Από την άλλη μεριά όμως, δεν πρέπει να παραβλέψουμε ότι ο ορθογώνιος κάναβος του οδικού δικτύου που προέβλεπε ο Καυταντζόγλου, εμπεριέχει τη λανθάνουσα δυνατότητα της απεριόριστης επέκτασης της πόλης προς όλες τις κατευθύνσεις. Βέβαια στην περίπτωση της Αθήνας και στη δεδομένη θέση, αυτό θα ήταν δυνατό μόνο σε περιωρισμένη έκταση, διότι οι λόφοι του Λυκαβηττού και του Αρδηττού, που ευρίσκονται στο κέντρο του αθηναϊκού λεκανοπεδίου, θα εμπόδιζαν την επέκταση του σχεδίου προς τον βορρά και τον νότο· μόνο προς τα ανατολικά θα ήταν δυνατή.

Επειδή ο Καυταντζόγλου δεν παραθέτει στοιχεία για το είδος και την πυκνότητα δόμησης, δεν μπορούμε να συμπεράνουμε από το σχέδιό του τον πληθυσμιακό στόχο που θέτει στον σχεδιασμό του.

Όσον αφορά τις φάσεις ανάπτυξης της πόλης, ο Καυταντζόγλου ελάχιστα μας λέει. Το μόνο σχετικό είναι η πρότασή του να χωρισθεί "τακτικώς" ο τόπος κατοικίας και να κατανεμηθούν ισόρροπα σ' όλη τη πόλη τα δημόσια κτήρια, ώστε να αναπτυχθούν συμμετρικά όλα τα τμήματα της πόλης. Η έκφραση "places de developpement" ("χώροι" ή "τόποι" του σχεδίου πόλης που ευνοούν την ανάπτυξη), την οποία χρησιμοποιεί σε ένα άλλο σημείο του κειμένου (Β), παραμένει ασαφής και δεν ερμηνεύεται περαιτέρω. Ειδικός στόχος του Καυταντζόγλου είναι η τουριστική εκμετάλλευση των κλιματικών προτερημάτων της Αττικής. Θεμελιώδης ιδέα του η ανάπτυξη του τουρισμού, αν και ενός τουρισμού των επιλέκτων κοινωνικών στρωμάτων, ο οποίος έπαιξε εξ αρχής σημαντικό ρόλο στην κοινωνία του 19ου αιώνος. Επίσης, η ελπίδα να προσελκυσθούν στην πόλη πλούσιοι μέτοικοι ως πολίτες που

113

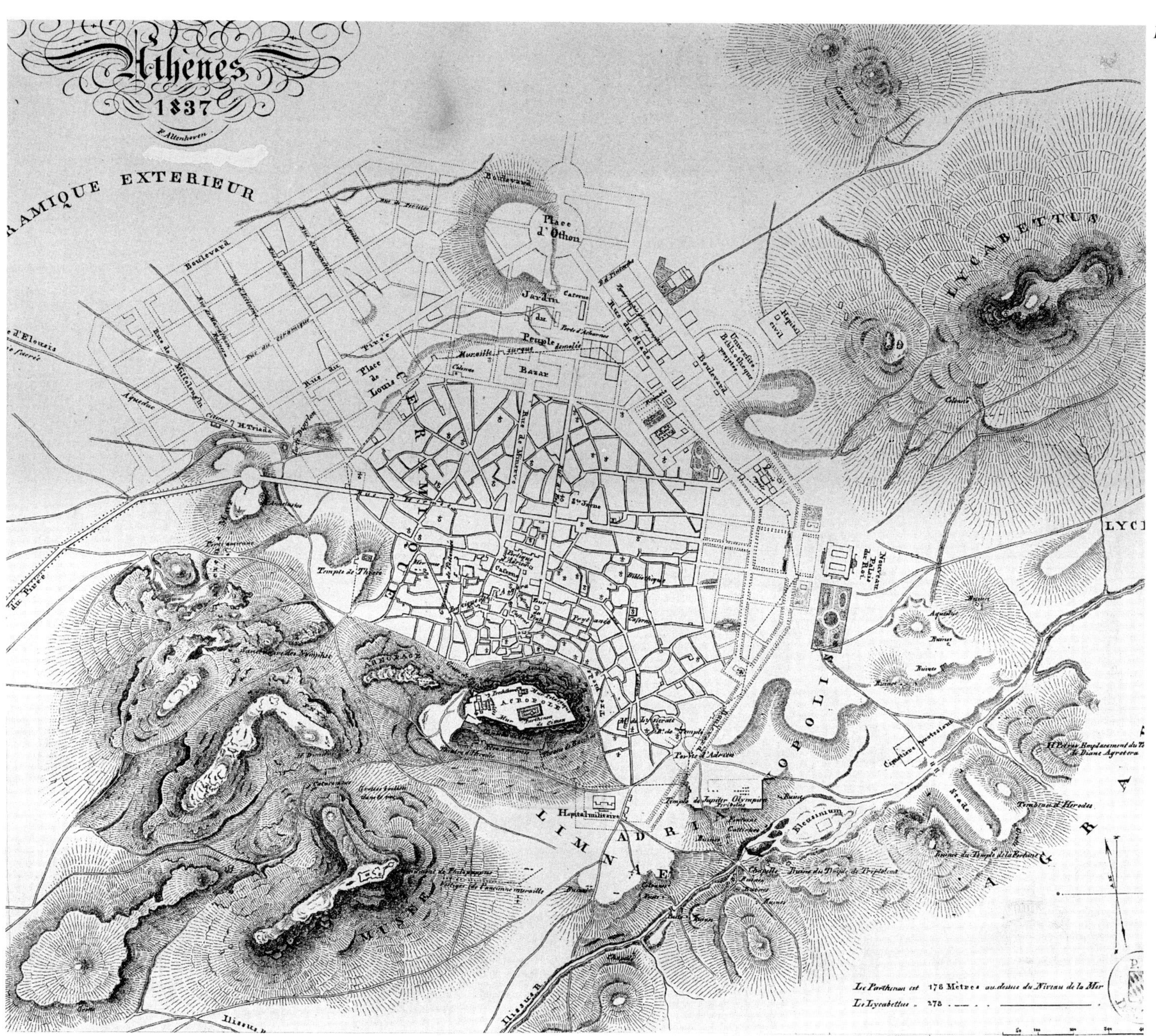

113. Η αποτύπωση (λιθογραφία) της Αθήνας του F. Altenhoven (1837), με την παλαιά πόλη και με εστιγμένη γραμμή το σχέδιο του Klenze αλλά στα ανατολικά προσαρμοσμένο στις επεμβάσεις των Gaertner και Hoch. Κλίμαξ πρωτοτύπου 1:10.000 (Αντίγραφο του λιθόγραφου σχεδίου φυλάσσεται στο τμήμα χαρτών της Κρατικής Βαυαρικής Βιβλιοθήκης του Μονάχου).

θα συμβάλουν στην ανάπτυξή της και ως ευεργέτες, φαίνεται σήμερα εύλογη, για τις τότε όμως κυρίαρχες κοινωνικές και οικιστικές συνθήκες είναι τουλάχιστον υπερβολική. Η σύγκριση της Αττικής με την Τοσκάνη και με την εγκατάσταση πλουσίων Ρώσων (και αργότερα Άγγλων), που είχε ξεκινήσει εκείνη την εποχή εκεί, είναι άστοχη. Η προσπελασιμότητα και το επίπεδο ανάπτυξης της Ιταλίας, που η Ελλάς δεν μπορούσε να συναγωνισθεί, την καθιστούσαν εξαιρετικά ελκυστικό τόπο παραμονής αλλά και περιήγησης.

Ακριβέστερα και πιο αποφασιστικά είναι τα μέτρα πολιτικής γης που προτείνει. Για να πραγματοποιηθεί ο κύριος στόχος του σχεδιασμού του –δηλαδή η αποσύνδεση της νέας πόλης από την παλαιά– ο Καυταντζόγλου προτείνει μια πολύ τολμηρή για την εποχή του πολιτική γης: το κράτος πρέπει να πάρει στην κυριότητά του –είτε ανταλλάσσοντάς τις με άλλες γαίες είτε απαλλοτριώνοντάς τις– τις εκτάσεις στην ιδιοκτησία της μονής Πετράκη[16] για να δυνηθεί να προσφέρει σε όσους θέλουν να κτίσουν στη νέα πόλη φθηνά οικόπεδα. Πρόκειται για μια πρόταση στρατηγικής ενός αρχιτέκτονος που έχει προοδευτικές για την εποχή του πολεοδομικές αντιλήψεις. Η σκέψη ότι μέσω μιας ελεγχομένης από το κράτος πολιτικής οικιστικής ανάπτυξης η νέα πόλη θα διεχωρίζετο σαφώς από την παλαιά και ότι έτσι βαθμιαίως η παλαιά Αθήνα θα εξέπιπτε του ιστού της πόλης και θα παρήκμαζε, μοιάζει εύλογη. Η πρότασή του όμως αυτή προϋποθέτει μια περιφρόνηση του συνόλου της πόλης ως ενιαίου οργανισμού στον χώρο, η οποία μόνο στον Καυταντζόγλου παίρνει τόσο ριζικές διαστάσεις. Όσον αφορά εις την οδική και λειτουργική σύνδεση της νέας πρωτεύουσας με την ενδοχώρα, δηλαδή τόσο με την Αττική όσο και με τις άλλες περιοχές της χώρας, ο Καυταντζόγλου (όπως άλλωστε και όλοι οι αρχιτέκτονες που ησχολήθησαν με τον σχεδιασμό της νέας Αθήνας), παραμελεί τελείως αυτή τη χωροταξική παράμετρο. Η μόνη πρότασή του που θα μπορούσε να πει κανείς ότι δείχνει κάποιο ενδιαφέρον για τη γεωγραφική θέση της Αθήνας μέσα στον ευρύτερο χώρο είναι η πρόταση για μια νέα χάραξη της οδού Αθηνών-Πειραιώς στα ανατολικά του λόφου του Μουσείου.

Στα κείμενα (Α) και (Β) διακρίνονται η νοοτροπία και οι βασικές αντιλήψεις του Καυταντζόγλου: σ' αυτά μιλάει ένα πνεύμα ορθολογικό, που πιστεύει στην πρόοδο και το οποίο ως κυριώτερα χαρακτηριστικά γνωρίσματα μιας πρωτεύουσας δεν θεωρεί ούτε τη μορφολογική της ιδιαιτερότητα ούτε τη συμβολική της ακτινοβολία αλλά την "commoditas" και "salubritas", δηλαδή τη λειτουργικότητα και την υγιεινή.

Η μνεία στην πρώτη παράγραφο της εισήγησής του προς τον Όθωνα των σοβαρών μειονεκτημάτων "τα οποία θα είναι οριστικώς ανεπανόρθωτα εάν μόνη η βασιλική βούληση δεν επιφέρει εγκαίρως την αποτελεσματική θεραπεία του κακοτέχνου αυτού σχεδίου, δια του οποίου τα ιδιωτικά συμφέροντα κατέστησαν την πρωτεύουσα της Ελλάδος και των Τεχνών ανίκανη να υποδεχθεί όλη την προσδοκώμενην ανάπτυξή της" επιτρέπει δύο ερμηνείες: ο Καυταντζόγλου εδώ είτε καταφεύγει σε μια δραματική έκκληση για να ωθήσει τον Βασιλέα να ενεργήσει αμέσως είτε είναι όντως πεπεισμένος ότι η δεδομένη εφαρμογή του σχεδίου Klenze είναι πλέον αναπότρεπτη και απλώς δίνει την ύστατη αυτή μάχη για να καταστήσει γνωστά τα επιχειρήματά του τόσο στο κοινό όσο και στον ίδιο τον Βασιλέα. Για τη νοοτροπία του Καυταντζόγλου, που δίνει μεγάλη σημασία στη δημοσιότητα, πιο πιθανή μοιάζει η δεύτερη υπόθεση.

Η ΔΙΑΡΘΡΩΣΗ ΤΗΣ ΠΟΛΗΣ

Είναι ενδεικτικό ότι το πολεοδομικό σχέδιο του Καυταντζόγλου τείνει μάλλον προς τη διατύπωση δυνατοτήτων και αρχών σχεδιασμού παρά στην υπόδειξη συγκεκριμένων χωροδομικών και μορφολογικών λύσεων. Απ' αυτή την άποψη δεν μας εκπλήσσει το γεγονός ότι, ενώ ορίζει ρητά τον βασικό τύπο του οδικού δικτύου, δεν δίδει άλλες πληροφορίες για τη διάρθρωση και την υφή του ιστού της πόλης.

Ως βασική διάρθρωση του οδικού δικτύου προτείνεται ένας ορθογώνιος κάναβος, που τον υποδιαιρούν οι διασταυρούμενες πρωτεύουσες οδοί. Εν τούτοις, στο κείμενο δεν ορίζονται ούτε οι ακριβείς διαστάσεις και η ιεράρχηση του οδικού συστήματος ούτε η ακριβής θέσις και ο προσανατολισμός του. Είναι λογικό ότι οι κατευθύνσεις ενός ορθογωνίου κανάβου στην προτεινόμενη περιοχή (στο ανατολικό τμήμα του κέντρου του αθηναϊκού λεκανοπεδίου) δεν μπορούν παρά να είναι παράλληλες και κάθετες προς τις υψομετρικές καμπύλες του Λυκαβηττού· αυτές τις κατευθύνσεις (δηλαδή από ανατολάς προς δυσμάς και από το βορρά προς το νότο) τηρεί εξ άλλου και ο Καυταντζόγλου στο σχέδιό του.

Επίσης δεν περιγράφεται και η διαίρεση της πόλης από τους κεντρικούς άξονες· στο σχέδιο η χάραξη αυτών των οδών δεν ορίζεται ακριβώς σε σχέση με το κτηριακό συγκρότημα των ανακτόρων (του Gaertner), εν τούτοις τονίζεται επανειλημμένα ότι οι οδοί πρέπει να έχουν μεγάλο πλάτος, (χωρίς ωστόσο να μνημονεύονται οι ακριβείς διαστάσεις), και να είναι κατάφυτοι.

Όταν οι Κλεάνθης και Schaubert επρότειναν οδούς σχετικά ευρείας διατομής, το έκαναν για λόγους μάλλον μορφολογικούς και επειδή αυτό συμφωνούσε με τη βασική τους ιδέα μιας καταπράσινης πόλης. Αντίθετα, ο Klenze θεωρούσε το πλάτος των οδών στο αρχικό σχέδιο υπερβολικό και ασύμφωνο με το μέγεθος και τη μεσημβρινή θέση της πόλης και πρότεινε ταπεινότερες διαστάσεις. Από αυτή την άποψη ο Καυταντζόγλου είναι ο πρώτος που δεν μιλάει απλώς για μελλοντικά κυκλοφοριακά προβλήματα αλλά διαπιστώνει από τότε ήδη πως "αυτή η στενοχωρία [η στενότητα των δρόμων] εμποδίζει μεγάλως την αμαξηλασίαν και ακολούθως την ελευθέραν μετακομιδήν των πραγματειών"! Έτσι για λόγους καθαρά λειτουργικούς τάσσεται υπέρ των οδών με σημαντικό πλάτος.

Η πρόταση να χρησιμοποιηθούν δενδροστοιχίες για να σκιάζουν τις προσόψεις των κτηρίων αλλά και για τον εξωραϊσμό εν γένει της πόλης[17], δεν απαντάται μόνο στο σχέδιο του Καυταντζόγλου αλλά και στο αρχικό των Κλεάνθη και Schaubert, και είναι μέτρο σχεδιασμού του οποίου έγινε ευρύτατη χρήση 20-25 χρόνια αργότερα στο Παρίσι και στη Βιέννη.

Όπως και σε όλες τις άλλες πολεοδομικές προτάσεις για την Αθήνα που πραγματευθήκαμε, έτσι και στην πρόταση του Καυταντζόγλου λείπει οποιαδήποτε αναφορά στη χωροθέτηση βιοτεχνιών και βιομηχανικών μονάδων παραγωγής. Η πόλη θεωρείται κατά περίεργο τρόπο αποκλειστικά διοικητικό κέντρο που καταναλώνει αγαθά και όχι παράλληλα τόπος παραγωγής αγαθών.

Στην πρόταση δεν υπάρχει καμία αναφορά στην διαίρεση της πόλης σε επιμέρους τμήματα και πολύ περισσότερο στην κατανομή των χρήσεων μέσα σ' αυτή[18]. Σχετική πρόταση μπορεί να θεωρηθεί μόνον η υπόδειξη να διαμορφωθεί ένας βασιλικός και ένας δημόσιος κήπος στο κέντρο της πόλης.

Ο Καυταντζόγλου δεν ορίζει το σύστημα δόμησης στα οικοδομικά τετράγωνα και τους τύπους των κατοικιών. Το ερώτημα κατά πόσο παραλείπει να αναφερθεί στο θέμα αυτό, επειδή προέβλεπε την ταυτόχρονη ύπαρξη διαφόρων οικοδομικών συστημάτων ή επειδή το θεωρούσε επουσιώδες, παραμένει αναπάντητο.

Τέλος, στην πρόταση δεν αναφέρεται σχεδόν τίποτε για τον αριθμό των δημοσίων κτηρίων, την ειδική χρήση του καθενός, καθώς και την κατανομή τους στον χώρο· τα μόνα κτήρια που κατονομάζονται είναι τα ανάκτορα του Gaertner και ο ναός του Σωτήρος.

Αρκετά και ουσιαστικά στοιχεία μας δίδει για τις επιφάνειες αστικού πρασίνου: ως μέτρα εξωραϊσμού της πόλης ο Καυταντζόγλου προτείνει αφ' ενός μεν τη φύτευση των οδών και πλατειών, αφ' ετέρου δε την δημιουργία του κήπου των ανακτόρων και του δημοσίου κήπου· εξ' άλλου, προβλέπει τη διαμόρφωση με φυτεύσεις της περιοχής της Ακρόπολης και του Λυκαβηττού, δηλαδή δύο μεγάλων κήπων "προς περίπατον και ψυχαγωγίαν του λαού". Οι κήποι αυτοί προτείνει να σχηματισθούν "κατά τον αγγλικόν τρόπον" χωρίς όμως να επεκτείνεται σε λεπτομερή περιγραφή της διαμόρφωσής των.

114

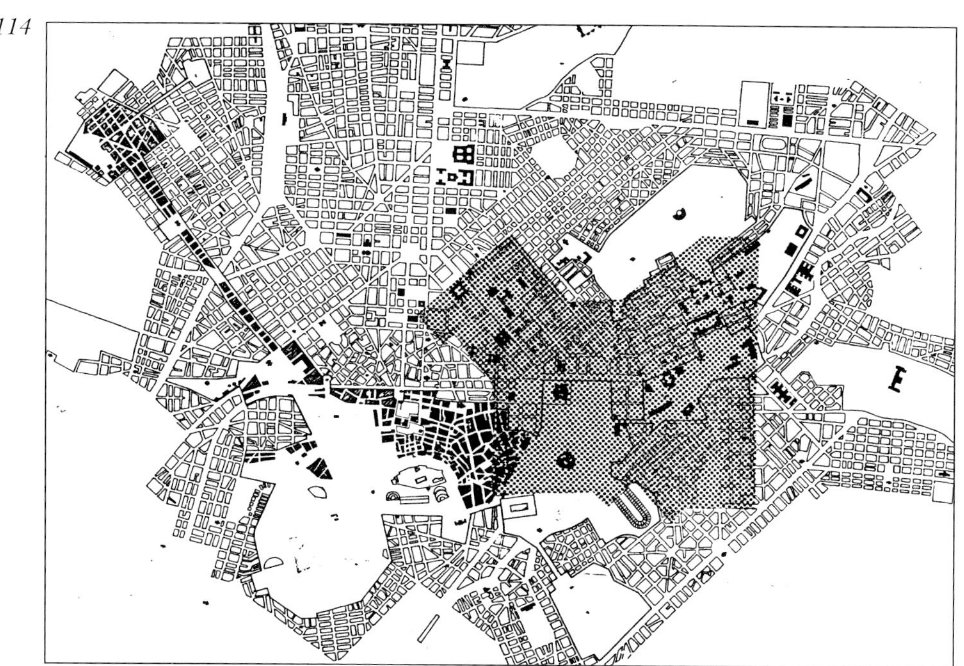

114. Το κέντρο της Αθήνας σήμερα (2000). Με γκρίζο τόνο η επιφάνεια του σχεδίου πόλης, σύμφωνα με την πρόταση του Λ. Καυταντζόγλου (1839). Κλίμαξ 1:45.000 (σχέδιο του συγγραφέως).

115

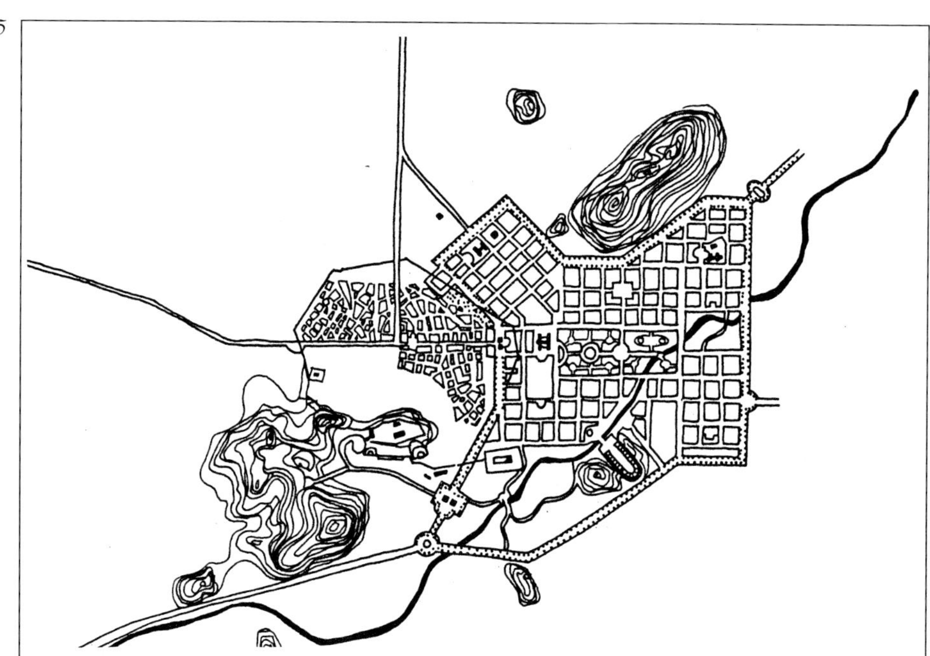

115. Απόπειρα σχεδιαστικής απεικόνισης εκ των υστέρων της πρότασης του Καυταντζόγλου (όταν ο συγγραφεύς αγνοούσε ακόμη το σχέδιο της εικ. 112). Το υποθετικό αυτό σκαρίφημα έχει μεγάλη ομοιότητα με το πρωτότυπο σκαρίφημα του Λ. Καυταντζόγλου (εικ. 112). Κλίμαξ 1:45.000 (σκαρίφημα του συγγραφέως).

Ο Καυταντζόγλου, σε αντίθεση με τους συντάκτες των άλλων σχεδίων, είναι φανερό πως δεν αρκείται στην πρόταση δημιουργίας ενός αρχαιολογικού πάρκου στην περιοχή της Ακρόπολης, αλλά περιλαμβάνει στους ελεύθερους χώρους αναψυχής της πρωτεύουσας και τον Λυκαβηττό. Την κορυφή αυτού του λόφου που είναι ο υψηλότερος του αθηναϊκού λεκανοπεδίου (υψόμετρο 278 μ.) θα επιστέγαζε ένα αστεροσκοπείο[19].

Η ΜΟΡΦΗ ΤΗΣ ΠΟΛΗΣ

Η πρόταση του Καυταντζόγλου έχει χαρακτήρα πολεοδομικού σκαριφήματος και επομένως δεν μπορεί να αναμένει κανείς να βρει σε αυτήν τις πολλές και ακριβείς πληροφορίες για τη μορφολογία της πόλης, που συναντήσαμε σε ωρισμένα από τα άλλα σχέδια· εν τούτοις, η σποραδικότης των σχετικών του αναφορών είναι απογοητευτική.

Το βασικό κίνητρο του Καυταντζόγλου είναι οφθαλμοφανές: το σχέδιό του δεν έρχεται να απεικονίσει το "πολεοδομικό του όραμα", την τρισδιάστατη, δηλαδή, εικόνα μιας πόλης που έχει ήδη συλλάβει και που θα πραγματοποιηθεί εάν χρησιμοποιηθούν στον σχεδιασμό της ορισμένες αρχές σύνθεσης και συγκεκριμένες αρχιτεκτονικές μορφές. Αντίθετα, εδώ παρουσιάζεται δημοσία ο αρχιτέκτων-επικριτής για να προτείνει μια εναλλακτική λύση χωροθέτησης της νέας πόλης και να διατυπώσει τις αρχές που κατά τη γνώμη του πρέπει να διέπουν τη βασική διάρθρωσή της. Η αρχιτεκτονική μορφολογία και η διάταξη των κτηρίων στον αστικό χώρο λίγο τον ενδιαφέρουν.

Ο Καυταντζόγλου ασκεί δριμεία κριτική στο σύστημα οδών που προτείνουν οι Κλεάνθης και Schaubert· ισχυρίζεται πως ένα "πολυγωνικό" (στην πραγματικότητα είναι "τριγωνικό") σύστημα διάταξης των οδών ταιριάζει μάλλον σε κήπο παρά σε πόλη, και επιρρίπτει δικαίως (όπως άλλωστε και ο Klenze) στο ρυμοτομικό σχέδιο του αρχικού σχεδιασμού της Αθήνας τη μομφή, πως δημιουργεί πολλά οξυκόρυφα οικοδομικά τετράγωνα. Αντίθετα, ο ισχυρισμός πως στο πρώτο σχέδιο δεν υπάρχουν πλατείες, δεν ευσταθεί· οι Κλεάνθης και Schaubert προέβλεπαν δεκατρείς σημαντικές πλατείες, οι οποίες μάλιστα ήσαν μάλλον υπερβολικών διαστάσεων σε σύγκριση με το μέγεθος της πόλης, και, ήσαν πάντως πολύ ευρύχωρες.

Ενώ επικρίνει, λοιπόν, το αρχικό σχέδιο, οι δικές του ιδέες για τη μορφή της πόλης είναι πολύ πενιχρές: εγκωμιάζει κατά κόρον τον ορθογώνιο οδικό κάναβο, αλλά δεν λέει τίποτε για την κατανομή και την τοποθέτηση των κτηριακών όγκων, την μορφή των δημοσίων κτηρίων και των ελεύθερων χώρων, καθώς και των προσόψεων των κτηρίων. Στο κείμενο εν τούτοις (Α) προβαίνει κατ' εξαίρεσιν σε μία σχετική πρόταση, την οποία εξ άλλου περιέχουν και οι άλλες προτάσεις για την Αθήνα: τη δημιουργία παροδίων στοών. Η ιδέα του όμως να "προσοικοδομηθούν" αργότερα αντικαθιστώντας τις δενδροστοιχίες, μοιάζει πολύ ιδιόρρυθμη και οπωσδήποτε ανεφάρμοστη.

Ο Καυταντζόγλου μοιάζει να εναποθέτει μεγάλες ελπίδες στις μορφολογικές αρετές του κτηρίου των ανακτόρων του Gaertner, το οποίο το 1839 ήταν ακόμη υπό κατασκευήν και θα εδέσποζε στο μέλλον στην Αθήνα ως σημείο μνημειακής αποκρυστάλλωσης του αστικού χώρου. Όταν αποκαλεί την επίστεψη αυτή της πόλης "πρώτον μνημείον της τέχνης εν Ελλάδι κατά τον δέκατον ένατον αιώνα", έχει δίκιο ακόμα και σήμερα, 160 χρόνια αργότερα! Μεταγενέστεροι κριτικοί κρίνουν ωστόσο γενικά το κτήριο αυτό πολύ αυστηρότερα λόγω του συμπαγούς του όγκου[20].

Οι λιγοστές συγκεκριμένες προτάσεις του Καυταντζόγλου για τη μορφή της πόλης εκπορεύονται όλες από τη συμβατική στάση ενός θαμβωμένου από "τα φώτα της Δύσεως" νεοέλληνος. Υιοθετεί άκριτα μορφολογικά πρότυπα, που την εποχή του εκυριάρχουν στον δυτικοευρωπαϊκό χώρο, και τα προβάλλει ως λύσεις-κλειδιά. Η πίστη στην πρόοδο τον οδηγεί στην μίμηση.

Μια τέτοια λύση-κλειδί π.χ. είναι η μνημειακή "κατάφυτος πλατεία οδός" που προτείνει ως όριον ανάμεσα στην παλαιά και νέα πόλη χωρίς να κρύβει ότι υιοθετεί αυτόν τον τύπο "κατά μίμησιν όλων των άλλων ευρωπαϊκών πόλεων". Παραβλέπει όμως εντελώς το γεγονός ότι οι περιμετρικοί δακτύλιοι ενετάχθησαν οργανικά στις ευρωπαϊκές πόλεις, παίρνοντας τη θέση του κενού χώρου που εδημιούργησε η κατεδάφιση των οχυρωματικών έργων, ενώ εδώ η περιφερειακή οδός θα έπαιζε απλώς ρόλο συνόρου της νέας πόλης.

Μεγαλύτερη ακόμα υποταγή στον συρμό δείχνει η αδυναμία του στα "θριαμβευτικά τόξα" και στα αγγλικά "squares". Στη "Σχεδογραφία" του (κείμενο Α), περιγράφονται λεπτομερώς οι δύο αψίδες θριάμβου στα "προαύλια" της νέας πόλης. Πόσο ξένη παρέμεινε η αρχιτεκτονική αυτή μορφή προς το αισθητήριο των κατοίκων αυτής της πόλης αποδεικνύει το γεγονός ότι στο διάστημα των τελευταίων 160 χρόνων στην Αθήνα εγείρονται αψίδες μόνο ως προσωρινά εορταστικά σκηνικά· δεν κατεσκευάσθη ποτέ ούτε μία μόνιμη με κανονική τοιχοποιία.

Ο αρχιτεκτονικός τύπος της αψίδος θριάμβου, που έχει ως πρότυπό της τα ρωμαϊκά θριαμβικά τόξα, ανεκαλύφθη εκ νέου κατά τη ναπολεόντεια περίοδο και τις μετέπειτα δεκαετίες. Το πιο επιβλητικό παράδειγμα τέτοιου τόξου είναι η "Arc de triomphe de l'étoile" των Παρισίων (αρχιτέκτων: Chalgrin), που η κατασκευή του κράτησε 30 χρόνια (1806-1836). Η κατασκευή της αψίδος θριάμβου στη Ludwigstrasse του Μονάχου, που εσχεδίασε ο αρχιτέκτων των ανακτόρων της Αθήνας Friedrich von Gaertner, αποπερατώθη το 1859, εννέα χρόνια μετά τη θεμελίωσή της[21]. Ο Καυταντζόγλου προφανώς παίρνει αυτό το επίκαιρο αλλά ξένο προς τη χώρα μας αρχιτεκτονικό θέμα και προσπαθεί να το αξιοποιήσει στην πρότασή του για την Αθήνα.

Επίσης, ανάμεσα σ' όλα τα ανταγωνιστικά σχέδια για την Αθήνα μόνον η πρόταση του Καυταντζόγλου τολμά να μιμηθεί τα φυτευμένα "squares" (ορθογώνιες πλατείες) του Λονδίνου! Περιφραγμένοι κήποι πλατειών δεν διεμορφώθησαν ποτέ στην Αθήνα, ούτε αργότερα.

Όσον αφορά, λοιπόν, τις πολεοδομικές-μορφολογικές προθέσεις του Καυταντζόγλου πολλά ερωτήματα παραμένουν ανοικτά· μεμονωμένες και ξένες προς τα τοπογραφικά δεδομένα του τόπου επί μέρους προτάσεις δεν μπορούν να καλύψουν την έλλειψη μιας σαφούς γενικής ιδέας για τη μελλοντική εικόνα της Αθήνας.

4.
ΤΑ ΣΧΕΔΙΑΣΤΙΚΑ ΤΕΚΜΗΡΙΑ ΚΑΙ Η ΕΡΜΗΝΕΙΑ ΤΟΥΣ

Η ΣΧΕΔΙΑΣΤΙΚΗ ΕΚ ΤΩΝ ΥΣΤΕΡΩΝ ΑΠΟΔΟΣΗ ΤΗΣ ΓΡΑΠΤΗΣ ΠΡΟΤΑΣΗΣ ΤΟΥ ΚΑΥΤΑΝΤΖΟΓΛΟΥ· ΜΙΑ ΕΡΜΗΝΕΙΑ

Στα δύο τεκμήρια (Α και Β) δεν μνημονεύεται ούτε άμεσα κάποιο συνοδευτικό σχέδιο της πρότασης ούτε έμμεσα (πράγμα που θα περίμενε κανείς εάν υπήρχαν δύο αλληλοσυμπληρούμενες περιγραφές, μία γραπτή και μία σχεδιασμένη πάνω σε χάρτη), δηλαδή με την παραπομπή του αναγνώστη σε στοιχεία του σχεδιάσματος που σημειώνονται υπό συγκεριμένα στοιχεία ή αριθμούς· παρ' όλα αυτά ήταν βέβαιο ότι υπήρχε ένα σκαρίφημα του πολεοδομικού σχεδίου της Αθήνας, που συνόδευε το κείμενο (Β). Το απεδείκνυε ένα εκτεταμένο λησμονημένο από καιρό χωρίο από το άρθρο του F. Koepp "*Eduard Schauberts handschrifftlicher Nachlass*" (περιοδικό *Archaeologischer Anzeiger*, 1890, τεύχος 4, Σημ. 13).

Ο Koepp, ο οποίος το έτος 1889 ηρεύνησε και εταξινόμησε τα κατάλοιπα του Eduard Schaubert που εφυλάσσοντο τότε στο Μουσείο του Πανεπιστημίου της πόλης Breslau, μας πληροφορεί πως μεταξύ των άλλων πολεοδομικών σχεδίων της Αθήνας που περιελαμβάνοντο στα κατάλοιπα του Schaubert υπήρχαν και "πολλά αντίτυπα του χάρτη του Altenhoven, και ένας μάλιστα με την επιγραφή «Esquisse d'un nouveau plan pour la ville d'Athènes projeté par Lysandre Kaftangioglou», ο οποίος ήθελε να επεκτείνει την πόλη ιδιαίτερα προς τα ανατολικά". Επειδή τα κατάλοιπα του Schaubert μέχρι προσφάτως εθεωρείτο ότι είχαν απωλεσθεί κατά τη διάρκεια του Δευτέρου Παγκοσμίου πολέμου, το σημαντικό αυτό σχέδιο (εικ. 112), που δεν είχε αναλυθεί και βέβαια ούτε είχε εκτεθεί ποτέ, αρχικά δεν ήταν στη διάθεση της έρευνάς μας.

Η σαφήνεια ωστόσο των γραπτών προτάσεων του Καυταντζόγλου, καθώς και η περιγραφή των διαρθωτικών και μορφολογικών γνωρισμάτων του πολεοδομικού σχεδίου που οραματίζετο, επέτρεψαν την εποπτική παρουσίαση της πρότασής του με τη μορφή ενός πολεοδομικού σχεδιαγράμματος εν είδει σκαριφήματος. Με αυτόν τον τρόπο κατέστη δυνατή –όπως και στην περίπτωση της πρότασης του von Quast– η άμεση αντιπαραβολή με τις επίσης απεικονισμένες σε σχέδια προτάσεις των Κλεάνθη-Schaubert, Klenze και Traxel, αλλά και η συγκριτική μελέτη των διαφόρων χωροθετικών και πολεοδομικών προτάσεων για την Αθήνα. Η σχεδιαστική απεικόνιση της πρότασης του Καυταντζόγλου ήταν εξ' άλλου απαραίτητη για την αντικειμενική κριτική θεώρησή της.

Για όλους αυτούς τους λόγους κατελήξαμε στο γραμμικό σχέδιο που παραθέτουμε, το οποίο στην ουσία είναι ένα απλό σκαρίφημα φιλοτεχνημένο εκ των υστέρων. Στο σχέδιο αυτό (εικ. 115), ο συγγραφεύς προσεπάθησε να απεικονίσει τις προθέσεις του Καυταντζόγλου, αξιοποιώντας όλες τις συγκεκριμένες προτάσεις του στα κείμενα (Α) και (Β) με τέτοιο τρόπο, ώστε να καταστεί ορατή η διάρθρωση της πόλης που είχε κατά νουν.

Οι διαστάσεις των οικοδομικών τετραγώνων και των αστικών κήπων, επειδή δεν δίδονται στα κείμενα, είναι βέβαια υποθετικές, αλλά ανάλογες με την έκταση της πόλης. Η χωροθέτηση των κήπων, των δύο πλατειών (με τα "θριαμβευτικά τόξα"), καθώς και του ναού του Σωτήρος καθορίζεται σαφώς από τον ίδιο τον Καυταντζόγλου. Επίσης γνωρίζουμε σαφώς ότι ο κάναβος του οδικού δικτύου είναι ορθογώνιος. Το οδικό δίκτυο στο σχέδιό μας διατάσσεται παραλλήλως προς τους κυρίους άξονες των βασιλικών ανακτόρων και επίσης –για ευνόητους λόγους– είναι προφανές ότι οι δρόμοι διατάσσονται παράλληλα και κάθετα προς τις υψομετρικές καμπύλες της νοτίας πλαγιάς του Λυκαβηττού.

Η περιμετρική λεωφόρος που προτείνει ο Καυταντζόγλου, στο σκαρίφημά μας εχαράχθη έτσι ώστε να είναι προσαρμοσμένη στο τοπογραφικό ανάγλυφο· χωρίζει την παλαιά από τη νέα πόλη, εφάπτεται στην ανατολική περιοχή του σχεδίου των Κλεάνθη και Schaubert, η οποία αυτή την εποχή οικοδομείται ήδη, περιγράφει τις υπώρειες του Λυκαβηττού και προς το νότο περιλαμβάνει τη νότια παρόχθια περιοχή του Ιλισσού με το Στάδιο, τον λόφο του Αρδηττού και την πηγή της Καλλιρρόης. Είναι αυτονόητο, πως η ακριβής χάραξη του δακτυλίου αυτού είναι υποθετική· αυτό όμως δεν θέτει εν αμφιβόλω την κατά προσέγγισιν συνολική μορφή της πόλης.

Όσον αφορά τη συνολική έκταση της νέας πόλης, το ρυμοτομικό σχέδιό της καλύπτει όχι μόνο τον άμεσο περιβάλλοντα τα ανάκτορα χώρο του ανατολικού τμήματος του λεκανοπεδίου (γιατί τότε το μέγεθος της πόλης θα ήταν περίπου το μισό του αρχικού σχεδίου των Κλεάνθη και Schaubert), αλλά άλλη τόση περίπου επιφάνεια προς τα ανατολικά και τα νότια· εν ολίγοις, υποθέσαμε πως έχει μέγεθος περίπου ίσο με αυτό του αρχικού σχεδίου.

Ελλείψει ενός πρωτοτύπου σχεδίου του Καυταντζόγλου, αυτή ήταν μια πρώτη απόπειρα παράστασής του μέσω ενός υποθετικού σχεδιαγράμματος.

ΤΟ ΠΡΩΤΟΤΥΠΟ ΠΟΛΕΟΔΟΜΙΚΟ ΣΧΕΔΙΟ ΤΟΥ ΛΥΣΑΝΔΡΟΥ ΚΑΥΤΑΝΤΖΟΓΛΟΥ

Εν τω μεταξύ, και ενώ προχωρούσε η σύνταξη της παρούσης μελέτης, κατά το έτος 1989 ενετοπίσαμε στην Αθήνα όλα τα κατάλοιπα του E. Schaubert που αναφέρονται στον σχεδιασμό της Αθήνας και του Πειραιά και μεταξύ αυτών και το σχέδιο του Καυταντζόγλου που αναφέρει ο Koepp. Έτσι μπορέσαμε να το λάβουμε υπ' όψιν μας στην κριτική θεώρηση της πρότασής του.

Το πρωτότυπο αυτό σχεδιάγραμμα του Καυταντζόγλου που ανεκαλύψαμε (εικ. 112) συμφωνεί απόλυτα με την περιγραφή της πρότασης στο συντομώτερο κείμενο (Β), δηλαδή με την εισήγηση στα Γαλλικά του αρχιτέκτονος προς τον Βασιλέα

Όθωνα. Επειδή ο γραφικός χαρακτήρ του χειρογράφου τίτλου του σχεδίου ταυτίζεται με τον γραφικό χαρακτήρα της εισήγησης (πρβ. εικ. 111 και 112), θεωρείται βέβαιο ότι και τα δύο τεκμήρια –σχέδιο και εισήγηση– είναι από το χέρι του αρχιτέκτονος και το ένα έχει άμεση σχέση με το άλλο.

Το προηγούμενο δικό μας σκαρίφημα (εικ. 115), επειδή το εφιλοτεχνήσαμε εκ των υστέρων με βάση όλα τα στοιχεία του πολεοδομικού σχεδιασμού που προτείνει ο Καυταντζόγλου και στο κείμενο της πολεμικής (Α) και σε εκείνο της εισήγησης (Β), παρά τη μεγάλη ομοιότητά του με το πρωτότυπο σχέδιο του αρχιτέκτονος, (εικ. 112) παρουσιάζει, όπως είναι ευνόητο, και κάποιες αποκλίσεις. Παρ' όλα αυτά, είναι ενδιαφέρον να παρατηρήσουμε πόσο μοιάζουν τα δύο αυτά σχέδια.

Όπως αναφέρει ο Koepp στο άρθρο του (το 1890), ο Καυταντζόγλου εχρησιμοποίησε (το 1839) ως υπόβαθρο της σχεδιασμένης με σινική μελάνη πολεοδομικής του πρότασης ένα αντίτυπο της λιθόγραφης αποτύπωσης της τότε κάτοψης της Αθήνας, που συνέταξε ο Ferdinand Altenhoven και η οποία εδημοσιεύθη το 1837. Η παλαιά πόλη είναι επιχρωματισμένη με κόκκινο υδρόχρωμα· τα οικοδομικά τετράγωνα της πρότασης του Καυταντζόγλου με φαιό και οι χώροι πρασίνου με πράσινο υδρόχρωμα. Το σχέδιο του Altenhoven έχει καθαρές διαστάσεις 35,2×32,0 εκ. και είναι σε κλίμακα 1:10.000. Στο δεξιό περιθώριο του σχεδίου είναι σχεδιασμένο από τον Καυταντζόγλου ένα τμήμα της πόλης και στην πάνω δεξιά γωνία σημειωμένος ιδιοχείρως ο τίτλος: "Esquisse d'un nouveau plan pour la ville d'Athènes, projeté par Lysandre Kaftangioglou". Οι γενικές διαστάσεις του σχεδίου είναι 53,2×37,5 εκ.

Η τοπογραφική αποτύπωση της Αθήνας που εξεπόνησε ο Ferdinand Altenhoven (εικ. 113) εδημοσιεύθη το 1837 από το βασιλικό τυπογραφείο (εχαράχθη από τον A. Foerster και ετυπώθη από τον Κ. Χριστοδούλου). Πρέπει να τονισθεί ιδιαίτερα ότι ο Καυταντζόγλου για τη σχεδίαση της αντιπρότασής του δεν χρησιμοποιεί ως υπόβαθρο ούτε το τυπωμένο σχέδιο πόλης των Κλεάνθη και Schaubert, που εξακολουθούσε το 1839 να κυκλοφορεί, ούτε το σχέδιο του Klenze, αλλά τον πιο πρόσφατο χάρτη αποτύπωσης της πόλης που διετίθετο εκείνο τον καιρό και ο οποίος έδειχνε τις πραγματικές της διαστάσεις.

Το πρωτότυπο σχέδιο πόλης που ανεκαλύψαμε (εικ. 112) διακρίνει ένα αυστηρό ορθογώνιο δίκτυο οδών, το οποίο διατάσσεται σχεδόν παράλληλα προς τους άξονες βορρά-νότου και ανατολής-δύσης (η απόκλιση είναι πολύ μικρή) ταυτιζόμενο απ' αυτή την άποψη απόλυτα με το δικό μας φιλοτεχνημένο εκ των υστέρων σκαρίφημα, όταν αγνοούσαμε ακόμα το πρωτότυπο. Ίδιο στα δύο σχέδια είναι επίσης το τετράγωνο σχήμα των οικοδομικών τετραγώνων, καθώς και οι διαστάσεις τους (περίπου 120×120 μ.). Η νέα πόλη έχει συνολική έκταση περίπου 145 εκτάρια.

Εντύπωση προξενεί η άκαμπτη συμμετρία της συνολικής διάταξης, η τυποποίηση των οικοδομικών τετραγώνων, καθώς και γενικά η σχηματική και αδιαφοροποίητη διαμόρφωση της πολεοδομικής κάτοψης. Το μόνο στοιχείο που το διακρίνει κάποια ιδιαιτερότητα από άποψη μορφολογίας είναι οι έξι τετράγωνες πλατείες κατά το αγγλικό πρότυπο. Τα "squares" αυτά δεν καταλαμβάνουν την επιφάνεια ενός τυπικού οικοδομικού τετραγώνου αλλά τοποθετούνται το καθένα σε μία διασταύρωση, αποκόβοντας καθέτως τις τέσσερεις γωνίες των γύρω οικοδομικών τετραγώνων. Ο άκαμπτος ορθογώνιος κάναβος του οδικού δικτύου όμως ελάχιστα διασκεδάζεται έτσι.

Στο σχέδιο αυτό ξενίζει ιδιαίτερα η πασιφανής αδιαφορία για την τοπογραφία του εδάφους· γιατί αφ' ενός μεν τα οικοδομικά τετράγωνα αναρριχώνται μέχρι το λεγόμενο ύψωμα της "σχιστής πέτρας" στις υπώρειες του Λυκαβηττού, αφ' ετέρου δε η πόλη επεκτείνεται σε μια ζώνη μήκους 500 μέτρων πέρα από την κοίτη του Ιλισσού, η οποία αγνοείται εντελώς. Εντυπωσιακά αδέξια είναι και η σύνδεση της προτεινόμενης πόλης με τα σπουδαία μνημεία της Αθήνας: η νέα πόλη εφάπτεται λοξά στον περίβολο του Ολυμπείου, και ένας δημόσιος κήπος που σχεδιάζεται σ' αυτό το σημείο δεν συνδέεται καθόλου με τα ερείπια του ναού. Η Ακρόπολη και το Στάδιο αγνοούνται τελείως. Και οι δύο αυτοί μνημειακοί χώροι μένουν ασύνδετοι στην περιοχή εκτός σχεδίου. Τα ιστορικά αυτά σύνολα ούτε ως σημεία οπτικής αναφοράς (points de vue) χρησιμοποιούνται ούτε είναι προσπελάσιμα από τη νέα πόλη.

Η κατάφυτη περιμετρική λεωφόρος, που σύμφωνα με την εριστική πραγματεία του Καυταντζόγλου (κείμενο Α) απομονώνει τη νέα πόλη, καθώς και οι δύο μνημειακές διαμορφώσεις στις εισόδους της πόλης με αψίδες θριάμβου, δεν υπάρχουν στο σχεδιαστικό αυτό τεκμήριο. Αντίθετα, εδώ βλέπουμε την απόπειρα αποκατάστασης κάποιας σχέσης ανάμεσα στη νέα και την παλαιά πόλη· διότι η νέα απλώνεται όχι μόνο γύρω από το υπό κατασκευήν εκείνη την εποχή κτήριο των ανακτόρων αλλά και εκατέρωθεν του οδικού άξονα με κατεύθυνση από ανατολάς προς δυσμάς, ο οποίος αποτελεί άμεση προέκταση της νέας διάνοιξης της οδού Ερμού και εξασφαλίζει έτσι την πρόσβαση από τη νέα πόλη προς την δυτικά κείμενη περιοχή της παλαιάς πόλης. Εάν σκεφθούμε ότι βασική πρόθεση του Καυταντζόγλου ήταν η προσχεδιασμένη εγκατάλειψη και προϊούσα φθορά της παλαιάς πόλης, δεν μπορούμε παρά να διαπιστώσουμε –με τον σχεδιασμό μιας τέτοιας συνδετήριας οδού– μια ουσιαστική ασυνέπεια ανάμεσα στις απόψεις που υποστηρίζει στο κείμενο (Α) και στη γραφική αυτή διατύπωση της πρότασής του για την Αθήνα. Επίσης, ο αδέξιος τρόπος με τον οποίο το δυτικό τμήμα της νέας πόλης επικαλύπτει το ανατολικό της παλαιάς δείχνει την αναποφασιστικότητα του Καυταντζόγλου όσον αφορά την αυθυπαρξία της νέας πόλης και το μέλλον της παλαιάς.

Η σχεδόν πλήρης έλλειψη προτάσεων για τη μορφή της πόλης ενισχύει την εντύπωση ενός σχεδιασμού, που δεν έχει ακόμα ωριμάσει. Εκτός από το υφιστάμενο ανάκτορο, το μόνο μορφολογικό στοιχείο που απαντάμε στο σχέδιο είναι ο μητροπολιτικός ναός του Σωτήρος στο ανατολικό άκρο της νέας πόλης. Οι δενδροστοιχίες των οδών σημειώνονται με μία σειρά στιγμών και σχεδιασμένος επίσης σχηματικά είναι μόνον ο δημόσιος κήπος κοντά στο Ολυμπείο. Για τη διαμόρφωση των ελεύθερων χώρων (διάφορα περιγράμματα πλατειών, στοές, επιφάνειες πρασίνου), καθώς και για τα δημόσια κτήρια δεν υπάρχει η παραμικρή νύξη στο σχέδιο.

Το σχέδιο πόλης που ανεκαλύψαμε είναι η μόνη σχεδιασμένη εναλλακτική πρόταση απέναντι στο αρχικό των Κλεάνθη και Schaubert (γιατί του Klenze είναι απλή αναθεώρηση του προηγουμένου σχεδίου). Παρά την εξαιρετική σημασία του για την ιστορία ίδρυσης της Αθήνας, το σχεδιαστικό αυτό τεκμήριο είναι απογοητευτικό, γιατί δείχνει απειρία και έλλειψη φαντασίας· επίσης και από άποψη σχεδιαστική είναι πενιχρό· αλλά το τελευταίο δεν είναι αποφασιστικής σημασίας για την κριτική του αποτίμηση.

Προβληματική είναι εν τέλει η τεράστια διάσταση που υπάρχει ανάμεσα στα απαιτητικά και μαχητικά γραπτά επιχειρήματα, καθώς και τις προτάσεις του Καυταντζόγλου από τη μια μεριά και στην αδέξια διατύπωσή τους σε πολεοδομικό σχέδιο από την άλλη. Ένας ταλαντούχος αρχιτέκτων, όπως ο Καυταντζόγλου, που εξετιμήθη για την αρχιτεκτονική του τόσο κατά τη διάρκεια των σπουδών του όσο και αργότερα στην σταδιοδρομία του, δεν είχε φαίνεται αναγκαστικά και την ικανότητα να εκπονεί πολεοδομικά σχέδια. Άλλωστε αυτό δείχνει και το γεγονός ότι ένας τόσο γνωστός αρχιτέκτων, σε αντίθεση με τους Κλεάνθη και Schaubert, με εξαίρεση αυτό το προσχέδιο για τον πολεοδομικό σχεδιασμό της Αθήνας, σε όλη του τη σταδιοδρομία δεν ησχολήθη ποτέ με άλλα πολεοδομικά σχέδια.

ΣΗΜΕΙΩΣΕΙΣ ΤΟΥ ΚΕΦΑΛΑΙΟΥ 6

1. Στη μονογραφία για τη ζωή και το έργο του Καυταντζόγλου (1811-1885) του François Loyer, που εδημοσιεύθη στο περιοδικό *Archives d'Architecture Moderne*, τεύχος 25, 1983, περιέχονται τα εξής βιογραφικά στοιχεία:
"Γεννημένος το 1811 στη Θεσσαλονίκη, ο Λύσανδρος Καυταντζόγλου ήταν γόνος μιας οικογένειας ανατολιτών εμπόρων. Αρχικά είχαν το ελληνικό επώνυμο Γούτας, αλλά κατά τον 18ο αιώνα υιοθέτησαν το τουρκικό προσωνύμιο Καφταντζής (εκείνος που φοράει "καφτάνι" – σύμβολο κοινωνικού κύρους), που αργότερα μετετράπη σε Καυταντζιόγλου (γιος του καφταντζή) [με την τελική ελληνική μεταγλώττιση σε Καυταντζόγλου]. Ο Ιωάννης Καυταντζόγλου, πατέρας του Λυσάνδρου, υπήρξε μέλος της Φιλικής Εταιρείας και έλαβε ενεργό μέρος στα απελευθερωτικά κινήματα. Το 1796 είχε ακολουθήσει τον Ρήγα, όταν εκείνος επέστρεψε ως απεσταλμένος της Γαλλικής Επανάστασης. Πέθανε το 1820 λίγο πριν από τον αγώνα της ανεξαρτησίας. Τον επόμενο χρόνο, η γαλλικής καταγωγής χήρα του Φανή Ταβερνιέ [Fanny Tavernier] διέφυγε με τα τρία της παιδιά με πλοίο που τους έφερε στη Μασσαλία, όπου και ευρήκαν καταφύγιο. (...)
Όσο για τον νεαρό Λύσανδρο, πήγε στη Ρώμη για να σπουδάσει στην Ακαδημία San Luca. Σε ηλικία είκοσι δύο ετών, το 1834, διεκρίθη αποσπώντας το πρώτο βραβείο του διεθνούς διαγωνισμού της Ακαδημίας του Μιλάνου, με αντικείμενο το σχέδιο ενός πανεπιστημίου 2.000 φοιτητών.
Στη συνέχεια, ωλοκλήρωσε τις σπουδές του στη Σχολή Καλών Τεχνών [Ecole des beaux Arts] του Παρισιού και εσχετίσθη με τον ζωγράφο Ingres. Με τη μεσολάβηση του πρεσβευτή Κωλέττη, το 1836 υπέβαλε στη Βασιλική Ακαδημία Καλών Τεχνών [του Παρισιού] ένα σχέδιο για το Πάνθεον των Ηρώων της Επανάστασης, το οποίο είχε εκπονήσει στη Ρώμη, με βάση το πρόγραμμα που είχε καθορίσει ο Καποδίστριας (πρόεδρος της πρώτης ελληνικής πολιτείας) το 1829. Το 1838 ξαναπηγαίνει στην Κωνσταντινούπολη και εγκαθίσταται οριστικά στην Ελλάδα μόλις το 1843, στην Αθήνα. Η άφιξή του αντιστοιχεί, άλλωστε, με την επανάσταση, με την οποία ο Βασιλεύς Όθων υπεχρεώθη να παραχωρήσει στον ελληνικό λαό σύνταγμα. Το 1844 ο Καυταντζόγλου αποδέχεται τη διεύθυνση του Πολυτεχνείου, που ήταν η πρώτη καλλιτεχνική σχολή της νέας Ελλάδος [με την αρχική ονομασία "Τεχνικόν Σχολείον" και αργότερα "Βασιλικόν Σχολείον των Τεχνών"]. Το σχέδιο [ίδρυσης του Πολυτεχνείου] υπήρχε από το 1836, όταν ο Καυταντζόγλου, φοιτητής στη Ρώμη, είχε επεξεργασθεί το πρόγραμμά του σε συμφωνία με τους συμπατριώτες του Τοσίτσα και Στουρνάρη. Μετά την ίδρυσή του, το Πολυτεχνείο υπεδέχθη πάνω από χίλιους φοιτητές όλων των κλάδων – αρχιτέκτονες, γλύπτες, ζωγράφους, αλλά και χαλκουργούς, χρυσοχόους, οπλουργούς κ.λπ. Κάθε χρόνο, μεταξύ 1844 και 1862, ο Λύσανδρος Καυταντζόγλου εξεφώνει έναν επίσημο λόγο που εδημοσιεύετο και στον οποίο εξέφραζε τις ιδέες του και τις αισθητικές του αρχές. Ειδικώτερα, εισήγαγε στο Πολυτεχνείο τα πρώτα συστηματικά μαθήματα ιστορίας και πρακτικής των τεχνών στην ελληνική γλώσσα. (...)
Με την έξωση του Όθωνος (1862), ο Καυταντζόγλου εγκαταλείπει τη διδασκαλία για να αφοσιωθεί αποκλειστικά στην ελεύθερη επαγγελματική δραστηριότητα - φαίνεται ότι αυτή η απομάκρυνση είχε κυρίως πολιτικά αίτια. Υπήρξε ανένδοτος και δεν κατέλειπε τη φήμη του "εύκολου χαρακτήρα". Στον επικήδειο, που εξεφώνησε ο μητροπολίτης Πατρών, αναφέρεται ότι αυτός ο μεγάλος άνδρας είχε φθάσει πολύ νωρίς στον κόσμο ώστε να είναι κατανοητός, ότι η χώρα δεν ήταν ακόμα έτοιμη και αρκετά εξελιγμένη ώστε να μπορεί να συλλάβει την εμβέλεια των ιδεών του και ότι γι' αυτόν τον λόγο, όπως συμβαίνει και με πολλούς άλλους ανθρώπους σήμερα, απετραβήχθη στις έρευνές του, εγκαταλείποντας τη διδασκαλία. Και η εφημερίς "Αιών" κατανοεί την κακή του διάθεση απέναντι στους συμπατριώτες του και τις ανελέητες κριτικές του. Είναι βέβαιο πως στο περιωρισμένο πλαίσιο της ανεξάρτητης Ελλάδος οι καλλιτεχνικές ιδέες του Καυταντζόγλου μπορούσαν καμιά φορά να έχουν υπερβολικά μεγάλες διαστάσεις".
2. Βλ. Κ. Μπίρης: *Τα πρώτα σχέδια των Αθηνών*, Αθήνα 1933, σελ. 33-37.
3. Γενικά Αρχεία του Κράτους, Οθωνικό Αρχείο, Υπουργείο Εσωτερικών, φάκελλος 214. Για τα πλήρη κείμενα (Α) και (Β), βλ. τα τεκμήρια στο τέλος του παρόντος κεφαλαίου.
4. Η περιοχή δηλαδή ανάμεσα στον Λυκαβηττό και τον Ιλισσό που είναι ακριβώς αυτή που προτείνει και ο Καυταντζόγλου ως εναλλακτική θέση για τη νέα πόλη.
5. Παρόμοιες σκέψεις κάνει και ο F. Stauffert, τασσόμενος υπέρ της χωροθέτησης της πρωτεύουσας στον Πειραιά (βλ. *Die Anlage der Stadt Athen...*, άρθρο στο περιοδικό *Allgemeine Bauzeitung*, Wien 1844, τεύχος 1. σελ. 3).
6. Ενδεικτικό της συναισθηματικής φόρτισης του Καυταντζόγλου είναι πως δεν αναφέρει πουθενά ονομαστικά τους συντάκτες του αρχικού σχεδίου Κλεάνθη και Schaubert.
7. Εδώ ο Καυταντζόγλου αστοχεί τελείως στις προβλέψεις του: ο πληθυσμός της Αθήνας είχε υπερβεί τους 250.000 κατοίκους ήδη από το 1907 και η πόλη καταλαμβάνει χώρο πέντε φορές μεγαλύτερο από το προβλεπόμενο αρχικό σχέδιο. Και ήδη το 1862 η νέα πόλη καταλαμβάνει έκταση περίπου ίση με αυτή που είχαν προτείνει οι Κλεάνθης και Schaubert και έχει πληθυσμό 41.000 κατοίκων, δηλαδή τον πληθυσμιακό στόχο του αρχικού σχεδίου!
8. Την κατάσταση αυτή περιγράφει ο Friedrich Stauffert, όταν μας θυμίζει ότι: "Η πόλη της Αθήνας θα είχε τώρα τελείως διαφορετική όψη, εάν είχε απαγορευθεί η δόμηση στο προαναφερθέν τμήμα της [δηλαδή, στην παλαιά πόλη]· όλα τα συνωστιζόμενα εκεί σπίτια (τα περισσότερα χωρίς αυλές, και βέβαια ούτε σκέψη για κήπους) θα ευρίσκοντο τώρα στη νέα πόλη, και επειδή εδώ θα εκτίζοντο πιο ευρύχωρα και κάθε σπίτι θα είχε αυλή και κήπο, θα κατελάμβαναν το αδόμητο ακόμα τμήμα της πόλης· η κυκλοφορία, η οποία συγκεντρώνεται τώρα στην παλαιά πόλη, όπου είναι το σημερινό κέντρο, θα ανεπτύσσετο στη νέα, και αυτή θα προσέφερε την πολύ όμορφη εικόνα μιας κανονικής πόλης με καθαρές οδούς και πλατείες και ευχάριστα σπίτια, αντί να είναι όπως τώρα αυτό το ερμαφρόδιτο κατασκεύασμα, η μισή τούρκικη και η άλλη μισή ευρωπαϊκή.

Η θέση των νέων βασιλικών ανακτόρων επηρέασε κατ' αρχήν πάρα πολύ τη διαμόρφωση της νέας Αθήνας, γιατί με την αλλαγή της χωροθέτησής τους τρεις φορές εδημιουργήθησαν σκόρπιες ομάδες σπιτιών. Σύμφωνα με το σχέδιο του Schaubert, τα ανάκτορα θα ανεγείροντο εκεί όπου υψώνεται ένας ήπιος λόφος σημαντικών διαστάσεων στα βόρεια της Ακρόπολης και έξω από την τούρκικη πόλη, στην επέκταση της σημερινής οδού Αθηνάς (...). Εάν ανεγείροντο τα ανάκτορα σ' αυτή τη θέση, όσοι επιθυμούσαν να κτίσουν θα αποχωρούσαν από το εν λόγω τμήμα της παλαιάς Αθήνας κοντά στην Ακρόπολη, όχι μόνο γιατί έτσι κι αλλιώς θα προτιμούσαν τη γειτνίαση με τα ανάκτορα, αλλά και γιατί εδώ το έδαφος είναι πιο ομαλό και προσιτό σε κάθε είδους όχημα, πράγμα που δεν συμβαίνει στο τμήμα προς τη μεριά της Ακρόπολης· το τμήμα αυτό, εκτός του ότι είναι κτισμένο στενά, έχει τόσο απότομους δρόμους, που άνθρωποι και ζώα μόνον αγκομαχώντας μπορούν να τους ανηφορίσουν". (*Die Anlage von Athen und der jetzige Zustand der Baukunst in Griechenland*, στην *Allgemeine Bauzeitung, Ephemeriden,* Wien 1844, αρ. 1, σελ. 5· βλ. τεκμήριον 4 συλλογής "Κειμένων")

9. Η οδός Ερμού, ο άξων δηλαδή με κατεύθυνση από τα ανατολικά προς τα δυτικά, αυτή την εποχή (1839) είχε ήδη διανοιγεί στην παλαιά πόλη.
10. Είναι προφανές ότι η αιτιολόγηση της ανέγερσης του "θριαμβικού τόξου" είναι ανάλογη με εκείνη της ανέγερσης της Πύλης του Αδριανού στην αρχαιότητα.
11. Πρόκειται για συνειδητή υπερβολή ή επιπόλαιο ισχυρισμό του Καυταντζόγλου που δεν ευσταθεί. Οι Κλεάνθης και Schaubert (αλλά και ο Klenze) δεν προέβλεψαν κατά κανένα τρόπο την ανάπτυξη της νέας πόλης επί της παλαιάς, αλλά τη εχωροθέτησαν παραπλεύρως ως επέκτασή της.
12. Αυτή η πλατεία των ανακτόρων δεν περιγράφεται περαιτέρω στο κείμενο: ούτε η θέση της στον ιστό της πόλης ούτε το σχήμα της. Στο σχέδιο πάντως προβλέπεται μία ορθογώνια πλατεία (100×150 μ.) στα δυτικά των ανακτόρων.
13. Όσον αφορά την επιλογή της θέσης για τη νέα πόλη πρέπει να επιστήσουμε την προσοχή σε μια λανθασμένη εκτίμηση του συντάκτη της πρότασης: δεν θα ήταν δυνατό, όπως συνάγεται από την πρόταση του Καυταντζόγλου, να βρίσκεται η πόλη στις νότιες υπώρειες του Λυκαβηττού και να απολαμβάνει ολόκληρη τη θέα της θάλασσας· θα έπρεπε να περιμένει κανείς ότι μόνο 30%-40% της συνολικής έκτασης της πόλης θα ανεπτύσσετο στο υψηλότερα κείμενο τμήμα της προβλεπόμενης έκτασης και θα είχε ανεμπόδιστη θέα.
14. Ο Stauffert λέει σχετικά:
"Εάν δεν είχαν κάνει πρωτεύουσα την Αθήνα, αλλά είχαν επιλέξει αντ' αυτής τον Πειραιά, όπως είχε προτείνει ο συνετός Επιθεωρητής Δημοσίων Έργων κύριος Gutehnsohn [το αξίωμά του στην πραγματικότητα ήταν "αρχιτέκτων της Αυλής"], που τον περιγελούσαν γι' αυτή του την πρόταση, τότε θα μπορούσαν κάποτε να διενεργηθούν στην Αθήνα οι εκτενέστερες δυνατές ανασκαφές· η νέα βασιλική καθέδρα θα αποκτούσε επιβλητική όψη, γιατί στον Πειραιά δεν υπήρχε κανένα κτήριο που θα εμπόδιζε την εφαρμογή ενός σωστού σχεδίου πόλης (...)". (*Die Anlage von Athen und der jetzige Zustand der Baukunst in Griechenland,* στην *Allgemeine Bauzeitung, Ephemeriden*, Wien 1844, αρ. 1, σελ. 3· βλ. τεκμήριον 4 συλλογής "Κειμένων").
15. Δέκα εννιά χρόνια αργότερα, το 1859, ο Καυταντζόγλου στο άρθρο του "*Ολίγα τινά περί της ανασκαφής του αρχαίου εδάφους του κατά το τέταρτον τμήμα της νέας πόλεως Αθηνών*" (εκ του αριθμού 2691 της "*Αθηνάς*" 16 Αυγούστου 1858) εκφράζει με συγκινητικό τρόπο τη λύπη και την ντροπή του για την παραμέληση των ανασκαφών στην παλαιά πόλη, αναφερόμενος σε έναν διάλογό του με τον Γάλλο ζωγράφο Ingres:
"'Μανθάνω', έλεγε προς εμέ ο εν Παρισίοις περικλεής ζωγράφος Ίγγρης [Ingres], 'ότι υμείς οι έλληνες αδιαφορείτε μεγάλως περί της διατηρήσεως των αρχαίων μνημείων· τα θεία ταύτα λείψανα του ημετέρου πολιτισμού έπρεπε να γνωρίζωσιν οι συμπατριώτες σου, ότι δεν ανήκουσιν εις υμάς μόνον τους Έλληνας, αλλ' εις άπαντα τον πεπολιτισμένον κόσμον· σπουδάσατε να ελευθερώσητε την αρχαίαν πόλιν των Αθηνών, το ιερόν εκείνον έδαφος, από των ιδιωτικών οικιών, όπερ είναι μαρτύριον εναργές της ολιγωρίας και ακηδίας υμών, και φροντίσατε να αποχωρισθή η νέα πόλις, όσο το δυνατόν, μακρότερον της αρχαίας'".
16. Όταν ο Καυταντζόγλου μιλά για αγορά των οικοπέδων από το κράτος σε τιμή που θα ορισθεί δια νόμου, στην ουσία πρόκειται για μία πολύ πρώιμη πρόταση απαλλοτρίωσης "για κοινωφελείς σκοπούς", αν και εδώ δεν γίνεται ρητά λόγος για αναγκαστική απαλλοτρίωση.
17. Η τολμηρή σκέψη του Καυταντζόγλου να αποκρύψει τις προσόψεις των αστικών κατοικιών με δενδροστοιχίες είναι πολύ ενδιαφέρουσα, διότι αυτή η λύση απεδείχθη χρησιμώτατη πολύ αργότερα, μόλις στις μέρες μας στην Αθήνα: μόνο που σήμερα τα πράσινα αυτά προπετάσματα δεν διατάσσονται προ διωρόφων κλασικιστικών μονοκατοικιών αλλά προσπαθούν να καλύψουν στείρες προσόψεις εξαώροφων έως οκταώροφων πολυκατοικιών.
18. Αντίθετα, στο σχέδιο των Κλεάνθη και Schaubert και στοιχειώδης διάκριση χρήσεων γης υπάρχει (περιοχή κατοικίας, κυβερνητικών υπηρεσιών, διοίκησης, πολιτιστικών λειτουργιών) και καθορισμός ειδικών χρήσεων στον χώρο (των στρατώνων, των αγορών, των σφαγείων, του βοτανικού κήπου, του νοσοκομείου, του νεκροταφείου κ.λπ.).
19. Είναι η πρώτη πρόταση απ' όσο ξέρουμε για την οικοδόμηση αστεροσκοπείου σε έναν από τους λόφους της Αθήνας. Τελικά οικοδομήθη μεταξύ των ετών 1842-1848 στον λόφο των Νυμφών σε σχέδιο του Theophil Hansen.
20. Ο Friedrich Stauffert π.χ., που διετέλεσε επί πολλά χρόνια αρχιτέκτων του δήμου της Αθήνας, κρίνει μάλλον αυστηρά το αρχιτεκτονικό σχέδιο των ανακτόρων του Gaertner. Γράφει: "Τα ανάκτορα, συμπεριλαμβανομένου και του ισογείου, είναι ένα τριώροφο κτήριο με ορθογώνια παραλληλόγραμμη κάτοψη διαστάσεων 96 (η πλευρά προς την πλατεία) επί 74 μέτρα (η νότια πλευρά προς τον κήπο) και δύο εσωτερικές αυλές. Από μακρυά και κυρίως από την οδό προς την Ελευσίνα αυτό το κτήριο δεν δίνει καθόλου χαρούμενη εντύπωση· είναι ένας πέτρινος όγκος, στο πάνω μέρος αποκομμένος, που όπως ορθώνεται απομονωμένος, σου θυμίζει μάλλον οχυρό που δεσπόζει της πόλης παρά βασιλική κατοικία". (*Die Anlage von Athen..., Allgemeine Bauzeitung*, Wien, 1844, αρ. 2, σελ. 20).
21. Ο Oswald Hederer στη μονογραφία του για τη ζωή και το έργο του F. von Gaertner (σελ. 149), γράφει για το ιστορικό και τα παρασκήνια της ανέγερσης της Πύλης του Θριάμβου στο Μόναχο: "Η ιδέα μιας αψίδος θριάμβου ήταν εγγενής στο πνεύμα της εποχής εκείνης ως έκφραση εθνικής αυτοπεποίθησης. Υπήρχαν παραδείγματα στο Λονδίνο και στο Παρίσι. Στην Αψίδα της Ειρήνης (Arco della pace) του Cagnola στο Μιλάνο ανεφέρθη ο ίδιος ο Λουδοβίκος Α'. Στο Μόναχο στο γενικό πολεοδομικό σχέδιο των Fischer και Sckell για τις εισόδους της πόλης προεβλέπετο η κατεδάφιση των παλαιών πυλών και η ανέγερση στη θέση τους αψίδων θριάμβου. Τα σχέδια για τη νέα πύλη του Καρόλου (Karlstor) που εξεπόνησε ο Karl von Fischer ήταν ιδιαίτερα ωραία.
Ο πατέρας του Friedrich Gaertner, ως επιθεωρητής των βασιλικών κτισμάτων, το 1814 ήθελε να κατεδαφίσει την Πύλη του Schwabing και να κοσμήσει τη νέα έξοδο της πόλης με μίαν αψίδα θριάμβου. Μέσα από το μεσαίο τόξο της αντίκρυζε κανείς την μελλοντική οδό Λουδοβίκου (Ludwigstrasse). Για την είσοδο στην πόλη από την πύλη του Isar (Isartor) ο Karl Vorherr το 1821 είχε προτείνει μία εντυπωσιακή αψίδα θριάμβου. Σε ένα του γράμμα από το Monte di Lago στις 12 Ιουνίου 1826, ο Βασιλεύς Λουδοβίκος μιλούσε στον Johann Martin Wagner για το σχέδιό του να ανεγείρει μετά από τόσα χρόνια μια πύλη κατασκευασμένη από λαξευμένους λίθους, όπως οι ρωμαϊκές αψίδες θριάμβου· και μια άλλη στο ρυθμό των Προπυλαίων· μόνο που δεν είχε αποφασίσει, έγραφε, σε ποιον θα ανέθετε την ανέγερσή τους. Ούτε ένα χρόνο αργότερα, στις 24.3.1827, ο Βασιλεύς εκάλεσε τον Gaertner για να εκφέρει τη γνώμη του για τη θέση της αψίδας θριάμβου στην οδό Λουδοβίκου".

ΒΙΒΛΙΟΓΡΑΦΙΚΗ ΕΠΙΛΟΓΗ ΚΕΦΑΛΑΙΟΥ 6 (ΚΑΤΑ ΧΡΟΝΟΛΟΓΙΚΗ ΣΕΙΡΑ)

Η πολεοδομική πρόταση του Καυταντζόγλου όταν εδημοσιεύθη (1839) ηγνοήθη τελείως· τουλάχιστον δεν γνωρίζουμε να διεσώθη καμία κριτική ή απάντηση στις προτάσεις και ιδέες του. Αυτός ήταν μάλλον και ο λόγος που 19 χρόνια αργότερα (1858) ο Καυταντζόγλου ανεδημοσίευσε την εριστική αυτή πραγματεία του. Αλλά και αργότερα, τον εικοστό αιώνα, οι αναφορές στην επέμβαση του Καυταντζόγλου είναι σποραδικές στην ειδική βιβλιογραφία· επίσης είναι ενδεικτικό πως αναφέρεται μόνο σε δημοσιεύματα Ελλήνων ερευνητών.

Παραθέτουμε τις κυριώτερες δημοσιεύσεις:

Μπίρης, Κωνσταντίνος: *Τα πρώτα σχέδια των Αθηνών*, Αθήνα 1933, σελ. 33-36.

Μπίρης, Κωνσταντίνος: *Αθηναϊκαί μελέται* ΙΙ, Αθήνα 1939. Κεφάλαιο με τίτλο: "Ο Κλεάνθης και ο Καυταντζόγλου", σελ. 22-24.

Μιχαήλ, Γιάννης: *Entwicklungsueberlegungen und -initiativen zum Stadtplan von Athen nach dessen Erhebung zur Hauptstadt Griechenlands*. (Διατριβή στο Πολυτεχνείο του Άαχεν), 1969, σελ. 33-39.

Φιλιππίδης, Δημήτρης: *Νεοελληνική αρχιτεκτονική*, Αθήνα 1984, σελ. 76-77.

Λέφας, Παύλος: *Αθήνα, μία πρωτεύουσα της Ευρώπης*, Αθήνα 1985, σελ. 46-49.

Φιλιππίδης, Δημήτρης: *Λύσανδρος Καυταντζόγλου*, Αθήνα 1995, κεφ. 4: Η νέα πόλη Αθήναι, σελ. 77-95.

Φιλιππίδης, Δημήτριος: *Kaftanzoglou's proposal for Athens (1838-39); An insignificant footnote in the Capital's plan*· (η πρόταση του Καυταντζόγλου για την Αθήνα (1838-39) μία ασήμαντη υποσημείωση στον σχεδιασμό της πρωτευούσης) στον συλλογικό τόμο: *The planning of Capital Cities*. (Ο σχεδιασμός των πρωτευουσών πόλεων), Πρακτικά συνεδρίου, Θεσσαλονίκη 17-20 04. 1996, τόμος Ι, σελ. 449-455.

Papageorgiou-Venetas, Alexander: *Ottonopolis oder das neue Athen. Zur Planungsgeschichte der Neugruendung der Stadt im 19 Jahrhundert* (Οθωνόπολη ή η νέα Αθήνα. Συμβολή στην ιστορία σχεδιασμού της επανίδρυσης της πόλης στον 19ο αιώνα). Άρθρο στον κατάλογο της Έκθεσης *Das Neue Hellas* (η νέα Ελλάς), Μόναχον, 1999 σελ. 77: Το σχέδιο του Λ. Καυταντζόγλου.

ΓΡΑΠΤΗ ΤΕΚΜΗΡΙΩΣΗ (ΚΕΙΜΕΝΑ) ΚΕΦΑΛΑΙΟΥ 6

ΤΕΚΜΗΡΙΟΝ Α: ΛΥΣΑΝΔΡΟΣ ΚΑΥΤΑΝΤΖΟΓΛΟΥ: "ΣΧΕΔΟΓΡΑΦΙΑ ΑΘΗΝΩΝ"

(σε ελληνική γλώσσα, δημοσιευμένο στην εφημερίδα "Αιών" (αρ. φύλλου 46/8.3.1839)

ΛΥΣΑΝΔΡΟΣ ΚΑΥΤΑΝΤΖΟΓΛΟΥ

ΣΧΕΔΟΓΡΑΦΙΑ ΑΘΗΝΩΝ

Επαναδημοσιευθείσα το 1858 εις το δημοσίευμα

"ΠΕΡΙ ΜΕΤΑΡΡΥΘΜΙΣΕΩΣ ΤΗΣ ΠΟΛΕΩΣ ΑΘΗΝΩΝ ΓΝΩΜΑΙ"

Δεν είναι ήδη λόγος περί της καταλληλοτέρας θέσεως της πρωτευούσης των Ελλήνων (1), επειδή πολλαχώς διεφιλονεικήθη, και δυστυχώς εκλέχθη το χειρότερον μέρος, και έτι χειροτέρα έγινεν η διαίρεσις, αν δύναταί τις να την ονομάση διαίρεσιν. Αλλά ο λόγος είναι, οποία δύνανται να ληφθώσι μέτρα αναγκαία, δια να προλάβωσι τα πασίδηλα εμπόδια της μελλούσης αναπτύξεως και καλλονής της πρωτευούσης.

Ο λόφος της Ακροπόλεως, όστις κατέχει τα λείψανα των αριστουργημάτων, των δεικνυόντων τον υπέρτατον βαθμόν, εις ον έφθασε μόνος ο ελληνικός νους ως προς τας τέχνας, και των χρησιμευόντων και μέχρι τούδε ως κανόνων της σημερινής αρχιτεκτονικής και γλυπτικής τέχνης, ευρίσκεται μεμονωμένος προς ανατολάς. Συνέχεται δε προς δυσμάς μετ' άλλων χαμηλοτέρων, δηλαδή του Αρείου Πάγου, της Πνυκός, κ.λπ. Τούτον τον λόφον οι πρώτοι κάτοικοι εκατοίκησαν, καθ' ο παριστάνοντα θέσιν κατάλληλον εις προφύλαξιν των εκ των τότε ληστρικών επιδρομών. Μετά τούτο πληθυνθέντες διεσπάρησαν εις τους πρόποδας αυτού, και μάλιστα προς το βόρειον μέρος, καθώς δεικνύουσι τα περισσότερα λείψανα των παλαιών οικοδομών, ως η Αγορά, ο λεγόμενος ναός του Αιόλου (2), κ.λπ. Μετά την δούλωσιν των Αθηνών υπό των Ρωμαίων, μη υπαρχούσης πλέον της ανάγκης της προφυλάξεως, εξετάθη η πόλις, μάλιστα επί Αδριανού, προς το ωραιότερον μέρος, δηλαδή προς ανατολάς της Ακροπόλεως και κατά τους πρόποδας του απέναντι πυραμιδοειδούς λόφου, διο και μετωνομάσθη αυτή η παρέκτασις Αδριανούπολις.

Μετά την πτώσιν του Ρωμαϊκού Κράτους, επειδή αι πρώται αιτίαι επαρουσιάσθησαν εκ νέου, περιωρίσθη πάλιν η πόλις εις την προτέραν αυτής θέσιν, κρυπτομένη τρόπον τινά από της θέας της θαλάσσης, δια να αποφύγη τας ληστρικάς επιδρομάς των τότε θαλασσοκρατόρων πειρατών, και ούτως εκατοικείτο μέχρι του τελείου αυτής κατεδαφισμού επί του πολέμου της ανεξαρτησίας. Εκ τούτου γίνεται πασίδηλον, ότι η περί την Ακρόπολιν θέσις εκατοικήθη μεν από τους προπάτοράς μας, αλλά δια μόνην την ισχυρότητα αυτής, επειδή ούτε η θάλασσα εκείθεν φαίνεται, ούτε υπό των δροσερών ανέμων της θαλάσσης εν καιρώ του θέρους αναψύχεται, ούτε εκ των βορείων σφοδρών ανέμων του χειμώνος προφυλάττεται, ούτε από την επικειμένην χειμερινήν ομίχλην απαλάττεται ευκόλως, ούσα υπό τους βορείους πρόποδας του λόφου κεχωσμένη, όπου η κυκλοφορία των ανέμων εμποδίζεται.

Αφ' ου λοιπόν η πρωτεύουσα απεφασίσθη, ή καλώς ή κακώς, να αποχωρισθή του Πειραιώς, η ρηθείσα θέσις έπρεπε να εγκαταλειφθή, όχι μόνον δια τας εκτεθείσας αιτίας, αλλά πολύ περισσότερον και δια την ανάγκην της ανασκαφής, της τοσούτον επιθυμουμένης υφ' όλου του σοφού κόσμου, να εκλεχθή δε προς ανέγερσιν της νέας πόλεως θέσις ελευθέρα των προειρημένων ελαττωμάτων.

Και βεβαίως η προς δυσμάς των λόφων της Πνυκός και του Μουσείου εκτεινομένη πεδιάς ήθελεν είσθαι καταλληλοτέρα (3), παρουσιάζουσα εις την πόλιν την θέαν της θαλάσσης, και προφυλάττουσα αυτήν εκ των βορείων ανέμων. Ούτω, το διάστημα μεταξύ της πόλεως και των λιμένων ήθελεν είσθαι συντομώτερον, και προσέτι ήθελεν αρθή πάσα ελπίς του να ενωθή με την παλαιάν πόλιν, και ήθελεν σχηματισθή νέα πόλις, χωριζομένη της παλαιάς δια των λόφων, οι οποίοι φυτευόμενοι ήθελον αποτελέσει σκιερόν και ωραιότατον τόπον περιπάτου, έχοντα προς δύσιν το πανόραμα της νέας πόλεως, καταυγαζομένης υπό των δυτικών ακτίνων του ηλίου, την ωραίαν παραλίαν μετά των λιμένων της, την απέραντον θέαν της θαλάσσης, καλλωπιζομένης δια των κυανοχρόων νήσων της, και κατά πρόσωπον την ένδοξον Σαλαμίνα, προς δε ανατολάς την πολυπαθή ακρόπολιν μετά του αρχαιοπρεπούς Παρθενώνος, των σεβασμίων λειψάνων των λαμπρών Προπυλαίων και του κομψού ναΐσκου της Απτέρου Νίκης, προς άρκτον δε υψούμενον μεταξύ πλατάνων και δαφνών το αθάνατον Θησείον, και εις τους πρόποδας αυτού τα ερείπια της παλαιάς πόλεως, μετασχηματιζόμενα εις βαθύ και μελαγχολικόν άλσος, καλύπτον υπό την σκιάν του τα ινδάλματα των ποτέ δοξασάντων το θείον τούτο έδαφος. Η Κυβέρνησις, γινωμένη ούτω δια μικράς δαπάνης κυρία της ρηθείσης μέχρι τούδε ακαλλιεργήτου πεδιάδος, εδύνατο να πωλήση αυτήν ακολούθως με πολλαπλάσιον κέρδος, και εκ των χρημάτων αυτών να λιθοστρωθώσι και καλλωπισθώσιν οι δρόμοι, να κτισθώσιν όλα τα κοινά καταστήματα και αυτό το παλάτιον, χωρίς να αναγκάζηται δια το παραμικρόν να ζητή συνδρομάς και βοηθείας.

Πλην, κατά δυστυχίαν αυτή η καταλληλοτέρα θέσις παρημελήθη και επροκρίθη να συναφθή η νέα πόλις με την αρχαίαν, παρά να χωρισθή απ' αυτής παντάπασι και να εκταθή προς την πεδιάδα. Διο και οι πρώτοι διορισθέντες να σχεδιάσωσι την πρωτεύουσαν της Ελλάδος εσχημάτισαν αυτήν εις είδος προαστείων, περικυκλώνοντες την παλαιάν πόλιν με την νέαν, και αφίνοντες δια την ανασκαφήν μόνον τους βορείους πρόποδας της Ακροπόλεως, μεταξύ της Αγοράς, του Αγίου Ανδρέου κατά την Μητρόπολιν και των προς το Θησείον Ασωμάτων, όπου ακολούθως να σχηματισθή ο δημόσιος κήπος. Τούτο το μέτρον, αν και κατ' αρχάς δια μόνον το λόγον της ανασκαφής εφάνη ευλογώτερον, περιείχεν όμως άτοπα τοιαύτα, τα οποία νυν εμπράκτως φαίνονται. Είναι δε ταύτα· πρώτον η της παλαιάς πόλεως υπό της νέας περικύκλωσις, δια την οποίαν αύτη εξέτεινεν τας πλευράς αυτής εις περιφέρειαν πολλά ευρύχωρον, ασύμμετρον με τον παρόντα και τον εντός εκατονταετηρίδος [sic!] ελπιζόμενον αριθμόν των κατοίκων, δεύτερον, η διατήρησις του περισσοτέρου μέρους της παλαιάς πόλεως, δια την οποίαν το όλον μετεμορφώθη εις αληθή λαβύρινθον.

Εις την διατήρησιν ταύτην της αρχαίας πόλεως συνετέλεσε κατά μέγα μέρος και η αιφνιδία και απρόοπτος έλευσις της αντιβασιλείας, μεταβάσης εν καιρώ χειμώνος να κατοικήση πόλιν, στερουμένην των πρώτων αναγκαίων οικοδομών· διότι οι άνθρωποι ηναγκάσθησαν εις τοιαύτην περίστασιν να ανεγείρουν εν βία τας κατηδαφισμένας οικίας των, άνευ τινός προσδιορισμού (4). Ούτω διατρεξάντων των πραγμάτων, η ελπίς της επιδιορθώσεως ηφανίσθη, παν δε σχέδιον και πάσα ιδέα καλλωπισμού της πόλεως εματαιώθη μέχρι της σήμερον· διότι οι αρχαιότεροι κάτοικοι των Αθηνών, οίτινες ήσαν ιδιοκτήται των περισσοτέρων οικοπέδων της πόλεως, βλέποντες ότι αύτη δεν απεχωρίσθη του σχεδίου της νέας πόλεως, αλλά μάλλον περιεκυκλώθη υπ' αυτού, και απετέλη μέρος σημαντικόν αυτής, και ελπίζοντες υπέρογκα εισοδήματα εκ της ανεγέρσεως των οικιών των, δεν έστεργον πλέον να παραχωρήσουν τα οικόπεδά των εις την Κυβέρνησιν με μετρίαν τιμήν (5), αλλ' ύψωσαν τόσον αυτήν, ώστε κατέστη αδύνατος πάσα αποζημίωσις αυτών εκ μέρους της κυβερνήσεως, και ούτως οι πολίται ήρχισαν να ανοικοδομούν τας κατηδαφισμένας οικίας των ατάκτως και ως έτυχεν επί των προτέρων οικοπέδων, και να σχηματίζουν πάλιν το κέντρον της νέας πρωτευούσης επί των ερειπίων της αρχαίας, αφίνοντες μακράν τας ολίγας οικίας των παροίκων, αίτινες εκτίσθησαν εις την νοεσχεδιασθείσαν πόλιν, και αίτινες, καίτοι μεγαλείτεραι και εις καλλιτέραν θέσιν κείμεναι, μένουσιν όμως μέχρι τούδε ακατοίκητοι, καθώς αι των Κατακουζηνών, Βράνη κ.λπ. Εντεύθεν δύναταί τις μετά βεβαιότητος να συμπεράνη, ότι ο περί τας ρηθείσας οικίας τόπος της νεοσχεδιασθείσης πόλεως θέλει μείνει δια πολλού χρόνου κενός, διότι, παρεκτός της αποστάσεώς των από την αρχαίαν πόλιν, απεμακρύνθη εκείθεν ήδη και η οικοδομή των νέων ανακτόρων, η οποία μόνη εδύνατο να συντελέση εις την κατοίκησιν του νυν αποκέντρου και χαμηλού εκείνου τόπου. Διάφοροι διορθώσεις του σχεδίου έγιναν ακολούθως υπό πολλών αρχιτεκτόνων, αλλ' αύται δεν απεμάκρυναν τα ουσιώδη ελαττώματα της πόλεως. Ο μεν βαυαρικός αυλικός σύμβουλος και αρχιτέκτων Κύριος Κλέντσε μετέθεσεν μόνο το παλάτιον προς την Αγίαν Τριάδα, και βελτίωσε το σχέδιον κατά τούτο μόνον, καθότι εύθυνεν οδούς τινάς και ώρθωσεν οξείας τινάς γωνίας του σχεδίου της πόλεως.

Ο δε αρχιτέκτων των ανακτόρων κύριος Καίρτνερ, όστις μετά του Βασιλέως Λουδοβίκου ήλθεν εις την Ελλάδα, μετέβαλε πάλιν μόνην την θέσιν του παλατίου προς το Κυνόσαργες, και απεμάκρυνεν αυτό ικανώς της παλαιάς, πολύ δε περισσότερον της νέας πόλεως. Δια ταύτην την ευτυχή απομάκρυνσιν, η κυβέρνησις είναι ακόμη εν καιρώ να επιδιορθώση την πρωτεύουσαν της Ελλάδος, και ιδού πώς:

Η οικοδόμησις των ανακτόρων επί της υψηλοτέρας και ωραιοτέρας υπό τον Λυκαβηττόν θέσεως απεφάσισε δια παντός την κατά μικρόν διεύθυνσιν της πόλεως προς τα άνω· διότι οι πολίται, εκτιμώντες την ωραιότητα της πέριξ των ανακτόρων θέσεως, βλεπούσης προς μεσημβρίαν, και εχούσης απέναντι την τερπνοτάτην θέαν της θαλάσσης, και επιθυμούντες ακόμη να ευρίσκωνται, όσον το δυνατόν, πλησίον των αρχείων, θέλουν σύρεσθαι ανεπαισθήτως προς εκείνο το μέρος και θέλουν σκεπάζει κατ' ολίγον με νέας οικοδομάς τους παρακειμένους αγρούς (6). Αν λοιπόν η Βασιλική Κυβέρνησις οδηγηθή από την αρξαμένην ήδη προχώρησιν της πόλεως προς τα άνω, και, αφίνουσα κατά μέρος την σφαλεράν ιδέαν, ότι το εμπόριον θέλει σύρει ποτέ πάλιν την πόλιν προς τα κάτω, και θέλει την ενώσει μετά καιρόν μετά του Πειραιώς, λάβη έγκαιρον πρόνοιαν περί της διορθώσεως του σχεδίου, δύναται να ελαττώση τα γενώμενα αμαρτήματα, και να καταστήση την μέλλουσαν πόλιν των Αθηνών αξίαν τω όντι πρωτεύουσαν της Ελλάδος και των φώτων του δεκάτου ενάτου αιώνος.

Το προς τούτο καταλληλότερον μέσον είναι: Πρώτον, να χωρισθή η νέα πόλις από της παλαιάς δια καταφύτου τινός πλατείας οδού κατά μίμησιν όλων των άλλων ευρωπαϊκών πόλεων, όσαι μη έχουσαι εξ αρχής σχέδιον κατάλληλον εις την μετά ταύτα λαμπρότητά των, εδιορθώθησαν ήδη και διορθώνονται, καθώς η Μασσαλία, η Τεργέστη κ.λπ. ή ευρύνονται με νέας οικοδομάς, ως η των Παρισίων, του Λονδίνου κ.λπ. Δεύτερον, να αφεθώσι κατά μέρος όσα ενηργήθησαν ήδη εκ του προλαβόντος σχεδίου, το οποίον δια το πολυγώνιον αυτού σχήμα, το διαχωρίζον και κατατέμνον τας οικοδομάς εις σχήματα, οποιουδήποτε αρχιτεκτονικού καλλωπισμού ανεπίδεκτα, και δια τας προειρημένας αιτίας, είναι κατάλληλον μάλλον δια κήπον παρά δια πόλιν. Τρίτον, να προσδιορισθή ως κέντρον της πόλεως το παλάτιον, και να χωρισθή το πέριξ μέρος τακτικώς εις ικανάς καταφύτους πλατείας και εις ευρείας, ευθείας και παραλλήλους οδούς, αίτινες ούσαι κατάφυτοι δύνανται να εμποδίζουν την κατά τους μεταξύ οίκους αντανάκλασιν των ηλιακών ακτίνων, και να προφυλάττουν ούτω τους κατοίκους από την φλογερότητα αυτών. Ούτω δύνανται ακολούθως αντί των δένδρων των επισκιαζόντων τας οδούς, να προσοικοδομηθούν, αν η χρεία το καλέση, στοαί, των οποίων την χρήσιν οι αρχαίοι καλώς εγνώριζον, και εκ των οποίων σήμερον αι περισσότεραι πόλεις της Ιταλίας ωφελούνται μεγάλως.

Εάν η πόλις εξαπλωθή, ως είπομεν εις την περί τα νέα ανάκτορα ελευθέραν θέσιν, διατεθή δε και ρυμοτομηθή εσωτερικώς κατά τον υποδειχθέντα τρόπον, θέλει καταστή και υγιεινοτέρα και δια την κυκλοφορίαν των αμαξών επιτηδειοτέρα· επειδή η εκ της στενότητος των οδών προερχομένη του αέρος ακινησία αποτελεί τας πόλεις νοσωδεστέρας, καθώς το απέδειξεν εμπράκτως η αναλόγως μεγαλυτέρα θραύσις, την οποίαν επροξένησεν προ ολίγων χρόνων η χολέρα εις τας συμπύκνους της Ευρώπης πόλεις (7). Η αυτή δε στενοχωρία εμποδίζει μεγάλως την αμαξηλασίαν, και ακολούθως την ελευθέραν μετακομιδήν των πραγματειών, ως βλέπουμε τούτο οφθαλμοφανώς εις τας Αθήνας, μολονότι αι άμαξαι ταύτης της πόλεως είναι κατά το παρόν ολιγάριθμοι, χρησιμεύουσαι μόνο εις την διατήρησιν της μεταξύ αυτής και του Πειραιώς κοινωνίας.

Εάν κάμη τις την συνήθη ένστασιν, ότι αι στεναί οδοί είναι αρμοδιώτεραι εις τας μεσημβρινάς πόλεις, ως σκιαζόμεναι ευκολώτερα υπό των εκατέρωθεν υψουμένων οικιών, και θελήση να υποστηρίξη την γνώμην ταύτην με το παράδειγμα πόλεών τινων της Ιταλίας, αποκρινόμεθα (8): Πρώτον, ότι αι οδοί δύνανται καλλίτερα να σκιασθούν υπό των παραπεφυτευμένων δένδρων ή υπό των οικιών, αι οποίαι αντανακλώσαι τας ακτίνας του ηλίου, προξενούν περισσοτέραν θερμότητα, μάλιστα αν είναι ούτω χαμηλαί, ως αι των Αθηνών. Δεύτερον, ότι εκ των πόλεων της Ιταλίας μόνη ίσως η Βενετία και η Γένουα διακρίνονται δια την στενότητα των περισσοτέρων οδών των· προήλθε δ' αύτη, εξ αυτής της ανάγκης θέσεως και εξ άλλων αιτιών, αλλ' όχι εκ του σκοπού της σκιερότητος. Αι δε λοιπαί μεσημβριναί πόλεις της Ιταλίας και Γαλλίας διασχίζονται, ως είναι γνωστόν, από πλατείας οδούς. Διατί λοιπόν να μη μιμηθώμεν μάλλον τας ευρυαγυίας και καταφύτους πόλεις, ως την Μασσαλίαν, την Τουλώνα, την Νεάπολιν κ.λπ.; Διατί να μη ακολουθήσωμεν το παράδειγμα των αγχινόων Γάλλων, οι οποίοι κυριεύσαντες την Αλγερίαν, ερρυμοτόμησαν και διέθεσαν αυτήν κατά τον ρηθέντα τρόπον, ώστε η αφρικανική αύτη πόλις θέλει συνερίζεσθαί ποτε με τας ωραιοτέρας πόλεις της Γαλλίας, και θέλει μαρτυρεί εις τους ακολούθους αιώνας την φιλοκαλλίαν των; Διατί τέλος πάντων να μη ληφθή εις παράδειγμα η προ οφθαλμών μας ανεγειρομένη των Πατρών πόλις, ήτις ερρυμοτομήθη επί Κυβερνήτου εντελέστερον υπό του Βουλγάρεως, Έλληνος αρχιτέκτονος;

Τούτο το μέτρον της τροποποιήσεως του σχεδίου ούτε θέλει προξενήσει δυσαρεσκείας εις τους νυν κατοίκους της πόλεως, ούτε θέλει απαντήσει μεγάλας δυσκολίας εις την εκπεραίωσίν του. Και ιδού οι λόγοι: Πρώτον, όσοι των κατοίκων έκτισαν ήδη τας οικίας των εκτός του μέλλοντος σχεδίου, θέλουν εξακολουθεί να τας κατοικούν και να τας νέμονται μέχρι της τελείας αυτών φθοράς, ότε δύνανται να πωλήσουν τα οικόπεδά των εις την Κυβέρνησιν προς ανασκαφήν, και να ανοικοδομήσουν, χωρίς τινός ζημίας, εντός του νέου σχεδίου, αποκτώντες ούτω κατοικίας υγιεινοτέρας και εις θέσιν ανοικτοτέραν και ωραιοτέραν. Εκ μέρους λοιπόν τούτων όχι μόνον καμμία δυσαρέσκεια δεν δύναται να προέλθη, αλλά μάλιστα και χάριν μεγίστην θέλουν γνωρίζει προς την Κυβέρνησιν, βλέποντες αυτήν φροντίζουσαν περί του καλλωπισμού της πόλεώς των, εκ του οποίου ελπίζεται η ταχεία αύξησίς της δια της ελεύσεως νέων κατοίκων, και δια του οποίου θέλουν σύρεσθαι και ξένοι πλούσιοι περιηγηταί, ωφελούντες σημαντικά εις την ενταύθα διαμονήν των τους πολίτας, ενώ εξ εναντίας η παρούσα αθλιότης του σχεδίου της πόλεως κρατεί μεν μακράν και αυτούς τους ολίγους πλουσίους ομογενείς, όσοι έφθασαν να κτίσουν ενταύθα οικίας, απομακρύνει δε και τους λοιπούς όσοι έρχονται με σκοπόν να κτίσουν, και αφαιρεί ούτως από τους πολίτας πάσαν ελπίδα μέλλοντος πλουτισμού και ευζωίας.

Δεύτερον. Η Κυβέρνησις δύναται να ευκολυνθή μεγάλως εις την εκπεραίωσιν του σχεδίου, αν φροντίση αμέσως τώρα ν' αποκτήση τους πέριξ του νέου παλατίου αγρούς, επί τους οποίους, ως είπομεν, θέλει εξαπλωθεί η νέα πόλις.

Η απόκτησις αύτη δύναται να γίνη κατά το παρόν με μετρίαν τιμήν, είτε δι' αγοράς χρηματικής, είτε δι' ανταλλαγής με ανάλογον προς την ορισθείσαν τιμήν εθνικήν γην. Οι δε ιδιοκτήται των αγρών, οίτινες κατά το παρόν ολίγον κέρδος έχουν εξ αυτών, διότι είναι άκαρπος και πετρώδης, δεν θέλουν δυσκολευθή να παραχωρήσουν αυτούς εις την Κυβέρνησιν με προσθήκην τινά της τωρινής των τιμής, βλέποντες μάλιστα ότι θέλουν χρησιμεύσει εις σκοπόν τόσον επωφελή (9). Ούτως η Κυβέρνησις, γινομένη κυρία του τόπου, θέλει σχεδιάσει επ' αυτού ακωλύτως την νέαν πόλιν, και θέλει διορίσει τας προσφορωτέρας θέσεις δια τας πλατείας και τας δημοσίας οικοδομάς της, των δε λοιπόν τόπον δύναται να συναλλάξη με τους ιδιοκτήτας των οικοπέδων των εντός της αρχαίας πόλεως, δια να δυνηθή ούτω να βάλη εις ενέργειαν την δια την επιστήμην της αρχαιολογίας εν γένει, και τον στολισμόν του Μουσείου μας ιδίως, τόσον αναγκαίαν ανασκαφήν. Δια να ενεργηθούν δε όλα αυτά, είναι ανάγκη να συστηθή μία επιτροπή, εξ ανθρώπων ειδημόνων, οίτινες είδον Ευρωπαϊκάς πόλεις, κατά μίμησιν των επιτροπών των λεγομένων Καλλωπιστών (comissioni d'ornato), αίτινες κατά πρώτον εσυστήθησαν εις την Ιταλίαν επί του μεγάλου Ναπολέοντος, και μετά ταύτα εις όλας τας πόλεις της Ευρώπης, και αι οποίαι επιστατούν εις τον καλλωπισμόν αυτών, επιθεωρούσαι όλα τα σχέδια των ιδιαιτέρων και κοινών οικοδομών, και την καλήν διαίρεσιν και επιδιόρθωσιν των παλαιών δρόμων. Αύτη δε όχι μόνον θέλει φροντίσει περί της εξομαλύνσεως όλων των δυσκολιών προς ενέργειαν του ρηθέντος σχεδίου, αλλά και θέλει επιτηρεί ακολούθως, ώστε να μη γίνη εις αυτό καμία παρεκτροπή, και να βελτιώνηται κατά μικρόν και το σχέδιον της παλαιάς πόλεως. Το δε γενησόμενον σχέδιον να δημοσιευθή και λιθογραφηθή, δια να γίνη γνωστόν τοις πάσι, και ούτω να εμποδίση πολλάς ατοπίας και ζημίας, αι οποίαι άλλως είναι δυσαπόφευκτοι, να εμφυτευθώσι οι δρόμοι και αι πλατείαι, δια να χρησιμεύσωσι εις περιδιάβασιν, τα δε περιφραγμένα μέρη, τουτέστι τα μέλλοντα οικόπεδα, θέλουν καλλιεργείσθαι μέχρι ού οικοδομηθώσι. Εάν λοιπόν η Βασιλική Κυβέρνησις λάβη την απόφασιν του να διορθώση την πόλιν, είναι ανάγκη, ως προελέχθη, να χωρισθή η παλαιά πόλις από της νέας δι' ευρείας τινός και καταφύτου οδού, περιτρεχούσης κύκλω όλην την νέαν πόλιν. Έπειτα να απλωθούν δύο πλατείαι, χρησιμεύουσαι ως προαύλια της νέας πόλεως, η μεν κατά την άνω έξοδον της τωρινής οδού του Ερμού, έχουσα εν τω μέσω τόξον θριαμβευτικόν εις μνήμην της υπό του σεβαστού Βασιλέως ημών Όθωνος ανεγέρσεως των νέων Αθηνών, η δε δευτέρα, προς μεσημβρίαν κατά την πύλην του Αδριανού, περιέχουσα έτερον θριαμβευτικόν τόξον εις μνήμην των υπέρ της εθνικής ανεξαρτησίας ενδόξων πράξεων των Ελλήνων. Εις τούτο το τόξον θέλει αποπερατούσθαι ο δρόμος ο εκ του Πειραιώς, όστις, δια να γίνη συντομώτερος και ευθύτερος, πρέπει να μετατοπισθή προς το μεσημβρινώτερον, και να διέρχηται πέραν του λόφου του Φιλοπάππου. Οποία αισθήματα ήθελον κυριεύσει τον περιηγητήν, όστις ερχόμενος εκ του Πειραιώς, ήθελε διαβαίνει πλησίον τόσων αριστουργημάτων των προγόνων μας, έχων προ οφθαλμών την ωραιοτέραν πρόσοψιν του γηραιού Παρθενώνος, κατέμπροσθέν του δε μακρύτερα τα κολοσσιαία λείψανα του ναού του Ολυμπίου Διός, και φθάνων εις το θριαμβευτικόν τόξον, ήθελεν εισέρχεσθαι υπό κάτω αυτού εις τας νέας Αθήνας; Οποία τέρψιν ήθελεν ευρίσκει εις πόλιν, τακτικώς ρυμοτομημένην και κατάφυτον, εστεφανωμένην με το λαμπρόν των νέων ανακτόρων οικοδόμημα, πρώτον μνημείον της τέχνης εν Ελλάδι κατά τον δέκατον ένατον αιώνα, κείμενον μεταξύ δύο ωραίων κήπων βασιλικών, του μεν προς μεσημβρίαν ιδίου βασιλικού, του δε προς ανατολάς δημοσίου, κατά μίμησιν του Τουϊλερή των Παρισίων, όπισθεν δε αυτού να φαίνηται η σεβάσμιος πρόσοψις του ναού του Σωτήρος (10)! Εάν δε και ο όπισθεν της πόλεως θρασέως ανυψούμενος Λυκαβηττός διορισθή να βαστάζη εις την κορυφήν του κομψήν αστεροσκοπικήν οικοδομήν, η όψις αυτού θέλει τέρπει ενταυτώ την όρασιν, και θέλει εξαίρει τον νουν του θεατού εις λογισμούς υψηλοτέρους. Μεγαλείτερος δε κήπος, διωρισμένος προς περίπατον και ψυχαγωγίαν του λαού, θέλει κατέχει τα παρά την Ακρόπολιν υψώματα και θέλει εξαπλούται έως εις τον Ιλισσόν, περιλαμβάνων και τον ναόν του Ολυμπίου Διός μετά των άλλων παρακειμένων αρχαιοτήτων. Σχηματιζόμενος δε ούτος κατά τον αγγλικόν τρόπον δια το ανάλογον της τοποθεσίας, ήθελεν είσθαι βεβαίως ο ωραιότερος κήπος τούτου του είδους. Έκαστος φίλος του λαού και της αληθείας θέλει γνωρίσει, ότι αύτη η περί διορθώσεως της πρωτευούσης ημών πόλεως γνωμοδότησις, προέρχεται από καθαρόν αίσθημα, και μόνον σκοπόν έχει την ωφέλειαν και τιμήν της ελληνικής Κυβερνήσεως και των κατοίκων των Αθηνών. Θέλει δε πεισθή, ωρίμως συλλογιζόμενος, ότι η πραγματοποίησις του τοιούτου σχεδίου δεν υπόκειται εις τόσας δυσκολίας, όσας τινές φαντάζονται. Εξ εναντίας μάλιστα θέλει συντελέσει εις την αύξησιν των κατοίκων της πρωτευούσης, σύρουσα πανταχόθεν ομογενείς και αλλογενείς εις το να κατοικήσουν πόλιν κομψήν και αναπαυτικήν, θέλει παρέξει νέους πόρους εις τους νυν κατοίκους και εις την Κυβέρνησιν, θέλει ευκολύνει την καταστάσαν ήδη αδύνατον ανασκαφήν, εκ της οποίας η επιστήμη και ο εκπεπολιτευμένος κόσμος ελπίζει μεγάλην ωφέλειαν, και θέλει προξενήσει χαράν και ευχαρίστησιν εις όλον το ελληνικόν έθνος, βλέπον τέλος πάντων την πρωτεύουσαν αυτού αυξάνουσαν και λαμβάνουσαν μορφήν πόλεως ελευθέρας και εκπεπολιτευμένου λαού, αντί να διατηρή έτι τον τουρκικόν και βάρβαρον χαρακτήρα. Είθε η παρούσα διατριβή να απαντήση εις τους αναγνώστας της τα αυτά αισθήματα, τα οποία την ηπηγόρευσαν! Είθε να σύρει την προσοχήν των εις αντικείμενον, το οποίον, αν φαίνηται κατά το παρόν επουσιώδες και ασήμαντον, έχει όμως μεγάλας συνεπείας δια το μέλλον, και το οποίον η θεία Πρόνοια λαμπρόν μας υπέδειξεν δια των ήδη περί ημάς τετελεσμένων αυτής θαυμάτων.

Σημειώσεις:

1. Διότι τα ανάκτορα ωκοδομούντο τότε.
2. Vitr. 1 1. cap. 6. Ο πύργος Ανδρονίκου του Κυρρήστου.
3. Μετά χαράς βλέπω νυν, ότι και άλλοι ειδήμονες των τοιούτων έκριναν κατά τον αυτόν τρόπον, ούτω π.χ. αναγινώσκονται εν τω εν Αθήναις υπό του ιατρού Α. Ν. Γούδα εκδιδομένω περιοδικώ συγγράμματι, τη Ιατρική Μελίσση, εν φυλλαδίω β' κατά τον Ιούλιον 1858 εν ιδιαιτέρω άρθρω επιγραφομένω "Έρευναι περί ιατρικής χωρογραφίας και κλίματος Αθηνών", τα εξής: σελ. 56." Και αληθώς ειπείν το μέρος, όπου ανηγέρθη μετά την ανεξαρτησίαν ημών η πόλις των Αθηνών, δεν είναι βεβαίως το καλλίτερον· εάν αύτη ηγείρετο προς μεσημβρίαν ή προς δυσμάς της Ακροπόλεως, και τας θαλασσίους αύρας ήθελε δέχεσθαι ακωλύτως, και από των ψυχρών μεν τον χειμώνα, θερμών δε το θέρος βορειοανατολικών ανέμων ήθελεν είσθαι προπεφυλαγμένη. Άξιον δε παρατηρήσεως είναι, ότι ο λαός, εννοήσας το ακατάλληλον της θέσεως της πόλεως των Αθηνών, και μη δυνάμενος να οικοδομήση προς νότον της Ακροπόλεως, οικοδομεί ήδη, και ούτως εκτείνεται η πόλις προς την τερπνήν τω όντι και λίαν υγιεινήν θέσιν των Πατη-

σίων, ήτις ναι μεν δεν προφυλάσσεται καθ' ολοκληρίαν υπό του βορρά, αλλ' είναι κατάντικρύ του νότου εκτεθειμένη, και δέχεται αμέσως και ακωλύτως τας θαλασσίους αύρας. Πόσον ευτυχής ήθελεν είσθαι ο τόπος ούτος, εάν οι διοικούντες εσυμβουλεύοντο καθ' άπαντα την αλάνθαστον σχεδόν πάντοτε ούσαν κοινήν γνώμην".

4. Ένεκα της αιφνιδίου ταύτης μεταβάσεως ολιγωρήθη και η εκπλήρωσις και η εφαρμογή της μετά των Αθηναίων συνομολογηθείσης συνθήκης περί αποζημιώσεως των οικοπέδων αυτών προς εβδομήκοντα πέντε λεπτά τον πήχυν εντός έξι μηνών μετά την μετάβασιν.
5. Παρελθούσης της προθεσμίας της συνομολογηθείσης συνθήκης.
6. Όπερ και εγένετο ύστερον, καίτοι απηγορευμένου όντος του οικοδομείν οιονδήποτε οικοδόμημα περί τα ανάκτορα.
7. Όπερ απεδείχθη δυστυχώς και ενταύθα κατά το 1854 μετά δεκαπέντε έτη.
8. Τοιαύτας ιδέας διέδιδον και τοιαύτα παραδείγματα έφερόν τινες υπό του ιδιωτικού συμφέροντος μάλλον κινούμενοι.
9. Απηγορευμένης ούσης τότε της εκτός του αρχικού σχεδίου οικοδομήσεως, τα πέριξ των ανακτόρων, ως έξωθεν του σχεδίου όντα και άχρηστα εις γεωργίαν, επωλούντο εις ευτελεστάτην τιμήν, αλλά και μετά δέκα έτη, κατά το 1849, αφού εδόθη άδεια οικοδομής επί μόνης της οδού Κηφισσίας, πάλιν επωλούντο προς μίαν δραχμήν και εβδομήκοντα οκτώ λεπτά, νυν δε δεκαπέντε και είκοσι δραχμών τιμάται ο πήχυς.
10. Ο ναός του Σωτήρος ή άλλως το ελληνικόν ηρώον, σχεδιασθέν κατά εκδοθέν πρόγραμμα υπό του αοιδίμου Κυβερνήτου, ετίθετο κατά την μονήν των Ασωμάτων, όπισθεν των ανακτόρων.

ΤΕΚΜΗΡΙΟΝ Β

ΚΕΙΜΕΝΟ Β: ΛΥΣΑΝΔΡΟΣ ΚΑΥΤΑΝΤΖΟΓΛΟΥ: "ΣΚΑΡΙΦΗΜΑ ΣΧΕΔΙΟΥ ΓΙΑ ΤΗΝ ΠΟΛΗ ΤΩΝ ΑΘΗΝΩΝ ΠΡΟΚΕΙΜΕΝΟΥ ΝΑ ΑΝΤΙΚΑΤΑΣΤΗΣΕΙ ΤΟ ΕΚΤΕΛΟΥΜΕΝΟΝ ΣΧΕΔΙΟΝ ΤΟΥ ΟΠΟΙΟΥ Η ΣΥΛΛΗΨΙΣ ΕΙΝΑΙ ΛΑΝΘΑΣΜΕΝΗ ΚΑΙ Η ΕΦΑΡΜΟΓΗ ΑΔΥΝΑΤΟΣ"

Γενικά Αρχεία του Κράτους· Αθήνα. Οθωνικό Αρχείο, Υπουργείο Εσωτερικών, φάκελλος 214. Αχρονολόγητη, αλλά υπογεγραμμένη εισήγηση προς τον Βασιλέα Όθωνα (πρωτότυπο σε γαλλική γλώσσα) κατά πάσαν πιθανότητα του έτους 1839.

Δεν θέλω να συζητήσω την πλέον κατάλληλον θέσιν της πόλεως, διότι είναι ανώφελον, εφ' όσον αυτή έχει καθορισθεί με την κατασκευήν των ανακτόρων! Θέλω μόνο να παρουσιάσω τα σοβαρά μειονεκτήματα που εμφανίζει το εκτελούμενον σχέδιον και τα οποία θα είναι οριστικώς ανεπανόρθωτα εάν μόνον η βασιλική βούλησις δεν επιφέρει εγκαίρως την αποτελεσματικήν θεραπείαν του κακοτέχνου αυτού σχεδίου, δια του οποίου τα ιδιωτικά συμφέροντα κατέστησαν την πρωτεύουσαν της Ελλάδος και των Τεχνών ανίκανον να υποδεχθεί όλην την προσδοκωμένην ανάπτυξίν της, προσδίδοντάς της μίαν τόσον θλιβεράν όψιν ώστε να εμποδίζει τους ευπόρους Έλληνας και ξένους να έλθουν να απολαύσουν τα ευεργετήματα του κλίματός της, οι οποίοι, πέραν του πλεονεκτήματος που θα επέφεραν με την διαμονήν τους, θα εξωράϊζον την πόλιν με επιβλητικάς οικοδομάς, όπως συμβαίνει εις την Ιταλίαν και ιδιαιτέρως εις την Τοσκάνην, όπου τα ονόματα των Dimidof και Poniatofski εξυμνούνται τόσο πολύ δια τας μεγάλας ωφελείας που έχουν αποφέρει εις το κράτος.

Οι πρώτοι ιδρυταί των Αθηνών επέλεξαν την Ακρόπολιν λόγω της θέσεώς της, η οποία παρουσιάζει μίαν φυσικήν οχύρωσιν έναντι των επιδρομών των κακοποιών, και για τον ίδιον λόγον, όταν ηυξήθη ο πληθυσμός, επεξετάθη εις τους πρόποδας του ιδίου λόφου, έχοντας κύριον σκοπόν τη δυνατότητα αμύνης.

Αι περιστάσεις αυταί είναι εντελώς διαφορετικαί και αι σημεριναί κυβερνήσεις επιδιώκουν να αναμορφώσουν τας παλαιάς πόλεις των με τεράστια ποσά και να τας κάνουν πιο υγιεινάς και προσηρμοσμένας εις τας βιοτικάς ανάγκας. Αυτό έπρεπε να αποτελεί το κύριον μέτρον, αλλά δεν ηκολουθήθη διόλου, αφού η πρωτεύουσα εγκατεστάθη μέσα εις την παλαιάν πόλιν και μάλιστα εις την πλέον ανθυγιεινήν θέσιν της περιοχής: επειδή η παλαιά πόλις ευρίσκεται εις την βορείαν κλιτύν της Ακροπόλεως, η ομίχλη που καλύπτει αυτήν την πλευράν διαλύεται με δυσκολίαν εξαιτίας της ιδίας της φύσεως της θέσεώς της, η οποία εμποδίζει την ελευθέραν κυκλοφορίαν των ανέμων και καθιστά την πόλιν υγράν.

Η επιλογή να περιβληθεί η παλαιά πόλις με μια νέαν, ελάχιστα κανονικήν πόλιν, με την ελπίδα ότι εις την συνέχειαν θα είναι δυνατόν να τακτοποιηθεί το κέντρον, αποτελεί λανθασμένον και ανεφάρμοστον σχέδιον, έστω και αν διατεθούν τεράστια ποσά επί αόριστον χρονικόν διάστημα. Αλλά ακόμη και αν αυτό ήτο εφικτόν, η πολυγωνική μορφή που προσιδιάζει μάλλον εις κήπον παρά εις σχέδιον πόλεως, είναι μία πολύ κακή έμπνευσις, διότι εκτός από την δυσάρεστον όψιν που προσδίδει εις τα κτήρια τέμνοντάς τα με οξείας και αμβλείας γωνίας, έχει έλλειψιν πλατειών, αι οποίαι αποτελούν την ψυχήν των καλοσχεδιασμένων πόλεων.

Το θλιβερόν είναι, τέλος, ότι μία πόλις κτισμένη κοντά εις την θάλασσα δεν έχει το πλεονέκτημα να απολαμβάνει αυτό το υπέροχον θέαμα της φύσεως.

Πιστεύω λοιπόν ότι αν ληφθεί απόφασις να ανασταλεί έν σχέδιον τόσο κακής εμπνεύσεως και τόσον δαπανηρόν, θα μπορέσουμε να έχουμε την ελπίδα να ιδούμε κατά τον παρόντα αιώνα τας Αθήνας να γίνονται μία από τας πλέον ευχαρίστους και γοητευτικάς πρωτευούσας.

Επειδή τα ανάκτορα έχουν κτισθεί ευτυχώς εις καλήν τοποθεσίαν και είναι διαχωρισμένα, κατά κάποιον τρόπον, τόσο από την παλαιάν όσο και από την νέαν πόλιν, θα προσελκύουν ασυναισθήτως τους κατοίκους να οικοδομήσουν προς αυτήν την πλευράν. Εάν όμως αυτή η φυσιολογική τάσις προληφθεί [δηλ. υποστηριχθεί] εγκαίρως με μίαν γενικήν αναμόρφωσιν του σχεδίου, τότε, εκτός από τα πλεονεκτήματα που παρατίθενται, θα προκύψει ακόμη και σημαντική οικονομία.

Η κυβέρνησις οφείλει να καταστεί ιδιοκτήτης των αγρών πέριξ των ανακτόρων, παίρνοντάς τα από την μονήν Πετράκη μέσω ανταλλαγών ή με αντίτιμον οριζόμενον δια νόμου. Όταν γίνει ιδιοκτήτης της γης, πρέπει να διανείμει αυτόν τον χώρον κανονικώς δια να κατοικηθεί ισοκατανεμημένως, δια παράδειγμα ο ναός του Σωτήρος προς την μονήν Πετράκη, το πανεπιστήμιον εις άλλην πλευράν καθώς και το θέατρον.

Ο γενικός κάναβος της πόλεως πρέπει να είναι ορθογωνικός και να υποδιαιρείται εις τέσσερα τμήματα με τέσσερεις μεγάλας οδούς, που θα απολήγουν εις την βασιλικήν πλατείαν. Κάθε τμήμα πρέπει να υποδιαιρείται με άλλας οδούς παραλλήλους προς τας τέσσερεις κυρίας, αι οποίαι θα απολήγουν εις άλλα σημεία αναπτύξεως,

Αι οδοί πρέπει να είναι ευρείες ώστε να αποφεύγονται τα ήδη αισθητά μειονεκτήματα λόγω της δυσχερούς κυκλοφορίας των αμαξών.

Αι κύριαι οδοί πρέπει να στοιχίζονται με δένδρα, τα οποία πέραν της μεγάλης ωφελείας που επιφέρουν προστατεύοντα τους διαβάτας από τας ακτίνας του ηλίου, κοσμούν ταυτοχρόνως την πόλιν κρύβοντα εν μέρει τα μικρά φθηνά σπίτια, και εις την συνέχειαν, εάν παραστεί ανάγκη, μπορούν να αντικατασταθούν με στοάς, τας οποίας απαιτεί το κλίμα της χώρας. Διότι, εκτός από το γεγονός ότι η ιστορία μάς διδάσκει τη χρήσιν στοών όπως συνηθίζονται εις την Ιταλία και εις την Ελλάδα, βλέπουμε εδώ ακόμη και σήμερον να απλώνονται εις τους δρόμους σκιάδια δια την προστασίαν από τας καυτάς ακτίνας του ηλίου, ενώ εις την Ιταλίαν αυτήν την ωφέλειαν την απολαμβάνουν ολόκληρες πόλεις, όπως το Τορίνον, η Νοβάρα, η Μπολόνια, η Πάντοβα κ.λπ.. κλπ..

Αι πλατείαι πρέπει να έχουν την μορφήν κήπου, δηλαδή ο χώρος της πλατείας πρέπει να περιβάλλεται από κιγκλίδωμα, αφήνοντας γύρω μίαν ευρείαν οδόν προς χρήσιν της κυκλοφορίας, και εις το εσωτερικόν θα σχηματισθεί ένας ανθόκηπος, εις απομίμησιν των πλατειών [Squares] του Λονδίνου.

Ο λόφος του Λυκαβηττού μπορεί να χρησιμεύσει ως περίπατος και ταυτοχρόνως ως τόπος εγκαταστάσεως ενός αστεροσκοπείου, και ο λόφος της Ακροπόλεως πρέπει να αποτελέσει τον άλλον δημόσιον περίπατον.

Εάν τοποθετηθεί η πόλις προς αυτήν την πλευράν, τότε, πέραν αυτών των πλεονεκτημάτων, θα έχει ακόμη το προτέρημα της θέσεώς της, εφ' όσον αυτή θα ευρίσκεται ανατολικώς και αμφιθεατρικώς [sic!] εις την κλιτύν του λόφου, και όλα τα σπίτια θα απολαμβάνουν την θέαν της θαλάσσης. Επί πλέον, η ευχέρεια να τοποθετηθούν οχετοί κατά μήκος του Ιλισσού δια την αποχέτευσιν των υδάτων θα προσφέρει εις την πόλιν οικονομίαν και καθαριότητα.

Όσον δια την παλαιάν πόλιν, εφ' όσον αυτή είναι τόσο κακοκτισμένη, θα είναι βραχύβια και οι κάτοικοί της σταδιακώς θα αναγκασθούν να την εγκαταλείψουν εις την κυβέρνησιν χωρίς να έχουν μεγάλας απαιτήσεις, αφού θα ευρίσκονται έξω από την κανονικήν πόλιν και μακριά από τα δημόσια κτήρια. Έτσι θα μπορέσουμε να καλλιεργήσουμε την ελπίδα ότι συν τω χρόνω θα γίνουν δυναταί αι ανασκαφαί που ενδιαφέρουν τόσον πολύ την τέχνην και την ιστορίαν.

Εθεώρησα χρέος μου να υποβάλω αυτό το σχεδίασμα ως καλλιτέχνης και ως Έλλην υπήκοος που επιθυμεί την ευημερίαν της χώρας, εις την Αυτού Μεγαλειότητα, η οποία είναι η μόνη που ημπορεί, με μίαν ενεργόν και άμεσον απόφασιν να επανορθώσει τα σοβαρώτατα μειονεκτήματα που έχουν καταστεί εσαεί ανεπανόρθωτα εξαιτίας των ιδιωτικών συμφερόντων.

Διατελώ, Μεγαλειότατε, μετά βαθυτάτου σεβασμού
της Υ.Μ.
ταπεινότατος και ευπειθέστατος
υπηρέτης

Λύσανδρος Καυταντζόγλου

116

116. Πανοραμική άποψη του ανατολικού τμήματος της Αθήνας γύρω στα 1870. Αριστερά σε πρώτο επίπεδο τα βασιλικά ανάκτορα, δεξιά στο βάθος η Ακρόπολη (αρχείο του συγγραφέως).

ΚΕΦΑΛΑΙΟ 7

Οι πολεοδομικές προτάσεις για τη νέα Αθήνα θεωρημένες στο πλαίσιο της εποχής τους. Μία αποτίμηση στον χώρο της ιστορίας των ιδεών

1. ΠΡΩΤΟΒΟΥΛΙΕΣ ΓΙΑ ΤΟΝ ΣΧΕΔΙΑΣΜΟ ΤΗΣ ΝΕΑΣ ΑΘΗΝΑΣ. ΟΙ ΕΜΠΛΕΚΟΜΕΝΕΣ ΠΡΟΣΩΠΙΚΟΤΗΤΕΣ ΚΑΙ Η ΣΥΜΜΕΤΟΧΗ ΤΩΝ ΔΙΑΦΟΡΩΝ ΦΟΡΕΩΝ ΤΩΝ ΠΡΩΤΟΒΟΥΛΙΩΝ

Εάν θεωρήσουμε την ιστορική διαδικασία της ίδρυσης μιας νέας πρωτεύουσας και τη μελετήσουμε υπό το πρίσμα της κοινωνικής δυναμικής αλλά και των ατομικών καθέκαστα πρωτοβουλιών[1], θα δούμε να διαγράφεται ταυτοχρόνως η φυσιογνωμία των σημαντικωτέρων προσωπικοτήτων που συμμετείχαν στον πολεοδομικό αυτό σχεδιασμό, δηλαδή των πρωταγωνιστών της όλης διαδικασίας. Οι δυνάμεις που συνέβαλαν στο έργο αυτό είναι από το ένα μέρος ο ιδρυτής ή η αναθέτουσα αρχή, από το άλλο οι αρχιτέκτονες και οι πολεοδόμοι, οι ειδικοί εμπειρογνώμονες αλλά και οι πολιτικοί άνδρες της χώρας.

Στην περίπτωση της Αθήνας, όπως είδαμε, ο ρόλος του ιδρυτή ή της αναθέτουσας το έργο αρχής ήταν μάλλον δευτερεύων. Ο πρώτος άρχων της απελευθερωμένης Ελλάδος, ο Κυβερνήτης Ιωάννης Καποδίστριας, απησχολήθη βέβαια ζωηρά με την ανάπλαση των υφισταμένων ελληνικών πόλεων και τη δημιουργία νέων[2]· κατά τη διάρκεια όμως της σχετικά βραχύχρονης διακυβέρνησής του (από τον Ιανουάριο του 1828 ως τον Οκτώβριο του 1831), δεν μπόρεσε να λάβει συγκεκριμένα μέτρα για την Αθήνα, επειδή η πόλη ευρίσκετο ακόμα υπό την κυριαρχία των Τούρκων[3]. Στις 12.1.1831 επεσκέφθη την πόλη συνοδευόμενος από τους αρχιτέκτονες Κλεάνθη και Schaubert, για να διαπραγματευθεί με τον πληρεξούσιο των τουρκικών αρχών την παράδοση του οχυρού της Ακρόπολης, χωρίς να έχει αποφασισθεί η ανακήρυξη της Αθήνας σε πρωτεύουσα της χώρας. Έτσι, φαίνεται ότι εδίστασε να αναθέσει και τη μελέτη σχεδιασμού της νέας πόλης.

Η προσωρινή κυβέρνηση, γνωστή ως "Διοικητική Επιτροπή", που ανέλαβε καθήκοντα μετά τη δολοφονία του Ιωάννη Καποδίστρια (9.10.1831), ανέθεσε μεν επίσημα στις 24.5.1832 δια του υπουργού Εσωτερικών Δ. Χρηστίδη την εκπόνηση του σχεδίου της νέας Αθήνας στους αρχιτέκτονες Κλεάνθη και Schaubert, στην ουσία όμως όχι με δική της πρωτοβουλία· την εντολή σύνταξης του αρχικού σχεδίου πόλης την εξεμαίευσαν στην κυριολεξία κατόπιν πιεστικής επιμονής τους οι ίδιοι οι προαναφερόμενοι αρχιτέκτονες[4].

Τα σχέδια και οι προτάσεις των von Quast, Traxel και Καυταντζόγλου συνετάχθησαν χωρίς επίσημη ανάθεση. Η επέμβαση του Klenze ως εμπειρογνώμονος έλαβε χώραν κατόπιν εντολής του Βασιλέως Λουδοβίκου Α' της Βαυαρίας και αφού στη συνέχεια προσεκλήθη επίσημα στο Ναύπλιο από την αντιβασιλεία.

Η προσωπικότης του Λουδοβίκου Α' (1786-1868), ενός ηγεμόνος ο οποίος συνέβαλε ενεργά στον σχηματισμό του ελληνικού κράτους, παρουσιάζει ιδιαίτερο ενδιαφέρον όχι μόνον επειδή σε αυτόν οφείλεται κατά κύριο λόγο η αναθεώρηση του αρχικού σχεδίου της νέας Αθήνας, αλλά και επειδή λόγω των δικών του προσωπικών επιφυλάξεων απερρίφθη τόσο το σχέδιο για ένα ανάκτορο πάνω στην Ακρόπολη του K. F. Schinkel όσο και το σχέδιο των ανακτόρων του Klenze στην περιοχή του Κεραμεικού. Δεν είναι βέβαια εδώ η κατάλληλη θέση για να εκτιμηθεί ο Λουδοβίκος ως φιλότεχνος και μαικήνας της αρχιτεκτονικής. Στα πλαίσια της παρούσης εργασίας ωστόσο ενδιαφέρει ιδιαίτερα η στάση του απέναντι στα ελληνικά πράγματα.

Ο Λουδοβίκος Α' ασφαλώς έτρεφε φιλελληνικά αισθήματα, αν και συγκεχυμένα, ανάμικτα με ρομαντικές εξάρσεις. Αυτό αποδεικνύεται τόσο από την έκδηλη υποστήριξη εκ μέρους του του επταετούς (1821-1827) απελευθερωτικού αγώνος των Ελλήνων[5], όσο και από τις προσωπικές του εκδηλώσεις συμπαθείας προς τους Έλληνες[6]. Αυτό όμως δεν τον εμπόδιζε να βλέπει πως η παρουσία των Βαυαρών στην Ελλάδα "συνέφερε τη δυναστεία του"[7]. Ο πολιτικός ρεαλισμός του άγγιζε συχνά τα όρια του κυνισμού, όπως π.χ. όταν αποκαλούσε το μικρό νεοσύστατο κράτος των Ελλήνων "Botani Bay" της Βαυαρίας (έτσι ονομάζετο ο όρμος όπου απεβιβάζοντο οι Βρετανοί κατάδικοι στην Αυστραλία, στην ουσία δηλαδή τόπος εξορίας), όπου μπορούσε να στέλνει τους πολιτικούς που δεν του ήσαν αρεστοί[8].

Εξ ίσου ασταθής και αντιφατική ήταν η άποψή του για την αρχαία ελληνική τέχνη και για την επιθυμητή αρχιτεκτονική σε κλασικό έδαφος. Βέβαια, όπως και ο αρχιτέκτων της αυλής του, Leo von Klenze, ήταν ακλόνητα πεπεισμένος για την υψηλή πολιτιστική αξία της αρχαίας ελληνικής τέχνης και την υποχρέωση διάσωσης και προστασίας της· στα ζητήματα όμως ανοικοδομήσεως της νέας Αθήνας μόνον επιφυλάξεις ήξερε να διατυπώνει. Στην αρχή επεμβαίνει αυταρχικά και με αόριστες αιτιολογήσεις στον σχεδιασμό της Αθήνας, απορρίπτοντας το πρώτο σχέδιο. Όμως, ούτε την αναθεώρηση αυτού του σχεδίου από τον απεσταλμένο του στην Ελλάδα εμπειρογνώμονα Leo von Klenze σέβεται· διότι λίγο αργότερα αποφαίνεται υπέρ του αρχιτεκτονικού σχεδίου του Gaertner, ο οποίος μεταθέτει το παλάτι στις ανατολικές παρυφές της πόλης, τροποποιώντας ουσιαστικά πάλι το γενικό σχέδιο της Αθήνας.

Ενώ αρχικά είναι λάτρης της γνήσιας "ελληνικής" κλασικής αρχιτεκτονικής, την οποία προπαγανδίζει ως φιλελεύθερος διάδοχος[9], αργότερα ως Βασιλεύς πλέον ο Λουδοβίκος φαίνεται να τάσσεται υπέρ ενός πομπώδους ιστορισμού που συχνά εκφυλίζεται σε άκριτο εκλεκτικισμό[10]. Έτσι, ναι μεν τυπικά είναι αυτός που αναθέτει στον Klenze την αποστολή του εμπειρογνώμονος στην Ελλάδα (με την εντολή να εκφέρει γνώμη για το σχέδιο πόλης και να συντάξει νέο), στην ουσία όμως δεν επηρεάζει θετικά τον πολεοδομικό σχεδιασμό της Αθήνας. Αποκλειστικά δική του είναι ωστόσο η επιλογή της θέσης των ανακτόρων, του αρχιτέκτονος που θα σχεδιάσει το κτήριο (Gaertner), καθώς και του σχεδίου με βάση το οποίο τελικά εκτίσθησαν τα ανάκτορα.

Οι διάδοχοι της Πρωσίας Φρειδερίκος Γουλιέλμος και της Βαυαρίας Μαξιμιλιανός ανεμίχθησαν στα πεπρωμένα της Αθήνας, ως ερασιτέχνες και φίλοι των γραμμάτων και των τεχνών. Έτσι, η ιδέα να κτισθούν τα βασιλικά ανάκτορα επάνω στην Ακρόπολη ήταν, ως γνωστόν, του Φρειδερίκου Γουλιέλμου· ο πρίγκιψ Μαξιμιλιανός της Βαυαρίας, από την άλλη, ερωτοτροπούσε έμμονα με την ιδέα να κτισθεί η νέα πρωτεύουσα αντί στην Αθήνα στον Ισθμό της Κορίνθου και να ονομασθεί "Οθωνόπολις". Το πόσο ανεφάρμοστες ήταν και οι δύο αυτές ιδέες μας περιγράφει πολύ εύγλωττα ο Klenze στις μυστικές σημειώσεις του *Memorabilien*[11].

Ποιοι όμως ήταν οι αρχιτέκτονες που συμμετείχαν στη διαδικασία σχεδιασμού της νέας Αθήνας; Τι γνωρίζουμε για την προσωπικότητά τους και για την ικανότητά τους να ανταποκριθούν στις απαιτήσεις ενός τέτοιου έργου; Όσον αφορά την ηλικία τους, οι περισσότεροι ήσαν σχετικά νέοι όταν απετόλμησαν να ασχοληθούν με τον πολεοδομικό σχεδιασμό της νέας πρωτεύουσας: οι Κλεάνθης και Schaubert, ο von Quast, ο Traxel και ο Καυταντζόγλου ήσαν όλοι τους γύρω στα τριάντα· ο Schinkel και ο Klenze αντίθετα το 1834 ήσαν πενήντα ετών και στο απόγειο της σταδιοδρομίας τους.

Από τους νεώτερους οι Κλεάνθης και Schaubert καθώς και ο Καυταντζόγλου διετύπωσαν τις πιο συγκεκριμένες και πρωτότυπες πολεοδομικές προτάσεις, ενώ οι von Quast και Traxel επαγιδεύθησαν σε ριψοκίνδυνες πολεοδομικές θεωρήσεις. Ανάμεσα στις δύο αυτές στάσεις μπορούμε να τοποθετήσουμε το μελετημένο με ακρίβεια αλλά στην πράξη ανεφάρμοστο σχέδιο του K. F. Schinkel, για τα ανάκτορα πάνω στην Ακρόπολη και τη ρεαλιστική αναθεώρηση του πρώτου σχεδίου πόλης από τον Leo von Klenze.

Αξιοσημείωτο είναι το γεγονός ότι το αρχικό σχέδιο το επεξεργάσθησαν δύο νέοι αρχιτέκτονες που τους συνέδεε στενή φιλία και που έδρασαν από κοινού. Συναδελφική συνεργασία δεν ήταν κάτι το συνηθισμένο μεταξύ των αρχιτεκτόνων κατά το πρώτο ήμισυ του 19ου αιώνα· η στενή συνεργασία όμως στην περίπτωση της Αθήνας παρήγαγε ένα αξιόλογο αποτέλεσμα.

Ο Eduard Schaubert (1804-1860), απόφοιτος της Ακαδημίας Αρχιτεκτονικής (Bauakademie) του Βερολίνου, φαίνεται πως ήταν άνθρωπος μάλλον σιωπηλός, με αίσθηση καθήκοντος και μεγάλη ηθική ακεραιότητα[12]. Ήταν βαθύτατα συνδεδεμένος με την Ελλάδα, τη θετή του πατρίδα, την οποία υπηρέτησε δεκατέσσερα χρόνια (1830-1843). Όπως αποδικνύουν η συμμετοχή του στις εργασίες αναστήλωσης του ναού της Απτέρου Νίκης[13], οι αρχαιολογικές του ανασκαφές, καθώς και τα σχετικά κείμενα και σχέδιά του[14], ιδιαίτερο πάθος του ήταν η αρχαιολογική έρευνα και η ιστορία της αρχιτεκτονικής. Στον τομέα της πολεοδομίας, συνέταξε όχι μόνο από κοινού με τον Κλεάνθη τα σχέδια της Αθήνας και του Πειραιά αλλά και μόνος του τα σχέδια της Ερέτριας, της Κορίνθου και των Μεγάρων. Ο Schaubert λίγα κτήρια έκτισε[15], για μεγάλο χρονικό διάστημα όμως ως προϊστάμενος αρχιτέκτων, δηλαδή Διευθυντής της Αρχιτεκτονικής Υπηρεσίας του Υπουργείου Εσωτερικών, ησχολήθη με τον συντονισμό της οικοδομικής δραστηριότητος σε όλη την επικράτεια. Αλλά και το πρώτον πολεοδομικόν νομοθέτημα της νεώτερης Ελλάδος φέρει σαφώς τη σφραγίδα του πνεύματος του Schaubert.

Ο Σταμάτιος Κλεάνθης (1802-1862) ήταν φύση πολύ πιο πρακτική. Παρά τα δύσκολα παιδικά και νεανικά του χρόνια, κατώρθωσε να σπουδάσει στην πιο αξιόλογη εκείνη την εποχή σχολή Αρχιτεκτονικής, στην Ακαδημία του Βερολίνου. Ήταν άνθρωπος μαχητικός και ρεαλιστής[16], που ήξερε πώς να προωθεί και να προστατεύει τα επαγγελματικά του συμφέροντα. Γι' αυτό το λόγο έπεσε θύμα συκοφαντιών, που τον ήθελαν να συμμετέχει στις δόλιες δραστηριότητες των κερδοσκόπων γης στην Αθήνα· οι κατηγορίες αυτές ωστόσο ποτέ δεν επεβεβαιώθησαν[17]. Μετά τα πρώιμα πολεοδομικά σχέδια που εξεπόνησε μαζί με τον Schaubert, ηργάσθη με επιτυχία επί είκοσι χρόνια ως αρχιτέκτων στην Αθήνα. Την τελευταία δεκαετία της ζωής του ησχολήθη με την εξόρυξη και το εμπόριο μαρμάρων της Πάρου.

Όπως ήταν αναμενόμενο, οι επαγγελματικοί δρόμοι των δύο καλλιτεχνών και φίλων με τον τόσο διαφορετικό χαρακτήρα χώρισαν σχετικά νωρίς. Εν τούτοις, ήταν ευτύχημα που στα νεανικά τους χρόνια, ωθούμενοι από τα ίδια ιδανικά, συνεργάσθησαν γόνιμα, συμπληρώνοντας, όπως φαίνεται, ο ένας τον άλλον[18]. Και οι δύο ήσαν διπλωματούχοι αρχιτέκτονες και μαθητές του Schinkel. Όταν απετόλμησαν την εκπόνηση του σχεδίου πόλης της Αθήνας, δεν πρέπει να είχαν αξιόλογη πείρα στον τομέα της πολεοδομίας· δεν υπήρξαν όμως απλώς οι συντάκτες του πρώτου σχεδίου της Αθήνας αλλά και αυτοί που έλαβαν την πρωτοβουλία για την εκπόνησή του.

Ο Alexander Ferdinand von Quast (1807-1876) ήταν επίσης αρχιτέκτων, έδειξε από νωρίς ενδιαφέρον για ζητήματα ιστορίας και θεωρίας της τέχνης, διωρίσθη το 1843 Γενικός Έφορος Αρχαιοτήτων της Πρωσίας (Landeskonservator) και ησχολήθη με μελέτες ιστορίας της τέχνης και της αρχιτεκτονικής. Στον σχεδιασμό της Αθήνας επενέβη θέτοντας καθαρά θεωρητικά ζητήματα· διαφωνώντας κυρίως με τη χωροθέτηση της νέας Αθήνας στο βόρειο τμήμα του αθηναϊκού λεκανοπεδίου, όπως προέβλεπε το αρχικό σχέδιο, ετάχθη κατά της αρχής της "προσθετικής παράθεσης" στον χώρο της παλαιάς και της νέας πόλης. Ταυτοχρόνως ο von Quast, με το όραμα της επιλόφιας πόλης που πρότεινε, προσπάθησε να θεμελειώσει πολεοδομικά την πρόταση για τα ανάκτορα πάνω στην Ακρόπολη του σεβαστού δασκάλου του K. F. Schinkel, τον οποίον εθαύμαζε. Παρ' ότι το όραμά του είναι σαφές, στη πρότασή του διακρίνει κανείς τον ερασιτεχνισμό του θεωρητικού της τέχνης, που δεν είναι εξοικειωμένος με τις πραγματικές, επιτόπιες συνθήκες.

117

118

117 και 118. Το πρόπλασμα της πόλης, που κατεσκευάσθη το 1979 με οδηγίες του Ιωάννη Τραυλού, δείχνει την Αθήνα του έτους 1842. Το πρόπλασμα αυτό εστηρίχθη στην αποτύπωση της υφιστάμενης κατάστασης από τον Stauffert του 1836 (εικ. 19), η οποία έχει συμπληρωθεί με τα πρώτα κτήρια που οικοδομήθησαν στη βόρεια περιφέρεια της πόλης τα επόμενα έξι χρόνια. Στις ανατολικές παρυφές της Αθήνας διακρίνονται τα νεόδμητα ανάκτορα και το πρώτο τμήμα του βασιλικού κήπου. Στο πρώτο επίπεδο φαίνονται τα πρώτα σποραδικά κτήρια της νέας πόλης, δομημένα κατά το ασυνεχές σύστημα. Στο βάθος διακρίνεται η παλαιά πόλη με τα δαιδαλώδη δρομάκια της. Φαίνονται καθαρά οι νέες διανοίξεις των οδών Αιόλου, Αθηνάς και Ερμού. Η άνω πόλη (πάνω στο πλάτωμα της Ακρόπολης) έχει ήδη κατεδαφισθεί. Και οι δύο απόψεις είναι από τον βορρά· η πρώτη από ύψος 150 περίπου μέτρων, η δεύτερη 1.000 μέτρων. Ιδιαίτερα αισθητή είναι η αντίθεση ανάμεσα στην παλαιά και την νέα πόλη, όσον αφορά την αντίληψη οργανώσεως του αστικού χώρου (Μουσείο της πόλεως των Αθηνών. Φωτογραφία του συγγραφέως).

Η μεγαλοφυία του αρχιτέκτονος Karl Friedrich Schinkel (1781-1841) ο οποίος με το έργο του εσφράγισε την περίοδο του κλασικισμού στην Κεντρική Ευρώπη και άνοιξε τον δρόμο της μετάβασης στη βιομηχανική εποχή, αναγνωρίζεται απ' όλους. Η ακεραιότητα και η αίσθηση του καθήκοντος που διέκριναν τον κρατικό λειτουργό Schinkel συνεδυάζοντο με σπάνια καλλιτεχνική αυτονομία και δύναμη φαντασίας. Εσπούδασε αρχιτεκτονική στο Βερολίνο, όπου υπήρξε μαθητής των David και Friedrich Gilly. Παράλληλα με την έντονη δραστηριότητά του ως αρχιτέκτων και ζωγράφος έργων με αρχιτεκτονικά θέματα, διετέλεσε Διευθυντής της Αρχιτεκτονικής Υπηρεσίας στο Βερολίνο (Baudirektor)· από τη θέση του αυτή είχε την ευκαιρία να επηρεάσει εξαιρετικά επί τρεις συνεχείς δεκαετίες την πολεοδομική ανάπτυξη της πρωτεύουσας της Πρωσίας, όχι μόνο με τα σημαντικά κτήριά του, αλλά και με πολλά επιμέρους πολεοδομικά σχέδια διευθέτησης στο κέντρο της πόλης.

Την τελευταία δεκαετία της ζωής του εσχεδίασε μεγάλα αρχιτεκτονικά οράματα με θέμα μία "βασιλική καθέδρα", τα οποία, αν και μελετημένα λεπτομερώς και σχεδιασμένα αριστοτεχνικά, δεν επραγματοποιήθησαν ποτέ[19]. Μεταξύ αυτών συγκαταλέγεται και το σχέδιο για ένα ανάκτορο επάνω στην Ακρόπολη της Αθήνας για τον Βασιλέα Όθωνα. Παρά το γεγονός πως το σχέδιο αυτό του Schinkel δεν θίγει τα ουσιαστικά ζητήματα του πολεοδομικού σχεδιασμού της πόλης, ο von Quast στηρίζει σ' αυτό την ιδέα της ανάπτυξης της Αθήνας πάνω σε λόφους· δεν φαίνεται ωστόσο πως ο Schinkel είχε αυτή την πρόθεση. Το σχέδιο για ένα ανάκτορο επάνω στην Ακρόπολη, τόσο λόγω των διαστάσεών του όσο και της υψηλής καλλιτεχνικής του ποιότητος, είναι το σημαντικώτερο αρχιτεκτονικό σχέδιο που εξεπονήθη ποτέ για την Αθήνα της κλασικιστικής περιόδου. Ο Schinkel ήταν ο μόνος που ετόλμησε να προτείνει ένα ιδανικό σχέδιο μνημειακού κτηριακού συνόλου για την Αθήνα, αποφεύγοντας όμως κάθε προβληματισμό σχετικά με το γενικό σχέδιο της πόλης.

Ο Leo von Klenze (1784-1864) απέκτησε πολύπλευρη αρχιτεκτονική μόρφωση στη Γερμανία και τη Γαλλία. Τα ενδιαφέροντά του είχαν έντονο ανθρωπιστικό προσανατολισμό· παράλληλα με τη σπουδή της αρχαίας ελληνικής γραμματείας και των αρχαίων γλωσσών, ενδιεφέρετο ζωηρώς για την τέχνη και την ιστορία της ελληνικής αρχαιότητος, καθώς και για την ιστορία και τη θεωρία της αρχιτεκτονικής[20]. Υπήρξε επίσης ανεγνωρισμένος ζωγράφος[21], όπως εξ άλλου και ο Schinkel. Και οι δύο αυτοί μεγάλοι αρχιτέκτονες του γερμανικού κλασικισμού, όπως αποδεικνύουν οι ζωγραφικοί τους πίνακες, είχαν την ικανότητα να μεταφέρονται με δεξιοτεχνία στην ατμόσφαιρα του αρχαίου κόσμου. Οι πίνακές τους, με θέματα αρχιτεκτονικά, μπορούν κάλλιστα να θεωρηθούν εικαστικές ασκήσεις αναπαράστασης του αρχαίου πολιτισμού[22].

Μεταξύ των καλλιτεχνών που ησχολήθησαν με τον σχεδιασμό της νέας Αθήνας, ο Klenze ήταν ο μόνος δεινός διπλωμάτης. Οι ξένες γλώσσες που κατείχε, ο διεθνής χαρακτήρ της μόρφωσεώς του και η μακρόχρονη πείρα του ως αρχιτέκτονος της Αυλής του Kassel και αργότερα του Μονάχου, συνέβαλαν στην ανοικτή στάση του απέναντι σε πρόσωπα και πράγματα, ιδιότητα που εχαρακτήριζε τον "κοσμοπολίτη" Klenze. Φυσικό λοιπόν ήταν να συναρτήσει το έργο του για την Αθήνα και με πολιτικούς και πολιτιστικούς προβληματισμούς. Παρά τον φιλελευθερισμό του, τον οποίο διακρίνουμε συχνά στις *Αφοριστικές παρατηρήσεις*..., παρά την κριτική που ασκεί στη βαυαρική διοίκηση στην Ελλάδα[23] και την εντυπωσιακή για έναν ξένο κατανόηση της νοοτροπίας του Έλληνος που τον χαρακτηρίζει[24], την στάση του κατά την επέμβασή του στα πολεοδομικά πράγματα της Αθήνας την διέκρινε ευγενική αλαζονεία. Εθεώρει εαυτόν –πράγμα που φαίνεται καθαρά στα γραπτά του– τον από μηχανής θεό που έρχεται στην Ελλάδα, για να ξεδιαλύνει μια περιπεπλεγμένη κατάσταση. Αυτό το αίσθημα δεν ήταν μόνον απόρροια της υπερβολικής αυτοπεποίθησής του αλλά και των απεριορίστων εξουσιών τις οποίες του είχε παραχωρήσει ο Βασιλεύς Λουδοβίκος Α'. Ιδιαιτέρως βέβαια τον απεγοήτευσε το γεγονός ότι τελικά δεν εφηρμόσθησαν πλήρως οι προτάσεις του για την αναθεώρηση του σχεδίου της νέας Αθήνας. Ας σημειωθεί, ότι ήταν ο μόνος στον οποίον ανετέθη επισήμως το έργο του εμπειρογνώμονος σε θέματα πολεοδομικού σχεδιασμού[25]. Τον ιδεατό στόχο του για την Αθήνα, που προέβαλε στα κείμενά του, δηλαδή τη δόμησή της πάνω σε λόφους, δεν τον διετύπωσε ποτέ σχεδιαστικά· εξ άλλου ποτέ δεν του εζητήθη κάτι τέτοιο. Αυτή η συγκρατημένη στάση του μπορεί επίσης να ερμηνευθεί ως τυπική επιφυλακτικότης ενός έμπειρου διπλωμάτη.

Ο Λύσανδρος Καυταντζόγλου (1811-1885) εσπούδασε αρχιτεκτονική στην Ιταλία (Ρώμη, Academia San Luca) και στην Γαλλία (Παρίσι, Ecole Nationale des Beaux Arts). Εικοσιοκτάχρονος (1839) επέστρεψε στην πατρίδα του και εξελίχθη σε έναν από τους ολίγους ονομαστούς Έλληνες αρχιτέκτονες, που εσφράγισαν με το έργο τους την εποχή της βασιλείας του Όθωνος[26]. Ηργάσθη ως ελεύθερος επαγγελματίας αλλά και επί μακρόν ως διευθυντής του Πολυτεχνείου (1844-1862). Στην αρχιτεκτονική του ήταν δογματικός, με την έννοια ότι εφήρμοζε αυστηρά και κάπως στείρα την ρυθμολογία της αρχαίας αρχιτεκτονικής. Το μοναδικό πολεοδομικό σχέδιό του το οποίο γνωρίζωμε, η αντιπρότασή του δηλαδή για την Αθήνα, αποκαλύπτει ένα ορθολογικό πνεύμα που θέλει να ανοίξει στον πολεοδομικό σχεδιασμό τον δρόμο προς τη βιομηχανική εποχή. Εν τούτοις, το σχέδιό του φαίνεται ανώριμο και αδέξιο από πολλές απόψεις.

Σε όλη του την ζωή συνέχισε να υποστηρίζει με εμμονή τις ιδέες του για την πολεοδομική ανάπτυξη της Αθήνας, που όμως δεν έγιναν δεκτές. Ενδιεφέρετο πολύ για την αρχαιολογία και υπήρξε ένα από τα πρώτα μέλη της "Εν Αθήναις Αρχαιολογικής Εταιρείας"· υπήρξε ακέραιος, αλλά επηρμένος και ανένδοτος. Απεχώρησε από το διδακτικόν του έργον σχετικά νωρίς –στα πενήντα του– για πολιτικούς λόγους, διετήρησε όμως μέχρι το τέλος της ζωής του τη φήμη του μεγάλου αρχιτέκτονος και του αισθητικού τιμητή στα πολιτιστικά πράγματα της χώρας.

Ο Christian August Traxel (1800-1839;) ήταν ο μόνος μεταξύ όσων διετύπωσαν προτάσεις για την Αθήνα, ο οποίος δεν είχε τα τυπικά προσόντα του αρχιτέκτονος, γιατί είχε παρακολουθήσει σπουδές στην Ακαδημία Αρχιτεκτονικής του Βερολίνου μόνον ένα χρόνο (1827). Στην πραγματικότητα ήταν χρονικογράφος και δημοσιογράφος αναμεμιγμένος στις πολιτικές αντιπαραθέσεις στη Γερμανία του καιρού του. Η σύντομη ζωή του υπήρξε άστατη και ταραχώδης. Θεωρούσε τον εαυτό του "καλλιτέχνη της ελαφρόμυαλης Μούσας" και η έκθεσή του για την Αθήνα –όπως και το σχέδιό του για την πόλη– στερούνται παντελώς επιστημονικής σοβαρότητος. Παρ' όλα αυτά, το σχέδιό του ως πλάσμα της φαντασίας ενός ερασιτέχνη έχει ιστορικό ενδιαφέρον.

119

119. Άποψη από τα βορειοανατολικά της Ακρόπολης και της Πλάκας το 1930. Παρά τα πολλά κτήρια που οικοδομήθησαν τον 19ο αιώνα, τόσο το οδικό δίκτυο όσο και η εικόνα της παλαιάς πόλης σ' αυτή την περιοχή δεν έχουν αλλάξει σχεδόν καθόλου μέχρι σήμερα και έτσι αντικατοπτρίζουν αρκετά πιστά την ανάλογη πραγματικότητα κατά το έτος 1833 (Γερμανικό Αρχαιολογικό Ινστιτούτο Αθηνών).

Είναι ενδεικτικό ότι με μοναδική εξαίρεση τον Traxel, όλοι όσοι συμμετείχαν στο σχεδιασμό της Αθήνας ήσαν επαγγελματίες αρχιτέκτονες, κανένας τους όμως –σε μια εποχή στην οποία δεν υπήρχαν ειδικές σπουδές πολεοδομίας και χωροταξίας– δεν είχε πολεοδομική πείρα, με την έννοια ότι δεν είχε εκπονήσει ποτέ το σχέδιο μιας ολόκληρης πόλης. Αυτό ισχύει και για τους δύο ήδη ανεγνωρισμένους το 1834 δασκάλους του γερμανικού κλασικισμού Schinkel και Klenze, οι οποίοι είχαν επεξεργασθεί μεν σχέδια κτηρίων και μνημειακών κτηριακών συγκροτημάτων στο Βερολίνο και το Μόναχο που ήσαν σημαντικά για τη μορφολογία των πόλεων αυτών, αλλά που δεν θα τα εχαρακτηρίζαμε "πολεοδομικά" με τη σημερινή έννοια του όρου.

Οι απασχολούμενοι εκείνη την εποχή στην Ελλάδα ως αρχιτέκτονες, μηχανικοί του στρατού δεν συμμετείχαν στον σχεδιασμό της Αθήνας[27]. Επίσης δεν συμμετείχε ενεργά κανένας διοικητικός υπάλληλος ή πολιτικός[28]. Οι αρχιτέκτονες που επήραν μέρος στη διαδικασία σχεδιασμού ενδιεφέροντο για την αρχαιολογία, φαινόμενο χαρακτηριστικό της εποχής, πράγμα που ισχύει ιδιαιτέρως για τους Schaubert και Klenze. Ο δεύτερος, όπως άλλωστε και ο Schinkel, ενδιεφέρετο επίσης και για ζητήματα θεωρίας της αρχιτεκτονικής. Εγχειρίδια αρχιτεκτονικής κατέλιπαν οι Schinkel και Κλεάνθης[29].

Πέντε από τους αρχιτέκτονες ήσαν Γερμανοί και δύο Έλληνες. Από τους Γερμανούς εχειρίζοντο κάπως τα αρχαία και νέα Ελληνικά και εγνώρισαν την Αθήνα, μόνον οι Schaubert και Klenze. O Traxel είχε επισκεφθεί μεν την Αθήνα, απ' ό,τι φαίνεται όμως δεν καταλάβαινε Ελληνικά. Ο Schinkel και ο Quast δεν είχαν επισκεφθεί ποτέ την Ελλάδα και δεν εγνώριζαν Ελληνικά.

Εκτός από τον Klenze, συνέβαλαν έμμεσα στον σχεδιασμό της Αθήνας ως εμπειρογνώμονες δύο ακόμα αρχιτέκτονες, για να εκφέρουν όμως γνώμη σε επιμέρους θέματα. Ο πρώτος ήταν ο Johann Gottfried Gutensohn, ο οποίος κατά τα πρώτα έτη της βασιλείας του Όθωνος (δηλαδή κατά το διάστημα μέχρι την ενηλικίωσή του) διετέλεσε αρχιτέκτων της Αυλής και απεστάλη στην Αθήνα από τον Βασιλέα για να προτείνει σε ποιο ακριβώς σημείο του λεκανοπεδίου της Αθήνας θα έπρεπε να χωροθετηθεί η νέα πρωτεύουσα. Σε δύο εκθέσεις του προς τον Όθωνα (βλ. τεκμήρια 29 και 30 της συλλογής "Κειμένων") ο Gutensohn ετάχθη αποφασιστικώς και με σοβαρά επιχειρήματα εναντίον της Αθήνας και υπέρ της επιλογής του Πειραιώς για την ανέγερση της μελλοντικής βασιλικής καθέδρας. Οι προτάσεις του δεν έγιναν δεκτές.

Ο δεύτερος εμπειρογνώμων, ο Anton Weissenborn (ή αλλού Weissenburg) είχε το αξίωμα του Γενικού Εφόρου Αρχαιοτήτων της Ελλάδος στο διάστημα από 8.6.1833 έως 27.9.1834. Ο Weissenborn, για τον οποίο ομιλούν αποδοκιμαστικά[30] τόσο ο Klenze όσο και ο Ross, κατά το σύντομο αυτό διάστημα της θητείας του δεν φαίνεται να συνέβαλε σημαντικά στην προστασία και τη συντήρηση των αρχαίων μνημείων· άλλωστε τον παρέκαμψε ο Klenze με τις αυτεξούσιες αποφάσεις του, εγκαθιστώντας στη θέση του τον Ross[31].

Ο Weissenborn συνόδευσε το μέλος της αντιβασιλείας Georg von Maurer τον Ιούνιο του 1834 στην Αθήνα και έλαβε μέρος στη συνεδρίαση με τους αντιπροσώπους της δημογεροντίας που συνεκλήθη για να συζητηθούν οι ενστάσεις επί του σχεδίου των Κλεάνθη και Schaubert. Κατά τη συζήτηση αυτή απεδείχθη κακά πληροφορημένος για το περιεχόμενο του σχεδίου και ευρέθη σε αμηχανία απέναντι στα επιχειρήματα των δύο αρχιτεκτόνων (βλ. σχετικά κεφ. 2. τεκμήριον Ε). Η συμβολή του στον σχεδιασμό της νέας Αθήνας μπορεί να θεωρηθεί αμελητέα.

Όπως βλέπουμε, ο αριθμός των προσώπων που συμμετείχαν στη διαδικασία σχεδιασμού της Αθήνας ήταν περιωρισμένος. Εντύπωση προξενεί η πλήρης έλλειψη απόψεων και θέσεων ή έστω κάποιων σκέψεων από την πλευρά της πολιτικής ηγεσίας της χώρας (βλ. σχετικά κεφ. 4, σημ. 16), καθώς και του δήμου της Αθήνας. Οι σχετικές αποφάσεις φαίνεται πως ελήφθησαν χωρίς τη συμμετοχή της κοινής γνώμης[32], και μάλιστα στα πλαίσια των αορίστων αισθητικών αλλά πολύ συγκεκριμένων πολιτικών απόψεων του Λουδοβίκου της Βαυαρίας και των ανταγωνιστικών αντιλήψεων ενός μικρού αριθμού αρχιτεκτόνων. Η μεταγενέστερη αντιπρόταση του Λ. Καυταντζόγλου (1839) δεν επέφερε καμιά αλλαγή στα πράγματα.

Είναι αξιοσημείωτο, ότι για την ίδρυση μιας πόλης, η οποία σύμφωνα με τις πεποιθήσεις της εποχής –και όπως διετύπωσε εύστοχα ο Klenze– ήταν "υπόθεση της ευρωπαϊκής τέχνης", δεν προεκηρύχθη ανοικτός διαγωνισμός ιδεών. Εάν όμως αναλογισθεί κανείς την επισφαλή πολιτική κατάσταση στην Ελλάδα το 1832 μετά τη δολοφονία του κυβερνήτη Καποδίστρια, την πλήρη έλλειψη καταλλήλων επιστημονικών ιδρυμάτων και θεσμών, καθώς και τα πενιχρά οικονομικά μέσα κατά τα πρώτα χρόνια της βασιλείας του Όθωνος[33], γίνεται σαφές ότι δεν θα μπορούσε να αναμένεται από το ελληνικό κράτος η πρωτοβουλία προκήρυξης ενός πολεοδομικού διαγωνισμού. Εξ άλλου, ένας τέτοιος διαγωνισμός δεν θα μπορούσε να περιορισθεί στους ελάχιστους αρχιτέκτονες και μηχανικούς που διέμεναν εκείνη την εποχή στη χώρα και επομένως θα έπρεπε να επεκταθεί στον ευρύτερο χώρο της Ευρώπης.

Ανάλογη της σπουδαιότητος του έργου θα ήταν μια λύση σαν και αυτή που εφηρμόσθη δύο δεκαετίες αργότερα στην περίπτωση της διαμόρφωσης της περίφημης Ringstrasse στη Βιέννη. Την πρωτοβουλία θα έπρεπε να την πάρει ο Βασιλεύς Λουδοβίκος Α' της Βαυαρίας ως φίλος και προστάτης του νεοσύστατου ελληνικού κράτους. Το γεγονός ότι δεν το έκανε αυτό, οφείλεται ίσως όχι σε έλλειψη διάθεσης (ας μην ξεχνάμε ότι εκείνος έστειλε τον Klenze στην Αθήνα), αλλά στο γεγονός ότι το 1834 είχε ήδη εκκινήσει προ ενός έτους η διαδικασία σχεδιασμού της νέας πόλης από τους Κλεάνθη και Schaubert.

Αυτό μας οδηγεί στο ερώτημα: ποιος ήταν αυτός που ανέλαβε αρχικώς την πρωτοβουλία για την εκπόνηση του σχεδίου της νέας Αθήνας; Χαρακτηριστικό των συνθηκών που επικρατούσαν εκείνη την εποχή στη χώρα και του κυριάρχου ρόλου της προσωπικής πρωτοβουλίας, είναι το ότι στην περίπτωση της Αθήνας η πρωτοβουλία σχεδιασμού της πόλης δεν προήλθε από κάποιον ηγεμόνα ή από κάποια κρατική αρχή αλλά ήταν απόρροια της δημιουργικότητος των δύο νέων συντακτών του αρχικού σχεδίου, των Κλεάνθη και Schaubert[34].

Ο τρόπος που έδρασαν οι δύο μαθητές του Schinkel αποτελεί ένα ωραίο δείγμα νεανικού ενθουσιασμού για το έργο, ακλόνητης πεποίθησης ότι η πόλη έχει δυνατότητες μελλοντικής ανάπτυξης και πεισματικής θέλησης να γίνει αποδεκτό το σχέδιό τους από τις αρχές. Οι δυο νεαροί αρχιτέκτονες έδρασαν κάτω από συνθήκες, που σήμερα μόνο με εκείνες στις αναπτυσσόμενες χώρες του τρίτου κόσμου μπορούν να συγκριθούν, όπου νεαροί αλλοδαποί επιστήμονες από κοινού με τους μηχανικούς της χώρας επεξεργάζονται και εφαρμόζουν διάφορα προγράμματα ανάπτυξης, αν και βέβαια μικρότερης, τοπικής κλίμακος· για τις σημερινές ευρωπαϊκές συνθήκες ωστόσο, η σκέψη ότι μπορεί να αφεθούν να πάρουν την πρωτοβουλία ενός τέτοιου σχεδιασμού ιδιώτες είναι αδιανόητη.

Σημαντικό είναι επίσης το γεγονός, ότι οι εκπονητές του αρχικού σχεδίου το 1831-1832 προέβησαν στη χωρομέτρηση της υφισταμένης παλαιάς πόλης με δική τους πρωτοβουλία και μάλιστα με δικά τους έξοδα[35], επιτυγχάνοντας αργότερα να τους ανατεθεί κανονικά το έργο εκπόνησης του πολεοδομικού σχεδίου από την προσωρινή κυβέρνηση, την άνοιξη του 1832 (βλ. κεφ. 7, σημ. 4). Σε προγενέστερες επιστημονικές εργασίες για την Αθήνα, σε άλλα σχέδια ή σε ακριβή τοπογραφική αποτύπωση της πόλης, δεν μπορούσαν να στηριχθούν. Επομένως, το έργο τους ήταν έργο πρωτοποριακό με την κυριολεκτική έννοια του όρου.

Τελείως διαφορετικά έχουν τα πράγματα με τους Schinkel και Klenze: και οι δύο ενεπλάκησαν στη διαδικασία σχεδιασμού κατά το έτος 1834, όχι με δική τους πρωτοβουλία αλλά κατόπιν επέμβασης και εντολής άνωθεν: στην περίπτωση του Schinkel εντολείς ήσαν οι διάδοχοι της Βαυαρίας Μαξιμιλιανός και της Πρωσίας Φρειδερίκος Γουλιέλμος, στην περίπτωση του Klenze ο Βασιλεύς Λουδοβίκος της Βαυαρίας. Ο όρος που ετέθη στον Schinkel, όταν του ανετέθη το σχέδιο ενός ανακτόρου στην Αθήνα, ήταν να τοποθετηθεί στην Ακρόπολη, όρος πολύ περιοριστικός βέβαια, αλλά που δεν συνωδεύετο από καμία άλλη δέσμευση. Ο Klenze κατά βάσιν είχε μεγαλύτερη ελευθερία δράσης όσον αφορά τις προτάσεις του,

120

120. Κεντρικό τμήμα της ελαιογραφίας "Άποψη της νέας Αθήνας" του καταγομένου από το Freising και μαθητή του Peter Cornelius ζωγράφου Ulrich Halbreiter (1812-1877). Ο πίναξ, που ανήκει σε ιδιωτική συλλογή, φιλοτεχνήθηκε το 1845 και δείχνει με μεγάλη ακρίβεια την περιοχή τής μόλις τότε διαμορφωμένης πλατείας Συντάγματος. Άποψη από τα βασιλικά ανάκτορα προς τα δυτικά. Διακρίνονται η οδός Ερμού, που διηνοίχθη μέσα στην παλαιά πόλη, και τα διώροφα κτήρια της νέας πόλης στις ανατολικές παρυφές του παλαιού ιστορικού πυρήνος της Αθήνας. Αριστερά στο βάθος το Ηφαιστείο σε αδόμητη περιοχή.

την οποία όμως περιώρισε ο ίδιος για λόγους τακτικής. Ως "βασιλικός επίτροπος" ήταν ο μόνος ανεξάρτητος εμπειρογνώμων και μάλιστα ενδεδυμένος με βασιλική πληρεξουσιότητα στην προκειμένη περίπτωση.

Οι υπόλοιποι καλλιτέχνες που συμμετείχαν στο σχεδιασμό της Αθήνας –οι von Quast, Traxel και Καυταντζόγλου– ήλθαν στο προσκήνιο με δική τους μεν πρωτοβουλία, ωθούμενοι όμως από πολύ διαφορετικά κίνητρα ο καθένας. Ο von Quast με την επέμβασή του (1834) στην ουσία ήθελε να θεμελιώσει πολεοδομικά την πρόταση του δασκάλου του Schinkel για ένα ανάκτορο πάνω στην Ακρόπολη, προτείνοντας μία επιλόφια πόλη· ο Traxel (1836) εσχεδίασε το φανταστικό μόρφωμα μιας μελλοντικής[35] Αθήνας (που ήταν ένα αλλοιωμένο κράμα των σχεδίων των Κλεάνθη-Schaubert και Klenze) και ο Καυταντζόγλου (1839) απέρριψε όλες τις προηγούμενες προτάσεις και ετάχθη υπέρ ενός ορθολογικού σχεδίου πόλης με ορθογώνιο ρυμοτομικό κάναβο, την οποία εχωροθέτησε στο ανατολικό τμήμα του λεκανοπεδίου της Αθήνας.

Απ' όλες αυτές τις εργασίες, η μόνη που ημείφθη κανονικά –με πενιχρή ωστόσο αμοιβή– ήταν η μελέτη των Κλεάνθη και Schaubert και μάλιστα με έξι χρόνια καθυστέρηση[36].

Ο Klenze ηρκέσθη δήθεν στην καταβολή των εξόδων του ταξιδίου, για να εισπράξει τελικά κατά τα φαινόμενα μια διόλου ευκαταφρόνητη αμοιβή από την αντιβασιλεία, εντελώς δυσανάλογη προς τις συνήθεις αρχιτεκτονικές αμοιβές της εποχής[37]. Όλες οι άλλες συμβολές στον σχεδιασμό της νέας Αθήνας ήσαν εθελοντικές.

Η διάρκεια επεξεργασίας κάθε πρότασης ποικίλλει. Ενώ οι Κλεάνθης και Schaubert αφιέρωσαν δύο χρόνια για τη χωρομέτρηση και το πολεοδομικό σχέδιο της πόλης, οι Schinkel, Klenze και Καυταντζόγλου επεξηργάσθησαν τις προτάσεις τους ο καθένας μέσα σε έξι περίπου μήνες. Πόσο διάστημα ηργάσθησαν για την Αθήνα οι Traxel και Quast δεν γνωρίζουμε ακριβώς, αλλά μάλλον ακόμα ολιγώτερο. Γενικά οι εργασίες σχεδιασμού διενεργήθησαν κάτω από πίεση χρόνου, εξ' αιτίας της πολιτικής αναγκαιότητος να μεταφερθεί αμέσως η πρωτεύουσα στην Αθήνα. Για τις περισσότερες προτάσεις διαθέτουμε και σχέδια και κείμενα. Αντίθετα ο von Quast διετύπωσε την πρότασή του μόνο λεκτικά, ο δε Traxel μόνο σε χάρτη.

Εξ' άλλου δεν υπήρξε απ' ευθείας ανταλλαγή απόψεων και εποικοδομητική αντιπαράθεση ιδεών γύρω από το θέμα του σχεδιασμού μεταξύ των διαφόρων αρχιτεκτόνων· μοναδική εξαίρεση αποτελεί η σύντομη συνάντηση του Klenze με τους συντάκτες του αρχικού σχεδίου Κλεάνθη και Schaubert στην Αθήνα τον Αύγουστο του 1834, της οποίας το περιεχόμενο όμως δεν ξεπέρασε τα όρια της ενημέρωσης του εμπειρογνώμονος επί του αρχικού σχεδίου για τη νέα πόλη. Και βέβαια, ούτε λόγος για προσπάθεια να συμβουλευθεί ο ένας μελετητής τον άλλο. Είναι πιθανό μια τέτοια διαβούλευση να έλαβε χώραν μόνον ανάμεσα στον Schaubert και τον δάσκαλό του Schinkel (το καλοκαίρι του 1833)· συμφώνως προς όλες τις ενδείξεις, ο Schaubert έδειξε στον Schinkel το αρχικό σχέδιο για να ακούσει την γνώμη του και να τον συμβουλευθεί.

Κατά τα άλλα, η διαδικασία σχεδιασμού –δηλαδή η διατύπωση και τεκμηρίωση των διαφόρων προτάσεων– ηκολούθησε χωριστούς δρόμους. Στην περίπτωση αυτού του πρώιμου πολεοδομικού σχεδιασμού του 19ου αιώνα ξενίζει η έλλειψη διαλόγου, που θα απεσαφήνιζε πολλά ερωτήματα, αλλά και η αντιπαράθεση επιχειρημάτων, πράγμα βέβαια που και στις ημέρες μας συμβαίνει συχνά. Δυστυχώς έχει κανείς την εντύπωση πως και εδώ, όπως είθισται πολλές φορές μεταξύ ομοτέχνων, ο ένας αδιαφορούσε για τα επιχειρήματα του άλλου.

Έτσι, μέσα σε διάστημα οκτώ ετών εξεπονήθη ένας αριθμός πολεοδομικών εργασιών για τη νέα Αθήνα, που είχαν διαφορετική αφετηρία και που από άποψη περιεχομένου εν μέρει επεκαλύπτοντο αλλά και σε πολλά διέφεραν. Στην πορεία της παρούσης πραγματείας εδείξαμε πώς επηρέασε κάθε μία απ' αυτές τις εργασίες τις βασικές αποφάσεις για τη νέα Αθήνα. Παρά το ιδιαίτερο βάρος –ως προς την πρωτοτυπία του οράματος και την τόλμη της πρωτοβουλίας τους– που βέβαια έχει το σχέδιο των Κλεάνθη και Schaubert, την διαδικασία σχεδιασμού της νέας πρωτεύουσας καθορίζουν όλες οι ανταγωνιστικές πολεοδομικές προτάσεις, οι οποίες ως ιστορικά τεκμήρια παραμένουν ισότιμες.

2.
ΑΡΧΕΣ ΚΑΙ ΕΡΓΑΛΕΙΑ ΠΟΛΕΟΔΟΜΙΚΟΥ ΣΧΕΔΙΑΣΜΟΥ ΚΑΤΑ ΤΗΝ ΙΔΡΥΣΗ ΤΟΥ ΝΕΟΕΛΛΗΝΙΚΟΥ ΚΡΑΤΟΥΣ. ΤΡΟΠΟΣ ΕΦΑΡΜΟΓΗΣ ΤΟΥΣ

Οι προτάσεις για τον σχεδιασμό της νέας Αθήνας είναι αυτονόητο πως πρέπει να θεωρηθούν σε συνάρτηση με την παλαιότερη οικοδομική παράδοση στη χώρα αλλά και με τις αρχές που διετυπώθησαν εκείνη την εποχή για τον σχεδιασμό των ανεγειρόμενων ή ανοικοδομούμενων ελληνικών πόλεων. Και ναι μεν γνωρίζουμε σχετικώς μόνον ολίγα, εν τούτοις όμως αρκετά, ώστε να κατανοήσουμε τις σημαντικώτερες τάσεις αναμόρφωσης των πόλεων στα απελευθερωμένα εδάφη της Ελλάδος.

Το ανεξάρτητο ελληνικό κράτος, σύμφωνα με το πρωτόκολλο που υπεγράφη στο Λονδίνο στις 3. 2. 1830, είχε έκταση 47.476 τετραγωνικά χιλιόμετρα και περιελάμβανε το ένα μόνο τρίτο της σημερινής ελληνικής επικράτειας. Σ' αυτό το τμήμα της Ελλάδος αλλά και στις τουρκοκρατούμενες ακόμη περιοχές δεν μπορεί να γίνει λόγος για αστική παράδοση κατά το πρώτο μισό του 19ου αιώνα, διότι μετά την κυριαρχία αιώνων των Τούρκων και των Ενετών[38] ο πληθυσμός είχε μειωθεί εξαιρετικά[39]. Έτσι, οι οικισμοί της εποχής θα έπρεπε να χαρακτηρισθούν μάλλον ως "κώμες"[40] παρά πόλεις. Με μόνες εξαιρέσεις το Ναύπλιο (γνωστό ως Napoli di Romania), την Κέρκυρα και την Θεσσαλονίκη, όπου εκυριάρχει το συνεχές σύστημα δόμησης, σε όλους τους άλλους μεγαλύτερους οικισμούς της χώρας απαντούσε κανείς μόνο κατοικίες με αυλή και με μικρούς κήπους, διατεταγμένες κατά το "πανταχόθεν ελεύθερον" ή κατά το ασυνεχές σύστημα.

Ο πληθυσμός αυτών των κωμοπόλεων εκυμαίνετο μεταξύ 2.000 και 15.000 κατοίκων. Οι οικισμοί λειτουργούσαν ως κέντρα της αγροτικής ενδοχώρας (π.χ. η Τριπολιτσά), λιμάνια (π.χ. το Γαλαξείδι) ή αγορές (π.χ. η Λειβαδιά) και συχνά ήσαν ατείχιστοι (όπως η Κόρινθος) ή είχαν μόνον ένα αδύναμο τείχος (όπως η Αθήνα). Σημαντικά στρατηγικά σημεία διέθεταν φρούριο το οποίον εδέσποζε της πόλης και συνήθως εχρονολογείτο από τη βυζαντινή ή φράγκικη εποχή[41]. Σε αυτές τις "άνω πόλεις" εκτός από την τούρκικη φρουρά κατοικούσε ενίοτε και ένα μικρό μέρος του πληθυσμού.

Στην ηπειρωτική χώρα και την Πελοπόννησο, στα κτήρια κατοικίας εκυριάρχουν οι τετράρριχτες στέγες, ενώ ήταν συ-

121

123

122

124

121. Ο λεγόμενος "Πύργος του στρατηγού Church" στην Πλάκα. Σε αυτό το σπίτι –ένα από τα ελάχιστα κτήρια της εποχής πριν από την Επανάσταση που διατηρούνται μέχρι σήμερα– διέμενε μέχρι τον θάνατό του, ο φιλέλλην στρατηγός George Church. Πρόκειται για αντιπροσωπευτικό δείγμα της παραδοσιακής αρχιτεκτονικής οχυρωμένων κατοικιών της ηπειρωτικής Ελλάδος (φωτογραφία του συγγραφέως).

122. Αυλή της κατοικίας του Ρώσου προξένου στην Αθήνα στον αριθμό 11 της οδού Κυδαθηναίων, που εκτίσθη το 1842. Το κτήριο αυτό, με την αυστηρά κλασικιστική κυρία πρόσοψη, στην εσωτερική πλευρά, που απεικονίζεται εδώ, παρουσιάζει το χαρακτηριστικό κράμα μορφών της παραδοσιακής τοπικής αρχιτεκτονικής (τον κλειστό εξώστη με τα συρτά υαλοστάσια) και του κλασικισμού (παραστάδες και ρυθμική διάταξη πεσσών με τόξα) (φωτογραφία του συγγραφέως).

123. Κάτοψη και κυρία όψη της κατοικίας της παλαιάς αθηναϊκής οικογένειας των Μπενιζέλων από την εποχή πριν από την Επανάσταση, στην οδό Αδριανού 96. (Μπίρης/Johannes, Αι Αθήναι του κλασικισμού, Αθήνα 1939).

124. Εσωτερική αυλή του σπιτιού ενός Αθηναίου προκρίτου με πίδακα (λιθογραφία του Otto Magnus von Stackelberg, 1787-1837).

νηθισμένα τα εξώστεγα (χαγιάτια) και οι έντονα προεξέχοντες όροφοι πάνω από τον δρόμο. Η ρυμοτομική γραμμή ήταν ακανόνιστη και οι οδοί κατά κανόνα τεθλασμένες και στενές (είχαν εύρος από 2 έως 6 μ.). Ο αριθμός των ορόφων εκυμαίνετο από έναν έως τρεις. Παρόμοια ήταν και η δόμηση στις Κυκλάδες, αν και εδώ ο κανών ήταν η ασβεστοχρισμένη αρχιτεκτονική των μικρών, μετατοπισμένων, κυβικών δομημένων όγκων με επίπεδο δώμα. Δίκτυα ύδρευσης και αποχέτευσης δεν υπήρχαν πουθενά· νερό προμήθευαν οι στέρνες και οι κοινοτικές βρύσες· οι συνηθισμένες ανθυγιεινές λύσεις αποχέτευσης ήσαν οι απορροφητικοί βόθροι και οι ξηροί απόπατοι. Επίσης δεν ήταν σπάνια και τα ανοιχτά αυλάκια απορροής ακαθάρτων υδάτων[42].

Η εθνική ανεξαρτησία και ο συνδεδεμένος με αυτή προσανατολισμός της Ελλάδος προς τα δυτικοευρωπαϊκά πολιτιστικά πρότυπα επέφεραν την αιφνίδια αλλαγή των ιδεών για τον τρόπο ζωής και την ποιότητα της κατοικίας. Βέβαια σε μια σχετικά καθυστερημένη κοινωνία, όπως ήταν εκείνη την εποχή η ελληνική, που τη εβάραιναν ανασταλτικοί παραδοσιακοί θεσμοί, δεν ήταν δυνατόν να αναπτυχθούν τολμηρές κοινωνικές ουτοπίες[43]. Κοινωνικές ουτοπικές ιδέες για συλλογική κατοικία και εργατικούς οικισμούς με κοινοτική οργάνωση παρέμειναν προνόμιο των δυτικών κοινωνιών κατά τη μετάβασή τους προς την βιομηχανική εποχή. Εν τούτοις, στο μικρό νεοσύστατο ελληνικό κράτος παρατηρείται η πλήρης εγκατάλειψη της οχυρωμένης πόλης του παρελθόντος και η ενθουσιώδης αποδοχή της φιλικής προς τον άνθρωπο, ανοιχτής και υγιεινής πόλης του μέλλοντος. Αυτή η ριζική αλλαγή νοοτροπίας και πρακτικής, που ενισχύθη από τη νομοθεσία της αντιβασιλείας και η οποία είχε συχνά και αρνητικά επακόλουθα (αρκεί να μνημονεύσουμε εδώ τη μείωση των δικαιοδοσιών της τοπικής αυτοδιοίκησης), ώθησε τον πολεοδομικό σχεδιασμό στην Ελλάδα προς ολιγαρκείς μεν, αλλά ορθολογικούς και συνετούς στόχους. Πρώτο μέλημα του σχετικού προβληματισμού ήταν η αντιμετώπιση πρακτικών ζητημάτων λειτουργικότητος και υγιεινής, με τα οποία συνδεόταν και η διακριτική επιθυμία κάποιων πρώτων μέτρων εξωραϊσμού της πόλης, που μπορεί να θεωρηθεί ότι εκφράζουν κάποιες μορφολογικές προθέσεις. Από αυτή την άποψη ο σχεδιασμός της Αθήνας, ο οποίος, με τη βεβαρημένη ιστορικά και σχεδόν υποταγμένη στην παρουσία των αρχαίων καταλοίπων συλλογιστική του, ρίχνει το κύριο βάρος σε μορφολογικές και τοπολογικές αποφάσεις, αποτελεί μάλλον την εξαίρεση παρά τον κανόνα.

Ελάχιστα μόνο γραπτά τεκμήρια αυτού του ολιγαρκούς πολεοδομικού σχεδιασμού, που εκυοφόρησε όμως τόσες καινοτομίες, έχουν διασωθεί. Από δύο κείμενα διαφορετικής φύσης και με απόσταση επτά χρόνων μεταξύ τους, μπορούμε ωστόσο να διαπιστώσουμε πως οι βασικές επιλογές είναι σταθερές. Πρόκειται αφ' ενός μεν για την αλληλογραφία του λοχαγού του μηχανικού Σταμάτη Βούλγαρη[44] με τον Κυβερνήτη Ιωάννη Καποδίστρια κατά το έτος 1828, που αφορά την οικοδομική ανάπλαση του Ναυπλίου και τους όρους ανοικοδόμησης της κατεστραμμένης από τον πόλεμο Πάτρας, αφ' ετέρου δε για το πρώτο πολεοδομικό νομοθέτημα του 1835, που έρχεται να επικυρώσει κατά κάποιον τρόπο τις αρχές σχεδιασμού που εφήρμοσαν στις πόλεις της Αθήνας και του Πειραιά οι Κλεάνθης και Schaubert.

Ο Βούλγαρης στις επιστολές του[45] προτείνει διάφορα μέτρα που θέλει να περιλάβει στα σχέδιά του, ευρίσκοντας έτσι την ευκαιρία να εισηγηθεί τον ενδεδειγμένο τρόπο αναμόρφωσης των ελληνικών πόλεων. Οι ιδέες του Βούλγαρη, ο οποίος επιδιώκει να γίνουν μικρά μεν, αλλά συγκεκριμένα βήματα που θα οδηγήσουν "από τη βαρβαρότητα στον πολιτισμό"[46], βρίσκουν την αμέριστη αποδοχή του Κυβερνήτου. Από τα μέτρα που προτείνει –υπό τη μορφή πρακτικών οδηγιών– διαφαίνονται ωρισμένες αρχές· σύμφωνα με αυτές σε μια "σύγχρονη" πόλη είναι απαραίτητα:
- η υγιεινή, δηλαδή καθαρός αέρας, άφθονη παροχή νερού και καθαριότητα των δημοσίων χώρων,
- η κανονική δόμηση,
- η συνδεδεμένη με την προηγούμενη –ως προϋπόθεσή της– ακριβής χωρομέτρηση της πόλης,
- ο σχεδιασμός ευρύχωρων και κανονικών οδών, καθώς και ανάλογων πλατειών,
- η κατασκευή μιας περιφερειακής φυτευμένης λεωφόρου, που να λειτουργεί ως περίπατος και συλλεκτήρια οδός,
- η ονοματοθεσία των οδών,
- η χωροθέτηση των προς ανέγερσιν δημοσίων κτηρίων,
- η διαίρεση της πόλης σε συνοικίες ή ενορίες[47].

Ο Βούλγαρης στα κείμενά του δεν τάσσεται ρητά υπέρ ενός οδικού δικτύου με ορθογώνιο κάναβο[48]· εν τούτοις τα πολεοδομικά σχέδιά του για το Ναύπλιο και την Πάτρα αποδεικνύουν πως υπό τον όρο "κανονικές οδοί" εννοεί δρόμους που τέμνονται ορθογώνια. Ωστόσο, ήδη στα πρώιμα αυτά σχέδια δεν ευρίσκουμε ένα αυστηρά ενιαίο και μονότονο σύστημα ταυτοσήμων οικοδομικών τετραγώνων αλλά οικοδομικά τετράγωνα διαφορετικού σχήματος και εμβαδού, που σε συνδυασμό με συνοικίες διαφορετικού προσανατολισμού προσδίδουν ποικιλία στην ενότητα. Αυτή η ευελιξία στη χρήση του ορθογώνιου συστήματος χάραξης των οδών παραμένει και κατά τη μετέπειτα περίοδο χαρακτηριστικό γνώρισμα των νεοσύστατων ελληνικών πόλεων.

Το άλλο κείμενο που ενδιαφέρει εδώ έρχεται χρονικά δεύτερο: πρόκειται για το πρώτο πολεοδομικό νομοθέτημα της χώρας (βλ. κεφ. 2, σημ. 69, 79, 84), που εξεδόθη από την αντιβασιλεία στις 3/15. 4. 1835, το έτος δηλαδή κατά το οποίο ενηλικιώθη ο Όθων. Αυτό το διάταγμα-πλαίσιο, ορίζοντας τόσο κάποιες αρχές χωροταξικού σχεδιασμού όσο και οικοδομικούς και μορφολογικούς τρόπους, συστηματοποιεί τους βασικούς όρους "υγιεινής οικοδομής πόλεων και κωμών". Έτσι στα 29 άρθρα του (βλ. τεκμήριον 61 συλλογής "Κειμένων") καθορίζονται οι εξής κατευθυντήριες γραμμές:
- ορίζονται οι προϋποθέσεις –από άποψη υγιεινής, υποδομής και γεωγραφικής θέσης– για την ανέγερση νέων πόλεων (άρθ. 1-4)·
- συνιστάται να αποφεύγεται η οχύρωση και προστασία των οικισμών με "περιτειχίσματα, τοίχους πόλεων, βάραθρα, τοιχώματα και τα όμοια" (άρθ. 5)·
- δίδονται λειτουργικές οδηγίες για το σχέδιο των πόλεων: ορίζονται ευθείες οδοί που "κόπτονται ορθογωνίως", μετρίου, ωστόσο τουλάχιστον 6 μέτρων, πλάτους, και πλατείες "ουχί όμως υπερβολικού μεγέθους", κατανεμημένες σε όλη την πόλη· επίσης ορίζεται η κατασκευή υπόγειου αποχετευτικού δικτύου "υδάτων και ακαθαρσιών" (άρθ. 6-9)·
- για τις κώμες και τα χωριά συνιστάται ένα κυκλικό ή τετράγωνο σχήμα κατόψεως, ενώ ορίζεται ότι η εκκλησία και τα άλλα δημόσια καταστήματα οφείλουν να βρίσκονται "περί το μέσον της κώμης" (άρθ. 10)·
- το πόσιμο νερό θα εξασφαλίζεται "δια υδραγωγείων, δεξαμενών και φρεάτων", απαγορεύεται η γειτνίαση αυτών των εγκαταστάσεων με "τέλματα, αποπάτους ή οχετούς αποπάτων, θνησιμαιώνες και νεκροταφεία ή άλλα βλαβερά εργαστήρια" (άρθ. 11-12)·
- για την ανέγερση ιδιωτικών κτηρίων απαιτείται "γενικώς" άδεια οικοδομήσεως υπό τη μορφή "εγκρίσεως του σχεδίου από εμπειρότεχνο άνδρα" (άρθ. 13)·
- ο αριθμός των ορόφων δεν πρέπει να υπερβαίνει "γενικώς" τους δύο, και αυτό κυρίως λόγω του κινδύνου σεισμού (άρθ. 13)·

125

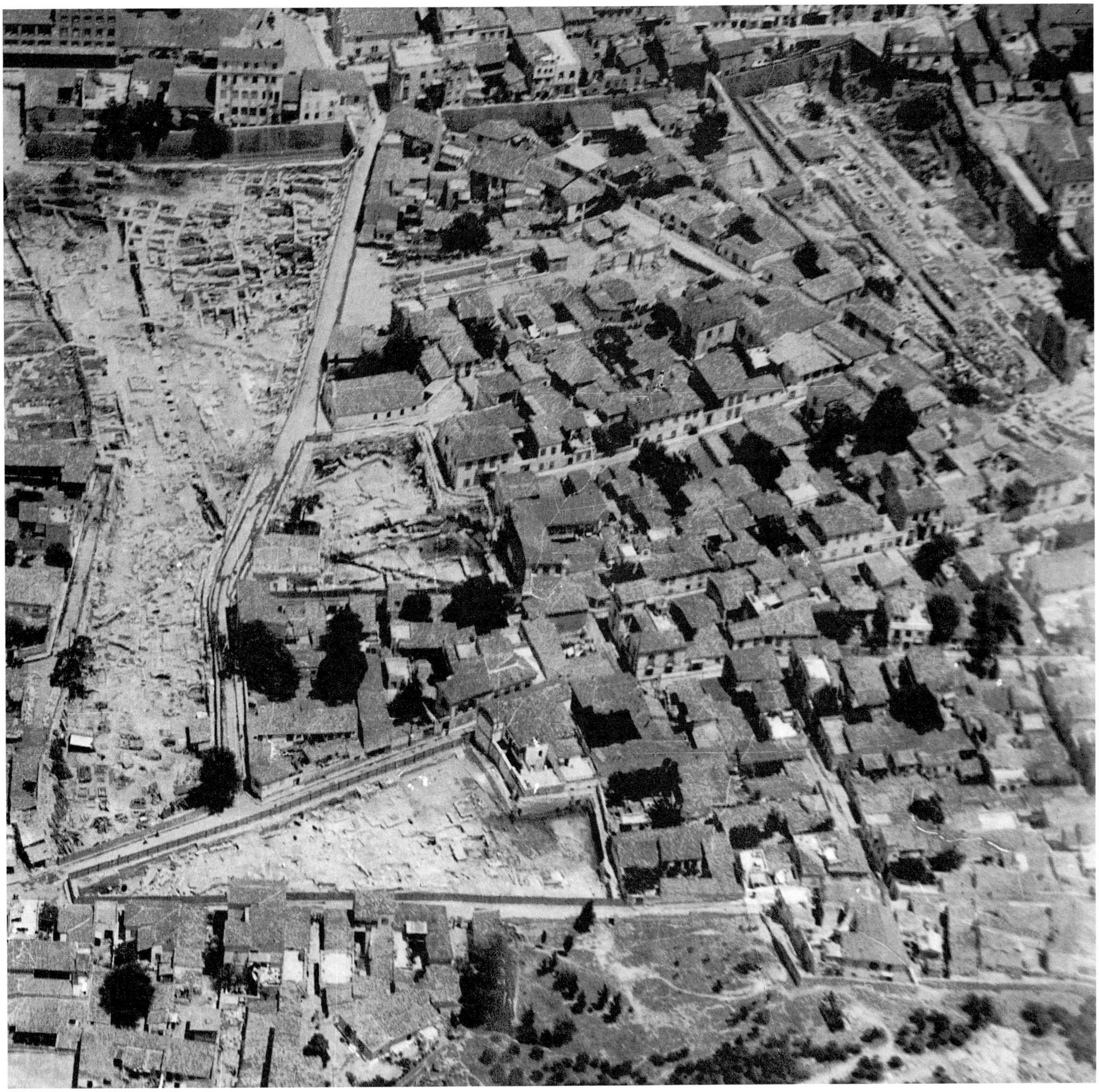

125. Η περιοχή "Βλασαρού" της παλαιάς Αθήνας στα ανατολικά του Ηφαιστείου, η οποία ήδη προωρίζετο από το αρχικό σχέδιο των Κλεάνθη και Schaubert για κατεδάφιση. Αεροφωτογραφία του Υπουργείου Δημοσίων Έργων του έτους 1933. Τα πρώτα οικοδομικά τετράγωνα (αριστερά) έχουν κατεδαφισθεί, για να διενεργηθούν οι ανασκαφές στην αρχαία αγορά. Ολόκληρη η περιοχή (περίπου 7 εκτ.) κατεδαφίσθη σταδιακά. Στην εικόνα διακρίνεται πολύ καλά η πυκνή δόμηση στενά διαπλεγμένων σπιτιών με αυλή.

– ορίζονται λεπτομέρειες τεχνικής φύσεως για την κατασκευή των κτηρίων: "αρμοδία τοποθεσία της καπνοδόχης και των αποπάτων", καθώς και η κατασκευή στέγης "όσω δυνατόν ανωτέρας κινδύνου πυρκαϊάς", σκεπασμένης με "κεραμίδια, αρδωσίαν σχιστήν λίθον ή μέταλλον"· επίσης συνιστάται να αποφεύγεται η επίχριση των κτηρίων με "ελαιόμικτες" βαφές και βερνίκια, διότι βλάπτουν την υγεία, ενώ νεόκτιστα σπίτια πρέπει να κατοικούνται αφού "ξηρανθούν πλήρως"· η επιτήρηση όλων αυτών των κατασκευαστικών διατάξεων ανατίθεται στην αστυνομία (άρθ. 13-15)·

– τα δημόσια καταστήματα οφείλουν να κατανέμονται "αρμοδίως" και "εις όσον ένεστιν ελευθέρους (αναπεπταμένους) τόπους" [ο νομοθέτης εννοεί εδώ προφανώς σε ανοιχτό χώρο] (άρθ. 16)·

– διατάσσεται αυστηρή απομόνωση στον χώρο των οχλουσών χρήσεων: "Νοσοκομεία, σωφρονιστήρια είτε φρενοβλαβεία, ειρκταί και εργατικαί φυλακαί", αλλά και "σταύλοι" πρέπει να ανεγείρονται "όσον το δυνατόν έξω της πόλεως"· το ίδιο ισχύει και για τα σφαγεία και εκδορεία τα οποία "βάλλονται έξω της πόλεως παρά την θάλασσαν, ποταμόν ή ρύακα"· τα νεκροταφεία πρέπει να καταφυτεύονται με "δέντρα και θάμνους" και να "βάλλωνται ομοίως εις ικανήν απόστασιν της πόλεως", ενώ για την εγκατάσταση μιας ολόκληρης σειράς "βιομηχανικών" και "τεχνικών καταστημάτων", που έχουν "βλαβεράν και επικίνδυνον επιρροήν", απαιτείται ειδική αστυνομική άδεια (άρθ. 17-24)·
– οι δημόσιοι χώροι (οδοί και πλατείες) δεν επιτρέπεται να γίνονται "αδιάβατοι ή να φράσσονται" ούτε με εμπορεύματα ούτε με οικοδομικά υλικά (άρθ. 25), και τέλος
– "πέριξ και πλησιόχωρα" των πόλεων και κωμών πρέπει να "εξοικονομώνται περίπατοι και αλωαί" (άρθ. 26).

Με τις προηγούμενες γενικές κατευθύνσεις ελειτούργησε ο πολεοδομικός σχεδιασμός στην Ελλάδα με σχετική επιτυχία μέχρι το έτος 1923, σχεδόν έναν αιώνα δηλαδή[49]! Βέβαια το νομοθέτημα αυτό δεν προέβλεπε διαφοροποιημένα εργαλεία για την μορφολόγηση του ιστού της πόλης, όπως: διαφορετικούς τύπους κτηρίων, καθωρισμένα ποσοστά κάλυψης και συντελεστές δόμησης ή μορφολογικές οδηγίες για το σχήμα της στέγης, τα προεξέχοντα αρχιτεκτονικά στοιχεία και τις παρόδιες στοές. Επίσης έλειπαν ακόμη παντελώς οι τεχνικές προδιαγραφές για τη χάραξη και κατασκευή του δικτύου των οδών, καθώς και λεπτομερείς διατάξεις σχετικές με τις χρήσεις. Λόγω όμως της περιωρισμένης αύξησης του πληθυσμού των ελληνικών πόλεων μέχρι τον Πρώτο Παγκόσμιο πόλεμο, τα προαναφερθέντα μέτρα απεδείχθησαν εργαλείο εν τέλει κατάλληλο και επαρκές.

Το εύρος της καινοτομίας που εισήγαγε η νομοθεσία αυτή μπορούμε να το καταλάβουμε μόνον αν αναλογισθούμε την προγενέστερη κατάσταση των οικισμών της χώρας. Ευθύγραμμες οδοί με σταθερό πλάτος και αποχέτευση ήταν κάτι πρωτόγνωρο για τα ελληνικά δεδομένα της εποχής. Πρώτη φορά εισάγεται η σχεδιασμένη κατανομή των πλατειών και των δημοσίων καταστημάτων στο σώμα της πόλης, και ορίζεται, επίσης πρώτη φορά, ο μέγιστος αριθμός επιτρεπόμενων ορόφων για τα ιδιωτικά κτίσματα. Η ανέγερση κτηρίων ειδικών χρήσεων, όπως νοσοκομείων, φρενοκομείων και φυλακών έξω από την πόλη, σε συνδυασμό με την κατάργηση των τειχών, δείχνει πως το ιδεώδες πλέον είναι η ανοικτή πόλη η ικανή να εξελιχθεί στο χώρο.

Επίσης, αδιανόητες μέχρι τότε στη χώρα ήσαν οι ρυθμίσεις οι σχετικές με την εξασφάλιση της κατασκευαστικής ποιότητος των ιδιωτικών κτηρίων μέσω δεσμευτικών τεχνικών προδιαγραφών.

Η εισαχθείσα ειδική έγκριση για την εγκατάσταση οχλουσών χρήσεων και η απομάκρυνσή τους από τις περιοχές κατοικίας την εποχή εκείνη ήταν ένα κοινωνικό μέτρο εξαιρετικά προοδευτικό ακόμα και για τα δεδομένα της Κεντρικής Ευρώπης. Επακόλουθο της προηγούμενης ρύθμισης είναι ότι "βιομηχανικά και τεχνικά καταστήματα" εγκαθίστανται κατά τη διάρκεια του 19ου αιώνα με συνέπεια στην περιφέρεια της πόλης (το παρατηρούμε αυτό στην Πάτρα, στην Ερμούπολη αλλά και στην Αθήνα).

Καινοτομία αποτελεί επίσης η εγκατάσταση δημοτικών νεκροταφείων στις παρυφές των οικισμών, γιατί μέχρι τότε οι νεκροί εθάβοντο στα κοιμητήρια δίπλα στις ενοριακές εκκλησίες. Η δημιουργία φυτευμένων οδών περιπάτου –ως χώρων αναψυχής των κατοίκων– δείχνει ότι λαμβάνεται υπ' όψιν η ανάγκη ύπαρξης χώρων πρασίνου στην πόλη, πράγμα επίσης καινοφανές. Έτσι κατά τη διάρκεια του 19ου αιώνα εδημιουργήθησαν μικρότερα ή μεγαλύτερα άλση στις παρυφές όλων σχεδόν των χωριών και των κωμοπόλεων της Ελλάδος, που ακόμα και σήμερα ορίζουν τη φυσιογνωμία τους.

Σε αντίθεση με την προηγούμενη λεπτομερή περιγραφή των αρχών πολεοδομικού σχεδιασμού, οι νομοθετικές ρυθμίσεις πριν από τον Πρώτο Παγκόσμιο πόλεμο στην Ελλάδα δεν περιέχουν καμία αναφορά σε εργαλεία εφαρμογής του σχεδιασμού. Στην εξαιρετική περίπτωση της Αθήνας εν τούτοις, ο χαρακτήρ της ως πρωτευούσης, καθώς και η έντονη παρουσία της αρχαίας αρχιτεκτονικής κληρονομιάς (εικ. 117, 118), ευνόησαν σημαντικά την ανάπτυξη των μεθόδων επέμβασης και τη διαφοροποίηση των εργαλείων σχεδιασμού. Δεν υπάρχει καμία επιφύλαξη για την ορθότητα των στόχων που διετυπώθησαν από τη νομοθεσία πολεοδομικών εφαρμογών στην Αθήνα· εκείνο όμως που δυστυχώς δεν ήταν δεδομένο ήταν η δυνατότητα αλλά και η βούληση εφαρμογής τους.

Τα περί της εφαρμογής του σχεδίου των Κλεάνθη και Schaubert προβλέπονται στο εκτενές διάταγμα του Όθωνος "περί εκτελέσεως και ακριβούς τηρήσεως του εγκεκριμένου σχεδίου ανοικοδομήσεως της πόλεως των Αθηνών", Ναύπλιον 10/22 Δεκεμβρίου 1833 (βλ. τεκμήριον 31 συλλογής "Κειμένων"). Με το διάταγμα αυτό εισάγονται νέες μέθοδοι εφαρμογής των πολεοδομικών σχεδίων, χωρίς όμως να λαμβάνονται καθόλου υπ' όψιν η οικονομική και η κοινωνική πραγματικότης στην Ελλάδα εκείνη την εποχή.

Το άρθρο 2 αυτού του διατάγματος ορίζει ότι οι ιδιοκτήτες των οικοπέδων που ευρίσκονται στην προβλεπόμενη ζώνη ανασκαφών (εικ. 125) καθώς και των γηπέδων τα οποία χρειάζονται "δια την ανέγερσιν δημοσίων καταστημάτων" είναι υποχρεωμένοι να τα "παραχωρήσουν" στο κράτος. Και στις δύο περιπτώσεις ορίζεται ακριβώς "το ποσόν της αποζημιώσεως το οποίον θέλει πληρωθεί από το κρατικόν ταμείον", επομένως το εργαλείο σχεδιασμού εδώ είναι η "απαλλοτρίωση για κοινή ωφέλεια". Και η ρύθμιση αυτή πρέπει να θεωρηθεί προοδευτική όχι μόνο για τον ελληνικό χώρο αλλά και για τις συνθήκες στην Κεντρική Ευρώπη εκείνης της εποχής.

Οι ιδιοκτήτες υποχρεώνονται επίσης να αποδώσουν στο δήμο την "αναγκαία (...) επιφάνεια δι' οδούς και πλατείας"· σ' αυτήν την περίπτωση "[ο δήμος] οφείλει να συμφωνήση μετά των ιδιοκτητών δια την χορηγητέαν αποζημίωσιν και να αναλάβη ταύτην δι' ιδίων μέσων η δημοτική αρχή". Με τη ρύθμιση αυτή δεν προβλέπεται κανονική απαλλοτρίωση, αλλά αποζημίωση που αποτελεί αντικείμενο διαπραγμάτευσης.

Επειδή όμως στο ίδιο άρθρο του διατάγματος ωρίζετο ότι τα απαλλοτριωτέα οικόπεδα "θέλουν χαραχθεί επί του εδάφους υπό επιτρόπων της κυβερνήσεως το πολύ εντός 6 μηνών, αρχής γενομένης από 1ης /13ης Ιανουαρίου [1834] και παραχω-

126

126. Η Ακρόπολη και η Πλάκα ιδωμένες από την πλατεία Συντάγματος. Στην βόρεια κλιτύ δεξιά στο βάθος το σπίτι των Κλεάνθη και Schaubert (το λεγόμενο "Παλαιό Πανεπιστήμιο"). Μία από τις παλαιότερες φωτογραφίες (του Rumine) περί το 1860 (από το αρχείο του συγγραφέως).

ρηθεί ευθύς αμέσως εις το κράτος και χωρομετρηθεί", το δημόσιο θα ήταν υποχρεωμένο να καταβάλει για τις αποζημιώσεις αμέσως ένα υπερβολικό ποσό που υπερέβαινε τις δυνατότητές του. Αυτός ήταν εντέλει και ένας από τους κυριωτέρους λόγους της τροποποίησης του αρχικού σχεδίου. Οι προβλεπόμενες απαλλοτριώσεις ήταν ένα προοδευτικό εργαλείο, που θα προωθούσε την εφαρμογή του σχεδίου αλλά στην περίπτωση της Αθήνας εχρησιμοποιήθη μαζικά και αδιάκριτα, με αποτέλεσμα –όπως ήταν αναμενόμενο– να μην τελεσφορήσει[50].

Την ίδια ξένη προς την πραγματικότητα, ριζοσπαστική και τελειομανή στάση διαπιστώνουμε στην απόπειρα εισαγωγής της ρύθμισης περί "υποχρεωτικής ανέγερσης ιδιωτικών κτηρίων" (Baugebot) με την οποία υιοθετούνται οι αρχές των πολεοδομικών πρωτοβουλιών κατά τα πρότυπα της πεφωτισμένης δεσποτείας, χωρίς όμως εδώ να υπάρχουν οι ανάλογες κοινωνικές προϋποθέσεις.

Έγινε δηλαδή προσπάθεια αναγωγής στη διαδικασία ίδρυσης νέων πόλεων στην Κεντρική Ευρώπη του 18ου αιώνος, που την οικοδόμησή τους ερύθμιζαν αυστηροί οικοδομικοί κανονισμοί, οι οποίοι άφηναν στους "διατεθειμένους να οικοδομήσουν" πολύ μικρό περιθώριο χρόνου για να ανταποκριθούν στην υποχρέωση να ανεγείρουν την ιδιόκτητη κύρια κατοικία τους. Βέβαια τη ρύθμιση αυτή συνεπλήρωναν δύο όροι: αφ' ενός μεν προκειμένου να γίνει κάποιος "δεκτός ως οικιστής" στη νέα πόλη, με άλλα λόγια για να του δοθεί άδεια εγκατάστασης ή μετοίκησης σ' αυτή, ήταν υποχρεωμένος να διαθέτει ένα σημαντικό ποσό για την ανέγερση της κατοικίας του· αφ' ετέρου δε ο ηγεμών τον διευκόλυνε σημαντικά, παραχωρώντας του δωρεάν το οικόπεδο[51]. Και οι δύο αυτές προϋποθέσεις δεν υπήρχαν στην Αθήνα. Εδώ η γη ανήκε από αιώνες στους ιδιώτες[52] και οι ιδιοκτήτες ακινήτων ύστερα από έναν καταστρεπτικό επταετή απελευθερωτικό αγώνα ήταν οικονομικά σε άθλια κατάσταση και δεν διέθεταν κεφάλαια για επένδυση στην οικοδομή. Κάτω από αυτές τις συνθήκες, η διάταξη που ορίζει ότι "άπαντες οι ιδιώται οίτινες είναι ιδιοκτήται γηπέδων εντός των ορίων του εγκριθέντος γενικού σχεδίου πόλεως υποχρεούνται εντός διαστήματος έξι ετών (...) να οικοδομήσωσι επ' αυτών" δείχνει πως ο νομοθέτης αγνοεί εντελώς την πραγματικότητα. Η πόλη εχρειάσθη στην πραγματικότητα 50 χρόνια (όπως προέβλεψαν σωστά οι Κλεάνθης και Schaubert) ώσπου να καταλάβει την έκταση του αρχικού σχεδίου. Η προσπάθεια να περιορισθεί μια τέτοια διαδικασία ανάπτυξης στο μικρό διάστημα ολίγων ετών δεν μπορούσε παρά να αποτύχει. Και πράγματι, ο νόμος έμεινε τελικά νεκρό γράμμα.

Αφού λοιπόν αυτές οι ρυθμίσεις που αφορούσαν θέματα πολιτικής γης και οργάνωσης του εποικισμού δεν εκαρποφόρησαν, ο Leo von Klenze επρότεινε και επέτυχε τον περιορισμό της έκτασης των απαλλοτριώσεων στο ελάχιστο. Συγχρόνως προσεπάθησε να επιβάλει στην ιδιωτική ανοικοδόμηση ακριβείς μορφολογικούς κανόνες. Έτσι, στο διάταγμα "περί μετεγκαταστάσεως της βασιλικής καθέδρας εις τας Αθήνας και περί ανοικοδομήσεως της πόλεως ταύτης" της 18/30.9.1834 (βλ. τεκμήριον, 14 συλλογής "Κειμένων"), με το οποίο ενεκρίθη το σχέδιο του Klenze, ορίζονται περιοχές με διάφορα οικοδομικά συστήματα (άλλοτε συνεχές και άλλοτε πανταχόθεν ελεύθερο) (άρθρο 10). Στις μεγαλύτερες πλατείες και στις οδούς με μεγάλο εύρος προβλέπονται υποχρεωτικά τριώροφα κτήρια, στις στενότερες (με πλάτος μικρότερο των 13, 3 μ.) διώροφα (άρθρο 11). Αλλά και αυτοί οι ενιαίοι μορφολογικοί κανόνες δεν ετηρήθησαν κατά την ανέγερση της πόλης: σ' ολόκληρη την Αθήνα κατά τον 19ο αιώνα εναλλάσσοντο μονώροφα, διώροφα και τριώροφα κτήρια στην ίδια οδό άλλοτε κτισμένα κατά το συνεχές σύστημα δόμησης, άλλοτε κατά το πανταχόθεν ελεύθερο ή το σύστημα των πτερύγων.

Η περίπτωση της Αθήνας είναι χαρακτηριστικό παράδειγμα πλήρους αντίφασης μεταξύ της τελειομανούς οργανωτικής πολιτικής των διοικητικών αρχών και της στυγνής πραγματικότητος, διότι αντικειμενικά δεν υπήρχαν οι αναγκαίες προϋποθέσεις εφαρμογής αυτής της πολιτικής. Τα αίτια της διάστασης αυτής δεν μπορούν να διερευνηθούν στα πλαίσια της εργασίας μας, η οποία δεν επεκτείνεται και στις κοινωνικές και οικονομικές πλευρές του σχεδιασμού της Αθήνας. Το αντικείμενο αυτό παραμένει εν τούτοις σημαντικό θέμα για τη μελλοντική έρευνα.

Ας σημειωθεί εδώ ότι, συμφώνως προς όσα αναφέρει ο Άγγλος ιστορικός George Finlay, που ως ένας από τους πρώτους αλλοδαπούς οικιστάς της Αθήνας μετά την ανεξαρτησία παρηκολούθησε κριτικά τις εξελίξεις στη πόλη, κατά την περίοδο της αντιβασιλείας η χωροταξική και πολεοδομική πολιτική ήταν γενικά ασυνεπής. Στο εξαιρετικά ενημερωμένο δοκίμιό του *The Hellenic Kingdom and the Greek Nation* (1836) ο Finlay μας πληροφορεί ότι με βασιλικό διάταγμα που εδημοσιεύθη στις 11.5.1834 "ιδρύθη ένα γραφείο στατιστικής και πολιτικής οικονομίας" που έμεινε στα χαρτιά· σκοπός αυτού του γραφείου υποτίθεται πως ήταν η πλήρης χαρτογράφηση της χώρας – δηλαδή ένα έργο που κατά το μεγαλύτερο μέρος του είχε ήδη ολοκληρωθεί κατά το έτος 1829 από την "Expédition scientifique de Morée"[53]. Με μεγάλη ειρωνεία ο Finlay περιγράφει επίσης τα σχέδια της αντιβασιλείας να φέρει στη χώρα Βαυαρούς εποίκους[54]. Κρίνει αυστηρά την αντιφατική πολιτική των αρχών στην Αθήνα, που από τη μια μεριά απηγόρευαν την επιδιόρθωση των σπιτιών στη ζώνη των ανασκαφών, ενώ αδυνατούσαν να πληρώσουν τις απαιτούμενες για την απαλλοτρίωσή τους αποζημιώσεις και από την άλλη έκτιζαν ταυτοχρόνως επάνω στα ερείπια της Βιβλιοθήκης του Αδριανού έναν νέο στρατώνα του πεζικού[55].

Συνοψίζοντας μπορούμε να παρατηρήσουμε ότι κατά τη σταδιακή ανέγερση της Αθήνας κατά τον 19ο αιώνα –αν και παρατηρούνται τεράστιες ελλείψεις σε έργα τεχνικής υποδομής– επεβλήθησαν σε ικανοποιητικό βαθμό οι κανονισμοί δόμησης που εισήχθησαν με το αρχικό διάταγμα του 1835. Έλειπαν όμως οι ρυθμίσεις στον τομέα της πολιτικής γης, καθώς και η σύμφυτη με αυτές αρμονική πολεοδομική ανάπτυξη, ώστε αφ' ενός μεν να εξασφαλισθεί η ζώνη ανασκαφών αφ' ετέρου δε να καταστεί δυνατή η δημιουργία σημαντικών χώρων πρασίνου μέσα στην πόλη.

3.
ΚΑΤΕΥΘΥΝΤΗΡΙΕΣ ΙΔΕΕΣ· ΠΟΛΕΟΔΟΜΙΚΟ ΟΡΑΜΑ ΚΑΙ ΠΟΛΗ·ΙΔΕΟΛΟΓΙΚΗ ΚΡΙΤΙΚΗ

Αφ' ης στιγμής επελέγη για τη νέα πρωτεύουσα η συγκεκριμένη γεωγραφική θέση –και μάλιστα στο κέντρο και όχι στην περιφέρεια του λεκανοπεδίου της Αθήνας–, στην πεδινή αυτή περιοχή με τους μεμονωμένους λόφους και τις απαλές κλίσεις προς τη θάλασσα, υπήρχαν διάφορες δυνατότητες οικιστικής ανάπτυξης. Οι προτάσεις, που διετυπώθησαν την εποχή της ίδρυσης της νέας Αθήνας, εκφράζουν ουσιαστικά τρία πολεοδομικά οράματα[56], και συγκεκριμένα:

α. μιας πόλης που διατάσσεται με βάση ένα σαφώς γεωμετρικό αλλά διαφοροποιημένο σύστημα οδών σε επίπεδο έδαφος (πρόταση Κλεάνθη/Schaubert, αναθεώρηση του Klenze, σχεδιαστική φαντασία του Traxel)·

β. μιας πόλης που οργανώνεται ελεύθερα επάνω σε λόφους (πρόταση του von Quast, ιδεατός στόχος του Klenze, το σχέδιο για ένα ανάκτορο πάνω στην Ακρόπολη του Schinkel, στο οποίο εμπεριέχεται το όραμα της επιλόφιας πόλης)· και

γ. μιας πόλης που διατάσσεται με βάση ένα ενιαίο ορθογώνιο ρυμοτομικό σύστημα σε επίπεδο έδαφος (πρόταση Καυταντζόγλου).

Στην ουσία πρόκειται για δύο παραλλαγές της "κατ' έκτασιν πόλης" [Flaechenstadt] (α και γ) και μία λύση με πρότυπο τη συγκεντρική πόλη (β). Δύο άλλες δυνατότητες διάταξης στο

127

127. Το βορειοανατολικό τμήμα της Αθήνας περί το 1860, φωτογραφημένο από τον Rumine. Στο πρώτο επίπεδο η παλαιά πόλη και στη μέση η Μητρόπολη, τότε υπό αποπεράτωσιν, η οποία εκτίσθη (μεταξύ 1842-1860) με βάση τα σχέδια των αρχιτεκτόνων Th. Hansen, Δ. Ζέζου και Fr. Boulanger. Στο βάθος, τα πρώτα δημόσια κτήρια στη νέα πόλη: πανεπιστήμιο, πολιτικό νοσοκομείο, οφθαλμιατρείο (από το αρχείο του συγγραφέως).

χώρο –της γραμμικής πόλης [Bandstadt] και της συγκεντρικής ανάπτυξης σε επίπεδο έδαφος– δεν λαμβάνονται υπ' όψιν. Και πράγματι, η μεν πρώτη, με κριτήριο τις δυνατότητες συγκοινωνίας την εποχή εκείνη, θα ήταν παράτολμη, η δε δεύτερη θα έπρεπε να μιμηθεί τα αναχρονιστικά πρότυπα του Μεσαίωνα ή της Αναγέννησης (ιδανικές πόλεις).

Τα πολεοδομικά οράματα, που εκπροσωπούν οι συγκεκριμένες αυτές πολεοδομικές προτάσεις για την Αθήνα, δείχνουν καθαρά τρεις εντελώς διαφορετικές αντιλήψεις περί πόλεως, οι οποίες την εποχή εκείνη της μετάβασης από την προβιομηχανική στη βιομηχανική εποχή, ως ένα βαθμό συνυπήρχαν. Η επιλόφια πόλη έχει ως πρότυπο την πόλη παλαιοτέρων εποχών που είναι διατεταγμένη στις πλαγιές των λόφων ομόκεντρα και γύρω από το κάστρο που την επιστέφει· η πόλη που διατάσσεται με βάση ένα σαφές γεωμετρικό αλλά διαφοροποιημένο σύστημα οδών σε επίπεδο έδαφος ακολουθεί τον κανόνα επεκτάσεων και ανεγέρσεων των πόλεων κατά την εποχή της πεφωτισμένης δεσποτείας στην Κεντρική Ευρώπη, ενώ η οργανωμένη στην πεδιάδα με βάση ένα ενιαίο ορθογώνιο ρυμοτομικό σύστημα πόλης, εντάσσεται στα πρότυπα των ορθολογικών πολεοδομήσεων των αρχών της βιομηχανικής εποχής[57].

Εάν τώρα αναλογισθούμε την ανάγκη διαλεκτικής συνύπαρξης της νέας πόλης με την Ακρόπολη και την προβλεπόμενη ζώνη ανασκαφών στην παλαιά πόλη, που στην ουσία συνιστούσε σχεδιαστική επιταγή για κάθε λύση, οι δυνατότητες χωροθέτησης της νέας πόλης μέσα στο λεκανοπέδιο δεν ήσαν πολλές. Περιορίζοντο στις διάφορες θέσεις με κριτήριο την επιθυμητή σχέση της νέας πόλης με την αρχαία αρχιτεκτονική κληρονομιά –δηλαδή την αλληλοεπικάλυψη ή την προσθετική παράθεση ή και την αντιπαράθεση "παλαιού" και "νέου" ιστού–

128

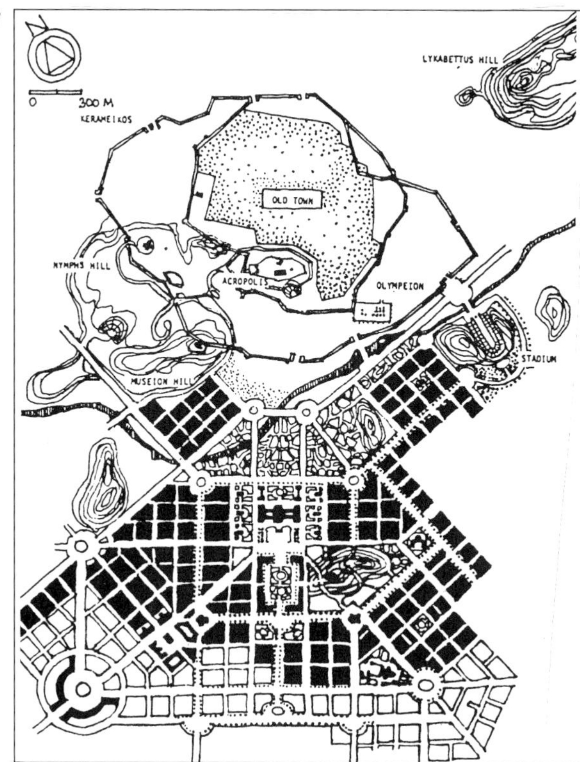

129

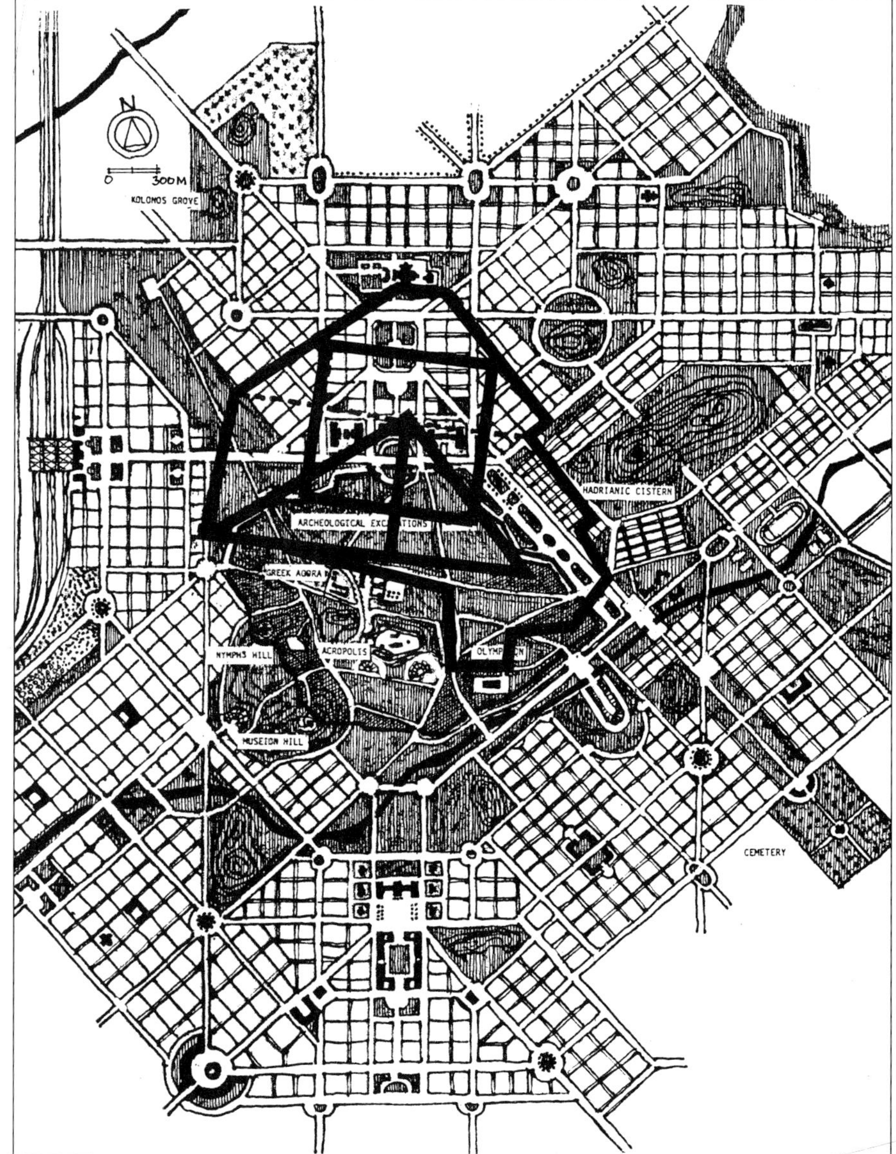

128. Σχηματική απεικόνιση μιας αναδρομικής ουτοπίας: η υποθετική χωροθέτηση νοτίως της Ακρόπολης της πόλης που επρότειναν οι Κλεάνθης και Schaubert. Κλίμαξ περίπου 1:45.000 (σκαρίφημα του συγγραφέως).

129. Υποθετική απεικόνιση της πιθανής μετέπειτα ανάπτυξης (γύρω στα 1900) της Αθήνας, εάν είχε επιλεγεί για τη χωροθέτησή της ο χώρος της εικόνος 128. Εδώ τηρείται με συνέπεια η διαγώνια διάταξη των ορθογωνίων ρυμοτομικών υποσυστημάτων· η μνημειώδης ενιαία ζώνη πρασίνου (Gruene Mitte) του πολιτιστικού πάρκου θα είχε έτσι ολοκληρωθεί. Στα βόρεια της Ακρόπολης σημειώνεται με παχειά μαύρη γραμμή το σύστημα των κυρίων οδικών αξόνων και το περίγραμμα του σχεδίου των Κλεάνθη και Schaubert στην πραγματική του χωροθέτηση. Κλίμαξ περίπου 1:45.000 (σκαρίφημα του συγγραφέως).

και στον συνδυασμό της εκάστοτε λύσης με τα τρία προαναφερθέντα “πολεοδομικά οράματα”.

Με βάση τα προηγούμενα, προκύπτει ότι μια σειρά πιθανών χωροθετήσεων της νέας πόλης μέσα στο λεκανοπέδιο ηγνοήθησαν από τους σχεδιαστές της Αθήνας. Παραδείγματος χάριν, θα μπορούσε να αντιπαρατεθεί στην παλαιά Αθήνα μια επιλόφια πόλη και στον Λυκαβηττό· ή μια νέα πόλη με αυστηρά ορθογώνια ρυμοτομική χάραξη σε επίπεδο έδαφος θα μπορούσε να χωροθετηθεί όχι μόνο, όπως επροτάθη, στο ανατολικό τμήμα του λεκανοπεδίου αλλά και στο νότιο (προς το Φάληρο) ή το δυτικό (προς τον Κηφισό) ή ακόμη και προς το βορεινό (προς τα Πατήσια)[58]. Η πόλη του αρχικού σχεδίου με τα διαφοροποιημένα γεωμετρικά ρυμοτομικά υποσυστήματα θα μπορούσε θαυμάσια με βάση την αρχή της προσθετικής παράθεσης να χωροθετηθεί και στις νότιες υπώρειες της Ακρόπολης. Έτσι, στα πλαίσια της παρούσης εργασίας μας έγινε απόπειρα να απεικονισθεί μια τέτοια “αγνοημένη” χωροθέτηση, η πιθανή δηλαδή ανάπτυξη της νέας πόλης, εάν άλλαζε μεν η θέση της αλλά παρέμενε ίδια η βασική διάταξη του αρχικού σχεδίου των Κλεάνθη και Schaubert.

Σε μια –ας την ονομάσουμε έτσι– “αναδρομική ουτοπία”, το αρχικό τριγωνικό πλέγμα οδών μετεμφυτεύεται στην πεδιάδα στα νότια του Ιλισσού (εικ. 128). Εάν επελέγετο αυτή η χωροθέτηση, η πόλη θα επεξετείνετο προς τη θάλασσα και επομένως η λοφώδης περιοχή γύρω από την Ακρόπολη στο κέντρο του λεκανοπεδίου θα έμενε αδόμητη και θα μπορούσε να αποτελέσει τον πυρήνα μιας μνημειώδους κεντρικής ζώνης πρασίνου (Gruene Mitte). Γύρω απ’ αυτή θα ανεπτύσσετο τότε η πόλη εκατέρωθεν των διαγωνίως διατεταγμένων κυρίων οδικών αξόνων, ακολουθώντας τις κοιλάδες ανάμεσα στους λόφους. Η εικών 129 δείχνει την πιθανή ανάπτυξη μιας τέτοιας πόλης στις αρχές του 20ού αιώνος με συνολική έκταση περίπου 2.000 εκτ. και πληθυσμό γύρω στους 200.000 κατοίκους, που αντιστοιχούν στα πραγματικά πολεοδομικά μεγέθη της Αθήνας την εποχή εκείνη. Προς σύγκριση της υποθετικής και εύρυθμα διατεταγμένης πόλης της "αναδρομικής" μας ουτοπίας με την πραγματική ανάπτυξη της Αθήνας γύρω στα 1920, βλέπε και το σκαρίφημα της εικόνος 130.

Χαρακτηριστικό για τον βαθμό ανάπτυξης της ελληνικής κοινωνίας εκείνη την εποχή αλλά και των εισαχθέντων με καθυστέρηση στην Ελλάδα ιδανικών του διαφωτισμού και του συγκεντρωτικού κράτους, είναι το γεγονός ότι ο σχεδιασμός της Αθήνας δεν προσηνατολίσθη αποκλειστικά ούτε προς το παρελθόν ούτε προς το μέλλον. Το τροποποιημένο αρχικό σχέδιο των Κλεάνθη και Schaubert, που εφηρμόσθη τελικά, αντικατοπτρίζει με ακρίβεια τη θέληση της μεταφοράς στην Ελλάδα των κεντροευρωπαϊκών προτύπων του πολεοδομικού σχεδιασμού της πεφωτισμένης δεσποτείας όπως αυτά διεμορφώθησαν κατά τα έτη 1750-1830· τα πρότυπα όμως αυτά προσαρμόζονται με εξαιρετικά επινοητικό τρόπο στα τοπικά δεδομένα και τις συνθήκες της χώρας.

Επίσης ο σχεδιασμός της νέας Αθήνας –όπως προεβλέπετο στα σχέδια των Κλεάνθη/Schaubert και Klenze, αλλά και όπως εφηρμόσθη– είχε χαρακτήρα επέκτασης, παράλληλα όμως και το βάρος μιας εκτεταμένης αναδιάρθρωσης της πόλης, διότι με κριτήριο τα χωροδομικά-τοπογραφικά δεδομένα και την ύπαρξη αφ'ενός μεν του παλαιότερου οικιστικού πυρήνα από την εποχή της Τουρκοκρατίας αφ' ετέρου της σημαντικής αρχαίας αρχιτεκτονικής κληρονομιάς, δεν μπορούμε παρά να ομιλούμε για επέκταση. Η ριζοσπαστική όμως εισαγωγή νεωτέρων αρχών σχεδιασμού που παρατηρείται και ως εκ τούτου ο εντελώς νέος τύπος πόλης που επιδιώκεται, μας αναγκάζουν να βλέπουμε τη νέα πόλη, εάν όχι ως μια πραγματικά εξ αρχής ιδρυμένη πόλη, τουλάχιστον ως μια νέα δημιουργία, ο σχεδιασμός της οποίας έθετε πολύ δύσκολα μορφολογικά και διαρθρωτικά προβλήματα.

Χωρίς ριζική ανάπλαση και εξυγίανση της παλαιάς πόλης και παρ' όλη τη μερική μόνον απελευθέρωση της περιοχής των ανασκαφών από τα κτίσματα ύστερα από μεγάλο χρονικό διάστημα, εκείνο που τελικά επετεύχθη ήταν η συνύφανση παλαιάς και νέας πόλης. Η θέση και το κέντρο της παρέμειναν έτσι τα ίδια, διασφαλίζοντας μέχρι σήμερα –όπως εξ' άλλου και στη Ρώμη– την τοπολογική συνέχεια της πόλης και έναν ιστορικό συνειρμό που σημαίνεται με το όνομα "Αθήνα".

Σε ποιο βαθμό ενετάχθησαν τα τοπογραφικά δεδομένα της περιοχής στον σχεδιασμό της Αθήνας; Πίσω από τα διάφορα πολεοδομικά οράματα για τη νέα πρωτεύουσα διακρίνεται άραγε μία τρισδιάσταση εικόνα της σχεδιαζόμενης πόλης ή μήπως έχουμε να κάνουμε απλώς με δυσδιάστατα διαγραμματικά σχέδια της οργάνωσής της; Παρά το γεγονός ότι η πρόταση του von Quast δεν είναι ολοκληρωμένη και μολονότι διετυπώθη μόνο λεκτικά, είναι η μόνη στην οποία βλέπουμε τον συντάκτη της να ασχολείται με την τρισδιάστατη μορφή της προτεινόμενης πόλης. Στο αρχικό σχέδιο των Κλεάνθη και Schaubert η ύπαρξη οπτικών αναφορών (points de vue) μπορεί επίσης να ερμηνευθεί ως ενδιαφέρον των αρχιτεκτόνων για τη μορφολογία της πόλης με την έννοια της οπτικής αντίληψης του χώρου[59]· επίσης οι αρκετά επεξεργασμένες για ένα γενικό πολεοδομικό σχέδιο κατόψεις των δημοσίων κτηρίων αποδεικνύουν το ενδιαφέρον τους για τη διαμόρφωση των όγκων των σημαντικωτέρων κτηρίων-στοιχείων αναφοράς στη νέα πόλη. Στον Klenze διακρίνουμε το ενδιαφέρον του για τη διάταξη των κτηριακών όγκων μόνο στην πρότασή του για το συγκρότημα των ανακτόρων στις πλαγιές του λόφου των Νυμφών, το οποίο οργανώνει σε πολλά επίπεδα. Στον Καυταντζόγλου δεν υπάρχει ούτε ίχνος τρισδιάστατης σύλληψης της πόλης.

Έχει κανείς την εντύπωση πως, παρά τον ευνόητο σεβασμό στην παρουσία της Ακρόπολης και των ιστορικών λόφων στα δυτικά της, όλες οι πολεοδομικές προτάσεις για τη νέα Αθήνα που έχουν απεικονισθεί σχεδιαστικά έχουν μάλλον τον χαρακτήρα ενός δυσδιάστατου σχήματος διάταξης, το οποίο ως κάτοψη της πόλης ορίζει κυρίως το δίκτυο κυκλοφορίας και τα οικοδομικά τετράγωνα, χωρίς οι συντάκτες του να συλλαμβάνουν την πόλη ως τρισδιάστατο μόρφωμα[60].

Χαρακτηριστικό απ' αυτή την άποψη είναι το γεγονός ότι με μία μόνο εξαίρεση (το προοπτικό των ανακτόρων του Klenze) όλα τα διασωθέντα σχεδιαστικά τεκμήρια είναι κατόψεις της πόλεως και ελάχιστες κατόψεις και όψεις κτηρίων και πως δεν έγινε καμία προσπάθεια απεικόνισης ολόκληρης της πόλης (με πανοράματα) ή επιμέρους απόψεών της (με προοπτικά σχέδια τμημάτων της πόλης).

Μία ουσιαστική αντιπαράθεση προεκάλεσε ο Klenze, όταν απέρριψε τη γεωμετρική πολεοδομική διάταξη που είχαν προτείνει οι Κλεάνθης και Schaubert[61] (αλλά αργότερα και ο Καυταντζόγλου). Είδαμε ότι ο Klenze, ερχόμενος αντιμέτωπος με το αττικό τοπίο και με τις αρχαίες διαμορφώσεις του χώρου, απέκτησε μίαν αντίληψη για το "γνήσια ελληνικό", νεωτεριστική για την εποχή του: προσαρμογή στην τοπογραφία του εδάφους, ελεύθερη και ασύμμετρη τοποθέτηση των κτηριακών όγκων, διάταξη σε πολλά επίπεδα, ελεύθερη χάραξη των οδών είναι τα κυριώτερα χαρακτηριστικά των "γραφικών" (malerisch), όπως τις αποκαλεί, πόλεων[62], λύση η οποία του φαίνεται πως είναι η μόνη ενδεδειγμένη για τις κλιματικές συνθήκες και το ανώμαλο έδαφος στον ελληνικό χώρο.

Παρά την αξιοθαύμαστη ικανότητα του Klenze να μεταδίδει "την αίσθηση της σύνθεσης μεταξύ αρχιτεκτονικής, χώρου και φύσης" μέσα από μια "επιμελώς υπολογισμένη εικόνα"[63], η "γραφική" ελευθερία και τυχαιότητα που επιθυμεί παραμένει προβληματικός στόχος, διότι αυτές οι ιδιότητες δεν μπορούν βέβαια να επιτευχθούν με συνειδητό σχεδιασμό. Πάντως είχε συνειδητοποιήσει και ο ίδιος αυτή την αντίφαση (βλ. κεφ. 4, σημ. 45). Επίσης η διεξοδική κριτική που ασκεί εναντίον της μονοτονίας "των πόλεων του Βορρά" (βλ. κεφ. 4. τεκμήριο Γ) δεν ευρήκε απήχηση και δεν έδωσε το έναυσμα ενός διαλόγου που θα απεσαφήνιζε ποια θα έπρεπε να είναι τα βασικά χαρακτηριστικά της νέας πόλης.

Ο εξωραϊσμός της νέας πόλης με κατάφυτες λεωφόρους, που προεβλέπετο στο αρχικό σχέδιο, καθώς και το ιδιαίτερο βάρος που έδιναν οι Κλεάνθης και Schaubert στην πρόταση των ελεύθερα τοποθετημένων στα οικόπεδα μονοκατοικιών

130

130. Το δίκτυο των οδών του κέντρου της Αθήνας το 1920, που το σχήμα του θυμίζει πλέγμα πλοκάμων· αποτέλεσμα της σταδιακής, άναρχης επέκτασης της πόλης. Κλίμαξ περίπου 1:35.000 (σχέδιο του συγγραφέως).

με κήπους, παρέσυρε πολλούς ερευνητές να πιστέψουν πως στην περίπτωση της Αθήνας επεδιώχθη η δημιουργία μιας πρώιμης κηπούπολης. Ο Russack ισχυρίζεται πως: "Εάν είχαν εφαρμοσθεί τα σχέδια του Schaubert, η πόλη στις υπώρειες του Υμηττού θα είχε γίνει η πρώτη κηπούπολη του αιώνα. Οι Schaubert και Κλεάνθης ήθελαν να δημιουργήσουν μια ευρύχωρη πόλη στη θέση των πυκνοδομημένων και στενάχωρων πόλεων της Ευρώπης"[64].

Ο Στέφανος Σίνος, ολιγώτερον απόλυτος, παρατηρεί εύστοχα πως στο αρχικό σχέδιο πρέπει να ιδούμε μάλλον την απόπειρα να διασωθεί "η αρχιτεκτονική παράδοση μιας αγροτικής κοινωνίας", δηλαδή η ελεύθερα τοποθετημένη στο οικόπεδο κατοικία[65], εντασσόμενη ωστόσο σε ένα νέο πολεοδομικό πρότυπο.

Εξ' άλλου, μοιάζει άτοπη στην προκειμένη περίπτωση και η χρήση του όρου "κηπούπολη", ο οποίος μπορεί να χρησιμοποιηθεί μόνο για τον ιδιαίτερο τύπο αστικού οικιστικού μορφώματος, που πρότεινε πολύ αργότερα (στα τέλη του 19ου αι.) ο E. Howard. Οι πόλεις αυτού του τύπου είναι δορυφόροι αστικών κέντρων αυτάρκεις, ωστόσο έχουν μέτριο μέγεθος και συμβιώνουν στενά συνδεδεμένες με το περιβάλλον τοπίο και με τις εγκατεστημένες εδώ παραγωγικές δραστηριότητες. Η "απλόχωρη πόλη" που προτείνουν οι Κλεάνθης και Schaubert θα έπρεπε μάλλον να θεωρηθεί μία "κατάφυτη μεσογειακή πόλη" με αραιή δόμηση πάνω σε αυστηρά καθορισμένες οικοδομικές γραμμές.

Έχουμε αναφερθεί ήδη στις διάφορες συμβολικές αναφορές, στα πλαίσια του αρχικού σχεδίου της Αθήνας. Τις επεσημάναμε π.χ. στα ιστορικά ονόματα που επελέγησαν για τις οδούς, στη μετωπική αντιπαράθεση της Ακρόπολης με τα νέα ανάκτορα –με την πρέπουσα βέβαια απόσταση μεταξύ τους αλλά σε άμεση οπτική επαφή– που αποτελούν τα δύο εστιακά σημεία της αρχαίας και της νέας Αθήνας αντίστοιχα, καθώς και στην προφανή κατανομή των χρήσεων στις "κατάλληλες", φορτισμένες με ιστορικές μνήμες θέσεις (βλ. κεφ. 2, σημ. 47).

Πέραν από αυτούς τους συμβολικούς υπαινιγμούς, τίθεται το ερώτημα κατά πόσο στην περίπτωση της Αθήνας μπορεί να γίνει λόγος για αρχιτεκτονική, ή ακόμα και για πολεοδομικό σχέδιο που φέρει τα χαρακτηριστικά μιας sui generis "ομιλούσης αρχιτεκτονικής" ("architecture parlante"). Όπως είναι γνωστό, η λεγόμενη "architecture parlante" των αρχιτεκτόνων της Γαλλικής Επανάστασης απευθύνετο τόσο στη διάνοια όσο και σε όλες τις αισθήσεις του παρατηρητή. Κύριο αίτημα αυτού του τρόπου σύνθεσης είναι η σαφής αναγνωσιμότης της εικόνος του κτηρίου, η οποία πρέπει να σημαίνει τον "χαρακτήρα" (δηλαδή τη λειτουργία) του. Σύμφωνα με τον Ledoux, το κτήριο μετατρέπεται σε ένα σπουδαίο έργο "που χαρακτηριστικό του είναι ότι ακτινοβολεί το θέμα στο οποίο χρεωστά την ύπαρξή του"[66]. Οι όψεις των κτηρίων έπρεπε να έχουν εκφραστικές "φυσιογνωμίες" τέτοιες, ώστε να θυμίζουν συνειρμικά τη λειτουργία τους ή ακόμα και το επάγγελμα του ιδιοκτήτη τους. Το αποτέλεσμα, παρότι ενδιαφέρον από εικονογραφική άποψη, ήταν συχνά ευτράπελο· παράδειγμα το κυλινδρικό σχήμα του κτηρίου της διοίκησης των υδάτων του ποταμού Loue (maison des directeurs de la Loue) που εσχεδίασε ο Ledoux, με τα νερά που το διατρέχουν ως σύμβολο του αντικειμένου αυτής της διοίκησης.

Ο Γ. Τσιώμης, στην ανάλυση του αρχικού σχεδίου της νέας Αθήνας, φθάνει μέχρι το σημείο να διαπιστώνει ότι "η αρχιτεκτονική εδώ ομιλεί κατά τον 'αθηναϊκό τρόπο' (architecture parlante a l'athenienne)". Την ιδιάζουσα κατά τη γνώμη του αυτή αρχιτεκτονική την αποκαλεί "phatique", της αποδίδει δηλαδή ρητορικό χαρακτήρα: τα δημόσια κτήρια με τα σπουδαία ονόματα της αρχαιότητος (π. χ. βουλευτήριον, ακαδημία, λύκειον, ωδείον κ.λπ.) και με τα αρχαιότροπα αετώματα εκπροσωπούν, κατά τον Τσιώμη, μάλλον μια "αποκρινόμενη" παρά μια "ομιλούσα" αρχιτεκτονική, η οποία ανταποκρίνεται στην άρρητη επιθυμία να την ακούει κανείς να μιλάει μια "κλασικιστική εσπεράντο"[67]. Τέτοιες γενικεύουσες κρίσεις που προσπαθούν να αποδείξουν την ιδεολογική φόρτιση του αθηναϊκού κλασικισμού αποτελούν κατά τη γνώμη μας μάλλον αυθαίρετες ερμηνείες.

Χειρότερη και ακόμα περισσότερο αθεμελίωτη είναι η ιδεολογική κριτική που ασκείται συχνά στο πολεοδομικό σχέδιο της νέας Αθήνας σήμερα στη χώρα μας. Τα κυριώτερα σημεία στα οποία επικεντρώνεται η κριτική του αρχικού σχεδιασμού της Αθήνας είναι τα ακόλουθα:

α. η δήθεν άκριτη υιοθέτηση δυτικών προτύπων σχεδιασμού,

β. η επιλογή χωρικών διατάξεων, οι οποίες αντικατοπτρίζουν την προσκόλληση στην ιδέα της απόλυτης μοναρχίας,

γ. η επιλογή μιας συγκεκριμένης μορφολογίας (δηλαδή του κλασικισμού) και η αρχαιολατρεία – όλα αυτά με στόχο τη μεταστροφή των ελληνικών αξιών και τον "εξευρωπαϊσμό" της χώρας.

Ο χαρακτήρ και το περιεχόμενο του σχεδιασμού της Αθήνας εν γένει δικαιολογούν αυτές τις παρατηρήσεις· επίσης είναι εύστοχες στο μέτρο που αναφέρονται στις προθέσεις του αρχικού σχεδιασμού. Είναι όμως πολύ αμφίβολη η άρρητη μεν αλλά ενυπάρχουσα σ' αυτού του είδους κριτική μομφή, ότι ο σχεδιασμός της Αθήνας ήταν δήθεν "ξένος προς τη χώρα" και "εχθρικός προς τον χαρακτήρα της Ελλάδος".

Πολλοί ερευνητές της ιστορίας της Αθήνας (Μπίρης, Φουντουλάκη, Σίνος) επεσήμαναν ότι η αντίληψη που διήπε το σχέδιο των Κλεάνθη και Schaubert έχει τις ρίζες του στις αρχές του όψιμου κεντροευρωπαϊκού απολυταρχισμού. Έτσι, ως κύριο χαρακτηριστικό γνώρισμα αυτού του σχεδιασμού ετονίσθη επανειλημμένως η λεγόμενη "patte d'oie", δηλαδή η δέσμη των κυρίων οδών που ξεκινούν ακτινωτά από την ηγεμονική καθέδρα. Εμείς, χωρίς να αρνούμεθα την ιδεολογική αυτή καταγωγή του σχεδίου, προσπαθήσαμε να επισημάνουμε τα συνθετικά του χαρακτηριστικά και την τοπολογική καταλληλότητά του, δηλαδή ωρισμένες πολύ σημαντικές αρετές του. Επίσης, στη συνέχεια θα μιλήσουμε για την σημασία και άλλων προτύπων του αθηναϊκού σχεδιασμού (δηλαδή σχεδίων ρωσικών πόλεων του 18ου αιώνος).

Είναι αυτονόητον, ότι οι εκπονητές του σχεδίου της Αθήνας ήσαν τέκνα της εποχής τους και, καθώς είχαν τη δεκτικότητα που χαρακτηρίζει τους νέους ανθρώπους, ήσαν επηρεασμένοι από δοκιμασμένα πρότυπα. Η προσπάθεια όμως να υποβιβασθεί ο εξαιρετικά διαφοροποιημένος και προσηρμοσμένος στα δεδομένα του τόπου σχεδιασμός τους σε δουλική υιοθέτηση μιας "πρότυπης λύσης" είναι άτοπη.

Από αυτή την άποψη ένα σχετικά πρόσφατο κείμενο του αειμνήστου Έλληνος αρχιτέκτονος Άρη Κωνσταντινίδη (Αθήνα, 1989), με το οποίο ασκεί δριμύτατη κριτική στο σχέδιο των Κλεάνθη και Schaubert[68], είναι ενδεικτικό της ατυχούς τάσης που έχει μακρά παράδοση στην Ελλάδα να καταγγέλλεται κάθε πνευματική επίδραση από τη Δύση σαν προδοσία σε βάρος της χώρας, δηλαδή σε βάρος μιας δήθεν άφθαρτης ελληνικότητος. Η συναισθηματικά φορτισμένη αγόρευση του Κωνσταντινίδη υπέρ "ηθικών αρχών και αξιών" οι οποίες, χωρίς να τις κατονομάζει, θεωρεί ότι λείπουν από το σχέδιο, και οι ηχηρές διακηρύξεις του ότι "ο ελληνικός τόπος" δεν χωράει όλα αυτά τα φανταχτερά ευρωπαϊκά καμώματα και ότι "είναι ένας κόσμος που δεν τα σηκώνει καθόλου κάτι 'τέτοια'..." δεν μπορούν να καλύψουν το γεγονός ότι, εκτός από τη λύση του αρχικού σχεδίου, δεν υπήρχαν παρά μόνο δύο ακόμα εναλλακτικές δυνατότητες, οι οποίες άλλωστε και διετυπώθησαν από τους von Quast και Καυταντζόγλου. Εξ' άλλου, πολύ αμφιβάλλουμε εάν ένα μονότονο ορθογώνιο ρυμοτομικό σχέδιο σε επίπεδο έδαφος ή μια δαιδαλώδης βαθμιδωτή οικιστική ανάπτυξη πάνω στους λόφους θα ήταν "ελληνικώτερη" λύση για την οικοδόμηση μιας σύγχρονης πόλης. Λειτουργικώτερες, περισσότερα υποσχόμενες για το μέλλον αλλά και ευτυχέστερες μορφολογικά λύσεις για μια νέα πρωτεύουσα ασφαλώς δεν θα ήσαν!

Στους Κλεάνθη και Schaubert επερρίφθη επίσης η μομφή ότι με το σχέδιό τους ετόνισαν σκοπίμως την αρχή της απολύτου μοναρχίας σε ελληνικό έδαφος. Και πράγματι, η κεντρική θέση της ηγεμονικής καθέδρας, ο ρόλος της ως εστιακού σημείου της όλης σύνθεσης, καθώς και η ιεραρχικά υποδεέστερη χωροθέτηση των κτηρίων της εκτελεστικής και νομοθετικής εξουσίας (υπουργείων και βουλών) δείχνει τη σαφή πρόθεση των αρχιτεκτόνων να εξάρουν τη βασιλική εξουσία. Τι νόημα όμως έχει η εκ των υστέρων κριτική αυτής της "φιλοκαθεστωτικής" στάσης για την κριτική αποτίμηση του σχεδίου τους; Είναι αυτονόητο ότι οι πολεοδόμοι δεν μπορούν παρά να δρουν μέσα στα πλαίσια των επιθυμιών του εκάστοτε εντολέως τους, που στην προκειμένη περίπτωση ήταν η κρατική εξουσία. Τι περίμενε κανείς; να μην φερθούν ως "νομοταγείς" για την εποχή εκείνη πολίτες; Η επιχειρηματολογία μιας τέτοιας αναδρομικής πολιτικής κριτικής[69] είναι αδικαιολόγητη και προκατειλημμένη.

Την ίδια προκατάληψη μαρτυρούν και όλες εκείνες οι επιφυλάξεις, σύμφωνα με τις οποίες η αρχαιολατρεία καθώς και η επιστροφή σε μορφές της αρχαίας αρχιτεκτονικής ηλλοίωσαν μοιραία την υγιά ταυτότητα των Ελλήνων μετά την Επανάσταση. Γεγονός είναι ότι όχι μόνον οι λόγιοι Έλληνες της διασποράς, αλλά και οι αγωνιστές της ελευθερίας επεκαλέσθησαν αυτές τις αξίες[70] για να προσδώσουν έτσι με την αναδρομή στο παρελθόν μια ανανεωμένη ταυτότητα στη νεώτερη Ελλάδα.

Επίσης δεν μπορεί να θεωρεί κανείς αρνητικό τον ρόλο που έπαιξε η αρχαιολατρεία στη γένεση του φιλελληνισμού πολλών Ευρωπαίων. Θέσεις, όπως αυτές του Γ. Τσιώμη, ο οποίος υποστηρίζει ότι το μόνο νόημα του σχεδίου της Αθήνας ήταν να υπηρετήσει τον τονισμό της παρουσίας του Βασιλέως και την αναβίωση της αρχαίας πολιτιστικής κληρονομιάς[71] είναι χονδροειδείς απλουστεύσεις του πραγματικού περιεχομένου του σχεδίου.

Επίσης, ας μην λησμονούμε ότι ο κλασικισμός κατά την όψιμη φάση του είδε μια νέα άνθηση κάτω από τον ελληνικό ουρανό, γιατί απελευθερώθη από κάθε ιστορική θεατρικότητα. Επί πλέον, η νεοελληνική κοινωνία ενεστερνίσθη βαθειά την καλλιέργεια της αρχαίας παιδείας που παραμένει ακόμα και σήμερα –παρ' όλες τις επίσημες διαβεβαιώσεις περί του εναντίου και την δήθεν εγκατάλειψη της περιφρονημένης τα τελευταία χρόνια "προγονολατρείας"– ουσιαστικό στοιχείο της εθνικής ταυτότητος.

Έτσι, αυτές καθεαυτές οι θέσεις εκκίνησης της σημερινής "κοινωνικής" κριτικής του αρχικού σχεδίου της νέας Αθήνας στη χώρα μας είναι συχνά λανθασμένες ή άκριτες. Δημιουργείται η εντύπωση πως τα πραγματικά κρίσιμα από κοινωνική άποψη ερωτήματα δεν μπορούν να κερδίσουν το ενδιαφέρον των ερευνητών με "πολιτική" συνείδηση, οι οποίοι παραμένουν παγιδευμένοι σε έναν άγονο προβληματισμό σχετικά με τις βλαβερές επιπτώσεις μιας δήθεν "αναγκαστικά εισαχθείσης δυτικής παιδείας".

4.
ΟΙ ΠΟΛΕΟΔΟΜΙΚΕΣ ΠΡΟΤΑΣΕΙΣ: ΧΑΡΑΚΤΗΡ ΤΟΥ ΠΕΡΙΕΧΟΜΕΝΟΥ ΤΟΥΣ ΚΑΙ ΠΡΟΤΥΠΑ ΤΟΥΣ

Αναφερόμενοι στη χωροθέτηση της νέας πρωτεύουσας μέσα στο αθηναϊκό λεκανοπέδιο, επεσημάναμε επανειλημμένα τη σχεδιαστική επιταγή της άμεσης φυσικής-χωρικής διασύνδεσης της νέας πόλης με την αρχαία αρχιτεκτονική κληρονομιά, στην οποία υπήκουσαν σιωπηρώς όλοι όσοι διετύπωσαν προτάσεις για τη νέα Αθήνα. Όπως και στη Ρώμη, έτσι κι εδώ η στενή συνύφανση (αν και σε κάθε σχέδιο βλέπουμε μια διαφορετική αντίληψη συνύφανσης) του "παλαιού" με το "νέο" υπογραμμίζει την ιστορική συνέχεια.

Όλοι οι αρχιτέκτονες που ησχολήθησαν κατά τα πρώτα χρόνια με τη νέα Αθήνα έχουν κοινή τη βασική πεποίθηση ότι η μνήμη της αρχαίας πόλης θα έπρεπε να αναβιώσει σε μια ζώνη ανασκαφών. Ανάμεσά τους ο Καυταντζόγλου, με τη στρατηγική της σταδιακής εγκατάλειψης και φθοράς ολόκληρης της παλαιάς πόλης της Τουρκοκρατίας που επρότεινε, απεσκόπει στη δημιουργία των πιο ευμενών προϋποθέσεων για μια απεριόριστη μελλοντική αρχαιολογική έρευνα.

Όλοι οι αρχιτέκτονες (με εξαίρεση τον von Quast) απέφυγαν στα σχέδιά τους την αλληλεπίθεση των ιστορικών αρχιτεκτονικών φάσεων (δηλαδή την ανέγερση της νέας πόλης στο έδαφος της αρχαίας Αθήνας), στην πραγματικότητα όμως έγινε τελικά και αυτό εν μέρει, όταν οικοδομήθη η νέα πόλη κατά τη διάρκεια του 19ου αιώνος[72].

Πιο καθαρά από όλους εξέφρασε τα πρωτεία που έδιναν στα αρχιτεκτονικά κατάλοιπα και την επιθυμία να τονισθεί η ταυτότης του ιστορικού τόπου ο Klenze, ο οποίος γράφει: "Η σύλληψις του σχεδίου οφείλει να έχει ως γνώμονα την ιδέα της ιστορικότητος και ποιητικότητος και να είναι σύμφωνη με την ιστορική εξέλιξη τόσο της αρχαίας όσο και της σημερινής ένδοξης πόλης των Αθηνών. (...) Αλήθεια, όπως είναι σήμερα η χώρα, μού φαίνεται πως δεν χρειάζονται οι πολλοί άλλοι θετικοί και υλικοί λόγοι για να αποτρέψουν τη σκέψη για μια άλλη πρωτεύουσα της Ελλάδος. Το όνομα και μόνον 'Αθήνα' ανοικοδομεί την πόλη και της χαρίζει την τέταρτη εποχή της· και η Αθήνα θα παρέμενε για τον κόσμο της Ελλάδος πρωτεύουσα, ακόμα και αν ανεκήρυσσε κανείς πρωτεύουσα μιαν άλλη πόλη"[73].

Εάν κοιτάξουμε την έκταση που καλύπτει η νέα πόλη στις διάφορες πολεοδομικές προτάσεις, θα παρατηρήσουμε την προσήλωση στον αξιοσέβαστο ιστορικό χώρο: σε όλες τις προτάσεις η πόλη αναπτύσσεται γύρω από το ιδεατό κέντρο της Ακρόπολης και μάλιστα έκκεντρα και προς διαφορετικές κατευθύνσεις στην κάθε μια (εικ. 132).

Η συνολική έκταση όμως της πόλης παραμένει σε όλα τα σχέδια μάλλον περιωρισμένη και τέτοια ώστε να είναι εύκολη η συνολική εποπτεία της. Οι διαφορές μεταξύ των διαφόρων λύσεων ως προς την έκταση της πόλης δεν είναι σημαντικές. Η επιφάνεια που καλύπτει η Αθήνα (παλαιά και νέα) στις διάφορες προτάσεις κυμαίνεται μεταξύ 230 και 340 εκταρίων.

Η έκταση της πόλης σε εκτάρια ανά πρόταση

Αρχιτέκτων του σχεδίου	Συνολική έκταση	Έκταση νέας πόλης
Κλεάνθης-Schaubert	300,5	215,0
von Quast	340,0	254,0
von Klenze	251,0	167,0
Traxel	305,0	256,0
Καυταντζόγλου	230,0	145,0

Είναι ενδιαφέρουσα η σύγκριση των προηγούμενων μεγεθών με την έκταση της πόλης κατά την αρχαιότητα. Τον πέμπτο αιώνα π.Χ. η Αθήνα είχε συνολική έκταση 205 εκτ. και την εποχή του Αδριανού δηλαδή τον 2ο αιώνα μ.Χ., οπότε απέκτησε και τη μέγιστη έκτασή της, 245 εκτ. (εικ. 135). Τα μεγέθη δηλαδή μοιάζουν να παραμένουν σταθερά επί δύο χιλιετίες. Η διάμετρος της πόλης δεν υπερβαίνει ποτέ το 1,5 χλμ., δηλαδή είναι πάντα στα μέτρα του πεζού περιπατητή.

Η δυνατότης εποπτείας του συνόλου της πόλης και η συνύφανσή της με την αρχαία αρχιτεκτονική κληρονομιά[74] δεν είναι τα μόνα κοινά χαρακτηριστικά των προτάσεων για τη νέα Αθήνα· ο τρόπος λειτουργίας και η διαρθρωτική αντίληψη για την πόλη (που διέπονται από το κοινό πνεύμα της εποχής) φαίνεται πως υπήρξαν το αντικείμενο μιας άρρητης συναίνεσης των αρχιτεκτόνων. Υπεδείχθη ήδη, πως ζητήματα οργάνωσης της πόλης ως τόπου παραγωγής αγαθών δεν ελήφθησαν υπ' όψιν σε καμία πρόταση. Σε κανένα σχέδιο δεν απαντώνται βιομηχανίες, βιοτεχνίες, εργατικοί οικισμοί ή αγροτικές "αποικίες". Έχει κανείς την εντύπωση, πως εκυριάρχησε η σιωπηρή συμφωνία η πρωτεύουσα να λάβει αποκλειστικά χαρακτήρα τόπου κατοικίας και διοικητικού κέντρου, που επί πλέον θα έπρεπε να εξοπλισθεί αφειδώς με πολιτιστικά ιδρύματα και εμπορικά καταστήματα[75].

Αλλά και η "χωροταξική" ένταξη της νέας πρωτεύουσας στον ευρύτερο χώρο της επικράτειας, ο σχεδιασμός υπεραστικών οδών και οι προοπτικές για τη μελλοντική επέκτασή της δεν φαίνεται να εμπίπτουν στην προοπτική των πρώτων σχεδίων για την πόλη. Έτσι, στην περίπτωση της Αθήνας ευρισκόμεθα μάλλον αντιμέτωποι με την εσκεμμένη διακήρυξη μιας πολιτικής πρόθεσης –δηλαδή την πρόθεση της βεβιασμένης δημιουργίας μιας νέας πρωτεύουσας– παρά με έναν καλά μελετημένο σχεδιασμό του σύνθετου οργανισμού μιας πόλης.

Όλα τα σχέδια για τη νέα Αθήνα τα χαρακτηρίζει –βέβαια και λόγω νοοτροπίας της εποχής– η έντονη τάση προς τον σχεδιαστικό φορμαλισμό. Έχει κανείς την εντύπωση, ότι εδόθη μεγάλο βάρος στην άψογη σχεδιαστική φιλοτέχνηση της κάτοψης της πόλης μάλλον παρά στην οργανική διάρθρωσή της. Κύριο μέλημα των καλλιτεχνών μοιάζει να ήταν η ισορροπημένη και εύρυθμη διάταξη των οδικών αξόνων και των πλατειών, καθώς και η οπτικά εντυπωσιακή τοποθέτηση των δημοσίων κτηρίων στον ιστό της πόλης. Βασικά ζητήματα, όπως το είδος της οικιστικής ανάπτυξης και οι λειτουργικές συναρτήσεις μάλλον παραμελούνται.

Έτσι, οι υποδείξεις σχετικά με το επιθυμητό σύστημα δόμησης στη νέα πόλη και τη συνύφανσή της με την παλαιά, προϋφιστάμενη πόλη είναι εντελώς ανεπαρκείς. Οι Κλεάνθης και Schaubert προβλέπουν σε όλη την έκταση της νέας πόλης το πανταχόθεν ελεύθερον σύστημα, υπερεκτιμώντας τη χωρητικότητα από άποψη πληθυσμού μιας τέτοιας λύσης. Ο Klenze συνιστά την αυθαίρετη κατανομή της πόλης σε μία μικρότερη περιοχή επαύλεων, όπου προβλέπει το πανταχόθεν ελεύθερο σύστημα δόμησης, και σε μία μεγαλύτερη, όπου προτείνει τριώροφα κτήρια δομημένα κατά το συνεχές σύστημα δόμησης. Ο Καυταντζόγλου φαντάζεται γενικευμένη χρήση παροδίων στοών. Για την καθ' ύψος διάταξη των κτηριακών όγκων, την κατάτμηση των οικοδομικών τετραγώνων, τη διαμόρφωση των εσωτερικών ακαλύπτων χώρων[76], τη δημιουργία στοών διέλευσης, τη μετάβαση με βάση κάποια κλίμακα από τον πυκνό και δαιδαλώδη ιστό της παλαιάς πόλης με τα μικρά οικοδομικά τετράγωνα και οικόπεδα στην προβλεπόμενη πόλη με τις κανονικά διατεταγμένες οικοδομικές γραμμές δεν υπάρχει καμία πρόταση.

Την μόνη απόπειρα οργανικής σύνδεσης της παλαιάς με τη νέα πόλη συνιστούν οι προβλεπόμενες στο αρχικό σχέδιο νέες διανοίξεις στην παλαιά πόλη, τις οποίες υιοθέτησε εν μέρει και ο Klenze. Και εδώ όμως ξενίζει η ριζική επέμβαση, που δεν σέβεται ιδιαίτερα τον υπάρχοντα ιστό. Για τη δόμηση εκατέρωθεν των νέων αυτών διανοίξεων δεν φαίνεται να έγινε καμία σκέψη. Επίσης δεν γίνεται καμία νύξη στην απαραίτητη σε τέτοιες περιπτώσεις ανάπλαση της παλαιάς πόλης.

Ακόμα ολιγώτερο μοιάζει να απησχόλησε τους αρχιτέκτονες το πρόβλημα της κυκλοφορίας. Οι Κλεάνθης και Schaubert βλέπουν τις οδούς κατά κύριο λόγο σαν μνημειώδεις διαδρόμους με καταληκτικές θέες, τον Klenze απασχολεί η μείωση των διαστάσεων του οδικού δικτύου, που προβλέπεται στο αρχικό σχέδιο για λόγους οικονομίας και ο Καυταντζόγλου αρκείται σε έναν λόγο υπέρ των ευρέων οδών –χωρίς όμως να ορίζει το πλάτος τους επακριβώς– λόγω της αναμενόμενης αυξημένης κυκλοφορίας των αμαξών. Η τελευταία είναι και η μόνη παρατήρηση από άποψη τεχνικής της κυκλοφορίας που απαντάται εν γένει στον σχεδιασμό της Αθήνας. Είναι εντυπωσιακό ότι κανένας από τους συντάκτες των σχεδίων και προτάσεων που παρουσιάσαμε δεν συνέδεσε τις διαστάσεις του οδικού δικτύου που επρότεινε, με τον κυκλοφοριακό φόρτο που μπορεί να δεχθεί. Μόνον ο Klenze υπολογίζει λεπτομερώς εναλλακτικά πλάτη οδών, όμως για τελείως διαφορετικό λόγο, για να εξασφαλίσει την μέγιστη δυνατή οικονομική εκμετάλλευση της αστικής γης.

Άλυτο παραμένει επίσης το πρόβλημα της ένταξης στο σχέδιο της Ακρόπολης και των λόφων στα δυτικά της, με τα πλούσια σε ιστορία μνημεία τους (του Φιλοπάππου, της Πνυκός, του Αρείου Πάγου). Οδοί πρόσβασης και διαμορφώσεις των ελεύθερων χώρων αυτής της περιοχής δεν προτείνονται σε κανένα σχέδιο. Από αυτή την άποψη, η λεκτική περιγραφή της επιλόφιας πόλης που οραματίζεται ο von Quast δεν έχει καμία βαρύτητα.

Περιωρισμένης σημασίας είναι επίσης και οι προτάσεις

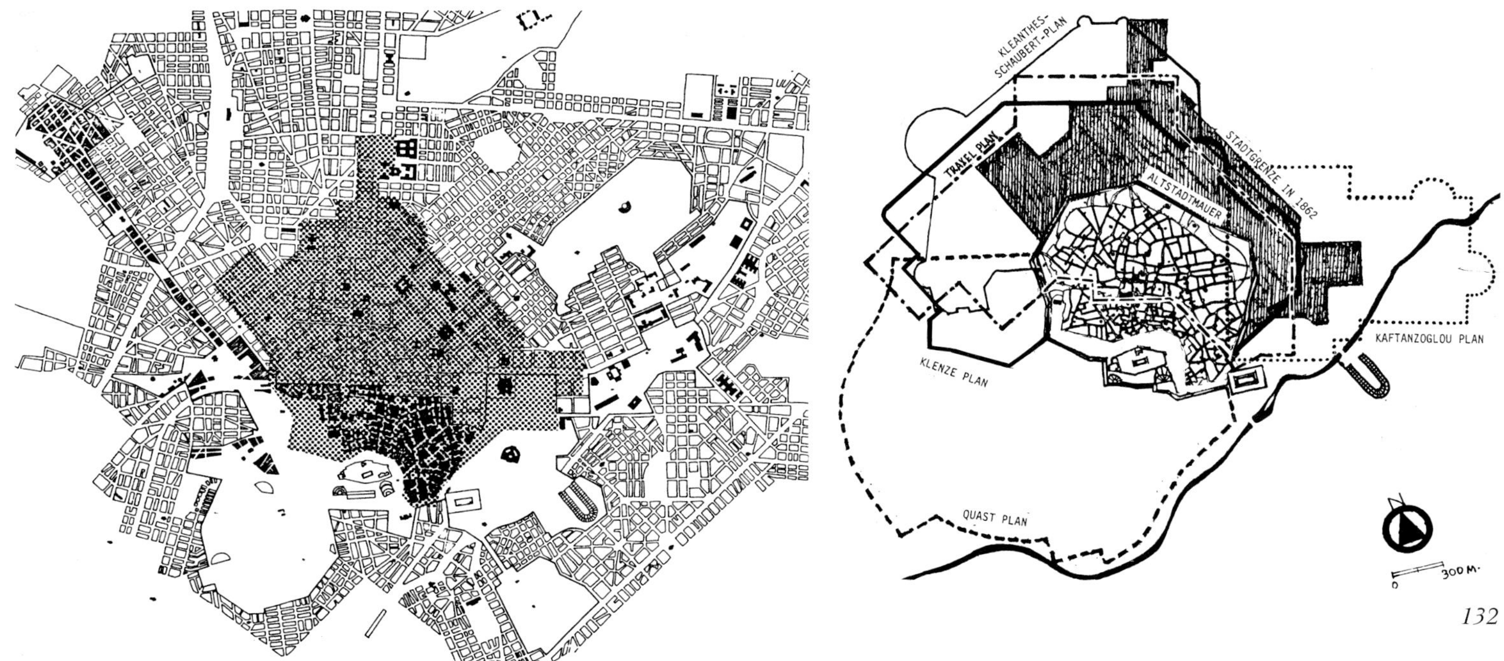

131

132

131. Η Αθήνα το 1862 (περιοχή με γκρίζο χρώμα) είχε περίπου την έκταση της πόλης που είχαν σχεδιάσει 30 χρόνια ενωρίτερα οι Κλεάνθης και Schaubert. Κλίμαξ περίπου1:45.000 (σχέδιο του συγγραφέως).

132. Συγκριτικό σκαρίφημα στο οποίο φαίνονται τα περιγράμματα των διαφόρων σχεδίων πόλης για τη νέα Αθήνα. Η περιοχή του σχεδίου πόλης (της νέας Αθήνας και της υφιστάμενης παλαιάς πόλης), η οποία χωροθετείται σε όλα τα σχέδια γύρω από την Ακρόπολη αλλά προς διάφορες κατευθύνσεις, είχε την εξής συνολική έκταση: στο σχέδιο των Κλεάνθη-Schaubert 300 εκτ., στο σχέδιο του Klenze 251 εκτ., στο σχέδιο του Quast 340 εκτ., του Traxel 305 εκτ., στο σχέδιο του Καυταντζόγλου 230 εκτ. Έκταση της παλαιάς πόλης 117, 5 εκτ. Κλίμαξ 1:45.000 (σχέδιο του συγγραφέως).

133. Το περίγραμμα του σχεδίου πόλης των Κλεάνθη-Schaubert (αριστερά) και του Klenze (δεξιά) σε σύγκριση με τη σημερινή κάτοψη του κέντρου της Αθήνας. Κλίμαξ περίπου 1:24.000 (Σχέδιο του συγγραφέως).

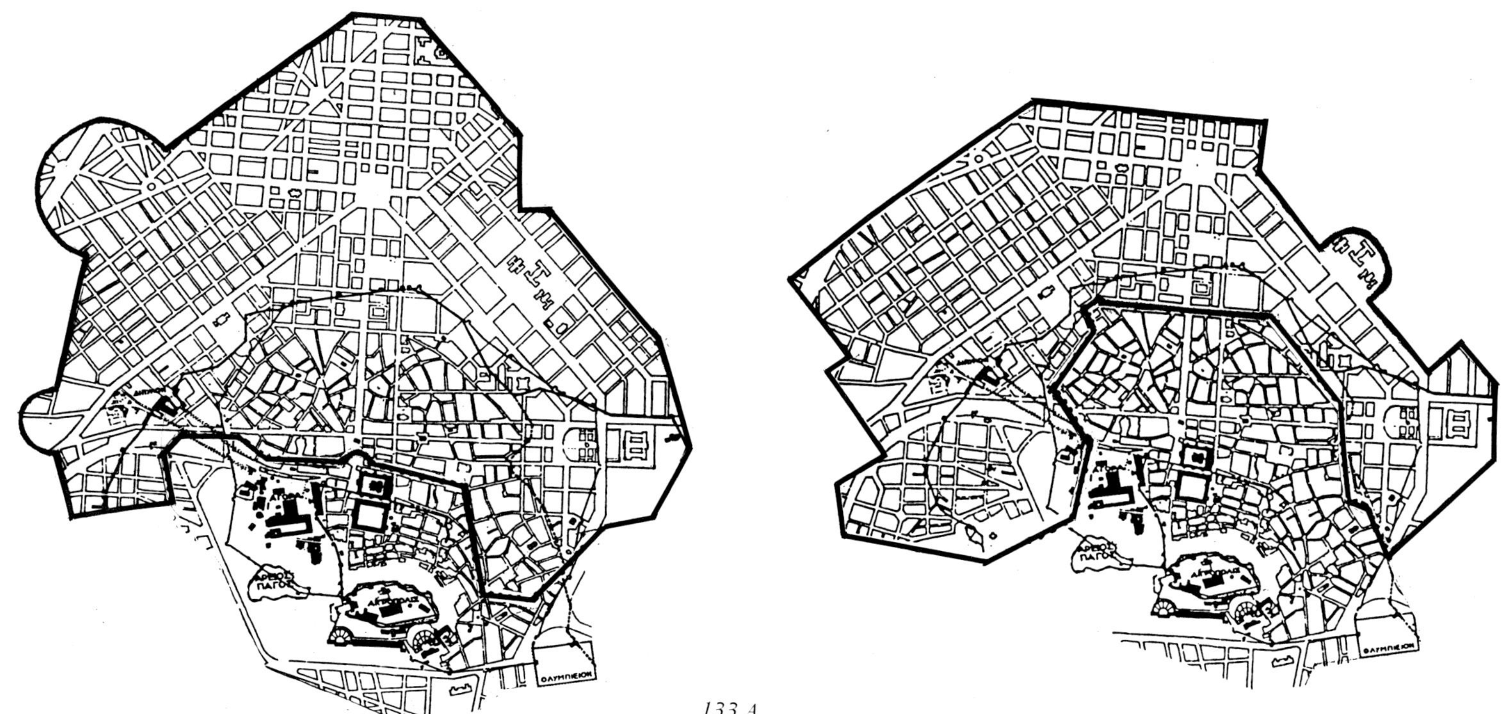

133 A

133

KLEANTHES-SCHAUBERT PLAN

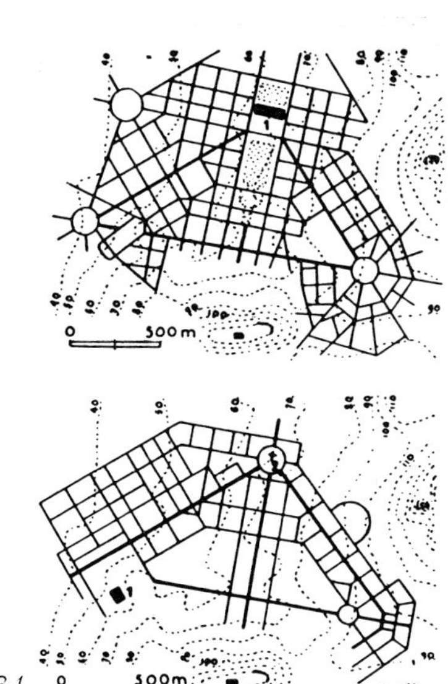

134

KLENZE PLAN

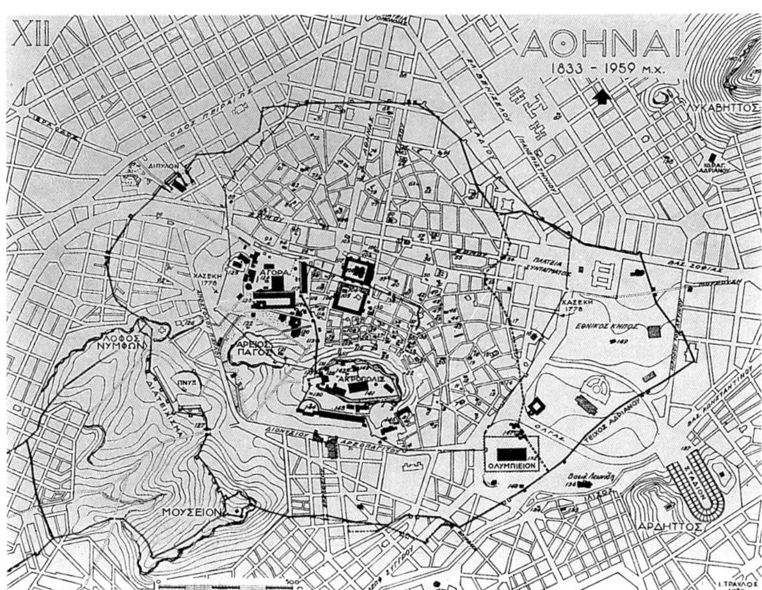

135

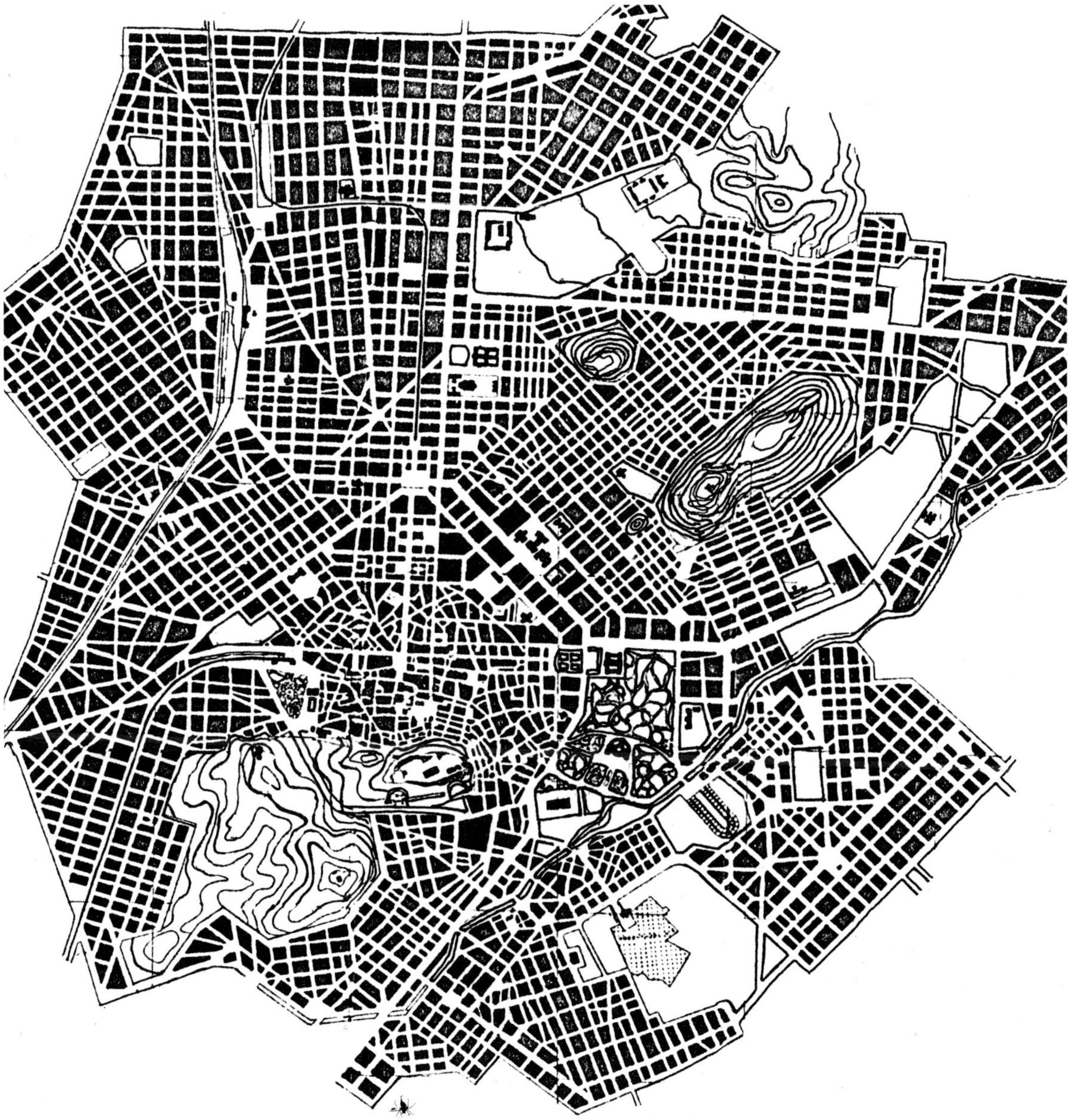

136

134. Σχηματική απεικόνιση του οδικού δικτύου των σχεδίων των Κλεάνθη-Schaubert και Klenze. Κλίμαξ περίπου 1:55.000 (E. Egli: Geschichte des Staedtebaus, Zuerich-Stuttgart, 1967).

135. Η σημερινή κάτοψη του κέντρου της Αθήνας με σημειωμένα τα αρχαία (κλασικά και αδριάνεια) τείχη, καθώς και το τείχος του Χασεκή (του 18ου αι.). Κλίμαξ περίπου 1:37.000 (Ι. Τραυλός, Πολεοδομική εξέλιξις των Αθηνών, Αθήνα 1960).

136. Η έκταση του δήμου της Αθήνας το 1930. Στο κέντρο της πόλης, το οποίο παραμένει στα μέτρα του πεζού, διακρίνονται καθαρά οι κύριες χαράξεις του αρχικού σχεδίου. Κλίμαξ περίπου 1:40.000 (σχέδιο του συγγραφέως).

για τη δημιουργία και ανάπτυξη του αστικού πρασίνου. Η ερήμωση και η αποψίλωση του αττικού τοπίου ήταν ένα λυπηρό γεγονός που επιβεβαιώνουν επανειλημμένως πολλοί περιηγητές της εποχής[77]. Παρ' όλα αυτά, κοινό χαρακτηριστικό όλων των σχεδίων είναι όχι μόνον ότι δεν υπάρχει καμία πρόβλεψη για τη διαμόρφωση του τοπίου στο μελλοντικό αρχαιολογικό πάρκο γύρω από την Ακρόπολη, αλλά ότι και οι προτάσεις για τη δημιουργία χώρων πρασίνου μέσα στην πόλη είναι μάλλον διστακτικές και συμβατικές. Βέβαια σε ωρισμένα σχέδια προβλέπεται ένας βασιλικός κήπος δίπλα στα ανάκτορα, πουθενά όμως δεν δημιουργούνται ενιαίες ζώνες πρασίνου που να διαρθρώνουν την πόλη ή λαϊκά πάρκα, που να εισχωρούν από την περιφέρεια και τις συνοικίες της πόλης προς το κέντρο[78]. Η μόνη δημιουργική πρόταση προς αυτή την κατεύθυνση είναι των δενδροφυτευμένων λεωφόρων[79] που πλαισιώνουν το κυβερνητικό κέντρο στο σχέδιο των Κλεάνθη και Schaubert, η οποία όμως τελικά δεν εφηρμόσθη. Το πράσινο που απέκτησε η πόλη αργότερα, κατ'αρχάς τους κήπους που εκτείνονται από τα ανάκτορα του Gaertner έως τον ναό του Ολυμπίου Διός και έπειτα τους αναδασωμένους λόφους, το οφείλει κατ' αρχήν στην πρωτοβουλία της βασίλισσας Αμαλίας και αργότερα –γύρω στα 1900– της βασίλισσας Σοφίας.

Εντύπωση στον σχεδιασμό της Αθήνας προκαλεί και ο περιωρισμένος μνημειακός εξωραϊσμός της πόλης. Με εξαίρεση τους αρκετούς πίδακες που εμφανίζονται στα σχέδια, οι μόνες απόπειρες εξωραϊσμού είναι οι δύο αψίδες θριάμβου που επρότεινε ο Καυταντζόγλου στις εισόδους της νέας πόλης, καθώς και ένα μνημείο, που όμως δεν περιγράφεται διόλου, στην "πλατεία Συμμάχων" του αρχικού σχεδίου των Κλεάνθη και Schaubert. Αυτή η συγκρατημένη στάση απέναντι στην μνημειακή διαμόρφωση των ελεύθερων κοινόχρηστων χώρων είναι χαρακτηριστικό γνώρισμα της Αθήνας και έγινε σεβαστό και κατά τη μετέπειτα ανάπτυξη της πόλης.

Εκτός από τις τέσσερεις γνωστές αρχιτεκτονικές προτάσεις για τα βασιλικά ανάκτορα στην Αθήνα, οι οποίες προέρχονται από τους αρχιτέκτονες Schinkel, Klenze, Lange και Gaertner, δεν είναι γνωστές άλλες λεπτομερείς απεικονίσεις δημοσίων κτηρίων της πόλης από την εποχή της ίδρυσής της. Η ύπαρξη τέτοιων σχεδίων, τα οποία ενδεχομένως λανθάνουν ακόμη, δεν μπορεί ωστόσο να αποκλεισθεί. Θα μπορούσαν να προέρχονται είτε από τους ίδιους τους συντάκτες των πολεοδομικών σχεδίων και προτάσεων για την Αθήνα είτε και από καλλιτέχνες, που δεν συμμετείχαν άμεσα στη διαδικασία σχεδιασμού της νέας πόλης, και να ελειτούργησαν ως πραγματικό ή φανταστικό ερέθισμα για τη διαμόρφωση της νέας Αθήνας.

Από αυτή την άποψη είναι ενδεικτικό ότι ο συγγραφεύς του παρόντος έργου, μετά μακρόχρονη ενασχόληση με το θέμα της παρούσης πραγματείας και αφού είχε ήδη συγγράψει το αφιερωμένο στην πρόταση του von Quast κεφάλαιο, επληροφορήθη την ύπαρξη ενός χαρακτικού σχεδίου αγνώστου πατρότητος, που απεικονίζει τη φανταστική προοπτική άποψη ενός "projet de la nouvelle Athènes au pied de l'Acropolis" (εικ. 137) και μάλιστα ακριβώς στο σημείο όπου ο von Quast επρότεινε το κέντρο της νέας πόλης. Στην εικόνα φαίνεται ένα συγκρότημα δημοσίων κτηρίων με ημικυκλική κάτοψη, που ως ένα βαθμό θυμίζει το περίφημο σχέδιο του Ledoux για τις αλυκές της "La Chaux". Είναι προφανές ότι πρόκειται για φανταστική απεικόνιση, με την οποία ο καλλιτέχνης –που ίσως εγνώριζε την πρόταση του von Quast– θέλει να προσφέρει στο ευρωπαϊκό κοινό μια ιδέα της ανοικοδομούμενης Αθήνας, χωρίς να συνδέει το σχέδιό του με τον πραγματικό σχεδιασμό.

Ανακεφαλαιώνοντας, διαπιστώνουμε ότι ουσιαστικά περιεχόμενα του σχεδιασμού της Αθήνας ήταν η γεωμετρική διάταξη του οδικού δικτύου και η οπτικά εντυπωσιακή τοποθέτηση των δημοσίων κτηρίων[80], ενώ πολλά ειδικώτερα ζητήματα τόσο λειτουργικής όσο και μορφολογικής φύσεως εθεωρήθησαν ήσσονος σημασίας και παρεμερίσθησαν.

Ένα σημαντικό ερώτημα που τίθεται, είναι, εάν στην περίπτωση της ίδρυσης της νέας Αθήνας διετυπώθησαν διάφορες ανταγωνιστικές προτάσεις ή εάν στην πραγματικότητα πρόκειται μόνο για μία καλά επεξηργασμένη πρόταση, επί της οποίας στη συνέχεια υπήρξαν διάφορες αντιδράσεις. Το ότι διετυπώθησαν αρκετά οράματα για τη νέα Αθήνα είναι αναμφισβήτητο. Αρκετά επεξεργασμένο πολεοδομικό σχέδιο όμως είναι μόνο το αρχικό των Κλεάνθη και Schaubert, το υπόμνημα του οποίου μας προσφέρει και μία περιγραφική θεμελίωσή του. Η συμβολή του Klenze, παρά τη σημαντική βαρύτητά της, ήταν μία αντίδραση στο προηγούμενο σχέδιο, διότι απλώς το αναθεώρησε[81], και το χαρακτικό του Traxel ένα σχεδιαστικό αμάλγαμα των δύο προηγούμενων προτάσεων. Τις δύο ουσιαστικές αντιπροτάσεις –του von Quast και του Καυταντζόγλου– δυστυχώς οι συντάκτες τους τις εσκιαγράφησαν μόνο φευγαλέα. Τη λεκτική πρόταση του von Quast δεν τη συνοδεύει σχεδιαστική απεικόνιση, η δε πρόταση του Καυταντζόγλου είναι σχεδιαστικά τόσο πενιχρή που δεν μπορεί να αποσαφηνίσει τις προθέσεις του. Έτσι, η μόνη ουσιαστική συμβολή πολεοδομικού σχεδιασμού για τη νέα πρωτεύουσα είναι το σχέδιο των Κλεάνθη και Schaubert, το οποίο ωστόσο μόνον αντιπαρατιθέμενο στις άλλες προτάσεις μπορεί να αξιολογηθεί σωστά.

Στη συνέχεια θα γίνει λόγος για τα ουσιώδη χαρακτηριστικά που συνιστούν την ιδιομορφία αυτού του σχεδίου. Προτρέχοντας όμως, ας υπενθυμίσουμε από τώρα ότι έχουμε δύο ακόμα σχέδια πόλης –της Ερέτριας (του Schaubert, 1834) (εικ. 138) και του Πειραιά (των Κλεάνθη και Schaubert, 1834) (εικ. 139)–, τα οποία εξεπονήθησαν από τους ίδιους αρχιτέκτονες την ίδια εποχή και με βάση το ίδιο βασικό ρυμοτομικό σύστημα. Η διαγώνια παράθεση διαφόρων τμημάτων της πόλης με ορθογώνιο κάναβο και η χάραξη των κυρίων οδικών αξόνων που αγκαλιάζουν με μια πλατιά χειρονομία ένα σημαντικό στοιχείο της τοπογραφίας ή και της ιστορίας χαρακτηρίζει τόσο αυτά τα σχέδια όσο και το σχέδιο της Αθήνας. Κατά τη γνώμη μας, η επανειλημμένη εφαρμογή αυτής της λύσης δεν μπορεί βέβαια να αποδοθεί σε έλλειψη φαντασίας εκ μέρους των δύο αρχιτεκτόνων. Βλέπουμε εδώ μάλλον τη σταθερή εφαρμογή ενός δοκιμασμένου τύπου κάτοψης πόλης –φυσικά σε διάφορες παραλλαγές κατά την αναγκαία προσαρμογή του στα εκάστοτε τοπογραφικά δεδομένα–, ο οποί-

137

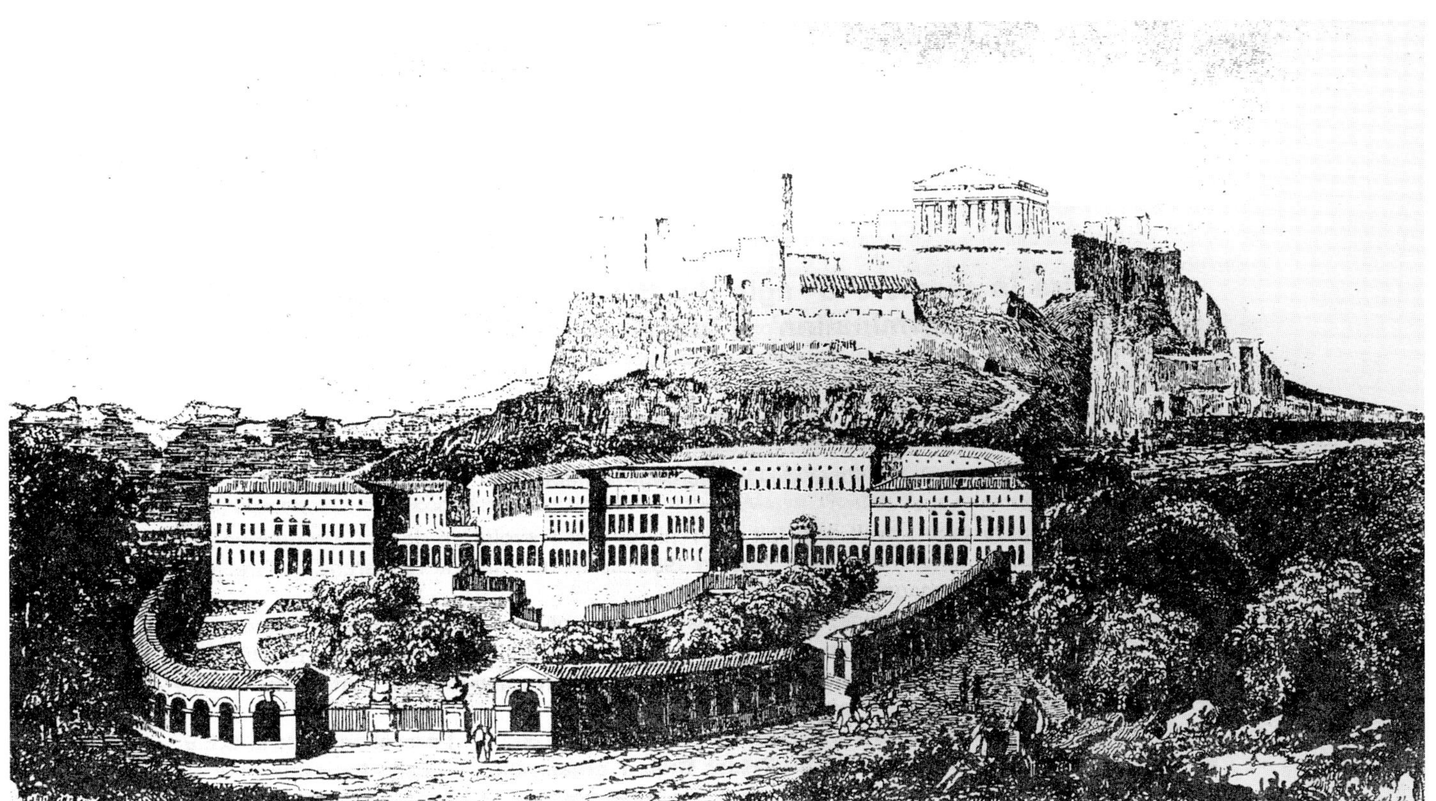

137. Προοπτικό σχέδιο της νέας Αθήνας. Σκαρίφημα φανταστικής διατάξεως που κατά πάσαν πιθανότητα βασίζεται στην πρόταση για τη χωροθέτηση της νέας πόλης που διετύπωσε ο von Quast (δηλαδή στον χώρο στα νοτιοδυτικά της Ακρόπολης). Αγνώστου πατρότητος (από το αρχείο του συγγραφέως).

ος λόγω των πλεονεκτημάτων του (βλ. σχετικά στη συνέχεια) μετατρέπεται από τους συνθέτες του σε λύση-κλειδί[82].

Η σύνθετη και εν τούτοις σαφέστατη διάταξη στον χώρο του δικτύου των οδών στο αρχικό σχέδιο της νέας Αθήνας, που είναι ευανάγνωστο και εντυπώνεται εύκολα, καθώς και η τονισμένη κατεύθυνση των πρωτευουσών οδών με απόληξη σημαντικά μνημεία εγοήτευσε ανέκαθεν τα πνεύματα· ετονίσθη μάλιστα πολλές φορές ότι το σύστημα των ακτινωτών οδών, που εκκινούν από το κέντρο της σύνθεσης, δηλαδή από τα ανάκτορα, συμβολίζει την ακτινοβολία της εξουσίας του μονάρχη και εξασφαλίζει σημαντικές οπτικές διασυνδέσεις μέσα στην πόλη. Αυτή η διάταξη, στο επαγγελματικό ιδίωμα εκείνης της εποχής γνωστή ως "patte d'oie" (πόδι της χήνας), συνδέεται από την κριτική πάντα με ανάλογες πολεοδομικές συνθέσεις γύρω από ηγεμονικές καθέδρες στην Ευρώπη (βλ. κεφ. 2, σημ. 58) για να δηλωθεί ότι αυτές είχαν ως πρότυπο οι σχεδιαστές της νέας Αθήνας[83]. Παραβλέπεται ωστόσο μονίμως το γεγονός, ότι στα γνωστότερα παραδείγματα αυτού του τύπου οδικού δικτύου, δηλαδή στην Πετρούπολη (εικ. 143), στις Βερσαλλίες (εικ. 148α), και στην Καρλσρούη (εικ. 150), η δέσμη των ακτινωτών κυρίων αξόνων διασχίζει χωρίς κανέναν ενδοιασμό το πλέγμα των δευτερευουσών οδών, με επακόλουθο να δημιουργούνται τελείως αυθαίρετα σχήματα οικοδομικών τετραγώνων.

Στην περίπτωση της Αθήνας (εικ. 42) τα πράγματα έχουν διαφορετικά: εδώ η χρησιμοποίηση ενός σχήματος ορθογώνιου τριγώνου στη διάταξη των κυρίων οδικών αξόνων επιτρέπει τη διάταξη ενός συστήματος ορθογωνίων δικτύων διαφορετικού προσανατολισμού και με ορθογώνια οικοδομικά τετράγωνα ευλόγου μεγέθους. Αποδεικνύεται έτσι, πως οι συντάκτες του σχεδίου της Αθήνας δεν παρεσύρθησαν στην τυφλή μίμηση προτύπων της κεντρικής Ευρώπης αλλά ότι επέτυχαν να μετεξελίξουν μια τυπική-συμβολική συνταγή της απολυταρχικής πολεοδομίας σε λειτουργική λύση.

Πέρα απ' αυτό, το δίκτυο οδών του αρχικού σχεδίου της Αθήνας στηρίζεται σε έναν πολύ πιο σύνθετο και λεπτό συνδυασμό διαφόρων χαράξεων και διατάξεων, στους συμπληρωματικούς στόχους των οποίων συνίσταται η ειδική αξία της λύσης που εδόθη στην Αθήνα. Όπως είδαμε, πολλά συνηγορούν υπέρ της άποψης ότι εδώ έχουμε να κάνουμε με μία "λύση-κλειδί" των Κλεάνθη και Schaubert που την εχρησιμοποίησαν σε διάφορα σχέδια, αν και δεν φαίνεται να την εθεμελίωσαν ποτέ θεωρητικά. Επίσης δεν ανεφέρθησαν σε τυχόν πρότυπα αυτής της "λύσης-κλειδί". Αλλά και οι πηγές της εποχής τους δεν μας δίνουν πληροφορίες που θα μπορούσαν να απαντήσουν σε αυτό το ερώτημα. Εν τούτοις, καλό είναι να διερευνηθεί η πιθανή ύπαρξη και άλλων πολεοδομικών προτύπων του γενεσιουργού σχεδίου για τη νέα Αθήνα.

Ποια είναι τα κύρια χαρακτηριστικά γνωρίσματα της λύσης που πραγματευόμεθα εδώ σε σύγκριση με άλλα συγγενή σχέδια της ίδιας εποχής;

Κατ' αρχήν διαπιστώνονται διάφορα τμήματα της πόλης με διαφορετικό προσανατολισμό· τα τμήματα αυτά με ορθογώνιο ρυμοτομικό κάναβο δεν εντάσσονται σε ένα ενιαίο, μονότονο ορθογωνικό δίκτυο, αλλά αποτελούν ανεξάρτητα επιμέρους υποσυστήματα που διατάσσονται μεταξύ τους υπό γωνίαν 45 μοιρών.

Υπάρχουν αρκετά παραδείγματα νέων πόλεων της τότε επο-

138

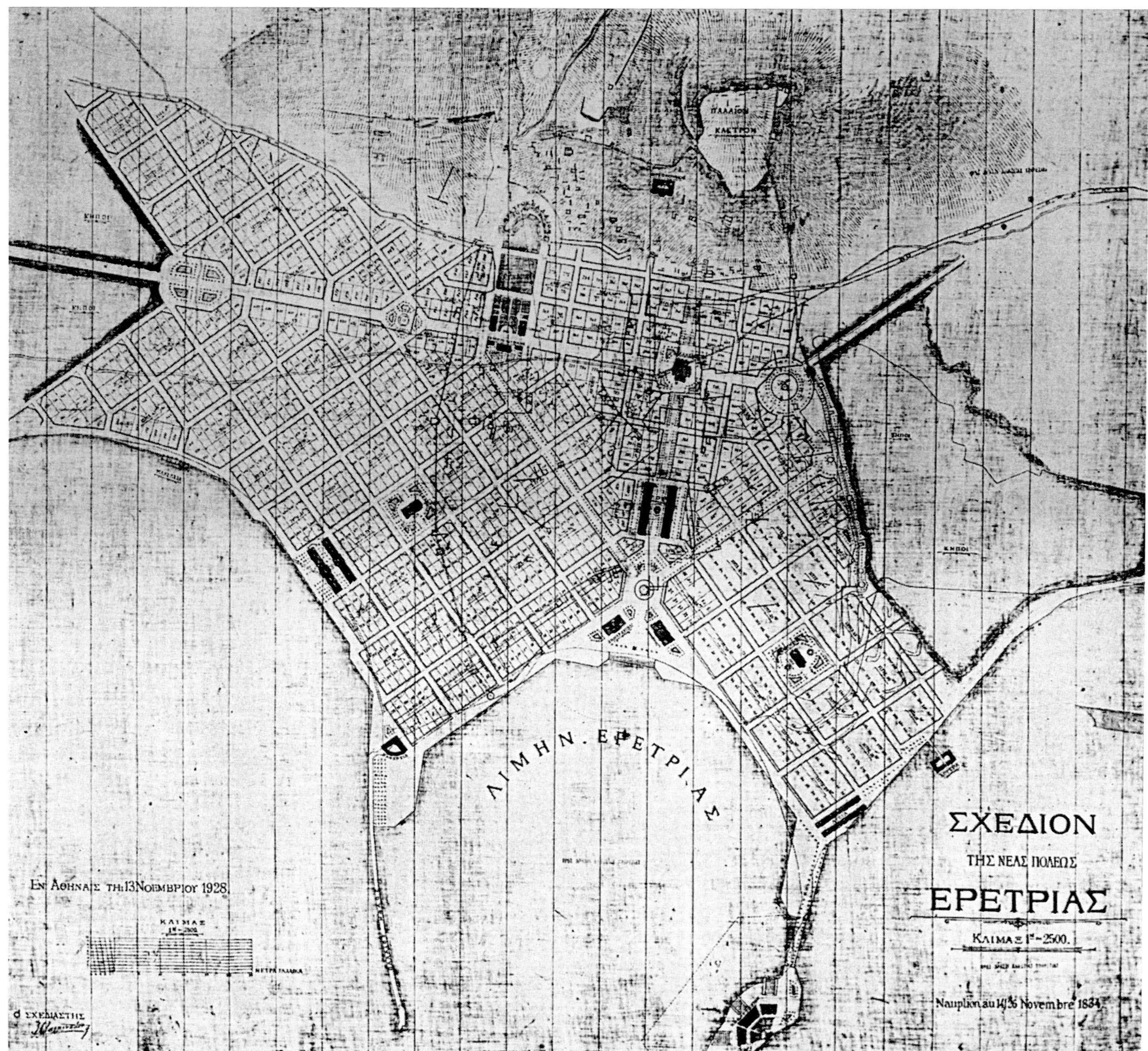

138. Eduard Schaubert: σχέδιο πόλης της Ερέτριας, Νοέμβριος 1834. Στο σχέδιο αυτό, το μέγεθος των οικοδομικών τετραγώνων και οικοπέδων προδιαγράφεται με μεγάλη ακρίβεια και συνέπεια. Τα τμήματα της πόλης, όπως και στην περίπτωση της Αθήνας, διατάσσονται διαγωνίως υπό γωνίαν 45 μοιρών. Κλίμαξ πρωτοτύπου 1:2500 (Αρχείο του ΥΠΕΧΩΔΕ).

χής, στις οποίες βλέπουμε ότι, προκειμένου να επιτευχθεί η προσαρμογή του σχεδίου στις τοπικές τοπογραφικές συνθήκες και να αρθεί η εγγενής μονοτονία του ενιαίου ορθογωνικού κανάβου, εσχεδιάσθησαν έτσι ώστε να χωρίζονται σε δύο τμήματα, τα οποία παρατίθενται υπό γωνίαν. Την περίοδο λίγο πριν από την διατύπωση του αρχικού σχεδίου της Αθήνας παραδείγματα ενός τέτοιου σχεδιασμού είναι το Ελσίνκι (εικ. 149), η Οδησσός (εικ. 144) και στην ίδια την Ελλάδα η Πάτρα (εικ. 140-142). Στην περίπτωση του Ελσίνκι[84] ο διαχωρισμός επετεύχθη με την επιδέξια διάταξη μιας ζώνης πρασίνου –της λεγόμενης Esplanade– και μιας διώρυγος μεταξύ των δύο τμημάτων της πόλης. Η παλαιά πόλη και η επέκτασή της είναι διατεταγμένες υπό γωνίαν 30 μοιρών. Στο πολεοδομικό σχέδιο της Οδησσού τα δύο τμήματα της πόλης διατάσσονται υπό γωνίαν 45 μοιρών[85] με άξονα συναρμογής έναν από τους κύριους παραλλήλους οδικούς άξονες του κέντρου της πόλης. Η λύση εδώ είναι λιγότερο εφευρετική από ό,τι στην περίπτωση του Ελσίνκι. Στην περίπτωση της Πάτρας[86] τα δύο τμήματα της πόλης σχηματίζουν γωνία 18 μοιρών. Η λύση αυτή είναι ακόμα πιο αδέξια· τα δύο τμήματα χωρίζει μια αδόμητη περιοχή με σφηνοειδές σχήμα· δεν υπάρχει κανένα στοιχείο διάρθρωσης και συναρμογής.

Σε σύγκριση με τις προηγούμενες διατάξεις των δύο τμημάτων μιας πόλης, στην περίπτωση της Αθήνας (εικ. 42) έχουμε να κάνουμε με μια πολύ πιο περίπλοκη λύση: εδώ διατάσσονται με ευρυθμία όχι μόνο δύο αλλά τρία τμήματα πόλης γύρω από το σχεδόν ισοσκελές ορθογώνιο τρίγωνο των πρωτευουσών οδών, σχηματίζοντας ένα άρρηκτα συνδεδεμέ-

139

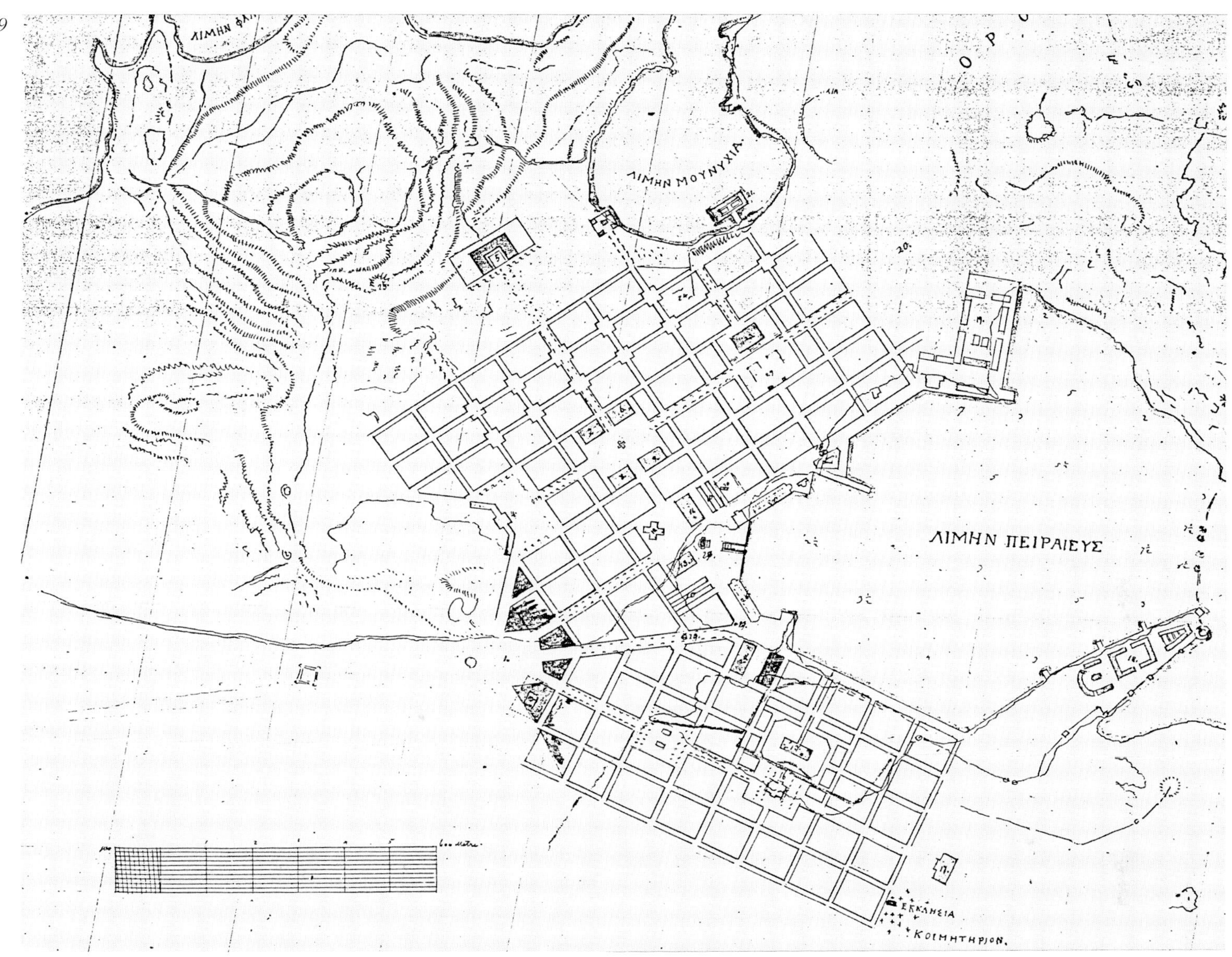

139. Κλεάνθης και Schaubert: σχέδιο πόλης του Πειραιά. Η πρώτη διατύπωση είναι του 1834 με βασιλικά ανάκτορα. Η απεικονιζόμενη εδώ απλουστευμένη διατύπωση είναι του 1836, αφού για λόγους οικονομίας διεγράφησαν από το σχέδιο τα βασιλικά ανάκτορα και οι εκτεταμένοι κήποι τους. Κλίμαξ πρωτοτύπου 1:10.000 (Γενικά Αρχεία του Κράτους, Αθήνα).

νο ενιαίο σύνολο. Φαίνεται πως οι συντάκτες του αρχικού σχεδίου επηρεάσθησαν από ρωσικά πρότυπα αλλά και από την εργασία του Έλληνα μηχανικού Βούλγαρη που εξεπόνησε το σχέδιο της Πάτρας, υιοθετώντας τη διάταξη διαφόρων τμημάτων πόλης με διαφορετικό προσανατολισμό. Έτσι, οι νέοι και σχετικά άπειροι αρχιτέκτονες προχωρούν ακόμη ένα βήμα πιο πέρα: στοχεύουν πέρα από την αλληλοπαράθεση δύο τμημάτων της πόλης σε μια "πολυφωνική" σύνθεση τριών ισοτίμων περίπου τμημάτων με ορθογώνιο πλέγμα οδών, στα ανατολικά των οποίων προστίθεται ένα τέταρτο με ακτινωτή διάταξη.

Ένα δεύτερο σημαντικό επίτευγμα του σχεδίου της Αθήνας είναι η εφευρετικώτατη συνύφανση δύο πλαισίων αναφοράς: του περίπου τετράγωνου πλαισίου των κατάφυτων "βουλεβαρίων" (που δυστυχώς μετά την επέμβαση του Klenze δεν επραγματοποιήθη), το οποίο αναλαμβάνει τον ρόλο ενός δακτυλίου στο κέντρο της πόλης, και του τριγωνικού πλαισίου των κυρίων οδών που συνδέουν διαγωνίως τις κύριες πλατείες της πόλης, καθώς και την παλαιά με τη νέα Αθήνα.

Και σε άλλα σημαντικά σχέδια νέων πόλεων ή επεκτάσεων πόλεων, όπως π. χ. της Ουάσινγκτον (Pierre Charles l'Enfant, 1798) ή της Βαρκελώνης (Ildefonso Cerda, 1859), έγινε απόπειρα να συνδυασθούν η λειτουργικότης του ορθογωνίου τύπου οδικού δικτύου και των κανονικών οικοδομικών τετραγώνων που αυτός συνεπάγεται με τα πλεονεκτήματα της άμεσης οδικής σύνδεσης του κέντρου με την περιφέρεια μέσω διαγωνίων αξόνων, που τέμνουν τον ορθογώνιο κάναβο (βλ. κεφ. 2, σημ. 60). Παρά την άνετη μεγαλοπρέπεια αυτών των

140

141

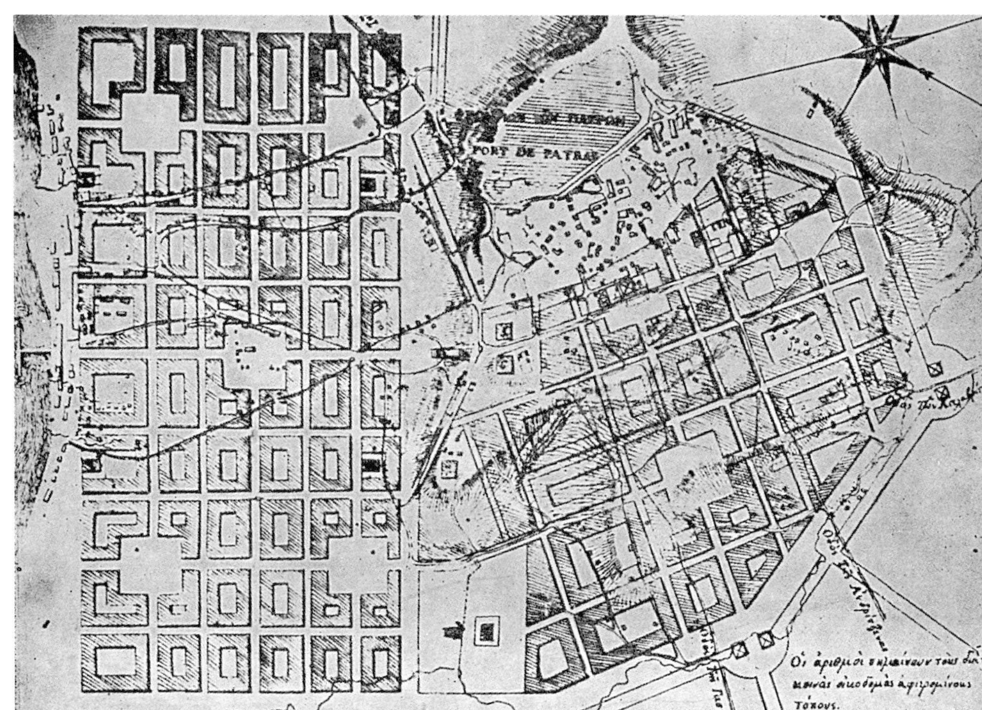

142

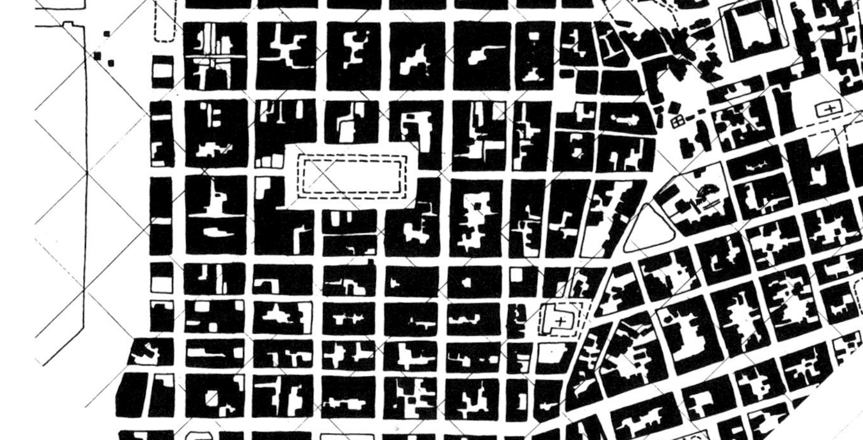

140. Σχηματική κάτοψη της Πάτρας. Η ανάπτυξη της πόλης το 1960. Κλίμαξ περίπου 1:120.000 (Κωνσταντίνος Δοξιάδης, Ekistics, London 1968).

141. Σχέδιο της Πάτρας (1828). Αρχική πρόταση του Σταμάτη Βούλγαρη. Κλίμαξ περίπου 1:15.000 (από το αρχείο του συγγραφέως).

142. Το κέντρο της Πάτρας το 1960. Απόσπασμα με τον χαρακτήρα δόμησης. Κλίμαξ περίπου 1:15.000 (Κ. Δοξιάδης, Ekistics, London 1968).

σχεδίων, οι αυθαίρετες διαγώνιες διανοίξεις είναι παρενοχλητικές για το ορθογώνιο πλέγμα των οδών: ένας μεγάλος αριθμός οικοδομικών τετραγώνων τέμνονται άτεχνα· επίσης δημιουργούνται καταστάσεις στις γωνίες των πλατειών που αντιμετωπίζονται δύσκολα μορφολογικά και δυσχεραίνεται ακόμα και ο προσανατολισμός μέσα στην πόλη.

Τα μειονεκτήματα αυτά αποφεύγονται στο σχέδιο της Αθήνας. Οι πλευρές του τριγώνου δεν εξασφαλίζουν μόνο τη διαγώνια διασύνδεση, αλλά αποτελούν ταυτοχρόνως τις οριακές γραμμές των τμημάτων της πόλης με τον διαφορετικό προσανατολισμό και επομένως ορίζουν την εκάστοτε κατεύθυνση των οδικών υποσυστημάτων αυτών των τμημάτων· έτσι, αναδεικνύονται σε συστατικό στοιχείο του οδικού δικτύου και κάθε άλλο παρά μοιάζουν με επιβεβλημένες δια της βίας διανοίξεις στον ιστό της πόλης. Από αυτή την άποψη, η "λύση-κλειδί" των Κλεάνθη και Schaubert είναι πραγματικά ένα μοναδικό επίτευγμα: δημιουργούνται άμεσες συνδέσεις μέσα στην πόλη, που επιτυγχάνονται μέσω της τοποθέτησης των ίδιων των τμημάτων της υπό γωνίαν 45 μοιρών, και δεν "βιάζεται" η κάτοψη από εκ των υστέρων "επιβεβλημένους" άξονες.

Ένα τρίτο –και ίσως το σπουδαιότερο– χαρακτηριστικό του σχεδίου της Αθήνας είναι ο τρόπος που πραγματοποιείται η ιδεατή αλλά και πραγματική διασύνδεση της υφισταμένης παλαιάς πόλης με τη νέα Αθήνα. Την συγχώνευση "παλαιού" και "νέου" εξασφαλίζουν αφ' ενός μεν η χωροθέτηση της νέας πόλης στο βόρειο τμήμα του λεκανοπεδίου σε άμε-

143

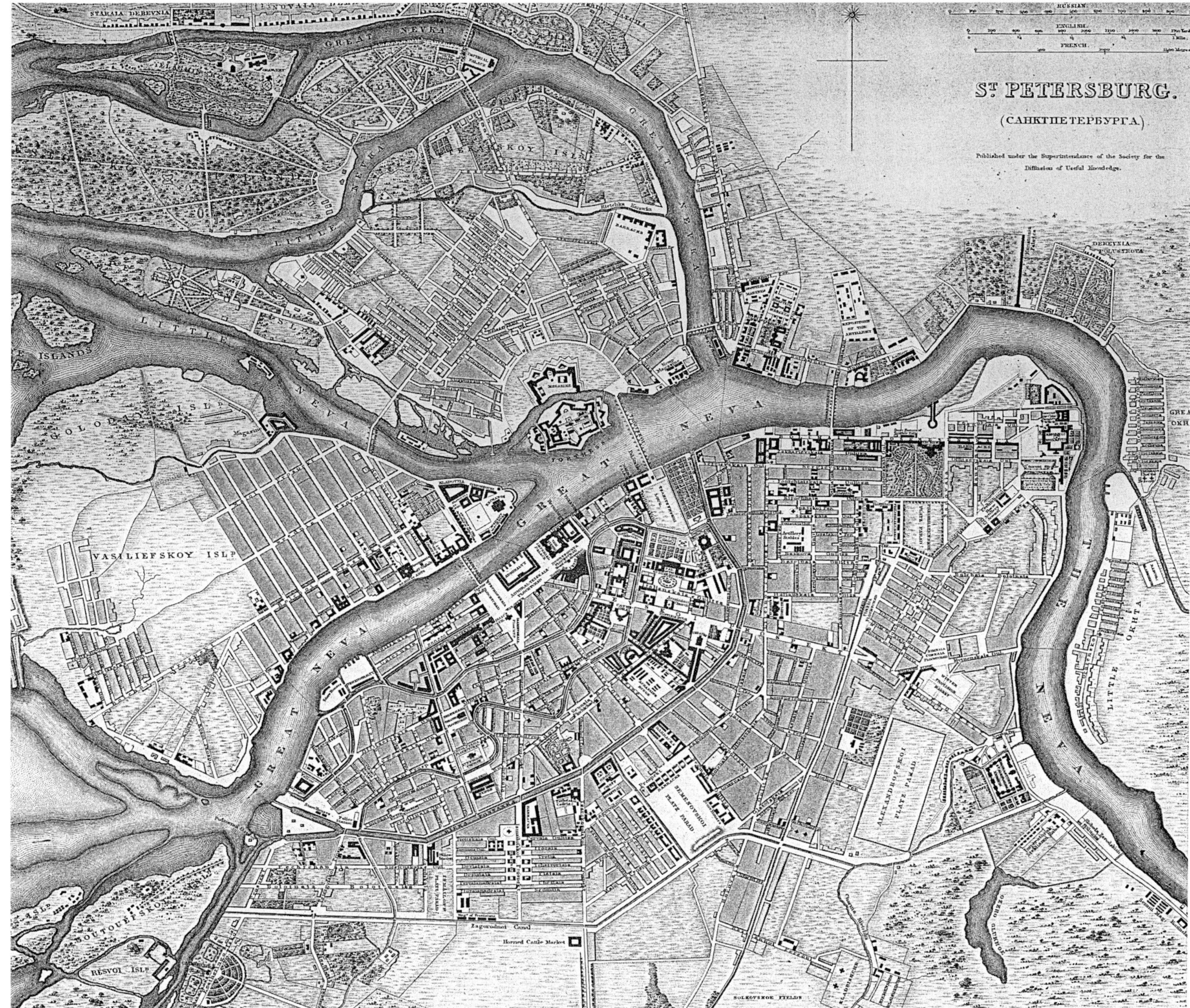

143. Το σχέδιο της Πετρούπολης του έτους 1853. Το πρώτο γενικό πολεοδομικό σχέδιο (που δεν εφηρμόσθη) προέβλεπε μια οχυρωμένη με προμαχώνες πόλη και στις τρεις όχθες του ποταμού Νέβα, την οποία θα διέσχιζαν διώρυγες κατά τα ολλανδικά πρότυπα. Την ακτινωτή κάτοψη, με βάση την οποία οικοδομήθη αργότερα η Πετρούπολη κατά την ύστερη εποχή του Μπαρόκ και την κλασικιστική περίοδο, επεξηργάσθη η Αυτοκρατορική Ακαδημία Επιστημών το 1753. Κλίμαξ 1:48.000 (Το σχέδιο εδημοσιεύθη από την Society for the Diffusion of Useful Knowledge του Λονδίνου· από το αρχείο του συγγραφέως).

ση επαφή με την παλαιά πόλη, αφ' ετέρου δε η πλατιά χειρονομία με την οποία η δέσμη των κυρίων οδών αγκαλιάζει τον παραδοσιακό πυρήνα.

Είναι προφανές ότι η "patte d'oie" στην περίπτωση της Αθήνας δεν είναι μόνο σύμβολο της ακτινοβολίας της ηγεμονικής καθέδρας, δηλαδή της βασιλικής εξουσίας, αλλά ταυτοχρόνως αναλαμβάνει και έναν άλλο ρόλο, τουλάχιστον εξίσου σημαντικό: τον προσανατολισμό της όλης σύνθεσης προς το ιστορικά φορτισμένο και σεβάσμιο αρχιτεκτονικό συγκρότημα της Ακρόπολης κατά κύριο λόγο, αλλά και προς ολόκληρη την περιοχή της παλαιάς πόλης.

Αυτή η υποταγή από χωροταξική άποψη της επέκτασης μιας πόλης στον προϋπάρχοντα ιστορικό πυρήνα και ο προσανατολισμός των διαδρόμων θέας των σπουδαιότερων ακτινωτών οδών προς αυτόν, αποτελεί ιδιαίτερο γνώρισμα των σχεδίων επέκτασης και ίδρυσης νέων σημαντικών επαρχιακών αστικών κέντρων στη Ρωσία του 18ου αιώνα. Από αυτόν τον χώρο γνωρίζουμε δύο διαφορετικές διατάξεις, που όμως έχουν τον ίδιο στόχο: η δέσμη των ακτινωτών οδών που ξεκινά από τη νέα πόλη είτε αγκαλιάζει την παλαιά –όπως στην παρόμοια με της Αθήνας περίπτωση της πόλης Twer[87] (εικ. 146)– είτε καταλήγει στον δακτύλιο που περιβάλλει την παλαιά πόλη, παράδειγμα η πόλη Tula[88] (εικ. 145).

Μέχρι σήμερα δεν έχει μελετηθεί σχεδόν καθόλου η πιθανότης να επηρέασε ο πολεοδομικός σχεδιασμός στη Ρωσία τα σχέδια πόλης που εξεπονήθησαν στο νεοσύστατο ελληνικό

144

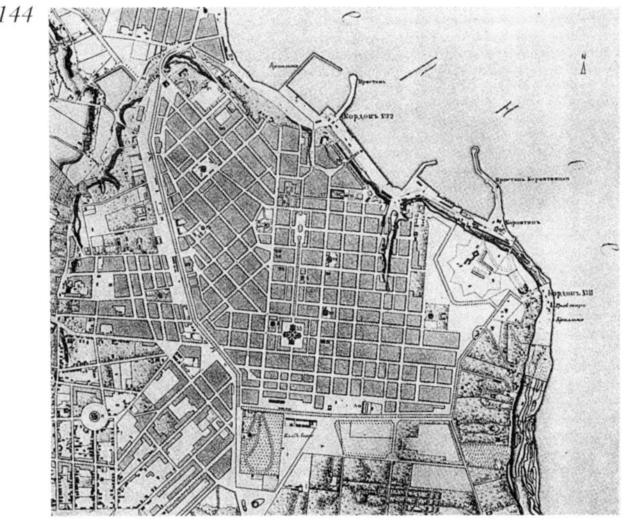

148 a

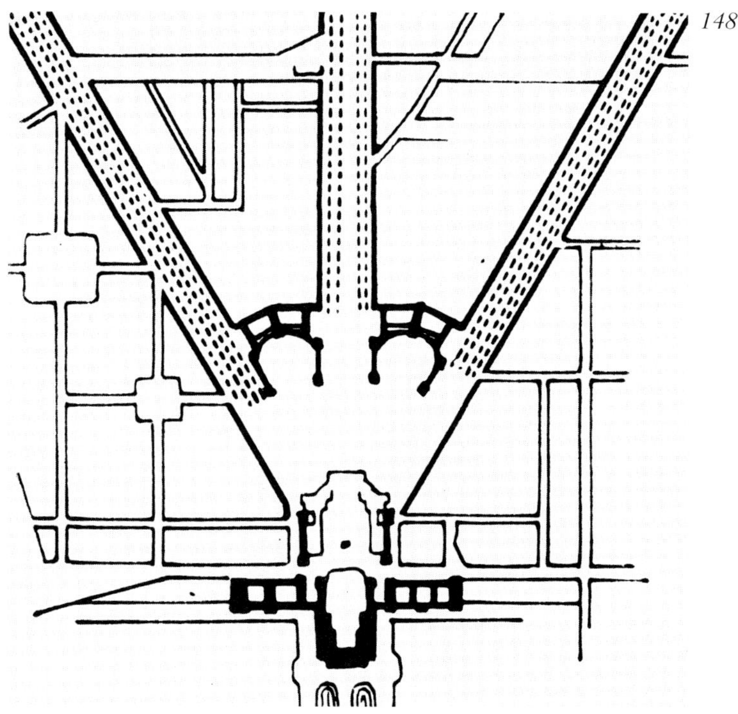

145

Συγκριτική παρουσίαση ρωσικών πολεοδομικών σχεδίων, που εξεπονήθησαν κατά το δεύτερο ήμισυ του 18ου αιώνα, απεικονισμένα σε κλίμακα περίπου 1:45.000 (A. W. Bunin: Geschichte des russischen Staedtebaues bis zum 19. Jh., Berlin 1961).

144. Αποτύπωση της Οδησσού του έτους 1854.

145. Σχηματικό σχέδιο της πόλης Tula, που εξεπονήθη το 1779.

146. Σχηματικό σχέδιο της πόλης Twer. Εξεπονήθη μετά την πυρκαϊά του 1763 υπό τη διεύθυνση του P. R. Nikitin.

147. Σχηματικό σχέδιο της πόλης Bogorodisk. Συνετάχθη από τον I. E. Starow και εγκρίθηκε το 1778.

148. Σχηματική απεικόνιση της ακτινωτής διάταξης των οδών στις Βερσαλίες (a) (γωνία 2 x 30 μοίρες = 60 μοίρες), στην Πετρούπολη (b) (γωνία 80 περίπου μοιρών) και στη Ρώμη, Piazza del Popolo (c) (γωνία 2 x 18 μοίρες = 36 μοίρες). Και στα τρία αυτά παραδείγματα τα οικοδομικά τετράγωνα είναι ακανόνιστου σχήματος και ποικίλου μεγέθους.

149. Το σχέδιο πόλης του Ελσίνκι, που εξεπόνησε το 1817 ο Johann Albrecht Ehrenstroem. Κλίμαξ περίπου 1:20.000 (Nils Erik Wickberg, Der Senatsplatz, Helsingfors 1981).

146 147

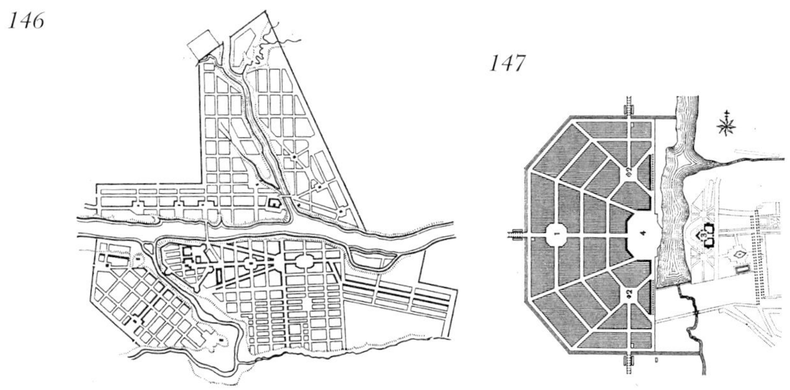

κράτος. Ο Pierre Lavedan στο έργο του *Histoire de l'urbanisme* παρατηρεί μάλλον αόριστα πως η Ελλάδα και η Σερβία ίσως να εχρησιμοποίησαν στον πολεοδομικό σχεδιασμό τους ρωσικά πρότυπα, επειδή ως γνωστόν η Ρωσία επενέβη πολλές φορές και με διάφορους τρόπους στην ιστορία των βαλκανικών χωρών[89]. Κείμενα που αποδεικνύουν μια τέτοια επιρροή των ρωσικών προτύπων δεν μας είναι γνωστά. Παρ' όλα αυτά, η δέσμη των ακτινωτών οδών στα ρωσικά σχέδια πόλης, που εξεπονήθησαν κατά τις δεκαετίες αμέσως πριν από την ίδρυση της νέας Αθήνας, είναι φανερό ότι παρουσιάζει αρκετές ομοιότητες με τη διάταξη του αρχικού σχεδίου της νέ-

48 b

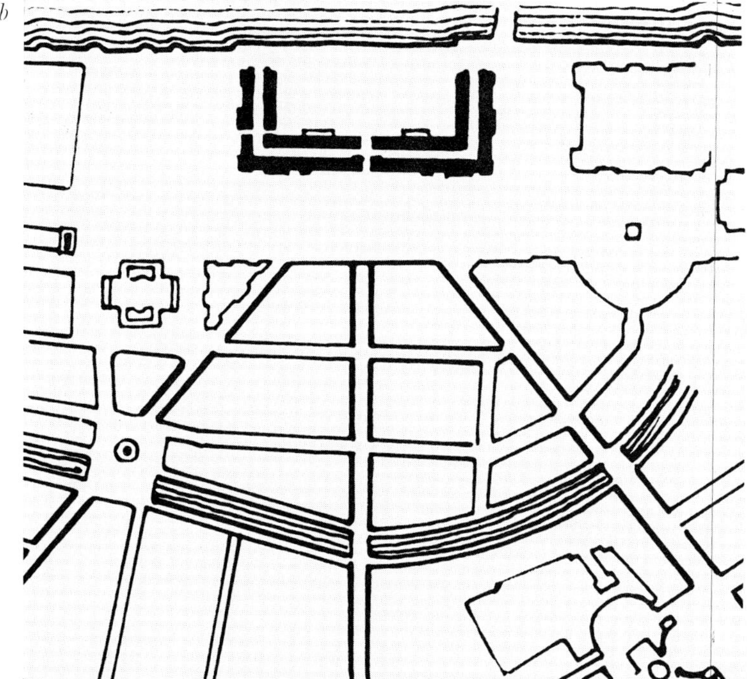

148 c

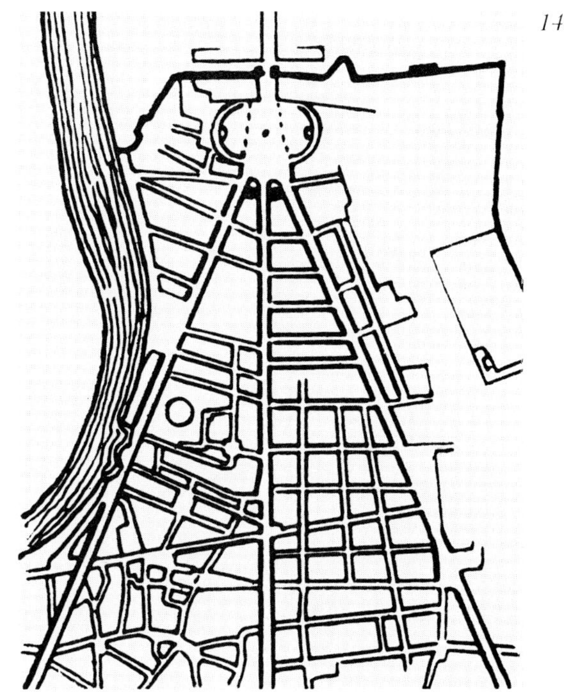

149

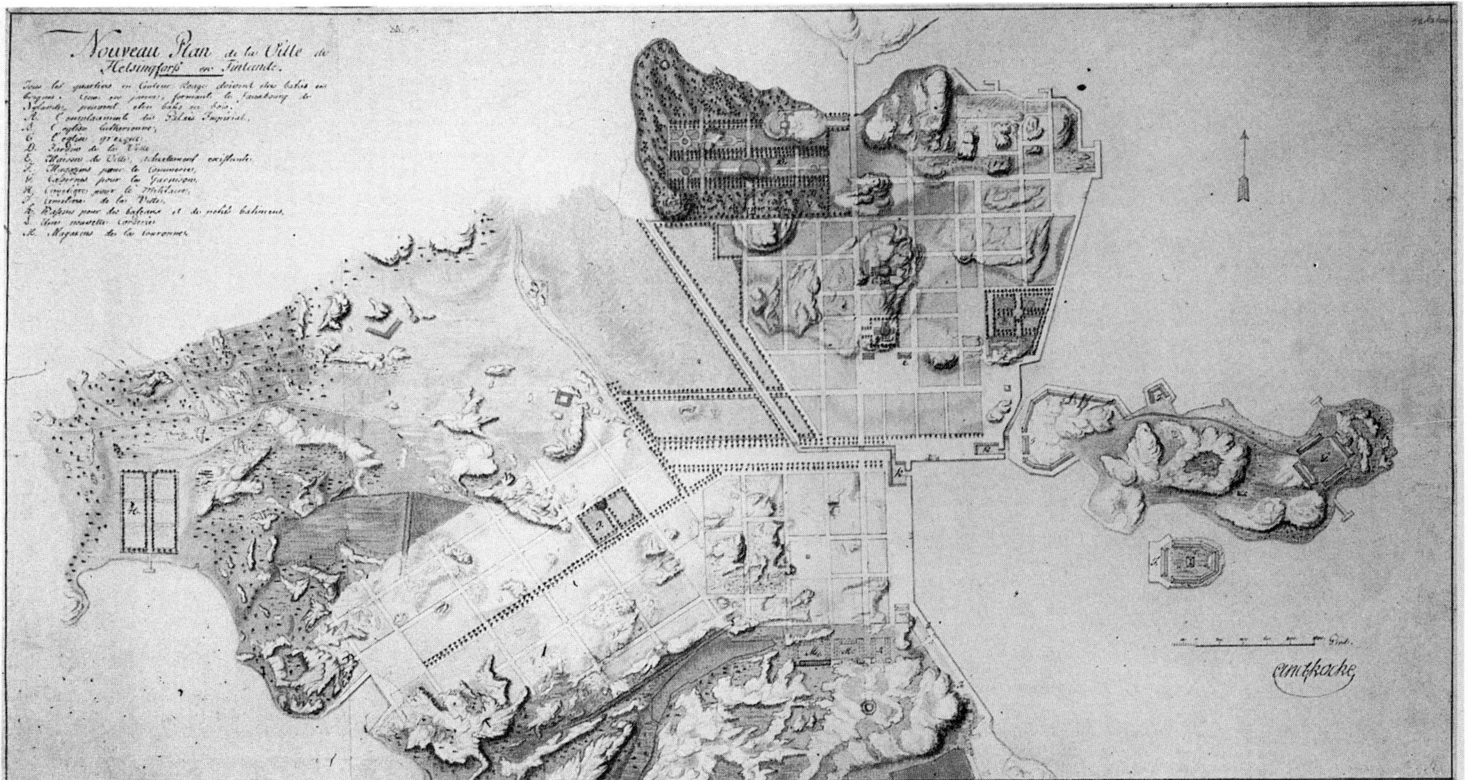

ας Αθήνας, επομένως πρέπει να διερευνηθεί το ενδεχόμενο να εχρησιμοποιήθησαν όντως ρωσικά πρότυπα στον σχεδιασμό της Αθήνας[90].

Με τις προηγούμενες παρατηρήσεις θελήσαμε να επισημάνουμε την πολυμορφία των πολεοδομικών κριτηρίων, με βάση τα οποία φαίνεται πως καθορίσθη το οδικό δίκτυο της νέας Αθήνας. Το σχέδιο της Αθήνας είναι κάθε άλλο παρά έκφραση μιας μορφοκρατικής υιοθέτησης δυτικών προτύπων της περιόδου του απολυταρχισμού· αντίθετα, το σχέδιο των Κλεάνθη και Schaubert είναι προϊόν ωριμότητος και ενδελεχούς μελέτης που εκπλήσσει, εάν ληφθεί υπ' όψιν η νεαρή ηλικία των δύο αρχιτεκτόνων. Αυτό αποδεικνύει όχι μόνον ότι ήσαν πραγματικά ενήμεροι των εξελίξεων και των απαιτήσεων της πολεοδομίας της εποχής τους, αλλά ότι με το σχέδιο πόλης για την Αθήνα, το οποίο έχει τον χαρακτήρα και την αξία μιας "λύσης-κλειδί", επεξηργάσθησαν μια έγκυρη πρόταση για τον σχεδιασμό των πόλεων της εποχής τους και μάλιστα σε ευρωπαϊκό επίπεδο. Στο σχεδιό τους λαμβάνονται υπ' όψιν τόσο οι απαιτήσεις της προβολής της κρατικής εξουσίας όσο και αυτές που υπαγορεύουν ο σεβασμός της ιστορίας και η λειτουργικότητα των προτεινόμενων χώρων αστικής ζωής.

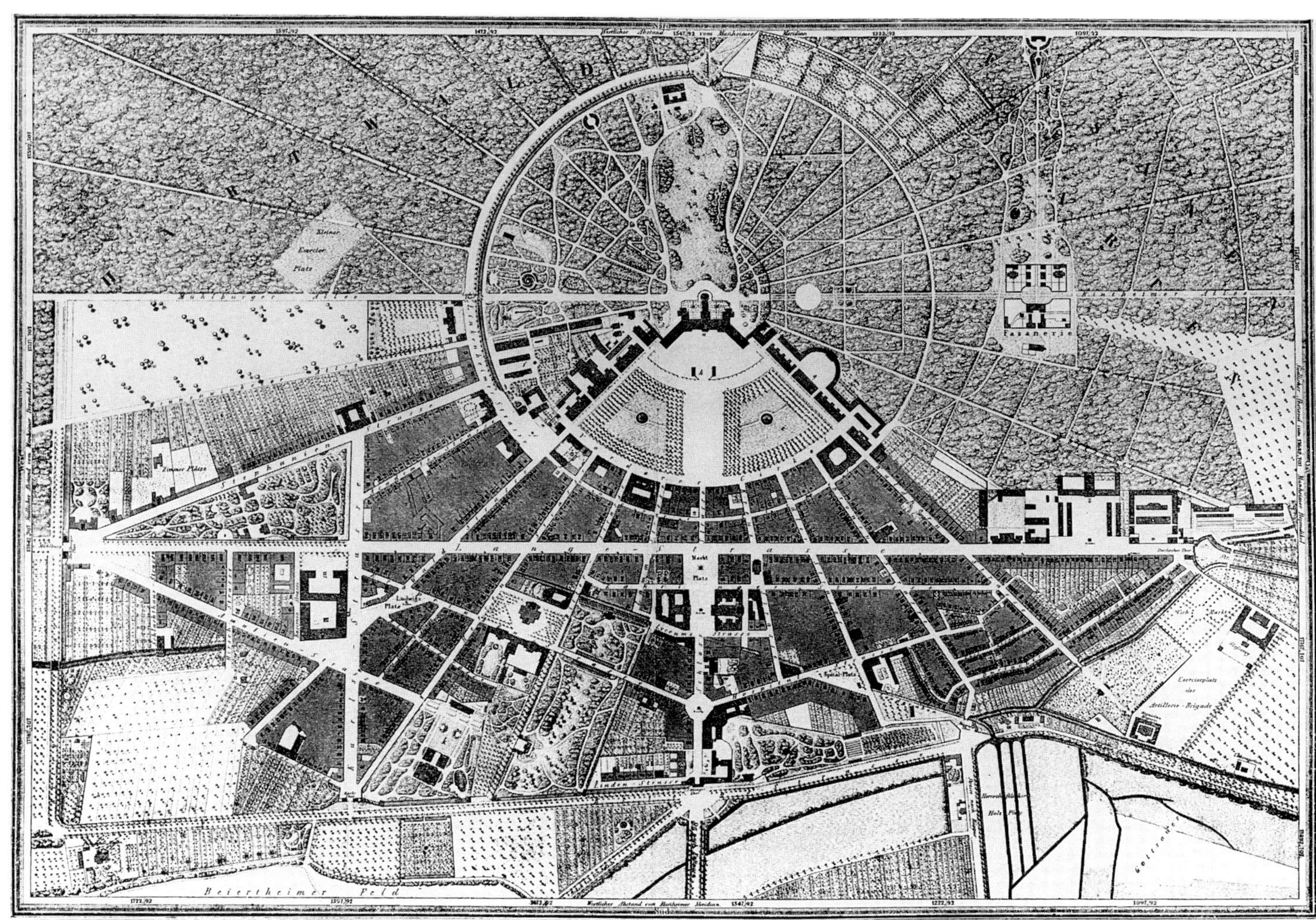
150

150. Το σχέδιο της Καρλσρούης του έτους 1834, μετά τη διαμόρφωση της πλατείας της Αγοράς από τον Friedrich Weinbrener (1797). Το αρχικό ακτινωτό σχέδιο (1717) ήταν του Jacob Friedrich von Betzendorf. Κλίμαξ περίπου 1:13.000 (A. E. Brinckmann, Stadtbaukunst, Berlin 1920).

5.
Η ΕΡΕΥΝΑ ΤΗΣ ΙΣΤΟΡΙΑΣ ΙΔΡΥΣΗΣ ΤΗΣ ΝΕΑΣ ΑΘΗΝΑΣ. ΑΝΟΙΚΤΑ ΕΡΩΤΗΜΑΤΑ

Η ιστορική έρευνα που έχει ως αντικείμενο την ίδρυση της νέας Αθήνας άρχισε σχετικά αργά. Πέρασε ένας ολόκληρος αιών μέχρι το 1927, όταν ο Κ. Φαλτάϊτς έγραψε πρώτος για το θέμα που μας απασχολεί εδώ· είναι δε ενδεικτικό ότι αυτό συνέβη σε ένα άρθρο με θέμα "Τα κατά καιρούς σχέδια [της Αθήνας]" που εδημοσιεύθη στον δεύτερο τόμο της 24τομης *Μεγάλης Ελληνικής Εγκυκλοπαιδείας* του εκδοτικού οίκου Πυρσός. Ο Φαλτάϊτς περιέγραψε την περίπλοκη πολεοδομική εξέλιξη της Αθήνας κατά τη διάρκεια του πρώτου αιώνος της εθνικής ανεξαρτησίας παρέχοντας αρκετά λεπτομερείς πληροφορίες για τον αρχικό σχεδιασμό, καθώς και για τη δραστηριότητα του Klenze ως εμπειρογνώμονος. Στο ίδιο άρθρο δημοσιεύεται επίσης μία από τις τέσσερεις παραλλαγές του σχεδίου του Traxel, η οποία όμως, επειδή αγνοείται από τον συντάκτη του η πραγματική πατρότητά της, παρουσιάζεται ως "παραλλαγή του σχεδίου του Klenze."

Το 1933 ακολουθεί η πρώτη διεξοδική περιγραφή της ιστορίας ίδρυσης της νέας Αθήνας από τον τότε τριαντατετράχρονο προϊστάμενο της υπηρεσίας σχεδίου πόλης της Αθήνας Κωνσταντίνο Μπίρη (1899-1980). Σε 42 σελίδες ο Μπίρης κατορθώνει να συνοψίσει τις σημαντικώτερες πληροφορίες σχετικά με τις πρωτοβουλίες ίδρυσης της νέας Αθήνας. Προτάσσεται η περιγραφή της κατάστασης της πόλης στο τέλος της Επανάστασης, ακολουθεί η αναφορά στη διαμάχη γύρω από την επιλογή της τοποθεσίας για τη νέα πρωτεύουσα και στην προσφορά της κοινότητος των Αθηναίων στον Βασιλέα Όθωνα για τη μετάθεση της πρωτεύουσας στην Αθήνα· περιγράφεται έπειτα το αρχικό σχέδιο πόλης των Κλεάνθη και Schaubert και παρατίθενται βιογραφικά στοιχεία για τους δύο αρχιτέκτονες. Επίσης αναγνωρίζεται με πνεύμα κριτικό η σημαντική συμβολή του Klenze και το άρθρο τελειώνει με μίαν έκθεση για τη χάραξη των πρώτων οδών, την ανέγερση των βασιλικών ανακτόρων στα ανατολικά της πόλης σύμφωνα με τα σχέδια του F. Gaertner και ορισμένα σχόλια πάνω στις αντιρρήσεις του Λυσάνδρου Καυταντζόγλου για το πρώτο σχέδιο.

Ο τίτλος αυτής της θεμελιώδους εργασίας του Μπίρη είναι: *Τα πρώτα σχέδια των Αθηνών. Ιστορία και ανάλυσίς των*. Παρά τις ελλείψεις της (δεν σχολιάζεται η συμβολή των Schinkel, von Quast και Traxel), παρέμενε μέχρι την δημοσίευση της παρούσης μελέτης η εκτενέσιερη κριτική περιγραφή της ιστορίας ίδρυσης της νέας Αθήνας· στηρίζεται στην άμεση μελέτη των εγγράφων από το Οθωνικό Αρχείο των Γενικών Αρχείων του Κράτους στην Αθήνα και δεν παρουσιάζει ουσιαστικά λάθη. Ο Μπίρης ήταν ο πρώτος που επανεσχεδίασε τα σχέδια πόλης των Κλεάνθη-Schaubert και Klenze, τους προσέθεσε υπομνήματα και επιγραφές στα ελληνικά και τα αντιπαρέβαλε. Το άρθρο *Τα πρώτα σχέδια των Αθηνών*... μπορεί να θεωρηθεί πραγματικά πρωτοποριακό μελέτημα για την ιστορία ίδρυσης της πόλης.

Μετά τη δημοσίευση στην Αθήνα το 1931 και το 1935 αντίστοιχα δύο άρθρων του Παύλου Βακά (βλ. Βιβλιογραφία Κεφ. 2) με διεξοδικές πληροφορίες για τη ζωή και το έργο των Στ. Κλεάνθη και Ε. Schaubert (οι πληροφορίες για τον Ε. Schaubert προέρχονται από το άρθρο του R. Foerster *Ein schlesischer Architekt im Lande der Hellenen* (Ένας αρχιτέκτων από τη Σιλεσία στη χώρα των Ελλήνων), περιοδικό *Schlesien*, Kattowitz, 1908, ακολουθούν το 1938, 1939 και 1940 τρία τεύχη του Κ. Μπίρη με τίτλο *Αθηναϊκαί μελέται* Ι, ΙΙ και ΙΙΙ.

Στο πρώτο τεύχος ο Μπίρης μεταξύ άλλων δημοσιεύει σε δική του μετάφραση και σχολιάζει για πρώτη φορά το μνημόνιο με τίτλο *Erlaeuterung des Planes der Stadt Neu-Athen* (Περιγραφή του σχεδίου της νέας Αθήνας) των Κλεάνθη και Schaubert (βλ. κεφ. 2, τεκμήριον Δ). Αντίγραφο του πρωτοτύπου κειμένου στα Γερμανικά τού επρομήθευσε από το Breslau, όπου εφυλάσσοντο τότε τα κατάλοιπα του Schaubert, ο παρεπιδημών εκείνη την εποχή στην Αθήνα φίλος του αρχιτέκτων Η. Johannes. Σε ένα άλλο άρθρο στο ίδιο τεύχος ο συγγραφεύς υποστηρίζει την αναπόδεικτη μέχρι σήμερα θέση περί της συμμετοχής του Georg Christian Gropius στην εκπόνηση του σχεδίου των Κλεάνθη και Schaubert, αποκαλώντας τον "ο άγνωστος τρίτος του σχεδίου πόλεως των Αθηνών".

Το έτος 1940 ακολουθεί η πραγματεία του ίδιου συγγραφέως *Αι εκκλησίαι των παλαιών Αθηνών*. Ως εισαγωγή στον πρώτο ακριβή κατάλογο των 140 βυζαντινών και μεταβυζαντινών εκκλησιών της Αθήνας ο Μπίρης παραθέτει μια δωδεκασέλιδη επισκόπηση των παλαιών σχεδίων της πόλης της Αθήνας, στην οποία επιχειρείται πρώτη φορά λεπτομερής περιγραφή των σχεδιαστικών τεκμηρίων που συνοδεύουν τις προτάσεις για την ίδρυση της νέας Αθήνας. Η απαρίθμηση κάθε άλλο παρά πλήρης είναι, εν τούτοις δεν παρουσιάζει λάθη.

Κατά την διάρκεια του Δευτέρου Παγκοσμίου πολέμου, δημοσιεύεται το 1942 η πρώτη εκτενής εργασία από γερμανικής πλευράς με θέμα τον αθηναϊκό κλασικισμό. Προέρχεται από τον Σάξονα ιστορικό της τέχνης Hans Hermann Russack (1887-?) που έμεινε στην Ελλάδα αρκετά μεγάλο διάστημα. Στο ωραίο του βιβλίο *Deutsche bauen in Athen*, Berlin, 1942 (ελληνική έκδοση με τον τίτλο *Αρχιτέκτονες της νεοκλασικής Αθήνας*, Αθήνα 1992) παρουσιάζεται για πρώτη φορά το σχέδιο για ένα ανάκτορο στην Ακρόπολη του Schinkel ως συστατικό στοιχείο του σχεδιασμού της Αθήνας. Πρώτη φορά επίσης διατυπώνεται εδώ η εκτίμηση ότι κατά την εκπόνηση του πρώτου σχεδίου της Αθήνας, ο Schinkel έπαιξε ρόλο συμβούλου των μαθητών του.

Ο Russack εμπλουτίζει επίσης την εικόνα των αρχικών σχεδίων με μια διεξοδική και κριτική περιγραφή της πρότασης του Alexander Ferdinand von Quast για την Αθήνα. Είναι ο πρώτος που παραθέτει ολόκληρο το γερμανικό πρωτότυπο κείμενο των Κλεάνθη και Schaubert *Περιγραφή του σχεδίου της νέας Αθήνας* από τα κατάλοιπα του Schaubert (τότε στο Breslau, σήμερα στην Αθήνα).

Έτσι, με λίγες αλλά ουσιαστικές εργασίες επιτυγχάνεται σε ολιγώτερο από 20 χρόνια μια πρώτη προσέγγιση του θέματος έρευνας "ίδρυση της νέας Αθήνας", που δεν πρέπει να υποτιμάται. Ακολουθεί ένα χρονικό διάστημα μέχρι το 1970 χωρίς ουσιαστικές νέες προσπάθειες εμβάθυνσης του θέματος που μας απασχολεί. Το 1960, δημοσιεύεται το έργο *Η πολεοδομική εξέλιξις των Αθηνών* του Ιωάννη Τραυλού, το οποίο καλύπτει τρεις χιλιετίες ιστορίας της Αθήνας και ως εκ τούτου πραγματεύεται μόνο περιληπτικά την ίδρυση της νέας πόλης. Το ίδιο ισχύει και για το έργο των Lya και Raymond Matton *Athènes et ses monuments*, που εδημοσιεύθη σε γαλλική γλώσσα στην Αθήνα το 1963.

Το 1966, ο δήμος της Αθήνας για να τιμήσει το σαραντάχρονο έργο του Κωνσταντίνου Μπίρη στην υπηρεσία της πόλης αναλαμβάνει την έκδοση της μεγάλης του εργασίας *Αι Αθήναι από του 19ου εις τον 20όν αιώνα*. Στις 60 πρώτες σελίδες του έργου αυτού, που είναι αφιερωμένες στην ιστορία της ίδρυσης των νέων Αθηνών, ο Μπίρης, σε σύγκριση με τη νεανική εργασία του που είχε δημοσιευθεί περισσότερο από 30 χρόνια ενωρίτερα, δεν κομίζει ουσιώδεις νέες πληροφορίες ή διαπιστώσεις σχετικά με το αντικείμενο της έρευνάς μας.

Δημοσιεύει όμως για πρώτη φορά τα σχέδια των Κλεάνθη-Schaubert και Klenze στην εγκεκριμένη από την αντιβασιλεία μορφή τους, καθώς και την αποτύπωση της Αθήνας του Wilhelm von Weiler του Αυγούστου 1834 και το τοπογραφικό σχέδιο της πόλης, που εξεπόνησε ο αρχιτέκτων του δήμου Friedrich Stauffert (η ανάθεση έγινε τον Ιούνιο του 1836 και η εργασία ολοκληρώθη τον Ιανουάριο του 1837).

Από το 1970 και μετά πυκνώνει πάλι η σειρά της έκδοσης έργων σχετικών με το θέμα μας. Αυτό το χρόνο εκδίδεται στα Γερμανικά η διατριβή της Ελπινίκης Δημοσθενοπούλου *Oeffentliche Bauten unter Koenig Otto in Athen* (Δημόσια κτήρια στην Αθήνα την περίοδο του Βασιλέως Όθωνος), στο Μόναχο. Η συγγραφεύς αφιερώνει ενδιαφέρουσες σκέψεις στο ιδεολογικό υπόβαθρο των σχεδίων για την πόλη και τονίζει τον αποφασιστικό ρόλο που έπαιξε η αρχαία αρχιτεκτονική κληρονομιά ως στοιχείο αναφοράς των προτάσεων των von Quast, Κλεάνθη και Schaubert, Schinkel και Klenze. Εύστοχες παρατηρήσεις κάνει επίσης για το ελληνικό κλίμα και τις επιπτώσεις του στον πολεοδομικό σχεδιασμό. Τέλος, ερευνά το περιεχόμενο του όρου "malerisch" (γραφικός), όπως εχρησιμοποιήθη από τον Klenze στις προτάσεις του για την Αθήνα, και αναπτύσσει την άποψη της καλλιτεχνικής μεταστροφής του στην Ελλάδα προς έναν κλασικισμό όχι αυστηρά ακαδημαϊκό αλλά προσαρμοσμένο στο τοπίο, ελεύθερο και ασύμμετρο.

Ο Στέφανος Σίνος είναι ο πρώτος που εταύτισε και επαρουσίασε το 1974 κριτικά το σχέδιο του August Traxel στο

151. Τοπογραφικό σχεδιάγραμμα της Αθήνας και των περιχώρων της, που εξεπόνησε ο Altenhoven υπό κλίμακα 1:20.000 το 1837. Εδώ απόσπασμα με την αποτύπωση της υφιστάμενης πόλης. Κλίμαξ περίπου 1:17.000 (αντίτυπο του τυπωμένου σχεδίου στο τμήμα χαρτών της Βαυαρικής Κρατικής Βιβλιοθήκης του Μονάχου.

άρθρο του "*Die Gruendung der Neuen Stadt Athen*" (Η ίδρυση της νέας Αθήνας) στο περιοδικό *Architectura*. Εν τούτοις, ο Σίνος δεν επιτυγχάνει να συλλέξει πιο ακριβείς πληροφορίες για την προσωπικότητα του συντάκτη αυτού του σχεδίου· έτσι παρασύρεται σε μιαν άτοπη ερμηνεία του σχεδίου, το οποίο θεωρεί τεκμήριο ουσιαστικής πολεοδομικής πρότασης, πράγμα που ασφαλώς δεν είναι.

Πέντε χρόνια αργότερα, το 1979, πραγματοποιείται μια αποφασιστική τομή στην έρευνα της νέας Αθήνας: η Margarete Kuehn ανακαλύπτει την πρώτη σχεδιαστική διατύπωση του αρχικού σχεδίου των Κλεάνθη-Schaubert στη συλλογή σχεδίων της κρατικής διεύθυνσης ανακτόρων και κήπων του Potsdam-Sanssouci. Η Kuehn δημοσιεύει το σχέδιο αυτό στο άρθρο της "*Schinkel und der Entwurf seiner Schueler Schaubert und Kleanthes fuer die Neustadt Athen*" (Ο Schinkel και η πρόταση των μαθητών του Schaubert και Κλεάνθη για τη νέα Αθήνα) στον συλλογικό τόμο *Berlin und die Antike* (Το Βερολίνο και η αρχαιότητα), Berlin 1979, και υποστηρίζει την αποφασιστική συμβολή του Schinkel στην οριστική διαμόρφωση του σχεδίου, θέση που παραμένει ωστόσο αμφισβητούμενη μέχρι σήμερα.

Τον ίδιο χρόνο εκδίδεται στα Γερμανικά η διατριβή της Όλγας Φουντουλάκη *Stamatios Kleanthes, ein griechischer Architekt aus der Schule Schinkels*, (Σταμάτιος Κλεάνθης, ένας Έλλην αρχιτέκτων της σχολής του Schinkel). Είναι η πρώτη περιεκτική μονογραφία για τη ζωή και το έργο του πρώτου Έλληνος αρχιτέκτονος που συμμετείχε στη διαδικασία σχεδιασμού της νέας Αθήνας. Ωστόσο, αυτή η πλούσια σε πληροφορίες εργασία, που μέσα από τη μελέτη των πηγών φωτίζει πολλές άγνωστες πλευρές της δραστηριότητος του Κλεάνθη, δεν προσθέτει καμία νέα πληροφορία ή διαπίστωση πάνω στο ζήτημα του πολεοδομικού σχεδιασμού της Αθήνας.

Ακολουθεί στα Γαλλικά η εκτεταμένη διατριβή του Γιάννη Τσιώμη *Athènes a soi-même étrangère· éléments de formation et de récéption du modèle neo-classique urbain en Europe et en Grèce au 19 siècle* (Η Αθήνα αλλοτριωμένη· στοιχεία διαμόρφωσης και υποδοχής του νεοκλασικού πολεοδομικού προτύπου στην Ευρώπη και την Ελλάδα κατά τον 19ο αιώνα), Paris 1983, στην οποία γίνεται πρώτη φορά η απόπειρα να φωτισθεί το ιδεολογικό και πολιτικό υπόβαθρο του σχεδιασμού της νέας Αθήνας και να ανιχνευθεί η ύπαρξη δυτικοευρωπαϊκών πολεοδομικών προτύπων και προσεγγίσεων στον σχεδιασμό αυτό. Το 1989 δημοσιεύεται στον τόμο *Ausland: Bauten und Entwuerfe* (Κτήρια και σχέδια εκτός Γερμανίας) της πολύτομης δημοσίευσης του έργου ζωής του K. F. Schinkel (*Schinkelwerk*) μια κριτική παρουσίαση της πρότασής του για το ανάκτορο στην Ακρόπολη, που αποτελεί μια αριστουργηματική πραγματεία της πολύ ηλικιωμένης πλέον τότε Margarete Kuehn.

152

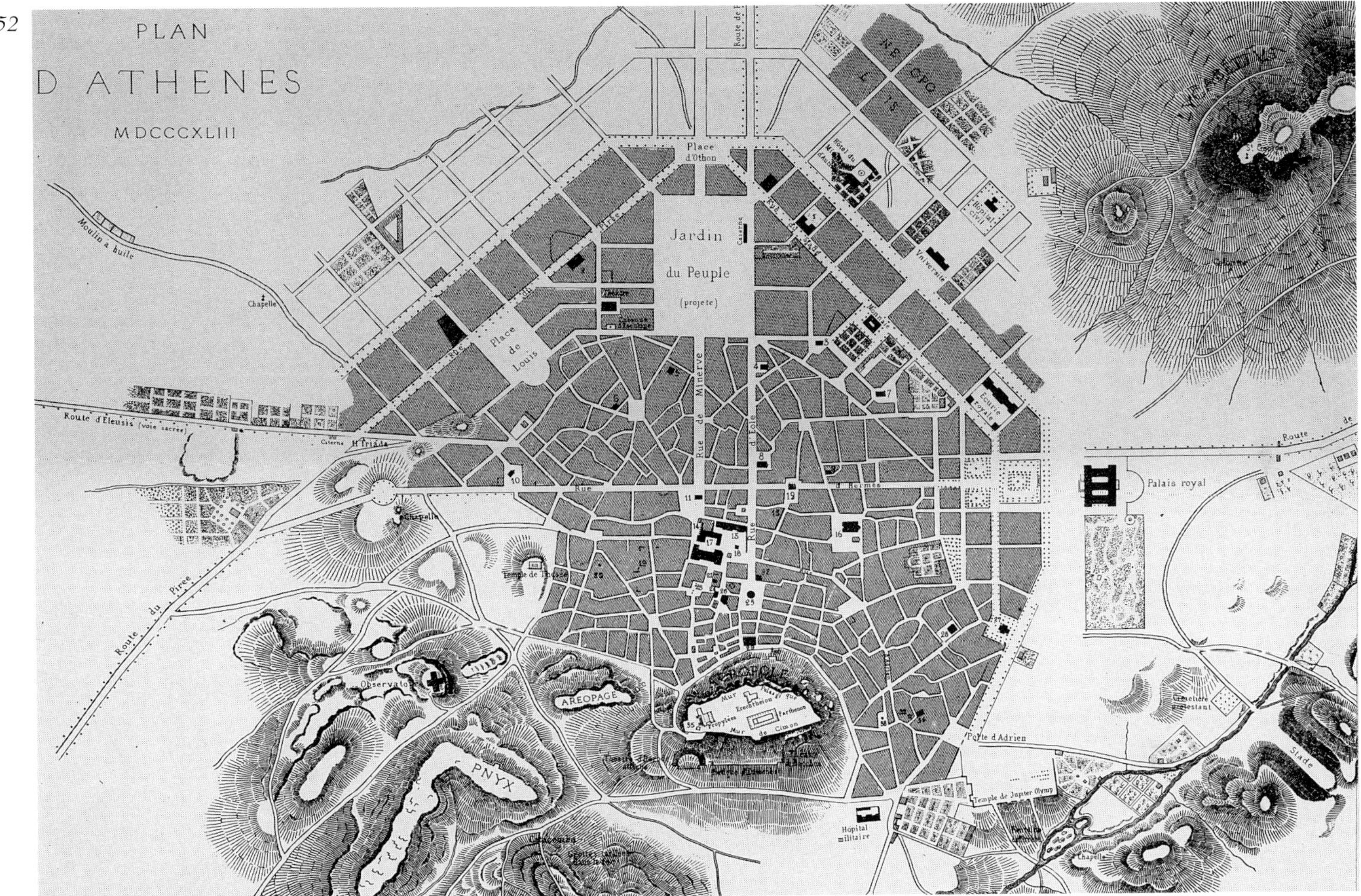

152. *"Χάρτης της Αθήνας, MDCCCXLIII" που συνέταξε ο Chenavard. Τοπογραφική αποτύπωση του 1843. Κλίμαξ περίπου 1:17.000 (A. Chenavard, Voyage en Grèce et dans le levant fait en 1843-1844, Paris 1858).*

Τέλος, στα πλαίσια της παρούσης εργασίας ο συντάκτης της κατόρθωσε να εντοπίσει το 1989 στην Αθήνα τα πλήρη πολεοδομικά κατάλοιπα του Eduard Schaubert, που εθεωρούντο χαμένα στο Breslau κατά τον Δεύτερο Παγκόσμιο πόλεμο. Έτσι, έγινε μεταξύ άλλων γνωστό το πρωτότυπο σχέδιο της αντιπρότασης του Λυσάνδρου Καυταντζόγλου που ευρίσκεται μέσα σ' αυτό το αρχειακό υλικό. Επίσης, κατόπιν ερεύνης στα Γενικά Αρχεία του Κράτους στην Αθήνα, ενετόπισε μια σειρά σημαντικών τεκμηρίων, ανάμεσά τους και την επιστολή του Λουδοβίκου Α' προς την αντιβασιλεία, που ανοίγει τον δρόμο στην πρόσκληση του Klenze στην Ελλάδα, καθώς και την έκθεση του Λυσάνδρου Καυταντζόγλου προς τον Βασιλέα Όθωνα που συνοδεύει το σχέδιό του. Τέλος, πρώτη φορά συνεδέθη από τον γράφοντα η πρόταση του von Quast με το σχέδιο για το ανάκτορο στην Ακρόπολη του Schinkel και ανελύθη διεξοδικώς τόσον αυτή όσο και η αντιπρόταση του Λυσάνδρου Καυταντζόγλου. Στα πλαίσια της ίδιας εργασίας εντοπίσθησαν επίσης ακριβώς στοιχεία για την προσωπικότητα του Traxel, πράγμα που επιτρέπει την ορθότερη ερμηνεία του σχεδίου του.

Έτσι, τα τελευταία 70 χρόνια με τη συμμετοχή μιας δωδεκάδος ερευνητών, που ηργάσθησαν ανεξάρτητα ο ένας από τον άλλον, ολοκληρώθη βαθμιαίως η σύνθεση ενός αρκετά ακριβούς μωσαϊκού, που απεικονίζει την ιστορία της ίδρυσης της νέας Αθήνας. Η πνευματική οξυδέρκεια αλλά και η τύχη των ερευνητών ωδήγησαν σταδιακώς στην απόκτηση σημαντικών νέων γνώσεων και στην πληρέστερη κατανόηση αυτής της περίπλοκης ιστορίας σχεδιασμού. Παραμένουν ωστόσο ακόμα –και πώς θα μπορούσε να είναι αλλιώς– σημαντικά ερωτή-

153

153. Χάρτης της Αθήνας· τοπογραφική αποτύπωση του 1846. Κλίμαξ περίπου 1:16.000 (Allgemeine Bauzeitung, Wien 1846).

ματα αναπάντητα, που θα αποσαφηνισθούν ίσως στο μέλλον. Εδώ θα θιγούν απλώς.

Εξακολουθεί να παραμένει αδύναμα φωτισμένη η διαδικασία ωρίμανσης του αρχικού σχεδίου, που η εκπόνησή του κράτησε 13 μήνες (από τον Ιούνιο του 1832 μέχρι τον Ιούνιο του 1833). Δεν διαθέτουμε κανένα απολύτως σκαρίφημα ή προσχέδιο, όπως δεν έχουμε και κανένα κείμενο που να αναφέρεται σε λεπτομέρειες του σχεδίου των Κλεάνθη και Schaubert, που επεκυρώθη στις 11 Ιουλίου του 1833. Είναι όμως αδιανόητο να μην έχουν προηγηθεί πρόχειρα σχεδιάσματα των αρχιτεκτόνων. Ο μεγάλος αριθμός σκαριφημάτων των ιδίων από την αποτύπωση της πόλης, που εσώθησαν στα κατάλοιπα του Schaubert, αποτελεί βεβαία ένδειξη για τον τρόπο που ηργάσθησαν. Η ενδεχόμενη εξεύρευση ακόμη και μεμονωμένων τέτοιων φύλλων στο μέλλον θα συνέβαλε αποφασιστικώς στην αποσαφήνιση του ερωτήματος της πιθανής συνεργασίας του Schinkel στην διατύπωση της πρότασης των μαθητών του.

Επίσης, η ενδεχομένη μελλοντική ανακάλυψη γραπτών μαρτυριών από το χέρι του Κλεάνθη ή του Schaubert (π. χ. επιστολές σε συναδέλφους και δασκάλους ή σημειώσεις εργασίας) θα εφώτιζε περισσότερο το ερώτημα των προτύπων πολεοδομικού σχεδιασμού, τα οποία ενδεχομένως εχρησιμοποίησαν στο αρχικό σχέδιό τους. Θα ήταν σημαντικό να πληροφορηθούμε από τους ίδιους τους εκπονητές του σχεδίου, εάν είχαν ως πρότυπα για την σύνθεσή τους συγκεκριμένες πόλεις και εάν συνεβουλεύθησαν άλλους συναδέλφους. Μέχρι σήμερα οι απαντήσεις στα ερωτήματα αυτά παραμένουν υποθετικές και μπορούν να δοθούν μόνον έμμεσα, δηλαδή με την εκ των υστέρων ερμηνεία του πρώτου σχεδίου· αλλά αυτό βέβαια δεν αρκεί.

Επίσης, η τυχόν ανεύρεση κριτικών σχολίων ανεύρετων μέχρι σήμερα, που ενδεχομένως διετυπώθησαν από ειδικούς ή

154

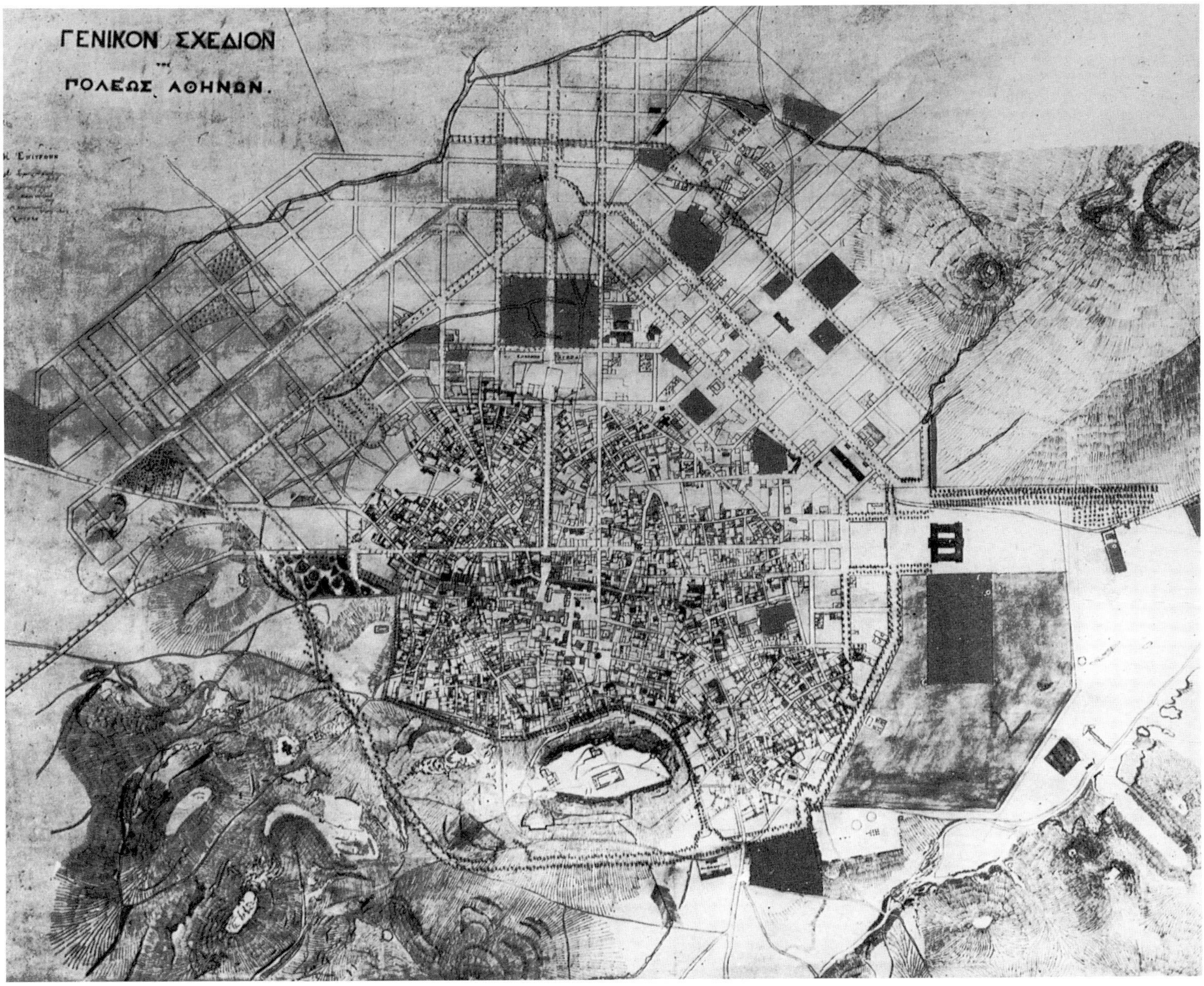

154. Χάρτης της Αθήνας (τοπογραφική αποτύπωση και σχέδιο πόλης) του 1847. Το λεγόμενο "σχέδιο της επιτροπής του έτους 1847". Κλίμαξ περίπου 1:15.000 (Κ. Μπίρης, Αι Αθήναι από του 19ου εις τον 20όν αιώνα, Αθήνα 1966).

πολιτικούς για το πρώτο σχέδιο κατά την εποχή της γένεσής του, θα προσέδιδε στην κριτική του σχεδίου νέες διαστάσεις. Ένα άλλο ερώτημα που παραμένει αναπάντητο, είναι τα κίνητρα που ώθησαν τους δημιουργούς του πρώτου σχεδίου να επιλέξουν την επέκταση της πόλης προς βορράν. Γιατί οι αρχιτέκτονες δεν επροτίμησαν την στραμμένη προς τη θάλασσα, πιο ανοιχτή περιοχή νοτίως της Ακροπόλεως, με τον καλύτερο προσανατολισμό; Έπαιξαν άραγε εδώ αποφασιστικό ρόλο ιδεολογικές απόψεις για την επιθυμητή, άμεση επαφή της παλαιάς με τη νέα Αθήνα ή μήπως οι αρχιτέκτονες είχαν ως γνώμονα τα συμφέροντα των Αθηναίων;

Όλα αυτά τα ερωτήματα –και ασφαλώς και άλλα μικροτέρας σημασίας– τίθενται επειδή τα γραπτά και σχεδιαστικά τεκμήρια που αναφέρονται στο πρώτο σχέδιο της Αθήνας παραμένουν μέχρι σήμερα σχετικώς ολίγα. Η όψιμη ανακάλυψη της πρώτης σχεδιαστικής διατύπωσης του αρχικού σχεδίου των Κλεάνθη και Schaubert (Kuehn, Berlin, 1979), καθώς και των καταλοίπων του Schaubert και μεταξύ αυτών της αντιπρότασης του Λ. Καυταντζόγλου (Παπαγεωργίου-Βενετάς, Αθήνα, 1989) επιτρέπουν ωστόσο την ελπίδα πως η έρευνα μπορεί να υπολογίζει και σε μελλοντικά ευρήματα.

Όσον αφορά τον Klenze, τόσον οι αντιλήψεις του για τον σχεδιασμό της Αθήνας όσο και οι αρχιτεκτονικές του συνθέσεις γι' αυτή την πόλη τεκμηριώνονται τόσο καλά από τον ίδιο στο έργο του *Aphoristische Bemerkungen gesammelt auf seiner Reise nach Griechenland* (Αφοριστικαί παρατηρήσεις συλλεγείσαι κατά τη διάρκειαν του ταξιδίου του εις την Ελλάδα), Berlin 1938, ώστε η ελπίδα εξεύρεσης και άλλων τεκμηρίων ήταν μικρή. Και όμως οι χειρόγραφες μυστικές σημειώσεις του, οι οποίες ηρευνήθησαν μόλις πρόσφατα, περισσότερο από 150 χρόνια μετά τη συγγραφή τους (Hufnagel, Muenchen 1988-90), και που περιλαμβάνονται στο ανέκδοτο έργο του *Memorabilien*, ρίχνουν νέο φως στο πολιτικό υπόβαθρο του σχεδιασμού της Αθήνας (βλ. τεκμήριον 5 συλλογής "Κειμένων"). Επομένως και εδώ δεν αποκλείονται και άλλες εκπλήξεις στο μέλλον.

Οι κριτικές τοποθετήσεις επί του σχεδίου για ένα ανάκτορο στην Ακρόπολη του Schinkel, που το συνοδεύουν από τη γένεσή του, είναι τόσο πολυάριθμες και η πρόσφατη δημοσίευση του σχεδίου στα Άπαντα του Schinkel από την M. Kuehn τόσο λεπτομερής, ώστε προς αυτή την κατεύθυνση δεν πρέπει να περιμένουμε ουσιαστικά τίποτε σημαντικό εις το μέλλον. Εξ' άλλου, η επεξήγηση του σχεδίου από τον ίδιο τον Schinkel, καθώς και η αναφορά του στις αρχές, που πάνω τους εστήριξε την πρότασή του, δεν αφήνουν καμία ασάφεια ως προς τις προθέσεις του. Αντίθετα, παραμένει ακόμα αναπάντητο το ερώτημα που αφορά τα αίτια της σιωπής του Schinkel επί του πρώτου σχεδίου της Αθήνας. Οι σκέψεις που διατυπώσαμε σχετικά με αυτό το θέμα στην παρούσα εργασία μπορούν να θεωρηθούν μόνον εύλογες υποθέσεις.

Η συμβολή του von Quast, όπως είδαμε, συνίσταται μόνο σε ένα λεκτικά σκιαγραφημένο όραμα για την πόλη. Στα πλαίσια αυτής της εργασίας έγινε μια πρώτη απόπειρα να διαφανούν οι δεσμοί και οι αλληλεξαρτήσεις ανάμεσα σε αυτό το όραμα της "πόλης επί λόφων" από τη μια μεριά και στο σχέδιο για ένα ανάκτορο στην Ακρόπολη, καθώς και στον πίνακα του Schinkel "Blick in Griechenlands Bluete" (Ματιά στην άνθηση της Ελλάδος) από την άλλη· ωστόσο καλό είναι να αναζητηθούν και άλλες ενδείξεις για την καταγωγή της πρότασης του von Quast.

Μετά την ανεύρεση του ιδιοχείρου σχεδίου, καθώς και της συνοδευτικής έκθεσης του Λυσάνδρου Καυταντζόγλου που απευθύνει προς τον Βασιλέα Όθωνα και στην οποία περιγράφει την πρότασή του, έχουμε πλέον στην κατοχή μας ακόμα ένα συγκεκριμένο σχέδιο για τη νέα Αθήνα, που δεν εφηρμόσθη ποτέ. Επειδή η εριστική πραγματεία του Καυταντζόγλου "*Σχεδογραφία Αθηνών*" (1839), με την οποία ασκεί οξύτατη κριτική στο αρχικό σχέδιο είναι γνωστή προ πολλού, το μόνο στο οποίο μπορούμε να ελπίζουμε μελλοντικά είναι η ενδεχομένη ανακάλυψη κάποιων προσθέτων σχολίων του Καυταντζόγλου, που όμως δεν φαίνεται πιθανόν πως θα προσθέσουν κάτι ουσιαστικά καινούργιο.

Παρ' όλες τις ελλείψεις και τα κενά που απηριθμήθησαν, μπορούμε να θεωρήσουμε ότι έχουν αποσαφηνισθεί σήμερα η διαδικασία, καθώς και οι επιπτώσεις των πρωτοβουλιών σχεδιασμού κατά την ίδρυση της νέας Αθήνας. Ένα άλλο όμως σύνολο ερωτημάτων, που συνδέεται με τις αρχές και τα αίτια του σχεδιασμού, παραμένει πολύ ολιγώτερο διηρευνημένο. Στα πλαίσια της παρούσης εργασίας, επεχειρήθη μια πρώτη συγκριτική απόπειρα κριτικής θεώρησης όλων των συμβολών στον σχεδιασμό της νέας Αθήνας υπό το πρίσμα των αντιτιθεμένων συνθετικών αντιλήψεων για τη διαμόρφωση του αστικού χώρου. Έτσι διεφάνη, πως οι σημαντικώτερες αντιπαραθέσεις γύρω από θέματα αρχής πρέπει να αναζητηθούν στην εκάστοτε σχέση της νέας πόλης με την αρχιτεκτονική κληρονομιά της Αθήνας, καθώς και στον χαρακτήρα της προτεινόμενης διάρθρωσης της πόλης (δηλαδή στην αντιπαράθεση μεταξύ "γραφικής" και "γεωμετρικής" διάταξης). Με την αναγνώριση και την διερεύνηση των διαφόρων "πολεοδομικών οραμάτων" (βλ. στην Εισαγωγή της παρούσης εργασίας), που εκφράζουν με τις προτάσεις τους όσοι αρχιτέκτονες συμμετείχαν στη διαδικασία σχεδιασμού, φωτίζονται ικανοποιητικά οι διεργασίες που κατηύθυναν την αναγέννηση της Αθήνας.

Παρ' όλα αυτά, ένα ακόμα πεδίο έρευνας με αντικείμενο την ίδρυση της πόλης παραμένει μέχρι σήμερα σχεδόν αδιερεύνητο. Συσσωρεύονται αναπάντητα ερωτήματα σχετικά με το πολιτικό, ιδεολογικό και κοινωνικό υπόβαθρο της διαδικασίας σχεδιασμού. Πώς συνέβη και η Αθήνα, η νέα πρωτεύουσα της χώρας, ανεπτύχθη αρχικώς ως διοικητικό κέντρο και αργότερα κυρίως και ως κέντρο υπηρεσιών; Η αποκοπή της πόλης από τη θάλασσα ήταν λύση οικονομικά και οργανωτικά συμφέρουσα; Γιατί δεν έγινε ένας διεθνής διαγωνισμός ή τουλάχιστον γιατί η ελληνική κυβέρνηση δεν συνεβουλεύθη πολύ περισσότερους ειδικούς για ένα σχέδιο που εθεωρήθη κατά τη ρήση του Klenze "ευρωπαϊκή υπόθεση"; Πώς μπορεί να εξηγηθεί η παθητικότης, η αδιαφορία και η διστακτικότης της πολιτικής ηγεσίας και των τοπικών αρχών απέναντι στο έργο του ιδρυτικού σχεδιασμού;

Και εν τέλει, γιατί εξ αρχής συνώδευσε τον πολεοδομικό σχεδιασμό της Αθήνας μια δύσκολα ερμηνεύσιμη διάσταση μεταξύ ενός καλλιτεχνικού "βούλεσθαι", που θέτει υψηλούς στόχους, και ενός πολιτικοκοινωνικού "δύνασθαι" εξαιρετικά αδύναμου; Άραγε οι υπερβολικά υψηλοί στόχοι ήσαν προϊόν εισηγμένης ιδεολογίας ή μήπως εγγενής αδυναμία της νεολληνικής κοινωνίας;

Αυτά και άλλα παρόμοια ερωτήματα μπορούν να διερευνηθούν ωστόσον εις το μέλλον μόνον με την διεπιστημονική συνεργασία και τις κοινές προσπάθειες ιστορικών, κοινωνιολόγων, πολιτικών επιστημόνων και πολεοδόμων· και θα ήταν άτοπη κάθε απόπειρα να απαντηθούν εδώ, στα πλαίσια δηλαδή μιας εργασίας αφιερωμένης αποκλειστικώς στην πολεοδομική διάσταση του σχεδιασμού της Αθήνας.

Το πεδίον ερεύνης παραμένει ανοικτό.

ΣΗΜΕΙΩΣΕΙΣ ΤΟΥ ΚΕΦΑΛΑΙΟΥ 7

1. Για τον αποφασιστικό ρόλο που έπαιξαν στην ιστορία χαρισματικές και δημιουργικές προσωπικότητες, ο Aldous Huxley στο δοκίμιό του *Brave new world revisited*, London 1959, γράφει πολύ πειστικά: "Η ιστορία δεν είναι ακόμη επιστήμη και μπορεί να εμφανίζεται σαν επιστήμη μόνο με παραχαράξεις και παραλείψεις. Στην πραγματική ζωή, στη ζωή όπως τη ζούμε μέρα με τη μέρα, το άτομο δεν μπορεί ποτέ να αγνοηθεί. Μόνο στη θεωρία εμφανίζονται οι ατομικές συμβολές μηδαμινές· στην πράξη είναι εξαιρετικά σημαντικές. Όταν παράγεται έργο στον κόσμο, ποιος το παράγει στην ουσία; Τίνος τα μάτια και τα αυτιά συλλαμβάνουν, τίνος ο εγκέφαλος διαλογίζεται, ποιος έχει τα αισθήματα που δημιουργούν τα κίνητρα, και τη βούληση που υπερπηδά τα εμπόδια; Βέβαια όχι το κοινωνικό περιβάλλον. Διότι μια ομάδα ατόμων δεν αποτελεί ζωντανό οργανι-

σμό, αλλά μόνο μια τυφλή οργάνωση χωρίς συνείδηση. Ο,τιδήποτε γίνεται σε μια κοινωνία γίνεται από άτομα. Τα άτομα αυτά βέβαια επηρεάζονται βαθειά από τον τοπικό πολιτισμό, τα taboo και τα ήθη, την πληροφόρηση και την παραπληροφόρηση που κληροδοτεί το παρελθόν και που διατηρείται σε ένα σώμα προφορικών παραδόσεων ή γραπτών κειμένων· αλλά ο,τιδήποτε παίρνει το άτομο από την κοινωνία (ή, για να είμαστε πιο ακριβείς, ο,τιδήποτε παίρνει από άλλα άτομα που συνδέονται σε ομάδες, ή από τις συμβολικές καταχωρίσεις που έχουν συλλέξει άλλα άτομα, ζωντανά ή πεθαμένα) το χρησιμοποιεί με τον δικό του μοναδικό τρόπο, με τις ιδιαίτερες αισθήσεις του, τη δική του βιοχημική συγκρότηση, τη δική του φυσική διάπλαση και ιδιοσυγκρασία, και κανενός άλλου. Καμιά επιστημονική ερμηνεία, όσο περιεκτική και αν είναι, δεν μπορεί να αγνοήσει τα αυταπόδεικτα αυτά γεγονότα".

2. Την έντονη μέριμνα του Καποδίστρια για τις πόλεις του νεοσύστατου κράτους επιβεβαιώνουν διάφορα τεκμήρια της εποχής. Στο μνημόνιό του "*Mémoire sur l'administration intérieure du Royaume Grec depuis 1821 jusqu' a l'année 1832*", που συνέταξε στο Ναύπλιο στις 2 Φεβρουαρίου 1833 ο υπουργός Εσωτερικών Δ. Χρηστίδης γράφει:

"Στον Κυβερνήτη οφείλεται ακόμη η ρυμοτομία και ο εξωραϊσμός των πόλεων· έχω την τιμή να υποβάλω στις Εξοχότητές Σας υπό το στοιχείο G κατάλογο των πόλεων για τις οποίες έχουμε δώσει σχέδιο, που πρέπει να χρησιμεύσει ως βάση στη ρυμοτόμηση των ιδιωτικών οικιών". (Γενικά Αρχεία του Κράτους, Οθωνικό αρχείο, Φάκελλος, ΒΙΙ(β)10, πρωτότυπο κείμενο σε γαλλική γλώσσα).

Το ενδιαφέρον αυτό του Κυβερνήτη τεκμηριώνει και η αλληλογραφία τού λοχαγού του Μηχανικού Σταμάτη Βούλγαρη με τον Ιωάννη Καποδίστρια. Στις επιστολές αυτές (πρωτότυπο κείμενο σε γαλλική γλώσσα) διαβάζουμε:

"Αίγινα, 3/15 Φεβρουαρίου 1828.

Κύριε Βούλγαρη, η επιστολή σας της 26ης Ιανουαρίου με ευχαρίστησε απείρως. Εσκόπευα να σας γράψω ο ίδιος για να μου αναφέρετε τα μέτρα που πρέπει να ληφθούν για να καθαρισθεί και να εξυγειανθεί η πόλη του Ναυπλίου· προς μεγάλη μου όμως ικανοποίηση ευρίσκω αυτή την αναφορά στα έξι κεφάλαια της εργασίας, που μου γνωστοποιείτε με την επιστολή σας. Τα εγκρίνω [τα προτεινόμενα μέτρα] και ελπίζω σε λίγες ημέρες να σας προμηθεύσω τα μέσα για να αρχίσετε το καλό αυτό έργο. Θα δεχθείτε επίσης την παραγγελία να συντάξετε επίσημη αναφορά για την κατάσταση των φρουρίων. Θα σας πλαισιώσω με δύο επιτρόπους και θα σας εφοδιάσω με επίσημες οδηγίες. (Αυτό μένει μεταξύ μας, δεδομένου ότι δεν μου αρέσει να γίνεται συζήτηση προώρως.) Συνεχίσατε λοιπόν να θεωρείτε την πόλη και τα φρούρια από την άποψη των βαθμιαίων βελτιώσεων τις οποίες θα προσπαθήσουμε να εκτελέσουμε με τη βοήθεια του Θεού. Σημειώσατε τις παρατηρήσεις σας και θα εργασθούμε μαζί.

Σας σφίγγω τα χέρια και είμαι δικός σας, Καποδίστριας"

και:

"Ο Κυβερνήτης της Ελλάδος προς τον Σταμάτιο Βούλγαρη, λοχαγό του Επιτελείου.

Ελάβαμε την επιστολή σας της 26ης Ιανουαρίου, καθώς και το σχέδιο της νέας πόλεως των Πατρών. Δεν θα μπορούσαμε να σας δείξουμε αρκετά την αναγνώρισή μας για όλους τους κόπους που κατεβάλατε για να εκπληρώσετε αυτό το καθήκον εν μέσω όλων των δυσκολιών και των στερήσεων που σας περιβάλλουν. Η ιδέα που είχατε να συνδέσετε το σχέδιο της νέας πόλεως με τα ερείπια της παλαιάς είναι πολύ επιτυχής, και την εγκρίνουμε πλήρως κ. λπ.

Εφόσον θέλετε να φυτεύσετε δένδρα με δικά σας έξοδα, επιτρέψατέ μας να εταιρισθούμε μαζί σας και να μετάσχουμε κατά το ήμισυ στα έξοδα που θα κάνετε, διπλασιάζοντας έτσι τον αριθμό των δένδρων που θα σας χρωστά η πόλη. Θα θέσουμε ωστόσο ένα μόνον όρο: η νέα πόλη θα φέρει μόνο το όνομα της παλαιάς". [και όχι "Ιωαννούπολις" όπως είχε προτείνει ο Βούλγαρης].

3. Η Ελλάδα ανακηρύσσεται κυρίαρχο κράτος με το λεγόμενο Πρωτόκολλο του Λονδίνου που υπέγραψαν στις 3.2.1830 οι Προστάτιδες Δυνάμεις. Δεν ορίζεται πρωτεύουσα του νεοσύστατου κράτους. Το πρωτόκολλο επιτρέπει στον τουρκικό πληθυσμό της Αθήνας την πώληση των κτημάτων του. Οι Αθηναίοι επιστρέφουν σταδιακά στην κατεστραμμένη πόλη τους. Η Ακρόπολη τα επόμενα τρία χρόνια παραμένει υπό τον έλεγχο των Τούρκων και παραδίδεται μόλις στις 30.4.1833 στον Βαυαρό αξιωματικό Christian Nezer (Χριστιανό Νέζερ) από τον τελευταίο Τούρκο φρούραρχο Οσμάν Εφέντη.

4. Στα Γενικά Αρχεία του Κράτους στην Αθήνα, υπάρχει μία επιστολή σε ελληνική γλώσσα του Κλεάνθη προς τον επί των Εσωτερικών Γραμματέα της Επικρατείας Χρηστίδη με ημερομηνία 24.5.1832, στην οποία ο αρχιτέκτων κατά κάποιο τρόπο υπαγορεύει το περιεχόμενο της απόφασης της Προσωρινής Κυβέρνησης για την ανάθεση της σύνταξης του σχεδίου της νέας Αθήνας. Παραθέτουμε ολόκληρη την επιστολή:

"Προς τον Ευγενέστατον Κύριον Δ. Χρηστίδην

Γραμματέα της Επικρατείας

Κύριε, επειδή σήμερον προς το εσπέρας μισεύω δια τας Αθήνας, Σας παρακαλώ πολλά να μοι δοθή η διαταγή του διορισμού του κυρίου Σιάουμπερτ ως συναρχιτέκτονος της Κυβερνήσεως, προσδιορίζοντες και την ποσότητα του μισθού του φοίνικας 200 οπού κατά μήνα θέλει λαμβάνει.

Σας παρακαλώ προς τούτοις να μοι δοθή και μία άλλη διαταγή, δια της οποίας διατατтόμεθα να σχεδιάσωμεν το νέον σχέδιον των Αθηνών, αύτη η διαταγή είναι ανάγκη να καταχωρισθή εις την εθνικήν εφημερίδα δια να μάθη όλον το έθνος, καθώς ακόμη και όλη η Ευρώπη, ότι η Σ. Κυβέρνησις και εις αυτάς τας δεινοτάτας περιστάσεις έλαβε φροντίδα και δια τας κλεινάς Αθήνας. Κατ' εμήν γνώμην η έννοια της διαταγής ταύτης πρέπει να είναι ως ακολούθως:

'Προς τους αρχιτέκτονας Σ. Κλεάνθην και Σιάουμπερτ

Η Κυβέρνησις πληροφορηθείσα την ανάγκην του να δοθή τέλος πάντων το νέον σχέδιον εις την πόλιν των Αθηνών, και γνωρίζουσα καλώς τας γνώσεις και αξιότητάς σας εις την τέχνην της αρχιτεκτονικής, την οποίαν επαγγέλλεσθε, σας επιφορτίζει με το ουσιώδες τούτο έργον. Εις υμάς λοιπόν ανήκει κύριοι να βάλητε όλην σας την επιμέλειαν δια να γίνη το σχέδιον ανάλογον με την προτέραν της λαμπρότητα. Η εκεί επιτροπή της Κυβερνήσεως διατάττεται να σας προμηθεύση όλα τα αναγκαία μέσα να σας ευκολύνη τον τρόπον εις το έργον τούτο.'

Κατ' αυτήν περίπου την έννοιαν παρακαλώ να γίνη η διαταγή. Εις το χέρι Σας στέκητε κύριε Χρηστίδη να ωφελήσητε τας Αθήνας τα μέγιστα και με βαθύτατον σέβας υποσημειούμαι

Εν Ναυπλίω τη 24 Μαΐου 1832 (υπογρ.) Σ. Κλεάνθης".

(Γενικά Αρχεία του Κράτους, Οθωνικό Αρχείο, φάκελλος Υπουργείου Εσωτερικών).

5. Ο L. Huettel στη μονογραφία του *Ludwig A, Koenig und Bauherr*, (Λουδοβίκος Α, βασιλεύς και κτήτωρ), Muenchen 1986, γράφει: "Ο Λουδοβίκος και ως διάδοχος και ως βασιλεύς ετάχθη με μεγάλο ενθουσιασμό υπέρ του ελληνικού απελευθερωτικού αγώνος. Διέθετε 2.000 φιορίνια τον χρόνο για την εξαγορά Ελλήνων κρατουμένων από την Τουρκία, όπως αποκαλούσαν τότε απλοποιητικά το πολυεθνικό οθωμανικό κράτος. Έφερε στη Βαυαρία παιδιά Ελλήνων αγωνιστών της ελευθερίας, που είχαν πέσει στις μάχες, για να ανατραφούν και μορφωθούν. Υιοί Ελλήνων αξιωματικών έγι-

ναν δεκτοί στη Βαυαρική Σχολή Ευελπίδων. Επιδοτούσε την αγορά και μεταφορά όπλων. Βαυαροί στρατιώτες και αξιωματικοί επήγαν μεμονωμένα στην Ελλάδα για να ενισχύσουν τους αγωνιστές της ελευθερίας. Ολόκληρη η Ευρώπη υποστήριζε με φανατισμό την ελληνική υπόθεση με εξαίρεση τους συντηρητικούς πολιτικούς όπως ο Metternich, που σε κάθε εξέγερση, αδιαφορώντας για τα αίτιά της, έβλεπαν ένα πλήγμα στα νόμιμα δικαιώματα του εκάστοτε ηγεμόνα.

(...)

Ο Ιωάννης Αντώνιος κόμης Καποδίστριας, ο ισχυρότερος Έλλην του εξωτερικού και υπουργός του τσάρου Αλεξάνδρου Α', προσπαθούσε να πείσει τα ευρωπαϊκά κράτη να υποστηρίξουν τους Έλληνες, αυτά όμως απέρριψαν την ιδέα της άμεσης επέμβασης. Στο Συνέδριο της Βιέννης κατώρθωσε να κερδίσει την υποστήριξη των διαδόχων Φρειδερίκου της Βιττεμβέργης και Λουδοβίκου της Βαυαρίας για τη 'Φιλόμουσο Εταιρεία'. Ο Λουδοβίκος έγραφε στίχους γεμάτους πάθος, με τους οποίους εξέφραζε τον ενθουσιασμό του για την ελληνική υπόθεση.

Ο Metternich δια της διπλωματικής οδού εκάλεσε επανειλημμένα την κυβέρνηση της Βαυαρίας να τηρήσει επιφυλακτική στάση. Στα συνέδρια του Laibach (1821) και της Verona (1822) κατώρθωσε να περάσει την απόφαση, ότι η οθωμανική κυριαρχία σε εδάφη με ελληνικό πληθυσμό ήταν νόμιμη και οι Έλληνες αντάρτες. Αυτό δεν εμπόδισε τον Λουδοβίκο να συνεχίσει να ενισχύει τους Έλληνες αγωνιστές της ελευθερίας ηθικά και υλικά. Ο φιλέλλην και κλασικός φιλόλογος, καθηγητής του πανεπιστημίου του Μονάχου Friedrich Wilhelm Thiersch [Θύρσιος], παρά τις διαμαρτυρίες του Αυστριακού πρεσβευτή κόμη Trautmannsdorff, από το 1821 συνεκέντρωνε χρήματα, στρατολογούσε στρατιώτες και έγραφε –παρά τη λογοκρισία– ανοικτές εκκλήσεις υπέρ των Ελλήνων". (Op. cit. σελ. 71, 78).

6. Το τελευταίο δημόσιο κτήριο που οικοδομήθη με πρωτοβουλία του Λουδοβίκου είναι τα Προπύλαια στην Πλατεία του Βασιλέως (Koenigsplatz) στο Μόναχο· η ανέγερσή του κράτησε από το 1848 έως το 1862 και τα σχέδια, φιλοτέχνησε ο Leo von Klenze. Στο κτήριο αυτό, που ως πρότυπό του εχρησίμευσαν τα Προπύλαια της Ακρόπολης, ο Λουδοβίκος προσέδωσε τον συμβολικό χαρακτήρα ενός μνημείου του ελληνικού απελευθερωτικού αγώνα. Οι παραστάσεις στο δυτικό αέτωμα του κτηρίου, που σχεδίασε ο Ludwig von Schwanthaler, υπενθυμίζουν την απελευθέρωση της Ελλάδος από την οθωμανική κυριαρχία, στο τύμπανο του ανατολικού αετώματος την ενθρόνιση του Βασιλέως Όθωνος. Στους εσωτερικούς τοίχους των πυλώνων απαθανατίζονται με ελληνικούς χαρακτήρες τα ονόματα των ηρώων της Επανάστασης.

7. "Ένα τόσον σοβαρόν θέμα όπως η ίδρυσις της νέας πρωτευούσης εις την θέσιν των αρχαίων Αθηνών, δεν είναι δυνατόν να Με αφήνει αδιάφορον, πόσον μάλλον όταν το συμφέρον του Υιού Μου και της Δυναστείας Μου είναι αρρήκτως συνδεδεμένα με το καθολικόν ενδιαφέρον δια μίαν καλλιτεχνικήν δημιουργίαν εις την πατρίδα της τέχνης και παντός ωραίου (...)" (βλ. τεκμήριον 32 συλλογής "Κειμένων". Επιστολή του Βασιλέως Λουδοβίκου Α' της Βαυαρίας προς την αντιβασιλεία εις την Αθήνα. Μόναχον 4 Ιουνίου 1834. Γενικά Αρχεία του Κράτους, Οθωνικόν Αρχείον, Υπουργείον Εσωτερικών, φάκελος 221).

8. Εδώ το αποκαλυπτικόν σχετικόν κείμενον του Klenze: "(...) Διότι αυτός μόνον, ο Heydeck, απελάμβανε της πλήρους εμπιστοσύνης του Βασιλέως, λόγω των συστάσεων του κόμη von Nesselrode και της προηγούμενης παραμονής του στην Ελλάδα· αυτός μόνον είχε συστήσει στον Βασιλέα να διορίσει πρόεδρο της ελληνικής κυβερνήσεως [της αντιβασιλείας] τον κόμη von Armansperg. Ο Βασιλεύς, που εκείνη την εποχή άνθιζε το μίσος του εναντίον του Armansperg, επειδή ο Armansperg –υπολογίζοντας στα παλαιότερα γνωστά και δοκιμασμένα φιλελεύθερα φρονήματα του Βασιλέως– τον είχε συμβουλεύσει να δεχθεί ως ένα βαθμό την επανάστασιν του Ιουλίου [1830] και τον οποίο υποπτεύετο [ο Βασιλεύς] ότι κατά την συνέλευσιν των νομοκατεστημένων τάξεων του 1830/31 είχεν υποστηρίξει κρυφά την σφοδρωτέραν αντιπολίτευσιν που είχε σχηματισθεί εναντίον της αλλαγής του συστήματος διακυβερνήσεως από τον Βασιλέα στο πνεύμα των ακραίων φιλομοναρχικών, στην αρχή δεν εδέχθη καθόλου ευνοϊκώς αυτήν την πρότασιν. Η σκέψις όμως ότι ήταν μια καλή ευκαιρία να απομακρύνει από την πολιτική και από τη Βαυαρία έναν άνδρα επίφοβο και μισητό έκανε τον Βασιλέα να το αποφασίσει, και ο Armansperg διωρίσθη. Με την θεωρούμενη ως επιτυχή αυτήν διεκπεραίωσιν συνεδέθη και η ιδέα να απομακρύνουν μαζί με τον Armansperg και όλους αυτούς που κάποτε ήρεσαν τόσο [στον Βασιλέα] ως διαβόητοι φιλελεύθεροι όσο δεν ήρεσαν τώρα, και έτσι ο κλήρος έπεσε στους Maurer, Abel, Grainer κ.λπ.

Ο Βασιλεύς όμως ήταν τόσο ευτυχισμένος με αυτήν την ιδέα, που μια φορά εξέφρασε τη χαρά του στο τραπέζι με το εξής ευφυολόγημα: η Ελλάς είναι το Botani Bay του, όπου έστελνε όλους όσους του ήσαν άχρηστοι στη χώρα του. Αυτή η ρήσις όμως, όπως έμαθα αμέσως, την επόμενην ήδη ημέραν εγράφη στα μέλη της αντιβασιλείας και εις τον νεαρό Βασιλέα, που μόλις είχαν φθάσει εις την Ελλάδα, κάνοντας στον νεαρό μονάρχη βαθειά εντύπωσιν, διότι του έδειχνε τι είδους στάση είχε απέναντί του ο πατέρας του, που δεν περιέβαλλε τον νέο, άπειρο, ανήλικο και σε δυσχερέστατη θέση υιό του με άνδρες που απελάμβαναν του σεβασμού του, αλλά με ανθρώπους που ο ίδιος είχε απορρίψει και από τους οποίους ήθελε ευχαρίστως να απαλλαγεί! Όλοι μου είπαν τώρα και στην Ελλάδα, όπως γνώριζα ήδη από παλαιότερα μέσω αλληλογραφίας, πως αυτή η ρήσις κατά το γεύμα στο Μόναχο ήταν η πραγματική αφετηρία των διαφωνιών, που είχαν παρουσιασθεί στους κόλπους της αντιβασιλείας, και πως είχε γεννήσει στην ευαίσθητη ψυχή του νεαρού Βασιλέως ένα αίσθημα που παρέπαιε μεταξύ οργής απέναντι στον πατέρα του και απαθούς μελαγχολίας και το οποίο αντεμάχετο σαφέστατα την πνευματική του ανάπτυξη. Ο Όθων εθεωρούσε τον εαυτό του θυσιασμένο και εγκαταλελειμμένο". (Leo von Klenze: *Memorabilien* II 68 - II 69 βλ. τεκμήριον 5 συλλογής κειμένων).

9. "Ο διάδοχος Λουδοβίκος κατά τη διάρκεια των απελευθερωτικών αγώνων της Γερμανίας εναντίον του Ναπολέοντος ήταν ο μόνος αξιόλογος υποστηρικτής ενός αυστηρού 'ελληνικού' κλασικισμού, και προτιμούσε μια 'αξιόλογη απομίμηση' από μία 'ολιγώτερο ωραία επινόηση'. Ο Λουδοβίκος στο καθαρό ιδανικό της ελληνικής αρχιτεκτονικής έβλεπε τη μόνη δυνατότητα να απομακρυνθεί η αποκεκηρυγμένη ναπολεόντεια κρατική αρχιτεκτονική, που επρόκειτο να εισαχθεί από τον πατέρα του και τον υπουργό Montgelas και στο Μόναχο. Το ενθουσιώδες καλλιτεχνικό βίωμά του στο Paestum [Ποσειδωνία] συνεδυάσθη με μια εθνικιστική φιλελεύθερη ροπή, που ρεαλιστική της βάση ήταν η φιλελληνική του στάση απέναντι στην ελληνική Επανάσταση και η εγκαθίδρυση της κυριαρχίας του οίκου των Wittelsbach στην Ελλάδα (1832). Έτσι εξηγείται η παράδοξη για μας ελπίδα του δημοσιογράφου Christian Mueller το 1816 πως αποτέλεσμα του διορισμού του Klenze [ως αρχιτέκτονος της Αυλής] στο Μόναχο θα ήταν επιτέλους η δημιουργία με τη βοήθεια του 'ελληνικού ρυθμού' ενός 'γνήσιου εθνικού τύπου' γερμανικής αρχιτεκτονικής". (*Adrian von Buttler, Es gibt nur eine Baukunst? Leo von Klenze zwischen Widerstand und Anpassung*. Στο: *Romantik und Restauration. Architektur in Bayern zur Zeit Ludwig I. 1825-1848,* Muenchen 1987, σελ. 108).

10. Στις μυστικές του σημειώσεις *Memorabilien* ο Leo von Klenze δεν φείδεται εξουθενωτικών παρατηρήσεων για την καλλιτεχνική ευαισθησία του Λουδοβίκου: "Αλήθεια, δεν λείπουν οι σκυθρωπές ώρες όταν βλέπει κα-

νείς τον ηγεμόνα που υπηρετεί να παραπαίει τόσο σε θέματα τέχνης, να προβαίνει σε τέτοιες λεπτομερείς, ατέρμονες και άνευ περιεχομένου, επεμβάσεις στην τέχνη, να στερείται κάθε έννοιας ποιητικότητος και καταλληλότητος σε θέματα αρχιτεκτονικού ρυθμού, όταν διαπιστώνει πως αυτή την υψηλή τέχνη δεν τη βλέπει παρά μόνον ως διακοσμητικό μέσο ερεθισμού του ματιού μέσω στιγμιαίων κατ' αίσθησιν αντιλήψεων και εντυπώσεων". (Leo von Klenze, *Memorabilien*, I, 51).

Και:

"Ούτε λόγος να γίνεται πως έχει [ο Λουδοβίκος] αίσθηση της ποιητικής σκέψης, της ανώτερης αρμοδιότητος, μιας σταθερής άποψης, του αρχιτεκτονικού ρυθμού και της μορφής που συνθέτουν ένα ενιαίο σύνολο, τέλος όλων αυτών που χαρακτηρίζουν την τέχνη σε μια εποχή. Ποτέ άλλοτε μονάρχης δεν καλλιέργησε τόσο τον εκλεκτικισμό· μπροστά του ο Αδριανός στην έπαυλή του στο Tivoli απλώς αυτοσχεδίαζε". (Leo von Klenze, *Memorabilien*, II, 11).

Και τέλος:

"Κανένας άλλος ηγεμών δεν αγνοούσε σε τέτοιο βαθμό την ουσιώδη καλλιτεχνική έννοια και την ουσία του αρχιτεκτονικού έργου όσον ο βασιλεύς Λουδοβίκος της Βαυαρίας. Η εξωτερική διαμόρφωση κατ' αυτόν ώφειλε να ικανοποιεί τη στιγμιαία κλίση και διάθεση του ματιού του και να του θυμίζει κάτι... Όλα τα άλλα ήσαν εκ του πονηρού!" (Leo von Klenze, *Memorabilien*, III, 39).

11. "Όταν τον Δεκέμβριο του περασμένου έτους [1833] επέστρεψα από το Βερολίνο στο Μόναχο και ευρήκα εδώ τον διάδοχο της Πρωσίας [Φρειδερίκο Γουλιέλμο] και συνεζήτησα μαζί του πολλές φορές, μού είπε πως είχε κάνει ένα σχέδιο, συμφώνως προς το οποίον ο Βασιλεύς Όθων έπρεπε να κτίσει το ανάκτορόν του επάνω στο ύψωμα της Ακροπόλεως των Αθηνών, και πως όταν επέστρεφε στο Βερολίνο θα παρακαλούσε τον Schinkel να επεξεργασθεί το προσχέδιό του. Ο ίδιος ο Schinkel μού είχε γράψει σχετικά επανειλημμένως, με την παράκληση να του κοινοποιήσω τη γνώμη μου για το σχέδιο, το οποίο είχε στείλει ο ίδιος ο διάδοχος της Πρωσίας στον διάδοχο της Βαυαρίας [στο Μόναχο], ώστε να το προωθήσει στην Ελλάδα.

 Αυτό το σχέδιο μού έδειξε λοιπόν ο διάδοχος Μαξιμιλιανός, και αμέσως ανεγνώρισα σε αυτό τη μεγαλοφυία του εξόχου αρχιτέκτονος, αλλά επίσης και πόσο αδύνατη ήταν η πραγματοποίηση και εκτέλεσή του. Η σύνθεση προέβλεπε πρόσβαση από τη νότια πλευρά του βράχου, είσοδο από τα Προπύλαια και άφιξη σε ένα είδος ιπποδρόμου στο επίπεδο του Παρθενώνος. Η πίσω πλευρά των Προπυλαίων, της Πινακοθήκης και του άλλου βοηθητικού κτίσματος εχρησιμοποιούντο για την ανέγερση των στάβλων και του αμαξοστασίου. Το καθεαυτό ανάκτορο, ένα μονώροφο οικοδόμημα που εθύμιζε μεγάλη οικία της Πομπηίας, ήταν τοποθετημένο στην ανατολική πλευρά του βράχου αλλά με τέτοιο τρόπο ώστε μία επιμήκης κυρία πτέρυξ να προβάλει μέχρι τη μέση του Παρθενώνος. Ο αρχιτεκτονικός ρυθμός, οι λεπτομέρειες, η γραφική, άκρως καλαίσθητη κτηριακή διάταξη - όλα αυτά ήταν αντάξια των γνησιότερων επιτευγμάτων της αρχαιότητος και η ομορφιά της όλης σύνθεσης ήταν ανυπέρβλητη.

 Εν τούτοις, εφαίνετο καθαρά με την πρώτη ματιά η αναρμοδιότης της όλης ιδέας, κρίση με την οποία συνεφώνησαν και ο Βασιλεύς Λουδοβίκος και ο διάδοχος Μαξιμιλιανός. Ο τελευταίος υπεστήριξε επίσης με θέρμη την άποψη, την οποία είχε σχηματίσει επιτόπου παλαιότερα, να οικοδομηθεί μια νέα πρωτεύουσα, η Οθωνόπολις, στον Ισθμό της Κορίνθου, με την οποία συνεδέετο το ανανεωμένο σχέδιο διάνοιξης στον Ισθμό μιας διώρυγος πλωτής για όλα τα πλοία.

 Εγώ ήμουν τόσο καλά ενημερωμένος για τις τοπικές συνθήκες, τον ανθυγιεινό αέρα, τις κακές συνθήκες της ναυσιπλοΐας στον κόλπο της Ναυπάκτου, την κατάσταση των λιμανιών στον Ισθμό κ. λπ., ώστε ήμουν σε θέση να προβάλω βάσιμες αντιρρήσεις στην ιδέα του διαδόχου· ευτυχώς μου ήρθε στο νου ένα χωρίο από τον Παυσανία (Κορινθ. 5), ο οποίος αναφέρει πολλά παραδείγματα για να αποδείξει, πως όποιος επεχείρησε ποτέ τη διάνοιξη διώρυγος στον Ισθμό απέθανε πριν ακόμα πραγματοποιήσει το έργο, και λέει πως και η ίδια η Πυθία απέτρεπε απ' αυτή την ιδέα. Τα επιχειρήματά μου εφάνησαν τέλος να κάνουν εντύπωση στο φανατικά προσκεκολλημένο στην ιδέα αυτή πνεύμα του νεαρού πρίγκιπα, και έτσι την παραμονή της αναχώρησής μου, το βράδυ, μου εμήνυσε με τον γραμματέα του ότι, εάν το ανάκτορο του Όθωνος δεν τοποθετηθεί ούτε στην Κόρινθο ούτε επάνω στον βράχο της Ακρόπολης, τότε να φροντίσω να πλαισιωθεί τουλάχιστον από πολλά φυτά και δέντρα". (Leo von Klenze: *Memorabilien* II 59 - II 60· βλ. τεκμήριον 5 συλλογής "Κειμένων").

12. Λαμπρή απόδειξη του ακεραίου χαρακτήρα του Schaubert αποτελεί ο τρόπος με τον οποίο εβοήθησε τον νεαρό Theophil Hansen να πάρει την πρώτη του αρχιτεκτονική μελέτη στην Αθήνα. Ο Βασιλεύς Όθων το 1842 είχε αναθέσει στον Schaubert το αρχιτεκτονικό σχέδιο του αστεροσκοπείου της Αθήνας (δωρεά του Γ. Σίνα). Ο Schaubert εσχεδίασε ένα νεογοτθικό κτήριο στην κορυφή του Λυκαβηττού. Η θέση όμως αυτή απερρίφθη από τον Όθωνα. Τότε ο Schaubert συνέστησε ο ίδιος να ανατεθεί το έργο στον Theophil Hansen, του οποίου το αρχαιοπρεπές σχέδιο κατεσκευάσθη εν τέλει στον λόφο των Νυμφών.

13. Η αναστήλωση του μικρού αμφιπρόστυλου ναού της Απτέρου Νίκης, για την οποία εχρησιμοποιήθησαν αρχιτεκτονικά μέλη διάσπαρτα και εντοιχισμένα στον τούρκικο προμαχώνα των Προπυλαίων έλαβε χώραν κατά τα έτη 1835-36 και είναι το σπουδαιότερο μέτρο συντήρησης μνημείου στην Αθήνα την εποχή εκείνη. Εξετελέσθη από τους Ludwig Ross, Eduard Schaubert και Christian Hansen. Η εργασία αυτή εδημοσιεύθη στο Βερολίνο με τον τίτλο *Der Tempel der Nike Apteros* (Ο ναός της Απτέρου Νίκης) το 1839.

14. Διεξοδική περιγραφή των αρχαιολογικών δραστηριοτήτων του Eduard Schaubert στην Ελλάδα, καθώς και των σχετικών κειμένων και σχεδίων από τα αρχαιολογικά κατάλοιπα του Schaubert (που δεν έχουν ανακαλυφθεί μέχρι σήμερα και μάλλον πρέπει να θεωρούνται απωλεσθέντα) μας δίνει ο E. Koepp στο άρθρο του *Eduard Schauberts handschriftlicher Nachlass* (Τα χειρόγραφα κατάλοιπα του Eduard Schaubert), στο *Archaeologischer Anzeiger* του έτους 1890, τεύχος 4, σελ. 135-148.

15. Στον Eduard Schaubert αποδίδεται με βεβαιότητα η ανέγερση των αποθηκών διαμετακομιστικού εμπορίου στον Πειραιά, καθώς και του ταφικού μνημείου του K. O. Mueller στον λόφο του Κολωνού. Εξεπόνησε επίσης σχέδια για τον μητροπολιτικό ναό, καθώς και για το αστεροσκοπείο της Αθήνας (βλ. σημ. 12 του παρόντος), που όμως δεν επραγματοποιήθησαν.

16. Η μαχητική φύση του Κλεάνθη φαίνεται στον μακροχρόνιο αγώνα που έκανε για να του πληρωθεί η αμοιβή για την εκπόνηση του σχεδίου πόλης της Αθήνας, καθώς και στις δημόσιες, μέσω πολεμικών δημοσιευμάτων, αντιπαραθέσεις του με τον Λύσανδρο Καυταντζόγλου για τον σχεδιασμό του Αρσακείου Παρθεναγωγείου (1845) (βλ. σχετικά τα διεξοδικά στοιχεία που παραθέτει η Όλγα Φουντουλάκη στη διατριβή της *Stamatios Kleanthes 1802-1860. Ein griechischer Architekt aus der Schule Schinkels*, Karlsruhe 1979, σελ. 112-116).

17. Οι φήμες για τις δήθεν κερδοσκοπικές αγορές οικοπέδων του Κλεάνθη στην Αθήνα υιοθετούνται άκριτα από τον Georg Maurer (*Das griechische Volk*, 1836, σελ. 124), τον Klenze (*Aphoristische Bemerkungen*..., σελ. 22 και 401, και ιδιαίτερα στα *Memorabilien* II 81, όπου ο Κλεάνθης αποκαλείται "αχρείος απατεών που συνεργαζόταν με όλους (...) τους κερδοσκόπους"!),

τον Maehrlen (*Geschichte Griechenlands...*, 1839, σελ. 570) και από τον Mendelson-Bartholdy (*Geschichte Griechenlands...*, 1874, σελ. 499).

18. Στην πλέον πρόσφατη συγκριτική μελέτη με θέμα τον σχεδιασμό των ευρωπαϊκών πρωτευουσών, ο Thomas Hall αναφέρει τα εξής για το έργο των δύο νεαρών πολεοδόμων:
"Η επέκταση της Αθήνας ήταν ένα από τα πιο μεγάλα και πιο εντυπωσιακά πολεοδομικά έργα του πρώτου μισού του 19ου αιώνα: απορεί ίσως κανείς που το έργο αυτό ανετέθη σε δύο άπειρους σχετικά αρχιτέκτονες και επίσης πως μπόρεσαν να το φέρουν εις πέρας με τόση επιτυχία, αν και δεν είχαν καμία πείρα στην πολεοδομία. Η Kuehn, επανερχόμενη σε μια σκέψη του Russack, ισχυρίζεται πως δεν έδωσαν εντελώς μόνοι τη λύση, αλλά πως εβοηθήθησαν κρυφά· κατά τη γνώμη της διεμόρφωσε τελικά το σχέδιο και προέβη σε ωρισμένες βελτιώσεις του ο δάσκαλος των δύο αρχιτεκτόνων Schinkel, που απέδειξε το ενδιαφέρον του για την Αθήνα μεταξύ άλλων και με το γνωστό σχέδιό του για τα ανάκτορα στην Ακρόπολη. Για την υπόθεσή της όμως αυτή δεν υπάρχουν ακλόνητες αποδείξεις". (T. Hall: *Plannung europaeischer Hauptstaedte - zur Entwicklungsgeschichte des Staedtebaues im 19. Jahrhundert*, Stockholm 1986, σελ. 83).

19. Στην κατηγορία αυτή των αρχιτεκτονικών μελετών εντάσσονται εκτός από το σχέδιο των ανακτόρων στην Ακρόπολη (1834), το σχέδιο για ένα παλάτι των Τσάρων στην Orianda της Κριμαίας (1838), το ιδεατό σχέδιο "Ανάκτορο ενός δυνάστη" (1835), που προωρίζετο για το εγχειρίδιο αρχιτεκτονικής του Schinkel, καθώς και η αναπαράσταση επαύλεων κατά την περιγραφή του Πλινίου (1833).

20. Ο Adrian von Buttlar αντιμετωπίζει κριτικά τις θεωρητικές αντιλήψεις του Klenze περί αρχιτεκτονικής παρατηρώντας:
"Την διάσταση ανάμεσα στην "ελληνική" ιδέα και την εκλεκτικιστική πρακτική ο Klenze προσεπάθησε να τη γεφυρώσει με μίαν αρχιτεκτονική θεωρία, στην οποία δεν έχει δοθεί ακόμα πολλή προσοχή και που την χαρακτηρίζει στάση κατά βάσιν απολογητική. Η προσαρμογή των επιχειρημάτων του στους εκάστοτε συμβιβασμούς του τον εμπλέκει σε πολυάριθμες αντιφάσεις και αυθαίρετους χειρισμούς ορισμών, πράγμα για το οποίο η κριτική τον έχει μεμφθεί. (...) Σ' αυτή την στάση του αντικατοπτρίζεται όμως ακριβώς η απεγνωσμένη απώθηση κάθε ρομαντικής και ιστορικής νοοτροπίας.
Το 1805, στο πρώιμο κείμενό του για το 'μνημείο του Λουθήρου', ο Klenze επροπαγάνδιζε την ωφελιμιστική λειτουργικότητα του Durand, σύμφωνα με την οποία το κάλλος ήταν αυτόματο επακόλουθο της σκοπιμότητος και της οικονομίας. Όταν εκλήθη στο Μόναχο, μετεστράφη σε φιλέλληνα και επροπαγάνδιζε πλέον τους κανόνες του Durand ως εντεταγμένους στην 'αιώνια θεμελιώδη αρχή' της ελληνικής αρχιτεκτονικής, την οποία εθεωρούσε μέθοδο της τέχνης του οικοδομείν, που ήταν υπεράνω της ιστορίας [δηλ. διαχρονικά ισχυρή]. Όπως ο Violet-le-Duc τη γοτθική αρχιτεκτονική στη Γαλλία, έτσι και ο Klenze εκήρυττε ως απόλυτη τέχνη του οικοδομείν την ορθολογική κατασκευή και μορφολογία της ελληνικής αρχιτεκτονικής, (την οποία με ιδεαλιστική θεώρηση έκρινε εξαγνισμένη από το αισθητήριον του καλού) σε σύγκριση με την οποία όλοι οι μετέπειτα αρχιτεκτονικοί ρυθμοί δεν ήσαν παρά τρόποι δόμησης". (Adrian von Buttlar, *Es gibt nur eine Baukunst? Leo von Klenze zwischen Widerstand und Anpassung*. Στο: *Romantik und Restauration. Architektur in Bayern zur Zeit Ludwig I. 1825-1848*, Muenchen 1987, σελ. 113-114).

21. Στο ζωγραφικό και σχεδιαστικό έργο του Leo von Klenze ήταν αφιερωμένη η μεγάλη έκθεση "Leo von Klenze als Maler und Zeichner" (Ο Leo von Klenze ως ζωγράφος και σχεδιαστής) που έγινε στη Βαυαρική Ακαδημία Καλών Τεχνών το 1977-78. Στη μονογραφία των Norbert Lieb και Florian Hufnagel, *Leo von Klenze, Gemaelde und Zeichnungen* (Leo von Klenze, ζωγραφικά έργα και σχέδια), Muenchen 1979, αποδίδονται στον καλλιτέχνη 78 πίνακες, από τους οποίους μόνον έξι έχουν θέματα ελληνικά. Ο κατάλογος των σχεδίων περιλαμβάνει 579 μεμονωμένα φύλλα και πέντε τετράδια σχεδίων.

22. Σημαντικά έργα ζωγραφικής του Klenze με θέμα το ελληνικό τοπίο και την ελληνική αρχιτεκτονική είναι οι ακόλουθες ελαιογραφίες του: "Η πύλη των Λεόντων στις Μυκήνες" (72×50 εκ.) (1837), σχέδιο ενός βασιλικού ανακτόρου στην Αθήνα (83,5×126 εκ.) (1835), "Ιδανική άποψη της Αθήνας με την Ακρόπολη και τον λόφο του Αρείου Πάγου" (101×146 εκ.) (1846), "Ο ναός της Ομονοίας στον Ακράγαντα [της Σικελίας]" (89×131 εκ.) (1857), "Άποψη στη νήσο Ζάκυνθο" (78×114 εκ.) (1860), "Η Αθήνα κατά την αρχαιότητα" (104,5×131,5 εκ.) (1862).
Από τον Schinkel έχουμε τους εξής πίνακες με ελληνικά θέματα (ελαιογραφίες): "Ελληνικό τοπίο με πόλη και ανάβαση στην Ακρόπολη" (94×140 εκ.) (1815), "Αρκαδικό τοπίο" (33,8×50,6 εκ.) (1823), "Ματιά στην άνθηση της Ελλάδος" (94×235 εκ.) (1825)· επίσης την "Αρχαία ορεινή πόλη" (Τέμπερα σε χαρτί, 64×98 εκ.) (1805).

23. Αηδιασμένος από τις δολοπλοκίες και τις έχθρες στους κόλπους της αντιβασιλείας, ο Klenze γράφει:
"Όχι, αλήθεια, έτσι δεν ανεγείρει κανείς έναν θρόνο επάνω στα ερείπια μιας Επανάστασης! Χρειάζεται ενότητα και συνέπεια ενεργειών και πλήρης εμπιστοσύνη στους ανθρώπους που χρησιμοποιούνται για το δύσκολο αυτό έργο. Δόξα τω θεώ όμως η αρχαία ελληνική γη φέρει μέσα της την αρχή του ακατάβλητου, και το βασίλειο μπορεί να ανθήσει όχι επειδή αλλά παρ' όλο που ευρίσκεται υπό την επιρροήν των Βαυαρών". (Leo von Klenze: *Memorabilien* II, 71).

24. "Η πνευματική ανωτερότητα των Ελλήνων, σε βαθμό που να ξεπερνούν ίσως όλους τους άλλους λαούς της υφηλίου, η υπέρτατη ηθική και ψυχική καλλιέργειά τους, η περιφρόνηση του θανάτου και η μανία απόκτησης αγαθών, η μεγάλη αυτοπεποίθηση και η εθνική υπερηφάνεια, η ελληνική φιλαυτία, που προσδίδει στον βοσκό και τον καλλιεργητή της γης όψη σημαντικού ανθρώπου, που ακόμα και στον τυφλό επαίτη έξω από την πύλη του Ναυπλίου βάζει τη σφραγίδα του πατριάρχη της φτώχειας, είναι οι ιδιόμορφες ιδιότητες αυτού του έθνους". (Leo von Klenze: *Aphoristische Bemerkungen...*, Berlin 1838, σελ. 92).

25. Ο Γιάννης Μιχαήλ αναφέρει σχετικά: "Όταν η εφαρμογή του σχεδίου των Κλεάνθη και Schaubert αντιμετώπισε την έντονη αντίδραση της κοινής γνώμης στην Αθήνα, η κυβέρνηση έφερε τον μυστικό σύμβουλο και προϊστάμενο της ανώτερης αρχιτεκτονικής υπηρεσίας του Μονάχου Leo von Klenze, που στην Αθήνα τον περίμεναν σαν Μεσσία και με τις διορθώσεις του οποίου στο σχέδιο -διορθώσεις που το ισοπέδωναν- συνήνεσε ακόμα και η τότε μορφωμένη Αθήνα. Αυτή λοιπόν ήταν η πρώτη πρόσκληση ενός γνωστού αλλοδαπού ειδικού (ο Schaubert ως γνωστόν ήταν μόνιμα εγκατεστημένος στην Αθήνα) στον οποίον ανετέθη ο έλεγχος και η βελτίωση του σχεδίου πόλης της Αθήνας. Αργότερα επανελήφθη συχνά αυτή η μέθοδος, για να αποσπάσουν την προσοχή των οργισμένων θιγομένων από επίκαιρα προβλήματα και κατ' αυτόν τον τρόπο να κερδίσουν ή και να χάσουν χρόνο, όπως θα δούμε στη συνέχεια· η τελευταία προς το παρόν μετάκληση αλλοδαπού έγινε το 1960 με την πρόσκληση του προϊσταμένου της Πολεοδομικής Υπηρεσίας του Αμβούργου Hebebrand". (Μιχαήλ, Γιάννης: *Entwicklungsueberlegungen und -initiativen zum Stadtplan von Athen nach dessen Erhebung zur Hauptstadt Griechenlands*, Αθήνα 1969, σελ. 24-25).
Ο Klenze πάντως ήταν διατεθειμένος να συνεχίσει να παίζει τον ρόλο του εμπειρογνώμονος και από το Μόναχο, μη θέλοντας κατά κανένα

155

155. Χάρτης της Αθήνας· αποτύπωση του έτους 1854. Ο λεγόμενος "Plan du depôt de la guerre". Εργασία του γαλλικού Γενικού Επιτελείου. Κλίμαξ περίπου 1:15.000 (Bibliothèque Nationale, Paris).

τρόπο να περιορίσει την επέμβασή του στο διάστημα της παραμονής του στην Ελλάδα:

"Μετά την αποδοχή με οποιονδήποτε τρόπο των σχεδίων και των προτάσεών μου, εφόσον μου εζητείτο, θα εσυνέχιζα να συμμετέχω στο σπουδαίο αυτό εγχείρημα με μεγάλη ευχαρίστηση και προθυμία στον βαθμό που μου το επιτρέπουν οι δυνάμεις μου, με περαιτέρω προτάσεις και ακριβή καθορισμό των λεπτομερειών, γι' αυτό τον λόγο δε εξοπλίσθην με όλα τα αναγκαία αντίγραφα, σχέδια, χωροσταθμίσεις και λεπτομερή στοιχεία". (Επιστολή του Klenze προς τον Βασιλέα Όθωνα, 28.8./9.9.1834. "Περί εφαρμογής του σχεδίου της νέας πόλης των Αθηνών"· βλ. Τεκμήριον 34 συλλογής "Κειμένων").

26. Τα σημαντικότερα πραγματοποιημένα έργα του Λ. Καυταντζόγλου στην Αθήνα είναι: το Αρσάκειο (1846-1865), οι εκκλησίες του Αγίου Γεωργίου του Καρύκη (1845-1849) και του Αγίου Κωνσταντίνου (1870-1893), καθώς και το Πολυτεχνείο (1845-1876).

27. Εξαίρεση αποτελεί ο υπολοχαγός του μηχανικού Wilhelm von Weiler, ο οποίος έκτισε το πρώτο δημόσιο κτήριο της Αθήνας, το στρατιωτικό νοσοκομείο (1834). Ο Weiler τον Αύγουστο του 1834 ανέλαβε τη σύνταξη του τοπογραφικού σχεδίου της Αθήνας, στο οποίο εσχεδίασε και τις κυριώτερες οδούς των δύο ρυμοτομικών σχεδίων, δηλαδή του αρχικού των Κλεάνθη και Schaubert και του Klenze. Η αντιβασιλεία με απόφασή της την 27.7./8.8.1835 έδωσε εντολή να τυπωθεί το σχέδιο της τοπογραφικής του αποτύπωσης στο βασιλικό λιθογραφείο. Αντίτυπά του όμως δεν ευρέθησαν μέχρι σήμερα.

28. Για την ποικίλη επαγγελματική προέλευση των προσώπων που κατά τη διάρκεια του 19ου αιώνος συμμετείχαν σε σημαντικούς πολεοδομικούς

σχεδιασμούς και για τον σημαντικό, σχεδόν αποκλειστικό ρόλο των αρχιτεκτόνων στην περίπτωση του σχεδιασμού της Αθήνας –πράγμα μάλλον ασυνήθιστο εκείνη την εποχή– ο Thomas Hall παρατηρεί:

"Στα μέσα του 19ου αιώνα η πολεοδομία δεν ήταν ακόμα αναγνωρισμένος επιστημονικός κλάδος (...) Παλαιότερα έκαναν σχέδια πόλεων ειδικοί κατασκευαστές οχυρωματικών έργων, χωρομέτρες και αρχιτέκτονες. Στο δεύτερο μισό του 19ου αιώνα οι συντάκτες των μεγάλων πολεοδομικών σχεδίων για τις πρωτεύουσες είχαν κατά κανόνα άλλο επιστημονικό υπόβαθρο. Υπήρχε εν τούτοις μεγάλη διαφορά από άποψη ειδικότητος και θέσης· ο μόνος κοινός παρανομαστής όλων, με εξαίρεση ίσως την περίπτωση του Cerda, ήταν πως δεν είχαν σπουδάσει πολεοδομία. Ο Hausmann και ο Lindhagen ήταν νομικοί· ο Hausmann πάσχιζε από παλαιότερα ακόμα να σταδιοδρομήσει στον τομέα της διοίκησης και όταν διωρίσθη νομάρχης στο Παρίσι ήταν προ πολλού κρατικός λειτουργός. Ο Lindhagen ήταν δικαστής που κατά καιρούς δούλευε στη Γραμματεία της Κυβέρνησης και που έκλεισε την καριέρα του ως μέλος του Ανωτάτου Δικαστηρίου της Σουηδίας. Μερικοί ήσαν τεχνικοί, οι Castro, Cerda και Hobrecht παραδείγματος χάριν ήσαν μηχανικοί οδικών και υδραυλικών έργων, παρόμοια εκπαίδευση φαίνεται πως είχαν και οι Lechner και Reiter. Πρέπει να υπογραμμισθεί, πως τόσο ο Castro όσο και ο Cerda ήταν τελειόφοιτοι της αρχιτεκτονικής πριν αρχίσουν να σπουδάζουν μηχανικοί.

Στον σχεδιασμό συμμετείχαν και αρχιτέκτονες, κατά κανόνα όμως όχι ως οι μόνοι συντάκτες πολεοδομικών σχεδίων, αλλά ως πρόσωπα που εξεδήλωναν ενδιαφέρον για την ανάληψη τέτοιων μελετών και ως μετέχοντες σε σχετικούς διαγωνισμούς. Εξαίρεση αποτελεί η Αθήνα, όπου τα τελικά σχέδιά της του 1833 και 1834 τα είχαν εκπονήσει αρχιτέκτονες, οι Κλεάνθης και Schaubert το πρώτο και ο Klenze το δεύτερο. Στη Βιέννη, το εγκεκριμένο από τον αυτοκράτορα σχέδιο για την περιοχή της Ringstrasse εστηρίχθη σε μεγάλο βαθμό στις προτάσεις του αρχιτέκτονος Foerster, του Van der Nuell και του Sicardsburg. Στον διαγωνισμό της Βουδαπέστης, το δεύτερο βραβείο το πήρε ο αρχιτέκτων Frigyes Feszl· πολλοί επρέσβευαν ότι η πρότασή του ήταν η καλύτερη. Επίσης πρέπει να αναφέρουμε τον Antonio Rovira i Trias, ο οποίος δημοσίευσε μια ενδιαφέρουσα πρόταση για την επέκταση της Βαρκελώνης". (Thomas Hall: *Planung europaeischer Staedte*, Stockholm 1986, σελ. 254-255).

29. Καθ' όσον αφορά το εγχειρίδιο αρχιτεκτονικής του Schinkel, βλέπε την διεξοδική περιγραφή του στη μονογραφία του Goerd Peschken *Das architektonische Lehrbuch*, Berlin-Muenchen 1979· η Όλγα Φουντουλάκη παραθέτει επισκόπηση των περιεχομένων του εγχειριδίου αρχιτεκτονικής του Κλεάνθη στη σελίδα 199 του έργου της *Stamatios Kleanthes 1802-1862; ein griechischer Architekt aus der Schule Schinkels*, Karlsruhe 1979.

30. Ο Ross γράφει: "Αρχιτέκτων και αυλάρχης αυτής της μερίδος [δηλαδή της μερίδος που αντεπολιτεύετο τον Armansperg] ήταν ο Γενικός Έφορος Αρχαιοτήτων A. Weissenborn, που είχε φθάσει εν τω μεταξύ από τη Ρώμη [την άνοιξη του 1834] και ο οποίος όμως κατά τη διάρκεια της σύντομης παραμονής του δεν νοιάστηκε καθόλου για τις αρχαιότητες της Ελλάδος". (Ludwig Ross: *Erinnerungen und Mittheilungen aus Griechenland*, Berlin 1863, σελ. 70).

Στο ίδιο πνεύμα γράφει και ο Klenze:

"Ο κύριος Ross όμως ήταν υφιστάμενος ενός Γενικού Εφόρου, ο οποίος ενόμιζε ότι θα ασκούσε καλύτερα το επάγγελμά του προσπαθώντας να ολοκληρώσει άλλες προσπάθειες παρά να επιμελείται με ζήλο τα ακατάληπτα [γι' αυτόν] ερείπια των έργων τέχνης της Ελλάδος". (Leo von Klenze, *Aphoristische Bemerkungen*..., 1838, σελ. 286).

31. Το μέλος της αντιβασιλείας Heydeck (που ευνοούσε τον Weissenborn) στο περιθώριο εντολής της αντιβασιλείας προς το Υπουργείο των Εκκλησιαστικών και της Δημοσίου Εκπαιδεύσεως, Ναύπλιο 6/18Σεπτεβρίου 1834, με την οποία ο Ross ορίζεται αρμόδιος για τις "επιφυλάξεις ή τροποποιήσεις" της "γνωμάτευσης" του Klenze για τις αρχαιότητες (βλ. Τεκμήριον 18), σημειώνει αγανακτισμένος τα ακόλουθα:

"Γιατί θέλουν να παρακάμψουν τον Γενικόν Έφορο κύριο Weissenburg [sic!]; εάν δεν τον θέλουν πια ή δεν θέλουν να τον χρησιμοποιήσουν, ας τον αποζημιώσουν για έξι μήνες και ας τον απολύσουν. Κάθε έντιμος άνθρωπος θα το προτιμούσε αυτό από μια προσβλητική παράκαμψη χωρίς λόγο". (Βλ. τεκμήριον 35 συλλογής "Κειμένων"). Πράγματι, ο Weissenborn απελύθη ολίγες ημέρες αργότερα, στις 27.9.1834.

32. Αυτό τονίζει ο G. Finlay στο κριτικό δοκίμιό του "*The Hellenic Kingdom and the Greek Nation*", London 1836, σελ. 95:

"Το σχέδιο πόλης της Αθήνας είχε εγκριθεί με βασιλικό διάταγμα χωρίς να το έχουν δει οι πολίτες και χωρίς να ερωτηθούν για τη καταλληλότητά του προς εφαρμογήν, πόσο μάλλον για τη χρησιμότητά του".

33. Ο πρώτος διευθυντής της Σχολής των Τεχνών στην Αθήνα (του μετέπειτα Πολυτεχνείου) υπολοχαγός Friedrich Zentner περιγράφει συγκινητικώς την υλικήν ένδειαν και την οικονομική χρεία που επικρατούσαν στην απελευθερωμένη Ελλάδα: "Μόλις οι αγωνιστές της Ελλάδος επέστρεψαν από τον μακρόχρονο και αιματηρό πόλεμο εναντίον του τουρκικού ζυγού (...) και κάθησαν να ξαποστάσουν στα σκαλιά του ναού της Ειρήνης, ανεπήδησαν πάλι τρομαγμένοι από τη σιωπή του θανάτου της βιοτεχνίας και από την ερήμωση της γεωργίας, γιατί το τεράστιο κόστος του πολέμου, παρά τις σημαντικές συνεισφορές των φιλελλήνων (μεταξύ των οποίων πρέπει να αναφέρουμε ειδικά των Γερμανών και μεταξύ αυτών πάλι κυρίως του μεγαλόκαρδου Βασιλέως της Βαυαρίας) είχε ως συνέπεια την πλήρη εγκατάλειψη της γεωργικής γης, και τίποτε δεν εφαίνετο πιο επιτακτικό από το να ξαναγεμίσουν αυτό το κενό η δραστήρια ζωή της βιοτεχνίας και της γεωργίας. Η βιοτεχνική και η γεωργική παραγωγή είχε σταματήσει εντελώς, και κατεστραμμένη ήταν και η οικοδομική υποδομή της χώρας.

Πουθενά μια στέγη για τις οικογένειες, πουθενά αμαξιτές οδοί και δρόμοι για την μεταφορά των οικοδομικών υλικών των Τούρκων που υπήρχαν εν αφθονία· εν ολίγοις, όπου κι αν γύριζε ο ταξιδιώτης το συμπονετικό βλέμμα του εκείνη την εποχή στην Ελλάδα, έβλεπε ανοικτές βαθιές πληγές που εφαίνοντο αγιάτρευτες.

Και επί πλέον έλλειψη χρημάτων παντού και έλλειψη πιστώσεων. Έτσι, δεν είναι ν' απορεί κανείς με το γεγονός ότι όλες οι προσπάθειες που έγιναν πριν από την ενθρόνιση του Βασιλέως Όθωνος για την ανύψωση της χώρας σε μιά έστω ανεκτή κατάσταση, απέτυχαν, γιατί πουθενά δεν υπήρχε αποτελεσματική αυτοβοήθεια, γιατί στον ελληνικό πληθυσμό ήταν αδύνατο να αναβιώσει το πνεύμα της κοινωνικής συνοχής, αντίθετα, πολεμούσαν διαρκώς τη γένεσή του φατρίες των πιο διαφορετικών τάσεων (...)

Επειδή λοιπόν οι υλικές δυνάμεις της χώρας είχαν εξαντληθεί εντελώς από τον πόλεμο, μόνο τα ξένα κεφάλαια που εισήχθησαν στη χώρα με την ενθρόνιση του Όθωνος μπόρεσαν να βγάλουν την ελληνική βιομηχανία από την παιδική ηλικία και να επιφέρουν ως ένα βαθμό την ενηλικίωσή της". (F. von Zentner: *Das Koenigreich Griechenland in Hinsicht auf Industrie und Agrikultur*, Augsburg 1844, σελ. 3-5).

34. "Εις απάντησιν της ανωτέρω αποφάσεως, κατέθεσα την 10η Ιουλίου 1836 ένστασιν, μετ' αυτής δε και τρεις πιστοποιήσεις του Σεβασμιωτάτου Μητροπολίτου Αττικής, του Κυρίου Αναργύρου Πετράκη, τέως Δημάρχου Αθηναίων και του Κυρίου Ι. Παπαρρηγοπούλου, Προξένου της Ρω-

σίας, οι οποίοι πιστοποιούν ότι αι εργασίαι μας ήρχισαν έξ μήνας προ της συστάσεως της Κυβερνητικής Επιτροπής [δηλαδή τον Νοέμβριο του 1831]. Η επί των Εσωτερικών Γραμματεία όμως ηρνήθη να δώση πίστιν εις τας αξιοπίστους ταύτας μαρτυρίας και ούτω εξηναγκάσθην να ελέγξω τα εγγραφά μου, μεταξύ των οποίων ευτυχώς ηύρα τα εξής:

Την πρώτην έκθεσίν μου προς την Κυβερνητικήν Επιτροπήν εις την οποίαν ανέπτυσσα την επείγουσαν ανάγκην συντάξεως νέου σχεδίου της πόλεως των Αθηνών προσθέτων ρητώς ότι 'ωρισμέναι προπαρασκευαστικαί εργασίαι είχον ήδη αρχίσει υφ' ημών, ως η χωρομέτρησις της πόλεως, της Ακροπόλεως και του περιγύρου της', κ.λπ. κ.λπ. (...)". (Από επιστολή του Κλεάνθη προς τον Βασιλέα Όθωνα· πρωτότυπο σε γερμανική γλώσσα, Αθήνα, 24 Απριλίου 1837: Πληροφορίες για την ιστορία εκπόνησης του σχεδίου της νέας Αθήνας, για την αμοιβή των εργασιών και για τα πνευματικά δικαιώματα επ' αυτού. Γενικά Αρχεία του Κράτους, Οθωνικό Αρχείο, φάκελλος 220· βλ. πλήρες κείμενο στο τεκμήριον 42 της συλλογής "Κειμένων").

35. Παραθέτουμε την περιγραφή αυτών των πρωτοβουλιών από τον ίδιο τον Κλεάνθη: "Καθώς φαίνεται, η Κυβέρνησις δεν έμεινεν ευχαριστημένη, κυρίως διότι εθεώρημεν το σχέδιον ιδιοκτησίαν μας. Οι λόγοι, Μεγαλειότατε, δια τους οποίους προβάλλομεν νομίμως δικαιώματα ιδιοκτησίας επί του σχεδίου είναι οι κάτωθι:

1. προέβημεν εις την εργασίαν ταύτην αυθορμήτως και ουχί κατόπιν διαταγής οιασδήποτε αρχής,

2. παρηγγείλαμεν αποκλειστικώς και μόνον δι' αυτήν την εργασίαν όργανα μετρήσεως εκ Γερμανίας,

3. προέβημεν εξ ιδίων δαπανών εις την χωρομέτρησιν, ιχνογράφησιν, χωροστάθμισιν, σχεδίασιν και εκτέλεσιν του σχεδίου,

4. εξ αιτίας του σχεδίου υπέστην πολλάς ταλαιπωρίας, αι οποίαι με ηνάγκασαν να ταξιδεύσω δέκα τέσσερεις φοράς εις το Ναύπλιον και μίαν φοράν εις την Κόρινθον, καθώς γνωρίζει η Υμετέρα Μεγαλειότης, δίχως να αποζημιωθώ ούτε κατ' ελάχιστον δια τα έξοδα ταξιδίου". (Από επιστολή του Κλεάνθη προς τον Βασιλέα Όθωνα· πρωτότυπο σε γερμανική γλώσσα, Αθήνα, 24 Απριλίου 1837: Πληροφορίες για την ιστορία εκπόνησης του σχεδίου της νέας Αθήνας, για την αμοιβή των εργασιών και για τα πνευματικά δικαιώματα επ' αυτού. (Γενικά Αρχεία του Κράτους, Οθωνικό Αρχείο, φάκελλος 220· βλ. πλήρες κείμενο στο τεκμήριον 42 της συλλογής "Κειμένων").

36. Τον Σεπτέμβριον του 1839, ο υπουργικός σύμβουλος D. A. Guebhard υπελόγισε ότι η αμοιβή για την εκπόνηση του σχεδίου πόλης που χρωστούσε ακόμα η κυβέρνηση στους Κλεάνθη και Schaubert ήταν 8.595,85 δραχμές και αναλυτικά:

Για τους βοηθούς των αρχιτεκτόνων	2.509,73 δρχ.
Για τους αρχιτέκτονες	4.693,32 δρχ.
Για τους βοηθούς χωρομέτρες	1.392,80 δρχ.
Σύνολο	8.595,85 δρχ.

(Από την αναφορά του Guebhard προς τον Βασιλέα Όθωνα από 9/21 Σεπτεμβρίου 1839 "περί του σχεδίου πόλεως της Αθήνας που εξεπόνησαν οι Κλεάνθης και Schaubert". Γενικά Αρχεία του Κράτους, Οθωνικό Αρχείο, Υπουργείο Εσωτερικών, φάκελλος 215).

Ο μεταγενέστερος ισχυρισμός του Καυταντζόγλου (1839) ότι το σχέδιο ήταν "δαπανηρό" είναι ασαφής και μπορεί να θεωρηθεί είτε ως κακόβουλος ισχυρισμός ενός διαφωνούντος (που υπαινίσσεται ότι οι Κλεάνθης και Schaubert ημείφθησαν πλουσιοπαρόχως, ενώ αληθεύει εντελώς το αντίθετον) είτε ως παρατήρηση ενός επικριτού (εννοώντας ότι έτσι προέκυψε μάλλον ζημία παρά κοινή ωφέλεια).

37. Το γεγονός αυτό απεκαλύφθη μόλις το 1987, όταν εδημοσιεύθησαν για πρώτη φορά οι μυστικές σημειώσεις ("*υπολειπόμενα*") του Georg von Maurer, τα χειρόγραφα των οποίων φυλάσσονται στη Βαυαρική Κρατική Βιβλιοθήκη. Ο Maurer στο βιβλίο του *Das griechische Volk*... που εκυκλοφόρησε το 1835-36 παρατηρεί επιγραμματικά μόνο: "Έτσι λοιπόν (...) εκλήθη στην Ελλάδα για να αναλάβει την αναθεώρηση του σχεδίου, συμφώνως προς την επιθυμίαν της Αυτού Μεγαλειότητος [του Βασιλέως Λουδοβίκου], ο μυστικοσύμβουλος von Klenze, στον οποίο εστάλησαν με έμβασμα τα έξοδα ταξιδίου από το ελληνικό δημόσιο ταμείο". (Βλ. τεκμήριον 2 συλλογής "Κειμένων"). Τα έξοδα αυτά ταξιδίου ανήρχοντο στο ποσό των 7. 200 δραχμών (βλ. τεκμήριον 21 συλλογής "Κειμένων").

Στα "*υπολειπόμενα*" του βιβλίου του *Das griechische Volk* ωστόσο, ο Maurer μας δίνει ακριβείς και διόλου κολακευτικές πληροφορίες για τη στάση του Klenze στο θέμα της αμοιβής του, οι οποίες φαίνονται πολύ πειστικές: "Παράξενη επίσης ήταν η επιλογή του αρχιτέκτονος Klenze για την παράδοση του εγγράφου της ανάκλησής μας. Μια τέτοια επιλογή μόνο στη Βαυαρία ήταν δυνατό να γίνει. Ο κύριος von Klenze, βλέπετε, επιθυμούσε από καιρό να έλθει στην Ελλάδα, αλλά φυσικά όχι με δικά του έξοδα. Απηυθύνθη έτσι στον Βασιλέα Λουδοβίκο και εκείνος τον συνέστησε στην ελληνική αντιβασιλεία στο Ναύπλιο, με την προσθήκη όμως πως αυτό το ταξίδι θα έπρεπε να γίνει με δαπάνες της Ελλάδος. Επειδή εν τω μεταξύ είχε αποφασισθεί η ανάκλησή μου καθώς και του Abel, του παρέδωσαν τα έγγραφα της ανάκλησής μας, γιατί έτσι ο Klenze θα εταξίδευε στην Ελλάδα με δαπάνες του ελληνικού κράτους. Στην Ελλάδα ο Klenze συμπεριεφέρετο σαν αληθινός διπλωματικός εκπρόσωπος της Βαυαρίας, πράγμα που έκανε πάρα πολύ μεγάλη εντύπωση στους εξ επαγγέλματος διπλωμάτες, γιατί, όπως έλεγαν, δεν ήταν συνηθισμένο να καταφεύγουν σε τέτοιες περιπτώσεις στις υπηρεσίες ενός αρχιτέκτονος. Εγώ ο ίδιος επίστευα επίσης πως είχε τέτοια αποστολή και έτσι, για να προστατεύσω τον εαυτό μου από άλλες δολοπλοκίες, απευθύνθην στον Klenze με μερικά ερωτήματα στα οποία απήντησε γραπτώς με πολλή αμηχανία, όπως αποδεικνύει η απάντησή του στις 6 Αυγούστου του 1834. Στο Μόναχο ωστόσο τον διέψευσαν. Και αργότερα, το 1847, όταν διωρίσθην προϊστάμενος του Υπουργείου Εξωτερικών, ευρήκα ο ίδιος στα αρχεία ένα έγγραφο με το αίτημα του Klenze να του ανατεθεί ένα τέτοιο έργο, το οποίο όμως απερρίφθη. Αυτό όμως δεν εμπόδισε τον κύριο Klenze να ταξιδεύσει στην Ελλάδα μαζί με το υιό του με έξοδα του ελληνικού κράτους, να ζητήσει από τον κόμη von Armansperg να πληρωθεί από το δημόσιο ταμείο με 40.000 δραχμές για τον κόπο του και να αναχωρήσει αφήνοντας στη νέα αντιβασιλεία την πληρωμή των εξόδων του πανδοχείου του ίδιου και του υιού του, τα οποία ανήρχοντο σε πολλές χιλιάδες δραχμών". (Georg von Ludwig Maurer: *Die Wittelsbacher in Griechenland, als Nachtrag zu dem Buche "Das griechische Volk"*. Στο: *Πηγές της ελληνικής συνταγματικής ιστορίας*, διευθυντής καθ. Γ. Κασιμάτης, τόμος 2, Αθήνα-Κομοτηνή 1987, σελ. 34).

38. Από τα μέσα του 15ου αιώνος σχεδόν ολόκληρη η ηπειρωτική Ελλάς και η Πελοπόννησος ήσαν υπό τουρκική κυριαρχία. Το μεγαλύτερο όμως μέρος της νησιωτικής Ελλάδος και μεγάλος αριθμός στρατηγικών σημείων στην ηπειρωτική χώρα (όπως τα φρούρια της Μεθώνης, Κορώνης, Ναυπλίου και Χαλκίδος) παρέμειναν για πολύ ακόμη χρόνο στα χέρια των Ενετών (η Ρόδος πέρασε στους Τούρκους το 1522, το Δουκάτο του Αιγαίου κατηκτήθη το 1579 και η Κρήτη μόλις το 1669), εξασφαλίζοντας ως προκεχωρημένα φυλάκια τους θαλάσσιους δρόμους της Γαληνοτάτης. Τούρκοι και Ενετοί είχαν κηρυγμένο πόλεμο μεταξύ τους την περίοδο 1685-1715, και αυτά ακριβώς τα χρόνια κατώρθωσε η Βενετία να ανακτήσει την Πελοπόννησο.

39. Ο πληθυσμός της απελευθερωμένης Ελλάδος (δηλαδή της Ρούμελης, της

156

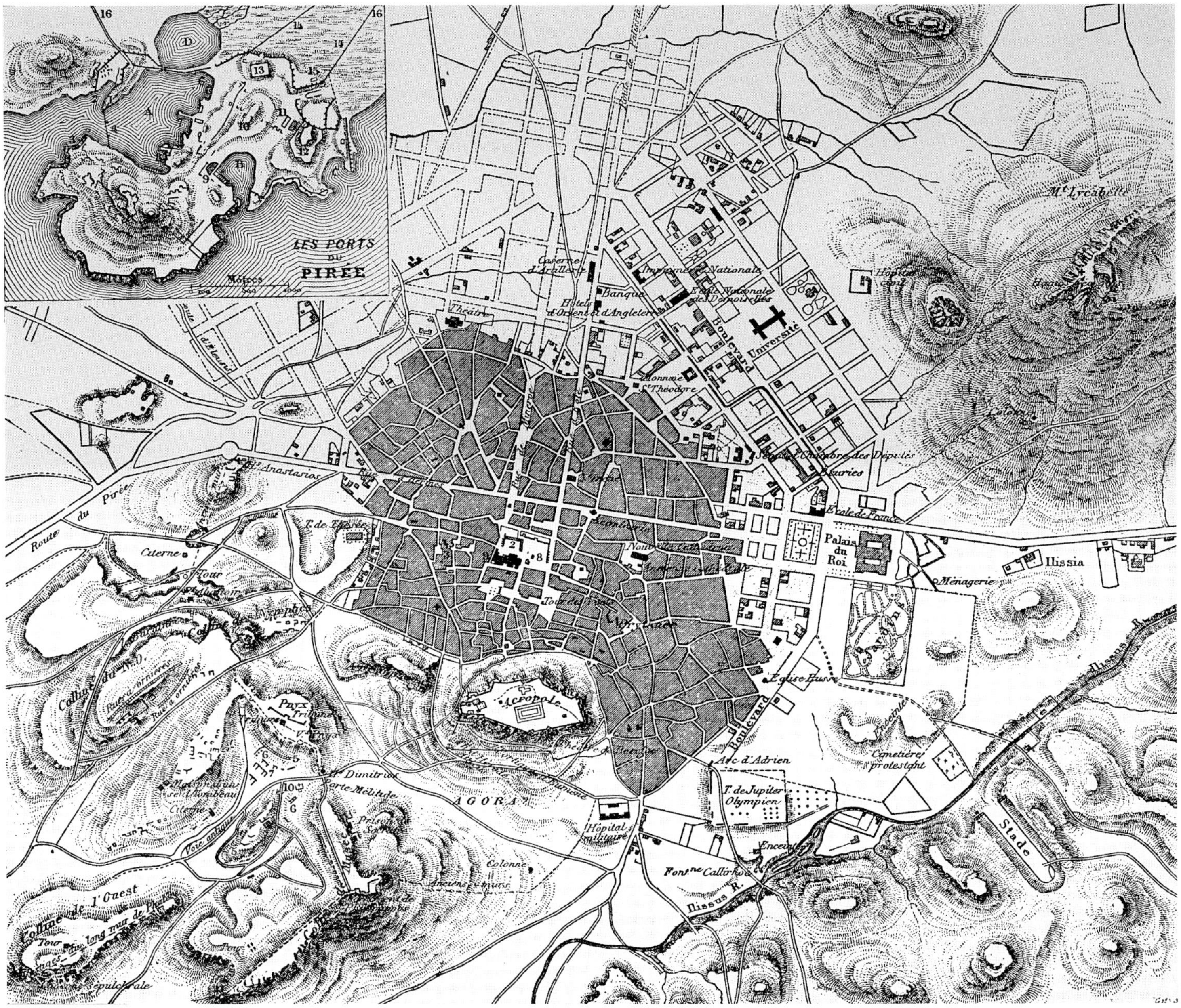

156. Χάρτης της Αθήνας· αποτύπωση του 1858. Κλίμαξ περίπου 1:16.000 (M. A. Proust, Un hiver (1857-1858) à Athènes, Paris 1862).

Πελοποννήσου και των Κυκλάδων) πριν από την Επανάσταση ανήρχετο σε 940.000 περίπου κατοίκους. Το 1828, μετά την ερήμωση της χώρας, ο πληθυσμός είχε μειωθεί σε 753.000· έτσι η πληθυσμιακή πυκνότης που προκύπτει από μια έκταση 47.516 τετρ. χλμ. είναι 15,8 κάτοικοι/τετρ. χλμ. Η χώρα είχε ουσιαστικά ερημωθεί.

40. Σημαντικές πόλεις/κώμες στον ελληνικό χώρο κατά την Τουρκοκρατία ήσαν: τα Ιωάννινα και η Άρτα στην Ήπειρο· η Πάτρα, η Κόρινθος, η Τριπολιτσά και το Ναύπλιο στην Πελοπόννησο· η Λειβαδιά, το Ζητούνι (η Λαμία) και η Αθήνα στη Στερεά Ελλάδα (Ρούμελη)· η Κέρκυρα και η Ζάκυνθος στα Ιόνια Νησιά· τα Χανιά και ο Χάνδαξ (Ηράκλειο) στην Κρήτη· η Νάξος και η Σαντορίνη στις Κυκλάδες, και τέλος η Θεσσαλονίκη και η Καβάλα στη Μακεδονία.

41. Τα ισχυρότερα κάστρα ήσαν το Φρούριο της Κερκύρας, το Παλαμήδι του Ναυπλίου και το Φρούριο του Χάνδακος στην Κρήτη που είχαν ανεγείρει εξ αρχής ή ολοκληρώσει οι Ενετοί. Από τη βυζαντινή εποχή αντίθετα ήσαν τα κάστρα του Μιστρά, της Μονεμβασιάς, της Ναυπάκτου, της Άρτας και της Ακροκορίνθου. Η φράγκικη κυριαρχία κατέλιπε μεταξύ άλλων τα οχυρά της Γλαρέντζας (Χλεμούτσι) στην Αχαΐα, την οχυρωμένη πόλη της Νάξου στο ομώνυμο νησί των Κυκλάδων και το οχυρωμένο μέγαρο των Φράγκων δουκών του γένους De la Roche στα μετασκευασμένα γι' αυτό τον σκοπό Προπύλαια της Ακρόπολης της Αθήνας.

42. Βλ. στην συνέχεια (σημ. 47) σχετικά με το Ναύπλιο, την αναφορά στις "ακαθαρσίες και τις λοιμώδεις αναθυμιάσεις των ανοικτών βόθρων που μολύνουν (την πόλη)".

43. Στην υπόδουλη χώρα πάντως ανεπτύχθησαν νωρίς παραγωγικοί συνεταιρισμοί σε επίπεδο κοινότητος, ιδιαίτερα στη βόρειο Ελλάδα, όπου οι πόλεις Καστοριά, Κοζάνη και Σιάτιστα είχαν έντονες εμπορικές συναλλαγές με την Κεντρική Ευρώπη (κυρίως με την Αυστροουγγαρία). Ένα πολύ πρώιμο παράδειγμα συνεταιρισμού εργασίας και κεφαλαίου αποτελεί η πολίχνη Αμπελάκια της Θεσσαλίας, της οποίας οι κάτοικοι ίδρυσαν τη Συνεργατική "Κουμπάνια" (Compagnie) των Αμπελακιωτών το 1795, με πρωτοβουλία του εκπατρισμένου Έλληνος Georg Schwarz (Γεωργίου Μαύρου). Αν και εδώ δεν εφηρμόσθη κανένα νέο πρότυπο κοινωνικής συμβίωσης, η Συνεργατική των Αμπελακίων, που παρήγαγε και έβαφε βαμ-

157

157. "Χάρτης της Αθήνας του C. v. Strantz, ταγματάρχη του Γενικού Επιτελείου της Βαυαρίας"· αποτύπωση του 1862. Κλίμαξ 1:16.000 (E. Curtius, Sieben Karten zur Topographie von Athen, Gotha 1868).

βακερά νήματα, μέχρι τη διάλυσή της το 1811 εισήγαγε αρχές οικονομικής οργάνωσης που επροπαγανδίσθησαν από τους ουτοπικούς σοσιαλιστές της Γαλλίας και της Αγγλίας ολόκληρες δεκαετίες αργότερα. Γι' αυτό το πείραμα γράφει ο Urquhart, γραμματεύς της αγγλικής πρεσβείας στην Κωνσταντινούπολη αυτή την εποχή (στο: *La Turquie, ses ressources, son organisation municipale etc.*, γαλλική μετάφραση από τον X. Raymond, 1835): "Με την απλότητα και την εντιμότητά της και όχι με την επιστήμη του συστήματός της [η βιοτεχνία των Αμπελακίων] έδωσε στον κόσμο ένα μάθημα εμπορικού συνεταιρισμού· έδωσε το απαράμιλλο παράδειγμα στη βιομηχανική ιστορία της Ευρώπης ενός συνεταιρισμού κεφαλαίου και εργασίας, διοικούμενου με επιδεξιότητα, οικονομία και επιτυχία".

44. Ο Σταμάτης Βούλγαρης (1775-1843) ήταν γόνος πτωχής οικογένειας της Κερκύρας. Το 1808 απεφοίτησε από τη Γαλλική Στρατιωτική Ακαδημία ως μηχανικός με τον βαθμό του λοχαγού και ηκολούθησε τη σταδιοδρομία του στρατιωτικού στη θετή πατρίδα του Γαλλία κατά την ταραγμένη περίοδο των ναπολεοντείων πολέμων. Το 1828 επέστρεψε στην Ελλάδα με το εκστρατευτικό σώμα του στρατηγού Μαιζώνος, ο οποίος απηλευθέρωσε την Πελοπόννησο από την κατοχή του Αιγύπτιου πολεμάρχου Ιμπραήμ Πασά. Ως στενός φίλος και έμπιστος του Ιωάννη Καποδίστρια, από το 1828 έως το 1831 συμμετείχε αποφασιστικώς στον σχεδιασμό των ελληνικών πόλεων. Τα ύστατα χρόνια της ζωής του τα επέρασε στην Κέρκυρα.

45. Αποσπάσματα αυτής της αλληλογραφίας εδημοσιεύθησαν στο Παρίσι το 1835 (σε γαλλική γλώσσα) με τίτλο *Αποσπάσματα από την αλληλογραφία του κ. Προέδρου Καποδίστρια με τον λοχαγό Βούλγαρη* στο βιβλίο *Αναμνήσεις του Σταμάτη Βούλγαρη, λοχαγού εν αποστρατεία του σώματος του βασιλικού επιτελείου.*

46. "Η εκτέλεση των έργων για τα οποία ομιλώ (δηλαδή του Ναυπλίου) δεν θα είναι πολύ δαπανηρή ούτε μακρόπονη· επισημαίνω μόνον ό,τι μπορεί να γίνει με ολίγα έξοδα και σε σύντομο χρόνο. Τα έργα αυτά θα καθαρίσουν τον αέρα, θα δώσουν στην πόλη διαυγή ύδατα, θα κάνουν τη διαμονή ολιγώτερο ανθυγιεινή, ολιγώτερο δυσάρεστη και θα σημειώσουν το πρώτο της βήμα από τη βαρβαρότητα στον πολιτισμό". (Απόσπασμα επιστολής του Σταμάτη Βούλγαρη στον Καποδίστρια, με ημερομηνία 26.1.1828· βλ. παραπάνω σημ. 45.)

47. Αυτές οι αρχές πολεοδομικού σχεδιασμού περιέχονται στα εξής χωρία των επιστολών του Βούλγαρη προς τον Καποδίστρια (σε γαλλική γλώσσα):
"Ναύπλιο, 26 Ιανουαρίου 1828
Κύριε Πρόεδρε,
Είναι γνωστόν ότι η καθαρότης του αέρος, η εισροή καθαρών υδάτων, οι ευρείες διαστάσεις των πλατειών και των οδών, και η καθαριότης είναι οι πρωταρχικές συνθήκες των πολιτισμένων πόλεων, τα πρωταρχικά στοιχεία της υγιεινής τους και τα προτερήματα στα οποία αποδίδουν περισσότερη σημασία οι πολιτισμένοι άνθρωποι.
Για να δυνηθεί το Ναύπλιο να τις πλησιάσει και να πάυσει να εμφανίζεται στα μάτια των Ευρωπαίων ως πόλις βαρβάρων θα πρέπει: 1. να απαλλαγεί από τις ακαθαρσίες και τις λοιμώδεις αναθυμιάσεις που την μολύνουν· 2. να καταργηθούν οι βόθροι, να εγκατασταθούν αφοδευτήρια στα περιτειχίσματα της πόλεως, να αποφραχθούν οι οχετοί, να καθαρισθούν και να επισκευασθούν τα υδραγωγεία που τώρα παρέχουν ακάθαρτα ύδατα και να αποξηρανθούν τα στάσιμα ύδατα που ευρίσκονται κοντά στα πρανή της οχυρώσεως απ' όπου αναδίδεται τόσο μεγάλη ποσότητα μιασμάτων· 3. να κατεδαφισθούν οι όγκοι των λιθοδομών και πλινθοδομών που καλύπτουν το ήμισυ των δρόμων και της προκυμαίας και να κατεδαφισθούν επίσης οι εξώστες και ό,τι εξέχει υπεράνω των θυρών και των παραθύρων των καταστημάτων· για να αποφευχθούν οι πυρκαγιές στην πόλη, θα πρέπει να απομακρυνθούν οι καλύβες που φράζουν τις διάφορες συνοικίες".
Και:
"Ναύπλιο, 30 Απριλίου 1828.
Κύριε Πρόεδρε,
Ενθαρρυμένος από την έγκριση του σχεδίου που είχα την τιμή να σας υποβάλω, και για να ακολουθήσω τις προθέσεις σας, τολμώ να σας ενημερώσω περί του ότι πολλοί κάτοικοι του Ναυπλίου αρχίζουν να επισκευάζουν τις οικίες τους, ενώ άλλοι ετοιμάζουν υλικά για να κτίσουν νέες. Καθώς η πόλη αυτή είναι πολύ κακοκτισμένη, θα πρέπει να επωφεληθούμε από αυτή την περίσταση για να θεσπίσουμε ένα ρυμοτομικό σχέδιο, σύμφωνα με το οποίο θα οικοδομούνται τα νέα κτίσματα.
Η εργασία με την οποία ασχολούμαι με εμποδίζει να αναλάβω τώρα αυτό το έργο· εν τω μεταξύ απετύπωσα εξ όψεως το σχέδιο της πόλης και εσημείωσα με κίτρινο τις αλλαγές που μου φαίνονται χρήσιμες προς το συμφέρον της οχυρώσεώς της και του εμπορίου.
Η Εξοχότης Σας θα ιδεί ότι επωφελήθην από τα κενά που προεκλήθησαν από την κατεδάφιση των οικιών για να δημιουργήσω πιο ευρύχωρες και πιο κανονικές πλατείες και δρόμους, και για να σχηματίσω γύρω από αυτή την οχυρή πόλη ένα είδος δενδροφυτευμένου βουλεβαρίου που θα χρησιμεύει ως άνετος περίπατος μεταξύ των πυροβολαρχιών της πόλης από τη μια μεριά και του Ναυστάθμου και του Ιτς-Καλέ από την άλλη· σε καιρό πολέμου τα δένδρα αυτά θα προμηθεύουν την οικοδομική ξυλεία.
Χωρίζω την πόλη σε ενορίες και σημειώνω τα δημόσια μνημεία που πρέπει να ανεγερθούν (...).
Καθώς οι πλατείες και οι οδοί δεν έχουν ονομασίες, επέτρεψα στον εαυτό μου να βαπτίσω μερικές και να τους δώσω τα ονόματα των πολεμιστών που διεκρίθησαν κατά τον πόλεμο της Ανεξαρτησίας της Ελλάδος: πρόκειται για ωφειλόμενη τιμή προς τις ένδοξες πράξεις τους και προς τη μνήμη τους και θα αποτελέσει την πρώτη ανταμοιβή του έθνους, το πρώτο μνημείο της αναγέννησής του". (Και τα δύο χωρία που παραθέτουμε είναι από το βιβλίο *Αναμνήσεις του Σταμάτη Βούλγαρη λοχαγού εν αποστρατεία του σώματος του βασιλικού επιτελείου*, Παρίσι 1835, και συγκεκριμένα από τα *Αποσπάματα από την αλληλογραφία του Προέδρου Καποδίστρια με τον λοχαγό Βούλγαρη* στις σελίδες 18 και 20).

48. Για την προτίμηση προς το ορθογώνιο σύστημα χάραξης οδών στην Ελλάδα παρατηρεί η Αλέκα Καραδήμου-Γερολύμπου εύστοχα:
"Πέρα από τα γενικά προβαλλόμενα επιχειρήματα υπέρ της υγιεινής, της διευκόλυνσης της κυκλοφορίας και της εγκατάστασης των δικτύων, πέρα από την κατ' επίφαση 'ισότητα' με την οποία αντιμετωπίζει τα διάφορα σημεία της πόλης, [το ορθογώνιο ρυμοτομικό δίκτυο] παρουσιάζει το πλεονέκτημα να υποδεικνύει τη διαφοροποίηση των 'νέων' ελληνικών πόλεων από τις παλαιές, άτακτες, δαιδαλώδεις, κληρονομημένες με έντονα τουρκικά στοιχεία πόλεις. (...) Είναι η υπογράμμιση της νεοαποκτημένης ανεξαρτησίας και της ανασύνδεσης με ένα απομακρυσμένο παρελθόν αλλά και η προώθηση μιας εικόνας νεανικότητος και τάξης έναντι της οθωμανικής γήρανσης και αποδιάρθρωσης, ή ένα πρώιμο αλλά αναμενόμενο αποτέλεσμα του ρασιοναλισμού της πολεοδομικής παρέμβασης. (Αλέκα Καραδήμου-Γερολύμπου: "*Σχεδιασμός και ανάκτηση του χώρου της πόλης*" στο *Νεοελληνική πόλη*, 2ος τόμος, Αθήνα 1985, σελ. 386).

49. Το πρώτο πολεοδομικό νομοθέτημα της Ελλάδος, το "Διάταγμα περί υγιεινής οικοδομής πόλεων και κωμών" που εδημοσιεύθη στις 15.4.1835 και στο οποίο αναφερόμεθα εδώ, εισάγει και στην Ελλάδα το πρότυπο του ορθογώνιου δικτύου οδών της πόλης στις απαρχές της βιομηχανικής εποχής. Το διάταγμα αυτό θεωρείται από τον Piere Lavedan (στο έργο του *Histoire de l'urbanisme*, Παρίσι 1958) ως "ιστορικό τεκμήριο πρώτης σημασίας". Αργότερα συνεπληρώθη με τον νόμο "περί συνοικισμών" που εδημοσιεύθη στις 15.1.1866, και ο οποίος προβλέπει επίσης τη χάραξη ορθογώνιων οικοπέδων, καθώς και τη δημιουργία πλατειών στον χώρο καταργούμενων οικοδομικών τετραγώνων. Νεώτερες ρυθμίσεις, όπως της οριζοντίου ιδιοκτησίας, εισάγονται στην Ελλάδα μόνο κατά τη δεκαετία του 1920. Το 1923 εψηφίσθη ο ισχύων μέχρι σήμερα νόμος "περί σχεδίων πόλεων, κωμών και συνοικισμών του κράτους" που ουσιαστικά αντεκατέστησε τον νόμο του 1835.

50. Φαίνεται ωστόσο πως στην περίπτωση της Αθήνας δεν μπορεί να γίνει λόγος για πραγματική διαδικασία απαλλοτρίωσης. Στην πράξη το κράτος για να οικοδομήσει τα δημόσια κτήρια κατέφευγε στο απαράδεκτο μέτρο της κατάσχεσης των οικοπέδων:
"Στην πρωτεύουσα όμως άμεσες κατασχέσεις οικοπέδων συμβαίνουν καθημερινά. Όταν θέλουν να κτίσουν ένα μέγαρο, ένα νομισματοκοπείο, ένα τυπογραφείο, έναν σταύλο, να εγκαταστήσουν μια δημόσια υπηρεσία ή να ιδρύσουν έναν οικισμό, λαμβάνουν τα οικόπεδα των ιδιωτών χωρίς ούτε καν να ενημερώσουν τυπικώς τους ιδιοκτήτες, που έτσι χάνουν ακόμα και τα όρια του ακινήτου τους". (G. Finlay: *The Hellenic Kingdom and the Greek Nation*, London 1836, σελ. 95).

51. Ο G. Fehl περιγράφει πώς ελειτούργησαν αυτοί οι μηχανισμοί στην περίπτωση της Καρλσρούης:
"Μια πρώτη προϋπόθεση για τους 'διατεθειμένους να οικοδομήσουν', δηλαδή γι' αυτούς που 'έχουν διάθεση να μετετοικήσουν στη σχεδιαζόμενη Καρλσρούη και να εγκατασταθούν σ' αυτή μόνιμα κτίζοντας νέες οικίες' (προνόμιο του 1715), ήταν ότι κανένας δεν επιτρέπετο να 'έλθει με άδεια χέρια αλλά ότι ήταν υποχρεωμένος να συνεισφέρει σε κεφάλαιο τουλάχιστον διακόσια φιορίνια' (προνόμιο του 1722)· κεφάλαιο που εκείνη την εποχή αρκούσε για να κτίσει κανείς ένα σπίτι και να ξεκινήσει μια δουλειά. Με τη λεγόμενη πολιτική 'υποδοχής πολιτών' ηλέγχοντο οι έποικοι, με την έννοια ότι ηυνοείτο η εγκατάστασις μόνον εκείνων που υπέσχοντο ότι θα συμμετείχαν δραστηρίως στην ανοικοδόμηση της πόλης, ενώ απεμακρύνοντο οι πτωχοί.
Αφ' ης στιγμής εγίνετο δεκτός ο 'πολίτης', η μεγαλύτερη διευκόλυνσις που του έκανε ο ηγεμών ήταν η παραχώρηση δωρεάν οικοπεδικής γης

και οικοδομικών υλικών· κατά τη διανομή των οικοπέδων, οι 'πολίτες' κατετάσσοντο με κριτήριο την κοινωνική τους θέση και επροωθείτο η επιθυμητή κοινωνική και πολεοδομική διαστρωμάτωση. Η 'δωρεάν' παραχώρηση οικοπέδων στους διατεθειμένους να οικοδομήσουν εσήμαινε 'παραχώρηση της κυριότητος' (προνόμιο του 1722), σε περίπτωση όμως πώλησης [του ακινήτου] θα αφαιρείτο από την τιμή ποσό ίσο με την αξία της δωρεάν παραχωρηθείσης μοίρας, δηλαδή του οικοπέδου και των οικοδομικών υλικών.

Ο ηγεμών ανέμενε ότι με τους ευνοϊκούς αυτούς όρους όσοι εσκόπευαν να οικοδομήσουν 'θα επεδίδοντο με ζήλο στην οικοδόμηση της πόλης τους, έτσι ώστε να διατηρήσουν την εύνοιά του' (προνόμιο του 1752) και ότι θα υπήκουον στις απαιτήσεις του και θα έκτιζαν κατά το δυνατόν συντονισμένα και όχι σκόρπια σπίτια εδώ κι εκεί. Τον σκοπόν αυτόν εξυπηρετούσε κατ' αρχάς η προσχεδιασμένη εκχώρηση των οικοπέδων· αλλά και η επιταγή οικοδόμησης που ώριζε ότι οι κατοικίες αυτές θα έπρεπε να αποπερατωθούν το πολύ σε δύο χρόνια από την ημέρα 'υποδοχής του πολίτη' (προνόμιο του 1722)· όποιος αδυνατούσε να εκπληρώσει αυτή την υποχρέωση, υφίστατο τη συνέπεια της απαλλοτρίωσης του ακινήτου του, με άλλα λόγια από όποιον δεν συμμετείχε 'δραστήρια' στην ανοικοδόμηση της πόλης αφαιρείτο το οικόπεδο χωρίς αποζημίωση και εδίδετο σε κάποιον άλλον διατεθειμένον να οικοδομήσει. Ο ηγεμών εβασίζετο στο τιμαριωτικό σύστημα, σύμφωνα με το οποίο οι γαίες, που τίθενται στη διάθεση ενός υπηκόου, εκχωρούνται προς κάρπωσιν, ενώ η ψιλή κυριότης ανήκει πάντα στον ηγεμόνα". (G. Fehl: *Stadt als Kunstwerk, Stadt als Geschaeft. - Der Uebergang vom landesfuerstlichen zum buergerlichen Staedtebau, beobachtet am Beispiel Karlsruhe zwischen 1800 und 1857*. Άρθρο στο: *Stadterweiterungen 1800-1875*, Hamburg 1983, σελ. 140).

52. Για τον λόγον αυτόν ετάχθη και ο αρχιτέκτων της Αυλής του Βασιλέως Όθωνος Gutensohn υπέρ της επιλογής του Πειραιώς· γράφει: "Εάν όμως η πρωτεύουσα χωροθετηθεί σε μίαν περιοχήν που είναι εθνική ιδιοκτησία [δηλαδή στον Πειραιά], το κράτος μπορεί να εισπράξει 5-6 εκατομμύρια δραχμές από την πώληση οικοπέδων, ενώ οι ιδιωτικές ιδιοκτησίες πρέπει να αγορασθούν αντί αυτού του ποσού από το κράτος, εάν θέλει να εφαρμόσει κάποιο σχέδιο σε άλλη θέση [π.χ. στην Αθήνα]". (Επιστολή του αρχιτέκτονος της Αυλής Johann Gottfried Gutensohn προς τον Βασιλέα Όθωνα, Ναύπλιον 12 Μαΐου 1833· βλ. τεκμήριον 30 συλλογής "Κειμένων").

53. "Τον ίδιο καιρό (δηλαδή τον Μάιο του 1834) ιδρύθη ένα γραφείο στατιστικής και πολιτικής οικονομίας, που επαρουσιάσθη στις εφημερίδες ως ένας από τους νέους θεσμούς της Ελλάδος. Παρ' ότι έχει αποθάνει προ πολλού από ασιτία, θα μας επιτραπεί να πούμε δυο λόγια γι' αυτό, γιατί το διάταγμα της ίδρυσής του είναι ένα από τα πλέον αξιοπερίεργα νομοθετήματα, de omni scibili, όλων των εποχών και χωρών του κόσμου. Για παράδειγμα, οι αξιωματικοί του μηχανικού της γαλλικής επιστημονικής αποστολής στο Μωριά, είχαν ολοκληρώσει έναν εξαιρετικό χάρτη της Πελοποννήσου και η γαλλική κυβέρνηση είχε δωρίσει στην Ελλάδα εκατό αντίγραφα αυτού του χάρτη· παρ' όλα αυτά δεν γίνεται η παραμικρή νύξη για την ύπαρξή του, και το διάταγμα ορίζει σθεναρά την επανάληψη αυτού του δαπανηρού και δύσκολου εγχειρήματος, χαρακτηρίζοντάς το επί πλέον έργο προπαρασκευαστικό της ειδικής αποτύπωσης ολόκληρου του βασιλείου· κι όλα αυτά σε μια χώρα που δεν ήταν ικανή να αποκτήσει ούτε καν τα σχέδια για δώδεκα πολίχνες". (G. Finlay: *The Hellenic Kingdom and the Greek Nation*, London 1836, σελ. 69-70).

54. "Διαρκώς εγίνετο λόγος για την αναγκαιότητα ίδρυσης αποικιών στην Ελλάδα, και ο κόμης Armansperg ησχολήθη ο ίδιος τουλάχιστον ένα χρόνο με την προπαρασκευή του σχετικού νόμου, τελικά όμως ανεκάλυψαν πως το σχέδιο μετατροπής της Ελλάδος σε Αμερική των Γερμανών απαιτούσε τη συναίνεση των κατοίκων της και ότι αυτή η συναίνεση δεν επρόκειτο να δοθεί ούτε καν στον καλοπροαίρετο κόμη. Η διακαής επιθυμία, που [οι Βαυαροί] έτρεφαν ενδόμυχα από καιρό, να ιδρύσουν μια βαυαρική αποικία αποφεύγοντας όλα τα σφάλματα του αγγλικού αποικιοκρατικού συστήματος και δίνοντας ενεργή έκφραση, όπως θα ανέμενε κανείς, στα αισθήματα του πολιτισμένου δεκάτου ενάτου αιώνος, εγκατελείφθη – διότι οι Έλληνες δεν είχαν καμία βιασύνη να πληρώσουν γι' αυτές τις λεπτές εκφάνσεις. Ήταν διατεθειμένοι να δεχθούν φιλόξενα τους ξένους που θα επλήρωναν τα έξοδά τους, αλλά ηρνούντο, όπως έλεγαν οι ίδιοι, να μάθει 'οποιοσδήποτε κουρέας την τέχνη επάνω στο κεφάλι τους'". (G. Finlay: *The Hellenic Kingdom and the Greek Nation*, London 1836, σελ. 88).

55. "Στην Αθήνα είχε αποφασισθεί να γίνουν ανασκαφές στη μισή πόλη με σκοπό την ανακάλυψη αρχαιοτήτων, αν και ένας Γάλλος μηχανικός είχε υπολογίσει πως οι δαπάνες των ανασκαφών αυτών θα υπερέβαιναν τις δαπάνες στην Πομπηία· ακόμα και ο καθηγητής Thiersch, που κάτι παραπάνω γνωρίζει για την Ελλάδα και για τις αρχαιότητές της απ' ό,τι οι Armansperg, Maurer, Heideck, Abel και Greiner, είπε πως εχρειάζοντο μάλλον βόδια για το όργωμα παρά αρχαιότητες, κι ας ήταν ο ταύρος του Μαραθώνος δουλεμένος σε χαλκό ή μάρμαρο. Οι ιδιοκτήτες των σπιτιών στην περιοχή που είχε ωρισθεί για ανασκαφές εμποδίσθησαν δύο χρόνια να τα αποπερατώσουν, μολονότι μερικά απ' αυτά ήσαν μισοτελειωμένα πριν από την έγκριση του σχεδίου. Τελικά, η κυβέρνηση άλλαξε γνώμη και χωρίς να ενημερώσει το κοινό άρχισε να κτίζει έναν τεράστιο στρατώνα καταμεσίς στα ερείπια της Βιβλιοθήκης του Αδριανού, ακριβώς στο σημείον όπου ίσως θα μπορούσαν οι ανασκαφές να στεφθούν από κάποιαν επιτυχία· και για να προστατεύσει τους διαδόχους της από το ενδεχόμενο να επαναλάβουν τη δική της μωρία προχώρησε στην επίχωση του τμήματος του περιβόλου κοντά στον πύργο του λόρδου Elgin, θάβοντας σχεδόν την εκκλησία της Μεγάλης Παναγιάς που περιέχει πολλές αρχαιότητες και μερικές πολύ ιδιόμορφες τοιχογραφίες προσθέτοντας επί πλέον ένα στρώμα απορρίματα πάχους 10 ποδών. Η αντίθεση αυτής της ενέργειας προς το μακροσκελές νομοθετικό διάταγμα περί συντηρήσεως των αρχαιοτήτων [βλ. κεφ. 4, σημ. 58], που εδημοσιεύθη στο εικοστό δεύτερο τεύχος του δευτέρου τόμου της Εφημερίδος της Ελληνικής Κυβερνήσεως, παρότι μπορεί να διασκεδάσει πολύ τον κόσμο στο Λονδίνο ή στο Μόναχο, είναι θάνατος για τους πτωχούς της Αθήνας που υποφέρουν". (G. Finlay: *The Hellenic Kingdom and the Greek Nation*, London 1836, σελ. 67-68).

56. Για τον ορισμό του όρου "πολεοδομικό όραμα" βλέπε στην εισαγωγή της παρούσης εργασίας.

57. Αναφέρουμε ως παλαιότερα παραδείγματα πόλεων κτισμένων πάνω σε λόφους τις πόλεις Vezelay, Tuebingen και Siena. Το πιο χαρακτηριστικό παράδειγμα πόλης διατεταγμένης με ακτινωτό σύστημα οδών κατά τα πρότυπα της εποχής της πεφωτισμένης δεσποτείας είναι η Καρλσρούη. Αλλά και η επέκταση του Βερολίνου υπό τον Μεγάλο Φρειδερίκο ή οι νεοσχεδιασμένες επαρχιακές πόλεις της Ρωσίας υπό την Αικατερίνη τη Μεγάλη (π. χ. οι πόλεις Τούλα, Μπογκοροντίσκ, Τβερ) έχουν τριγωνικά διατεταγμένο σύστημα πρωτευουσών οδών. Κατά τη διάρκεια του 19ου αιώνα στην Ευρώπη ο σημαντικώτερος σχεδιασμός με βάση έναν ορθογώνιο κάναβο, ο οποίος μάλιστα τηρείται αυστηρότατα, είναι η επέκταση της Βαρκελώνης από τον Ildefonso Cerda (γύρω στα 1860).

58. Και πράγματι αργότερα η Αθήνα ανεπτύχθη προς πολλές κατευθύνσεις με πολλές τμηματικές επεκτάσεις του σχεδίου πόλης. Οι περισσότεροι από τους επιμέρους ρυμοτομικούς κανάβους ήσαν ορθογώνιοι αλλά ως

προς τον προσανατολισμό τους διετήρησαν τις τρεις κατευθύνσεις του τριγωνικού πλαισίου αναφοράς των κυρίων οδών στο κέντρο της πόλης.

59. "Σημαντικό στοιχείο όλου αυτού του σχεδιασμού είναι, όχι μόνον η απόπειρα χρησιμοποίησης ενός γνωστού συστήματος της εποχής του Μπαρόκ, αλλά και ο προσανατολισμός των κυρίων οδών προς ευκρινή σημεία οπτικής αναφοράς, δεδομένα από την τοπογραφία του εδάφους, και κατ' αυτόν τον τρόπον η διασύνδεση του περιβάλλοντος χώρου με τον ιστό της πόλης". (Όλγα Φουντουλάκη, *Stamatios Kleanthes 1802-1862, ein griechischer Architekt aus der Schule Schinkels*, διατριβή, TU Karlsruhe 1979, σελ. 47).

60. "Οι έννοιες 'επέκταση' και 'ρύθμιση' όμως δεν μας λένε τίποτε για το είδος του χώρου που επρόκειτο να δημιουργηθεί. Όπως ετονίσθη ήδη, στα μέσα του 19ου αιώνος δεν υπήρχε ανεπτυγμένη θεωρία σχεδιασμού πόλεων ή έστω αντιπαράθεση απόψεων γύρω από πολεοδομικά θέματα. Η σύνταξη ενός πολεοδομικού σχεδίου ήταν πρακτικό πρόβλημα, σύμφωνα με τις αντιλήψεις της εποχής· ένα πολεοδομικό σχέδιο ώφειλε δηλαδή να ικανοποιεί με ορθολογικό τρόπο τις ανάγκες σε οικόπεδα με αρμόδιο σχήμα, δρόμους με κατάλληλο πλάτος κ.τ.λ. Στην ουσία, αυτή η αντίληψη ήταν η ίδια όπως και στους προηγούμενους αιώνες". (Τ. Hall: *Planung europaeischer Hauptstaedte*, Stockholm 1986, σελ. 269).

61. "Μερικοί βασικοί πολεοδομικοί κανόνες του 18ου αιώνος διετηρήθησαν από τους δύο αρχιτέκτονες Κλεάνθη και Schaubert όπως, λόγου χάριν, η αξονική διάρθρωση του χώρου, η κατεύθυνση των οδών προς συγκεκριμένα σημεία οράσεως και η γεωμετρική κανονικότης". (Όλγα Φουντουλάκη: *Stamatios Kleanthes 1802-1862. Ein griechischer Architekt aus der Schule Schinkels*, διατριβή, TU Karlsruhe 1979, σελ. 25).

62. "Ο διαρκής τονισμός [από τον Klenze] του 'τυχαίου' μόνο στην πνευματική του τοποθέτηση μπορεί να αποδοθεί (...), εκφράζει δε την απομάκρυνσή του από την αρχιτεκτονική ως σχηματικού διαγράμματος. Έτσι εξηγείται και η έννοια 'γραφική' που χρησιμοποιεί ο Klenze για να χαρακτηρίσει την ελληνική αρχιτεκτονική. Αυτή καθεαυτή η έννοια δεν ανταποκρίνεται κατά κανένα τρόπο στη φύση της ελληνικής τέχνης και δεν λέει τίποτε για το τεκτονικό μόρφωμα του ελληνικού ναού ως στερεού σώματος. Στη χρησιμοποίηση αυτής της έννοιας παίζει μεγάλο ρόλο η ερειπωμένη μορφή των ναών. Είναι μια συναισθηματική πλευρά που καθορίζει πάντα έντονα το βίωμα του σύγχρονου ανθρώπου. Οι ναοί και οι κίονες με τις πλαστικές και ανθρώπινες αναλογίες τους γίνονται αντιληπτοί από τον άνθρωπο σαν ουσιώδη συστατικά στοιχεία της φύσης και επομένως σαν εικόνα συνυφασμένη με γραφικά στοιχεία". (Ελπινίκη Δημοσθενοπούλου: *Oeffentliche Bauten unter Koenig Otto in Athen*, Muenchen 1970, σελ. 24-25).

63. "Τα κτίσματα του Klenze ανέπτυσσαν την ποιητικότητά τους μέσω της επακριβώς μελετημένης μνημειακής τους εντύπωσης. Η μεγάλη εικαστική ικανότητα που τον διέκρινε εξεδηλώθη από την αρχή με τα 'δελεαστικά' αρχιτεκτονικά προοπτικά του που ο ορθολογιστής μέσα του κατέκρινε, χαρακτηρίζοντάς τα 'κακή συνήθεια'. Τα προοπτικά αυτά μαρτυρούν ότι έχει αίσθηση της σύνθεσης μεταξύ αρχιτεκτονικής, χώρου και φύσης που μπορεί να μεταδώσει μια επιμελώς υπολογισμένη εικόνα, η οποία εταίριαζε περισσότερο στις 'Αδριάνειες' τάσεις του Λουδοβίκου προς μία αρχιτεκτονική του απεικάσματος απ' ό,τι ίσως θα παραδεχόταν ο ίδιος Klenze. Η καλλιτεχνική του αξία έγκειται στο ότι κατόρθωσε –αλλά και στον τρόπο με τον οποίο το κατόρθωσε– να θέσει υπό τον έλεγχο ενός εποικοδομητικού ορθολογισμού την ιστορική-ποιητική διάσταση των αρχιτεκτονικών ονείρων του Λουδοβίκου και ταυτόχρονα να την διατηρήσει ως εκφραστική αρχιτεκτονική εικόνα". (Adrian von Buttlar, *Es gibt nur eine Baukunst? Leo von Klenze zwischen Widerstand und Anpassung*. Στο: *Romantik und Restauration. Architektur in Bayern zur Zeit Ludwig I. 1825-1848*. Muenchen 1987, σελ. 115).

64. Hans-Hermann Russack: *Deutsche bauen in Athen*, Berlin 1942, σελ. 28.

65. "Ακόμα και αν η μετέπειτα ανάπτυξη της πόλης κατά τον εικοστό αιώνα απέδειξε πόσο ουτοπική ήταν μακροπροθέσμως η ιδέα του σχεδιασμού μιας κηπούπολης, δεν μπορεί να αρνηθεί κανείς τον προοδευτικό χαρακτήρα αυτού του σχεδίου στα πλαίσια της ευρωπαϊκής πολεοδομίας· ο χαρακτήρ αυτός στην Ελλάδα εκείνης της εποχής, όπου δεν υπήρχαν καθόλου αστικά κέντρα, δεν προϋπέθετε τη ρομαντική επιστροφή σε μεσαιωνικούς τύπους κατοικίας, αλλά αποτελούσε άμεση ανάπτυξη της τοπικής αρχιτεκτονικής παράδοσης. Αυτή η αρχιτεκτονική παράδοση μιας αγροτικής κοινωνίας δεν ευρίσκετο ακόμα σε αντίθεση –όπως στην υπόλοιπη Ευρώπη– με τις μεγαλύτερες πόλεις των αστών. Επομένως, εδώ δεν πρέπει να δει κανείς μόνο την εφαρμογή στην πράξη μιας θεωρίας ιδανικής πόλης, αλλά την προσαρμογή του πολεοδομικού σχεδιασμού στις τοπικές κοινωνικές συνθήκες". (Στέφανος Σίνος: *Die Gruendung der neuen Stadt Athen*. Στο περιοδικό *Architectura*, 1974, σελ. 44-45).

66. Στο πρωτότυπο: "(...) empreint de l'emanation du suget qui l'autorise". (Claude Nicolas Ledoux: *L'architécture considerée sous le rapport de l'art, des moeurs et de la législation*, Paris 1804, σελ. 179).

67. "Έτσι, άθελά της, η αρχιτεκτονική γίνεται εδώ ομιλούσα κατά τρόπον αθηναϊκό. Όχι με την έννοια [της architecture parlante] του Boullée αλλά με τον νέο τρόπο που θα οδηγήσει στη γένεση του ρυθμού, ο οποίος έκτοτε αποκαλείται 'ελληνικός κλασικισμός'. Ο ρυθμός αυτός επιτρέπει την επικοινωνία, την αποκατάσταση της επαφής του Αθηναίου με το αθηναϊκό τοπίο χωρίς να δίνεται σημασία στο νόημα της επικοινωνίας που θα φορτίσει καθένας όπως θέλει. Η νεοελληνική αρχιτεκτονική έχει τότε χαρακτήρα 'φατικής' αρχιτεκτονικής, αν μου επιτρέπεται ο δάνειος όρος. Παίρνει το νόημά της και 'εκφράζει' από τη στιγμή που ονομάζεται, που παίρνει όνομα. 'Βουλευτήριο' ή 'Ακαδημία' ή 'Λύκειο' ή 'Ωδείο', κ.τ.λ. είναι έτσι λέξεις ή μάλλον ονόματα, και τα κτήρια που δηλώνουν πρέπει να έχουν αετώματα επειδή φέρουν αυτά τα ονόματα. Η αρχιτεκτονική λοιπόν περιμένει να της μιλήσουν, να την ονομάσουν, να τη μνημονεύσουν, για να γίνει σημαίνουσα. Μέσα δεν συμβαίνει τίποτα. (...)
Κι ακόμη, ενώ για τον Boullée η αρχιτεκτονική πρέπει να 'ομιλεί', για τους αρχιτέκτονες της Αθήνας πρέπει να 'αποκρίνεται'. Ο Boullée ζητάει από τη γαλλική αρχιτεκτονική –που τη θεωρεί οικουμενική– να ερωτά, αλλά εκείνη έχει ήδη 'ρόλους', ένα λόγο ύπαρξης ως κτήριο· οι αρχιτέκτονες της Αθήνας θα ζητήσουν από την οικουμενική αρχιτεκτονική (δηλαδή την ευρωπαϊκή) –που πιστεύουν πως είναι ελληνική– να ερωτηθεί, πριν μάλιστα μάθουν τι θέλουν να της πουν και, κατά μείζονα λόγο, τι θέλουν να μας απαντήσει". (Γ. Τσιώμης: *Athènes a soi-même etrangère...*, Paris 1983, σελ. 556-557).

68. Παραθέτουμε ένα εκτενές απόσπασμα του ιδιότυπα συντεταγμένου αυτού κειμένου, για να δώσουμε στον αναγνώστη μια ιδέα πόσο εμπαθής και προκατειλημμένη είναι η κριτική αυτή:
"Όμως είναι και κάτι άλλο σημαντικό: να μελετηθεί και να αξιολογηθεί, με ποια εφόδια ή κριτήρια (ρυθμολογικά, μορφοπλαστικά, ιδεολογικά, ίσως και 'αισθητικά' ακόμα... κι όσο αυτά τα τελευταία μπορεί να έχουνε κάποια σημασία), είχανε δουλέψει ο Κλεάνθης και ο Σάουμπερτ το σχέδιο για την πρωτεύουσα (από ανάλογες... εξετάσεις πρέπει να περάσει και ο Κλέντσε, που το τροποποίησε), κι αν στην όλη τους προσπάθεια, για να χτιστεί μια Αθήνα, είχανε κάποιες συγκεκριμένες γόνιμες και πρωτότυπες, ίσως, συνθετικές επιδιώξεις και πρωτοβουλίες, που θα ενισχύονταν, ακόμα, και μέσα από κάποιες ηθικές (με την ευρύτερη έννοια της λέξης) αξίες και αρχές, ώστε όταν θα εφαρμόζονταν στην

πράξη (επάνω στο έδαφος του συγκεκριμένου αθηναϊκού τοπίου), το πολεοδομικό τους σχέδιο, να είναι και να βγαίνει αυτονόητο, σαν να μην μπορούσε να διανοηθεί κανείς κάτι διαφορετικό, αφού θα είχε βρεθεί όχι μόνο η λειτουργικά άψογη αλλά και η μόνη βιώσιμη λύση. Εξόν κι αν δουλέψανε, ο Κλεάνθης και ο Σάουμπερτ, έχοντας κάποια πρότυπα στο νου τους (πρότυπες πολεοδομικές διατάξεις, που θα τις είχανε μελετήσει από τα σπουδαστικά τους χρόνια στο Βερολίνο, με δάσκαλό τους τον Σίνκελ, τον πιο φημισμένο αρχιτέκτονα της εποχής στην Ευρώπη), αν όχι και ένα συγκεκριμένο πρότυπο, που θα το πήρανε και σαν υπόδειγμα, για να το μιμηθούνε συνειδητά (– ή άθελά τους, ίσως) και για να 'εφαρμοστεί', έτσι και στον νεοελληνικό τόπο και κάτω από την Ακρόπολη, ό,τι κυριαρχούσε τότε στην πολιτισμένη 'Ευρώπη', σαν πολεοδομική νοοτροπία και 'πολιτική' και που είχε, μάλιστα, και μιαν παγκόσμια διάδοση και ακτινοβολία: διατάξεις για προγραμματικά σχεδιασμένες πόλεις (πόλεις που θα τις ονομάζαμε 'ιδρυμένες', γιατί χτίζονταν 'απαρχής', σύμφωνα με ένα προδιαγεγραμμένο σχέδιο, σε αντίθεση με πόλεις που αναπτύσσονταν σταδιακά και πιο φυσιολογικά, αφού δεν είχανε σχεδιαστικά προμελετηθεί), πόλεις, λοιπόν, 'ιδρυμένες' (από πρίγκιπες ή βασιλιάδες) και όπου τον κύριο λόγο είχανε οι μνημειακά ευθυγραμμισμένοι άξονες, οι ακτινωτές 'αρτηρίες', που ξεκινούσαν από κάποιαν πάλι μνημειακή πλατεία, οι ατέρμονες προοπτικές, με στόχο ένα ξεχωριστό (και πάλι μνημειακά 'πλασμένο') κτιριακό έργο (σαν κάποιο σημείο φυγής, για κάποιο ρομαντικό και άπιαστο όραμα) και όπου, έτσι, προβάλλονταν έντονα (και ίσως έντεχνα) κάποιες απολυταρχικές και μεγαλόσχημες 'καταστάσεις', όσο και 'θέσεις', που θα θέλανε να είναι οργανωμένες με στοιχεία της πιο ολοκληρωτικής ματαιοδοξίας, και για να τονίζεται, ακόμα, πόσο ένας άρχοντας και βασιλιάς, είναι σε θέση να εξουσιάζει και μέσα στην πρωτεύουσα και 'Καθέδρα' του) τους υπηκόους του: έτσι δηλαδή, όπως τους έχει, αυτός 'διατάξει', στην 'ιδρυμένη' πόλη του, μπροστά του, κάτω από τα πόδια του κι οπότε όλοι τους δεν μπορεί παρά να έχουμε σ'αυτόν μόνο στραμμένα τα βλέμματά τους: μέσα από τρεις ή και πιο πολλούς κύριους δρόμους, που ξεκινώντας από διαφορετικα σημεία, μέσα στην έκταση που πιάνει η 'ιδρυμένη' πόλη, συγκλίνουνε και τερματίζουνε την 'πορεία' τους, εκεί που στέκει το ανάκτορο του βασιλιά (με τη μεγάλη πλατεία, μπροστά του) και που αυτό, το ανάκτορο (και μαζί ο ένοικός του) είναι και ο πόλος έλξης, ή το σημείο αφετηρίας, ή το τέρμα (ώστε τα πάντα να σταματάνε εκεί), για όλη την πολεοδομική 'σύνθεση'.

Και όπως, λοιπόν, κάτι τέτοιο βρήκανε να κάνουνε, ο Κλεάνθης και ο Σάουμπερτ, με το σχέδιο για την πρωτεύουσα, για να έχουνε δηλαδή βρει και το πρότυπο ή το υπόδειγμα που όσο πιο πειστικά θα αντιγράφανε, τόσο πιο καλά θα έστεκε στα πόδια της μια 'νέα Αθήνα' που την ονομάτιζαν 'και Καθέδραν του Βασιλέως' (...). Το σχέδιο της πρωτεύουσας, δεν είναι παρά ένα 'σχεδιαγράφημα', που αντιγράφει, με εκπληκτική προσήλωση, την πολεοδομική 'διάταξη' που είχε πραγματοποιήσει, στα χρόνια του, ο Λουδοβικος ο 14ος, ο Βασιλιάς Ήλιος της Γαλλίας, στις Βερσαλλίες, την 'Καθέδρα' του. Μια 'διάταξη' που στον 18ο αιώνα, γίνεται το πολεοδομικό πρότυπο ή υπόδειγμα, για πολλές πόλεις της Ευρώπης και ιδιαίτερα της Γερμανίας, όπου ορισμένοι βασιλικοί άρχοντες ιδρύουνε και χτίζουνε τις 'Καθέδρες' τους σύμφωνα με τις 'γραμμές' (αλλά και την υπεροπτική 'ματιά') που πρόσφερε το πολεοδομικό σχέδιο για τις Βερσαλλίες και όπου (– και για να το ξανατονίσουμε) το ανάκτορο οφείλει (και σαν 'αρχιτεκτονικό' στοιχείο) να δεσπόζει και να υπερέχει, σε μια πόλη, που την εξουσιάζει και όπου οι πάντες και τα πάντα υποκλίνονται μπροστά του.

Και έτσι, λοιπόν, με την όχι και τόσο εύστοχη μιμητική φαντασία του Κλεάνθη και Σάουμπερτ, θα μεταφέρονταν και στη νέα Ελλάδα (με το σχέδιο για την πρωτεύουσα) ό,τι έπλαθε και ζούσε (και χόρευε), εκείνα τα χρόνια, ένας δυτικοευρωπαϊκός 'πολιτισμός', για να εξωραϊστεί, λοιπόν, ο νεοελληνικός τόπος και για να αποκτήσει κι αυτός τις δικές του Βερσαλλίες, που, όμως, δεν τις είχε καθόλου ανάγκη, όπως δεν του χρειάζονταν και 'πολυτελή φορέματα αταίριαστα με την ένδειαν των πολλών και κεφάλαιο θαμμένο, αχρησίμευτο'. Το σχέδιο για την πρωτεύουσα: αφού πήγε και ζήτησε και πήρε για μάνα του και... πηγή της 'μορφής' του, τα φανταχτερά 'καμώματα' μιας 'Ευρώπης', που το πλάσιμο της ζωής της (αλλά και της 'τέχνης' της) γίνονταν, πιο πολύ, μέσα από ρομαντικά ονειροπολήματα, μέσα από σκηνογραφημένες εικόνες, μέσα από ερεθίσματα που τα προσφέρανε, κάθε τόσο και αδιάκοπα, κάποια 'εφευρήματα' της στιγμής, γιατί διαφορετικά... δεν υφίσταται 'τρόπος' ζωής. Και για να πούμε δηλαδή πόσο δεν τις χωράει (από τη φύση του), ο ελληνικός τόπος, όλες αυτές τις 'ευρωπαϊκότητες' (κι αν δεν τις βλέπει κιόλας σαν... ασχήμιες), γιατί είναι, αυτός ο ελληνικός τόπος, ένας κόσμος που δεν τα σηκώνει καθόλου κάτι 'τέτοια'... όπως δηλαδή ζει και αναπτύσσεται (ανέκαθεν) μέσα από ρεαλιστικές εμπειρίες και όπου και μέσα από μιαν συγκρατημένη (και πειθαρχημένη) δόση ιδεαλισμού, όλα πλάθονται με καλλιτεχνική σωφροσύνη κι όπως το είχε διακρίνει κι ο Σολωμός: 'με λογισμό και μ' όνειρο' και 'για την αληθινή ουσία'. (Άρης Κωνσταντινίδης: *Τα προλεγόμενα από τα βιβλία που βρίσκονται στα σκαριά*, Αθήνα 1989, σελ. 39-43).

69. Ιδού ένα απόσπασμα της δήθεν πολιτικής αυτής κριτικής:

"Καμιά αμφιβολία για την πολιτική σημασία που εκφράζει η επιλογή των αρχιτεκτόνων. Τα ανάκτορα είναι το μοναδικό κτήριο που φαίνεται από τους σημαντικούς γεωμετρικούς τόπους στον χώρο –δηλαδή τις κορυφές-πλατείες του τριγώνου–, και τα άλλα υπουργικά κτήρια είναι απλώς κτήρια συνοδείας, διακριτικά και αόρατα, όπως αρμόζει σε ένα απολυταρχικό καθεστώς. Ας θυμηθούμε ότι ο Maurer, σαφής και ακριβής, απορρίπτοντας κάθε ενδεχόμενο λαϊκής αντιπροσώπευσης, αρνούμενος το Σύνταγμα – το οποίο απαιτούσε άλλωστε ο στρατηγός Μακρυγιάννης, γράφει: 'Η Ελλάδα είχε τώρα Βασιλέα. Και όταν το καθεστώς είναι μοναρχία, ο Βασιλεύς δεν χρειάζεται πληρεξουσιότητες'.

Κατά κάποιο τρόπο οι αρχιτέκτονες, ο ένας αλλοδαπός ο άλλος ετερόχθων, προβλέπουν αυτή τη θεώρηση των πολιτικών πραγμάτων της χώρας σε μια στιγμή όπου δεν έχει λυθεί το ζήτημα του ρόλου του Βασιλέως και των μορφών που θα πάρει η άσκηση της εξουσίας του: συνταγματική ή απόλυτη μοναρχία; Δέκα χρόνια αργότερα, την οξύτητα του ζητήματος εκφράζει η εξέγερση που θα επιβάλει στον Βασιλέα το σύνταγμα (στις 3 Σεπεμβρίου 1843). Εκείνο όμως που αποκτά εδώ πρωταρχική σημασία είναι η χωροθετική επιλογή που σημαδεύει την αναμφίβολη πολιτική επιλογή των δύο αρχιτεκτόνων. Συχνά είναι πολύ εύκολο να περιγράφει κανείς εκ των υστέρων τη φυσιογνωμία του χώρου ως μία εκ των μεταγραφών της εξουσίας βασιζόμενος μόνο στην τάξη την οποία εμπνέει κάθε γεωμετρική χάραξη, με άλλα λόγια να κατασιρώνει αυτόματα την ισοδυναμία βασιλική εξουσία = τάξη του χώρου = γεωμετρική τάξη. Πάντως, στην περίπτωση της Αθήνας δεν μπορεί κανείς να αρνηθεί ότι το μείζον πολιτικό ζήτημα που αντιμετώπιζε η χώρα εκείνη την εποχή εσημάδευσε άμεσα το σχέδιο των δύο αρχιτεκτόνων: αναγγέλλουν ρητά ότι τα ανάκτορα και η βασιλική πλατεία θεωρούνται ως κέντρο της πόλης". (Γ. Τσιώμης: *Athènes a soi-même etrangère...*, Paris 1983, σελ. 546).

70. Παραθέτουμε ένα χωρίο από τα Απομνημονεύματα του στρατηγού Μακρυγιάννη, που αποτελεί μιαν εύγλωττη μαρτυρία του μεγάλου αυτού σε-

βασμού απέναντι στην αρχαιότητα ως συνειδησιακού φορέα της ελληνικής αυτογνωσίας:

"Είχα δυο αγάλματα περίφημα, μια γυναίκα κι ένα βασιλόπουλο, ατόφια – φαίνονταν οι φλέβες τους· τόσην εντέλειαν είχαν. Όταν χάλασαν τον Πόρον, τάχαν πάρει κάτι στρατιώτες και εις το Άργος θα τα πουλούσαν κάτι Ευρωπαίων· χίλια τάλαρα γύρευαν. Άντεσα κι εγώ εκεί, πέρναγα. Πήρα τους στρατιώτες, τους μίλησα· 'Αυτά, και δέκα χιλιάδες τάλαρα να σας δώσουνε, να μην το καταδεχτείτε να βγουν από την πατρίδα μας. Δι' αυτά πολεμήσαμεν. (Βγάζω και τους δίνω τρακόσια πενήντα τάλαρα) κι όταν φιλωθούμεν με τον Κυβερνήτην (ότι τρωγώμαστε), τα δίνω και σας δίνει ό,τι του ζητήσετε δια να μείνουν εις την πατρίδα απάνου'. Και τάχα κρυμμένα. Τότε με την αναφορά μου τα πρόσφερα του Βασιλέως να χρησιμέψουν δια την πατρίδα". (Ιωάννη Μακρυγιάννη: *Απομνημονεύματα*, Βιβλίο Τρίτο, Κεφ. 1).

71. "Εκείνο που προτείνουν οι δύο αρχιτέκτονες είναι μια διπλή αναγνωσιμότης: εκείνη της θέσης του Βασιλέως μέσα στην πόλη και της διάρθρωσης της πόλης αφ' ενός και αφ' ετέρου (αναγνωσιμότητα γραμμική και δίχως ασάφειες) εκείνη της σχέσης ανάμεσα στο νέο καθεστώς, τη νέα Ελλάδα και το παρελθόν της. Η πολεοδομική διάρθρωση της πόλης εκφράζει έτσι πλήρως τις προθέσεις των αρχιτεκτόνων, που δεν διαψεύδουν τους ρητούς λόγους του ορισμού της Αθήνας ως πρωτεύουσας". (Γ. Τσιώμης: *Athènes a soi-même etrangère...*, Paris 1983, σελ. 551).

72. Την αδυναμία εναρμόνισης σχεδίων που θα προωθούσαν τις ανασκαφές με τον επιθυμητό πολεοδομικό σχεδιασμό επισημαίνει και ο Γ. Τσιώμης, εικάζοντας πως ο Klenze είχε συναίσθηση αυτής της αδυναμίας:

"Ο Klenze διαπιστώνει τη χωροθετική ασάφεια και την αδυναμία εφαρμογής ενός συνολικού διαχειριστικού σχεδίου, που θα υπάρξει σύντομα στα χαρτιά αλλά θα είναι αδύνατο να εφαρμοσθεί στην Αθήνα. Πράγματι, λαμβάνει ως δεδομένο της εργασίας του τον συμβιβασμό που πρέπει να γίνει ανάμεσα στις δύο Αθήνες, σ' εκείνη που γίνεται και σ' εκείνη που σχεδιάζεται, διατηρώντας πάντοτε την ιδέα της υπερίσχυσης του αρχαιολογικού χώρου". (Γ. Τσιώμης: *Athènes a soi-même etrangère...*, Paris 1983, σελ. 579).

73. Leo von Klenze: *Aphoristische Bemerkungen gesammelt auf seiner Reise nach Griechenland*, Berlin 1838, σελ. 421-422).

74. Ο Ludwig Ross διατυπώνει εν είδει προγράμματος τους στόχους της έρευνας των αρχαίων μνημείων, η οποία οφείλει να αποτελέσει προϋπόθεση του πολεοδομικού σχεδιασμού:

"Εάν το κράτος αποφασίσει κάποτε αυτήν την αγοράν (και ποιος αμφιβάλλει δι' αυτό;), θα πρέπει να γίνουν ανασκαφαί εις την μεγαλυτέραν δυνατήν κλίμακα. Δεν θα πρέπει να περιορισθεί κανείς εις την απομάκρυνσιν των επιχώσεων γύρω από τα γνωστά μόνο μνημεία, αλλά το ελάχιστον που πρέπει να γίνει είναι να απομακρυνθούν οπωσδήποτε όλοι οι όγκοι από χώματα και λίθους μέχρι το έδαφος της αρχαίας πόλεως, και μάλιστα όχι μόνον εις την βορείαν αλλά και εις την νοτίαν κλιτύν της Ακροπόλεως, και να καθαρισθούν τα θέατρα του Διονύσου και του Ηρώδου του Αττικού από τας επιχώσεις που σήμερον τα έχουν καλύψει, έτσι ώστε το πρώτον να χρησιμοποιείται ως σταροχώραφο. Το κόστος βεβαίως αυτών των ανασκαφών θα είναι εξαιρετικώς υψηλόν και μόνον πολύ χονδρικώς μπορεί να υπολογισθεί εκ των προτέρων. Αλλά εάν το νέον ελληνικόν κράτος, που με τους πλουσίους φυσικούς πόρους του σε ολίγα έτη θα είναι σε πολύ καλήν οικονομικήν κατάστασιν, διαθέσει ετησίως ένα όχι πολύ μικρόν κονδύλιον δι' αυτόν τον σκοπόν, θα μπορούσε πολύ ευκόλως σε διάστημα μιας γενεάς να ολοκληρωθεί το μεγαλεπίβολον αυτό έργον. Και γιατί να μην συνεισφέρουν εις αυτόν τον σκοπόν και οι πολυάριθμοι Ευρωπαίοι αρχαιόφιλοι; Φαντάζομαι πως εάν εις εκ των κορυφαίων αρχαιολόγων της Γερμανίας ύψωνε την φωνήν του δι' αυτήν την υπόθεσιν και ετίθετο επικεφαλής ενός Συνδέσμου Προωθήσεως των Ανασκαφών εις Αθήνας, συντόμως θα συνεκεντρώνετο ένα σεβαστόν ποσόν. Η ελληνική κυβέρνησις δεν θα μπορούσε να απορρίψει μίαν τέτοιαν αρωγήν, διότι δια κάθε μορφωμένον άνθρωπον ο σκοπός αυτός είναι ιερός, και θα έβλεπε εις αυτήν την συνδρομήν έναν ελάχιστον φόρον ευγνωμοσύνης προς την κοινήν Μητέρα των Τεχνών και των Επιστημών". (Ludwig Ross: *Erinnerungen und Mittheilungen aus Griechenland*, Βερολίνο 1863. Εδώ από ένα γράμμα του Ross από την Αθήνα με ημερομηνία 30.9/10.10.1832· βλ. τεκμήριον 1 συλλογής "Κειμένων").

75. Αυτό τονίζει και ο Γ. Τσιώμης στο έργο του, στο οποίο έχουμε παραπέμψει επανειλημμένως:

"Οπότε, με την επιλογή των τεχνικών εξοπλισμών σε έργα υποδομής και τη διάρθρωσή τους όπως αυτή προβλέπεται από το σχέδιο των αρχιτεκτόνων, η Αθήνα θεωρείται αναγκαστικά πόλη του τριτογενούς τομέως ενός ιδιαίτερου τύπου, αφού από την αρχή έχει προβλεφθεί μόνον ως έδρα της κυβέρνησης, της διοίκησης και του πολιτισμού. Είναι πρωτεύουσα – κέντρο αποφάσεων και πρωτεύουσα της νεοελληνικής σκέψης, και αποκλείεται εκ των προτέρων από αυτήν κάθε άλλη δραστηριότης και κάθε άλλη δυνατότης αναπτύξεως". (Γ. Τσιώμης: *Athènes a soi-même etrangère...*, Paris 1983, σελ. 557).

76. Για τον γενικό οργανωτικό χαρακτήρα του σχεδιασμού κατά τον 19ο αιώνα, που δεν έμοιαζε να νοιάζεται σχεδόν καθόλου για τις λεπτομέρειες του είδους της δόμησης, ο T. Hall γράφει:

"Τα σχέδια των πρωτευουσών του 19ου αιώνος μπορούν από πολλές απόψεις να θεωρηθούν συνέχεια παλαιοτέρου, παραδοσιακού σχεδιασμού που είχε τους ίδιους στόχους, χρησιμοποιούσε τις ίδιες μεθόδους και έδινε τις ίδιες λύσεις. Βασικές αρχές ως εκ τούτου παραμένουν η επιδίωξη ορθογωνίων οικοδομικών τετραγώνων, ευθύγραμμων οδών και ενιαίου ύφους συνοικιών. Όπως και στο παρελθόν, υπήρχε ελάχιστο ενδιαφέρον για ό,τι συνέβαινε πίσω από τις οικοδομικές γραμμές· το θεωρούσαν υπόθεση των οικοπεδούχων". (Thomas Hall: *Planung europaeischer Staedte*, Stockholm 1986, σελ. 332).

77. Ο πρίγκηψ Pueckler-Muskau περιγράφει την κατάσταση το 1836 ως εξής:

"Μόλις ανέβεις στο πρώτο μικρό ύψωμα, που επάνω του φαίνονται ακόμα μερικά λείψανα του τείχους που κάποτε ένωνε την Αθήνα με τον Πειραιά, αντικρίζεις ξαφνικά απλωμένο μπροστά σου όλο το λεκανοπέδιο της Αθήνας, την Ακρόπολη με τον κομψό Παρθενώνα θρονιασμένο στη μέση, αμέσως από πίσω τον μυτερό Λυκαβηττό και τον σεβάσμιο ελαιώνα να την αγκαλιάζει, που άχρωμος και μισοπεθαμένος σηκώνει τα ισχνά κλαδιά του στον ουρανό. Ο ελαιών ταιριάζει στη μελαγχολία που λίγοι μπορούν να αποφύγουν όταν βλέπουν πρώτη φορά πέρα μακρυά να αναδύονται μπροστά τους τα υπερήφανα αυτά λείψανα του παρελθόντος μεγαλείου σαν πένθιμα πνεύματα, που τα περιβάλλουν όλες εκείνες οι μαγικές μνήμες της αρχαιότητος, που εχαράχθησαν στην ψυχή μας από τα παιδικά μας χρόνια. Αλλά και όλος ο τόπος γύρω τους ήταν μελαγχολικός: ωραία, ευγενικά σχήματα αλλά χωρίς χρώμα, μόνο φαιό πάνω στο φαιό, έρημη γη, άγονη και εγκαταλελειμμένη". (A. R. Meyer: *Fuerst Pueckler-Muskau in Athen*, από το *Suedoestlicher Bildersaal*, Berlin 1944, σελ. 20-21).

78. Για το είδος και τον σχεδιασμό των αστικών πάρκων τον 19ο αιώνα ο Thomas Hall γράφει τα εξής:

"Το αστικό πάρκο κατά τον 19ο αιώνα δεν διεμορφώνετο με βάση ένα δεδομένο, σταθερό πρότυπο. Ακόμα και η κλίμαξ παρουσιάζει μεγάλες εναλλαγές – ξεκινά από πολύ μεγάλες ζώνες πρασίνου στις παρυφές της πόλης και φθάνει μέχρι τα πάρκα που καλύπτουν μόνο ένα οικοδομικό τετράγωνο, και από τεράστια πάρκα που μιμούνται το φυσικό τοπίο μέχρι φυτεμένους χώρους που θα μπορούσαν να ονομασθούν κήποι. Στα προαστειακά πάρκα, όπως π. χ. στο δάσος της Βουλώνης [στις παρυφές του Παρισιού], μπορούσαν να χρησιμοποιούν άμαξα και να κάνουν ιππασία, ενώ τα μεγαλύτερα πάρκα μέσα στην πόλη προωρίζοντο για περίπατο και τα μεσαίου μεγέθους ήσαν 'πνεύμονες' πρασίνου για την ανάπαυση των περιοίκων ή πλαισίωναν δημόσια κτήρια. Η θέση [των εκτάσεων πρασίνου] μέσα στην πόλη και το κοινωνικό στρώμα των αναμενομένων επισκεπτών, καθώς και οι οικονομικές τους δυνατότητες είχαν πολύ μεγάλη σημασία [για τη διαμόρφωσή τους]· οι χώροι πρασίνου για δημόσια παράσταση είχαν φυσικά διαφορετική διαμόρφωση από ό,τι τα πάρκα στις εργατικές συνοικίες. Οι μεγαλύτεροι χώροι πρασίνου μπορούσαν να αποτελούνται από ένα πλήθος αυτόνομα διαμορφωμένων τμημάτων, δηλαδή μπορούσαν να σχηματίζουν ένα συγκρότημα πάρκων και όχι ένα ενιαίο πάρκο. Οι ευρείες κύριες οδοί με τις δενδροστοιχίες τους ως συνδετικά στοιχεία ενός συστήματος χώρων πρασίνου εθεωρούντο επίσης ένα είδος πάρκου.

Ο σχεδιασμός και η διαμόρφωση του πάρκου ήταν επιχείρηση πολύ σύνθετη. Τα πάρκα εσχεδιάζοντο κατά κανόνα ξεχωριστά και δεν ήσαν εντεταγμένα άμεσα στον γενικό σχεδιασμό της πόλης. Τον σχεδιασμό τους ανελάμβαναν ειδικοί που πολλές φορές έπαιζαν ταυτοχρόνως και τον ρόλο του αρχιτέκτονος, του μηχανικού, του κηπουρού και του διοικητικού υπαλλήλου. Αυτό ισχύει για τον Sir Joseph Paxton, τον κορυφαίο σχεδιαστή δημοσίων κήπων στην Αγγλία στα μέσα του 19ου αιώνα, για τον Peter Joseph Lenné στο Βερολίνο και για τον Adolphe Alphand στο Παρίσι, τον οποίο είχε επιλέξει προσεκτικά ο ίδιος ο Haussmann". (Thomas Hall: *Planung europaeischer Staedte*, Stockholm 1986, σελ. 307).

79. Για τον σχεδιασμό βουλεβαρίων ο Thomas Hall και πάλι γράφει:

"Ο όρος boulevard, που προέρχεται από την ολλανδική λέξη 'bolwerc', αρχικά εσήμαινε κατά τη Μεγάλη Γαλλική Εγκυκλοπαίδεια 'έργο οχύρωσης έξω από τα τείχη σε αντικατάσταση της πολεμίστρας του Μεσαίωνος'. Με τον καιρό άρχισαν να χρησιμοποιούν τη λέξη για δενδροφυτευμένους δρόμους περιπάτου στη θέση προγενέστερων οχυρωματικών έργων. Με αυτή την έννοια ο όρος εχρησιμοποιήθη πρώτη φορά στον φυτευμένο δακτύλιο γύρω από το βόρειο Παρίσι την εποχή του Λουδοβίκου 14ου. Ήδη από τον 18ο αιώνα εμφανίζεται στη Βιέννη η λέξη ως χαρακτηρισμός της οδού που επροτάθη στην περιοχή της οχύρωσης. Κατά τα μέσα του 19ου αιώνα 'βουλεβάριο' ονόμαζαν συνήθως την περιμετρική οδό μιας πόλης, ανεξαρτήτως από το εάν είχε προϋπάρξει ή όχι οχυρό τείχος. Πρώιμο παράδειγμα τέτοιας οδού είναι το εγκεκριμένο το 1833 σχέδιο της Αθήνας που εξεπόνησαν οι Κλεάνθης και Schaubert, στο οποίο η πλατειά δενδροφυτευμένη λεωφόρος, η οποία θα περιέβαλε το κέντρο της πόλης σχηματίζοντας ορθογώνιο, ονομάσθη 'βουλεβάριον' μολονότι η χάραξή της εν μέρει δεν ακολουθούσε την περιφέρεια της πόλης, εν μέρει δε ήταν εκτός της δομημένης περιοχής. Στις Βρυξέλλες η λέξη σήμαινε τόσο τον εσωτερικό δακτύλιο, ο οποίος αντικαθιστούσε παλαιότερα οχυρωματικά έργα, όσο και τον εξωτερικό δακτύλιο που δεν ήταν στη θέση τείχους. Στις πόλεις Βερολίνο, Κοπεγχάγη και Στοκχόλμη η λέξη απαντάται στις περιόδους του προβληματισμού και του σχεδιασμού, ανεξάρτητα απ' το γεγονός ότι εκεί όπου προεβλέποντο αυτές οι οδοί δεν είχαν υπάρξει οχυρωματικά τείχη. Όμως στη Στοκχόλμη δεν υπάρχουν δρόμοι που να ονομάζονται βουλεβάρια, ούτε απ' όσο γνωρίζω και στο Βερολίνο. Αντίθετα, στην Κοπεγχάγη ένα τμήμα του δρόμου που περνά από την περιοχή του πρώην τείχους, πήρε το όνομα 'Βουλεβάρτο H. C. Andersen'· επομένως εδώ η λέξη χρησιμοποιείται με την αρχική της έννοια". (Thomas Hall: *Planung europaeischer Staedte*, Stockholm 1986, σελ. 287).

80. Υπέρ ενός σχεδιασμού στον οποίο θα παίζουν καθοριστικό ρόλο τα σημαντικά μεμονωμένα κτήρια τάσσεται πρόσφατα ο Aldo Rossi, υποστηρίζοντας μια θέση που μοιάζει συγγενής με εκείνη των αρχιτεκτόνων που συμμετείχαν στον σχεδιασμό της Αθήνας πριν από 165 χρόνια:

"Εάν εκτός τούτου ο σχεδιασμός αγνοούσε την ρύθμιση των χρήσεων γης, τις διακεκριμένες ζώνες καθώς και τις προδιαγραφές και τους κανονισμούς ποσοτικής φύσεως, η αρχιτεκτονική των κτηρίων θα μπορούσε να είναι η αποφασιστικής σημασίας αφετηρία για τη διαμόρφωση ολόκληρου του πολεοδομικού συγκροτήματος. Βεβαίως ένας τέτοιος πολύ συγκεκριμένος σχεδιασμός των κτηρίων των συνοικιών της πόλης στη φάση του πολεοδομικού σχεδιασμού θα είχε ως αποτέλεσμα να ανακτήσει η αρχιτεκτονική μορφή τον ηγετικό ρόλο τον οποίο έπαιζε παλαιότερα σε ένα πολεοδομικό συγκρότημα". (Aldo Rossi: *Die Architektur der Stadt*, 1973 (1966), σελ. 103).

81. Παραθέτουμε την σκληρή κριτική που ασκεί ο H. H. Russack στην επέμβαση του Klenze στον σχεδιασμό της Αθήνας:

"Ο Klenze διατηρώντας αναγκαστικά τις χαράξεις των οδών και το σύστημα των κυρίων αξόνων, μεταθέτοντας όμως το κέντρο βάρους της όλης σύνθεσης από το κέντρο στο άκρο του αριστερού σκέλους του συστήματος, στον λόφο του Αγίου Αθανασίου, στην ουσία έσπασε τη σπονδυλική στήλη ολόκληρης της σύνθεσης της νέας πόλης. Κατά βάσιν ήταν ήσσονος σημασίας η απόφαση εάν τα ανάκτορα θα εκτίζοντο στη θέση που επέλεξε ο Klenze ή στη θέση της πύλης των Πέντε Αδελφών [sic] την οποία καταλαμβάνει η δεξιά πτέρυξ του κτηρίου των ανακτόρων που εσχεδίασε ο Gaertner". (H. H. Russack: *Deutsche bauen in Athen*, Berlin 1942, σελ. 35).

82. Όταν η Margarete Kuehn λέει ότι το αρχικό σχέδιο δεν έχει κάποιο "πρότυπο", σίγουρα θέλει απλώς να τονίσει την πρωτοτυπία αυτής της λύσης-κλειδί· δεν απορρίπτει δηλαδή κατηγορηματικά την τυχόν ύπαρξη προτύπων:

"Το έργο που έλαχε στους μαθητές του Schinkel είναι μάλλον η σπουδαιότερη πολεοδομική μελέτη που θα μπορούσε να ανατεθεί την εποχή εκείνη, και η οποία δεν διέθετε κάποιο ανάλογο πρότυπο. Διότι με την πόλη αυτή, που πρέπει να αξιολογηθεί ως εντελώς νέα δημιουργία, δεν μπορεί να συγκριθεί ούτε καν η επέκταση της Καρλσρούης που εμελέτησε ο Weinbrenner και την οποία προκαθώρισε σε μεγάλο βαθμό η υφιστάμενη πόλη της εποχής του Μπαρόκ". Kuehn, Margarete: *Schinkel und der Entwurf seiner Schueler Schaubert und Kleanthes fuer die Neustadt Athen*, στον συλλογικό τόμο: *Berlin und die Antike*, Berlin 1979, τόμος II, σελ. 509-510).

83. Έτσι ο Russack αναφέρει σχετικά:

"Την βασικήν ιδέα για τη διάρθρωση της πόλης την προσέφερε η πολεοδομία του απολυταρχισμού, δηλαδή ο πρώτος συνειδητός σχεδιασμός πόλεων των νεωτέρων χρόνων: ένα κεντρικά τοποθετημένο ανάκτορο, στο οποίο οδηγούν οι κύριες οδοί. Η νέα πόλη τοποθετούμενη στην πεδιάδα πήρε μορφή μηνίσκου γύρω από την παλαιά Αθήνα στις υπώρειες της Ακρόπολης". (H. H. Russack: *Deutsche bauen in Athen*, Berlin 1942, σελ. 29).

Και η Όλγα Φουντουλάκη λίγο λεπτομερέστερα:

"Μια παρόμοια διάταξη [όπως στην Αθήνα] παρατηρείται και στο σχέδιο των Βερσαλλιών της εποχής του Μπαρόκ που εξεπόνησε ο André Le Nôtre. Ο Le Nôtre ήταν ο πρώτος που έβαλε τα βασιλικά ανάκτορα του

Λουδοβίκου 14ου στη διασταύρωση τριών λεωφόρων. Μπροστά από το τεραστίων διαστάσεων ανάκτορο είχε προβλέψει μία πλατεία παρελάσεων και πίσω κήπους. Στα ανάκτορα οδηγούσαν τρεις ακτινωτά διατεταγμένες και ασυνήθιστα ευρείες δενδροστοιχίες που εξέβαλλαν στην 'Place d'Armes' με τους λαμπρούς βασιλικούς σταύλους, έργο του Jules Hardouin-Mansart. Η μεσαία από αυτές τις τρεις ακτινωτές οδούς λέγεται 'Avenue de Paris', η αριστερή 'Avenue de Sceaux' και η δεξιά 'Avenue de Saint-Cloux'. Κάθετα στη μεσαία λεωφόρο διατάσσεται ένας τέταρτος άξων ο οποίος τέμνει τις δύο εξωτερικές ακτινωτές οδούς. Την ίδια διάταξη με τις τρεις ακτινωτές οδούς είχε ήδη η Piazza del Popolo στη Ρώμη.

Στις Βερσαλλίες του Λουδοβίκου 14ου αναγνωρίζουμε εύκολα το πρότυπο της Πετρούπολης. Και εδώ υπάρχουν τρεις οδικές ακτίνες οι οποίες κατευθύνονται προς τον Πύργο του Ναυαρχείου. Το 1830 εχαράχθη ο ανατολικός από τους τρεις αυτούς άξονες, ο οποίος ήταν ευθύγραμμος και είχε πέντε χιλιόμετρα μήκος. Εδώ επεχειρήθη ο συνδυασμός ενός συστήματος ακτινωτών οδών οι οποίες εκβάλλουν στο ίδιο κέντρο και ενός υποσυστήματος με ορθογώνιο κάναβο. Παρόμοια είναι η σύνθεση των σχεδίων ιδανικών πόλεων την εποχή της ιταλικής Αναγέννησης.

Την επιρροή του πολεοδομικού σχεδίου των Βερσαλλιών την παρατηρούμε επίσης στο σχέδιο πόλης της Ουάσινγκτον (1791), στο οποίο βλέπουμε έναν μνημειώδη και επιτυχημένο τόσο από άποψη λειτουργικότητος όσο και αισθητικής συνδυασμό ενός ακτινωτού και ενός ορθογωνίου συστήματος οδών. Το σχέδιο αυτό είναι του Γάλλου αρχιτέκτονος Pierre Charles l'Enfant.

Στην κάτοψη της Καρλσρούης (ιδρύθη το 1715), η οποία αποδίδεται στον Μαρκίωνα Karl Wilhelm, η ιδέα της ακτινωτής διάταξης των οδών με επίκεντρο το παλάτι έχει αναπτυχθεί ακόμα περισσότερο. Στο κέντρο του πολεοδομικού συγκροτήματος ορθώνεται ο πύργος των ανακτόρων, από τον οποίο εκπορεύονται τριάντα δύο ακτινωτές οδοί. Κάθετα προς την οδό Ανακτόρων (Schlossstrasse) με κατεύθυνση από βορρά προς νότο διασχίζει την πόλη ο άξων της Μακράς Οδού (Lange Strasse) με κατεύθυνση από τα ανατολικά προς τα δυτικά. Η πόλη ανεπτύχθη αρχικώς στην περιοχή των μεσαίων ακτινωτών οδών ανάμεσα στη Μακρά Οδό και στην πλατεία των Ανακτόρων. Στο σχέδιο επέκτασης της πόλης προς νότον, στο λεγόμενο σχέδιο Tulla, που εξεπόνησε ο Friedrich Weinbrenner το 1814/15 και που τελικά δεν εξετελέσθη ποτέ, το σύστημα αυτό εγκαταλείπεται. Ανάμεσα στην υφιστάμενη πόλη και τη σχεδιαζόμενη επέκταση διατάσσεται ένας δεύτερος άξονας με κατεύθυνση από τα ανατολικά προς τα δυτικά, νοτίως του οποίου τοποθετείται ένα σύστημα κανονικών ορθογωνίων οικοδομικών τετραγώνων. Διαγώνιες αλλέες διασχίζουν το ορθογώνιο αυτό σύστημα και εκβάλλουν σε μεγάλες πλατείες. Η πρόταση του Weinbrenner παρουσιάζει μια ουσιαστική διαφορά από το σχέδιο των Κλεάνθη και Schaubert: στην Καρλσρούη τον προσανατολισμό των οικοδομικών τετραγώνων καθορίζει ένας οδικός άξων που έχει κατεύθυνση από την ανατολή προς τη δύση, ενώ στην Αθήνα τα οικοδομικά τετράγωνα προσανατολίζονται με βάση τη χάραξη τριών κυρίων οδών. Ο Weinbrenner εσχεδίασε ένα σύστημα με τρεις ακτινωτές οδούς που τέμνονται υπό γωνίες ίδιες με αυτές στην Piazza del Popolo της Ρώμης, τις οποίες γνώριζε καλά από την εποχή των σπουδών του και οι οποίες ήρχιζαν από τον Muehlburger Tor και κατέληγαν στο κέντρο της πόλης". (Φουντουλάκη, Όλγα: *Stamatios Kleanthes 1802-1860. Ein griechischer Architekt aus der Schule Schinkels*, διατριβή, Karlsruhe 1979, σελ. 49-50).

84. Ο Thomas Hall μας δίνει τις εξής πληροφορίες για το ιστορικό ίδρυσης του Ελσίνκι:

"Το Ελσίνκι (Helsingfors), όπως και η Πετρούπολη εκατό χρόνια ενωρίτερα, εσχεδιάσθη και οικοδομήθη ως πρωτεύουσα, αν και όχι ex novo. Η Φινλανδία από τον Μεσαίωνα ακόμα ήταν τμήμα του βασιλείου της Σουηδίας, στον ρωσο-σουηδικό πόλεμο όμως του 1808-1809 απεσχίσθη από τη Σουηδία και της παρεχωρήθη το status ενός αυτόνομου αρχιδουκάτου υποτελούς στον Τσάρο της Ρωσίας. Η πόλη Abo ήταν από καιρό de facto ένα είδος πρωτεύουσας του φινλανδικού τμήματος της Σουηδίας. Λίγο μετά τη συνθήκη ειρήνης εγεννήθη η ιδέα να μεταφερθεί η πρωτεύουσα από το Abo στη λιγώτερο σημαντική μέχρι τότε πόλη Helsingfors, που αφ' ενός μεν ήταν πιο κοντά στην Πετρούπολη και πιο μακρυά από την πρώην μητρική επικράτεια, αφ' ετέρου είχε καεί το 1808, επομένως εδώ υπήρχαν περισσότερες προϋποθέσεις δημιουργίας ενός δημόσιου χώρου πιο μεγαλοπρεπούς απ' ό,τι στην πόλη Abo. (...)

Το νέο σχέδιο ενεκρίθη από τον Τσάρο Αλέξανδρο Α' το 1811, προφανώς όμως δεν ήταν ευχαριστημένοι με το σχέδιο, ιδίως διότι η ιδέα να γίνει πρωτεύουσα το Ελσίνκι εκέρδιζε όλο και περισσότερο έδαφος. Έτσι η πρόταση ανεθεωρήθη και στις αρχές του έτους 1812 εζητήθη από τον Johan Albrecht Ehrenstroem να συντάξει μια γνωμοδότηση για το αναθεωρημένο αυτό σχέδιο, η οποία όμως κατά τα φαινόμενα δεν σώζεται πλέον. (...)

Ο Ehrenstroem επεξηργάσθη μια λεπτομερή και εν μέρει κριτική ανάλυση της πρότασης που είχε υποβληθεί. Κατά την άποψή του, το Ελσίνκι ήταν η δεδομένη πρωτεύουσα του αρχιδουκάτου και αυτό έπρεπε να ληφθεί οπωσδήποτε υπ' όψιν κατά τον σχεδιασμό της πόλης, ώστε να αποφευχθούν οι δαπανηρές μελλοντικές τροποποιήσεις του σχεδίου. Βασική πρόταση του Ehrenstroem στη γνωμοδότησή του ήταν στην 'πόλη αυτή καθεαυτή' να επιτραπεί η οικοδόμηση μόνο λιθίνων κτηρίων· όποιος ήθελε να κτίσει ξύλινα σπίτια, θα έπρεπε να μετατεθεί στο προάστειο, το οποίο θα εχωρίζετο από την πόλη με μία διώρυγα. (...)

Οι κρίσεις του Ehrenstroem για το σχέδιο πόλης αντιμετωπίσθησαν ευνοϊκά από την οικοδομική επιτροπή, η οποία του εζήτησε να συγκεκριμενοποιήσει τις ιδέες του συντάσσοντας μια εναλλακτική πρόταση. Μέσα σε λίγο χρονικό διάστημα ολοκληρώθηκε η πρότασή του και τον Απρίλιο του 1812 ενεκρίθη από τον τσάρο Αλέξανδρο Α', ενώ ταυτοχρόνως ανεκηρύχθη πρωτεύουσα του κράτους το Ελσίνκι. Ο Ehrenstroem εδιωρίσθη τότε νέος πρόεδρος της οικοδομικής επιτροπής και έμεινε σ' αυτή τη θέση μέχρι τα μέσα της δεκαετίας του 1820, επιφορτισμένος με την ευθύνη της οικοδόμησης της πόλης.

Μετά τον διορισμό του ο Ehrenstroem συνέχισε τη σχεδιαστική του δραστηριότητα με μία πρόταση για το νότιο προάστειο του Ελσίνκι και τα δύο αυτά σχέδια περιελήφθησαν σε ένα γενικό πολεοδομικό σχέδιο, το οποίο ενεκρίθη από τον Τσάρο το 1817. Η πιο εντυπωσιακή ιδέα σ' αυτό το σχέδιο είναι μια πλατιά αδόμητη ζώνη, την οποία περιβάλλουν διπλές δενδροστοιχίες και η οποία χωρίζει την καθεαυτή πόλη από το προάστειο, την πέτρινη πόλη από την ξύλινη. Η ζώνη αυτή ονομάζεται στο σχέδιο 'Esplanade'. Η διώρυγα θα είχε το ίδιο μήκος με αυτή". (Thomas Hall: *Planung europaeischer Staedte*, Stockholm 1986, σελ. 69-72).

85. Για τις μεθόδους της ρωσικής πολεοδομίας την εποχή του κλασικισμού και για το πολεοδομικό σχέδιο της Οδησσού ως αντιπροσωπευτικού παραδείγματος ο A. W. Bunin γράφει:

"Κατά τον σχεδιασμό των σχετικά μεγαλύτερων πόλεων, οι αρχιτέκτονες του ρωσικού κλασικισμού δεν εχρησιμοποίησαν ποτέ την κανονική γεωμετρική μορφή του ορθογωνίου συστήματος χάραξης των οδών. Εγνώριζαν πολύ καλά ότι το σχέδιο μιας μεγαλούπολης οφείλει να είναι πολύ διαφορετικό από το σχέδιο μικρών πόλεων. Ενώ στη μικρή πόλη το κανονικό γεωμετρικό σχέδιο είναι αποδεκτό, στη μεγάλη δημιουργεί απελπιστική μονοτονία, την οποία δεν μπορεί να αναιρέσει ούτε καν μιας πρώτης τάξεως αρχιτεκτονική. Γι' αυτό τον λόγο μεγάλες πόλεις όπως η Οδησσός, η Πολτάβα, το Γιαροσλάβ και το Τσέρνικοφ είχαν ένα συνδυασμό διαφόρων ρυμοτομικών συστημάτων. Από αυτή την άποψη αξιοσημείωτη είναι η περίπτωση της Οδησσού.

Το πολεοδομικό σχέδιο της Οδησσού, που άρχισε να οικοδομείται το 1794 και αποπερατώθη το 1814 επί των ημερών του διοικητού της πόλης Richelieu, είναι ένας συνδυασμός δύο ορθογωνίων οδικών δικτύων τα οποία συνδέονται υπό γωνίαν 45 μοιρών. Αυτό το 'τσάκισμα' του συστήματος των οδών, το οποίο δικαιολογείται διά λόγους τεχνικής της κυκλοφορίας, έχει ως αποτέλεσμα να έχουν άλλοι μεν δρόμοι κλειστή προοπτική κατάληξη, άλλοι δε ανοιχτή θέα προς τη γαλάζια θάλασσα. Στο σχέδιο διακρίνονται ιδιαίτερα τρεις παράλληλες πρωτεύουσες οδοί: η οδός Πούσκιν, η οποία καταλήγει στην παραλιακή λεωφόρο Νικολάου, η οδός Αικατερίνης, που έχει κλειστή προοπτική θέα και την οποία μία αδιέξοδος οδός συνδέει με το μνημείο Richelieu και με τη φημισμένη μνημειώδη κλίμακα, και η οδός Αλεξάνδρου με μία δενδροστοιχία ανάμεσα σε δύο ωραίες πλατείες αγοράς. Λίγα αλλά επιδέξια διατεταγμένα κύρια κτήρια, πολύ πράσινο και τέλος το υψηλό επίπεδο της υποδομής και της αρχιτεκτονικής έκαναν την Οδησσό μία από τις ωραιότερες πόλεις της Μαύρης Θάλασσας". (A. W. Bunin: *Geschichte des russischen Staedtebaues bis zum 19. Jh.*, Berlin 1961, σελ. 113).

86. Το σχέδιο πόλης της Πάτρας εξεπόνησε το 1828 ο λοχαγός του μηχανικού Σταμάτης Βούλγαρης και ενέκρινε ο Κυβερνήτης Καποδίστριας. Χρονικά αποτελεί το πρώτο σημαντικό νέο πολεοδομικό σχέδιο στην απελευθερωμένη Ελλάδα. Για τον Σταμάτη Βούλγαρη βλ. σημ. 44 του παρόντος κεφαλαίου.

87. Για τον σχεδιασμό της πόλης Τβερ ο A. W. Bunin μας πληροφορεί:
"Τον 18ο αιώνα το Τβερ είχε ακόμα τον παλαιό [οχυρωμένο] κεντρικό πυρήνα του, το λεγόμενο κρεμλίνο, που το περιέβαλλαν προμαχώνες από χώμα. Εδώ ήταν κτισμένος ο μητροπολιτικός ναός Spasso-Breobrashenski με τους πέντε τρούλους και με το τριώροφο καμπαναριό του. Για το μέγαρο Putewoi είχε επιλεγεί μια θέση επίσης κοντά στη μητρόπολη και μ' αυτό τον τρόπο στο κέντρο του Τβερ εδημιουργήθη ένα μεγάλο συγκρότημα δημοσίων κτηρίων, που τα σχήματά τους, ερχόμενα σε ζωηρή αντίθεση μεταξύ τους, συνέθεταν ένα πολύ ζωντανό περίγραμμα πόλης. Στο νέο σχέδιο της πόλης εχρησιμοποιήθη ως κέντρο της όλης συνθέσεως ακριβώς αυτό το κτηριακό συγκρότημα. Σε αντίθεση με τις ακτινωτές οδούς της Πετρούπολης, οι τρεις οδικοί άξονες του Τβερ σχηματίζουν μιαν απόλυτα συμμετρική σύνθεση. Ο μεσαίος, η οδός Millionnaja, καταλήγει απ' ευθείας στο καμπαναριό, ενώ οι δύο ακραίοι εφάπτονται στο κρεμλίνο και δεν έχουν καταληκτική θέα· η γωνία που σχηματίζουν είναι 30 μοιρών. Από την ημικυκλική πλατεία στο σημείο συμβολής των ακτινωτών οδών επομένως έχει κανείς την καλύτερη ορατότητα και προς τους τρεις αυτούς δρόμους". (A. W. Bunin: *Geschichte des russischen Staedtebaues bis zum 19. Jh.*, Berlin 1961, σελ. 109).

88. Ο A. W. Bunin περιγράφει ως εξής το σύστημα των ακτινωτών οδών της νέας πόλης, που καταλήγουν στο κρεμλίνο ή στη μονή της παλαιάς πόλης - εύγλωττο παράδειγμα η πόλη Τούλα:
"Η συνήθεια να ανεγείρουν στα σημεία κατάληξης των οδών πύργους είχε καθιερωθεί ήδη από την εποχή του Μεγάλου Πέτρου. Ένας πανύψηλος πύργος με εντυπωσιακό περίγραμμα μπορεί να είναι θαυμάσια καταληκτική θέα πολλών δρόμων, λαμπρό παράδειγμα η κεραία του Πύργου του ναυαρχείου στην Πετρούπολη. Όσο όμως πληθαίνει ο αριθμός των ακτινωτών οδών, η αρχιτεκτονική εντύπωση ακόμα και του ωραιοτέρου πύργου αναπόφευκτα μειώνεται, διότι είναι ορατός από πολλές θέσεις του δημοσίου χώρου και δεν μπορεί πια να δώσει νέες εντυπώσεις. Γι' αυτό τον λόγο οι ρώσοι αρχιτέκτονες εφρόντιζαν ώστε οι ακτινωτές οδοί τους να μην καταλήγουν, παρά πολύ σπάνια, σε ένα μοναδικό κατακόρυφο στοιχείο· αντ' αυτού προτιμούσαν να τις κατευθύνουν προς ένα μεγάλο και ποικιλόμορφα διαρθρωμένο κτηριακό συγκρότημα, τις περισσότερες φορές προς το κρεμλίνο ή κάποιο μοναστήρι. Επειδή το κρεμλίνο ευρίσκετο συνήθως στο κέντρο της πόλης, το νέο ρυμοτομικό σχέδιο σε σχήμα ριπιδίου προσηρμόζετο θαυμάσια στο μονοκεντρικό ρυμοτομικό της οργανικά ανεπτυγμένης [παλαιάς] πόλης. Μ' αυτό τον τρόπο η πόλη αποκτούσε ένα πολύμορφο και εντυπωσιακό κέντρο, οι οδοί είχαν διαφόρους πύργους ως καταληκτική θέα και η εικόνα που προσέφεραν ήταν πλούσια σε εναλλαγές. Αυτού του τύπου είναι η διάταξη των πόλεων Τούλα, Νόβγκοροντ, Ροστόφ-Γιαροσλάβσκι και άλλων. Χωρίς αμφιβολία αυτές οι πόλεις ήταν πιο εντυπωσιακές από τις πόλεις με παρόμοιες ακτινωτές οδούς και με μια μεγάλη κεντρική πλατεία χωρίς κάποιο δεσπόζον κτηριακό συγκρότημα. Εξαίρεση αποτελούσε το Μπογκοροντίσκ, όπου ολόκληρη η πόλη με την κεντρική πλατεία της ήταν στραμμένη προς μία μεγάλη υδάτινη επιφάνεια και προς το τεράστιο πάρκο, στο κέντρο του οποίου ορθωνόταν το ανάκτορο της Μεγάλης Αικατερίνης ως καταληκτικό σημείο οράσεως". (A. W. Bunin: *Geschichte des russischen Staedtebaues bis zum 19. Jh.*, Berlin 1961, σελ. 111).

89. Παραθέτουμε ολόκληρο το σχετικό χωρίο του Lavedan:
"Η Ελλάδα και η Σερβία μπορούσαν ακόμη να αναζητήσουν πρότυπα από τη Ρωσία, το όνομα της οποίας έχει τόσο συχνά συνδεθεί με την ιστορία των βαλκανικών κρατών. Η Ρωσία, πάντοτε ιδρύτρια πόλεων, είχε ήδη πριν από μισόν αιώνα εκφράσει την προτίμησή της προς το ορθογωνικό σύστημα. Στα τέλη του 17ου αιώνα η Αικατερίνη Β' είχε αναλάβει τον εποικισμό της Ουκρανίας. Το Γιεκατερίνοσλαβ στον Δνείπερο (σήμερα Ντνιεπροπετρόφσκ) έχει ορθογώνιο κάναβο οδών. Ο θεμέλιος λίθος της Οδησσού ετοποθετήθη το 1794. Ο Δουξ του Richelieu, αργότερα υπουργός του Louis XVIII, εξόριστος τότε, έπαιξε σημαντικό ρόλο στην ίδρυση αυτής της πόλης. Ο πυρήν της Οδησσού έχει επίσης ορθογώνιο κάναβο οδών". (Pierre Lavedan: *Histoire de l'urbanisme*: 3. *Epoque contemporaine*, Paris 1952, σελ. 201-202).

90. Ο Στέφανος Σίνος, αναφερόμενος στην ελλιπή μέχρι σήμερα διερεύνηση των προτύπων ιδεών, που ενδεχομένως επηρέασαν τον σχεδιασμό των νεοελληνικών πόλεων, και στην ανάγκη αξιολόγησης των σχετικών σχεδίων όχι μόνο με τυπολογικά κριτήρια, γράφει πολύ πειστικά:
"Είναι προφανές ότι η ιστορία της πολεοδομίας κατά την κλασικιστική περίοδο πρέπει να ασχοληθεί μελλοντικά πολύ περισσότερο με την έρευνα των λεπτομερειών, ώστε να εκτιμήσει ορθότερα τον μεγάλο αριθμό των νέων ιδεών και των νέων προβλημάτων που εγεννήθησαν την εποχή εκείνη. Η αυστηρή μορφή ορισμένων σχεδίων πολλές φορές συνεκάλυψε τις νέες ιδέες, και πιθανόν αυτός να είναι ο λόγος που η ιστορία δεν αναγνώρισε πλήρως τα πραγματικά επιτεύγματα αυτής της εποχής. Η Αθήνα και οι άλλες νέες κλασικιστικές πόλεις που ιδρύθησαν στην Ελλάδα αναπτυσσόμενες απέκλιναν ποικιλόμορφα από τις αρχές των αρχιτεκτόνων που τις σχεδίασαν· για την ιστορία ωστόσο εν γένει, σήμερα η διερεύνηση των αρχών αυτών είναι το σημαντικό. Παρότι για την τοπική ιστοριογραφία είναι αναγκαία η μελέτη του ιστορικού εκπόνησης αυτών των σχεδίων και της εξέλιξής τους, μοιάζει να έχει μεγαλύτερη σημασία να καταλάβουμε πώς αντιμετώπισε ο πολεοδόμος τα προβλήματα της νέας μορφής της πόλης". (Στέφανος Σίνος: *Die Gruendung der neuen Stadt Athen*. Στο περιοδικό *Architectura*, 1974, σελ. 51-52).

ΜΕΡΟΣ Β

ΚΕΙΜΕΝΑ ΑΝΑΦΕΡΟΜΕΝΑ ΣΤΗΝ ΙΔΡΥΣΗ ΚΑΙ ΤΗΝ ΑΡΧΙΚΗ ΑΝΑΠΤΥΞΗ ΤΗΣ ΝΕΑΣ ΑΘΗΝΑΣ

ΑΝΑΛΥΤΙΚΑ ΠΕΡΙΕΧΟΜΕΝΑ Β' ΜΕΡΟΥΣ

Τεκμήριον 25: Επιστολή της αντιβασιλείας προς τον Klenze. Ναύπλιον 12/24 Σεπτεμβρίου 1834. Γνωστοποίησις αντιγράφου των παρατηρήσεων του Βασιλέως Όθωνος επί του σχεδίου πόλεως των Αθηνών.

Τεκμήριον 26: Έκθεσις του "Bureau d'Economie Publique" προς τον Βασιλέα Όθωνα με υπογραφήν "Κωλέττης". Ναύπλιον 5/17 Νοεμβρίου 1834. Αφορά εις την παραίτησιν των Κλεάνθους και Schaubert.

Τεκμήριον 27: Διάταγμα του Βασιλέως Όθωνος κοινοποιούμενον προς το Υπουργείον Εσωτερικών. Ναύπλιον 7/19 Νοεμβρίου 1834. "Περί απολύσεως των κυρίων Κλεάνθους και Schaubert".

Τεκμήριον 28: Διάταγμα του Βασιλέως Όθωνος κοινοποιούμενον προς το Υπουργείον Εσωτερικών. Αθήναι 23 Δεκεμβρίου 1834/4 Ιανουαρίου 1835 "Περί της χαράξεως των οδών της πόλεως των Αθηνών".

IV. *Τεκμήρια (υπ' αρ. 29-43) δια τον σχεδιασμόν των νέων Αθηνών (πρωτότυπα εις γερμανικήν ή γαλλικήν γλώσσαν). Από τα Γενικά Αρχεία του Κράτους, Αθήναι, Οθωνικόν Αρχείον, Υπουργείον Εσωτερικών, φάκελλοι 213, 214, 215, 219, 220, 221 και Υπουργείον Εκκλησιαστικών και Δημοσίου Εκπαιδεύσεως, φάκελλος L 44.*

Τεκμήριον 29: Επιστολή του αρχιτέκτονος της Αυλής Johann Gottfried Gutensohn προς τον Βασιλέα Όθωνα. Αθήναι 14 Απριλίου 1833· συνημμένη έκθεσίς του "Αι Αθήναι και τα περίχωρά των".

Τεκμήριον 30: Επιστολή του αρχιτέκτονος της Αυλής Johann Gottfried Gutensohn προς τον Βασιλέα Όθωνα. Ναύπλιον 12 Μαΐου 1833, "Περί της θέσεως της πρωτευούσης του βασιλείου".

Τεκμήριον 31: Διάταγμα του Βασιλέως Όθωνος "Περί εκτελέσεως και ακριβούς τηρήσεως του εγκεκριμένου σχεδίου ανοικοδομήσεως της πόλεως των Αθηνών". Ναύπλιον 10/22 Δεκεμβρίου 1833.

Τεκμήριον 32: Επιστολή του Βασιλέως Λουδοβίκου Α' της Βαυαρίας προς την αντιβασιλείαν εις Αθήνας. Μόναχον 4 Ιουνίου 1834. Σοβαραί επιφυλάξεις δια το σχέδιον των Κλεάνθους και Schaubert. Επι-

159

158. Τα βασιλικά ανάκτορα (αρχιτέκτων Friedrich Gaertner) και η "πλατεία των ανακτορίων" (αργότερα πλατεία Συντάγματος) από δυσμάς (1843). Αριστερά διακρίνεται η οικία Δημητρίου, έργον του Theophil Hansen. Σχέδιο με μολύβι και ακουαρέλλα, 18.5×37.5 εκ. (Συλλογή χαρακτικών της Akademie der Bildenden Kuenste, Βιέννη).

159. Αεροφωτογραφία του κέντρου της Αθήνας το 1965. Κλίμαξ περίπου 1:9.000 (Υπουργείο Δημοσίων Έργων).

θυμία "αναστολής της ισχύος του" και αποστολής του Klenze ως εμπειρογνώμονος εις την Ελλάδα.

Τεκμήριον 33: Διαταγή του Βασιλέως Όθωνος προς το Υπουργείον Πολέμου [Στρατιωτικών]. Ναύπλιον, 31 Ιουλίου/12 Αυγούστου 1834. Περί προστασίας των αρχαιοτήτων της Ακροπόλεως.

Τεκμήριον 34: Επιστολή του Klenze προς τον Βασιλέα Όθωνα. Αθήναι 28 Αυγούστου/9 Σεπτεμβρίου 1834. "Περί εφαρμογής του σχεδίου της νέας πόλεως των Αθηνών".

Τεκμήριον 35: Επιστολή του Βασιλέως Όθωνος προς το Υπουργείον των Εκκλησιαστικών και της Δημοσίου Εκπαιδεύσεως. Ναύπλιον, 6/18 Σεπτεβρίου 1834. Συνοδεύει "αντίγραφον γνωματεύσεως" του Klenze με την ιδίαν ημερομηνίαν.

Τεκμήριον 36: Επιστολή του Klenze προς τον Βασιλέα Όθωνα. Ναύπλιον16/28 Σεπτεμβρίου 1834. Περί της σχεδιαζομένης διανοίξεως της οδού Ηροδότου εις Αθήνας.

Τεκμήριον 37: Επιστολή της αντιβασιλείας προς τον Βασιλέα Λουδοβίκο Α' της Βαυαρίας, Ναύπλιον 21 Σεπτεμβρίου/3 Οκτωβρίου 1834. Έκθεσις περί της δραστηριότητος του Klenze εις την Ελλάδα και έκφρασις ευγνωμοσύνης διά το ενδιαφέρον του Βασιλέως Λουδοβίκου δια την ελληνικήν υπόθεσιν.

Τεκμήριον 38: Ανακοίνωσις του Βασιλέως Όθωνος προς τον Klenze 10/22 Οκτωβρίου 1834. "Μεταβολαί τας οποίας η Α.Μ. επιθυμεί να επενεχθούν επί του επικυρωμένου από την αντιβασιλείαν με την απόφασιν της 18/30 Σεπτεμβρίου σχεδίου των νέων Αθηνών, καθώς και ωρισμέναι επιπρόσθετοι παρατηρήσεις επί του ιδίου σχεδίου".

Τεκμήριον 39: Επιστολή του Klenze προς τον Βασιλέα Όθωνα ("προς την αντιβασιλείαν"). Μόναχον, 18 Νοεμβρίου 1834. "Περί του σχεδίου της πρωτευούσης".

Τεκμήριον 40: Έκθεσις του υπουργού Εσωτερικών Πραΐδη. Αθήναι, 23 Ιουλίου/4 Αυγούστου 1835. "Περί των ανεγερθησομένων δημοσίων καταστημάτων".

Τεκμήριον 41: Σχέδιον επιστολής του Βασιλέως Όθωνος προς το Υπουργείον των Εσωτερικών. 16/28 Ιουνίου 1836. Απαιτήσεις των κυρίων Κλεάνθους και Schaubert δια τας "δαπάνας αποτυπώσεως του σχεδίου των Αθηνών".

Τεκμήριον 42: Επιστολή του Κλεάνθους προς τον Βασιλέα Όθωνα. Αθήναι 24 Απριλίου 1837. Πληροφορίαι δια την ιστορίαν εκπονήσεως του σχεδίου των νέων Αθηνών, δια την αμοιβήν των εργασιών και δια τα πνευματικά δικαιώματα επί του σχεδίου.

Τεκμήριον 43: Επιστολή του βασιλέως Όθωνος προς το Υπουργείον Εσωτερικών. Αθήναι 29 Μαΐου/10 Ιουνίου 1837. Εντολή να συνταχθεί με βάσιν το τροποποιημένον από τον Klenze σχέδιον, καθώς και τα ωρισθέντα δια τα ανάκτορα (δηλαδή την νέαν θέσιν την οποίαν επέλεξε δι' αυτά ο F. Gaertner) νέον σχέδιον πόλεως Αθηνών.

V. *Αποσπάσματα από το έργον του Klenze "Aphoristische Bemerkungen gesammelt auf seiner Reise nach Griechenland" (Αφοριστικαί παρατηρήσεις συλλεγείσαι κατά την διάρκειαν του ταξιδίου του εις την Ελλάδα), τα οποία αναφέρονται εις τον πολεοδομικόν σχεδιασμόν και την προστασίαν των μνημείων εις Αθήνας. (Πρωτότυπα κείμενα εις γερμανικήν γλώσσαν. Τεκμήρια υπ' αρ. 44-48).*

Τεκμήριον 44: Περιγραφή από τον Klenze των μέτρων προστασίας τα οποία ελήφθησαν με ιδικήν του πρωτοβουλίαν δια τα μνημεία εις Αθήνας και εις την Ελλάδα.

Τεκμήριον 45: Προσφώνησις του Klenze προς τον Βασιλέα Όθωνα την 10.9.1834 κατά την πανηγυρικήν έναρξιν των εργασιών αναστηλώσεως των μνημείων της Ακροπόλεως.

Τεκμήριον 46: Έκθεσις του Klenze δια την προϊστορίαν του πολεοδομικού σχεδιασμού των Αθηνών. Περιγραφή των τοπογραφικών και κλιματικών δεδομένων της πόλεως.

Τεκμήριον 47: Περιγραφή της προτάσεως του Klenze δια τας νέας Αθήνας. Εδώ: απαρίθμησις και περιγραφή των σημειωμένων εις το σχέδιόν του αρχαίων μνημείων.

Τεκμήριον 48: Περιγραφή της προτάσεως του Klenze δια τας νέας Αθήνας. Εδώ: περιγραφή του σχεδίου του δια τα ανάκτορα.

VI. *Τεκμήρια (υπ' αρ. 49-60) της πολεοδομικής ιστορίας των Αθηνών κατά την περίοδον διακυβερνήσεως του Βασιλέως Όθωνος 1833-1862 (κείμενα εις ελληνικήν γλώσσαν). Από τα Γενικά Αρχεία του Κράτους, Αθήνα, Οθωνικόν αρχείον, Υπουργείον Εσωτερικών, φάκελλοι 214, 215, 220, 222. Υπουργείον Εκκλησιαστικών και Δημοσίου Εκπαιδεύσεως, φάκελλος L 44 και φάκελλος Πολεοδομικών Σχεδίων.*

Τεκμήριον 49: Πιστοποίησις υπογεγραμμένη από τον Μητροπολίτην Αττικής καθώς και τέσσερεις προκρίτους των Αθηνών, σχετικώς με την άφιξιν και πρώιμον δραστηριότητα των Σταματίου Κλεάνθους και Eduard Schaubert εις Αθήνας. Αθήναι, 5 Ιουλίου 1836.

Τεκμήριον 50: Βεβαίωσις (υπογραφή δυσανάγνωστος) των εργασιών αποτυπώσεως δια την σύνταξιν τοπογραφικού σχεδίου της υφισταμένης (παλαιάς) πόλεως των Αθηνών. Αθήναι, 10 Ιουλίου 1836.

Τεκμήριον 51: Επιστολή του Σταματίου Κλεάνθους προς τον Βασιλέα Όθωνα, Αθήναι 12 Ιουνίου 1840. Αίτησις προς αποπληρωμήν της ωφειλομένης αμοιβής δια την εκπόνησιν του σχεδίου των νέων Αθηνών.

Τεκμήριον 52: Επιστολή του Σταματίου Κλεάνθους προς τον Βασιλέα Όθωνα, Αθήναι Οκτώβριος 1840. Αναφορά εις τας δυσκολίας τας οποίας αντιμετωπίζει ο Στ. Κλεάνθης προκειμένου να προμηθευθεί τα μάρμαρα δια τα βασιλικά ανάκτορα.

Τεκμήριον 53: Σχέδιον Βασιλικού Διατάγματος 25 Ιουνίου/7 Ιουλίου 1843 "περί επεκτάσεως του σχεδίου της πόλεως προς την βορειοανατολικήν πλευράν των ανακτόρων".

Τεκμήριον 54: Πρότασις δύο αγνώστων αρχιτεκτόνων (υπογραφή δυσανάγνωστος) προς το υπουργικόν συμβούλιον "περί ανεγέρσεως δημοσίων καταστημάτων κ.λπ". Αθήναι, 30 Ιουνίου 1844.

Τεκμήριον 55: Έκθεσις του "Υπουργείου Εκκλησιαστικών και της Δημοσίου Εκπαιδεύσεως" προς τον Βασιλέα Όθωνα (ημερομηνία δυσανάγνωστος, ωστόσον 184...). "Περί αγοράς και του λοιπού ημίσεως του θεάτρου του Διονύσου κ.λπ.".

Τεκμήριον 56: Έκθεσις του υπουργού Εσωτερικών προς τον Βασιλέα Όθωνα. Αθήναι, 1 Δεκεμβρίου 1850. "Περί του γενικού σχεδίου της Πρωτευούσης".

Τεκμήριον 57: Έκθεσις του υπουργού Εσωτερικών προς τον Βασιλέα Όθωνα. Αθήναι, 28 Νοεμβρίου 1853. "Περί επεκτάσεως του σχεδίου της πόλεως Αθηνών".

Τεκμήριον 58: Έκθεσις του υπουργού Εσωτερικών προς τον Βασιλέα Όθωνα. Αθήναι, 25 Μαΐου 1857. "Περί του φωτισμού της πόλεως των Αθηνών δια του αερίου gaz".

Τεκμήριον 59: Έκθεσις του υπουργού Εσωτερικών προς τον Βασιλέα Όθωνα. Αθήναι, 12 Ιουνίου 1859. "Περί διορισμού επιτροπής προς καταρτισμόν οριστικού της Πρωτευούσης σχεδίου".

Τεκμήριον 60: Έκθεσις του υπουργού Εσωτερικών προς τον Βασιλέα Όθωνα. Αθήναι, 30 Ιουλίου 1859. "Περί των προς ανέγερσιν δημοσίων και δημοτικών καταστημάτων αναγκαιούντων οικοπέδων".

VII. *Το πρώτον πολεοδομικόν νομοθέτημα της Ελλάδος*

Τεκμήριον 61: Διάταγμα της 3/15 Απριλίου 1835 "περί υγιεινής οικοδομής πόλεων και κωμών", δημοσιευμένον εις το φύλλον αρ. 19 της Εφημερίδος της Κυβερνήσεως.

Ι. Αποσπάσματα από δημοσιευμένα και αδημοσίευτα κείμενα από την εποχήν της ιδρύσεως των νέων Αθηνών.

ΤΕΚΜΗΡΙΟΝ 1

Αναφορά του Ludwig Ross εις την δράσιν των Κλεάνθους και Schaubert εις Αθήνας. Αποτύπωσις της παλαιάς πόλεως· προοπτικαί της αρχαιολογικής ερεύνης· πρότασις δια την νέαν πόλιν (πρωτότυπον κείμενον εις γερμανικήν γλώσσαν).

Από το έργον του Ludwig Ross "Erinnerungen und Mittheilungen aus Griechenland" (Αναμνήσεις και ανταποκρίσεις από την Ελλάδα), Βερολίνον 1863, σελ. 150-159.

Αθήναι, 30 Σεπτεμβρίου/12 Οκτωβρίου 1832

(...) Πολύ αργότερα, αγαπητέ φίλε, από ό,τι εσκόπευα και από ό,τι σας είχα υποσχεθεί, κατορθώνω να σας ξαναστείλω ειδήσεις από τας ακριβάς μας Αθήνας, όπου εγκατεστάθην και πάλιν δια δύο μήνας μετά τον ερχομόν του φίλου μου Forchhammer και αφού έμεινα πρώτα έξι ολοκλήρους εβδομάδας μόνος. Δια να κάνωμεν πιο άνετα τας κοινάς εκδρομάς και σπουδάς μας, ο φίλος μου κι εγώ ενοικιάσαμεν μαζί ένα σπίτι. Βρίσκεται στα δυτικά του παρακειμένου Αδριανείου Γυμνασίου, μακρυά από τον δρόμον, και περιβάλλεται από υψηλά, σύγχρονα ερείπια ωσάν νήσος μέσα σε μια θάλασσα από συντρίμμια. Όμως βλέπουμε εις τον βορράν σχεδόν ολόκληρον την Πάρνηθα, εις τον νότον τον Άρειον Πάγον με τον δερβίσην του που ουρλιάζει εφιαλτικώς, καθώς και ένα μέρος της Ακροπόλεως. Φυσικά, εάν είχαμε την πρόθεσιν να περάσουμε εδώ ήσυχα έναν χρόνο, η επιλογή της κατοικίας μας θα ήτο, μάλλον ιδιαιτέρως κακή. Διότι σε αυτό το τμήμα της πόλεως, συμφώνως προς τα σχέδια και τας προτάσεις δια την περιοχήν, που εμάς μας ευρίσκουν ολοψύχως συμφώνους και με τας οποίας θα συμφωνήσει και όλη η μορφωμένη Ευρώπη, θα κατεδαφισθούν τα πάντα με εξαίρεσιν τα κατάλοιπα της αρχαιότητος, έτσι ώστε βαθμιαίως να έβγουν εις το φως όλα όσα έχουν απομείνει από τας αρχαίας Αθήνας κρυμμένα μέσα εις την γην. Αυταί αι προτάσεις ενδιαφέρουν και εσάς τόσον πολύ, που με την άδειά σας θα σας πω μερικά λόγια δι' αυτάς. Μόνο που πρέπει να ξεκινήσω από ολίγον παλαιοτέραν εποχήν.

Πριν από τρία περίπου χρόνια ήλθαν εις την Ελλάδα δύο νεαροί αρχιτέκτονες σπουδασμένοι πρώτα εις το Βερολίνον και έπειτα εις την Ιταλίαν, ο κύριος Schaubert από το Breslau και ο κύριος Κλεάνθης από την Θεσσαλίαν. Απετάνθησαν εις τον Κυβερνήτην, που εκείνον τον καιρό είχε την έδραν του εις την Αίγιναν, και αυτός τους έδωσε μίαν θέσιν και κάποιαν απασχόλησιν. Όταν έπειτα ο κόμης Ιωάννης μετέθεσε την έδραν του εις το Ναύπλιον, αυτοί έμειναν αρχικώς εις την Αίγιναν δια να αποπερατώσουν μερικά δημόσια κτήρια. Ύστερα όμως, κουρασμένοι από τας πιέσεις του κυκλοθυμικού δυνάστου και από τας δολοπλοκίας των οργάνων του, δηλαδή κυρίως του Μουστοξύδη, υπέβαλον την παραίτησίν τους, όπως είχαν κάνει ήδη δυο φοράς εις το παρελθόν, και εστράφησαν προς τας Αθήνας. Εδώ, λόγω του προφανούς μίσους (*) του Κυβερνήτου δια την γενέτειραν ενός Αρμοδίου και ενός Αριστογείτονος, δεν μπορούσαν βέβαια να ελπίζουν πως κάτω από την ισχυρώς θεμελιωμένην, όπως εφαίνετο τότε, εξουσίαν του Καποδίστρια θα ήτο ποτέ δυνατόν να γίνει κάτι σημαντικόν δια τας Αθήνας· παρ' όλα αυτά, ορμώμενοι από καθαράν αγάπην προς το αντικείμενον και με ιδικά τους, σημαντικά έξοδα ήρχισαν την σύνταξιν εις πολύ μεγάλην κλίμακα ενός τοπογραφικού σχεδίου των Αθηνών και των πλησιεστέρων περιχώρων των, στηριγμένου εις ακριβείς καταμετρήσεις, και ησχολήθησαν με προτάσεις δια την ίδρυσιν μιας νέας πόλεως. Το έργον τους είχε φθάσει σχεδόν εις αίσιον τέλος όταν, πριν από τέσσερεις μήνας, η παρούσα Προσωρινή Κυβέρνησις της Ελλάδος διώρισε πάλιν ως αρχιτέκτονας της κυβερνήσεως τους κυρίους Schaubert και Κλεάνθην και τους ανέθεσε επισήμως τας προαναφερθείσας εργασίας, αφού ο Ιωάννης Καποδίστριας ευρήκε τον Αρμόδιον και τον Αριστογείτονά του και η γελοία, σκιώδης εξουσία του Αυγουστίνου [αδελφού του Καποδίστρια] διελύθη εις τα εξ ων συνετέθη. Έναν μήνα αργότερον εδιωρίσθη από την Κυβέρνησιν και ο κύριος Lueders, ο οποίος προς το παρόν ασχολείται με την καταμέτρησιν και την τοπογράφησιν λιμανιών.

Ολοκληρωμένη και σχεδιασμένη πάρα πολύ ωραία από τον κύριον Schaubert είναι μέχρι τώρα η κάτοψις ή μάλλον η χαρτογράφησις των Αθηνών και των πλησιεστέρων περιχώρων των, καλύπτοντας μίαν επιφάνειαν μισού τετραγωνικού μιλίου και περισσότερον. Προς τον νότον εκτείνεται ολίγον πιο πέρα από το Στάδιον και τον Ιλισσόν· προς τα δυτικά περιλαμβάνει ολοκλήρους τους λόφους του Μουσείου, της Πνυκός και του Λυκαβηττού [το όνομα αποδίδεται λανθασμένως εις τον λόφον των Νυμφών], προς τα ανατολικά το μεγαλύτερον μέρος του Αγχέσμου [το όνομα αποδίδεται λανθασμένως εις τον λόφον του Λυκαβηττού] και προς τον βορράν τελειώνει εις την πεδιάδα, εις απόστασιν 4000 αγγλικών ποδών από την αρχαίαν πύλην των Αχαρνών. Περιέχει τα αρχαία τείχη,

* Όποτε κάποιος από το περιβάλλον του Κυβερνήτου έκανε την απροσεξίαν να εκστομίσει την λέξιν 'Αθήναι', έβλεπε τα χαρακτηριστικά του προσώπου του να συσπώνται. "Τι μιλάτε συνέχεια δια τας Αθήνας; Τι διαφορετικό έχουν από τας άλλας πόλεις;" ερωτούσε ενοχλημένος. Μόνον μίαν φοράν έμεινε μίαν ολόκληρον ημέραν incognito στην Αθήνα, ομιλούσε όμως ύστερα με την ψυχροτέραν περιφρόνησιν δια τα υφιστάμενα κατάλοιπα της αρχαιότητος. Μόνον όταν ήσαν παρόντες ξένοι (Ευρωπαίοι) υπεκρίνετο ένα είδος ενθουσιασμού δια να μην ξυπνήσει από τον ύπνο τους τους αγαθούς χρηματοδότας φιλέλληνας της Ευρώπης. Ο Ανδρέας Μουστοξύδης, ο αρχαιολόγος(!), όσον αφορά τας Αθήνας ήτο το πιστόν φερέφωνον του αυθέντου και κυρίου του. Όχι μόνον δεν επεσκέφθη ποτέ ο ίδιος τας Αθήνας κατά την δίχρονον παραμονήν του εις την Αίγιναν από δουλοπρέπειαν έναντι του Κυβερνήτου, αλλά κάποτε εξέσπασε και εναντίον του κυρίου Κλεάνθους με τα λόγια: "Να πάρει ο διάβολος τους Τούρκους που αφήσαν έστω και μίαν πέτραν ορθίαν εις τας Αθήνας και τώρα μας ζαλίζουν όλοι τούτοι με τας αρχαίας μνήμας των!"

που η διαδρομή των μπορεί να πιστοποιηθεί με αρκετά μεγάλην ακρίβειαν, και όλα τα αρχαία κατάλοιπα μέχρι και μεμονωμένα βάθρα, εφόσον ευρίσκονται κατά τα φαινόμενα ακόμη εις την θέσιν των. Από αυτήν την άποψιν η αποτύπωσις αυτή είναι πληρεστέρα από τας προγενεστέρας, διότι αφ' ενός μεν πολλά αρχαία εφάνησαν μόνον μετά την καταστροφήν της νεωτέρας πόλεως, αφ' ετέρου δε δεν διέφυγε τίποτε από την προσοχήν των αρχιτεκτόνων μας. Ταυτοχρόνως, το τοπογραφικόν τους σχέδιον περιλαμβάνει το νέον τείχος της πόλεως και τας νεωτέρας Αθήνας, δηλαδή τας εκκλησίας και τα τζαμιά, που ανακατεσκευάσθησαν, καθώς και τους δρόμους εφόσον αναγνωρίζεται η αρχική των χάραξις από τους σωρούς των ερειπίων. Εις την ιδίαν κλίμακα με την αποτύπωσιν της πόλεως θα είναι και ο χάρτης της περιοχής των μακρών τειχών καθώς και ο χάρτης της χερσονήσου της Μουνυχίας, που θα σχεδιασθούν μόλις περατώσει τας καταμετρήσεις του ο κύριος Lueders.

Τα ερείπια της νεωτέρας πόλεως συμπεριελήφθησαν εις το σχέδιον μόνον και μόνον δια να διευκολυνθεί η απομάκρυνσίς των. Εκτείνονται (πάρτε αν θέλετε τον χάρτην των Αθηνών από τον τόμον του Kruse "Hellas") από την Αρβανίτικην Πόρταν (από τα νοτιοανατολικά) προς το Μνημείο του Λυσικράτους (προς τον βορράν και τα βορειανατολικά) μέχρι υψηλά εις όλην την βορείαν κλιτύν του βράχου της Ακροπόλεως και του Αρείου Πάγου μέχρι την περιοχήν του Θησείου. Εάν τώρα πάρουμε αυτήν την νοητήν γραμμήν ως βάσιν, τα ερείπια (καθώς και τα μεμονωμένα νέα κτίσματα και καλύβια) εκτείνονται προς βορράν μέχρι την "αρχαίαν κολώναν", μέχρι το Έγριπος Καπεσί (την Πύλη των Αχαρνών), από όπου, διαγράφοντας περίπου τόξον, φθάνουν μέχρι την Πύλην του Αδριανού· έτσι λοιπόν μπροστά στην Πόρτα της Μποτανίστρας [sic! η ορθή ονομασία είναι "Μπουμπουνίστρα"] μια εκτεταμένη περιοχή μέσα στα τείχη με αγρούς και περιβόλια παραμένει αδόμητος. Από τα δυτικά προς τα ανατολικά κατά μήκος της βορεινής πλευράς του Αδριανείου Γυμνασίου [βιβλιοθήκη του Αδριανού] και παραλλήλως προς αυτό εκτείνεται το ανοικοδομημένον παζάρι, τέμνοντας την σημερινήν πόλιν των ερειπίων σε δύο ίσα μέρη. Εδώ τελειώνει η βορεινή, ελαφρώς κυρτή πλαγιά της Ακροπόλεως και αρχίζει η πεδιάς με το απαλώς κυματιστόν ανάγλυφον, που συνεχίζεται με την ιδίαν μορφήν προς βορράν πέραν απ' τα τείχη της πόλεως. Ελπίζω να σας είναι κατανοητή αυτή η σύντομος περιγραφή του χώρου εντός του οποίου πρέπει να κινηθούν τα σχέδια δια την νέαν πρωτεύουσαν της Ελλάδος! Αλλά συνεχίζω: Αν τραβήξετε νοερώς εις το σχέδιόν σας την γραμμήν που διαγράφει το παζάρι, θα δείτε πως σχεδόν όλα τα αρχαία μνημεία, που λείψανά των υπάρχουν ακόμα, είναι συγκεντρωμένα μεταξύ αυτής της γραμμής και του υψώματος της Ακροπόλεως· άλλωστε το γνωρίζετε από τους αρχαίους πως εδώ εσυνωστίζοντο τα περισσότερα μεγαλοπρεπή κτήρια και αγάλματα. Το έδαφος εδώ λόγω των επιχώσεων που έχουν επισσωρευθεί επί χιλιάδες έτη είναι απιστεύτως υπερυψωμένον. Έτσι π.χ. οι Αέρηδες, το Μνημείον του Λυσικράτους, τα κατάλοιπα του Πρυτανείου είναι ακόμη μέσα εις την γην αντιστοίχως εις βάθος 10, 12 μέχρι και 20 ποδών και περισσότερον· δια να πας εις την Μεγάλην Παναγιά, εις την εκκλησίαν εις το κέντρον του Αδριανείου Γυμνασίου, εις την οποίαν ευρίσκονται ακόμη αρχαίοι κίονες όρθιοι, κατεβαίνεις 9-10 πόδια, κ.λπ. Εις αυτήν την περιοχήν δεν χρειάζεται να σκάψεις παρά μόνο εις βάθος ολίγων ποδών δια να εύρεις κιονόκρανα από κίονας και παραστάδας, θραύσματα αγαλμάτων, επιγραφάς και άλλα παρόμοια. Έτσι εχθές, εις την αυλήν του σπιτιού όπου έμενα προηγουμένως, ευρέθη εις βάθος 4-5 περίπου ποδών ένα ωραίον ανάγλυφον· παριστάνει μίαν γυναικείαν μορφήν ύψους τριών περίπου ποδών που της λείπει μόνον το κεφάλι. Ένας άνδρας που εδώ και τρεις ημέρας κάνει ανασκαφάς κοντά εις τους Αέρηδες επάνω από την αγοράν έχει βγάλει ήδη εις το φως 7-8 θραύσματα επιγραφών κ.λπ. Με ολίγα λόγια: δεν είναι απλώς πιθανόν αλλά αποδεδειγμένον από τας ολιγοστάς αποπείρας που έγιναν μέχρι τώρα, ότι εδώ μπορούν να βγουν ακόμα απ' τα σπλάχνα της γης αναρίθμητα και πολύτιμα κατάλοιπα της αρχαιότητος· και μπορεί να ισχυρισθεί κανείς με βεβαιότητα, κρίνοντας από άλλας εμπειρίας, ότι εάν εισχωρήσει κανείς μέχρι το έδαφος της αρχαίας πόλης, θα εύρει όχι μόνο τα θεμέλια, αλλά και σημαντικώτατα κατάλοιπα πλήθους κτισμάτων. Είναι δυνατόν να δεχθεί ποτέ ο αναγεννημένος ελληνικός λαός, είναι δυνατόν να δεχθεί η φιλικώς προσκείμενη προς αυτόν μορφωμένη Ευρώπη να σκεπασθεί ξανά η ιερά αυτή γη με κτίσματα τα οποία, όπως εις την Ρώμην, είτε θα καταστήσουν αδύνατον κάθε μελλοντικήν έρευναν είτε θα την δυσχεράνουν εις ύψιστον βαθμόν; Αλλά ακόμη και ανεξαρτήτως από αυτό, δεν θα ήτο σκοπιμώτερον από την άποψιν της ανέσεως και της αστυνομικής τάξεως να χωροθετηθεί η νέα πόλις εις την πεδιάδα αντί εις την απότομον κλιτύν του βράχου της Ακροπόλεως;

Εις αυτάς τας ιδέας, που δικαίως πιστεύουν ότι θα γίνουν καθολικώς αποδεκταί, εστήριξαν οι κύριοι Κλεάνθης και Schaubert τας προτάσεις των. Ήδη από την εποχήν του Καποδίστρια προσεπάθησαν να αποτρέψουν με ιδικήν τους πρωτοβουλίαν τους Αθηναίους από την οικοδόμησιν σπιτιών εις αυτήν την ζώνην με την σκέψιν ότι αργά ή γρήγορα η κυβέρνησις θα απαλλοτρίωνε με μετρίας αποζημιώσεις την περιοχήν, αποδίδουσα αυτήν εις δημοσίαν χρήσιν· και ως έναν βαθμόν το επέτυχαν. Η σημερινή Προσωρινή Κυβέρνησις αμέσως μετά τον διορισμόν των αρχιτεκτόνων ενέκρινε αυτό το μέρος των προτάσεών τους και, επειδή δεν έχει ακόμα το πρόσταγμα εις τας Αθήνας, προειδοποίησε τουλάχιστον τους κατοίκους να μη κτίζουν εδώ. Έτσι έχει διασφαλισθεί μέχρι σήμερον η δυνατότης δια την μελλοντικήν βασιλικήν κυβέρνησιν να αποκτήσει όλον αυτό το τμήμα της πόλεως αντί ενός εκατομμυρίου τουρκικών πιάστρων (που ισοδυναμούν με 100.000-150.000 φιορίνια). Διότι ένα οικόπεδον κοστίζει κατά μέσον όρον 1.000 πιάστρα και εδώ δεν πρέπει να υπάρχουν πάνω από 500· το υπόλοιπον ποσόν θα έφθανε δια την αποζημίωσιν των ιδιοκτητών των υπαρχόντων κτισμάτων. Μάλιστα αυτή η εκτίμησις είναι μάλλον υπερβολικώς μεγάλη παρά υπερβολικώς μικρή.

Εάν το κράτος αποφασίσει κάποτε αυτήν την αγοράν (και ποιος αμφιβάλλει δι' αυτό;), θα πρέπει να γίνουν ανασκαφαί εις την μεγαλυτέραν δυνατήν κλίμακα. Δεν θα πρέπει να περιορισθεί κανείς εις την απομάκρυνσιν των επιχώσεων γύρω από τα γνωστά μόνον μνημεία, αλλά το ελάχιστον που πρέπει να γίνει είναι να απομακρυνθούν οπωσδήποτε όλοι οι όγκοι από χώματα και λίθους μέχρι το έδαφος της αρχαίας πόλεως, και μάλιστα όχι μόνον εις την βορείαν αλλά και στη νοτίαν κλιτύν της Ακροπόλεως, και να καθαρισθούν τα θέατρα του Διονύσου και του Ηρώδου του Αττικού από τας επιχώσεις που σήμερον τα έχουν καλύψει, έτσι ώστε το πρώτον χρησιμοποιείται ως σταροχώραφον. Το κόστος βεβαίως αυτών των ανασκαφών θα είναι εξαιρετικώς υψηλόν και μόνον πολύ χονδρικώς μπορεί να υπολογισθεί εκ των προτέρων. Αλλά εάν το νέον ελληνικόν κράτος, που με τους πλουσίους φυσικούς πόρους του σε ολίγα έτη θα είναι σε πολύ καλήν οικονομικήν κατάστασιν, διαθέσει ετησίως ένα όχι πολύ μικρόν κονδύλιον δι' αυτόν τον σκοπόν, θα μπορούσε πολύ ευκόλως σε διάστημα μιας γενεάς να ολοκληρωθεί το μεγαλεπίβολον αυτό έργον. Και διατί να μην συνεισφέρουν δι' αυτόν τον σκοπόν και οι πολυάριθμοι Ευρωπαίοι αρχαιόφιλοι; Φαντάζομαι πως εάν εις εκ των κορυφαίων αρχαιολόγων της Γερμανίας ύψωνε την φωνήν του δι' αυτήν την υπόθεσιν και ετίθετο επικεφαλής ενός Συνδέσμου Προωθήσεως των Ανασκαφών εις Αθήνας, συντόμως θα συνεκεντρώνετο ένα σεβαστόν ποσόν. Η ελληνική κυβέρνησις δεν θα μπορούσε να απορρίψει μίαν τέτοιαν αρωγήν, διότι δια κάθε μορφωμένον άνθρωπον ο σκοπός αυτός είναι ιερός, και θα έβλεπε εις την συνδρομήν αυτήν έναν ελάχιστον φόρον ευγνωμοσύνης προς την κοινήν Μητέρα των Τεχνών και των Επιστημών. Κάθε φθινόπωρον η περιοχή μεταξύ των μνημείων, που θα είχε ανασκαφεί μέχρι τότε, θα μπορούσε να φυτεύεται με δένδρα και θάμνους, τα οποία θα έπρεπε να είναι κατανεμημένα σε συστάδες με την πρέπουσαν απόστασιν μεταξύ των, ώστε η ανακτηθείσα αρχαία πόλις να μην παρουσιάζεται ούτε ως μία ολόγυμνος επιφάνεια ούτε όμως και μεταμορφωμένη σε δάσος. Εις το υψηλότερον φυσικόν πλάτωμα κάτω από την Ακρόπολιν, την γυμνήν δηλαδή επίστεψιν του βράχου, από του σπηλαίου του Πανός μέχρι το θέατρον του Διονύσου μπορεί να διαμορφωθεί με ελάχιστον κόπον μία σκιερά δενδροστοιχία. Υπέροχα θα προβάλουν από το βαθυπράσινον φύλλωμα τα κιτρινόφαια λαμπερά βράχια της Ακροπόλεως και τα φωτεινά χρυσαφιά τείχη της με τας ακανονίστους γραφικάς επάλξεις· και υψηλά επάνωθέν των η επιβλητική κιονοστοιχία του Παρθενώνος. Πόσον σαγηνευτική δεν θα είναι τότε η θέα από αυτήν την δενδροστοιχίαν δια τον περιπατητήν που θα έχει την αρχαίαν και την νεωτέραν πόλιν στα πόδια του και πέρα μακρυά την απέραντον πεδιάδα με τον βαθυπράσινον ελαιώνα και τας μακρινάς γαλάζιας κορυφάς του Κιθαιρώνος, της Πάρνηθος και της Πεντέλης! Αι Αθήναι λόγω των ερειπίων της αρχαιότητος θα αποκτήσουν ένα πάρκον διδακτικόν και συνάμα σεβάσμιον που όμοιόν του δεν θα υπάρχει, ένα πάρκον πλούσιον εις φυσικάς καλλονάς όσον ολίγα πάρκα εις τον κόσμον.

Ότι το ύψωμα της Ακροπόλεως συμπεριλαμβάνεται επίσης εις τας σκοπουμένας ανασκαφάς δεν χρειάζεται να το αναφέρω. Εδώ θα χρειασθεί να απομακρυνθούν σχετικώς ολίγα χώματα, αλλά αντ' αυτού πολλοί λίθοι· αφ' ενός ακόσμητα ή αδύνατον πλέον να ταυτισθούν μαρμάρινα μέλη, αφ' ετέρου άλλου είδους λίθοι που σκεπάζουν μέχρι υψηλά το έδαφος. Εάν αυτοί οι λίθοι χρησιμοποιηθούν δια την κατασκευήν δημοσίων κτηρίων ή πωληθούν εις ιδιώτας, θα καλυφθεί σχεδόν τελείως το κόστος της απομακρύνσεώς των. Άραγε θα είναι δυνατή η αναστήλωσις του Ερεχθείου –που οι δυο ακραίοι βορειοδυτικοί κίονές του εκρημνίσθησαν από τουρκικά βλήματα κατά τον τελευταίον πόλεμον συμπαρασύροντας και ένα τμήμα της στέγης**– από τα εις σχετικώς καλήν κατάστασιν ερείπιά του; άραγε θα κατεδαφισθούν τα οχυρώματα και τα τείχη που είναι κτισμένα γύρω από τα Προπύλαια, μεταξύ των κιόνων των, ακόμη και επάνω εις την στέγην των χωρίς τα σημαντικά κατάλοιπα των μνημείων να εκτεθούν εις τον κίνδυνον της ολοσχερούς καταστροφής; Αυτά είναι τα ερωτήματα εις τα οποία νομίζω πως μόνον εάν γίνουν πραγματικαί προσπάθειαι υπό την καθοδήγησιν εμπείρων ανδρών μπορεί να δοθεί απάντησις. Μόνον ένα θεωρώ δεδομένον: ότι η Ακρόπολις δεν θα ξαναγίνει ποτέ πλέον οχυρόν και επομένως τα ερείπιά της, που προκαλούν τόσον δέος και σεβασμόν, δεν θα εκτεθούν ποτέ πλέον εις τον κίνδυνον του αφανισμού, δεδομένου ότι από τον κατά ολίγα μόνον πόδια χαμηλότερον λόφον του Μουσείου μπορεί να βληθεί ολόκληρον το πλάτωμα της Ακροπόλεως. Όσον δια την πόλιν του Αδριανού ή την περιοχήν γύρω από το Ολυμπιείον και ανατολικώς του ναού, δεν χρειάζεται να ανησυχεί κανείς, διότι ελάχιστοι θα έχουν την επιθυμίαν να κτίσουν εις αυτούς τους χώρους μακρυά από το κέντρον και τας κυρίας οδούς της νέας πόλεως (τας οδούς Πειραιώς και Ελευσίνος), έτσι ώστε εδώ θα υπάρχει πάντοτε χώρος δια ανασκαφάς.

Αυτά τα σχέδια εκτεταμένων ανασκαφικών ερευνών θεωρούνται από τους φίλους μου Κλεάνθην και Schaubert αναντίρρητος βάσις του σχεδίου της νέας πρωτευούσης που εξεπόνησαν· και ερωτώ ακόμη μίαν φοράν: είναι δυνατόν ο Βασιλεύς Όθων, ο υιός του φιλοτέχνου Λουδοβίκου Α' της Βαυαρίας, να μην τα εγκρίνει; Αναγκαίον επακόλουθον αυτών των σχεδίων είναι η επέκτασις της πόλεως προς βορράν, προς την πεδιάδα έξω από την κοιλότητα μεταξύ του Λυκαβηττού [το όνομα αποδίδεται λανθασμένως εις τον λόφον των Νυμφών], του Αρείου Πάγου και της Ακροπόλεως, δηλαδή εις μίαν θέσιν πολύ πλέον κατάλληλον από κάθε άποψιν. Δια να μην επιβαρυνθεί το νεοσύστατον ελληνικόν κράτος από τα πρώτα ήδη έτη της υπάρξεώς του με σημαντικά έξοδα, θα μπορούσε να παραμείνει προσωρινώς άθικτον το βόρειον ήμισυ της υφισταμένης πόλεως, από την αγοράν μέχρι την Πύλην περίπου των Αχαρνών (Έγριππος Καπεσί ή Πόρτα των Πατησιών), αρκεί να εγίνετο προσπάθεια κανονικωτέρας διαμορφώσεώς του με τη διάνοιξιν ευθυγράμμων και ευρυτέρων οδών. Επειδή όμως τα σπίτια εις αυτό το τμήμα της πόλεως είναι σχεδόν εις το σύνολόν των άθλιαι πλινθόκτισται καλύβαι (κατοικίες Αλβανών εργατών), τα οποία είναι ευνόητον πως δεν μπορούν να μείνουν εις αυτήν την κατάστασιν εις την πρωτεύουσαν, και επειδή και εις αυτήν την περιοχήν σχεδόν με κάθε ανασκαφήν ανακαλύπτονται αρκετά

** Ο στρατηγός Γκούρας ο οποίος ήτο διοικητής της Ακροπόλεως κατά την πολιορκίαν της από τους Τούρκους, μετέφερε την γυναίκα και τα παιδιά του εις το Ερεχθείον και, δια να το προστατεύσει καλύτερα από τα βλήματα, το εκάλυψε με έναν πήχυν χώμα. Οι Τούρκοι που το έμαθαν εσημάδευαν με τα πυροβόλα των από τον Άρειον Πάγον κατά προτίμησιν τους προαναφερθέντας βορειοδυτικούς κίονας του ναού, έως ότου εκρημνίσθησαν θάβοντες την οικογένειαν του Γκούρα κάτω από τα χαλάσματα· εκεί αναπαύονται ακόμα σήμερον τα οστά τους.

αξιόλογα κατάλοιπα της αρχαιότητος, θα μπορούσε να συνδυασθεί το πολιτικόν με το αρχαιολογικόν συμφέρον με ένα νόμο που θα ώριζε ότι όλα τα κτίσματα της περιοχής θα έπρεπε να ανεγερθούν εκ νέου μέσα σε 10-20 χρόνια και ο οποίος θα υπεχρέωνε κάθε οικοπεδούχο να σκάψει το οικόπεδόν του εις βάθος 8-10 ποδών (δημιουργών υπογείους κατοικησίμους χώρους). Εάν έπειτα η κυβέρνησις ανελάμβανε η ιδία την ανασκαφήν των οδών και δημοσίων πλατειών, τότε από την έρευναν δεν θα διέφευγε ούτε το πλέον μικρόν θραύσμα μαρμάρου. Τα χώματα των ανασκαφών δεν θα δημιουργήσουν κανένα πρόβλημα· εν μέρος των θα χρησιμεύσει δια την εξομάλυνσιν του εδάφους προ της Πύλης των Αχαρνών, το άλλον δια την μεταμόρφωσιν των αγόνων δυτικών κλιτύων του Λυκαβηττού [το όνομα αποδίδεται λανθασμένως εις τον λόφον των Νυμφών] και της Πνυκός σε γόνιμα περιβόλια και χωράφια. Εις αυτό το τμήμα της πόλεως που οφείλει να αναπλασθεί θα πρέπει να διατηρηθεί ένας ικανός αριθμός από τα καλύτερα σωζώμενα εκκλησάκια, τα κτισμένα με φαιοχρώμους λαξευτούς λίθους· τα κτίσματα αυτά με την λάμψιν του μπρούντζου, που ο ήλιος και ο καιρός τους έχει προσδώσει, με τους απλοϊκούς κεραμοσκεπείς τρούλους των και με τα μικρόσωμα κωδωνοστάσιά των φαντάζουν τόσον ωραία που θα αποτελούν μιαν ευχάριστον μετάβασιν από την αρχαίαν πόλιν του Θεμιστοκλέους και του Περικλέους μέσω του βυζαντινού-τουρκικού μεσαίωνος εις την καθεαυτήν νέαν πόλιν του Βασιλέως Όθωνος.

Η Οθωνόπολις μέχρι τώρα υπάρχει βεβαίως μόνον εις τα χαρτιά, ωστόσον το σχέδιόν της βασίζεται εις μίαν τόσον λογικήν χρησιμοποίησιν των τοποθεσιών και των υπαρχόντων στοιχείων, που δεν θα έπρεπε να υποστεί παρά ελαχίστας τροποποιήσεις. Δια να μην σας κουράσω, θα είμαι όσον γίνεται πλέον συνοπτικός: το κέντρον της αποτελεί μια μεγάλη ορθογώνιος πλατεία περίπου 800 πόδας από την σημερινήν Πύλην των Αχαρνών. Εις την βορείαν πλευράν της τοποθετούνται τα ανάκτορα, τα οποία από τα παράθυρά τους προς νότον έχουν θέαν προς τον Υμηττόν, την Ακρόπολιν, τον Άρειον Πάγον, τον λόφον του Μουσείου, την Πνύκα και τον Λυκαβηττόν [το όνομα αποδίδεται λανθασμένως εις τον λόφον των Νυμφών]· από τα δυτικά παράθυρα φαίνονται ο Πειραιεύς, η θάλασσα, η Αίγινα, η Σαλαμίς, τα όρη της Πελοποννήσου μέχρι τον Ακροκόρινθον, το όρος Αιγάλεω, ο Κορυδαλλός και αι κορυφαί του Κιθαιρώνος· από τα βορεινά παράθυρα το λεκανοπέδιον και η Πάρνης· και τέλος από τα ανατολικά παράθυρα ο Βριλησσός, ο Άγχεσμος [το όνομα αποδίδεται λανθασμένως εις τον λόφον του Λυκαβηττού] και εις το βάθος η Πεντέλη. Εις την νοτίαν πλευράν της πλατείας συμβάλλουν, με κατεύθυνσιν προς το κέντρον της προσόψεως των ανακτόρων, τρεις κύριαι οδοί από τας οποίας η μία οδηγεί νοτιοανατολικώς εις το καλώς διατηρημένον Στάδιον επί της νοτίας όχθης του Ιλισσού και η δευτέρα νοτιοδυτικώς κατευθείαν εις τον στρογγυλόν λιμένα του Πειραιώς· μεταξύ των δύο προηγουμένων οδών ευρίσκεται η τρίτη με κατεύθυνσιν προς νότον: αυτή περνώντας από τα κατάλοιπα του Γυμνασίου των Πτολεμαίων [δηλαδή της Βιβλιοθήκης του Αδριανού] καταλήγει εις την βορείαν πτέρυγα των Προπυλαίων και τον Άρειον Πάγον, έτσι ώστε ο Βασιλεύς από τον εξώστην του να βλέπει ταυτοχρόνως τους αγωνιζομένους εις το Στάδιον, την αρχαίαν ένδοξον έδραν της αδιαβλήτου δικαιοσύνης και εις τον λιμένα του τας κυριάρχους των θαλασσών τριήρεις. Υπάρχει άλλον βασιλικόν ανάκτορον όμοιον αυτού; Και πού αλλού θα μπορούσε να το χωροθετήσει κανείς; Εις άλλας λεπτομερείας δεν θα αναφερθώ διότι εδώ μπορεί να έχει κανείς διαφορετικήν γνώμην, et adhuc sub judice lis est. Μόνον τούτο ακόμη πρέπει να προσθέσω: πως έχει ληφθεί μέριμνα για όλα τα ουσιώδη. Η πόλις θα υδροδοτείται από τον Άγχεσμον με το υδραγωγείον του Αδριανού που είναι ακόμα εν χρήσει, και τα ακάθαρτα νερά θα διοχετεύονται με οχετούς δυτικώς προς τον ελαιώνα, όπου ευρίσκεται η χαμηλοτέρα θέσις της πεδιάδος. Την ωραιοτέραν όμως θέσιν δια εξοχικάς επαύλεις την προσφέρουν τα παρακείμενα υψώματα ιδίως η περιοχή των Πατησίων πλησίον του Βριλησσού. Νομίζω όμως πως είπα αρκετά ώστε να καταστήσω αυτάς τας ιδέας αγαπητάς και την εφαρμογήν των επιθυμητήν τόσον εις εσάς όσον και εις όλους όσους ενδιαφέρονται δια την αττικήν αρχαιότητα. (...)

ΤΕΚΜΗΡΙΟΝ 2
Αναφορά του Georg Ludwig von Maurer εις την ιστορίαν ιδρύσεως των νέων Αθηνών (πρωτότυπον κείμενον εις γερμανικήν γλώσσαν)

Από το έργον του Georg Ludwig von Maurer "Das griechische Volk in oeffentlicher, kirchlicher und privatrechtlicher Beziehung vor und nach den Freiheitskaempfen, bis Juli 1834," (Ο ελληνικός λαός και τα δημόσια και εκκλησιαστικά πράγματα, καθώς και το ιδιωτικόν δίκαιον πριν και μετά τους αγώνας της απελευθερώσεως, μέχρι τον Ιούλιον του 1834), 3 τόμοι, Heidelberg 1835-1836, σελ. 119-127.

(...) παραλλήλως προς όλα τα άλλα θέματα δημοσίου ενδιαφέροντος ετέθη και το θέμα του οριστικού καθορισμού της πρωτεύουσας και βασιλικής καθέδρας. Το ότι το Ναύπλιο ούτε την κατάλληλη θέση είχε ούτε τον απαιτούμενο χαρακτήρα για να γίνει πρωτεύουσα, δεν το είχε αμφισβητήσει κανένας, ούτε καν οι προηγούμενες προσωρινές κυβερνήσεις. Εξίσου αναμφισβήτητον ήταν και το ότι η νέα βασιλική κυβέρνηση, η οποία εκαλείτο να συγκροτήσει οριστικά τα πάντα, ώφειλε να μεριμνήσει επίσης και για την οριστική πρωτεύουσα και βασιλική καθέδρα. Δεν επετρέπετο να καθυστερήσει αυτό το θέμα πολύ, διότι απ' αυτό εξηρτώντο συγχρόνως πολλά πνευματικά αλλά και ιδιαίτερα υλικά συμφέροντα. Όμως ποία κώμη, ποία πόλη θα έπρεπε να προτιμηθεί; Αυτό ήταν το μεγάλο και δυσεπίλυτο ερώτημα. Οι Μωραΐτες πρότειναν το Άργος, την Τριπολιτσά και την Κόρινθο. Οι κάτοικοι της Στερεάς Ελλάδος όμως την Αθήνα. Ο Κωλέττης την ευνοούμενή του πόλη των Μεγάρων. Ο αρχιτέκτων Gutensohn μάλιστα και τον Πειραιά! Το ζήτημα της πρωτεύουσας, επειδή έθιγε τόσο πολλά συμφέροντα, συνεζητείτο με πάθος τόσο στον τύπο όσο και ιδιωτικά, καθώς και υπηρεσιακά.

Τις περισσότερο θεμελιωμένες αξιώσεις έμοιαζαν να έχουν η Κόρινθος και η Αθήνα. Για την Κόρινθο προέβαλλαν το επιχείρημα ότι ευρίσκεται στο κέντρο της σημερινής Ελλάδος, κοντά τόσο στην Πελοπόννησο όσο και στις υπόλοιπες περιοχές του βασιλείου· και ακόμη ότι ήταν αντίκρυ στον Παρνασσό, στον Κιθαιρώνα, στα Γεράνεια όρη και στον Ελικώνα, σε ένα από τα πιο μεγαλειώδη τοπία της οικουμένης!

Για την επιλογή της Αθήνας επεσημαίνετο ότι ανακαλούσε στο πνεύμα τον πολιτισμό, το δίκαιο, την τέχνη και την επιστήμη της Αττικής, καθώς και τη μεγάλη πολεμική της δόξα! Εδώ από την Αθήνα, κοντά στον Μαραθώνα και έχοντας τα ωραιότερα κατάλοιπα της κλασικής αρχαιότητος, αγκαλιάζει κανείς με μια ματιά τη Σαλαμίνα, την Αίγινα, τα τρία αρχαία λιμάνια, τα κατάλοιπα των μακρών τειχών, τον τάφο του Κίμωνα, το Ωδείο, την αρχαία Στοά, τη φυλακή του Σωκράτη, όπου όπως λέγεται άδειασε την κύλικα με το κώνειο, τον Παρθενώνα με τα Προπύλαια, τον λόφο του Αρείου Πάγου και της Πνυκός με τις μεγάλες αναμνήσεις τους από τις εποχές του Αριστείδη, του Φωκίωνος, του Δημοσθένη και του Περικλή! Από την άλλη μεριά τον καλά διατηρημένο ακόμα ναό του Θησέως, τον τάφο του Περικλή, την Ακαδημία, τον Κολωνό, την Ελευσίνα, τον Ακροκόρινθο κ.λπ. Από την τρίτη τέλος πλευρά, τους εντειχισμένους κίονες των κατεστραμμένων στους περσικούς πολέμους ναών, το Πρυτανείο, τον ναό των Ανέμων, το μνημείο του Λυσικράτους (το λεγόμενο Φανάρι του Διογένη), την Πύλη του Αδριανού, το θέατρο του Βάκχου, τους θεόρατους κίονες του ναού του Ολυμπίου Διός, τις πηγές της Καλλιρρόης που ακόμα μουρμουρίζουν, το καλοδιατηρημένο [sic!] Στάδιο, την Πάρνηθα, την Πεντέλη και τον Υμηττό! Κάθε βήμα, κάθε βλέμμα κοντά ή πέρα μακρυά, ξυπνά τις μεγαλειωδέστερες αναμνήσεις από τις λαμπρότερες εποχές της πιο ξακουστής πόλης του κόσμου. Ποιος βασιλεύς που θα κατείχε την αγαπημένη πόλη του πνευματικού κόσμου θα μπορούσε να διαλέξει μιαν άλλη για έδρα της κυβέρνησής του; Γι' αυτό κι ο Βασιλεύς Όθων, κατόπιν ωρίμου σκέψεως, διάλεξε την Αθήνα!

Πριν όμως γνωστοποιηθεί η απόφαση αυτή, εχρειάσθη να παραμερισθούν μεγάλες δυσκολίες. Η γη στην Αθήνα ήταν κατά το μεγαλύτερο μέρος της στα χέρια ιδιωτών. Επομένως, η κυβέρνηση έπρεπε να συνάψει συμφωνίες με τους κατοίκους για να της παραχωρηθούν τα οικόπεδα που εχρειάζετο το κράτος. Αυτές οι απαλλοτριώσεις προϋπέθεταν τεράστια ποσά, διότι η κυβέρνηση έπρεπε να αγοράσει γη όχι μόνο για τα βασιλικά ανάκτορα, τους δρόμους, τις δημόσιες πλατείες και τα κρατικά κτήρια, αλλά και τα οικόπεδα της παλαιάς Αθήνας, διότι είχε ηθικό χρέος να προβεί σε ανασκαφές, ώστε να διατηρήσει για τις επερχόμενες γενεές όλους τους θησαυρούς που ίσως ήταν ακόμα κρυμμένοι στη γη. Ύστερα από πολλές διαπραγματεύσεις, επιτέλους συνεφώνησαν. Τώρα μπορούσε να αποφασισθεί επισήμως πια η μετάθεση της βασιλικής καθέδρας στην Αθήνα. Ο χρόνος της μετοίκησης όμως θα καθωρίζετο μόνον όταν οι Αθηναίοι θα μπορούσαν να αποδείξουν ότι η Αθήνα διέθετε τον αναγκαίο χώρο για την εγκατάσταση της κυβέρνησης, καθώς και όλων των προσώπων που συνεδέοντο αναγκαστικά με αυτήν.

Όλες αυτές οι αποφάσεις ελήφθησαν το φθινόπωρο του 1833, δεν θυμάμαι ακριβώς ποιο μήνα. Την ίδια εποχή ενεκρίθη το σχέδιο πόλης που είχαν εκπονήσει οι Κλεάνθης και Schaubert με σύμβουλο τον αυστριακό πρόξενο κύριο Gropius· αμέσως μετά διετάχθη ένας αξιωματικός του Μηχανικού να χωρομετρήσει τους δρόμους και τους ελευθέρους χώρους, καθώς και να τους χαράξει επί του εδάφους. Διετάχθη η κατασκευή της οδού από τον Πειραιά στην Αθήνα· εδόθη εντολή να συνταχθεί σχέδιο οικοδόμησης ενός επινείου στον Πειραιά· κατεσκευάσθη κεραμοποιείο για την παραγωγή καλών και ανθεκτικών οπτών πλίνθων. Αδρανείς νομάρχες της Αθήνας αντεκαταστάθησαν ο ένας μετά τον άλλο από κάποιον πιο δραστήριο, που ευνοούσε περισσότερο την προκοπή της πόλης· εστάλησαν στην Αθήνα ο ένας μετά τον άλλο διάφοροι επίτροποι να φροντίσουν για την εφαρμογή του σχεδίου πόλης. Αλλοίμονο, τίποτε δεν προχωρούσε! Πέρασαν πάνω από τρεις μήνες ώσπου να γίνουν γνωστές στην ίδια την Αθήνα οι αποφάσεις οι σχετικές με τη μετάθεση της πρωτεύουσας. Ο αξιωματικός του Μηχανικού με τις πρώτες ήδη μετρήσεις που έκανε και τους πρώτους πασσάλους που έβαλε, διεπίστωσε πως το επικυρωμένο σχέδιο δεν ήταν εφαρμόσιμο. Έτσι ξέσπασε μια φοβερή έρις ανάμεσα στους αρχιτέκτονες και στους αξιωματικούς του Μηχανικού. Οι Αθηναίοι ήρχισαν να φωνάζουν και να θορυβούν. Τίποτε δεν προχωρούσε! Εγράφησαν πλήθος κείμενα και αναφορές επί αναφορών. Αλλά κανείς δεν καταλάβαινε ποιες ήταν οι ελλείψεις.

Έτσι εξεμεταλλεύθην ένα μικρό ταξίδι αναψυχής τον Ιούνιο του 1834 και προσεπάθησα από κοινού με τον εξαίρετο αρχιτέκτονα και φιλότεχνο, τον τότε Γενικό Έφορο Αρχαιοτήτων της Ελλάδος κύριο Weissenburg, να μάθω τα αίτια όλων αυτών των δυσκολιών επί τόπου.

Εκεί στην Αθήνα άκουσα για πολλές κερδοσκοπίες που έμπαιναν εμπόδιο στην πρόοδο των εργασιών· άκουσα για άμετρες, ωρισμένες μάλιστα σκόπιμα αφυπνισμένες προσδοκίες των Αθηναίων, ότι τάχα θα πλήρωνε τα πάντα η αντιβασιλεία. Άκουσα για έκτροπα στην κατασκευή των οδών, δηλαδή ότι του ενός κατεδάφιζαν το σπίτι δίχως λόγο, ενώ του άλλου το άφηναν όρθιο χωρίς πάλι να ξέρουν γιατί. Σε μερικά σπίτια θα κατεδαφίζετο το μπροστινό τμήμα, σε άλλα το πίσω, άλλα πάλι θα τα έκοβαν στα δύο. Ωρισμένοι δρόμοι είχαν, άκουσα, πλάτος 130 μέχρι 140 πόδια· το δημαρχείο μήκος 400 πόδια· το κτήριο της αστυνομίας και του ταχυδρομείου 300 πόδια μήκος το καθένα· μια εκκλησία, δεν θα το πιστέψετε, θα είχε, άκουσα, 80 πόδια μήκος παραπάνω από τον άγιο Πέτρο της Ρώμης, και άλλα πολλά παρόμοια. Με λίγα λόγια, σύντομα έγινε πεποίθηση, πως το σχέδιο πόλης ήταν υπερβολικά μεγαλόπνοο και πως είχε συνταχθεί χωρίς να ληφθούν καθόλου υπ' όψιν η υφιστάμενη πόλη και οι αληθινές ανάγκες της Ελλάδος, ότι επομένως το μεγαλύτερο εμπόδιο ήταν το ίδιο το σχέδιο.

Έτσι λοιπόν μετά την επιστροφή μου στο Ναύπλιο, ανεστάλη η περαιτέρω εφαρμογή αυτού του σχεδίου πόλης. Και καθώς εν τω μεταξύ ο μεγάλος γνώστης και προστάτης των τεχνών, η αυτού Μεγαλειότης ο Βασιλεύς της Βαυαρίας με τη συνήθη οξυδέρκειά του είχε ελέγξει το προαναφερθέν σχέδιο και είχε διαβλέψει ότι δεν θα μπορούσε να εφαρμοσθεί, εκλήθη στην Ελλάδα για να αναλάβει την αναθεώρηση του σχεδίου, συμφώνως προς την επιθυμίαν της Αυτού Μεγαλειότητος, [του Βασιλέως Λουδοβίκου] ο μυστικοσύμβουλος von Klenze, στον οποίον απεστάλησαν με έμβασμα τα έξοδα ταξιδίου από το ελληνικό δημόσιο ταμείο. Ο φημισμένος αρχιτέκτων έφθασε κομίζοντας ωστόσο ταυτοχρόνως την ανάκληση τη δική μου και του Abel. Επομένως για ό,τι συνέβη αργότερα σχετικά μ' αυτό το θέμα δεν ευθύνεται η παλαιά αντιβασιλεία [δηλαδή η αντιβασιλεία στην πρώτη σύνθεσή της].

Εδώ θα παρατηρήσω μόνο ότι εμείς, δηλαδή η παλαιά πλειοψηφία, είμεθα αντίθετοι στη σκέψη να γίνει η μετοίκηση εντός του 1834. Πρώτα εκτίσθη στην Αθήνα η κατοικία του προέδρου της αντιβασιλείας, το σεμινάριο δημοδιδασκάλων και η κατοικία του υπουργού Πολέμου Lesuire, όπως και πολλές άλλες, που εκόστισαν υπέρογκα ποσά και εχτίσθησαν μετά την αποχώρησή μου από την αντιβασιλεία, τους μήνες Αύγουστο και Σεπτέμβριο του 1834. Λέγεται, πως μόνον η κατασκευή της κατοικίας του κυρίου Lesuire εκόστισε στο ελληνικό δημόσιο 18.000 δραχμές και απησχόλησε πάνω από 4 εβδομάδες έναν λόχο εργάτες! Για τα μέλη της αντιβασιλείας όμως και το προσωπικό που τους συνόδευε δεν υπήρχαν κατοικίες. Έπρεπε λοιπόν να γίνουν και εκεί νέες, πολύ σημαντικές δαπάνες και μάλιστα χωρίς να υπάρχει ανάγκη, διότι η θητεία της αντιβασιλείας έληγε την 1η Ιουνίου του 1835, επομένως η πανάκριβη μετακόμισή της θα μπορούσε να είχε αποφευχθεί. Επί πλέον, ο Βασιλεύς δεν είχε δικό του ανάκτορο στην Αθήνα. Ήταν δυνατό να κατοικήσει η αυτού Μεγαλειότης στη χώρα του σε ενοικιαζόμενο κτίσμα; Εκτός τούτου δεν υπήρχε στην πόλη ούτε στρατών, ούτε δικαστικό μέγαρο, ούτε φυλακή, γενικά δεν υπήρχε αρκετός χώρος όπως έβλεπε κανείς με την πρώτη αμερόληπτη ματιά. Όλα έπρεπε να γίνουν και να οργανωθούν εξ αρχής και με μεγάλο κόστος. Εχρειάζοντο πολλά χρήματα και πολύς χρόνος. Χρήματα όμως δεν μας περίσσευαν, και ο χρόνος που μας είχε δοθεί ήταν ούτως ή άλλως πάρα πολύ λίγος για το μεγάλο έργο που μας είχε ανατεθεί. Έτσι σκοπεύαμε να εργασθούμε στο Ναύπλιο όπως πριν, μέχρι την 1η Ιουνίου του 1835, σ' αυτό το διάστημα όμως να προετοιμάσουμε τα πάντα για την 1η Ιουνίου του ερχόμενου χρόνου στην Αθήνα.

Η μέρα που ο Βασιλεύς Όθων θα ανελάμβανε την αυτεξούσια διακυβέρνηση στην Αθήνα, θα έμενε στην ιστορία ως απαρχή μιας νέας εποχής, θα προσέδιδε στην κυβέρνησή του νέο κλέος, νέα λάμψη, και το ούτως ή άλλως φτωχό αυτό κράτος θα εξοικονομούσε πολλές εκατοντάδες χιλιάδες – λένε μάλιστα αρκετά εκατομμύρια! Επί πλέον η μετοίκηση θα εγίνετο μόνο πέντε μήνες αργότερα, και οι κυβερνητικές εργασίες δεν θα παρέλυαν εντελώς με τον ανήκουστον αυτόν τρόπον. (...)

ΤΕΚΜΗΡΙΟΝ 3

Αναφορά του J. Maehrlen εις τον πολεοδομικόν σχεδιασμόν των νέων Αθηνών (πρωτότυπον κείμενον εις γερμανικήν γλώσσαν).

Από το έργον του J. Maehrlen: "Geschichte Griechenlands von der Ankunft Koenig Otto's in Nauplia bis zu seiner Thronbesteigung, (Ιστορία της Ελλάδος από την άφιξιν του Βασιλέως Όθωνος εις το Ναύπλιον μέχρι την ενθρόνισίν του) (από τις 6.2.1833 έως την 1.6.1835), Stuttgart, 1839 σελ. 569-578.

(...) Αφού απεφασίσθη οριστικώς από την παλαιάν ακόμη αντιβασιλείαν η ανάδειξη της Αθήνας σε πρωτεύουσα και βασιλική καθέδρα, οι αντιβασιλείς εμερίμνησαν ώστε να ανοικοδομηθεί η τελείως ερειπωμένη πόλη με τον πρέποντα για τον μελλοντικό της ρόλο τρόπο. Γι' αυτό τον σκοπό η αντιβασιλεία ενέκρινε χωρίς πολύ έλεγχο (όπως λέγεται) αλλά με την επιφύλαξη τυχόν αναγκαίων τροποποιήσεων ένα σχέδιον πόλεως, το οποίον είχαν συντάξει την εποχή του Καποδίστρια ένας Έλλην και ένας Γερμανός αρχιτέκτων.

Στην έγκριση αυτή εστηρίχθησαν πολλαπλές και διαπλεκόμενες πράξεις κερδοσκοπίας επί της γης και όταν το σχέδιο αυτό θα έφθανε να εφαρμοσθεί οι κερδοσκόποι θα είχαν κάθε λόγο να λογαριάζουν με εξαιρετικά κέρδη. Αλλά μόλις το σχέδιο έγινε σαφές στο κοινό μετά τις χαράξεις επί του εδάφους, ηκούσθησαν απ' όλες τις πλευρές μεγάλες αντιρρήσεις. Η δυσανάλογη έκταση του συνόλου αλλά και των τμημάτων του, το υπέρμετρο εύρος και μήκος των οδών, το μέγεθος των δημοσίων πλατειών και των προταθέντων κτηρίων και ιδιαίτερα η θέση που είχε επιλεγεί για τα βασιλικά ανάκτορα επέσυραν ποικίλες επικρίσεις. Όλοι προέβλεπαν ότι ήταν ένα σχέδιο πόλης ακατάλληλο για τις συνθήκες του Νότου και επομένως ανεφάρμοστο.

Παρ' όλα αυτά ερύθμισαν τα πράγματα έτσι ώστε να τεθεί επισήμως από τον ίδιο τον Βασιλέα Όθωνα ο θεμέλιος λίθος ενός τμήματος των ανακτόρων, όπως προεβλέπετο στο σχέδιο. Όμως οι διαμαρτυρίες εναντίον του νέου σχεδίου όλο και δυνάμωναν και η εναντίωση ως προς την θέση ανέγερσης των ανακτόρων γινόταν όλο και σαφέστερη. Έτσι έγινε, και ο θεμέλιος λίθος απέμεινε μόνος και έρημος.

Η παλαιά αντιβασιλεία έστειλε δύο φορές ειδικές επιτροπές από το Ναύπλιο στην Αθήνα, για να ενημερωθεί ακριβώς για το πώς έχουν τα πράγματα και συγχρόνως για να βελτιώσει το σχέδιο όπου εχρειάζετο. Επειδή όμως οι επίτροποι δεν ήσαν καλλιτέχνες αλλά κρατικοί υπάλληλοι, επειδή ταυτοχρόνως οι κερδοσκόποι, ίσως βοηθούμενοι από ισχυρούς προστάτες και άλλους ενδιαφερομένους οι οποίοι αντεμάχοντο την τόσο επίφοβη αλλαγή του σχεδίου, αντετέθησαν στην τροποποίησή του, οι επιτροπές αυτές δεν επέτυχαν παρά μόνο την αναστολή τελικά ολόκληρου του σχεδίου.

Τότε η καχυποψία εγενικεύθη. Ήδη είχαν συρρεύσει στην Αθήνα εύποροι Έλληνες από διάφορες χώρες της Ευρώπης, γηγενείς και αλλοδαποί κερδοσκόποι, πολυάριθμοι εργάτες και μαζί μ' αυτούς πολλά φορτώματα οικοδομικών υλικών και είχαν αρχίσει πραγματικά να κτίζονται αρκετά κτήρια. Η αναστολή του σχεδίου σταμάτησε ξαφνικά όλες τις εργασίες. Πολλοί πρόθυμοι να κτίσουν αλλά και οι τεχνίτες εγκατέλειψαν ξανά την Αθήνα, και ήταν τόσο μεγάλη η χαλάρωση, που στο τέλος αμφέβαλλαν όλοι ακόμη και για την υπόσχεση ανάδειξης της Αθήνας σε πρωτεύουσα.

Με την ανανέωση της αντιβασιλείας ξεκίνησε μια νέα περίοδος για την ανάπλαση της Αθήνας. Όπως είναι γνωστό, μαζί με τα νέα μέλη της αντιβασιλείας κατέφθασε στην Αθήνα ο μυστικοσύμβουλος von Klenze, πρώτος αρχιτέκτων του Βασιλέως της Βαυαρίας, για να μεταφέρει την απόφαση του Βασιλέως Λουδοβίκου ως προς το θέμα των διχογνωμιών στους κόλπους της αντιβασιλείας. Η νέα αντιβασιλεία ανέθεσε στον εξαίρετο αυτόν στην ειδικότητά του άνδρα το δύσκολο έργο της αναθεώρησης του σχεδίου πόλης της Αθήνας, θέτοντας τέρμα στις αρχιτεκτονικές απορίες με τη συμβουλή και τη δράση του. Ο Klenze έφθασε στην Αθήνα μέσα Αυγούστου του 1834 και αφοσιώθη αμέσως με τεράστιο ζήλο στο έργο που αφορούσε εξίσου την αρχαία και τη νέα τέχνη και αρχιτεκτονική.

Οι πρώτες έξι ημέρες ηναλώθησαν στην ενημέρωσή του επιτόπου για τις αναγκαίες τροποποιήσεις και διευθετήσεις. Αμέσως μετά περιωρίσθη το υπερβολικά εκτεταμένο σχέδιο προς τη μεριά του Λυκαβηττού και το τμήμα του προς τον Πειραιά διεμορφώθη καταλληλότερα, έτσι ώστε τώρα όλο το σχέδιο να προσφέρει αρκετό χώρο για 25 έως 30 χιλιάδες κατοίκους (αριθμός που ταιριάζει στο μέγεθος του πληθυσμού της χώρας), ενώ τίποτε δεν εμποδίζει την περαιτέρω επέκτασή του σε περίπτωση ανάγκης. Συμφώνως προς το σχέδιό του, τα σύγχρονα ερείπια θα εξηφανίζοντο αντικαθιστώμενα από νεόδμητα σπίτια και τα παλαιά θα διετηρούντο και θα ενετάσσοντο. Συγκεκριμένα, στην παλαιά πόλη θα έπρεπε να διανοιγούν τρεις έως τέσσερεις ευθείες οδοί και οι άλλες θα εκαθαρίζοντο, θα εσταθμίζοντο και θα αποκτούσαν λιθόστρωση.

Αλλά από τον Klenze ανεθεωρήθη και στη συνέχεια ενεκρίθη χωρίς σημαντικές τροποποιήσεις και το σχέδιο της νέας πόλης του Πειραιά, που είχαν συντάξει οι προαναφερθέντες αρχιτέκτονες Κλεάνθης και Schaubert. Το λιμάνι αυτό θα εκτίζετο στην περιοχή ανάμεσα στην Μουνυχία και τον τουρκικό μώλο, όπου κάποτε είχε την έδρα της η υγειονομική υπηρεσία· οι δρόμοι, όπως και στην Αθήνα, ωρίσθησαν με σκάμματα, στη διασταύρωση των οποίων εστερεώθησαν τα ονόματα πάνω σε πασσάλους. Τις εργασίες ήρχισε εδώ η ίδια η κυβέρνηση με την ανέγερση μεγάλων λιμενικών αποθηκών· η κατασκευή της οδού που συνδέει την Αθήνα με τον Πειραιά εσυνεχίσθη υπό την επίβλεψη ενός λοχαγού του Μηχανικού.

Αφού ετελείωσε ο Klenze αυτές τις εργασίες, οι προτάσεις του ενεκρίθησαν από την αντιβασιλεία και από τον ίδιο τον Βασιλέα που ενδιαφέρετο ζωηρά γι' αυτές· ταυτοχρόνως με την πράξη έγκρισης εδόθη υπόσχεση πλήρους αποζημίωσης σε όλους αυτούς που οι τροποποιήσεις είχαν αποδεδειγμένα ζημιώσει τα ζωτικά συμφέροντά τους. Σ' έναν αξιωματικό του Μηχανικού και τέσσερεις νεαρούς αρχιτέκτονες ανετέθη η παρακολούθηση και διευθέτηση της εφαρμογής του σχεδίου.

Η αποφασιστικότης και βεβαιότης που μετέδωσε σε όλους και προς όλες τις κατευθύνσεις ο με κύρος λόγος του Klenze αποσαφηνίζοντας αρκετά πράγματα, που μέχρι τότε ήσαν αόριστα, επέδρασε ευεργετικώτατα. Όλοι όσων την κρίση δεν θόλωναν τα θιγόμενα προσωπικά τους συμφέροντα ανεγνώρισαν με ευγνωμοσύνη τα επιτεύγματα του Klenze, και τα δημόσια φύλλα, ενώ συνήθως καυτηρίαζαν όλα όσα προήρχοντο από τους ξένους που κυβερνούσαν, επαινούσαν τώρα ομόφωνα την προσεκτική εργασία του "ξένου ανδρός". Η εφημερίς της Αθήνας "Εθνική" που δύσκολα δείχνει ικανοποιημένη, έγραψε σχετικά: "Προσωπικά συμφέροντα ασκούν παντού μεγάλην επιρροή στην κρίση των ανθρώπων, γι' αυτό τον λόγο όλα τα σχέδια ανοικοδόμησης της πόλης που συνετάχθησαν μέχρι τώρα δεν μπόρεσαν να αποφύγουν τη δημόσια μομφή με διάφορα προσχήματα. Η σεβαστή αντιβασιλεία μας, κουρασμένη από τις αντιφατικές αυτές κρίσεις και διαπνεόμενη από την επιθυμία να επιταχύνει την αποκατάσταση της κλασικής και προωρισμένης να γίνει πρωτεύουσα του βασιλείου γης, δίχως να εκφράσει ιδίαν αντίληψιν γι' αυτή την υπόθεση η οποία εμπίπτει εξ ολοκλήρου στον τομέα της αρχιτεκτονικής, διώρισε έναν άνδρα με ανεγνωρισμένες αρχιτεκτονικές γνώσεις και πολύπλευρη πείρα, ο οποίος, καθώς δεν κατέχει ούτε σπιθαμή γης σ' αυτή τη χώρα, είναι σε θέση να κρίνει εντελώς αμερόληπτα. Το σχέδιο που εξεπόνησε δεν ικανοποιεί βέβαια όλα τα ιδιωτικά συμφέροντα, αλλά από άποψη κατανομής και χρήσεων γης ανταποκρίνεται πλήρως στο γενικόν συμφέρον τόσο της βασιλικής αυλής όσο και των ίδιων των κατοίκων, και συνδυάζει με επιτυχία τις απαιτήσεις της εξωτερικής καλαισθησίας και ευπρέπειας με εκείνες μιας σοφής οικονομίας. Παρ' όλα αυτά, προς μεγάλη μας έκπληξη αυτό το σχέδιο επεκρίθη από μερικά πρόσωπα, τα οποία μάλιστα προσέθεσαν και προτάσεις, οι οποίες θα προκαλούσαν νέες δυσκολίες και τροποποιήσεις, που εξαιτίας του χρόνου που θα χαθεί και πάλι πρέπει να προκαλέσουν γενική δυσαρέσκεια. Δυστυχώς καθυστέρησε πάρα πολύ η ποθητή ανοικοδόμηση της Αθήνας με τις ατελείωτες αυτές διαμαρτυρίες για τα διάφορα σχέδια. Αντί λοιπόν να προτείνουμε τώρα και άλλες τροποποιήσεις, πρέπει να πασχίσουμε να παραμερίσουμε όλες τις δυσκολίες και να υποστηρίξουμε με όλες μας τις δυνάμεις τις σοφές προθέσεις της σεβαστής αντιβασιλείας μας, η οποία δεν έχει κανένα απολύτως συμφέρον να προτιμήσει το ένα ή το άλλο σχέδιο, αλλά μοναδική της επιδίωξη είναι να κάνει την Αθήνα άξια πρωτεύουσα της Ελλάδος και να χαράξει τον δρόμο για την ανάκτηση της αρχαίας δόξας και αίγλης της". [Σημ. Το αρχικό ελληνικό κείμενο της "Εθνικής" δεν ήταν στη διάθεσή μας. Το χωρίο το οποίο παρατίθεται εδώ είναι επαναμετάφραση στα ελληνικά από τη μετάφραση στα γερμανικά που δημοσιεύει ο Maehrlen.]

Σύντομα επαναδραστηριοποιήθησαν όλες οι οικοδομικές εργασίες που είχαν μέχρι τότε ανασταλεί. Πλήθος κάρων φορτωμένων με οικοδομικά υλικά εκινούντο αδιάκοπα στις οροθετημένες με πασσάλους φανταστικές οδούς. Παντού έβλεπες καλύβες και παράγκες για τους εργάτες και εδώ κι εκεί ορθώνονταν οι ξυλοστάτες και οι δοκοί ενός [ικριώματος ενός] κτίσματος από το έδαφος. Το παράδειγμα έδωσε πρώτη η ίδια η κυβέρνηση. Επειδή για τη μετεγκατάσταση του Βασιλέως

Όθωνος στην Αθήνα είχε ορισθεί η 1η Δεκεμβρίου, ηγοράσθη ως προσωρινή του κατοικία το σπίτι του Χιώτη Κοντοσταύλου και εξωπλίσθη όσο καλύτερα δυνατόν στο σύντομο αυτό διάστημα με όλα τα απαραίτητα για την βασιλική διαμονή. Για την αντιβασιλεία, τα υπουργεία και τους πρεσβευτάς ενοικιάσθησαν σπίτια, και όλοι προσπαθούσαν να συμπληρώσουν την επίπλωσή τους μέσα στον καθωρισμένο χρόνο.

Όλες οι επιστολές που εγράφησαν εκείνη την εποχή από την Αθήνα, περιέγραφαν με εύγλωττα λόγια τη νέα ζωή που ανεπτύσσετο παντού και τον οικοδομικόν οργασμό που είχε κυριεύσει όλους τους Αθηναίους. "Θα αμφέβαλα", έγραψε ένας αξιωματικός του Ναυτικού που ύστερα από απουσία τριών μηνών επέστρεψε στην Αθήνα, "ότι ξανάβλεπα τα ίδια μέρη που είχα εγκαταλείψει πριν από τόσο λίγο καιρό, εάν δεν εξακολουθούσε να ορθώνεται ο Παρθενών. Όλα τα άλλα έχουν αλλάξει όψη: μια νέα πόλη, νέοι κάτοικοι, ένα πλήθος εργάτες που ασχολούνται με τη μεταφορά υλικών και την οικοδομή. Τρεις από τις πρωτεύουσες οδούς έχουν ήδη χαραχθεί επί του εδάφους· αναγνωρίζεις τη χάραξή τους από τα καλαίσθητα σπίτια που ορθώνονται με ενδιάμεσα κενά το ένα μετά το άλλο και που λειτουργούν ως σημεία προσανατολισμού σε όλη την έκταση του χώρου. Ο κόσμος δουλεύει με μέγιστο ζήλο, παρακινημένος ιδιαίτερα από την εξαιρετικά υψηλή τιμή των ενοικίων. Πολλοί έμποροι από το Ναύπλιο ασχολούνται τώρα με την κερδοσκοπία πάνω στην οικοδομή. Η ασφαλτοστρωμένη οδός που άγει στον Πειραιά σύντομα θα είναι έτοιμη. Εκτός τούτου έχει σχηματισθεί και μια νέα εταιρεία για την κατασκευή της σιδηροδρομικής γραμμής που θα συνδέει την πόλη με το λιμάνι. Τουλάχιστον οι μισοί μέτοχοι πρέπει να είναι Έλληνες. Τότε θα μπορεί να πηγαίνει κανείς και να έρχεται το πολύ σε 20 λεπτά. Το κόστος έχει εκτιμηθεί σε ένα εκατομμύριο δραχμές. Ένας ανηψιός του κόμη Dundonald (τέως λόρδου Cochrane) ανέλαβε την υποχρέωση να προμηθεύσει στην κυβέρνηση τέσσερα ατμόπλοια για τη συνεχή συγκοινωνία με τις κυριώτερες πόλεις της Μεσογείου.

Στον Πειραιά η κυβέρνηση έκτισε ήδη το κτήριο του τελωνείου και τις λιμενικές αποθήκες· μερικοί ιδιώτες έκτισαν επίσης ωραίες αποθήκες. Κάποιος που πριν από τέσσερα χρόνια είχε αγοράσει στην πόλη οικόπεδα προς 200 πιάστρα το καθένα, τώρα τα πουλάει για 1.500 πιάστρα. Μπορείτε λοιπόν να πάρετε μια ιδέα πόσο λαμπρές είναι οι ελπίδες για το μέλλον στην πρωτεύουσά μας."

Αλλά και η κατασκευή του δρόμου που θα συνδέσει την Αθήνα με τον Πειραιά προχωρούσε, και το κάποτε τόσο φημισμένο λιμάνι φαινόταν πως σύντομα θα ξανάνθιζε. Η κατάσταση στη νέα πόλη προς το τέλος της περιόδου μας ή την εποχή ενθρόνισης του Όθωνος είχε ως εξής: είχαν ανεγερθεί κάπου 100 νέα σπίτια και ίσως εκατό ακόμη κατεσκευάζοντο. Στην παλαιά πόλη ένα μέρος των ερειπίων και των πλινθόκτιστων καλυβιών είχαν κατεδαφισθεί και μετά την απομάκρυνση των ερειπίων είχε ξεκινήσει η διαπλάτυνση των δρόμων. Εκεί όπου θα διέσχιζαν την παλαιά πόλη νέοι δρόμοι, τα σπίτια εκτίζοντο πάνω σε ευθεία οικοδομική γραμμή. Στη νέα πόλη οι τρείς πρωτεύουσες οδοί, δηλαδή η οδός Αιόλου, η οδός Ερμού και η οδός Αθηνάς, είχαν διανοιγεί κατά το μεγαλύτερο τμήμα τους. "Όχι δίχως έκπληξη", μας πληροφορεί κάποιος μάρτυς από την Αθήνα, "κατανοούν οι παλαιοί Αθηναίοι τα πλεονεκτήματα που προσφέρουν αυτές οι νέες, ευρύχωρες συνδετήριες οδοί. Περισσότερο όμως εκπλήσσονται οι ταξιδιώτες που ύστερα από εξάμηνη απουσία αποβιβάζονται στον Πειραιά και που εκεί όπου πρώτα άφηναν πίσω τους μισή δωδεκάδα άθλιες πλινθόκτιστες καλύβες στην ακρογιαλιά και εξίσου λίγα καΐκια στο λιμάνι, τώρα ευρίσκουν τις απαρχές μιας πόλης που παρουσιάζεται με πάνω από πενήντα σύγχρονα νεόδμητα κτίσματα. Ακόμα και για σιδηροδρομική σύνδεση Αθήνας-Πειραιά αλλά και Αθήνας-Κορίνθου γίνεται λόγος". Η κυβέρνηση δεν έθετε κανένα πρόσκομμα σε επιχειρήσεις τέτοιου είδους, που έπρεπε να προέρχονται από ιδιώτες· σύντομα όμως εφάνη ότι ο ενθουσιασμός τούς παρέσυρε πολύ μακρυά και ότι η εκτέλεση τέτοιων σχεδίων θα έπρεπε να αφεθεί για μελλοντικές εποχές. (...)

ΤΕΚΜΗΡΙΟΝ 4

Εξιστόρησις από τον Friedrich Stauffert της διαδικασίας ιδρύσεως και των πρώτων 10 ετών της πολεοδομικής εξελίξεως των Αθηνών (πρωτότυπον κείμενον εις γερμανικήν γλώσσαν).

Από το άρθρον του Friedrich Stauffert: "Die Anlage von Athen und der jetzige Zustand der Baukunst in Griechenland" (Η πόλις των Αθηνών και η κατάστασις της αρχιτεκτονικής σήμερον εις την Ελλάδα). Σκόρπιες παρατηρήσεις του F. Stauffert, τέως αρχιτέκτονος του Δήμου των Αθηνών από το 1835 μέχρι τις 15 Σεπτεμβρίου 1843. Εις το παράρτημα της "Allgemeine Bauzeitung", Ephemeriden, αρ. 1, Βιέννη Μάρτιος 1844 σελ. 2-8 και Απρίλιος 1844 σελ. 17-25.

(...) Συμφώνως προς το εξαίρετο, όμως υπερβολικά μεγαλόπνοο σχέδιο του Schaubert (βασιλικού υπουργικού συμβούλου και διευθυντού της αρχιτεκτονικής υπηρεσίας του Υπουργείου Εσωτερικών), το οποίον είχε συνταχθεί έτσι ώστε να καταστούν κάποτε δυνατές οι ανασκαφές, θα έπρεπε ολόκληρο το σημαντικώτερο τμήμα της παλαιάς Αθήνας από τις βόρειες παρυφές της Ακρόπολης μέχρι σχεδόν την σημερινή οδόν Ερμού (που, παράλληλη προς την Ακρόπολη, τέμνει κατά μήκος τη νέα πόλη), στο οποίο υπήρχαν μόνον έρημα οικόπεδα και οι ερειπωμένοι τοίχοι των καμένων σπιτιών, να μείνει αδόμητο, ισοπεδωμένο και κοσμημένο με προσωρινούς κήπους χαμηλής βλάστησης, και αυτό έως ότου οι οικονομικές δυνάμεις του νεοσύστατου κράτους θα επέτρεπαν να προσφερθεί στους αρχαιολόγους ένα ευρύ πεδίο ερευνών.

Όταν η αντιβασιλεία το 1834 απεφάσισε ότι πρωτεύουσα της Ελλάδος θα εγίνετο η Αθήνα, η κυβέρνηση συμφώνησε με τον δήμο να μείνει ανέπαφος ο χώρος που περιεγράφη ήδη και να αγοράσει [η κυβέρνηση] όλα τα οικόπεδα της περιοχής· συγκεκριμένα εσυμφωνήθη πως σε τρεις μήνες θα είχαν καταμετρηθεί και σε έξι θα είχαν πληρωθεί όλες οι ιδιοκτησίες. Πέρασαν όμως οι έξι μήνες και η κυβέρνηση δεν είχε καν προετοιμάσει τη χωρομέτρηση που είχε υποσχεθεί, αν και δεν έλειπαν οι γεωμέτρες [δηλαδή οι τοπογράφοι], κάθε άλλο μάλιστα. Ο δήμος εθεώρησε πως δεν τον εδέσμευε πια η συμφωνία και, επειδή τα 13 μέλη της λεγόμενης επιτροπής εξωραϊσμού [δηλαδή της οικοδομικής επιτροπής] με εξαίρεση τρία ή τέσσερα ήσαν Αθηναίοι με ιδιόκτητα οικόπεδα στην περιοχή αυτή της παλαιάς Αθήνας και επειδή εκτός τούτου όλοι οι ιδιοκτήτες σπιτιών, ερειπίων ή οικοπέδων ενδιαφέροντο να δουν να δημιουργείται η νέα πρωτεύουσα στα οικόπεδά τους, τα περισσότερα από τα οποία στο μεταξύ ήδη εκτίζοντο, άρχισε ξαφνικά μια ανοικοδόμηση που σε ταχύτητα δεν είχε όμοιά της· τα σπίτια εφύτρωναν σαν μανιτάρια από τη γη και ένας χώρος που πριν από τρεις εβδομάδες ήταν ακόμα άδειος τώρα τον εκάλυπτε ένα κτήριο.

Η κυβέρνηση δεν έκανε τίποτε για να αποτρέψει αυτό το θανατηφόρο πλήγμα κατά της έρευνας της αρχαίας Αθήνας· όλο και περισσότερα κτήρια εκτίζοντο, τις περισσότερες φορές επάνω στα παλαιότερα θεμέλια ή τουλάχιστον επάνω στις ίδιες οικοδομικές γραμμές και στα πιο δαιδαλώδη και στενά δρομάκια πλάτους 2-4 μ., έτσι ώστε αυτό το τμήμα της Αθήνας είναι ένας αληθινός λαβύρινθος. Και όμως υπήρχε μια επιτροπή εξωραϊσμού! Ο αρχιτέκτων της επιτροπής δεν μπορούσε να κάνει τίποτε, γιατί είχε πολλούς εναντίον του που είχαν συμφέρον να κτίσουν όπως θεωρούσαν καλό είτε οι ίδιοι είτε οι συγγενείς τους· έτσι δεν έμεινε για πολύ μέλος μιας τέτοιας επιτροπής.

Έτσι εχάθη για την επιστήμη αυτή η μεγίστης σπουδαιότητος περιοχή της παλαιάς Αθήνας, γιατί τώρα είναι στην κυριολεξία κατάσπαρτη από σπίτια, έτσι ώστε σε λίγο, όπως έχουν σήμερα τα οικονομικά του κράτους, ούτε λόγος πια δεν θα μπορεί να γίνει για την απαλλοτρίωσή τους· έστω όμως ότι μπορούσαν να απαλλοτριωθούν: ποιος θα αντικαστήσει όσα κατεστράφησαν με την ανέγερση αυτού του πλήθους των κτηρίων και όσα εχάθησαν τελείως; Δεν είναι αυτό βαρβαρότης; Βάνδαλοι και Σλάβοι, Τούρκοι και Νεοέλληνες κατέστρεψαν όσα υπήρχαν στην επιφάνεια· τώρα κατεδικάστησαν σε αιώνια λήθη και όσα υπάρχουν μέσα στη γη!

Εάν δεν είχαν κάνει πρωτεύουσα την Αθήνα, αλλά είχαν επιλέξει αντ' αυτής τον Πειραιά, όπως είχε προτείνει ο συνετός Επιθεωρητής Δημοσίων Έργων κύριος Gutehnsohn [Σημ. το αξίωμά του στην πραγματικότητα ήταν "αρχιτέκτων της Αυλής"], που τον περιγελούσαν γι' αυτή του την πρόταση, τότε θα μπορούσαν κάποτε να διενεργηθούν στην Αθήνα οι εκτενέστερες δυνατές ανασκαφές· η νέα βασιλική καθέδρα θα αποκτούσε επιβλητική όψη, γιατί στον Πειραιά δεν υπήρχε κανένα κτήριο να εμποδίσει την εφαρμογή ενός σωστού σχεδίου πόλης· μηχανορραφίες από τη μεριά των κατοίκων δεν θα ελάμβαναν χώραν διότι δεν υπήρχαν κάτοικοι· και επειδή η οικοδομήσιμη γη στον Πειραιά ανήκει στο δημόσιο, η κυβέρνηση θα εισέπραττε από την πώληση όλων των οικοπέδων τόσο μεγάλα ποσά, που θα μπορούσε μ' αυτά [τα χρήματα] να κτίσει τουλάχιστον τα κτήρια όλων των δημοσίων υπηρεσιών, οι οποίες στην Αθήνα εδώ και 10 χρόνια αναγκάζονται να πληρώνουν υψηλά ενοίκια. Αν κάποτε ανεγερθούν στην Αθήνα αυτά τα κτήρια, το κράτος θα πρέπει να αγοράσει τα αναγκαία οικόπεδα σε τιμές υπέρογκες, διότι δεν υπάρχει εκεί ούτε σπιθαμή γης που να ανήκει στο δημόσιο. Και έπειτα η νέα πόλη στον Πειραιά, που είναι κατά κάποιο τρόπο τμήμα της αρχαίας Αθήνας, δεν θα μπορούσε να ονομασθεί Αθήνα, εφ' όσον το θέμα είναι απλώς το όνομα;

Το έτος 1834 έλαβε χώραν η μετεγκατάσταση της αντιβασιλείας από το Ναύπλιο στην Αθήνα· την ίδια περίοδο ξεκίνησε η πυρετώδης ανοικοδόμηση όλης της πόλης, δηλαδή και του τμήματος που θα έπρεπε να είχε απαλλοτριωθεί για να γίνουν ανασκαφές, και μόνο το 1836, αφού είχαν ήδη κτισθεί 700 έως 800 σπίτια όπου και ως έτυχε, εδόθη εντολή να εκπονηθεί πολεοδομικό σχέδιο αυτής της περιοχής και έγινε η σύσταση να ληφθούν υπ' όψιν οι μελλοντικές ανασκαφές!

Μετά μεγάλη προσπάθεια κατορθώθη να μείνουν αδόμητοι οι χώροι που γειτνιάζουν άμεσα με τον ναό του Θησέως, το Γυμνάσιο του Πτολεμαίου, την Πύλη της Αγοράς, τους Αέρηδες, τη Στοά του Αδριανού, το Πρυτανείο, το Μνημείο του Λυσικράτους, το θέατρο του Βάκχου, την Πύλη του Αδριανού και τον ναό του Ολυμπίου Διός. Τα οικόπεδα στα οποία απηγορεύθη τελικά η δόμηση κατεμετρήθησαν μόλις το 1836· αλλά μέχρι τώρα δεν έχει γίνει καμία κίνηση για την αποζημίωσή τους ή την ανταλλαγή τους με άλλα· μάλιστα, όπως έχουν σήμερα τα πράγματα στην Ελλάδα, είναι πολύ πιθανόν ότι μέσα σε λίγο διάστημα και τα μνημεία αυτά καθώς και ό,τι άλλο έχει απομείνει θα αλλοιωθεί από τη δόμηση, θα κρυφθεί κι ίσως ακόμη καταστραφεί· γιατί ο Έλλην δεν τα σέβεται και δεν περιφρουρεί τη διατήρησή τους.

Θα ήταν εύκολο να διατηρηθεί διαθέσιμο για ανασκαφή το τμήμα της πόλης που προαναφέραμε, με την προϋπόθεση ότι η συμφωνία με τον δήμο της Αθήνας δεν θα είχε γίνει (αφού ούτως ή άλλως δεν υπήρχαν τα μέσα για να τηρηθεί), και το εγκεκριμένο σχέδιο του κυρίου von Klenze, το οποίο, όπως προηγουμένως και το σχέδιο του κυρίου Schaubert, προέβλεπε το όριο της νέας δόμησης σε σχέση προς την Ακρόπολη κοντά στη σημερινή οδό Ερμού, θα είχε εφαρμοσθεί αυστηρά. Ο δήμος της Αθήνας θα έπρεπε να έχει υποχρεωθεί να αποζημιώσει όλα τα οικόπεδα που προωρίζοντο για ανασκαφές, πράγμα που θα το είχε βέβαια δεχθεί, αν η κυβέρνηση εκδήλωνε την πρόθεση να μεταφέρει την πρωτεύουσα αλλού, οπότε η αξία όλων των οικοπέδων των Αθηναίων καθώς και τα χωράφια και οι οπωρόκηποί τους σε όλη τη γύρω περιοχή, σε μια ακτίνα μέχρι 10 ώρες μακρυά, σχεδόν θα εμηδενίζετο, ενώ οι ιδιοκτήτες με την εγκαθίδρυση της πρωτεύουσας στην Αθήνα έγιναν πλούσιοι. Η αξία οικοπέδων που δεν μπορούσαν να πουληθούν ούτε για 400 τούρκικα πιάστρα = 54 φιορίνια, τώρα έχει ανέβει στις 80.000 δραχμές = 28.000 φιορίνια· μπορεί βέβαια να μην έχουν αποκτήσει όλα τα οικόπεδα τόσο υπέρογκη αξία, υπάρχουν όμως πάρα πολλά σ' αυτή την κατηγορία και τα υπόλοιπα είναι σε τέτοιο βαθμό ανατιμημένα, που η τωρινή τους αξία δεν συγκρίνεται με την αξία που θα είχαν, εάν η Αθήνα δεν είχε γίνει πρωτεύουσα. Εάν είχε συμβεί αυτό, τότε οι εδώ γαίες θα είχαν την αξία κοινών χωραφιών, δηλαδή 50 δραχμές = 17 1/2 φιορίνια το αττικό στρέμμα ή τα 1.000 τετρ. μ., ενώ τώρα η τιμή πώλησης των οικοπέδων στη χειρότερη περιοχή ανέρχεται σε 1 1/2 δραχμή το τετραγωνικό μέτρο, των περισσότερων σε 9 δραχμές και των καλύτερων οικοπέδων σε 20 δραχμές το τετραγωνικό μέτρο. Στον ακόλουθο πίνακα φαίνεται τι κέρδισε η Αθήνα ανακηρυσσόμενη πρωτεύουσα.

Η νέα πόλη όπως εσχεδιάσθη, δηλαδή με εξαίρεση το καθωρισμένο για ανασκαφές τμήμα κοντά στην Ακρόπολη, έχει

συνολική επιφάνεια	1.864.030 τ.μ.
Εάν αφαιρεθεί απ' αυτή το 1/6 δηλαδή.......	310.671 τ.μ.
για δρόμους και πλατείες, μένουν................	1.553.359 τ.μ.
για οικόπεδα. Απ' αυτά υπολογίζουμε	
3/10 ή 466.007 τ.μ. προς 1,5 δρχ. / τ.μ =	699.010 δρχ.
6/10 ή 932.014 τ.μ. προς 9,0 δρχ. / τ.μ.=	8.388.126 δρχ.
1/10 ή 155.335 τ. μ. προς 20 δρχ. / τ.μ.=	3.106.700 δρχ.
Σύνολον	12.193.836 δρχ.

Εάν δεχθούμε ότι προς το παρόν η κατηγορία
των 3/10 προς 1 1/2 δρχ./τ.μ. παραμένει αδόμητη,
η υπόλοιπη επιφάνεια, δηλαδή 1.087.349 τ.μ.
(όπου τα οικόπεδα έχουν αξία 9 και 20 δρχ./τ.μ.)
αξίζει συνολικά.. 11.494.826 δρχ.

Εάν η Αθήνα είχε μείνει μια κοινή επαρχιακή
πόλη, θα κατελάμβανε το πολύ επιφάνεια ίση με
300.000 τ.μ. και κάθε τετραγωνικό μέτρο δεν θα
κόστιζε πάνω από 1 1/2 δρχ., οπότε όλη η
επιφάνεια της πόλης θα είχε αξία............... 528.200 δρχ.

επομένως η Αθήνα ανακηρυσσόμενη πρωτεύουσα
κέρδισε 10.966.626 δρχ.
ή 3.838.319 φιορίνια

χωρίς να συνυπολογισθεί η αυξημένη αξία των κήπων, χωραφιών, αμπελιών, ελαιώνων κ.λπ. που υπάρχουν παντού σ' όλα τα περίχωρα της πόλης και που δεν μπορεί να υπολογισθεί. Το προωρισμένο για ανασκαφές τμήμα της πόλης καλύπτει επιφάνεια 350.000 τ.μ.· εάν υπολογίσει κανείς για αποζημίωση ποσό 1 1/2 δρχ. / τ.μ., δηλαδή όσο και για την αγορά οικοπέδου στη νέα πόλη, το ποσό της αποζημίωσης θα ανερχόταν συνολικά σε 525.000 δρχ. = 183.750 φιορίνια.

Εκτός από τα τεράστια προνόμια που απολαμβάνουν τώρα οι πολίτες της Αθήνας, ο δήμος της πόλης έχει σημαντικές προσόδους που ανήρχοντο το έτος 1837 σε 120.000 δρχ. = 42.000 φιορίνια και το έτος 1842 σε 180.000 δρχ = 63.000 φιορίνια. Επίσης ο δήμος πωλεί ως οικόπεδα αντί υψηλού αντιτίμου παλαιούς δρόμους και πλατείες που καταργούνται, την περιοχή του παλαιού τούρκικου τείχους που περιβάλλει την πόλη μαζί με τους δύο εκατέρωθεν δρόμους, παλαιές κοίτες ποταμών και ερημωμένες περιοχές. Με τα τεράστια αυτά κέρδη που έχει δεν θα μπορούσε να υποχρεωθεί ο δήμος να αναλάβει την αποζημίωση του άνω τμήματος της πόλης; Το ότι δεν ελήφθησαν μέτρα τέτοιου είδους ίσως να οφείλεται μόνο στη σπουδή με την οποία εγκατελείφθη το Ναύπλιο και έγινε η εγκατάσταση στην Αθήνα.

Η πόλη της Αθήνας θα είχε τώρα τελείως διαφορετική όψη εάν είχε απαγορευθεί η δόμηση στο προαναφερθέν τμήμα της· όλα τα συνωστιζόμενα εκεί σπίτια (τα περισσότερα χωρίς αυλές και βέβαια ούτε σκέψη για κήπους) θα ευρίσκοντο τώρα στη νέα πόλη, και επειδή εδώ θα εκτίζοντο πιο ευρύχωρα και κάθε σπίτι θα είχε αυλή και κήπο, θα κατελάμβαναν το αδόμητο ακόμα τμήμα της πόλης· η κυκλοφορία που συγκεντρώνεται τώρα στην παλαιά πόλη, η οποία είναι το σημερινό κέντρο, θα ανεπτύσσετο στη νέα, και αυτή θα προσέφερε την πολύ όμορφη εικόνα μιας κανονικής πόλης με καθαρές οδούς, πλατείες και ευχάριστα σπίτια, αντί να είναι όπως τώρα αυτό το ερμαφρόδιτο κατασκεύασμα, η μισή τούρκικη και η άλλη μισή ευρωπαϊκή.

Η θέση των νέων βασιλικών ανακτόρων επηρέασε εξ' αρχής πάρα πολύ τη διαμόρφωση της νέας Αθήνας, γιατί με την αλλαγή της χωροθέτησης τρεις φορές, εδημιουργήθησαν σκόρπιες ομάδες σπιτιών. Συμφώνως προς το σχέδιο του Schaubert, τα ανάκτορα θα ανεγείροντο εκεί όπου υψώνεται ένας ήπιος λόφος σημαντικών διαστάσεων στα βόρεια της Ακρόπολης και έξω από την τούρκικη πόλη, στην επέκταση της σημερινής οδού Αθηνάς· απ' αυτόν τον λόφο απολαμβάνει κανείς την ωραιότερη άποψη της Ακρόπολης με τους ναούς της, του Αρείου Πάγου, του λόφου των Νυμφών και της Πνυκός· στα δεξιά και αριστερά και κατευθείαν μπροστά έχει ανεμπόδιστη θέα της νέας πόλης, πιο πέρα βλέπει τον Πειραιά με το λιμάνι του και στο βάθος την Αίγινα και τη Σαλαμίνα, στα δυτικά και βόρεια βλέπει προς την ενδοχώρα το λεκανοπέδιο της Αθήνας με τον ελαιώνα του που στα δυτικά ορίζει η Πάρνηθα, στα βόρεια μέχρι πέρα μακρυά το αθηναϊκό λεκανοπέδιο και τέλος ανατολικά τον Λυκαβηττό και τον Υμηττό που κλείνουν τη θέα.

Η πρόταση αυτή για τη μελλοντική θέση της κατοικίας των Βασιλέων της Ελλάδος ενεκρίθη και ετέθη επίσημα ο θεμέλιος λίθος.

Μεταξύ αυτού του σχεδιαζομένου ανακτόρου και της νέας πόλης θα διεμορφώνετο ο κήπος του λαού που αποτελούσε ασφαλώς την ωραιότερη διασύνδεσή τους.

Εάν ανεγείροντο τα ανάκτορα εις αυτήν την θέση, όσοι επιθυμούσαν να κτίσουν θα αποχωρούσαν από το εν λόγω τμήμα της παλαιάς Αθήνας πλάι στην Ακρόπολη, όχι μόνο γιατί έτσι κι αλλιώς θα προτιμούσαν τη γειτνίαση με τα ανάκτορα, αλλά και γιατί εδώ το έδαφος είναι πιο ομαλό και προσιτό σε κάθε είδους όχημα, πράγμα που δεν συμβαίνει στο τμήμα προς την πλευρά της Ακρόπολης· το τμήμα αυτό, εκτός του ότι είναι κτισμένο στενά, έχει τόσο απότομους δρόμους, που άνθρωποι και ζώα μόνον αγκομαχώντας μπορούν να τους ανηφορίσουν· επίσης το αναγκαίο για τους κατοίκους πόσιμο νερό πρέπει να μεταφέρεται από την κάτω πόλη, γιατί μέχρι εκεί ψηλά δεν μπορούν να τοποθετηθούν αγωγοί ύδρευσης, επειδή η δεξαμενή από την οποία μοιράζεται το νερό σε όλη την πόλη είναι 10 μέχρι 20 μέτρα χαμηλότερα.

Η επιλογή της θέσης του ανακτόρου στο σχέδιο του Schaubert ήταν η καλύτερη και από την άποψη ότι εδώ όπου το έδαφος είναι τόσο εύφορο θα ήταν ευκολότερη στην πράξη η διαμόρφωση κήπων. Ο μυστικοσύμβουλος κύριος von Klenze εκλήθη στην Ελλάδα για να τροποποιήσει το σχέδιο Schaubert· άλλαξε τη θέση των βασιλικών ανακτόρων (τροποποιώντας μ' αυτό τον τρόπο και ολόκληρο το σχέδιο που εφηρμόζετο μέχρι τότε) και τα μετέφερε κοντά στο ναό του Θησέως, πάνω στον λόφο που ευρίσκεται σε άμεση επαφή με την οδό Πειραιώς· σε μία θέση, δηλαδή, που είναι αδιαφιλονίκητα από τις ωραιότερες ως προς τη θέα από αυτή αλλά και ως προς την εντύπωση που θα έκαναν τα ανάκτορα [εάν εκτίζοντο εδώ] ορώμενα τόσον από τον Σαρωνικό Κόλπο όσο και από το λεκανοπέδιο της Αττικής· όμως δεν έλαβε υπ' όψιν το τεράστιο κόστος της βασιλικής κατοικίας που θα προέκυπτε από την αναγκαία υποδομή, καθώς και από τα κεκλιμένα επίπεδα και τις κλίμακες που απαιτούν τεράστια έκταση και που για να συμφωνούν με την μεγαλοπρέπεια ενός παλατιού θα έπρεπε φυσικά να κατασκευασθούν από το καλύτερο οικοδομικό υλικό της Ελλάδος, δηλαδή από πεντελικό μάρμαρο.

Το σχέδιο [του Klenze] για το ίδιο το ανάκτορο θα ήταν ασφαλώς καταλληλότερο και, όπως ήταν διαμορφωμένο με ευάερες αυλές, περίπτερα, άνδηρα και πίδακες, θα ταίριαζε πολύ καλύτερα στο ελληνικό κλίμα από ό,τι το παλάτι του Gaertner, το οποίο με τις περίκλειστες αυλές και τους απωθητικούς εσωτερικούς διαδρόμους του θα ταίριαζε μάλλον για κατοικία ενός ηγεμόνος που στη χώρα του επικρατεί πάντα χειμώνας, και όχι για τα ανάκτορα μιας χώρας που χαίρεται το υπέροχο ήπιο κλίμα όλο τον χρόνο. Επίσης η ιδέα να ενταχθεί ο ναός του Θησέως στον βασιλικό κήπο που περιέβαλλε τα ανάκτορα ήταν πραγματικά εφευρετική. Το κόστος όμως μεταφοράς νερού σ' αυτούς τους κήπους, πράγμα αδύνατο χωρίς ανυψωτικές μηχανές, θα ήταν ανυπολόγιστο, ενώ επί πλέον ένα μεγάλο μέρος του μελλοντικού κήπου θα έπρεπε να μεταμορφωθεί από βραχώδες έδαφος σε εύφορη γη.

Στα πόδια του παλατιού και του λόφου του θα ανεγείροντο υπουργεία και άλλα δημόσια κτήρια.

Όλα αυτά, εάν τα φαντασθείτε κτισμένα, θα ήταν παραμυθένια· αλλά η φαντασία του μεγαλοφυούς δημιουργού αυτής της ιδέας πέταξε ψηλά απ' την πετρώδη αλλά πτωχή σε χρυσάφι Ελλάδα μέχρι τον θησαυρό ενός Κροίσου. Παρ' όλα αυτά το σχέδιο επεκυρώθη, τα νέα ανάκτορα καθώς και η παρακείμενη συνοικία εχαράχθησαν επί του εδάφους συμφώνως προς το νέο σχέδιο, ιδιώτες εστηρίχθησαν σ' αυτό και αγόρασαν οικόπεδα πανάκριβα, εδόθησαν οικοδομικές άδειες και οικοδομήθησαν ωρισμένα μεγαλοπρεπή σπίτια. Μέσα σε λίγο διάστημα, αυτή η άξια μιας νέας πρωτεύουσας συνοικία της πόλης θα είχε διαμορφωθεί πλήρως.

Τότε όμως επήλθε η καταστροφή της τρίτης τροποποίησης του εγκεκριμένου ήδη δύο φορές Άνωθεν (δηλαδή από την τότε αντιβασιλεία) σχεδίου· ενεφανίσθη ο σύμβουλος [Oberbaurath] κύριος Gaertner παρουσιαζόμενος στο θέμα της θέσης των ανακτόρων ως ο αντίπους του κυρίου von Klenze, καθότι μετέθεσε το βασιλικό ανάκτορον από το δυτικό άκρον της πόλης στο ανατολικό, μετάθεση η οποία ενεκρίθη· στη συνέχεια ετέθη ο θεμέλιος λίθος του κτηρίου από τις Μεγαλειότητές τους τους Βασιλείς της Βαυαρίας και της Ελλάδος το έτος 1836.

Η νέα αυτή μετατόπιση των ανακτόρων είχε ως επακόλουθο να σταματήσει αμέσως η οικοδόμηση των οικιών που είχαν αρχίσει να κτίζονται κοντά στη θέση των ανακτόρων του Klenze, γιατί ήσαν πολύ μακρυά από την περιοχή της παλαιάς πόλης, η οποία τώρα με την τροποποίηση του κυρίου Gaertner τα εκέρδισε όλα και θα παραμείνει οριστικά η πραγματική πόλη της Αθήνας. Η αξία των νέων κτηρίων έπεσε, και ενώ στην παλαιά πόλη πρέπει να πληρώνει κανείς ακριβά ενοίκια, στη νέα μπορεί να κατοικεί για το ένα τέταρτο και το ένα όγδοο της τιμής. Ένας εύπορος Έλλην, που ήθελε να επενδύσει στην πατρίδα του τα χρήματα τα οποία είχε κερδίσει στο εξωτερικό, οικοδομώντας αρκετά σπίτια σ' αυτή την περιοχή έγινε πάμπτωχος, και γενικά με αυτό το μέτρο χειροτέρεψε η οικονομική κατάσταση πολλών.

Η σημερινή θέση των ανακτόρων δεν είναι κακή από την άποψη ότι δεσπόζει σε όλη την πόλη· από τα ανάκτορα βλέπεις την παραλία του Φαλήρου και το Αιγαίο με την Αίγινα, σε πρώτο επίπεδο τους 16 όρθιους ακόμα κίονες του ναού του Ολυμπίου Διός, και δίπλα την Πύλη του Αδριανού· στα νοτιοδυτικά την Ακρόπολη (αλλά όχι τη γραφική της πλευρά) και τον χαώδη κατώθεν της μονότονο όγκο των σπιτιών που δεν τον διακόπτουν πύργοι, τρούλοι ή άλλα εξαιρετικά κτήρια· έπειτα ένα μέρος του ελαιώνος και από τις δυο πλευρές του Κηφισού με τις (κτισμένες μόλις πριν από μερικά χρόνια) αγροικίες του, που προβάλλουν χαρούμενα μέσα από το σκυθρωπό πράσινο των ελαιοδένδρων, και στο βάθος την Πάρνηθα· τη θέα όμως προς τον βορρά την κλείνει μόλις μερικές εκατοντάδες μέτρα πιο πέρα ο γυμνός βράχος του Λυκαβηττού, που υψώνεται 200 μέτρα πάνω από τα ανάκτορα, ενώ προς τα ανατολικά και τα βορειοανατολικά βλέπεις μια αφιλόξενη, κυματιστή, αδόμητη έκταση που την ορίζει ο σκυθρωπός Υμηττός.

Ο κύριος Schaubert είχε διαλέξει την καλύτερη θέση για τα βασιλικά ανάκτορα, πράγμα που δεν θα παραδεχθούν μόνον όσοι επέλεξαν την τωρινή θέση και ήσκησαν τη μεγαλύτερη επιρροή ώστε να επιλεγεί.

Με τις πολλαπλές αυτές τροποποιήσεις, το κοινό απέκτησε τεράστια καχυποψία απέναντι στο σχέδιο πόλης και μόνο διστακτικά γίνονται πωλήσεις οικοπέδων από φόβο και άλλων αλλαγών· έτσι συχνά κλείνονται συμβόλαια με τον όρο ότι η αγορά είναι άκυρη, εάν κινδυνεύσει [να υποτιμηθεί] το αγορασμένο οικόπεδο.

Πολλά οικόπεδα προορίζονται από την κυβέρνηση εδώ και 7 χρόνια για την ανέγερση δημοσίων κτηρίων, σε άλλα απαγορεύεται η δόμηση και οποιαδήποτε χρήση, πράγμα που ισχύει ακόμα και για οικόπεδα εκτός σχεδίου. Παρ' όλα αυτά οι –συχνά πολύ πρόσφατοι– ιδιοκτήτες τους, παρά τις επανειλημμένες διαμαρτυρίες δεν απεζημιώθησαν, γι' αυτό και πολλοί εκινήθησαν δικαστικώς εναντίον του δημοσίου ταμείου. Το στρατιωτικό νοσοκομείο, το νομισματοκοπείο, το τυπογραφείο, οι βασιλικοί σταύλοι κ.λπ. εκτίσθησαν αγνοώντας τους ιδιοκτήτες των οικοπέδων και χωρίς προηγουμένως να τα χωρομετρήσουν. Παρ' ότι τα κτήρια αυτά είναι κτισμένα ήδη από το 1834 και το 1835, μέχρι το 1842 τα κατειλημμένα οικόπεδα δεν είχαν ακόμα αποζημιωθεί.

Επειδή λοιπόν η Αθήνα εξαιτίας των τροποποιήσεων του σχεδίου της είναι κατατεμαχισμένη σε διάφορα τμήματα και υπάρχει φόβος πως στα κενά θα κτισθούν αυθαίρετα και επομένως δεν θα δημιουργηθεί ποτέ ένα κανονικό ενιαίο σύνολο, είναι απαραίτητη η εκπόνηση ενός πλήρους σχεδίου, το οποίο θα σεβασθεί πλήρως όλα τα κτήρια που οικοδομήθησαν με βάση τα παλαιότερα σχέδια. Ένα τέτοιο σχέδιο για τη νέα πόλη, που είναι το σημαντικότερο τμήμα της Αθήνας, κατετέθη στην κυβέρνηση την 1η Φεβρουαρίου 1841· ένα ιδιαίτερο στοιχείο αυτού του σχεδίου ήταν η πρόταση να επεκταθεί η πόλη στην περιοχή πίσω από την έπαυλη του Αυστριακού πρέσβεως κυρίου von Prokesch [στο λεγόμενο "Προάστιον" ή "Νεάπολις"] η οποία λόγω της ευχάριστης, υγιεινής, εύκολα υδροδοτούμενης και με ωραίες θέες θέσης της, θα ήταν κατάλληλη για έναν κανονικό οικισμό με επαύλεις και κήπους. Μέχρι τον Σεπτέμβριο του 1843 αυτό το σχέδιο δεν είχε εγκριθεί, εν τω μεταξύ όμως σ' αυτή την περιοχή εκτίσθησαν 150 περίπου σπίτια που οι ιδιοκτήτες τους έχουν σκορπίσει τελείως άτακτα στο χώρο, ανάλογα με τη θέση των οικοπέδων τους, με βάση αυθαίρετες οικοδομικές γραμμές και καταμεσής στις προτεινόμενες οδούς. Η αστυνομία δεν μπόρεσε να τους εμποδίσει· γιατί, βλέπετε, ενδιεφέροντο διάφοροι κρατικοί σύμβουλοι και άλλα πρόσωπα με επιρροή, συγκεκριμένα ο δήμαρχος Αθηναίων, ο οποίος ήταν ο άμεσος προϊστάμενος της αστυνομίας.

Όσον αφορά την αρχιτεκτονική φυσιογνωμία της Αθήνας, η πόλη διαιρείται στην παλαιά, που οι Τούρκοι είχαν περιβάλει με ένα κατεδαφισμένο τώρα τείχος, και στη νέα Αθήνα, που είναι χωροθετημένη κατά το μεγαλύτερο μέρος της έξω από την παλαιά· ωστόσο τα δύο αυτά τμήματα συνδέονται στενά και τίποτε δεν τα χωρίζει. Η παλαιά πόλη διετηρήθη αναγκαστικώς σε γενικές γραμμές όπως ήταν· οι μόνες επεμβάσεις, όταν δεν τις παρεμπόδιζαν η δωροδοκία και ο νεποτισμός, ήσαν οι ακόλουθες: διενοίχθησαν οι οδοί που θα αναφερθούν στη συνέχεια, απεκόπησαν γωνίες, κόγχες, κτίσματα και ερείπια που προεξείχαν πολύ στους δρόμους, και διεπλατύνθησαν όσο το δυνατόν περισσότερο οι υπάρχουσες οδοί. Έτσι η παλαιά αυτή συνοικία εβελτιώθη σημαντικώς, πράγμα που ίσως ο ξένος επισκέπτης δεν μπορεί να αντιληφθεί, γιατί μόνο όσοι εγνώρισαν την φοβερή κατάσταση της Αθήνας το 1833 μπορούν να κρίνουν. Τη θέση των παλαιότερων στενωπών πλάτους 2-3, το πολύ 4 μέτρων, πήραν οδοί πλάτους 6, 7 και 9 μέτρων, και οι οικοδομικές γραμμές δεν είναι τεθλασμένες αλλά –στον βαθμό που το επέτρεπε η τοποθεσία– απαλά καμπύλες γραμμές, έτσι ώστε εκεί από όπου κάποτε διέβαινες μόνο πεζός τώρα μπορείς να περάσεις άνετα με όχημα. Μόνο το τμήμα της πόλης που προωρίζετο για ανασκαφές εξηρέθη, όπως προανεφέρθη.

Η παλαιά πόλη τέμνεται κατά μήκος και με κατεύθυνση από τα δυτικά προς τα ανατολικά από την οδόν Ερμού που έχει μήκος 1.300 και πλάτος 10 μέτρα. Στο ανατολικό άκρο της η οδός Ερμού καταλήγει στη μεγάλη πλατεία την οποία ορίζουν μετωπικά το νέο ανάκτορο, προς δε τον βορρά, τον νότο και την δύση ιδιωτικές κατοικίες, και στην οποία θα κτισθούν μια μέρα τα κτήρια των υπουργείων. Αυτή καθώς και οι επόμενες δύο πρωτεύουσες οδοί της παλαιάς πόλης διενοίχθησαν το 1834 και συνήθως δια της βίας. Η αποζημίωση των οικοπέδων που απεκόπησαν, κυρίως των πτωχότερων ιδιοκτητών, δεν είχε ακόμα καταβληθεί το 1843 και εκατοντάδες αιτήσεις προς τις αρμόδιες αρχές έμεναν πάντα χωρίς αποτέλεσμα· αντίθετα, είναι γνωστό πως πλούσιοι ιδίως Αθηναίοι απεζημιώθησαν.

Η δευτέρα κυρία οδός, η οδός Αιόλου, τέμνει την προηγουμένη οδό [Ερμού] κάθετα, έχει διεύθυνση από τον νότο προς τον βορρά και ξεκινά από την πλατεία με τον Πύργο των Ανέμων. Ο Πύργος των Ανέμων, που ένα τμήμα του ύψους 5 μέτρων είναι ακόμα χωμένο στη γη, αποτελεί την καταληκτική θέα της οδού Αιόλου, όταν γυρίσει κανείς και κοιτάξει από τον βορρά προς την Ακρόπολη.

Η οδός Αθηνάς ξεκινά από την οδόν Ερμού και οδηγεί παραλλήλως προς την οδό Αιόλου στην πλατεία στην οποία μελλοντικά σε ανάμνηση του πολέμου για την απελευθέρωση από τους Τούρκους θα κτισθεί ο ναός του Σωτήρος, για τον οποίο ο αρχιτέκτων κύριος Lange εξεπόνησε ένα υπέροχο σχέδιο σε βυζαντινό ρυθμό, που η πραγματοποίησή του όμως θα αργήσει ακόμα πολύ, γιατί το κόστος ενός τέτοιου κτηρίου υπολογίζεται στα 5 περίπου εκατομμύρια δραχμές.

Αυτή η τρίτη κυρία οδός έχει εύρος 21 μέτρα και τα σπίτια εδώ προβλέπονται υποχρεωτικά με στοές, πράγμα που θα έπρεπε να είχε γίνει σε όλους τους κυρίους δρόμους για την καλύτερη προφύλαξη των περαστικών από τις ακτίνες του ήλιου, που το καλοκαίρι ανεβάζουν τη θερμοκρασία υπό σκιάν στους 34 βαθμούς Reaumur.

Μια τέταρτη πρωτεύουσα οδός, η λεγόμενη οδός Ανακτορίου [η σημερινή οδός Κολοκοτρώνη] οδηγεί από τα παλαιά ανάκτορα, [οικία Κοντοσταύλου] στα οποία τώρα γίνονται οι συνεδριάσεις της Βουλής, στην οδόν Αιόλου παράλληλα προς την οδόν Ερμού, αλλά δεν έχει ακόμα διανοιγεί ολόκληρη, και εάν δεν προσέξουν ώστε να κρατηθούν αδόμητα τα 3-4 οικόπεδα με τις καλύβες, που πρέπει να απαλλοτριωθούν για την πλήρη διάνοιξή της, πάνω στη σύγχυση που επικρατεί θα κτισθούν, οπότε θα παραμείνει για πάντα αδιέξοδος και ο ουσιαστικός αυτός εξωραϊσμός για την Αθήνα δεν θα πραγματοποιηθεί ποτέ, όπως και τόσοι άλλοι.

Στη δημιουργία δημοσίων πλατειών στην παλαιά πόλη δεν εδόθη καθόλου προσοχή, διότι εκτός από την πλατεία αγοράς κοντά στη στοά του Αδριανού, που ήτανε παλαιότερα το προαύλιο της έδρας του Τούρκου βοεβόδα της πόλης, στους νεώτερους χρόνους διεμορφώθη μία μόνη πλατεία πλάτους μόνο 25 και μήκους σχεδόν επίσης 25 μέτρων στην οδόν Αιόλου, κι αυτό μετά από ενέργειες ενός στρατηγού και ενός συγγενή του δημάρχου που έχουν εδώ ιδιόκτητα σπίτια, των οποίων έτσι η αξία ανέβηκε σημαντικά.

Στο σημείο που η οδός Αιόλου τέμνει την οδόν Ερμού, εχρειάζετο οπωσδήποτε η διαμόρφωση μιας πλατείας, γιατί είναι το κέντρο όλης της πόλης και το σημείο με τη μεγαλύτερη κίνηση, όπου ευρίσκονται οι περισσότερες αποθήκες και τα μεγάλα καφενεία και όπου μέρα και νύχτα κυκλοφορούν πλήθος ανθρώπων και οχημάτων. Αλλά οι ιδιοκτήτες των οικοπέδων, τα οποία θα είχαν χρειασθεί για τη δημιουργία της, κατάφεραν και απέτρεψαν τη διαμόρφωσή της, και τώρα έχουν οικοδομήσει εκεί λαμπρά σπίτια, που τους αποφέρουν τόσο τεράστια ενοίκια, ώστε μέσα σε 5-6 χρόνια είχαν αποσβέσει ήδη το κεφάλαιό τους.

Θα μπορούσε κανείς ακόμα και σήμερα να δημιουργήσει εύκολα 7 έως 8 πλατείες στην παλαιά πόλη, όπως διετυπώθη σε μία πρόταση που κατετέθη στην κυβέρνηση μαζί με τα απαραίτητα σχέδια και την εκτίμηση του κόστους. Όμως πιθανόν να αγνοηθεί και αυτή, προσκόπτοντας στις μηχανορραφίες και τις επενέργειες της ιδιοτελείας.

Στους χώρους που επροτάθησαν γι' αυτές τις πλατείες υπάρχουν σήμερα μόνον άθλιες καλύβες, σύντομα όμως θα υψωθούν στη θέση τους μεγάλα σπίτια, και μετά ούτε σκέψη πια για κατεδάφισή τους. Δεν έγινε δυνατόν να κατεδαφιστούν ούτε καν δύο κτήρια που οικοδομήθησαν χωρίς άδεια, παραβιάζοντας κατάφωρα το σχέδιο, το ένα μάλιστα στην μέση ενός κυρίου δρόμου, παρ' ότι οι ιδιοκτήτες, αφού η επέμβαση της αστυνομίας στην αρχή της οικοδόμησης έμεινε άκαρπη, κατεδικάσθησαν με απόφαση του δικαστηρίου. Παρόμοιες περιπτώσεις είναι συχνές, η αστυνομία μπορεί να επέμβει απλώς απαγορεύοντας τη συνέχιση των εργασιών οικοδόμησης του παράνομου κτηρίου και σε περίπτωση ανυπακοής να συλλάβει τους εργάτες και να τους κρατήσει το πολύ ένα 24ωρο μονάχα, όχι παραπάνω, αλλά δεν έχει εξουσία να προβεί σε άλλη τιμωρία, κατά συνέπειαν ο άλλος κάνει ό,τι θέλει, ιδίως εάν είναι φίλος με μέλη του δημοτικού συμβουλίου που προΐσταται της αστυνομίας.

Μόνο δικαστικές αγωγές μπορούν να υποστηρίξουν την αστυνομία εναντίον των παραβατών του νόμου, οι αποφάσεις όμως αργούν πολύ, γιατί ο κατηγορούμενος ξέρει πώς να μεταχειρισθεί τον δικαστή ώσπου να ολοκληρωθεί η οικοδομή, και βέβαια ύστερα κανένας πια δεν μπορεί να του την πάρει.

Έχει συμβεί μάλιστα αυστηρότατες βασιλικές διαταγές να μην επιφέρουν την κατεδάφιση ενός αυθαιρέτου κτηρίου, το οποίο εκτίσθη παρά τις απαγορεύσεις της αστυνομίας και προς τεράστια ζημία των γειτόνων, επειδή εφοβούντο τον ιδιοκτήτη εξαιτίας του εξάλλου περιοδικού που εξέδιδε και επειδή εκτός τούτου ήταν στενά συνδεδεμένος με τις ανώτατες αρχές τις επιφορτισμένες με το καθήκον να περιφρουρούν το κοινό συμφέρον.

Έτσι, δεν πρέπει να απορεί ιδιαιτέρως ο ειδήμων που εισέρχεται στην πρωτεύουσα της νέας Ελλάδος και επικρίνει την αρχιτεκτονική της, όταν δεν βλέπει πουθενά ένα χέρι να βάζει τάξη και όταν ευρίσκει τόσο πολλά που τον απωθούν και που ωστόσο εύκολα θα μπορούσαν να βελτιωθούν. Ας λάβει υπόψιν του όλα όσα ελέχθησαν προηγουμένως, που αληθινά δεν είναι παρά μια πολύ ήπια και ούτε στο ελάχιστο υπερβολική περιγραφή του προϊόντος αυτού της ασυνέπειας. Η επίστρωση της οδού Ερμού έγινε εφικτή μόνον όταν η κυβέρνηση απείλησε τον δήμαρχο με καθαίρεση και το δημοτικό συμβούλιο με διάλυση, αφού πρώτα απέβησαν μάταιες όλες οι προηγούμενες εντολές της. Και αυτός ο δρόμος, ο οποίος ως ο κύριος δρόμος από τον Πειραιά, έχει τη μεγαλύτερη κίνηση απ' όλους, είχε μετατραπεί σε έλος και ήταν κυριολεκτικά αδιάβατος, γιατί οι άμαξες βούλιαζαν μέχρι πάνω από τους τροχούς, οι πεζοί ούτε από μακρυά δεν πλησίαζαν και οι κάτοικοι των γειτονικών σπιτιών αρρώσταιναν από πυρετούς. Το δημοτικό συμβούλιο είχε τα αναγκαία χρηματικά μέσα για την επιδιόρθωσή του, προτίμησε όμως να τα διαθέσει σε έργα που δεν ήταν αναγκαία αλλά που προσέφεραν προσωπικά οφέλη σε πολλούς δημοτικούς συμβούλους και στους συγγενείς τους.

Η οδός Ερμού και η οδός Αιόλου είναι διαμορφωμένη τώρα και από τις δυο πλευρές με πεζοδρόμια πλάτους δύο μέτρων στρωμένα με κανονικά κομμένες πλάκες Υμηττού (γκριζογάλανο μάρμαρο). Η οδός Ερμού είναι λιθόστρωτη· επίσης λιθόστρωτο είναι και ένα τμήμα της οδού Αιόλου που παλαιότερα ήταν όλη στρωμένη με κυβόλιθους από μάρμαρο Υμηττού· ηναγκάσθησαν όμως και τους αφήρεσαν, επειδή δεν πέρασε καιρός και τ' άλογα με τα ακατάλληλα για τέτοια λιθόστρωση τούρκικα πέταλά τους δεν εύρισκαν πια κράτημα στη λεία απ' τη χρήση επιφάνεια.

Οι περισσότεροι υπόλοιποι οδοί της παλαιάς Αθήνας είναι ακόμη σε κακή κατάσταση για τους διαβάτες, ούτε επίπεδοι είναι ούτε την ενδεδειγμένη λιθόστρωση έχουν· μόλις πριν από δύο χρόνια ήρχισαν να επιδίδονται με ζήλο στη λιθόστρωση των δρόμων, αλλά συνήθως είναι κακή γιατί οι ντόπιοι λιθοστρώτες (συνήθως χτίστες) δεν έχουν ιδέα τι θα πει καλή εκτέλεση αυτής της εργασίας και με τη συνεχή αλλαγή των εργολάβων και των εργατών δεν είναι δυνατόν να εκπαιδευθούν· επίσης οι ακανόνιστα κομμένοι ασβεστόλιθοι με τις κοφτερές ακμές που χρησιμοποιούνται αναγκαστικώς δεν είναι οι καλύτεροι γι' αυτή τη δουλειά· πιο ενδεδειγμένοι για λιθόστρωση είναι όταν η επιφάνειά τους μετά από μακρόχρονη χρήση γίνεται λεία. Κανονικοί κυβόλιθοι, επειδή είναι πολύ ακριβοί, δεν μπορούν ακόμα να χρησιμοποιηθούν. Η συνηθισμένη λιθόστρωση κοστίζει συνήθως (υλικά συν εργασία) 1 δραχμή ή 21 Kreuzer το τετραγωνικό μέτρο, ενώ η λιθόστρωση με λίθους κανονικού σχήματος, όπως έδειξαν οι απόπειρες που έγιναν, ακριβώς το εικοσαπλάσιο. Οι δρόμοι της νέας πόλης δεν έχουν καθόλου λιθοστρωθεί και είναι ακόμα στη φυσική τους κατάσταση. Έτσι έχουν πάρα πολλή λάσπη τον χειμώνα· αλλά η βροχή κρατάει μόνο μερικές ημέρες και οι έντονοι βόρειοι άνεμοι τους στεγνώνουν σύντομα· αντίθετα το καλοκαίρι, που σχεδόν 7 ολόκληρους μήνες δεν πέφτει ούτε σταγόνα βροχής, είναι αφόρητη η σκόνη. Η οδός Αιόλου που συγκεντρώνει τους περισσότερους περιπατητές καταβρέχεται το καλοκαίρι. Σε πολλούς κεντρικούς δρόμους της παλαιάς πόλης έχουν κτισθεί προσφάτως υπόγειοι θολωτοί αγωγοί, που όμως χρησιμεύουν μόνο στην αποχέτευση των ομβρίων και των ακαθάρτων υδάτων των οικιών· διότι δεν μπορούν να καθαριστούν με τρεχούμενο νερό, επειδή την Αθήνα δεν την πλησιάζει κανένας ποταμός και από τους αγωγούς ύδρευσης παίρνει μόνο τόσο νερό όσο απαιτούν οι ανάγκες του πληθυσμού της. Από την Αθήνα των αρχαίων έχουν διασωθεί αγωγοί τόσο μεγάλης διατομής που μέσα μπορούν να περπατήσουν δύο άνθρωποι, ο ένας δίπλα στον άλλον· απ' όσον έχουν ιδεί, είναι κτισμένοι πότε με πλίνθους και πότε με λαξευτούς λίθους και είναι άλλοτε μεν σκεπασμένοι με θόλους άλλοτε με μεγάλες πλάκες. Αυτοί οι αγωγοί όμως ευρίσκονται περίπου 5 και παραπάνω μέτρα κάτω από την επιφάνεια των σημερινών δρόμων, έχουν διαφορετική κατεύθυνση, διέρχονται εγκάρσια κάτω από τα θεμέλια των σημερινών κτηρίων και έτσι προς το παρόν δεν μπορούν να χρησιμοποιηθούν. Μέσα σ' αυτούς ρέει νερό ακατάλληλο για πόση που αναβλύζει κοντά στην Αγία Τριάδα και χρησιμοποιείται για πλύσιμο και για την άρδευση των αγρών και των κήπων. Οι πηγές αυτού του νερού δεν έχουν ακόμα ανακαλυφθεί, πρέπει όμως να ευρίσκονται κάπου στις υπώρειες του Υμηττού.

Όταν οι αγωγοί αυτοί γίνουν ετοιμόρροποι, θα κινδυνεύσουν τα κτήρια από πάνω τους, που τα έκτισαν κατά τρόπο ακατανόητο και δίχως να αναζητήσουν στέρεο έδαφος, πάνω στα προσχωσιγενή στρώματα που τους σκεπάζουν. Το έτος 1837 έτυχε να καταρρεύσει τμήμα ενός τέτοιου αγωγού και έσπευσαν να τον επιδιορθώσουν αμέσως για να αποτρέψουν τον κίνδυνο να καταρρεύσουν και τα γειτονικά σπίτια.

Η νέα Αθήνα –έξω από το κατεδαφισμένο τουρκικό τείχος και μόνο κατά ένα μικρό μέρος της εντός αυτού– έχει κανονικό σχέδιο με μεγάλες πλατείες, δρόμους πλάτους 10 έως 20 μέτρων και περιβάλλεται από ένα βουλεβάριο πλάτους 36 μέτρων· σε σύγκριση ωστόσο με τη συνολική της έκταση δεν έχουν οικοδομηθεί ακόμα πολλά κτήρια. Εδώ μένουν κυρίως ανώτεροι υπάλληλοι και πρεσβευτές, και επίσης εδώ ευρίσκονται τα βασιλικά ανάκτορα, οι βασιλικοί σταύλοι, το νομισματοκοπείο, το πανεπιστήμιο, το πολιτικό νοσοκομείο και το βασιλικό τυπογραφείο και λιθογραφείο, επίσης η ωραία έπαυλις του Αυστριακού πρεσβευτή von Prokesch. Τα βασιλικά ανάκτορα με τον κήπο τους αποτελούν το ανατολικό όριο της νέας πόλης. Η πρόσοψή τους μήκους 91 μέτρων είναι εστραμμένη προς την πλατεία των Ανακτόρων στην απόληξη της οδού Ερμού. Η πλατεία έχει μήκος 281 μέτρα, πλάτος 150 μέτρα και λόγω της μεγάλης κλίσης του εδάφους (20 μέτρα υψομετρική διαφορά στα 281 μέτρα) είναι διηρεμένη σε δύο τμήματα.

Το πάνω μέρος της μήκους 111 και πλάτους 150 μέτρων είναι τελείως ακάλυπτο και χωρίζεται από το κάτω με έναν τοίχο αντιστήριξης ύψους 4 μέτρων, κτισμένο από κανονικά λαξευμένους λίθους Υμηττού· η σύνδεση ανάμεσα στα δύο μέρη γίνεται με δύο κεκλιμένα επίπεδα πλάτους 22 1/2 μέτρων κτισμένα όπως και ο τοίχος αντιστήριξης, διατεταγμένα παράλληλα προς τη βόρεια και νότια σειρά των κτηρίων, καθώς και με μία μνημειώδη κλίμακα στη μέση με είκοσι βαθμίδες από τηνιακό μάρμαρο, από τις οποίες η κατώτερη έχει μήκος 22 και η ανώτερη 9 μέτρα. Οι απαρχές των τοίχων των κεκλιμένων επιπέδων και η απόληξη της κλίμακας στην άνω πλατεία έχουν διακοσμηθεί με μαρμάρινα βάθρα στα οποία πρόκειται να τοποθετηθούν αγάλματα με έφιππες παραστάσεις. Οι τοίχοι των κεκλιμένων επιπέδων και του ανδήρου είναι επενδυμένοι με πλάκες από μάρμαρο Τήνου, και από το ίδιο υλικό έχουν κατασκευασθεί χαμηλοί πεσσοί, ανάμεσα στους οποίους έχει τοποθετηθεί προστατευτικό κιγκλίδωμα από σφυρήλατο σίδερο. Την εκτέλεση αυτών των εργασιών διαρρύθμισης της πλατείας των ανακτόρων ανέλαβε ο δήμος Αθηναίων, εκόστισαν δε 50.000 δραχμές. Στην κάτω πλατεία θα γίνουν διαμορφώσεις εν είδει κήπου με πίδακες.

Κατά την εξομάλυνση των δύο αυτών πλατειών, στις οποίες και προηγουμένως δεν υπήρχαν κτίσματα, πολύ κοντά στο παλαιό τουρκικό τείχος βρέθηκαν πλήθος τάφοι και πολλές απλούστατες σαρκοφάγοι με επίπεδα καλύμματα, στις οποίες υπήρχαν σκελετοί με βραχιόλια από επιχρυσωμένους πυρήνες ελιών, οι οποίοι όμως ήταν σε τόσο προχωρημένο βαθμό αποσύνθεσης που συμπεραίνεται ότι η περιοχή αυτή ήταν αρχαιότατο νεκροταφείο. Ένα αγγείο διαμέτρου 2 1/2 ποδών από λευκό μάρμαρο, που ευρέθη σε αρκετά καλή κατάσταση και ωραιότατα δουλεμένο, εκλάπη την επόμενη νύχτα και ευρέθη σπασμένο στο εργοτάξιο της κατοικίας του αστυνομικού διευθυντή, όπου τα κομμάτια του εχρησιμοποιήθησαν για τους τοίχους θεμελίωσης.

Τα ανάκτορα, συμπεριλαμβανομένου και του ισογείου, είναι ένα τριώροφο κτήριο με ορθογώνια παραλληλόγραμμη κάτοψη διαστάσεων 96 (η πλευρά προς την πλατεία) επί 74 μέτρων (η νότια πλευρά προς τον κήπο) και με δύο εσωτερικές αυλές. Από μακρυά και κυρίως από την οδό προς την Ελευσίνα αυτό το κτήριο δεν δίνει καθόλου χαρούμενη εντύπωση· είναι ένας πέτρινος όγκος αποκομμένος στο επάνω μέρος του που, όπως ορθώνεται απομονωμένος, θυμίζει μάλλον οχυρό που δεσπόζει της πόλης παρά βασιλική κατοικία· από κοντά όμως φαίνεται συμπαθητικώτερο, εάν ευρίσκετο δε σε δρόμο, όπου δεν θα μπορούσε κανείς να το ατενίσει ολόκληρο με μια ματιά, θα έκανε υπέροχη εντύπωση.

Το κυριώτερο κοσμητικό στοιχείο της πρόσοψης με τα 19 παράθυρα είναι μία δομική προεξοχή που την κοσμούν παραστάδες και αέτωμα, καθώς και ένας εξώστης στηριγμένος σε 10 κίονες δωρικού ρυθμού· κάτω από τον εξώστη, στο προστώο, ευρίσκονται οι τρεις κύριες είσοδοι του ανακτόρου, στις οποίες φθάνει κανείς στις μεν πλάγιες από δύο κεκλιμένα επίπεδα, στην δε μεσαία από μία κλίμακα ιδίου πλάτους με το προστώο. Η όψη προς τον βασιλικό κήπο, όπου τα διαμερίσματα του Βασιλέως και της Βασίλισσας, έχει μία στοά με 18 κίονες δωρικού ρυθμού, πάνω από την οποία διαμορφώνεται επίσης ένας εξώστης. Άνδηρα υπέροχα επενδεδυμένα με μάρμαρο και μνημειώδεις μαρμάρινες κλίμακες συνδέουν το τμήμα αυτό των ανακτόρων με τον κήπο, ο οποίος, αν και εφυτεύθη μόλις πριν από 4 χρόνια, εν τούτοις έχει να επιδείξει ήδη μια αφθονία φυτών και δέντρων, που ευδοκιμούν μόνο κάτω από τον θερμό ελληνικό ήλιο και σε μας μόνο σε θερμοκήπια, και ο οποίος αν αναπτυχθεί σ' όλη την προτεινόμενη έκταση των 90 πρωσικών Morgen [δηλαδή 225 στρεμμάτων] θα δίνει εντύπωση πολύ επιβλητική.

Το βασιλικό ανάκτορο εκτίσθη εξαιρετικά γερά από Γερμανούς αρχιτέκτονες και, με εξαίρεση τους κοινούς κτίστες, κατά κύριο λόγο από Γερμανούς τεχνίτες· λιθοδομή και εργασίες επιχρισμάτων έγιναν κυρίως από Ιταλούς και Έλληνες από τα Ιόνια νησιά, ενώ οι ξυλουργοί, επιπλοποιοί, σιδηρουργοί κ.λπ. που ανέλαβαν το μεγαλύτερο μέρος των αντίστοιχων εργασιών ήσαν Γερμανοί, και επίσης Γερμανοί καθώς και μερικοί Ιταλοί ήσαν αυτοί που εξετέλεσαν τα έργα ζωγραφικής και διακόσμησης στο εσωτερικό, που μερικά απ' αυτά είναι πολύτιμα.

Οι εξαιρετικά ισχυροί τοίχοι του κτηρίου κατεσκευάσθησαν από πέτρες Υμηττού και τόσο εσωτερικά όσο και εξωτερικά είναι επιχρισμένοι με μαρμαροκονία, η οποία, ως προς την εμφάνιση, είναι έτσι χρωματισμένη, ώστε να διαφέρει ελάχιστα από το πεντελικό μάρμαρο.

Τα πλαίσια των θυρών και παραθύρων και τα γείσα τους, όλα τα αετώματα, τα προστώα, η στοά με τους 18 κίονες στη νότια όψη, τα επιστέφοντα τον κύριο θριγκό ακροκέραμα, οι εσωτερικές και εξωτερικές κλίμακες είναι από ωραίο λευκό πεντελήσιο μάρμαρο και εξετελέσθησαν με βάση τις διατομές σε φυσικό μέγεθος που έστειλε ο κύριος von Gaertner στην Αθήνα· από το ίδιο επίσης υλικό είναι στο εσωτερικό οι κίονες και οι παραστάδες του προθάλαμου και της μεγάλης αίθουσας χορού, καθώς και πολλά άλλα αρχιτεκτονικά μέλη. Πολλά θυρώματα και πλαίσια εστιών έχουν γίνει με μεγάλη τέχνη από Ιταλούς με μαρμαροκονία.

Μετά το παλάτι, το πιο αξιόλογο και πιο καλοκτισμένο δημόσιο κτίσμα είναι το διώροφο κτήριο του πανεπιστημίου που εσχεδίασε ο αρχιτέκτων Christian Hansen και έχει μήκος 60 μέτρα. Παρ' ότι έχει αποπερατωθεί μόνο το ένα τέταρτο του συνολικού κτηρίου, εν τούτοις είναι έτσι σχεδιασμένο, ώστε το ολοκληρωμένο τμήμα του αποτελεί ένα ενιαίο, αυτόνομο σύνολο που ανταποκρίνεται στις υφιστάμενες ανάγκες. Είναι ήδη εδώ και ένα χρόνο εν χρήσει. Στο ισόγειο ευρίσκονται οι αίθουσες διδασκαλίας και στον άνω όροφον η βιβλιοθήκη και μια συλλογή οργάνων μαθηματικών και φυσικής. Το κτήριο είναι ιωνικού ρυθμού με μία σειρά πεσσών στην πρόσοψη προς την Ακρόπολη που τη διακόπτει μία προεξοχή με ωραίο αέτωμα όπου ευρίσκονται οι είσοδοι· την προεξοχή εκόσμησε (το κτήριο εκτίσθη με εθελοντικές εισφορές Ελλήνων κυρίως του εξωτερικού) η μεγαλοδωρία του Βασιλέως με 2 μονολιθικούς ιωνικούς κίονες από ωραιότατο πεντελήσιο μάρμαρο ύψους 30 ποδών. Εκτός από αυτούς δεν υπάρχουν άλλοι μονολιθικοί κίονες στην Ελλάδα, ούτε αρχαίοι. Οι κίονες της προεξοχής είναι όπως και το αέτωμα επιχρωματισμένοι και κατά τόπους επιχρυσωμένοι.

Ένα τρίτο σημαντικόν οικοδόμημα, το αστεροσκοπείον, είναι υπό κατασκευήν, και το κόστος της ανέγερσής του εκάλυψε μέχρι στιγμής ο βαρώνος Γεώργιος Σίνας, ένας πλούσιος Έλλην της Βιέννης. Ως πολύ κατάλληλη και ταυτόχρονα εράσμια θέση γι' αυτό το κτήριο επελέγη η κορυφή του λόφου των Νυμφών, απ' όπου η θέα είναι ελεύθερη για αστρονομικές παρατηρήσεις.

Άλλα δημόσια κτήρια που οικοδομήθησαν τα τελευταία δέκα έτη στην πρωτεύουσα είναι: ένα στρατιωτικό νοσοκομείο 300 κλινών, ένα πολιτικό νοσοκομείο 80 κλινών, ένα νομισματοκοπείο και κοντά του ένα εργαστήριο κατασκευής ελασμάτων, ένα βασιλικό τυπογραφείο και λιθογραφείο, ένα δημοτικό σχολείο, μία εκκλησία, ένα νεκροφυλακείο με το νεκροταφείο και ένα θέατρο. Άλλα δημόσια κτήρια για τις κρατικές υπηρεσίες δεν υπάρχουν, γι' αυτό στεγάζονται σε ιδιωτικά.

Ο καθεδρικός ναός είναι υπό κατασκευήν· τα θεμέλια ετέθησαν ήδη τον Οκτώβριο του περασμένου έτους. Θα κτισθεί με βάση τα σχέδια των Schaubert και Hansen σε βυζαντινό ρυθμό, όπως κτίζονται υποχρεωτικώς όλες οι ορθόδοξες εκκλησίες της χώρας. Η κατασκευή ανετέθη αρχικώς στον αρχιτέκτονα Christian Hansen, τώρα όμως τη συνεχίζουν Έλληνες μαθητευόμενοι, που μόλις απεφοίτησαν από τα προπαρασκευαστικά σχολεία.

Βορειοαμερικανοί ιεραπόστολοι έχουν στην ιδιοκτησία τους μια μικρή εκκλησία γοτθικού ρυθμού (η πρώτη αυτού του ρυθμού που εκτίσθη στην Ελλάδα), η οποία κατεσκευάσθη επίσης από τον Christian Hansen και είναι πολύ φροντισμένη, ιδίως στο εσωτερικό. Αρκετά παλαιά τούρκικα τζαμιά και λουτρά, που εκτός από τους ημισφαιρικούς τρούλλους τους δεν έχουν καμία αρχιτεκτονική αξία, έχουν μετατραπεί σε φυλακές και στρατώνες.

Εδώ και έξι χρόνια η Αθήνα έχει και δημοτικό ωρολόγιον, το οποίο ετοποθετήθη στον πύργο που έκτισε γι' αυτό το σκοπό ο λόρδος Elgin μέσα στα τείχη της στοάς του Αδριανού (τώρα Αγορά), σε ένδειξη ευγνωμοσύνης για τους σπουδαιότερους θησαυρούς της Αθήνας που έστειλε στην Αγγλία με τρία καράβια, από τα οποία δυστυχώς το ένα ναυάγησε.

Μολονότι η Αθήνα έχει πολυάριθμες εκκλησίες (πριν από την Επανάσταση υπήρχαν 130, οι περισσότερες από τις οποίες σήμερα είναι ερειπωμένες), καμιά δεν έχει ιδιαίτερη αξία. Το μέγεθός τους είναι ασήμαντο, υπάρχουν εκκλησίες με 6 έως 7 μέτρα μήκος και 4 έως 5 μέτρα πλάτος, μέχρι το πολύ 16 μέτρα μήκος και 8 έως 9 μέτρα πλάτος. Οι καλύτερες είναι βυζαντινού ρυθμού σταυροειδείς μετά τρούλλου· ο τρούλλος έχει διάμετρο 3 έως 5 μέτρα, είναι σκεπασμένος με κυρτά (βυζαντινά) κεραμίδια και σε αυτόν καταλήγουν οι στέγες των κεραιών του σταυρού. Οι εκκλησίες είναι κτισμένες είτε με ορθογωνισμένους λίθους που έχουν ληφθεί από αρχαία μνημεία είτε από συμπαγείς οπτόπλινθους ή και από τα δυο μαζί. Οι οπτόπλινθοι είναι πολύ μικρού σχήματος, έχουν πάχος μόνο 1 ή 1 1/2 δακτύλους και είναι από σχολαστικά καθαρισμένο, εξαιρετικό υλικό και πολύ καλά ψημένοι· οι αρμοί έχουν κατά κανόνα το ίδιο πάχος με τις πλίνθους, αλλά το κονίαμα είναι εξαιρετικής σκληρότητος ανωτέρας εκείνης των πλίνθων. Πολλές εκκλησίες είναι κτισμένες με ορθογωνισμένους πωρόλιθους πιθανόν από τη νήσο Πόρο, στους οποίους βλέπει κανείς πολύ καθαρά άπειρα αποτυπώματα οστράκων, σαν να είναι τελείως πρόσφατα. Η πλινθοπερίβλητη λιθοδομή της τοιχοποιίας των εκκλησιών είναι εκτάκτως κανονική και έχει ταιριαστές διακοσμήσεις σε παράθυρα και πόρτες: εργασίες για τις οποίες οι σημερινοί Έλληνες δεν είναι ικανοί.

Εκκλησίες αυτού του τύπου, σταυροειδείς μετά τρούλλου, αλλά μεγαλύτερων διαστάσεων και πραγματικά αρχιτεκτονικά κομψοτεχνήματα, στο εσωτερικό των οποίων σώζονται έξοχα μωσαϊκά με επιχρυσωμένες γυάλινες ψηφίδες, υπάρχουν σε πολλά μοναστήρια της Ελλάδος, των οποίων όμως η περιγραφή χωρίς σχέδια είναι άσκοπη. Οι συνηθέστερες που εκτίσθησαν κατά τους νεωτέρους χρόνους και υπό την τουρκική κυριαρχία έχουν μόνο 4 περιμετρικούς τοίχους και προεξέχουσες τρίπλευρες κόγχες ιερού (κατασκευαστικά, τμήμα μιας οκταγωνικής κάτοψης) που επάνω τους στηρίζεται μια απλή στέγη ορατή από το εσωτερικό της εκκλησίας.

Κανονικά κωδωνοστάσια δεν έχουν οι ελληνικές εκκλησίες. Στις καλύτερες υπάρχει ένα είδος πυργίσκου πάνω από τις θύρες της εισόδου και τη σκεπή, που αποτελείται από δύο παραστάδες συνδεδεμένες με ένα τόξο, απ' όπου κρέμεται μια μικρή καμπάνα. Συνήθως όμως στο εξωτερικό της εκκλησίας προσάπτεται απλώς ένα ξύλινο ικρίωμα γι' αυτό τον σκοπό.

Η εσωτερική διακόσμηση των εκκλησιών είναι ιδιόμορφη· έχουν τοιχογραφίες που ευρίσκονται ακόμα στην κατώτερη βαθμίδα της εξέλιξης, τόσο ως προς τη σύνθεση όσο και ως προς το σχέδιο και τον χρωματισμό. Μόνον η ρωσική εκκλησία της Αθήνας, που επίσης είναι μία από τις παλαιότερες σταυροειδείς μετά τρούλλου και η οποία προσφάτως παρεχωρήθη στη ρωσική πρεσβεία και απεκαταστάθη όπως ακριβώς είναι σήμερα, μόνον αυτή διακρίνεται για την καλαίσθητη διακόσμησή της στο εσωτερικό και για τις καλές τοιχογραφίες της.

Όταν η Αθήνα ανεκηρύχθη πρωτεύουσα το 1834, ήταν σχεδόν τελείως ερειπωμένη, έτσι εκτίσθησαν πολύ βιαστικά κτήρια για να στεγάσουν τις υπηρεσίες, τις πρεσβείες, τους εμπόρους κ.λπ. που μετεκόμισαν από το Ναύπλιο εδώ. Επειδή αυτά τα κτήρια εκτίσθησαν με καθαρά κερδοσκοπικά κριτήρια, έγιναν όσο πιο πρόχειρα εγίνετο, και μάλιστα έτσι ώστε σήμερα, μετά 10 χρόνια, τα περισσότερα απ' αυτά είτε να έχουν κατεδαφισθεί είτε, λόγω της κακής κατάστασης στην οποία ευρίσκονται, να κατοικούνται μόνον από πτωχούς ανθρώπους. Ένα τέτοιο κτήριο συνήθως ήταν σε 4 εβδομάδες έτοιμο, και πριν ακόμα τελειώσει είχε ενοικιασθεί για ένα εξάμηνο ή ένα χρόνο αντί τεραστίου ενοικίου. Υπήρχαν τρεις κατηγορίες τέτοιων προχειροφτιαγμένων κτηρίων: οι τοίχοι του ισογείου της πρώτης κατηγορίας ήσαν συμπαγείς από αργούς λίθους και του ορόφου από πλίνθους· της δεύτερης κατηγορίας η τοιχοποιία ήταν ξυλόπηκτη και της τρίτης από ωμές πλίνθους, τα οικήματα όμως της τελευταίας ήσαν συνήθως μονώροφα.

Οι τοίχοι και τα θεμέλιά τους κατεσκευάζοντο από αργούς λίθους και λασποκονίαμα, φτιαγμένο δηλαδή σε μεγάλο ποσοστό από κοινό χώμα αγρών, αυτό που έπαιρναν από την εκσκαφή, ανακατεμένο με νερό στο οποίον έπειτα προσέθεταν ολίγην άσβεστον που σχεδόν εξηφανίζετο μέσα στο μίγμα. Ακόμη και σήμερα είναι δύσκολο να πείσει κανείς τους Έλληνες τεχνίτες αλλά και τους ιδιοκτήτες, πως ένα μίγμα από χώμα και ασβέστη δεν έχει καμία συνεκτική δύναμη· συνηθισμένα μικρά σπίτια κατασκευάζονται ακόμα έτσι· μόνο για τα σημαντικώτερα, που η οικοδόμησή τους δεν είναι απόρροια μόνο του πνεύματος κερδοσκοπίας, χρησιμοποιείται κανονικό κονίαμα από ασβέστη και άμμο. Τα θεμέλια όμως ακόμα και σήμερα κατασκευάζονται και στα πιο αξιόλογα κτήρια πολύ κακότεχνα με αργούς λίθους και λασποκονίαμα, ενώ ταυτοχρόνως στενεύουν όσο βαθύτερα πηγαίνουν, και μάλιστα έτσι ώστε συχνά κάτω χαμηλά είναι 8 έως 9 δακτύλους πιο στενά απ' ό,τι επάνω, και επειδή το σκάμμα έχει κι αυτό το ίδιο ακριβώς εύρος με την λιθοδομή, πετούν απλώς τις πέτρες και τη λάσπη μέσα και μόλις φθάσουν στην επιφάνεια του εδάφους αρχίζουν να κτίζουν κανονικά με αλφάδι, να πελεκούν πιο προσεκτικά την πέτρα και να κτίζουν καλά αρμολογημένη λιθοδομή. Παρά την επιπολαιότητα και ατεχνία με την οποία κατασκευάζουν τα θεμέλια, δεν παρατηρούνται βλαβερές επιπτώσεις στην ανωδομή, πράγμα που οφείλεται αποκλειστικώς και μόνο στο γεγονός πως το έδαφος δεν έχει την υγρασία του δικού μας. Στην τωρινή παλαιά πόλη της Αθήνας, ιδίως στο τμήμα προς την Ακρόπολη, τα θεμέλια πρέπει να έχουν συχνά βάθος μέχρι έξι μέτρα, επειδή το έδαφος εκεί αποτελείται μόνον από επιχώσεις και προσχώσεις· ακόμα και τότε όμως δεν ευρίσκει κανείς το φυσικό έδαφος, γι' αυτό οι κτίστες στρώνουν ένα πλέγμα: ρίχνουν άτακτα το ένα πλάι στο άλλο δοκάρια από ξύλο ελάτης ή καστανιάς μήκους 3 έως 4 μέτρων και πάχους 10 έως 15 εκατοστών ασύνδετα μεταξύ τους ή το πολύ τοποθετώντας επάνω τους μερικούς κάθετους συνδετήρες, που τους καρφώνουν με σιδερένια καρφιά στα επιμήκη δοκάρια. Στη νέα πόλη ευρίσκει κανείς εύκολα το φυσικό έδαφος, στο οποίο ωστόσο δεν πρέπει να έχει κανείς πάντα εμπιστοσύνη γιατί συχνά δεν είναι συμπαγές, ή πάλι είναι ένα στρώμα από λάσπη και χαλίκι τόσο γερό ώστε μπορεί να κτίσει κανείς επάνω του ασφαλώς ακόμη και τα μεγαλύτερα κτήρια.

Σε μερικά σπίτια φανερώνεται και ο βράχος, και τότε για τα σκάμματα των θεμελίων πρέπει να ανατιναχθεί σε ικανό βάθος ώστε να φύγουν τα διαβρωμένα τμήματά του και να αναφανεί το στέρεο πέτρωμα.

Θα εφαντάζετο κανείς, πως με τόσο βαθιά θεμέλια στην παλαιά πόλη θα έπρεπε να υπάρχει σε κάθε σπίτι και υπόγειο, αλλά δεν είναι έτσι· σχεδόν κανένα από όσα σπίτια εκτίσθησαν την περίοδο 1834-1837 δεν έχει υπόγειο, τα υπόγεια άρχισαν να τα κτίζουν μιμούμενοι τους ξένους αρχιτέκτονες που κατεσκεύασαν υπόγεια, αλλά πάντα μόνο στα σημαντικά κτήρια, και, επειδή δεν είναι πολύ βαθειά, χρησιμοποιούνται και για κατοικία. Σπανίως ωστόσο τα υπόγεια είναι θολωτά, συνήθως δε σκεπάζονται μόνο με δοκούς. Τα βασιλικά ανάκτορα έχουν ευρύχωρα θολωτά υπόγεια κατασκευασμένα με πελεκητή πέτρα από Γερμανούς τεχνίτες με όλους τους κανόνες της τέχνης, αλλά και πολλά άλλα θολωτά δωμάτια όλων των κατασκευαστικών τύπων στο ισόγειο. Θολωτά υπόγεια έχουν επίσης το πανεπιστήμιο, το στρατιωτικό και πολιτικό νοσοκομείο, καθώς και μερικά ιδιωτικά κτήρια. Οι θόλοι αυτοί είναι κατασκευασμένοι είτε από οπτόπλινθους είτε από γκρίζο ασβεστόλιθο Υμηττού πάχους 5 έως 12 εκατοστών. Σ' αυτά τα ιδιωτικά κτήρια κατασκευάζονται μόνον απλοί ημικυλινδρικοί θόλοι. Πιο καλλιτεχνικούς τύπους θόλων οι Έλληνες κτίστες δεν μπορούν ακόμα να κατασκευάσουν, και μόνο σπάνια βλέπεις κανένα χθαμαλό θολίσκο που τον έχουν όμως δουλέψει ξένα χέρια. Ο εγχώριος ξέρει μόνο τους απλούς ημικυλινδρικούς θόλους. Σταυροθόλια υπάρχουν μόνο στα βασιλικά ανάκτορα και μικροί τρούλλοι σε κτήρια από την εποχή της Τουρκοκρατίας, π.χ. σε ένα τουρκικό σχολείο [στον Μεντρεσέ, δηλαδή στο Ιεροδιδασκαλείο] που μετετράπη σε φυλακή, σε δύο τζαμιά και σε μερικά θερμά λουτρά· οι τρούλλοι όμως αυτοί δεν ξεπερνούν σε διάμετρο τα 6 έως 8 μέτρα. Εξωτερικά είναι κεραμοσκεπείς. Στους τρούλλους των εκκλησιών αναφερθήκαμε ήδη.

Όταν στα συνηθισμένα σπίτια της παλαιάς πόλης της Αθήνας κατασκευάζονται υπόγεια, σκεπάζονται συνήθως μόνο με δοκάρια, χωρίς να γεμίζονται τα κενά μεταξύ τους και από πάνω τοποθετούνται τα λεπτά σανίδια του πατώματος. Έτσι οι κατοικίες επάνω από τέτοια υπόγεια είναι πολύ ανθυγιεινές, επειδή, εκτός από τις αναθυμιάσεις που εκπέμπουν από κάτω οι πάντα δίχως πάτωμα ζοφεροί αυτοί χώροι, τα πατώματα είναι διαρκώς παγωμένα και υγρά.

Όταν τα θεμέλια φθάνουν στην επιφάνεια του εδάφους, αρχίζει η κατασκευή μιας πιο αυθεντικής τοιχοποιίας, αλλά επειδή οι πλίνθοι είναι πανάκριβοι, χρησιμοποιούνται αργοί λίθοι με καλή πάντα συναρμογή. Στα σπουδαία διώροφα κτήρια, δηλαδή με ισόγειο και έναν όροφο (τριώροφα κτήρια υπάρχουν μόνο 3 ή 4 στην Αθήνα), στο ισόγειο είναι συμπαγείς και οι περιμετρικοί και οι διαχωριστικοί τοίχοι, στον όροφο όμως συμπαγείς είναι μόνον οι περιμετρικοί, ενώ οι διαχωριστικοί κατασκευάζονται από ξύλινα πλέγματα γεμισμένα με μικρές απελέκητες πέτρες ή από πήχεις καρφωμένες και στις δύο πλευρές που σοβατίζονται [μπαγδαντί], οπότε μέσα είναι κούφιοι και κατάλληλοι για να κατοικούν ζωΰφια. Στα μικρότερα κτήρια κάνουν τους εξωτερικούς τοίχους και των δύο ορόφων συμπαγείς, όλους τους διαχωριστικούς όμως, παρ' ότι ένα τετραγωνικό μέτρο ξύλινου τοίχου κοστίζει στην Αθήνα όσο και ένα τετραγωνικό λιθοδομής, από ξύλο, κυρίως για εξοικονόμηση χώρου, επειδή τα οικόπεδα είναι πολύ ακριβά.

Αυτοί οι ξύλινοι τοίχοι όμως δεν συνδέονται διόλου με τους κυρίως τοίχους, απλώς στηρίζονται σ' αυτούς και διατάσσονται επάνω από τις δοκούς του ορόφου, κατανέμονται δε με τέτοιο τρόπον ώστε στον δεύτερο όροφο να υπάρχουν συχνά 6 έως 7 τοίχοι πάνω από ένα μόνο χώρο στο ισόγειο (συνήθως αποθήκη κάποιου εμπορικού)· οι ξύλινοι τοίχοι του άνω ορόφου στηρίζονται μόνον επάνω σε απλά δοκάρια υποστήριξης και απλώς καρφώνονται· οι ορθοστάτες ακουμπούν χωρίς συναρμογή πάνω στις δοκούς, τα κλειδιά και οι αμείβοντες χωρίς συναρμογή στους ορθοστάτες και συνδέονται με ένα πλήθος σιδερένια καρφιά. Δεν είναι λοιπόν καθόλου απορίας άξιον που συχνά κάθονται αυτοί οι τοίχοι, κάνουν κοιλιά, αποκτούν ρωγμές και, καθώς υποχωρούν και τα δοκάρια που δεν έχουν γερά υποστυλώματα, τα πατώματα είναι τελείως ανώμαλα. Επειδή κατά την κατασκευή του κτηρίου των ανακτόρων αλλά και άλλων δημοσίων κτηρίων οι ξύλινοι τοίχοι έχουν συνδεθεί κανονικά, άρχισαν να τους μιμούνται και στα πιο αξιόλογα ελληνικά σπίτια αλλά όχι ακόμα τέλεια.

Εξαιτίας της τόσο ελαφράς κατασκευής, οι γωνίες των τοίχων, των θυρών και των παραθύρων συναρμόζονται με μια άσπρη πολύ μαλακή μάργα από τη νήσο Κίμωλο ή με μία πιο στερεή πέτρα από την Αίγινα, που όμως δεν συγκρατεί το επίχρισμα γιατί περιέχει άλατα θαλάσσης· προσφάτως για τη στήριξη των παραθύρων και των θυρών χρησιμοποιούνται επίσης οπτόπλινθοι, το συνηθέστερο όμως είναι να ενθέτουν ξύλινους τάκους στην εξωτερική επιφάνεια της τοιχοποιίας που πάνω τους στερεώνουν έπειτα πόρτες, παράθυρα και συμπαγή ή περσιδωτά σκούρα.

Στην Αθήνα, με εξαίρεση τα πολύ μεγάλα ιδιωτικά κτήρια, στην υπόλοιπη όμως Ελλάδα παντού, οι κτίστες έχουν τη συνήθεια στις εσωτερικές και εξωτερικές επιφάνειες των τοίχων και σε όλη την περίμετρο του κτηρίου να εντοιχίζουν οριζόντια δοκάρια πάχους 10 εκατοστών ή και ολιγώτερο, από ξύλο είτε καστανιάς είτε πεύκου, που απέχουν μεταξύ τους 1,5 μέτρο και στερεώνονται πάνω στον τοίχο απλώς με εγκάρσιους ξύλινους στρωτήρες, που καρφώνονται με σιδερένια καρφιά. Σύμφωνα με τη γνώμη των Ελλήνων οικοδόμων, τα ξύλα αυτά έχουν σκοπό την προστασία από τις ολέθριες επιπτώσεις των σεισμών, δηλαδή την κατάρρευση των τοίχων, αλλά μάλλον το αντίθετο αποτέλεσμα έχουν· διότι όπως είναι φυσικό τα ξύλα σαπίζουν εύκολα, επομένως αποδυναμώνουν σημαντικά τους τοίχους και τους υποδιαιρούν σε τμήματα. Βλέπει κανείς πολλούς τέτοιους παλαιούς τοίχους, όπου τα ξύλα έχουν σαπίσει και πέσει, και στη θέση τους χαίνει κενό.

Η ιδέα όμως της χρησιμότητος αυτής της κατασκευής είναι τόσο βαθιά ριζωμένη που εφαρμόζεται ακόμα και στους πιο γερούς λίθινους τοίχους, και μόνο στον Πειραιά και στην Αθήνα στα μεγαλύτερα κτήρια κατορθώνει κανείς να αποτρέψει αυτή την ανοησία, εάν έχει την τύχη να βρει έναν ιδιοκτήτη που αγνοεί την καχυποψία των μαστόρων απέναντι στην "βαυαρέζικη καινοτομία". Συνήθως όμως οι ιδιοκτήτες εμπιστεύονται τους ντόπιους μάστορες περισσότερο από τους ξένους αρχιτέκτονες.

Ωστόσο, με την ανέγερση των βασιλικών ανακτόρων και άλλων δημοσίων και μερικών ιδιωτικών κτηρίων κατασκευασμένων από Γερμανούς αρχιτέκτονες μερικοί Έλληνες τεχνίτες μάθανε πολλά, οι ιδιοκτήτες των κτηρίων αρχίζουν να καταλαβαίνουν ότι είναι αναγκαίο και ότι τους συμφέρει να κτίζουν πιο στερεά κτήρια και γι' αυτό βλέπει κανείς, παρ' ότι απομένει να γίνουν ακόμα πολλά, μεγάλη διαφορά ανάμεσα στα κτήρια που οικοδομούνται τώρα και σε εκείνα που εκτίσθησαν σε προηγούμενες περιόδους, ιδίως μεταξύ 1834 και 1835.

Στα πολύ κοινά σπίτια δεν υπάρχουν ούτε οριζόντια ούτε άλλα γείσα στέγης, απλώς η στέγη προεξέχει 6 έως 12 δάκτυλα από τον εξωτερικό τοίχο χωρίς καμία επένδυση. Στα λιγότερο ευτελή κτήρια κατασκευάζουν τα γείσα της στέγης από ξύλο, τα επιχρίουν με κονίαμα ανακατεμένο με τρίχες [κατσίκας], τα διαμορφώνουν (παλαιότερα πάντα αλλά και τώρα συχνά) με διατομές τελείως μπαρόκ και συχνά ζωγραφίζουν επάνω τους εντελώς αταίριαστα πράγματα, π.χ. τοπία και θαλασσογραφίες, καμήλες, λιοντάρια και τίγρεις, γάτες και ψάρια, φοινικιές κ.λπ. Το επίχρισμα σ' αυτά τα γείσα διατηρείται κατά κανόνα μόνο λίγα χρόνια, έπειτα πέφτει, γιατί έχει μπει κατευθείαν πάνω στις ξύλινες πήχεις που σχηματίζουν τη διατομή του γείσου, που συνήθως είναι ένα τεράστιο κοίλο κυμάτιο, και σύντομα το διαπερνά η υγρασία από την τελευταία σειρά των κεραμιδιών και έτσι σαπίζει. Επίσης επενδύουν τα γείσα με πλανισμένες σανίδες και τις βάφουν· αυτή η μέθοδος είναι προτιμότερη από την προηγούμενη, δεδομένου ότι σπάνια ξεσπούν πυρκαϊές.

Στα μεγαλύτερα και καλύτερα ιδιωτικά κτίσματα τελείως προσφάτως κατασκευάζουν οριζόντια γείσα από μαργαϊκό ασβεστόλιθο της Αίγινας, που μετά εμβαπτίζουν σε καυτό λάδι, διότι όπως προανεφέρθη, οι λίθοι αυτοί δεν κρατούν το επίχρισμα· σ' άλλα σπίτια κατασκευάζουν οριζόντια γείσα από τηνιακό σχιστόλιθο και οπτόπλινθους· και επειδή οι σχιστόλιθοι μπορεί να έχουν πολύ μεγάλο μήκος, είναι σε θέση να κατασκευάσουν γείσα που προεξέχουν πολύ. Οι σχιστολιθικές πλάκες με την αγριεμένη επιφάνεια, που σχηματίζουν την οριζόντια προεκβολή, συγκρατούν πολύ καλά το επίχρισμα· υπάρχει ένα κτήριο με τέτοιο γείσο κατασκευασμένο πριν από δέκα χρόνια, που το επίχρισμά του δεν έχει πάθει ακόμα το παραμικρό. Ακόμα και στα καλύτερα κτήρια βλέπει κανείς σήμερα συχνά κομψά ξύλινα γείσα με προμόχθους και κονσόλες που βάφονται με ελαιόχρωμα. Όταν περιμετρικές ζώνες, επιστέψεις, πλαίσια παραθύρων δεν γίνονται από ξύλο, τότε, επειδή δεν προεξέχουν πολύ, κατασκευάζονται κατά κανόνα από επίχρισμα χωρίς κτιστό υπόβαθρο, πολλά παράθυρα όμως μένουν χωρίς πλαίσια, γιατί πολύ συντόμως καταστρέφονται απ' τα συμπαγή και περσιδωτά σκούρα που ανοίγουν προς τα έξω και που υπάρχουν σχεδόν σ' όλα τα σπίτια αναγκαστικά λόγω της συνεχούς ηλιοφανείας.

Το επίχρισμα των εξωτερικών και εσωτερικών τοίχων διαστρώνεται κατά κανόνα χωρίς οδηγούς με ελεύθερο χέρι και το υλικό που χρησιμοιείται αποτελείται από ασβέστη ανακατεμένο με τρίχες [κατσίκας] και μαλλί προβάτου χωρίς την προσθήκη άμμου· υπάρχουν νεώτερα σπίτια επιχρισμένα με κονίαμα ασβέστη και άμμου· γύψινα κοσμήματα απαντώνται συχνά και στις προσόψεις αλλά οι τεχνίτες που τα κατασκευάζουν δεν έχουν ακόμα καθόλου καλαισθησία. Τα καλύτερα κτήρια στην Αθήνα τα βάφουν με απαλές αποχρώσεις κίτρινου, κόκκινου και γαλάζιου· οι ιδιοκτήτες όμως των ταπεινών σπιτιών προτιμούν να τα βάφουν κάτασπρα, με αποτέλεσμα να σε τυφλώνουν έτσι έντονο που είναι το φως του ήλιου εδώ.

Όσον αφορά εν γένει την εμφάνιση των όψεων, υπάρχουν κτίσματα που είναι μεν απλούστατα αλλά έχουν αρμονικές αναλογίες και κάνουν πολύ ευχάριστη εντύπωση· άλλα, με τα δυσανάλογα γείσα και τα στολίδια που τους έχουν κολλήσει, κάνουν απαίσια εντύπωση, η οποία θα απεφεύγετο εάν είχε προτιμηθεί και εδώ η απλότης. Τα περισσότερα κτήρια της Αθήνας όμως δεν έχουν ωραίες αναλογίες.

Από Γερμανούς αρχιτέκτονες, όπως συγκεκριμένα από τον Theophil Hansen, [sic!], έχουν κατασκευασθεί κτήρια με ωραίες όψεις και αρμονικές αναλογίες που σύντομα ευρήκαν μιμητές· επειδή όμως τα κτήρια αυτά δεν αποτελούν συνθέσεις αρχιτεκτόνων αλλά μιμήσεις των Ελλήνων μαστόρων, προέκυψαν αναγκαστικά τελείως ασύμφωνες αναλογίες. Σε έναν οικοδομικό κανονισμό που εξεδόθη το 1836 προβλέπεται η υποβολή στον αρχιτέκτονα του Δήμου προς έγκρισιν αρχιτεκτονικών σχεδίων, ιδίως των όψεων επί των κυρίων οδών των κτηρίων που πρόκειται να ανεγερθούν, αλλά ούτε και μ' αυτό το διάταγμα κατωρθώθη τίποτε.

Όταν υπέβαλλε κανείς αίτηση για οικοδομική άδεια, η αρχή απαιτούσε το προβλεπόμενο από τον νόμο σχέδιο· ωρισμένοι θεωρούσαν πως το έκανε αυτό για να τους ταλαιπωρήσει ή πως ήταν ένα πρόσχημα για να δωροδοκηθεί, ενώ άλλοι ερμήνευαν αυτή την επιμονή τήρησης του νόμου ως προσπάθεια της υπηρεσίας να δώσει τις δουλειές σε άλλους αρχιτέκτονες, από τους οποίους μετά θα έπαιρνε προμήθεια. Σχεδόν πάντα υπεβάλλοντο σχέδια των εμπειροτεχνών μαστόρων που δεν ήταν όμως καθόλου μάστορες σ' αυτή την τέχνη, και όταν κατώρθωνε να πάρει κανείς ένα σχέδιο φιλοτεχνημένο από αρχιτέκτονα, ήταν βέβαιο ότι το κτήριο δεν θα εκτίζετο συμφώνως προς αυτό και ότι είχε απλώς υποβληθεί για να μην καθυστερήσει η έκδοση της άδειας. Δεν έχει ανεγερθεί ποτέ κτήριο συμφώνως προς το εγκεκριμένο σχέδιό του, αλλά αυτή η κατάσταση είναι αδύνατο να αντιμετωπισθεί όχι μόνο για τους λόγους που προανεφέρθησαν, αλλά γιατί οι Έλληνες θεωρούν γενικά πως είναι γελοίο και δεσποτικό να θέλει η κυβέρνηση να υπαγορεύσει στον πολίτη την όψη του σπιτιού του, λες και ο ίδιος δεν μπορεί να το φτιάξει σύμφωνα με το γούστο του όπως και τα ρούχα του. Ο ειδήμων της τέχνης επομένως δεν πρέπει να απορεί, όταν επισκέπτεται την Αθήνα και βλέπει τόσες παραβιάσεις της ευρυθμίας και συμμετρίας. (...)

ΤΕΚΜΗΡΙΟΝ 5
Σημειώσεις του Leo von Klenze εις το ανέκδοτον έργον του "Memorabilien" δια την αποστολήν του εις την Ελλάδα κατά το έτος 1834 (πρωτότυπον κείμενον εις γερμανικήν γλώσσαν).

Από το έργον του Leo von Klenze: "Memorabilien, oder Farben zu einem Gemaelde, welches sich die Nachwelt vom Koenige Ludwig von Bayern machen wird" (Αξιομνημόνευτα ή χρώματα μιας προσωπογραφίας του Βασιλέως Λουδοβίκου της Βαυαρίας, όπως θα την ζωγραφίσουν αι επερχόμεναι γενεαί)· αχρονολόγητον χειρόγραφον που φυλάσσεται εις την Βαυαρικήν Κρατικήν Βιβλιοθήκην του Μονάχου, συλλογή Klenzeana I, εδώ: II 47-84.

(...) Στα τέλη Μαΐου [1834] με εκάλεσε κατεπειγόντως ο Βασιλεύς [Λουδοβίκος Α' της Βαυαρίας] και με προϋπάντησε με τα λόγια: Klenze, είδατε το σχέδιο της Αθήνας που εξεπόνησαν οι Κλεάνθης και Schaubert; Απήντησα αρνητικώς και έλαβα την εντολή να το μελετήσω αμέσως. Αυτό το σχέδιο το είχε δείξει στον Βασιλέα μετά την επιστροφή του [από την Αθήνα] ο αρχιτέκτων Gutensohn και του είχε προκαλέσει τέτοια απαρέσκεια που μου είπε ένα σωρό κακά γι' αυτό. Εγώ, αφού είδα το σχέδιο, δεν μπορούσα να αρνηθώ πως ήταν κοινότοπο και είχε πλήθος οξυκορύφων οικοδομικών τετραγώνων και ρομβοειδών πλατειών, και έτσι ήταν όχι μόνο μη λειτουργικόν αλλά και άσχημο.

Στη σύνθεση αυτή η [νέα] πόλη ήταν τελείως αλλιώτικη [από την παλαιά] με ευθείες και ευρείες οδούς κατά το πρότυπο των πόλεων Karlsruhe και Mannheim, και στις λεπτομέρειες της ήταν διατεταγμένη με εντελώς μαθητικό τρόπο.

Παρ' όλα αυτά, προσεπάθησα να μετριάσω την αληθινή αγανάκτηση του Βασιλέως γι' αυτή την εργασία και η Α.Μ. μου ανεκοίνωσε πως θα έγραφε στην αντιβασιλεία και στον Βασιλέα της Ελλάδος και θα ηξίωνε την πρόσκλησή μου στην Αθήνα για να τροποποιήσω και να συνθέσω εγώ αυτό το σχέδιο! Δήλωσα πρόθυμος να εκτελέσω αυτή την εργασία, εφόσον θα έφθαναν οι μήνες Σεπτέμβριος, Οκτώβριος και Νοέμβριος, γιατί δεν επίστευα πως τα βαρύτατα καθήκοντά μου στο Μόναχο θα μου άφηναν περισσότερο χρόνο.

Κατά τη διάρκεια των διαπραγματεύσεων αυτών, κατέφθασαν νέες ειδήσεις από την Ελλάδα. Ήδη από τον Σεπτέμβριο του 1833 είχα πληροφορηθεί πως είχαν ξεσπάσει διαφωνίες ανάμεσα στα μέλη της αντιβασιλείας και είχα ενημερώσει σχετικά τον Βασιλέα. Εκείνος όμως μου απήντησε πως επρόκειτο απλώς για "γυναικουλίστικα καμώματα"· πως και οι τέσσερεις άνδρες, δηλαδή ο Armansperg, ο Maurer, ο Heydeck και ο Abel, ήσαν φιλελεύθεροι και στενοί φίλοι, και θα τα εύρισκαν μεταξύ τους. Ήδη όμως στις 2 Ιουνίου ο Βασιλεύς μού φώναξε μόλις με είδε: "Klenze, είχατε δίκιο· τώρα ξέσπασαν φανερά διαφωνίες ανάμεσα στους Έλληνες αντιβασιλείς". Προσέθεσε πως οι Maurer, Heydeck και Abel είχαν σχηματίσει συμπαγές μέτωπον εναντίον του Armansperg και πως και τα δύο μέρη είχαν αποταθεί σ' αυτόν για την επίλυση της διενεξής τους.

Η διαφωνούσα πλειοψηφία είχε κατ' αρχάς αφαιρέσει από τον κόμη Armansperg όλα τα προνόμια του προέδρου, το δικαίωμα της αντιπροσώπευσης και τα 50.000 φιορίνια, [ετησίως] τα οποία εδικαιούτο αφ' ενός μεν επί τη βάσει της διακρατικής συνθήκης, αφ' ετέρου δε λόγω της φύσης του πράγματος και λόγω των αμοιβαίων συμφωνιών και παραχωρήσεων [μεταξύ των μελών της αντιβασιλείας]. Επί πλέον του επέρριπταν δριμύτατες κατηγορίες πάσης φύσεως, πως είχε προβεί σε μηχανορραφίες με ξένους διπλωμάτες, σε ραδιουργίες ώστε να μην καταδικαστούν οι κατηγορούμενοι στη δίκη Κολοκοτρώνη, μέχρι και για προδοσία τον κατηγορούσαν. Ο κόμης Armansperg προσεπάθησε να υπερασπίσει τον εαυτό του απαντώντας στις κατηγορίες με σαφήνεια και αξιοπρέπεια.

Ακόμη μια φορά η Αυτού Μεγαλειότης μού επανέλαβε την απορία του πώς ήταν δυνατόν άνθρωποι, που τα φιλελεύθερα και κοινά φρονήματά τους τούς είχαν ενώσει με τη στενώτερη φιλία, να έρχονται σε τέτοια ρήξη και να ερίζουν μέχρι θανάτου. Με παρεκίνησε να του πω τη γνώμη μου και το έκανα λέγοντας: η προηγούμενη θέση του κόμη Armansperg, η προηγούμενη εμπιστοσύνη του Βασιλέως προς αυτόν και η φήμη του ως πολιτικού σ' ολόκληρη την Ευρώπη θα πρέπει να προεκάλεσαν μέσα του τη σκέψη, πως στην πραγματικότητα αυτός ήταν ο άνδρας που θα έπρεπε να κυβερνήσει την Ελλάδα ώσπου να ενηλικιωθεί ο Βασιλεύς Όθων, πράγμα που άλλωστε διετύπωσαν καθαρά σε όλες τις διαπραγματεύσεις οι κυβερνήσεις της Αγγλίας και της Γαλλίας, που θεωρούσαν και ήθελαν μόνον αυτόν ως αληθινά δραστήριον όργανο της αντιβασιλείας.

Οι κυβερνήσεις αυτές είχαν δηλώσει σαφώς, πως εάν ανεκηρύσσετο πρόεδρος ο Armansperg, πολιτικός που τον εγνώριζαν, θα αδιαφορούσαν τελείως για τα υπόλοιπα μέλη της αντιβασιλείας που θα εξελέγοντο και τα οποία δεν εγνώριζαν. Μόνον η Ρωσία ή μάλλον ο κόμης Nesselrode, που είχε γνωρίσει στο Carlsbad τον Heydeck(er) μετά την πρώτη του παραμονή στην Ελλάδα, εφάνη ευνοϊκά διατεθειμένος απέναντί του. Εάν αυτή η θέση [του προέδρου της αντιβασιλείας] είχε προσδιορισθεί σαφώς με αυτό το κριτήριο, θα είχαν πάει όλα μια χαρά. Αλλά η δυσπιστία και ο εκνευρισμός που προεκάλεσε ο Armansperg στην Αυτού Μεγαλειότητα εκείνη ακριβώς την στιγμή, εξαιτίας της συνέλευσης των νομοκατεστημένων τάξεων [της Βαυαρίας] το 1831, καθώς και οι υπαινιγμοί του ακραίου φιλομοναρχικού, που τότε κρατούσε το πηδάλιο της χώρας, ώθησαν τον Βασιλέα να μην εκδηλωθεί ρητά υπέρ αυτής της θέσης, της εξουσίας και του αξιώματος του προέδρου, αλλά αντίθετα να την υποτιμήσει και να την υπονομεύσει εκ των προτέρων. Σε όλα τα υπόλοιπα μέλη της αντιβασιλείας είχε λεχθεί, παραλλήλως δε είχε γίνει επανειλημμένως σαφές και στον ίδιο τον κόμη von Armansperg, πως ο κόμης δεν ήταν τίποτε παραπάνω από τους άλλους, το πολύ, λόγω ιδιαιτέρου σεβασμού, ένα είδος primus inter pares. Στον Heydeck είχε δοθεί εντολή να παρακολουθεί τον Armansperg και να ενημερώνει μέσω απόρρητης αλληλογραφίας τον Βασιλέα αναφέροντάς του τις τρέχουσες δραστηριότητες του κόμη. Σ' αυτή λοιπόν την κατάσταση ελλόχευε το σπέρμα κάθε διχόνοιας, και ας μην είχαν ως άτομα τα συγκεκριμένα πρόσωπα τέτοιες τάσεις· εφάνη επίσης πως η αληθινή εσωτερική γαλήνη μεταξύ τους είχε διαταραχθεί ήδη, από τη στιγμή που η αντιβασιλεία είχε λάβει αυτή τη σύνθεση και πως είχαν υπάρξει εκρήξεις αμοιβαίας δυσαρέσκειας πριν ακόμα τα μέλη της αναχωρήσουν από το Μόναχο.

Ανέπτυξα στον Βασιλέα την άποψή μου και εφάνη να μου δίνει δίκιο, είπε όμως πως εκείνη την εποχή θα του ήταν αδύνατον να είχε χαρίσει στον κόμη Armansperg μεγαλύτερη εμπιστοσύνη. Γι' αυτή καθεαυτή την υπόθεση [της έριδος που προανεφέρθη] και για το ποιος είχε δίκιο και ποιος άδικο, ο Βασιλεύς δεν εφάνη να έχει σχηματίσει γνώμη· θα περίμενε πρώτα, μού είπε, να λάβει πιο λεπτομερείς ειδήσεις, καθώς και την άφιξη του κόμη Saporta που είχε σταλεί ως ταχυδρόμος στο Ναύπλιο για να φέρει τον γραπτό όρκο του Όθωνος στο [βαυαρικό] σύνταγμα και την αποδοχή εκ μέρους του της ισόβιας χορηγίας [του βαυαρικού κράτους].

Αυτή η υπόθεση δεν διεδόθη αμέσως, σιγά σιγά όμως οι ξένοι πρέσβεις την πήραν είδηση και ο Γάλλος κόμης Vaudreuil, καθώς και ο Άγγλος λόρδος Erskyne με παρεκάλεσαν να μεταφέρω στον Βασιλέα πως κατά την άποψη των κυβερνήσεών τους η έρις θα εκόπαζε μόνον εάν επήγαινε ο ίδιος ο Βασιλεύς Λουδοβίκος στην Ελλάδα. Την ίδια επιθυμία είχε εκφράσει και η διαφωνούσα πλειοψηφία καθώς και ο Έλλην πρεσβευτής [στο Μόναχο] Σχινάς, και τη μετέφερα στον Βασιλέα. Αυτός μού είπε όμως πως ναι, πίστευε πως αυτό θα ήταν σκόπιμον, αλλά θα μπορούσε να το κάνει μόνο μετά δύο χρόνια γιατί δεν του το επέτρεπαν [τώρα] τα οικονομικά του· τότε όμως θα γινόταν. Εάν δεν απατώμαι έτσι εξέφραζε την ελπίδα πως η επόμενη βουλή θα ενέκρινε την αύξηση της βασιλικής χορηγίας. Έτσι το μέλλον της Ελλάδος εθυσιάζετο για μερικές χιλιάδες ευτελή χρυσά λουδοβίκεια! Στις 17 Ιουνίου με επεσκέφθη ο Έλλην πληρεξούσιος υπουργός Σχινάς να μου ανακοινώσει πως ο Βασιλεύς Όθων είχε απονείμει σε μένα, ως παλαιότερο φιλέλληνα του Μονάχου, τον Χρυσό Σταυρό του Τάγματος του Σωτήρος.

Εν τω μεταξύ είχαν φύγει οι επιστολές του Βασιλέως προς την αντιβασιλεία για την αποστολή μου στην Ελλάδα και με εντολή του Βασιλέως είχα αναγκασθεί να γράψω και εγώ στα μέλη της αντιβασιλείας, πράγμα που είχα κάνει έχοντας κυρίως κατά νουν να τους πείσω, πως η σκέψη αυτή [της μετάκλησής μου] δεν προήρχετο από εμένα και πως στην δική μου περίπτωση το κίνητρο δεν ήταν κανενός είδους οικονομικό όφελος (όπως δυστυχώς συμβαίνει με πολλούς που τελευταία ενδιαφέρονται για την ελληνική υπόθεση), γιατί δεν απαιτούσα παρά μόνο την κάλυψη των εξόδων του ταξιδιού μου.

Ο Βασιλεύς μού είπε πως εσκόπευε να σκεφθεί αυτή την ελληνική υπόθεση στο Berg κοντά στη Wuermsee, όπου θα έπαιρνε μαζί του όλα τα έγγραφα. Στις 18 Ιουνίου εκάλεσε στο Berg τον άρτι αφιχθέντα από το Ναύπλιο κόμη Saporta, καθώς και τον αντισυνταγματάρχη Bon Pfeil και τον υπουργό Εξωτερικών βαρώνο Gise και απεκρυστάλλωσε τελικά την απόφασή του με βάση τις αναφορές και τις αναλύσεις τους.

Στις 19 Ιουνίου με εκάλεσε ο υπουργός των Εξωτερικών [Gise] για να μου μεταφέρει την εντολή της Α.Μ. του Βασιλέως.

Ιούλιος [1834]

[Ο υπουργός των Εξωτερικών] με ενημέρωσε για τις διαφωνίες των μελών της αντιβασιλείας που μου ήσαν γνωστές από καιρό και έκλεισε με τα λόγια: η Α.Μ. ο Βασιλεύς επείσθη πως η υπόθεση είχε λάβει τέτοιες διαστάσεις, ώστε δεν ήταν δυνατόν να εξομαλυνθεί με γραπτές διαβουλεύσεις και πως ήταν αδύνατον να επιτευχθεί πλέον η συμφιλίωση των αντιτιθέμενων μερών· ήταν λοιπόν αποφασισμένος να στείλει έναν ειδικό ή αυλικό επίτροπο στην Ελλάδα και να καθορίσει με νέο τρόπο τα πράγματα στην αντιβασιλεία, και πως αυτός ο επίτροπος ήμουν εγώ!

Τόσον αυτή καθεαυτή η υπόθεση όσο και η αναγκαστικά εσπευσμένη αναχώρησή μου, η οποία επέβαλε τη βιαστική διευθέτηση τόσο πολλών εκκρεμοτήτων, καθώς και η ακραία [δηλαδή πολύ θερμή] εποχή του χρόνου που είχε κοστίσει σε τόσο πολλούς τη ζωή τους, με έκαναν να εκφέρω κάποιες επιφυλάξεις γι' αυτή την κατά τα άλλα άκρως τιμητική αποστολή, ο υπουργός όμως μου είπε να πάω αμέσως στην Α.Μ. τον Βασιλέα για να μου επιβεβαιώσει ο ίδιος την ανάθεση της αποστολής.

Η Α.Μ. μου επανέλαβε ό,τι μου είχε ήδη πει ο Gise, εκφράζοντας την ελπίδα πως σ' αυτή τη σημαντική αποστολή θα απεδεικνυόμουν αντάξιος της εμπιστοσύνης του. Μερικές επιφυλάξεις μου ως προς την καταλληλότητα του προσώπου μου για αυτήν την αποστολή, ο Βασιλεύς τις αντέκρουσε λέγοντας πως, αντιθέτως, με εύρισκε ιδιαίτερα κατάλληλο, διότι ήμουν άξιος πολιτικός και άνθρωπος με πείρα του κόσμου που εγνώριζε καλά τα ελληνικά πράγματα· εξ άλλου, είπε, έτσι θα επετύγχανε έναν ακόμη στόχο: θα μπορούσε να επηρεάσει μέσω εμού πιο εύκολα το σχέδιο πόλης της Αθήνας που τόσο πολύ τον ενδιέφερε. Τελικά δεν μπόρεσα να αποφύγω αυτή την αποστολή γιατί επί πλέον ο Βασιλεύς μού παρουσίασε τη θέση μου ως τελείως ανεξάρτητη και περιβεβλημένη με το απαραίτητο κύρος. Για την απόφασή του η Α.Μ. μου είπε πως ήξερα και ο ίδιος πόσο τον είχε προσβάλει ο κόμης Armansperg· αλλά αυτός ήταν ένας λόγος παραπάνω να του αποδώσει τώρα δικαιοσύνη, διότι παρ' ότι του καταμαρτυρούσαν κάθε λογής αναπόδεικτες πράξεις, ακόμα και την πράξη της εσχάτης προδοσίας, δεν μπορούσαν να αποδείξουν σαφώς την άδικη συμπεριφορά του. Μια καταδίκη όμως χωρίς σαφείς αποδείξεις θα έδινε εντύπωση μικρόψυχης εκδίκησης, κι αυτό ήθελε να το αποφύγει. Η απόφασή του, είπε, ήταν εντελώς ανεπηρέαστη, είχε πάει γι' αυτό τον σκοπόν με όλα τα έγγραφα στο ανάκτορο του Berg και είχε καλέσει τον υπουργό μόνον αφού είχε πάρει την απόφασή του. Η Α.Μ. μου επανέλαβε ό,τι μου είχε ήδη πει ο υπουργός, ότι δηλαδή οι κύριοι von Maurer και Abel επρόκειτο να ανακληθούν, ότι ο στρατηγός von Heydeck θα παρέμενε εκεί, ο σύμβουλος επικρατείας von Kobell θα διορίζετο μέλος της αντιβασιλείας, ότι ο στρατηγός von Lesuire, ο οποίος είχε περάσει στην υπηρεσία της Ελλάδος, θα διωρίζετο αναπληρωματικό μέλος της αντιβασιλείας και ότι η δική μου αποστολή ως βασιλικού επιτρόπου θα ήταν η εκτέλεση αυτών των εντολών. Παρ' ότι εγνώριζε, είπε, πως η αποστολή μου ήταν δύσκολη, γιατί συμφώνως προς όλας τας ενδείξεις η διαφωνούσα πλειοψηφία ήταν αποφασισμένη να διατηρήσει με όλα τα μέσα τη θέση της, ακόμα και με τη βία, η αυτού Μεγαλειότης υπελόγιζε στην σταθερότητά μου και στις γνώσεις μου για τα ελληνικά πράγματα. Όλα αυτά όμως ώφειλαν και έπρεπε να παραμείνουν απολύτως απόρρητα του κράτους, θα ελέγετο μόνο πως με μετακαλούσαν στην Ελλάδα για αρχιτεκτονικά θέματα και πως ο κύριος von Kobell είχε την ιδέα να εκμεταλλευθεί αυτή την ευκαιρία και, σύμφωνα με την υπόσχεση που είχε δώσει από καιρό στον κόμη Armansperg, να με συνοδεύσει στην Ελλάδα για να επισκεφθεί τον φίλο του. Επειδή ο υπουργός von Gise μου είχε ήδη προτείνει να διαλέξω μερικά πρόσωπα ως βοηθούς και συνοδούς στο ταξίδι μου, παρεκάλεσα τον Βασιλέα να μου επιτρέψει να πάρω μαζί μου τον μεγαλύτερο γιο μου, υπολοχαγό του συντάγματος της βασιλικής φρουράς, αίτημα στο οποίο ο Βασιλεύς μετά μερικές εξηγήσεις συνήνεσε.

Μετά από εμένα εκλήθη από την Α.Μ. ο κύριος von Kobell, και αυτός επειδή, όπως έμαθα, είχε μιλήσει ήδη για τον τρόπο εκτέλεσης της αποστολής του με τον βαρώνο von Eichthal και τον κύριο von Grainer, έβαλε όλα του τα δυνατά να πείσει τον Βασιλέα να ξαναπάει ο κύριος von Grainer στην Ελλάδα για να τακτοποιήσει τα οικονομικά της χώρας, η οποία χωρίς τις ικανότητές του θα χρεωκοπούσε. Όπως έμαθα συντόμως, είχε γίνει και παλαιότερα προσπάθεια να πεισθεί γι' αυτό ο Βασιλεύς, με το επιχείρημα πως εάν στο θέμα της διαφωνίας μεταξύ των μελών της αντιβασιλείας απεφαίνετο κατά του Armansperg, η πίστωση στην Ελλάδα και η ευνοϊκή διαπραγμάτευση της 3ης δόσης του δανείου εκινδύνευαν. Ο von Grainer είχε κάνει σχετικώς διαφόρους υπολογισμούς, από τους οποίους προέκυπτε πως οι σπατάλες της πλειοψηφίας είχαν εξαντλήσει εντελώς τις δύο δόσεις, πως υπήρχαν ελλείμματα και χρέη και πως αυτή η δύσκολη κατάσταση δεν μπορούσε να αντιμετωπισθεί χωρίς τη φήμη του κόμη Armansperg και χωρίς τον ίδιο τον Grainer, ο οποίος ήταν από καιρό γνωστός ως ο μόνος ουσιαστικά ασχολούμενος με τον τομέα των οικονομικών. Αυτοί οι υπαινιγμοί πρέπει να προεκάλεσαν κατά κύριον λόγον την απόφαση του Βασιλέως, ο δε κύριος von Kobell τους εξεμεταλλεύθη, ώστε να καταφέρει τον Βασιλέα να καλέσει ο ίδιος τον κύριο von Grainer –τον οποίο η Α.Μ. τον είχε χαρακτηρίσει πάμπολλες φορές μπροστά μου εντελώς παλιάνθρωπο απ' όλες τις απόψεις– και να τον πείσει με τα πιο ωραία λόγια και απονέμοντάς του το παράσημο του Civil Verdienstorden να υποσχεθεί πως τον επόμενο Σεπτέμβριο θα ξαναπήγαινε στην Ελλάδα, διότι αυτός ήταν ο μόνος σωτήρ των οικονομικών της. Ο κύριος von Kobell μου ανεκοίνωσε αυτό τον θρίαμβο για την Ελλάδα και εγώ είπα στον εαυτό μου για άλλη μια φορά: "Αν δεν χρυσώσεις το χάπι, τίποτε δεν γίνεται" [κατά λέξη στο κείμενο: "με λίπος πιάνεις ποντίκια"].

Στον κύριο von Kobell, το νέο αυτό μέλος της αντιβασιλείας, η αποστολή μου δεν ήταν καθόλου επιθυμητή και πάσχιζε μυστικά να μειώσει όσο το δυνατόν τη θέση μου, πράγμα όμως που δεν επέτυχε. Ο κύριος von Kobell είναι αυτό που λέμε ένας ανθρωπάκος, και ναι μεν δεν διαθέτει ούτε διπλωματικές ικανότητες σε κανέναν τομέα, ούτε πνεύμα και μεγαλοφυία, διαθέτει όμως την πείρα του κόσμου και την εξυπνάδα που μπορούσε να αποκτήσει συναναστρεφόμενος τους αυλικούς στον προθάλαμο του Βασιλέως Max Joseph. Θα εδυσκολεύετο βεβαίως πολύ να απαντήσει εάν η Ελλάδα ήταν στο Βορρά ή στο Νότο, εάν οι κάτοικοί της ήταν λευκοί ή μαύροι, εάν ο Περικλής και ο Αλκιβιάδης ήσαν Έλληνες ή Τούρκοι, πεθαμένοι ή ζωντανοί. Η Α.Μ. ο Βασιλεύς είχε απόλυτη συναίσθηση αυτού του γεγονότος, όπως μου είπε.

Ο κύριος von Kobell απεστάλη μόνον επειδή, ως "κολασμένη ψυχή" [σύμβουλος κακών] του κόμη Armansperg, δεν υπήρχε ο φόβος πως θα ασκούσε αντιπολίτευση στον κόμη· έτσι λοιπόν ο κόμης Armansperg (αυτό ήταν το θέλημα της Α.Μ.), επειδή επί πλέον ο Heidecker, πλήρως εξουδετερωμένος πλέον μέσω του διορισμού του Kobell στη συγκεκριμένη θέση δεν θα μπορούσε να τον εμποδίσει, έγινε στην πραγματικότητα αυτοκράτωρ και απόλυτος κύριος της Ελλάδος. Είθε να είχαν διευθετηθεί τα πράγματα από την αρχή έτσι! Η Α.Μ. είχε εκφράσει και στον von Kobell αυτή του την πρόθεση, κι αυτός ήταν τόσο κυνικός, που μου είπε επανειλημμένως ότι με την αποστολή του στην Ελλάδα δεν επεδίωκε παρά μόνο να κάνει ένα ωραίο ταξίδι, να επισκεφθεί το φίλο του, να ξεχρεώσει κάποια χρέη του, που είχε ακόμα εξαιτίας της αγοράς ενός μικρού κτήματος κοντά στο Tegernsee, και έπειτα να συνεχίσει αμέριμνος τη ζωή του.

Μολονότι όλα τούτα δεν προδίδουν κανέναν ενθουσιασμό και οίστρο για την τόσο ποιητική υπόθεση της Ελλάδος, που τον είχε τόσο μεγάλη ανάγκη, αλλά παθητικότητα, η τελευταία ήταν άκρως επιθυμητή. Επειδή ο κύριος von Kobell υπήρξε όλη του τη ζωή ο γνωστός εύθυμος τύπος, έτσι μου είπε ο Βασιλεύς, ήλπιζε πως η παρουσία του θα επιδρούσε ίσως θετικώς πάνω στο μελαγχολικό θυμικό του νεαρού Βασιλέως [Όθωνος]. Ο Βασιλεύς μού παρεπονέθη με την ευκαιρία αυτή πάμπολλες φορές –και μπορώ να πω, με πικρία– πως, παρά τα πολλά στοργικά γράμματα που είχε στείλει στον γιο του και τον χωρισμό τους επί ενάμισυ χρόνο, δεν είχε λάβει ακόμα καμία απάντηση παρά μόνο δύο μικρά λακωνικά σημειώματα.

Την άποψη περί της αναγκαιότητος διαπραγματεύσεως της τρίτης δόσεως του δανείου, περί της οικονομικής διαλύσεως της Ελλάδος και της αισχρής στάσης της πλειοψηφίας, δηλαδή των von Maurer, Heydecker και Abel εναντίον τού έξοχου κόμη Armansperg, μου επανέλαβε ο κύριος von Grainer πολλές φορές. Εγώ έβλεπα όλο και καθαρώτερα πως το μόνο που είχε ωθήσει την Α.Μ. να αποφανθεί υπέρ του Armansperg ήταν η ψευδής εντύπωση που του είχαν μεταδώσει, ότι η προοπτική ανακλήσεως του Armansperg θα ανέστελε την εισροή ξένων κεφαλαίων στην Ελλάδα.

Παρ' ότι απόρρητο του κράτους, συντόμως οι διπλωματικοί κύκλοι οσφράνθησαν τον αληθινό σκοπό του ταξιδιού μου στην Ελλάδα και όλοι οι ενδιαφερόμενοι πρεσβευτές προσπαθούσαν να μάθουν κάτι από μένα ή από τον Gise, ακόμα και ακροάσεις από τον Βασιλέα ζητούσαν γι' αυτό τον σκοπό, που όμως απεκλείσθησαν κατηγορηματικώς.

Όλοι εν τούτοις ετάχθησαν υπέρ του Armansperg, παρ' όλον που κάθε διαφωνούν μέλος της αντιβασιλείας είχε στο πρόσωπο του ενός ή του άλλου διπλωμάτη τον ειδικό, προσωπικό του εχθρό. Ο Άγγλος πρέσβης Erskyne εμέμφετο ιδιαιτέρως τον κύριο von Maurer, διότι αυτός είχε προκαλέσει την ανάκληση του πρεσβευτή Dawkins από το Ναύπλιο και την παράταση της θητείας της αντιβασιλείας, της οποίας ήθελε να γίνει πρόεδρος.

Ο Ρώσος πρέσβης Gagarin διεβεβαίωνε πως ο von Abel έλαβε χρήματα για να προωθήσει τη γαλλική επιρροή και να γίνει ο γάμος μιας θυγατρός τού [Βασιλέως της Γαλλίας] Louis Philippe με τον Βασιλέα Όθωνα, κάτι που όμως ήταν επονείδιστη συκοφαντία· ο Γάλλος πρέσβης Vaudreuil ήταν ο πιο ήρεμος, εδήλωνε ωστόσο εντονώτατα την αντίθεσή του προς τον Heydeck, διότι με λανθασμένες στρατιωτικές διευθετήσεις και με ψευδείς αναφορές στον Βασιλέα Λουδοβίκο είχε προκαλέσει την εχθρότητα των μελών της αντιβασιλείας μεταξύ τους και της Ελλάδος απέναντί τους.

Όλες αυτές τις γνώμες τις εξεμεταλλεύθη ο κύριος von Kobell για να στρέψει τον Βασιλέα όλο και περισσότερον εναντίον των κυρίων von Abel, von Maurer και von Gasser, του πρεσβευτή μας [στην Αθήνα], ο οποίος είχε ταχθεί εναντίον του κόμη von Armansperg. Μου ανετέθη να μεταφέρω και σε αυτόν το έγγραφο της ανάκλησής του καθώς και την έκφραση της εντονωτάτης δυσαρεσκείας του Βασιλέως.

Έτσι η ανάκληση των κυρίων von Maurer και von Abel αρχικώς ήταν μόνο ένα διοικητικό μέτρο χωρίς δυσμενείς επιπτώσεις για τα πρόσωπα, για τα οποία είχαν ήδη ωρισθεί ικανοποιητικές θέσεις στη διοίκηση μετά την επιστροφή τους στη Βαυαρία· αλλά ο υπουργός von Gise –ένας καλοπροαίρετος αν και ασήμαντος άνθρωπος– σε μια ιδιαίτερη προφορική οδηγία που μου έδωσε, μου συνέστησε θερμώς να πασχίσω με όλες μου τις δυνάμεις ώστε οι κύριοι v. Maurer, Abel και Gasser να μην πέσουν θύματα της αλλαγής της γνώμης του ανωτάτου άρχοντος, γιατί ήταν βέβαιος πως ενεργούσαν εντελώς πεπεισμένοι πως πράττουν σωστά και εν πλήρει αρμονία με τη γνώμη που είχε πάντα η Α.Μ. για τον κόμη von Armansperg, πιθανότατα μάλιστα να είχαν ενεργήσει και συμφώνως με ιδιαίτερες άνωθεν οδηγίες. Το λάθος, είπε, ήταν του Heydeck, ο οποίος, ως μυστικός πληροφοριοδότης και σύμβουλος της Α.Μ. για τα ελληνικά πράγματα, ήταν αυτός που κινούσε στην πραγματικότητα τα νήματα αυτής της υπόθεσης και ο οποίος διαβεβαιώνοντας αυτούς τους κυρίους ότι αυτός διηύθυνε την γνώμη και την άποψη της Α.Μ. τους είχε παρασύρει σε μια τελείως λανθασμένη συμπεριφορά, αν και πολύ πιθανόν να είχαν λίγο ως πολύ αυτοί δίκιο σ' αυτή την έριδα. Αλλά η Μεγαλειότης του για λόγους ευνοήτους και πάρα πολύ λυπηρούς δεν ήθελε να ανακαλέσει και να εκθέσει αυτόν που πραγματικά είχε άδικο. Δεν είχε πραγματικά την πρόθεση [προσέθεσε ο Gise] να ασκεί απεριόριστη εξουσία στα υπουργεία του, αλλά εδώ απεδεικνύετο ακόμη μια φορά πόσον ολέθριον είναι να έχει ο μονάρχης σε τόσο πολύπλευρες και σύνθετες υποθέσεις μυστικούς πληροφοριοδότες, οι οποίοι συχνά δρουν εναντίον των επισήμων διαβημάτων του υπουργού. Ανάμεσα στα άλλα πρόσωπα που επισκέφθην για να τα αποχαιρετήσω ήταν και ο διάδοχος του θρόνου Μαξιμιλιανός και ο πρίγκηψ Κάρολος.

Αγκώνα, 20 Ιουλίου [1834]

Ο πρώτος μού ανέφερε πολλές απίστευτες περιπτώσεις αναποφασιστικότητος του αδελφού του Όθωνος, από τον οποίο είχε ζητήσει να περάσει το πρώτο εξάμηνο μετά την ενθρόνισή του μαζί του, ώστε να τον συνδράμει αποφασιστικώς λόγω και έργω. Αλλά κι εκείνος είχε μείνει χωρίς καμία σχεδόν άμεση είδηση από τον Όθωνα και, παρ' όλη την αγάπη που έτρεφε για τον αδελφό του, ελυπείτο βαθύτατα γι' αυτή την κατάσταση. Για την απόφαση της Α.Μ. του Βασιλέως δεν εξέφρασε γνώμη.

Όταν τον Δεκέμβριο του περασμένου χρόνου [1833] επέστρεψα από το Βερολίνο στο Μόναχο και ευρήκα εδώ τον διάδοχο της Πρωσίας [Φρειδερίκο Γουλιέλμο] και συνεζήτησα μαζί του πολλές φορές, μού είπε πως είχε κάνει ένα σχέδιο, συμφώνως προς το οποίο ο Βασιλεύς Όθων έπρεπε να κτίσει το ανάκτορό του επάνω στο ύψωμα της Ακροπόλεως των Αθηνών, και πως όταν επέστρεφε στο Βερολίνο θα παρακαλούσε τον Schinkel να επεξεργασθεί το προσχέδιό του. Ο ίδιος ο Schinkel μού είχε γράψει σχετικά επανειλημμένως με την παράκληση να του κοινοποιήσω τη γνώμη μου για το σχέδιο, το οποίο είχε στείλει ο ίδιος ο διάδοχος της Πρωσίας στον διάδοχο της Βαυαρίας [στο Μόναχο], ώστε να το προωθήσει στην Ελλάδα.

Αυτό το σχέδιο μου έδειξε λοιπόν ο διάδοχος Μαξιμιλιανός, και αμέσως ανεγνώρισα σε αυτό τη μεγαλοφυία του εξόχου αρχιτέκτονος αλλά επίσης και πόσο αδύνατη ήταν η πραγματοποίηση και εκτέλεσή του. Η σύνθεση προέβλεπε πρόσβαση από τη νότια πλευρά του βράχου, είσοδο από τα Προπύλαια και άφιξη σε ένα είδος ιπποδρόμου στο επίπεδο του Παρθενώνος. Η πίσω πλευρά των Προπυλαίων, της Πινακοθήκης και του άλλου βοηθητικού κτίσματος εχρησιμοποιούντο για την ανέγερση των σταύλων και του αμαξοστασίου. Το καθεαυτό ανάκτορο, ένα μονώροφο οικοδόμημα που εθύμιζε μεγάλη οικία της Πομπηίας, ήταν τοποθετημένο στην ανατολική πλευρά του βράχου αλλά με τέτοιο τρόπο ώστε μια επιμήκης κυρία πτέρυξ να προβάλει μέχρι τη μέση του Παρθενώνος. Ο αρχιτεκτονικός ρυθμός, οι λεπτομέρειες, η γραφική, άκρως καλαίσθητη κτηριακή διάταξη — όλα αυτά ήταν αντάξια των γνησιωτέρων επιτευγμάτων της αρχαιότητος και η ομορφιά της όλης σύνθεσης ήταν ανυπέρβλητη.

Εν τούτοις εφαίνετο καθαρά με την πρώτη ματιά η ακαταλληλότης της όλης ιδέας, κρίση με την οποία συνεφώνησε και ο Βασιλεύς Λουδοβίκος και ο διάδοχος Μαξιμιλιανός. Ο τελευταίος υπεστήριξε επίσης με θέρμη την άποψη, την οποία είχε σχηματίσει επιτόπου παλαιότερα, να οικοδομηθεί μια νέα πρωτεύουσα, η Οθωνόπολις, στον Ισθμό της Κορίνθου, άποψη με την οποία συνεδέετο το ανανεωμένο σχέδιο διάνοιξης στον Ισθμό μιας διώρυγος πλωτής για όλα τα πλοία.

Εγώ ήμουν τόσο καλά ενημερωμένος για τις τοπικές συνθήκες, τον ανθυγιεινό αέρα, τις κακές συνθήκες της ναυσιπλοΐας στον κόλπο της Ναυπάκτου, την κατάσταση των λιμανιών στον Ισθμό κ.λπ., ώστε ήμουν σε θέση να προβάλω βάσιμες αντιρρήσεις στην ιδέα του διαδόχου· ευτυχώς μου ήρθε στο νου ένα χωρίο από τον Παυσανία (Κορ. 5), ο οποίος αναφέρει πολλά παραδείγματα, για να αποδείξει πως όποιος επεχείρησε ποτέ τη διάνοιξη διώρυγος στον Ισθμό απέθανε πριν ακόμα πραγματοποιήσει το έργο, και λέει πως ακόμα και η ίδια η Πυθία απέτρεπε απ' αυτή την ιδέα. Τα επιχειρήματά μου εφάνησαν τέλος να κάνουν εντύπωση στο φανατικά προσκεκολλημένο στην ιδέα αυτή πνεύμα του νεαρού πρίγκιπα, και έτσι την παραμονή της αναχώρησής μου, το βράδυ, μού διεμήνυσε με τον γραμματέα του ότι, εάν το ανάκτορο του Όθωνος δεν τοποθετηθεί ούτε στην Κόρινθο ούτε επάνω στον βράχο της Ακροπόλεως, τότε να φροντίσω να πλαισιωθεί τουλάχιστον από πολλά φυτά και δέντρα.

Ο πρίγκηψ Κάρολος μου εμίλησε με τον συνηθισμένο του εκνευρισμό για όλες τις οδηγίες του Βασιλέως προς τον αδελφό του σχετικά με την Ελλάδα· είπε πως είχαν στείλει τον νεαρό Βασιλέα με απίστευτη επιπολαιότητα εκεί χωρίς να του δώσουν, εκτός από τον κόμη Armansperg, έναν άνδρα έμπειρο που να βαραίνει η γνώμη του, εμποδίζοντας έτσι και τον Armansperg εξ αρχής να δράσει ελεύθερα. Ο Βασιλεύς θεωρούσε τελικά την Ελλάδα, εκτός από μέσο ικανοποίησης μιας αόριστης ιδέας δόξας, ως τον Botani Bay [τόπος εξορίας των Άγγλων στη Νότιο Αυστραλία] για τους φιλελεύθερους της Βαυαρίας και είχε στείλει εκεί όλους αυτούς από τους οποίους ήθελε να απαλλαγεί. Αλλά ο Βασιλεύς Όθων σύντομα το κατάλαβε και γι' αυτό αντιμετώπιζε τον πατέρα του με πραγματική αγανάκτηση, πιστεύοντας πως, παρ' όλη την καλή του θέληση, είχε θυσιάσει σ' αυτή την υπόθεση τον γιο του για να ικανοποιήσει την κενοδοξία και τον εγωισμό του. Αυτές οι κατηγορίες, στην αρχή υπαινικτικές, εγίνοντο στη συνέχεια της συνομιλίας όλο και πιο πικρές και έκδηλες (γιατί ο πρίγκηψ αυτός, όπως και όλη η οικογένεια των Wittelsbach είχε την ιδιομορφία να εκνευρίζεται εύκολα)· ακόμη και το γνωστό μίσος του πρίγκιπος κατά του Armansperg εξηφανίσθη από τα λόγια του, όταν οι ενέργειες του κόμη αντιπαρετέθησαν στις ενέργειες του Βασιλέως εναντίον του. Στην μία η ώρα τη νύχτα της 12ης Ιουλίου ανεχωρήσαμεν για την Ιταλία και στις 17 του ιδίου μηνός το μεσημέρι εφθάσαμε στην Αγκώνα, όπου μπορέσαμε να επιβιβασθούμε στο ατμόπλοιο των Ιονίων Νήσων "Επτάνησος", με προορισμό την Κέρκυρα.

Ναύπλιον, 11 Αυγούστου [1834]

Το ταξίδι μας ήταν ταχύτατο και αίσιο· το πρωί της 23ης του μηνός εφθάσαμε στην Κέρκυρα και πατήσαμε στο ομηρικό χώμα, δεν μπορώ να πω με πόση ανάταση ψυχής. Εν τούτοις, ομολογώ πως συντόμως [η διάθεση αυτή] εμετριάσθη πάρα πολύ από τις απαράδεκτες συνθήκες μιας αθλίας κατοικίας και την ταλαιπωρία από την αφόρητη ζέστη και τα κάθε λογής ζωύφια. Αυτές οι απαράδεκτες συνθήκες έλαβαν σύντομα τόσο δεινές διαστάσεις, που υποχρεώθην να μετακομίσω σε μίαν έπαυλη κοντά στα ερείπια του ναού στη θέση Καρδάκι, όπου τουλάχιστον ήταν πιο υποφερτή η διαμονή. Αλλά οι πολλές φιλοφρονήσεις του λόρδου Nugent, Αρμοστού του Βασιλέως της Αγγλίας για τα Ιόνια νησιά, του στρατιωτικού διοικητού στρατηγού Woodfort, του προέδρου της γερουσίας κόμη Βούλγαρη κ.λπ., οι οποίοι μας υπεχρέωναν να είμαστε σχεδόν όλη τη μέρα καθ' οδόν από την έπαυλή μας προς την πόλη και από την πόλη πάλι πίσω στην έπαυλη, ήταν ο λόγος που αδράξαμε με μεγάλη ευχαρίστηση την ευκαιρία να αναχωρήσουμε στις 28 του μηνός για την Πάτρα με ένα αγγλικό ατμόπλοιο που έφευγε για το Λονδίνο. Επλεύσαμε ανάμεσα στα νησιά Παξοί, Αγία Μαύρα και τον βράχο της Λευκάδος, την Κεφαλλονιά, την Ιθάκη κ.λπ. και στα κλασικά παράλια του Ακτίου, του Αμβρακικού, της Νικόπολης, της Πρέβεζας, του Μεσολογγίου κ.λπ.· με τον πιο υπέροχο καλοκαιρινό καιρό και εκτός από τους ισχυρούς τροχούς με δύναμη 129 ίππων, σπρωγμένοι από "ικμένον ούρον", όπως λέει ο Όμηρος, εφθάσαμε σε 18 ώρες στην Πάτρα, και εδώ είδα για πρώτη φορά τα ίχνη της εξαθλίωσης και της καταστροφής που είναι απλωμένα επάνω σ' όλη τη δύστυχη Ελλάδα και που μόνο μετά από αιώνες θα μπορέσουν να εξαφανισθούν.

Η παλαιά πόλη, κτισμένη στους πρόποδες του όρους Παναχαϊκόν κάτω από το κάστρον είναι τελείως ερειπωμένη και εγκαταλελειμμένη. Έχουν αρχίσει να ανοικοδομούν με ζήλο τη νέα πόλη προς τη θάλασσα· η νέα Πάτρα έχει ακανόνιστα [sic!] οικοδομικά τετράγωνα, ευρείες οδούς και μεγάλες πλατείες και επίσης πολύ σημαντική έκταση σε σχέση με την εποχή και τις συνθήκες. Αλλά τι άθλια αρχιτεκτονική, τι άθλιες κατασκευές, πόσο αισθητή η απουσία του χαρακτήρος και της καλαισθησίας του Νότου σε όλα! Το χειρότερο του Βορρά, η μικρόψυχη μονοτονία του, έχει συνδυασθεί εδώ με το χειρότερο του Νότου, με το ελληνικό πνεύμα της κερδοσκοπίας, για να συρράψει μια αρχιτεκτονική μαζί με τις τούρκικες, δυστυχώς παντού παρούσες, παραδόσεις.

Δεχθήκαμε τις επισκέψεις των προεστών, νομαρχών, επάρχων, ιεραρχών, και γνώρισα μερικούς από τους κορυφαίους της Επανάστασης, τον Ζαΐμη, τον Κ. Δούκα κ.λπ.

Στην ακτή με υπεδέχθη ένας γνωστός μου από το Μόναχο, ο ιατρός του νομού Αχαΐας και Ηλείας δόκτωρ Αποστολίδης, ο οποίος μου παρέδωσε επιστολή του κόμη Armansperg· ο Armansperg, ενημερωμένος ήδη για την αποστολή μας, μας καλωσόριζε στα ελληνικά χώματα και μας εγνώριζε πως είχε ανατεθεί στον κύριο Αποστολίδη να μας συνοδεύσει ως οργανωτής του ταξιδιού μας μέχρι το Ναύπλιο.

Ενοικιάσαμε ένα ελληνικό μπρίκι από το Γαλαξείδι και τη νύκτα της 29ης του ιδίου μηνός κινήσαμε με ούριο άνεμο. Και πραγματικά, ο συχνά πολύ δύσκολος διάπλους των Δαρδανελλίων της Ναυπάκτου [στενά Ρίου-Αντιρρίου] επέτυχε απολύτως, και το επόμενο πρωινό είχαμε αφήσει ήδη πίσω μας τις χρυσωμένες απ' τον ήλιο κορυφές του Παρνασσού.

Η αναγκαία και μετά την επιστολή του κόμη Armansperg ακόμα πιο επιτακτική επιτάχυνση του ταξιδιού μας με εμπόδισε να επισκεφθώ απευθείας από εδώ μέσω Γαλαξειδίου και Σαλώνων τα λιμάνια [λάθος μνεία· ορθή: τα χωριά] της Κρίσας και του Καστρίου και τελικά τα ερείπια των Δελφών· έτσι στις 10 το πρωί αγκυροβολήσαμε σε ένα μικρό αραξοβόλι στο αλλοτινό λιμάνι Λέχαιον, ακριβώς κάτω από την Κόρινθο και μία ώρα απόσταση από αυτή. Η παραλία ήταν τελείως έρημη, ξερή και εγκαταλελειμμένη, και δεν θα ξεχάσω ποτέ την εντύπωση που μου έκανε, γιατί αυτή η έρημος είναι ένα από τα μεγαλειωδέστερα τοπία που έχει να προσφέρει η Ελλάς και που ξυπνά αναμνήσεις υπερτάτης λαμπρότητος, τέχνης και πολιτισμού. Τα εφόδιά μας είχαν εκφορτωθεί και απλωθεί πάνω στην άγονη αμμώδη ακτή, ενώ ο συνοδός μας είχε φύγει έφιππος για την πόλη να μας βρει κατάλυμα και μεταφορικά μέσα.

Εχρειάσθη όμως να περιμένουμε τρεις-τέσσερεις ώρες τον γυρισμό του και εχρησιμοποίησα όσο καλύτερα μπορούσα αυτόν τον χρόνο για να επισκεφθώ ήσσονος σπουδαιότητος ερείπια των αλλοτινών κτισμάτων του λιμανιού και τα τείχη του Ισθμού κ.λπ., που ο χρόνος, η ερήμωση και εγκατάλειψη είχαν ακόμα αφήσει όρθια. Επιτέλους είδαμε να φθάνει μια μακρά πομπή από άλογα, μουλάρια και καμήλες, και επικεφαλής τους επλησίαζαν για να μας προϋπαντήσουν πλουσιοντυμένοι και έφιπποι σε άλογα με λαμπρά χαϊμαλιά οι άρχοντες και προεστοί της Κορίνθου, ανάμεσά τους οι αδελφοί Ράγκου, ο Νοταράς, ο Ορφανός κ.λπ. Αφού εφορτώθησαν όλες οι αποσκευές, κινήσαμε για την πόλη.

Τι απαίσια ερήμωση! Όλα είναι γκρεμισμένα, εγκαταλελειμμένα· περνώντας πάνω από αναρίθμητα λείψανα Τούρκων και σκελετούς κάθε λογής ανθρώπων που έχασαν εδώ τη ζωή τους κατά τη διαβόητη υποχώρηση του Δράμαλη, εφθάσαμε στο ανοικοδομημένο τμήμα της πόλης, το οποίο έχει τον ίδιο ακριβώς χαρακτήρα της ασχήμιας και αθλιότητος, που διακρίνει δυστυχώς όλα όσα έχουν γίνει και γίνονται στη νέα Ελλάδα. Εμένα μου έδωσαν κατάλυμα στο σπίτι του κυρίου Διονυσίου Ορφανού, ενός γνωστού δυσαρεστημένου, ο οποίος είχε χρησιμοποιηθεί με πολλή επιτυχία από την αισχρή κυβέρνηση του Καποδίστρια ως ταχυδρόμος και σπιούνος. Εν τούτοις ήταν άνδρας μορφωμένος που διεμαρτύρετο εξοργισμένος εναντίον της αντιβασιλείας, όχι αναίτια και όχι δίχως γνώση των πραγμάτων και των ανθρώπων.

Η εξαιρετική άγνοια του νέου μέλους της αντιβασιλείας, με το οποίο συνεταξίδευα, του κυρίου von Kobell, για όλα όσα αφορούν την αρχαία και τη νέα Ελλάδα, άγνοια που εγνώριζα προ πολλού αλλά για την οποία με έπειθε καθημερινά όλο και περισσότερο, με είχε ωθήσει να αναλάβω το καθήκον να τον πληροφορήσω κατά τη διάρκεια του ταξιδιού μας για τα απολύτως αναγκαία και κυρίως να τον διδάξω και να τον πείσω πως η Ελλάδα δεν έπρεπε να βαυαροποιηθεί αλλά να κυβερνηθεί και αντιμετωπισθεί ελληνικά· ότι εδώ δεν εχρειάζοντο ούτε θεωρίες περί νομοθεσίας ούτε εκλεπτυσμένη οργάνωση του κράτους, αλλά νόμοι και θεσμοί απλοί και κατανοητοί στον αμόρφωτο αλλά εξαιρετικά ευφυή Έλληνα· ιδίως έπρεπε να του εξασφαλισθούν τα ορατά και αναμφισβήτητα πλεονεκτήματα καλών υλικών διευθετήσεων και βελτιώσεων. Ότι τέλος ήταν δύσκολο εγχείρημα η ανέγερση ενός θρόνου επάνω στα χαλάσματα μιας επανάστασης, ότι όμως αυτό θα ήταν δυνατό, δηλαδή θα ήταν δυνατό μέσα στα πλαίσια των ελληνικών αντιτιθεμένων συμφερόντων, μόνον εάν επεβάλετο κανείς και στα ερείπια και στους άνδρες της Επανάστασης, και πως καμία άλλη δύναμη δεν μπορούσε να τους νικήσει και εξουσιάσει παρά μόνον αυτή.

15 Ιουλίου [1835] Engelthal

Μόνο τώρα, ξαναβρίσκω λίγο ελεύθερο χρόνο, και καταγράφω πάλι ό,τι μου φαίνεται αξιοσημείωτο στη ζωή και στο έργο μου.

Φθάνοντας στο Ναύπλιο επήγα –σύμφωνα με τις επιθυμίες του κόμη Armansperg– αμέσως στον συνταγματάρχη von Lesuire, για να του παραδώσω το βασιλικό έγγραφο με το οποίο του εκοινοποιείτο η αντικατάστασή του και τον παρότρυναν να επέμβει στρατιωτικά, εάν η αντίσταση της διαφωνούσης πλειοψηφίας (όπως είχαν κάνει να πιστεύσει ο Βασιλεύς στο Μόναχο) διεδήλωνε με βίαια μέσα την ανυπακοή της στη βασιλική απόφαση. Ο Lesuire μου υπεσχέθη πως θα ακολουθούσε με ακρίβεια ό,τι του εζητείτο. Πήγα τότε στον Maurer και μαζί του ευρήκα τους Heideck και Abel, οι οποίοι με καλωσόρισαν φαινομενικά με χαρά αλλά και με μία έκρηξη της πιο παθιασμένης αγανάκτησης εναντίον του προέδρου της αντιβασιλείας, της οικογένειάς του και όλων του των έργων.

Ιδιαίτερα εμφανής ήταν αυτή η στάση στον κύριο von Abel, ο οποίος –στο Μόναχο προσωπικός μου φίλος– καθώς έμπαινα, ανεφώνησε: "Α, να κι ο καπουδάν πασάς!" και ο οποίος ήταν ο πιο θιγμένος και έπνεε τα μένεα για την ήττα που είχαν υποστεί. Άφησα αυτή την καταιγίδα να μένεται παραπάνω από μία ώρα χωρίς απάντηση και έπειτα, όταν και οι τρεις ομιλητές ξέπνοοι σχεδόν και ξαναμμένοι από οργή και πικρία εσταμάτησαν, ερώτησα εάν είχαν να προσθέσουν τίποτε άλλο, εάν όχι, θα τους μετέφερα τις εντολές προς αυτούς που μου είχαν αναθέσει. Όταν επέτυχα έτσι να τους κάνω να με ακούσουν, τους είπα πως εγώ, για την προσωπική φιλία του οποίου θα έπρεπε να είναι πεπεισμένοι, ήταν ανάγκη να τους εξηγήσω κατ' αρχάς την δική μου προσωπική άποψη. Γιατί τις ενέργειες και τις πράξεις τους και όλα τα κακά που είχαν συμβεί δεν μπορούσα και δεν ήθελα να τα αποδώσω σε εκείνους αλλά μόνο στη θέση που τους είχαν βάλει. Ήμουν πεπεισμένος, είπα, για την ειλικρίνεια των προθέσεών τους, όπως επίσης και για το γεγονός πως δεν μπορούσε παρά να δημιουργηθεί μια σύγκρουση μέσα στους κόλπους της ίδιας της αντιβασιλείας και ας είχε συγκροτηθεί από αδελφούς, όπως πράγματι έδειχνε η σύνθεσή της. Τους διεβεβαίωσα ότι ο κόμης Armansperg, ο οποίος έπρεπε να μιλήσει για όλα αυτά με εμένα και δη ανοικτά, είχε εκφρασθεί γι' αυτούς χωρίς καμία εμπάθεια και ότι εγώ για το μέλλον τους δεν μπορούσα να ελπίζω άλλο από το ότι θα μου δίνανε τη δυνατότητα να στείλω ευνοϊκές γι αυτούς αναφορές σχετικά με τον τρόπο με τον οποίο υπετάχθησαν στην απόφαση της Α.Μ. του Βασιλέως.

Όλοι υπεσχέθησαν απόλυτη υποταγή και ο Maurer ανέλυσε από νομική άποψη τα πρωτόκολλα της συνθήκης, με τα οποία διωρίζετο η αντιβασιλεία μέχρι την ενηλικίωση του Βασιλέως [Όθωνος] και είπε πως συμφώνως προς αυτά ο Βασιλεύς της Βαυαρίας δεν είχε μεν δικαίωμα να αντικαταστήσει τα μέλη της αντιβασιλείας, εκείνος ωστόσο θα υπήκουε ανεπιφυλάκτως.

Έτσι λοιπόν ο κίνδυνος του πολεμικού κινήματος που ο κύριος von Kobell είχε παραστήσει ψευδώς στον Βασιλέα στο Μόναχο (ώστε να δώσει μεγαλύτερη αξία στη συγκατάθεσή του να δεχθεί αυτή τη θέση του μέλους της αντιβασιλείας), είχε επιτυχώς απομακρυνθεί και το μυστικό αίτημα προς την αγγλική και ρωσική ναυτική βάση το οποίο μετέφερε, όπως μου είπε, από το Μόναχο, να δώσουν χείρα βοηθείας σε περίπτωση αντίστασης των ανακληθέντων μελών της αντιβασιλείας, ξεφούσκωσε ωσάν σαπουνόφουσκα, και έτσι η μόνη δουλειά που απέμενε γι' αυτόν ήταν να δρέψει τους χρυσούς καρπούς αυτής της αποστολής. Όσο για τον κύριο von Grainer, ο οποίος στο Μόναχο είχε εμφανισθεί ως θερμός φίλος του κόμη von Armansperg και γι' αυτό τον λόγο, όπως προανεφέρθη, η Α.Μ. είχε αποφανθεί υπέρ αυτού, άκουσα κατάπληκτος απ' όλες τις πλευρές να λένε ότι στην Ελλάδα είχε αποδειχθεί πως ήταν ο δριμύτερος εχθρός του.

Επειδή ο Grainer επρόκειτο να γυρίσει σύντομα στην Ελλάδα και να ξαναπάρει την προηγουμένη θέση του, μου εφάνη απολύτως αναγκαίο να διερευνήσω αυτή την ανειλικρίνεια και ο von Kobell μου υπεσχέθη και με διεβεβαίωσε επανειλημμένως με κατηγορηματικό τρόπο πως δεν θα ανήχετο να αναλάβει ο Grainer τα καθήκοντά του, εάν δεν εξηγούσε απεριφράστως και δεν εξεκαθάριζε αυτή την υπόθεση παρουσία του Heydeck, πράγμα που ο τελευταίος εδήλωσε πρόθυμος να κάνει.

Κατά τη διάρκεια των χρονοβόρων διαβουλεύσεων για το χρόνο, τον τρόπο και τους όρους επιστροφής των ανακληθέντων μελών της αντιβασιλείας, τις οποίες έπρεπε να κάνω όλες εγώ, επιφανειακά ο von Abel εφέρετο πάντα με αξιοπρέπεια και ανιδιοτέλεια, παρ' ότι ήταν προφανές ότι αυτή η υπόθεση τον είχε εξοργίσει εις το έπακρον. Ο Maurer ήταν βαθύτατα θιγμένος και με διεβεβαίωνε συνεχώς πως από εκείνον εξηρτάτο να δημιουργήσει ένα λαϊκό κίνημα υπέρ αυτών, πράγμα για το οποίο όμως δεν υπήρχε ούτε η πιο ανεπαίσθητη ένδειξη. Η φιλαυτία και κενοδοξία του Heydeck είχε θιγεί βαθύτατα, αλλά αυτός εγύρισε τον θυμό του σε μοιρολόι, επειδή τον είχαν ντροπιάσει επιβάλλοντάς του να τραβήξει το "κάρο" αυτός περισσότερο καιρό μαζί με ένα "μούτρο" σαν τον Armansperg. Πολλές φορές έκλαψε πικρά μπροστά μου γι' αυτό. Ο αληθινός όμως λόγος της έξαρσης αυτής του πόνου ήταν βέβαια ο οδυνηρός συμβιβασμός που του επέβαλε η απόφαση του Βασιλέως για τον Armansperg. Διότι αυτός μόνο, ο Heydeck, απελάμβανε της πλήρους εμπιστοσύνης του Βασιλέως, λόγω των συστάσεων του κόμη von Nesselrode και της προηγουμένης παραμονής του στην Ελλάδα, μόνο αυτός είχε συστήσει εις τον Βασιλέα να διορίσει πρόεδρο της ελληνικής κυβέρνησης [αντιβασιλείας] τον κόμη von Armansperg: ο Βασιλεύς, που εκείνη την εποχή άνθιζε το μίσος του εναντίον του Armansperg, επειδή ο κόμης –βασιζόμενος στα παλαιότερα γνωστά και δοκιμασμένα φιλελεύθερα φρονήματα του Βασιλέως– τον είχε συμβουλεύσει να δεχθεί ως ένα βαθμό την Επανάσταση του Ιουλίου [1830] και τον οποίο υποπτεύετο [ο Βασιλεύς] ότι κατά τη συνέλευση των νομοκατεστημένων τάξεων του 1830/31 είχε υποστηρίξει κρυφά την σφοδρότερη αντιπολίτευση που είχε σχηματισθεί εναντίον της αλλαγής του συστήματος διακυβέρνησης από τον Βασιλέα στο πνεύμα των ακραίων φιλομοναρχικών, στην αρχή δεν εδέχθη καθόλου ευνοϊκώς αυτή την πρόταση. Η σκέψη όμως ότι ήταν μια καλή ευκαιρία να απομακρύνει από την πολιτική και από τη Βαυαρία έναν άνδρα επίφοβο και μισητό έκανε τον Βασιλέα να το αποφασίσει, και ο Armansperg διωρίσθη. Με τη θεωρουμένη ως επιτυχή αυτή διεκπεραίωση συνεδέθη και η ιδέα να απομακρύνουν μαζί με τον Armansperg και όλους αυτούς που κάποτε ήρεσαν τόσο [στον Βασιλέα] ως διαβόητοι φιλελεύθεροι όσο δεν ήρεσαν τώρα, και έτσι ο κλήρος έπεσε στους Maurer, Abel, Grainer κ.λπ.

Ο Βασιλεύς όμως ήταν τόσο ευτυχισμένος μ' αυτή την ιδέα, που μια φορά εξέφρασε τη χαρά του στο τραπέζι με το εξής ευφυολόγημα: η Ελλάδα είναι το Botani Bay του, όπου έστελνε όλους όσους τού ήσαν άχρηστοι στη χώρα του. Αυτή η ρήση όμως, όπως έμαθα αμέσως, την επόμενη ήδη ημέρα εγράφη στα μέλη της αντιβασιλείας και στον νεαρό Βασιλέα [Όθωνα], που μόλις είχαν φθάσει στην Ελλάδα, κάνοντας στο νεαρό μονάρχη βαθειά εντύπωση, γιατί του έδειχνε τι είδους στάση είχε απέναντί του ο πατέρας του, που δεν περιέβαλλε τον νέο, άπειρο, ανήλικο και σε δυσχερέστατη θέση υιό του με άνδρες που απελάμβαναν του σεβασμού του, αλλά με ανθρώπους που ο ίδιος είχε απορρίψει και από τους οποίους ήθελε ευχαρίστως να απαλλαγεί! Όλοι μού είπαν τώρα και στην Ελλάδα, όπως εγνώριζα ήδη από παλαιότερα μέσω αλληλογραφίας, πως αυτή η ρήση κατά το γεύμα στο Μόναχο ήταν η πραγματική αφετηρία των διαφωνιών που είχαν παρουσιασθεί στους κόλπους της αντιβασιλείας και πως είχε γεννήσει στην ευαίσθητη ψυχή του νεαρού Βασιλέως ένα αίσθημα που παρέπαιε μεταξύ οργής απέναντι στον πατέρα του και απαθούς μελαγχολίας, το οποίο αντεμάχετο σαφέστατα την πνευματική του ανάπτυξη. Ο Όθων θεωρούσε τον εαυτό του θυσιασμένο και εγκαταλελειμμένο.

Η τυφλή εμπιστοσύνη που είχε ο Βασιλεύς Λουδοβίκος στον Heydeck τον έκανε να πιστεύσει ότι, εφόσον του ανέφερε πάντα με μυστική αλληλογραφία όσα συνέβαιναν, θα κρατούσε στα χέρια του τα ηνία της ελληνικής κυβέρνησης· και την αλληλογραφία αυτή ο Heydeck τη συνέχισε με εξαιρετικό ζήλο. Όταν όμως η εντελώς εσφαλμένη αυτή θέση στην οποία ευρέθη η αντιβασιλεία, ήρχισε να δημιουργεί προστριβές ανάμεσα στους πρώην φίλους, ο Heydeck έδωσε σε μία μερίδα της κοινή γραμμή πλεύσης εναντίον των φιλοδοξιών του Armansperg, ο οποίος είχε θίξει ποικιλοτρόπως τη φιλαυτία του, κάνοντάς τους να πιστέψουν ό,τι πίστευε και ο ίδιος: ότι δηλαδή η γνωστή εχθρότης του Βασιλέως Λουδοβίκου εναντίον του προέδρου, τρεφόμενη και κατευθυνόμενη από τα γράμματά του, θα τους εξησφάλιζε εύκολα την νίκη επί του Armansperg. Αλλά όπως ήδη ελέχθη, οι τρομερές εξελίξεις στα οικονομικά που επροφήτευαν, εάν αποχωρούσε ο Armansperg, μαζί με τον φόβο της επανόδου του εχθρού στη χώρα [δηλαδή του Armansperg στη Βαυαρία] συνέβαλαν ώστε να ξεπερασθεί κάθε εχθρότητα και αντιπάθεια, και ο Heydeck έχασε ένα παιχνίδι που επίστευε πως το είχε κερδίσει από την στιγμή ήδη που ανακατεύοντο τα χαρτιά [του παιχνιδιού]. Όποιος γνώριζε τη μεγάλη του φιλαυτία, θα καταλάβει πόσο βαθειά είχε θιγεί αυτός ο αξιωματικός και επίσης πως αυτός ήταν ο αληθινός λόγος των δακρύων στα μάτια του. Και στον επιτετραμμένο von Gasser ήμουν αναγκασμένος να κάνω κάποιες νύξεις για την ανάκλησή του, εκφράζοντας συνάμα την απαρέσκεια του ανωτάτου άρχοντος, και με εδέχθη σαν άγγελο σωτηρίας. Η θέση του ήταν πραγματικά αφόρητη. Ο Βασιλεύς τον είχε στείλει με την επίσημη οδηγία να κινηθεί τελείως στη γραμμή της ρωσικής πολιτικής στην Ελλάδα και να προσχωρήσει πλήρως στις θέσεις του πρεσβευτή της Ρωσίας Κατακάζη.

Ταυτοχρόνως όμως ο Βασιλεύς [Λουδοβίκος] του ανέθεσε να επιτηρεί τον κόμη Armansperg, τον οποίο εχαρακτήρισε εντελώς παλιάνθρωπο. Ο Gasser εκινήθη ακριβώς μέσα σ' αυτά τα πλαίσια και έτσι λίγες μόλις εβδομάδες πριν από την ανάκλησή του έλαβε μία χειρόγραφη επιστολή του ίδιου του Βασιλέως Λουδοβίκου, στην οποία εγκωμίαζε το έργο του και του έλεγε (ο Gasser μου έδωσε να διαβάσω αυτό το χωρίο): "Εις το πρόσωπόν σας ως επιτετραμμένου μου εις την Ελλάδα προέβην εις μίαν έξοχον επιλογήν κ.λπ."

Συμφώνως λοιπόν προς όλας τας ενδείξεις, ο Armansperg εχρησιμοποίησε το ρωσικό-φαναριώτικο-κολοκοτρωναίικο κόμμα για την επίτευξη των στόχων του, δηλαδή για να απομακρύνει τα υπόλοιπα μέλη της αντιβασιλείας και για να πάρει στα χέρια του ο ίδιος το πηδάλιο του ελληνικού κράτους (που κινδύνευε να γίνει ναυάγιο πριν ακόμη καλά καλά αποκτήσει καρίνα και πλευρά). Ο Gasser ευρίσκετο στο δίλημμα ποιές οδηγίες να ακολουθήσει: τις επίσημες ή τις εμπιστευτικές; σύμφωνα με τις πρώτες έπρεπε να ενεργήσει υπέρ, σύμφωνα με τις δεύτερες κατά του Armansperg, διάλεξε, αφ' ενός μεν ως πολύ τίμιος άνδρας από βαθειά πεποίθηση, αφ' ετέρου δε εμπιστευόμενος την κρυφή ιδιωτική αλληλογραφία του Heydeck, το δεύτερο και έπεσε μαζί με τη μερίδα με την οποία είχε συνταχθεί. Όχι, αλήθεια, έτσι δεν ανεγείρει κανείς έναν θρόνο πάνω στα ερείπια μιας επανάστασης! Χρειάζεται ενότης και συνέπεια ενεργειών και πλήρης εμπιστοσύνη στους ανθρώπους που χρησιμοποιούνται για το δύσκολο αυτό έργο. Δόξα τω θεώ όμως η αρχαία ελληνική γη φέρει μέσα της την αρχή του ακατάβλητου, και το βασίλειο μπορεί να ανθήσει όχι επειδή αλλά παρ' ότι ευρίσκεται υπό την επιρροή των Βαυαρών. Οι εχθρικές επιβουλές της πλειοψηφίας της αντιβασιλείας είχαν τελικά εξωθήσει τον νεαρό Βασιλέα εδώ και 2 μήνες να μη δεχθεί και να μην δει τον κόμη Armansperg. Ο Maurer, ο Abel και κάποιος δόκτωρ Gaib, ο οποίος είχε σταλεί επίσης εξαιτίας του φιλελευθερισμού του στην Ελλάδα, περιέβαλλαν σχεδόν καθημερινά τον Βασιλέα ως δάσκαλοί του και είναι ευνόητο ότι έδιναν τροφή ποικιλοτρόπως στην αντιπάθειά του [απέναντι τον Armansperg]. Μάλιστα ο Βασιλεύς [Όθων] δεν εδέχθη τον πρόεδρο ούτε καν το προηγούμενο βράδυ πριν από την άφιξή μας, όταν πήγε να του υποβάλει τα σέβη του και να του φέρει την είδηση, που είχε φθάσει μέσω Γαλλίας, για την ευνοϊκή προς αυτόν απόφαση του Βασιλέως Λουδοβίκου. Ο Maurer και ο Abel με διαβεβαίωσαν ότι ο νεαρός Βασιλεύς, συγκινημένος και οργισμένος που αποσπούσαν βίαια από κοντά του αυτούς, τους αληθινούς του φίλους και δασκάλους, και τον εγκατέλειπαν στα χέρια ενός ανδρός που τον εφοβείτο, μισούσε και περιφρονούσε, είχε δακρύσει. Παρ' όλα αυτά η υποδοχή μου από τον νεαρό μονάρχη, στον οποίο υπέβαλα τα σέβη μου την ημέρα της άφιξής μου στο Άργος, ήταν πολύ φιλική· ωστόσο συντόμως διέκοψε κάθε πολιτική συζήτηση, για να μου ομιλήσει διεξοδικώς για το σχέδιο της πόλης και των ανακτόρων των Αθηνών.

Η επιθυμία του Βασιλέως της Βαυαρίας να παρακινήσω τον νεαρό Βασιλέα να επιλέξει για έδρα της κυβέρνησής του την Αθήνα ήταν τόσο ζωηρή και την είχε χαρακτηρίσει τόσο πολλές φορές ως κύριο σκοπό του ταξιδιού μου, ώστε δεν μπορούσα, όπως θα είχα κάνει διαφορετικά ευχαρίστως με βάση τις [περιωρισμένες] γνώσεις μου για τη μορφολογία του εδάφους, να μην ασχοληθώ με το θέμα, παρ' ότι με αυτή καθαυτή την επιθυμία του Βασιλέως ήμουν απολύτως σύμφωνος. Η θέση μου στο Ναύπλιο ήταν πολύ δυσάρεστη· όλοι προσπαθούσαν να με προσεταιρισθούν, και μόνον ο κύριος von Abel εφέρετο, αν και σε μεγάλη έξαψη, εν τούτοις πάντα με πλήρη ηθική αξιοπρέπεια, και θα απεδεικνύετο αντάξιος του διορισμού του ως μέλους της αντιβασιλείας και των καθηκόντων που του είχαν ανατεθεί, εάν μπορούσε να ενεργήσει αυτόνομα ή από κοινού με του ιδίου [υψηλού] φρονήματος άνδρες.

Το νέο μέλος της Αντιβασιλείας von Kobell δρούσε μονίμως σαν "κολασμένη ψυχή" [σύμβουλος κακών] του κόμη Armansperg. Ήδη στο τραπέζι του λόρδου Nugent στην Κέρκυρα είχε δηλώσει ότι επήγαινε στην Ελλάδα μόνο για να εξασφαλίσει στον πρόεδρο με την ψήφο του την απόλυτη πλειοψηφία· επίσης μου επανέλαβε πολλές φορές ότι έγραφε στα παλιά του τα παπούτσια όλες αυτές τις ιστορίες, εκείνος ήθελε να κάνει ένα ευχάριστο ταξίδι και να πληρώσει τα χρέη του!

Αυτός ήταν ο σκοπός του στην Ελλάδα, και αργότερα διεφάνη όλο και περισσότερο με πόση συνέπεια επεδίωκε τον στόχο αυτό.

Μετά την αναχώρηση του Abel και του Maurer, επήρα και εγώ τον δρόμο μου για την Αθήνα. Στο Ναύπλιον όλα τα πρόσωπα από το άμεσο περιβάλλον του Βασιλέως –ο βαρώνος von Asch, που υπηρετούσε ως αυλάρχης, ο γραμματεύς του γραφείου του Lehmeyer κ.λπ.– μου είχαν εκφράσει τις πιο αγανακτισμένες διαμαρτυρίες για την απίστευτη αδράνεια και αναποφασιστικότητα του νεαρού Βασιλέως, χωρίς εγώ να θέσω ανάλογα ερωτήματα. Μου εδιηγήθησαν παραδείγματα τα οποία ο κόμης Armansperg επεβεβαίωσε και σχολίασε πλουσιοπάροχα και τα οποία ήγγιζαν τα όρια του απίστευτου και έμοιαζαν να φανερώνουν πλήρη ανικανότητα διακυβέρνησης. Το φυσικό αυτό μειονέκτημα είχε ισχυροποιήσει η λανθασμένη κατεύθυνση της αγωγής του, και ο κόμης Armansperg μου είπε ότι ο νεαρός Βασιλεύς του είχε εξηγήσει ο ίδιος όλη του την ψυχική κατάσταση, λέγοντάς του ότι το όνειρο και η προσφιλής ιδέα των νεανικών του χρόνων ήταν ανέκαθεν να γίνει κάποτε "άγιος"· και ότι μόνο η ανακήρυξή του σε Βασιλέα της Ελλάδος τον είχε ξυπνήσει από την ωραία αυτή ψευδαίσθηση. Στην ερώτηση εάν τον λυπούσε ακόμη αυτό, εδήλωσε ωστόσο: όχι, κατ' ουδένα τρόπο, διότι το να άρχεις ως Βασιλεύς αντιστάθμιζε τον βίο ενός αγίου!

Μετά την αναχώρησή μου για την Αθήνα, αυτή η απαλλαγή επιτέλους από τις αιώνιες διαμαρτυρίες και τις μομφές τού ενός εναντίον του άλλου μού ήταν πολύ ευχάριστη.

Όταν τα μέλη της αντιβασιλείας Armansperg και Kobell έφθασαν στην Αθήνα, ο πρώτος επροφασίσθη αδιαθεσία για να αποφύγει τελείως την προσωπική του συμμετοχή στις διαβουλεύσεις για την αλλαγή της πρωτεύουσας. Ο von Kobell όμως μου εδήλωσε αμέσως επί λέξει: είχε παραιτηθεί από κάθε ελπίδα ότι θα γινόταν ποτέ τίποτε με έναν άνθρωπο σαν κι αυτόν τον Βασιλέα. Ήταν αλεπού (έτσι αποκαλούν στη διάλεκτο της Βαυαρίας κατ' ευφημισμόν τον ηλίθιο) και δεν μπορούσες να επιχειρήσεις τίποτε με αυτόν· τέτοιον βαθμό γελοίας αναποφασιστικότητος (αυτός, ο Kobell) δεν είχε συναντήσει ποτέ άλλοτε στη ζωή του, και θα πήγαιναν ασφαλώς και οι δικοί μου κόποι χαμένοι.

Το βήμα της μετάθεσης της βασιλικής καθέδρας στην Αθήνα δεν ήταν μόνο διοικητικής αλλά και υψίστης πολιτικής σημασίας. Από την εχθρική αντιπολίτευση, δηλαδή το μωραΐτικο (καποδιστριακό-φαναριώτικο-ρωσικό) κόμμα του έθνους που αντεπολιτευέτο το λεγόμενο ρουμελιώτικο (γαλλικό-αγγλικό) κόμμα, αυτή η γρήγορη μετοίκηση από την πρωτεύουσα του Μωριά, το Ναύπλιο, στη ρουμελιώτικη πόλη Αθήνα εθεωρήθη σαφέστατη ένδειξη που θα είχε σπουδαίες επιπτώσεις.

Η επιτακτική όμως επιθυμία του Βασιλέως της Βαυαρίας και της αντιβασιλείας να φύγει η έδρα της κυβέρνησης από αυτή την πόλη (όπου συνενώνοντο όλα τα νήματα των μηχανορραφιών και ραδιουργιών που την περιέβαλλαν) και έτσι με ένα κτύπημα να ξεσκισθεί όλος ο ιστός [των ραδιουργιών] ήταν τόσον επιτακτική και η δική μου πεποίθηση τόσον υπέρμαχος αυτής της επιθυμίας] ώστε δεν παρεσύρθην και απεφάσισα να αρχίσω τον δέκατο τρίτο άθλο του Αλκείδη [Ηρακλή]. Αυτόν τον άθλο θα προτιμούσα να τον συγκρίνω με τη θανάτωση της Λερναίας Ύδρας, με τη διαφορά ότι εδώ όχι μόνο εφύτρωναν νέα κεφάλια αλλά και τα παλαιά, προ πολλού κομμένα και καμένα κεφάλια αποκτούσαν διαρκώς νέα, απείρως επίμονη ζωή. Επειδή αυτή τη συζήτηση ήμουν αναγκασμένος να την κάνω πάντα ολομόναχος με τον Βασιλέα, αφού μόλις είχα συνέλθει από μια επικίνδυνη αρρώστια, αυτές οι πολύωρες και πολυήμερες συνομιλίες με εκούραζαν και με ενοχλούσαν σε απίστευτο βαθμό. Μόνον η μεγάλη καλωσύνη, η προσήνεια και η προσπάθεια και η θέλησή του να αποφασίσει και να πράξει το καλύτερο, που διεφαίνοντο διαρκώς μέσα σ' αυτούς τους ατέρμονας λόγους και αντιλόγους, μου έδιναν την ψυχική δύναμη να ανθέξω· η επανάληψη όμως για εκατοστή φορά του ίδιου πράγματος, η απόκρουση για εκατοστή φορά ενδοιασμών, που είχαν πάψει να υπάρχουν προ πολλού, ξεπερνούσε κάθε φαντασία και περιγραφή.

Και να σκεφθεί κανείς ότι ο Βασιλεύς δεν ήταν καθόλου προκατειλημμένος και ενάντιος στην υπόθεση αυτή καθεαυτή, του ήταν όμως αδύνατον να αποφασίσει και προσπαθούσε να αναβάλει την τρομερή αυτή στιγμή με όλα τα μέσα της συζήτησης που μπορεί να διανοηθεί κανείς. Όταν μετά 6-8 συνεδρίες διαρκείας 4-8 ωρών η κάθε μια, μετά επανειλημμένες επιθεωρήσεις των σχεδίων και προτάσεών μου στην αίθουσα αλλά και επί του πεδίου εφάνη επιτέλους να έχει εξαντληθεί πλέον το θέμα, ο Βασιλεύς ώρισε την παραμονή της αναχώρησης ως την ημέρα που θα απεφάσιζε και, όπως τόσες άλλες φορές, με προσεκάλεσε σε γεύμα. Ήταν 4 το απόγευμα· ήμουν εξηντλημένος, άρρωστος και δύσθυμος και ήθελα εκείνη την ημέρα να μείνω ξαπλωμένος μέχρι την ώρα του φαγητού. Ήδη όμως στις 8 [το πρωί] ο Βασιλεύς μού διεμήνυσε να πάω στις 11, ντυμένος όπως θα ήθελα για το τραπέζι, διότι είχε να συζητήσει ακόμη πολλά μαζί μου. Ο κύριος von Kobell ήταν ειδοποιημένος να είναι έτοιμος όταν θα τον εφώναζε ο Βασιλεύς για την οριστική υπογραφή των εγγράφων. Στις 11 ξανάρχισε η εξέταση του θέματος κατά πόσον ήταν σκόπιμον να επιλεγεί η Αθήνα ως έδρα της κυβέρνησης, εάν αυτό θα έπρεπε να συμβεί κιόλας την 1η Φεβρουαρίου, όπως ήθελε η αντιβασιλεία, ποία θέση, από όσες είχα προτείνει για τα ανάκτορα, έπρεπε να εγκριθεί και αν έπρεπε να εγκριθεί το σχέδιο πόλης που του υπέβαλα.

Αν και όλα αυτά είχαν εξετασθεί και συζητηθεί μύριες όσες φορές, ξαναρχίσαμε απ' την αρχή. Όταν εσήμανε η ώρα του μεσημβρινού γεύματος, δεν είχαμε ακόμα τελειώσει· εγώ έπρεπε να καθήσω πλάι στον Βασιλέα, και κατά τη διάρκεια του γεύματος εσυνεχίσθη η συζήτηση χωρίς διακοπή. Μετά το γεύμα, ο Βασιλεύς μού διεμήνυσε να προσέλθω ακόμα μία φορά στο γραφείο του, και η συζήτηση ξανάρχισε.

Στις 8 το βράδυ ήρθε το μέλος της αντιβασιλείας von Kobell με τα έγγραφα που έπρεπε να υπογράψει ο Βασιλεύς.

Ο Βασιλεύς τού διεμήνυσε να περιμένει και η συζήτησή μας εσυνεχίσθη μέχρι τις εννέα και μισή, οπότε επιτέλους είχαν παραμερισθεί όλα [τα εμπόδια] και ο Βασιλεύς είχε τόσο καλή διάθεση, ώστε απεφάσισε την μετοίκηση ήδη για την 1η Δεκεμβρίου [1834].

Μου ανήρτησε τότε στον λαιμό με τις πιο κολακευτικές φιλοφρονήσεις για τη δραστηριότητά μου ως φιλέλληνος, βασιλικού επιτρόπου και αρχιτέκτονος στην Ελλάδα τον χρυσό Σταυρό του Τάγματος του Σωτήρος και εκάλεσε τον κύριο von Kobell. Ο Βασιλεύς τού είπε τώρα ο ίδιος πως είχα παραμερίσει όλους τους ενδοιασμούς του και τον είχα πείσει σε τέτοιο βαθμό για την ωφέλιμη από κάθε άποψη μετοίκηση στην Αθήνα, ώστε δεν ήθελε να περιμένει μέχρι την 1η Φεβρουαρίου αλλά ότι επιθυμεί να πραγματοποιηθεί η απόφαση ήδη την 1η Δεκεμβρίου. Ο Kobell έκπληκτος είπε πως ήταν περιχαρής για την σημαντική απόφαση του Βασιλέως. Εγώ όμως μετά 12 ώρες ήμουν εξουθενωμένος και, επειδή ήμουν περιττός κατά την τυπική διαδικασία της υπογραφής, εζήτησα την άδεια να αποσυρθώ, εχαιρέτησα και έφυγα παραπατώντας για το σπίτι.

Την επόμενη μέρα στις 5 τα χαράματα, ο Βασιλεύς θα εκκινούσε για τη Θήβα· εγώ είχα ανεβάσει πάλι υψηλό πυρετό και όταν στις 8 το πρωί ο Βασιλεύς μού διεμήνυσε πως είχε ακόμα κάποιους ενδοιασμούς έμεινα εμβρόντητος. Αυτό παραπήγαινε! Ήμουν σωματικά πάρα πολύ άρρωστος ώστε να έχω την ψυχική δύναμη, έτσι του εμήνυσα πως ήταν αδύνατο να πάω, γιατί ήμουν πολύ άρρωστος.

Ύστερα από λίγο ενεφανίσθη ο προσωπικός ιατρός του Βασιλέως, ένας άνδρας που εκείνη την εποχή ήταν πιο υψηλά απ' όλους στην εμπιστοσύνη του: ήταν ο δόκτωρ Roeser που τον είχε στείλει ο Βασιλεύς να μου δώσει την ιατρική του συμβουλή· ο δόκτωρ Roeser μου εδιηγήθη το τι είχε συμβεί.

Μόλις είχα φύγει το προηγούμενο βράδυ και ο Kobell έβγαλε το σχέδιο της απόφασης, εξύπνησαν πάλι νέοι φόβοι και αμφιβολίες. Μη όντας πληροφορημένος για την πορεία της συζήτησης που είχα διεξαγάγει εγώ, ο Kobell δεν συντόμευσε την συνομιλία, και στη 1 η ώρα τη νύχτα ο Βασιλεύς τον απέλυσε με την εντολή να ξανάρθει την επομένη το πρωί.

Στις 5 συνεκεντρώθη όλη η κουστωδία του Βασιλέως για να ξεκινήσουν· αχθοφόρα άλογα, ένοπλοι συνοδοί και ακόλουθοι εσχημάτιζαν μια πομπή από εξήντα άλογα· κατέφθασε και ο προσωπικός του ιατρός δόκτωρ Roeser που ήταν κοντά στον Βασιλέα, όταν επαρουσιάσθη ο Kobell για την τελευταία αποφασιστική πράξη— την υπογραφή.

Τότε ο καημένος ο νεαρός Βασιλεύς (όπως μου είπε ο ίδιος ο Roeser) έγειρε το κεφάλι απελπισμένος στον τοίχο και ανεφώνησε: "Θεέ μου! Θεέ μου! Roeser, τώρα οφείλω, τώρα πρέπει να πάρω μιαν απόφαση!" Ο Kobell μπήκε και ξανά συζητήσεις και δισταγμοί· τότε εκλήθην και εγώ. Όλοι επερίμεναν, αλλά επειδή δεν μπορούσα να πάω, ο Kobell συνέχισε τις μάταιες προσπάθειες. Ο Roeser, έξω φρενών πλέον κι αυτός, με ερώτησε τι θα έπρεπε να γίνει. Του είπα τι θεωρούσα ενδεδειγμένο και ωφέλιμο [για την υπόθεση], και ήταν αυτός ο οποίος αναφέροντας ό,τι είχε ακούσει από μένα έπεισε επιτέλους τον Βασιλέα να επικυρώσει την ειλημμένη προ πολλού απόφαση με την υπογραφή των τεσσάρων γραμμάτων "Όθων"! Έπειτα ο Βασιλεύς εξεκίνησε για ένα ταξίδι, για το οποίο τον περίμεναν 40-50 άτομα από τις 5 το πρωί!

Έτσι ξανάγινε η Αθήνα βασιλική πόλη, κι εγώ ήμουν το άμεσο όργανο αυτής της ενέργειας! Η 1η Δεκεμβρίου 1834 είδε λοιπόν να εγείρεται πάλι στην πόλη της σοφίας και των τεχνών ένας θρόνος τον οποίον πριν από 2.966 χρόνια είχε εγκαταλείψει ο Κόδρος οικειοθελώς για το καλό του λαού του και από τον οποίο πριν από 2.347 χρόνια το μαχαίρι του Αρμοδίου γκρέμισε βίαια τον Πεισιστρατίδη Ίππαρχο! Είθε αυτός ο οποίος ανερρήθη τώρα σ' αυτόν να είναι ενάρετος όσον ο Κόδρος και ευτυχέστερος από τον Ίππαρχο· αυτή θα 'ναι η εξαίσια αμοιβή των κόπων που ηνάλωσα γι' αυτή την υπόθεση.

Ο πρόεδρος της αντιβασιλείας, όπως προανέφερα, δεν ανεμίχθη καθόλου σ' αυτές τις συνομιλίες· ο Heydeck δεν είχε καν έλθει στην Αθήνα και ο Kobell δεν είχε ασχοληθεί παρά μόνο με τα τυπικά της απόφασης. Από τους υπουργούς παρόντες ήταν μόνο ο Lesuire και ο Κωλέττης· αλλά σ' αυτό το θέμα ούτε καν ηρωτήθησαν, επειδή ο Lesuire ως στρατιώτης δεν ήθελε να ανταλλάξει το οχυρωμένο Ναύπλιο με την ατείχιστη Αθήνα και τον Κωλέττη οι Armansperg και Kobell είχαν φροντίσει να τον παρουσιάσουν στον Βασιλέα σαν τόσο ύποπτο φιλελεύθερο, που ούτε καν τον συνεβουλεύθη. Επίσης σ' ολόκληρη την αυλή του Βασιλέως δεν υπήρχε ούτε ένας άνθρωπος ικανός να έχει γνώμη στην τόσο σημαντική αυτή υπόθεση.

Όλη κι όλη η αυλή του Βασιλέως ήταν ο υπολοχαγός του ελαφρού ιππικού von Hunolstein και δύο νεαροί έλληνες 17-18 χρονών, που υπηρετούσαν ως υπασπιστές· ο πρώτος ήταν ένας έξοχος και πολύ καλοπροαίρετος άνθρωπος που προσπαθούσε όσο μπορούσε να προωθήσει το καλό.

Ανάμεσα σε εμένα και τον Κωλέττη είχε αναπτυχθεί σχέση μεγάλης εμπιστοσύνης ήδη από το Ναύπλιο, και απ' αυτόν επήρα τις πιο ενδιαφέρουσες πληροφορίες για πρόσωπα και πράγματα. Ήταν πραγματικά ειλικρινώς αφοσιωμένος στον νεαρό Βασιλέα, αλλά εχθρός όλων των ξένων που προσπαθούσαν να εξουδετερώσουν τον ίδιον και τους καλύτερους του έθνους για να εξουσιάζουν και να κερδίζουν. Γι' αυτό τον μισούσαν τόσο πολύ ο κόμης Armansperg και "η κολασμένη του ψυχή" [σύμβουλος κακών] κύριος von Kobell και ζητούσαν ευκαιρία να τον απομακρύνουν. Επειδή όμως η επιρροή του κατά την τελευταία μεσσηνιακή εξέγερση είχε αποδειχθεί ισχυρότατη και ευνοϊκή για την κυβέρνηση, δεν τολμούσε ακόμη κανείς να τον απομακρύνει, υπονόμευαν όμως και παρεμπόδιζαν διαρκώς τις ενέργειες και τη βούλησή του με μυστικά μέσα, πράγμα που τον έφερνε σε πολύ δυσάρεστη θέση.

Ιδιαίτερα διεμαρτύρετο, και είχε απόλυτο δίκιο, για τον γραφειοκρατικό και βαυαρικό δημοσιονομικό τρόπο διακυβέρνησης της αντιβασιλείας. Μου εδιηγήθη ανήκουστα παραδείγματα, ό,τι πρέπει για να αποδείξουν την εντελώς ακατανόητη ανικανότητα των κρατούντων· όμως η ανικανότης τους είναι ή μάλλον θα γίνει σύντομα τόσο πρόδηλη που είναι περιττό να αναφέρω παραδείγματα.

Όσον αφορά το αρχιτεκτονικό σκέλος των προσπαθειών μου, ηυρέθην αντιμέτωπος με τις δεινότερες μηχανορραφίες των κερδοσκόπων της οικοδομής, οι οποίοι, στηριγμένοι στο σχέδιο που είχαν εκπονήσει οι Κλεάνθης και Schaubert, είχαν προβεί σε αλλεπάλληλες αγοραπωλησίες που απέβλεπαν σε τεράστια οικονομικά κέρδη. Ο ένας από αυτούς τους αρχιτέκτονες, ο Schaubert, τόσον έντιμος όσο και ικανός, ήταν σε όλη αυτή την ιστορία το καλόθυμο παθητικό όργανο του δεύτερου, του Κλεάνθη, ενός αχρείου απατεώνα που συνεργάζετο με όλους αυτούς τους κερδοσκόπους.

Και ο γενικός πρόξενος της Αυστρίας Gropius ήλπιζε με αυτή την ευκαιρία να διορθώσει την άθλια οικονομική του κατάσταση και έκανε ό,τι περνούσε από το χέρι του για να ματαιώσει την εκλογή της τοποθεσίας στα πόδια του Αρείου Πάγου [Σημ. λάθος του Klenze, το ορθόν: του Λόφου των Νυμφών] για την ανέγερση των ανακτόρων. Δίδω μόνον ένα παράδειγμα της κερδοσκοπίας που εγίνετο εδώ: Επληροφορήθην στην Αθήνα ότι ο Gropius είχε αγοράσει ένα οικόπεδο περίπου 300 τάληρα, δηλαδή 1.500 φράγκα. Όταν ο Βασιλεύς επέλεξε για το ανάκτορόν του πραγματικά αυτή την έκταση γης, ο Gropius ηναγκάσθη να την παραχωρήσει, πήρε όμως συμφώνως προς την καθωρισμένη τιμή αποζημίωση 30.000 φράγκα, δηλαδή εκέρδισε το εικοσαπλάσιο της αρχικής της αξίας. Όταν εγύρισα από την Αθήνα στο Ναύπλιο, ο Gropius με επεσκέφθη αμέσως και η πρώτη του ερώτηση ήταν: "Είναι αλήθεια ότι προτείνατε εσείς το οικόπεδό μου για το ανάκτορο και ότι η αυτού Μεγαλειότης επέλεξε τη θέση αυτή;" Όταν απήντησα καταφατικώς εις την ερώτησή του, κάνοντας την παρατήρηση ότι εχαιρόμουν που με αυτή την ευκαιρία του είχα δώσει τη δυνατότητα να βγάλει καθαρό κέρδος 28.000 φράγκα, έπεσε σε ένα κάθισμα και ανεφώνησε "Με κατεστρέψατε, γιατί αν δεν είχα αυτό το ατύχημα θα εκέρδιζα τα εξαπλάσια!"

Ο Schinkel (παρακινημένος από τον διάδοχο της Πρωσίας) είχε στείλει στον Βασιλέα της Ελλάδος ένα σχέδιο για την ανέγερση ενός ανακτόρου στο ύψωμα της Ακρόπολης, το οποίο είχε φθάσει μαζί με μας στο Ναύπλιο. Η εργασία αυτή ήταν ευφυέστατη, καλαίσθητη και σύμφωνη με το γνήσιο ελληνικό πνεύμα· αλλά εντελώς αταίριαστη με τα ευρωπαϊκά ήθη του Βασιλέως και της αυλής του· τελείως ανεφάρμοστη λόγω του ύψους του βράχου, της δυσκολίας ανάβασης πεζών και οχημάτων· λόγω της έλλειψης νερού, της εκτεθειμένης θέσης κ.λπ.

Τα νέα κτήρια εσχημάτιζαν ένα σύνολο μαζί με τα διατηρητέα ερείπια μέσα σε ένα πάρκο, αλλά μ' όλα αυτά ο χώρος ήταν τόσο στενός, ώστε για να χωρέσουν οι σταύλοι ευρίσκοντο εν επαφή με τις στοές και τους τοίχους των Προπυλαίων! Πάντως το σχέδιο αυτό ήταν το θεσπέσιο και γοητευτικώτατο όνειρο θερινής νυκτός ενός μεγάλου αρχιτέκτονος.

Ηναγκάσθην να το περιγράψω ο ίδιος στον Βασιλέα επάνω στην Ακρόπολη και το έκανα στο πνεύμα όσων προανέφερα· εξ άλλου ο Βασιλεύς Όθων, αν και έκρινε δίκαια το σχέδιο, δεν έβλεπε καμία δυνατότητα εφαρμογής του.

Επιστρέφοντας στο Ναύπλιο, εχρειάσθη να παραμείνω ακόμη δύο εβδομάδες για να φέρω εις πέρας τις υποθέσεις και εργασίες μου, και καθώς όλες οι μερίδες απηυθύνοντο σε μένα, μου εδόθη η ευκαιρία να ιδώ τι εγίνετο πραγματικά στην Ελλάδα.

Ο Armansperg επάσχιζε να γίνει απαραίτητος και να διατηρήσει τον νεαρό Βασιλέα "υπό επιτροπείαν"· ο Kobell να κάνει το θέλημα του Armansperg και να οικονομήσει χρήματα· ο Heydeck να φύγει σύντομα μετά τιμών· ο Κωλέττης χρονοτριβούσε· οι υπόλοιποι υπάλληλοι εχαίροντο για τις κεντητές, τελείως βαυαροποιημένες στολές τους και το έθνος μετρούσε ανυπόμονα τις ημέρες μέχρι την ενηλικίωση του Βασιλέως.

Ο Βασιλεύς Λουδοβίκος ήταν ακόμα στην Ιταλία, στην Colombella, στην ωραία μαρκησία Florenzi, και όταν τον ξαναείδα μετά την επιστροφή του με επέκρινε γιατί δεν τον είχα επισκεφθεί εκεί. Δεν εφείδετο επαίνων για όλα όσα είχα κάνει και επιτύχει στην Ελλάδα, και ήμουν τώρα ο έμπιστός του στα ελληνικά πράγματα. Όλες οι αναφορές από την Ελλάδα μού εκοινοποιούντο για να γνωμοδοτήσω και όλες μου οι προτάσεις ενεκρίνοντο. Μετά από το ταξίδι μου στην Ελλάδα, έλαβα μίαν επιστολήν από τον Βασιλέα Λουδοβίκο, όπου εξέφραζε την πλήρη ικανοποίησή του για τον τρόπο με τον οποίο είχα εκτελέσει όλα όσα μου είχαν ανατεθεί, ενώ με έγγραφο της 13 Σεπτεμβρίου 1834 έλαβα την εντολή να παραλάβω από τον αποχωρούντα επιτετραμμένο von Gasser το αρχείο της πρεσβείας.

Στις 21 Νοεμβρίου συνήντησα τον Βασιλέα μπροστά από την Theatiner-Kirche [την εκκλησία των Θεατίνων στο Μόναχο] και ο Βασιλεύς με εφώναξε και μου είπε: "Klenze, θα σας πω κάτι που ασφαλώς θα σας δώσει μια νέα απόδειξη της μεγάλης εμπιστοσύνης μου προς το πρόσωπόν σας, που όμως ίσως να μη σας ευχαριστήσει: θα σας ξαναστείλω στην Ελλάδα για να μεταφέρετε στο υιό μου την ημέρα της ενηλικίωσής του και της αναλήψεως της διακυβέρνησης της χώρας τις ευχές μου. Ταυτοχρόνως, επειδή έχετε καταλάβει και γνωρίζετε την Ελλάδα και τα ελληνικά πράγματα, θα σταθείτε τον πρώτο καιρό της διακυβέρνησης [της χώρας] από τον υιό μου στο πλευρό του ως πιστός και ικανός σύμβουλος και πολιτικός!"

Έμεινα εμβρόντητος, επήρα όμως την πιο αγαθή έκφραση και είπα ό,τι σκεπτόμουν: πως η Α.Μ. υπερεκτιμούσε την καλή μου θέληση και μου εμπιστευόταν υπερβολικά πολλά, πως όμως ήμουν βαθύτατα ευγνώμων για τη νέα αυτή απόδειξη της ευνοίας του. (...)

II. Τεκμήρια δια την δραστηριότητα του Leo von Klenze κατά την παραμονήν του εις τας Αθήνας (Αύγουστος και Σεπτέμβριος του 1834)

Δημοσιευμένα εις το έργον του Leo von Klenze: "Aphoristische Bemerkungen gesammelt auf seiner Reise nach Griechenland" (Αφοριστικαί παρατηρήσεις συλλεγείσαι κατά τη διάρκειαν του ταξιδίου του εις την Ελλάδα). Berlin, εκδόσεις G. Reimer, 1838

Α. Παραθέματα (συνημμένα τεκμήρια) εις το έργον του Leo von Klenze *"Aphoristische Bemerkungen gesammelt auf seiner Reise nach Griechenland"*

ΤΕΚΜΗΡΙΟΝ 6
Παράθεμα IV
Επιστολή του Klenze προς τον Βασιλέα Όθωνα (προς την αντιβασιλείαν). Αθήνα, 28 Αυγούστου/9 Σεπτεμβρίου 1834. "Περί συντηρήσεως των αρχαιοτήτων της Ελλάδος". (Πρωτότυπον κείμενον εις γερμανικήν γλώσσαν)

Προς την Αυτού Μεγαλειότητα τον Βασιλέα της Ελλάδος
(προς την αντιβασιλεία)

Συμφώνως προς την προφορικήν εντολήν η οποία μου διεβιβάσθη, σπεύδω να υποβάλω την ακόλουθον μη δεσμευτικήν εισήγησιν δια την συντήρησιν των αρχαιοτήτων της Ελλάδος.

Με εξαίρεσιν τα μνημεία των Αθηνών, τα μνημεία της ελληνικής αρχαιότητος εις την Ελλάδα μέχρι σήμερον στερούνται αμέσου επιτηρήσεως· ακόμη και εις τας Αθήνας ο πολύ δραστήριος, ενθουσιώδης και επιμελής Έφορος Αρχαιοτήτων κύριος Πιττάκης είναι αδύνατον να περιφρουρεί ταυτοχρόνως τα πολλά εγκατάσπαρτα μνημεία. Η ερήμωσις των πολυτίμων αυτών καταλοίπων της αρχαιότητος συνεχίζεται εξ αιτίας της αδιακρίτου περιεργείας των ξένων και της επιθυμίας των να πάρουν μαζί τους φεύγοντας ένα μικρότερον ή μεγαλύτερον δείγμα από τα γλυπτά, τον διάκοσμον ή ακόμη και μόνον από τους λίθους των μνημείων, έτσι ώστε δυνάμεθα να προβλέψωμεν από τώρα την στιγμήν που θα χαθεί κάθε ίχνος τους ή τουλάχιστον κάθε ίχνος αυτού που συνιστά την πλαστικήν τους μορφήν. Το πρόβλημα αυτό δεν μπορεί να αντιμετωπισθεί παρά μόνον με διαρκή ειδικήν φύλαξιν των μνημείων· έκανα λοιπόν την σκέψιν, πως θα ήτο σκόπιμον να ανατεθεί η φύλαξίς τους εις τους δραστηρίους και εντίμους απομάχους του τακτικού ή και του ατάκτου στρατού· αυτοί οι ακόμη ρωμαλέοι, έντιμοι, ενεργητικοί και με αίσθησιν του καθήκοντος άνθρωποι, θα πρέπει να είναι διαρκώς επιτόπου και να επιτηρούν τα αρχαία, και χωρίς αυτούς δεν θα επιτρέπεται σε κανέναν ξένον να επισκέπτεται και να θεάται τα μνημεία. Εάν ανεγείρετο ένα απλούν εστεγασμένον παράπηγμα κοντά εις τα μνημεία, τα οποία είναι εις τελείως ερήμους περιοχάς, και αν προεβλέπετο η αντικατάστασις των φυλάκων ανά εβδομάδα ή κατά βραχύτερα ακόμα χρονικά διαστήματα και εάν τους έδιδε ακριβείς οδηγίας ο έφορος αρχαιοτήτων της επαρχίας, νομίζω πως θα επετυγχάνετο πλήρως ο στόχος.

Τέτοιες θέσεις απομάχων θα έπρεπε να προβλεφθούν κατά την ταπεινήν μου γνώμην εις τα εξής μνημεία:

1. Εις την Ακρόπολιν των Αθηνών	δύο,
2. εις τα μνημεία της πόλεως [των Αθηνών]	δύο,
3. εις την Ελευσίνα	μία,
4. εις τον Ραμνούντα	μία,
5. εις το Σούνιον	μία,
6. εις τον ναόν της Αθηνάς εις την Αίγινα	μία,
7. εις το ιερόν της Επιδαύρου	μία,
8. εις την Κόρινθον	μία,
9. εις τας Μυκήνας	μία,
10. εις τον ναόν του Απόλλωνος (Βασσών)	μία,
11. εις τα ερείπια της Μεσσηνίας	μία,
12. εις την νήσον Δήλον	μία,
13. εις την Ολυμπίαν	μία.

Εάν ο γενικός έφορος και οι επαρχιακοί επιθεωρητές αρχαιοτήτων επισκέπτονται τα μνημεία κατά πρέποντα διαστήματα και κατ' αυτόν τον τρόπον ελέγχουν πραγματικώς τους φύλακας, ελπίζω ότι [αι αρχαιότητες] θα διατηρηθούν δια τας επερχομένας γενεάς και ημείς θα έχωμεν εκπληρώσει επαξίως το χρέος μας έναντι των συνανθρώπων μας.

Αθήνα, 28 Αυγούστου / 9 Σεπτεμβρίου 1834 — Leo von Klenze

ΤΕΚΜΗΡΙΟΝ 7
Παράθεμα V
Επιστολή της αντιβασιλείας προς τον Klenze. Ναύπλιον 6/18 Σεπτεμβρίου 1834. "Περί της συντηρήσεως των αρχαιοτήτων της Ελλάδος" (πρωτότυπον κείμενον εις γερμανικήν γλώσσαν).

Δια της παρούσης γνωστοποιείται εις τον βασιλικόν μυστικόν σύμβουλον της Βαυαρίας κύριον von Klenze ότι η άκρως συνετή πρότασίς του περί συντηρήσεως των αρχαίων μνημείων της Ελλάδος έχει την πλήρη συγκατάθεσίν μας και ότι [η πρότασίς του] διεβιβάσθη εις το Υπουργείον Εκκλησιαστικών και Δημοσίου Εκπαιδεύσεως, όπως τούτο λάβη τα αναγκαία μέτρα δια την εφαρμογήν της.

Εκφράζομεν τας όλως ιδιαιτέρας Ημών ευχαριστίας δια την αφοσίωσιν και τον ζήλον μετά του οποίου ο κύριος μυστικός σύμβουλος συνέβαλε εις την διατήρησιν των μνημείων μιάς μεγάλης εποχής και εις την ανύψωσιν και τον καλλωπισμόν της Ημετέρας μελλοντικής Καθέδρας.

Ναύπλιον, 6 Σεπτεμβρίου / 18 Σεπτεμβρίου 1834.

Κόμης von Armansperg, von Kobell, von Heideck

ΤΕΚΜΗΡΙΟΝ 8
Παράθεμα VI (2)
Απάντησις της αντιβασιλείας εις το "Pro Memoria" του Klenze· Ναύπλιον 31 Ιουλίου/12 Αυγούστου 1834 (πρωτότυπον κείμενον εις γερμανικήν γλώσσαν). Οδηγίαι δια την αναθεώρησιν και διόρθωσιν του σχεδίου πόλεως των Αθηνών, αναφορά εις τα μέσα δια την στέγασιν της αυλής και της κυβερνήσεως, καθορισμός της θέσεως των ανακτόρων, εργασίαι αναστηλώσεως των μνημείων της Ακροπόλεως. Αναγγελία της επισκέψεως του Βασιλέως Όθωνος εις Αθήνας δια την επίσημον έναρξιν των εργασιών εις την Ακρόπολιν. Έγκρισις της πρώτης πιστώσεως δια την αναστήλωσιν του Παρθενώνος.

Εις το υποβληθέν υπό του κυρίου μυστικού συμβούλου Leo von Klenze εις την αντιβασιλείαν Pro memoria περί του σχεδίου και της ανοικοδομήσεως της πόλεως των Αθηνών η αντιβασιλεία απαντά: Η αντιβασιλεία συμμερίζεται τας αναπτυχθείσας μετά της αναμενομένης παρατηρητικότητος ενός ειδήμονος και μετά της συνήθους οξυδερκείας υπό του κυρίου μυστικού συμβούλου von Klenze απόψεις και θα είναι εις αυτόν πολύ υποχρεωμένη εάν ήθελε ασχοληθεί όχι μόνον με την αναθεώρησιν και διόρθωσιν του σχεδίου πόλεως των Αθηνών αλλά ευαρεστηθεί να ελέγξη επιτοπίως τα αναγκαιούντα μέσα δια την σύντομον εγκατάστασιν της Κυβερνήσεως και της αυλής εις τας Αθήνας, εκ της οποίας εξαρτάται κατά μέγα μέρος η ταχεία και σκόπιμος πρόοδος της ανοικοδομήσεως της πόλεως, υποδείξη επακριβώς το σημείον ανεγέρσεως των βασιλικών ανακτορίων, φιλοτεχνήση σχεδιάγραμμα τόσον της πόλεως όσον και αυτού τούτου του παλατίου, γνωστοποιήση τας απόψεις του περί της πρεπούσης αναστηλώσεως της Ακροπόλεως, ειδικώς του Παρθενώνος, και ως προς το τελευταίον προπαρασκευάση τα πάντα ούτως ώστε να καταστή αμέσως δυνατή η έναρξις των εργασιών και ει δυνατόν ενόσω εξακολουθεί να είναι παρών ο ίδιος ο κύριος μυστικός σύμβουλος· πρόθεσις δε Ημών είναι η σύνδεσις της ενάρξεως [των εργασιών αναστηλώσεως] μετά του αναλόγου της σπουδαιότητος και της σοβαρότητος του θέματος επισήμου εορτασμού παρουσία της αντιβασιλείας. Θα είναι όλως ευπρόσδεκτον εν σχέδιον δευθύνσεως της τελετής επεξεργασθέν κατόπιν συμφωνίας μετά του νομάρχου, και η Αυτού Μεγαλειότης ο Βασιλεύς θα παρακληθή όπως λαμπρύνει δια της Υψηλοτάτης αυτού παρουσίας τον εορτασμόν αυτόν.

Προκειμένου να προπαρασκευασθή η αναστήλωσις του Παρθενώνος, εδόθη εντολή εις τον λοχαγόν Spiess όπως ανταποκριθή εις τας εντολάς του κυρίου μυστικού συμβούλου von Klenze, προς τον σκοπόν δε τούτον ηνοίχθη πίστωσις ύψους 4.000 δραχμών. Ο κύριος von Klenze παρακαλείται όπως υποβάλει το ταχύτερον δυνατόν εις την αντιβασιλείαν κατά προσέγγισιν εκτίμησιν των δαπανών αναστηλώσεως του Παρθενώνος και του μεγίστου χρόνου, ο οποίος ήθελεν απαιτηθεί δια την ολοκλήρωσιν του έργου, ως βάσιν δια τον υπολογισμόν των μέσων, ούτως ώστε η οριστική και δημοσία εντολή αναστηλώσεως του Παρθενώνος να πραγματοποιηθή μόνον εφ' όσον πεισθώμεν δια την επάρκειαν των κονδυλίων και δια την δυνατότητα εκτελέσεως του έργου.

Ναύπλιον, 31 Ιουλίου / 12 Αυγούστου 1834.

Κόμης von Armansperg, von Kobell, von Heideck

ΤΕΚΜΗΡΙΟΝ 9
Παράθεμα VI (3)
"Κατά προσέγγισιν εκτίμησις του κόστους ανασκαφής και αναστηλώσεως του Παρθενώνος". Επιστολή του Klenze προς την αντιβασιλείαν, Αθήναι 22 Αυγούστου 1834 (πρωτότυπον κείμενον εις γερμανικήν γλώσσαν).

Κατά προσέγγισιν εκτίμησις του κόστους ανασκαφής και αναστηλώσεως του Παρθενώνος, εφόσον επαρκούν τα υφιστάμενα αρχαία μαρμάρινα μέλη.

1. Εκσκαφή περί τον ναόν εις επιφάνειαν πλάτους 20 ποδών· αποκομιδή των επιχώσεων και των αχρήστων λίθων· τακτοποίησις των μαρμάρων τα οποία θα χρησιμοποιηθούν δια την αναστήλωσιν ή θα φυλαχθούν κ.λπ.	26.000 δρ.
2. Βελτίωσις των βαθμίδων και πλακών του δαπέδου	3.500 δρ.
3. Αναστήλωσις όλων των υφισταμένων σπονδύλων κιόνων	12.000 δρ.
4. Αναστήλωσις των τυχόν υπαρχόντων επιστυλίων	4.000 δρ.
5. Απομάκρυνσις του κλιμακοστασίου εις τον οπισθόδομον	2.500 δρ.
6. Αναγκαίαι βελτιώσεις εις μερικούς σπονδύλους κιόνων, εις γείσα και αετώματα	10.000 δρ.
5. Ικριώματα και εργαλεία	14.000 δρ.
Σύνολον	72.000 δρ.

Εάν –και βέβαια αυτό δεν δύναται να αποφευχθεί– όλα τα άμορφα και άχρηστα δια την αναστήλωσιν τεμάχια μαρμάρου και άλλων λίθων άλλα μεν πωληθούν και άλλα χρησιμοποιηθούν σε βασιλικά ή κρατικά κτήρια, η αξία τους δύναται να εκτιμηθεί εις 12.000 δραχμάς.

Αναφέρω παρεμπιπτόντως πως η αξία κάθε τμήματος ζωφόρου ή μετόπης εκτιμάται αναλόγως με το μέγεθος και την κατάστασίν του από 10.000 έως 20.000 δραχμές.

Το έργον θα ηδύνατο να ολοκληρωθεί ευκόλως και ορθώς εις διάστημα 3 έως 4 ετών.

Αθήναι, 22 Αυγούστου 1834. Leo von Klenze.

ΤΕΚΜΗΡΙΟΝ 10
Παράθεμα VI (4)

Επιστολή της αντιβασιλείας προς τον Klenze. Ναύπλιον, 4/16 Σεπτεμβρίου 1834 (πρωτότυπον κείμενον εις γερμανικήν γλώσσαν). ΄Εγκρισις της κατά προσέγγισιν εκτιμήσεως και των μέσων δια την αναστήλωσιν του Παρθενώνος.

Ανακοινούνται εις τον κύριον μυστικόν σύμβουλον von Klenze αι εκπεφρασμέναι Ημών ευχαριστίαι, καθώς και ότι ενεκρίθη η υπολογισθείσα υπ' αυτού κατά προσέγγισιν δαπάνη εκ δραχμών 72.000 δια την αναστήλωσιν του Παρθενώνος· το ποσόν τούτον κατενεμήθη εις τα έτη 1834-1837 και εξ αυτού θα καταβληθή προ της 1ης Ιουνίου 1835 ποσόν είκοσι πέντε χιλιάδων δραχμών.

Ναύπλιον 4 Σεπτεμβρίου / 16 Σεπτεμβρίου 1834.

Κόμης von Armansperg, von Kobell, von Heideck

ΤΕΚΜΗΡΙΟΝ 11
Παράθεμα VI (5)

Επιστολή της αντιβασιλείας προς τον Klenze. Ναύπλιον, 4/16 Σεπτεμβρίου 1834 (πρωτότυπον κείμενον εις γερμανικήν γλώσσαν). Κοινοποίησις (με συνημμένον αντίγραφον) της εντολής του Βασιλέως ΄Οθωνος προς το Υπουργείον επί των Εκκλησιαστικών και της Δημοσίου Εκπαιδεύσεως. Επί πλέον: περί των αρμοδιοτήτων κατά τας εργασίας αναστηλώσεως των μνημείων της Ακροπόλεως. Υπόσχεσις της αντιβασιλείας προς τον Klenze ότι θα του εξασφαλίσει "αδιάπτωτον εποπτείαν των εργασιών" και "μακρόθεν".

Κατόπιν αιτήματος του κυρίου μυστικού συμβούλου von Klenze διεβιβάσαμεν την εντολήν, της οποίας αντίγραφον επισυνάπτεται εις την παρούσαν, εις το Υπουργείον Εκκλησιαστικών και Δημοσίου Εκπαιδεύσεως· επ' ευκαιρία της κοινοποιήσεως ταύτης διαβεβαιούμεν μετά χαράς ότι αποδεχόμεθα την πρότασιν αυτού όπως συμμετάσχη εις την πρόοδον των υπό την διεύθυνσιν αυτού αρξαμένων εργασιών εις τας Αθήνας και εις την Ακρόπολιν και ότι, αναγνωρίζοντες τον αμείωτον ζήλον αυτού δια την αποκατάστασιν της αρχαίας αίγλης της Καθέδρας Ημών, θα μεριμνήσωμεν όπως δια πιστών και διεξοδικών εκθέσεων διατηρή και εις το μέλλον αδιάπτωτον εποπτείαν της προόδου των εργασιών και μακρόθεν.

Ναύπλιον 4 Σεπτεμβρίου / 16 Σπετεμβρίου 1834.

Κόμης von Armannsperg, von Kobell, von Heideck

΄Οθων, ελέω Θεού Βασιλεύς της Ελλάδος.

Προς αναστήλωσιν της Ακροπόλεως των Αθηνών και κατανομήν των αναγκαιουσών εργασιών αποφασίζομεν τα εξής:

1. Το αρχαιολογικόν μέρος τούτων καθώς και η ανωτάτη διεύθυνσις του συνόλου των εργασιών ανατίθεται εις τον ΄Εφορον Αρχαιοτήτων δόκτορα Ross.
2. Η τεχνική διεύθυνσις των εργασιών ανατίθεται εις τους αρχιτέκτονας κυρίους Κλεάνθην και Schaubert, οίτινες συγχρόνως επιφορτίζονται με το καθήκον της ειδικής επιβλέψεως των τεμαχίων εκ μαρμάρου, των προοριζομένων δια την αναστήλωσιν, δια φύλαξιν ή δι' άλλην χρήσιν, καθώς και της παραδόσεως εις την εφορίαν των ανευρισκομένων εις τα υλικά κατεδαφίσεως γλυπτών έργων.
3. Εις τους κυρίους Κλεάνθην και Schaubert ανατίθεται επί πλέον ο έλεγχος των υλικών εκ της κατεδαφίσεως των τοίχων και εκ της εκκαθαρίσεως του χώρου, τα οποία ίσως ήθελεν παραχωρηθούν αντί πληρωμής εις ιδιωτικάς επιχειρήσεις, καθώς και η φύλαξις κατά κατηγορίαν των χρησίμων δια το κράτος ή ενδιαφερόντων από αρχαιολογικής απόψεως υλικών· επ' αυτού αναμένομεν λεπτομερεστέρας και καλώς τεκμηριωμένας προτάσεις.
4. Ο κύριος λοχαγός Spiess εις Αθήνας διατάσσεται να παράσχη πάσαν δυνατήν βοήθειαν και αρωγήν δια την αναστήλωσιν της Ακροπόλεως και διευκολύνη ταύτην μεθ' όλας τας δυνάμεις αυτού.
5. Το Ημέτερον επί των Εκκλησιαστικών και Εκπαιδεύσεως Υπουργείον θέλει διατάξη τα δέοντα εις τους κυρίους εφόρους δόκτορα Ross και Πιττάκην.

Ναύπλιον, 6 Σεπτεμβρίου / 18 Σεπτεμβρίου 1834.

Διεβιβάσθη προς το Υπουργείον των Εκκλησιαστικών και Δημοσίου Εκπαιδεύσεως

ΤΕΚΜΗΡΙΟΝ 12
Παράθεμα VII
Ἐκθεσις του υπουργού επί των Εκκλησιαστικών και της Δημοσίου Εκπαιδεύσεως (με υπογραφήν Κ. Δ. Σχινάς) προς τον Βασιλέα Ὀθωνα, γνωστοποιηθείσα εις τον Klenze "brevi manu". Ναύπλιον 2/14 Αυγούστου 1834 (πρωτότυπον κείμενον εις γερμανικήν γλώσσαν). "Περί καταργήσεως του οχυρού της Ακροπόλεως".

Προς την Αυτού
Μεγαλειότητα τον Βασιλέα (την αντιβασιλείαν)
Η επί των Εκκλησιαστικών και της Δημοσίου Εκπαιδεύσεως Γραμματεία –αφορά εις την Ακρόπολιν–

Το έγγραφον διαβιβάζεται "brevi manu" εις τον κύριον μυστικόν σύμβουλον von Klenze προς ενημέρωσιν αυτού, μετά της παρατηρήσεως ότι ουδέποτε υπήρξεν πρόθεσις αντιμετωπίσεως της Ακροπόλεως ως οχυρού.

Ναύπλιον 18 Αυγούστου / 6 Σεπτεμβρίου 1834.

Κόμης von Armansperg, von Kobell, von Heideck

Λαβών υπ' όψιν το από 31 Ιουλίου (12 Αυγούστου) υπ' αριθ. 15.676 Βασιλικόν Διάταγμα, διέταξα τον Ἐφορον Αρχαιοτήτων Στερεάς Ελλάδος να συμπαρασταθή εις τον κύριον μυστικόν σύμβουλον von Klenze εις τας εργασίας του επί της Ακροπόλεως, αίτινες σκοπόν έχουσι την αναστήλωσιν του Παρθενώνος. Μολονότι αναμένω το σχέδιον, το οποίον οφείλει να μοι υποβάλει ο κύριος von Klenze, δια να προτείνω εις την Υμετέρα Μεγαλειότητα τα μέτρα άτινα δέον όπως ληφθώσι προς τον σκοπόν τούτον, εν τούτοις θεωρώ καθήκον μου να μην παραλείψω ωρισμένας επικαίρους παρατηρήσεις.

Δεν είναι της αρμοδιότητός μου η έκφρασις γνώμης περί της σκοπιμότητος ή μη της υπάρξεως οχυρού επί της Ακροπόλεως. Εάν όμως το συμφέρον του κράτους ήθελεν καταστήσει τούτον αναπόφευκτον, ο ιερός βράχος, καθώς αρμόζει εις το κύρος και την ιστορικήν αξίαν των υφισταμένων επ' αυτού μεγαλειωδών μνημείων, πρέπει να θεωρηθή τόπος καθηγιασμένος από της αρχαιότητος και να διατηρηθή επ' αυτού, αντί μίας φρουράς, μόνον μία σκοπιά παρά την εξωτερικήν πύλην του οχυρού. Εις το κέντρον του Παρθενώνος, επί του αρχαίου δαπέδου του, υψούται μέχρι της σήμερον εν τουρκικόν τζαμίον κατωκημένον υπό στρατιωτών, οίτινες ούτε την αξίαν των αρχαιοτήτων εντός αυτού, άτινα ρυπαίνουν καθ' ημέραν και θραύουν, είναι εις θέσιν να γνωρίζωσιν, ούτε την θέλησιν να τα εξωραΐσωσιν έχουν. Ολίγον πέραν του τζαμίου βλέπει τις ασβεστοκάμινον ανοιχθείσαν υπό των στρατιωτών, την οποίαν μόλις έπαυσαν να χρησιμοποιώσιν κατόπιν επανειλημμένων συστάσεων του εφόρου· ειδάλλως η ασβεστοκάμινος αύτη θα είχεν ίσως μετατρέψει μεγάλον αριθμόν αρχαίων μαρμάρων εις ασβέστην. Ἐτερος κίνδυνος απειλών πολλούς λίθους εξ αυτών, καθώς επίσης και πολλά άγνωστα εισέτι γλυπτά έργα, όπως τα προσφάτως ανακαλυφθέντα και εξ αιτίας του βάρους αυτών αφημένα εις την θέσιν των ανάγλυφα τα φιλοτεχνηθέντα υπό του Φειδίου, είναι ο κίνδυνος να γίνωσιν παρανάλωμα του πυρός, καθ' όσον εις μεγάλον τμήμα της επιφανείας της Ακροπόλεως είναι διασκορπισμένον λεπτόν άχυρον, το οποίον μία και μόνη σπίθα δυνατόν να αναφλέξη.

Ο Ἐφορος [Αρχαιοτήτων] δεν ηδυνήθη να αποτρέψη την αταξίαν ήτις απορρέει εκ της στρατιωτικής ζωής, διότι και εις τον ίδιον μετά δυσκολίας επετράπη η ανάβασις επί της Ακροπόλεως. Εφ' όσον δύνανται να κατεδαφισθώσιν τα νέα τείχη του οχυρού άνευ προκλήσεως μειονεκτήματος δια την δημοσίαν ασφάλειαν, ει μη τι άλλον εκεί όπου εφάπτεται εις τα αρχαία έργα, θεωρώ σκόπιμον την κατεδάφισιν αυτών, διότι μόνον κατ' αυτόν τον τρόπον θα καταστή δυνατή η αναστήλωσις των Προπυλαίων. Οι λίθοι εκ της κατεδαφίσεως αυτής καθώς και οι πολλοί άλλοι οι διασκορπισμένοι εις την Ακρόπολιν δυνατόν να πωληθώσιν εις τους επιθυμούντας να κτίσωσιν εις τας Αθήνας υπό επιτροπής, αποτελουμένης εξ ενός δημοσίου υπαλλήλου, εκ του εφόρου αρχαιοτήτων και ίσως εξ ενός αξιωματούχου του στρατού· τα δε χρήματα εκ της πωλήσεως ταύτης, εφ' όσον εγκρίνη τούτο η Υμετέρα Μεγαλειότης, δύνανται να χρησιμοποιηθώσιν εις την αναστήλωσιν των αρχαίων μνημείων· κατ' αυτόν τον τρόπον θα καθαρισθή το έδαφος της Ακροπόλεως και θα διευκολυνθώσιν αι ανασκαφαί.

Αναμένω την Υψηλοτάτην εντολήν της Υμετέρας Μεγαλειότητος, προκειμένου να γνωστοποιήσω εις τον κύριον μυστικόν σύμβουλον von Klenze εάν κατά τη σύνταξιν του σχεδίου και κατά τας προπαρασκευαστικάς εργασίας αυτού πρέπει να λάβη υπ' όψιν την Ακρόπολιν ως οχυρόν ή όχι.

Ναύπλιον 2 Αυγούστου / 14 Αυγούστου 1834.

Κ. Δ. Σχινάς

ΤΕΚΜΗΡΙΟΝ 13
Παράθεμα IX

Επιστολή του Βασιλέως Όθωνος (της αντιβασιλείας εν ονόματί του) προς τον Klenze. Ναύπλιον, 4/16 Σεπτεμβρίου 1834 (πρωτότυπον κείμενον εις γερμανικήν γλώσσαν). Ευχαριστήριον δια το σχέδιον των νέων Αθηνών του Klenze και κοινοποίησις εντολής του Βασιλέως Όθωνος προς το Υπουργείον Εσωτερικών περί συγκροτήσεως επιτροπής διευθύνσεως των εργασιών ανεγέρσεως της νέας πόλεως των Αθηνών υπό την γενικήν εποπτείαν του νομάρχου Αττικής Σκούφου.

Όθων. Ελέω Θεού Βασιλεύς της Ελλάδος.

Εκφράζοντες τας ευχαριστίας Ημών δια τας προτάσεις προς Ημάς του κυρίου μυστικού συμβούλου von Klenze δια την νέαν πόλιν των Αθηνών, γνωρίζομεν εις αυτόν ότι αποδεχόμεθα μετά χαράς την πρότασιν αυτού όπως συμβάλη εις την περαιτέρω πρόοδον των εργασιών και επισυνάπτομεν έγγραφον εμφαίνον την εντολήν, ήτις εδόθη σήμερον εις την Ημετέραν επί των Εσωτερικών Γραμματείαν αφορώσαν εις τας προτάσεις αυτού.

Ναύπλιον 4 Σεπτεμβρίου / 16 Σεπτεμβρίου 1834.

Εν ονόματι του Βασιλέως
Η αντιβασιλεία

Κόμης von Armansperg, von Kobell, von Heideck

Όθων κ.λπ. κ.λπ.
Προς την Ημετέραν επί των Εσωτερικών Γραμματείαν.
Προκειμένου να διασφαλίσωμεν την προσήκουσαν ενεργητικότητα και συνέπειαν εις την εκτέλεσιν των αναγκαίων δια την μετεγκατάστασιν της καθέδρας Ημών εις τας Αθήνας προπαρασκευαστικών έργων και ίνα θεμελιώσωμεν προσηκόντως την δραστηρίαν και τακτικήν έναρξιν της εφαρμογής του νέου σχεδίου πόλεως, αποφασίζομεν την συγκρότησιν επιτροπής διευθύνσεως των εργασιών ανεγέρσεως της νέας πόλεως των Αθηνών.

Η επιτροπή αύτη θέλει διατελεί υπό την υψηλήν εποπτείαν του νομάρχου Αττικής και Βοιωτίας Σκούφου, όστις δύναται να μετέχη εις τας συνεδρίας αυτής, συγκροτείται δε ως ακολούθως:
α. εξ ενός προέδρου, τα καθήκοντα του οποίου θα ασκή, έως ότου διορισθή νέος, ο έπαρχος των Αθηνών κύριος Κλεομένης·
β. του Εφόρου Αρχαιοτήτων δόκτορος Ross·
γ. του ταγματάρχου Finlay·
δ. του λοχαγού του Μηχανικού Spiess·
ε. του κυρίου Σκυλίτζη·
στ. του κυρίου Καλλιφρονά·
ζ. του κυρίου Στιπίδη και
η. του κυρίου Ζαχαρίτζα, εις τους οποίους δύο τελευταίους ανατίθεται το ταμείον·
θ. του κυρίου αρχιτέκτονος Κλεάνθους·
ι. του κυρίου αρχιτέκτονος Schauber, ως μελών.

Το ιδιαίτερον έργον της Επιτροπής συνίσταται εις:
1. την διατύπωσιν προτάσεων και εντολών σχετικώς με την επιλογήν των απαραιτήτων δια την εγκατάστασιν της κυβερνήσεως και των οργάνων της κτισμάτων και οικοπέδων, κατόπιν συμφώνου γνώμης των ενδιαφερομένων κυβερνητικών υπηρεσιών·
2. την ρύθμισιν των μισθωμάτων επί τη βάσει της αρχής ότι ταύτα δια τους μετεγκατεσταθέντας εις τας Αθήνας δια λόγους υπηρεσιακούς απαγορεύεται να υπερβαίνωσιν ποσοστόν 15 επί τοις εκατόν επί της αξίας των οικημάτων, καθώς και μετά προβλέψεως των ενδεχομένων περιπτώσεων αντιδικιών·
3. την ρύθμισιν των εργασιών των σχετικών με την αποκατάστασιν των οχετών, αγωγών υδρεύσεως και αποχετεύσεως, καθαρισμού και εξομαλύνσεως των οδών, κ.λπ.
4. η επιτροπή υποχρεούται να μεριμνήση δια την απομάκρυνσιν των εμποδίων άτινα δεν επιτρέπουν την διάνοιξιν των οδών Ερμού, Αθηνάς, Αιόλου, Αρείου Πάγου και Ηροδότου·
5. η επιτροπή υποχρεούται να παρακολουθή το σχέδιον και την ορθήν χάραξιν επί του εδάφους των νέων οδών και πλατειών, τον καθορισμόν των σταθμών και του προσήκοντος εύρους, καθώς και την καλήν λιθόστρωσιν αυτών, τον καθορισμόν των οικοδομικών τετραγώνων μετά των πρωτευουσών και δευτερευουσών οδών, καθώς και να επιβλέπη όλως ιδιαιτέρως το ύψος των οικιών και την συγκέντρωσιν [πυκνότητα] των κτηρίων·
6. η επιτροπή αύτη θα φέρη τον τίτλον: "οικοδομική επιτροπή πρωτευούσης πόλεως των Αθηνών".
7. Ανεξαρτήτως ταύτης παραμένει εν ενεργεία η προβλεφθείσα υπό του άρθ. 4 του Διατάγματος της 8ης/20ής Δεκεμβρίου π.έ. και της αποφάσεως της 28ης Φεβρουαρίου / 12ης Μαρτίου [έ.έ.] ακριβέστερον ωρισθείσα επιτροπή, ήτις από τούδε και εις το εξής θα φέρη τον τίτλον: "επιτροπή διαιτησίας δια τα κτήρια των Αθηνών".
8. Η οικοδομική επιτροπή υποχρεούται να υποβάλη εις Ημάς ανά δεκαπενθήμερον, αρχής γενομένης από της 1ης Οκτωβρίου [1834], εκθέσεις των πεπραγμένων αυτής· ως προς τας τελευταίας εφιστάται η προσοχή της επιτροπής εις το ότι θα διευκολυνθώσι πολύ αι εργασίαι εάν είναι διατετυπωμέναι εις την γαλλικήν και γερμανικήν γλώσσαν ή εάν επισυνάπτεται τουλάχιστον μετάφρασις τούτων εις την γαλλικήν ή γερμανικήν γλώσσαν.

Η Ημετέρα επί των Εσωτερικών Γραμματεία διατάσσεται όπως λάβη τα ωρισθέντα υφ' Ημών μέτρα εντός οκτώ ημερών, συντάξη λεπτομερείς οδηγίας δια την οικοδομικήν επιτροπήν και υποβάλη ταύτας εις Ημάς προς έγκρισιν.

Ναύπλιον, 4 Σεπτεμβρίου / 16 Σεπτεμβρίου 1834.

ΤΕΚΜΗΡΙΟΝ 14
Παράθεμα Χ
Επιστολή της αντιβασιλείας προς τον Klenze με γνωστοποίησιν ενός βασιλικού διατάγματος. Ναύπλιον 18/30 Σεπτεμβρίου 1834. "Περί μεταθέσεως της βασιλικής καθέδρας εις τας Αθήνας και της ανοικοδομήσεως της πόλεως ταύτης" (πρωτότυπον κείμενον εις γερμανικήν γλώσσαν).

Δια της παρούσης επιστολής προς τον κύριον μυστικόν σύμβουλον von Klenze κοινοποιείται δι' επισυναπτομένου αντιγράφου Διάταγμα υπό την σημερινήν ημερομηνίαν γνωστοποιηθέν εις όλας τας Ημετέρας Γραμματείας αφορόν εις τας Αθήνας.

Ναύπλιον 18 Σεπτεμβρίου / 30 Σεπτεμβρίου 1834.

Κόμης von Armansperg, von Kobell, von Heideck

Αντίγραφον

Όθων κ.λπ. κ.λπ.
Προς
την Ημετέραν επί των Εσωτερικών Γραμματείαν.
– Αφορά εις την μετάθεσιν της Ημετέρας καθέδρας εις τας Αθήνας και την ανοικοδόμησιν της πόλεως ταύτης.–

Δια την μετάθεσιν της Ημετέρας καθέδρας εκ της πόλεως του Ναυπλίου εις τας Αθήνας και δια την ανοικοδόμησιν της νέας ταύτης βασιλικής καθέδρας αποφασίζομεν τα ακόλουθα:

Άρθρον 1

Η καθέδρα Ημών θα μετατεθεί την 1ην Δεκεμβρίου ε.έ. από το Ναύπλιον εις τας Αθήνας. Ταυτοχρόνως θα μετατεθεί η έδρα της αντιβασιλείας και πάντων των Ημετέρων υπουργείων μετά των συνδεδεμένων αμέσως μετ' αυτών γραφείων και αρκετών κεντρικών αρχών, αίτινες θα ορισθώσιν δι' ιδιαιτέρου διατάγματος.

Η μετάθεσις αύτη θα λάβη χώραν υπό τας προϋποθέσεις και συνθήκας, άτινας ορίζουν αι ακόλουθοι διατάξεις του παρόντος.

Άρθρον 2

Η πόλις των Αθηνών, συμφώνως προς πρότασίν της, υποχρεούται να μεριμνήση δια την προσήκουσαν και έγκαιρον εγκατάστασιν και διαμονήν όλου του προσωπικού της Ημετέρας Αυλής, των γραφείων και του προσωπικού της αντιβασιλείας, του διπλωματικού σώματος, των υπουργείων, των κεντρικών και περιφερειακών υπηρεσιών, του επιτελείου των αξιωματικών και των ξένων προξένων.

Άρθρον 3

Το μίσθωμα των γραφείων των αρχών τούτων καθώς και των οικιών του προαναφερθέντος προσωπικού κατά το πρώτον έτος, τουτέστιν από 1.12.1834 έως 1.12.1835, δεν επιτρέπεται να υπερβαίνη ποσοστόν 15 επί τοις εκατόν επί της αξίας των διαμερισμάτων και οικιών.

Αξιώσεις υψηλοτέρων μισθωμάτων, εφ' όσον καταγγέλλωνται υπό των ενδιαφερομένων, θα υποβιβάζωνται δια της επεμβάσεως των αρχών εις το ανωτέρω ωρισθέν μέγιστον ποσοστόν. Αρμοδία δια τας αποφάσεις ταύτας είναι η προβλεφθείσα υπό του διατάγματος της 16ης Σεπτεμβρίου οικοδομική επιτροπή υπό την ιδιότητα του διαιτητού, αι δε αποφάσεις θα λαμβάνωνται κατά πλειοψηφίαν.

Άρθρον 4

Συμφώνως προς την προηγουμένην επιφύλαξιν Ημών και επί τη βάσει της εκτεταμένης αναθεωρήσεως του εκπονηθέντος υπό των κυρίων Κλεάνθους και Schaubert σχεδίου πόλεως, εις ην προέβη κατόπιν Ημετέρας εντολής, λόγω των ενστάσεων και αντιρρήσεων πολλών πλευρών εναντίον αρκετών τμημάτων αυτού, ο κληθείς δια τον σκοπόν τούτον εις την Ελλάδα πραγματικός μυστικός σύμβουλος του Βασιλέως της Βαυαρίας κύριος von Klenze, επιβάλλομεν τας τροποποιήσεις του προαναφερθέντος σχεδίου, αι οποίαι εμπεριέχονται εις το επισυναπτόμενον εις το παρόν Διάταγμα νέον σχέδιον, το οποίον συνέταξεν ο κύριος μυστικός σύμβουλος von Klenze και επεκυρώθη υφ' Ημών.

Συγχρόνως ορίζομεν ότι αι τροποποιήσεις ταύται κατά την εφαρμογήν του συνταχθέντος υπό των κυρίων Κλεάνθους και Schaubert και εγκριθέντος παλαιότερον υφ' Ημών ρητώς μετ' επιφυλάξεως σχεδίου, αποτελούν την βάσιν [του νέου σχεδίου] και ότι το παρόν τροποποιημένον σχέδιον θα εφαρμοσθή ως έχει μεθ' όλων των παρεκκλίσεων τούτου από το προηγούμενον σχέδιον. Ορίζομεν ειδικώς τον προταθέντα χώρον δια τα Ημέτερα ανακτόρια μετά των πλησίον χώρων, την τροποποιηθείσαν θέσιν του ναού του Σωτήρος, την πλατείαν αυτού, την αγοράν [Bazar] και τον κήπον του λαού ως αμετάβλητα συστατικά στοιχεία του νέου σχεδίου, από τα οποία ουδεμία παρέκλισις συγχωρείται άνευ ειδικής Ημών αδείας.

Άρθρον 5

Η Ακρόπολις παύει να είναι οχυρόν και δεν επιτρέπεται να χρησιμοποιηθή ως οχυρόν ποτέ πλέον.

Καθ' όσον αφορά εις την Ακρόπολιν ορίζομεν επίσης να απομακρυνθώσιν οι στερούμενοι αρχαιολογικής ή ιστορικής αξίας τοίχοι επ' αυτής, να αποκαλυφθή βαθμηδόν ολόκληρον το αρχαίον έδαφος επί του πλατώματος αυτής, να αποκατασταθώσιν όσον δυνατόν τα μνημεία και εις το ανατολικόν της άκρον να ανεγερθή κατάλληλον κτήριον εθνικού μουσείου.

Ορίζομεν ιδίως την αναστήλωσιν του Παρθενώνος συμφώνως προς την υποβληθείσαν υπό του κυρίου μυστικού συμβούλου von Klenze και ήδη εγκριθείσαν υφ' Ημών πρότασιν.

Περί της διευθύνσεως των ανωτέρω εργασιών εξεδώσαμεν ίδιον διάταγμα από 4/16 Σεπτεμβρίου [1834], διωρίσαμεν το αναγκαίον δι' αυτάς προσωπικόν και διεθέσαμεν δια την αποκατάστασιν του Παρθενώνος τα προβλεπόμενα εις το σχέδιον αναστηλώσεως κονδύλια.

Άρθρον 6

Το τμήμα της παλαιάς πόλεως επί των κλιτύων της Ακροπόλεως θέλει έχει ιδίαν μεταχείρισιν· τα υφιστάμενα εις τούτο κτίσματα και ερείπια θα κατανεμηθώσιν εις τας εξής κατηγορίας και θα έχωσιν την εξής μεταχείρισιν ανά κατηγορίαν:

α. Τα δημόσια κτήματα. Εάν αι εκκλησίαι, τα τζαμία και άλλα παρόμοια κτήρια είναι εισέτι χρήσιμα ή θεωρούνται άξια διατηρήσεως λόγω ιστορικού ενδιαφέροντος ή γραφικότητος, πρέπει να διατηρηθώσιν. Άμορφα, αδιάφορα και άχρηστα ερείπια πρέπει να απομακρυνθώσιν ευθύς αμέσως.

β. Ιδιωτικά κτίσματα, άτινα εφάπτονται ήδη αποκαλυφθέντων μνημείων της αρχαιότητος ή περιβάλλουν ταύτα κατά τρόπον βλαβερόν δια την συντήρησιν ή την εμφάνισιν τούτων, πρέπει να αγορασθώσι και κατεδαφισθώσι.

γ. Νεόδμητα ή ανοικοδομηθέντα εκ των ερειπίων αυτών κτήρια του τμήματος αυτού της πόλεως θα παραμείνωσιν το πρώτον ως έχουν, έως ότου αποφασίσωμεν την απόκτησιν αυτών με σκοπόν τας ανασκαφάς, συμφώνως προς τα ήδη ωρισθέντα.

δ. Ερειπωμένα κτήρια, ων η αποκατάστασις είναι δυνατή άνευ εκ νέου δομήσεως, επιτρέπεται να αποκατασταθώσιν αμέσως. Η οικοδομική επιτροπή εν τούτοις υποχρεούται να επαγρυπνή μετ' άκρας προσοχής και αυστηρότητος, ώστε να μην ερμηνευθή αυθαιρέτως το παρόν μέτρον και γίνη κατάχρησις αυτού, άλλως αργότερον, όταν διαταχθή η αγορά των κτηρίων τούτων, το δημόσιον ταμείον θα επιβαρυνθή με δαπάνας, αίτινες είναι δυνατόν να αποφευχθώσιν. Δια βελτιώσεις του είδους αυτού ουδέποτε θα δοθώσιν αποζημιώσεις· οι εργολάβοι πρέπει ως εκ τούτου να διατυπώσωσιν γραπτήν επιφύλαξιν, εις τας επιφυλάξεις δε ταύτας θέλει επισυνάπτονται περιγραφαί και εκτιμήσεις αφ' ενός μεν των κτηρίων ως είχον το πρότερον αφ' ετέρου δε των εκτελεστέων βελτιώσεων. Αι περιγραφαί και εκτιμήσεις αύται ανατίθενται εις την οικοδομικήν επιτροπήν, υποβάλλονται εις διπλούν και υπογράφονται υπό των εργολάβων.

ε. Οικόπεδα επί των οποίων υπάρχουσι ασήμαντα ερείπια, τα οποία δεν δύναται να αντικατασταθώσιν άνευ πραγματικής νέας δομήσεως, πρέπει να αγορασθώσιν ευθύς αμέσως, συμφώνως προς τας ήδη ωρισθείσας προδιαγραφάς και να πληρωθώσιν εκ του δημοσίου ταμείου.

Άρθρον 7

Ως εμφαίνεται εις το τροποποιηθέν σχέδιον, δια μέσου του χαμηλότερον κειμένου τμήματος της παλαιάς πόλεως θα διανοιχθώσιν πέντε οδοί, ήτοι αι οδοί Ερμού, Αιόλου, Αθηνάς, Αρείου Πάγου και Ηροδότου. Δια την άμεσον διάνοιξιν των τριών πρώτων εδώσαμεν ήδη εντολήν και διεθέσαμεν τα αναγκαία δι' αυτήν μέσα· δια την διάνοιξιν των ετέρων δύο πρέπει να υποβληθώσιν εις Ημάς πρωτίστως αι εκτιμήσεις, επί τη βάσει των οποίων θα ορίσωμεν τον χρόνον και τον τρόπον της εκτελέσεως. Καθ' όσον αφορά τας υπολοίπους ακανονίστους οδούς της παλαιάς πόλεως, αφήνομεν την καλυτέραν αυτών ρύθμισιν ως προς την άνεσιν, τον αμαξιτόν χαρακτήρα, το εύρος, την λιθόστρωσιν αυτών κ.λπ., εις την οποίαν πρέπει να προβώσιν μετά ιδιαιτέρου σεβασμού έναντι των ήδη υφισταμένων και διατηρητέων κτηρίων, βαθμηδόν και δοθείσης καταλλήλου ευκαιρίας, εις χείρας της οικοδομικής επιτροπής υπό την γενικήν εποπτείαν της Νομαρχίας. Το σκοπούμενον εν τούτοις δεν είναι η κανονικότης μιας νέας πόλεως, αλλά η μη βιαία αφαίρεσις του γραφικού χαρακτήρος αυτού του τμήματος της πόλεως, όστις αποτελεί ίδιον όλων των παλαιοτέρων πόλεων της Ευρώπης.

Άρθρον 8

Καθ' όσον αφορά την δόμησιν της νέας πόλεως, η οικοδομική επιτροπή πρέπει να δώση ιδιαιτέραν προσοχήν, ως ήδη ελέχθη, εις τας αφορώσας αυτήν ιδιαιτέρας οδηγίας, εις την όσον δυνατόν ταχείαν χάραξιν επί του εδάφους και χωροστάθμησιν των νέων οδών. Εις περίπτωσιν καθ' ην οι κύριοι Κλεάνθης και Schaubert κωλύονται να επιβλέψωσιν το έργον λόγω άλλων απασχολήσεων, θα μεριμνήσωμεν όπως αναλάβη τούτο ευθύς αμέσως η στρατιωτική υπηρεσία. Οι προαναφερθέντες αρχιτέκτονες όμως διατηρούν την εποπτείαν του έργου. Εις τους επιθυμούντας να οικοδομήσωσιν διατίθεται προς το παρόν επαρκής χώρος εις τας διατηρηθείσας παλαιάς και νέας διαμορφωθείσας οδούς της παλαιάς πόλεως. Δια του παρόντος επιτρέπεται εις την οικοδομικήν επιτροπήν η χορήγησις οικοδομικής αδείας εις επιθυμούντας να οικοδομήσωσιν εις τας προαναφερθείσας οδούς, εξαιρουμένων των οδών Ηροδότου και Αρείου Πάγου, μετά ρητής τηρήσεως του σχεδίου πόλεως και των παρουσών διατάξεων και εφ' όσον παραμένωσιν αδόμητοι οι χώροι δια τα κρατικά καταστήματα.

Ανεξαρτήτως των διατάξεων τούτων, οι ιδιοκτήται οικοπέδων εις έτερα τμήματα της πόλεως δικαιούνται να δηλώσωσιν δημοσίως τα προς οικοδόμησιν οικόπεδα αυτών προς υποβολήν ενστάσεων, χωρίς να απορρέη εξ αυτού και το δικαίωμα χορηγήσεως αστυνομικής αδείας προς έναρξιν των οικοδομικών εργασιών.

Άρθρον 9

Το εύρος των οδών και το μέγεθος των πλατειών ορίζονται υπό του σχεδίου και των εγγραφών αυτού· αρμοδία δια την τήρησιν των διατάξεων τούτων είναι η οικοδομική επιτροπή.

Άρθρον 10

Εις το σχέδιον ορίζεται επίσης ποίον τμήμα της πόλεως θα οικοδομηθή κατά το αστικόν σύστημα, τουτέστιν κατά το συνεχές εις όλας τας οδούς και επί των οικοδομικών γραμμών, και ποίον κατά το σύστημα αυτονόμων και απομεμονωμένων κτηρίων εντός κήπων και αυλών, ων οι μανδρότοιχοι σχηματίζουν και ορίζουν εν όλω ή εν μέρει τας οικοδομικάς γραμμάς.

Άρθρον 11

Ως προς το ύψος των οικιών, επί των μεγάλων πλατειών και οδών εύρους μεγαλυτέρου των 40 μετρικών ποδών, δηλαδή των 13 και 1/2 μέτρων, δεν πρέπει να υπερβαίνη τους τρεις ορόφους του ισογείου συμπεριλαμβανομένου, επί οδών μικροτέρου εύρους και επί μικροτέρων πλατειών όμως θα οικοδομώνται κτήρια τουλάχιστον διώροφα του ισογείου συμπεριλαμβανομένου· κατά βούλησιν επιτρέπεται μόνον η δόμησις οικιών εξ ενός ή εκ 2 ή και 3 ορόφων εις την δομημένην κατά το σύστημα των πτερύγων κηπούπολιν εις τους πρόποδας του Λυκαβηττού ή εις απομεμακρυσμένας δευτερευούσας οδούς, αι οποίαι θα υποβάλωνται εις Ημάς προς έγκρισιν.

Άρθρον 12

Αφ' ης στιγμής διανοιγή μία νέα οδός και διαμορφωθεί με οικίας κατά το ήμισυ, πρέπει να λιθοστρωθή λαμβανομένης υπ' όψιν της εκροής των υδάτων, αι δαπάναι δε αύται θα κατανέμωνται εις τους περιοίκους κατ' αναλογίαν του εύρους εκάστου οικοπέδου.

Άρθρον 13

Μεγίστης σπουδαιότητος είναι η σοβαρά φροντίς της οικοδομικής επιτροπής δια των αρχιτεκτόνων μελών αυτής, ούτως ώστε να διασφαλισθή η καλή κατασκευή, η αρμοδία χάραξις και διαμόρφωσις των νέων οδών, εις αντίθεσιν προς την μέχρι τούδε κατάστασιν, προκειμένου δε να ανταποκριθώσιν εις το σημαντικώτατον τούτο καθήκον, θα διαθέσωμεν εις αυτούς την αναγκαίαν αστυνομικήν δύναμιν και βοήθειαν. Ο Ημέτερος νομάρχης φέρει προσωπικήν ευθύνην δια την φροντίδα περί της ακριβούς τηρήσεως των προεκτεθέντων.

Η οικοδομική επιτροπή πρέπει να λάβη υπ' όψιν ό,τι συμφωνεί με την νοτίαν γεωγραφικήν θέσιν και τας εξ αυτής εκπορευομένας συνθήκας και να ασκή επιρροήν επί της αρχιτεκτονικής μορφής των κτηρίων. Πρόθεσις Ημών είναι η διάκρισις της νέας πόλεως των Αθηνών από τας πόλεις βορείων χωρών και η αξία ανάδειξις της πλησίον των προτύπων της αρχαιότητος. Εφιστάται ιδιαιτέρως η προσοχή της οικοδομικής επιτροπής επί του γεγονότος, το οποίον οφείλει να κατανοήσει, ότι δια του συμφώνου προς το κλίμα και του ωραίου ρυθμού εκάστου κτηρίου δύναται να δημιουργηθή και προωθηθή το κάλλος μιας πόλεως του νότου πολύ περισσότερον απ' ό,τι μέσω της γεωμετρικής κανονικότητος του σχεδίου.

Άρθρο 14

Παρ' όλον ότι δεν αναμένομεν ότι αι παραγγελλόμεναι και υφ' Ημών εγκριθείσαι τροποποιήσεις του σχεδίου θα απαντήσωσιν προσκόμματα απορρέοντα εκ συνθηκών και αξιώσεων του ιδιωτικού δικαίου, εν τούτοις ορίζομεν ότι και τούτο το έργον οφείλει να το αναλάβη η οικοδομική επιτροπή, ήτις πρέπει να ελέγχη επακριβώς και να αποφαίνηται περί παρομοίων αξιώσεων, κατά πόσον δηλαδή είναι δεδικαιολογημέναι ή αδικαιολόγητοι και κατά πόσον εις την πρώτην περίπτωσιν δύναται να παραμεριθή το πρόβλημα είτε δια καταβολής δικαίας αποζημιώσεως είτε δια μεταβολής λεπτομερείας τινός του σχεδίου πόλεως.

Άρθρον 15

Εις την προαναφερθείσαν περίπτωσιν παραγγέλλομεν ότι αι μεταβολαί αι επιφερόμεναι υπό της οικοδομικής επιτροπής επί του σχεδίου είναι φροντίς των μελών αυτής Κλεάνθους και Schaubert, η δε γνωμοδότησις του κυρίου μυστικού συμβούλου von Klenze επί των τροποποιήσεων αυτών δέον να υποβάλεται προς έγκρισιν εις Ημάς.

Άρθρον 16

Ορίζομεν τους εξής περιορισμούς εις τας τροποποιήσεις αυτάς: Δεν επιτρέπεται να επεκταθώσιν αυτά εις την θέσιν και τα περίχωρα των Ημετέρων ανακτορίων, εις την θέσιν του ναού του Σωτήρος, της πλατείας αυτού, του κήπου του λαού και της αγοράς [Bazar]. Επίσης δεν επιτρέπεται η δια νέων τροποποιήσεων δημιουργία οξυγωνίων οικοδομικών τετραγώνων ή διαγωνίως διατεταγμένων κτηρίων εις γωνιώδεις [sic!] πλατείας. Η θέσις της βιβλιοθήκης, της ακαδημίας, του πανεπιστημίου και του θεάτρου, λόγω της γενικής μορφής καθώς και της αρχιτεκτονικής διατάξεως αυτών, θα παραμείνη αμετάβλητος και η στρογγύλη πλατεία εις το κέντρον του κήπου εις την απόληξιν της οδού Ερμού θα κατασκευασθή όχι εις το υψηλότερον αλλά εις το χαμηλότερον σημείον, όπως εμφαίνεται εις το σχέδιον.

Άρθρον 17

Αι αρμοδιότητες της οικοδομικής επιτροπής ορίζονται κατά τα άλλα συμφώνως προς τα διαλαμβανόμενα εις την Ημετέραν απόφασιν από 4/16 του αυτού μηνός.

Άρθρον 18

Εις απάσας τας περιπτώσεις διαφωνιών σχετικών με κτίσματα αποφαίνεται η ωρισθείσα δυνάμει των Ημετέρων αποφάσεων της 10/22 Δεκεμβρίου 1833 και 28 Φεβρ./12 Μαρτίου ε.έ. επιτροπή διαιτησίας.

Άρθρον 19

Δι' όλα τα θέματα τα αφορώντα την ανοικοδόμησιν των Αθηνών και την μετάθεσιν της Ημετέρας καθέδρας, άτινα δεν αναφέρονται ιδιαιτέρως εις το παρόν, ισχύουν τα οριζόμενα υπό των διαταγμάτων της 29 Ιουνίου (11 Ιουλίου) και αντιστοίχως 10/22 Δεκεμβρίου του παρελθόντος έτους.

Άρθρον 20

Το χρονικόν διάστημα των έξι μηνών δια την χάραξιν επί του εδάφους και χωρομέτρησιν των καθωρισμένων δια τα δημόσια καταστήματα τοποθεσιών άρχεται από 1ης Δεκεμβρίου ε.έ.

Άρθρον 21

Το παρόν Ημέτερον διάταγμα θέλει κοινοποιηθεί εις τον δήμον των Αθηναίων πλήρως και μετά της ακριβούς διατυπώσεως αυτού υπό της διοικήσεως Αττικής και Βοιωτίας, θέλουν δε επίσης συνταχθεί περί τούτο πρωτόκολλα.

Άρθρον 22

Η επί των Εσωτερικών Γραμματεία επιφορτίζεται με την εκτέλεσιν του παρόντος διατάγματος· αι υπόλοιποι γραμματείαι οφείλουσιν να συμβάλωσι κατά αναλογίαν των αρμοδιοτήτων αυτών.

Ναύπλιον 18 Σεπτεμβρίου / 30 Σεπτεμβρίου 1834.

Εν ονόματι του Βασιλέως
Η αντιβασιλεία

ΤΕΚΜΗΡΙΟΝ 15

Παράθεμα XI

Επιστολή της αντιβασιλείας προς τον Klenze. Ναύπλιον 21 Σεπτεμβρίου / 3 Οκτωβρίου 1834 (πρωτότυπον κείμενον εις γερμανικήν γλώσσαν). Ευχαριστήριον της αντιβασιλείας δια το αποτέλεσμα της αποστολής του εις την Ελλάδα.

Ο μυστικός σύμβουλος του Βασιλέως της Βαυαρίας κύριος von Klenze εξετέλεσε μετά της συνήθους περισκέψεως και μεγαλοφυΐας τόσον επιτυχώς και ικανοποιητικώς το σπουδαίον έργον, δια το οποίον εκλήθη εις την Ελλάδα, ώστε η Αυτού Μεγαλειότης ο Βασιλεύς της Ελλάδος εξέφρασεν την πλήρην ικανοποίησιν αυτού και άπασαι αι προτάσεις τού προαναφερθέντος κυρίου μυστικού συμβούλου έλαβον την έγκρισιν της βασιλικής κυβερνήσεως της Ελλάδος.

Εκφράζομεν δια τούτο εις την Αυτού Μεγαλειότητα της Βαυαρίας τας θερμοτάτας Ημών ευχαριστίας δια την αποστολήν του κυρίου μυστικού συμβούλου von Klenze και αισθανόμεθα υποχρεωμένοι να εκφράσωμεν απ' ευθείας εις τον ίδιον [τον κ. Klenze] την ευγνωμοσύνην μας δια τους κόπους του, οίτινες εστέφθησαν υπό επιτυχίας και να ανανεώσωμεν την διαβεβαίωσιν της μεγίστης εκτιμήσεως Ημών προς το πρόσωπόν του.

Ναύπλιον 21 Σεπτεμβρίου / 3 Οκτωβρίου 1834.

Κόμης von Armansperg, von Kobell, von Heideck

ΤΕΚΜΗΡΙΟΝ 16
Παράθεμα XII
Επιστολή των δημογερόντων των Αθηνών Ιωάννου Βλάχου και Γεωργίου Μεταξά προς τον Klenze. Αθήναι, 18 Σεπτεμβρίου 1834 (κείμενον εις ελληνικήν γλώσσαν). Ευχαριστήριον του Δήμου Αθηναίων.

Εν Αθήναις τη 18 Σεπτεμβρίου 1834

Προς τον ευγενέστατον μυστικόν Σύμβουλον της Α.Μ. του Βασιλέως της Βαυαρίας.

Εμέλλετε να επισκεφθήτε τας Αθήνας υπό τον πλέον ευτυχή δι' αυτάς οιωνόν· αι Αθήναι δαμασμέναι υποκάτω εις είκοσιν αιώνων κτυπήματα καταστροφής και ολέθρου επαρηγορήθησαν πολλάκις με τον οίκτον πολλών ευαισθήτων, εδέχθησαν τον φιλόφρονα ασπασμόν πολλών περιέργων και τους ναούς τους ως από τοσαύτα αναθήματα ιερά είδον κεκοσμημένους από τους θαυμασμούς πολλών ζηλωτών της. Αλλ' η ανέγερσις της πόλεως ταύτης απέκειτο εις τον πολυπόθητον ημών Βασιλέα, όστις ήτο προωρισμένος άνωθεν να θέση την βάσιν του μεγάλου μέλλοντός της. Όργανον δε των τοιούτων λαμπρών σκοπών της Α.Μ. έμελλε να ήναι η ευφυΐα της Ευγενείας Σας.

Όθεν αι Αθήναι, χρεωστούσαι την από σήμερον αρχομένην τύχην των εις τα περί του σχεδίου των τελειωτικάς Σας πράξεις, αισθάνονται ότι χρεωστούν εις τα ευνοϊκά αισθήματά Σας, κύριε μυστικοσύμβουλε, ανεξάλειπτον την ευγνωμοσύνην των.

Των αισθημάτων τούτων την ειλικρινή εξήγησιν ευαρεστηθήτε ευμενώς, κύριε Σύμβουλε, ως προερχομένην εκ μέρους όλων των Αθηναίων, οίτινες ελπίζουσι καθώς και ημείς, ότι αναχωρούντες εις τους κόλπους της σοφής πατρίδος Σας θέλετε συνεπιφέρει μεθ' Υμών την αγαθήν των Αθηνών μνήμην.

Οι δημογέροντες των Αθηνών
Ιωάννης Βλάχος
Γεώργιος Μεταξάς

Β. Τεκμήρια μνημονευόμενα (εντεταγμένα) εις το κυρίως κείμενον του έργου "*Aphoristische Bemerkungen...*"

ΤΕΚΜΗΡΙΟΝ 17
Αίτησις του Klenze προς τον Βασιλέα Όθωνα. Αθήναι, 25 Αυγούστου/5 Σεπτεμβρίου 1834 (πρωτότυπον κείμενον εις γερμανικήν γλώσσαν). "Περί του αναγκαίου προσωπικού δια την αναστήλωσιν της Ακροπόλεως".

Leo von Klenze: "Aphoristische Bemerkungen gesammelt auf seiner Reise nach Griechenland" (Αφοριστικαί παρατηρήσεις συλλεγείσαι κατά την διάρκειαν του ταξιδίου του εις την Ελλάδα), Berlin, G. Reimer, 1838. Σελ. 391-392.

(...) Και δια να κλείσω την περιγραφήν όλων όσων έγιναν με ιδικήν μου πρωτοβουλίαν δια τα μνημεία της Ελλάδος, θα προσθέσω τας ειδικάς προτάσεις τας οποίας έκανα εις την αντιβασιλείαν. Όλαι αι προτάσεις μου αυταί, αφού είχεν εγκριθεί ήδη από τας 4 Σεπτεμβρίου [Παράθεμα VI,4] το αναγκαίον χρηματικόν ποσόν των 72.000 δραχμών δια τας εργασίας αναστηλώσεως εις την Ακρόπολιν, ενεκρίθησαν εις τας 16 Σεπτεμβρίου από την αντιβασιλείαν, η οποία προσέθεσε ότι θα εδέχετο μετά χαράς την διαρκή συμμετοχήν μου εις αυτήν την προσπάθειαν, δηλαδή και μετά την επιστροφήν μου [εις το Μόναχον].

Η πρώτη μου πρότασις εις τας 5 Σεπτεμβρίου είχε ως εξής: "Κατόπιν ειδικής εντολής της Υμετέρας Μεγαλειότητος, σπεύδω να διατυπώσω τας ακολούθους μή δεσμευτικάς προτάσεις δια το προσωπικόν, το οποίον κατά την ταπεινήν μου γνώμην είναι απαραίτητον δια την αναστήλωσιν της Ακροπόλεως. Το αρχαιολογικόν μέρος καθώς και η ανωτάτη διεύθυνσις των εργασιών [αναστηλώσεως] εν γένει θα έπρεπε να ανατεθεί εις τον δόκτορα Ross, ο οποίος έχει κλασικήν παιδείαν και είναι άνθρωπος από κάθε άποψιν αξιόλογος και αξιόπιστος. Την τεχνικήν διεύθυνσιν θα έπρεπε να αναλάβουν οι αρχιτέκτονες Κλεάνθης και Schaubert, επιφορτιζόμενοι συγχρόνως με το καθήκον της ειδικής επιτηρήσεως των μαρμαρίνων τεμαχίων που προορίζονται δια την αναστήλωσιν, δια φύλαξιν ή άλλην χρήσιν, καθώς και με την παράδοσιν εις την Εφορείαν των γλυπτών τα οποία θα ευρεθούν μεταξύ των υλικών κατεδαφίσεως. Επίσης οι αρχιτέκτονες θα έπρεπε να φροντίσουν ώστε να επιλεγούν και διαχωρισθούν αφ' ενός μεν τα υλικά από την κατεδάφισιν των τοίχων και τας επιχώσεις, τα οποία ίσως θα ηδύνατο να παραχωρήσει κανείς αντί πληρωμής εις ιδιωτικάς [οικοδομικάς] επιχειρήσεις, και αφ' ετέρου τα ενδεχομένως χρήσιμα δια το κράτος ή ενδιαφέροντα από αρχαιολογικής απόψεως [αρχιτεκτονικά] μέλη. Ο υπογεγραμμένος θα εχαίρετο αληθινά, εάν συμμετείχε και μακρόθεν εις την πρόοδον αυτών των εργασιών, αι οποίαι ήρχισαν μετά από ιδικήν του υπόδειξιν και υπό την ιδικήν του διεύθυνσιν, πράγμα όμως δια το οποίον θα εχρειάζοντο εκθέσεις ανά τρίμηνον δια την πρόοδον των εργασιών, ώστε να είναι διαρκώς ενήμερος". (...)

ΤΕΚΜΗΡΙΟΝ 18
Γνωμάτευσις του Klenze προς την αντιβασιλείαν. Ναύπλιον, 6/18 Σεπτεμβρίου 1834 (πρωτότυπον κείμενον εις γερμανικήν γλώσσαν). "Περί ωρισμένων λεπτομερειών που αφορούν εις την διενέργειαν των αναστηλωτικών εργασιών εις την Ακρόπολιν".

Leo von Klenze: "Aphoristische Bemerkungen gesammelt auf seiner Reise nach Griechenland" (Αφοριστικαί παρατηρήσεις συλλεγείσαι κατά την διάρκειαν του ταξιδίου του εις την Ελλάδα), Berlin, G. Reimer, 1838. Σελ. 392-395.

(...) Συμφώνως με μεταγενεστέραν επιθυμίαν της αντιβασιλείας, στις 18 Σεπτεμβρίου παρέδωσα την εξής λεπτομερή γνωμοδότησιν αναφορικώς με τον τρόπον διεξαγωγής των αναστηλωτικών αυτών εργασιών:

"Ως προς το θέμα της εν γένει αντιμετωπίσεως και διαμορφώσεως της Ακροπόλεως εις το μέλλον, ανέπτυξα ήδη τα αναγκαία εις την έκθεσίν μου δια το σχέδιον των Αθηνών· και επειδή αι εκτεθείσαι εκεί απόψεις μου εθεωρήθησαν ορθαί και ενεκρίθησαν από την Αυτού Μεγαλειότητα τον Βασιλέα και από την αντιβασιλείαν, αυτό που απομένει είναι να προσθέσω μερικά πράγματα δια τον καθ' έκαστα τρόπον διεξαγωγής των εργασιών [αναστηλώσεως]. Η εποπτεία των εργασιών αυτών θα έπρεπε, κατά την άποψίν μου, την οποίαν ήδη ανέπτυξα, να ανατεθεί στον δόκτορα Ross και στον αρχιτέκτονα Schaubert, εγώ ο ίδιος δε από καιρού εις καιρόν θα ενημερωνόμουν με εκθέσεις δια την πρόοδόν τους και δια τα τυχόν προσκόμματα που θα ανέκυπταν. Ως προς το είδος των εργασιών και την σειράν με την οποίαν θα έπρεπε να εκτελεσθούν, θέματα τα οποία εξήγησα επιτόπου αρκετάς φοράς εις τους προαναφερθέντας κυρίους, η γνώμη μου είναι η εξής:

Η πρώτη εργασία θα έπρεπε να είναι η απομάκρυνσις των τειχών της οχυρώσεως που δεν παρουσιάζουν αρχαιολογικόν και κατασκευαστικόν ενδιαφέρον και δεν είναι γραφικά, και τα οποία λόγω της άκρως ερειπιώδους καταστάσεώς των είναι επικίνδυνα, ειδικά εις την περίπτωσιν της κυρίας εισόδου προ των Προπυλαίων.

Θα έπρεπε να αποκαλυφθεί έπειτα και να αναστηλωθεί ο Παρθενών, δια τον σκοπόν δε αυτόν, όπως μου εγνωστοποιήθη, ενεκρίθησαν πραγματικά τα χρηματικά μέσα, τα οποία κατενεμήθησαν εις τρία έτη, με γνώμονα τον ιδικόν μου προϋπολογισμό των αναγκαίων δαπανών. Η ανασκαφή η οποία έχει ήδη αρχίσει εις τον Παρθενώνα θα έπρεπε να συνεχισθεί και να ολοκληρωθεί εις μίαν ζώνην πλάτους 20 ποδών γύρω από το κρηπίδωμα του ναού, πρώτα εις την βορεινήν πλευράν, ύστερα εις την δυτικήν, εν συνεχεία εις την νοτίαν και τέλος εις την ανατολικήν, και αυτό δια να διευκολυνθεί αφ' ενός μεν η αναστήλωσις, αφ' ετέρου η αποκομιδή των επιχώσεων και των λίθων που πρέπει να απομακρυνθούν, η οποία [αποκομιδή] μπορεί να γίνει μόνον από την δυτικήν πλευράν. Ίσως όμως να ήτο σκοπιμώτερον να μεταφερθούν αι επιχώσεις αφού εκαθαρίζετο πρώτον καλώς η περιοχή εις το βορειοδυτικόν άκρον [του ναού].

Ό,τι γλυπτά έργα βρεθούν κατά την ανασκαφήν ταύτην, θα έπρεπε να παραδοθούν αμέσως εις τον Έφορον και να μεταφερθούν προσωρινώς εις το διατηρημένον ακόμη τζαμί, εφ' όσον εγκαταλειφθεί από τους στρατιώτας της φρουράς του οχυρού. Το Θησείον θα ήτο επίσης πολύ κατάλληλον δια την προσωρινήν φιλοξενίαν τέτοιων θραυσμάτων αρχαίων γλυπτών. Όλα τα αναγκαία δια την πραγματικήν αναστήλωσιν τεμάχια που είναι ακόμη εις καλήν κατάστασιν θα έπρεπε να μεταφερθούν αμέσως κατά τας ανασκαφάς εις τον τόπον της αναστηλώσεως ή όσον γίνεται πλησιέστερα προς αυτόν, όπου πρέπει να τοποθετηθούν και να χρησιμοποιηθούν.

Όσα τεμάχια είναι άχρηστα πλέον δι' αυτόν τον σκοπόν, εφόσον παρουσιάζουν ακόμη κάποιον ενδιαφέρον διατηρούντα αρχιτεκτονικάς μορφάς, διατομάς, γείσα, διακοσμητικά στοιχεία, γλυπτόν ή ζωγραφικόν διάκοσμον, θα πρέπει επίσης να φυλαχθούν και να διαταχθούν με κατάλληλον και γραφικόν τρόπον μέσα και περί το ερείπιον· τοιουτοτρόπως [το κτίσμα] δεν θα χάσει τον αναπόφευκτον χαρακτήρα του γραφικού ερειπίου, με τον οποίον το εσφράγισεν ο χρόνος. Όλα τα τεμάχια από λίθον ή μάρμαρον, τα οποία δεν εντάσσονται εις αυτάς τας τρεις κατηγορίας, πρέπει να απομακρυνθούν και να μεταφερθούν εκτός Ακροπόλεως, όπου θα ηδύναντο να χρησιμοποιηθούν θαυμάσια ως οικοδομικόν υλικόν ή να πωληθούν εις πλειστηριασμόν. Αι καθεαυταί επιχώσεις το καλύτερον μου φαίνεται θα ήταν να ριφθούν επάνω από το τείχος και την κλιτύν του ιερού βράχου προς την πλευράν του Αρείου Πάγου και από εκεί να μεταφερθούν με κάρα δια την διαμόρφωσιν των ανδήρων του [βασιλικού] ανακτόρου, οπότε με ελάχιστα έξοδα επιτυγχάνεται διπλός σκοπός.

Όσον αφορά εις την αναστήλωσιν [του Παρθενώνος], θα πρέπει κατ' αρχήν να τοποθετηθούν όλοι οι σπόνδυλοι των κιόνων, ώστε να ανεγερθεί όλη η κιονοστοιχία του βορείου πτερού του ναού, η οποία είναι ορατή από την πόλιν και το ανάκτορον, δηλαδή από τας σημαντικωτέρας πλευράς. Εάν δια την αναστήλωσιν ενός κίονος ελλείπουν ένα ή δύο τεμάχια, θα πρέπει να γίνουν νέα από τα διαθέσιμα μάρμαρα, αλλά χωρίς να αποσιωπηθεί και καταστεί αγνώριστος η αποκατάστασις δια μέσων προσποιήσεως. Όσα τεμάχια ευρεθούν από τα επιστύλια, τας τριγλύφους, τας μετόπας και τα γείσα, θα έπρεπε να τοποθετηθούν επίσης επάνω εις τους κίονας με τρόπον γραφικόν και ανάλογον του χαρακτήρος ενός ερειπίου· κατ' αυτόν τον τρόπον θα έπρεπε να συνεχισθεί η αναστήλωσις όλου του κτηρίου και η ανέγερσις εκ νέου των τοίχων του σηκού εις τον βαθμόν που το επιτρέπουν τα υφιστάμενα τεμάχια. Εις την νοτίαν πλευράν θα λείπουν μάλλον ωρισμένοι κίονες, δεν χρειάζεται όμως να αντικατασταθούν, διότι αυτό δεν βλάπτει την εντύπωσιν του όλου. Κατά τα άλλα, η επέμβασις εδώ θα είναι όπως και εις την βορείαν πλευράν. Η περιστροφική κλίμαξ, η οποία έχει κτισθεί εις την δυτικήν πλευράν μεταξύ του τοίχου του σηκού και των κιόνων της προστάσεως πρέπει να απομακρυνθεί, και επειδή είναι επιθυμητόν να φθάνει κανείς μέχρι υψηλά εις τον ναόν, δύναται να αντικατασταθεί από μίαν ελαφράν μικράν κλίμακα εις το εσωτερικόν του σηκού.

Δια την ανύψωσιν των μαρμάρων είναι απαραίτητα ικριώματα και μηχανές, που είτε έχουν ήδη κατασκευασθεί είτε έχει ανατεθεί από εμέ η κατασκευή τους εις τους αρχιτέκτονας. Δυνατές τροχαλίες, ανυψωτικές σφήνες και άλλες μηχανές θα ήταν σκόπιμον και αναγκαίον να παραγγελθούν εις την Γερμανίαν, και εφόσον μου εζητείτο θα εφρόντιζα ευχαρίστως δια την αγοράν τους.

Μετά από τον Παρθενώνα θα έπρεπε να καθαρισθεί το πλάτωμα του βράχου προς τα δυτικά, όπου πρόκειται να κτισθεί το μουσείον, ύστερα θα έπρεπε να καθαρισθούν και απομακρυνθούν τα περιττά [χώματα] από το Ερεχθείον και τα Προπύλαια καθώς και από τον περιβάλλοντα χώρο τους, και τέλος να αναστηλωθούν [τα μνημεία αυτά] με τον τρόπο που προανεφέρθη. Είναι αυτονόητον ότι κατά την διεξαγωγήν αυτών των εργασιών, το αρχαίον έδαφος οφείλει να παραμείνει ακριβώς ως έχει, με όλας τας βαθμίδας, τα άνδηρα, τα βάθρα και τα κατάλοιπα των θεμελίων". (...)

III. Τεκμήρια δια τον σχεδιασμόν των νέων Αθηνών
(πρωτότυπα κείμενα εις γερμανικήν ή γαλλικήν γλώσσαν)

Από την συλλογήν του αρχείου "Klenzeana" (γραπτά κατάλοιπα του Klenze) φάκελλος III/22: Καλλιτεχνικά τεκμήρια ανοικοδομήσεως των Αθηνών. Εις το τμήμα χειρογράφων της Βαυαρικής Κρατικής Βιβλιοθήκης του Μονάχου. Πρόκειται για τα αδημοσίευτα τεκμήρια του σχεδιασμού των Αθηνών, τα οποία δεν περιέχονται στο έργον του Klenze "Aphoristische Bemerkungen gesammelt auf seiner Reise nach Griechenland" (Αφοριστικαί παρατηρήσεις συλλεγείσαι κατά την διάρκειαν του ταξιδίου του εις την Ελλάδα).

ΤΕΚΜΗΡΙΟΝ 19

"Μνημόνιον" χωρίς αναφοράν τόπου και ημερομηνίας, με την υπογραφήν του νομάρχου Αττικής και Βοιωτίας Σκούφου (πρωτότυπον κείμενον εις γαλλικήν γλώσσαν). "Υπ' όψιν του σοφολογιωτάτου κυρίου von Klenze".

ΜΝΗΜΟΝΙΟΝ

Η τοποθεσία όπου θα κτισθούν τα ανάκτορα της Αυτού Μεγαλειότητος συμφώνως προς το σχέδιον του κυρίου Κλεάνθους θεωρείται ανθυγιεινή. Απόδειξις είναι ότι οι εργάτες που άλλοτε μετέβαιναν προς εργασίαν εις το μέρος αυτό ημείβοντο πάντοτε περισσότερον, ιδίως κατά το θέρος, διότι ήτο ενδεχόμενον να πάθουν πυρετόν. Την αλήθειαν αυτήν μάλιστα τεκμηριώνει η ιστορία.

Δεν είμεθα διατεθειμένοι να προσυπογράψωμεν εκείνο που όλοι αρέσκονται να λέγουν, ότι δηλαδή η παρούσα τοποθεσία επροτιμήθη δια λόγους κερδοσκοπίας· διότι είναι ήδη γνωστόν πως το οικόπεδον αυτό ανήκει εις ευπόρους ιδιώτας, οι οποίοι ανέβασαν την τιμήν του έως 500 και 600 τάλληρα το στρέμμα εις βάρος οποιασδήποτε άλλης θεωρήσεως, ενώ έχει αποδειχθεί ότι η τοποθεσία όπου ευρίσκεται η πύλη του Αδριανού συγκεντρώνει μαζί με την υγιεινήν και όλας τας άλλας απαιτουμένας αρετάς δια να προτιμηθεί από την πρώτην. Επί πλέον, τα περίχωρα της πύλης του Αδριανού ανήκουν εις αυτόχθονας Αθηναίους, οι οποίοι θα θεωρήσουν τους εαυτούς των ευτυχείς, εάν δυνηθούν να πωλήσουν τα οικόπεδά τους (ως άποροι) εις υψηλήν πράγματι τιμήν, αλλά αναμφιβόλως μετριωτέραν από την τιμήν εις την οποίαν πωλούν σήμερον οι εύποροι κερδοσκόποι του σχεδίου του κυρίου Κλεάνθους.

Αυταί είναι αι σκέψεις τας οποίας εκρίναμεν χρέος μας να υποβάλωμεν εις την οξύνοιαν του κυρίου Klenze, του οποίου αι ανώτεραι ικανότητες θα δυνηθούν, εφ' όσον χρειασθεί, να συνδυάσουν τα καλώς νοούμενα συμφέροντα των κερδοσκόπων με τα συμφέροντα των ανακτόρων της Αυτής Μεγαλειότητος, τα οποία πρέπει να ληφθούν υπ' όψιν, ώστε να μας δοθούν όλαι αι δυναταί εγγυήσεις δια την πολυτιμωτάτην υγείαν του Σεπτού μας Μονάρχου.

Σκούφος

ΤΕΚΜΗΡΙΟΝ 20

Επιστολή του κυβερνητικού συμβούλου Ιωάννου Μισσίου προς το Υπουργείον Εσωτερικών, Ναύπλιον 20 Οκτωβρίου/2 Νοεμβρίου 1833 (πρωτότυπον κείμενον εις γαλλικήν γλώσσαν).

Μετάφρασις
Προς την επί των Εσωτερικών Γραμματείαν

Σπεύδω να υποβάλω εις την βασιλικήν γραμματείαν τον κατάλογον των εκτιμήσεων των οικοδομημάτων τα οποία ευρίσκονται εις την προβλεπομένην περιοχήν ανασκαφών των Αθηνών, τον οποίον συνέταξε η επιτροπή η διωρισθείσα υπό του Δήμου της πόλεως αυτής ομού μετά του αρχιτέκτονος κ. Κλεάνθους και του υπογραφομένου.

Συμφώνως προς την εκτίμησην αυτήν, το συνολικόν ποσόν ανέρχεται εις 3.293.490 πιάστρα ή 1.013.363 δραχμάς, με αναλογίαν 3,5 πιάστρα προς μίαν δραχμήν. Η βασιλική γραμματεία βλέπει επίσης εις αυτόν τον κατάλογον το σύνολον της εκτάσεως εις την οποίαν υπάρχουν οικοδομήματα· ανέρχεται συνολικά σε 192.307 τετραγωνικούς πήχεις ή 120 στρέμματα και 307 πήχεις, με αναλογίαν 1.600 τετραγωνικούς πήχεις ανά στρέμμα, έκτασιν δια την οποίαν αν δεν υπήρχαν κτίσματα η Κυβέρνησις θα έπρεπε να καταβάλει μόνο 136.104 δραχμάς, υπολογιζομένων 70 λεπτών ανά πήχυν [τετραγωνικόν].

Εις αυτό το ποσόν των 136.104 δραχμών θα ηδύναντο να προστεθούν 200.000 δραχμαί δια τα υλικά τα οποία θα έμεναν εις την Κυβέρνησιν από τα κατεδαφιζόμενα κτίσματα. Έτσι, αφαιρουμένων αυτών των ποσών, τα κτίσματα αυτά θα εκόστιζαν εις την Κυβέρνησιν το ποσόν των 684.952 δραχμών. [sic! λάθος υπολογισμός· το ορθόν ποσόν: 677.259 δρχ.]

Δια τας μικράς οικίας αι οποίαι ευρίσκονται μεταξύ των ερειπίων, όπως σημειώνεται εις τον κατάλογον, εθεωρήθη προτιμώτερον να εκτιμηθεί η αξία μόνον των υλικών των ισταμένων κτηρίων και να αφεθούν οι σωροί των λίθων και τα ημικατεδαφισμένα κτίσματα εις την διάθεσιν του ιδιοκτήτου, επειδή έως την εποχήν της οριστικής αγοράς ο ιδιοκτήτης θα ήτο έτοιμος να μεταφέρει ή να πωλήσει κρυφά τα υλικά, προς ζημίαν του δημοσίου ταμείου. Η βασιλική γραμματεία θα παρατηρήσει επίσης ότι εις αυτόν τον κατάλογον δεν έχουν σημειωθεί αι τιμαί που θα έπρεπε να ζητηθούν από τους ιδιοκτήτας. Ο υπογραφόμενος δεν παρέλειψε, ομού μετά της Επιτροπής, να θέσει αυτό το ερώτημα εις τους ιδιοκτήτας, συμφώνως προς την βασιλικήν διαταγήν· με εξαίρεσιν όμως τριών ή τεσσάρων ατόμων, ουδείς δεν ηθέλησε να μας ορίσει τιμήν, μολονότι όλοι μάς ήνοιξαν προθύμως τας θύρας των οικιών των δια να τας εκτιμήσωμεν, χωρίς να δείξουν καμίαν διάθεσιν αρνήσεως. Μερικοί από τους ανθρώπους του λαού είπον με τα ιδικά τους λόγια "να έλθει ο Βασιλεύς να μείνει εις την πόλιν μας και να πάρει τα σπίτια μας σε όποιαν τιμήν θέλει", άλλοι εδήλωσαν ότι δεν ήξευραν ποίαν τιμήν να ζητήσουν και ότι όταν θα γίνουν αγοραί σπιτιών θα παραχωρήσουν τα ιδικά τους εις τας τιμάς αι οποίαι θα προσφερθούν εις τον καθένα.

Μερικοί από την ανωτέραν τάξιν μας είπαν ότι θα έπρεπε να γνωρίζουν την εποχήν της αγοράς των οικιών τους, διότι τα εργατικά χέρια δια την οικοδόμησιν δεν κοστίζουν πάντοτε το ίδιον, και τέλος άλλοι εζήτησαν να τους καταβληθεί η τιμή που θα εκόστιζε ένα σπίτι όμοιον με το ιδικόν τους, κτισμένον εις την νέαν πόλιν. Δια τον λόγον αυτόν δεν ηδυνήθημεν να σημειώσωμεν εις τον κατάλογον τίποτε θετικόν δια τας τιμάς τας οποίας ζητούν οι ιδιοκτήται· άλλωστε αυτό φαίνεται αδιάφορον αφού εις την έκκλησίν του προς την κυβέρνησιν ο δήμος ζητεί να γίνει οριστική εκτίμησις των οικιών συμφώνως με τας νομίμους διαδικασίας, εννοών με αυτό ότι κάθε ιδιοκτήτης πρέπει να ορίσει εν πρόσωπον της εμπιστοσύνης του δια να προβεί εις την εκτίμησιν της οικίας του, από κοινού με όσους θα χρησιμοποιήσουν προς τούτο η κυβέρνησις και ο δήμος.

Κατόπιν αυτού δύναμαι να διαβεβαιώσω, ότι η τιμή αυτής της οριστικής εκτιμήσεως θα είναι πάντοτε χαμηλοτέρα από την παρούσαν, επειδή, οφείλω να ομολογήσω, την φοράν αυτήν τα περισσότερα κτίσματα έχουν εκτιμηθεί επάνω από την πραγματικήν αξίαν των, πράγμα που υπεχρεώθην να δεχθώ δια να μη γίνω αιτία διαλύσεως της Επιτροπής, η οποία επέμενε πάντοτε να θέτει υψηλάς τιμάς, ιδίως δια τας μεγάλας, καινουργείς οικίας, και χωρίς να είναι εις θέσιν να γνωρίζει εις τι ύψος ηδύνατο να ανέλθει εξαιτίας αυτού η αξία των οικοδομών που ευρίσκονται εις τον χώρον ο οποίος έχει δεσμευθεί δια τας ανασκαφάς. Οφείλω ακόμη να προσθέσω ότι εις την εκτίμησιν αυτήν των οικοδομών συμπεριελάβαμεν επίσης και τα πηγάδια, τους φούρνους, τας ελαιοδεξαμενάς, επομένως, με εξαίρεσιν τους λιθοσωρούς και μερικά κατεδαφισμένα κτίσματα τα οποία πρόκειται να απομακρυνθούν από τους ιδιοκτήτας των, έχουν εκτιμηθεί όλαι αι οικοδομαί με το οικόπεδόν τους και ό,τι περιέχεται εις αυτάς.

Ζητώ τώρα την άδειαν από τη βασιλικήν γραμματείαν να της υποβάλω τας παρατηρήσεις μου δι' αυτό το σπουδαίον ζήτημα. Αν εις αυτό το αναγκαίον ποσόν δια τας οικοδομάς προσθέσωμεν εκείνο που πρέπει να καταβληθεί:

1. δια τα οικόπεδα χωρίς οικοδομάς, ποσόν ίσον προς 70 λεπτά ανά τετραγωνικόν πήχυν,
2. όπως κι εκείνο δια την αγοράν των οικιών που πρέπει να κατεδαφισθούν εις την νέαν πόλιν δια τας οδούς,
3. καθώς και το αναγκαίον ποσόν δια την αγοράν των οικοπέδων τα οποία προορίζονται δια τα δημόσια ιδρύματα, η Κυβέρνησις θα υποχρεωθεί να καταβάλει συνολικώς υπέρ το ενάμισυ εκατομμύριον δραχμάς. Θα ηδύνατο να αντιτάξει κανείς ότι, αντί να πληρώσωμεν εις τους Αθηναίους ένα τόσον εξωφρενικόν ποσόν, ας αφήσωμεν καλύτερα την Αθήνα με τα ερείπιά της και ας εγκαταστήσωμεν την έδρα της Κυβερνήσεως αλλού. Εκ πρώτης όψεως η ιδέα αυτή φαίνεται σωστή και λογική, εντούτοις εάν σκεφθώμεν πλέον προσεκτικώς, θα ιδούμεν πως δεν θα εύρωμεν τόπον πλέον καθαρόν και κατάλληλον δια την πρωτεύουσάν μας [από τας Αθήνας] αλλά και πως δεν είναι αναγκαίον να καταβάλει η Κυβέρνησις ένα τόσο μεγάλον ποσόν και ιδίως δια μιας.

Κατ' αρχήν, οπουδήποτε αλλού και εάν εγκαθιστούσε την πρωτεύουσάν της η Κυβέρνησις και ιδίως εις τον Ισθμόν, τον φημισμένο μάλιστα και εις τους αρχαίους δια το ανθυγιεινόν του κλίμα, θα ηναγκάζετο να κτίσει την πόλιν μόνο με τα μέσα των αυτοχθόνων υπηκόων της, οπότε –ας μη διστάσωμεν να το ομολογήσωμεν–, επί πολλά έτη, δια να μην ειπούμεν έναν αιώνα, εις την θέσιν μιας πρωτευούσης θα είχε μιαν απλήν κωμόπολιν· ενώ αι Αθήναι, αι οποίαι έχουν ήδη σημαντικόν απόθεμα κατοίκων, με τας παλαιάς αναμνήσεις, τας αρχαιότητας που περικλείουν, με το υγιεινόν και ωραίον κλίμα, επωφελούμεναι από την μεγάλην συρροήν ευπόρων Ελλήνων και άλλων ξένων που είναι έτοιμοι να έλθουν δια να εγκατασταθούν εδώ, θα γίνουν συντόμως μεγάλη και πολυάνθρωπος πόλις και θα εξαναγκάσουν κατά κάποιον τρόπον τους ευπόρους ξένους ταξιδιώτας να διαμένουν εδώ επί μακρόν δια να απολαμβάνουν τα προτερήματά της, δαπανώντες τα πλούτη των τα οποία θα διοχετευθούν εδώ και εις τας άλλας επαρχίας της Ελλάδος.

Όσον αφορά εις την δευτέραν αντίρρησιν, πρέπει να απαντήσω ότι η Κυβέρνησις δεν θα έχει ανάγκην επί πολύν χρόνον (και μάλιστα δεν τη συμφέρει) να αγοράσει αμέσως τας οικοδομάς που ευρίσκονται στον χώρον των ανασκαφών· λέγω ότι δεν έχει ανάγκην, διότι έχει ενώπιόν της ένα πολύχρονον έργον ανασκαφών εις την Ακρόπολιν και εις τα καθαυτό ερείπια, που πρέπει να τα αγοράσει προς 70 λεπτά τον πήχυν. Δεν την συμφέρει επίσης να αγοράσει δια μιας όλας τας οικοδομάς, επειδή ακόμη και αν συναινούσε να τας πληρώσει συμφώνως προς την τιμήν της σημερινής εκτιμήσεως, όσον μεγάλη και αν είναι αυτή, θα υπάρχει πάντοτε ένα μεγάλο πλήθος ιδιοκτητών οι οποίοι από ταπεινόν συμφέρον ή κακήν προαίρεσιν θα κραυγάζουν πάντα ότι επληρώθησαν ανεπαρκώς. Άλλωστε, πού δύναται να εγκαταστήσει κανείς περί τας 400 οικογενείας, εάν χρειασθεί να αγοράσει δια μιας τας κατοικίας των δια να τας κατεδαφίσει; Αρκεί να αγοράσει η Κυβέρνησις προς το παρόν τα καθαυτό ερείπια και να αφήσει τα σπίτια εις τους ιδιοκτήτας των· θα πρέπει να απαγορεύσει ταυτοχρόνως κάθε νέαν κατασκευήν εις αυτούς τους τόπους ως αντίθετον προς το εγκεκριμένον σχέδιον, υποσχομένη πάντως ότι θα αγοράσει επίσης αυτάς τας οικοδομάς προοδευτικώς εις το μέλλον, χωρίς να ενοχλήσει προς το παρόν τους ιδιοκτήτας. Όσον δια να πωλήσουν τώρα τα σπίτια των θα εζήτουν ίσως το διπλάσιον απ' όσον τους έχουν κοστίσει, ενώ θα ήσαν πολύ ευχαριστημένοι εάν εισέπραττον τα ενοίκια των σπιτιών τους, τα οποία θα είναι πάντα αρκετά υψηλά εξ' αιτίας της σπανιότητος των οικιών· αλλά έπειτα από ένα διάστημα, όταν θα έβλεπαν ότι οι κακοκτισμέναι ως επί το πλείστον οικίες των θα άρχιζαν να γερνούν και να χάνουν την αξίαν των εξαιτίας της θέσεώς των εις το μέσον των ερειπίων, και όταν δεν θα έβρισκον πλέον ούτε αγοραστάς ούτε ενοικιαστάς οι οποίοι προσφέρουν επικερδές ενοίκιον, θα προσέφευγον από μόνοι τους εις την Κυβέρνησιν για να τα πωλήσουν σε πολύ ευτελή τιμήν. Ένας, δια παράδειγμα, ο οποίος σήμερον θα έκανε πως παραπονείται εάν η Κυβέρνησις του κατέβαλε 30.000 δραχμάς δια την οικίαν του, η οποία δεν του έχει κοστίσει ίσως παρά μόνο 20.000 δραχμάς, ύστερα από οκτώ ή δέκα έτη θα εθεωρούσε τον εαυτόν του ευτυχή, εάν η Κυβέρνησις του την αγόραζε με 10.000 δραχμάς. Με αυτό τον τρόπον η Κυβέρνησις θα καταβάλει δι' αυτάς τας οικοδομάς ίσως μόνον το εν τρίτον, κι αυτό όχι δια μιας αλλά σταδιακώς.

Ως προς τας οικοδομάς αι οποίαι ευρίσκονται εντός του νέου σχεδίου και αι οποίαι είναι ανάγκη να κατεδαφισθούν δια τας οδούς και τας πλατείας της πόλεως, η Κυβέρνησις πρέπει να τας αγοράσει οπωσδήποτε από τώρα. Ωστόσον η εντολή που εδόθη εις τους αρχιτέκτονας να τροποποιήσουν το σχέδιον των δευτερευουσών οδών θα διασώσει μεγάλον πλήθος οικιών και θα μειώσει την δαπάνην.

Όπως είχα προτείνει και στην προηγουμένην έκθεσίν μου, τολμώ να πιστεύω ότι είναι απόλυτος ανάγκη να διορίσει η Κυβέρνησις το συντομώτερον μίαν επιτροπήν αποτελουμένην από ευφυή πρόσωπα, τα οποία δεν θα έχουν καμίαν ιδιοκτησίαν εις αυτήν την πόλιν. Η επιτροπή αυτή, διωρισμένη προς τούτο με αρκετά εκτεταμένας εξουσίας, πρέπει να θέσει τας βάσεις τας οποίας θα εγκρίνει η Κυβέρνησις, συμφώνως με τας οποίας θα εξομαλύνει πλήθος επί μέρους δυσχερείας και θα διευθετήσει οριστικώς και αμετακλήτως τας διαφοράς αι οποίαι θα προκύψουν αναποφεύκτως μεταξύ των γειτόνων [ιδιοκτητών] των οικοπέδων, τα οποία θα καταληφθούν από διαφόρους οδούς. Αλλέως, θα είναι αδύνατον να συμβιβασθούν τα συμφέροντα των ιδιοκτητών αυτών των οικοπέδων και να επισπευσθεί η ανέγερσις των οικιών.

Ναύπλιον, 20 Οκτωβρίου/2 Νοεμβρίου 1833 (υπογραφή)
Ιωάννης Μίσσιος

ΤΕΚΜΗΡΙΟΝ 21

Επιστολή του υπουργού Εξωτερικών Ρίζου-Νερουλού προς τον Klenze. Ναύπλιον 25 Ιουνίου/7 Ιουλίου 1834 (πρωτότυπον κείμενον εις γαλλικήν γλώσσαν).

Ναύπλιον, 25 Ιουνίου/7 Ιουλίου 1834
Πρός τον Κύριον Klenze, Πρόεδρον της Υπηρεσίας [βασιλικών] κτηρίων, μυστικοσύμβουλον κτλ.

Με αίσθημα βαθείας ευγνωμοσύνης η κυβέρνησις της Αυτού Μεγαλειότητος, σεβαστέ μου Κύριε, έμαθε ότι η Αυτού Βαυαρική Μεγαλειότης, ωθουμένη από την αγάπην της προς τον βασιλικόν Υιόν της και το ενδιαφέρον της δια την πόλιν των Αθηνών, όχι μόνον λόγω της ιδιότητός της ως πρωτευούσης του βασιλείου αλλά επίσης και ως αρχαίου λίκνου των επιστημών και των τεχνών, έκρινε ότι θα πρέπει να ληφθεί ιδιαιτέρως μέριμνα υπό τοιαύτας περιστάσεις δια το σχέδιον αυτής της ενδόξου πόλεως και εθεώρησε ότι με την εκτέλεσιν αυτού του σημαντικού έργου θα πρέπει να επιφορτισθεί πρόσωπον ανεγνωρισμένον τόσον δια τας ικανότητάς του εις την αρχιτεκτονικήν όσον και δια πολλάς άλλας.

Η Κυβέρνησις της Αυτού Μεγαλειότητος του σεβαστού μου Μονάρχου, αισθάνεται ευγνωμοσύνην έναντι της Αυτού Βαυαρικής Μεγαλειότητος, η οποία, πεπεισμένη ότι η καλυτέρα εκδήλωσις εμπιστοσύνης σχετικώς με την εκπόνησιν ενός παρομοίου σχεδίου δεν μπορεί παρά να είναι να ορισθείτε υμείς, Κύριε, ως συντάκτης του, είχε την καλωσύνην να προτείνει εις την υψηλήν αντιβασιλείαν να σας χορηγήσει [αυτός] άδειαν κατά τους μήνας Σεπτέμβριον, Οκτώβριον και Νοέμβριον και να σας επιτρέψει να μεταβείτε εις την Ελλάδα, προκειμένου να εξετάσητε επιτόπου το σχέδιον των Αθηνών, το διορθώσητε και το προσαρμόσητε εις την τοποθεσίαν.

Η Κυβέρνησίς μου γνωρίζει ήδη επαρκώς, Κύριε, τας εξαιρετικάς ικανότητας αι οποίαι σας διακρίνουν, τας βαθείας θεωρητικάς γνώσεις σας καθώς και την μακρόχρονον και μεγάλην πείραν σας εις τον τομέα της εφηρμοσμένης αρχιτεκτονικής. Ούτω εις την ενέργειαν της Αυτού Βαυαρικής Μεγαλειότητος, η οποία επέλεξε να συστήσει Υμάς ως τον πλέον άξιον να αναλάβει και να εκτελέσει το σπουδαίον έργον του σχεδίου της Πρωτευούσης, ανεγνώρισε με ζωηράν ικανοποίησιν μίαν νέαν απόδειξιν του βαθυτάτου και ενεργού ενδιαφέροντος που επιδεικνύει η Α.Μ. δια τας υποθέσεις της Ελλάδος και απεφάσισε να αποδεχθεί την Βασιλικήν προσφοράν.

Εισχωρούσα τελείως εις την σκέψιν της Μεγαλειότητός του, η Κυβέρνησίς μου με διέταξε να σας γνωστοποιήσω την εμπιστοσύνην την οποίαν είναι διατεθειμένη να σας παράσχει με την σειρά της. Διερμηνεύων τας βουλήσεις της, θεωρώ χρέος και ευχαρίστησιν ταυτοχρόνως να σας προσκαλέσω, Κύριε, να αναλάβητε το ταξίδιον εις Ελλάδα δια να σας ανατεθεί η εν λόγω υπόθεσις και να σας αναγγείλω ότι η Κυβέρνησίς μου αναμένει με ζωηροτάτην επιθυμίαν την άφιξίν σας. Θέλω να ελπίζω ότι δεν θα παραλείψετε να επισπεύσετε το ταξίδιόν σας, ιδίως όταν γνωρίσετε ότι η Κυβέρνησίς μου έχει τοιαύτην εμπιστοσύνην εις τα ιδικά σας μέσα, ώστε απεφάσισε να ανασταλεί κάθε εκτέλεσις του σχεδίου το οποίον εξεπόνησαν οι αρχιτέκτονες κ.κ. Schaubert και Κλεάνθης. Εκείνον δε που με κάνει ακόμη να πιστεύω πως ούτε η κόπωσις του ταξιδίου ούτε η στέρησις της οικογενείας θα σας εμποδίσουν να έλθητε είναι η πεποίθησίς μου ότι δεν μπορεί να αδιαφορήσετε δια την δόξαν που θα συνδεθεί ασφαλώς με εκείνον που θα επισφραγίσει μιαν ήδη διησφαλισμένην φήμην, εκπονών εν σχέδιον δια την πόλιν των Αθηνών! Πόλιν με την οποίαν συνδέονται τόσαι ένδοξοι αναμνήσεις.

Θα σας είναι εύκολον, Κύριε, να αντιληφθείτε ταυτοχρόνως ότι η Κυβέρνησίς μου δεν θα ηδύνατο να αναστείλει δια περισσότερον από δύο ή τρεις μήνας τας προαναφερθείσας εργασίας χωρίς να επιφέρει σημαντικήν ζημίαν εις τους ενδιαφερομένους ιδιοκτήτας. Προλαμβάνουσα ο,τιδήποτε θα ηδύνατο να πραγματώσει την επιθυμία της να σας δει το ενωρίτερον δυνατόν εις την Ελλάδα, η Κυβέρνησις της Αυτού Μεγαλειότητος σας αναγγέλλει, Κύριε, ότι σας εξασφαλίζει προς τούτο πλήρη αποζημίωσιν των εξόδων που θα προκύψουν από την άφιξίν σας και την επάνοδόν σας μέσω Αγκώνος, και σπεύδει να σας ανοίξει πίστωσιν επτά χιλιάδων και διακοσίων δραχμών επί του οίκου A.E. Eichtal εις το Μόναχον δια την πληρωμήν των εν λόγω εξόδων ταξιδίου, όπως θα το ιδείτε εις το συνημμένον γραμμάτιον.

Δεν μου μένει παρά να σας παρακαλέσω, Κύριε, να δεχθείτε τη διαβεβαίωσιν της διακεκριμένης εκτιμήσεώς μου.

Ι. Ρίζος

ΤΕΚΜΗΡΙΟΝ 22

Επιστολή του Κλεάνθους προς τον Klenze. Ναύπλιον, 16 Ιουλίου 1834 (πρωτότυπον κείμενον εις γερμανικήν γλώσσαν).

Ευγενέστατε,
Αξιότιμε, κύριε μυστικέ Σύμβουλε!

Η αναχώρησις του εξαδέλφου της γυναικός μου και πρεσβευτού εις την Αυλήν του Μονάχου κυρίου Α. Μαυροκορδάτου, ο οποίος χαίρεται προκαταβολικώς δια την τιμήν να γνωρίση προσωπικώς και να εκτιμήση την Ευγενείαν σας, μου παρέχει την πολυπόθητον ευκαιρίαν να αποστείλω εις Υμάς, κύριε μυστικέ Σύμβουλε, αυτάς τας γραμμάς.

Τόσον εγώ όσον και ο ομότεχνός μου Schaubert ηκούσαμεν μετά χαράς ότι το προσεχές φθινόπωρον θέλετε επισκεφθεί την Ελλάδα δια να ελέγξητε κατά πρώτην προτεραιότητα επιτοπίως το σχέδιον πόλεως το οποίον συνετάξαμεν.

Η επίσκεψίς σας είναι πολυπόθητος εις ημάς δια δύο λόγους: πρώτον, διότι θα έχω την τιμήν να σας ξαναϊδω επί κλασικού εδάφους, δεύτερον διότι προσδοκώμεν εις το κατατεθέν σχέδιόν μας να αποδοθή η δικαιοσύνη την οποίαν δεν θα αρνηθή βεβαίως εις αυτό η λαμπρά φώτισις της Υψηλής Ευγενείας σας, αφού θα είσθε εις θέσιν, εξοικειωθείς πλέον μετά των εδώ συνθηκών, να αναγνωρίσητε το βέλτιστον.

Μόνον δια της αφίξεως και συμβολής της Υμετέρας Ευγενείας θα αρθούν τα τεράστια προσκόμματα τα οποία απαντά η επανίδρυσις της πόλεως των Αθηνών. Ημείς καθώς και πάντες οι ενδιαφερόμενοι δι' αυτήν αναμένομεν μετά αδημονίας την άφιξιν Υμών, διό και παρακαλούμεν δια την μεγίστην δυνατήν επιτάχυνσίν της. Λαμβάνω το θάρρος να επισυνάψω μίαν σύντομον περιγραφήν των προτάσεων και αντιρρήσεων, τας οποίας διετύπωσεν επί του σχεδίου ημών ο Γενικός Έφορος Αρχαιοτήτων κύριος Weissenburg, εξουσιοδοτηθείς υπό της υψηλής αντιβασιλείας να εξετάση μεθ' ημών καθώς και μετά του μηχανικού του νομού Αττικής κυρίου Spiess το συνταχθέν υφ' ημών σχέδιον, καθώς και την ημετέραν απάντησιν εις τας ρηθείσας ανωτέρω αντιρρήσεις και προτάσεις.

Επιτρέψατέ μου την έκφρασιν του διακεκριμένου σεβασμού προς Υμάς, υποσημειούμαι μετά τιμής

της Υμετέρας Ευγενείας
ευπειθέστατος θεράπων

Ναύπλιον, 16 Ιουλίου 1834, Στ. Κλεάνθης

ΤΕΚΜΗΡΙΟΝ 23

"Παρατηρήσεις επί του εύρους των οδών των νέων Αθηνών". Ανυπόγραφον κείμενον (από το περιεχόμενον όμως φαίνεται ότι συντάκτης των "παρατηρήσεων" είναι ο Klenze). Ναύπλιον, Αύγουστος 1834 (πρωτότυπον κείμενον εις γαλλικήν γλώσσαν).

Ας υποθέσωμεν εν τετράγωνον το οποίον έχει πλευράν ενός ναυτικού μιλίου ή 1.852 μέτρων. Το τετράγωνον αυτό περιέχει 3.429.904 τετραγωνικά μέτρα. Υποθέτοντες οδούς περισσότερον ή ολιγώτερον ευρείας και υπολογίζοντες την επιφάνειαν την οποίαν θα καταλάβουν, αρκεί εν παράδειγμα δια να δώσωμεν μιαν εικόνα των πλεονεκτημάτων ενός περισσότερον ή ολιγώτερον μεγάλου πλάτους των οδών.

Εάν διαιρέσωμεν λοιπόν αυτό το τετράγωνον εις 30 τμήματα προς κάθε κατεύθυνσιν, θα έχωμεν 900 τετράγωνα όπου το καθένα θα έχει πλευράν 61,733 μέτρων ή περίπου 203 αγγλικών ποδών. Αν διανοίξωμεν οδούς πλάτους από 30 έως 40 και 50 ποδών (ωρισμένας μάλιστα και ως 70 ποδών), θα υπετιμούσαμεν την πραγματικότητα παραδεχόμενοι ως μέσον πλάτος των οδών 12,733 μέτρα ή περίπου 40 αγγλικούς πόδας. Εξ άλλου, ας υποθέσωμεν επίσης ότι οι δρόμοι έχουν πλάτος από 20 ως 30 και 40 πόδας και ας παραδεχθώμεν ως μέσον πλάτος τα 9,733 μέτρα ή περίπου 30 αγγλικούς πόδας.

Αι ευρύτεροι οδοί 1852 μέτρα /30		Αι στενότεροι οδοί
61,733 μέτρα	η πλευρά καθενός από τα 900 τετράγωνα ή υποδιαιρέσεις	61,733 μ.
12,733μ.	το πλάτος των οδών	9,733 μ.
49 μέτρα	η πλευρά κάθε νησίδος [τετραγώνου] ή τμήματος προοριζόμενου για οικοδομάς	52,00 μ.
49 x 49 = 2.401 τετρ. μετρ.	εμβαδόν κάθε νησίδος ή τετραγωνικού τμήματος	2.704 τετρ. μετρ.

900	αριθμός των νησίδων ή τετραγώνων	900
2.160.900 τετρ. μετρ.	επιφάνεια προς οικοδόμησιν	2.433.600 τετρ. μετρ.
3.429.904	συνολικό εμβαδόν ενός τετραγωνικού μιλίου	3.429.904
1.269.004	επιφάνεια καταλαμβανόμενη από τας οδούς	996.304
996.304		1.269.004
272.700 τ.μ.	διαφορά της ολικής επιφάνειας που καταλαμβάνουν οι οδοί, των οποίων τα μέσα πλάτη παρουσιάζουν αναλογίαν 100 προς 127,3	272.700 τ.μ.

2/5,43569	Λογ. των	272.700 τετρ. μέτρων
2,717845	Λογ. των	522,25 μέτρων πλευράς τετραγώνου που περιέχει την προαναφερθείσαν διαφοράν
0,48813	Λογ. των	3,077 γαλλικών ποδών ανά μέτρον
3,205975	Λογ. των	2/1606,83 γαλλικών ποδών, πλευρά του ιδίου τετραγώνου
2,90494	Λογ. των	803,415 ελληνικών πήχεων·
5,80988	Λογ. των	645471 τετραγωνικών ελληνικών πήχεων· παριστάνουν την ίδια διαφορά

Σημείωσις: Συμφώνως προς τα συνήθη μέτρα εμβαδομετρήσεων, εις εν στρέμμα γης περιέχονται μόνον 1.173 τετραγωνικά μέτρα. Αυτό είναι ελάχιστα ακριβές αλλά με την παραδοχήν αυτήν θα χρειασθούν 232,4 στρέμματα γης επιπλέον δια τας ευρυτέρας οδούς από ό,τι δια τας στενωτέρας.

Χωρίς να υπολογίσωμεν τον χώρο τον οποίον θα κατελάμβανον αι δημόσιαι πλατείαι και αι οδοί πλάτους 70 ποδών, θα χρειασθούν άρα επιπλέον 645.471 τετραγωνικοί πήχεις γης, εάν εγκριθούν δρόμοι μέσου πλάτους 40 ποδών· με άλλους λόγους, η επιφάνεια της πόλεως θα επεκταθεί κατά το ίδιον μέτρον. Εάν η κυβέρνησις διαθέσει αυτό το περίσσευμα εκτάσεως, χάνει την αξία της και αν χρειάζεται να την αγοράσει επιβαρύνεται δι' αυτήν την μη παραγωγικήν χρήσιν.

Η δαπάνη δια τους αγωγούς υδρεύσεως, τας αποχετεύσεις και τα άλλα δημόσια έργα τα οποία πρέπει να κατασκευασθούν πριν να οικοδομηθεί η πόλις θα αυξηθεί με την εξής αναλογίαν:

3 μέτρα διαφορά πλάτους εις εκάστην οδόν, πολλαπλασιαζομένη επί 30 τμήματα σημαίνει 90 μέτρα επιπλέον μήκος εις εκάστην οδόν, έχωμεν 60 οδούς, άρα 5.400 μέτρα επιπλέον δια αγωγούς, οχετούς, κ.λπ. Η δαπάνη δια οδοστρώματα, καθαρισμόν, φωτισμόν, αστυνόμευσιν κ.λπ. κ.λπ. θα αυξηθεί κατά 1.000 προς 1.273 αν εγκριθούν αι ευρύτεραι οδοί.

Κατά τον νόμον, η πόλις πρέπει να καλύπτει τα έξοδα συντηρήσεώς της, και τα έξοδα αυτά θα υπάρχουν τόσον εις τους δυσκόλους χρόνους όσο και κατά τας εποχάς της αφθονίας. Θα πρέπει λοιπόν να υπηρετηθεί το συμφέρον της πόλεως και να μην λαμβάνεται υπ' όψιν η γνώμη ατόμων ξένων προς την πόλιν ή ακόμη αρχιτεκτόνων οι οποίοι κερδίζουν περισσότερα όταν τα δημόσια έργα πληθαίνουν. Και εάν ακόμη η κυβέρνησις απεφάσιζε να επιβαρύνει όλην την επικράτειαν με την αξίαν των 645.471 τετρ. τεκτονικών πήχεων [πρόκειται εδώ για την επί πλέον συνολικήν επιφάνειαν που θα απήτουν αι ευρύτεραι οδοί εις τας Αθήνας], θα παρέμενε η φορολογική επιβάρυνσις 273 /1000 [επί τοις χιλίοις] δια τους Αθηναίους.

Εις την συνέχειαν έρχεται η θεώρησις της υγιεινής, της τάξεως και της κανονικότητος της πόλεως. Εάν αφ' ενός είναι αλήθεια ότι αι σχετικώς ευρύτεραι οδοί επιτρέπουν μιαν πλέον ελευθέραν κυκλοφορίαν των ρευμάτων του αέρος, και αυτό είναι πλεονέκτημα εις εποχάς μολυσματικών ασθενειών, δεν πρέπει να παραβλέψωμεν αφ' ετέρου το πόσαι ασθένειαι μπορεί να προκληθούν από την έλλειψιν σκιάς. Ποίος δεν γνωρίζει το τι σημαίνει να διασχίζεις την πλατείαν του Ναυπλίου τας καλοκαιρινάς ημέρας; Και ποίος μπορεί να διαβεβαιώσει ότι τα χαμηλότερα τμήματα των οικιών δροσίζονται περισσότερον την νύκτα από την πλέον ελευθέραν κυκλοφορίαν του αέρος εις δρόμους πλέον ευρείς παρά από την προστασίαν του ίσκιου κατά το διάστημα της ημέρας, που θα εξησφάλιζον οδοί πλέον στεναί; Η πείρα διδάσκει ακόμη ότι όταν έχωμεν ολίγην διακίνησιν αέρος, τα ρεύματά του είναι πλέον αισθητά εις στενωτέρας παρά εις ευρυτέρας οδούς.

Εις τας χώρας του Νότου ο λαός συνηθίζει να ζει εις τους δρόμους, τους οποίους γεμίζει με εμπορεύματα, κινητά εργαστήρια, κοφίνια, βαρέλια κ.λπ. Όσον περισσότερος [δημόσιος] χώρος υπάρχει, όσον περισσότερον κατατρώγεται [με κτίσματα] ο χώρος των εσωτερικών αυλών, τόσο δυσκολώτερον θα μπορεί να διορθωθεί αυτή η συνήθεια.

Όσον αφορά το ωραίον, το μεγαλειώδες! αυτά συνίστανται εις την αρχιτεκτονικήν, εις την επιλογήν των σωστών αναλογιών. Αι διώροφοι κατοικίαι που κτίζονται εις την Ελλάδα δεν θα φανούν χαμένες εις οδούς εύρους 20, 30 ή και 40 ποδών. Θα έχαναν ωστόσο και την ολίγον εντυπωσιακήν εμφάνισίν των εις οδούς μεγαλυτέρου εύρους. Ας ενθυμηθώμεν το θλιβερόν θέαμα ερημίας που παρουσιάζει το Βερολίνον με τους τόσον ευρείς δρόμους, στους οποίους δεν μπορεί κανείς να αντιληφθεί την κίνησιν του πληθυσμού! Και αυτό εις μίαν πόλιν που δεν της λείπει ο σημαντικός πληθυσμός. Ενώ αι Αθήναι θα χρειασθούν πολύν χρόνον δια να αποκτήσουν 120.000 κατοίκους, οι οποίοι μπορούν να κατοικήσουν εις την έκτασιν ενός τετραγωνικού μιλίου, και νομίζω ότι το σχέδιον εκτείνεται εις ακόμη περισσότερον χώρον! Η πείρα διδάσκει ότι οι λαοί του Νότου, από την Κίνα μέχρι την Αμερική, πάντα είχον την τάσιν να κάνουν στενάς τας οδούς των πόλεών τους. Και δεν λείπουν οι λόγοι δια μίαν παρομοίαν απόφασιν. Εις την σύγχρονον εποχήν, η συχνή χρήσις αμαξών προεκάλεσε την ανάγκην να δοθεί μεγαλύτερον εύρος εις τας οδούς, και όσο περισσοτέρας οδούς αδιαβάτους δια τας αμάξας είχε μία πόλις, τόσον μεγαλυτέρα η ανάγκη ωρισμένων ευρέων διανοίξεων οδών. Αλλά εάν είχαμεν οδούς σχετικώς στενάς που επιτρέπουν την διασταύρωσιν δύο αμαξών και συγχρόνως το πέρασμα των πεζών, δεν υφίσταται ανάγκη διανοίξεων.

Οι ωραιότεραι πόλεις της Ιταλίας και της Ισπανίας δεν έχουν μεγαλυτέραν έκτασιν γης καταλαμβανομένην από τας οδούς απ' ό,τι θα είχε η Αθήνα με οδούς 20, 30 και 40 ποδών. Αν εφαρμοσθούν εις τους ευρυτέρους δρόμους στοαί και εις τας δύο πλευράς, θα μπορούσαμε να ειπούμε ότι 16 πόδες [εύρους] στοών προς 14 πόδες ενδιαμέσου οδού θα είναι πολύ ολίγον. Οπότε αυξάνωμεν το πλάτος των στοών.

Ναύπλιον, Αύγουστος 1834.

ΤΕΚΜΗΡΙΟΝ 24

Διαταγή του Βασιλέως Όθωνος προς το Υπουργείον Εσωτερικών. Ναύπλιον 26 Ιουλίου/7 Αυγούστου 1834 (πρωτότυπον κείμενον εις γερμανικήν γλώσσαν).

Αντίγραφον Αρ. Πρωτ. 15575

Όθων
Ελέω Θεού Βασιλεύς κλπ. κλπ.
Δια της Ημετέρας αποφάσεως από 9/21 Ιουνίου διετάξαμεν επιμελή αναθεώρησιν του σχεδίου πόλεως Αθηνών, και η θέλησις Ημών είναι ήδη η οριστική ρύθμισις του σπουδαιοτάτου αυτού θέματος. Κατόπιν θερμής επιθυμίας Ημών, η Αυτού Μεγαλειότης ο Βασιλεύς της Βαυαρίας και πολυαγαπημένος πατήρ Ημών, ανέθεσεν εις τον ήδη παρόντα εν Ελλάδι μυστικόν σύμβουλον κύριον von Klenze, άνδρα εξαίρετον, λόγω δε μακροχρονίου και πολυπλεύρου ασκήσεως της αρχιτεκτονικής, διαθέτοντα βαθυτάτας γνώσεις εις τον τομέα αυτόν, να ασχοληθή μετά του αντικειμένου τούτου, έλθη επί τό-

που, ελέγξη το σχέδιον και συμβάλη δια της συμβουλής του εις την βελτίωσιν και εις την εφαρμογήν του.

Γνωστοποιήσαντες τα προαναφερθέντα εις την Ημετέραν επί των εσωτερικών γραμματείαν, παρηγγείλαμεν εις αυτήν να δώση οδηγίας εις τον νομάρχην των Αθηνών και να τον διατάξη να επιδείξη εις τον προαναφερθέντα κύριον μυστικόν σύμβουλον von Klenze άπαντα τα σχέδια και τα σημειώματα καθ' όσον αφορούν εις την εργασίαν του, να θέση πάραυτα και προθύμως εις την διάθεσιν του ιδίου τα πρόσωπα και τα μέσα, τα οποία χρειάζεται δια την εκτέλεσιν της αποστολής αυτού, να του δοθή πάσα δυνατή βοήθεια και εν γένει να αντιμετωπισθή με τον προσήκοντα εις το αξίωμά του σεβασμόν. Ιδίως θέλουν προσφέρει αυτώ οι αρχιτέκτονες Κλεάνθης και Schaubert απάσας τας διασαφήσεις και άπαντα τα βοηθήματα.

Ο προαναφερθείς κύριος μυστικός σύμβουλος θέλει επίσης υποβάλει εις έλεγχον και το σχέδιον του Πειραιώς.

Η Ημετέρα επί των Εσωτερικών Γραμματεία θέλει θέσει εις την διάθεσιν του κυρίου μυστικού συμβούλου von Klenze προ της αναχωρήσεώς του [από το Ναύπλιον] άπαντα τα σχέδια Αθηνών και Πειραιώς, απάσας τας υπαρχούσας σημειώσεις και θέλει δώσει τας διασαφήσεις τας οποίας αυτός επιθυμεί, προς τον σκοπόν δε αυτόν ο γραμματεύς της επικρατείας Κωλέττης θέλει συνεννοηθεί προφορικώς μετ' αυτού.

Επίσης παραγγέλλομεν να γίνωσιν αι προετοιμασίαι δια την άνετον μετάβασιν του κυρίου von Klenze μέσω Επιδαύρου, Πόρου και Αιγίνης εις τας Αθήνας.

Ναύπλιον 26 Ιουλίου/7 Αυγούστου 1834

Κοινοποίησις προς την επί των Εσωτερικών Γραμματείαν.
Ειδοποίησις προς το Υπουργείον Ναυτικών όπως δοθώσιν άπαντα τα σχέδια των κτηρίων του Πόρου εις τον κύριον μυστικόν σύμβουλον να τα ίδη και να εκφέρη γνώμην· κατόπιν να παραγγελθή εις το επαρχείον Πόρου να δώση επί τόπου απάσας τας εξηγήσεις. Να ετοιμασθή δια τον κύριον von Klenze και να περιμένη την καθωρισθείσαν υπ' αυτού ημέραν εις την Επίδαυρον το βασιλικόν ιστιοφόρον προκειμένου να τον μεταφέρη εις τον Πόρον, εις την Αίγιναν και εις τον Πειραιά.

Ειδοποίησις προς το Υπουργείον Πολέμου να δώση τας αναλόγους διαταγάς εις το σώμα του Μηχανικού και ιδιαιτέρως εις τον λοχαγόν Spiess.

Ειδοποίησις προς το Υπουργείον Εκκλησιαστικών και Δημοσίου Εκπαιδεύσεως όπως δώση εντολήν εις τας σχολικάς αρχάς και την διεύθυνσιν του μουσείου της Αιγίνης, επίσης εις τον κύριον Πιττάκην εις τας Αθήνας και αναθέση εις τον δόκτορα Ross να μεταβή κατά την εκεί παραμονήν του μυστικού συμβούλου von Klenze εις τας Αθήνας δι' ολίγον χρόνον προκειμένου να δώση εις αυτόν από κοινού μετά του Εφόρου Πιττάκη επεξηγήσεις.

Πιστόν αντίγραφον (υπογραφή) Stademann

ΤΕΚΜΗΡΙΟΝ 25

Επιστολή της αντιβασιλείας προς τον Klenze. Ναύπλιον 12/24 Σεπτεμβρίου 1834 (πρωτότυπον κείμενον εις γερμανικήν γλώσσαν). Γνωστοποίησις αντιγράφου των παρατηρήσεων του Βασιλέως Όθωνος επί του σχεδίου πόλεως των Αθηνών.

Όθων. Ελέω Θεού Βασιλεύς της Ελλάδος
Αρ. 16657
Δια της παρούσης διαβιβάζομεν συνημμένως εις τον κύριον μυστικόν σύμβουλον von Klenze επικυρωμένον αντίγραφον των παρατηρήσεων της Αυτού Μεγαλειότητος του Βασιλέως επί του σχεδίου της πόλεως των Αθηνών. Ναύπλιον 12/24 Σεπτεμβρίου εν ονόματι του Βασιλέως

Οι αντιβασιλείς Armansperg, von Kobell, von Heideck

Προς τον κύριον μυστικόν σύμβουλον, περί του σχεδίου της πόλεως των Αθηνών.
Αντίγραφον, Stademann Βελάρη 2/14 Σεπτεμβρίου 1834

ΠΑΡΑΤΗΡΗΣΕΙΣ
επί του σχεδίου των Αθηνών, τας οποίας ηυαρεστήθη να κάμη εκ των υστέρων η Αυτού Μεγαλειότης ο Βασιλεύς.

Συμφωνώ:
1ον, με την διάνοιξιν των ευθυγράμμων οδών εις την παλαιάν πόλιν εις το σχέδιον του κυρίου μυστικού συμβούλου von Klenze, τουτέστιν των οδών Ερμού, Αθηνάς και των παραλλήλων προς αυτήν οδών·
2ον, με την θέσιν της αγοράς (bazar), των λουτρών και της μεγάλης στρογγύλης πλατείας μετά της εκκλησίας, καθώς και το μέγεθος και την θέσιν εις την οποίαν τοποθετούνται επί του σχεδίου.

Η Αυτού Μεγαλειότης επιφυλάσσεται να αποφανθή οριστικώς δια το υπόλοιπον τμήμα του σχεδίου, το οποίον εν γένει είναι της αρεσκείας της Αυτού Μεγαλειότητος, κατά την επιστροφήν Της μέσω Αθηνών.

Ο αρχιτέκτων κύριος Roeser δέον όπως εξοικειωθή εν τω μεταξύ με τας απόψεις και τας ιδέας του κυρίου μυστικού συμβούλου von Klenze, ώστε να δυνηθή να δώση εις την Αυτού Μεγαλειότητα επί πάντων των σημείων απάσας τας δυνατάς επεξηγήσεις. Τούτο πρέπει να ανακοινωθή εις αυτόν [τον Roeser]. Η Αυτού Μεγαλειότης παρατηρεί επί πλέον ότι καθ' όσον αφορά τον καθορισμόν της θέσεως των ανακτόρων αύτη παραμένει αναλλοίωτος.

Ως προς την προταθείσαν κάτοψιν των ανακτόρων, η Αυτού Μεγαλειότης παρατηρεί ότι εγκρίνει την ανοικτήν αυλήν προς τον νότον ως αύτη εμφαίνεται εις το σχέδιον, εν τούτοις επιθυμεί να δοθή εις αυτήν μεγαλύτερον εύρος αντί βάθους.

Επίσης η Αυτού Μεγαλειότης επιθυμεί να διαμορφωθή ως πρόσοψις των ανακτόρων η όψις προς την πόλιν και, εφ' όσον επιτρέπει τούτο η τοποθεσία, η σύνθεσις των ανακτόρων να λάβη μεγάλον εύρος. Εν τούτοις ο Βασιλεύς επιθυμεί όπως αι παρατηρήσεις του περί των ανακτόρων εκληφθούν απλώς ως άποψις, η τήρησις ή όχι της οποίας εναπόκειται εις το καλλιτεχνικόν τάλαντον του κυρίου μυστικού συμβούλου. Υψηλή επιταγή

ο βασιλικός γραμματεύς
(υπογραφή) Lohmaier

Πιστόν αντίγραφον
(υπογραφή) Stademann

Το αναφερόμενον εις το παρόν αντίγραφον, συνημμένον έγγραφον έχει ήδη δοθεί εις τον κύριον μυστικόν σύμβουλον δια χειρός της εξοχότητός του, του κυρίου προέδρου της αντιβασιλείας.

Εις περίπτωσιν καθ' ην δεν έχει γνωστοποιηθεί εις Υμάς το αντίγραφον, θα αποσταλή πάραυτα υπό της γραμματείας νέον.

Stademann

ΤΕΚΜΗΡΙΟΝ 26

Έκθεσις του "Bureau d'Economie Publique" προς τον Βασιλέα Όθωνα με υπογραφήν "Κωλέττης". Ναύπλιον 5/17 Νοεμβρίου 1834 (πρωτότυπον κείμενον εις γαλλικήν γλώσσαν). Αφορά εις την παραίτησιν των Κλεάνθους και Schaubert.

Αντίγραφον Αρ. 1480

Ναύπλιον, 5/17 Νοεμβρίου 1834

Έκθεσις
του Γραφείου Δημοσίου Οικονομίας

Περί της παραιτήσεως των Αρχιτεκτόνων Κλεάνθους και Schaubert

Μεγαλειότατε,
Σπεύδω να ανταποκριθώ εις την βασιλικήν πρόσκλησιν της 3/15 Νοεμβρίου. Εχθές απέφυγα να συνοδεύσω με οποιαδήποτε σκέψιν την παραίτησιν των κ.κ. Κλεάνθη και Schaubert, επειδή εθεώρησα χρέος μου να σεβασθώ την πρωτοβουλίαν την οποίαν η Υμετέρα Μεγαλειότητης επεφύλασσε δι' αυτήν εις ό,τι αφορά εις την οικοδομικήν επιτροπήν των Αθηνών. Σήμερον, εφ' όσον η Υμετέρα Μεγαλειότης ανήρεσε όλας τας επιφυλάξεις μου με την βασιλικήν πρόσκλησιν της 3/15 Νοεμβρίου, έχω την τιμήν να σας υποβάλω ευσεβεστάτως την γνώμην μου δι' αυτήν την παραίτησιν.

Η επίλυσις του ζητήματος μου φαίνεται πολύ λεπτή, διότι αφ' ενός η έκθεσις των κινήτρων της παραιτήσεως αποτελεί ευθείαν επίθεσιν κατά των βασιλικών εντολών και φανεράν απόρριψιν του σχεδίου, το οποίον ενέκρινε η Υμετέρα Μεγαλειότης κατόπιν των απόψεων και των συμβουλών ενός εκ των πλέον εμπείρων ανθρώπων περί τα έργα αυτής της φύσεως [δηλ. του Klenze].

Αφ' ετέρου, οι αρχιτέκτονες τους οποίους διαθέτει το βασίλειον αυτήν την στιγμήν είναι τόσον ολιγάριθμοι, ώστε είναι σοβαρόν ζήτημα να στερηθεί κανείς εκείνους τους οποίους μπορεί να χρησιμοποιήσει επωφελώς.

Όταν γνωρίζει κανείς την ευαίσθητον φύσιν του καλλιτέχνου, αντιλαμβάνεται λίαν ευκόλως την προσήλωσιν που έχει ο αρχιτέκτων εις το έργον του· εις τα μάτια του πρόκειται πάντοτε για άψογον αριστούργημα, το οποίον εκπληρώνει όλους τους όρους της τέχνης. Ιδού το μοναδικόν αίσθημα, πιστεύω, το οποίον υπαγόρευσε την παραίτησιν των κ.κ. Schaubert και Κλεάνθους. Ως καλλιτέχνες είναι συγχωρητέοι, αλλά ως υπάλληλοι έναντι της προϊσταμένης αρχής αξίζουν ως τιμωρίαν την αποδοχήν της παραιτήσεώς τους.

Είναι δυσάρεστον, επαναλαμβάνω, να ευρίσκεται κανείς εις την ανάγκην να στερηθεί των ικανοτήτων των κ.κ. Schaubert και Κλεάνθους, αλλά η Κυβέρνησις δεν μπορεί να αμφιταλαντευθεί, διότι αυτοί οι κύριοι αρνούνται μετ' επιμονής να εκτελέσουν το σχέδιον το οποίον εδιόρθωσε ο κ. Klenze, και η Κυβέρνησις, αφού το ενέκρινε με τόσον επίσημον τρόπον, δεν δύναται να το τροποποιήσει δια να ικανοποιήσει το καλλιτεχνικόν φιλότιμον αυτών των κυρίων.

Αν τροποποιηθεί το σχέδιον δια τρίτην φοράν, η απόφασις αυτή θα είχε ως αποτέλεσμα να ενσπαρούν εις τα πνεύματα αβεβαιότητες, αι οποίαι θα έβλαπτον απείρως την εκτέλεσιν των προθέσεων της Υμετέρας Μεγαλειότητος. Εις αυτήν την δύσκολον περίστασιν θα προτείνω εν τούτοις εις την Υμετέραν Μεγαλειότητα να αποδεχθεί την παραίτησιν την οποίαν προσέφερον αυτοί οι κύριοι. Ως αντικαταστάτας των θα προτείνω, με βάσιν την πρότασιν του κ. Gebhard, τους κ.κ. Erlacher και Stauffert.

Ο κ. Erlacher είναι ήδη γνωστός εις την Υμετέραν Μεγαλειότητα από το σχέδιον δια το Λαζαρέτον της Σύρου. Ο κ. Stauffert, γεωμέτρης απασχολούμενος εις την Σπάρτην, είναι άνθρωπος ο οποίος επέρασε εξαιρετικάς εξετάσεις και ο οποίος έχει εκπληρώσει άριστα έως τώρα την αποστολήν που του έχει ανατεθεί· ετιμήθη από το σώμα του Μηχανικού δια το σχέδιον των υπό κατασκευήν φρεάτων εις την Σπάρτην με ένα σημείωμα εξαιρετικά κολακευτικόν, το οποίον είχα ήδη την τιμήν να γνωστοποιήσω εις την Υμετέραν Μεγαλειότητα εις την αναφοράν μου της 22 Σεπτ./4 Οκτ. ε.έ.

Ο κ. Erlacher θα ηδύνατο να αντικατασταθεί εις Σύρον από τον κ. Baumgartner, από έναν άνθρωπον ο οποίος επί 30 χρόνια έχει ασχοληθεί μόνο με κατασκευάς και θα είναι άριστος εργοδηγός: άπαξ και του δοθεί το σχέδιον, δεν θα έχει παρά να το εκτελέσει.

Όσον αφορά τον κύριον Stauffert, θα μου είναι δύσκολον να τον αντικαταστήσω προς το παρόν εις την Σπάρτην, διότι δεν έχω πλέον διαθεσίμους γεωμέτρας· τα έργα αυξάνονται κάθε ημέραν και δεν δύναμαι να αυξήσω αναλόγως το προσωπικόν μου, λόγω ελλείψεως ικανών ανθρώπων και οργάνων που δεν έχουν έλθει ακόμα από την Βαυαρίαν.

Ο κ. Stauffert ωστόσον θα ηδύνατο να αντικατασταθεί εις την Σπάρτην από τον κ. Messinger, ο οποίος τώρα ασχολείται με την εφαρμογήν της χαράξεως του σχεδίου του λιμένος του Τολού. Αυτή είναι η γνώμη μου, αυτά είναι τα μέτρα που έχω την τιμήν, ανταποκρινόμενος εις την Βασιλικήν πρόσκλησιν της 3/15 Νοεμβρίου, να θέσω υπ' όψιν της Υμετέρας Μεγαλειότητος.

Διατελώ κ.λπ.

Υπογραφή: Κωλέττης

ΤΕΚΜΗΡΙΟΝ 27

Διάταγμα του Βασιλέως Όθωνος κοινοποιούμενον προς το Υπουργείον των Εσωτερικών, Ναύπλιον 7/19 Νοεμβρίου 1834 (πρωτότυπον κείμενον εις γερμανικήν γλώσσαν). Περί απολύσεως των κυρίων Κλεάνθους και Schaubert.

Αρ. Πρωτ. 19105

Προς το Υπουργείον Εσωτερικών

Περί της απολύσεως των κυρίων Κλεάνθους και Schaubert

Όθων

Ελέω Θεού κ.λπ. κ.λπ.

Επί της εισηγήσεως του Ημετέρου επί των Εσωτερικών Υπουργείου από 5/17 Νοεμβρίου ε.έ. περί του ως άνω θέματος κοινοποιούνται εις αυτό τα εξής:

Εις τους κυρίους Κλεάνθην και Schaubert θέλει κοινοποιηθεί η αιτουμένη [υπ' αυτών] απόλυσις, θέλει δε επικριθεί ο εσφαλμένος έγγραφος ισχυρισμός αυτών ότι δήθεν ενεκρίθη ανεπιφυλάκτως εις το παρελθόν το σχέδιον το οποίον κατήρτησαν, δεδομένου ότι η πρώτη επικύρωσίς του έλαβεν χώραν μετά της ρητής επιφυλάξεως τυχόν ιδιαιτέρων τροποποιήσεων.

Την θέσιν των κυρίων αυτών θέλει καταλάβει προσωρινώς ο βασιλικός λοχαγός του Μηχανικού Spiess, ως υφισταμένους του οποίου ορίζομεν τους αρχιτέκτονας Lueders, Hofer, Hansen και Roeser.

Ναύπλιον, 7/19 Νοεμβρίου 1834

ΤΕΚΜΗΡΙΟΝ 28

Διάταγμα του Βασιλέως Όθωνος κοινοποιούμενον προς το Υπουργείον Εσωτερικών. Αθήναι 23 Δεκεμβρίου 1834/4 Ιανουαρίου 1835 (πρωτότυπον κείμενον εις γερμανικήν γλώσσαν). Περί της χαράξεως των οδών της πόλεως των Αθηνών

Αρ. 20143 Αθήναι, 23 Δεκεμβρίου 1834/ 4 Ιανουαρίου 1835

Προς το Υπουργείον Εσωτερικών

Περί της χαράξεως των οδών της πόλεως των Αθηνών

Όθων

Ελέω Θεού κ.λπ. κλπ.

Επί τη άκρως επιτηδεία και ωφελίμω προτάσει της Ημετέρας επί των Εσωτερικών Γραμματείας διατάσσομεν τα εξής:

Άρθρον 1.

Εις την διωρισθείσαν από της 16/18 υπό των επί των Εσωτερικών και του Πολέμου [Στρατιωτικών] Γραμματέων της Επικρατείας, κατόπιν ειδικής εντολής Ημών επιτροπήν δια την εκτέλεσιν του σχεδίου πόλεως των Αθηνών, συγκειμένην εκ του διευθυντού της Αστυνομίας Αξιώτου, του λοχαγού του Μηχανικού Spiess, των κυρίων Ζαχαρίτσα, Βλάχου και Καλλιφρονά, ανατίθεται ο καθορισμός [επί του εδάφους] της κατευθύνσεως των οδών εις την παλαιάν πόλιν συμφώνως προς τα οριζόμενα εις το τροποποιηθέν από τον κύριον von Klenze σχέδιον.

Άρθρον 2.

Η επιτροπή αύτη θέλει εργασθεί επί τη βάσει των ακολούθων αρχών:

I. Η κατεύθυνσις των παλαιών οδών της πόλεως θέλει διατηρηθεί όσον το δυνατόν η αυτή.

II. Αμαξιταί θέλουσιν διαμορφωθεί μόνον αι πολυσύχναστοι οδοί, τουτέστιν όσαι χρησιμεύουσιν δια την σύνδεσιν των σημαντικωτέρων σημείων των τμημάτων της πόλεως και εφ' όσον η υφισταμένη χάραξις τούτων δεν ανταποκρίνεται ήδη με το ανάλογον εύρος της προς τούτο [δηλ. την κυκλοφορίαν αμαξών].

Θέλει δοθεί πρωτίστως προσοχή εις την εξασφάλισιν καλών και (όσον το δυνατόν δίχως κατεδάφισιν υπαρχουσών μεγαλυτέρων οικιών) κανονικών (εν τούτοις ουχί οπωσδήποτε απολύτως ευθυγράμμων) διασυνδέσεων μεταξύ:

α) των Ημετέρων ανακτόρων και της Μακράς Στοάς,

β) των Ημετέρων ανακτόρων και της Αιολικής οδού,

γ) της προηγουμένης συνδέσεως και της οδού Ερμού,

δ) των άνω και κάτω τμημάτων των οδών Αιόλου και Αθηνάς,

ε) των άνω και κάτω τμημάτων της οδού Αθηνάς και της διανοιχθησομένης (συμφώνως προς το σημείον IV) παραλλήλου οδού αντί της προεκτάσεως της οδού Αρείου Πάγου ή Αριστείδου,

στ) μεταξύ της προηγουμένης μετά των πρωτίστων οδών της νέας πόλεως.

III. Εις την παλαιάν πόλιν δεν θα διανοιχθώσι νέαι οδοί, ει μη μόνον αι εις το σχέδιον του κυρίου von Klenze σημειούμεναι των οποίων διετάξαμεν την διάνοιξιν: ήτοι αι οδοί Ερμού, Αιόλου, Αθηνάς καθώς και η σημειουμένη επί του σχεδίου Klenze οδός Μακράς Στοάς κατά το τμήμα ταύτης το εντός της παλαιάς πόλεως.

IV. Αι οδοί Αρείου Πάγου και Ηροδότου δεν θα διανοιχθώσι κατά το επί του εδάφους της παλαιάς πόλεως τμήμα αυτών, μη παραβλαπτομένης εν τούτοις της χαράξεως αυτών επί του εδάφους της νέας πόλεως και έως το σημείον εντός της παλαιάς, όπου υφίσταται κτήριον ουχί ερειπωμένον. Η επιτροπή εντέλλεται να τεκμηριώση την χρησιμότητα ή όχι διανοίξεως μιας νέας οδού παραλλήλου προς την οδόν Αθηνάς επί του εδάφους [της παλαιάς πόλεως] μεταξύ της προηγουμένης και της νέας πόλεως· εις περίπτωσιν διανοίξεώς της δεν είναι αναγκαία η απολύτως ευθύγραμμος χάραξις αυτής, αλλά μόνη επιδίωξις θέλει είναι η διαμόρφωσις ανέτων αποκλίσεων [της χαράξεως] και η αποφυγή κατεδαφίσεως κτηρίων.

Επί του θέματος αυτού θα αποφασίσωμεν οριστικώς βάσει των προτάσεων της Επιτροπής, και κατόπιν αυτού δεν θα διανοιγώσι νέαι οδοί εις την παλαιάν πόλιν.

V. Εις την επιτροπήν θέλει συμμετάσχει ο δόκτωρ Ross, εις τον οποίον ανατίθεται ο καθορισμός των χώρων ανασκαφών· επιφυλασσόμεθα δια την οριστικήν επί του θέματος τούτου Ημετέραν απόφασιν, καθώς και δια την επιβολήν των όρων δομήσεως εις τους χώρους αυτούς.

Άρθρον 3.

Δια την ολοκλήρωσιν της χαράξεως των οδών εις την παλαιάν πόλιν, εξαιρουμένων των τριών μεγάλων, η επιτροπή θέλει σημειώσει επί του τοπογραφικού διαγράμματος του σχεδιασθέντος υπό του κυρίου ανθυπολοχαγού Weiler το μελλοντικόν εύρος εκάστης οδού. Το καθορισθέν ούτως εύρος των οδών προ της εφαρμογής αυτού επί του εδάφους θέλει υποβληθεί εις Ημάς προς επικύρωσιν.

Η εργασία αύτη θέλει επιτελεσθεί μετά ζήλου, όπως δε επιταχυνθή η προπαρασκευή της εκτελέσεώς της, δύναται να υποβάλεται εις Ημάς τμηματικώς, εις αυτήν την περίπτωσιν όμως έκαστον τμήμα [οδού] πρέπει να περιλαμβάνη εν ολόκληρον κύριον τμήμα της παλαιάς πόλεως μεταξύ των άκρων αυτής και μιας εκ των τριών κυρίων οδών.

Άρθρον 4.

Κατά την διαπλάτυνσιν των οδών η επιτροπή θέλει ακολουθήσει τας εξής αρχάς:

1) Άπασαι αι ήδη οικοδομημέναι και κατοικούμεναι οικίαι διατηρούν την υφισταμένην κατεύθυνσιν [οικοδομικήν γραμμήν] αυτών.
2) Αι νέαι κατευθύνσεις [οικοδομικαί γραμμαί] επιτρέπεται να τέμνωσι μόνον ερείπια ή τοίχους αυλών οικιών ή ερειπίων ή περιβόλους κήπων.

Άρθρον 5.

Εν τούτοις, εις το μέλλον εις περίπτωσιν καθ' ην ο ιδιοκτήτης των υφισταμένων αποθηκών ή των προηγουμένως οικοδομηθεισών και επισκευασθεισών οικιών προτίθεται να ανοικοδομήση αύτας ή να προβή εις σημαντικάς επισκευάς, πρέπει να τοποθετηθώσιν επί της υποδειχθείσης υπό της Επιτροπής και επικυρωθείσης υφ' Ημών οικοδομικής γραμμής.

Άρθρον 6.

Αφ' ης στιγμής επικυρωθή υφ' Ημών η χάραξις [επί του χάρτου] των οδών, ο λοχαγός Spiess θέλει ευθύς αμέσως ορίσει τας ρυμοτομικάς γραμμάς με πασσάλους ή πυραμίδας εκ λίθων [επί του εδάφους].

Άρθρον 7.

Το επικυρωθέν σχέδιον μετά των ωρισμένων επ' αυτού ρυμοτομικών γραμμών θέλει κατατεθεί εις το Υπουργείον των Εσωτερικών. Πάσα αίτησις οικοδομικής αδείας θα υποβάλληται εις τον διευθυντήν της αστυνομίας, όστις θέλει φυλάσσει την ανέγερσιν των τοίχων θεμελιώσεως επί της οικοδομικής γραμμής.

Άρθρον 8.

Εις τον λοχαγόν Spiess θέλει δοθεί εκ του ωρισθέντος δια την εφαρμογήν του σχεδίου πόλεως κονδυλίου των 25.000 δραχμών ποσόν ίσον προς 500 δραχμάς δια την πληρωμήν των δαπανών των ανωτέρω εργασιών, έναντι αποδόσεως λογαριασμού μετά το πέρας αυτών.

Άρθρον 9.

Η Επιτροπή παραγγέλλεται να ορίση την ευθυγραμμίαν των οδών [ρυμοτομικάς γραμμάς] εις την νέαν πόλιν επίσης, συμφώνως προς το επικυρωθέν υφ' Ημών σχέδιον του κυρίου von Klenze.

Άρθρον 10.

Η Επιτροπή θέλει ορίσει το [οικοδομικόν] τετράγωνον εις το οποίον δύνανται να οικοδομήσωσι πάραυτα οι ιδιοκτήται, ων τα οικόπεδα λαμβάνονται δια την διάνοιξιν των οδών Ερμού, Αιόλου και Αθηνάς, καθώς επίσης και όσοι απαιτούν οικοδομήσιμον γην ως αποζημίωσιν δια τα οικόπεδα άτινα απαλλοτριούνται είτε δια της εφαρμογής του σχεδίου είτε δια του καθορισμού των προωρισμένων δι' ανασκαφάς περιοχών.

Άρθρον 11.

Το [οικοδομικόν] τετράγωνον τούτο πρέπει να αποτελείται όσον το δυνατόν εκ γηπέδων ιδιοκτησίας του κράτους και να ευρίσκεται εις θέσιν, εις ην η οικοδόμησις μικροτέρων οικιών δεν έρχεται εις κατάφωρον αντίθεσιν προς τας μεγάλας οδούς· ιδιαιτέρα προσοχή θέλει δοθεί όπως η οικοδόμησις οικίας μη καταστή αδύνατος εις τους ολιγώτερον ευπόρους υπηκόους Ημών, επειδή αδυνατούν να υποταχθώσιν λόγω χρηματικής αδυναμίας εις τους προβλεφθέντας δια τας μεγάλας οδούς και τετράγωνα οικοδομικούς κανόνας. Η επιλογή του τετραγώνου τούτου θα λάβη εκτελεστικήν ισχύν κατόπιν ειδικής εγκρίσεως Ημών.

Άρθρον 12.

Εις την Επιτροπήν, εκτός του καθορισμού των κατευθύνσεων των οδών, ανατίθεται και ο καθορισμός των ονομάτων αυτών, άτινα, εφ' όσον δεν έχουν εισέτι εγκριθή, υποβάλλονται προς έγκρισιν εις Ημάς δι' ενός καταλόγου όλων των αριθμημένων επί του σχεδίου οδών. Αι αρμοδιότητες της Επιτροπής ταύτης ως προς το θέμα τούτο θέλουσι κανονισθεί δι' ειδικών οδηγιών.

Τας οδηγίας ταύτας θέλουσι εκδόσει από κοινού τα επί των Εσωτερικών και Πολέμου Υπουργεία, αντίγραφα των οποίων θέλουσι υποβάλουν Ημίν.

Άρθρον 13.

Πάντα τα αφορώντα εις τα ίδια τα κτήρια της πόλεως, εις την έγκρισιν των αρχιτεκτονικών σχεδίων και εις τους οικοδομικούς κανονισμούς, προς το παρόν δεν είναι της αρμοδιότητος της επιτροπής ταύτης· αρμοδία δι' αυτά μέχρι νεωτέρας διαταγής είναι η επί των εσωτερικών γραμματεία (γραφείον εθνικής οικονομίας). Εν τούτοις ορίζεται διάκρισις των ανωτέρω αρμοδιοτήτων ως εξής: εις το αρχιτεκτονικόν τμήμα γνωστοποιούνται μόνον τα σχέδια των κτηρίων επί των πρωτευουσών οδών και των κυρίων πλατειών, άπαντα δε τα έτερα σχέδια γνωστοποιούνται εις την επιτροπήν, καθώς και εις την διεύθυνσιν του νομού, εις την οποίαν αποσπάται [ως βοηθός] εις πολιτικός αρχιτέκτων.

Αι οδηγίαι ταύται καθώς και πλήρης αστυνομικός οικοδομικός κανονισμός θέλουσι συνταχθεί ανυπερθέτως και υποβληθεί εις Ημάς προς έγκρισιν.

Άρθρον 14.

Το αργότερον 14 ημέρας κατόπιν της παραλαβής την παρούσης αποφάσεως η επιτροπή υποχρεούται να υποβάλει Ημίν προς έγκρισιν την αναφερομένην εις το άρθρον 3 της παρούσης εργασίαν.

Άρθρον 15.

Τα Υπουργεία των Εσωτερικών και του Πολέμου θέλουσι εκτελέσει την παρούσαν απόφασιν και εκδώσει κατόπιν συνεννοήσεως μετά της επιτροπής τας αναγκαίας οδηγίας.

Εν ονόματι του Βασιλέως
Η αντιβασιλεία

IV. Τεκμήρια δια τον σχεδιασμόν των νέων Αθηνών (πρωτότυπα κείμενα εις γερμανικήν ή γαλλικήν γλώσσαν).

Από τα Γενικά Αρχεία του Κράτους, Αθήναι, Οθωνικόν αρχείον.

Υπουργείον των Εσωτερικών, φάκελλοι 213, 214, 215, 219, 220, 221 και Υπουργείον Εκκλησιαστικών και Δημοσίου Εκπαιδεύσεως, φάκελλος L 44

ΤΕΚΜΗΡΙΟΝ 29

Επιστολή του αρχιτέκτονος της Αυλής Johann Gottfried Gutensohn προς τον Βασιλέα Όθωνα. Αθήναι 14 Απριλίου 1833· συνημμένη η έκθεσίς του "Αθήναι και τα περίχωρά των" (πρωτότυπον κείμενον εις γερμανικήν γλώσσαν).

Υπουργείον Εσωτερικών, φάκελλος 221.

Αντίγραφον

Ελήφθη 22 Απριλίου 1833
αρ. πρωτ. 3321

Εκλαμπρότατε, Κραταιέ
Βασιλεύ,
Μεγαλόθυμε Βασιλεύ και Κύριε!

Πειθόμενος εις την εντολήν την οποίαν έλαβον χάριν της Υμετέρας μεγαλοθυμίας, έχω την τιμήν να υποβάλω με βαθύτατον σεβασμόν εις την Υμετέραν Μεγαλειότητα προς έλεγχον και ενημέρωσιν αυτής την συνημμένην έκθεσιν επί των ερευνών μου με θέμα τας Αθήνας και τα περίχωρά των. Η έλλειψις χωρομετρικών οργάνων εμπόδισε μέχρι σήμερον τον βασιλικόν λοχαγόν του Μηχανικού Tausch να προβεί εις ακριβή αποτύπωσιν της περιοχής δι' αυτόν τον σκοπόν· όμως ο κυβερνήτης του αγγλικού βρικίου "Rapide" κύριος Swinburn είχε την καλωσύνην να πραγματοποιήσει αρκετάς υδρογραφικάς ερεύνας και να μου ανακοινώσει τα αποτελέσματά τους.

Τόλμησα να περιλάβω εις την συνημμένην έκθεσιν γνωμάτευσίν μου δια την μελλοντικήν θέσιν της πρωτευούσης, συμφώνως με την οποίαν θεωρώ καταλληλοτέραν την θέσιν του Πειραιώς· το έπραξα δε τούτο πρωτίστως δια τον απλόν λόγον ότι ενδιαφέρονται δια τας Αθήνας ωρισμένοι από εσφαλμένην αδυναμίαν δι' αυτήν την πόλιν, ένας πολύ μεγαλύτερος αριθμός όμως από κερδοσκοπικήν ιδιοτέλειαν· παρ' όλα αυτά υπάρχουν και άνδρες που έχουν εποπτείαν του συνόλου [των δυνατοτήτων] και οι οποίοι, θυσιάζοντες τα προσωπικά τους συμφέροντα και ενδιαφέροντα, απεφάνθησαν υπέρ του Πειραιώς.

Δεν θα ήτο ανώφελον η πρωτεύουσα και βασιλική καθέδρα του νεαρού αυτού κράτους να κατέχει μίαν φυσικήν οχυράν θέσιν με μικρά φρούρια, όπως είναι π.χ. η Νεάπολις και η Μασσαλία, ώστε να είναι προστατευμένη από κάθε κακήν συγκυρίαν· και αυτήν την ιδιότητα την έχει απολύτως ο Πειραιεύς, χωρίς ωστόσον να έχει τον καταθλιπτικόν, περιωρισμένον χαρακτήρα ενός οχυρού όπως το Ναύπλιον, διότι η πόλις προς την πλευρά της ενδοχώρας, δηλαδή προς την Κόρινθον, τας Θήβας, τας Αθήνας, το Σούνιον κ.λπ., θα είχε ελεγχομένας εξόδους.

Επειδή η Υμετέρα Μεγαλειότης έχει την πρόθεσιν και την θέλησιν να ιδρύσει μίαν βασιλικήν καθέδραν, η οποία δεν θα παρουσιάζεται ταπεινή συγκρινομένη με άλλας ευρωπαϊκάς πόλεις της ιδίας σημασίας, ο στόχος αυτός θα ηδύνατο να επιτευχθεί εις την παραλίαν με πολύ ολιγωτέρας δαπάνας απ' ό,τι εις τας Αθήνας, όπου όλα τα οικοδομικά υλικά είναι δύο φορές ακριβώτερα απ' ό,τι εις τον Πειραιά, δια να μην αναφέρω τας άλλας δυσκολίας· ως υποκατάστατον πολλοί προτείνουν την οικοδόμησιν με ωμάς πλίνθους ή πατημένον χώμα που χρησιμοποιούνται εδώ λόγω ελλείψεως καλών λίθων· είναι όμως γνωστόν ότι οι τοίχοι αυτοί αντί το επίχρισμα συγκρατούν πλήθος ζωυφίων· πολύ αμφιβάλλω λοιπόν ότι η Υμετέρα Μεγαλειότης θα ανεχθεί μίαν τοιαύτην δόμησιν, η οποία είναι βεβαίως πολύ υγιεινή δια κτίσματα αγροτικής οικονομίας εις την ύπαιθρον όχι όμως δια μίαν βασιλικήν καθέδραν, και ότι παραμένων πιστός εις το πνεύμα του Εκλαμπροτάτου Πατρός Υμών θα φροντίσητε να οικοδομηθούν στερεά κτήρια από λιθοδομήν που θα είναι οικονομική εις την Ελλάδα, διότι εδώ δια τας οικίας όπως κτίζονται μέχρι σήμερον χρειάζονται μεγάλαι ποσότητες ακριβού ξύλου, το οποίον κατά το μεγαλύτερον μέρος του εισάγεται από το εξωτερικόν.

Εκτός τούτου, ο Πειραιεύς θα προσέφερε μίαν ευχάριστον εναλλαγήν μεταξύ της ζωής εις την πόλιν, εις την θάλασσαν και εις την εξοχήν, εάν η Υμετέρα Μεγαλειότης έκτιζε εις τα περίχωρα των Αθηνών εν ωραίον εξοχικόν ανάκτορον, οπότε θα ηδύνατο να ακολουθήσουν ευχαρίστως το ωραίον παράδειγμα και άλλοι εύποροι πολίτες. Τι γοητεία δεν προσδίδουν παρόμοιαι λύσεις εις τας πόλεις Γένοβα, Φλωρεντία, Νεάπολη, Παλέρμο, Μασσαλία κ.λπ.! Τα νέα αυτά κτήρια θα ενηρμονίζοντο καλύτερον με τα αρχαία κατάλοιπα από ό,τι μια νέα πόλις με τα μέγαρά της, τας εκκλησίας της, κ.λπ.

Παρακαλώ την Υμετέραν Μεγαλειότητα να ευαρεστηθεί και αναγνώσει με πνεύμα συγκαταβάσεως και επιεικείας την ευπειθεστάτην ταύτην έκθεσιν και την μη δεσμευτικήν γνώμην μου, και διατελώ μετά βαθυτάτου σεβασμού και υπακοής

Αθήναι, 14 Απριλίου 1833 ο ευπειθέστατος και πιστός θεράπων
της Υμετέρας Μεγαλειότητος
Gutensohn
Βασιλικός Αρχιτέκτων της Αυλής

Του βασιλικού αρχιτέκτονος της Αυλής ευπειθεστάτη έκθεσις δια τας Αθήνας και τα περίχωρα αυτής.

Σχετικώς με την επιτοπίαν έρευναν των Αθηνών και των περιχώρων των, λόγω της πιθανής ιδρύσεως της πρωτευούσης και βασιλικής καθέδρας εις την θέσιν αυτήν, την οποίαν η Υμετέρα Μεγαλειότης ηυδόκησεν να μου αναθέσει, έχω να αναφέρω ευσεβεστάτως και ευπειθεστάτως τα ακόλουθα:

Όπως είναι γνωστόν, εις την αρχαιότητα η πόλις των Αθηνών περιέκλειε την Ακρόπολιν, και απετελείτο από την παλαιάν ή κάτω πόλιν, καθώς και την πόλιν του Αδριανού, της οποίας τα τείχη την συνέδεον με τον Πειραιά ή επίνειον των Αθηνών.

Εις τας νεωτέρας Αθήνας, αι οποίαι κείνται εις την βορεινήν κλιτύν της Ακροπόλεως, ο πόλεμος επέφερε φοβεράς καταστροφάς, πράγμα εις το οποίον φυσικώς συνέτειναν κατά πολύ και τα κακά οικοδομικά υλικά και ο τρόπος κατασκευής· διότι δια να αποκτήσουν οι τοίχοι κάποιαν στερεότητα, χρησιμοποιούνται ανά διαστήματα ξυλοδεσιές και έτσι κατεστράφησαν πολλαί οικίαι από φίλους και εχθρούς δια την εξοικονόμησιν καυσίμου ύλης· τα νεώτερα οικήματα ευρίσκονται 15 μέχρι 20 πόδας επάνω από τα κατάλοιπα των αρχαίων Αθηνών και λόγω αυτών [των επιχώσεων] όσον και εξαιτίας των συντριμμάτων των οικιών, αι οποίαι κατέρρευσαν κατά τον πόλεμον τα τελευταία 10 έτη, τα κτίσματα είναι πάρα πολύ δαπανηρά σήμερον, επειδή τα θεμέλια πρέπει να εκκινούν από σημαντικόν βάθος, χωρίς να αντισταθμίζεται το κόστος, όπως ήλπιζον, με την εξεύρεσιν έργων [αρχαίας] τέχνης κάποιας αξίας. Η υψηλή θέσις των Αθηνών, αι οποίαι είναι προσανατολισμέναι προς βορράν συχνά έχει ως επακόλουθον την αισθητήν μεταβολήν της θερμοκρασίας, διότι τας ωραίας θερμάς ημέρας, όταν η καθαρότης και η διαύγεια της ατμοσφαίρας προσδίδουν εις τα αντικείμενα της φύσεως απεριγράπτως λαμπρόν χρώμα, τας ακολουθούν με εξίσου μεγάλην ταχύτητα εναλλαγής πότε ψυχραί και πότε πνιγηραί ή υγραί ημέραι, απόρροια κυρίως της γειτνιάσεως των γυμνών ασβεστολιθικών υψωμάτων του Αγχέσμου, του Λυκαβηττού και του Υμηττού.

Αν και αι Αθήναι και τα περίχωρά των έχουν έλλειψιν ρεόντων υδάτων, με καλυτέραν χρήσιν και συλλογήν των υδάτων διαφόρων πηγών θα ηδύναντο να ικανοποιηθούν αι ανάγκαι και μιας μεγαλυτέρας πόλεως· προς το παρόν, επειδή έχουν εγκαταλειφθεί οι αγωγοί, χάνεται πολύ ύδωρ και επειδή ο καθαρισμός τους είναι ελλιπής, αναγκαστικώς μειώνεται και η ποιότης του· η σημαντικωτέρα πηγή, η Καλλιρρόη, αναβλύζει κατά κανόνα εις την μονίμως άνυδρον κοίτην του Ιλισσού, μια άλλη όχι ολιγώτερον πλουσία πηγή αναβλύζει κατά το μοναστήριον της Καισαριανής εις τους πρόποδας του Υμηττού, και αυτή εσχημάτιζε εις την πραγματικότητα τον Ιλισσόν· σήμερον όμως ένα μέρος του πηγαίου αυτού ύδατος, μετά από μίαν σύντομον διαδρομήν χάνεται, ενώ το υπόλοιπον διοχετεύεται εις τους κήπους των Αμπελοκήπων και των Αθηνών.

Μεγαλύτερος [ποταμός] είναι ο Κηφισός ο οποίος δεν ξηραίνεται· δίδει πλουσιοπαρόχως τα ύδατά του εις τα ελαιόδενδρα και εις τας αμπέλους μεταξύ Αθηνών και Πειραιώς και τέλος στρέφεται μεταξύ των τειχών τα οποία συνδέουν τας Αθήνας με την Μουνυχίαν προς τον κόλπον του Φαλήρου. Όπως μαρτυρεί ο Βιτρούβιος, επέπλεον από τότε ήδη [εις την αρχαιότητα] (όπως και σήμερον) εις όλους τους αγωγούς του ύδατος φυτά και ένας κόκκινος αφρός, δι' αυτό και τότε οι κάτοικοι δεν ηδύναντο να χρησιμοποιήσουν το ύδωρ ως πόσιμον αλλά μόνον δια καθαρισμόν, αιτία δε αυτού του κακού θα ηδύνατο να είναι επίσης ο ελλιπής καθαρισμός [των αγωγών].

Υπό τον αυτοκράτορα Αδριανόν κατεσκευάσθη υδραγωγείον, το οποίον εκκινούσε από τον Άγχεσμον και το οποίον υφίσταται ακόμη και θα ηδύνατο να καθαρισθεί και να επισκευασθεί. Εκτός από αυτάς τας παροχάς ύδατος, εις την κλιτύν της Ακροπόλεως υπάρχουν δύο πενιχραί πηγαί, δυο πλουσιώτεραι πηγαί αναβλύζουν εις την κλιτύν του Κορυδαλλού και ρέουν προς τον Πειραιά όπου φαίνεται εν υδραγωγείον επίσης πολύ παραμελημένον. Ίχνη πηγαίου νερού υπάρχουν εις την χερσόνησον της Μουνυχίας καθώς και εις τον λιμένα της Ζέας· η μεγάλη κατωφερής λεκάνη [των Αθηνών] υπόσχεται μετά από αποπείρας δια την διάνοιξιν αρτεσιανών φρεάτων καλά αποτελέσματα.

Όσον αφορά εις τα οικοδομικά υλικά τα απαραίτητα δια την ίδρυσιν μιας σχετικώς μεγάλης πόλεως, αι Αθήναι είναι πάρα πολύ πτωχαί, διότι πλησίον της δεν υπάρχουν πραγματικά λατομεία, ο λίθος ο οποίος εξορύσσεται είναι ασβεστόλιθος πάρα πολύ σκληρός όμοιος με κροκαλοπαγές πέτρωμα, και πρέπει να ανατινάζεται με πυρίτιδα, είναι εξαιρετικά βαρύς και η επεξεργασία του δαπανηρά. Άμμος [οικοδομική] επίσης δεν υπάρχει εις την περιοχήν, δι' αυτό χρησιμοποιείται απλώς χώμα ως συνεκτικόν υλικόν· η άσβεστος, εάν αυξηθούν αι ανάγκαι, θα πρέπει να μεταφερθεί από τας νήσους Αγκίστρι, Αίγινα κ.λπ., η άμμος και οι καλοί λίθοι από τον Πειραιά. Εάν ήθελε όμως κανείς να κτίσει 2.000 οικίας δι' έναν πληθυσμόν 40.000 κατοίκων από τα πειραϊκά υλικά, μόνον η μεταφορά από εκεί, δηλαδή από τον Πειραιά εις τας Αθήνας, θα εκόστιζε είκοσιν εκατομμύρια δραχμάς· επειδή η μέχρι τώρα μέθοδος κατασκευής των τοίχων με λατύπας έχει ως συνέπειαν μεγάλην σπατάλην ξύλου, θα ήτο ευχής έργον εάν εφρόντιζε κανείς να κτίζει όσο το δυνατόν περισσότερον με λίθους, πράγμα που ταιριάζει στο κλίμα του Νότου.

Μιάν και ημισείαν ώραν από τας Αθήνας ευρίσκεται η χερσόνησος της Μουνυχίας, η οποία περιλαμβάνει τρεις λιμένας, του Πειραιώς, της Μουνυχίας και του Φαλήρου· ο πρώτος διαιρείται επίσης εις τρία διαμερίσματα, την Ζέαν, το Αφροδίσιον και τον Κάνθαρον. Τα δύο τελευταία έχουν πλώιμα ύδατα δια φρεγάτας και μεγάλα εμπορικά πλοία που δύνανται να πλησιάσουν τον μώλον εις απόστασιν 100 ποδών, ο λιμήν της Ζέας όμως έχει ιλύν βάθους 4 ποδών και μόλις 1,5 πόδας [βάθος] θαλασσίου ύδατος. Ογκώδη θεμέλια των αλλοτινών λιμενοβραχιόνων είναι ακόμα ορατά εις όλην την περίμετρον του λιμένος του Πειραιώς, καθώς και των άλλων δύο λιμένων· επίσης παρατηρεί κανείς ευκρινώς εις την θάλασσαν τα ίχνη των βραχιόνων που εχρησίμευον δια την στένωσιν της εισόδου και την καλυτέραν δυνατήν υπεράσπισίν της, καθώς και δια την αποφραξίν της με αλυσίδας την εποχήν κατά την οποίαν τα αμυντικά μέσα ήσαν πολύ περιωρισμένα. Εις αυτό μάλλον εχρησίμευον οι στύλοι που προβάλλουν ακόμα μέσα από τα ύδατα. Οι λιμένες της Μουνυχίας και του Φαλήρου έχουν καλυφθεί με παχύ στρώμα άμμου, ο πρώτος έχει κατά τόπους βάθος [πλωίμων υδάτων] 3 έως 21, ο άλλος 1 έως 13 αγγλικών ποδών. Ο κόλπος του Φαλήρου εκτείνεται μέχρι το ακρωτήριον Κωλιάς και σ' αυτόν εκβάλλουν δύο ρεύματα· το ελώδες έδαφός του δεν δύναται να αποξηρανθεί, το ίδιον δε ισχύει και δια τον λιμένα της Ζέας.

Η χερσόνησος [της Μουνυχίας] έχει εξαιρετικά λατομεία ασβεστολιθικού τόφφου, του οποίου η επεξεργασία είναι πολύ εύκολος και που, εάν κρίνωμεν από τα υπάρχοντα [αρχαία] κατάλοιπα, είναι ανώλεθρος· επίσης είναι εμφανή και λεπτά πετρώδη στρώματα τα οποία θα ήσαν εξαιρετικώς κατάλληλα δια πλακοστρώσεις δαπέδων, οπότε θα ανεστέλετο η μέχρι τώρα εισαγωγή πλακών από τη Μάλτα, που έχουν ευρείαν χρήσιν εις την Ελλάδα και η ζήτησις θα εκαλύπτετο από ένα εγχώριον προϊόν. Εις την παραλίαν υπάρχει εξαίρετος άμμος η οποία, εάν εκτεθεί εις τον ήλιον και τον αέρα, συντόμως χάνει το [θαλάσσιον] άλας.

Αυτή η τόσον ευνοημένη από την φύσιν παράκτιος περιοχή θα ήτο κατάλληλος δια [την ίδρυσιν μιας] πρωτευούσης, διότι ακόμη και από άποψιν ασφαλείας έναντι του εσωτερικού και του εξωτερικού εχθρού δύναται να οχυρωθεί τελείως τόσον από την πλευράν της θαλάσσης όσον και της ενδοχώρας με ελάχιστα βοηθητικά έργα· επίσης η επικοινωνία με την Σαλαμίνα εξασφαλίζει την μεταφοράν τροφίμων, ο δε αποκλεισμός από γης και θαλάσσης προϋποθέτει μεγάλας δυνάμεις και, εάν η άμυνα είναι καλή, θα αποτύχει. Αι Αθήναι δεν προσφέρουν παρόμοια πλεονεκτήματα, διότι είναι εκτεθειμέναι και εποπτεύονται από πολλά σημεία· έτσι εδώ εις περίπτωσιν επιθέσεων είτε εσωτερικών είτε εξωτερικών εχθρών, η πρωτεύουσα είναι χαμένη και τα υπάρχοντα κατάλοιπα αρχαίων μνημείων μπορεί να καταστραφούν εντελώς. Την αντίρρησιν ότι αι διαβάσεις και τα όρη της Αττικής προσφέρουν επαρκή άμυνα, την καταρρίπτει η ίδια η ιστορία, διότι οι Πέρσες, οι Λακεδαιμόνιοι, οι Μακεδόνες, οι Ρωμαίοι και οι Τούρκοι τα επέρασαν, και ό,τι τότε ήτο δυνατόν δύναται να συμβεί από αφροντισίαν, δειλίαν ή προδοσίαν και σήμερον· πόσον δυσμενείς επιπτώσεις έχει η πτώσις μιας πρωτευούσης το γνωρίζομεν καλώς από την νεωτέραν ιστορίαν· την άλλην αντίρρησιν ότι μία οχυρωμένη θέσις δεν ενδείκνυται ως πρωτεύουσα καταρρίπτει το παράδειγμα της Λυών, των Παρισίων, καθώς και πολλών πόλεων της Μεσογείου – αλλά και πόλεων όλων των ιστορικών περιόδων της Ελλάδος και παλαιοτέρων πόλεων ακόμη· και επειδή ενδέχεται να χρειασθεί να οδηγήσει κανείς τους υπηκόους του με την βίαν προς το καλόν, προϋπόθεσις δια να εφαρμόσει με την δύναμιν της βουλήσεως τα μέτρα, τα οποία θέλει να λάβει είναι μια οχυρωμένη θέσις· μήπως δεν χρεωστά η Αγγλία το μεγαλείον της, την δύναμίν της εις την ασφαλή [γεωγραφικήν] της θέσιν; και εάν ο δόγης ή η γερουσία της Βενετίας είχε μεταφέρει την πρωτεύουσαν εις την Πάδοβαν, πιθανόν η Ενετική Δημοκρατία να μην είχε χαρεί μίαν χιλιετή ιστορίαν. Τέλος, ισχυρίζονται πως μια εμπορική παραλιακή πόλις δεν είναι κατάλληλος ως πρωτεύουσα και βασιλική καθέδρα· αλλά εάν είναι λανθασμένη μια τέτοια επιλογή τότε δεν θα έπρεπε να υπάρχουν η Πετρούπολις, η Στοκχόλμη, η Κοπεγχάγη, το Άμστερνταμ, το Λονδίνον, η Λισσαβών, η Νεάπολις, το Παλέρμον, η Κωνσταντινούπολις, και οι Γάλλοι δεν θα εδαπάνουν εκατοντάδες εκατομμύρια δια να μετατρέψουν την πρωτεύουσά των και εμπορικόν κέντρον της χώρας επίσης εις λιμένα.

Το εμπόριον και η ναυτιλία αποτελούν δια την Ελλάδα, με τη θέσιν την οποίαν έχει και τας συνθήκας αι οποίαι επικρατούν εδώ, την βάσιν της ευημερίας, της δυνάμεως και του μεγαλείου της εις το μέλλον, και [αυταί αι δραστηριότητες] θα έπρεπε να ενθαρρυνθούν και να ανυψωθούν υπό την προστασίαν των αρχόντων της· διότι η σταθερά ευημερία της τάξεως των ναυτικών, των εμπόρων και των αστών θα είναι ένα πολύ πλέον βέβαιον στήριγμα δια τον θρόνον και την κυβέρνησιν απ' αυτό που μπορεί να αναμένει κανείς από την ίδρυσιν μιας λεγομένης πόλεως των Μουσών ή του Πλάτωνος, την οποίαν θέλουν να προσκολλήσουν εις τας παλαιάς και νέας Αθήνας· εδώ το πνεύμα απάτης της εποχής μας, το οποίον αρέσκεται εις δοκιμάς όλων των θεωριών, θα θελήσει συντόμως να δημιουργήσει και μίαν πλατωνικήν ακόμη πολιτείαν. Αυταί είναι δοκιμαί, αι οποίαι υπό ξένας επιρροάς αλλά και με τας αναμνήσεις της αρχαιότητος δύνανται κάλλιστα να βλάψουν την καλήν υπόθεσιν. Κατά την πολύ σημαντικήν αυτήν επιλογήν, η οποία δύναται να επηρεάσει τόσον πολύ την επιτυχή έκβασιν του όλου εγχειρήματος, δεν επιτρέπεται ούτε να παρασυρθεί κανείς από τας προσωπικάς του προτιμήσεις και επιθυμίας ούτε να επηρεασθεί από τους κερδοσκόπους που παρουσιάζουν κάθε άλλην θέσιν ως δήθεν μειονεκτικήν, επιλέγοντες μίαν θέσιν την οποίαν δεν δικαιολογούν υπαρκτά πλεονεκτήματα.

Όχι συρραφές! Αλλά εν νέον ανεξάρτητον μνημείον το οποίον θα τιμήσει την γερμανικήν κυριαρχίαν και το οποίον θα ονομασθεί με το όνομα του υψηλού βασιλικού ιδρυτού του "Οθωνόπολις".

(υπογραφή) Gutehnsohn
Βασιλικός Αρχιτέκτων της Αυλής

ΤΕΚΜΗΡΙΟΝ 30

Επιστολή του αρχιτέκτονος της Αυλής Johann Gottfried Gutensohn προς τον Βασιλέα Όθωνα. Ναύπλιον 12 Μαΐου 1833 (πρωτότυπον κείμενον εις γερμανικήν γλώσσαν). "Περί της θέσεως της πρωτευούσης του βασιλείου".

Υπουργείον Εσωτερικών, φάκελλος 221.

Αντίγραφον

Ελήφθη 22 Ιουλίου 1833
αρ. πρωτ. 5648

Εκλαμπρότατε, Κραταιέ Βασιλεύ,
Μεγαλόθυμε Βασιλεύ και Κύριε!
Η διαμάχη των απόψεων δια την χωροθέτησιν της πρωτευούσης του βασιλείου με ωθεί να συμπληρώσω την προηγουμένην έκθεσιν και γνωμάτευσίν μου εκθέτων βαθυσεβάστως εις την Υμετέραν Μεγαλειότητα άλλα επιχειρήματα, ώστε να σταθμίσητε και να δικαιολογήσητε την πρότασίν μου, διότι αφ' ενός μεν η δυσανάλογος αγάπη ωρισμένων δια τας Αθήνας αφ' ετέρου δε υλικά συμφέροντα τα οποία επηρεάζουν ουκ ολίγον την πρώτην, αντιτίθενται εις την παλαιοτέραν πρότασίν μου να επιλεγεί [ως πρωτεύουσα] ο Πειραιεύς.

Οι υπέρμαχοι των Αθηνών αποτελούνται όπως είναι γνωστόν από τρία χρώματα [δηλ. ομάδας]: από την μερίδα της οποίας κίνητρον είναι η πραγματική αγάπη προς την πόλιν αυτήν, από μίαν δευτέραν η οποία προσποιείται ότι προτιμά τας Αθήνας και η οποία συμφωνεί δια να επιδείξει απλώς καλήν συμπεριφοράν και δια να είναι αρεστή και από μίαν τρίτην πολυπληθή και πολύ δραστηρίαν, την ομάδα των κερδοσκόπων. Η τελευταία αριθμεί πολλά μέλη από κάθε τάξιν και σειράν, έχει διαρκώς εις το στόμα το όνομα και τας αναμνήσεις των Αθηνών, ανέθεσε ήδη την σύνταξιν του σχεδίου της πόλεως και με βάσιν αυτό άλλα οικόπεδα ηγόρασε και άλλα κατέχει ήδη· εις αυτήν την επιχείρησιν η οποία προεξοφλεί την βούλησίν Σας δεν λείπει παρά μόνον η έγκρισις της Υμετέρας Μεγαλειότητος.

Η ομάς αύτη κυριαρχεί επί των πραγματικών και φαινομενικών ζηλωτών και είναι ακαταπόνητος· δεν υπάρχει μέσον προσηλυτισμού που να μην το δοκιμάσουν και όταν εξαντληθούν όλα απειλούν τον κόσμον με την δυσμένειαν της Αυτού Μεγαλειότητος του Βασιλέως της Βαυαρίας.

Όλαι αι προσπάθειαι αυταί θα ήσαν αξιοπρόσεκτοι, εάν ανέβλυζον από μίαν καθαράν πηγήν, πράγμα που ισχύει δια ωρισμένας από αυτάς· υπό τας παρούσας συνθήκας όμως, όταν η χώρα είναι τόσον πτωχή και την βαραίνουν, εν συγκρίσει προς τα έσοδά της, δυσαναλόγως μεγάλα χρέη, δεν αξίζουν την παραμικράν προσοχήν, διότι, όπως παρετήρησα ήδη εις την προηγουμένην έκθεσίν μου, εάν επιλεγούν ως πρωτεύουσα αι Αθήναι, η οικοδόμησις εδώ μιας πόλεως 40.000 κατοίκων θα κοστίσει 20 εκατομμύρια δραχμάς περισσότερον απ' ό,τι θα εκόστιζε εάν εκτίζετο εις την παραλίαν, διότι εις τας Αθήνας δεν υπάρχουν κατάλληλα οικοδομικά υλικά και πρέπει τα πάντα να μεταφερθούν με κάρα από την θάλασσα, εάν δεν θέλωμεν να διατηρήσωμεν τας αθλίας εκείνας κατασκευάς, δια τας οποίας όχι μόνον εξάγονται εκατομμύρια δραχμών δια ξυλείαν εις το εξωτερικόν αλλά εξαφανίζεται και το ολιγοστόν πράσινον της ιδίας της χώρας, πράγμα το οποίον εντείνει την έλλειψιν ύδατος και φυσικών πόρων.

Εάν όμως η πρωτεύουσα χωροθετηθεί εις μίαν περιοχήν που είναι εθνική ιδιοκτησία, το κράτος δύναται να εισπράξει 5-6 εκατομμύρια δραχμάς από την πώλησην οικοπέδων, ενώ αι ιδιωτικαί ιδιοκτησίαι πρέπει να αγορασθούν αντί αυτού του ποσού από το κράτος, εάν θέλει να εφαρμόσει κάποιον σχέδιον [εις άλλη θέσιν].

Δια της επιλογής τριών διαφορετικών σημείων εις τα οποία θα εκτίζοντο αι Αθήναι, είναι σχεδόν αναπόφευκτος η διάσπασις του αρχικού σκοπού. Διότι τότε η παλαιά ιδιοκτησία θα ευνοούσε την δόμησιν εις τας υφισταμένας [παλαιάς] Αθήνας· εις τας νέας Αθήνας, εξαιτίας των ανακτόρων και των κυβερνητικών κτηρίων, θα εσχηματίζετο εν άλλον τμήμα της πόλεως και εις τον Πειραιά, λόγω του χαμηλού κόστους της οικοδομής και της ζωής, λόγω των πλεονεκτημάτων που προσφέρουν το εμπόριον και η ναυτιλία θα εδημιουργείτο επίσης μία πόλις. Επομένως διαχωρισμός παντού, πουθενά εν ενιαίον σύνολον του οποίου η έλλειψις θα καθίσταται όλον και πλέον αισθητή όσο περισσότερον θα διαρκεί· διότι αντί να επιδιώξει κανείς την δημιουργίαν του αναγκαίου συνεκτικού ιστού διευκολύνων την συγκοινωνίαν, την καταπολεμά· ο οικισμός αυτός δεν θα έχει χαρακτήρα ούτε πόλεως ούτε χωρίου, και θα μεταμεληθώμεν βεβαίως πολύ αργά δια μίαν επιλογήν της οποίας η πραγματοποίησις δεν θα αξιωθεί την μεγίστην διάρκειαν ζωής· τοιουτοτρόπως το σφάλμα που έγινε εις το Μόναχον θα έχει επαναληφθεί και εδώ, δυστυχώς όμως εις πολύ μεγαλυτέραν κλίμακα· αφήνω κατά μέρος τον κίνδυνον τον οποίον διατρέχει μία τελείως ανοικτή πόλις εις περίπτωσιν πολέμου. Η ακτή προς το Σούνιον ευνοεί την προσόρμισιν κάθε πλοίου και έπειτα σε μία-δύο ώρας ευρίσκεται κανείς ήδη εις Αθήνας. Το εάν η κατάστασις των πραγμάτων είναι τόσον ασφαλής ώστε δεν θεωρείται ούτε καν αναγκαίον να προστατευθεί η πρωτεύουσα από μίαν πρώτην επίθεσιν, αυτό θα το κρίνουν αι ανώτεραι αρχαί καλύτερον εμού.

Το άλλον επιχείρημα που προβάλλουν οι αντίπαλοι του Πειραιώς είναι ότι το ναυτικόν και το εμπόριον δέον να κρατηθούν εις απόστασιν από την πρωτεύουσαν και ότι ήτο λάθος ότι δεν έγινε τούτο εις πολλάς άλλας πρωτευούσας. Πολύ φοβούμαι ότι με αυτόν τον διαχωρισμόν η πρωτεύουσα δεν θα αποκτήσει λαμπρότητα, ζωήν και πλούτον· αυτή η γελοία ευγενής επιφύλαξις είναι άγνωστος τόσον εις τον Τσάρον της Ρωσίας όσον και εις τον Βασιλέα της Αγγλίας και την υψηλήν της αριστοκρατίαν. Όμως ειδικώς με τη δόμησιν επαύλεων και την απόλαυσιν της ζωής της υπαίθρου –κάτι το οποίον εις τας Αθήνας δεν θα έπρεπε να στερηθεί κανείς, διότι εδώ θα πρέπει να απολαμβάνει κατά κόρον τόσον την αστικήν ζωήν όσο και την ζωήν της υπαίθρου– δεν θα επιτευχθεί μία ευχάριστος εναλλαγή του τρόπου ζωής;

Δια τας νέας Αθήνας, θεωμένας τόσο καθεαυτάς όσον και εις τον χώρον, θα είναι πάντα μειονεκτική η άμεσος σύγκρισις με τας παλαιάς, [αρχαίας] όπως συμβαίνει και εις την περίπτωσιν της Ρώμης και των Ρωμαίων· μια άλλη θρησκεία, άλλαι ανάγκαι και τρόποι ζωής δεν ευνοούν σήμερον τας τέχνας εις τον βαθμόν που τας ευνοούσαν εις την αρχαιότητα· αλλά ακόμη και αν παρήγοντο ποτέ ανάλογα έργα, θα τους έλειπε η αξία την οποίαν τους προσδίδει μία δισχιλιετής διάρκεια και ηλικία.

Συμφώνως προς το πνεύμα και την θέλησιν των φανατικών εκείνων λογίων, θα έπρεπε οι πάντες να βυθίζονται εις την κατάπληκτον ενατένισιν των μνημείων της αρχαιότητος και των κτητόρων τους και να ψάλουν ομοφώνως το δοξαστικόν των· ό,τι όμως δημιουργεί εις τας Αθήνας η αναγέννησις της χώρας και ο Βασιλεύς-ιδρυτής της, εις τα μάτια τους δεν έχει καμμίαν αξίαν, αφού εκεί άλλωστε χωρίς τεράστια έξοδα δεν είναι δυνατόν να οικοδομηθεί τίποτε άξιον λόγου. Προσθέτων με βαθύτατον σεβασμόν τας παρατηρήσεις αυτάς εις την προηγουμένην έκθεσίν μου, τολμώ να προσθέσω ότι προβαίνω εις αυτάς χωρίς ίχνος αλαζονείας, αφού η Υμετέρα Μεγαλειότης δύναται να λάβει η ιδία γνώσιν των πραγμάτων επί τόπου και να αποφανθεί. Το όνομα και η μεγάλη ανάμνησις των Αθηνών αξίζουν βεβαίως κάθε σεβασμόν, η ανάδειξις ωστόσον της πόλεως εις πρωτεύουσαν θα έπρεπε αφ' ενός μεν να μην απαιτήσει υπερβολικάς θυσίας, αφ' ετέρου, δια να επιτευχθεί ο σπουδαίος στόχος, να παραμερισθεί κάθε αναξία μανία κέρδους.

Διατελώ βαθυσεβάστως ευπειθέστατος υπήκοος και πιστότατος θεράπων της Υμετέρας Μεγαλειότητος

(υπογραφή) Gutensohn
Βασιλικός Αρχιτέκτων της Αυλής
Ναύπλιον 12 Μαΐου 1833

ΤΕΚΜΗΡΙΟΝ 31

Διάταγμα του Βασιλέως Όθωνος "Περί εκτελέσεως και ακριβούς τηρήσεως του εγκεκριμένου σχεδίου ανοικοδομήσεως της πόλεως των Αθηνών". Ναύπλιον 10/22 Δεκεμβρίου 1833 (πρωτότυπον κείμενον εις γερμανικήν γλώσσαν).

Υπουργείον των Εσωτερικών, φάκελλος 221.

Όθων
ελέω Θεού Βασιλεύς της Ελλάδος

Κατόπιν διαβουλεύσεως μετά της Ημετέρας επί των Εσωτερικών Γραμματείας και λαμβανομένων υπ' όψιν των από 29 Ιουνίου/11 Ιουλίου και 30 Αυγούστου/11 Σεπτεμβρίου ε.έ. Ημετέρων αποφάσεων δια την ανοικοδόμησιν της πόλεως των Αθηνών, και την μετάθεσιν εκείθε της καθέδρας Ημών αποφασίζομεν και διατάσσομεν τα ακόλουθα:

Άρθρον 1

Ως προς την εκτέλεσιν και ακριβή τήρησιν του επικυρωμένου υφ' Ημών σχεδίου ανοικοδομήσεως της πόλεως των Αθηνών θέλουσι τηρηθεί αι από 29 Ιουνίου/11 Ιουλίου και 7/19 Οκτωβρίου ε.έ. Ημέτεραι αποφάσεις.

Ειδικώς θέλουσι τηρηθεί επακριβώς και εκτελεσθεί τα οριζόμενα εις την τελευταίαν ρηθείσαν απόφασιν περί των κτηρίων άτινα έχουν επανοικοδομηθεί εις την κλιτύν της Ακροπόλεως εντός του παραχωρητέου εις το κράτος χώρου.

Άρθρον 2

Δια του παρόντος εγκρίνονται αι από 17 Σεπτεμβρίου ε.έ. ειλημμέναι αποφάσεις των κατοίκων των Αθηνών, αι οποίαι υπεβλήθησαν εγγράφως την ιδίαν ημέραν, όπως αύται εξετέθησαν εις Ημάς υπό της Ημετέρας επί των εσωτερικών γραμματείας δι' εκθέσεώς της από 17/29 Οκτωβρίου ε.έ., και αι οποίαι παρατίθενται εις τα δύο συνημμένα εις το τέλος του παρόντος έγγραφα.

Δια των υποχρεώσεων, αίτινες διατυπώνονται εις τας ειρημένας αποφάσεις των κατοίκων καθώς και εις το συνοδευτικόν αυτών έγγραφον, θεωρούμεν πεπληρωμένους τους όρους εκ των οποίων εξηρτήσαμεν την μετάθεσιν της Ημετέρας καθέδρας εις τας αποφάσεις από την 29 Ιουνίου/11 Ιουλίου και 30 Αυγούστου/11 Σεπτεμβρίου ε.έ., και εγκρίνομεν τας αιτουμένας παρά των κατοίκων της πόλεως των Αθηνών μεταβολάς, από τούδε δε και εις το εξής αι αμοιβαίαι παροχαί και υποχρεώσεις του κράτους και των κατοίκων των Αθηνών συνίστανται εις τας εξής:

I. Άπαντα τα γήπεδα [οικόπεδα] τα οριζόμενα υπό του σχεδίου πόλεως ο συνετάχθη υπό των κυρίων Κλεάνθους και Schaubert δια την ανέγερσιν δημοσίων καταστημάτων και άτινα σημειούνται επακριβώς εις το σχέδιον, θέλουσι παραχωρηθεί υπό των ιδιοκτητών εις το κράτος. Το ποσόν της αποζημιώσεως το οποίον θέλει πληρωθεί από το κρατικόν ταμείον δια τον σκοπόν αυτόν ορίζεται εις 20 λεπτά ανά τετραγωνικόν τεκτονικόν πήχυν.

II. Οι ιδιοκτήται απάντων των οικοπέδων άτινα κείνται εις την βορείαν και ανατολικήν κλιτύν της Ακροπόλεως εκτός του ορίου της νέας πόλεως του καθωρισθέντος υπό των κυρίων Κλεάνθους και Schaubert θέλουν επίσης παραχωρήσει ταύτα εις το κράτος, εφ' όσον θεωρηθώσι αναγκαία δια τας ανασκαφάς και τας επί του εδάφους των αρχαίων πόλεων του Θησέως και του Αδριανού προταθείσας διαμορφώσεις. Το δημόσιον ταμείον θέλει καταβάλει ως αποζημίωσιν μέσην τιμήν εξ εβδομήκοντα λεπτών τον τετραγωνικόν πήχυν.

III. Τα οικοδομικά υλικά τα ευρισκόμενα επί των απαλλοτριωτέων συμφώνως προς τα εδάφια I και II του παρόντος γηπέδων παραμένουν εις την ιδιοκτησίαν των ιδιοκτητών. Ούτοι όμως θέλουσι αρχίσει την κατεδάφισιν και αποκομιδήν [των υλικών] ευθύς ως λάβωσι την εντολήν παρά της αρμοδίας κρατικής αρχής και θέλουσι αποπερατώσει ταύτην όσον δυνατόν ταχύτερον. Οι προειρημένοι δεν συγχωρούνται να λάβωσι κατά την αποκομιδήν εκ των απαλλοτριωτέων οικοπέδων ανασκαφείσας ή καθ' οιονδήποτε άλλον τρόπον ευρεθείσας αρχαιότητας, αλλά θέλουσι παραδώσει αυτάς εις το κράτος άνευ άλλης αποζημιώσεως.

IV. Τα συμφώνως προς τα εδάφια I και II του παρόντος απαλλοτριωτέα οικόπεδα θέλουσι, το πολύ εντός 6 μηνών αρχής γενομένης από 1ης/13ης Ιανουαρίου [1834], χαραχθεί επί του εδάφους υπό επιτρόπων της κυβερνήσεως, θέλουσι δε παραχωρηθεί ευθύς αμέσως εις το κράτος και χωρομετρηθεί.

V. Η αποζημίωσις υπό του δημοσίου ταμείου των παραχωρητέων οικοπέδων θέλει υπολογισθεί βάσει των αποτελεσμάτων της χωρομετρήσεως και καταβληθεί εντός το πολύ τριών μηνών τοις μετρητοίς μετά την ολοκλήρωσιν της χαράξεως αυτών επί του εδάφους και την εκχώρησίν των εις το δημόσιον. Το ανωτέρω ποσόν θέλει καταβληθεί συλλήβδην εις την δημοτικήν αρχήν, η οποία αντ' αυτού θέλει αναλάβει την αποζημίωσιν εκάστου των ιδιοκτητών, οι οποίοι δεν δικαιούνται να εγείρωσι ετέρας αξιώσεις αποζημιώσεως βάσει οιουδήποτε τίτλου έναντι του δημοσίου ταμείου.

VI. Η αναγκαία συμφώνως προς το εγκριθέν γενικόν σχέδιον επιφάνεια δι' οδούς και πλατείας θέλει αποδοθεί εις τον δήμον υπό των ιδιοκτητών. Η δημοτική αρχή οφείλει να συμφωνήση μετά των ιδιοκτητών δια την χορηγητέαν αποζημίωσιν και θέλει αναλάβει ταύτην δι' ιδίων μέσων. Η εκκαθάρισις και διάνοιξις των δημοσίων οδών και πλατειών οφείλει να αρχίση και περατωθή άνευ αναβολής.

VII. Άπασαι αι εις την κατηγορίαν του εδαφίου II υπαγόμεναι οικίαι επί της κλιτύος της Ακροπόλεως ή αι υπαγόμεναι εις την κατηγορίαν του εδαφίου VI επί των διανοιχθησομένων οδών ή κοινοχρήστων πλατειών οικίαι εξαιρούνται των διατάξεων των εδαφίων II και VI. Οι ιδιοκτήται αυτών υποχρεούνται να παραχωρήσωσι ταύτας εις το κράτος, ευθύς ως απαιτηθή τούτο και αφού προηγηθή η πληρωμή υπό του δημοσίου ταμείου της εκτιμηθείσης αξίας αυτών προς τον σκοπόν της κατεδαφίσεως. Δια τον λόγον τούτον διατάσσομεν την άμεσον εκτίμησιν και βάσει της εκτιμηθείσης αξίας την αποζημίωσιν των ως άνω οικιών, καθώς και των γηπέδων επί των οποίων αύται είναι εκτισμέναι, συμφώνως προς τα από την 7/19 Οκτωβρίου ε.έ. οριζόμενα υφ' Ημών, ευθύς ως κριθή υπό της Κυβερνήσεως αναγκαία η κατεδάφισίς των. Η Κυβέρνησις είναι ελευθέρα να συνεννοηθή καθώς και να συνάψη ειδικήν συμφωνίαν μετά των ιδιοκτητών δια την καταβλητέαν προς τον σκοπόν αυτόν αποζημίωσιν.

VIII. Άπαντες οι ιδιώται οίτινες είναι ιδιοκτήται γηπέδων εντός των ορίων του εγκριθέντος γενικού σχεδίου πόλεως υποχρεούνται εντός διαστήματος έξη ετών, αρχής γενομένης την 1/13ην Ιανουαρίου 1834, να οικοδομήσωσι επ' αυτών τηρουμένων των καθορισθεισών εις το σχέδιον οικοδομικών γραμμών, μετά παρέλευσιν δε του χρόνου τούτου υποχρεούνται να παραχωρήσωσι ταύτα με πώλησιν τοις μετρητοίς αντί της εκτιμηθείσης αξίας αυτών ή αντί ποσού ίσου προς 80 λεπτά το πολύ τον τετραγωνικόν πήχυν εις οιονδήποτε όστις επιθυμεί να αγοράση αυτά με σκοπόν να οικοδομήση και ο οποίος υποχρεούται εντός διαστήματος ενός έτους από την ημέραν της αγοράς να οικοδομήση πραγματικώς. Εις τον επιθυμούντα να οικοδομήση δίδεται το δικαίωμα επιλογής ενός εκ των δύο εγκριθέντων τρόπων καθορισμού της αξίας του γηπέδου.

Εφ' όσον ο νέος ιδιοκτήτης δεν ήθελε ανταποκριθεί εις το καθήκον της οικοδομήσεως, μετά πάροδον του καθορισθέντος χρονικού διαστήματος, το οικόπεδον θέλει επιστραφεί εις τον προηγούμενον ιδιοκτήτην, εις τον οποίον παραμένουν ταυτοχρόνως τα χρήματα της αγοράς, εφ' όσον αναλαμβάνει να εκπληρώση τα καθήκοντα του νέου ιδιοκτήτου εντός ενός επί πλέον έτους.

Μη εκπληρούντος του ιδιοκτήτου το καθήκον τούτο, το οικόπεδον περιέρχεται εις τον δήμον, όστις το διαθέτει ελευθέρως προς οικοδόμησιν.

IX. Των διατάξεων του εδαφίου VIII εξαιρούνται οι ιδιοκτήται οικιών οίτινες, συμφώνως προς τα οριζόμενα εις το εδάφιον VII, παραχωρούν τας οικίας των εις το κράτος και οι οποίοι αποζημιούνται δι' οικοπέδων βάσει των από 17 Σεπτεμβρίου ε.έ. αποφάσεων των κατοίκων των Αθηνών. Εις αυτούς, εάν η απαλλοτρίωσις των ιδιοκτήτων οικιών αυτών θέλει λάβει χώραν μετά την 1/13 Ιανουαρίου 1839, δίδεται χρονικόν διάστημα ενός επί πλέον έτους δια την οικοδόμησιν των γηπέδων άτινα έλαβον ως αποζημίωσιν, μετά δεν την παρέλευσιν του χρονικού τούτου διαστήματος, το οποίον άρχεται από της ημερομηνίας πληρωμής της αποζημιώσεως την οποίαν δικαιούνται, θέλουν ισχύσει όσα ορίζονται υπό του εδαφίου VIII του παρόντος δια τους μη πειθαρχούντας ιδιοκτήτας.

Εις περίπτωσιν καθ' ήν οι ειρημένοι ιδιοκτήται πωλήσουν τα αποδοθέντα ως αποζημίωσιν εις αυτούς οικόπεδα προ της αξιώσεως υπό της Κυβερνήσεως παραχωρήσεως των οικιών αυτών και της καταβολής του πληρωτέου εις αυτούς ποσού, ο αγοραστής, εφ' όσον έχει αγοράσει το οικόπεδον προ της 1ης/13ης Ιανουαρίου 1839, θέλει οικοδομήσει εντός του υπολοίπου του υπό του εδαφίου VIII οριζομένου διαστήματος των εξ ετών, εις περίπτωσιν δε μεταγενεστέρας αγοράς εντός ενός έτους από την σύναψιν του συμβολαίου αγοράς με την επιφύλαξιν των διατάξεων του εδαφίου VIII του παρόντος. Αι αυταί διατάξεις ισχύουν εις περίπτωσιν καθ' ην οι περί ων ο λόγος ιδιοκτήται πωλήσωσι εις τρίτους μόνον τας [παραχωρητέας εις το κράτος] οικίας των, άνευ των οικοπέδων της αποζημιώσεως.

X. Ο προβαίνων εις οικοδόμησιν κτηρίου θέλει υπακούει εις τας κατωτέρω οριζομένας διατάξεις περί του ύψους του κτηρίου και της προσόψεως αυτού, ανεξαρτήτως των γενικών υποχρεώσεων αυτού, συμφώνως προς τα οριζόμενα εις το Διάταγμα από 6/18 Μαρτίου ε.έ. το δημοσιευθέν εις την Εφημερίδα της Κυβερνήσεως αρ. 10. Άπασαι αι υποχρεώσεις αύται ισχύουν και εις περίπτωσιν οικοδομών εκτός της πόλεως αλλά εντός των περιχώρων και εις απόστασιν ενός χιλιομέτρου εξ αυτής. Αι προδιαγραφαί αι αφορώσαι εις το ύψος των κτισμάτων είναι ευνόητον ότι θα αναφέρωνται εις το μέγιστον επιτρεπόμενον ύψος, του εποπτεύοντος την οικοδομήν έχοντος την ελευθερίαν να κτίση και χαμηλότερον κτίσμα.

Άρθρον 3

Αι υποχρεώσεις, τας οποίας αναλαμβάνει ο δήμος των Αθηναίων έναντι των μεμονωμένων ιδιοκτητών αλλά και οι τελευταίοι έναντι του πρώτου προς τον σκοπόν της ανοικοδομήσεως της πόλεως και της μεταθέσεως της έδρας της Κυβερνήσεως εις τας Αθήνας, θέλουν κριθεί και υπολογισθεί συμφώνως προς τα οριζόμενα εις τας από 17 Σεπτεμβρίου ειλημμένας αποφάσεις των κατοίκων των Αθηνών, τας εγκριθείσας υφ' Ημών δια του άρθρου 2 του παρόντος. Εντός των επομένων ημερών ευθύς ως εκδοθή το διάταγμα περί δήμων και κοινοτήτων, θέλουν δοθεί εις τον δήμον τα απαραίτητα δια την εκπλήρωσιν των ανωτέρω υποχρεώσεων αυτού [οικονομικά] μέσα δια του ορισθησομένου εις το διάταγμα τρόπου.

Άρθρον 4

Ο καθορισμός του ακριβούς χρόνου μεταθέσεως της Ημετέρας καθέδρας εις τας Αθήνας δεν θέλει ορισθεί εισέτι, θα λάβει δε χώραν όταν: α. οικοδομηθώσι τα αναγκαία δια τας στρατιωτικάς και πολιτικάς υπηρεσίας κτήρια και παραμερισθώσι τα εμπόδια, τα οποία εν μέρει αντιτίθενται ακόμη εις την εγκατάστασιν των υπηρεσιών και εις την μετάθεσιν του προσωπικού και όταν ταυτοχρόνως: β. συνταχθή πλήρης προϋπολογισμός πασών των συνδεομένων μετά της εγκαταστάσεως και των προερχομένων εξ αυτής δαπανών και διατυπωθεί επακριβές σχέδιον καλύψεως αυτών άνευ ζημίας άλλων επειγουσών κρατικών δαπανών.

Διατάσσομεν να διατεθώσι ευθύς αμέσως αι αναγκαία πιστώσεις υπό των αρμοδίων υπουργείων δια την οικοδόμησιν των στρατώνων, την εγκατάστασιν της φρουράς, και εις την συνέχειαν δια την οικοδόμησιν του νομισματοκοπείου. Έκαστον Ημέτερον υπουργείον θέλει εντός δύο μηνών [από της ισχύος του παρόντος] προβεί εις την σύνταξιν μετά της μεγίστης δυνατής ακριβείας προϋπολογισμού των απαιτουμένων δια την εγκατάστασιν των ιδίων και των υφισταμένων αυτού κεντρικών υπηρεσιών εκτάκτων δαπανών, ον διετάξαμεν δια της από 29 Ιουνίου/11 Ιουλίου ε.έ. Ημετέρας αποφάσεως, και θέλει υποβάλει αυτόν εις Ημάς μετά, κατά προσέγγισιν εκτιμήσεως της προερχομένης εκ της μεταθέσεως εις τας Αθήνας αυξήσεως των τακτικών δαπανών, καθώς και μετά καταλόγου των δημοσίων καταστημάτων δια την στέγασιν των υπαγομένων εις αυτό [εις το εκάστοτε υπουργείον] τομέων των δημοσίων υπηρεσιών και μεθ' ενός κατά προσέγγισιν προϋπολογισμού οικοδομήσεως αυτών.

Άρθρον 5

Ως σημειούται εις το από 29 Ιουνίου/11 Ιουλίου ε.έ. Ημέτερον διάταγμα, η κυβέρνησις διατηρεί ρητώς και άνευ οιουδήποτε περιορισμού το δικαίωμα να αλλάξη κατά βούλησιν ανά πάσαν στιγμήν την καθέδραν αυτής.

Άρθρον 6

Επειδή η ανακήρυξις της πόλεως των Αθηνών ως έδρας της κυβερνήσεως απαιτεί ταυτοχρόνως την οικοδόμησιν πασών των απαιτουμένων εις τον Πειραιά λιμενικών εγκαταστάσεων και την εκπόνησιν γενικού σχεδίου, όπως επιτραπή εις την πόλιν ταύτην και ενισχυθή δι' όλων των μέσων η οικοδόμησις ιδιωτικών οικιών, θέλουν υποβληθεί εις Ημάς εντός δύο μηνών αι αναγκαίαι προς τούτο εισηγήσεις.

Άρθρον 7

Άπαντα τα Ημέτερα υπουργεία επιφορτίζονται έκαστον κατά την ιδίαν αυτού αρμοδιότητα με την εκτέλεσιν του παρόντος διατάγματος. Επειδή όμως αι διατάξεις αυτού δύνανται να εφαρμοσθώσι μόνον δια της αρμονικής συνεργασίας απάντων των υπουργείων εκπορευομένης εξ ενός κοινού σχεδίου, θέλησις Ημών είναι να ασκή την ανωτέραν διεύθυνσιν της εκτελέσεως αυτών το υπουργικόν συμβούλιον συλλογικώς και επομένως προ της υποβολής εις Ημάς των προτάσεων εκάστου υπουργείου, να υποβάλωνται εκεί [εις το υπουργικόν συμβούλιον] προς έλεγχον και εναρμόνισιν αυτών εις εν ενιαίον όλον, εις την συνέχειαν δε να υποβάλωνται εις Ημάς μετά γνωμοδοτήσεως του Ημετέρου υπουργικού συμβουλίου. Το υπουργικόν συμβούλιον επιφορτίζεται με την κοινοποίησιν του παρόντος διατάγματος εις τον νομάρχην Αττικής και Βοιωτίας, προς τον σκοπόν της δημοσιοποιήσεως αυτού εις τους κατοίκους των Αθηνών.

Ναύπλιον, 10/22 Δεκεμβρίου 1833

ΤΕΚΜΗΡΙΟΝ 32

Επιστολή του Βασιλέως Λουδοβίκου Α' της Βαυαρίας προς την αντιβασιλείαν εις Αθήνας. Μόναχον 4 Ιουνίου 1834 (πρωτότυπον κείμενον εις γερμανικήν γλώσσαν). Σοβαραί επιφυλάξεις δια το σχέδιον των Κλεάνθους και Schaubert. Επιθυμία "αναστολής της ισχύος του" και αποστολής του Klenze ως εμπειρογνώμονος εις την Ελλάδα. Σημαντικόν τεκμήριον με το οποίον τίθεται δια πρώτην φοράν το θέμα αναθεωρήσεως του αρχικού σχεδίου.

Υπουργείον των Εσωτερικών, φάκελλος 221.

Αντίγραφον   Ελήφθη 18 Ιουλίου 1834, αρ. πρωτ. 15018

Εν τόσον σοβαρόν θέμα όπως η ίδρυσις της νέας πρωτευούσης εις την θέσιν των αρχαίων Αθηνών, δεν είναι δυνατόν να Με αφήνει αδιάφορον, πόσον μάλλον όταν το ενδιαφέρον του Υιού Μου και της Δυναστείας Μου είναι αρρήκτως συνδεδεμένα με το καθολικόν ενδιαφέρον δια μίαν καλλιτεχνικήν δημιουργίαν εις την πατρίδα της τέχνης και παντός του ωραίου. Αισθάνομαι διά τούτο υποχρεωμένος να σας επιστήσω την προσοχήν εις τα προφανή ελαττώματα και εις την ακατάλληλον διαμόρφωσιν του σχεδίου των νέων Αθηνών το οποίον μου υπεβλήθη. Το σχέδιον αυτό Μου φαίνεται όχι μόνον γενικώς ως προς την διάταξίν του λανθασμένον (δια την ανέγερσιν μιας πόλεως του Νότου εις ανώμαλον και λοφώδες έδαφος), αλλά και εντελώς άστοχον ως διαμόρφωσις των επί μέρους οικοδομικών τετραγώνων της πόλεως, διότι ταύτα είναι ακανόνιστα και παρεμποδίζουν την δόμησιν κάθε δημοσίου και ιδιωτικού κτηρίου.

Γνωρίζω καλώς ότι το ζητούμενον δεν είναι να πραγματοποιήσωμεν τώρα αμέσως ή έστω εις σύντομον χρονικόν διάστημα το σχέδιον αυτό, ανεγείροντες μεγάλα κτήρια, ωστόσον είδα συχνά και δυστυχώς εις την ιδίαν Μου την πρωτεύουσαν [δηλαδή το Μόναχον] με τους ιδίους μου οφθαλμούς τα μειονεκτήματα που απορρέουν από άστοχα και ακατάλληλα σχέδια πόλεως. Αν και προικισμένοι με χαρίσματα δια τας λεπτομερείας, οι αρχιτέκτονες αυτού του σχεδίου φαίνεται ότι είναι νέοι άνθρωποι εις τους οποίους λείπει η περίσκεψις και η πείρα, η οποία μόνο με μακρόχρονον και πρακτικήν άσκησιν της αρχιτεκτονικής δύναται να αποκτηθεί. Πιστεύω λοιπόν ότι προς το διττόν συμφέρον τόσον του Υιού Μου όσον και της τέχνης εις την Ελλάδα, την οποία πιστεύω πως με την μακρόχρονον και δοκιμασμένην εις την πράξιν αγάπην Μου δι' αυτήν την χώραν έχω κάθε δικαίωμα να προωθήσω, πρέπει να εκφράσω την ζωηράν επιθυμίαν Μου να ανασταλεί η έναρξις εφαρμογής αυτού του σχεδίου, έως ότου το ελέγξει επαρκώς επί τόπου εις έμπειρος αρχιτέκτων και το προσαρμόσει εις την τοπογραφίαν της περιοχής. Εάν επιλεγεί από την αντιβασιλείαν δι' αυτόν τον σκοπόν, όπως είναι η ζωηρά Μου επιθυμία, ο μυστικός σύμβουλος von Klenze, είμαι διατεθειμένος να του χορηγήσω δια τους μήνας Σεπτέμβριον, Οκτώβριον και Νοέμβριον ε.έ την αναγκαίαν άδειαν. Είμαι πεπεισμένος πως ο γνωστός από καιρού ως φίλος της Ελλάδος και της ελληνικής υποθέσεως καλλιτέχνης θα εδέχετο μίαν πρόσκλησιν της αντιβασιλείας ανάλογον προς τη θέσιν και τον βαθμόν του, χωρίς να προβάλει αξιώσεις επιβαρυντικάς δια τα πολύ περιωρισμένα οικονομικά μέσα της Ελλάδος με γνώμονα το προσωπικόν του συμφέρον και ότι θα του ήρκει εάν τον απεζημίωναν δια τα έξοδα του ταξιδίου του. Μόνον ότι αυτή η πρόσκλησις, τόσον εξαιτίας της υποθέσεως αλλά και επειδή δεν θα ήτο δυνατόν να δοθεί άδεια εις τον μυστικόν σύμβουλον Klenze παρά μόνον δια το διάστημα των προαναφερθέντων μηνών, δεν πρέπει να καθυστερήσει διόλου.

Ανανεώνω με την παρούσαν την διαβεβαίωσιν των φρονημάτων εκείνων με τα οποία είμαι

ο ευμενής Βασιλεύς Υμών

(υπογραφή) Λουδοβίκος

Μόναχον, τη 4η Ιουνίου 1834
Προς τα μέλη της
αντιβασιλείας της
Ελλάδος κυρίους
κόμην von Armansperg,
von Maurer και von Heydeck

Διακαής επιθυμία μου είναι να έλθει ο Klenze κατά το τρέχον έτος εις την Ελλάδα. Το ζητούμενον δεν είναι τα κτήρια τα οποία πρέπει να κτισθούν τώρα αλλά το να αλλάξει το σχέδιον των Αθηνών. Θα ήμην απαρηγόρητος εάν εφηρμόζετο το περί ου ο λόγος σχέδιον, το οποίον δεν είχα ιδεί ακόμη όταν ενέκρινα την καταλληλότητά του*.

* Ιδιόχειρος προσθήκη του Βασιλέως Λουδοβίκου.

ΤΕΚΜΗΡΙΟΝ 33

Διαταγή του Βασιλέως Όθωνος προς το Υπουργείον Πολέμου [Στρατιωτικών]. Ναύπλιον 31 Ιουλίου/12 Αυγούστου 1834 (πρωτότυπον κείμενον εις γερμανικήν γλώσσαν). Περί προστασίας των αρχαιοτήτων της Ακροπόλεως. Ανάθεσις εις τον Klenze ενός σχεδίου και των προεργασιών αναστηλώσεως.

Υπουργείον των Εκκλησιαστικών και της Δημοσίου Εκπαιδεύσεως, φάκελλος L 44.

Αρ. πρωτ. 15676
Προς το
Υπουργείον Πολέμου [Στρατιωτικών]

Περί ανοικοδομήσεως της πόλεως των Αθηνών

Όθων κ.λπ. κ.λπ.
Απεφασίσαμεν να επιχειρήσωμεν παν το δυνατόν ώστε να αποτρέψωμεν την περαιτέρω παρακμήν των υπερόχων μνημείων της Ακροπόλεως των Αθηνών και σκοπεύωμεν να ανεγείρωμεν εκ νέου ταύτα από τα ερείπιά των, εις το μέτρον των οικονομικών δυνατοτήτων του βασιλείου.

Ο βασιλικός μυστικός σύμβουλος της Βαυαρίας von Klenze θα εκπονήσει δι' αυτόν τον σκοπόν εν καλώς μελετημένον σχέδιον και θα προβεί επί τόπου εις ωρισμένας προπαρασκευαστικάς εργασίας δια την έναρξιν των αναστηλώσεων.

Ορίζεται βοηθός του εις Αθήνας ο λοχαγός Spiess, ο οποίος θα αναλάβει να ανταποκριθεί όσον το δυνατόν εις τας απαιτήσεις του μυστικού συμβούλου κυρίου von Klenze, δια τον σκοπόν δε αυτόν ενεκρίθη κονδύλιον ύψους 4.000 (τεσσάρων χιλιάδων) δραχμών.

Ναύπλιον, 31 Ιουλίου/12 Αυγούστου 1834

ΤΕΚΜΗΡΙΟΝ 34

Επιστολή του Klenze προς τον Βασιλέα Όθωνα. Αθήναι 28 Αυγούστου/9 Σεπτεμβρίου 1834 (πρωτότυπον κείμενον εις γερμανικήν γλώσσαν). "Περί εφαρμογής του σχεδίου της νέας πόλεως των Αθηνών". Προτάσεις δια τον καθορισμόν των αρμοδιοτήτων τής υπό σύστασιν "ειδικής επιτροπής" προετοιμασίας της μεταθέσεως της πρωτευούσης.

Υπουργείο των Εσωτερικών, φάκελλος 219.

Ελήφθη 16 Σεπτεμβρίου 1834.
Αρ. Πρωτ. 16567. Αθήναι, 28 Αυγούστου/9 Σεπτεμβρίου 1834

Προς την Αυτού Μεγαλειότητα τον Βασιλέα της Ελλάδος (την αντιβασιλείαν)
Περί της εφαρμογής του σχεδίου της νέας πόλεως των Αθηνών

Κατόπιν ειδικών εντολών της Υμετέρας αντιβασιλείας, σπεύδω να προτείνω μη δεσμευτικώς τα ακόλουθα:

Δια να ρυθμισθούν με τον πρέποντα τρόπον η μετάθεσις της βασιλικής καθέδρας, αι αναγκαίαι προετοιμασίαι δι' αυτήν την μετάθεσιν, καθώς και η ρωμαλέα και ρυθμισμένη έναρξις της εφαρμογής του νέου σχεδίου της πόλεως, εις το διάστημα το οποίον θα μεσολαβήσει αναγκαστικώς μέχρι την πραγματικήν άφιξιν της Υμετέρας Μεγαλειότητος και της αντιβασιλείας [εις Αθήνας] είναι αναγκαία η ύπαρξις μιας σθεναράς και δραστηρίας υπηρεσίας, η οποία θα φροντίσει ώστε άπασαι αύται αι προεργασίαι καθώς και τα βοηθητικά έργα προωθηθούν με την προσήκουσαν ενεργητικότητα και συνέπειαν. Βεβαίως, εν μέρει δι' αυτόν τον σκοπόν ωρίσθη ήδη μία ειδική επιτροπή την οποίαν, συμφώνως με το τελευταίον σχήμα της, αποτελούν οι κύριοι Σκούφος (νομάρχης), Κλεάνθης, διευθυντής Κλεομένης, Σκυλίτζης, Κωνσταντίνου, Spiess και Finlay, η δράση της όμως δεν φαίνεται να έχει αποδώσει ακόμη καρπούς, ίσως διότι η σύνθεσις και αι αρμοδιότητές της δεν ήσαν αι κατ' εξοχήν ενδεδειγμέναι. Νομίζω πως τα κύρια θέματα με τα οποία πρέπει να ασχοληθεί η επιτροπή αύτη είναι τα εξής:

1. Προτάσεις και εντολαί δια την επιλογήν των αναγκαίων κτηρίων και [υπηρεσιακών] χώρων δια την εγκατάστασιν της κυβερνήσεως και των κυριωτέρων οργάνων της.
2. Ρύθμισις των ενοικίων με βάσιν μίαν δικαίαν τιμήν μονάδος, ώστε να αντιμετωπισθεί η τοκογλυφία.
3. Ρύθμισις των εργασιών αποκαταστάσεως των οχετών, αγωγών υδρεύσεως και αποχετεύσεως, καθαρισμού και εξομαλύνσεως των οδών.
4. Ρύθμισις της παραχωρήσεως [απαλλοτριώσεως] ωρισμένων γηπέδων τα οποία, συμφώνως με τας ταπεινάς προτάσεις μου της 4ης Σεπτεμβρίου, χρειάζονται δια την μελλοντικήν προπαρασκευήν των ανασκαφών εις την παλαιάν πόλιν.
5. Απομάκρυνσις από την παλαιάν πόλιν των ερειπίων. Αποκατάστασις μερικών κτηρίων ικανών να επιδιορθωθούν και διαμόρφωσις μερικών οδών που πρέπει να ευθυγραμμισθούν εκ νέου, δηλαδή των οδών Ερμού, Αθηνάς, Αιόλου, Αρεοπαγείτου και Ηροδότου.
6. Χάραξις των νέων οδών και πλατειών, καθορισμός των υψομέτρων των και φύλαξις της κανονικής, συμφώνου προς τους οικοδομικούς κανονισμούς δομήσεως αυτής της νέας πόλεως.

Εάν μου επιτρέπεται να διατυπώσω προτάσεις αυτού του είδους, αυτό που θα ήθελα να προτείνω εις την προαναφερθείσαν επιτροπήν, η οποία αποτελείται από τον νομάρχη, τον προϊστάμενον του εδώ σταθμού του Μηχανικού λοχαγόν Spiess, τους κυρίους Σκυλίτζη και Καλλιφρονά και τον κύριο Finlay, είναι να προστεθεί και ο πρίγκηψ Καντακουζηνός και μάλιστα εντεταλμένος με μεγαλυτέρας εξουσίας. Η εξοικείωσίς του με τον ευρωπαϊκόν τρόπον ζωής, η ενεργητική και στρατιωτικώς πειθαρχημένη βούλησίς του, αι γνώσεις του ως πρώην αξιωματικού του Μηχανικού, ιδιαιτέρως όμως το ζωηρόν του ενδιαφέρον δια την ταχείαν μετεγκατάστασιν της κυβερνήσεως, το οποίον είναι δεδομένον, με κάνουν να πιστεύω ότι θα ήτο ιδιαιτέρως χρήσιμος εις μίαν παρομοίαν θέσιν.

Με την άφιξιν της κυβερνήσεως εις Αθήνας πιστεύω ότι αι αρμοδιότητες της ειδικής αυτής επιτροπής θα έπαυον αυτομάτως να υφίστανται.

Μετά την αποδοχήν με οποιονδήποτε τρόπον των σχεδίων και των προτάσεών μου, εφόσον μου εζητείτο, θα εσυνέχιζον να συμμετέχω εις το σπουδαίον αυτό εγχείρημα με μεγάλην ευχαρίστησιν και προθυμίαν, εις τον βαθμόν που μου το επιτρέπουν αι δυνάμεις μου, με περαιτέρω προτάσεις και ακριβή καθορισμόν των λεπτομερειών, διά τον λόγον δε αυτόν, εξωπλίσθην με όλα τα αναγκαία αντίγραφα, σχέδια, χωροσταθμίσεις και λεπτομερή στοιχεία.

Τέλος λαμβάνω το θάρρος να αναφέρω, ότι ο εμπειροτέχνης της οικοδομής Roeser προσεφέρθη να με βοηθήσει κατά την παραμονήν μου εις Αθήνας και ότι εξαιτίας της αδιαθεσίας μου τον εχρησιμοποίησα πολύ και με πλήρη ικανοποίησιν εις την σχεδίασιν και αντιγραφήν των εργασιών μου, καθώς και εις την επίβλεψιν των έργων της Ακροπόλεως, και ως εκ τούτου τον συνιστώ ανεπιφυλάκτως εις την Υμετέραν Μεγαλειότητα.

L. von Klenze

ΤΕΚΜΗΡΙΟΝ 35

Επιστολή του Βασιλέως Όθωνος προς το Υπουργείον των Εκκλησιαστικών και της Δημοσίου Εκπαιδεύσεως. Ναύπλιον 6/18 Σεπτεμβρίου 1834 (πρωτότυπον κείμενον εις γερμανικήν γλώσσαν). Συνοδεύει "αντίγραφον γνωματεύσεως" του Klenze με την ιδίαν ημερομηνίαν (βλ. Τεκμήριον 18). Κοινοποίησις της επιστολής εις τον Klenze.

Υπουργείον των Εκκλησιαστικών και της Δημοσίου Εκπαιδεύσεως, φάκελλος L 44

Αρ. πρωτ. 16526
Προς το Υπουργείον των Εκκλησιαστικών και της Δημοσίου Εκπαιδεύσεως
Θέμα: Η αναστήλωσις των αρχαίων μνημείων της Ελλάδος
Ναύπλιον, 6/18Σεπτεμβρίου 1834

Όθων κ.λπ. κ.λπ.
Προς το Υπουργείον των Εκκλησιαστικών και της Δημοσίου Εκπαιδεύσεως αποστέλλεται συνημμένον αντίγραφον γνωματεύσεως του βασιλικού βαυαρικού μυστικού συμβούλου κυρίου von Klenze, με την παρατήρησιν ότι θεωρούμεν την πρότασιν αυτήν πολύ σκόπιμον· οποιεσδήποτε σχετικαί επιφυλάξεις ή τροποποιήσεις πρέπει, εφόσον ερωτηθεί πρώτα δι' αυτάς ο κύριος Έφορος δόκτωρ Ross, να Μας γνωστοποιηθούν πάραυτα.

Δια την επιτήρησιν των αρχαιοτήτων της Ακροπόλεως μεριμνά ειδική απόφασις με σημερινήν ημερομηνίαν. Το υμέτερον υπουργείον μετά από συνεννόησιν με το Υπουργείον Πολέμου, επιφορτίζεται με την ετοιμασίαν και υποβολήν προς Ημάς λεπτομερών προτάσεων όσον αφορά τας αναγκαίας δαπάνας δια την επιτήρησιν όλων των καταλοίπων της αρχαιότητος.

Συγχρόνως προς τα μνημεία των Αθηνών, οφείλετε κατ' αρχάς να μεριμνήσητε και δια την επιτήρησιν του τάφου του Αγαμέμνονος εις τας Μυκήνας· προς τούτο να ληφθούν συντόμως τα αναγκαία μέτρα.

Εν ονόματι του Βασιλέως

Κοινοποίησις προς τον κύριον Klenze του χειρογράφου του Βασιλέως.

Με την παρούσαν, γνωστοποιείται εις τον μυστικόν σύμβουλον κύριον von Klenze ότι οι πολύ συνετές προτάσεις του δια την συντήρησιν των αρχαιοτήτων εις την Ελλάδα έχουν την πλήρη συναίνεσιν Ημών και ότι εκοινοποιήθησαν εις το Υπουργείον των Εκκλησιαστικών και της Δημοσίου Εκπαιδεύσεως, με την εντολήν να μεριμνήσουν δια την πραγματοποίησίν των.

Με την ευκαιρίαν ταύτην εκφράζομεν σήμερον τας ιδιαιτέρας Ημών ευχαριστίας δια την αφοσίωσιν και τον ζήλον με τον οποίον ο μυστικός σύμβουλος κύριος von Klenze συνέβαλε εις την υπόθεσιν της προστασίας των μνημείων μιας μεγάλης εποχής, καθώς και της προστασίας και του καλλωπισμού τής Ημετέρας μελλοντικής Βασιλικής Καθέδρας.

Armansperg, von Kobell, von Heydeck

Ιδιόχειρος σημείωσις εις το περιθώριον του εγγράφου:
Διατί θέλουν να παρακάμψουν τον Γενικόν Έφορον κύριον Weissenburg; Εάν δεν τον θέλουν πλέον ή δεν θέλουν να τον χρησιμοποιήσουν, ας τον αποζημιώσουν δια έξι μήνας και ας τον απολύσουν· κάθε έντιμος άνθρωπος θα προετίμα αυτό από μίαν προσβλητικήν παράκαμψιν χωρίς λόγον.

(Υπογραφή) von Heydeck

ΤΕΚΜΗΡΙΟΝ 36

Επιστολή του Klenze προς τον Βασιλέα Όθωνα. Ναύπλιον, 16/28 Σεπτεμβρίου 1834. "Περί της σχεδιαζομένης διανοίξεως της οδού Ηροδότου εις Αθήνας" (πρωτότυπον κείμενον εις γερμανικήν γλώσσαν).
Υπουργείον Εσωτερικών, φάκελλος 221.

Ελήφθη 8 Οκτωβρίου 1834
Ναύπλιον, 16/28 Σεπτεμβρίου 1834
Αρ. Πρωτ. 17294

Προς
την Αυτού Μεγαλειότητα
τον Βασιλέα Όθωνα Α' της Ελλάδος

Περί της σχεδιαζομένης ανοίξεως της οδού Ηροδότου.

Προσκληθείς να εκφέρω την μη δεσμευτικήν μου γνώμην δια τας δυσκολίας αι οποίαι αντιτίθενται εις την διάνοιξιν της οδού Ηροδότου εις Αθήνας, νομίζω πως πρέπει να αναφέρω τα εξής:

Η οδός Ηροδότου είναι μία από τας προτεινομένας εις το σχέδιον του κυρίου Schaubert οδούς, τας οποίας και εγώ ο ίδιος εθεώρησα ότι έπρεπε να διατηρηθούν, χωρίς εντούτοις, όπως προκύπτει και από τας επεξηγήσεις μου που συνοδεύουν το νέον σχέδιον της πόλεως, να δίδω μεγάλην αξίαν εις αυτό. Δια τούτο και προς το παρόν δεν διετάχθη η διάνοιξις αυτής.

Με την αναγκαίαν κατεδάφισιν των οικιών του Έλληνος Μπότσαρη και μιας των δύο οικιών, τας οποίας έχει αγοράσει η γαλλική πρεσβεία από τον κύριον Αργυρόπουλον, η διάνοιξις της οδού προσκόπτει σε ένα νέον εμπόδιον: αφ' ενός μεν το απαιτούμενον ποσόν αποζημιώσεως θα ήτο σημαντικόν, αφ' ετέρου θα εμειώνετο αισθητώς ο αριθμός των κατοικησίμων κτηρίων.

Δι' αυτό νομίζω πως πρέπει να ζητήσω μη δεσμευτικώς ή να εγκαταλειφθεί τελείως η ιδέα διανοίξεως της πέμπτης αυτής οδού ή να επιλεγεί δι' αυτήν από τον αρχιτέκτονα Schaubert, μέλος της οικοδομικής επιτροπής των Αθηνών, μία άλλη κατεύθυνσις ολιγώτερον βλαβερά από αυτήν.

Leo von Klenze

Προς το Υπουργείον των Εσωτερικών
Προς το Υπουργείο των Εσωτερικών αποστέλλεται συνημμένως η γνωμάτευσις του βασιλικού βαυαρικού μυστικού συμβούλου κυρίου von Klenze με ημερομηνίαν 16/28 Σεπτεμβρίου ε.έ., περί της σχεδιαζομένης διανοίξεως εις Αθήνας της οδού Ηροδότου, δια να την διαβιβάσει προς την οικοδομικήν επιτροπήν εις Αθήνας, με την διαταγήν να λάβει ιδιαιτέρως υπ' όψιν της την γνωμάτευσιν δια την διάνοιξιν της οδού αυτής.
Ναύπλιον, 29 Σεπτ./11 Οκτωβρίου 1834

(υπογραφή) Armansperg, von Kobell, von Heydeck

ΤΕΚΜΗΡΙΟΝ 37

Επιστολή της αντιβασιλείας προς τον Βασιλέα Λουδοβίκο Α' της Βαυαρίας, Ναύπλιον, 21 Σεπτεμβρίου/3 Οκτωβρίου 1834 (πρωτότυπον κείμενον εις γερμανικήν γλώσσαν). Έκθεσις περί της δραστηριότητος του Klenze εις την Ελλάδα και έκφρασις ευγνωμοσύνης δια το ενδιαφέρον του Βασιλέως Λουδοβίκου δια την ελληνικήν υπόθεσιν.
Υπουργείον των Εσωτερικών, φάκελλος 221.

Ελήφθη 3 Οκτωβρίου 1834
Αρ. πρωτ. 17070

Περί του σχεδίου πόλεως των Αθηνών

Προς την Αυτού Μεγαλειότητα τον Βασιλέα Λουδοβίκον της Βαυαρίας
Εκλαμπρότατε, Κραταιέ Βασιλεύ, Μεγαλόθυμε Βασιλεύ και Κύριε!

Ο μυστικός σύμβουλος της Υμετέρας Μεγαλειότητος αρχιτέκτων von Klenze έλυσε με την συνήθη αυτού περίσκεψιν και μεγαλοφυΐαν το σημαντικόν πρόβλημα, δια το οποίον τον απέστειλε εις Ελλάδα η ιδία η Αυτού Μεγαλειότης και το αποτέλεσμα ήτο πολύ ευτυχές· η αυτού Μεγαλειότης ο Βασιλεύς Όθων εξέφρασε την πλήρη ικανοποίησίν του και όλαι αι προτάσεις του μυστικού συμβούλου ενεκρίθησαν από την βασιλικήν κυβέρνησιν της Ελλάδος.

Με την ευκαιρίαν της γνωστοποιήσεως ευσεβάστως των προηγουμένων, ευχαριστούμεν την Υμετέραν Μεγαλειότητα με βαθυτάτην αίσθησιν της υποχρεώσεώς μας δια την αποστολήν ως εκπροσώπου Υμών του Αρχιτέκτονος της αυλής von Klenze, διότι προετοίμασε πολλά καλά και ωραία και συνέβαλε αναμφιβόλως με πολλάς γονίμους ιδέας εις την εκ νέου άνθησιν μίας τόσον περιωνύμου εις την απωτέραν αρχαιότητα πόλεως. Με την αποστολήν ταύτην του αντιπροσώπου Υμών Μεγαλειότατε, προσεφέρατε μιαν νέαν απόδειξιν της αποδεδειγμένης αγάπης Υμών προς την Ελλάδα και κατ' αυτόν τον τρόπον προσθέσατε εις τας πολλάς αγαθοεργίας Υμών υπέρ των Ελλήνων ακόμη εν δώρον αξιολόγου φροντίδος.

Δραττόμεθα της ευκαιρίας δια να εκφράσωμεν άλλην μίαν φοράν εις την Υμετέρα Μεγαλειότητα τον βαθύτατον σεβασμόν με τον οποίον εμπιστευόμεθα τους εαυτούς μας εις την Υψηλοτάτην Υμών εύνοιαν.

Ναύπλιον 21 Σεπτεμβρίου /3 Οκτωβρίου 1834
της Υμετέρας Μεγαλειότητος
ευπειθέστατοι υπήκοοι και πιστότατοι θεράποντες
Armansperg, von Kobell, von Heydeck

ΤΕΚΜΗΡΙΟΝ 38

Ανακοίνωσις του Βασιλέως Όθωνος προς τον Klenze 10/22 Οκτωβρίου 1834 (πρωτότυπον κείμενον εις γερμανικήν γλώσσαν). "Μεταβολαί τας οποίας η αυτού Μεγαλειότης επιθυμεί να επενεχθούν επί του επικυρωμένου από την αντιβασιλείαν με την απόφασιν της 18/30 Σεπτεμβρίου σχεδίου των νέων Αθηνών, καθώς και ωρισμέναι επιπρόσθετοι παρατηρήσεις επί του ιδίου σχεδίου".

Υπουργείον των Εσωτερικών, φάκελλος 221.

Αρ. πρωτ. 17902
Μεταβολαί τας οποίας η αυτού Μεγαλειότης επιθυμεί να επενεχθούν επί του επικυρωμένου από την αντιβασιλείαν με την απόφασιν της 18/30 Σεπτεμβρίου 1834 σχεδίου των νέων Αθηνών, καθώς και ωρισμέναι επιπρόσθετοι παρατηρήσεις επί του ιδίου σχεδίου.

1. Ο κήπος του λαού και η αγορά (bazar) πρέπει να διαμορφωθούν εις έναν χώρον, ο οποίος δεν θα περικλείεται από το κτήριον της αγοράς αλλά θα ορίζεται εν μέρει από αυτό. Η διάταξις ταύτη καθώς και η όλη διαμόρφωσις της πλατείας ή του κήπου που θα δημιουργηθεί, πρέπει να συμφωνεί με το επισυναπτόμενον σχέδιον. Πρέπει να δοθεί προσοχή ώστε ο κύριος τοίχος της αγοράς αυτής να υποχωρεί επάνω από τας ανοικτάς στοάς προς τον κήπον, ώστε να δημιουργείται δώμα άνωθεν της στοάς.
2. Εις την πλατείαν επί της οποίας σημειούται η εκκλησία υπό το στοιχείον (Μ) πρέπει αύτη να υποχωρήσει, ενώ τα κτήρια υπό τα στοιχεία (J) και (N) πρέπει να μετακινηθούν προς τα έμπροσθεν μέχρι των γωνιών των οικοδομικών τετραγώνων εις τα οποία ευρίσκονται· επίσης ο πίδαξ πρέπει να έλθει προς τα εμπρός, μέχρι της ρυμοτομικής γραμμής. Αι νέαι θέσεις σημειώνονται εις το σχέδιον με μολυβδίδα.
3. Το σχήμα της πλατείας εις το ανατολικόν άκρον της οδού Ερμού πρέπει να αλλάξει και ο σημειωμένος επ' αυτής πίδαξ να μετακινηθεί, όπως σημειώνεται με μολυβδίδα εις το σχέδιον. Πρέπει να δοθεί εντολή ώστε αι οικοδομικαί γραμμαί της οδού, η οποία οδηγεί από την προαναφερθείσαν πλατείαν εις την εκκλησίαν υπό το στοιχείον (W) με κατεύθυνσιν κάθετον προς την πρόσοψίν της, να υποχωρήσουν, όπως έχει σχεδιασθεί με μολυβδίδα εις το σχέδιον και η οδός να περιβληθεί με κήπους. Ο επιφορτισμένος με τη χάραξιν του σχεδίου αρχιτέκτων πρέπει να μεριμνήσει ώστε η εκκλησία υπό το στοιχείον (W) να τοποθετηθεί ολόκληρος εις το πλάτωμα του υψώματος και, εάν είναι αναγκαίον, μπορεί να τοποθετηθεί και ολίγον προς τα όπισθεν.
4. Εις την σημειουμένην με μολυβδίδα πλατείαν υπό το στοιχείον (Ι) θα ανεγερθεί το προσωρινόν, ξύλινον θέατρον, και η πλατεία πρέπει να μεγαλώσει κατά τας απαιτήσεις [του κτηρίου].
5. Εφ' όσον η εκκλησία η πλησίον του θεάτρου υπό το στοιχείον (F) παραμείνει, η πλατεία στην οποίαν είναι τοποθετημένη πρέπει να λάβει καταλληλότερον σχήμα.
6. Το νομισματοκοπείον υπό το στοιχείο (Κ) πρέπει να μετατοπισθεί εις μίαν πλατείαν ή εις μίαν από τας μεγαλυτέρας οδούς.
7. Παρατηρείται ότι στο σχέδιο δεν προβλέπονται θέσεις για στρατιωτικά και πολιτικά νοσοκομεία και, επειδή οι στρατιώτες ασθενούν συχνώς, πρέπει να ληφθεί αμέσως μέριμνα δια την ανέγερσιν του στρατιωτικού νοσοκομείου· επίσης εις το σχέδιον δεν προβλέπεται θέσις δια οπλοστάσιον.
8. Η Αυτού Μεγαλειότης επιφυλάσσεται να αποφασίσει δια τας θέσεις εις τας οποίας πρέπει να οικοδομηθούν τα υπουργεία και οι στρατώνες, αφού προηγουμένως γίνει ακριβής χωροστάθμισις και Της υποβληθεί ειδικόν σχέδιον όλης της περιοχής εις την οποίαν προτείνεται η ανέγερσις των ανακτόρων, των βοηθητικών των κτηρίων, των υπουργείων και του στρατώνος. Το προαναφερθέν ειδικόν σχέδιον πρέπει να περιλαμβάνει τα ειρημένα κτήρια. Τα γειτνιάζοντα με τα κτήρια υπό τα στοιχεία (C), (C), (D) και (E) οικοδομικά τετράγωνα θα ορισθούν μετά από την απόφασιν αυτήν.

Δια την πιστήν αντιγραφήν: Ναύπλιον 10/22 Οκτωβρίου 1834, Schmair, υπολοχαγός, βασιλικός γραμματεύς.

Σημ. Η Α.Μ. έδωσεν ήδη τας αναγκαίας διαταγάς ώστε να τεθούν εις την διάθεσίν σας το χωροσταθμικόν [τοπογραφικόν] και το ειδικόν σχέδιον.

ΤΕΚΜΗΡΙΟΝ 39

Επιστολή του Klenze προς τον Βασιλέα Όθωνα (προς την αντιβασιλείαν). Μόναχον, 18 Νοεμβρίου 1834 (πρωτότυπον κείμενον εις γερμανικήν γλώσσαν). "Περί του σχεδίου της πρωτευούσης". Αίτημα του Klenze να του αποσταλεί το ακριβές τοπογραφικόν σχέδιον της παλαιάς πόλεως, το οποίον συντάσσει ο von Weiler, δια να διορθώσει το σχέδιόν του.

Υπουργείον των Εσωτερικών, φάκελλος 213.

Ελήφθη 31 Δεκεμβρίου 1834
Μόναχον, 18 Νοεμβρίου 1834
Αρ. πρωτ. 20435

Δια την Αυτού Μεγαλειότητα τον Βασιλέα της Ελλάδος Όθωνα
προς την αντιβασιλείαν
Περί του σχεδίου της πρωτευούσης Αθηνών

Όταν ελήφθη η απόφασις δια την αποστολήν μου εις την Ελλάδα δια να τακτοποιήσω το σχέδιον της πόλεως των Αθηνών, εδόθη ταυτοχρόνως η εντολή εις την ελληνικήν στρατιωτικήν αρχήν να αναθέσει δι' αυτόν τον σκοπόν την σύνταξιν ακριβούς τοπογραφικού σχεδίου της πόλεως και των περιχώρων αυτής.

Εξ αιτίας της εσπευσμένης αφίξεώς μου όμως το σχέδιον αυτό, παρ' όλην την εργατικότητα του λοχαγού του Μηχανικού von Weiler, όταν έφθασα μόλις είχε αρχίσει [να εκπονείται], και ούτω παρέλαβα το πρώτον ήμισυ του τοπογραφικού διαγράμματος μόλις την παραμονήν της αναχωρήσεώς μου.

Ούτω, δεν μου απέμενεν άλλον τι από του να εργασθώ με βάσιν το σχέδιον των κυρίων Κλεάνθους και Schaubert που μου είχε δοθεί και να υποτάξω το σχέδιόν μου εις τας περιεχομένας εις αυτό κυρίας γραμμάς και διαστάσεις. Επιστρέφων όμως, ήδη κατά την παραμονήν μου εις το λοιμοκαθαρτήριον της Αγκώνος, αντιπαραβάλλων το σχέδιον αυτό και την εργασίαν μου με την νέαν αποτύπωσιν, ευρήκα σημαντικάς διαφοράς, και δι' αυτό, αφικνούμενος εδώ [εις το Μόναχον], έσπευσα να ολοκληρώσω αμέσως αυτήν την αντιπαραβολήν και να καταγράψω τα αποτελέσματά της. Εξαιτίας αυτού του γεγονότος, αντελήφθην ότι ήσαν αναγκαίαι σημαντικαί τροποποιήσεις του [ιδικού μου] σχεδίου, αι οποίαι ενίοτε επέφερον μεταβολάς των σχημάτων, χωρίς όμως να θίγουν τα σημαντικώτερα στοιχεία του.

Κατά την νέαν αυτήν επεξεργασίαν έλαβον ταυτοχρόνως υπ' όψιν μου τας οδηγίας δια την διαμόρφωσιν των ανακτόρων και των τμημάτων των, τας οποίας μου είχε ανακοινώσει η Αυτού Μεγαλειότης εις επιστολήν της από το χωρίον Βελάρη με ημερομηνίαν 2/14 Σεπτεμβρίου. Δια της παρούσης λαμβάνω την τιμήν να αποστείλω τη νέαν ταύτην επεξεργασίαν του σχεδίου μου εις την Υμετέραν Μεγαλειότητα και να παρακαλέσω ευπειθέστατα να αντικαταστήσητε εις τα αρχεία την παλαιάν ατελή παραλλαγήν, την οποίαν έπρεπε να παραδώσω εις το Ναύπλιον, με την νέαν και ορθήν.

Μόλις παραλάβω το άλλο ήμισυ του τοπογραφικού σχεδίου, θα σπεύσω να παραδώσω με βαθύτατον σεβασμόν εις την Υμετέραν Μεγαλειότητα εν πλήρες σχέδιο της πόλεως,

Leo von Klenze.

ΤΕΚΜΗΡΙΟΝ 40

Έκθεσις του υπουργού των Εσωτερικών Πραΐδη. Αθήναι, 23 Ιουλίου/4 Αυγούστου 1835 (κείμενον εις γαλλικήν γλώσσαν). "Περί των ανεγερθησομένων δημοσίων καταστημάτων".

Υπουργείον των Εσωτερικών, φάκελλος 221.

Ελήφθη 25 Ιουλίου/6 Αυγούστου 1835
Αρ. πρωτ. 2342
Αρ. παραλαβής 2606.3.392
ειδ. αρ. 22891-170 Αθήναι 23 Ιουλίου 1835

Γραφείον Δημοσίας Οικονομίας
Περί των ανεγερθησομένων δημοσίων καταστημάτων

Μεγαλειότατε,
συμφώνως προς την βασιλικήν διαταγήν της 4/16 Ιουνίου, έχω την τιμήν να υποβάλω συνημμένως προς την Υμετέρα Μεγαλειότητα κατάλογον των θέσεων [οικοπέδων] που ορίζονται εις το σχέδιον του κ. Klenze, αι οποίαι προορίζονται να χρησιμεύσουν δια τα δημόσια κτήρια, ομού μετά υπολογισμού της αξίας και του εμβαδού των.

Η εργασία αυτή έχει γίνει από τον γεωμέτρην κ. Stauffert. Εις αυτήν έχει σημειώσει όλας τας θέσεις αι οποίαι προορίζονται δια τα δημόσια κτήρια, χωρίς να διαχωρίσει εκείνα τα οποία θα κατασκευασθούν με έξοδα της Κυβερνήσεως από εκείνα που θα κτισθούν με έξοδα του Δήμου.

Η διάκρισις αυτή, επειδή άλλωστε είναι αρκετά ευχερής, δεν μπορεί να θέσει εμπόδιον εις την χρήσιν του συνημμένου καταλόγου, την οποίαν σκοπεύει να κάμει η Κυβέρνησις.

Μετά ολίγας ημέρας θα ολοκληρωθεί επίσης το κτηματολόγιον των εθνικών ακινήτων, τα οποία ευρίσκονται εις την πόλιν των Αθηνών μαζί με την εκτίμησίν των. Τα Υπουργεία των Εσωτερικών και των Οικονομικών θα σπεύσουν να το θέσουν υπ' όψιν της Υμετέρας Μεγαλειότητος με τας παρατηρήσεις των, εις εκτέλεσιν της βασιλικής διαταγής της 6/18 Μαρτίου.
διατελώ μετά βαθυτάτου σεβασμού,
Μεγαλειότατε,
της Υμετέρας Μεγαλειότητος
ταπεινότατος και ευπειθέστατος υπήκοος,
Ο αναπληρωτής Γραμματεύς
των Εσωτερικών της Επικρατείας
Γ. Πραΐδης

Υπολογισμός* της επιφανείας των γηπέδων, τα οποία είναι αναγκαία δια τα δημόσια κτήρια των Αθηνών και υπολογισμός των πληρωτέων ποσών υπολογισμένων συμφώνως προς το σχέδιον του κ. Klenze από τον γεωμέτρην και αρχιτέκτονα Stauffert.
Αξία ενός τετραγωνικού πήχεως: 20 λεπτά (=0,20 δραχμές)

		Κτίσματα	Επιφάνεια		
αρ.	ψηφίον του σχεδίου	Ονομασίαι κτηρίων	τετραγ. μέτρα	τετραγ. πήχεις	αξία εις δραχμάς
1	A	Τα βασιλικά ανάκτορα	9.014	16.025	3.205
2	A	Ο βασιλικός κήπος	206.461	367.046	73.409
3	A	Όλαι αι κλίμακες έξωθεν των ανακτόρων	12.897	22.928	4.585
4	A	Οι πίδακες και αι υδάτιναι επιφάνειαι	428	760	152
5	B	Σταύλοι, αποθήκαι κ.λπ.	2.632	4.679	935
6	C	Τα κτήρια των υπουργείων	10.543	18.743	3.748
7	C	Όλαι αι εσωτερικαί και εξωτερικαί αυλαί δια τα A,B,C	47.706	84.811	16.962
8	D	Η γερουσία	3.290	5.858	1.169
9	E	Η βουλή των αντιπροσώπων	3.290	5.848	1.169
10	F	Η αγορά πλησίον των ανακτόρων	4.698	8.352	1.670
11	F	Η αγορά πλησίον του πανεπιστημίου	5.292	9.408	1.881
12	G	Ο στρατών του πεζικού	15.600	27.773	5.546
13	H	Ο στρατών του ιππικού	9.308	16.547	3.309
14	I,K	Το δημαρχείον και το νομισματοκοπείον	2.099	5.171	1.094
15	L	Το σώμα της φρουράς της διοικήσεως της πόλεως	1.410	2.506	501
16	M	Η καθολική εκκλησία	1.102	1.959	391
17	N	Το ταχυδρομείον	1.608	2.858	571
18	O	Η αγορά [bazar]	23.443	41.676	8.335
19	P	Ο κήπος του λαού και τα λουτρά	38.250	68.000	13.600
20	Q	Η σύνοδος και το επισκοπικόν μέγαρον	3.007	5.345	1.069
21	R	Τα δημόσια σχολεία	6.915	12.293	2.458
22	S	Το θέατρον	2.655	4.720	944
23	T,U,V	Η βιβλιοθήκη, η ακαδημία, το πανεπιστήμιον και αι πλατείαι των	27.012	48.021	9.604
24	W	Η νέα ελληνική εκκλησία	793	1.409	282
25	X	Η μεγάλη εκκλησία του Σωτήρος	2.466	4.384	877
		Σύνολον	442.729 τετραγ. μέτρα	787.083 τετραγ. πήχεις	157.417 δρχ.

* Παρατήρηση του συγγραφέως: Τα μεγέθη έχουν ελαφρώς στρογγυλευθεί.

ΤΕΚΜΗΡΙΟΝ 41

Σχέδιον επιστολής του Βασιλέως Όθωνος προς το Υπουργείον των Εσωτερικών. 16/28 Ιουνίου 1836 (πρωτότυπον κείμενον εις γερμανικήν γλώσσαν). Απαιτήσεις των κυρίων Κλεάνθους και Schaubert δια τας δαπάνας αποτυπώσεως του σχεδίου των Αθηνών.

Υπουργείον των Εσωτερικών, φάκελλος 220.

Όθων

Λαβόντες γνώσιν της αναφοράς από 13/25 τρέχοντος μηνός και των σχετικών εγγράφων του υπουργείου, άτινα μνημονεύονται εις το κείμενον της αναφοράς αυτής, γνωστοποιούμεν υμίν την ακόλουθον απόφασιν:

Είναι απολύτως αναπόδεικτον και συμφώνως προς αυτά ταύτα τα σχετικά έγγραφα άκρως απίθανον, ότι οι αιτούντες ήρχισαν ήδη από του έτους 1831 χωρομέτρησιν της πόλεως των Αθηνών και σύνταξιν σχεδίου, ως ισχυρίζονται εις την αίτησίν των προς Ημάς από 4/18 Νοεμβρίου παρελθόντος έτους· διότι εις το αίτημά των προς την αντιβασιλείαν της 6 Μαρτίου 1833 θεωρούν ότι η χωρομέτρησις κατέστη αναγκαία μόνον αφ' ης στιγμής, άμα τω διορισμώ των την 12/24 Μαΐου 1832, ανετέθη εις αυτούς η σύνταξις σχεδίου της νέας πόλεως των Αθηνών. Μεταξύ του διορισμού αυτών και του συνδεδεμένου μετ' αυτού έργου της χωρομετρήσεως διαφαίνεται υφισταμένη –σχεδόν απαραγνώριστος– σχέσις αιτίου προς αιτιατόν· και εις την τελευταίαν αίτησίν των η απαιτουμένη αποζημίωσις δια δαπάνας χωρομετρήσεως υπολογίζεται διά διάστημα 188 ημερών, το οποίον συμπίπτει μετά του χρονικού διασιήματος μεταξύ του διορισμού των και του τέλους του έτους 1832.

Απολύτως αδικαιολόγητος είναι ο ισχυρισμός, ότι το συνταχθέν υπό των αιτούντων και εγκριθέν υφ' Ημών σχέδιον είναι προσωπική ιδιοκτησία αυτών και ότι τούτο ανεγνωρίσθη ήδη υπό της αντιβασιλείας. Ουδέποτε συνέβη τοιούτον τι.

Οι αιτούντες, διωρισμένοι αρχιτέκτονες της προηγουμένης κυβερνήσεως, ως παραδέχονται οι ίδιοι, συνέταξαν το περί ού ο λόγος σχέδιον κατόπιν εντολής της. Ως εκ τούτου, το σχέδιον τούτον ουδόλως συνιστά προσωπικήν αυτών ιδιοκτησίαν, διότι εις τοιαύτην περίπτωσιν θα έπρεπε να είχε προηγηθεί παραίτησις εκ της θέσεώς των, πράγμα δια το οποίον ουδέν γνωρίζομεν.

Υπ' αυτάς τας συνθήκας, των οποίων ελάβομεν ακριβή γνώσιν μόνον δια των προσφάτως αποσταλέντων εις Ημάς εγγράφων, δεν τίθεται πλέον θέμα αποζημιώσεως ώστε να παραδοθή το σχέδιον, αλλά μόνον θέμα καθορισμού του ποσού, το οποίον Ημείς, ανεξαρτήτως ελλείψεως αποδεικτικών στοιχείων, λαμβάνοντες υπ' όψιν τας δηλωθείσας δαπάνας, θέλομεν εγκρίνει προς πληρωμήν.

Προς τερματισμόν της υποθέσεως αποφασίζομεν ως εκ τούτου τα ακόλουθα:

1. Εις τους αιτούντας αναγνωρίζονται αι απαιτήσεις μισθού από της ημέρας του διορισμού αυτών μέχρι της 20 Ιανουαρίου/1 Φεβρουαρίου 1833.
2. Αι ειδικαί δαπάναι χωρομετρήσεως αι αναγραφόμεναι εις την αίτησιν αυτών προς την αντιβασιλείαν εκ 2.522 πιάστρων ή 876 δραχμών (17,27 πιάστρα = 1 κολονάτον ή τάληρον) πρέπει να πληρωθώσιν άνευ άλλης αποδείξεως.
3. Η αναφερομένη εις το συνημμένον φύλλον του εγγράφου της 4/18 Νοεμβρίου παρελθόντος έτους δαπάνη εκ 1.008 δραχμών και 80 λεπτών, καθ' ότι βασίζεται επί απαραδέκτου τρόπου αναγωγής των πιάστρων [εις δραχμάς], ποσού εξ άλλου ταυτοσήμου προς το ανωτέρω αναγραφέν, δεν είναι κατάλληλος να περιληφθή εις τον λογαριασμόν.
4. Εξ ίσου ακατάλληλοι να περιληφθώσι εις τον λογαριασμόν άνευ λεπτομερούς αναλύσεως (εάν όχι αποδείξεως) αυτών είναι επίσης αι αναγραφόμεναι εις το αυτό συνημμένον έγγραφον δαπάναι δια την σύνταξιν του σχεδίου πόλεως και τον καθορισμόν των οικοδομικών γραμμών εκ 491 δραχμών και 20 λεπτών και 384 δραχμών αντιστοίχως.
5. Πληρωτέαι τέλος άνευ περαιτέρω αποδείξεως είναι αι αναγραφόμεναι εις το συνημμένον εις την έκθεσιν του Υπουργείου από 19/31 Ιανουαρίου 1834 έγγραφον δαπάναι δια την χάραξιν του σχεδίου επί του εδάφους εκ 1.327 δραχμών και 50 λεπτών, εξαιρετέας της δαπάνης των 450 δραχμών δια τον αρχιτέκτονα Hoffer, όστις εμπίπτει εις τα οριζόμενα εις το επόμενον άρθρον.
6. Τέλος εις τους αιτούντας εγκρίνεται το ποσόν των εκατό δραχμών μηνιαίως δι' έναν βοηθόν, αρχής γενομένης από της εξόδου [εκ της υπηρεσίας] του κυρίου Lueders.

Κατόπιν αυτών, οι ειρημένοι θέλουσι κληθεί να ετοιμάσωσι νέον λογαριασμόν, αι δαπάναι του οποίου πρέπει να ενταχθώσι εις τας υπηρεσιακάς [κρατικάς] δαπάνας των ετών 1834 και 1833 και δη τας δαπάνας των δήμων· επίσης θέλει γίνει η κατάλληλος προσημείωσις δια την πληρωμήν [των χρημάτων] εκ του δημοτικού προϋπολογισμού. Η παρούσα απόφασις θέλει τεθεί εις ισχύν μόνον αφ' ου οι ενδιαφερόμενοι δηλώσωσι γραπτώς και αμετακλήτως ικανοποιημένοι εξ αυτής και ότι παραιτούνται δια παντός κάθε άλλης απαιτήσεως αφορώσης εις τα σχέδια της πόλεως των Αθηνών, καθώς και εις τας εργασίας και χρηματικάς δαπάνας δια την εκπόνησιν αυτών, και αναγνωρίσωσι ταύτα [τα σχέδια] ως αποκλειστικήν ιδιοκτησίαν της Κυβερνήσεως.

ΤΕΚΜΗΡΙΟΝ 42

Επιστολή του Κλεάνθους προς τον Βασιλέα Όθωνα. Αθήναι, 24 Απριλίου 1837 (πρωτότυπον κείμενον εις γερμανικήν γλώσσαν). Πληροφορίαι δια την ιστορίαν εκπονήσεως του σχεδίου των νέων Αθηνών, δια την αμοιβήν των εργασιών και δια τα πνευματικά δικαιώματα επί του σχεδίου.

Υπουργείον των Εσωτερικών, φάκελλος 220.

Μεγαλειότατε!

Εκ μεροληψίας διαφόρων μετεχόντων εις την διοίκησιν προσώπων, παρακρατείται ήδη συνεχώς από τεσσάρων ετών η πληρωμή μου δια το σχέδιον πόλεως των Αθηνών. Η μακροχρόνιος και άκρως άδικος αύτη παρακράτησις, Μεγαλειότατε, συνετάραξε δεινώς την περιουσιακήν μου κατάστασιν. Εν τούτοις ο άμετρος σεβασμός, τον οποίον τρέφω προς την Υμετέρα Μεγαλειότητα, με παρεκίνησεν να μην καταφύγω εις την αρωγήν των δικαστηρίων, αλλά να προτιμήσω να αναμείνω μετ' εμπιστοσύνης την ημέραν καθ' ην η Υμετέρα Μεγαλειότης θα ελάμβανε εις τας χείρας της τα ηνία [του κράτους]. Η ευτυχής αύτη ημέρα ανέτειλεν ήδη και σπεύδω, Μεγαλειότατε, να υποβάλω το αίτημά μου.

Προκειμένου, Μεγαλειότατε, να λάβητε πλήρη γνώσιν του πράγματος, ώστε να δυνηθείτε να κρίνετε εκ του ασφαλούς, λαμβάνω το θάρρος να επισυνάψω αντίγραφα των σπουδαιοτέρων τεκμηρίων των αφορώντων εις την υπόθεσίν μου.

Το υπό το στοιχείον C επισυνημμένον αντίγραφον της υπ' αρ. 7212 αποφάσεως της Υμετέρας επί των εσωτερικών γραμματείας θα επιτρέψη εις την Υμετέραν Μεγαλειότητα να ιδή τους λόγους τους οποίους προβάλλει εναντίον ημών η γραμματεία· συγχρόνως εξ αυτής θα αναγνωρίση η Υμετέρα Μεγαλειότης την τροπήν την οποίαν έλαβεν ατυχώς η υπόθεσίς μας.

Η απόφασις αύτη επιδιώκει κυρίως να αποδείξη ότι δεν προέβημεν αυθορμήτως εις την χωρομέτρησιν της πόλεως αλλά αφ' ου το πρώτον ελάβομεν διαταγήν παρά της Κυβερνητικής Επιτροπής [δηλαδή της Προσωρινής Κυβερνήσεως]. Επ' αυτού στηριζομένη η Γραμματεία, αμφισβητεί την ημετέραν αξίωσιν την οποίαν υπεσχέθη εις ημάς η ιδία κατόπιν ανωτέρας διαταγής, δια της υπ' αρ. 2085 αποφάσεως αυτής.

Εις απάντησιν της ανωτέρω αποφάσεως, κατέθεσα την 10ην Ιουλίου 1836 ένστασιν, μετ' αυτής δε και τρεις πιστοποιήσεις του Σεβασμιωτάτου Μητροπολίτου Αττικής, του κυρίου Αναργύρου Πετράκη, τέως Δημάρχου Αθηναίων και του κυρίου Ι. Παπαρρηγοπούλου, Προξένου της Ρωσίας, οι οποίοι πιστοποιούν ότι αι εργασίαι μας ήρχισαν εξ μήνας προ της συστάσεως της Κυβερνητικής Επιτροπής. Η επί των Εσωτερικών Γραμματεία όμως ηρνήθη να δώση πίστιν εις τας αξιοπίστους ταύτας μαρτυρίας και ούτω εξηναγκάσθην να ελέγξω τα εγγραφά μου, μεταξύ των οποίων ευτυχώς ευρήκα τα εξής:

1. Την πρώτην έκθεσίν μου προς την Κυβερνητικήν Επιτροπήν, εις την οποίαν ανέπτυσσα την επείγουσαν ανάγκην συντάξεως νέου σχεδίου της πόλεως των Αθηνών, προσθέτων ρητώς ότι "ωρισμέναι προπαρασκευαστικαί εργασίαι είχον ήδη αρχίσει υφ' ημών, ως η χωρομέτρησις της πόλεως, της Ακροπόλεως και του περιγύρου της", κ.λπ.
2. Την απάντησιν της Κυβερνητικής Επιτροπής υπ' αρ. 617 από 12 Μαΐου 1832, δι' ης προτρέπομαι να υποβάλω το σχέδιον, θεωρούσα εσφαλμένως τας άνω ρηθείσας προπαρασκευαστικάς εργασίας ως τετελεσμένον σχέδιον.
3. Την απάντησίν μου της 20ής Μαΐου [1832] εις την οποίαν εξηγούμαι σαφώς και λέγω: "Από έξι και πλέον μηνών ασχολούμαι από κοινού μετά του κυρίου Schaubert με την κοπιαστικήν και δαπανηράν ταύτην εργασίαν, μέχρι τούδε όμως μόνον μερικάς προπαρασκευαστικάς εργασίας ημπορέσαμεν να αποπερατώσωμεν, τουτέστιν την σχεδίασιν της ενεστώσης καταστάσεως της πόλεως, της Ακροπόλεως και των περιχώρων της, προτού δε αρχίσωμεν την σύνταξιν του νέου σχεδίου είναι αναγκαίον να καταμετρηθώσιν τα διάφορα ύψη της πόλεως", κ.λπ.
4. Το αντίγραφον της αποφάσεως της Κυβερνητικής Επιτροπής υπ' αρ. 1000 με ημερομηνίαν 24 Μαΐου 1832, η οποία εξεδόθη κατόπιν της μνησθείσης ανωτέρω απαντήσεώς μου και με την οποίαν ανατίθεται εις εμέ η σύνταξις από κοινού μετά του κυρίου Schaubert του σχεδίου της πόλεως των Αθηνών, το οποίον οφείλει να είναι "άξιον του αρχαίου κλέους των Ελλήνων και του αιώνος εις τον οποίον ζώμεν", κ.λπ.

Κατόπιν της ανωτέρω αποφάσεως, εσχεδιάσαμεν το νέον σχέδιον πόλεως επί του υποβάθρου των προηγουμένως υφ' ημών εκπονηθεισών εργασιών, το οποίον μετά από την ευτυχή άφιξιν της Υμετέρας Μεγαλειότητος εις την Ελλάδα εσπεύσαμε να καταθέσωμεν εις τας βαθμίδας του Υμετέρου Θρόνου και το οποίον κατόπιν ολίγων σκοπίμων και κατανοητών αλλαγών, αι οποίαι απεφασίσθησαν μετά πολλής προσοχής επί του πεδίου, επεκυρώθη και μας εδόθη όπως το εφαρμόσωμεν.

Αύται είναι αι νέαι αποδείξεις, Μεγαλειότατε, τας οποίας ηδυνήθην να αντιπαραθέσω εις την άποψιν ότι δήθεν δεν ηρχίσαμεν αυθορμήτως την σύνταξιν του σχεδίου αλλά κατόπιν διαταγής της Κυβερνητικής Επιτροπής και, φρονών ότι τα προειρημένα αίρουν πάσαν αμφιβολίαν, έρχομαι εις το θέμα των εξόδων.

Δια τας συνολικάς δαπάνας [εκπονήσεως] ολοκλήρου του σχεδίου της καθέδρας της Υμετέρας Μεγαλειότητος εζητήσαμεν μόνον 2.522 πιάστρα ή 876 δραχμάς, ενώ η Κυβέρνησις διά μόνην την εφαρμογήν του σχεδίου, η οποία δεν απήτησεν ούτε το εν τρίτον των εργασιών χωρομετρήσεως και σχεδιάσεως, ενέκρινεν να πληρωθή εις ημάς ποσόν 877 δραχμών, διότι διαθέτομεν [δι' αυτήν] κανονικούς λογαριασμούς. Εζητήσαμεν, Μεγαλειότατε, [μόνον] το ανωτέρω ποσόν όχι διότι δεν εδαπανήσαμεν περισσότερα –αι δαπάναι μας ανέρχονται τουλάχιστον εις το διπλάσιον εάν όχι τριπλάσιον ποσόν–, αλλά διότι προέβημεν εις την εργασίαν αυτήν με έξοδά μας δέκα τέσσαρεις μήνας προ της αφίξεως της Υμετέρας Μεγαλειότητος, δηλαδή εις χρόνον κατά τον οποίον το μέλλον της Ελλάδος ήτο ακόμη αμφίβολον και ως εκ τούτου δεν εκρατήσαμεν λογαριασμόν δια τας δαπάνας μας, και διότι ελλείψει των απαιτουμένων αποδεικτικών στοιχείων δεν ηθέλαμεν να ενοχλήσωμεν κατ' ουδένα τρόπον την Κυβέρνησιν και επροτιμήσαμεν να ζητήσωμεν μέρος μόνον του ημερομισθίου, το οποίον επληρώσαμεν εις τους εργάτας, έτερον ουδέν, ενώ μόνον δια την χαρτογράφησιν εγράψαμεν το έτος 1830 εις την Γερμανίαν δια να μας αποσταλούν τα αναγκαία δια την χωρομέτρησιν και χωροστάθμισιν μαθηματικά όργανα, δια τα οποία εξοδεύσαμεν πολλά [χρήματα].

Δια να πεισθή απολύτως η Υμετέρα Μεγαλειότης πόσον ανιδιοτελώς ηργάσθημεν εις την υπόθεσιν ταύτην, παρακαλώ την Υμετέραν Μεγαλειότητα όπως ευδοκήση και διατάξη την σύγκρισιν μεταξύ του κόστους σχεδίου των Αθηνών και του κόστους των σχεδίων των πόλεων Σπάρτης, Σύρου και Χαλκίδος, ακόμη και του ιδίου του Πειραιώς, και είμαι πεπεισμένος ότι η Υμετέρα Μεγαλειότης θέλει διαπιστώσει ότι, ακόμη και αφαιρουμένων των σημαντικών προσαυξήσεων των μισθών, θα εύρητε ακόμη και εις αυτάς ταύτας τας δαπάνας σημαντικήν διαφοράν. Επίσης, η εργασία δια το σχέδιον των Αθηνών ουδεμίαν σύγκρισιν έχει με την εργασίαν δια τα προαναφερθέντα σχέδια. Ως παράδειγμα, Μεγαλειότατε, αναφέρω το σχέδιον του Πειραιώς. Ο ταγματάρχης του Μηχανικού κύριος von Tausch με δύο υπαξιωματικούς και τους αναγκαίους εργάτας δια μόνην την χωρομέτρησιν της πόλεως [του Πειραιώς] εχρειάσθη εν ολόκληρον έτος, όταν δε μετά εν έτος του εζητήθη να παραδώση τας εργασίας του δια την εκπόνησιν ενός νέου σχεδίου, απεδείχθησαν όλαι εσφαλμέναι και ως εκ τούτου άχρηστοι και ηναγκάσθημεν να χωρομετρήσωμεν το μεγαλύτερον τμήμα του Πειραιώς εκ νέου. Εντός τριών εβδομάδων ολοκληρώσαμεν τας αναγκαίας χωρομετρήσεις καθώς και την βυθομέτρησιν του λιμένος, και μετά πάροδον και πάλιν τριών εβδομάδων μετά την σχεδιογράφησιν του νέου σχεδίου προέβημεν εις την χάραξιν τούτου επί του εδάφους, και ετούτην την στιγμήν εφαρμόζεται μετά μεγίστης πληρότητος και ακριβείας, ούτως ώστε αι δαπάναι δια την χωρομέτρησιν, χωροστάθμισιν, σχεδιογράφησιν και χάραξιν επί του εδάφους του σχεδίου της πόλεως του Πειραιώς δεν υπερβαίνουν τας 600 δραχμάς. Αι αποδείξεις δια την αλήθειαν των ειρηθέντων ευρίσκονται εις τα αρχεία της επί των εσωτερικών γραμματείας. Πρόθεσίς μου, Μεγαλειότατε, δεν είναι να κατηγορήσω κανέναν αλλά να αποδείξω την μεγίστην αφοσίωσίν μου εις την Υμετέραν Μεγαλειότητα και τον ζήλον μετά του οποίου ηργάσθην καθ' όλην την διάρκειαν της υπηρεσίας μου.

491 δραχμάς εδαπανήσαμεν μετά την άφιξιν της Υμετέρας Μεγαλειότητος εις την Ελλάδα δια την χωρομέτρησιν ωρισμένων τμημάτων των περιχώρων των Αθηνών, δια την χωροστάθμισιν του εδάφους μεταξύ Αθηνών και Πειραιώς, καθώς και δια την χωροστάθμισιν όλων των οδών εντός και εκτός της παλαιάς πόλεως. Η πληρωμή αυτού του ποσού δεν ενεκρίθη λόγω ελλείψεως των απαιτουμένων αποδεικτικών στοιχείων. Ετέρας αποδείξεις δια την δαπάνην του ως άνω ποσού δεν ημπορούμε να προσκομίσωμεν, ει μη μόνον τας ιδίας τας εργασίας μας. Εις το εργαστήριον του κυρίου Schaubert ευρίσκονται όλα τα σχέδια της χωροσταθμίσεως. Επιπλέον τα υψόμετρα των οδών σημειούνται επί του μεγάλου χάρτου εις την γωνίαν κάθε τετραγώνου.

384 δραχμάς εδαπανήσαμεν δια γραμμάς τας οποίας ετοποθετήσαμεν [επί του εδάφους] δια τους επιθυμούντας να οικοδομήσωσι και δη ωρισμένας κατόπιν διαταγής της Βασιλικής Νομαρχίας, άλλας κατόπιν αιτήματος της Δημογεροντίας, και τέλος άλλας κατόπιν αιτήσεως των κατοίκων. Επειδή και δι' αυτάς τας δαπάνας δεν έχομεν εις χείραν μας τας προσηκούσας αποδείξεις, απερρίφθη επίσης το αίτημα της πληρωμής των· εν ολίγοις η Κυβέρνησις εγκρίνει δι' ημάς μόνον τον μηνιαίον μισθόν του δημοσίου υπαλλήλου εκ δραχμών 100.

Δια της υπ' αρ. 2085 αποφάσεως της επί των εσωτερικών γραμματείας, η μετάφρασις του οποίου επισυνάπτεται εις το παρόν υπό το στοιχείον Β, γίνεται υπόσχεσις όχι μόνον πληρωμής των δαπανών εις τας οποίας προέβημεν αλλά και μιάς δικαίας αποζημιώσεως των κόπων τόσον εμού όσον και των συνεργατών μου, των κυρίων Schaubert και Lueders, εφόσον αι εργασίαι μας θα απέβαινον χρήσιμοι, και προς τον σκοπόν τούτον ανετέθη εις την επί του πολέμου γραμματείαν να συντάξη πραγματογνωμοσύνην δια το ποσόν της αμοιβής μας. Επειδή όμως η επί του πολέμου γραμματεία, δια λόγους τους οποίους αγνοώ, δεν εξέδωσεν την προαναφερθείσαν πραγματογνωμοσύνην, ηναγκάσθημεν και εζητήσαμεν ημείς αμοιβήν ίσην προς 160 δραχμάς μηνιαίως δι' έκαστον εξ ημών και δη αρχής γενομένης από την ημέραν κατά την οποίαν ήρξαντο αι εργασίαι μας, μισθόν τον οποίον ελαμβάνομεν και επί καποδιστριακής διοικήσεως. Ημείς επιστεύσαμεν ότι η αποζημίωσίς μας δι' αυτού του ποσού είναι ορθή και δικαία· εναπόκειται εις την Υμετέραν κυβέρνησιν, Μεγαλειότατε, ο καθορισμός μιας ορθωτέρας και δικαιοτέρας.

Καθώς φαίνεται, η κυβέρνησις δεν έμεινεν ηυχαριστημένη, κυρίως διότι εθεώρημεν το σχέδιον ιδιοκτησίαν μας· οι λόγοι, Μεγαλειότατε, δια τους οποίους προβάλλομεν νομίμως δικαιώματα ιδιοκτησίας επί του σχεδίου είναι οι κάτωθι:

1. προέβημεν εις την εργασίαν ταύτην αυθορμήτως και ουχί κατόπιν διαταγής οιασδήποτε αρχής,
2. παρηγγείλαμεν αποκλειστικώς και μόνον δι' αυτήν την εργασίαν όργανα μετρήσεως εις Γερμανίαν,
3. προέβημεν εξ ιδίων δαπανών εις την χωρομέτρησιν, ιχνογράφησιν, χωροστάθμισιν, εκπόνησιν και σχεδίασιν του σχεδίου,
4. εξ αιτίας του σχεδίου υπέστην πολλάς ταλαιπωρίας, αι οποίαι με ηνάγκασαν να ταξιδεύσω δέκα τέσσαρας φοράς εις το Ναύπλιον και μίαν φοράν εις την Κόρινθον, καθώς γνωρίζει η Υμετέρα Μεγαλειότης, δίχως να αποζημιωθώ ούτε κατ' ελάχιστον δια τα έξοδα ταξιδίου.

Δι' όλους αυτούς τους λόγους, θεωρώ ότι έως ότου αποζημιωθώ πλήρως δι' αυτό, το σχέδιον ανήκει δικαιωματικώς εις εμέ, αποτελούν αδιαφιλονίκητον περιουσίαν μου.

Τέλος τολμώ, Μεγαλειότατε, να παρατηρήσω ότι η τετραετής άδικος παρακράτησις των χρημάτων εζημίωσεν άκρως την οικονομικήν μου κατάστασιν.

Μετά βαθυτάτου σεβασμού προς την
Υμετέραν Μεγαλειότητα
Αθήναι τη 24η Απριλίου 1837
ο πιστότατος υπήκοος Υμών
Στ. Κλεάνθης

ΤΕΚΜΗΡΙΟΝ 43

Επιστολή του Βασιλέως Όθωνος προς το Υπουργείον των Εσωτερικών. Αθήναι 29 Μαΐου/10 Ιουνίου 1837 (κείμενον εις γερμανικήν γλώσσαν). Εντολή να συνταχθεί με βάσιν το τροποποιημένον από τον Klenze σχέδιον, καθώς και τα ωρισθέντα δια τα ανάκτορα (δηλαδή την νέαν θέσιν την οποίαν επέλεξε δι' αυτά ο F. Gaertner) νέον σχέδιον πόλεως Αθηνών.

Αρ. πρωτ. 22774

Προς
την Ημετέραν
επί των Εσωτερικών Γραμματείαν
Περί της συντάξεως νέου αντιγράφου του σχεδίου πόλεως

Όθων κ.λπ. κ.λπ.
Βασιλεύς της Ελλάδος

Διά της παρούσης διαβιβάζεται εις το Υπουργείον των Εσωτερικών το συνταχθέν υπό του κυρίου von Klenze νεώτερον σχέδιον της πόλεως των Αθηνών, περιέχον ωρισμένας τροποποιήσεις του αρχικού σχεδίου του ιδίου, και ανατίθεται εις την Ημετέραν επί των Εσωτερικών Γραμματείαν η σύνταξις ενός νέου σχεδίου πόλεως, το οποίον θα λαμβάνη υπ' όψιν τας ανωτέρω τροποποιήσεις και τα ωρισθέντα υφ' Ημών δια το ανακτόριον, καθώς και η υποβολή αυτού εις Ημάς προς επικύρωσιν.

Αθήναι, 29 Μαΐου/10 Ιουνίου 1837

Όθων

V. Αποσπάσματα από το έργον του Klenze "Aphoristische Bemerkungen gesammelt auf seiner Reise nach Griechenland" (Αφοριστικαί παρατηρήσεις συλλεγείσαι κατά την διάρκειαν του ταξιδίου του εις την Ελλάδα) τα οποία αναφέρονται εις τον πολεοδομικόν σχεδιασμόν και την προστασίαν των μνημείων εις Αθήνας.

ΤΕΚΜΗΡΙΟΝ 44

Περιγραφή από τον Klenze των μέτρων προστασίας τα οποία ελήφθησαν με ιδικήν του πρωτοβουλίαν δια τα μνημεία εις Αθήνας και εις την Ελλάδα (κείμενον εις γερμανικήν γλώσσαν).

Leo von Klenze, "Aphoristische Bemerkungen gesammelt auf seiner Reise nach Griechenland", Berlin, εκδ. G. Reimer, 1838, σελ. 298-308

(...)

Από την [επίσκεψή μου εις την] Κόρινθον κιόλας, τις Μυκήνες, το Άργος, την Τίρυνθα, την Επίδαυρον και την Αίγινα, είχα πεισθεί για την πλήρη εγκατάλειψη των αρχαίων ερειπίων στην Ελλάδα, στην Αθήνα όμως η πεποίθησή μου αυτή ρίζωσε και έγινε θλίψη που γέννησε μέσα μου την απόφαση να εκμεταλλευθώ με όλες μου τις δυνάμεις την ευνοϊκή μου θέση στην Ελλάδα για να φανώ χρήσιμος στα τόσο αξιοσέβαστα όσο και εγκαταλελειμμένα αυτά κατάλοιπα ελληνικής τέχνης και ιστορίας. Βέβαια είχαν διορισθεί, όπως προανέφερα, όχι μόνον ένας Γενικός Έφορος αλλά και έφοροι αρμόδιοι για τις αρχαιότητες στην Πελοπόννησο, στην Αττική και στην Ρούμελη, καθώς και στις Κυκλάδες, ο αξιέπαινος δε ζήλος των δύο πρώτων [δηλαδή των Ross και Πιττάκη] ήταν σαφής. Αλλά και οι δύο δεν είχαν ούτε βοήθεια άνωθεν ούτε υφιστάμενα όργανα για την εποπτεία [των αρχαιοτήτων].

Συγκινήθηκα αληθινά βλέποντας τη μέριμνα του κυρίου Πιττάκη για την προστασία των αρχαιοτήτων. Ο κύριος Πιττάκης ήταν ένας Αθηναίος, πιθανόν γόνος της παλαιάς οικογενείας προεστών που αναφέρει ο Dodwell, ο οποίος ηγωνίσθη κατά την Επανάσταση, αλλά συνέχισε όσο καλύτερα μπορούσε και την προσφιλή του σπουδή της αρχαιολογίας της πατρίδος του. Το σπίτι του στη θέση που ήταν είχε θέα προς την Ακρόπολη, το Θησείον κ.λπ.

Από εκεί επιτηρούσε με μεγάλη ανησυχία από νωρίς το πρωί τας εισόδους σε αυτά τα ιερά με μια κακή διόπτρα. Μόλις έβλεπε κάποιον να πλησιάζει π.χ. στην Ακρόπολη, έτρεχε ευθύς αμέσως εκεί για να προφυλάξει από ζημίες τα αρχαία μνημεία, των οποίων του είχαν αναθέσει την προστασίαν· αυτό όμως δεν τον εμπόδιζε να παρακολουθεί με άγρυπνο μάτι από εκεί τους άλλους προστατευόμενούς του, το Θησείον, το μνημείον του Ανδρονίκου, την Αγορά κ.λπ.

Μόλις έβλεπε κάποιον να τα πλησιάζει, έσπευδε με φόβον και ανησυχίαν κόβοντας δρόμο πάνω απ' τα κατσάβραχα, για να φθάσει εκεί όπου του φαινόταν πως υπήρχε ο μεγαλύτερος κίνδυνος και να προσφέρει την προστασία του. Μόνον η απέραντη αγάπη για το αντικείμενον και ο ενθουσιασμός που διακατείχε αυτόν τον αληθινά ενδιαφέροντα άνθρωπο μπορούσε να κάνει υποφερτόν αυτό το αξίωμα που η άσκησή του απαιτούσε τόσο πολύ κόπο, πόσο μάλλον όταν τα καθημερινά περιστατικά έδειχναν πόσον ανεπαρκείς ήσαν οι προσπάθειές του.

Το πιστοποίησα κι εγώ ο ίδιος πολλές φορές αυτό. Λίγο πριν από την άφιξή μου, ένας Άγγλος είχε αποκόψει μπροστά στα μάτια του κυρίου Πιττάκη μισή ανάγλυφη μορφή από ένα από τα υπέροχα τμήματα της ζωοφόρου του Παρθενώνος που είχαν βρεθεί πρόσφατα για να το πάρει μαζί του· και όταν μίαν ημέρα ήμουν ο ίδιος στον Παρθενώνα έφθασε στ' αυτιά μου η φωνή του κυρίου Πιττάκη που εκαλούσε σε βοήθεια, γιατί μερικοί αξιωματικοί μιας αμερικανικής φρεγάττας, που ήταν αγκυροβολημένη στον Πειραιά, ήταν έτοιμοι να κόψουν τα θεσπέσια κοσμήματα του Ερεχθείου και να τα πάρουν μαζί τους.

Τα ίχνη αυτής της κατάστασης πάνω στα υπέροχα μνημεία δυστυχώς ήταν πολύ ορατά και ανησυχητικά και η κατάσταση χειροτέρευε προοδευτικά, και αν συνεχιζόταν [αυτή η μεταχείριση], τα μνημεία θα έχαναν σύντομα όλα την πλαστική μορφή τους.

Όσο περισσότερο όμως διεμαρτυρόμεθα ο κύριος Πιττάκης, ο κύριος Ross κι εγώ, τόσον ολιγώτερο φαινόταν να ανησυχεί αυτή η κατάσταση πολλούς από τους επήλυδες δυνάστες [της χώρας]. Ένας απ' αυτούς μου εδιηγήθη εις το Ναύπλιον σαν άκρως διασκεδαστικό νέο, πως πρόσφατα είχε αγκυροβολήσει στην εντελώς ακατοίκητη σήμερα, όπως είναι γνωστό, Δήλο ένα μπρίκι υπό αυστριακή σημαία και είχαν αποβιβασθεί τριάντα έως σαράντα άνδρες οι οποίοι, εξοπλισμένοι με τα αναγκαία εργαλεία και μεταφορικά μέσα, εσήκωσαν όσα αρχαία μπορούσαν, τα φόρτωσαν στο καράβι τους και τα επήραν μαζί τους.

Όλα αυτά εξύπνησαν μέσα μου τη σκέψη να κάνω για τα αρχαία μνημεία κάτι που θα διεσφάλιζε το μέλλον τους και θα απέδεικνυε στην Ευρώπη, ότι ο νεαρός Βασιλεύς και η κυβέρνηση της Ελλάδος ενδιαφέροντο περισσότερο γι' αυτά απ' όσον έδειχνε η ανάρμοστη στάση μερικών αξιωματούχων του κράτους.

Πριν αναχωρήσω για την Αθήνα, ανεκοίνωσα την ιδέα μου εις την Μεγαλειότητά του τον Βασιλέα, καθώς και εις τον πρόεδρον και τα μέλη της αντιβασιλείας και επήρα την συγκατάθεση όλων τους.

Φθάνοντας στην Αθήνα, αφ' ενός με βάση την αυτοψία που έκανα, αφ' ετέρου τις πληροφορίες του λοχαγού von Spiess σχετικά με τα μέσα που διετίθεντο για την εφαρμογή της ιδέας μου, έκανα στην αντιβασιλεία τη διττή πρόταση να εξασφαλίσει στα κυριώτερα μνημεία της Ελλάδος κανονική εποπτεία και να αρχίσει πραγματικά η αναστήλωση των αρχαίων κτισμάτων και πρώτα των μνημείων της Ακροπόλεως, εις τον βαθμόν που τους φαινόταν αυτό δυνατό και ενδεδειγμένον.

Εκείνο που έλειπε στα μνημεία ήταν προφανώς μια άξια διεύθυνση της αρχαιολογικής υπηρεσίας εις το σύνολόν της, καθώς και η επιτόπια, άμεση και αδιάλειπτη τοπική φύλαξη κάθε μνημείου. Στις 28 Αυγούστου λοιπόν έκανα στην αντιβασιλεία επισήμως την πρόταση να διορισθούν αμέσως ως φύλακες στους αρχαιολογικούς τόπους της Αθήνας, της Αίγινας, της Ελευσίνος, των Δελφών, του Ραμνούντος, του Σουνίου, του Ιερού του Ασκληπιού στην Επίδαυρο, της Κορίνθου, των Μυκηνών, των Βασσών, της Μεσσήνης, της Δήλου και της Ολυμπίας απόμαχοι από τον τακτικό ή και άτακτο ελληνικό στρατό.

Στις 6 Σεπτεμβρίου η πρόταση αυτή ευρήκε την πλήρη συναίνεση της αντιβασιλείας και το Υπουργείον των Εκκλησιαστικών και της Δημοσίου Εκπαιδεύσεως διετάχθη να κινήσει τη διαδικασία της άμεσης εφαρμογής της.

Παρ' ότι είχα λόγο να ελπίζω ότι αυτή η πρόταση θα εφηρμόζετο, σε αντίθεση με πλήθος άλλες στην Ελλάδα που, ενώ διετάχθη η εφαρμογή τους, δεν εφηρμόσθησαν ποτέ, δεν είχα την ψευδαίσθηση πως θα υπήρχε εξ αρχής κανονική και πλήρης εποπτεία σαν αυτή που έχουμε συνηθίσει να βλέπουμε στα δικά μας μουσεία ή έστω στα μνημεία της Ρώμης και της Ιταλίας.

Θα εγίνετο όμως μια αρχή· η καταστροφή αυτών των μνημείων, που μέχρι τότε ήταν ο κανών, θα ήταν πια η εξαίρεση και το έθνος σταδιακά θα ηναγκάζετο να μορφωθεί, και θα έδειχνε τότε σεβασμό στα γλυπτά κατάλοιπα της ελληνικής αρχαιότητος, ως τον μοναδικό ικανό και ισχυρό φορέα νέων καλλιτεχνικών επιδόσεων.

Παρ' ότι όμως η αντιβασιλεία μού είχε υποσχεθεί να με κρατά ενήμερο για όλα τα συμβαίνοντα εις αυτόν τον τομέα, αποστέλλοντάς μου ακριβείς εκθέσεις, δεν γνωρίζω εάν εφηρμόσθη εκτός από την Αθήνα και αλλού το προαναφερθέν διάταγμα που εξεδόθη μετά από δική μου πρόταση.

Ας εναποθέσουμε λοιπόν και γι' αυτό το θέμα τις ελπίδες μας στο μέλλον!

Η έναρξη των εργασιών καθαρισμού και αναστήλωσης στην Ακρόπολη δεν ωφείλετο μόνο στην άμεση, υπέρτατη αξία αυτών των εργασιών για τη γλυπτική, αρχιτεκτονική και αρχαιολογία, είχε και πολλά άλλα κίνητρα που εσχετίζοντο με τον πολεοδομικό σχεδιασμό της Αθήνας.

Όταν η Ακρόπολη εχαρακτηρίσθη δια παντός ακατάλληλη για στρατιωτική άμυνα, χρήση την οποία, λόγω της φυσικής της διαμόρφωσης και τοποθεσίας, δεν θα ικανοποιούσε ποτέ πλέον και σε καμία περίπτωση στο ελληνικό βασίλειο που τώρα μετείχε της ευρωπαϊκής παιδείας, εδόθη η ευνοϊκή, ίσως μάλιστα και η μόνη ευκαιρία να αποσοβηθεί επιτέλους ο αιώνιος κίνδυνος προϊούσης καταστροφής του ιερού αυτού βράχου από πυρίτιδα και βλήματα. Η αναστήλωση, ιδιαίτερα εάν εσυνοδεύετο από μερικές εμφανείς ενέργειες αναγνώρισης [της αξίας της], μου εφάνη πράξη ικανή να αφυπνίσει και διατηρήσει τη συμπάθεια της μορφωμένης Ευρώπης και να στρέψει την προσοχή και το ενδιαφέρον της στην ανοικοδόμηση της αξιοσέβαστης πόλης των Αθηνών.

Όπως όμως είχαν διαμορφωθεί τα πράγματα αυτής της ανοικοδόμησης, μου εφάνη πολύ σημαντικόν να κάνει κανείς τα αδύνατα δυνατά, ώστε να αποδείξει δημοσία ότι επρόκειτο [η κυβέρνηση] να ξεκινήσει και να προωθήσει την ανοικοδόμηση [της Αθήνας] με σοβαρότητα.

Για να είμαι απολύτως βέβαιος ότι δεν θα μου ζητούσαν εκ των υστέρων ευθύνες εξαιτίας της πρόθεσής μου να ξεκινήσει ευθύς αμέσως η τόσον επιθυμητή σε μένα κατεδάφιση των οχυρωματικών έργων στην Ακρόπολη, αμέσως μετά την άφιξή μου στην Αθήνα και πριν ακόμα υποβάλω επίσημα την σχετική πρόταση στην ελληνική αντιβασιλεία, έγραψα στους κορυφαίους στρατιωτικούς της κυβέρνησης για να εξασφαλίσω τη συγκατάθεσή τους για το σπουδαίο αυτό βήμα. Έλαβα αμέσως απάντηση και μάλιστα απολύτως σύμφωνη [με την άποψή μου], την οποία συνόδευε η πολύ σωστή, μου φαίνεται, παρατήρηση ότι "κανένας συνετός άνθρωπος στην εποχή μας δεν θα ήθελε να χαρακτηρίσει πάλι τη σεβαστή Ακρόπολη οχυρό και να την εκθέσει έτσι στη φρίκη και την ερήμωση ενός βομβαρδισμού, όταν η αληθινά οχυρή θέση της Αθήνας και της Αττικής είναι τα υψώματα της Μουνυχίας".

Και πράγματι, η αντιβασιλεία στις 18 Αυγούστου [1834] έλαβε επισήμως την σχετικήν απόφαση, λέγοντας πως πρόθεσή της ήταν η Ακρόπολη να μην χρησιμοποιηθεί ποτέ πια στο μέλλον ως οχυρό.

Πόσο λίγο χρήσιμη όμως ήταν αυτή η ρητή απόφαση για την υπόθεση της τέχνης και τη σταθερότητα των στρατιωτικών σχεδίων εφάνη αργότερα.

Γιατί μόλις έφθασα στην Αθήνα, το Υπουργείον Πολέμου [Στρατιωτικών] υπέβαλε στην αντιβασιλεία μια μακροσκελή αναφορά, υποστηρίζοντας την άποψη να επανοχυρωθεί η Ακρόπολη και να μετατραπεί σε κυρίως οχυρό της Αθήνας και της Αττικής! Αυτή η αναφορά, που αντίγραφό της μου εκοινοποιήθη, απέδειξε αφ' ενός μεν το ευμετάβολο των στρατιωτικών απόψεων στην Ελλάδα, αφ' ετέρου όμως πόσο καλόν ήταν που είχε ληφθεί σχετικώς μία οριστική απόφαση, την οποία τώρα τήρησε και η αντιβασιλεία.

Παρ' όλα αυτά κόστισε πολύ κόπο και χρόνο μέχρι να επιτευχθεί πραγματικά η απομάκρυνση της στρατιωτικής φρουράς από τον ιερό βράχο και να παραδοθεί στην αρχή στην οποία πραγματικά ανήκε, δηλαδή στην ελληνική υπηρεσία συντήρησης αρχαιοτήτων.

Όταν παραμερίσθησαν αυτές οι δυσκολίες, φρόντισα να ξεκινήσουν αμέσως οι εργασίες με αφετηρία τη βορεινή πλευρά του Παρθενώνος, όπου πρώτα θα απεμακρύνοντο τα χώματα και τα συντρίμμια από το κρηπίδωμα και θα απεκαλύπτοντο οι σπόνδυλοι των κιόνων που εκείτοντο σχεδόν άθικτοι, όπως τους είχε γκρεμίσει βίαια η δύναμη της έκρηξης της πυρίτιδος.

Τα Προπύλαια, το μεγάλο αυτό αρχιτεκτονικό αριστούργημα της εποχής του Περικλή, όπως είναι γνωστόν κατεστράφησαν επίσης από μία έκρηξη δυναμίτου που διέλυσε όλο το ανώτερο τμήμα του κτηρίου, τη στέγη, τα γείσα, τις οροφές, πολλά κιονόκρανα και τέλος όλη την εσωτερική ιωνική διάταξη. Ενώ η εξωτερική όψη, που από πλάι της περνάει η κύρια οδός πρόσβασης στην Ακρόπολη, ακριβώς για τον λόγο αυτό εκαθαρίσθη [από τα συντρίμμια] και έτσι φαίνονται οι αρχαίες βαθμίδες, η εσωτερική πλευρά είναι ακόμη καταπλακωμένη από τα γείσα και τα υποστυλώματα της στέγης μέχρι τη μέση περίπου των κιόνων.

Ανάμεσα στους εξωτερικούς και εσωτερικούς κίονες και τους εσωτερικούς πλευρικούς τοίχους του κτηρίου, οι Ενετοί και οι Τούρκοι είχαν διαμορφώσει χώρους με θόλους ανθεκτικούς στα βλήματα, έτσι ώστε δεν μπορούσε να διακρίνει κανείς τίποτε από το εσωτερικό και συχνά περιοριζόμεθα σε ατυχείς υποθετικές αναπαραστάσεις, σφάλμα που διέπραξαν ιδίως οι Stuart και Revett. Επειδή όμως το κτίσμα αυτό [δηλαδή οι μεσαιωνικές προσθήκες των Προπυλαίων] είναι σήμερα ένα από τα πιο καλοδιατηρημένα και, αν κρίνει κανείς από το ερείπιο του προμαχώνος μπροστά του, που είναι σε πολύ κακή κατάσταση, αποτελούσε το κυρίως οχυρό της Ακρόπολης στο μοναδικό σημείο πρόσβασης στον ιερό βράχο, απεφάσισα να καταπιαστώ μαζί του πριν από όλα τα άλλα, και έτσι διέταξα να αρχίσει αμέσως και με πολλή σπουδή η διάνοιξη του μεσαίου μετακιόνιου διαστήματος. Έπιασαν δουλειά ογδόντα ως εκατό Έλληνες εργάτες μαζί με μερικούς στρατιώτες του Μηχανικού υπό την άμεση εποπτεία του αξιωματικού του Μηχανικού, που ήταν υπό τας διαταγάς μου, και δούλευαν όσο γρήγορα και καλά τους επέτρεπε ο καύσων και η κάκιστη κατάσταση των εργαλείων. Μοχλοί από σαθρό ξύλο, μερικοί αδύναμοι σιδερένιοι λοστοί και σχοινιά δεμένα με κόμπους ήσαν όλα όσα είχαμε στην διάθεσή μας· γι' αυτό συχνά εχρειάζετο η δύναμη όλων των εργατών για να μετακινηθούν βάρη έξι έως οκτώ κανταριών. Έστειλα λοιπόν στο Ναύπλιο να πάρουν από την αποθήκη υλικού αυτής της πόλης μερικά μηχανικά βοηθητικά μέσα, όπως μοχλούς, τροχαλίες κ.λπ. και αμέσως έδωσαν πρόθυμα και έστειλα ό,τι ανθεκτικώτερο και καλύτερο είχαν. Αλλά με την πρώτη κιόλας ήπια χρήση όλα αυτά τα εργαλεία που είχε προμηθεύσει ένας οίκος της Τεργέστης απεδείχθησαν τόσο κακής ποιότητος που αχρηστεύθησαν και έτσι περιωρισθήκαμε και πάλι στη δύναμη των ανθρώπων.

Πρέπει να έπεφτε σίγουρα στην αντίληψη κάθε ταξιδιώτη ότι η Ελλάδα ήταν ο τόπος πώλησης για ό,τι ατελές και κακό παρήγαγαν γαλλικές, γερμανικές και αγγλικές βιομηχανίες. Για να μη μιλήσουμε για τα ακριβά καταστήματα νεωτερισμών και κάθε λογής παντοπωλεία κυρίως της Μασσαλίας και του Λιβόρνου, που κατέκλυζαν με τα εμπορεύματά τους αντί υψηλού αντιτίμου την πτωχήν Ελλάδα, που για τέτοια και για όλα τα άλλα βιομηχανικά προϊόντα εξηρτάτο από το εξωτερικό· γιατί, εκτός από πέτρες, νερό, ασβέστη και άμμο, που εχρειάζοντο για την οικοδόμηση και διαρρύθμιση των κτηρίων, τα πάντα προήρχοντο απ' αυτά τα λιμάνια και επίσης από την Τεργέστη, τη Βενετία και καμιά φορά απ' την Οδησσό.

Είναι απερίγραπτη η αθλία ποιότης των προϊόντων ξυλουργικής, υαλοποιίας και επιπλοποιΐας που εισάγονται [στην Ελλάδα] και επίσης απερίγραπτες οι απάτες των εμπόρων. Εφάνη λοιπόν πως και οι Τεργεστίνοι των εργαστηρίων της αποθήκης υλικού του Ναυπλίου δεν ήθελαν να αποτελούν την εξαίρεση στον κανόνα, και οι ταλαίπωροι Έλληνες ήταν αναγκασμένοι να ποτίζουν διπλά με τον ιδρώτα του προσώπου τους τους σωρούς των χωμάτων και των συντριμμάτων της Ακρόπολης.

Αφ' ενός λόγω του σωματικού καμάτου, αφ' ετέρου λόγω της εποχής του έτους, πολλοί εργάτες ανέβασαν υψηλό πυρετό και είχαμε να αντιπαλαίψουμε με μεγάλες δυσκολίες για να τελειώσουμε μέσα στον καθωρισμένο χρόνο.

Διότι η Μεγαλειότης του ο Βασιλεύς και η αντιβασιλεία είχαν αποφασίσει να έλθουν στην Αθήνα, μόλις ειδοποιούσα ότι είχαν αποπερατωθεί τόσο οι εργασίες επάνω εις την Ακρόπολη όσο και η εκπόνηση του νέου σχεδίου της πόλης, και είχα ορίσει την 8η Σεπτεμβρίου ως αυτή την ημέρα.

Πίστευα πως θα έπρεπε να ξεκινήσω τις εργασίες αναστήλωσης του Παρθενώνος με την τελετή των εγκαινίων: ο νεαρός μονάρχης θα έβαζε στη θέση του τον πρώτο σπόνδυλο ενός κίονος από αυτούς που είχε ρίξει η έκρηξη της πυρίτιδος κατά την πολιορκία της Ακρόπολης από τον Μοροζίνη· [την χειρονομία αυτή] θα την έκανε εν μέσω μιας τελετουργικής ατμόσφαιρας, αφού διήνυε για πρώτη φορά μετά από τόσο πολλούς αιώνες βαρβαρότητος τον δρόμο που περνά μέσα από τους κίονες των Προπυλαίων.

Για την έναρξη της αναστήλωσης η πιο ενδεδειγμένη ήταν η βορεινή πλευρά του ναού, γιατί εκεί τα τεμάχια των κιόνων είναι καλύτερα διατηρημένα και λιγώτερο σκεπασμένα και ανακατεμένα με νεώτερα χαλάσματα.

Επίσης σ' αυτό το σημείο βαθιά μέσα σε ένα σωρό ερειπίων

διεκρίνετο ένα μεγάλο καλοδιατηρημένο τμήμα της φημισμένης ζωοφόρου του σηκού, που η ιδέα της ανασκαφής του πολύ με ήλκυε. Και πραγματικά, παρ' όλα τα εμπόδια, κατορθώσαμε να ελευθερώσουμε στη βορεινή πλευρά και σε μια επιφάνεια μήκους 80 ποδών το δάπεδο του πτερού ανάμεσα στον τοίχο του σηκού και την εξωτερική κιονοστοιχία, καθώς και την επάνω βαθμίδα της κρηπίδος, να επανατοποθετήσουμε μερικούς σπονδύλους κιόνων και να ετοιμάσουμε άλλους, ώστε κατά την εορταστική έναρξη των αναστηλωτικών αυτών εργασιών να μπορέσουν να ξαναμπούν εύκολα στη θέση τους. (...)

ΤΕΚΜΗΡΙΟΝ 45

Προσφώνησις του Klenze προς τον Βασιλέα Όθωνα την 10.9.1834 κατά την πανηγυρικήν έναρξιν των εργασιών αναστηλώσεως των μνημείων της Ακροπόλεως.

Leo von Klenze, "Aphoristische Bemerkungen gesammelt auf seiner Reise nach Griechenland", Berlin, εκδ. G. Reimer, 1838, σελ. 380-387

(...)

Στις 6 Σεπτεμβρίου [1834] έφθασαν στην Αθήνα ο πρόεδρος της αντιβασιλείας και το μέλος της von Kobell, και την επόμενη ημέρα κατέφθασε υπό τις ενθουσιώδεις επευφημίες του πλήθους ο νεαρός Βασιλεύς. Στην Ακρόπολη ήταν όλα έτοιμα για την πανηγυρική έναρξη των εργασιών αναστήλωσης και ο Βασιλεύς ώρισε ως ημέρα των εγκαινίων την 10ην του μηνός.

Όμως είχα αναγκασθεί να πληρώσω κι εγώ τον μεγάλο κάματο, τον αφόρητο καύσωνα και τέλος τα μιάσματα, που αυτή η ζέστη δημιουργεί σε έναν τόπο άγριο, έρημο, σκεπασμένο με ερείπια και μολυσμένο από την ατελή εκροή των ακαθάρτων υδάτων. Μόλις ετελείωσα τις εργασίες μου, εγκεφαλικός πυρετός και γενική αδιαθεσία μου έκλεψαν τον χρόνο που είχα προγραμματίσει για εκδρομές στα περίχωρα της Αθήνας.

Σύμφωνα με το αρχικό πρόγραμμα του εορτασμού, επρόκειτο να προσφωνήσει τον Βασιλέα, όπως ήταν και το πρέπον, η εξοχότης του ο πρόεδρος της αντιβασιλείας αυτοπροσώπως: μια αιφνιδία αδιαθεσία όμως τον εμπόδισε και λίγες ώρες μόλις πριν από τα εγκαίνια με εκάλεσαν να αναλάβω εγώ την προσφώνηση. Είχα λοιπόν μόνο ολίγες στιγμές στη διάθεσή μου για να ετοιμάσω ορισμένα ταιριαστά λόγια για την περίσταση και να τα δώσω γρήγορα να μεταφρασθούν στα νέα ελληνικά και να ετοιμασθούν μερικά αντίγραφα, γιατί δεν αισθανόμουν αρκετά ικανός ώστε να συντάξω την προσφώνησή μου στην ωραία γλώσσα της χώρας αλλά και θεωρούσα άπρεπο να προσφωνήσω τον νεαρό Βασιλέα σε γλώσσα άλλη από τη μητρική του. Γι' αυτό το λόγο ευρήκα αργότερα αυτή την προσφώνηση σε πολλά δημόσια φύλλα [εφημερίδες] ποικιλοτρόπως ακρωτηριασμένη.

Ο εορτασμός θα άρχιζε στις 4 το απόγευμα και σχεδόν όλοι οι κάτοικοι της Αθήνας ανηφόριζαν εν πομπή στην Ακρόπολη για να δουν τον νεαρό Βασιλέα τους και την πρώτη χαρούμενη γιορτή [sic!] που θα γινόταν για πρώτη φορά μετά από πολλούς αιώνες στον βράχο αυτό (που τον παλαιό καιρό είχε υπάρξει μάρτυς τόσον πολλών τελετών). Πόσες αναμνήσεις δεν ήλθαν στην σκέψη μου, καθώς ανηφόριζα μες στην κάψα του ήλιου και ανάμεσα σε εκατοντάδες φιλοθεάμονες νεοέλληνες το απότομο βραχώδες μονοπάτι προς τον τόπο της τελετής!

Οδύνη και χαρά, ευλαβική λατρεία θεοτήτων που εξευγενίζουν τον άνθρωπο, που η ύπαρξή τους είναι ριζωμένη βαθειά και δίνει αγνή πεποίθηση, είχαν εναλλαγεί πάνω σ' αυτό τον βράχο με την πιο αποτρόπαια βεβήλωση.

(...)

Όλη όμως η αθλιότης εκείνων των καιρών ελησμονήθη, και μολονότι οι εορταστικές προετοιμασίες δεν ήταν διόλου ανάλογες των αρχαίων Παναθηναίων και είχαν περιορισθεί στην περιτύλιξη μερικών κιόνων με βάγια και δάφνες και στο σκόρπισμα πάνω στους δρόμους φύλλων μυρτιάς και πικροδάφνης, όλων τα πρόσωπα εστράφησαν προς τον νεαρόν άνακτα ακτινοβολώντας αγαλλίαση και χαρά, όταν ανέβηκε έφιππος το ύψωμα με την πολυπληθή και λαμπρή του συνοδεία.

Οι αξιωματικοί του Μηχανικού, οι αρχιτέκτονες και εγώ τον υπεδέχθημεν εις το ανοικτό και στολισμένο μεσαίο μετακιόνιο διάστημα των Προπυλαίων και τον εσυνοδεύσαμε στον κεντρικό χώρο του Παρθενώνος, όπου είχε στηθεί ένας θρόνος με ουρανό από πράσινα κλαδιά και λουλούδια, στον οποίο έλαβε θέσιν η Μεγαλειότης του. Η ανοικτή τοξωτή στοά του τζαμιού στο εσωτερικό του σηκού του Παρθενώνος είχε ορισθεί για τις αθηναίες κυρίες, οι οποίες είχαν έλθει επίσης εορταστικά ντυμένες. Κοντά στον Βασιλέα και στην αντιβασιλεία εστέκοντο όλοι οι παρόντες πρεσβευτές, οι πρόξενοι και οι διακεκριμένοι ξένοι με πλούσιες ευρωπαϊκές στολές και ένα απόσπασμα Ελλήνων επίσης ευρωπαϊκά ντυμένων στρατιωτών. Μεγαλύτερο ενδιαφέρον όμως προξένησε η εμφάνιση του σώματος των ατάκτων Ελλήνων αγωνιστών της ελευθερίας που εστάθησαν δίπλα στους ευρωπαίους στρατιώτες στολισμένοι με τις πολεμικές ενδυμασίες τους και με όλων των λογιών τα λαμπρά όπλα, λάφυρα της νίκης τους εναντίον των φονικών Σελτζούκων. Ένας μεγάλος αριθμός στολισμένων νεαρών κοριτσιών με επικεφαλής τον άξιο Αμερικανό Hill, ο οποίος έχει αφοσιωθεί εδώ και χρόνια στη φιλάνθρωπη διδασκαλία των νέων, προσέφερε ένα γοητευτικό θέαμα κι ας ήταν τόσο ελάχιστη η γυναικεία ομορφιά ανάμεσα σ' αυτές τις νέες.

Το ωραιότερο θέαμα όμως προσέφερε ο λαός που εσκέπαζε τους σωρούς των ερειπίων με τις γραφικές ενδυμασίες του και με μυριόστομα "ζήτω ο Βασιλεύς" έσειε τον αθηναϊκό αιθέρα που περιέβαλε όλη αυτή τη σκηνή. Αυτές οι ωραίες ομάδες διατεταγμένες με τον χαρακτηριστικό γραφικό τρόπο του Νότου και των νοτίων ανθρώπων δεν εσκέπαζαν όμως μόνον το έδαφος, τις βαθμίδες και τα σκόρπια ερείπια αλλά και τις κορυφές των μισογκρεμισμένων κιόνων, τους τοίχους του σηκού, τα γείσα και την ψηλότερη κορυφή του αετώματος του ναού, προσδίδοντας στην εικόνα απερίγραπτη γοητεία. Όλοι ήσαν βαθειά συγκινημένοι, και με αστραφτερά μάτια ο νεαρός μονάρχης μού εξέφρασε την επιθυμία: "Ω, να γινόταν να απολαύσει ο πατέρας μου τη σκηνή αυτή!"

Αφού ετελείωσαν οι φανφάρες και οι μουσικές, με τις οποίες μέχρι τώρα είχε συνοδεύσει την τελετή η μπάντα της αγγλικής φρεγάττας "Μαδαγασκάρη", προσεφώνησα τον Βασιλέα κατασυγκινημένος από τις αναμνήσεις και τις ελπίδες, που εγεννούσε ο τόπος και η στιγμή, με τα ακόλουθα λόγια:

"Η Υμετέρα Μεγαλειότης μαζί με τόσες πολλές άλλες ευεργεσίες, που η νεαρά Ελλάς χρωστά στη μέριμνα της εξουσίας της, θέλησε να δώσει στην χώραν αυτήν αλλά και σε ολόκληρον τον μορφωμένον κόσμον μίαν προφανή απόδειξη του υψηλού πατρικού ενδιαφέροντος το οποίο τρέφετε και για το σεπτό παρελθόν, την ισχυρότατη ιστορική βάση, επάνω στην οποία πρέπει να στηριχθεί το μέλλον της ωραίας αυτής χώρας.

Και πώς θα μπορούσε να συμβεί αυτό ευστοχώτερα και με πιο αποδεκτό από όλον το μορφωμένο κόσμο τρόπο εάν όχι με το να μεριμνήσετε, Μεγαλειότατε, για τα ορατά κατάλοιπα του σεπτού αυτού παρελθόντος, για τα μνημεία της ελληνικής τέχνης; Γι' αυτό ευαρεστήθητε, Μεγαλειότατε, και μου παραγγείλατε να ετοιμάσω και να διευθύνω την έναρξη των εργασιών, με τις οποίες τα μνημεία του ιερού αυτού βράχου και τρισχιλιετούς έδρας του αθηναϊκού μεγαλείου, τα τελειότερα αυτά γλυπτά μορφώματα που εγεννήθησαν ποτέ από ανθρώπου πνεύμα, θα αποσπασθούν από τα χαλάσματα και την ερήμωση και θα διατηρηθούν και ασφαλισθούν ανά τους αιώνες.

Νιώθω βαθειά το μεγαλείο, την αξία και το κάλλος αυτού του έργου· καί εάν δεν εφαίνοντο όλα να αποκτούν ποιητική ζωή, θα ήταν αδύνατο το νεκρό εργαλείο, η εντολή του μάστορα, οι κόποι των εργατών και μόνο να περατώσουν το έργο αυτό.

Οι σκιές των μεγάλων ανδρών, που από αυτό το κέντρο της πολεμικής δόξας, της φιλοσοφίας, της νομοθεσίας, των επιστημών και των τεχνών, από την Αθήνα ορμώμενοι καθώρισαν την πνευματική μεταστροφή των συγχρόνων τους και των κατοπινών γενεών: οι σκιές των μεγάλων αυτών ανδρών συνηθισμένοι εδώ και δύο χιλιάδες χρόνια να θεωρούν κάθε κτύπο σφυριού και καλεμιού, κάθε φωνή εργάτη που αντηχεί σ' αυτό τον τόπο, σύνθημα για την απαρχή μιας νέας εποχής καταστροφής των θεσπεσίων αυτών έργων, έμοιαζαν να έχουν ξυπνήσει, να έχουν ανέβει από τα σιωπηλά τους μνήματα γύρω μας, να απλώνουν προστατευτικά τα χέρια με φόβο επάνω από τα τελευταία συντρίμμια της αλλοτινής τους δόξας, για να εμποδίσουν την επαπειλούμενη εξαφάνιση των τελευταίων τους ιχνών. Όλα εφαίνοντο να αντιστέκονται στο εγχείρημα που δεν αποσκοπούσε στον όλεθρο αλλά στη διατήρηση : οι μοχλοί, που έπρεπε να ανασηκώσουν το πλήθος τις ανακατωμένες πέτρες και να τις ταξινομήσουν, λύγιζαν και έσπαγαν, αρρώστιες τρόμαζαν και έδιωχναν τους εργάτες, τροχαλίες και σκοινιά έσπαγαν και οι τρομαγμένοι μάστορες λίγο ακόμη και θα επίστευαν πως θα έπρεπε να παραιτηθούν από το έργο. Τότε εφάνη στον μακρινόν ορίζοντα, αναδυόμενον από τον γαλάζιο κόρφο της Αμφιτρίτης, το λάβαρον της ελπίδος. Ο Βασιλεύς έρχεται για να βάλει πρώτος το χέρι του στο αρχινισμένο έργο της συντήρησης! Αυτό το μήνυμα αντήχησε στο πλήθος του νεαρού αναγεννημένου λαού και η φωνή του έφθασε έως εμάς εδώ ψηλά, εδώ όπου είμαστε τώρα συγκεντρωμένοι χαρούμενοι και γεμάτοι προσδοκίες. Και τότε νέος ζήλος ενεψύχωσε τους αποθαρρυμένους εργάτες· όλα τώρα ήσαν εύκολα και ευνοϊκά, τα ανακατωμένα συντρίμμια πρόθυμα υπάκουσαν σε ό,τι απαιτούσε η αναστήλωσή τους, και από τα συντρίμμια ανεδύθησαν τα θαμμένα εδώ και αιώνες κατάλοιπα γλυπτών, που η Ευρώπη αναγνωρίζει ως το ύψιστον αγαθό της, ως έργα από την σμίλη του Φειδία.

Θαρρείς ότι από μόνοι τους υπετάσσοντο τώρα οι μαρμάρινοι όγκοι στην ανάγκη και συνηρμόζοντο όπως κατά την μυθικήν εποχήν του Αμφίωνος με τον ρυθμό των τραγουδιών της χαράς που αντηχούσαν για τον Βασιλέα. Άκουσαν αυτές τις επευφημίες οι προστάτιδες σκιές των μεγάλων ανδρών της Αθήνας, που υπερίπτανται επάνω απ' αυτούς του κίονες και τους τοίχους; Άκουσαν πως σιμώνει ο Βασιλεύς Όθων; Ναι! Η χαρούμενη είδηση έφθασε μέχρις εκείνες, και επειδή η παρουσία του μόνον ευλογία μπορεί να φέρει σε όλα όσα σημαντικά και ωραία διαφυλάσσει η Ελλάς, γυρίζουν χαρούμενες και γνέφοντας επιδοκιμαστικά στα δροσερά μνήματά τους και ελαφροκοιμούνται κάτω από τους ίδιους ήχους, που πιο πριν τις είχαν αφυπνήσει με τρόμο.

Το πόδι της Υμετέρας Μεγαλειότητος επάτησε σήμερα μετά πολλούς αιώνες βαρβαρότητος για πρώτη φορά πάλι τον ιερό αυτό βράχο πάνω στον δρόμο του πολιτισμού και της δόξας, τον δρόμο του Θεμιστοκλή, του Αριστείδη, του Κίμωνα και του Περικλή, κι αυτό στα μάτια του κόσμου θα είναι και πρέπει να είναι σύμβολο της ευλογημένης περιόδου διακυβέρνησης της Υμετέρας Μεγαλειότητος και της απόφασής Σας για τον ιερό βράχο. Τα ίχνη μιας βάρβαρης εποχής, χαλάσματα και άμορφα συντρίμμια, θα εξαφανισθούν εδώ, όπως και παντού στην Ελλάδα, και τα κατάλοιπα του ενδόξου παρελθόντος θα αναστηθούν με νέα λάμψη ως τα πλέον σταθερά θεμέλια ενός ενδόξου παρόντος και μέλλοντος.

Τολμώ λοιπόν εξ ονόματος της Ελλάδος και ολόκληρου του μορφωμένου κόσμου να παρακαλέσω τη Μεγαλειότητά Σας να καθοσιώσει Αυτοπροσώπως το πρώτο τεμάχιο κίονος που υψώνεται πάλι στον ξανανιωμένο Παρθενώνα, δίνοντας έτσι την καλύτερη εγγύηση για την πρόοδο και επιτυχία αυτού του έργου συντήρησης [των μνημείων]."

Μετά από αυτόν το λόγο έγινε η συνήθης τελετή κατάθεσης του θεμελίου λίθου, και το πρώτο τεμάχιο κίονος που είχε πέσει από την τουρκική πυρίτιδα και τη βενετσιάνικη φωτιά στήθηκε πάλι στη βάση του!

Εάν επιτρέπεται να κοινοποιούνται στους αναγνώστες μας προσωπικά αισθήματα, πρέπει να σας ομολογήσω πως ως καλλιτέχνης στην ευτυχισμένη και επιτυχημένη μέχρι σήμερα ζωή μου έζησα μόνο δύο στιγμές αληθινής και υπέρτατης ικανοποίησης και χαράς· τη στιγμή της έναρξης της αποτελεσματικής συντήρησης, ή μάλλον αναστήλωσης του ωραιότερου μνημείου του κόσμου και τη στιγμή που ετέθη ο θεμέλιος λίθος της Walhalla, όπου μου επετράπη η άμιλλα με τον δημιουργό του Παρθενώνος! (...)

ΤΕΚΜΗΡΙΟΝ 46

Ἐκθεσις του Klenze δια την προϊστορίαν του πολεοδομικού σχεδιασμού των Αθηνών. Περιγραφή των τοπογραφικών και κλιματικών δεδομένων της πόλεως (κείμενον εις γερμανικήν γλώσσαν).

Leo von Klenze, "Aphoristische Bemerkungen gesammelt auf seiner Reise nach Griechenland", Berlin, εκδ. G. Reimer, 1838, σελ. 396-411

(...) "Η σπουδαιότης του ερωτήματος ποία θα ήταν η μελλοντική έδρα της ελληνικής κυβέρνησης οδήγησε σε πολλές αναλύσεις του θέματος από τις πρώτες ακόμα ημέρες της νέας κυβέρνησης. Αρχικά επροτάθη ο Ισθμός, αλλά η σκέψη αυτή εγκατελείφθη για λόγους που ανέφερα με την ευκαιρίαν μιας σύντομης περιγραφής της περιοχής.

Έπειτα επροτάθη ο Πειραιεύς, με κυριώτερο επιχείρημα πως από την πόλη του Πειραιώς θα ημπορούσε να πραγματοποιηθεί ταχύτερα και ασφαλέστερα η φυγή της κυβέρνησης από ό,τι από την Αθήνα! Όλες αυτές οι προτάσεις κατετέθησαν στο υπουργικόν συμβούλιον· κατά τη συνεδρίασή του της 27ης Μαΐου 1833, ο υπουργός Εσωτερικών ετάχθη υπέρ της Αθήνας, οι υπουργοί των Εξωτερικών, των Οικονομικών και της Δικαιοσύνης υπέρ του Ισθμού και ο υπουργός των Ναυτικών υπέρ της Κωνσταντινουπόλεως. Μόνον η Πόλη, είπε, θα ήταν άξια έδρα του Βασιλέως της Ελλάδος· η έδρα του θα μετεφέρετο προσωρινώς μόνον από το Ναύπλιον στο Άργος, από εκεί στην Κόρινθο, μετά στα Μέγαρα, στην Αθήνα, στη Λάρισα και τέλος θα προχωρούσε μέχρι το Βυζάντιο. Αυτό το σύστημα σταδιακής κατάκτησης μιας οριστικής βασιλικής καθέδρας, που θυμίζει το σύστημα προσέγγισης ενός πολιορκουμένου φρουρίου με αλλεπάλληλη μετάθεση των χαρακωμάτων, είναι ευνόητο ότι δεν ευρήκε απήχηση στην αντιβασιλεία. Η υπέροχη θέση της Αθήνας, οι σπουδαίες αναμνήσεις που συνεδέοντο με αυτό το όνομα και διάφορα επιχειρήματα υψηλής πολιτικής ενίκησαν τελικά όλες τις αντιρρήσεις και στις 11 Ιουλίου του 1833 η αντιβασιλεία απεφάνθη ότι μελλοντική πρωτεύουσα της Ελλάδος θα ήταν η Αθήνα και ότι η μετεγκατάσταση της Μεγαλειότητός του και της αντιβασιλείας ώφειλε να πραγματοποιηθεί ανυπερθέτως μέχρι την 1η Ιανουαρίου 1834.

Επίσης έγινε δεκτόν για την οικοδόμηση της νέας πόλης το σχέδιο που είχαν εκπονήσει γι' αυτό τον σκοπό οι αρχιτέκτονες Schaubert και Κλεάνθης με την ειδική συνεργασία του γενικού προξένου της Αυστρίας Gropius.

Σ' αυτή την απόφαση της αντιβασιλείας είχαν ορισθεί επίσης τα εξής σημεία:

I. Όλα τα οικόπεδα στη νέα πόλη, τα οποία ήσαν απαραίτητα για δημόσια καταστήματα, θα απαλλοτριώνοντο και θα εδίδετο από το δημόσιο ταμείο αποζημίωση 20 λεπτών ανά τετραγωνικό πήχυ.

II. Ο χώρος στις βόρειες και νότιες πλαγιές της Ακρόπολης, που είχε ορισθεί ως χώρος ανασκαφών και διαμορφώσεων γύρω από τα υπάρχοντα εκεί μνημεία της αρχαιότητος, θα απαλλοτριώνετο και θα εδίδετο αποζημίωση 70 λεπτά ανά τετραγωνικό πήχυ, συνεπώς 17 φιορίνια και κάτι η οργυιά του Ρήνου, και αυτό το ποσό θα επληρώνετο επίσης από το δημόσιο ταμείο.

III. Την κατεδάφιση και εκκένωση [του οικοπέδου του] από τα ερείπια αναλαμβάνει ο πωλητής, στον οποίον περιέρχονται επίσης τα χρήσιμα υλικά, ενώ όλα τα αρχαία ευρήματα περιέρχονται στην ιδιοκτησία του κράτους.

IV. Έξι μήνες μετά την αποδοχή των ανωτέρω όρων από τους δημογέροντες πρέπει να έχει ολοκληρωθεί η οριοθέτηση και παράδοση όλων των παραχωρούμενων στο κράτος οικοπέδων.

V. Το πολύ έξι μήνες μετά τη χωρομέτρηση κάθε οικοπέδου πρέπει να καταβληθεί η αποζημίωση από το ταμείο του κράτους.

VI. Όσα [οικόπεδα] είναι απαραίτητα για δρόμους και πλατείες της νέας πόλης πρέπει να παραχωρηθούν από τους ιδιοκτήτες στον δήμο αντί αποζημιώσεως που θα καταβληθεί από το δημοτικό ταμείο.

VII. Όλα τα ιδιωτικά οικόπεδα πρέπει να έχουν κτισθεί σε διάστημα έξι ετών· όποιος δεν τηρήσει αυτό τον όρο υποχρεούται να παραχωρήσει το οικόπεδο αντί πληρωμής τής κατ' εκτίμησιν αξίας του ή αντιτίμου 80 λεπτών τον πήχυ σε οποιονδήποτε, ο οποίος αναλαμβάνει την υποχρέωση να κτίσει επί του οικοπέδου μέσα σε ένα χρόνο. Σε περίπτωση που δεν τηρήσει τον όρο αυτόν ούτε ο νέος ιδιοκτήτης, το οικόπεδο περιέρχεται στον δήμο, ο οποίος μπορεί να το διαθέσει κατά βούληση.

VIII. Ως προς την εξωτερική εμφάνιση των κτηρίων, κάθε ιδιοκτήτης πρέπει να υποτάσσεται στους κανονισμούς των τοπικών πολεοδομικών αρχών.

Τα διάφορα υπουργεία επεφορτίσθησαν με την εκτέλεση αυτού του διατάγματος, και το Υπουργείο Εξωτερικών επεφορτίσθη με τη γνωστοποίησή του μέσω του διπλωματικού σώματος στις [βασιλικές] αυλές του εξωτερικού.

Ο δήμος της Αθήνας όμως δεν απεδέχθη αυτούς τους όρους αλλά απήτησε, εκτός από τα 70 λεπτά για τα οικόπεδα, και μια κατ' εκτίμησιν αποζημίωση των κατεδαφιστέων οικιών. Το αίτημα απερρίφθη και απεστάλη ο υπουργικός σύμβουλος Μίσσιος στην Αθήνα για να παραμερίσει τις δυσκολίες που είχαν προκύψει. Αμέσως μετά την έγκριση του σχεδίου πόλης είχαν υψωθεί φωνές διαμαρτυρίας απ' όλες τις πλευρές, και στις 16 Οκτωβρίου [1833] η δημογεροντία της Αθήνας, με την υποστήριξη του υπουργού Εσωτερικών Ψύλλα, επαρουσιάσθη στην αντιβασιλεία με την παράκληση να της δοθεί η άδεια να προτείνει και να προβεί σε τροποποιήσεις εκείνου του σχεδίου. Αυτές οι εκδηλώσεις δυσαρεσκείας αφορούσαν τόσο τις διοικητικές και οικονομικές διατάξεις του διατάγματος της αντιβασιλείας της 11ης Ιουλίου [1833] όσο και την ίδια την αρχιτεκτονική μορφή του σχεδίου.

Ο νέος υπουργός των Εσωτερικών Κωλέττης επαρουσίασε έναν προϋπολογισμό, συμφώνως προς τον οποίον για την απαλλοτρίωση της περιοχής ανασκαφών στην ανατολική και βορεινή πλαγιά της Ακρόπολης και για την αποζημίωση των κατεδαφιστέων οικιών προκειμένου να ευθυγραμισθούν όλαι αι οδοί στην τότε κτισμένη και κατοικημένη [παλαιά] πόλη, θα έπρεπε να καταβληθούν μέσα σε 6 έως 8 μήνες 1.563.000 δραχμές. Αυτό το ποσό όμως ήταν δυσανάλογο, εάν όχι προς τον επιδιωκόμενον σκοπόν οπωσδήποτε προς τα μέσα των δημοσίων ταμείων, που ήσαν επιβεβαρυμένα με κάθε λογής ανάγκες. Μετά αρκετές διαπραγματεύσεις, ο δήμος της Αθήνας στις 22 Δεκεμβρίου 1833 υπέκυψε σε όλα όσα ώριζε το διάταγμα της αντιβασιλείας με ημερομηνία 11 Ιουλίου [1833], με αποτέλεσμα μία κοινή συμφωνία επ' αυτού.

Στην Αθήνα υπεδέχθησαν την δημοσίευση της σχετικής απόφασης με άκρατο ενθουσιασμό και στα τέλη του 1833 αυτό έγινε αφορμή θρησκευτικών τελετών και άλλων πανηγυρισμών. Αμέσως εχαράχθησαν όλαι αι κύριαι οδοί και πλατείαι και ωρίσθη ειδική επιτροπή επιφορτισμένη με τις μετρήσεις, τις εκτιμήσεις και τους συμβιβασμούς, καθώς και με την κατανομή του βάρους των αποζημιώσεων ανάμεσα στην κυβέρνηση, τον δήμο και τους ιδιοκτήτες. Προϊστάμενος της επιτροπής διωρίσθη ο κύριος Κλεομένης, μέλη της ο κύριος Σκυλίτζης και ο κύριος Κλεάνθης. Μόλις όμως εχαράχθησαν επί του εδάφους οι πλατείες και επομένως έγιναν ορατές, υψώθησαν ακόμα πιο δυνατές φωνές διαμαρτυρίας από ό,τι παλαιότερα εναντίον του σχεδίου και της διάταξης των κτηρίων, τις οποίες η αντιβασιλεία ηναγκάσθη να λάβει υπ' όψιν της.

Παραλλήλως με τις αντιρρήσεις για τη διάρθρωση του σχεδίου, διεδόθησαν, ίσως από φθόνο και ζηλοτυπία, υπερβολικές φήμες για κερδοσκοπία επί της γης, η οποία είχε δήθεν θεμελειωθεί πάνω σ' αυτό το σχέδιο. Δικαιολογημένες διαμαρτυρίες ηκούσθησαν και για την άμεση απαλλοτρίωση όλων των νεοδμήτων ή ερειπωμένων σπιτιών στην περιοχή της βορεινής και ανατολικής πλαγιάς της Ακρόπολης, η οποία προωρίζετο για μελλοντικές ανασκαφές.

Ένας μεγάλος αριθμός Αθηναίων πολιτών ήταν ιδιοκτήτες οικιών σ' αυτή την περιοχή, που είχαν αποκατασταθεί και κατοικηθεί ή που με ελάχιστα έξοδα θα μπορούσαν να ξαναγίνουν κατοικίσιμες και οι οποίες έτσι προσέφεραν τον αναγκαίο χώρο για τη διαμονή των οικογενειών τους και για τις εργασίες που είχαν σχέση με τα χωράφια τους, τα αμπέλια και τις ελιές τους.

Το ποσόν όμως αποζημίωσης αυτών των ιδιοκτησιών δεν επαρκούσε ούτε κατά διάνοιαν για να εξασφαλίσει σ' αυτούς τους πτωχούς ανθρώπους τα μέσα ώστε να κτίσουν ένα καινούριο σπίτι στις πλατιές και υπολογισμένες για μεγάλα κτήρια οδούς και στις τεράστιες πλατείες της προτεινόμενης νέας πόλης. Από την άλλη πλευρά, το συνολικό ποσό της άμεσης αποζημίωσης των υπό απαλλοτρίωσιν ιδιοκτησιών αυτής της περιοχής ήταν, όπως ελέχθη, δυσανάλογα μεγάλο σε σχέση με τις οικονομικές δυνατότητες του κράτους, και το απαιτούμενο γι' αυτές καθεαυτές τις ανασκαφές χρηματικό ποσό θα ανήρχετο σε πολλά εκατομμύρια και ήταν επίσης απαγορευτικό.

Ενώ η πρώτη απόφαση να μετατεθεί η έδρα της κυβέρνησης στην Αθήνα είχε συγκεντρώσει εδώ πολλούς που ήθελαν να οικοδομήσουν, πολλούς κερδοσκόπους αλλά και πολλούς τεχνίτες και υλικά οικοδομών, τώρα οι πολίτες δεν είχαν πια εμπιστοσύνη ότι η κυβέρνηση θα ετήρει την υπόσχεσή της, αφ' ενός μεν λόγω των πολλών ενστάσεων, άλλων δικαιολογημένων και άλλων αδικαιολόγητων, εναντίον του σχεδίου και των σχετικών αποφάσεων, αφ' ετέρου εξαιτίας των διαφωνιών στους κόλπους της αντιβασιλείας που, παρά την προηγούμενη ομόφωνη απόφασή της, τώρα επεκτείνοντο στο θέμα της μετεγκατάστασης στην Αθήνα αλλά και στο θέμα του ενδεδειγμένου χρόνου. Αυτή η δυσπιστία επήρε σύντομα τέτοιες διαστάσεις, ώστε ιδιώτες πρόθυμοι να κτίσουν, κερδοσκόποι και τεχνίτες εγκατέλειψαν πάλι την Αθήνα και πολλά πλοία φορτωμένα με ξυλεία, σίδερα, γυαλιά και άλλα υλικά οικοδομών γύρισαν πάλι από τον Πειραιά στα λιμάνια από τα οποία είχαν έλθει, την Οδησσό, την Τεργέστη και τη Μασσαλία.

Τέλος, στις 9 Ιουνίου [1834] ήλθε στην Αθήνα ένα μέλος της αντιβασιλείας [ο von Maurer], μαζί με τον γενικό έφορο των επιστημονικών ιδρυμάτων και αρχαιοτήτων [Weissenborn], για να διερευνήσει τις διάφορες διαμαρτυρίες για τα ζητήματα οικοδόμησης και για να διατυπώσει προτάσεις ώστε να παραμερισθούν τα προβλήματα.

Ο ίδιος ο κύριος von Maurer στο έργο του για την Ελλάδα μας πληροφορεί για τις ποικίλες διαμαρτυρίες εναντίον της προβλεπόμενης ρυμοτομίας που έφθασαν στ' αυτιά του· αλλά όλα αυτά δεν έφεραν κανένα αποτέλεσμα, αφ' ενός μεν επειδή αυτή η αποστολή δεν είχε ανατεθεί σε αρχιτέκτονα, αφ' ετέρου επειδή ήδη είχα κληθεί να επέμβω εγώ, οπότε εφάνη σκόπιμο να αναβληθούν όλα μέχρι την άφιξή μου, πράγμα που εγνωστοποιήθη και στον Νομάρχη της Αθήνας κύριο Σκούφο στις 23 Ιουνίου [1834].

Κάτω απ' αυτές τις συνθήκες μπορείτε να φαντασθείτε πόσο ευπρόσδεκτος πρέπει να ήμουν στην Αθήνα σε όλους αυτούς που δεν είχαν συμμετάσχει άμεσα στη σύνταξη του σχεδίου ή που δεν έπρεπε να φοβούνται πως η επέμβασή μου θα παρενοχλούσε τις πράξεις κερδοσκοπίας επί της γης και της οικοδομής, οι οποίες είχαν βασισθεί στη διάρθρωση αυτού του σχεδίου!

Αφού μου εγνώρισαν οι ίδιοι οι συντάκτες [του σχεδίου] τη θέση και τη διάρθρωση κάθε τομέα του, καθώς και τη θέση κάθε σημαντικού κτηρίου με επισκέψεις μας επιτόπου, προσεπάθησα συμβουλευόμενος τον νομάρχη και άλλους ενημερωμένους κατοίκους να συγκεντρώσω όλες τις αναγκαίες πληροφορίες για τις συνθήκες και ιδιομορφίες της ζωής των κατοίκων της πόλης και, διερευνώντας συχνά και επακριβώς την περιοχή και τα περίχωρά της, να αποκτήσω την απαραίτητη γνώση του τόπου.

Όπως προανέφερα, η περιοχή που επάνω της ήταν κτισμένη η παλαιά Αθήνα και όπου πρόκειται να κτισθεί και η νέα πόλη έχει έδαφος εν μέρει βραχώδες και λοφώδες, εν μέρει κυματιστό. Ο βράχος της Ακρόπολης ορθώνεται ελεύθερος στον χώρο με τις πλαγιές του αδόμητες και τον χωρίζουν μικρές κοιλάδες από τους βραχώδεις λόφους του Μουσείου, της Πνυκός, του Αρείου Πάγου και από εκείνα τα υψώματα που καταλήγουν στον ναό του Θησέως και στο Δίπυλο (τα οποία παλαιότερα ονόμαζαν εσφαλμένα Λυκαβηττό και που τώρα εβάπτισαν αρκετά αόριστα λόφο των Νυμφών), τα οποία χωρίζονται επίσης από μικρές κοιλάδες, οι οποίες περιλαμβάνουν την περιοχή της Αθήνας, που στην αρχαιότητα λεγόταν

Μελίτη, την Κοίλη, τον εσωτερικό Κεραμεικό και την οδό προς τον Πειραιά.

Τα υψώματα αυτά, όπως μαρτυρεί και ο Θουκυδίδης, τα κατελάμβανε η αρχαία πόλη του Κέκροπος και του Θησέως, και ταίριαζαν απόλυτα σε μια δωρική πόλη [sic!], όπως πρέπει να ήταν, πιστή στην προέλευσή της, και η Αθήνα και όπως έμεινε πάντα ή τουλάχιστον μέχρι την εποχή του Περικλή.

Λιγότερο βραχώδης και λοφώδης είναι η περιοχή ανάμεσα στην Ακρόπολη και τον Ιλισσό που στην αρχαιότητα περιελάμβανε τη συνοικία Λίμνη, τη νέα αγορά, τον Κολυττό και την πόλη του Αδριανού και στην οποία οδηγούσαν οι λεγόμενες Ιτωνίαι Πύλαι. Εν τούτοις και αυτή η περιοχή δεν μπορεί να χαρακτηρισθεί επίπεδη, όπως δεν είναι διόλου επίπεδο και το βορειότερο τμήμα της πόλης που εκτείνεται μέχρι την πρώην Πύλη των Αχαρνών και τον βραχώδη λόφο του Αγχέσμου, που δικαίως τώρα αποκαλείται Λυκαβηττός, αφού το έδαφος και εδώ παρουσιάζει υψομετρικές διαφορές 15 έως 20 ποδών.

Όσον αφορά τους επικρατούντες ανέμους, την καλοκαιρινή ζέστη και τα υπάρχοντα ύδατα, κριτήρια που πρέπει να ληφθούν οπωσδήποτε υπ' όψιν στη σχεδίαση μιας τέτοιας πόλης, συγκέντρωσα τις ακόλουθες παρατηρήσεις:

Οι επικρατέστεροι άνεμοι στην Αθήνα είναι ο βόρειος, ο βορειοανατολικός, ο νότιος και ο νοτιοδυτικός ή όπως αποκαλούνται στο μνημείο του Ανδρονίκου οι Βορέας, Καικίας, Νότος και Λίψ. Οι πρώτοι [δύο] έχουν ελεύθερη πρόσβαση στο λεκανοπέδιο ανάμεσα στον Υμηττό και την Πεντέλη, ενώ οι τελευταίοι πνέουν επάνω από τον Σαρωνικό κόλπο και τον χώρο ανάμεσα στα νότια παράλια της Αττικής και στην πόλη της Αθήνας.

Οι πρώτοι επικρατούν κυρίως τον χειμώνα και τότε είναι ψυχροί και φέρνουν βροχή και χιόνια, το καλοκαίρι όμως ξεραίνουν τον τόπο και συχνά ψύχουν τη ζεστή ατμόσφαιρα πολύ γρήγορα, πράγμα που έχει πολύ δυσμενείς επιπτώσεις στην υγεία.

Αντίθετα, οι νότιοι και νοτιοδυτικοί άνεμοι τον χειμώνα, καθώς έρχονται από τις θερμές ζώνες, είναι ζεστοί, το καλοκαίρι όμως η θάλασσα τους κρυώνει και έτσι προσφέρουν τη μόνη δροσιά που τονώνει την υγεία.

Ποιος δεν γνωρίζει τις ακτίνες του καυτού ήλιου στην τόσο καθαρή ατμόσφαιρα της Αθήνας και δεν θυμάται τον αναζωογονητικό θαλασσινό αέρα που αρχίζει να φυσά συνήθως 10 μέχρι 11 το πρωί, τον εμβάτη [μπάτη]!

Από αυτή την άποψη βεβαίως ήταν ορθή η κρίση των πρώτων κατοίκων της Αθήνας και σωστή η αίσθησή τους του φυσικού χώρου που τους οδήγησε να εποικίσουν όχι τις βόρειες αλλά τις δυτικές πλαγιές της Ακρόπολης, όπου τις κατοικίες τους προστάτευαν οι λόφοι της Ακρόπολης και του Λυκαβηττού από τους βλαβερούς βορείους ανέμους και όπου ήταν προσιτές στο τόσο σωτήριο ρεύμα αέρος που ερχόταν από τη θάλασσα.

Ένα άλλο σημαντικό κριτήριο για μία πόλη είναι η ύπαρξη ύδατος. Απ' αυτή την άποψη όμως η Αθήνα είναι εξαιρετικά ευνοημένη, γιατί είναι κτισμένη σε μια περιοχή όπου συρρέουν πολλά δροσερά και καθαρά νερά από τα όρη και ρέουν προς τη θάλασσα. Επειδή όμως το αττικό λεκανοπέδιο σχηματίζεται από τις πέτρες, την ιλύ και το χώμα που μεταφέρουν τα ποτάμια από τα βουνά, το έδαφος επιτρέπει παντού τη διήθηση των υδάτων. Μόνο με μεγάλο κόπο και φροντίδα –ο Σόλων είχε διατυπώσει έναν πολύ διεξοδικό σχετικό νόμο– μπορεί να διατηρήσει και να εξασφαλίσει κανείς στη γη τα πλεονεκτήματα που προσφέρει αυτή η πλούσια εισροή υδάτων.

Η νομοθεσία αυτή όμως είχε παραμεληθεί εδώ και αιώνες, και είχε διαμορφωθεί μία κατάσταση που θα έπρεπε να αποτελέσει το ουσιαστικότερο κριτήριο χωροθέτησης της νέας πόλης της Αθήνας. Από όλα τα ποτάμια, τους χειμάρρους και τις πηγές, δηλαδή απ' όλα τα νερά που χύνονται στο λεκανοπέδιο της Αττικής από τα βουνά, κανένα δεν φθάνει πια μέχρι τη θάλασσα, αλλά απορροφώνται όλα, άλλα στα βόρεια της πόλης και άλλα κοντά της· ακόμη και ο πολύυδρος Κηφισός δεν έχει ρυθμισμένες και ορατές εκβολές στη θάλασσα.

Ο Ιλισσός και ο κοντινός στον Λυκαβηττό Ηριδανός που ενώνεται με τον προηγούμενο είναι τουλάχιστον τρία τέταρτα του έτους κοντά στην Αθήνα χωρίς νερό, η Εννεάκρουνος και η Καλλιρρόη έχουν σχεδόν στερέψει και το νερό τους απορροφάται από το έδαφος πριν ακόμα φθάσει στον λόφο του Μουσείου.

Τα πολυάριθμα ρεύματα της Πεντέλης χάνονται στα βόρεια της Αθήνας, όπως και ο "Μεγαλοπόταμος" που πηγάζει στην Πάρνηθα και κινεί μύλους (πιθανόν ο Κυκλοβόρος του Αριστοφάνη) και ο ποταμός "Ιωαννούλα" που εξαφανίζονται ήδη στις αρχές του Ελαιώνος.

Μόνον ο πολύυδρος Κηφισός φθάνει μέχρι το τέλος του Ελαιώνος και απορροφάται ή τελματώνεται κάπου προς το Φάληρο.

Όλα αυτά τα νερά όμως ψάχνουν τώρα υπόγειες διαδρομές, και αυτές είναι τόσο κανονικές ώστε όταν ανοίγει κανείς σκάμμα στις χαμηλότερες περιοχές κοντά στην Αθήνα, λίγο έξω από το νεώτερο τείχος της πόλης προς τη διαβόητη για την υγρασία και το ανθυγιεινό της κλίμα από την αρχαιότητα κιόλας περιοχή της Ακαδημίας και του Κολωνού, σε λίγα μόλις πόδια βάθος βρίσκει άφθονο νερό, και όταν πετάξει στην επιφάνειά του ένα ελαφρό αντικείμενο, βλέπει πως το νερό ρέει από το βορρά προς το νότο, δηλαδή από τα βουνά προς τη θάλασσα.

Είναι χαρακτηριστικός ο αρχαίος μύθος της Κλεψύδρας, μιας πηγής που ανέβλυζε κάτω από το Σπήλαιο του Πανός στον βράχο της Ακρόπολης, η οποία, σύμφωνα με τη διαδεδομένη στην αρχαιότητα πίστη, εξέβαλλε κρυφά υπογείως στο Φάληρο.

Λόγω της εγκατάλειψης σ' αυτόν τον τομέα [της υδρολογίας] πολλά είναι τα κακά στη νέα Αθήνα. Από τη μια μεριά όλες οι περιοχές με χαμηλό υψόμετρο ή είναι βαλτώδεις ή παρουσιάζουν ανάδυση υγρών μιασμάτων, ιδιαίτερα εάν το λεπτό αυτό στρώμα γης πάνω από τη στάθμη της θάλασσας αναμοχλευθεί και εκσκαφεί, όπως μπορεί να προβλέψει κανείς ότι θα γίνει όταν κτισθεί μια νέα πόλη, λόγω των πολλών χωματουργικών εργασιών και της διάνοιξης θεμελίων.

Η μορφολογία του εδάφους όμως της πόλης είναι τέτοια, ώστε στην ανατολική πλευρά, στους πρόποδες του Υμηττού, εκεί που ρέει ο Ιλισσός, το υψόμετρο είναι λίγο μεγαλύτερο από ό,τι στη δυτική πλευρά που κατά την αρχαιότητα κατελάμβανε ο εξωτερικός Κεραμεικός, η πύλη των Αχαρνών και τα αρχαία νεκροταφεία.

Οι περιοχές της Πύλης των Μεσογείων και της Μπουμπουνίστρας μπορεί να πλεονεκτούν ως περιοχές δόμησης σε σύγκριση με τις περιοχές με χαμηλότερο υψόμετρο, γιατί φαίνονται πιο ασφαλείς απέναντι στα μιάσματα ή τα νερά που απορροφά το έδαφος, αλλά έχουν κι αυτές με τη σειρά τους ένα άλλο μειονέκτημα. Ο Ιλισσός ως χείμαρρος συχνά ξεχειλίζει με τέτοια ταχύτητα και τόσο πολύ, που πλημμυρίζει αυτές τις περιοχές και κάνει μεγάλες ζημιές. Παρ' ότι ο Πλάτων στον Φαίδρο αποκαλεί τα νερά του καθαρά και διαφανή, όταν πλημμυρίζει αγριεύουν και θολώνουν πολύ και κατακλύζουν και γεμίζουν με ιλύ την περιοχή. Κατά την παραμονή του στην Αθήνα ο Spon είδε μια τέτοια πλημμύρα του Ιλισσού, που ερήμωσε όλη την περιοχή και εγκρέμισε πολλά σπίτια. Μια παρόμοια ταχεία άνοδο της στάθμης του νερού είδε και ο Dodwell στις 16 Σεπτεμβρίου του 1805, και με χειρότερα ακόμα επακόλουθα επανελήφθη το ίδιο φαινόμενο πολύ πρόσφατα, τον Οκτώβριο του 1835, οπότε τα φουσκωμένα νερά του μικρού αυτού χειμάρρου παρέσυραν μάλιστα ένα τμήμα των νεόκτιστων βασιλικών σταύλων.

Φοβάμαι πως η μορφολογία του εδάφους και της κοίτης του ποταμού είναι τέτοια που, εάν δημιουργηθεί μια νέα διάνοιξη ώστε τα νερά του να φεύγουν προς τη θάλασσα, ο κίνδυνος των επαναλαμβανόμενων από καιρό σε καιρό πλημμυρών δεν θα εκλείψει εντελώς, απλώς θα μειωθεί.

Κατόπιν όλων αυτών, δηλαδή τόσο εξαιτίας των επικρατούντων ανέμων, όσο και με κριτήριο την κατάσταση των αθηναϊκών υδάτων, θα ήταν σκόπιμο να μετατεθεί η νέα πόλη στα υψώματα στη νότια και νοτιοδυτική πλευρά της Ακρόπολης, στην περιοχή την οποία, όπως προανεφέρθη, κατελάμβανε η Αθήνα του Κέκροπος και του Θησέως.

Ο ποταμός που προμηθεύει ακόμα και σήμερα την Αθήνα με έξοχο πόσιμο νερό, εν μέρει μέσω αρχαίων αγωγών, είναι ο Ιλισσός· και αυτό το νερό, επειδή είναι τέτοια η θέση του ποταμού, μπορεί να φθάσει τουλάχιστον μέχρι τις κοιλάδες ανάμεσα στα υψώματα αυτά της πόλης του Κέκροπος και του Θησέως. Έτσι, απ' αυτή την άποψη δεν θα υπήρχε κανένα εμπόδιο για την ανοικοδόμηση της περιοχής με την τοποθέτηση της νέας πόλης εδώ. Βέβαια, στη λοφώδη αυτή θέση δεν θα μπορούσε να κτισθεί κατά ανάρμοστο τρόπο μία πόλη με την κανονική ρυμοτομία, την οποία μας διδάσκει ο Βιτρούβιος χωρίς να υπάρχει κάποιο ανάλογο παράδειγμα της αρχαιότητος, ούτε μια πόλη με ευθύγραμμη γεωμετρική διάταξη σαν κι αυτές που μας προσφέρουν οι νεώτεροι χρόνοι προς μεγάλη πλήξη των παρατηρητών.

Εάν συγκεντρώσουμε από τους κλασικούς [συγγραφείς] τους ελάχιστους κανόνες που γνωρίζουμε, σύμφωνα με τους οποίους διέτασσαν τις πόλεις τους οι [αρχαίοι] Έλληνες, οι οποίοι επέλεγαν τη θέση των οικισμών τους με πνεύμα προσανατολισμένο προς τη λειτουργικότητα και την παράδοση, θα αντικρύσουμε μια τάση μάλλον προς τη γραφική παρά προς την κανονική, γεωμετρικά διατεταγμένη πόλη. Η μαρτυρία του Στράβωνος επ' αυτού είναι σαφής και ρητή.

Ξέρουμε πόσο ακανόνιστοι και γωνιώδεις ήσαν αι οδοί των δωρικών πόλεων· και ο τρόπος διάταξης και δόμησής τους έχει διατηρηθεί σε αρκετές ορεινές πόλεις της Κάτω Ιταλίας και της Σικελίας και γοητεύει ακόμα όλα τα μάτια που είναι δεκτικά για την γραφική θέση και αρχιτεκτονική, σαν αυτές που ενέπνεαν κάποτε τις έξοχες απεικονίσεις των μεγάλων δασκάλων Claude Gelee, Caspar Dughet και Nikolaus Poussin. Το ανέκδοτο με τον Μακεδόνα αρχιτέκτονα Δεινοκράτη που παρουσίασε στον Μέγα Αλέξανδρο το σχέδιο μιας πόλης που θα εκτίζετο στον Άθωνα και η επιδοκιμασία του κοσμοκατακτητή, αποδείχνει τουλάχιστον πως ακόμα και σε εκείνη την εποχή ήταν ζωντανή η ιδέα των γραφικών πόλεων και η αξία των ορεινών οικισμών, παρ' ότι η λεγόμενη ιωνική μεταρρύθμιση του άστεως στην Ελλάδα είχε ήδη λάβει χώραν ενωρίτερα. (...)

ΤΕΚΜΗΡΙΟΝ 47

Περιγραφή της προτάσεως του Klenze δια τας νέας Αθήνας. Εδώ: απαρίθμησις και περιγραφή των σημειωμένων εις το σχέδιόν του αρχαίων μνημείων (πρωτότυπον κείμενον εις γερμανικήν γλώσσαν).

Leo von Klenze, "Aphoristische Bemerkungen gesammelt auf seiner Reise nach Griechenland", Berlin, εκδ. G. Reimer, 1838, σελ. 455-463

(...)
Προσθέτω μερικές παρατηρήσεις εις το απεικονιζόμενον εις τον πίνακα II σχέδιον πόλεως το οποίον εξεπόνησα, και για όσους αγνοούν την ελληνική γλώσσα, η οποία έπρεπε να χρησιμοποιηθεί για το υπόμνημα και τις επιγραφές της χαλκογραφίας, μερικά επεξηγηματικά λόγια.

Εις αυτό το σχέδιον απεικονίζονται όλα τα ύψη και οι διακυμάνσεις του εδάφους με όσο το δυνατόν μεγαλύτερη ακρίβεια, εξαιρουμένων όσων εμπίπτουν στην καθεαυτή δομημένη ή προς δόμησιν περιοχήν. Επίσης σημειώνονται όλα τα μνημεία της αρχαιότητος καθώς και οι χριστιανικές εκκλησίες και μερικά τουρκικά κτήρια:

I. Ο ναός του Θησέως [πρόκειται για το Ηφαιστείο].
II. Τα γλυπτά έργα που ευρέθησαν μόλις πριν από ολίγα χρόνια και απεικονίζουν μορφές προσηρμοσμένες πάνω σε στύλους εν είδει πεσσού, από τα οποία το ένα πολύ καλά διατηρημένο παριστάνει τον Ερεχθέα με πόδια δράκοντα. Από εδώ εξήχθη το συμπέρασμα πως αυτά τα έργα, το προηγούμενο και τα άλλα τρία, παριστάνουν του Επωνύμους Ήρωες που αναφέρει ο Παυσανίας [πρόκειται για τους "γίγαντες" του Ωδείου του Αγρίππα].
III. Τα κατάλοιπα του Γυμνασίου, του λεγόμενου "του Πτολεμαίου" [πρόκειται για τη Στοά του Αττάλου].
IV. Το προστώον της νέας Αγοράς της Ερετρίας [πρόκειται για το Πρόπυλον της Αθηνάς Αρχηγέτιδος της Ρωμαϊκής Αγοράς], η οποία υπό τον Αύγουστο, μετά από τις κατα-

στροφές του Σύλλα, μετεφέρθη εδώ. Δεν μπορείς να μην νιώσεις θλίψη βλέποντας αυτό το μνημείον. Οι μορφές είναι ακόμα δωρικές, όλα τα στοιχεία του υψηλού αυτού ρυθμού είναι ακόμα ορατά, αλλά σε κάθε λεπτομέρεια αυτών των μορφών και των αναλογιών, σε κάθε καμπύλη των κατατομών αναγνωρίζει κανείς την ιστορική περίοδο στην οποία ανήκει [το μνημείον]. Το πνεύμα της ζωής έχει φύγει· όταν στην Αθήνα έκτιζαν έτσι, δεν αντηχούσαν πλέον οι λόγοι της ελληνικής ελευθερίας από την κορυφή της Πνυκός, αλλά επανελαμβάνετο θαρρείς μόνον η σιγανή ηχώ τους από τον Ισθμό, όπου τα είχε αρθρώσει σαρκαστικά ο Φλαμινίνος, ο Ρωμαίος κατακτητής της Ελλάδος.

Αυτή η αρχιτεκτονική προφανώς δεν ήθελε πια να είναι αυτάρκης, αλλά να ανταποκρίνεται στις προτιμήσεις μιας εποχής, ενός λαού ή ενός δυνάστη· και τι μπορεί να είναι κάτω από τέτοιες συνθήκες η αρχιτεκτονική και κάθε τέχνη;

Με μεγάλον ενδιαφέρον είδα πλησίον αυτού του προπύλου το ερείπιον της οικίας, την οποίαν εκατοίκησε τόσο πολύ καιρό ο ευγενικός Fauvel με την ηρεμία του πατριάρχη, ώσπου να τον διώξουν οι ταραχές της Επανάστασης.

Μία μορφή [μάλλον ζωγραφισμένη] που παριστάνει τη Γαλλία με τη γνωστή επιγραφή της Γαλλικής Επανάστασης εχαρακτήριζε ακόμη αυτό το ερείπιον.

V. Τα κατάλοιπα του αγωγού ύδρευσης του Ωρολογίου του Ανδρονίκου Κυρρήστου. Τα τρία αυτά τόξα [πρόκειται για το Αγορανομείον] δεν είναι απλώς έργον υψηλής αρχιτεκτονικής· ο τρόπος με τον οποίον τα ημικυκλικά τόξα εγγράφονται στα ορθογώνια πλαίσια συνιστά επί πλέον ένα άκρως σημαντικό τεκμήριον των μέσων που χρησιμοποιούσε η ελληνική αρχιτεκτονική για να συγχωνεύσει τη μορφή του τόξου με το κύριό της σύστημα οριζοντίων και καθέτων γραμμών και διατάξεων.

Αυτή η διάταξη πρέπει να ήταν πολύ διαδεδομένη, γιατί υπάρχουν ίχνη μεταφύτευσής της σε βυζαντικά κτίσματα, ενώ απαντάται παντού και στην αρχιτεκτονική των Μωαμεθανών, όπως μας αποδεικνύουν τα ισπανικά μνημεία.

Και στους προσφάτους χρόνους, οι αρχιτέκτονες που μπόρεσαν να κατανοήσουν το πνεύμα της ελληνικής αρχιτεκτονικής και τον τρόπο με τον οποίο μπορεί να αναβιώσει σε μας, εχρησιμοποίησαν αυτήν την διάταξη με πολλή επιτυχία.

VI. Ωρολόγιον του Ανδρονίκου [Κυρρήστου]. Παρ' ότι η εργασία τόσο των αρχιτεκτονικών μελών όσο και των γλυπτών αυτού του μνημείου είναι άτεχνη, εκπορεύεται εν τούτοις όλο από την ιδέα της εγγενούς στα ελληνικά έργα υψηλής λειτουργικότητος και η θέα του συνόλου με τα απλά κατώτερα τμήματά του, τις τουλάχιστον ως σύλληψη και τοποθέτηση υπέροχες μορφές των οκτώ κυρίων ανέμων και με την εξ' ίσου λειτουργική όσο και κομψή στο σχήμα στέγη του ασκεί ακόμα σήμερα μεγάλη γοητεία.

VII. Ιωνικόν τετράστυλον προστώον αγνώστου μνημείου [πρόκειται για Πρόπυλον πιθανώς το ανατολικόν της Ρωμαϊκής Αγοράς].

VIII. Στοά του Αδριανού [πρόκειται για τη Βιβλιοθήκη του Αδριανού]. Ο Spon και ο Wheler την ταύτισαν με τον ναόν του Ολυμπίου Διός, ο Stuart με την Ποικίλη Στοά. Η περιγραφή από τον Παυσανία της μεγάλης στοάς που ανήγειρε ο Αδριανός δεν εμπεριέχει τίποτε το οποίο να αντιφάσκει στην εικασία, την απορρέουσα από τον αρχιτεκτονικό τους ρυθμό, ότι αυτά τα ερείπια ανήκουν σ' αυτό το κτήριο.

Η κενή λαμπρότητα των δίχως λόγο τοποθετημένων μπροστά από έναν συμπαγή τοίχο κιόνων ανήκει προφανώς στην ρωμαϊκήν εποχήν. Αυτή η διάταξη δικαιολογείται στις αψίδες θριάμβου και σε δημόσια μνημεία που πρέπει να θεωρούνται μάλλον γραφικά συμφύρματα λαφυραγωγημένων έργων της αρχιτεκτονικής και γλυπτικής παρά οργανικές αρχιτεκτονικές συνθέσεις.

Σύμφωνα με τη μαρτυρία του Πλινίου, πολλοί κίονες του Ολυμπείου μετεφέρθησαν ως τρόπαια από τον Σύλλα και εχρησιμοποιήθησαν για να λαμπρύνουν τις αψίδες θριάμβου και στη συνέχεια ως βάθρα των επίσης λαφυραγωγημένων γλυπτών έργων. Ίσως οι κίονες να εχρησιμοποιήθησαν και στη Στοά του Αδριανού επίσης ως βάθρα· στη θέση όμως που είναι ούτε αυτή η υπόθεση μοιάζει πειστική. Μόνον εάν είχε χρησιμοποιηθεί ενδεχομένως η ρωμαϊκή μορφή της αψίδος θριάμβου μπορεί να ίσχυε αυτό.

IX. Κατάλοιπα του Πρυτανείου [πρόκειται μάλλον για το Διογένειον Γυμνάσιον]. Μερικά πολύ ωραία κατάλοιπα τετραγωνισμένων λίθων ωραιοτάτης μορφής που τα ευρήκαν σ' αυτό το σημείο, όταν κατεστράφη η πόλη στις διάφορες περιόδους πολιορκίας, τα εταύτισαν με το Πρυτανείον.

Η θέση φαίνεται να ταιριάζει στις άκρως ανεπαρκείς νύξεις του Παυσανία γι' αυτό το κτήριο. Σύμφωνα με όλες τις ενδείξεις, περαιτέρω έρευνες σ' αυτή την περιοχή θα οδηγήσουν σε λαμπρότατα ευρήματα.

X. Τα Προπύλαια [της Ακρόπολης].

XI. Ο Παρθενών. Η μορφή του είναι περίπου γνωστή, αν και οι αναπαραστάσεις και μετρήσεις του Stuart κάθε άλλο παρά ικανοποιητικές είναι. Είναι περιττό να πω και άλλα για τις τελειότητες αυτού του κτηρίου: tanto nomini nullum par elogium!

XII. Το Ερεχθείον. Με σπαραγμό καρδιάς βλέπει κανείς σε ποιο φοβερό βαθμό επροχώρησε η καταστροφή αυτού του εξαίσιου έργου ελληνικής αρχιτεκτονικής τα τελευταία χρόνια της Επανάστασης, εάν συγκρίνει κανείς τη σημερινή του κατάσταση με εκείνη στην οποία το είδε ο Stuart.

Εκείνο που λυπεί ιδιαίτερα, εκτός από το γεγονός της λεηλασίας του λόρδου Elgin και εκτός από τις καταστροφές συνεπεία δύο πολιορκιών, είναι η κατάρρευση των δύο γωνιακών κιόνων του προστώου στο ναό της Πολιάδος, καθώς και ολόκληρης της μαρμάρινης στέγης του.

Ο τελευταίος φρούραρχος της Ακρόπολης Γκούρας, για να προστατεύσει τον εσωτερικό χώρο αυτού του προστώου, που το είχε διαλέξει για κατοικία δική του και της οικογενείας του, από τα βλήματα των κανονιών, πρόσταξε και ετοποθέτησαν επάνω στη στέγη του τόσο πολλά συντρίμματα και τόσο χώμα, ώστε αφού υπεχώρησε ο βορεινός γωνιακός κίων, κατέρρευσε τέλος και η οροφή, θάβοντας κάτω από τα συντρίμμια της έντεκα άτομα. Την άκρως βάρβαρη αγάπη για τα έργα της αρχαιότητος, που τεκμηρίωσε με τόσο μεγαλειώδη τρόπο ο λόρδος Elgin, έδειξαν τώρα με άνεση οι συμπατριώτες του Σκώτου αλλά και άλλοι στα πεσμένα κιονόκρανα, στις δοκούς και στα φατνώματα της οροφής. Όποιος επεσκέπτετο την Ακρόπολη ήθελε να πάρει μαζί του ένα γλυπτό ενθύμιο, και έτσι σύντομα εχάθησαν από τα γκρεμισμένα μάρμαρα και εσκόρπισαν σε όλες τις ηπείρους όλα τα ίχνη γλυπτικής και διακόσμησης.

XIII. Κατάλοιπα του στρογγυλού βάθρου ή του ναού του Αυγούστου και της Ρώμης [στην Ακρόπολη].

XIV. Η Πύλη του Αδριανού. Άθλια αρχιτεκτονική· όλα όσα έκτισε ο Αδριανός στην Αθήνα φαίνονται πολύ χειρότερα από τα μνημεία της εποχής του, που βλέπουμε στη Ρώμη. Τα ελάχιστα ίχνη ελληνικής τέχνης που εμφανίζονται με τη μορφή του διακοσμητικού στοιχείου μοιάζουν με εφιαλτικό μορφασμό. Στη Ρώμη τουλάχιστον είναι όλα τα στοιχεία ρωμαϊκά.

XV. Ο ναός του Ολυμπίου Διός. Αυτοί οι θεόρατοι μαρμάρινοι κίονες, τα δάση αγαλμάτων και κολοσσών, που σύμφωνα με τον Παυσανία υπήρχαν γύρω του, ο τεράστιος περίβολος που περιέβαλε τον χώρο του ναού, όλα αυτά, εάν φαντασθεί κανείς το μνημείο αποπερατωμένο και διατηρημένο, θα προσέφεραν ένα θέαμα τέτοιας λαμπρότητος, που η φτωχική εποχή μας αδυνατεί ακόμα και να συλλάβει καθαρά.

XVI. Η Γέφυρα του Ιλισσού που οδηγεί στο Στάδιο, της οποίας όμως φαίνονται ελάχιστα ίχνη των τοίχων στήριξης. Κατεστράφη κατά την ανέγερση του νέου τείχους της Αθήνας [του τείχους του Χασεκή].

XVII. Αρχαία συντρίμμια, πιθανόν ίχνη του μνημείου που εκτίσθη εδώ προς τιμήν του Ηρώδου του Αττικού [επί του Αρδηττού].

XVIII. Ίχνη πιθανόν του ναού της Τύχης [επί του Αρδηττού].

XIX. Θεμέλια του ωραίου ιωνικού ναού του Τριπτολέμου [πρόκειται για τον ναό της Αρτέμιδος Αγροτέρας] τον οποίο ο Stuart είδε ακόμη όρθιο και παρέστησε [ζωγραφικά].

XX. Υδραγωγείον του Αδριανού, που πολλοί κακόσχημοι ιωνικοί κίονές του έστεκαν ακόμη την εποχή του Stuart. Όταν όμως η Αθήνα κατά την εξέγερση του 1770 [ορθώς 1778] εχρειάσθη να οχυρωθεί βιαστικά για να αντιμετωπίσει την εισβολή των Αρβανιτών ή, σύμφωνα με μια άλλη εκδοχή, το 1780 για να γλιτώσει από τους πειρατές και τις ορδές των Αρναουτών, κατεστράφη [το υδραγωγείον] ολοσχερώς· σήμερα βλέπει κανείς μίαν επιγραφήν από αυτό το υδραγωγείον επάνω εις την βαρβαρικήν κατασκευήν της Πόρτας των Μεσογείων.

XXI. Κορινθιακός κίων από ευβοϊκό μάρμαρο, ασήμαντης τεχνοτροπίας. Φαίνεται πως είναι αναμνηστικός κίων μεταγενέστερης εποχής.

XXII. Το Ωδείο της Ρηγίλλης που αναφέρουν και περιγράφουν ο Παυσανίας και ο Φιλόστρατος.

XXIII. Ο χώρος που κατελάμβανε το θέατρο του Βάκχου [δηλαδή του Διονύσου], από το οποίο όμως, εκτός από ένα ασαφές κοίλωμα στην πλαγιά [της Ακροπόλεως] δεν έχει απομείνει το παραμικρόν ίχνος.

XXIV. Το χορηγικόν μνημείον του Θρασύλλου. Κατεστράφη ολοσχερώς κατά τον τελευταίον πόλεμον· εις το σημείον που ευρίσκετο το ωραίον αυτό μνημείον υπάρχουν μόνον μερικά συντρίμμια των αρχιτεκτονικών του μελών.

XXV. Το χορηγικόν μνημείον του Λυσικράτους. Κατά τις ερημώσεις του τελευταίου πολέμου δεν έπαθε πολλές ζημίες και έχει ελευθερωθεί από το κτήριο μέσα στο οποίο είχε εντοιχισθεί. Είναι ένα αληθινό διαμάντι της διακοσμητικής αρχιτεκτονικής και αλάνθαστη λυδία λίθος ορθού αρχιτεκτονικού κριτηρίου: όποιος δεν νιώθει την ομορφιά τού κανόνος που αποπνέει, είναι αληθινά αξιολύπητος.

XXVI. Η Πνυξ.

XXVII. Το μνημείον του Συρίου Φιλοπάππου. Επειδή εδώ είχε τοποθετηθεί η τουρκική συστοιχία πυροβόλων που ερήμωσε κατά τον τελευταίον πόλεμο την Ακρόπολη, το κτήριο έπαθε μεγάλες ζημιές και βαδίζει προς την ολοσχερή καταστροφή του. Η τέχνη θα έχανε μόνο έναν από τους κρίκους της αρχιτεκτονικής παρακμής που συνδέει την ελληνικήν αρχαιότητα με την βυζαντινή και με τα άλλα είδη της ρομαντικής αρχιτεκτονικής.

XXVIII. Σπήλαιον του Απόλλωνος και του Πανός.

XXIX. Παναθηναϊκόν Στάδιον του Ηρώδου του Αττικού. Ένα ασβεστοκάμινο στο βάθος του στίβου μάς δείχνει καθαρά πώς και με ποια μέσα εξηφανίσθη και το ύστατο ίχνος των τεράστιων όγκων πεντελικού μαρμάρου, με το οποίον ο Ηρώδης κόσμησε το μνημείο.

XXX. Στις θέσεις υπό το στοιχείο XXX υπάρχουν ίχνη αρχαίων κτισμάτων που δεν είναι εύκολο να ταυτίσει κανείς με κάποια πιθανότητα ορθότητος με βάση τους αρχαίους συγγραφείς.

Η επισήμανση των θέσεων στις οποίες ευρίσκετο το Παλλάδιον, το Ελευσίνιον, οι ναοί της Ευκλείας, της Αρτέμιδος Αγροτέρας και η στοά Ευμένεια [δηλαδή του Ευμένους] στηρίζονται σε πολύ πιθανές υποθέσεις με βάση τις περιγραφές του Παυσανία· επειδή όμως δεν έχω κατά νουν την συγγραφή μιας αρχαιολογικής τοπογραφίας της Αθήνας, αρκούμαι στις νύξεις αυτές επί του σχεδίου. (...)

ΤΕΚΜΗΡΙΟΝ 48

Περιγραφή της προτάσεως του Klenze διά τας νέας Αθήνας. Εδώ: περιγραφή του σχεδίου του διά τα ανάκτορα (πρωτότυπον κείμενον εις γερμανικήν γλώσσαν).

Leo von Klenze, "Aphoristische Bemerkungen gesammelt auf seiner Reise nach Griechenland", Berlin, εκδ. G. Reimer, 1838, σελ. 476-498

(...)
Η αντιβασιλεία ήδη από τις 12 Αυγούστου [1834] μου είχε ζητήσει να κάνω ένα σχέδιο για τα βασιλικά ανάκτορα στην Αθήνα, και μάλιστα σε όποια θέση θα εδιάλεγα εγώ, και αυτή η πρόσκληση επεκυρώθη από την Αυτού Μεγαλειότητα τον Βασιλέα.

Έκανα λοιπόν δύο σκαριφήματα αυτού του κτηριακού συγκροτήματος, επεξεργασμένα μόνον όσον απαιτούσε η διαμόρφωση του όλου σχεδίου της πόλης, το ένα, όπως προείπα, στους πρόποδες του Λυκαβηττού, το άλλο στον εσωτερικό Κεραμεικό.

Όταν η Αυτού Μεγαλειότης, αφού πρώτα ηρεύνησε με τον ωριμώτερο και προσεκτικώτερο δυνατό τρόπο το θέμα, απεφάνθη υπέρ της δευτέρας επιλογής, στη θέση που ήμουν και με τα υπηρεσιακά καθήκοντα που είχα, ευχαρίστως θα άφηνα την περαιτέρω επεξεργασία του σχεδίου σε οποιονδήποτε άλλον. Αλλά οι παροτρύνσεις της Αυτού Μεγαλειότητος να αναλάβω ο ίδιος αυτήν την εργασία ήσαν τόσο ευμενείς, επιτακτικές και συχνές, που τελικά ηναγκάσθην να υποχωρήσω, κυρίως διότι, αν και δεν θα είχα την ευκαιρία να δω να πραγματοποιείται κάτι ικανοποιητικόν, θα μπορούσα ει μη τι άλλο να συνδέσω ένα ελεύθερο και μεγαλόπνοο αρχιτεκτονικό σχέδιο με την ωραία ψευδαίσθηση της πραγματοποίησής του. Πόσο γοητεύει η ελεύθερη δημιουργία τον αρχιτέκτονα της πράξης, μπορεί να κρίνει μόνον όποιος ευρίσκεται σε παρόμοια με τη δική μου θέση και έχει εξίσου πολλές ευκαιρίες, όπως εγώ, να δει τα έργα του να πραγματοποιούνται!

Μερικοί λεπτομερέστεροι προσδιορισμοί και όροι αυτής της εργασίας προήλθαν αφ' ενός μεν από τις πολυάριθμες και περιεκτικές συζητήσεις που είχα επάνω στο θέμα με τη Μεγαλειότητά του τον Βασιλέα, αφ' ετέρου από μία γραπτή επανάληψη των συμπερασμάτων τους με ημερομηνία 14 Σεπτεμβρίου, που μου έστειλε ο μονάρχης από το χωριό Βελάρη.

Μετά την επιστροφή μου στη Γερμανία, ομολογώ πως μου έφθανε ο βαθμός ολοκλήρωσης του σχεδίου για τα ανάκτορα της Αθήνας, που είχα επιτύχει με τη δύναμη της φαντασίας μου κατά τη διάρκεια της μακράς σχόλης μου όσο ταξίδευα στη στεριά και στη θάλασσα και όσο έμεινα στην καραντίνα.

Αλλά οι παροτρύνσεις της αντιβασιλείας και οι επαναλαμβανόμενες σε κάθε επιστολή εξ ονόματος της Αυτού Μεγαλειότητος προτροπές να επεξεργασθώ το ταχύτερον δυνατόν τα σχέδια και να τα αποστείλω [στην Αθήνα], με ώθησαν τελικά να καταπιασθώ με το έργον.

Όποιος γνώριζε, όπως εγώ, τις συνθήκες της θέσης που επέλεξε η Αυτού Μεγαλειότης και όλα τα ιδιωτικά συμφέροντα και τις δολοπλοκίες που συνδέονται με αυτήν, αλλά και την οικονομική κατάσταση της Ελλάδος, θα έπρεπε πρώτα απ' όλα να απαντήσει στο ερώτημα εάν το σχέδιον ως σύλληψη ώφειλε να ανταποκρίνεται στις πρακτικές απαιτήσεις της πραγματοποίησης ή στις απαιτήσεις της τέχνης με την υψηλότερη έννοια του όρου.

Απ' αυτήν την άποψη και συγκεκριμένα όσον αφορά τους τόσο σημαντικούς για ένα νεαρό και πτωχότατο βασίλειο οικονομικούς όρους δεν μου είχε τεθεί κανένας περιορισμός. Αντιθέτως, στις γενικές και ειδικές προκαταρκτικές οδηγίες της Αυτού Μεγαλειότητος προεβλέπετο η σταδιακή πραγματοποίηση του σχεδίου ενός κτηρίου το οποίον θα είχε το πρέπον μέγεθος, πράγμα που με έκανε να πιστέψω ότι θα υπάρξουν επαρκή οικονομικά μέσα για την πραγματοποίηση ενός αρχιτεκτονικού σχεδίου σαν και αυτό που είχε ήδη εγκριθεί σε σκαρίφημα, το οποίο θα ικανοποιούσε και τις αντικειμενικές ανάγκες και τις απαιτήσεις της τέχνης.

Όλα τα εμπόδια που ενεφανίσθησαν αργότερα ήσαν αρκετά γνωστά και προβλεπόμενα, και θα έπρεπε να με ωθήσουν εις το να εκπονήσω ένα μικρό και –τουλάχιστον φαινομενικώς ή προς το παρόν– οικονομικώτερον σχέδιον, εάν ο στόχος ήταν η πραγματοποίησή του, και να παραμερίσω την επιθυμία της ελεύθερης διατύπωσης μιας αρχιτεκτονικής ιδέας.

Όμως, όπως είπα, στη θέση μου, δηλαδή στη θέση ενός ανθρώπου που είχε πολλά πραγματοποιημένα σχέδια στο ενεργητικό του αλλά πολύ λίγες ελεύθερες συνθέσεις, επροτίμησα το τελευταίο, και έτσι εγεννήθη το σχέδιο των ανακτόρων που παρουσιάζω εδώ.

Ένα βασικό ζήτημα για τον αρχιτέκτονα αυτού του κτηρίου ήταν η επιλογή του αρχιτεκτονικού ρυθμού· και η προσεκτική συζήτηση αυτού του θέματος με την Αυτού Μεγαλειότητα τον Βασιλέα της Ελλάδος αυτοπροσώπως θα με είχε εμποδίσει οπωσδήποτε να υποταχθώ άνευ όρων σε ένα πρώτο αίσθημα προσωπικής πεποίθησης. Οι συζητήσεις αυτές όμως είναι ευνόητο πως με επανέφεραν στο πρώτο εκείνο αίσθημα της αναγκαιότητος να ακολουθήσω στην Αθήνα τον [αρχαίο] ελληνικό αρχιτεκτονικό ρυθμό και όχι κάποιον από τους μεσαιωνικούς ή τον βυζαντινό ρυθμόν που είχε γίνει κάποτε και στην Αθήνα οικείος.

Θα ήταν βεβαίως πρωτόγνωρο στην ιστορία της ανθρώπινης εξέλιξης, εάν μια κατ' εξοχήν αθλία ιστορική περίοδος μπορούσε να δημιουργήσει εξαίρετη αρχιτεκτονική. Εάν όμως δεχθούμε αυτή την ιστορική προϋπόθεση για την βυζαντινή αρχιτεκτονική, θα προκύψει ασφαλώς μία άκρως δυσμενής επιφύλαξη απέναντί της που δεν προσφέρει κανένα κίνητρο για τη χρησιμοποίησή της στην Αθήνα. Σύμφωνα με την ιστορία του Μεσαίωνος, κάθε βυζαντινή ανάμνηση είναι ένα ελληνικό στίγμα, αντίθετα κάθε [αρχαιο-]ελληνική ένα τρόπαιο της δόξης άξιο της άμιλλας για την αναγεννημένη Ελλάδα. Από ιστορική άποψη επομένως δεν είχα καμία αμφιβολία ως προς τον αρχιτεκτονικό ρυθμό που θα έπρεπε να επιλεγεί για τα ανάκτορα της Αθήνας.

Μολονότι είναι αναμφισβητήτως αποδεδειγμένο πόσον ολίγον ικανοποιητικός είναι ο βυζαντινός ρυθμός καθώς και οποιοσδήποτε άλλος του ρομαντικού Μεσαίωνος για να εκφράσει την τάση της εποχής μας, την οποία χαρακτηρίζει προφανώς ο θετικός ανθρωπομορφισμός, δεν εννοούμε πως τους απορρίπτουμε σαν νεκρή σκουριά μιας πνευματικά παρηκμασμένης εποχής. Προσπαθήσαμε ήδη σε διάφορα σημεία να δείξουμε πως η βυζαντινή αρχιτεκτονική εμπεριέχει πολλά στοιχεία αρχαίας αντίληψης και κατασκευαστικής συνέπειας ως απόηχο της ελληνικής αρχαιότητος, τα οποία είναι συμβατά με τις αρχιτεκτονικές απαιτήσεις του καιρού μας.

Επίσης νομίζουμε, πως στην αρχιτεκτονική της Λομβαρδίας, της Βενετίας και των Αράβων, ακόμη και στη ρομαντική [δηλαδή "γοτθική"] αρχιτεκτονική, η οποία χρησιμοποιούσε το τεθλασμένο οξυκόρυφο τόξο, υπάρχουν επίσης (ίσως ως κατάλοιπα αρχαίας τέχνης, ίσως ως συνέπειες ιστορικά πολύ σημαντικών ρευμάτων του ανθρώπινου πνεύματος και του θρησκευτικού αισθήματος) στοιχεία μιας αρχιτεκτονικής, τα οποία επίσης συμβιβάζονται με τις αδιαφιλονίκητες θεμελιώδεις αρχές της αρχαίας αρχιτεκτονικής.

Η σύνδεση όμως αυτών των στοιχείων των ρομαντικών τρόπων της αρχιτεκτονικής, εάν βέβαια υπάρχουν τέτοια, σε ένα αληθινά καλλιτεχνικό ενιαίο σύνολο που θα ανταπεκρίνετο στις αδιαφιλονίκητες αρχές της αρχαιοελληνικής αρχιτεκτονικής, στις περιπτώσεις που οι αρχαίες μορφές και οι αρχαίοι συνδυασμοί δεν μπορούν να ικανοποιήσουν την τόσο πλούσια σε ανάγκες και τόσο πολύπλευρη και σύνθετη εποχή μας, θα ήταν έργο κατάλληλο για έναν αρχιτέκτονα που θα προσπαθούσε να κερδίσει την αναγνώριση μάλλον των αυστηρών και ανενδοιάστων επερχομένων γενεών παρά τον έπαινο των ασταθών και μανιακών του συρμού συγχρόνων του. Μόνο μια μεγάλη πνευματική δύναμη, μια τεράστια γνώση και η ακλόνητη εμμονή στις αναμφισβήτητες, αμετάβλητες και αθάνατες θεμελιώδεις αρχές της αρχαιότητος, τις οποίες προσπαθήσαμε ήδη να αναπτύξουμε με την ευκαιρία των παρατηρήσεών μας για τον ναό της Κορίνθου, θα μπορούσε να κατορθώσει μια τέτοια σύνδεση. Για τα ανάκτορα της Αθήνας ένας τέτοιος συνδυασμός ρομαντικών αρχιτεκτονικών ρυθμών μάς εφάνη όχι μόνο μη αναγκαίος αλλά και ακατάλληλος από πολλές απόψεις· οι [αρχαιο-]ελληνικές μορφές αρκούσαν, και επελέγησαν ανεπιφυλάκτως.

Η θέση γι' αυτό το παλάτι, όπως φαίνεται στο σχέδιο της πόλης, έχει επιλεγεί έτσι ώστε το κτήριο να έχει ωραία θέα προς όλες τις κατευθύνσεις και να προβάλει ωραία από όλες τις πλευρές. Προς τον βορρά εμφανίζεται η πόλη με την ωραιότερη θέα της, γιατί το έδαφος χαμηλώνει σταδιακά και έτσι δεν φαίνονται τόσο πολύ οι στέγες, που τα κεραμίδια τους δεν είναι πια κόσμημα και καλλωπιστικό στοιχείο όπως στην αρχαία Αθήνα. Προς τα βορειοανατολικά εμφανίζονται ο Άρειος Πάγος και η Ακρόπολη από την ωραιότερη πλευρά τους. Βλέπει κανείς τα Προπύλαια και το καλύτερα διατηρημένο αέτωμα του Παρθενώνος, και λίγο πιο αριστερά, στο πρώτο επίπεδο, τον ναό του Θησέως. Η θάλασσα είναι ορατή από τα νότια και δυτικά παράθυρα του ανακτόρου από το ακρωτήριο Ζωστήρ μέχρι τον Ισθμό, ενώ τα δυτικά, βορεινά και ανατολικά παράθυρα προσφέρουν μιαν ανεμπόδιστη και χωρίς διακοπές θέα των ωραίων αττικών λόφων και βουνών.

Μία πανοραμική άποψη της Αθήνας μπορεί και πρέπει να σχεδιασθεί μόνο απ' αυτή τη θέση. Επίσης, η θέση αυτή είναι ευνοϊκή ως προς τον ήλιο και τους ανέμους, γιατί τα διαμερίσματα του Βασιλέως και της μελλοντικής συζύγου του είναι στραμμένα προς την ανατολή και τον νότο, επομένως και προς τον δροσιστικό θαλάσσιο άνεμο, τον εμβάτη. Βόρειο προσανατολισμό έχουν τα μαγειρεία και τα διαμερίσματα του προσωπικού, όπως επίσης και τα βοηθητικά κτίσματα, τα οποία είναι σε κάποια απόσταση αλλά όχι πολύ μακρυά [από το κυρίως κτήριο].

Το διπλό πλεονέκτημα από τις μεν δύο πλευρές του κτηρίου να εξασφαλίζεται μια πανοραμική άποψη της πόλης, στις δε άλλες δύο η ευάρεστη θέα ενός κήπου καθιστά τη χωροθέτησή του εξαιρετικά ευνοϊκή.

Αυτός καθεαυτός ο κήπος έχει εξαιρετικά ευνοϊκή θέση και διαμόρφωση, διότι περιλαμβάνει ένα τμήμα με ανώμαλο έδαφος, επίπεδες επιφάνειες, βράχια, δροσερές σπηλιές και κατάλοιπα αρχαίων, και διότι μπορεί να αρδεύεται επαρκώς, έτσι ώστε να ευδοκιμήσουν και φυλλοβόλα φυτά, τα οποία όπως είναι γνωστό εξασφαλίζουν πολύ ταχύτερα σκιά και απόλαυση από τα αειθαλή και πολύ αργά αναπτυσσόμενα δένδρα και θάμνους. Παράλληλα με τα ταχέως αναπτυσσόμενα αυτά φυτά μπορούν και πρέπει ωστόσο να φυτευθούν και αειθαλή φυτά του Νότου, ώστε στο μέλλον να αποκτήσει κανείς έναν κήπο με αληθινά μεσημβρινό χαρακτήρα. Σύμφωνα με τη ρητή θέληση της Αυτού Μεγαλειότητος του Βασιλέως της Ελλάδος, η πλαγιά του λόφου, που επάνω της εκτείνεται όλο το κτηριακό συγκρότημα, έχει διαμορφωθεί κλιμακωτά, πράγμα που ανταποκρίνεται στο πνεύμα της κλασικής αρχαιότητος· αυτό έχει πολλά πλεονεκτήματα, μεταξύ των οποίων δεν θα ήθελα καν να αναφέρω την πολύ εύκολη άμυνα στη σχεδόν αδιανόητη, βέβαια, περίπτωση πολεμικών ταραχών.

Για την καθ' ύψος διάταξη θα ήθελα ακόμη να παρατηρήσω ότι ωρίσθη έτσι ώστε η τωρινή οδός Πειραιώς εκεί που εφάπτεται στο συγκρότημα των ανακτόρων να ανυψωθεί κατά 5 πόδας, όπως ορθώς προεβλέπετο και από το προηγούμενο σχέδιο πόλης. Εξ άλλου είναι ευνόητο πως, αν και το έδαφος ανταποκρίνεται εν γένει στην όλη διαμόρφωση, εν τούτοις μόνο με σημαντικές επιχώσεις μπορεί να πάρει τη μορφή που προβλέπεται στο σχέδιο.

Η εκκαθάριση ωστόσο των τεράστιων επιχώσεων της Ακρόπολης και της ίδιας της πόλης θα δώσουν αρκετό υλικό και θα προσφέρουν μάλιστα μια ευπρόσδεκτη ευκαιρία εναπόθεσης των χωμάτων σε όχι πολύ απόμακρο χώρο.

Στα άνδηρα [του ανακτόρου] εξασφαλίζουν πολύ άνετη πρόσβαση δύο αμαξιτά κεκλιμένα επίπεδα με κλίση περίπου 3/10. Στον Πίνακα ΙΙΙ* με την γενική κάτοψη, το κεκλιμένο επίπεδο προς την πλευρά του κήπου σημειώνεται με τα στοιχεία G.G, και το άλλο προς την πλευρά της πόλης με τα στοιχεία Η.Η. Εάν επιλεγεί η πρώτη πρόσβαση, τότε ερχόμενος κανείς από τον Πειραιά, δεν εισέρχεται στην πόλη, αλλά πριν

* (Σημείωσις: Οι πίνακες και τα σχέδια που περιγράφονται εδώ και που αναφέρονται στα ανάκτορα των Αθηνών, έχουν περιληφθεί ως χαλκογραφίες στο έργο του Klenze: Aphoristische Bemerkungen...)

φθάσει ακόμα σ' αυτήν, εγκαταλείπει την κυρία λεωφόρο και στρίβοντας δεξιά φθάνει στο ανάκτορο διασχίζοντας τον κήπο, που στο περιτείχισμά του προβλέπεται γι' αυτό τον σκοπό μία φυλασσόμενη πύλη. Με τα στοιχεία F.F. σημειώνονται δύο ελεύθερες κλίμακες που μπορούν να χρησιμοποιούν οι πεζοί για να ανέβουν στο επάνω άνδηρο του ανακτόρου.

Αυτά τα κεκλιμένα επίπεδα έχουν πλάτος 40 μετρικούς πόδες και οι στροφές τους είναι άνετες και δεν παρουσιάζουν καμίαν δυσκολία: τα οχήματα ακολουθούν την πορεία G., 1, 2, 3, 4 και H., 1, 2, 3, 4, 5, 6, 7, 8.

Επειδή όμως αυτά τα άνδηρα έχουν σημαντικό κόστος κατασκευής, σε περίπτωση που θα υπήρχαν για αυτόν τον λόγο δυσκολίες άμεσης πραγματοποίησής τους, θα μπορούσαν να κτισθούν και ολοκληρωθούν σταδιακά, διότι π.χ., ακόμα και εάν εκτίζετο το κυρίως ανάκτορο υπό τα στοιχεία A.A. ή ένα μέρος του, θα μπορούσε να κατοικηθεί χωρίς να κτισθούν τα άνδηρα, και να χρησιμοποιηθεί και διαμορφωθεί προσωρινά για την πρόσβαση σ' αυτό το φυσικό έδαφος των λόφων.

Αρχιτεκτονικός ρυθμός

Σύμφωνα λοιπόν με όσα προανεφέρθησαν, η φύση του πράγματος, η βούληση της Αυτού Μεγαλειότητος και οι απαιτήσεις της ίδιας της τέχνης υπαγόρευαν την επιλογή τής κατ' εξοχήν αρχιτεκτονικής, δηλαδή της [αρχαιο-]ελληνικής**, και το μόνο που απέμενε ήταν να βρεθεί ο σωστός τρόπος ώστε με τα καθαρά, ευγενή και απλά αυτά στοιχεία να ικανοποιηθούν οι απαιτήσεις του έργου. Δεν υπάρχει καμία αμφιβολία πως υφίσταται μία ουσιώδης διαφορά ανάμεσα στις κατοικίες που ανήγειρε η ελληνική αρχιτεκτονική την περίοδο της ανάπτυξής της και στα παλάτια σημερινών ευρωπαίων βασιλέων.

Βέβαια δεν υπήρχε τίποτε πιο εύκολο από τη σχεδίαση ενός κτηρίου το οποίο, ακολουθώντας το γνωστό σχήμα των αρχαίων μεγάρων και εξοπλισμένο με atrium, triclinium, impluvium κ.λπ. θα αποτελούσε ένα γοητευτικό αρχιτεκτονικό σύνολο.

Κατόπιν σοβαρής θεώρησης όμως και λαμβάνοντας υπ' όψιν την εξαιρετικά μεγάλη διαφορά ανάμεσα στις βιοτικές ανάγκες και του τρόπου ζωής ενός [αρχαίου] Έλληνος ηγεμόνος ή τυράννου και ενός ευρωπαίου ηγεμόνος της δικής μας χριστιανικής εποχής, η εύκολη αυτή λύση μού εφάνη εντελώς ανεπαρκής σ' αυτή την περίπτωση. Το μέγαρο της Αυτού Μεγαλειότητος του Βασιλέως της Ελλάδος θα έπρεπε να ικανοποιεί οπωσδήποτε τις σημερινές ανάγκες με τρόπον ώστε, μην αποκλείοντας την ιδιόμορφη γοητεία και τις αξιώσεις του ελληνικού Νότου, να εναρμονίζεται με τον γνήσιο ρυθμό της [αρχαιο-]ελληνικής αρχιτεκτονικής.

Ευτυχώς όμως εγγενές στοιχείο της [αρχαιο-]ελληνικής αρχιτεκτονικής είναι ο ευπροσάρμοστος χαρακτήρ της, που επιτρέπει την προσαρμογή της σε κάθε αντικείμενο [κτίσμα] και σε κάθε είδους ανάγκες· έτσι, οι δυσκολίες οι οποίες ίσως θα μπορούσαν να παρουσιασθούν απ' αυτή την πλευρά προσέδωσαν στην εκπόνηση του σχεδίου, που παρουσιάζουμε εδώ, πρόσθετη γοητεία.

Ενώ όμως οι επιμέρους [αρχαιο-]ελληνικές μορφές της αρχιτεκτονικής απεδείχθησαν απολύτως επαρκείς, στην προκειμένη περίπτωση εγεννήθη το ερώτημα της σύνθεσεώς τους: τι ήταν σκοπιμώτερον, η συνένωσή τους σε ένα κανονικό γεωμετρικό ή μάλλον σε ένα γραφικό σύνολον; Επ' αυτού ενομίσαμε αναγκαίο να τηρήσουμε μίαν αρχή που παρουσιάσαμε ήδη κατά την ανάπτυξη του σχεδίου μας για την πόλη της Αθήνας.

Νομίζουμε δηλαδή ότι για τα κτίσματα του Νότου η μεγάλη ευθύγραμμη και άκαμπτη βόρεια θεωρία περί καταληκτικής θέας (point de vue) είναι κατ' εξοχήν αταίριαστη και ότι εδώ στο λοφώδες αυτό έδαφος έπρεπε κανείς να υιοθετήσει τον τρόπο των αρχαίων και να προτιμήσει μία γραφική σύνθεση.

Αυτός ο τρόπος χειρισμού όμως ενέχει τον κίνδυνο της βεβιασμένης δημιουργίας αρχιτεκτονικών συνθέσεων και εντυπώσεων, που μόνον η σύμπτωση μπορεί να εξασφαλίσει σε ευτυχείς περιπτώσεις, και οι οποίες, όταν θέλει να τις επιτύχει κανείς συνειδητά, οδηγούν εύκολα στις επιτηδευμένες συνθέσεις του συρμού, που χρησιμοποούνται για τις αγγλικές εξοχικές επαύλεις.

Νομίσαμε λοιπόν (και αυτή η σκέψη εγεννήθη μέσα μας, όπως και ολόκληρο το σχέδιο, επί τόπου μετά από επανειλημμένη θεώρηση) πως ό,τι ήταν αναγκαίο θα επετυγχάνετο

**Ένα τέλειο υπόδειγμα εμπνευσμένου χειρισμού αυτού του θέματος στο γνήσιο [αρχαιο-]ελληνικό πνεύμα επαρουσίασε ο εξαίρετος φίλος μου Schinkel στο σχέδιό του για ένα ανάκτορο, που απέστειλε στην Αυτού Μεγαλειότητα τον Βασιλέα της Ελλάδος.

Εάν αυτό το αρχιτεκτονικό σχέδιο δεν είχε εκπονηθεί χωρίς να έχουν διατυπωθεί οι ανάγκες και χωρίς εποπτεία της τοποθεσίας, και μόνο με βάση γενικές έννοιες περί κάλλους και τις αρχαιοελληνικές συνθήκες ζωής, δεν θα επιχειρούσα ποτέ να προτείνω ένα άλλο αρχιτεκτονικό σχέδιο.

Δυστυχώς όμως όλη αυτή η αρχαιοπρεπής αντίληψη του σχεδίου δεν μπόρεσε να ανταποκριθεί στις ανάγκες μιας αυλής οργανωμένης μόνο με βάση τις σύγχρονες ευρωπαϊκές αρχές, και η επιλογή βέβαια του βράχου της Ακρόπολης ως τόπου ανέγερσης των ανακτόρων δεν εθεωρήθη αδικαιολογήτως απαράδεκτη· έτσι, η Αυτού Μεγαλειότης ο Βασιλεύς Όθων ηναγκάσθη να αφήσει απραγματοποίητο το ανυπέρβλητο αυτό καθεαυτό σχέδιο.

Με την ευκαιρία αυτή, ας μου επιτραπεί να εκφράσω στον μεγάλο καλλιτέχνη που εξεπόνησε αυτό το σχέδιο τον απεριόριστο θαυμασμό μου. Με τα σχέδιά του για τον ζωγραφικό διάκοσμο στις όψεις του Μουσείου του Βερολίνου εδημιούργησε για τους συγχρόνους του και τις επερχόμενες γενεές ένα υπόδειγμα του ύφους που θα έπρεπε να ακολουθεί η ιστορική ζωγραφική στην εποχή μας, ώστε να φθάσει στο αληθινό και ύψιστο σημείο της ανάπτυξής της, και με τις τοπογραφίες του έφθασε τους μεγαλύτερους ζωγράφους των περασμένων αιώνων.

Με πολλές σπουδές και σχέδια γλυπτών έδειξε τη γνήσια και εν τούτοις ζωντανή αντίληψη που έχει για τη γλυπτική των αρχαίων, ενώ η τύχη της ελεύθερης καλλιτεχνικής ανάπτυξης συνδυασμένη με το ανεξάντλητο χάρισμα της επινόησης και με τη γνήσια ελληνική αντίληψη, του επέτρεψαν με πολλά κτήρια και σχέδια να προσφέρει στους συγχρόνους του αρχιτεκτονικά υποδείγματα και στις επερχόμενες γενεές την απόδειξη ότι ακόμα και στην αμμώδη ερημιά της μαρκιωνίας του Βραδεμβούργου μπορεί να κτίσει κανείς τόσο τέλεια ελληνικά όσο και στις όχθες του Ιλισσού – αρκεί να έχει ελεύθερο φρόνημα και ελεύθερη βούληση!

με τον γραφικό [δηλ. ελεύθερο] συνδυασμό των μεμονωμένων κτηρίων (το καθένα από τα οποία θα αποτελούσε καθεαυτό έναν ξεχωριστό συμμετρικό όγκο).

Για να μπορέσω να προσδώσω τώρα σε ένα τέτοιο κτηριακό συγκρότημα [των ανακτόρων] την προσήκουσα ανάπτυξη και το πρέπον ύφος, νόμιζα πως έπρεπε να το συνδέσω με τα δύο κτήρια των υπουργείων. Επειδή όμως τα κτήρια αυτά είναι από κάθε άποψη υποτεταγμένα στο κτήριο των ανακτόρων, δεν μπορούν να μειώσουν την εντύπωση που δίνει, εφόσον συνδέονται γραφικά με την υποδεέστερη βόρεια πρόσοψή του. Στα σχέδια φαίνεται αυτό καθαρά.

Χρήση και λειτουργία

Όπως ελέχθη, η θέση των ανακτόρων είναι πολύ ευνοϊκή, γιατί συνδυάζει τέλεια τα πλεονεκτήματα μιας αστικής και ταυτοχρόνως εξοχικής κατοικίας. Τα κτήρια των υπουργείων (στον Πίνακα Ι, υπό τα στοιχεία P. και Q.) χωροθετημένα κοντά στα ανάκτορα εξασφαλίζουν στον μονάρχη το πλεονέκτημα της μεγάλης οικονομίας χρόνου, ενώ ταυτοχρόνως είναι πολύ άνετα και εύκολα προσπελάσιμα σε όλους όσους έχουν εργασία σε αυτά, γιατί ευρίσκονται σε επίπεδο έδαφος και επάνω σε κύρια οδό [Πειραιώς].

Λίγο πιο υψηλά ευρίσκονται τα αμαξοστάσια και οι σταύλοι (στο σχέδιο υπό τα στοιχεία K. και M.), καθώς και ένας χώρος ιππασίας (υπό το στοιχείο K2) μετά από ειδική απαίτηση· εδώ αφ' ενός μεν προβλέπονται ευρύχωρες αυλές αφ' ετέρου διατάσσονται περιμετρικά επαρκείς χώροι για τη στάθμευση, στροφή και τον καθαρισμό των αμαξών.

Ο χώρος ανάμεσά τους έχει πλάτος 100 μετρικούς πόδες ή 33,5 μέτρα και μήκος 220 πόδες. Ο σταύλος έχει χωρητικότητα 80 αλόγων, η οποία είναι αρκετή σύμφωνα με τα στοιχεία που μας εδόθησαν, στην ανάγκη όμως θα μπορούσε και να μεγαλώσει. Στις πρέπουσες θέσεις προβλέπονται επίσης ένας σταύλος για άρρωστα ζώα (στον Πίνακα ΙΙΙ σχέδιο 2 υπό το στοιχείο c.), ένα φυλάκειο (υπό το στοιχείο b.), ένας χώρος για την ιπποσκευή (υπό το στοιχείο a.) και ένα ιδιαίτερο σιδηρουργείο (υπό το στοιχείο L.).

Στο αμαξοστάσιο (στον Πίνακα ΙΙΙ, σχέδιο 3) προβλέπεται χώρος για 40 έως 50 άμαξες και επίσης ένας μεγάλος χώρος για τις ιπποσκευές.

Οι άνετες κλίμακες υπό τα στοιχεία e. και f. οδηγούν στον πρώτον όροφον, ο οποίος μπορεί να επιπλωθεί πολύ άνετα και να προσφέρει άνετο χώρο στους σταυλίτες και τους υπηρέτες της αυλής. Από την πλατεία ανάμεσα στους σταύλους και το αμαξοστάσιο μία στεγασμένη δίοδος με θύρα και μία κλίμαξ οδηγεί στο κτήριο των ανακτόρων. Πίσω από το αμαξοστάσιον ο αμαξιτός δρόμος (υπό τα στοιχεία H., 6., 7., 8. του Πίν. ΙΙΙ. σχέδιο 1.) πάνω σε ένα κεκλιμένο ημικυκλικό επίπεδο οδηγεί ανάμεσα σε κυπαρίσια και φοίνικες στην κυρία οδό των ανακτόρων υπό τα στοιχεία E.E.E.

Μπροστά από τα ανάκτορα (στον Πίνακα ΙΙΙ. σχέδιο h.) στην ανατολική τους πλευρά τοποθετούνται τα δύο απομονωμένα κτήρια υπό τα στοιχεία b. και c. που στεγάζουν τη φρουρά και το παρεκκλήσιο των ανακτόρων. Θεωρήσαμε αφ' ενός μεν λόγω της χρήσης τους αφ' ετέρου δε του ιδιαιτέρου χαρακτήρος και του ρυθμού των ανακτόρων ενδεδειγμένη τη στέγαση αυτών των δύο λειτουργιών σε ξεχωριστά κτήρια.

Η ανακτορική φρουρά λόγω θορύβου, οσμών κ.λπ. δεν είναι επιθυμητόν να συνδέεται άμεσα με τα διαμερίσματα [της βασιλικής κατοικίας]· εκτός τούτου είναι πάντα ευκολώτερο να επιτύχει κανείς την ιδιαίτερη και άξια ενός παρεκκλησίου εσωτερική διαρύθμιση, όταν είναι ελεύθερα διατεταγμένο στον χώρο και δεν διαμορφώνεται μέσα σε αίθουσα.

Και γι' αυτό το κτίσμα [του παρεκκλησίου] έπρεπε βέβαια να επιλεγεί ο ελληνικός αρχιτεκτονικός ρυθμός, πράγμα όμως που δεν δημιουργεί κανένα πρόβλημα στη χρήση, και τούτο διότι στην Ελλάδα, όπου η χριστιανική λειτουργία επήρε την μορφή και την φυσιογνωμία της μέσα στους αρχαίους ναούς, αυτό δεν είναι καθόλου κάτι αταίριαστο ή σκανδαλώδες.

Ωστόσο ένας διάδρομος (υπό το στοιχείο e.) συνδέει το παρεκκλήσιο με τα ανάκτορα και συγκεκριμένα με τον προθάλαμο του βασιλικού διαμερίσματος, έτσι ώστε η χρήση του, είτε η συνηθισμένη είτε σε περίπτωση επίσημων τελετών, να είναι άνετη και η πρέπουσα. Μια παρόμοια σύνδεση (υπό το στοιχείο d.) ανάμεσα στη φρουρά των ανακτόρων και τα ίδια τα ανάκτορα μπορεί να χρησιμοποιείται και ως εστεγασμένη πρόσβαση, όταν δεν θέλει να αποβιβασθεί κανείς μπροστά στο κυρίως πρόπυλο της εισόδου (υπο το στοιχείο a.). Σ' αυτή την περίπτωση από το σημείο d. φτάνει κανείς στην κυρίως κλίμακα (υπό τα στοιχεία g.g.) ή στον προθάλαμο (υπό το στοιχείο f.) και από εκεί στο διαμέρισμα της Μεγαλειότητός του του Βασιλέως. Με το στοιχείο h. σημειώνεται το θυρωρείο· στις περιπτώσεις που οι μεγάλες αίθουσες Λ. και Μ. είναι εν χρήσει, ολόκληρος ο χώρος υπό τα στοιχεία h.h2. χρησιμοποιείται ως προθάλαμος, έτσι ώστε ο χώρος υπό το στοιχείο f. θα μπορούσε να χρησιμεύσει ως αίθουσα "des pas perdus" ανάμεσα στις αίθουσες τελετών και στο διαμέρισμα της Αυτού Μεγαλειότητος.

Το διαμέρισμα του Βασιλέως ευρίσκεται στο πολύ υπερυψωμένο ισόγειο και της Βασιλίσσης στον όροφο ακριβώς από επάνω, έτσι ώστε θα μπορούσαν να χρησιμοποιηθούν κατά βούλησιν το ένα αντί του άλλου. Η τοποθέτηση και των δύο στην ίδια πλευρά εφάνη επιβεβλημένη λόγω του ευνοϊκού ανατολικομεσημβρινού προσανατολισμού που τα πλεονεκτήματά του ανεπτύχθησαν ήδη.

Το παρεκκλήσιο εμποδίζει βέβαια εδώ την ελεύθερη θέα προς τον βορρά από μερικά παράθυρα του ισογείου αλλά αυτά τα παράθυρα ανήκουν σε προθάλαμους ή δωμάτια υπηρεσίας, τα οποία απ' αυτή την άποψη δεν χρειάζεται να ληφθούν τόσο πολύ υπ' όψιν· έπειτα, η θέα απ' αυτά παραμένει τόσον ωραία, ώστε κανένας άλλος μονάρχης της Ευρώπης δεν χαίρεται τέτοια θέα από τα παράθυρα του διαμερίσματός του.

Σε περίπτωση τέλος που αυτά τα δύο ξεχωριστά [μικρά] κτήρια δεν κτισθούν αμέσως, θα μπορούσαν αντ' αυτών στο εσωτερικό των ανακτόρων και ειδικά για τη φρουρά να επιλεγούν δωμάτια στον χώρο υπό τα στοιχεία i.i.

Το βασιλικό διαμέρισμα έχει όλα τα δωμάτια που απαιτεί το εθιμοτυπικό της αυλής. Στη μέση του ισογείου προβλέπεται προς μεσημβρίαν ένας εξώστης υπερυψωμένος 9 πόδες περίπου, ο οποίος μπορεί να χρησιμοποιηθεί ως υπαίθριος περίπατος, να κοσμηθεί με λουλούδια και να προστατευθεί από τον ήλιο με κατασκευές εν είδει σκιαδίων. Στον πρώτον όροφο επάνω από αυτόν τον εξώστη προβλέπονται εξώστες που εκτείνονται από τη μία πτέρυγα στην άλλη. Οι μικρές κλίμακες υπό τα στοιχεία l. και k. συνδέουν τους δυο αυτούς ορόφους. Η μπροστινή κλίμακα l. εξυπηρετεί τη σύνδεση των μαγειρείων της βόρειας πτέρυγας με τις τραπεζαρίες υπό το στοιχείο m. στο ισόγειο ή στον πρώτον όροφο.

Στην κλίμακα αυτή φθάνει κανείς από τον διάδρομο (υπό το στοιχείο n.), την μεγάλη κλίμακα (υπό το στοιχείο g.) και τον προθάλαμο (υπό το στοιχείο f.) και απ' αυτήν μέσα από το buffet (υπό το στοιχείο a.) στην τραπεζαρία (υπό το στοιχείο m.) Το ίδιο ισχύει και δια τον πρώτον όροφο. Τα βασιλικά αυτά διαμερίσματα έχουν δεύτερη πρόσβαση από τη μεγάλη αυλή τελετών (υπό τα στοιχεία p.p.p.p.) στο σημείο q. Η πρόσβαση αυτή οδηγεί στα δωμάτια της γραμματείας (υπό τα στοιχεία r.r.), στο ταμείο (υπό το στοιχείο s.), στην ιματιοθήκη (υπό τα στοιχεία t.t.) και μέσω της κλίμακος υπό το στοιχείο u. στον πρώτον όροφο.

Η ιματιοθήκη (υπό τα στοιχεία t.t.), το δωμάτιον ενδύσεως και τα μικρά δωμάτια πίσω από το υπνοδωμάτιον υπό το στοιχείο w. κ.λπ. έχουν ένα μεσοπάτωμα που δημιουργεί χώρους για το υπηρετικό προσωπικό κ.λπ. Η κλίμαξ υπό το στοιχείο k. συνδέει αυτούς τους ημιορόφους με τους κυρίως ορόφους.

Με χ1, χ2 και χ3 σημειώνονται οι τρεις προθάλαμοι, με y. η αίθουσα υποδοχής, με z1 και z2 τα δωμάτια εργασίας του μονάρχου, με α. η βιβλιοθήκη του, με β. ένα λουτρό και με γ. ένας μικρός φωταγωγός.

Η αυλή (υπό τα στοιχεία d.d.d.d.) που περικλείεται από τα βασιλικά αυτά διαμερίσματα και τη μία πλευρά της αίθουσας τελετών, περιβάλλεται από ένα περιστύλιο και χωρίζεται σε τρεις μικρότερες από τους μεσότοιχους ζ. και ζ., οι οποίοι όμως φτάνουν μόνο μέχρι το ύψος των κιόνων. Απ' αυτές τις αυλές η μία προορίζεται για τον Βασιλέα, η άλλη για τη μελλοντική βασίλισσα και η μεσαία είναι κοινή.

Δεν χρειάζεται να αναφέρουμε πόσο ευχάριστες είναι αυτές οι σκιερές και κλειστές χαρακτηριστικές αυλές του Νότου. Πίδακες και πορτοκαλιές τις κάνουν ακόμα πιο ευάρεστες. Το μέγεθος φθάνει για αερισμό και φωτισμό. Σύμφωνα με τη ρητή επιθυμία της Αυτού Μεγαλειότητος του Βασιλέως, στο ισόγειο προβλέπονται δύο μεγάλες αίθουσες τελετών που σημειώνονται με Λ. και Μ. αντιστοίχως και οι οποίες μπροστά έχουν έναν μεγάλο προθάλαμο και στο πίσω μέρος συνδέονται με τα βασιλικά διαμερίσματα, με μερικές βοηθητικές αίθουσες (υπό τα στοιχεία π.π.) και με τα μαγειρεία (υπό τα στοιχεία Σ.Σ.) για να εξυπηρετούνται άνετα· με φ. σημειώνεται η αυλή των μαγειρείων και με ψ. η είσοδος σ' αυτά. Αυτές οι αίθουσες έχουν ύψος δύο ορόφων και στον πρώτον όροφο περιβάλλονται από κιονοστοιχίες που εξασφαλίζουν ελεύθερη θέα από τη μία στην άλλη, καθώς και στην κλειστή αυλή τελετών, πίσω, που την κοσμούν ένας πίδαξ και φοινικιές (υπό τα στοιχεία τ. και Υ.) και η οποία περιβάλλεται από διπλή κιονοστοιχία (στο σχέδιο υπό τα στοιχεία χ.χ.).

Επιδίωξή μας ήταν οι δύο αυτές αίθουσες με τον γνήσια ελληνικό και νότιο χαρακτήρα να εξασφαλίζουν άνετη και λειτουργική χρήση, σύμφωνα με τις απαιτήσεις του ευρωπαϊκού εθιμοτυπικού. Στη βόρεια πλευρά, επειδή εδώ δεν χρειάζονται, παρελείφθησαν οι εξωτερικοί εξώστες και τα δώματα μπροστά από τα βασιλικά δωμάτια.

Οι δύο πτέρυγες που περικλείουν αυτή την αυλή τελετών είναι οργανωμένες και διατεταγμένες έτσι, ώστε να χωρίζονται ευκόλως και ποικιλοτρόπως σε ανεξάρτητα επικουρικά διαμερίσματα διαφόρων χρήσεων.

Ποικίλματα και διακόσμηση

Τα κεκλιμένα επίπεδα της πρόσβασης από την πόλη κοσμήσαμε με οκτώ αγάλματα που απεικονίζουν τους ήρωες της νεώτερης ελληνικής ιστορίας Μπότσαρη, Καραϊσκάκη, Μιαούλη, Κανάρη κ.λπ.

Στο πρώτο άνδηρο έχουν τοποθετηθεί τέσσερα έφιππα αγάλματα των ευεργετών του βασιλείου, των Μεγαλειοτάτων βασιλέων της Βαυαρίας, Γαλλίας και Αγγλίας, καθώς και του τσάρου της Ρωσίας. Στο άνω άνδηρον ετοποθετήσαμε ένα κολοσσιαίον ορειχάλκινον άγαλμα της νικήτριας Ελλάδος (βλ. Πίνακα ΙΙΙ, σχέδιο 1, στοιχείο D.) ανάμεσα στο παρεκκλήσιο και το κτήριο της ανακτορικής φρουράς, η οποία κρατά στο ένα χέρι της τον σταυρό και στο άλλο το σπαθί και μοιάζει να φρουρεί το διαμέρισμα του Βασιλέως. Στο νου μας είχαμε το κολοσσιαίο άγαλμα της Αθηνάς Προμάχου στην Ακρόπολη.

Όλα αυτά τα γλυπτά έργα όμως είναι μόνο καλλωπισμοί [εξωραϊσμοί] επουσιώδεις σε σύγκριση με το συνολικό έργο και επομένως μπορούν να εκτελεσθούν εις το μέλλον.

Μπροστά από το τεράστιο αυτό άγαλμα της Ελλάδος, το κυρίως άνδηρον περικλείεται από ένα ημικύκλιο, που στο κέντρο του προβλέπεται ένας πίδαξ περιβαλλόμενος από παρτέρια.

Το κυρίως άνδηρον που περιβάλλει τις τρεις άλλες πλευρές του ανακτόρου έχει εύρος 25 μέτρα ή 75 μετρικούς πόδες στην πρόσοψη όμως και χωρίς να συνυπολογίσουμε το ημικύκλιο [που προαναφέραμε] έχει πλάτος 60 μέτρα ή 180 πόδες. Αυτός ο χώρος επομένως φθάνει για οποιαδήποτε επιτρεπτή συρροή οχημάτων, ιππέων ή πεζών.

Οι προβλεπόμενες στις διάφορες βαθμίδες αυτού του ανδήρου μικρές φυτεύσεις μάς φαίνονται πολύ κατάλληλες για να εξάρουν με πρέποντα τρόπο την εντύπωση του όλου.

Για την εναρμόνιση του συνόλου με τον περιβάλλοντα χώρο και τον τονισμό τέλος του ελληνικού ρυθμού, στο κτήριο εχρησιμοποιήθη εξωτερικά χρώμα.

Ο χρωματισμός θα επιτευχθεί αφ' ενός μεν με τα ίδια τα οικοδομικά υλικά αφ' ετέρου με πραγματικά τεχνητά χρώματα. Έτσι, για την κατασκευή των βοηθητικών κτηρίων, των ανδήρων, του παρεκκλησίου και του κτηρίου της ανακτορικής φρουράς προτείνεται κίτρινος πωρόλιθος από τη Μουνυχία, τα Μέγαρα ή το Αγκίστρι· για το ίδιο το κτήριο των ανακτόρων όμως επρότεινα λευκό μάρμαρο από το πλησίον λατομείον της Πεντέλης που, όπως επείσθην, εύκολα μπορούσε να επαναλειτουργήσει. Εάν όμως αυτό απεδεικνύετο υπερβολικά δαπανηρό για όλο το κτήριο, θα μπορούσε να χρησιμοποιηθεί μόνο για τους κίονες και τους θριγκούς, στο υπόλοιπο δε θα μπορούσε να δοθεί ένα λευκό επίχρισμα μαρμαροκονίας, το οποίο στο κλίμα της Ελλάδος μπορεί να ανθέξει χίλια χρόνια.

Ο χρωματισμός φαίνεται καθαρά στα σχέδια, και δεν χρειάζεται να ειπωθεί γι' αυτόν παρά μόνο πως επελέγη και διετάχθη με τον τρόπο που πιστεύουμε ότι εχρησιμοποιήθη και από την [αρχαία] ελληνική αρχιτεκτονική.

Κύρια χρώματα πρέπει να παραμείνουν πάντα το κυανό και το ερυθρό, χωρίς όμως να αποκλεισθούν τελείως και τα άλλα χρώματα. Ο διάκοσμος των μεγάλων αιθουσών φαίνεται επίσης σαφώς στα σχέδια. Αφήσαμε ορατά τα κατασκευαστικά στοιχεία της οροφής, όπως συνέβαινε ασφαλώς συχνά στην ελληνική αρχιτεκτονική, όταν η κατασκευή ήταν ξύλινη – απόδειξη η ελληνική λέξη οροφή που σημαίνει και ταβάνι και στέγη. Στις παλαιοχριστιανικές εκκλησίες και βασιλικές οι οποίες, όπως έχουμε πει τόσες φορές, μας παραδίδουν αρκετά στοιχεία [αρχαιο-]ελληνικής αρχιτεκτονικής, απαντάται συχνά αυτή η διάταξη και η εντύπωση που δίνει είναι ωραιοτάτη. Εδώ η οροφή προβλέπεται από ξύλο κέδρου, διακοσμημένο με εν μέρει επιχρωματισμένα εν μέρει επιχρυσωμένα ποικίλματα, που μπορεί να το φέρει κανείς σε κάθε περίπτωση σχεδόν τόσο εύκολα από τη Γιάφφα ή τη Βηρυττό όσο και το κακής ποιότητος κυπαρισσόξυλο από την Τεργέστη. Οι ορθοστάτες των ζευκτών προβλέπονται από περιελιγμένες σιδερένιες ράβδους με επιχρυσωμένα ποικίλματα. Το αν οι κίονες της αιθούσης κατασκευασθούν από πραγματικό ή τεχνητό μάρμαρο εξαρτάται από τις συνθήκες.

Παραλείπω την εσωτερική διακόσμηση των ιδιαιτέρων διαμερισμάτων, εφιστώ μόνο την προσοχή στα προτερήματα της θέσης της τραπεζαρίας στο ισόγειο πλάι στην εσωτερική αυλή με το περιστύλιο.

Εκτέλεση [του έργου]

Είναι αυτονόητο ότι όλο αυτό το κτηριακό συγκρότημα εάν ενεκρίνετο από την Αυτού Μεγαλειότητα τον Βασιλέα της Ελλάδος και εάν απεφασίζετο η ανέγερσή του, η ολοκλήρωσή του θα απαιτούσε μια σειρά ετών και, εάν όχι δυσανάλογα και απρόσιτα, ωστόσο σημαντικά χρηματικά ποσά. Γι' αυτό τον λόγο και σύμφωνα με τις ρητές προθέσεις της Αυτού Μεγαλειότητος τις οποίες μου ανεκοίνωσε, φροντίσαμε να σχεδιασθεί έτσι ώστε να ανταποκρίνεται στις υφιστάμενες ανάγκες ακόμα και εάν εκτίζετο μόνο ένα τμήμα του και έτσι ώστε, καθώς θα μεγάλωνε με την προσθήκη ενός νέου κάθε φορά τμήματος, να δικαιώνει κάθε φορά το αρχικό σχέδιο.

Έτσι, εάν εκτίζετο το ανατολικό τμήμα και τα πρώτα δύο μέρη της βορεινής και νότιας πτέρυγος, θα επαρκούσαν ήδη πλήρως για τις ανάγκες της Αυτού Μεγαλειότητος του Βασιλέως, και για μία βασιλική σύζυγο θα εδημιουργείτο αρκετός χώρος με την προσθήκη των δύο εσωτερικών πτερύγων. Έπειτα θα μπορούσε κανείς να οικοδομήσει τη δυτική εγκάρσια πτέρυγα ή τη μεγάλη αίθουσα τελετών Λ. και τέλος να ολοκληρώσει το συγκρότημα με τις δύο οπίσθιες πτέρυγες προσθέτοντας και την περίστυλη αυλή υπό τα στοιχεία ΧΧ.

Περιγραφή των σχεδίων

Οι Πίνακες ΙΙ, ΙΙΙ, και V εξηγήθησαν ήδη σε όσα ανεπτύχθησαν. Πόσο πλούσιο σε εναλλασσόμενα σημεία γραφικών απόψεων θα ήταν το συγκρότημα αυτό, το δείχνει στον προσεκτικό παρατηρητή το σχέδιο 1. του Πίνακα ΙΙΙ.

Το σχέδιο 1. του Πίνακα ΙV είναι η γενική άποψη του συνόλου του κτηριακού συγκροτήματος από την οδό Πειραιώς. Φαίνεται το κυρίως ανάκτορο, το κτήριο της ανακτορικής φρουράς και το κολοσσιαίο άγαλμα, τα κτήρια των σταύλων και του αμαξοστασίου, το σύνολο των κεκλιμένων επιπέδων προς την πλευρά της πόλης με τον γλυπτό διάκοσμό τους και τα δύο υπουργεία.

Στο βάθος φαίνονται ο Υμηττός, η Ακρόπολη, ο λόφος του Μουσείου, ο Άρειος Πάγος, ο λόφος των Νυμφών και ο Πειραιεύς. Στο κέντρο το Θησείο και ένα μέρος του κήπου των ανακτόρων. Το σχέδιο 1. είναι η ανατολική πρόσοψη και το σχέδιο 3. η τομή κατά μήκος όλου του ανακτόρου.

Ο Πίναξ VI. είναι η προοπτική άποψη της νότιας και δυτικής πλευράς, επομένως των κυρίων πλευρών με την Ακρόπολη, τον Λυκαβηττό και στο βάθος τον Υμηττό. Βλέπει κανείς τα άνδηρα και το κεκλιμένο επίπεδο της πρόσβασης με άμαξα από την πλευρά του κήπου, καθώς και τη δυτική πρόσβαση των πεζών.

Ο Πίναξ V. παρουσιάζει την προοπτική άποψη των δύο αιθουσών τελετών. Η ελεύθερη θέα από την πρώτη προς τη δεύτερη αίθουσα, καθώς και προς τον υπαίθριο χώρο τελετών και το τοπίο προς τη μεριά του στενού της Σαλαμίνας, το οποίο βλέπει κανείς μέσα από το προστώο αυτής της αυλής τελετών, θα έδινε εδώ μία πολύ σημαντική και χαρακτηριστική εντύπωση του Νότου και του μεσημβρινού τρόπου ζωής. (...)

VI. Τεκμήρια της πολεοδομικής ιστορίας των Αθηνών κατά την περίοδον διακυβερνήσεως του Βασιλέως Όθωνος (1833-1862)

(Κείμενα εις ελληνικήν γλώσσαν). Γενικά Αρχεία του Κράτους, Αθήναι, Οθωνικόν Αρχείον, Υπουργείον των Εσωτερικών, φάκελλοι 214, 215, 220, 222. Υπουργείον Εκκλησιαστικών και Δημοσίου Εκπαιδεύσεως, φάκελλος L44 και φάκελλος σχεδίων πόλεων.

ΤΕΚΜΗΡΙΟΝ 49

Πιστοποίησις υπογεγραμμένη από τον Μητροπολίτην Αττικής, καθώς και τέσσερεις προκρίτους των Αθηνών σχετικώς με την άφιξιν και πρώιμον δραστηριότητα των Σταματίου Κλεάνθους και Eduard Schaubert εις Αθήνας. Αθήναι, 5 Ιουλίου 1836.

Γ.Α.Κ. ΟΘΩΝΙΚΟΝ ΑΡΧΕΙΟΝ, ΥΠΟΥΡΓΕΙΟΝ ΕΣΩΤΕΡΙΚΩΝ, Φάκελλος 220

Οι υπογεγραμμένοι πιστοποιώμεν, ότι οι κύριοι Κλεάνθης και Σάουβερτ έφθασαν κατά τα χίλια οκτακόσια τριάκοντα εν εις τας Αθήνας, κατά το καλοκαίρι και ότι οι κύριοι ούτοι ήρχισαν ευθύς να ασχολούνται αυθορμήτως εις τα περί του σχεδίου της πόλεως, χωρίς να λάβωσι παρ' αυτής [εδώ υπονοείται: της διοικητικής επιτροπής] καμίαν διαταγήν ούτε μέσα χρηματικά. Ταύτα ηξεύροντες ως βέβαια, εξεδώκαμεν κατ' αίτησίν των, την παρούσαν πιστοποίησιν.

Εν Αθήναις τη 5η Ιουλίου 1836
(έπονται αι υπογραφαί)

Ο Αττικής Νεόφυτος — Α. Κατράκης
Α. Γέροντας — Γ. Μεταξάς
Λούκας Πύρρος

ΤΕΚΜΗΡΙΟΝ 50

Βεβαίωσις (υπογραφή δυσανάγνωστος) των εργασιών αποτυπώσεως δια την σύνταξιν τοπογραφικού σχεδίου της υφισταμένης (παλαιάς) πόλεως των Αθηνών. Αθήναι, 10 Ιουλίου 1836.

Γ.Α.Κ. ΟΘΩΝΙΚΟΝ ΑΡΧΕΙΟΝ. ΥΠΟΥΡΓΕΙΟΝ ΕΣΩΤΕΡΙΚΩΝ, Φάκελλος 220

Πιστοποιώ ότι κατά τον Νοέμβριον του 1831, οι Κύριοι Κλεάνθης και Σάουβερτ, Αρχιτέκτονες, ήλθαν εις Αθήνας, δια να καταμετρήσουν την πόλιν και να κάμωσι σχέδιον. Αλλ' επειδή η Τουρκική Διοίκησις ήτις ευρίσκετο τότε ακόμη εις την πόλιν ταύτην δεν εσυγχωρούσεν την εις Ακρόπολιν ανάβασιν και της πόλεως την καταμέτρησιν, επί αιτήσει των εμεσίτευσα εγώ – ώστε λαβόντες την άδειαν ήρχισαν τας εργασίας των.

Τη 10η Ιουλίου 1836
Αθήναι — (υπογραφή δυσανάγνωστος)

ΤΕΚΜΗΡΙΟΝ 51

Επιστολή του Σταματίου Κλεάνθους προς τον Βασιλέα Όθωνα, Αθήναι 12 Ιουνίου 1840. Αίτησις προς αποπληρωμήν της ωφειλομένης αμοιβής δια την εκπόνησιν του σχεδίου των νέων Αθηνών.

Γ.Α.Κ. ΟΘΩΝΙΚΟΝ ΑΡΧΕΙΟΝ. ΥΠΟΥΡΓΕΙΟΝ ΕΣΩΤΕΡΙΚΩΝ, Φάκελλος 215.

Ελήφθη 23 Ιουνίου/
5 Ιουλίου 1840 — αρ. 17888

Μεγαλειότατε!

Κλεάνθης Σ.
εξαιτείται την πληρωμήν των χρημάτων του.

Η αμηχανία εις την οποίαν ευρίσκομαι σήμερον ως προς το χρηματικόν, μ' αναγκάζει να σας ενοχλήσω, υπενθυμίζων ευσεβάστως την δικαίαν υπόθεσιν του σχεδίου των Αθηνών προς υποστήριξιν της οποίας κρίνω όλως περιττόν να είπω τι· διότι οσάκις επαρουσιάσθην εις την Μεγαλειότητά σας δι' αυτήν την υπόθεσιν, ο ίδιος πάντοτε με εβεβαιώσατε ότι έχω δίκαιον.

Εκείνο δε το οποίον χρεωστώ να σας ειπώ, είναι ότι εγώ πληρώνω τόκους δι' αυτά τα χρήματα, και ότι όλοι οι τόκοι τους οποίους επλήρωσα μέχρι της σήμερον δι' αυτά, είναι περισσότεροι από τα κεφάλαια. Δια τούτο σας παρακαλώ θερμώς να μ' απαλλάξητε από την άδικον πληρωμήν αυτών των τόκων, και να μ' ευκολύνετε εις τας ιδιωτικάς μου εργολαβίας και επιχειρήσεις με την πληρωμήν αυτών των χρημάτων.

Την απόφασίν σας, Μεγαλειότατε θέλω την θεωρήσει ως ιεράν, διότι γνωρίζω πόσον είσθαι αυστηρός εις το δίκαιον, και η ψυχή σας βεβαίως δεν θέλει υποφέρει, ώστε μόνος εγώ ν' αδικηθώ.

Αθήναι την 12ην Ιουνίου 1840.

Ο ευπειθέστατος

Σ. Κλεάνθης

ΤΕΚΜΗΡΙΟΝ 52

Επιστολή του Σταματίου Κλεάνθους προς τον Βασιλέα Όθωνα, Αθήναι Οκτώβριος 1840. Αναφορά εις τας δυσκολίας τας οποίας αντιμετωπίζει ο Στ. Κλεάνθης προκειμένου να προμηθευθεί τα μάρμαρα δια τα Βασιλικά ανάκτορα.

Γ.Α.Κ. ΟΘΩΝΙΚΟΝ ΑΡΧΕΙΟΝ. ΥΠΟΥΡΓΕΙΟΝ ΕΣΩΤΕΡΙΚΩΝ, Φάκελλος 215

Ελήφθη 5/17 Νοεμβρίου 1840 αρ. 1933

Μεγαλειότατε!

Η εργολαβία των μαρμάρων δια τα Β. Ανακτόρια, την οποίαν εδέχθην να εκτελέσω εις προσδιωρισμένον καιρόν, με έφεραν εις την εσχάτην απελπισίαν. Η τελευταία στάσις των μαστόρων είναι γνωστή ήδη εις το αυλαρχείον· προήλθε, Μεγαλειότατε, διότι δεν ηδυνήθην να τους πληρώσω δύω κατά συνέχειαν εβδομάδας· αλλά χάρις εις τον Κύριον Αυλάρχην, όστις πληροφορηθείς τον κίνδυνον της παντελούς παύσεως των εργασιών εις Πεντέλην, έσπευσε να με προφθάση με πέντε χιλιάδας δραχμάς, δια των οποίων ηδυνήθην να προλάβω το κακόν, το οποίον ήθελε επιφέρει σημαντικήν βλάβην και εις την πρόοδον των Β. Ανακτορίων.

Η μεγάλη αυτή δυσπιστία προέρχεται Μεγαλειότατε, διότι όλοι φρονούν (και φρονούν δικαίως) ότι εγώ θέλω ζημιωθή εις την εργολαβίαν ταύτην, ως και ο προκάτοχός μου, και προς ασφάλισίν των απαιτούν να πληρώνωνται τακτικώς εις το τέλος εκάστης εβδομάδος. Δια να τους πληρώνω λοιπόν τακτικώς, ηναγκάσθην να δανεισθώ τριάκοντα χιλιάδας δραχμάς, δια τας οποίας πληρώνω τόκους, ως είναι γνωστόν εις το Αυλαρχείον, το οποίον γνωρίζη ακριβώς την κατάστασιν της εργολαβίας. Όθεν δια να μην οπισθοδρομήση η πρόοδος των Ανακτορίων απαιτείται αναγκαίως να υποστηριχθή η εργολαβία των μαρμάρων. Το μόνον μέσον της υποστηρίξεως είνε τα άφθονα χρηματικά μέσα.

Εδανείσθην ως προείπον 30.000 δραχμάς, ήθελον δανεισθή ευχαρίστως και όσα άλλα χρήματα ήθελον χρειασθή δια την αποπεράτωσιν της εργολαβίας ταύτης, αλλά κατά δυστυχίαν δεν ευρίσκω, διότι όλοι νομίζουν ότι θέλω ζημιωθή εις την επιχείρισίν μου ταύτην. Άλλο καταφύγιον λοιπόν δεν μου μένει, παρά να παρακαλέσω θερμώς την Μεγαλειότητά σας, να διατάξητε να με πληρωθώσι τα χρήματα του σχεδίου της πόλεως των Αθηνών, τα οποία στερούμαι ήδη οκτώ ολόκληρα έτη, και δια τα οποία επλήρωσα τόκους υπέρ τα 12.000 δραχμάς.

Προς υπεράσπισιν δε ταύτης της υποθέσεως δεν λέγω, Μεγαλειότατε, τίποτα, διότι, αφού αναγνώσατε όλα τα έγγραφα της υποθέσεως ταύτης, με εβεβαιώσατε πολλάκις ο ίδιος ότι έχω δίκαιον· διό σας παρακαλώ θερμώς να μην υποφέρετε, να στενοχωρούμαι εις τόσον βαθμόν εις την εργολαβίαν ταύτην, την οποίαν εδέχθην από μόνην την φιλοτιμίαν μου δια την πρόοδον των Ανακτορίων.

Αθήναι την 29 Οκτωβρίου 1840

Ο ευπειθέστατος

Σ. Κλεάνθης

ΤΕΚΜΗΡΙΟΝ 53

Σχέδιον Βασιλικού Διατάγματος της 25 Ιουνίου/7 Ιουλίου 1843 "περί επεκτάσεως του σχεδίου της πόλεως προς την βορειοανατολικήν πλευράν των ανακτόρων".

Γ.Α.Κ. ΟΘΩΝΙΚΟΝ ΑΡΧΕΙΟΝ. ΥΠΟΥΡΓΕΙΟΝ ΕΣΩΤΕΡΙΚΩΝ, Φάκελλος 214

Προς την επί των Εσωτερικών Γραμματείαν
Περί επεκτάσεως του σχεδίου της πόλεως
προς την βορειοανατολικήν πλευράν των ανακτόρων

Όθων κ.τ.λ.

Λαβόντες υπ' όψιν το από 18/30 Αυγούστου 1834 Ημέτερον Διάταγμα ως και την από 27 Μαΐου ε. ε. πράξιν του δημοτικού Συμβουλίου Αθηναίων, επί τη υπ' Αρ. 7905 προτάσει της Ημετέρας επί των Εσωτερικών Γραμματείας, αποφασίσαμεν και διατάσσομεν:

Α. Εγκρίνομεν να επεκταθή το σχέδιον της πόλεως προς την βορειοανατολικήν πλευράν των Ημετέρων νέων ανακτόρων κατά το επισυναπτόμενον και εγκριθέν παρ' Ημών σχέδιον, το συνταχθέν υπό του παρέδρου αρχιτέκτονος Χάνσεν. Επιτρέπομεν επομένως να ανεγερθή μία μόνη αγροτική οικία κατά την αριστεράν πλευράν της αγούσης εις Κηφισσιάν οδού υπό τους εξής όρους:

1ον. Εκάστη οικοδομή θέλει έχει δύω πατώματα με υπόγειον ύψους 12 μέχρι 13 β[ασιλικών] πήχεων και πλάτους προσώπου από 15 μέχρι 25, τα δε σχέδια των οικοδομών τούτων θέλουν υποβάλλεσθαι εις την έγκρισιν του αρχιτέκτονος της πόλεως, όστις υποχρεούται να συμμορφωθή ως προς την εργασίαν του ταύτην με τας επί τούτω δοθησομένας εις αυτόν οδηγίας της επί των Εσωτερικών Γραμματείας.

2ον. Εκάστη οικοδομή πρέπει να απέχη της παρακειμένης 6 β[ασιλικούς] πήχεις τουλάχιστον. Το δε κενόν τούτο θέλει περιφράττεσθαι δια τοίχων ύψους ενός και ενός τρίτου β[ασιλικών] πήχεων, ανωτέρω δε του ύψους τούτου θέλουν τίθεσθαι κιγκλίδες. Επιτρέπεται δε να κατασκευάζωνται εις τα κενά ταύτα και θύραι των προαυλίων.

Β. Επιτρέπεται ωσαύτως ανέγερσις οικιών και κατά την εγκαρσίαν γραμμήν της ρηθείσης οδού, την φερομένην επί του σχεδίου υπό τα στοιχεία Δ.Ε., υπό τον όρον του να ανεγείρωνται συνεχείς και η μία με την άλλην, σχηματίζουσαι δε απέναντι αυτών επί της οδού κήπους δεκαέξ β[ασιλικών] πήχεων πλάτους, περιπεφραγμένους με χαμηλά τείχη και κιγκλίδας.

Γ. Επιτρέπεται ανέγερσις αστικών οικοδομών επί του πολυγώνου υπό το Στοιχείον Ω. Τα σχέδια των οικοδομών τούτων πρέπει να υποβάλλωνται εις την έγκρισιν της επί των Εσωτερικών Γραμματείας.

Δ. Όπου τα όρια των γηπέδων και χωραφίων σχηματίζουσι επί των περί ων πρόκειται οδών οξείας ή αμβλείας γωνίας θέλει ενεργείσθαι η μεταρρύθμισις των ορίων κατά τα Άρθρα 2 ως εκ του από 4/21 Απριλ. 1836 περί εκτελέσως του σχεδίου των Αθηνών Διατάγματος. Εις την Ημετέραν επί των Εσωτερικών Γραμματείαν ανατίθεται η εκτέλεσις και δημοσίευσις του παρόντος Διατάγματος.

Εν Αθήναις τη (...) 1843

(άνευ υπογραφής)

ΤΕΚΜΗΡΙΟΝ 54

Πρότασις δύο αγνώστων αρχιτεκτόνων (υπογραφή δυσανάγνωστος) προς το υπουργικόν συμβούλιον "περί ανεγέρσεως δημοσίων καταστημάτων". Αθήναι, 30 Ιουνίου 1844.

Γ.Α.Κ. ΟΘΩΝΙΚΟΝ ΑΡΧΕΙΟΝ. ΥΠΟΥΡΓΕΙΟΝ ΕΣΩΤΕΡΙΚΩΝ, Φάκελλος Σχεδίων Πόλεων

Προς το σεβαστόν Υπουργείον
των Εσωτερικών και
το σεβαστόν υπουργικόν Συμβούλιον.

Πρότασις
περί ανεγέρσεως Δημοσίων καταστημάτων
δια τα υπουργεία και το ελεγκτικόν
Συνέδριον, και περί εξοικονομήσεως
των ήδη πασχόντων κτιστών κλπ. εργατών.

Όλοι σχεδόν οι κατοικούντες εις την πρωτεύουσαν ταύτην κτίσται, ξυλουργοί, λεπτουργοί, ασβεστοποιοί, λιθοτόμοι και λοιποί εργάται, πάσχουν ελεεινώς, και στερούνται αι οικογένειαι αυτών του επιουσίου άρτου, μη δυνάμενοι να μετέλθωσι το έργον των εξαιτίας των σημερινών περιστάσεων.

Άλλοτε εκτίζοντο κατ' έτος εις την πόλιν ταύτην από 100 μέχρι 200 οικοδομών· εφέτος ουδέ μία εκτίσθη.

Εάν δεν δοθή άμεσος και ταχύς πόρος ζωής εις τους ειρημένους πάσχοντας εργάτας, η απελπισία είναι εγγύς να καταλάβη αυτούς. Πρόχειρος θεραπεία άλλη δεν νομίζομεν να υπάρχη επί του παρόντος, ειμή μόνον το να αρχίση η σεβαστή Κυβέρνησις να οικοδομήση τα Δημόσια Καταστήματά της δια τα υπουργεία, και τα Αρχεία με το ελεγκτικόν Συνέδριον και δι' αυτών να δώση εις τους ανωτέρω εργάτας εργασίαν δια να πορίζωνται τον άρτον των.

Εις καμμίαν άλλην εποχήν δεν θα εύρη η σεβαστή Κυβέρνησις την ευκολίαν να οικοδομήση με τόσον μικράν τιμήν, ως την σήμερον, τα ανωτέρω καταστήματα· οι τεχνίται εργάζονται μόνον δια να κερδίσουν τον άρτον της οικογενείας· ο άσβεστος, οι λίθοι, η άμμος, τα οικόπεδα κλπ. είναι υπέρ το εν τρίτον ολιγότερον της περυσινής τιμής.

Οι υποφαινόμενοι αρχιτέκτονες της πόλεως ταύτης, επιθυμούντες να συντρέξωμεν τους ανωτέρω εργάτας εις την δυστυχή ταύτην εποχήν, προτείνομεν ευσεβάστως να ευαρεστηθή να εγκρίνη όσον τάχος την ανέγερσιν των ανωτέρω Δημοσίων καταστημάτων και να εκθέση την εργολαβίαν των εις μειοδοσίαν η σεβαστή Κυβέρνησις. Δυνάμεθα δε να την βεβαιώσωμεν ότι αι προσφοραί θέλουν ήσθαι μετριόταται και το έργον θέλη γίνη ευτελές, διότι ο κύριος σκοπός μας δεν είναι η απολαβή αλλ' η χορήγησις εργασίας εις τους πάσχοντας τεχνίτας. Προς πλειοτέραν ευκολίαν της σεβαστής Κυβερνήσεως, αι πληρωμαί προς τους εργολάβους δύνανται να συμφωνηθώσι με τινας διορίας, καθώς ακόμη και η πληρωμή των οικοπέδων.

Οικόπεδον μεγάλης εκτάσεως, κατάλληλον δια τοιαύτας οικοδομάς, απεχούσας από ιδιωτικάς οικίας, από κινδύνους πυρκαϊάς, εις θέσιν υγιά και λαμπράν, μεσημβρινόν, και προ πάντων εις πολλά μετρίαν τιμήν, δεν νομίζομεν άλλο παρά το κείμενον άντικρυ της βορείου πλευράς των νέων ανακτόρων, ως φαίνεται εις το επισυνημμένον σχέδιον· όλον το οικόπεδον τούτο, ή το ήμισυ μόνον, αρκεί δια τας οικοδομάς, αυλάς και κήπον των ειρημένων καταστημάτων.

Επληροφορήθημεν ότι προ χρόνων υπάρχουν εις το υπουργείον των Εσωτερικών αι πληροφορίαι εκάστου υπουργείου περί σχεδίου και διαιρέσως εκάστου καταστήματος, ώστε είναι εύκολον εντός ολίγων ημερών να γενή από την σεβαστήν Κυβέρνησιν το οριστικόν σχέδιον αυτών, και να τεθή η εργολαβία εις μειοδοσίαν υπό τους όρους των συμφωνιών τους οποίους ήθελε κρίνη προσφοροτέρους προς επιτυχίαν του περί ου ο λόγος σκοπού.

Οι υποφαινόμενοι δυνάμεθα να αναδεχθώμεν την εργολαβίαν ιδιαιτέρως και άνευ μειοδοσίας, εάν εγκριθή από την σεβαστήν Κυβέρνησιν, και να χορηγήσωμεν ευκολίας εις τας πληρωμάς της οικοδομής και του οικοπέδου, πληροτέρας παρά πάντα άλλον, και με τας εκ μέρους μας αναγκαίας εγγυήσεις, αρκεί μόνον να μη βραδύνη η έναρξις του έργου και να προσκαλέση ημάς δια να λάβωμεν γνώσιν του σχεδίου των οικοδομών και των όρων των συμφωνιών της εργολαβίας.

Όσον ταχύτερον αποφασίση η σεβαστή Κυβέρνησις περί του ανωτέρω αιτιωμένου, τόσον ταχύτερα θεραπεύει και την οικτράν κατάστασιν των δυστυχούντων κτιστών και λοιπών βιομηχάνων.

Ευπειθέστατοι αρχιτέκτονες
(Δύο υπογραφές δυσανάγνωστες)

Αθήναι την 30 Ιουνίου 1844

ΤΕΚΜΗΡΙΟΝ 55

΄Εκθεσις του Υπουργείου Εκκλησιαστικών και της Δημοσίου Εκπαιδεύσεως προς τον Βασιλέα ΄Οθωνα (ημερομηνία δυσανάγνωστος, ωστόσον 184...) "περί αγοράς και του λοιπού ημίσεως του θεάτρου του Διονύσου".

Γ.Α.Κ. ΟΘΩΝΙΚΟΝ ΑΡΧΕΙΟΝ. ΥΠΟΥΡΓΕΙΟΝ ΠΑΙΔΕΙΑΣ,
Φάκελλος L 44
ΠΡΟΣ ΤΗΝ ΑΥΤΟΥ
ΜΕΓΑΛΕΙΟΤΗΤΑ
ΤΟΝ
ΒΑΣΙΛΕΑ

Το Υπουργείον των Εκκλησιαστικών
και της Δημοσίου Εκπαιδεύσεως
Εν Αθήναις τη (...) 184(...)
Περί αγοράς και του λοιπού ημίσεως του θεάτρου του Διονύσου κ.τλ.

Μεγαλειότατε,

Το εμβαδόν του Διονυσιακού θεάτρου ανήκει το μεν ήμισυ εις τον υποστράτηγον Μακρυγιάννην, όστις απεζημιώθη το 1839 δια του υπ' αριθ. 3480 Διατάγματος, το δε άλλο ήμισυ ανήκει εις τον Παναγήν Πανταζή, το δε Βόρειον μέρος του θεάτρου ανήκει εις τον Υδραίον Βασίλειον Ν. Αργαστηριάρην. Αμφότεροι ούτοι ανεφέρθησαν εις το Υπουργείον τούτο πολλάκις και κατά διαφόρους χρόνους, ζητούντες ή να αποζημιωθώσιν ή να τοις συγχωρηθή να οικοδομήσωσιν επί των τόπων τούτων. Το Υπουργείον θεωρούν ότι το να τοις συγχωρηθή να οικοδομήσωσιν επί των μερών τούτων, τούτο ουχί μόνον αντιβαίνει εις το σχέδιον της Πόλεως εις ο προσδιωρίσθησαν τα μέρη ταύτα δι' ανασκαφάς και πλατείας των αρχαιοτήτων, αλλά και αι αρχαιότητες αυταί θέλουσιν κατακαλυφθή και σκιασθή από τα νέα οικοδομήματα· δια να αποφύγη λοιπόν το δημόσιον του να δικάζεται μετά των ιδιοκτητών τούτων, και δια να φυλαχθώσιν αι αρχαιότητες, ενόμισεν αρμοδιώτερον και επροτίμησε ίνα καταμετρηθή το χωράφιον του Αργαστηριάρη από τον Αρχιτέκτονα, διότι το του θεάτρου του Διονύσου είχε μετρηθή κατά το 1838 από τον αρχιτέκτονα Σχιάουβερτ και διωρίσθη ο συνταγματάρχης Μανιτάκης, ο έφορος των αρχαιοτήτων και ο αρχιτέκτων της πόλεως να εκτιμήσωσι την αξίαν των χωραφίων τούτων, οίτινες επελθόντες επιτοπίως, εκτίμησαν ευσυνειδότως, το μεν επί του θεάτρου, συγκείμενον εκ πήχεων τεκτονικών χιλίων πεντακοσίων εξήκοντα έξι, ανά ημίσειαν δραχμήν δι' έκαστον πήχυν· το δε του Αργαστηριάρη το οποίον σύγκειται εκ πέντε χιιάδων πήχεων περίπου το Υπουργείον έκρινεν αναγκαίον να λάβη δια το τρέχον έτος πήχεις 3173, διότι έχει ν' αποζημιώση και άλλους Ιδιοκτήτας εκ της όλης πιστώσεως του Κεφαλαίου των εννέα χιλιάδων δραχμών προσδιορισμένου δι' αγοράν τόπων πλησίων των σωζωμένων αρχαιοτήτων. Το χωράφιον λέγω τούτο ετιμήθη από την ρηθείσαν Επιτροπήν ανά λεπτά 55 έκαστος πήχυς.

Ο υποφαινόμενος θεωρών ότι τα μέρη ταύτα είναι αναγκαία ν' αγορασθώσιν δια τας αρχαιότητας, θεωρών ότι αι προσδιορισθείσαι τιμαί είναι μετριώταται, τολμώ να επικαλεσθώ την έγκρισιν του σχεδίου του παρόντος Διατάγματος.

Υποσημειούμαι βαθυσεβάστως Της Υμετέρας Μεγαλειότητος ευπειθέστατος υπήκοος και πιστότατος θεράπων.

Ο Επί των Εκκλησιαστικών κ.τ.λ. Υπουργός
(Υπογραφή δυσανάγνωστος)

ΤΕΚΜΗΡΙΟΝ 56

΄Εκθεσις του υπουργού των Εσωτερικών προς τον Βασιλέα ΄Οθωνα. Αθήναι τη 1η Δεκεμβρίου 1850 "περί του γενικού σχεδίου της Πρωτευούσης".

Γ.Α.Κ. ΟΘΩΝΙΚΟΝ ΑΡΧΕΙΟΝ. ΥΠΟΥΡΓΕΙΟΝ ΕΣΩΤΕΡΙΚΩΝ,
Φάκελλος 215

Αθήναι τη α' Δεκεμβρίου 1850
Περί του Γεν. σχεδίου της Πρωτευούσης

Βασιλεύ!

Λαμβάνω την τιμήν να θέσω υπ' όψιν της Μεγαλειότητός Σας το Γενικόν σχέδιον της Πρωτευούσης, το οποίον δια τους εν τη συνημμένη εκθέσει διαλαμβανομένους λόγους μοι φαίνεται εύλογον να δημοσιευθή δια της χαλκογραφίας. Εις το σχέδιον τούτο, η έλλειψις του οποίου πολλά και πολυειδή επέφερε και επιφέρει άτοπα, εσημειώθησαν διάφοροι τροποποιήσεις, το κατάλληλον των οποίων επιφυλάττομαι να καταδείξω εις την Υ. Μεγαλειότητα δι' ειδικών προτάσεων υποβληθησομένων εκ διαλειμμάτων.

Της Υμετέρας Μεγαλειότητος
ευπειθέστατος και πιστός θεράπων

Ο Υπουργός των Εσωτερικών
(υπογραφή δυσανάγνωστος)

Αθήναι τη 30 Νοεμβρίου 1850

Κύριε Υπουργέ,

Η εφαρμογή του σχεδίου της Πρωτευούσης απαντά προσκόμματα και παρουσιάζει άτοπά τινα, τα οποία κρίνω χρέος μου να θέσω υπ' όψιν Σας δια της παρούσης εκθέσεώς μου, όπως υφ' ώριμον σκέψιν λαμβάνοντες αυτά επιφέρητε την ανήκουσαν θεραπείαν.

Και άλλοτε, Κύριε Υπουργέ, έλαβον την τιμήν να Σας αναφέρω ότι σύνολον σχεδίου κανονίζοντος γενικώς τας οικοδομικάς γραμμάς εις Αθήνας δεν υπάρχει. Το αρχικόν σχέδιον της πόλεως ταύτης το συνταχθέν υπό των αρχιτεκτόνων Σάουμπερτ και Κλεάνθους και εγκριθέν διά του από 29 Ιουνίου 1833 Β. Διατάγματος εθεωρήθη ακατάλληλον άμα μετά την εις Αθήνας μετάθεσιν της Κυβερνήσεως, διο και αντεκατεστάθη βαθμηδόν δια τεσσάρων άλλων τμηματικών σχεδίων επονομαζομένων του Κλέντζε, του Βάιλερ, του Στάουφερτ και του Χοχ, έκαστον εκ των οποίων κανονίζει την οικοδομικήν γραμμήν ενός τμήματος της πόλεως ταύτης.

Εκ της καταργήσεως όμως του γενικού σχεδίου και της αντικαταστάσεως αυτού δια τεσσάρων άλλων τμηματικών, ως εκ της σπουδής μεθ' ης ενηργήθη η ειρημένη αντικατάστασις, προέκυψεν αοριστία και αμφιβολία της οικοδομικής γραμμής εις διάφορα μέρη της πόλεως, ιδίως δε εις εκείνα ένθα γίνεται η συνοχή των τμηματικών σχεδίων, διότι που μεν αποκλείονται παλαιαί οδοί διακοπτομένης ούτω της συγκοινωνίας των επί των οδών τούτων υφισταμένων οικιών, που δε η ένωσις της γραμμής του ενός μετά της γραμμής του ετέρου σχεδίου ή μένει αόριστος και κανονίζεται κατά το δοκούν τού επί της εφαρμογής του σχεδίου Μηχανικού, ή γίνεται ακαταλλήλως ώστε και αμορφίαι και αυθαιρεσίαι έλαβον χώραν εν αγνοία του Υπουργείου.

Εις τ' ανωτέρω άτοπα, τα πηγάζοντα εκ της μη υπάρξεως γενικού σχεδίου της πόλεως ταύτης, προστίθενται και τινα άλλα τα οποία επέφεραν εξ ενός μεν η ανέγερσις οικιών εις μέρη όπου δεν υπήρχον εγκεκριμέναι οικοδομικαί γραμμαί (συνοικία της Νεαπόλεως, του Πανεπιστημίου κ.λπ.) εξ άλλου δε αι κατά καιρούς επενεχθείσαι εις τα τμηματικά σχέδια μεταβολαί, αίτινες μη περιβληθείσαι εισέτι με την έγκρισιν Της Α.Μ. δεν ασφαλίζουσι δεόντως τους ιδιοκτήτας. Τοιαύται μεταβολαί ιδίως είναι:

α) Η διαπλάτυνσις της οδού του Βουλεβαρίου εις 30 Β[ασιλικούς] πήχεις.

β) Η κατ' ευθείαν γραμμήν παρέκτασις της Αιολικής οδού μέχρι Πατησσίων (επί του εγκεκριμένου σχεδίου του Κλέντζε το μεν πλάτος της οδού Βουλεβαρίου προσδιορίζεται εις 13 βασιλικούς πήχεις, η δε Αιολική απολήγει εις προς την του Σταδίου).

γ) Η τροποποίησις της ευθυγραμμίας κατά την θέσιν του Θεάτρου οικοδομηθέντος επί οικοπέδου μη προσδιοριζομένου προς τοιούτον σκοπόν.

δ) Η διατήρησις παλαιών τινων εκκλησιών, αι οποίαι κατά τα εγκεκριμένα σχέδια έπρεπε να κατεδαφισθώσι.

ε) Η κατά συνέπειαν της διατηρήσεως των εκκλησιών τούτων διαπλάτυνσις των περί αυτών μικρών Πλατειών, και

στ) άλλαι διάφοροι τροποποιήσεις παραλειπόμεναι ενταύθα συντομίας χάριν.

Αι ανωτέρω ελλείψεις και άτοπα ως και η αναβολή της θεραπείας αυτών επέφερον και επιφέρουν ολονέν παράπονα εκ μέρους των ιδιοκτητών, οι οποίοι παρεμποδίζονται να διαθέσωσιν οπωσδήποτε τα οικόπεδά των, ελπίζοντες να ίδωσι πραγματοποιουμένας τας μνησθείσας μεταβολάς, το κατάλληλον των οποίων παρ' ουδενός διαφιλονικείται.

Τα παράπονα ταύτα ηνάγκασαν τον κατά το 1845 επί των Εσωτερικών Υπουργόν να ενισχύση την συναρμολόγησιν των τεσσάρων τμηματικών σχεδίων και μετά την αποπεράτωσιν του Γενικού τούτου της Πρωτευούσης σχεδίου να υποβάλη αυτό εις την εξέτασιν επιτροπής συγκειμένης εκ των Μηχανικών Αντισυνταγματάρχου Σμολένιτζ, Ταγματάρχου Μανιτάκη και υπολοχαγού Κομνηνού, και εκ των Αρχιτεκτόνων Χάνσεν και Καφτανζόγλου· η Επιτροπή αύτη εφ' όσον ηδυνήθη διώρθωσε τας ελλείψεις του σχεδίου και συνεπλήρωσεν αυτό. Το γενικόν τούτο σχέδιον όπως το επεξεργάσθη η ειρημένη επιτροπή υπεβλήθη εις την ανωτάτην έγκρισιν κατά τον Φεβρουάριον π.έ. παρά του τότε επί των Εσωτερικών Υπουργού Κ. Γλαράκη, αλλ' η Αυτού Μεγαλειότης υπ' όψιν Της Οποίας έμεινεν αρκετόν καιρόν, το επέστρεψεν άνευ περαιτέρω διαταγής.

Εκ των εκτεθέντων αρκούντως πείθεσθε βεβαίως, Κύριε Υπουργέ, περί της ανάγκης του να υπάρχη εν γενικόν σχέδιον, κανονίζον διακεκριμένως τας γραμμάς κατά τας οποίας πρέπει να οικοδομώσιν ενταύθα. Προσθέτω δ' ευπειθώς ότι το συμφέρον της υπηρεσίας και αυτό ακόμη των πολιτών απαιτεί ώστε το σχέδιον τούτο ούτω πεπληρωμένον και ωρισμένον να δημοσιευθή δια της χαλκογραφίας.

Δεν Σας λανθάνει, Κύριε Υπουργέ, ότι τα σχέδια των πόλεων καθιερούσιν σημαντικά των πολιτών συμφέροντα και ότι επί τη βάσει αυτών λαμβάνουσι χώραν αι των οικοπέδων αγοραπωλησίαι. Έκαστος επομένως έχει συμφέρον να γνωρίζη επισήμως την θέσιν του γηπέδου του σχετικώς προς τας παρακειμένας οδούς και πλατείας. Εκτός τούτου, εκ πείρας γνωρίζετε την υποχρέωσιν εις ην ευρίσκεται εκάστοτε το Υπουργείον να χορηγή εις τους πολίτας, επί προδικαστικαίς αποφάσεσι, αποσπάσματα εκ των εγκεκριμένων σχεδίων προς υποστήριξιν των αξιώσεών των ενώπιον των δικαστηρίων και ότι η εκπλήρωσις του καθήκοντος τούτου αρκούντως απασχολεί το αρμόδιον Τμήμα του οποίου προΐστασθε Υπουργείου.

Ούτως εχόντων των πραγμάτων και προς αποφυγήν των ανωτέρω ατόπων, εφάνη εύλογον να συνταχθή το μνησθέν σχέδιον εις κατάλληλον προς δημοσίευσιν κλίμακα. Αλλ' η πραγματοποίησις του κοινωφελούς τούτου σκοπού απαιτεί προηγουμένως την ειδικήν έγκρισιν των μεταβολών τας οποίας υπέδειξεν η επί της συμπληρώσεως του σχεδίου Επιτροπή και αίτινες διελήφθησαν εις το δημοσιευθησόμενον σχέδιον. Φρονώ μάλιστα ότι η Α. Μ. ήθελεν εγκρίνη το εις Αυτήν υπό του κυρίου Κ. Γλαράκη υποβληθέν Γενικόν Σχέδιον της πόλεως εάν δι' ειδικών προτάσεων είχε προκαλέσει την παραδοχήν των μεταβολών, διότι επί του γενικού σχεδίου, ως εκ της σμικρότητος της κλίμακος αυτού, δυσκόλως δύναταί τις να εννοήση το κατάλληλον αυτών. Εν τούτοις εγένετο ήδη αρχή της δι' ειδικών προτάσεων εγκρίσεως των προκειμένων μεταβολών, παραδεχθείσης υπό μεν της Α. Μ. του Βασιλέως της μεταρρυθμίσεως της Πλατείας της Αγίας Ειρήνης, υπό δε της Α. Μ. της Βασιλίσσης της αφορώσης την Πλατείαν του εγειρομένου Δημοτικού Ναού. Προς συμπλήρωσιν του έργου τούτου απολείπεται και η παραδοχή και άλλων τινών μεταβολών, εξ ων αι κυριώτεραι εισίν:

α) η έγερσις οικοδομικής γραμμής εις το προάστιον η Νεάπολις, όπου ένεκα ελλείψεως τοιαύτης ηγέρθησαν δυστυχώς πολλαί οικίαι με αταξίαν.

β) Η έγκρισις της περί το Πανεπιστήμιον οικοδομικής γραμμής, όπου μολονότι οικοδομούνται αρκεταί οικίαι επί ευθυγραμμίας, δεν υπάρχει τοιαύτη καθιερωμένη δια βασιλικής αποφάσεως.

γ) Η εις τετράγωνον σχήμα μεταβολή της κυκλικής Πλατείας του Όθωνος.

δ) Η παρέκτασις της οδού των Παλαιών Ανακτόρων μέχρι της οδού Αιόλου, ως άλλαι διάφοροι παραλειπόμεναι συντομίας χάριν.

Ευπειθέστατος
ο επί των δημοσίων έργων Εισηγητής
Εμμανουήλ Μανιτάκης
Ταγματάρχης

ΤΕΚΜΗΡΙΟΝ 57

Έκθεσις του υπουργού των Εσωτερικών προς τον Βασιλέα Όθωνα· Αθήναι τη 28η Νοεμβρίου 1853 "περί επεκτάσεως του σχεδίου της Πόλεως Αθηνών".

Γ.Α.Κ. ΟΘΩΝΙΚΟΝ ΑΡΧΕΙΟΝ. ΥΠΟΥΡΓΕΙΟΝ ΕΣΩΤΕΡΙΚΩΝ, Φάκελλος 215.

Εν Αθήναις την 28 Νοεμβρίου 1853

Περί επεκτάσεως του σχεδίου της Πόλεως Αθηνών

Μεγαλειότατε!

Το αρχικόν και γενικόν σχέδιον της πόλεως Αθηνών, το συνταχθέν υπό των Αρχιτεκτόνων Σάουμπερτ και Κλεάνθους και εγκριθέν δια του από 29 Ιουνίου 1833 Β. Διατάγματος εθεωρήθη απ' αρχής ακατάλληλον και ένεκα τούτου αντεκατεστάθη βαθμηδόν δια τεσσάρων άλλων τμηματικών σχεδίων.

Το πρώτον εκ των σχεδίων τούτων, το συνταχθέν υπό του Βαυαρού συμβούλου Κ. Κλέντζε και εγκριθέν δια του από 18 Σεπτεμβρίου 1834 Β. Διατάγματος, τροποποιεί το αρχικόν σχέδιον ως προς την ευθυγραμμίαν της νέας πόλεως, ανοιγομένων εντός της παλαιάς τεσσάρων μόνο μεγάλων οδών, του Ερμού, του Αιόλου, της Αθηνάς και του Αρείου Πάγου.

Το δεύτερον το συνταχθέν υπό του Μηχανικού Γ. Βάιλερ και εγκριθέν δια του από 28 Φεβρουαρίου 1835 Β. Διατάγματος, ρυθμίζει το βόρειον μέρος της παλαιάς πόλεως μέχρι της οδού του Αδριανού. Το τρίτον το συνταχθέν υπό του Αρχιτέκτονος Στάουφερτ και εγκριθέν δια του από 11 Νοεμβρίου 1836 Β. Διατάγματος, προσδιορίζει την οικοδομικήν γραμμήν εις το κατωφερές μέρος της Ακροπόλεως, το οποίον κατά το αρχικόν σχέδιον επεφυλάσσετο ελεύθερον οικοδομής προς ανασκαφήν.

Το τέταρτον και τελευταίον, το συνταχθέν υπό του Μηχανικού Κ. Χοχ, και εγκριθέν δια του από 29 Μαΐου 1837 Β. Διατάγματος, τροποποιεί την ευθυγραμμίαν του πρώτου εκ των ανωτέρω τμηματικών σχεδίων πλησίον των Ανακτόρων.

Εκ των τροποποιήσεων τούτων, αίτινες έλαβον χώραν κατά διαφόρους εποχάς, και εκ της σπουδής μεθ' ης ενηργήθησαν, προέκυψεν αοριστία και αμφιβολία της οικοδομικής γραμμής εις διάφορα μέρη του σχεδίου, ιδίως δε εις εκείνα όπου συνέχονται τα τμηματικά σχέδια, διότι που μεν αποκλείονται παλαιαί οδοί διακοπτομένης της συγκοινωνίας, που δε η ένωσις της μιας ευθυγραμμίας με την άλλην ή μένει αόριστος και κανονίζεται κατ' αρέσκειαν από τους κατά καιρόν Αρχιτέκτονας ή ενεργώνται ακαταλλήλως, ώστε και δυσμορφίαν και δυσκολίαν εις την συγκοινωνίαν φέρει.

Παρά τας ελλείψεις ταύτας του σχεδίου, τοπικαί περιστάσεις πηγάζουσαι από αυτήν την ανάπτυξιν της πόλεως, έδωκαν χώραν εις μερικάς τροποποιήσεις αυτού, αίτινες μη περιβληθείσαι εισέτι με την έγκρισιν της Υμετέρας Μεγαλειότητος δεν ασφαλίζουσι δεόντως τα δικαιώματα των ιδιοκτητών. Τοιαύται ιδίως είναι η διαπλάτυνσις της πρώην οδού Βουλεβαρίου εις 30 βασιλικούς Πήχεις, η κατ' ευθείαν γραμμήν παρέκτασις της Αιολικής οδού, η τροποποίησις της γραμμής κατά την θέσιν του Θεάτρου οικοδομηθέντος επί οικοπέδου μη προσδιωρισμένου εις το σχέδιον της πόλεως προς τον σκοπόν τούτον, η διατήρησις παλαιών τινων Εκκλησιών, αι οποίαι κατά τα εγκεκριμένα σχέδια υπέκειντο εις κατεδάφισιν, η διαπλάτυνσις και ρύθμισις των περί αυτάς πλατειών, και άλλαι διάφοροι τροποποιήσεις παραλειπόμεναι ως μικρού λόγου άξιαι.

Η μετάθεσις των Ανακτόρων από το δυτικόν μέρος της πόλεως ένθα έμελλον ν' ανεγερθώσιν κατά το σχέδιον του Κυρίου Κλέντζε, προς το ανατολικόν, όπου ωκοδομήθησαν και η τάσις, την οποίαν ως εκ της μεταθέσεως ταύτης λαμβάνει η πόλις προς το Ανατολικοβόρειον μέρος μετά την ανέγερισν και του Πανεπιστημίου υπαγορεύουσι την επέκτασιν αυτού προς το μέρος τούτο.

Αι ελλείψεις αύται του σχεδίου, καθώς και η μέχρι τούδε αναβολή της εγκρίσεως των ανωτέρω μεταβολών, επέφερον απ' αρχής και εξακολουθούν να επιφέρωσι παράπονα τα οποία είχον αναγκάσει τον κατά το 1845 έτος προκάτοχόν μου να ενισχύση τον κατά την εποχήν εκείνην Αρχιτέκτονα της πόλεως υπολοχαγόν Κ. Πετμεζάν εις την περαίωσιν του έργου τής εις εν συναρμολογήσεως των τεσσάρων τμηματικών σχεδίων, το οποίον ήρξαντο οι προκάτοχοι αυτού.

Το σχέδιον τούτο μετά την αποπεράτωσίν του υπεβλήθη εις την εξέτασιν επιτροπής συγκειμένης από τους Αξιωματικούς του Μηχανικού Κ. Κους Σμολένιτζ, Μανιτάκην και Κομνηνόν και από τους Αρχιτέκτονας Κ. Κους Χάνσεν και Καυταντζόγλου. Η επιτροπή αύτη συνεπλήρωσεν εφ' όσον εδυνήθη το ανωτέρω σύνολον του σχεδίου της πόλεως Αθηνών και επέφερεν εις αυτό ουσιώδεις μεταβολάς και διορθώσεις.

Μετά δε ταύτα, ήτοι κατά το 1849 έτος υπουργούντος του Κ. Γλαράκη, υπεβλήθη εις την έγκρισιν της Υμετέρας Μεγαλειότητος. Αποσυρθέντος δε αυτού μετ' ου πολύ της υπηρεσίας, το σχέδιον επεστράφη απλώς προς το Υπουργείον προς περαιτέρω ενέργειαν. Πριν ή όμως υποβληθή εκ νέου υπ' όψιν της Υμετέρας Μεγαλειότητος, παρετηρήθη ότι, ως εκ της σμικρότητος της κλίμακος δι' ης συνετάχθη 1/2.500 ίσως δε και άλλων αιτιών, το σχέδιον τούτο δεν είχε την απαιτουμένην ακρίβειαν· όθεν επειδή η δια της λιθογραφίας δημοσίευσις τοιούτου σχεδίου μάλλον βλάβην ή ωφέλειαν ήθελε προξενήσει, εδέησε να συνταχθή έτερον δια διπλασίας κλίμακος 1:1.250 επί τεσσάρων φύλλων, όπερ οσονούπω αποπερατούται και υποβληθήσεται εις την έγκρισιν της Υ.Μ. ίνα ακολούθως λιθογραφηθή και εκποιηθή εις όφελος του δημοσίου.

Ταύτα εισί, Μεγαλειότατε, τα περί του σχεδίου της πόλεως Αθηνών διατρέξαντα.

Της Υμετέρας Μεγαλειότητος
ευπειθέστατος και πιστός θεράπων
Ο Επί των Εσωτερικών Υπουργός
(υπογραφή δυσανάγνωστος)

160

160. Το Πολυτεχνείο των Αθηνών. Αρχιτέκτων Λύσανδρος Καυταντζόγλου (αρχείο του Roger Viollet, Παρίσι).

ΤΕΚΜΗΡΙΟΝ 58

Έκθεσις του υπουργού Εσωτερικών προς τον Βασιλέα Όθωνα· Αθήναι τη 25η Μαΐου 1857 "περί του φωτισμού της πόλεως Αθηνών δια του αερίου gaz".

Γ.Α.Κ. ΟΘΩΝΙΚΟΝ ΑΡΧΕΙΟΝ. ΥΠΟΥΡΓΕΙΟΝ ΕΣΩΤΕΡΙΚΩΝ, Φάκελλος 222

Αθήνησι την 25 Μαΐου 1857

Περί του φωτισμού της πόλεως
Αθηνών δια του αερίου gaz.

Μεγαλειότατε!

Ο δήμος Αθηναίων δια συμβολαίου συναφθέντος μεταξύ αυτού και του εργολάβου κυρίου Φ. Θ. Φεράλδη, παρεχώρησεν αυτώ την εργολαβίαν φωτισμού της πόλεως δια του αερίου gaz.

Οι κυριώτεροι όροι του συμβολαίου τούτου εισίν οι εξής:

α) παραχωρείται εις τον εργολάβον το αποκλειστικόν προνόμιον τη Βασιλική εγκρίσει τού να διατηρή, διανέμη και πωλή και καθιστά οχετούς φωτιστικού αερίου υπό τας οδούς της πόλεως εν διαστήματι πεντήκοντα ετών. Παραχωρείται ωσαύτως αυτώ τη Βασιλική εγκρίσει ατέλεια παντός δημοσίου και δημοτικού φόρου επί των έξωθεν εισαχθησομένων μηχανών και εργαλείων και του υλικού των αναγκαιούντων δια την κατασκευήν του αερίου καθ' όλην την διάρκειαν του προνομίου.

β) ο εργολάβος υποχρεούται να έχη τα πάντα έτοιμα προς παραγωγήν και διάδοσιν του φωτιστικού αερίου εντός δεκαπέντε μηνών από της υπογραφής και επικυρώσεως του συμβολαίου.

γ) η τιμή του αερίου προσδιωρίσθη δια μεν τον δημόσιον και δημοτικόν φωτισμόν δι' έκαστον λαμπτήρα προς λεπτά εξ την ώραν ή λεπτά τριάκοντα το κυβικόν μέτρον, δια δε τους ιδιώτας προς λεπτά εννέα την ώραν ή λεπτά πεντήκοντα το κυβικόν μέτρον.

δ) εις την παραγωγήν του αερίου θέλει μεταχειρίζεσθαι του αυτού είδους ύλας ως εν Παρισίοις, και το αέριον θέλει είσθαι επίσης καθαρόν και υγιεινόν.

ε) να κάμη χρήσιν των τελειοτέρων μηχανών και εργαλείων ως εφευρέθησαν ή ήθελον εφευρεθή προς αποφυγήν του εκ της χρήσεως του αερίου κινδύνου και να συμμορφούται ως προς την θέσιν των καταστημάτων αυτού και την χρήσιν των υλών και μηχανών προς τας περί ασφαλείας και δημοσίου υγείας αστυνομικάς διατάξεις.

στ) τας ανασκαφάς και πάσας προς διατήρησιν και επισκευήν των εργαστηρίων και του οχετού εργασίας να μην ενεργή ει μη αδεία της αστυνομίας και επιτηρήσει του Μηχανικού του δήμου και της ανωτέρας αρχής κατά τους κανόνας της τέχνης.

Αύται εισίν αι κυριώτεραι βάσεις του ειρημένου συμβολαίου συμπληρωθέντος ως προς πολλά διά διαφόρων προσθηκών επενεχθεισών παρά του υπουργείου και δεκτών γενομένων παρά του δήμου και του εργολάβου.

Διαρκουσών των επί του προκειμένου διαπραγματεύσεων, διάφοροι προτάσεις υπεβλήθησαν εις την δημοτικήν αρχήν, αι μεν απευθείας, αι δε δια του υπουργείου, αλλ' η δημοτική αρχή βασανίσασα εφ' ικανόν αυτάς, εξήλεγξεν τας μεν ελλειπούσας εγγυήσεων, τας δε άνευ σκοπού και βάσεων ωρισμένων· και επομένως εν γνώσει του καθήκοντος και των συμφερόντων άτινα αντιπροσωπεύει, επροτίμησεν την σύνταξιν του μετά του ειρημένου εργολάβου συμβολαίου και επομένως εζητήσατο την κατά νόμον έγκρισιν της προϊσταμένης διοικητικής αρχής, την οποίαν και επροθυμοποιήθη αύτη να επιφέρη, μη έχουσα εναντίαν τινα παρατήρησιν.

Επειδή δε δυνάμει του από 19 Μαΐου τ.έ. νόμου, επετράπη η χορήγησις προνομίου και ατελείας εις τους μετά του δήμου συμφωνούντας εργολάβους δια την εισαγωγήν του δια του αερίου φωτισμού, λαμβάνω την τιμήν να υποβάλω εις την έγκρισιν της υμετέρας Μεγαλειότητος το προς τον σκοπόν τούτο συνταχθέν Β. Διάταγμα Της υμετέρας Μεγαλειότητος.

Ευπειθέστατος και πιστός θεράπων

ο επί των Εσωτερικών Υπουργός

Φ. Γ. Βούλγαρης

ΤΕΚΜΗΡΙΟΝ 59

Έκθεσις του υπουργού των Εσωτερικών προς τον Βασιλέα Όθωνα· Αθήναι τη 12η Ιουνίου 1859 "περί διορισμού επιτροπής προς καταρτισμόν οριστικού της Πρωτευούσης σχεδίου".

Γ.Α.Κ. ΟΘΩΝΙΚΟΝ ΑΡΧΕΙΟΝ. ΥΠΟΥΡΓΕΙΟΝ ΕΣΩΤΕΡΙΚΩΝ, Φάκελλος 214

Αθήναι τη 12 Ιουνίου 1859

Περί διορισμού επιτροπής προς καταρτισμόν οριστικού της Πρωτευούσης σχεδίου.

Μεγαλειότατε!

Εφαρμοζομένου βαθμηδόν του σχεδίου της Πρωτευούσης είχον χαραχθεί επί του φυσικού εδάφους αι διάφοροι οδοί κατά τας εγκεκριμένας οικοδομικάς αυτού γραμμάς, ως εκ τούτου δε προέκυψαν ουσιώδεις διαφοραί μεταξύ της οικοδομουμένης πόλεως και του εγκεκριμένου αυτής σχεδίου, αίτινες εξ ανάγκης έφερον, προϊόντος του καιρού και επεκτεινομένης της πόλεως μεγαλυτέρας έτι διαφοράς και περιπλοκάς εις τε το δημόσιον και τους πολίτας.

Δια να τεθή εν οριστικόν τέρμα εις τα καθ' εκάστην αυξάνοντα ταύτα άτοπα και προληφθή η επανάληψις αυτών εις το μέλλον, εθεώρησα καλόν να προβώ εις μίαν γενικήν και ακριβή καταμέτρησιν της ενεστώσης καταστάσεως της πόλεως, εξ ης ήθελον βεβαίως αναδειχθή, αφ' ενός μεν αι λαβούσαι χώραν παραβάσεις, αφ' ετέρου δε τα κατάλληλα μέτρα ως μέσα θεραπείας.

Εργασθέντων επομένως πέντε ανθυπασπιστών του μηχανικού και ενός γεωμέτρου επί πέντε σχεδόν μήνας υπό την διεύθυνσιν και επιτήρησιν του λοχαγού Σ. Μεταξά, έφερον εις πέρας την ολικήν καταμέτρησιν της πόλεως και την σύνδεσιν των τεσσάρων καταμετρηθέντων τμημάτων.

Εναπολείπεται όμως, Μεγαλειότατε, το σπουδαιότερον και δυσκολώτερον μέρος του έργου, ήτοι η επενεχθησομένη θεραπεία και τυχόν τροπολογία, όπως καταρτισθή κανονικόν και οριστικόν σχέδιον κατάλληλον δια την Πρωτεύουσαν του Κράτους και δυνάμενον να ανταποκριθή εις την επιθυμίαν της Κυβερνήσεως της Υμετέρας Μεγαλειότητος και τας ευχάς και ανάγκας του Δήμου και των πολιτών.

Το έργον παρουσιάζει σπουδαίας δυσκολίας, φρονεί όμως ο ευσεβάστως υποσημειούμενος ότι ανατιθέμενον εις την μελέτην και βάσανον επιτροπής, εξ αρμοδίων προσώπων συγκειμένης, θέλουσιν αρθή αι δυσκολίαι αύται και θέλει τύχη της καταλληλοτέρας λύσεως. Δια την σύστασιν τοιαύτης Επιτροπής, λαμβάνω την τιμήν να ικετεύσω Την Υ.Μ. όπως ευδοκήση να εγκρίνη τον διορισμόν αυτής, κατά το υποβαλλόμενον σχέδιον Β. Διατάγματος.

Της υμετέρας Μεγαλειότητος
Ευπειθέστατος και πιστός θεράπων
Ο επί των εσωτερικών υπουργός
(άνευ υπογραφής)

Σχέδιον βασιλικού διατάγματος
ΟΘΩΝ
ΕΛΕΩ ΘΕΟΥ
ΒΑΣΙΛΕΥΣ ΤΗΣ ΕΛΛΑΔΟΣ

Επί τη προτάσει του Ημετέρου επί των εσωτερικών υπουργού, αποφασίζομεν και διατάσσομεν:

1) Προς καταρτισμόν οριστικού σχεδίου δια την Ημετέραν πρωτεύουσαν, διορίζομεν επιτροπήν συγκειμένην εκ των Δ. Σταυρίδου συνταγματάρχου αρχηγού του μηχανικού, ως προέδρου,

του διευθυντού της διοικητικής αστυνομίας Αθηνών και Πειραιώς, Λ. Καυταντζόγλου διευθυντού του πολυτεχνείου, Β. Πετμεζάν ταγματάρχου του μηχανικού και τμηματάρχου του υπουργείου των στρατιωτικών, Γ. Σκούφου δημάρχου Αθηναίων, Ι. Σούτσου προέδρου του δημοτικού συμβουλίου Αθηναίων και Π. Κάλκου αρχιτέκτονος, ως μελών

Εισηγητήν δε ως μέλος της επιτροπής τον επί της εκτελέσεως μηχανικόν λοχαγόν Σ. Μεταξάν.

2) Τα καθήκοντα της επιτροπής ταύτης θέλουσι κανονισθή δι' υπουργικής διαταγής.

Ο Ημέτερος επί των εσωτερικών υπουργός θέλει δημοσιεύση και εκτελέση το παρόν διάταγμα.

Αθήναι τη (...) Ιουνίου 1859
(άνευ υπογραφής)

ΤΕΚΜΗΡΙΟΝ 60

Έκθεσις του υπουργού των Εσωτερικών προς τον Βασιλέα Όθωνα· Αθήναι τη 30η Ιουλίου 1859 "περί των προς ανέγερσιν δημοσίων και δημοτικών καταστημάτων αναγκαιούντων οικοπέδων".

Γ.Α.Κ. ΟΘΩΝΙΚΟΝ ΑΡΧΕΙΟΝ. ΥΠΟΥΡΓΕΙΟΝ ΕΣΩΤΕΡΙΚΩΝ, Φάκελλος 215

Αθήνησι τη 30 Ιουλίου 1859

Περί των προς ανέγερσιν δημοσίων και δημοτικών καταστημάτων αναγκαιούντων οικοπέδων
Μεγαλειότατε

Κατά την διαταγήν της Υμετέρας Μεγαλειότητος, λαμβάνω την τιμήν να υποβάλω επισυνημμένως κατάλογον των αναγκαιούντων οικοπέδων προς ανέγερσιν δημοσίων και δημοτικών καταστημάτων δια την υπηρεσίαν των ενταύθα αρχών. Εκ του καταλόγου τούτου ελλείπουσι μόνον αι σχετικαί σημειώσεις του υπουργείου των εξωτερικών, παρά του οποίου ζητηθείσαι δις δεν εστάλησαν μέχρι τούδε, αν και υποθέτω, ότι η υπηρεσία εκείνη ενός μόνου καταστήματος χρήζει, του υπουργικού.

Της Υμετέρας Μεγαλειότητος
Ευπειθέστατος και πιστός θεράπων
Ο επί των εσωτερικών υπουργός
(υπογραφή δυσανάγνωστος)

Αύξων αριθμός	Καταστήματα	Θέσις αυτών κατά την γνώμην των αρμοδίων Υπουργείων
	Του Υπουργείου των Εσωτερικών	
1.	Υπουργικόν Κατάστημα	
2.	Νομαρχιακόν	Κεντρική
3.	Της Διευθύνσεως της Διοικητικής Αστυνομίας	Κεντρική
4.	Ταχυδρομικόν	Κεντρική
5.	Αστυνομικά καταστήματα	Εν τοις τεσσάροις τμήμασι της πόλεως
6.	Επτά αστυνομικοί σταθμοί	Εν τη συνοικία Νεαπόλεως, παρά την Ριζάρειον Σχολήν, εν Γερανίω και 4 εν εκάστω τμήματι
7.	Κατάστημα φυλακής των προσωπικώς κρατουμένων	Επί θέσεως ευαέρου και αποκέντρου
8.	Κατάστημα φυλακής ολιγοποίνων καταδίκων	Επί θέσεως ευαέρου και αποκέντρου
9.	Κατάστημα φυλακής καταδίκων γυναικών	Ωσαύτως
10.	Στρατών χωροφυλακής	
	Του Υπουργείου των Οικονομικών	
11.	Υπουργικόν κατάστημα	
12.	Τελωνείον	Πλησίον της αποβάθρας του σιδηροδρόμου
13.	Νομισματοκοπείον και εκπεταλιστήριον	Εντός του περιβόλου του βασιλικού τυπογραφείου
14.	Κατάστημα δια την Εφορίαν	Εις το υπάρχον εκπεταλιστήριον
	Του Υπουργείου Δικαιοσύνης	
15.	Κατάστημα προς συγκέντρωσιν όλων των δικαστικών αρχών	Πλησίον του Βαρβακείου (προσδιωρίσθη ήδη δια Β. Διατ/τος)
	Του Υπουργείου Ναυτικών	
16.	Κατάστημα Υπουργικόν	
	Του Υπουργείου των Εκκλησιαστικών	
17.	Κατάστημα δια τον Μητροπολίτην και το Συνοδικόν	
18.	Γυμνάσιον και Ελληνικόν Σχολείον	Εν τη βορεία πλευρά της πόλεως
19.	Ζωσιμαίον Γυμνάσιον	
20.	Αρχαιολογικόν Μουσείον	
21.	Διδασκαλείον	Επί της οδού Κηφισίας
22.	Κατάστημα δια την δημοσίαν βιβλιοθήκην	
	Του Υπουργείου των Στρατιωτικών	
23.	Υπουργικόν Κατάστημα	
24.	Στρατών του Πεζικού	Εις θέσιν Αγίας Τριάδος
25.	Στρατών του Πυροβολικού	Εις τας υπωρείας Λυκαβηττού
26.	Στρατών του Ιππικού	Πλησίον της οικίας Δουκίσσης [της Πλακεντίας]
	Του Δήμου Αθηναίων	
27.	Τέσσαρα Δημοτικά Σχολεία των αρρένων	
28.	Τέσσαρα Δημοτικά Σχολεία των κορασίων	
29.	Τέσσαρες τμηματικαί αγοραί	
30.	Μία κεντρική	

161

161. Η πλατεία Ομονοίας εις τας αρχάς του αιώνος (παλαιόν ταχυδρομικόν δελτάριον, αρχείον του συγγραφέως).

ΤΕΚΜΗΡΙΟΝ 61

Διάταγμα της 3/15 Απριλίου 1835 "περί υγιεινής οικοδομής πόλεων και κωμών"· δημοσιευμένον εις το φύλλον αρ. 19 της Εφημερίδος της Κυβερνήσεως.

ΕΦΗΜΕΡΙΣ ΤΗΣ ΚΥΒΕΡΝΗΣΕΩΣ ΤΟΥ ΒΑΣΙΛΕΙΟΥ ΤΗΣ ΕΛΛΑΔΟΣ	REGIERUNGS-BLATT DES KOENIGREICHS GRIECHENLAND.
ΑΡΙΘ. 19. ΕΝ ΑΘΗΝΑΙΣ, 15 Μαΐου. 1835	№ 19. ATHEN, 27. Mai.

ΣΥΝΟΨΙΣ ΤΩΝ ΕΜΠΕΡΙΕΧΟΜΕΝΩΝ.

Διάταγμα περὶ ὑγιεινῆς οἰκοδομῆς πόλεων καὶ κωμῶν.

ΟΘΩΝ

ΕΛΕΩ ΘΕΟΥ

ΒΑΣΙΛΕΥΣ ΤΗΣ ΕΛΛΑΔΟΣ.

Κατὰ πρότασιν τῆς Ἡμετέρας ἐπὶ τῶν Ἐσωτερικῶν Γραμματείας, διετάξαμεν τὰ ἀκόλουθα περὶ τῆς τοποθεσίας τῶν πόλεων καὶ κωμῶν καθ᾽ ὅσον αὕτη ἀφορᾷ τὴν ἐπιμελουμένην τῆς δημοσίου ὑγείας ἀστυνομίαν.

Ἄρθρ. α΄.

Πόλεις καὶ κῶμαι πρέπει ν᾽ ἀνεγείρωνται μόνον εἰς τόπους, ὅπου εὑρίσκονται τὰ πρὸς τὸ ζῆν ἀναγκαῖα καὶ ἤδη ὑπάρχει συστημένη ἡ μετὰ τῶν πέριξ συγκοινωνία ἢ δύναται τοὐλάχιστον νὰ κατορθωθῇ διὰ μετρίας δαπάνης. Ἐντεῦθεν συνάγεται ὅτι καθόσον συγχωροῦσιν αἱ περιστάσεις συμφέρει νὰ μὴ οἰκοδομῶνται πόλεις καὶ κῶμαι εἰς γῆν ἀπρόσβατον καὶ ἄκαρπον.

Ἄρθρ. β΄.

Μόνον ὅπου ἐπικρατεῖ ὑγιὴς ἀὴρ συγχωρεῖται νὰ κτίζωνται πόλεις καὶ κῶμαι, οὐχὶ δὲ πλησίον τελμάτων ἢ ἁπλῶς εἰς τόπους νοσώδεις καὶ κινδυνεύοντας ἀπὸ πλημμύρας, ἡφαιστείους ἐκρήξεις κλπ., ἐκτὸς ἂν φαίνηται δυνατὸν νὰ ἀπομακρυνθῶσι τὰ τοιαῦτα κακὰ δι᾽ ἐπιτηδείων τρόπων ἢ νὰ κατασταθῶσι τοὐλάχιστον ἀβλαβῆ.

INHALTS-ANZEIGE.

Verordnung, Gesundheit gemæss, Erbauung von Stædten und Dœrfern betr.

OTTO

VON GOTTES GNADEN

KOENIG VON GRIECHENLAND.

Wir haben auf Antrag Unseres Staatsministeriums des Innern in Bezug auf die Anlage von Stædten und Ortschaften aus Rüksichten der Gesundheits-Polizei zu verordnen beschlossen und verordnen, was folgt:

Art. 1.

Stædte und Dœrfer sollen nur an Plæzen errichtet werden, wo die nœthigen Nahrungsquellen sich finden, und für die erforderliche Communication mit der Umgegend gesorgt ist, oder doch mittelst verhältnissmässigem Kraftaufwande leicht gesorgt werden kann; zu vermeiden ist daher mœglichst die Anlage auf unfruchtbarem, unzugänglichem Boden.

Art. 2.

Stædte und Dœrfer sollen nur da, wo eine gesunde Luft herrscht, errichtet werden, also nicht in der Næhe von Sümpfen oder in sonst ungesunden oder gefæhrlichen Einflüssen (z. B. Ueberschwemmungen, vulkanischen Ausbrüchen etc.) ausgesezten Gegenden, in soferne diese schædlichen Einflüsse durch zwekdienliche Mittel nicht leicht entfernt oder unschædlich gemacht werden kœnnen.

Αρθρ. 3.

Πόλεις καὶ κῶμαι ἐκεῖ ἐπιτρέπεται νὰ γίνωνται ὅπου ἢ ἤδη ὑπάρχει, ἢ δύναται νὰ ἐξοικονομηθῇ ἄλλοθεν ποτίμου καὶ ὑγιεινοῦ ὕδατος ἱκανὴ ποσότης· τὴν δὲ ποιότητα ταύτην ἐξετάζει προηγουμένως ἔμπειρος καὶ εἰδήμων τοῦ πράγματος ἄνθρωπος. Τὸ ποτάμιον καὶ πηγαῖον ὕδωρ προκρίνεται παρὰ τὰ λοιπὰ ταῦτα· τὰ φρέατα δὲ καὶ αἱ δεξαμεναὶ (κιστέρναι) πρέπει νὰ ἀνοίγωνται καὶ κατασκευάζωνται εἰς αρμόδιον καὶ ἄνοσον τόπον.

Αρθρ. 4.

Ἡ θέσις τῶν ἀνεγερθησομένων πόλεων καὶ κωμῶν πρέπει νὰ ἐκλέγηται τοιαύτη, ὥστε νὰ μὴ ἐνοχλῶνται οὔτε ἀπὸ τὴν πολλὴν ψυχρίαν καὶ θέρμην - οὔτε ἀπὸ δριμεῖς καὶ νοσηροὺς ἀνέμους. Συμβάλλει δὲ μάλιστα πρὸς ἐπι-

Art. 3.

Stædte und Dœrfer sollen nur da errichtet werden, wo eine hinreichende Menge unschädlichen Trinkwassers vorhanden ist, oder herbeigeschafft werden kann.

Die Qualitæt des Trinkwassers ist daher voraus immer durch Sachverslændige zu untersuchen; vorzuziehen ist Quell und Flusswasser; bei Brunnen- oder Zisternenwasser ist darauf zu sehen dass es auf gesundem Boden gewonnen wird.

Art. 4.

Die Lage neu zu errichtender Stædte und Dœrfer ist so zu wæhlen, dass dieselben dadurch sowohl vor der zu heftigen Kælte als Hize, so wie auch vor scharfen oder ungesunden Winden geschüzt sind. Diess wird am besten durch eine entsprechende Lage

τυχίαν τούτου ἡ κατάλληλος γειτονία λόφων, λειμώνων, ποταμῶν καὶ θαλάσσης. Κατὰ πᾶσαν ὅμως περίστασιν συμφέρει νὰ ἔχῃ ἐλευθέραν δίοδον ὁ ἄνεμος διὰ νὰ μὴ συσσωρεύωνται ἀναθυμιάσεις ἐπιβλαβεῖς.

Ἐν γένει ἡ ἀνοικτὴ, ἐλευθέρα καὶ ὁπωσοῦν ὑψηλὴ θέσις προτιμᾶται ἀπὸ τὴν περίκλειστον καὶ περιστοιχισμένην ἀπὸ ὑψηλὰ ὄρη, καθὼς ἡ πρὸς μεσημβρίαν καὶ ἀνατολὰς κλίσις προκρίνεται ἀπὸ τὴν πρὸς ἄρκτον καὶ δύσιν.

Ἄρθρ. 5.

Περιτειχίσματα, τεῖχοι πόλεων, βάραθρα, προχώματα καὶ τὰ ὅμοια ἐμποδίζουσι τὴν ἐλευθέραν τῶν ἀνέμων πνοήν· ὅθεν ὀφείλομεν ὅσον δυνατὸν νὰ τὰ ἀποφεύγωμεν.

Ἄρθρ. 6.

Θέλει μάλιστα κατασταθῆ σκοπιμωτάτη τῶν πόλεων ἡ θέσις, ἐὰν αἱ ὁδοὶ ὑπάρχωσιν εὐθεῖαι καὶ κόπτωνται ὀρθογωνίως· ἀλλ' ἡ διεύθυνσις πρέπει νὰ διατεθῇ πλαγία (ἐγκαρσία) πρὸς τὰ τέσσαρα σημεῖα τοῦ κόσμου διὰ νὰ φωτίζῃ ὅλα τὰ μέρη τῆς πόλεως ὁ ἥλιος.

Αἱ ὁδοὶ δὲν πρέπει νὰ γίνωνται δυσαναλόγως καὶ ὑπερβολικῶς πλατεῖαι διὰ νὰ μὴ αὐξάνῃ ὁ καύσων ἀπὸ ἔλλειψιν σκιᾶς· ἀλλὰ δὲν συγχωρεῖται πάλιν οὔτε πολλὰ στεναὶ νὰ γίνωνται· καὶ αὐτῶν δὲ τῶν μικρῶν ὁδῶν τὸ πλάτος δὲν θέλει εἶναι ὀλιγώτερον τῶν 6 μέτρων.

Ἄρθρ. 7.

Αἱ πλατεῖαι θέλουσι διορισθῆ ἱκαναὶ κατὰ τὸν ἀριθμὸν καὶ εἰς ἀνάλογον συμμετρίαν διῃρημέναι, οὐχὶ ὅμως ὑπερβολικοῦ μεγέθους.

Ἄρθρ. 8.

Καὶ αἱ ὁδοὶ δὲ καὶ αἱ πλατεῖαι αὐταὶ τῶν πόλεων πρέπει νὰ στρωθῶσι μὲ στερεὰς πέτρας, αἱ δὲ μεγάλαι ἐκ τούτων θέλουσιν ἔχει καὶ λιθόστρωτα πεζοδρόμια.

Καμάραι καὶ δενδροστοιχίαι δὲν ἐπιτρέπονται εἰμὴ εἰς τὰς μεγάλας πλατειας καὶ εἰς τὰς εὐρυχωροτάτας ῥύμας τῶν πόλεων.

Ἄρθρ. 9.

Εἰς ὅλας τὰς ὁδοὺς καὶ πλατείας τῶν πόλεων θέλουσι κατασκευασθῆ αὔλακες καὶ ὀχετοὶ πρὸς ἐκροὴν τῶν ὑδάτων καὶ ἀκαθαρσιῶν. Ἕνεκα δὲ τούτου πρέπει νὰ δοθῇ εἰς τὰς ὁδοὺς ἡ ἀναγκαία κλίσις τοὐλάχιστον $\frac{1}{10}$ τοῦ μέτρου εἰς 30 μέτρα διὰ νὰ φέρωνται τὰ ὕδατα καὶ αἱ ἀκαθαρσίαι δι' αὐλάκων καὶ διωρύγων ἔξω τῆς πόλεως, ὅπου νὰ ἐκχέωνται εἰς ῥύακας, ποταμοὺς ἢ θάλασσαν.

Ἄρθρ. 10.

Θέλει μάλιστα ἐπιτύχει τὸν προκείμενον σκοπὸν ἡ θέσις τῶν κωμῶν, ἂν τὰ δημόσια καταστήματα, οἷον ἡ ἐκκλησία, τὸ σχολεῖον, τὸ πρεσβυτερεῖον, τὸ ξενοδοχεῖον, τὸ δημαρχεῖον καὶ τὰ τοιαῦτα εὑρίσκωνται περὶ τὸ μέσον τῆς κώμης· αἱ δὲ οἰκίαι τῶν χωρικῶν, πέριξ αὐτῶν εἰς τετραγωνικὸν ἢ κυκλοειδὲς σχῆμα, φυλαττομένων τῶν ἀναγκαίων ἐμβαδῶν (διαστημάτων) πρὸς κατασκευὴν κήπων καὶ μικρῶν ὁδῶν· ἡ δὲ μεγάλη τῆς κώμης ὁδὸς θέλει εἶναι λιθόστρωτος.

an Hügeln, Waldungen, Flüssen, am Meere etc. erzeugt; immer aber muss der Luft ein freier Durchzug gestattet sein, damit keine Stokung der ungesunden Ausdünstung entstehe.

Im Allgemeinen ist die offene, freie, etwas erhœhte Lage eines Ortes der tiefen, eingeschlossenen, oder von hohen Bergen beherrschten Lage, und die Lage gegen Süd oder Ost ist jener gegen Nord oder West vorzuziehen.

Art. 5.

Stadtmauern, Græben und Wælle sind, als den Luftzug hindernd, mœglichst zu vermeiden.

Art. 6.

Die Städte werden am zwekmæssigsten so angelegt, dass die Strassen gerade laufen und sich im rechten Winkel durchschneiden; doch soll ihre Richtung so sein, dass sie nicht gerade, sondern schief gegen die 4 Weltgegenden sehen, damit die Sonne alle Theile bescheinen kœnne.

Die Strassen sollen nicht unverhæltnissmæssig breit, was in heissen Lændern wegen Schattenmangel die Hize unnœthig vermehrt, noch weniger aber zu eng sein; selbst Nebengæsschen sollen nicht unter 6 Meters Breite haben.

Art. 7.

Plæze sind in hinreichender Zahl und in einer zwekmæssigen Vertheilung, jedoch nicht zu unverhæltnissmæssig gross, anzulegen.

Art. 8.

Die Strassen und Plæze der Stædte müssen mit guten festen Steinen gepflastert und die grœsseren auch mit gepflasterten Fusswegen versehen sein.

Arcaden und Baumalleen sind nur auf grossen Plæzen und in sehr breiten Hauptstrassen zu gestatten.

Art. 9.

In allen Gassen und auf allen Plæzen der Städte sind Gossen oder Rinnen zum Abfluss des Wassers und der Unreinigkeit anzulegen; hiezu muss den Strassen auch der nœthige Fall (wenigstens 1|10 Meter auf 30 Meters) gegeben werden, um das Wasser durch Kanäle oder andere Abzugsgräben aus der Stadt in fliessende Wæsser oder ins Meer zu leiten.

Art. 10.

Die Anlage von *Dœrfern* ist am zwekmæsigsten in der Art, dass die œffentlichen Gebæude, als Kirche, Gemeinde-, Schul-, Pfarr-, Wirthshaus etc. ziemlich in der Mitte und die Wohnungen der Landleute im Vierek oder Kreis um sie herum zu liegen kommen mit den für Gærten und Strässchen nœthigen Zwischenräumen. Die Hauptstrasse sei ebenfalls gepflastert.

Αρθρ. 11.

Καθ' ὅλας τὰς πόλεις καὶ κώμας θέλει γένει φροντὶς περὶ τῆς ἀναγκαίας ποσότητος ποτίμου ὕδατος δι' ὑδραγωγείων, δεξαμενῶν καὶ φρεάτων. Τὰ πρῶτα ἁρμόζει μάλιστα νὰ γίνωνται διὰ σωλήνων ὑπογείων· ἀπαιτεῖται ὅμως προσοχὴ διὰ νὰ μὴ μολύνωνται ἢ βλάπτωνται κατά τι οὔτε τῶν πηγῶν αἱ δεξαμεναὶ (τὰ δοχεῖα), οὔτε ἡ καθ' ὁδὸν διεύθυνσις τοῦ ὑδραγωγείου· ἀλλ' ἡ εἴσοδος τοῦ ἀέρος δὲν θέλει ἐμποδισθῆ παντελῶς. Τὰ δὲ φρέατα καὶ αἱ δεξαμεναὶ ἔχοντα τὸ ἀναγκαῖον βάθος, θέλουσι προφυλάττεσθαι ἐξαιρέτως ἀπὸ τὰς ἐμπιπτούσας ἀκαθαρσίας ἢ ἐπιβλαβῆ ἄλλα πράγματα, ὁποῖα ζῶντα ἢ θνησιμαῖα ζῶα, πτώματα καὶ τὰ παρόμοια.

Αρθρ. 12.

Παραγγέλλομεν δὲ κατ' ἐξοχὴν νὰ μὴ εὑρίσκωνται πλη-

Art. 11.

In allen Städten und Dörfern muss für die nœthige Menge Trinkwassers durch Wasserleitungen oder Brunnen und Cisternen gesorgt werden. Erstere sind am besten mittelst gemauerten unterirdischen Kanälen zu führen; dabei ist zu sorgen, dass weder die Ursprungs-Reservoirs, noch die Leitung auf dem Wege verunreinigt oder beschädigt werden, obschon der Zutritt der Luft nicht ganz abzuhalten ist. Brunnen oder Cisternen müssen die nœthige Tiefe haben, und vor allen einfallenden Unreinigkeiten oder Schädlichkeiten geschüzt, so wie auch hinreichend verwahrt werden, damit kein lebendes Thier, keine Cadaver, oder andere Unreinigkeiten hineinfallen.

Art. 12.

Hauptbedingung ist, dass keine Sümpfe, keine Abtritte, Senk-

135

σίον δεξαμενῶν, φρεάτων ἢ ρυάκων, τέλματα, ἀπόπατοι ἢ ὀχετοὶ ἀποπάτων, θνησιμαιῶνες καὶ νεκροταφεῖον, ἢ βλαβερὰ ἐργαστήρια, οἷον χαρτοποιεῖα καὶ βυρσοδεψεῖα δυνάμενα νὰ μολύνωσιν ἢ νὰ κατασήσωσιν ἐπιβλαβὲς τὸ ὕδωρ.

Αρθρ. 13.

Δὲν συγχωρεῖται ἐπιχείρησις οἰκοδομῆς εἰς δήμους πρώτης καὶ δευτέρας κλάσεως, εἰμὴ ἀφ' οὗ προηγουμένως ἐγκριθῆ τὸ σχέδιον ἀπὸ ἐμπειρότεχνον ἄνδρα.

Εἰς τὸν αὐτὸν τοῦτον κανονισμὸν ὑπάγονται ὁμοίως καὶ οἱ λοιποὶ δῆμοι ἐντὸς ἢ πλησίον τῶν ὁποίων εὑρίσκονται ἐμπειρότεχνοι ἄνδρες, ἐκτὸς μόνον ἂν ἡ οἰκοδομὴ διὰ τὴν εὐτέλειαν τῆς ἀξίας δὲν ἀπαιτῆ τοιαύτην πρόνοιαν κατὰ τὴν εὐλόγιστον γνώμην περὶ τούτου τῶν ἐπιτοπίων Αρχῶν.

Γενικῶς τὸ ὕψος τῶν οἰκιῶν δὲν πρέπει νὰ ὑπερβαίνη τὰς δύο ὀροφάς· ὅπου δὲ συμβαίνουσι σεισμοὶ, ἀπαγορεύεται αὐστηρῶς τὸ νὰ ἔχωσι πλειοτέρας. Ἄξιαι μάλιστα φροντίδος κρίνονται πρῶτον μὲν ἡ ἁρμοδία τοποθεσία τῆς καπνοδόχης καὶ τῶν ἀποπάτων, ἔπειτα δὲ ἡ συνεχὴς καὶ ἀκριβὴς ἐπιτήρησις ὅλου τοῦ οἰκοδομήματος, καὶ κατ' ἰδίαν τῆς στέγης, ἥτις πρέπει νὰ ὑπάρχη ὅσῳ δυνατὸν ἀνωτέρα κινδύνου πυρκαϊᾶς, καὶ εἰς τὰς πόλεις νὰ σκεπάζηται μὲ κεραμίδια, ἀρδωσίαν σχιστὴν λίθον ἢ μέταλλον· εἰς δὲ τὰς κώμας ἀρκεῖ νὰ διατεθῆ οὕτως, ὥστε ὁ καπνὸς νὰ ἐξέρχηται ἀκωλύτως.

Αρθρ. 14.

Ἀπαγορεύεται ἡ χρῆσις, εἰς τὸ ἐξωτερικὸν τῶν οἰκιῶν, ὅλων τῶν λαμπρῶν χρωμάτων, ὁποῖον τὸ κόκκινον, τὸ βαθὺ κίτρινον, καὶ τὸ λευκόν· ὁμοίως δὲ καὶ τῶν ἐλαιομίκτων βαφῶν (couleurs à l' huile) καὶ τοῦ βερενικείου ὡς ἐπιβλαβῶν πάντων εἰς τὴν ὑγείαν. Αὐτὰ δὲ ὁμοίως συμφέρει νὰ μὴ συνειθίζωνται ὅσῳ δυνατὸν οὔτε εἰς τὰ ἔνδον τῶν οἰκιῶν.

Αρθρ. 15.

Οἰκία νεόκτιστος δὲν θέλει κατοικεῖσθαι πρὶν ξηρανθῆ ἐντελῶς· τοῦτο δὲ θέλει ἀποδειχθῆ διὰ τῆς ἀστυνομίας, εἰς τὴν ὁποίαν ἀνατίθεται καὶ ἡ ἐπιτήρησις ὅλων τῶν διειλημμένων διατάξεων.

Αρθρ. 16.

Τὰ δημόσια κτίρια θέλουσι κατατάττεσθαι ἁρμοδίως ἐντὸς τῆς πόλεως εἰς ὅσον ἔνεστιν ἐλευθέρους (ἀναπεπταμένους) τόπους.

Αρθρ. 17.

Οἱ σταῦλοι συμφέρει νὰ μακρύνωνται ἀρκετὰ ἀπὸ τὰς ἀνθρωπίνους κατοικίας· εἰς δὲ τὰς κώμας πρέπει τοὐλάχιστον νὰ διαχωρίζωνται ἀπ' αὐτὰς μὲ ἓν διάφραγμα (μεσότοιχον)· ἂς κτίζωνται ὅμως πάντοτε κατωφερεῖς διὰ τὴν εὔκολον τῶν ὑγρασιῶν ἀπορροήν.

Αρθρ. 18.

Νοσοκομεῖα, σωφρονιστήρια εἴτε φρενοβλαβεῖα (hôpitaux des aliénés), εἱρκταὶ καὶ ἐργατικαὶ φυλακαὶ ἂς ἀνεγείρωνται ὅσον δυνατὸν ἔξω τῆς πόλεως ἢ τοὐλάχιστον εἰς ἐλευθέρως ἀεριζόμενα χωρία

gruben, Schindänger, Leichenäker oder schædliche Fabrikanstalten, als Papiermühlen oder Gerbereien sich in der Næhe der Zisternen, Brunnen oder des laufenden Wassers befinden, welche das Wasser verunreinigen oder schædlich machen kœnnten.

Art. 13.

Der Bau der Häuser in Gemeinden erster und zweiter Klasse ist nur nach vorausgegangener Billigung des Bauplanes von Seiten Bauverständiger vorzunehmen.

Auch in andern Gemeinden, in deren Mitte oder Næhe Sachverständige sich befinden, soll diess in der Regel geschehen, wenn nicht der Bau wegen seiner Unbedeutenheit eine solche Vorsicht nach dem wohlermessenen Erachten der Lokalbehœrden entbehrlich macht.

In der Regel soll die Hœhe der Hæuser nicht 2 Stokwerke übersteigen; in Gegenden, wo häufig Erdbeben vorkommen, soll diese Regel nicht überschritten werden. Es muss für eine zwekmæssige Anlegung der Kamine und Abtritte und für die fortwährende gute Unterhaltung der Baulichkeiten, besonders der Dachung, gesorgt werden.

Leztere sei immer so wenig als mœglich feuergefährlich, in den Städten nur von Ziegeln, Schiefer oder Metall. Bei Dorfwohnungen soll insbesondere darauf gesehen werden, dass dem Rauch der nœthige Abzug gegeben werde.

Art. 14.

Alle grellen Farben, als roth, hochgelb und weiss, wie auch die Oelfarben und Firniss sollen, als der Gesundheit schädlich, im Innern der Häuser sowohl als vorzugsweise von Aussen vermieden werden.

Art. 15.

Keine neugebaute Wohnung darf vor der vollständigen Austroknung bezogen werden; diese muss polizeilich nachgewiesen sein. Ueberhaupt steht der Polizei die obere Aufsicht über alle erwæhnten Punkte zu.

Art. 16.

Die œffentlichen Gebäude sind zwekmässig in den Städten zu vertheilen, und mœglichst auf freien Plæzen zu errichten.

Art. 17.

Die Stallungen sind hinreichend weit entfernt von den menschlichen Wohnungen anzulegen, auf dem Lande müssen sie wenigstens durch eine Scheidewand davon getrennt sein; sie sind etwas abhængig zu bauen, damit die Feuchtigkeit leichter abfliesse.

Art. 18.

Spitäler, Irren-, Zucht- und Arbeitshæuser sind mœglichst ausserhalb der Stadt oder wenigstens auf freien, luftigen Pläzen zu errichten.

Αρθρ. 19.

Βιομηχανικὰ εἴτε τεχνικὰ καταστήματα, ἔχοντα βλαβερὰν καὶ ἐπικίνδυνον ἐπιῤῥοὴν εἰς τὰς γειτνιαζούσας κατοικίας, ἀπαγορεύεται ν' ἀνεγείρωνται ἄνευ ἀστυνομικῆς ἀδείας. Ὑπάγονται δὲ εἰς τὴν κατηγορίαν ταύτην:

Τὰ ἐργαστήρια, ὅπου κατασκευάζονται τὸ ἄμυλον, τὸ βορουσιακὸν κυανοῦν, (bleu de prusse), αἱ μουσικαὶ χορδαὶ, τὸ στιλβωτικὸν διὰ τὰς τραπέζας μίγμα, τὸ νιτρικὸν ὀξὺ (eau-forte), ἡ μίλτος (minium), τὸ ἀμμωνιακὸν ἅλας, τὰ κηρόπαστα διαφόρου εἴδους ὑφάσματα, τὰ βιβλιοδετικὰ χαρτώνια, τὸ ἀρσενικὸν, τὸ βερενίκειον καὶ τὸ ἐμπυρευματικὸν ἔλαιον, ὁμοίως δὲ καὶ τὰ πυροτεχνεῖα, τὰ ῥακοσυλλεκτήρια, οἱ κοπρῶνες, τὰ κανναβοβρεκτήρια, τὰ ξηραντήρια τῆς καυσίμου γῆς (tourbe), αι καμινοι του γυψου και τῆς ἀσβέστου, τὰ στεατοχωνευτήρια.

Τὰ ἀκόλουθα δὲν μακρύνονται μὲν ἀπὸ τὰς κατοικίας τῶν ανθρώπων, καθιστῶσιν ὅμως ἀναγκαίαν τῆς ἀστυνο-

Art. 19.

Fabriken und Manufakturen, welche schädliche oder gefährliche Einflüsse auf die Nachbarschaft ausüben, dürfen nicht ohne Erlaubniss der Polizei errichtet werden.

Zu solchen gehœren:

Stärke-, Berlinerblau-, Darmsaiten-, Tischlerleim-, Scheidewasser-, Mennig-, Salmiak-, Wachstaffent-, Wachsleinwand-, Pappendekel-, Arsenik-, Firniss- und Hornœlfabriken, Feuerwerkslaboratorien, Lumpen- und Düngersammlungen, Hanfrœsten, Torfdœrren, Gyps- und Kalkbrennereien, Unschlittfabriken.

Zu solchen, welche zwar nicht immer entfernt von Wohnungen angelegt werden müssen, aber doch die Erlaubniss der Po-

μίας τὴν ἄδειαν καὶ τὴν συγκατάθεσιν τῶν γειτόνων. Τὰ ψιμμυθιουργεῖα, καὶ ἐν γένει ὅλα τὰ ἐργαστήρια χημικῶν ἀναλύσεων ἢ κατασκευῶν, τὰ πιλοποιεῖα, σαπωνεῖα, ἀλειμματοκηρεῖα, βυρσοδεψεῖα, βαφεῖα, χοιροστάσια, χλωρογναφεῖα, καὶ πισσωτήρια (calfatures).

Αἱ ἁλυκαὶ θέλουσι τάττεσθαι ὑπὸ τοὺς ἐπικρατοῦντας ἀνέμους τῆς πόλεως ἢ τῆς κώμης.

Αρθρ. 20.

Τὰ σφαγεῖα βάλλονται ἔξω τῆς πόλεως παρὰ τὴν θάλασσαν, ποταμὸν ἢ ῥύακα, καὶ εἰς τόπον ὅθεν δὲν πνέουσι παντελῶς ἢ τοὐλάχιστον συχνὰ οἱ ἄνεμοι πρὸς τὴν πόλιν· διατηροῦνται δὲ πάντοτε καθάρια.

Αρθρ. 21.

Τὰ πεταλωτήρια ἐπιτρέπεται μὲν νὰ ὑπάρχωσιν εἰς τὰς πόλεις, ἐντὸς ὅμως τῶν αὐλῶν· ἐν ἐλλείψει δὲ τούτων, οἱ πεταλωταὶ ἐργάζονται μόνον ἐπὶ τῶν μεγάλων πλατειῶν.

Αρθρ. 22.

Τὰ λοιπὰ ἐργαστήρια, ὀσμὴν δυσώδη ἢ βαρεῖαν ἀπόζοντα ἢ θόρυβον προξενοῦντα, τοπίζονται εἰς ἀποκέντρους συνοικίας (μαχαλέδες) τῆς πόλεως.

Αρθρ. 23.

Τὰ ἐκδορεῖα τῶν ζώων ἂς μακρύνωνται τοὐλάχιστον ἡμίσειαν ὥραν τῆς πόλεως καὶ τῶν κωμῶν εἰς ὑψηλὸν καὶ σύδενδρον τόπον. Τὰ δὲ ἐκδαρέντα ζῶα πρέπει νὰ κατορύττωνται τοὐλάχιστον 6 πόδας βαθέως εἰς τὴν γῆν.

Αρθρ. 24.

Τὰ κοινοταφεῖα ἂς βάλλωνται ὁμοίως εἰς ἱκανὴν ἀπόστασιν τῆς πόλεως καὶ κώμης, καταφυτευόμενα μὲ δένδρα καὶ θάμνους κατὰ τὸ ἐκδοθὲν ἤδη περὶ αὐτῶν διάταγμα.

Αρθρ. 25.

Αἱ ὁδοὶ καὶ αἱ πλατεῖαι δὲν πρέπει παντελῶς νὰ γίνωνται ἀδιάβατοι, ἐμφραττόμεναι οὔτε ἐν καιρῷ οἰκοδομῆς διὰ τῆς κατεδαφίσεως ἐρειπίων, οὔτε ὅταν ἐπιφορτίζωνται καὶ ἀποφορτίζωνται οἱαδήποτε ἀντικείμενα, οὔτε τέλος δι' ἄλλης τινὸς ἐπισωρεύσεως ἢ διασκορπίσεως πραγματειῶν διαφόρων, ἢ ἄλλης ὕλης.

Αρθρ. 26.

Εἰς τὰ πέριξ καὶ πλησιόχωρα μέρη τῶν πόλεων καὶ κωμῶν πρέπει νὰ οἰκονομῶνται περίπατοι καὶ ἀλωαὶ ἀπὸ καρποφόρα ἢ τοὐλάχιστον σκιερὰ δένδρα.

Αρθρ. 27.

Οἱ Νομάρχαι, Ἔπαρχοι, καὶ Δήμαρχοι ὀφείλουσι κατὰ τὴν ἰδίαν αὐτοῦ ἕκαστος πολιτικὴν δύναμιν νὰ φροντίζωσι περὶ τῆς ἀκριβοῦς φυλακῆς τῶν ἐκτεθειμένων ὁρισμῶν εἰς τὴν σύστασιν τῶν πόλεων καὶ κωμῶν, καθὼς καὶ ὅταν γί-

lizei und die Einwilligung der Nachbarschaft erfordern, gehœren Bleiweis- und überhaupt alle Fabriken chemischer Produkte, Hutfabriken, Seifensiedereien, Lichterfabriken, Gerbereien, Färbereien, Schweinstælle, Chlorbleichen, Kalfatereien.

Die Salinen müssen unter dem die Stadt oder das Dorf beherrschenden Winde liegen.

Art. 20.

Schlachthäuser sollen ausserhalb der Stadt am Meere oder einem fliessenden Wasser in einer Gegend, von der die Winde nicht häufig zur Stadt wehen, angelegt, und fortwæhrend in reinlichem Zustand erhalten werden.

Art. 21.

Pferdebeschlagschmieden sollen in Städten nur im Innern der Hœfe gestattet werden; sind keine solche vorhanden, so dürfen die Schmiede nur auf den grossen Plæzen arbeiten.

Art. 22.

Andere unangenehm riechende oder sehr lærmende Fabriken oder Werkstætten sollen in entferntere Quartiere der Stadt verwiesen werden.

Art. 23.

Die Abdekereien sind wenigstens eine halbe Stunde von der Stadt und dem Dorfe in eine etwas erhabene, waldige Gegend zu verweisen; das abgezogene Vieh muss wenigstens sechs Fuss tief verscharrt werden.

Art. 24.

Kirchhœfe sollen ebenfalls nur in einer hinlänglichen Entfernung von Städten und Dœrfern mit Bæumen und Gestræuchen besezt sein, und nur nach der bereits darüber erlassenen Verordnung errichtet werden.

Art. 25.

Die Strassen und Plæze der Stædte dürfen weder bei Bauten oder Abbrüchen von Hæusern, noch beim Aufladen oder Abladen von Gegenständen, noch anderweitig durch Aufstellung oder Ausbreitung von Waaren oder Material versperrt oder unwegsam gemacht werden.

Art. 26.

In der næchsten Umgebung der Stædte und Dœrfer sind Spaziergænge und Alleen aus Frucht- oder andern schattigen Bäumen anzulegen.

Art. 27.

Die Nomarchen, Eparchen und Demarchen haben innerhalb der Grenzen ihres Wirkungskreises pflichtmæssige Sorge zu tragen, dass die vorstehenden Vorschriften bei Anlage von Stædten und Dœrfern, so wie bei grœsseren Bauveränderungen in densel-

ΠΑΡΑΡΤΗΜΑΤΑ

ΠΑΡΑΡΤΗΜΑ 1

Θεματική επισκόπησις των περιεχομένων του έργου του Leo von Klenze: "Aphoristische Bemerkungen gesammelt auf seiner Reise nach Griechenland" (Αφοριστικαί παρατηρήσεις συλλεγείσαι κατά την διάρκειαν του ταξιδίου του εις την Ελλάδα).

Το έργον του Leo von Klenze, Aphoristische Bemerkungen gesammelt auf seiner Reise nach Griechenland (Αφοριστικαί παρατηρήσεις συλλεγείσαι κατά την διάρκειαν του ταξιδίου του εις την Ελλάδα), Berlin, έκδοση G. Reimer, 1838, είναι μόνον εν μέρει ένα οδοιπορικόν το οποίον αναφέρεται εις την επίσκεψίν του το καλοκαίρι και το φθινόπωρον του 1834 εις την Ελλάδα. Όπως αναφέρει ο ίδιος ο συγγραφεύς του εις τον πρόλογον του βιβλίου, εις το έργον του αυτό συνεκέντρωνε "οτιδήποτε [θέμα] γενικού ενδιαφέροντος είχε πέσει στην αντίληψίν του σχετικώς με την τέχνην κατά τη διάρκειαν του ταξιδίου του αυτού, (...) υλικόν το οποίο είχε καταγράψει τακτικά αμέσως μετά την επιστροφήν του και συνδέσει με παλαιοτέρας ερεύνας του επί αυτών των θεμάτων".

Εκείνο που ενδιέφερε στην ουσία τον Klenze εις αυτήν την εργασίαν ήταν αφ' ενός μεν η τεκμηρίωσις και η διαφύλαξις δια τας επερχομένας γενεάς της καλλιτεχνικής του δραστηριότητος εις την Ελλάδα, δηλαδή της δραστηριότητός του εις τον τομέα της πολεοδομίας και της συντηρήσεως των αρχαίων μνημείων, αφ' ετέρου δε η αβίαστη και αφοριστική διατύπωσις των σχετικών με την αρχαιοελληνική τέχνη θεωρητικών και αισθητικών απόψεών του.

Τον πρώτον στόχον υπηρετεί όχι μόνον η λεπτομερής παρουσίασις του αρχιτεκτονικού και πολεοδομικού του έργου ως ειδικού απεσταλμένου του Βασιλέως Λουδοβίκου Α' εις την Ελλάδα, αλλά και η δημοσίευσις ενός σημαντικού αριθμού τεκμηρίων (δηλαδή δικών του υπομνημάτων, αναφορών, αιτημάτων, καθώς και της επισήμου αλληλογραφίας του με την ελληνικήν αντιβασιλείαν) που επισυνάπτονται στο τέλος ως "παραθέματα".

Τον δεύτερον στόχον του προσεγγίζει με την ένταξιν εις την εργασίαν του αυτήν δέκα παρεκβάσεων εν είδει δοκιμίου επί θεμάτων ιστορίας της τέχνης. Εις αυτά προστίθενται δύο ακόμη παρεκβάσεις επί της τότε (1834) πολιτικής και κοινωνικής καταστάσεως εις την Ελλάδα, καθώς και επί του χαρακτήρος των Ελλήνων και της ιστορικής μοίρας του ελληνισμού.

Δια την καθεαυτή πολιτικήν αποστολήν του εις το Ναύπλιον ο συντάκτης του έργου, σοφώς πράττων, σιωπά: "Δεν είναι εδώ ο τόπος δια να ομιλήσω δια την αποστολήν μου και τα επιτεύγματά μου εις την πρωτεύουσαν του νεοσυστάτου βασιλείου" (σελ. 85), γράφει. Επίσης εις το έργον του δεν γίνεται διόλου λόγος δια τα κίνητρα της πολιτικής του Λουδοβίκου Α' της Βαυαρίας όσον αφορά την Ελλάδα, θέμα δια το οποίον ήταν ιδιαίτερα καλά πληροφορημένος. Αι εύστοχοι και αυστηραί κρίσεις του επ' αυτού περιέχονται στις μυστικές ανέκδοτες σημειώσεις του "Memorabilien" (Αξιομνημόνευτα).

Εν τούτοις αι *Αφοριστικαί παρατηρήσεις*... με το πλήθος των πληροφοριών που περιέχουν, παραμένουν μοναδική πηγή δια τας πρωτοβουλίας εις τον τομέα της πολεοδομίας και της προστασίας των μνημείων της Αθήνας κατά το έτος 1834· εκτός τούτου όμως αποτελούν επίσης μίαν εντυπωσιακήν επιτομήν των γνώσεων του Klenze, αι οποίαι αποδεικνύουν το επιστημονικόν του ενδιαφέρον δια την Ελλάδα, ενδιαφέρον που ωστόσον δεν χάνει ποτέ την άμεσον σχέσιν με τας επικρατούσας εις την χώραν πραγματικάς συνθήκας και τα συγκεκριμένα προβλήματά της.

Εν συνεχεία γίνεται απόπειρα παρουσιάσεως του πολυπτύχου των περιεχομένων αυτού του έργου με μίαν θεματικήν επισκόπησίν τους. Δι' αυτόν τον σκοπόν, το συνολικόν υλικόν που εμπεριέχεται εις την εργασίαν κατενεμήθη στους εξής τέσσερεις θεματικούς τομείς:

– θεωρητικαί παρεκβάσεις επί διαφόρων θεμάτων
– περιγραφή αρχαιολογικών τόπων
– περιγραφή κατωκημένων πόλεων
– ζητήματα πολεοδομίας και προστασίας μνημείων εις την Ελλάδα.

Μίαν πέμπτην κατηγορίαν αποτελεί η καθεαυτό περιγραφή του ταξιδιού του, η οποία συνέχει σαν ιστός το όλον έργον.

Το έργον περιέχει κείμενον 706 σελίδων μικρού σχήματος και περίπου 150.000 λέξεις. Είναι διηρημένο σε τρία μέρη:

– Πρώτο μέρος: ταξίδι προς την Αθήνα
– Δεύτερο μέρος: παραμονή εις την Αθήνα
– Τρίτο μέρος: ταξίδι επιστροφής

Εις την απαρίθμησιν των διαφόρων θεμάτων, εκτός από την σύντομον περιγραφήν του περιεχομένου τους, σημειώνεται η αντίστοιχος αρίθμησις των σελίδων και ο αριθμός [το πλήθος] τους.

ΘΕΜΑΤΙΚΟΣ ΤΟΜΕΥΣ 1: ΘΕΩΡΗΤΙΚΑΙ ΠΑΡΕΚΒΑΣΕΙΣ ΕΠΙ ΔΙΑΦΟΡΩΝ ΘΕΜΑΤΩΝ

	σελίδες βιβλίου (αρίθμησις)	πλήθος σελίδων
Μέρος πρώτον:		
Η εξέλιξις του δωρικού ναού (και προβλήματα σχετικά με την αρχικήν ξυλίνην κατασκευήν ναών αυτού του ρυθμού).	σελ. 57-75	18
Η κατάστασις κατά το έτος 1834 εις την Ελλάδα: χαρακτηριστικά του τοπίου, νεωτέρα ιστορία, πολιτικαί τάσεις και κόμματα, ελληνική εκκλησία, μελλοντικαί προοπτικαί δια την μόρφωσιν του λαού, των κοινωφελών θεσμών και των δημοσίων οικονομικών, προβλήματα της αντιβασιλείας, παραμέλησις των συγκοινωνιών, πρώται επιτυχίαι μετά την ανάρρησιν εις τον θρόνον του Βασιλέως Όθωνος.	σελ. 85-139	54
Η ιστορία της εξελίξεως της αρχαίας ελληνικής γλυπτικής (η καλλιτεχνική σχολή της Αττικής και της Αιγίνης).	σελ. 188-234	46

Περί αγαλματοχρωμίας εις την αρχαιότητα.	σελ. 234-268	34
Σύγκρισις αρχαιοελληνικής και χριστιανικής γλυπτικής.	σελ. 269-275	7
Μέρος δεύτερον:		
"Εκτεταμένη παρέκβασις" περί των γλυπτών του Παρθενώνος καθώς και του θρησκευτικού περιεχομένου της ελληνικής και χριστιανικής τέχνης. Το εκάστοτε ιδανικόν περί κάλλους.	σελ. 309-356	47
Κατασκευαστικά χαρακτηριστικά των μη ελληνικών αρχιτεκτονικών ρυθμών: ουσιώδεις ιδιότητες των αρχαιοελληνικών κατασκευαστικών μεθόδων και η σχέσις των με την σύγχρονον αρχιτεκτονικήν.	σελ. 356-379	23
Αρχαιοελληνική και ρωμαϊκή πολεοδομία.	σελ. 410-419	9
Η ιδιομορφία της βυζαντινής τέχνης.	σελ. 464-470	7
Μέρος τρίτον:		
Κυκλώπεια αρχιτεκτονική.	σελ. 538-540	2
Λιθοχρωμία και τοιχογραφία εις την ελληνικήν και ρωμαϊκήν αρχιτεκτονικήν: νωπογραφία, εγκαυστική. Μεταγενέστεραι τεχνικαί της ζωγραφικής.	σελ. 544-633	89
Ελληνικός χαρακτήρ και ελληνική ιστορία.	σελ. 697-706	9
	Σύνολον σελίδων	345

ΘΕΜΑΤΙΚΟΣ ΤΟΜΕΥΣ ΙΙ:
ΠΕΡΙΓΡΑΦΗ ΑΡΧΑΙΟΛΟΓΙΚΩΝ ΤΟΠΩΝ

Μέρος πρώτον:		
Κέρκυρα (αρχαϊκός ναός)	σελ. 9-12	3
Κόρινθος (με πραγμάτευσιν του ζητήματος	σελ. 44-48 και	
της διανοίξεως της διώρυγος)	σελ. 54-57	7
Κλεωναί	σελ. 78-79	1
Επίδαυρος	σελ. 144-149	5
Αίγινα (αρχαία πόλις)	σελ. 157-163	6
Αίγινα (ο ναός της Αφαίας)	σελ. 174-188	14
Μέρος τρίτον:		
Τίρυνς	σελ. 514-519	5
Αρχαίον Άργος	σελ. 522-528	6
Μυκήναι	σελ. 529-537 και	10
	σελ. 541-543	
Θυρέα	σελ. 636-637	1
Υσιαί	σελ. 643-644	1
Τεγέα	σελ. 645-648	3
Μαντινεία	σελ. 652-653	1
Παλλάντιον	σελ. 654-655	1
Μεγαλόπολις	σελ. 658-6602	
Γόρτυς	σελ. 667	1
Μελαναί	σελ. 670	1
Ηραία	σελ. 671-672	1
Ολυμπία (και σύγκρισις διαφόρων δωρικών ναών με τον ναόν του Διός εις την Ολυμπίαν)	σελ. 673-692	19
	Σύνολον σελίδων	88

ΘΕΜΑΤΙΚΟΣ ΤΟΜΕΥΣ ΙΙΙ:
ΠΕΡΙΓΡΑΦΗ ΚΑΤΩΚΗΜΕΝΩΝ ΠΟΛΕΩΝ

Μέρος πρώτον:		
Κέρκυρα (πόλις)	σελ. 18-19	1
Πάτραι	σελ. 29-34	5
Κόρινθος	σελ. 50-54	4
Αίγινα (η πόλις και η εκεί	σελ. 156-157 και	
αρχαιολογική συλλογή)	σελ. 164-171	5
Μέρος τρίτον:		
Ναύπλιον (με Ακροναυπλίαν και φρούριον Παλαμίδι)	σελ. 505-512	7
Άργος	σελ. 521-522	1
Μύλοι	σελ. 640	1
Τριπολιτσά	σελ. 650-651	1
Καρύταινα	σελ. 663-664	1
Πύργος	σελ. 693	1
	Σύνολον σελίδων	27

ΘΕΜΑΤΙΚΟΣ ΤΟΜΕΥΣ IV:
ΖΗΤΗΜΑΤΑ ΠΟΛΕΟΔΟΜΙΑΣ ΚΑΙ ΠΡΟΣΤΑΣΙΑΣ ΜΝΗΜΕΙΩΝ ΕΙΣ ΤΗΝ ΕΛΛΑΔΑ

Μέρος πρώτον:		
Ανάθεσις εις τον Klenze της αναθεωρήσεως του σχεδίου πόλεως των Αθηνών	σελ. 19-22	3
Μέρος δεύτερον:		
Σχεδιασμός του Πειραιώς και κατασκευή της οδού Πειραιώς (με παρατηρήσεις δια την εξαφάνισιν των Μακρών τειχών)	σελ. 285-298	13
Προτάσεις του Klenze δια τας αρχαιότητας των Αθηνών και δια τα μέτρα προστασίας των μνημείων της χώρας.	σελ. 298-308	10
Έναρξις των εργασιών αναστηλώσεως εις την Ακρόπολιν. Προσφώνησις του Βασιλέως Όθωνος από τον Klenze· έκφρασις των αισθημάτων που τον διακατέχουν την αξιομνημόνευτον εκείνη ημέραν.	σελ. 380-387	7
Προτάσεις και πραγματογνωμοσύναι του Klenze δια την συντήρησιν των μνημείων	σελ. 390-396	6
Συμβολή του Klenze εις την τελικήν διαμόρφωσιν του σχεδίου δια τας νέας Αθήνας. Προϊστορία του σχεδιασμού. Τοπογραφικά και κλιματικά δεδομένα των Αθηνών.	σελ. 396-410	14
Αρχαί πολεοδομικού σχεδιασμού του Klenze· η πρότασίς του δια τας Αθήνας. Κριτική επί του αρχικού σχεδίου των Κλεάνθους και Schaubert.	σελ. 419-445	26
Αποδοχή του σχεδίου του Klenze από τον Βασιλέα Όθωνα εις Αθήνας. Επιλογή της θέσεως των ανακτόρων (13-14 Σεπτ. 1834).	σελ. 446-455	9
Επεξηγήσεις του "δημοσιευμένου δια χαλκογραφίας" σχεδίου των νέων Αθηνών σχετικές με:		
– αρχαία μνημεία και εκκλησίας	σελ. 455-464	9
– τα τμήματα της πόλεως	σελ. 471-475	4
Έγκρισις και εφαρμογή του σχεδίου του Klenze	σελ. 475-476	1
Σκέψεις και σχέδια δια εν βασιλικόν ανάκτορον εις Αθήνας.	σελ. 476-498	11
Μέρος τρίτον:		
Σχέδιον δια την νέαν Σπάρτην	σελ. 638	1
	Σύνολον σελίδων	114

ΠΟΣΟΣΤΟΝ ΣΥΜΜΕΤΟΧΗΣ ΤΩΝ ΕΠΙΜΕΡΟΥΣ ΘΕΜΑΤΙΚΩΝ ΤΟΜΕΩΝ ΕΙΣ ΤΟ ΣΥΝΟΛΟΝ ΤΟΥ ΚΕΙΜΕΝΟΥ

1. Θεωρητικαί παρεκβάσεις επί διαφόρων θεμάτων	345	σελίδες	49.0%
2. Περιγραφή αρχαιολογικών τόπων	88	σελίδες	12,5%
3. Περιγραφή κατωκημένων πόλεων	27	σελίδες	3,8%
4. Ζητήματα πολεοδομίας και προστασίας μνημείων εις την Ελλάδα	114	σελίδες	16,2%
5. Περιγραφή του ταξιδίου του εις την Ελλάδα	132	σελίδες	18,5%
Γενικόν σύνολον	706	σελίδες	100.0%

ΠΑΡΑΡΤΗΜΑ 2

Πρωτότυπα σχέδια του Leo von Klenze που αφορούν τας Αθήνας και τον ελλαδικόν χώρον και φυλάσσονται εις την Κρατικήν Συλλογήν Έργων Γραφικών Τεχνών του Μονάχου.

Ο ακόλουθος κατάλογος σχεδίων του Leo von Klenze, τα οποία φυλάσσονται εις την Κρατικήν Συλλογήν Έργων Γραφικών Τεχνών (Staatliche graphische Sammlung) του Μονάχου, συνετάχθη από τον συγγραφέα το 1980, μετά από προσωπικές έρευνες. Αυτή η σπουδαιότερη συλλογή σχεδίων του Klenze, που αφορούν ιδικές του αρχιτεκτονικές μελέτες και άλλα θέματα σχετικά με την Αθήνα και την Ελλάδα, περιλαμβάνει συνολικά 48 έργα. Μεταξύ άλλων σώζονται τα αρχιτεκτονικά σχέδια της καθολικής μητρόπολης του Αγίου Διονυσίου εις Αθήνας (που τελικώς εκτίσθη), καθώς και του Παντεχνείου και των υπουργείων (τα οποία δεν εξετελέσθησαν). Ιδιαιτέρως εύστοχα είναι τα ταξιδιωτικά σκαριφήματά του από διαφόρους τόπους της Ελλάδος, καθώς και μία απόπειρα αναπαραστάσεως μιας γενικής απόψεως της Ακροπόλεως από τα δυτικά. Σπουδαιότερον ίσως σχέδιον είναι η γενική άποψις του σχεδιασμένου (με σινική μελάνη και υδρόχρωμα) από τον Klenze βασιλικού ανακτόρου εις Αθήνας.

Ο κατάλογος έργων με το ίδιο θέμα που συνέταξε ο Oswald Hederer (βλ. το έργο του *Leo von Klenze. Persoenlichkeit und Werk*, Callwey. Muenchen, 1964) περιλαμβάνει δυστυχώς μόνον ένδεκα (11) σχετικά έργα τα οποία εις τον παρόντα κατάλογο σημειώνονται με μία τελεία (•). Επιπλέον ο Hederer περιλαμβάνει από παραδρομήν εις τον κατάλογόν του δύο αριθμούς καταλόγου ασχέτους προς το θέμα (δηλ. τους 25045 και 25046) και μνημονεύει δύο φορές τον αριθμό 27079, ενώ παρουσιάζει τον αριθμό 27119 με τίτλο "Αθήνα, σχέδιο πόλης" λανθασμένα ως έργο του Klenze. Πρόκειται εδώ δυστυχώς για μια σοβαρή παραδρομή, διότι αυτό το σχέδιο είναι το σχεδιασμένο με το χέρι (με σινική μελάνη και μολύβι) πρωτότυπο που εχρησίμευσε ως υπόβαθρο του λιθογραφημένου σχεδίου της πολεοδομικής πρότασης για την Αθήνα των Κλεάνθη και Schaubert, που ετυπώθη στο Μόναχο. Το σχέδιο σε κλίμακα 1:8.000 φέρει στο περιθώριο κάτω αριστερά την επιγραφή στα ελληνικά "Διαγραφέν υπό Κλεάνθους και Σχάουβερτ" και είναι δωρεά του αυλικού αξιωματούχου Hippolyt Klenze (υιού του Leo von Klenze) και της αδελφής του Κόμισσας Oettingen προς την Κρατική Συλλογή Γραφικών Τεχνών του Μονάχου κατά το έτος 1885.

ΑΡΙΘΜΟΣ ΚΑΤΑΛΟΓΟΥ		ΠΕΡΙΓΡΑΦΗ ΤΟΥ ΣΚΑΡΙΦΗΜΑΤΟΣ Η ΣΧΕΔΙΟΥ
(1) 24042,1		Κτήριον υπουργείου εις την οδόν Πειραιώς εις Αθήνας. Κατόψεις του ισογείου και του πρώτου ορόφου.
(2) 24042,2		Κτήριον υπουργείου εις την οδόν Πειραιώς εις Αθήνας. Πρόσοψις.
(3) 25048		Κτήριον υπουργείου εις την οδόν Πειραιώς εις Αθήνας. Λεπτομέρειαι πρώτου ορόφου.
(4) 25050	(•)	Γενική άποψις των βασιλικών ανακτόρων.
(5) 25051		Παντεχνείον εις Αθήνας. Πρόσοψις.
(6) 25052		Παντεχνείον εις Αθήνας. Λεπτομέρειαι.
(7) 25053		Παντεχνείον εις Αθήνας. Λεπτομέρειαι.
(8) 25054		Παντεχνείον εις Αθήνας. Λεπτομέρειαι.
(9) 25055		Παντεχνείον εις Αθήνας. Λεπτομέρειαι.
(10) 26165		Η εκκλησία του Αγίου Διονυσίου των Καθολικών εις Αθήνας. Πρόσοψις (με τρούλλο).
(11) 26624, VI 2		Η εκκλησία του Αγίου Διονυσίου των Καθολικών εις Αθήνας. Πλαγία όψις και τομή κατά μήκος
(12) 26838	(•)	Απόπειρα αναπαραστάσεως της γενικής απόψεως της Ακροπόλεως από τα δυτικά.
(13) 26962		Η εκκλησία του Αγίου Διονυσίου των Καθολικών εις Αθήνας. Πρόσοψις. (Προσχέδιον).
(14) 26964,II 35 III	(•)	Πρόσοψις εκκλησίας (εις Αθήνας;)
(15) 26965,II 35 III		Εκκλησία. Εγκαρσία τομή (εις Αθήνας;)
(16) 26968		Εκκλησία. Πρόσοψις με καμπαναριό (εις Αθήνας;)
(17) 26975,IV 1		Η εκκλησία του Αγίου Διονυσίου των Καθολικών εις Αθήνας. Πρόσοψις με τρούλλο. Έγχρωμον.
(18) 27044,II 35 I		Ερεχθείον, Αθήναι. Δυτική όψις.
(19) 27079	(•)	Η εκκλησία του Αγίου Διονυσίου των Καθολικών εις Αθήνας. Τομή κατά πλάτος.
(20) 27080,I 140 IV		Η εκκλησία του Αγίου Διονυσίου των Καθολικών εις Αθήνας. Τομή κατά πλάτος.
(21) 27081	(•)	Η εκκλησία του Αγίου Διονυσίου των Καθολικών εις Αθήνας. Κάτοψις.
(22) 27086,I 140 IV		Εκκλησία. Εγκαρσία τομή (εις Αθήνας;)
(23) 27087		Η εκκλησία του Αγίου Διονυσίου των Καθολικών εις Αθήνας. Πρόσοψις.
(24) 27093,II 35 III	(•)	Η εκκλησία του Αγίου Διονυσίου των Καθολικών εις Αθήνας. Πρόσοψις.
(25) 27094		Η εκκλησία του Αγίου Διονυσίου των Καθολικών εις Αθήνας. Πρόσοψις.
(26) 27095, IV 2		Εκκλησία με πρόναο και τρούλλο. Πρόσοψις (εις Αθήνας;)
(27) 27096		Περίκεντρο κτήριο. Πρόσοψις και κάτοψις (εις Αθήνας;)
(28) 27097,II 35 III	(•)	Η εκκλησία του Αγίου Διονυσίου των Καθολικών εις Αθήνας. Πρόσοψις.
(29) 27098		Η εκκλησία του Αγίου Διονυσίου των Καθολικών εις Αθήνας. (Φωτογραφία σχεδίου προσόψεως).
(30) 27102,II 35 III		Η εκκλησία του Αγίου Διονυσίου των Καθολικών εις Αθήνας. Κάτοψις.
(31) 27103		Η εκκλησία του Αγίου Διονυσίου των Καθολικών εις Αθήνας. Κάτοψις.
(32) 27110		Η εκκλησία του Αγίου Διονυσίου των Καθολικών εις Αθήνας. Σπουδαί δια την πρόσοψιν.
(33) 27113	(•)	Η εκκλησία του Αγίου Διονυσίου των Καθολικών εις Αθήνας. Κάτοψις. Με την επιγραφή στα γαλλικά "Eglise Catholique a Athènes. Plan".
(34) 27115		Η εκκλησία του Αγίου Διονυσίου των Καθολικών εις Αθήνας. Οπισθία όψις.
(35) 27123		Η εκκλησία του Αγίου Διονυσίου των Καθολικών εις Αθήνας. Τομή (με τρούλλο).
(36) 27125,IV 2	(•)	Παντεχνείον εις Αθήνας. Προοπτικόν.
(37) 27126	(•)	Η εκκλησία του Αγίου Διονυσίου των Καθολικών εις Αθήνας. Πρόσοψις. (Έγχρωμον).
(38) 27128		Η εκκλησία του Αγίου Διονυσίου των Καθολικών εις Αθήνας. Τομή κατά μήκος.
(39) 27389		Εκκλησία. Εγκαρσία τομή (εις Αθήνας;)
(40) 27430,II 35 II		Εκκλησία. Πλαγία όψις (εις Αθήνας;)
(41) 27606		Παρθενών. Αθήνα, δυτική όψις.
(42) 27722		Κέρκυρα. Ταξιδιωτικόν σκαρίφημα, 1834.
(43) 27723		Ζάκυνθος. Ταξιδιωτικόν σκαρίφημα, 1834.
(44) 27724		Αθήναι. Ακρόπολις και Ηφαιστείον από τα ΒΔ. Ταξιδιωτικόν σκαρίφημα, 1834.
(45) 27725	(•)	Αθήναι. Ακρόπολις: γενική άποψις από τον βορρά. Ταξιδιωτικόν σκαρίφημα, 1834.
(46) 27726		Δρόμος εις την Κέρκυρα. Ταξιδιωτικόν σκαρίφημα, 1834
(47) 27742,II 35 I		Ναύπλιον. Ταξιδιωτικόν σκαρίφημα, 1834.
(48) 27745		Ναύπλιον. Το κάστρον του Παλαμιδίου. Ταξιδιωτικόν σκαρίφημα, 1834.

ΠΑΡΑΡΤΗΜΑ 3

Αρχιτεκτονική, πολεοδομία και αρχαιολογία εις την Ελλάδα κατά την οθωνικήν περίοδον (1833-1862). Άρθρα και εκθέσεις δημοσιευμένα εις την "Allgemeine Bauzeitung" του Ludwig Foerster εις την Βιένvην. Μία συλλογή κειμένων (πρωτότυπα κείμενα εις γερμανικήν γλώσσαν).

Περιοδική έκδοσις: "Allgemeine Bauzeitung" με απεικονίσεις δια αρχιτέκτονας, μηχανικούς, διακοσμητάς, τεχνίτας, λογιστάς των κατασκευών, κατασκευαστάς και όλους όσους ενδιαφέρονται δια τας προόδους και τα επιτεύγματα της αρχιτεκτονικής και των συναφών ειδικοτήτων.
Εκδίδει και επιμελείται ο Ludwig Foerster εις την Βιέννην. Εκδόσεις L. Foerster, Artistische Anstalt, Wien. (Το περιοδικόν εξεδόθη δίχως καμίαν διακοπήν από του έτους 1836 μέχρι το έτος 1918).

ΠΙΝΑΞ[1]

Πλήθος σελίδων	Πλήθος σελίδων του άτλαντος	Θέμα[2]	Έτος	Συνοπτική παρουσίαση του κειμένου
15	3	Α	1838 (3 έτος)	Σελίδες[3] 371-375, 379-383 και 387-391: Ο Παρθενών εις Αθήνας και τα κύρια αρχιτεκτονικά του μέλη μετρηθέντα εκ νέου. Συμβολή εις την θεωρίαν κατασκευής των ελληνικών ναών. Ανακοίνωσις του αρχιτέκτονος της ελληνικής βασιλικής κυβερνήσεως Joseph Hoffer. Με τρεις απεικονίσεις στα φύλλα 237, 238 και 239 του άτλαντος.
1		ΣΤ	1838 (3ον έτος)	Σελίς 378, υπό τον τίτλον "Ειδήσεις": σημείωσις δια την οικοδόμησιν του λοιμοκαθαρτηρίου εις την Σύρον από τον Wilhelm von Weiler.
15		Β	1840 (5ον έτος)	Σελίδες 316-330: Εξέλιξις των μορφών της ελληνικής αρχιτεκτονικής. Από τον αρχιτέκτονα Carl Boetticher, Berlin.
44	7	Α	1841 (6ον έτος)	Σελίδες 11-19 και 91-125: Απόψεις της Ακροπόλεως και των κτηρίων της. Επιστολή του Adolf Schoell προς τον εκδότη. Συνοδεύεται υπό τοπογραφικού διαγράμματος των Αθηνών, που συνέταξαν οι Leake και Cockerell σε κλίμακα 1:10.000 και από 7 απεικονίσεις στα φύλλα 390 έως 396 του άτλαντος (αρχιτεκτονικαί λεπτομέρειαι και σχέδια των Προπυλαίων του Joseph Hoffer).
68		Γ	1844 (9ον έτος)	"Εφημερίδες". Σελίδες 1-8, 17-25, 33-38, 41-58 και 69-95: Η πόλις των Αθηνών και η παρούσα κατάστασις της αρχιτεκτονικής εις την Ελλάδα. Σκόρπιες παρατηρήσεις του Friedrich Stauffert, πρώην αρχιτέκτονος του Δήμου των Αθηνών από το έτος 1835 έως τις 15 Σεπτεμβρίου του 1843. Με παρατηρήσεις δια τα αρχαία και μεσαιωνικά μνημεία της χώρας, καθώς και δια τους οικοδομικούς νόμους και τα διατάγματα περί διατηρήσεως των αρχαιοτήτων, πληροφορίας δια την οργάνωσιν της οικοδομικής τέχνης, καθώς και δια τα τεχνικά εκπαιδευτικά ιδρύματα του νέου βασιλείου.
5		ΣΤ	1845 (10ον έτος)	Σελίδες 291-294: Περί της παρασκευής ελαφρών οπτών πλίνθων από λευκό χώμα (πιθανόν από εκχυματογενή) κατά την αρχαιότητα εις την Ρόδον και της ιστορικής τους χρησιμοποιήσεως δια την περίφημον εκκλησίαν της του Θεού Σοφίας εις Κωνσταντινούπολιν. Παρουσίασις μελέτης του καθηγητού του Βερολίνου Δρος Ehrenberg από τον C. W. Hoffmann.
6	6	Ε	1846 (11ον έτος)	Σελίδες 126-131: Το αστεροσκοπείον ανεγερθέν εις Αθήνας με δαπάνας του βαρώνου Γεωργίου Σίνα από τον Theophil Hansen. Συνοδεύεται από τοπογραφικόν των Αθηνών (σελίς 127) και 7 απεικονίσεις εις τα φύλλα 29 έως 35 του άτλαντος.
2	7	Ε	1846 (11ον έτος)	Σελίδες 287-288: Ιδιωτικόν κτήριον εις τας Αθήνας[4]. Σχέδιον και εκτέλεσις του Theophil Hansen. Συνοδεύεται από 7 απεικονίσεις εις τα φύλλα 62 έως 68 του άτλαντος.
4		Β	1846 (11ον έτος)	"Βιβλιογραφία και ανακοινώσεις". Σελίδες 19-22: Κριτική από τον Lohde του έργου: "Το αρχαιοελληνικόν θέατρον βάσει του συνόλου των γνωστών καταλοίπων, παρουσιασμένον εις εννέα σχέδια" του J. H. Strack, αρχιτέκτονος και καθηγητού, Potsdam 1843, εκδόσεις Riegel, Α τόμος, μεγάλου σχήματος.
5		Β	1847 (12ον έτος)	Σελίδες 46-50: Δημόσιον τουρκικόν λουτρόν εις Αθήνας. Με δύο κατόψεις και δύο τομάς εις κλίμακα 1:200 εις την σελίδα 47.
13		ΣΤ	1848 (13ον έτος)	Σελίδες 53-65: Η Νήσος Σαντορίνη εις το ελληνικόν Αρχιπέλαγος και οι κατασκευασμένοι από θηραϊκή γη δόμοι που εχρησιμοποιήθησαν εις κατασκευάς εις την Τεργέστην και την Βενετίαν. Με χάρτην της νήσου εις την σελίδα 55 και απεικονίσεις εις τας σελίδας 61 και 63 (τομαί θεμελίων κτισμάτων).
3		Α	1848 (13ον έτος)	"Σημειώσεις", σελίδες 199-201: Αι εργασίαι αποκαταστάσεως της εκκλησίας της του Θεού Σοφίας εις Κωνσταντινούπολιν.
6		Β	1849 (14ον έτος)	Σελίδες 148-153: Friedrich von Gaertner[5]: Βιογραφικό σκαρίφημα με πορτραίτο του στη σελίδα 153.
12		Ζ	1849 (14ον έτος)	"Σημειώσεις", σελίδες 97-108: Το Άγιον Όρος στον Άθωνα με τας μονάς του και τας βυζαντινάς τοιχογραφίας του.

1	2	Ε	1850 (15ον έτος)	Σελίς 1: Η αγγλικανική εκκλησία εις Αθήνας. Αρχιτεκτονικόν σχέδιον και κατασκευή του Christian Hansen. Με απεικονίσεις εις τα φύλλα 302 και 303 του άτλαντος.
17	5	Β	1850 (15ον έτος)	Σελίδες 339-355: Μεσαιωνικοί ναοί βυζαντινού ρυθμού εις την Ελλάδα. Άρθρον του Friedrich Stauffert με απεικονίσεις εις την σελίδα 345 (κατόψεις Αγίας Σοφίας, Ναυαρίνου, Βουρλάνου) και 5 απεικονίσεις εις τα φύλλα 368 έως 372 του άτλαντος.
2		ΣΤ	1850 (15ον έτος)	"Σημειώσεις", σελίδες 290-291: Ελλάς: τα λατομεία της νήσου Πάρου των Κυκλάδων.
6	5	Ε	1851 (16ον έτος)	Σελίδες 1-6: Το οθωνικόν πανεπιστήμιον εις Αθήνας. Αρχιτεκτονικά σχέδια και εκτέλεσις του Christian Hansen. Άρθρον του Friedrich Stauffert. Με 5 απεικονίσεις εις τα φύλλα 374 έως 378 του άτλαντος.
19	7	Α	1851 (16ον έτος)	Σελίδες 335-353: Η αναστήλωσις του Ερεχθείου εις Αθήνας. Μια κατατοπιστική και αποδεικτική πραγματεία η οποία παρεδόθη εις το Γαλλικόν Ινστιτούτον από τον πρώην υπότροφον της Ακαδημίας της Ρώμης αρχιτέκτονα Tetaz. Με ακριβή σχεδιαστικήν απεικόνισιν των κυριοτέρων αρχιτεκτονικών μελών του κτηρίου από τον αρχιτέκτονα της ελληνικής βασιλικής κυβερνήσεως Hoffer (και σύντομον επίλογον του Friedrich Stauffert, τέως αρχιτέκτονος του δήμου Αθηναίων). Με απεικονίσεις εις την σελίδα 339 (γλυπτική) και σελίδα 349 (κάτοψις και τομή του Ερεχθείου), καθώς και 7 απεικονίσεις εις τα φύλλα 429 έως 435 του άτλαντος.
8		Δ	1852 (17ον έτος)	"Βιβλιογραφία και ανακοινώσεις" Σελίδες 243-250: Μετάφρασις μιας βιβλιοκρισίας του E. Cartier (εις την "Revue Archeologique", 9ο έτος, πρώτον και δεύτερον τεύχος 1852) δια το έργον "Die polychrome Architektur bei den Alten" (Η πολύχρωμος αρχιτεκτονική των Αρχαίων) του J. J. Hittorf. (Γαλλικός πρωτότυπος τίτλος του έργου: "Restitution du temple d'Empedocle a Selinonte ou l'architecture polychrome chez les Grecs". 1 vol. en 4o avec Atlas).
25	13	Γ	1853 (18ον έτος)	Σελίδες 36-60: Η ύδρευσις της Κωνσταντινουπόλεως και τα δημόσια φρεατά της. Με χάρτην της Κωνσταντινουπόλεως εις το φύλλον 523, καθώς και σχέδια και όψεις εις τα φύλλα 524 έως 535 του άτλαντος.
6	6	Β	1853 (18ον έτος)	Σελίδες 189-194: Αι δύο εκκλησίαι της μονής του Αγίου Λουκά εις την Ελλάδα. Με απεικόνισιν εις την σελίδα 191 (κιονόκρανα) και έξι απεικονίσεις εις τα φύλλα 572 έως 577 του άτλαντος.
2	2	Β	1853 (18ον έτος)	Σελίδες 194-195: Ο ναός της μονής Δαφνίου πλησίον των Αθηνών. Με απεικονίσεις εις τα φύλλα 576-577 του άτλαντος.
7		Α	1853 (18ον έτος)	"Βιβλιογραφία και ανακοινώσεις". Σελίδες 355-361. Εις την επισκόπησιν των περιοδικών: παρουσίασις ενός άρθρου του Chaudet δημοσιευμένου εις την "Revue Archeologique" (9ο έτος τεύχη 3-12 του 1852) με τίτλον: "Τα Προπύλαια και η Ακρόπολις των Αθηνών". Με ένα σκαρίφημα από τας προσφάτους ανασκαφάς εις τα Προπύλαια εις την σελίδα 359.
13		Ζ	1853 (18ον έτος)	"Σημειώσεις". Σελίδες 225-237: Ταξίδια εις την Ιταλία, Ελλάδα και εις το Λεβάντε: Δήλος.
12		Ζ	1853 (18ον έτος)	"Σημειώσεις". Σελίδες 241-252: Ταξίδια εις την Ιταλία, Ελλάδα και εις το Λεβάντε: Σαντορίνη.
12		Ζ	1853 (18ον έτος)	"Σημειώσεις". Σελίδες 261-272: Ταξίδια εις την Ιταλία, Ελλάδα και εις το Λεβάντε: Ρόδος.
25		Ζ	1853 (18ον έτος)	"Σημειώσεις". Σελίδες 277-286 και 293-307: Ταξίδια εις την Ιταλία, Ελλάδα και εις το Λεβάντε: Κύπρος.
47		Ζ	1854 (19ον έτος)	"Σημειώσεις". Σελίδες 1-9 καθώς και 21-26 και 37-67: Ταξίδια εις την Ιταλία, Ελλάδα και εις το Λεβάντε: Σύρος, Πειραιεύς, Αθήναι.
3	2	Ε	1854 (19ον έτος)	Σελίδες 129-131: Η νέα καθολική εκκλησία του Αγίου Διονυσίου εις Αθήνας του Leo von Klenze. Με απεικονίσεις εις τα φύλλα 617 και 618 του άτλαντος.
54	2	Α	1854 (19ον έτος)	Σελίδες 84-127: Τα μνημεία των Αθηνών και αι αρχαιολογικαί σπουδαί εις Αθήνας. Με απεικονίσεις εις τα φύλλα 614 και 615 του άτλαντος.
19		Δ	1854 (19ον έτος)	"Σημειώσεις". Σελίδες 94-112: Η νήσος Αίγινα και η τέχνη της.
63		Α	1854 (19ον έτος)	"Βιβλιογραφία και ανακοινώσεις" Σελίδες 9-31, καθώς και 47-76: Η γαλλική σχολή των Αθηνών και τα επιστημονικά επιτεύγματά της, ιδίως ως προς το έργον του Beulé "L'Acropole d'Athènes". Με απεικονίσεις εις τας σελίδας 55, 57, 59 και 61.
13	6	Α	1855 (20όν έτος)	Σελίδες 336-348: Ο ναός της Απτέρου Νίκης εις την Ακρόπολιν των Αθηνών. Με σχέδια του αρχιτέκτονος Landron εις τα φύλλα 723 και 728 του άτλαντος.
68		Α	1855 (20όν έτος)	"Βιβλιογραφία και ανακοινώσεις" Σελίδες 80-84, 91-99, 103-111, 115-124, 135-148, 159-171, 187-194: Συνέχεια του άρθρου: Η γαλλική σχολή των Αθηνών και τα επιστημονικά επιτεύγματά της, ιδίως ως προς το έργον του Beulé "L'Acropole d'Athènes".

60	16	Β	1857 (22ον έτος)	Σελίδες 343-402: Η αρχιτεκτονική ναών και μονών εις την Ανατολήν. Με χάρτην της χερσονήσου της Χαλκιδικής εις την σελίδα 351 και πολυαρίθμους απεικονίσεις εις τα φύλλα 139 έως 154 του άτλαντος.
29	1	Δ	1858 (23ον έτος)	Σελίδες 204-232: Η τέχνη εις την Σπάρτην. Με τοπογραφικόν σχέδιον εις την σελίδα 255 και μίαν όψιν εις το φύλλον 211 του άτλαντος.
5		Β	1858 (23ον έτος)	"Σημειώσεις". Σελίδες 145-149: Ρόδος και Μάλτα ή οι ναοί των Ιωαννιτών εις τας δύο νήσους. Από τον Prisag.
22		Ζ	1858 (23ον έτος)	"Σημειώσεις". Σελίδες 195-202 και 203-216: Η λίμνη της Κωπαΐδος εις την Βοιωτίαν, με μίαν εισαγωγήν δια τας λίμνας Φενεού και Στυμφαλίας εις τον Μωριά. Με έναν χάρτην εις την σελίδα 211.
2		Α	1859 (24ον έτος)	Σελίδες 106-107: Αρχαίος πύργος εις την νήσον Άνδρον. Απεικόνισις εις την σελίδα 107.
11		Α	1861 (26ον έτος)	"Σημειώσεις". Σελίδες 105-115: Το ανατολικόν τμήμα της Ακροπόλεως των Αθηνών.
3		ΣΤ	1862 (27ον έτος)	Σελίδες 142-144: Τα λατομεία μαρμάρου τα οποία ανεκάλυψε ο καθηγητής Siegel εις την Ελλάδα. Διάλεξις εις την Γεωγραφικήν Εταιρείαν του Βερολίνου του δρος Herrmann Grimm.
753	90			Σύνολον

1. Τον πίνακα συνέταξε ο συγγραφεύς το 1986. Είναι αποτέλεσμα λεπτομερών ερευνών εις όλα τα τεύχη της πλήρους σειράς του περιοδικού *Allgemeine Bauzeitung*, που φυλάσσονται στο Zentralinstitut fuer Kunstgeschichte (Κεντρικό Ινστιτούτο Ιστορίας της Τέχνης) του Μονάχου.
2. Τα θέματα κατετάχθησαν εις τας εξής κατηγορίας: (Α) αρχαιολογία και προστασία μνημείων, (Β) ιστορία της αρχιτεκτονικής, (Γ) πολεοδομία και υποδομή της πόλης, (Δ) θεωρία και ιστορία τέχνης, (Ε) αρχιτεκτονική, (Στ) οικοδομική, (Ζ) ταξιδιωτικά και τοπογραφικά.
3. Αι σελίδες χωρίς άλλον προσδιορισμόν (π.χ. "Εφημερίδες", "Φύλλο Σημειώσεων" κ.λπ.) αναφέρονται εις το κυρίως κείμενον του περιοδικού.
4. Πρόκειται δια την οικίαν Δημητρίου εις την Πλατείαν Συντάγματος.
5. Friedrich von Gaertner, αρχιτέκτων των παλαιών ανακτόρων των Αθηνών.

162

162. Το ανακατασκευασμένον παναθηναϊκόν στάδιο (παλαιόν ταχυδρομικόν δελτάριον, αρχείον του συγγραφέως).

ΒΙΒΛΙΟΓΡΑΦΙΑ

Επιλεκτική Βιβλιογραφία (κατ' αλφαβητικήν σειράν
και επιπλέον των βιβλιογραφικών επιλογών των κεφαλαίων 2-6)

Η Αθήνα κατά την Οθωνικήν περίοδον (1833-1862):
Πολιτική, ιστορία, τοπική αυτοδιοίκηση, αρχιτεκτονική, πολεοδομία, αρχαιολογία, συντήρηση μνημείων, κοινωνική ζωή, ταξιδιωτικές περιγραφές.

I. ΔΗΜΟΣΙΕΥΣΕΙΣ ΕΙΣ ΓΕΡΜΑΝΙΚΗΝ, ΓΑΛΛΙΚΗΝ ΚΑΙ ΑΓΓΛΙΚΗΝ ΓΛΩΣΣΑΝ

Abbot. J. N. — Sketches of Modern Athens. London, Pigott, 1849.

Abele, J.A.G. — Griechische Denkwürdigkeiten und die Koenigliche Baierische Expedition nach Hellas. Mannheim, 1836.

About, E. — La Grèce contemporaine, Paris, 1855.

Assing, L. — Fürst Hermann von Pückler-Muskau. Briefwechsel und Tagebücher. Berlin, 1876

Averoff, Michelle — Une femme d'hier: Sophie de Marbois, Duchesse de Plaisance. Paris, 1961.

Barth, W. — Geschichte der Deutschen Gesellschaft Philadelphia in Athen, 1936.

Beaullieu, — Athen im Frühjahre 1851.

Wilhelm Ernst von Bechtle, R. — Wege nach Hellas. Studien zum Griechenlandbild Deutscher Reisender. Esslingen, 1959.

Beulé, F. — L'Acropole d'Athènes, Paris, 1853-1854.

Beulé., Ch.E. — Athènes et les grecs modernes, Paris, 1855.

Bibilakis, E. — Neugriechisches Leben, Berlin, 1840.

Bikelas, D. — Public Spirit in Modern Athens. In: "Century", LIII, 3. Jan. 1897, p.p. 378-392.

Blumenfels, Hans — Russian city planning of the 18 and early 19 C., Journal of Architectural Historians Vol. IV, 1944.

Bötticher, K. — Bericht über die Untersuchungen auf der Akropolis von Athen im Frühjahr 1862 (1863).

Bourier, K. — Bayerns Verdienste um Griechenland im 19. Jahrhundert. Zeitschrift Bayerland, 1932. Nr. 22.

Bower, L. and Bolitho, G. — Otho I., King of Greece, London, 1939.

Bracebridge, M. — Panoramic Sketch of Athens taken May 1839. London, 1839.

Brandis, Christian-August — Mitteilungen aus Griechenland, Bde. 1-3, Leipzig, 1842.

Breton, E. — Athènes décrite et dessinée. Paris, 1862.

Bronzetti, C.J. — Erinnerungen an Griechenland aus den Jahren 1832-1835. Würzburg, 1842.

Canat, R. — La renaissance de la Grèce antique, 1820-1850, Paris, 1911.

Canat, R. — L'hellenisme des romantiques, 1826-1840, 2 Bde., Paris, 1951/1953.

Chenavard, A. — Voyage en Grèce et dans le Levant fait en 1843-44, Paris, 1858.

Cochrane, George — Wanderings in Greece. London, 1835.

Cole, W. — Select Views of the Remains of Ancient Monuments in Greece. London, 1835.

Daux, Georges — L'Athènes antique en 1851, Photographies D'Alfred Normand. In: "Bulletin de Correspondance Hellenique", 1956, II.

Davydof, Wladimir — Reisebemerkungen während eines Aufenthaltes auf den Jonischen Inseln. Griechenland, Klein-Asien und der Türkei im Jahre 1835. Petersburg, 1840.

Deschamps, Gaston — La Grèce d'aujourd'hui. Paris, 1892.

Du Moncel, Théodore — De Venise à Constantinople a travers la Grèce. Paris, 1843.

Earl of Carnarvon — Reminiscenses of Athens. London, 1839.

Fauvel, Louis — Dessins, fin XVIIIe S. (Grèce. Egypte, Constantinople). 4 vol. Bibl. Nationale. Cabinet des Estampes, Paris. Gb 15, 15a, 15b, 15c.

Feuchtmayr, I. (Hrsg.) — Leon von Klenze als Maler und Zeichner, Katalog der Ausstellung in der Bayerischen Akademie der Schönen Künste, Königsbau der Münchener Residenz. München, 1977.

Fiedler, K.G. — Reise durch Griechenland in den Jahren 1834 bis 1837, Leipzig, 1840.

Finlay, George — The Hellenic Kingdom and the Greek Nation, London, 1836.

Finlay, George — A History of Greece from its Conquest by the Romans to the Present Time. 7 Bde., Oxford, 1877.

Flaubert, Gustave — Notes de Voyage. In: "Oeuvres complètes". Paris, 1910 (Voyage en Grèce: Hiver 1851).

Forchhammer, Peter-Wilhelm — Topographie von Athen, Kiel, 1841.

Forchhammer, P.-W. und Müller, Karl-Otfried — Zur Topographie Athens. Ein Brief aus Athen und ein Brief nach Athen. Göttingen, 1833.

Garston, E. — Greece revisited in 1840. London, 1842.

Grenier, A. — La Grèce en 1863. Paris, 1863.

Gregorovius, Ferdinand — Geschichte der Stadt Athen im Mittelalter. 2 Bde., Stuttgart, 1889. Neuauflage Hrsg. von H.-G. Beck, München, 1981.

Hautumm, W. (Hrsg.) — Hellas. Die Wiederentdeckung des klassischen Griechenland. Reisende und Forscher des 18. und 19. Jahrhunderts erkunden Athen, Delphi, Olympia, Mykene u. a. Köln, 1983.

Hederer, Oswald — Leon von Klenze. Persönlichkeit und Werk. München, 1964.

Hederer, Oswald — Friedrich von Gärtner, 1792-1847. Leben, Werk, Schüler. München, 1976.

Hertzberg, G. F. — Geschichte Griechenlands im 19. Jahrhundert. Gotha, 1878.

Hervé, F. — A Residence in Greece and Turkey. London, 1837.

Hettner, Hermann — Griechische Reiseskizzen. Braunschweig, 1853.

Hüttl, Ludwig — Ludwig I. König und Bauherr. München, 1986.

Jassen, H. B. — Deutsche Betrachter griechischer Landschaft, Ross-Pückler-Stackelberg, In: "Antike und Abendland", 1957, S. 119ff.

Judeich, Walter — Topographie von Athen, 1905, 2. Aufl, München, 1931.

Kalnein von, W. — Architecture in the Age of Neo-Classicism. The Fourteenth Exhibition of the Council of Europe. London, 1972.

Klenze von, Leo — Artistische Belege zum Neubau der Stadt Athen, 1834, Klenzeana III/22. Handschriftenabteilung der Bayerischen Staatsbibliothek, München.

Klenze von, leo — Denkschrift über die Verhältnisse der Regentschaft in Griechenland bis Juli 1834. Ms., Bayer, Staatsbibliothek München, Handschriftenabteilung, Klenzeana III 20.

Klenze von, Leo — Briefwechsel mit Kronprinz Ludwig, I. Geheimes Hausarchiv, München, 18/11/1819, I.A., 36 und 31/12/1820, I.A. 36.

Klenze von, Leo — Architektonische Erwiderungen und Erörterungen über Griechisches und Nichtgriechisches, von einem Architekten. Undatiertes Manuskript in der Klenzeana-Sammlung der Bayerischen Staatsbibliothek, München.

Kühn, Margarete — Als die Akropolis aufhörte Festung zu sein. Stimmen der Zeit zur Frage der Errichtung neuer Bauten auf der Akropolis und zur Erhaltung ihrer Nachantiken Monumente. In: "Schlösser und Gärten-Berlin". Festschrift für Martin Sperlich zum 60. Geb. 1979. Berlin, 1980, S. 83-106.

Laborde, L. — Le Parthenon. Documents pour servir pour une restauration. Paris, 1848.

Lamartine, Alphonse de — Souvenirs, impressions, pensées et paysages pendant un voyage en orient (1832-1833) ou notes d'un voyageur: I-IV. Paris, 1835.

Laios, George — Tour la Reine. Athens, 1977.

Leake, William Martin — Topographie Athens (übersetzt von J.G. Baiter und H. Sauppe). 2. Aufl., Zürich,1844.

Lenormand, Charles — Beaux arts et voyages. En tome II: second voyage à Athènes en 1841.

Levidis, N. — Quelques mots sur la Grèce et l'ex-roi Othon. Bruxelles, 1863.

Löwe, H. — Friedrich Thiersch und die Griechische Frage. München, 1913.

Lovinesco — Les voyageurs français en Grèce au XIX siècle, Paris, 1909.

Mavrogordato, J. — Modern Greece. A Chronicle and a Survey 1800-1931. London, 1931.

Mackroth, S. — Das Deutschtum in Griechenland. Schriften des Deutschen Auslands-Instituts. Stuttgart, 1930.

Maehrlen, J. — Geschichte Griechenlands von der Ankunft König Ottos in Nauplia bis zu seiner Thronbesteigung. Stuttgart, 1839.

Messinesis, D. — König Otto von Griechenland im Geschichtsbewusstsein seiner Nation. München, 1965.

Messinesis, D. — Der beste Freund der Hellenen. Ludwig I. von Bayern. München, 1966.

Meletopoulos, J. — Les derniers jours du roi Othon en Grèce. Athènes, 1970.

Meyer, Alfred Richard — Fürst Pückler in Athen. Berlin, 1944.

Miller, William — The Early Years of Modern Athens. London, 1926.

Neezer, Christopher — Erinnerungen an Griechenland, Konstantinopel, 1883

Nordenflycht von, Julie — Briefe einer Hofdame in Athen. Leipzig, 1845. Translated into Greek by K. Tsaousopoulos, "Bulletin of the Historical and Ethnological Society of Greece", Vol. 8 (Athens 1923), pp. 383-555.

Ow von, J. — Aufzeichnungen eines Junkers am Hofe zu Athen (1837). Vienna, 1854.

Papageorgiou-Venetas, Alexander — Gärtner in Griechenland und der Bau der Athener Rezidenz. In: Friedrich von Gärtner, ein Architektenleben, München, 1992

Parish, H. H. — The Diplomatic History of the Monarchy of Greece, London, 1838.

Poulos, J. — Textes et Documents, La Grèce d'Othon vue en 1841 par l'homme d'état et diplomate français Piscatory. In: "L'Hellénisme Contemporain", 1955, pp. 321-408.

Predl von, F.X., — Erinnerungen aus Griechenland in den Jahren 1832, 1833, 1834 und 1835, Würzburg, 1841.

Prokesch-Osten von, Anton — Denkwürdigkeiten und Erinnerungen aus dem Orient, 3 Bde., Stuttgart, 1837.

Prokesch-Osten von, Anton — Geschichte des Abfalls der Griechen. Vienna, 1867

Pückler-Muskau, Hermann — Südöstlicher Bildersaal; Griechische Leiden, Stuttgart, 1840.

Raoul-Rochette — Athènes sous le roi Othon. Dans: "Revue des deux mondes". Tome 16me. 15 Oct. 1838.

Reisinger, E. (Hrsg.) — Griechenland. Landschaften und Bauten. Schilderungen Deutscher Reisender. Leipzig, 1916. 2 Aufl. 1923.

Roque, Phokion — Athènes d'après le colonel Leake, Paris, 1868.

Ross, Ludwig — Reisen des Königs Otto und der Königin Amalia. 2Bde., Halle, 1848.

Ross, Ludwig — Archäologische Aufsätze. 2 Bde., Leipzig, 1855-1861.

Ross, Ludwig, Schaubert, Eduard und Hansen, Christian — Die Akropolis von Athen nach den neuesten Ausgrabungen. I. Der Tempel der Nike Apteros, Berlin, 1839.

Schmeidler, W.F.C. — Geschichte des Königreiches Griechenland. Heidelberg, 1877.

Schönwälder, K. — Erinnerungen an Griechenland, Brieg, 1838.

Seidl, Wolf — Bayern in Griechenland, München, 1965.

Sommer, Jean-Adolphe — Repertoire analytique et déscriptif pour la carte d'Athènes et ses environs. Munich, 1841.

Stademann, Ferdinand — Panorama von Athen. München, 1841.

Steub, Ludwig — Bilder aus Griechenland. Leipzig, 1841. Autobiographie. Neudruck in: "Sommer in Oberbayern". München, 1947.

Strong, F. — Greece as a Kingdom: London, 1842.

Thiersch, Friedrich — De l'état actuel de la Grèce et des moyens d'arriver a sa restauration. 2bd. Leipzig, 1833.

Thiersch, H.W.J. — Friedrich Thierschs Leben. Leipzig und Heidelberg, 1866.

Thornbury, W. — Athens under King Otto. 1877.

Thouvenel, M. — La Grèce du roi Othon. Correspondance de M. Thouvenel avec sa femme et ses amis (1845-1850). Paris, 1890.

Trant, Captain T.A. — Narrative of a Journey through Greece in 1830. London, 1830.

Travlos, Jean — Athènes au fil du temps. Atlas historique d'urbanisme et d'architecture. Boulogne, 1972.

Trost, Ludwig — König Ludwig I. von Bayern in seinen Briefen an seinen Sohn den König Otto von Griechenland. Bamberg, 1891.

Tsigakou, F.M. — Das Wiederentdeckte Griechenland in Reiseberichten und Gemälden der Romantik. Bergisch-Gladbach, 1982.

Ulrichs, H.N. — Reisen und Forschungen in Griechenland. Bremen, 1840. 2. Aufl. Berlin, 1863.

Ussing, J.L. — Griechische Reisen und Studien. Kopenhagen, 1857.

Vischer, Wilhelm — Erinnerungen und Eindrücke aus Griechenland, Basel, 1857.

Wagner, Max — Land der Griechen. Reiseschilderungen aus sieben Jahrhunderten. Berlin. 1942.

Welcker, Friedrich-Gottlieb — Tagebuch einer griechischen Reise. Berlin, 1865.

Wilharm, Irmgard — Die Anfänge des griechischen National-staates, 1833-1843. München/Wien, 1973.

Wordsworth. C. — Athens and Attica. London, Murray, 1837.

Yemeniz, E. — Voyage dans le royaume de la Grèce, Paris, 1854.

2. ΔΗΜΟΣΙΕΥΣΕΙΣ ΕΙΣ ΕΛΛΗΝΙΚΗΝ ΓΛΩΣΣΑΝ

Ανδρεάδης, Α.Μ. — Ο ΟΘΩΝ ΚΑΙ Η ΑΜΑΛΙΑ ΕΙΣ ΤΟ ΒΑΜΒΕΡΓ. Αθήναι, 1933.

Άννινος, Μπάμπης — ΙΣΤΟΡΙΚΑ ΣΗΜΕΙΩΜΑΤΑ. ΑΙ ΑΘΗΝΑΙ ΤΟΥ 1850. Αθήναι, 1925.

Άννινος, Μπάμπης — ΑΙ ΑΘΗΝΑΙ ΤΟΥ 1850. (ΕΝΤΥΠΩΣΕΙΣ ΔΥΟ ΓΑΛΛΩΝ ΠΕΡΙΗΓΗΤΩΝ). Αθήνα, 1971.

Άντερσεν, Χάνς — ΟΔΟΙΠΟΡΙΚΟ ΣΤΗΝ ΕΛΛΑΔΑ. (Μετάφραση και ανατύπωση). Αθήνα, 1981.

Αργυρός, Α. — ΙΣΤΟΡΙΑ ΤΩΝ ΑΘΗΝΩΝ, Αθήναι, 1896.

Βαλαωρίτης, Ι. — Η ΕΘΝΙΚΗ ΤΡΑΠΕΖΑ ΤΗΣ ΕΛΛΑΔΟΣ, 1842-1902. Αθήνα, 1902.

Βέλμος, Ν. — ΠΑΛΗΑ ΑΘΗΝΑ. Αθήναι, 1931.

Βουρνάς, Τ. — ΙΣΤΟΡΙΑ ΤΗΣ ΝΕΩΤΕΡΗΣ ΕΛΛΑΔΑΣ ΑΠΟ ΤΗΝ ΕΠΑΝΑΣΤΑΣΗ ΤΟΥ 1821 ΩΣ ΤΟ ΚΙΝΗΜΑ ΤΟΥ ΓΟΥΔΙ (1909). Αθήναι, 1974.

Βρετός, Μαρίνος — ΠΕΡΙ ΤΟΠΟΓΡΑΦΙΑΣ ΤΗΣ ΠΝΥΚΟΣ. Αθήναι 1861.

Βρετός, Μαρίνος — ΑΙ ΝΕΑΙ ΑΘΗΝΑΙ. ΛΕΥΚΩΜΑ. ΣΥΛΛΟΓΗ ΕΙΚΟΝΟΓΡΑΦΙΩΝ ΤΩΝ ΝΕΩΤΕΡΩΝ ΜΝΗΜΕΙΩΝ ΤΗΣ ΠΡΩΤΕΥΟΥΣΗΣ ΤΗΣ ΕΛΛΑΔΟΣ ΜΕΤΑ ΤΗΣ ΠΕΡΙΓΡΑΦΗΣ ΑΥΤΩΝ. Εν Παρισίοις, 1861.

Γέροντας, Δημήτριος — ΙΣΤΟΡΙΑ ΤΟΥ ΔΗΜΟΥ ΑΘΗΝΑΙΩΝ 1834-1971. Αθήνα, Δήμος Αθηναίων, 1971.

Δαμαλάς, Β. — ΣΥΝΤΟΜΟΣ ΙΣΤΟΡΙΑ ΤΗΣ ΔΡΑΧΜΗΣ (1833-1953). Αθήνα, 1956.

Δημακόπουλος, Γεώργιος — Η ΕΣΩΤΕΡΙΚΗ ΔΙΟΙΚΗΣΙΣ ΤΗΣ ΕΛΛΑΔΟΣ ΚΑΤΑ ΤΗΝ ΑΦΙΞΙΝ ΤΟΥ ΟΘΩΝΟΣ. Αθήναι, 1971.

Ευστρατιάδης, Π. — ΠΕΡΙ ΤΩΝ ΕΝ ΤΗ ΑΚΡΟΠΟΛΕΙ ΝΕΩΤΕΡΩΝ ΑΝΑΚΑΛΥΨΕΩΝ. Αθήνησιν, 1852.

Ζακυνθηνός, Διονύσιος — Η ΠΟΛΙΤΙΚΗ ΙΣΤΟΡΙΑ ΤΗΣ ΝΕΩΤΕΡΑΣ ΕΛΛΑΔΟΣ. Αθήναι, 1962.

Καββαδίας, Π. — ΙΣΤΟΡΙΑ ΤΗΣ ΑΡΧΑΙΟΛΟΓΙΚΗΣ ΕΤΑΙΡΕΙΑΣ. ΑΘΗΝΑΙ, 1900.

Καζάζης, Ν. — Η ΨΥΧΟΛΟΓΙΑ ΤΟΥ ΑΘΗΝΑΪΚΟΥ ΛΑΟΥ. Αθήναι, 1926.

Καζαντζής, Κωνσταντίνος — ΧΡΟΝΙΚΑ ΤΗΣ ΠΑΛΗΑΣ ΑΘΗΝΑΣ. Η ΑΘΗΝΑ ΤΟΥ 1855, ΟΠΩΣ ΤΗΝ ΕΙΔΕ ΕΝΑΣ ΣΚΩΤΟΣ ΣΤΡΑΤΙΩΤΙΚΟΣ ΤΟΥ ΑΓΓΛΙΚΟΥ ΣΤΡΑΤΟΥ ΚΑΤΟΧΗΣ. Αθήνα, 1974.

Καιροφύλλας, Γ. — Η ΑΘΗΝΑ ΚΑΙ ΟΙ ΑΘΗΝΑΙΟΙ, 1834-1934, 1ος τόμος. Αθήνα, 1978 και 2ος τόμος, Αθήνα, 1982.

Καμπούρογλου, Δημήτριος — ΑΙ ΠΑΛΑΙΑΙ ΑΘΗΝΑΙ, Αθήναι, 1922.

Καμπούρογλου, Δημήτριος — Η ΔΟΥΚΙΣΣΑ ΤΗΣ ΠΛΑΚΕΝΤΙΑΣ. Εις: "Μελέται και Έρευναι", Αθήναι, 1925.

Καμπούρογλου, Δημήτριος — ΑΙ ΠΑΛΑΙΑΙ ΑΠΑΛΛΟΤΡΙΩΣΕΙΣ ΧΑΡΙΝ ΑΝΑΣΚΑΦΗΣ ΤΩΝ ΑΡΧΑΙΩΝ ΑΘΗΝΩΝ, Αθήναι, 1929.

Καμπούρογλου, Δημήτριος — ΥΠΕΡΑΠΟΛΟΓΙΑ ΤΩΝ ΠΑΛΑΙΩΝ ΑΘΗΝΩΝ. Αθήναι, 1934.

Καρδαμίτση-Αδάμη, Μάρω — ΝΕΩΤΕΡΑ ΣΤΟΙΧΕΙΑ ΓΙΑ ΤΟ ΠΑΛΙΟ ΠΑΝΕΠΙΣΤΗΜΙΟ. Εις "Αρχαιολογία", Αρ. 17, 1985.

Καρολίδης, Π. — ΣΥΓΧΡΟΝΟΣ ΙΣΤΟΡΙΑ ΤΩΝ ΕΛΛΗΝΩΝ ΚΑΙ ΛΟΙΠΩΝ ΛΑΩΝ ΤΗΣ ΑΝΑΤΟΛΗΣ ΑΠΟ ΤΟ 1821 ΕΩΣ 1921. Αθήναι, 1922-1925.

Κόκκου, Αγγελική — Η ΜΕΡΙΜΝΑ ΓΙΑ ΤΙΣ ΑΡΧΑΙΟΤΗΤΕΣ ΣΤΗΝ ΕΛΛΑΔΑ ΚΑΙ ΤΑ ΠΡΩΤΑ ΜΟΥΣΕΙΑ. Αθήναι, 1977.

Κόκκου, Αγγελική — ΤΑ ΠΡΩΤΑ ΑΘΗΝΑΪΚΑ ΣΠΙΤΙΑ (1832-1860). Εις: "Αρχαιολογία", Αρ. 2, 1982.

Κόκκινος, Δ. — ΙΣΤΟΡΙΑ ΤΗΣ ΝΕΩΤΕΡΑΣ ΕΛΛΑΔΟΣ: 1800-1945, Αθήνα, 1970-72.

Κορδάτος, Γ. — ΕΙΣΑΓΩΓΗ ΕΙΣ ΤΗΝ ΙΣΤΟΡΙΑΝ ΤΗΣ ΕΛΛΗΝΙΚΗΣ ΚΕΦΑΛΑΙΟΚΡΑΤΙΑΣ. Αθήναι, 1974.

Κορδάτος, Γ. — ΙΣΤΟΡΙΑ ΤΗΣ ΕΛΛΑΔΟΣ. Αθήνα, 20ός αιώνας, 1975, τόμος 11ος, 12ος.

Κορδάτος, Γ. — ΙΣΤΟΡΙΑ ΤΗΣ ΝΕΩΤΕΡΑΣ ΕΛΛΑΔΟΣ. Αθήναι, 1958.

Κουγέας, Σ. — ΕΓΓΡΑΦΑ ΤΗΣ ΕΘΝΙΚΗΣ ΒΙΒΛΙΟΘΗΚΗΣ ΑΦΟΡΩΝΤΑ ΕΙΣ ΤΗΝ ΑΠΑΛΛΟΤΡΙΩΣΙΝ ΤΩΝ ΕΝ ΑΘΗΝΑΙΣ ΑΝΑΣΚΑΠΤΕΩΝ ΑΡΧΑΙΟΛΟΓΙΚΩΝ ΧΩΡΩΝ. Αθήναι, 1932.

Κουρουνιώτης, Κ. — Η ΑΝΑΣΚΑΦΗ ΤΩΝ ΑΡΧΑΙΩΝ ΑΘΗΝΩΝ. Αθήναι, 1926.

Κρεμμυδάς, Β. — Η ΚΑΤΑΣΤΑΣΗ ΣΤΗΝ ΕΛΛΑΔΑ ΣΤΑ 1840. Ανάτυπο από τα Σύγχρονα Θέματα, Αθήνα, 1965.

Κωνσταντινίδης, Άρης — ΤΑ ΠΑΛΑΙΑ ΑΘΗΝΑΪΚΑ ΣΠΙΤΙΑ. Αθήναι, 1950.

Κωνσταντινίδης, Γεώργιος — ΙΣΤΟΡΙΑ ΤΩΝ ΑΘΗΝΩΝ. Αθήναι, 1894.

Λάϊος, Γεώργιος — ΣΙΜΩΝ ΣΙΝΑΣ. Αθήναι, 1972.

Λάϊος, Γεώργιος — ΤΟ ΑΣΤΕΡΟΣΚΟΠΕΙΟΝ ΑΘΗΝΩΝ. Αθήναι, 1962.

Λαμπίκης, Δ. — ΤΑ ΕΚΑΤΟ ΧΡΟΝΙΑ ΤΟΥ ΔΗΜΟΥ ΑΘΗΝΑΙΩΝ. Αθήναι, 1938.

Λάμπρος, Σ. — ΙΣΤΟΡΙΑ ΤΗΣ ΠΟΛΕΩΣ ΤΩΝ ΑΘΗΝΩΝ. Αθήνα, 1904.

Λάππας, Τάκης — Η ΔΟΥΚΙΣΣΑ ΤΗΣ ΠΛΑΚΕΝΤΙΑΣ. Εις: "Νέα Εστία", Τόμος 500, Ιούλ-Δεκ. 1952.

Λύτ, Χριστιάνε — ΜΙΑ ΔΑΝΕΖΑ ΣΤΗΝ ΑΥΛΗ ΤΟΥ ΟΘΩΝΑ. Μεταφρ. Α. Παπανικολάου-Κρίστενσεν. Αθήνα, 1981.

Μάγερ, Κ. — ΙΣΤΟΡΙΑ ΤΟΥ ΕΛΛΗΝΙΚΟΥ ΤΥΠΟΥ. Αθήναι, 1959.

Μαλτέζος, Γεώργιος — ΤΟ ΧΡΟΝΙΚΟ ΤΟΥ ΗΡΑΚΛΕΙΟΥ ΑΤΤΙΚΗΣ. Αθήνα, 1974.

Μαρκεζίνης, Σ. — ΠΟΛΙΤΙΚΗ ΙΣΤΟΡΙΑ ΤΗΣ ΝΕΩΤΕΡΑΣ ΕΛΛΑΔΟΣ. Αθήναι, 1966.

Μεγάλη Ελληνική Εγκυκλοπαιδεία — ΑΘΗΝΑΙ. Λήμμα στην Μεγάλη Ελληνική Εγκυκλοπαιδεία "Πυρσός". Αθήναι, 1927.

Μελετόπουλος, Ιωάννης — ΑΘΗΝΑΙ 1650-1870. ΛΕΥΚΩΜΑ ΧΑΡΑΚΤΙΚΩΝ ΕΡΓΩΝ ΜΕ ΑΠΟΨΕΙΣ ΤΩΝ ΑΘΗΝΩΝ. Αθήναι, 1979.

Μοσκώφ, Κ. — Η ΕΘΝΙΚΗ ΚΑΙ ΚΟΙΝΩΝΙΚΗ ΣΥΝΕΙΔΗΣΗ ΣΤΗΝ ΕΛΛΑΔΑ 1830-1909 (ΙΔΕΟΛΟΓΙΑ ΤΟΥ ΜΕΤΑΠΡΑΤΙΚΟΥ ΧΩΡΟΥ). 3η εκδ., Αθήνα, 1978.

Μπίρης, Κωνσταντίνος και Johannes, Heinz — ΑΙ ΑΘΗΝΑΙ ΤΟΥ ΚΛΑΣΣΙΚΙΣΜΟΥ. Εν Αθήναις, 1939.

Μπίρης, Κωνσταντίνος — ΑΘΗΝΑΪΚΑΙ ΜΕΛΕΤΑΙ Ι, ΙΙ, ΙΙΙ. Αθήναι, 1938-40.

Μπίρης, Κωνσταντίνος — ΙΣΤΟΡΙΑ ΤΟΥ ΕΘΝΙΚΟΥ ΜΕΤΣΟΒΙΟΥ ΠΟΛΥΤΕΧΝΕΙΟΥ. Αθήνα, 1957.

Μυλωνάς, Παύλος — ΑΡΧΙΤΕΚΤΟΝΙΚΟΣ ΚΛΑΣΣΙΚΙΣΜΟΣ ΣΤΗΝ ΕΛΛΑΔΑ. Αθήνα, 1974.

Νάκος, Γ. — ΤΟ ΠΟΛΙΤΙΚΟΝ ΚΑΘΕΣΤΩΣ ΤΗΣ ΕΛΛΑΔΟΣ ΕΠΙ ΟΘΩΝΟΣ ΜΕΧΡΙ ΤΟΥ ΣΥΝΤΑΓΜΑΤΟΣ ΤΟΥ 1844. Θεσσαλονίκη, 1974.

Οικονόμος, Γ. — ΤΑ ΕΚΑΤΟΝ ΕΤΗ ΤΗΣ ΑΡΧΑΙΟΛΟΓΙΚΗΣ ΕΤΑΙΡΕΙΑΣ. Αθήναι, 1937.

Οικονόμου, Ελευθέριος — ΔΙΑΦΩΤΙΣΜΟΣ ΚΑΙ ΚΛΑΣΣΙΚΗ ΠΑΡΑΔΟΣΗ. Εις "Αρχαιολογία". Αρ. 27, 1988.

Πανταζής, Δημ. — ΠΕΡΙΓΡΑΦΗ ΤΗΣ ΑΘΗΝΗΣΙΝ ΑΚΡΟΠΟΛΕΩΣ ΚΑΤΑ W. SMITH ΚΑΙ ΑΛΛΟΥΣ ΑΤΘΙΔΟΓΡΑΦΟΥΣ.

Παπαγεωργίου-Βενετάς, Α. — ΤΟ ΠΑΛΙΟ ΠΑΝΕΠΙΣΤΗΜΙΟ. Εις "Ζυγός", Αρ. 10-11, Σεπτ. Δεκεμβ., 1974.

Παπαγεωργίου-Βενετάς, Α. — Η ΙΔΡΥΣΗ ΤΗΣ ΝΕΑΣ ΑΘΗΝΑΣ. ΠΟΛΕΟΔΟΜΙΚΕΣ ΠΡΟΤΑΣΕΙΣ ΚΑΙ ΑΙΣΘΗΤΙΚΕΣ ΘΕΩΡΗΣΕΙΣ ΚΑΤΑ ΤΟ ΔΙΑΣΤΗΜΑ ΤΗΣ ΠΡΩΤΗΣ ΔΕΚΑΕΤΙΑΣ (1830-1840) ΓΙΑ ΤΗΝ ΕΞΕΛΙΞΗ ΤΗΣ ΝΕΑΣ ΠΟΛΗΣ ΚΑΙ ΤΗΝ ΑΝΑΔΕΙΞΗ ΤΗΣ ΑΡΧΑΙΑΣ ΑΡΧΙΤΕΚΤΟΝΙΚΗΣ ΚΛΗΡΟΝΟΜΙΑΣ ΚΑΙ ΤΟΥ ΙΣΤΟΡΙΚΟΥ ΤΟΠΙΟΥ. Εις "Αρχαιολογία", Αρ. 31 και 32, 1989.

Παπανικολάου-Κρίστενσεν, Α. — ΑΘΗΝΑ 1818-1833. ΕΡΓΑ ΔΑΝΩΝ ΚΑΛΛΙΤΕΧΝΩΝ. Αθήνα, 1985.

Παπαντωνίου, Ζαχαρίας — ΟΘΩΝ ΚΑΙ Η ΡΩΜΑΝΤΙΚΗ ΔΥΝΑΣΤΕΙΑ, Αθήναι, 1934.

Παπαρρηγόπουλος, Κωνσταντίνος — ΙΣΤΟΡΙΑ ΤΩΝ ΑΘΗΝΩΝ, Αθήνα, 1927.

Παπασπυρίδου-Καρούζου, Σέμνη — ΡΟΜΑΝΤΙΚΟΣ ΚΛΑΣΣΙΚΙΣΜΟΣ ΚΑΙ ΤΑ ΠΡΩΤΑ ΣΧΕΔΙΑ ΤΩΝ ΑΘΗΝΩΝ, εις: «Ημερολόγιον Μεγάλης Ελλάδος", 1934, σ. 548. κ.έ.

Πιπινέλης, Π. — Η ΜΟΝΑΡΧΙΑ ΕΝ ΕΛΛΑΔΙ 1834-1843. Αθήνα, 1932.

Πιττάκης, Κ. — ΑΙ ΑΡΧΑΙΑΙ ΑΘΗΝΑΙ. Αθήναι, 1835.

Πρωτοψάλτης, Εμμανουήλ — ΝΕΑ ΣΤΟΙΧΕΙΑ ΠΕΡΙ ΤΗΣ ΕΝ ΑΘΗΝΑΙΣ ΕΤΑΙΡΕΙΑΣ ΤΩΝ ΦΙΛΟΜΟΥΣΩΝ. Εις "Αθηνά" Τόμος 61, Αθήναι, 1957.

Πύρρος, Δ. — ΠΕΡΙΓΡΑΦΗ ΤΗΣ ΠΟΛΕΩΣ ΤΩΝ ΑΘΗΝΩΝ. Αθήναι, 1848.

Ραπτάρχης, Π. — ΙΣΤΟΡΙΑ ΤΗΣ ΟΙΚΟΝΟΜΙΚΗΣ ΖΩΗΣ ΤΗΣ ΕΛΛΑΔΟΣ. Αθήνα, 1935.

Ρος, Λουδοβίκος — ΤΟ ΘΗΣΕΙΟΝ ΚΑΙ Ο ΝΑΟΣ ΤΟΥ ΑΡΕΩΣ. Εν Αθήναις, 1838.

Σημαιοφορίδης, Γεώργιος — ΑΘΗΝΑ ΜΙΑ ΠΟΛΗ ΠΡΩΤΕΥΟΥΣΑ ΤΟΥ 19ου ΑΙΩΝΟΣ. Εις: "Νεοκλασσική Πόλη και Αρχιτεκτονική", Θεσσαλονίκη, 1983.

Σισιλιάνος, Δημήτριος — ΑΙ ΝΕΑΙ ΑΘΗΝΑΙ ΜΕΤΑ ΤΗΝ ΕΠΑΝΑΣΤΑΣΙΝ ΤΟΥ 1821. Αθήναι, 1955.

Σισιλιάνος, Δημήτριος — ΑΙ ΠΑΛΑΙΑΙ ΚΑΙ ΝΕΑΙ ΑΘΗΝΑΙ. Τόμοι 2. Αθήναι, 1953.

Σκαλτσά, Ματούλα — ΚΟΙΝΩΝΙΚΗ ΖΩΗ ΚΑΙ ΔΗΜΟΣΙΟΙ ΧΩΡΟΙ ΚΟΙΝΩΝΙΚΩΝ ΣΥΝΑΘΡΟΙΣΕΩΝ ΣΤΗΝ ΑΘΗΝΑ ΤΟΥ 19ου ΑΙΩΝΑ. Θεσσαλονίκη, 1983.

Σκαλτσούνης, Ι. — ΣΚΕΨΕΙΣ ΠΕΡΙ ΤΗΣ ΕΝ ΕΛΛΑΔΙ ΒΙΟΜΗΧΑΝΙΑΣ. Αθήνα, 1868.

Σκανδάμης, Ανδρέας — ΣΕΛΙΔΕΣ ΠΟΛΙΤΙΚΗΣ ΙΣΤΟΡΙΑΣ ΚΑΙ ΚΡΙΤΙΚΗΣ. Η ΤΡΙΑΚΟΝΤΑΕΤΙΑ ΤΗΣ ΒΑΣΙΛΕΙΑΣ ΤΟΥ ΟΘΩΝΟΣ. Αθήνα, 1951.

Σκανδάμης, Ανδρέας — Ο ΕΛΛΗΝΙΚΟΣ ΤΥΠΟΣ ΚΑΤΑ ΤΗΝ ΠΕΡΙΟΔΟΝ ΤΗΣ ΒΑΣΙΛΕΙΑΣ ΤΟΥ ΟΘΩΝΟΣ 1832-1862. Αθήναι, 1969.

Σκαρπιά-Χόιπελ, Ξ. — Η ΜΟΡΦΟΛΟΓΙΑ ΤΟΥ ΓΕΡΜΑΝΙΚΟΥ ΚΛΑΣΣΙΚΙΣΜΟΥ (1789-1848) ΚΑΙ Η ΔΗΜΙΟΥΡΓΙΚΗ ΤΟΥ ΑΦΟΜΟΙΩΣΗ ΑΠΟ ΤΗΝ ΕΛΛΗΝΙΚΗ ΑΡΧΙΤΕΚΤΟΝΙΚΗ (1833-1897). Θεσσαλονίκη, 1976.

Σουρμελής, Δ. — ΑΤΤΙΚΑ, Αθήνα, 1862.

Στασινόπουλος, Επαμεινώνδας — Η ΑΘΗΝΑ ΤΟΥ ΠΕΡΑΣΜΕΝΟΥ ΑΙΩΝΑ 1830-1900. Αθήναι, 1963.

Στασινόπουλος, Επαμεινώνδας — ΟΘΩΝΙΚΗ ΑΘΗΝΑ, Αθήναι, 1964.

Στασινόπουλος, Επαμεινώνδας — ΙΣΤΟΡΙΑ ΤΩΝ ΑΘΗΝΩΝ (ΑΠΟ ΤΗΝ ΑΡΧΑΙΟΤΗΤΑ ΩΣ ΤΗΝ ΕΠΟΧΗ ΜΑΣ). Αθήναι, 1973.

Σφυρόερας, Β. — Η ΠΕΡΙΟΔΟΣ ΤΗΣ ΒΑΣΙΛΕΙΑΣ ΤΟΥ ΟΘΩΝΟΣ (1832-1862). Αθήνα, 1970.

Τραυλός, Ιωάννης — Ο ΑΝΑΣΚΑΠΤΕΟΣ ΧΩΡΟΣ ΤΩΝ ΑΘΗΝΩΝ. Εις: "Αρχιτεκτονική", αρ. 38, 1963.

Τραυλός, Ιωάννης — ΝΕΟΚΛΑΣΣΙΚΗ ΑΡΧΙΤΕΚΤΟΝΙΚΗ ΣΤΗΝ ΕΛΛΑΔΑ. Αθήνα, 1967.

Φιλαδελφεύς, Θ. — ΙΣΤΟΡΙΑ ΤΩΝ ΑΘΗΝΩΝ. Αθήναι, 1902.

Φιλάρετος, Γ. — ΞΕΝΟΚΡΑΤΙΑ ΚΑΙ ΒΑΣΙΛΕΙΑ ΕΝ ΕΛΛΑΔΙ 1821-1897. Αθήναι, 1897, 2η έκδοση 1973.

Φωτιάδης, Δ. — ΟΘΩΝ (Η ΜΟΝΑΡΧΙΑ), Αθήνα, 1963.

Haugsted, Ida — ΤΑ ΕΛΛΗΝΙΚΑ ΤΕΤΡΑΔΙΑ ΣΧΕΔΙΩΝ ΤΟΥ ΑΡΧΙΤΕΚΤΟΝΑ ΧΡΙΣΤΙΑΝΟΥ ΧΑΝΣΕΝ. Εις: "Αρχαιολογία", αρ. 17, 1985.

Haugsted, Ida — ΤΑ ΚΤΗΡΙΑ ΤΗΣ ΔΟΥΚΙΣΣΑΣ ΤΗΣ ΠΛΑΚΕΝΤΙΑΣ ΣΤΗΝ ΑΘΗΝΑ. Εις: "Αρχαιολογία", αρ. 29, 1988.

Larrabee, S. — ΕΛΛΑΣ 1777-1865, ΟΠΩΣ ΤΗΝ ΕΙΔΑΝ ΟΙ ΑΜΕΡΙΚΑΝΟΙ. New York, 1955 (Ελληνική μετάφραση).

ΕΥΡΕΤΗΡΙΟΝ

Κατά την σύνταξιν του ευρετηρίου συμπεριελήφθησαν τα ονόματα προσώπων, τα τοπωνύμια καθώς και σημαντικά λήμματα τα οποία περιέχονται εις το κυρίως κείμενον. Δεν ελήφθησαν υπ' όψιν τα κείμενα του προλόγου, της εισαγωγής, των περιεχομένων, των επικεφαλίδων των κεφαλαίων, των κεφαλίδων των σελίδων, των επεξηγήσεων των εικόνων, των σημειώσεων, των βιβλιογραφικών επιλογών, των τεκμηρίων, καθώς και των παραρτημάτων.
Κατά την σύνταξιν του ευρετηρίου δεν ελήφθησαν επίσης υπ' όψιν τα ακόλουθα συχνώς επαναλαμβανόμενα λήμματα: Αθήναι, Ακρόπολις, Ελλάς, Καυταντζόγλου, Κλεάνθης, Klenze, Quast, πολεοδομική εξέλιξις (Αθηνών), πολεοδομικός σχεδιασμός (Αθηνών), Schaubert, Schinkel, Traxel.

ΕΛΛΗΝΙΚΑ ΛΗΜΜΑΤΑ

Α

Β

Γ

Δ

Ε

ΞΕΝΟΓΛΩΣΣΑ ΛΗΜΜΑΤΑ

Αλέξανδρος Παπαγεωργίου-Βενετάς

Αρχιτέκτων-πολεοδόμος και ιστορικός της πολεοδομίας. Εγεννήθη εις Αθήνας το 1933. Διπλωματούχος του Εθνικού Μετσοβείου Πολυτεχνείου το 1956. Μετεκπαίδευσις εις το Παρίσι στην πολεοδομία. Διδάκτωρ μηχανικός του Πολυτεχνείου Charlottenburg του Βερολίνου 1972. Καθηγητής της ιστορίας της πολεοδομίας στο μεταπτυχιακό κέντρο "Raymond Lemaire" του Πανεπιστημίου της Louvain (1975-1985). Προσκεκλημένος καθηγητής των Πολυτεχνείων Στουτγάρδης (1981-82) και Μονάχου (1996-97). Μέλος του Συμβουλίου Ιστορικών Τοπίων και Πόλεων του Συμβουλίου της Ευρώπης (1974-1977). Εμπειρογνώμων της UNESCO και του Κέντρου HABITAT δια την συντήρησιν των ιστορικών πόλεων.

Εξεπόνησε σημαντικές πολεοδομικές, χωροταξικές μελέτες για την Χίο (1968), το νησιωτικό σύμπλεγμα Μυκόνου, Δήλου και Ρηνείας (1973-74) και την παλαιά πόλη των Χανίων (1978). Εξειδικευμένος ερευνητής σε θέματα προστασίας και αναπλάσεως των ιστορικών πόλεων. Χαίρει διεθνούς αναγνωρίσεως ως μελετητής της πολεοδομικής ιστορίας των νεωτέρων Αθηνών. Επίτιμος διδάκτωρ της Φιλοσοφικής Σχολής του Πανεπιστημίου Αθηνών (1998). Συγγραφεύς 12 βιβλίων σε ελληνική, γαλλική, αγγλική και γερμανική γλώσσα και υπέρ 60 άρθρων με αντικείμενο την ιστορία της πολεοδομίας και την προστασία του ανθρωπογενούς και φυσικού περιβάλλοντος.

Κυριώτερες δημοσιεύσεις: Integration Urbaine (1970)· Délos, études urbaines sur une ville antique (1981)· Stadtplanung, Entwicklungslinien 1945-1980 (1984)· Hauptstadt Athen, ein Stadtgedanke des Klassizismus (1994)· Athens: The Ancient Heritage and the Historic Cityscape in a Modern Metropolis (1995)· Αθήνα, δοκιμές και θεωρήσεις (1997)· Εδουάρδος Σάουμπερτ 1804-1860 (1999)· Ο Leo von Klenze στην Ελλάδα (2000).

ΜΕΤΑΦΡΑΣΗ ΣΤΗ ΕΛΛΗΝΙΚΗ ΓΛΩΣΣΑ: Παναγιώτα Σιετή

ΕΠΙΜΕΛΕΙΑ ΚΕΙΜΕΝΩΝ: Πάνος Βαλαβάνης

ΚΑΛΛΙΤΕΧΝΙΚΗ ΕΠΙΜΕΛΕΙΑ: Ραχήλ Μισδραχή-Καπόν

ΚΑΛΛΙΤΕΧΝΙΚΟΣ ΣΥΜΒΟΥΛΟΣ: Μωυσής Καπόν

ΗΛΕΚΤΡΟΝΙΚΗ ΕΠΕΞΕΡΓΑΣΙΑ ΕΙΚΟΝΩΝ: Πάνος Σταματάς

ΗΛΕΚΤΡΟΝΙΚΗ ΕΠΕΞΕΡΓΑΣΙΑ ΚΕΙΜΕΝΩΝ: Βάσω Παπαδά, Ελένη Βαλμά

ΔΙΑΧΩΡΙΣΜΟΙ ΧΡΩΜΑΤΩΝ: Άγγελος Μιχαηλίδης

ΕΚΤΥΠΩΣΗ: Θ. Πετρουλάκης

ΒΙΒΛΙΟΔΕΣΙΑ: Γ. Μούτσης

ΧΑΡΤΙ: PHOENO-MATT 135 gr.